FRANZ AUSTEDA

LEXIKON DER PHILOSOPHIE

LEXIKON

DER

PHILOSOPHIE

VON

FRANZ AUSTEDA

VERLAG BRÜDER HOLLINEK · WIEN

CIP-Titelaufnahme der Deutschen Bibliothek

Austeda, Franz:

Lexikon der Philosophie / von Franz Austeda. – 6., völlig neubearb. Aufl. – Wien : Hollinek, 1989
  ISBN 3-85119-231-1
NE: HST

ISBN 3-85119-231-1

Dieses Werk ist urheberrechtlich geschützt. Die dadurch begründeten Rechte, insbesondere die der Übersetzung, des Nachdrucks, des Vortrags, der Entnahme von Abbildungen und Tabellen, der Funksendung, der Mikroverfilmung oder Vervielfältigung auf anderen Wegen und der Speicherung in Datenverarbeitungsanlagen, bleiben, auch bei nur auszugsweiser Verwertung, vorbehalten. Eine Vervielfältigung dieses Werkes oder von Teilen daraus ist auch im Einzelfall nur in den Grenzen der Bestimmungen der einschlägigen Regelungen zulässig. Sie ist grundsätzlich vergütungspflichtig. Zuwiderhandlungen unterliegen den Strafbestimmungen der Gesetze.

© 1989, Verlag Brüder Hollinek, Wien · Druck: Brüder Hollinek, Breitenfurt
Printed in Austria

IM GEDENKEN AN DIE
MUTIGEN VORKÄMPFER

PIERRE BAYLE

UND

CHRISTIAN THOMASIUS

FÜR HELGA, EVELYN,
ASTRID UND NORA
ZU GUTEM ERINNERN

VORWORT

> *Dunkelheit und Undeutlichkeit*
> *des Ausdrucks ist allemal und*
> *überall ein sehr schlechtes Zeichen . . .*
>
> Schopenhauer

Auch für die 6. (erweiterte und aktualisierte) Auflage wurden die biographischen und die bibliographischen Daten sowie die Hinweise auf Forschungsergebnisse wieder auf den jüngsten Stand gebracht. Auch wurden viele Artikel durch Ergänzungen erweitert sowie zahlreiche neue Stichwörter aufgenommen (– insgesamt sind es nunmehr rund 3100). Schließlich war ich bestrebt, die zahllosen Querverweise (↗) noch dichter zu vernetzen und auch mehr Sekundärliteratur einzubauen. Im übrigen bleibt die Zielsetzung unverändert: Philosophen und Philosophien der Vergangenheit und der Gegenwart so getreu wie möglich zu präsentieren, allerdings von einem klar akzentuierten eigenen Standpunkt aus, da es angesichts der ungeheuren Fülle des Materials unvermeidlich ist, Grenzen zu setzen und eine Auswahl zu treffen, was freilich nur unter einem mehr oder weniger subjektiven und daher zweifellos diskutablen Aspekt möglich ist.

Möge diese Auflage ebenso viele Freunde finden wie die inzwischen vergriffene 5. Auflage und mögen recht viele Leser *Ludwig Feuerbach*, zu dessen Lebzeiten die Philosophie allerdings noch nicht weithin zu leerem Gerede degeneriert war, beipflichten: „Die Philosophie gewährt mir den Genuß ewiger Seligkeit... Ich will reich, unendlich reich werden, und sie ist eine unerschöpfliche Fundgrube", wobei man das Mahnwort des *Poseidonios* bedenke: „Ein Tag des gebildeten Menschen dauert länger als das längste Leben des Ungebildeten", denn „nur der Denkende erlebt sein Leben, am Gedankenlosen zieht es vorbei" (*Marie von Ebner-Eschenbach*).

Wien, Frühlingsäquinoktium 1989   Franz Austeda

AUS DEM VORWORT ZUR 5. AUFLAGE:

*Daß kein Name mich täuscht,
daß mich kein Dogma beschränkt . . .*
                                    Goethe

... Natürlich sollte man billigerweise an ein Buch dieser Größenordnung hinsichtlich seiner Ausführlichkeit nicht allzu hohe Anforderungen stellen; es kann nicht so viel bieten wie größere Speziallexika; doch wird der aufmerksame Leser gerade hier manches finden, was er in größeren Kompendien vergeblich sucht; um den Band nicht zu überfrachten, konnte ich z. B. Sekundärliteratur nur selten anführen; allerdings ist sie indirekt durch die zahlreichen Hinweise (↗) auf die betreffenden Autoren erfaßt, da sie unter diesen nachgeschlagen und somit mühelos gefunden werden kann.

Vor allem in dreifacher Hinsicht will dieses „Lexikon der Philosophie" nützlich sein: *Erstens* versucht es – gewissermaßen als erste Orientierungshilfe und Anlaufstelle für philosophische Information –, den Leser mit der philosophischen *Terminologie*, d. h. mit den Grund-, Schlüssel- und Leitbegriffen der Philosophie, in möglichst *exakter* Weise vertraut zu machen, um ihn in die Lage zu versetzen, Mißverständnisse zu vermeiden oder aufzuklären, die nachlässigem Denken, unklarer Formulierung oder der Verwendung leerer Worthülsen an Stelle durchdachter Begriffe entspringen und insbesondere philosophische Diskussionen oft recht unangenehm zu belasten pflegen (*Goethe:* „ . . . wo Begriffe fehlen, da stellt ein Wort zur rechten Zeit sich ein!"); denn es sollte nicht sein, daß in der Philosophie „babylonische Sprachverwirrung" herrscht (*Schelling*), daß es in ihr „allmählich zugeht wie beim babylonischen Turmbau" (*Schultz*), daß „das philosophische Gespräch im Stimmengewirr unterzugehen droht" (*Kuhn*), ja daß Verächter der Philosophie meinen, sie des „Mißbrauchs einer eigens zu diesem Zwecke erfundenen Terminologie" (*Heine*) oder als „Wortmaskenverleih" (– wie *Lepsius* die Soziologie –) verdächtigen zu müssen. Und so habe ich mich denn bei der Setzung der einzelnen „Positionslampen" und „Wegmarken" bemüht, so konzis, prägnant und klar wie nur möglich zu formulieren und jegliche Weitschweifigkeit zu unterlassen, um dem Leser (– im Verhältnis zu dem zur Verfügung stehenden Raum –) ein Optimum an Einblick in das gewiß nicht immer leicht überschaubare und verständliche „Idiom" der Philosophie zu bieten, eingedenk der Worte *Lichtenbergs*, daß „unsere ganze Philosophie Berichtigung des Sprachgebrauches" und „Philosophie immer Scheidekunst" sei.

Zweitens will dieses Werk auch der unerfreulichen Mode entgegenwirken, so unbekümmert zu „philosophieren", als ob die betreffenden Probleme noch nie zuvor durchdacht worden wären. Darum macht es den Leser mit den Auffassungen der bedeutendsten Denker der Vergangenheit und der Gegenwart bekannt. Denn mag es auch richtig sein, daß „Vielwisserei noch keinen Verstand bringt" (*Heraklit*), und mag „viel Wissen, aber wenig Weisheit" gerade für unsere Zeit charakteristisch und vielleicht auch von Übel sein, weshalb z. B. *Lauxmann* „weniger Wissen, mehr Verstehen" fordert, so besteht doch andererseits kein Zweifel, daß derjenige mehr „bedenkt" und daher auch mehr versteht, der mehr weiß, und daß nur derjenige fruchtbringende philosophische Denkarbeit wird leisten können, der die große *Tradition* der Philosophie kennt und sich mit ihr auseinandergesetzt hat; wer sie hingegen ignoriert, degradiert die Philosophie zu „jener Wissenschaft, in der man ohne die mindesten Vorkenntnisse ein großer Mann sein kann" (*Kuntze*), in der „Tiefschwätzerei" (*H. Mann*) und „Hochschwätzerei" (*J. Améry*) triumphieren.

Drittens sucht das „Lexikon der Philosophie" auch Brücken zu schlagen zu den *Einzelwissenschaften*, um dem Leser begreiflich zu machen, daß es heute weniger denn je möglich ist, ohne zureichende fachwissenschaftliche Kenntnisse, also wissenschaftlich „unterbelichtet", zu philosophieren. Daher sind sowohl alle grundlegenden Wissenschaften als auch jene wissenschaftlichen Theorien und Forschungsergebnisse, die für die Philosophie von Bedeutung sind, unter den breffenden Stichwörtern behandelt und auch philosophierende Fachwissenschafter in größerer Zahl aufgenommen.

„Nur in der Liebe Unerfahrene setzen vor ihre Liebeserklärung eine Einleitung", sagt *Wahle*. Also habe ich es kurz gemacht. Schließlich muß ein Nachschlagewerk für sich selbst sprechen, indem es sich „bewährt" und damit seinen Zweck erfüllt – in einer Zeit, in der man Gefahr läuft, in der rasant anschwellenden Informationsflut den Überblick zu verlieren und in der Folge ein unaufholbares Maß an Unwissenheit und Unverständnis beklagen zu müssen. Daß ich mich als Autor nicht immer ganz „ausgelöscht" habe, nicht nur „registriert" und „referiert", „dokumentiert" und „zitiert", sondern gelegentlich auch „kommentiert", „diagnostiziert" und „interpretiert" habe, mich also selbst „miteingebracht", mich mitunter geradezu engagiert und entsprechend Stellung bezogen, ja zu systematischen (vor allem fundamentalphilosophischen) Fragen auch eigene Problemlösungen angeboten und damit zur Diskussion gestellt habe, bitte ich, mir nachzusehen, denn zur Philosophie „braucht es vielleicht ebensoviel Feuer wie richtiges Denken" (*Vauvenargues*). Mögen freundliche Leser finden, daß man in diesem Buch nicht nur mit Erfolg „nachschlagen", sondern auch mit Vergnügen „lesen" kann, daß auch dieses kleinere Lexikon seinen spezifischen Wert hat und neben den großen Standardwerken bestehen kann; möge es den geneigten Leser anregen nachzudenken, selbst zu denken, möge es ihn veranlassen, nach dem einen oder anderen angeführten philosophischen Werk zu greifen, möge es Denkanstöße nach allen Richtungen geben, auch wenn es vielleicht da oder dort provoziert, zum Widerspruch reizt; und möge es vor allem recht viele Leser Interesse an der Philosophie und Freude am Philosophieren gewinnen lassen, denn die Philosophie ist „das größte Gut, das dem Menschengeschlecht je zugekommen ist und zukommen wird" *(Platon)*, sie ist nach wie vor „das Gewissen der Menschheit" *(Horkheimer)*, und ohne Philosophie bliebe das Leben „eine Melodie ohne Schönheit und Reinheit" *(Plutarch)*.

Wien, Sommersolstitium 1978 F. A.

Das ist die klarste Kritik der Welt,
Wenn neben das, was ihm mißfällt,
Einer was Eigenes, Besseres stellt.

Geibel

PS: Nicht versäumt haben möchte ich die Gelegenheit, meiner Frau und Tochter, *Helga* und *Evelyn*, und meinen Enkelkindern, *Astrid* und *Nora*, zu danken: für ihr Verständnis meiner Arbeit gegenüber und für ihre Geduld mit mir.

1989 F. A.

A

A: Symbol für eine allgemein bejahende Aussage (z. B. „alle Menschen sind sterblich").

A = A: Formel für das logische Axiom der Identität, das unbeweisbar ist, aber auch keines Beweises bedarf; es gilt absolut und unabhängig von aller Erfahrung. Genau formuliert, müßte dieser sogenannte Identitätssatz lauten: A soll stets A bleiben! (D. h.: Wenn ein richtiges Denkresultat erzielt werden soll, muß jeder Denkinhalt in seiner Bedeutung unverändert bleiben, darf also z. B. einem bestimmten Begriff nicht unversehens ein anderer Sinn unterschoben werden!) — Die Erfüllung dieser Forderung ist eine Grundbedingung richtigen Denkens und verbürgt einen geordneten Denkprozeß.

A ╪ Nicht-A (A nicht = Non-A): Formel für das logische Axiom des Widerspruches, inhaltlich gleichbedeutend mit dem Identitätssatz (A = A). Die Forderung lautet in diesem Falle: A soll A bleiben und nicht Nicht-A werden!

Aall, Anathon, 1867—1943: norwegischer Psychologe, Logiker, Erkenntnistheoretiker, Rechtsphilosoph und Philosophiehistoriker, der sich der Tradition der idealistischen Philosophie, aber auch dem Kritizismus verbunden fühlt; sein pluralistisches Weltbild versucht er psychologisch zu fundieren, d. h. aus der Mannigfaltigkeit der Bewußtseinsqualitäten abzuleiten. — Hauptwerke: Der Logos (Geschichte seiner Entwicklung in der griechischen Philosophie und der christlichen Literatur), 2 Bde., 1896/1899; Macht und Pflicht (Eine natur- und rechtsphilosophische Untersuchung), 1902; Logik, 1926⁴. — Autobiographie in „Die Philosophie der Gegenwart in Selbstdarstellungen", Bd. V, 1924.

Aars, K. Birch-Reichenwald, 1868—1917: norwegischer Psychologe, Erkenntnistheoretiker und Ethiker, der in seiner Erkenntniskritik Hume nahesteht. — Hptw.: Die Autonomie der Moral 1896; Psychologische Analyse der Welt, 1900; Haben die Naturgesetze Wirklichkeit?, 1907; Gut und Böse (Zur Psychologie der Moralgefühle), 1907; Die Idee, 1911.

Abaelard, Peter, 1079—1142: französischer Frühscholastiker, der die dialektische Methode zu höchster Vollkommenheit entwickelte und auf die Widersprüche in der christlichen Dogmatik hinweist, im übrigen aber doch auch dem Standpunkt des Glaubens gerecht zu werden versucht; er nimmt im Universalienstreit einen Vermittlungsstandpunkt zwischen Realismus und Nominalismus ein (↗Konzeptualismus), betont die autonome Geltung der ethischen Werte und erhebt die Forderung, nicht so sehr die Handlungen der Menschen als vielmehr ihre Gesinnung ethisch zu beurteilen. — Hptw.: Sic et Non; Scito te ipsum; Historia calamitatum. — ↗Pelagianismus; Misch.

Abalietas: „Von-anderem-Sein"; etwas (z. B. die Welt), das anderswoher seine Existenz empfängt (z. B. von Gott). — ↗Aseität.

Abbagnano, Nicola, geb. 1901: italienischer Philosophiehistoriker (— Aristoteles, Wilhelm von Ockham, Telesius, Meyerson; 3bändige Geschichte der Philosophie —) und Existentialist, der auch dem sozialpsychologischen Aspekt entsprechend Rechnung trägt. — Hptw.: Il principio della metafisica, 1936; La struttura dell' esistenza, 1939; Introduzione all' esistenzialismo, 1942, 1967³, dt. 1957 (Philosophie des menschlichen Konflikts); Filosofia, religione, scienza, 1947, 1967²; Esistenzialismo positivo, 1948; Possibilità e libertà, 1956; Problemi di sociologia, 1959, 1967²; Dizionario di filosofia, 1960, 1971².

Abbildungstheorie (Adäquationstheorie): ihr zufolge besteht die Erkenntnis der Wirklichkeit in deren „Abbildung" (oder Spiegelung). Eine Aussage ist nach dieser (unhaltbaren) Auffassung dann wahr, wenn sie mit dem beschriebenen Gegenstand „übereinstimmt". — ↗Adaequatio, Korrespondenztheorie, Wahrheit.

Abbreviatur: Abkürzung. — ↗Bekanntheitsqualität, Denken.

Abderitismus: auf ↗Kant zurückgehende (ironisierende) Bezeichnung für eine Geschichtsbetrachtung, der zufolge die Geschichte nur als eine Summe von Tragikomödien aufzufassen bzw. nur eine anekdotische Geschichtsschreibung möglich ist (nach der altgriechischen Stadt Abdera an der Küste Thrakiens, deren Einwohner als beschränkte Kleinbürger, als spießbürgerliche Kleinstädter galten): „Geschichte ist eine große Anekdote" (Novalis); „Wie sich der kleine Moritz die Weltgeschichte vorstellt — genau so ist sie" (Anton Kuh). — ↗Th. Lessing.

Abduktion: ↗Ableitung.

Abendländische Philosophie: 1) Zusammenfassende Bezeichnung für die ↗griechische und die ↗römische Philosophie, die ↗christlich-mittelalterliche Philosophie sowie die europäische und die ↗amerikanische Philosophie der Neuzeit im Gegensatz zur (orientalischen) Philosophie des Nahen und des Fernen Ostens. — 2) Im engeren Sinne die mittel- und die westeuropäische Philosophie im Gegensatz zur amerikanischen einerseits und russischen andererseits.

Abendroth, Wolfgang, 1906–1985: deutscher Politologe und Gesellschaftskritiker „linker" Provenienz, einer der „Väter" der Studentenbewegung von 1968. – Hptw.: Aufstieg und Krise der deutschen Sozialdemokratie (Das Problem der Zweckentfremdung einer politischen Partei durch die Anpassungstendenz von Institutionen an vorgegebene Machtverhältnisse), 1964; Antagonistische Gesellschaft und politische Demokratie (Aufsätze zur politischen Soziologie), 1967; Gesellschaft, Recht und Politik, 1969; Sozialgeschichte der europäischen Arbeiterbewegung, 1972[8]; Rudolf Steiner und die heutige Welt, 1973; Ein Leben in der Arbeiterbewegung, 1976.

Aberglaube: vorurteilsvoller, primitiver Glaube an Zusammenhänge, die nach wissenschaftlicher Auffassung nicht bestehen (z. B. Zauberei, Hexerei); auch heute noch nicht ausgestorben: z. B. Glaube an Vorzeichen (Omen), an die Existenz des Teufels (Satansglaube; ↗Exorzismus), an die glückbringende Wirkung von Amuletten und Talismanen. — ↗Astrologie, Obskurantismus, Okkultismus, Parapsychologie, Spiritismus, Wunder.

Abiogenesis: ↗Urzeugung.

Ableitung (— abgesehen von der Wortbedeutung in der Differentialrechnung): 1. in der Logik die Ableitung eines Urteils aus einem (= ↗Folgerung) oder mehreren anderen Urteilen (= ↗Syllogismus). Ein derartiges Schlußverfahren führt wohl zu zuverlässigen Einsichten, jedoch nicht zu neuen Erkenntnissen im strengen Sinn des Wortes, da aus den Vordersätzen nur abgeleitet werden kann, was sie (zumindest versteckt) schon enthalten. — 2. die Methode der ↗Mathematik, in der aus erfahrungsunabhängigen Annahmen (mathematischen Axiomen), durch die bestimmte Beziehungen festgelegt werden, spezielle Lehrsätze abgeleitet werden. Diese sind „wahr", wenn sie aus den Axiomen folgerichtig deduziert sind, sie gelten (im Rahmen des betreffenden Axiomensystems) absolut. – ↗Deduktion.

Abnorm: regelwidrig; mißgebildet.

Abnützungstheorie: ↗Tod.

Ab ovo: vom Ursprung an, von den Anfängen an (z. B. ein Geschehen schildern); Gegensatz: In medias res = mitten in die Dinge (den Zuhörer versetzen).

Abschreckungstheorie: ↗Strafe.

Absolut: uneingeschränkt, unabhängig, unbedingt (Gegensatz: ↗relativ). — In der Metaphysik spricht man von absoluten Werten, Wahrheiten usw., die angeblich unabhängig von der wertenden Persönlichkeit, vom Erkennenden, von der Erfahrung usw. gelten. Dieser (unhaltbare) Standpunkt wird als ↗Wertabsolutismus bzw. erkenntnistheoretischer Absolutismus (↗Dogmatismus) bezeichnet (Gegenstandpunkt: ↗Relativismus). — Das „Absolute" (absolutes Sein, absoluter Geist, Gott, Urgrund usw.) ist der metaphysische Gegenbegriff zu „Welt". - ↗Metapher; Cramer.

Abstammungslehre (Deszendenztheorie, Entwicklungslehre, Evolutionstheorie): Vor allem von ↗Darwin vertretene, in der modernen Biologie allgemein anerkannte Auffassung, daß zwischen den einzelnen Tierarten verwandtschaftliche Beziehungen bestehen und die komplizierter gebauten Lebewesen sich aus einfacheren Formen (und somit auch der Menschenstamm aus dem Tierreich) entwickelt haben. Das Leben auf der Erde hat sich in zwei Richtungen entwickelt, und zwar einerseits zum „niederen" Leben der Bakterien und andererseits zu den zunehmend komplexer werdenden Zellverbänden der Pflanzen und der Tiere (— heute gibt es mehr als eine Million Arten von Lebewesen). Neuerdings glaubt man, in vor dreieinhalb bis vier Milliarden Jahren entstandenen primitiven Einzellern (Methanbakterien, Archäbakterien), die inzwischen in versteckte ökologische Nischen zurückgewichen sind, einen dritten Weg der Evolution entdeckt zu haben. Für die Entstehung des Reichtums an fossilen und rezenten organischen Formen war jedenfalls Zeit genug: Wenn man sich das Alter der Erde auf die letzten 24 Stunden verkürzt, die Erdgeschichte also auf 24 Stunden zusammengedrängt denkt, dann findet man die ersten Lebensspuren vor 6 bis 7 Stunden, prähominine Formen vor etwa 2 Minuten, den homo sapiens vor 10 Sekunden. Seit Darwin mit seinem 1859 erschienenen Werk über „Die Entstehung der Arten" (durch natürliche Zuchtwahl im Kampf ums Dasein) die Abstammungslehre begründete, ist es in zunehmendem Maße gelungen, die stammesgeschichtlichen Beziehungen zwischen den Lebewesen zu klären. Der Darwinismus ist heute durchaus nicht überholt (wie von konfessionell gebundenen Philosophen immer wieder behauptet wird); das haben z. B. ↗M. Hartmann, ↗Frankenberg, ↗Dobzhansky, ↗Zimmermann, ↗Rensch, ↗Heberer, ↗Lorenz, ↗Sachsse, ↗Gradmann und viele andere überzeugend dargetan: Die Wirksamkeit von Mutation, Selektion und Isolation bei der Entstehung der Arten ist unbestritten, der seit etwa 3 Milliarden Jahren ablaufende Evolutionsprozeß von den Einzellern bis zum Menschen (bis zur „Hominisation") ist als ein physikalisch-chemischer Vorgang ebenso einsichtig geworden wie der Mechanismus der Vererbung auf Grund der aus langen Molekülketten der Desoxyribonukleinsäure bestehenden Baupläne in den Genen im Kern jeder Zelle. Die Molekularbiologie, ausgehend von der von ↗Oparin, Miller (Stanley Loyd, geb. 1930), Butenandt (Adolf, geb. 1903) und vielen anderen untersuchten chemischen Evolution präbiologischer Systeme, hat unwahrscheinliche Leistungen vollbracht. Der letzte und größte Erfolg ist die von dem Biochemiker ↗Eigen entwickelte exakte Theorie der Evolution (1970 reformiert), der zufolge lediglich Proteine und Nukleinsäuren als Voraussetzungen für die Evolution vonnöten sind. Diese mathematische Theorie der Molekularkinetik biologischer Informationsübertragung, d. h. der Selbstorganisation der Information und damit der Selbstorganisation der Materie und der Evolution biologischer Makromoleküle, diese „Mathematik der Evolution" im Sinne einer mathematischen Formulierung des Darwinschen Prinzips, hat den Darwinismus glänzend bestätigt und die „Lücke" zwischen Physik und Biologie endgültig geschlossen. Zur Chronologie der Evolution, die mithin zwei Prinzipien vereint, nämlich dem selbstreproduktiven „Hyperzyklus" als Prinzip der natürlichen Selbstorganisation und damit der Entstehung des Lebens (nach ↗Eigen) und der natürlichen Auslese (nach ↗Darwin) als dem Prinzip der Entwicklung des Lebens: Vor vier Milliarden Jahren entstand nach einer präbiotischen Periode von einer Milliarde Jahren (für die zufallsgesteuerte Bereitstellung des Ausgangsmaterials und dessen Optimierung zur Hervorbringung von Leben aus lebloser Materie allein nach den Gesetzen der Physik und der Chemie) die „Urzelle", vor dreieinhalb Milliarden Jahren erfolgte die erste Zellteilung, drei Milliarden Jahre lang gab es nur einzellige Organismen im Ozean, die schließlich die „Sexualität" und die Photosynthese (— das Blattgrün stellt mit Hilfe von Sonnenlicht aus Kohlendioxid und Wasser unter Freisetzung von Sauerstoff Kohlehydrate her —) entwickelten; die Wirbeltiere (zuerst die Fische als Träger eines inneren Skeletts) entstanden vor 500 Millionen Jahren (die Amphibien vor 400, die Reptilien vor 300 Millionen Jahren — 200 Millionen Jahre lang beherrschten sie die Erde —, zuletzt folgten Vögel und Säugetiere). Im einzelnen heben sich, abgesehen von Divergenzen in Details, in der Frage nach dem Ursprung und der Entwicklung des Lebens folgende Standpunkte voneinander ab: Oparin nimmt an, daß eine Selbstorganisation in einer homogenen Phase oder an einer katalytisch wirksamen Grenzfläche in einem Ozean aus „Ursuppe" ausgelöst und durch diesen Prozeß der Bildung selbstorganisierender Systeme eine chemische Evolution als Vorstufe der biologischen Evolution eingeleitet wurde; Miller konnte zeigen, daß bei Simulation präbiologischer Bedingungen ganz besonders leicht die chemischen Bausteine der Organismen (Aminosäuren, Nukleinbasen und Zucker) entstehen; Eigen wies nach, daß sich in einer solchen Ursuppe unter bestimmten Voraussetzungen (Umgebung stationär und das System unter gewissen Stabilitätsbedingungen) dissipative Strukturen bilden und in Reaktionshyperzyklen selbständig sich organisierende Systeme von Makromolekülen entstehen; und auch Kuhn setzt eine chemische Evolution als Vorstufe der biologischen Evolution an, allerdings nicht in einem Ozean aus „Ursuppe" als Folge eines einmaligen Zufallsereignisses, sondern als Ergebnis einer durch die Zufälligkeiten der Umgebung ausgelösten komplexen periodischen Folge ineinandergreifender Vorgänge (— auch ↗Monod schreibt den Initialprozeß der Selbstorganisation auf der Erde einem sehr unwahrscheinlichen Zufall zu), weshalb das Fehlen von Überresten der „Ursuppe" irrelevant ist. Im Gegensatz zu den Genannten halten neuerdings J. Brooks und G. Shaw eine chemische Evolution als Vorstufe der biologischen Evolution für weniger begründet als eine Evolution aus einfachsten „Organismen" (Vorformen), die aus dem Weltraum die Erde bevölkerten, da sich in frühen präkambrischen Sedimenten keine Überreste der „Ursuppe" finden. Diese Auffassung hat seinerzeit schon ↗Schultz in seiner ↗biomechanistischen ↗Maschinentheorie des Lebens vorwegge-

Abstrakt

nommen (die präbiologischen Systeme als chemische Maschinen, als — nach ↗Arrhenius' und ↗Hoyle's ↗Panspermie-Hypothese — aus dem Weltall stammende Makromoleküle); korreliert ist diese Annahme mit der Überzeugung von der ↗Ewigkeit der Welt (der Materie ebenso wie der ↗„Biogene"), da andernfalls das Problem der Entstehung des Lebens (nunmehr eben der Biogene) sich neuerlich stellt. Auch sei nicht vergessen, daß der Nachweis extraterrestrischen „Lebens" (vor dem Leben auf der Erde) durch Meteoriten bereits gelungen ist (die jüngste Entdeckung organischer Moleküle im Weltraum: Cyanotriacetylen bzw. Cyanohexatrycin, eine überaus reaktive Substanz, die daher auf der Erde nicht frei vorkommt). — ↗Darwinismus („repetitiv" verlaufende Evolution als Ergebnis zufälliger Mutationen in den Genen, die durch natürliche Auslese erhalten bleiben: „wissenschaftlicher Calvinismus" — ↗„Prädestination" — hat man gespöttelt!); ↗Lamarckismus („kumulativ" verlaufende Evolution durch Vererbung erworbener Eigenschaften). — Dem neuesten Evolutionsmodell für die Entwicklung der Tiere zufolge (erarbeitet im Forschungsinstitut Senckenberg) wird „die Evolution durch die Funktion determiniert", sind die stammesgeschichtlichen Abläufe als allmähliche Umkonstruktionen und Funktionswechsel aufzufassen, setzen sich im Verlaufe der Stammesgeschichte diejenigen Formen durch, die eine bestimmte Leistung durch einen geringeren Energieaufwand vollbringen als ihre Konkurrenten. — ↗Anthropogenie, Entwicklung, Exobiologie, Kladistik, Leben, Neodarwinismus, Soziobiologie, Tod; Neuhäusler.

Abstrakt: begrifflich-unanschaulich. „Abstrakt" ist daher jeder Begriff — im Gegensatz zum ↗konkreten Einzelgegenstand.

Abstraktion: Begriffsbildung. Der Begriff „Tisch" z. B. wird gebildet, indem man die allen Tischen gemeinsamen (= wesentlichen) Merkmale heraushebt und von allen anderen (unwesentlichen) Eigenschaften, die diesen oder jenen Tisch zufällig auszeichnen, absieht (abstrahiert). Durch fortschreitende Abstraktion wird ein Begriff immer allgemeiner, d. h. sein Inhalt kleiner und sein Umfang größer (Gegenbegriff: ↗Determination). — ↗Oeser, Worringer.

Abstrus: verworren, unverständlich.

Absurd: widersinnig, unsinnig. — „Ad absurdum führen": die Sinnlosigkeit (den Selbstwiderspruch) einer Behauptung nachweisen.

Abulie: krankhafte Willensschwäche, Willenlosigkeit.

Acervus: „Haufen"-schluß, durch den die ↗Eleaten (↗Zenon) dartun wollen, daß die Sinneswahrnehmung trügt (ein fallender Kornhaufen kann niemals ein Geräusch hervorrufen, da jedes einzelne Korn geräuschlos fällt). — Der Fehler liegt in der Vernachlässigung des Unterschiedes zwischen der Stetigkeit im Denken und der Unstetigkeit des Naturgeschehens.

Achilleus: Fangschluß des Eleaten ↗Zenon, um nachzuweisen, daß es eine wirkliche Bewegung nicht gibt bzw. der Begriff „Bewegung" widerspruchsvoll ist: Achill, der zwölfmal so schnell läuft wie eine Schildkröte und dieser einen Vorsprung von einem Stadion gibt, kann die Schildkröte niemals einholen, denn: sobald er diese Strecke von einem Stadion durchlaufen hat, beträgt der Vorsprung der Schildkröte noch ein Zwölftel Stadion; hat Achill auch diese Strecke (ein Zwölftel Stadion) durchmessen, so beträgt der Vorsprung der Schildkröte noch ein Hundertvierundvierzigstel Stadion usw. — (Kritik: Natürlich hat Achill die Schildkröte eingeholt, sobald sie ein Elftel Stadion zurückgelegt hat. Zenon übersieht, daß eine Größe unendlich teilbar sein und dennoch einen endlichen Wert besitzen kann, verwechselt also „unendlich teilbar" mit „unendlich groß". — ↗Paradoxon.

Actus (Akt, Aktualität, griech. energeia): Wirklichkeit, Vollzug. Gegenbegriff: ↗Potentia.

Actus purus: reine (stofflose) Wirklichkeit und Wirksamkeit (Bezeichnung für Gott, der in seiner Wirksamkeit durch nichts beeinträchtigt ist).

Ad absurdum (führen): ↗absurd.

Adäquat: angemessen, übereinstimmend, genau entsprechend.

Adaequatio rei et intellectus: Übereinstimmung zwischen einem Gegenstand und seiner Erkenntnis bzw. zwischen Beschreibung und von der beschreibenden Aussage unabhängiger Wirklichkeit (↗Abbildungstheorie).

Ad hominem (argumentum ad hominem): Argument der subjektiven Beweisführung; nicht sachliche, sondern dem Verständnis des Hörers angepaßte (populäre) Argumentation; auch: Hinweis auf persönliche Schwächen des Debattengegners.

Adiaphora: wertfreie Gegebenheiten, wertneutrale Dinge und Verhaltensweisen, Gleichgültiges (was weder ein Gut noch ein Übel ist).

Adickes, Erich, 1866—1928: deutscher Kant-Philologe, der u. a. K.s handschriftlichen Nachlaß herausgegeben und K.s nachgelassenes Werk bearbeitet hat. Kritizist; Schüler Paulsens. — Hptw.: Charakter und Weltanschauung, 1907; Kants Opus postumum, dargestellt und beurteilt, 1920; Kant und das Ding an sich, 1924. — Autobiographie in „Philosophie der Gegenwart in Selbstdarstellungen", Bd. II, 1923².

Erich Adickes

Adi Granth: Heiliges Buch der ↗Sikhs, zusammengestellt vom 5. ↗Guru Arjuna (1583—1606); vom 10. Guru erweitert (Buch des 10. Fürsten) und an Stelle eines menschlichen Nachfolgers selbst zum Guru ernannt.

Ad infinitum (in infinitum): ins unendliche fortschreitend (z. B. eine Beweisführung).

Adler, Alfred, 1870—1937: Wiener Psychiater und Psychologe, Schüler Freuds, Begründer der ↗„Individualpsychologie". — Hptw.: Studie über Minderwertigkeit von Organen, 1907; Über den nervösen Charakter, 1912, 1972⁵; Heilen und Bilden (als Hrsg.), 1914, 1922³; Praxis und Theorie der Individualpsychologie, 1920, 1927⁴; Menschenkenntnis, 1927, 1954⁶; Die Technik der Individualpsychologie, 2 Bde., 1928/30, 1974²; Individualpsychologie in der Schule, 1929, 1946²; Der Sinn des Lebens, 1933; Grundlagen der Soziometrie, 1954; Gruppenpsychotherapie, 1959; Kindererziehung, 1976. – ↗Sperber.

Adoptianismus

Alfred Adler

Adler, Felix, 1851—1933: Gründer der „Gesellschaft für Ethische Kultur" in New York (1876). — Hptw.: Die Ethischen Gesellschaften, 1892; Der Moralunterricht der Kinder, 1892; The Religion of Duty, 1905; An Ethical Philosophy of Life, 1923² (Ethische Lebensphilosophie, 1926). — ↗Ethische Bewegung.

Adler, Max, 1873—1937: Wiener Soziologe, der Marxismus und Kritizismus zu verbinden sucht; einer der führenden Theoretiker des Austromarxismus. — Hptw.: Kausalität und Teleologie im Streite um die Wissenschaft, 1904; Marxistische Probleme (Beiträge zur Theorie der materialistischen Geschichtsauffassung und Dialektik), 1913, 1974⁶; Wegweiser (Studien zur Geistesgeschichte des Sozialismus), 1914, 1974⁶; Marx als Denker, 1923³; Georg Simmels Bedeutung für die Geistesgeschichte, 1919; Der Sozialismus und der Intellektuelle, 1920; Die Staatsauffassung des Marxismus, 1923; Das Soziologische in Kants Erkenntniskritik, 1924; Kant und der Marxismus, 1925; Der Marxismus als proletarische Lebenslehre, 1923, 1930²; Lehrbuch der materialistischen Geschichtsauffassung, 1930; Schöpferischer Sozialismus, 1932; Das Rätsel der Gesellschaft (Zur erkenntniskritischen Grundlegung der Sozialwissenschaft), 1936. – ↗Heintel, P., Kofler.

Ad oculos (demonstrieren): anschaulich darlegen.

Adoptianismus: frühchristliche, von der Kirche als ketzerisch verurteilte Auffassung, daß Christus mit Gott nur durch Adoption verbunden sei.

Theodor W. Adorno

Adorno, Theodor W., 1903—1969: deutscher Soziologe und Philosoph, Gesellschafts- und Kulturkritiker (vorübergehend emigriert). Mitbegründer der „Kritischen Theorie" der Frankfurter Schule (↗ „Positivismus-Streit"). Letztlich hat freilich auch dieser radikale Gesellschaftskritiker, literarisch ungemein produktiv und auch als Ästhetiker mit großem Erfolg hervorgetreten, den Weg der Resignation beschritten, wenn er die „Kritische Theorie" als die Einsicht definiert, daß kritische Vernunft am Ende nichts zu bewirken vermag. Damit wird die „Kritische Theorie" eine Theorie der Vergeblichkeit, von der kein Weg mehr zur Aktion führt. Tragisch ist es, daß seine letzten Jahre von der Auseinandersetzung gerade mit jenen überschattet waren, für die er eine bessere Welt erträumt hatte: mit den linken Studenten, deren Irrationalismus ihn abstieß, wenn es im Grunde auch vielfach Mißverständnisse waren, die sie von ihm trennten, für deren romantisierende Verneinung der modernen „Asphalt- und Computerwelt", der Erwerbs- und Leistungsgesellschaft, der konsum- und profitgierigen Überflußgesellschaft (= Überdrußgesellschaft) er wohl Verständnis gehabt haben mag, denen er aber keinen revolutionären Weg der Tat zur Änderung dieser Welt und Gesellschaft weisen mochte. — Hptw.: Dialektik der Aufklärung (mit Max Horkheimer), 1947, 1969²; Philosophie der neuen Musik, 1949, 1972²; Minima Moralia (Reflexionen aus dem beschädigten Leben), 1951, 1967³; Prismen (Kulturkritik und Gesellschaft), 1955, 1969²; Zur Metakritik der Erkenntnistheorie (Studien über Husserl und die phänomenologischen Antinomien), 1956; Aspekte der Hegelschen Philosophie, 1957; Drei Studien zu Hegel, 1963, 1969³; Eingriffe. Neun kritische Modelle, 1963, 1974⁸ (darin: „Wozu noch Philosophie?"); Jargon der Eigentlichkeit (Zur deutschen Ideologie), 1964, 1968⁴; Negative Dialektik, 1966, 1967²; Stichworte, 1969; Aufsätze zur Gesellschaftstheorie und Methodologie, 1970; Ästhetische Theorie, 1971; Studien zum autoritären Charakter, 1973; Philosophische Terminologie, 1973; Einleitung in die Musiksoziologie, 1975; Gesellschaftstheorie und Kulturkritik, 1975; Philosophie und Gesellschaft (Fünf Essays), 1984. – ↗Künzli, ↗Lukács.

Adrastos von Aphrodisias, 2. Jhdt. n. Chr.: Aristoteles-Kommentator.

Advaita-Vedânta: die „absolutistische" Schule der ↗Hindu-Philosophie, deren prominenteste Vertreter Gaudapada und Sankara im 8. Jhdt. n. Chr. waren.

Affekte: durch starke Gefühlsbetonung und motorische (vasomotorische, sekretorische, exkretorische) Abreaktion gekennzeichnete Erlebnisse. Grundaffekte sind Freude (stärkend, lustbetont), Zorn (stärkend, unlustbetont) und Angst (schwächend, unlustbetont). „Eingeklemmte" Affekte: Von den ↗Psychoanalytikern angenommene unterdrückte, aber im Unterbewußtsein weiterwirkende Gemütserregungen.

Affekthypothese („periphere"): von Carl Lange, ↗William James und Théodore Ribot vertretene (übrigens schon von Alexander Bain, ja ↗Descartes angedeutete) Auffassung, daß Gemütserregungen mit ihrem leiblichen Ausdruck zusammenfallen, ja ihm folgen (und nicht umgekehrt): „Wir weinen nicht, weil wir traurig sind, sondern wir sind traurig, weil wir weinen".

Affirmativ: ist eine bejahende Aussage, z. B.: „Mein Hut ist blau"; Gegenbegriff: ↗negativ.

Affizieren: erregen (die Sinne oder das Gemüt) und dadurch eine Änderung des psychischen Zustandes verursachen.

Agape: schenkende Liebe Gottes und von ihr bestimmte Nächstenliebe.

Agenetisten: von ↗Stöhr gewählte Bezeichnung für die griechischen Philosophen ↗Anaxagoras, Empedokles, Leukippos und

Demokrit, die eine Mehrzahl von qualitativ Unverwandelbarem annehmen und die Verschiedenheit der Stoffe durch eine Verschiedenheit der Mischung erklären. Gegenbegriff: ↗ Transformisten.

Agens (Mehrzahl: Agentien): Kraft; wirksames Prinzip.

Aggression: eine gewollte physische oder psychische Schädigung eines Artgenossen. Ob es einen angeborenen „Aggressionstrieb" gibt (wie z. B. ↗Lorenz meint, der vom Tier auf den Menschen schließt) oder nicht, also Aggressivität nur durch ↗ „Frustration" hervorgerufen wird (↗H. Marcuse, W. Reich), ist nach wie vor umstritten; eine mittlere Position nimmt (mit ↗Freud) ↗Mitscherlich ein. — ↗Friede; Hacker, Hobbes, Hollitscher, Kofler.

Agnostizismus: erkenntnistheoretischer Standpunkt, dem zufolge es „Unerkennbares" gibt. So nehmen z. B. ↗Kant ein unerkennbares „Ding an sich", ↗Spencer ein „Unknowable" (das Absolute), ↗Wahle unerkennbare „Urfaktoren" an. In einem etwas anderen Sinn sind z. B. auch die ↗Empiristen und die ↗Positivisten Agnostiker, indem sie im Gegensatz zu den Metaphysikern das Erfahrungstranszendente für unerkennbar halten. Einen agnostischen Standpunkt hat auch z. B. ↗Du Bois-Reymond vertreten. — Den Terminus „Agnostizismus" hat ↗Th. H. Huxley eingeführt; — ↗Deschner.

Agraphie: Unfähigkeit zu schreiben infolge einer Gehirnverletzung.

Agricola, Rudolf, 1443—1485: deutscher Humanist, der an der Scholastik Kritik übt. — Hptw.: De inventione dialectica, 1480.

Agrippa von Nettesheim, Heinrich Cornelius, 1486—1535: vom Neuplatonismus und von der jüdischen Philosophie (Kabbala) beeinflußter deutscher Arzt und Philosoph, der Mystizismus und Skeptizismus unsystematisch verquickt, Magie und Astrologie hochschätzt und die Welt für allbelebt und -beseelt und unvergänglich hält. — Hptw.: De occulta philosophia, 1510; De incertitudine et vanitate scientiarum (Über die Unsicherheit und die Eitelkeit der Wissenschaften), 1527.

Ägyptische Philosophie (im Altertum): weniger Philosophie im üblichen Sinn des Wortes, daher auch nicht ohne weiteres mit der abendländischen Philosophie vergleichbar; zwei Hauptformen sind zu unterscheiden: 1) mythologisch-theologische Spekulation, 2) Weisheitslehren und Lebensregeln. Der Ägypter denkt einerseits sehr konservativ und traditionsgebunden, andererseits jedoch sehr lebensnahe, realistisch und praktisch, indem er sich in der Anwendung des überkommenen Gedankengutes auf die realen Verhältnisse anpassungsfähig und elastisch zeigt. Die in der jahrtausendealten Tradition verwurzelte theologische Spekulation kreist um den Ewigkeitsgedanken und den Unsterblichkeitsglauben und gipfelt in einer (mündlich tradierten und nur dem Eingeweihten verständlichen) Geheimlehre, in der die polytheistische Volksreligion durch einen Mono- oder einen Pantheismus ersetzt wird. Der daraus entwickelte (theonome) Determinismus spiegelt sich auch in der Lebensweisheit der Ägypter: in ihrem kritischen (nicht naiven, sondern die Tragik des menschlichen Daseins erkennenden und überwindenden) Optimismus (gezügelte Heiterkeit!) und in der Forderung, sich dem harmonischen All-Leben einzufügen (Selbstbeherrschung! „Alles an seinen Platz und alles zu seiner Zeit"! und dabei doch Vitalität und Aktivität bewahren!). — ↗Worringer.

Ahnung: unbegründbare Vermutung, unvollkommenes Wissen, gefühlsmäßige Überzeugung; von manchen Religionsphilosophen (z. B. ↗Fries, Otto) als Erlebnisgrundlage der Religion angenommen. — ↗Glaube, Intuition.

Ainesidemos von Knossos (Kreta), 1. Jhdt. v. Chr.: griechischer Skeptiker.

Akademie: 1) von ↗Platon in Athen gegründete Philosophenschule. Insgesamt gab es im Altertum fünf „Akademien" (z. B. im 3. und im 2. Jhdt. die mittlere und die jüngere Akademie, deren letzte 529 n. Chr. geschlossen wurde. — 2) Im 15. Jhdt. unter Cosimo von Medici in Florenz gegründete Platonische Akademie (ihr Haupt: ↗Ficino), an der griechische Denker lehrten, die angesichts der Türkengefahr aus Konstantinopel geflohen waren. — 3) Heute: Name für wissenschaftliche Gesellschaften.

Akkommodation: Anpassung der Wölbung der Kristallinse des Auges an die Entfernung des fixierten Gegenstandes.

Akkulturation: Kulturübertragung, Kulturübernahme, Überlagerung von Kulturen (Beispiel: ↗Hellenismus; Beispiele für religiöse Akkulturation: das ↗Christentum hat vom ↗Buddhismus Glocke und Rosen-

Akosmismus

kranz, der ↗Islam hat vom Christentum die Kanzel übernommen). Zu unterscheiden ist zwischen intrakulturellem (Gestaltwandel einer Kultur in der Generationenabfolge) und interkulturellem Wandel (Übernahme fremder Kultur, durch Zwang oder freiwillig).

Akosmismus: metaphysische Auffassung, nach der „wirklich" im absoluten Sinn nur Gott bzw. eine transzendente Realität ist, während die Welt nur eine unselbständige Erscheinungsform bzw. Daseinsweise jenes absoluten Seins darstellt. — Gesamtbezeichnung für eine Reihe verschiedenartiger metaphysischer Standpunkte, für die alle jedoch die Leugnung der absoluten Realität der Welt charakteristisch ist (z. B. die Lehre von der Nichtigkeit der Welt in der ↗indischen und der ↗christlichen Philosophie; die metaphysischen Systeme der ↗Eleaten, Spinozas, Berkeley's, Fichtes, Schopenhauers; ↗Kants Auffassung).

Akribie: besondere Genauigkeit.

Akroamatisch: 1) Bezeichnung für den Vortragsunterricht; Gegensatz: ↗erotematisch, dialogisch. — 2) Gleichbedeutend mit „esoterisch": ist eine wissenschaftliche Darlegung im Gegensatz zu einer populären.

Aktivismus: auf die Umgestaltung der bestehenden Verhältnisse gerichtetes Verhalten. — ↗Optimismus. — Gegenstandpunkt: ↗Quietismus (↗Pessimismus).

Aktualismus: wirklichkeitstheoretischer Standpunkt, dem zufolge es in der Welt kein beharrendes Sein, sondern nur „ewiges Werden", unaufhörliche Veränderung und Bewegung gibt: „Mundus nunquam est; nascitur semper et moritur" (Cremonini); z. B. von ↗Heraklit vertreten (↗„alles fließt"). — Gegenstandpunkt: ↗Substantialismus.

Aktualitätstheorie: moderne Auffassung von der „Seele", der zufolge der Begriff „Seele" nur eine zusammenfassende Bezeichnung für „seelisches Geschehen", also für den Zusammenhang der seelischen Erscheinungen ist. In diesem Sinne meinte z. B. schon ↗Hume, daß man unter „Seele" nur eine „Summe von Erlebnissen" (bundle of perceptions) verstehen dürfe. — Gegenbegriff: ↗Substantialitätstheorie.

Aktuell (aktual): wirklich. Gegenbegriff: ↗potentiell.

Akzidenz (accidens): das unselbständig Seiende. Z. B. 1) die wechselnde Eigenschaft, der zufällige Zustand eines Dinges im Gegensatz zur beharrenden ↗Substanz. — 2) Das unwesentliche („zufällige", nebensächliche) Merkmal eines Dinges (= Modus, z. B. die braune oder die weiße Farbe eines Pferdes) im Gegensatz zu den Wesensmerkmalen (↗Attributen), die für alle Exemplare einer Art kennzeichnend sind und deren Wesen (↗Essenz) umschreiben.

Alain (Emile Auguste Chartier), 1868–1951: französischer Publizist und Philosoph, Positivist, anti-intellektualistischer Ethiker (radikaler Pazifist: „Der Krieg wird zum Triumph der Reichen gegenüber den Armen"), Ästhetiker und Religionsphilosoph, aus dessen zahllosen Schriften eine deutsche Auswahl unter dem Titel „Lebensalter und Anschauung" 1932 erschienen ist. – Neuere Arbeiten in deutscher Übersetzung: Gedanken über die Religion, 1948; Spielregeln der Kunst, 1961, 1985²; Die Pflicht, glücklich zu sein, 1962³; Von der Liebe, von der Arbeit, vom Spiel, 1962; Wie die Menschen zu ihren Göttern kamen, 1965; Mars oder Die Psychologie des Krieges, 1983; Das Glück ist hochherzig, 1987.

Alanus von Lille, 1120–1203: französischer Scholastiker, der aus Grundbegriffen und Axiomen ein mit Zahlenspekulationen verquicktes theologisches System zu deduzieren versucht. – Hptw.: De fide catholica contra haereticos; Regulae theologicae.

Albert von Sachsen, 1316–1390: erster Rektor der Wiener Universität (1365), später Bischof von Halberstadt. Nominalist (Anhänger ↗Wilhelms von Ockham); als empirisch eingestellter Naturphilosoph an ↗Buridan orientiert (Pariser Schule). Hptw.: Quaestiones et decisiones physicales, 1516.

Albert, Hans, geb. 1921: deutscher Philosoph, Positivist, Kritischer Rationalist, der unter dem Einfluß K. Poppers (in der Tradition der Aufklärung, Kants und M. Webers stehend) eine rationalistische Gegenposition zur „Kritischen Theorie" der Frankfurter Schule aufgebaut hat, von der aus sich auch die Realisierbarkeit der gesellschaftspolitischen Forderungen im Auge behalten läßt. Mit den von dieser Plattform einer kritischen Rationalität aus entwickelten Zielsetzungen für eine rationale Politik will er liberales Denken und notwendige soziale Reformbestrebungen in Einklang bringen, um eine sozialliberale Gesellschaftsform zu finden, die zwischen der von ihm als unzulänglich erkannten

Alternative „Resignation oder Revolution", zwischen den Extremen eines autoritär-konservativen Traditionalismus (der in der Philosophie mit Hilfe der Methode der Hermeneutik gerechtfertigt wird) und eines antiautoritär-revolutionären Radikalismus (der dialektisch begründet wird) steht und sich in praxi „bewährt". Ihre kritisch-rationale philosophische Begründung durch A. hebt sich von jedem prophetischen, literarisch überhöhten Philosophieren und philosophischen Theologisieren scharf ab, vom „rechten", auf „Bewahrung" gerichteten Irrationalismus eines Denkers wie Heidegger ebenso wie vom „linken" Irrationalismus der Neohegelianer und Neomarxisten. A. hält den Einsatz praxis-relevanter Analysen für die einzige zielführende Methode, um nicht (wie die „Kritische Theorie", die, wie er meint, zu „totaler Negation" entartet sei) den ökonomischen Unterbau, den Zusammenhang von Theorie und Praxis, von Erkenntnis und Entscheidung, von Rationalität und Engagement aus den Augen zu verlieren, während die „Kritische Theorie" dieses ihr Hauptproblem, nämlich das Verhältnis von Theorie und Praxis, nicht gelöst, sondern nur durch eine „esoterische Terminologie verschleiert" habe. Auch ihre Freude an „provokativen und effektvollen Formulierungen" und die Überschreitung der „Grenze zwischen Argumentation und Agitation" wirft er den Frankfurtern vor. — Hptw.: Ökonomische Ideologie und politische Theorie, 1954; Marktsoziologie und Entscheidungslogik, 1967; Traktat über kritische Vernunft, 1980⁴; Plädoyer für kritischen Rationalismus, 1971; Konstruktion und Kritik (Aufsätze zur Philosophie des kritischen Rationalismus), 1972, 1976²; Theorie und Realität, 1972; Theologische Holzwege (Gerhard Ebeling und der rechte Gebrauch der Vernunft), 1973; Transzendentale Träumereien (Karl-Otto Apels Sprachspiele und sein hermeneutischer Gott), 1975; Aufklärung und Steuerung (Aufsätze zur Sozialphilosophie und zur Wissenschaftslehre der Sozialwissenschaften), 1976; Kritische Vernunft und menschliche Praxis, 1977; Traktat über rationale Praxis, 1978; Werturteilsstreit, 1979; Das Elend der Theologie. Kritische Auseinandersetzung mit Hans Küng, 1979; Die Wissenschaft und die Fehlbarkeit der Vernunft, 1982; Freiheit und Ordnung (Zwei Abhandlungen zum Problem einer offenen Gesellschaft), 1986; Kritik der reinen Erkenntnislehre, 1987. – ↗Küng, ↗Lenk, H., ↗Marcuse, H., ↗Wellner, ↗Dialektik, ↗Positivismus-Streit.

Albert, Karl, geb. 1921: deutscher Philosoph, der ontologische mit existenzphilosophischen Denkansätzen zu verknüpfen sucht. – Hptw.: Philosophie der modernen Kunst, 1969; Die ontologische Erfahrung, 1974; Zur Metaphysik Lavelles, 1975; Meister Eckharts These vom Sein, 1976; Über spirituelle Poesie, 1977; Griechische Religion und Platonische Philosophie, 1980; Das gemeinsame Sein (Studien zur Philosophie des Sozialen), 1981; Vom Kult zum Logos (Studien zur Philosophie der Religion), 1982. – ↗Lavelle.

Albertus Magnus (Albert der Große, von Bollstädt, Dr. universalis), 1193(1207)—1280; deutscher Hochscholastiker (Dominikaner, Lehrer des Thomas von Aquino), vielseitig (auch naturwissenschaftlich) interessiert; begründet den theologischen Aristotelismus (Verquickung der christlichen Dogmatik mit der Aristotelischen Philosophie) und bekämpft die Averroisten. — Hptw.: Summa theologica; Summa de creaturis; Summa philosophiae naturalis. — ↗Rintelen.

Albinos, 2. Jhdt. n. Chr.: Platoniker, der eine ↗„Negative Theologie" fordert.

Albrecht, Erhard, geb. 1925: In der DDR wirkender deutscher Logiker, Erkenntnis-und Wissenschaftstheoretiker, insbesondere sprachphilosophisch interessiert. – Hptw.: Die Beziehung von Erkenntnistheorie, Logik und Sprache, 1956; Beiträge zur Erkenntnistheorie und das Verhältnis von Sprache und Denken, 1959; Der Antikommunismus – Ideologie des Klerikalismus, 1961; Sprache und Erkenntnis (Logisch-linguistische Analysen), 1967; Bestimmt die Sprache unser Weltbild? (Zur Kritik der bürgerlichen Sprachphilosophie der Gegenwart), 1974²; Sprache und Philosophie, 1975; Weltanschauung, Methodologie, Sprache, 1979; Weltanschauung und Erkenntnistheorie in der klassischen bürgerlichen Philosophie, 1981.

Alchimie: vor- bzw. unwissenschaftliche „Chemie", mit magischen Vorstellungen, religiösen Lehren und antiken naturphilosophischen Spekulationen verquickt, gepflegt in der Absicht, aus unedlen Metallen Gold zu gewinnen, den „Stein der Weisen" zu finden und den künstlichen Menschen (Homunculus) zu erzeugen. Im Mittelalter hochangesehene „Heilige Kunst" (Hagia Techne) der Herstellung von Edelmetallen, theoretisch begründet durch eine in der Tradition der griechischen Philosophie und der Mystik des Hermes Trismegistos oder Megistos Hermes (— als „Mephistopheles" verballhornte mythische Per-

d'Alembert

sönlichkeit bzw. Personifikation altägyptischer Weisheit —) wurzelnde Lehre von der Alleinheit des Naturganzen. Seit dem Aufschwung der modernen naturwissenschaftlichen Forschung abgestorben. — ↗Eliade.

d'Alembert (Jean le Rond), 1717—1783: französischer Mathematiker, Physiker und Philosoph, der zusammen mit Diderot die Große Enzyklopädie (28 Bde., 1751—1780) herausgab, für die er die mathematischen und einige philosophische Artikel sowie die Einleitung (Discours préliminaire) verfaßt hat. d'A. ist Empirist (Positivist), Relativist und Phänomenalist, wobei er vor allem an der Metaphysik und am Deismus Kritik übt. Das menschliche Geistesleben gliedert er (im Anschluß an Bacon) in Wissenschaft, Kunst und Philosophie. d'A. bekennt sich zu einer Ethik der Liebe und Sympathie (Utilitarismus) und fordert unter Ablehnung aller kirchlich organisierten Religionen u. a. einen weltlichen Moralunterricht. — Hptw.: Eléments de philosophie, 1759.

Alexander von Aphrodisias, um 200 n. Chr.: Aristoteles-Kommentator, der die Schriften des Aristoteles naturalistisch interpretiert und die Unsterblichkeit der Seele leugnet.

Alexander von Hales, um 1175—1245: englischer Franziskaner (Doctor irrefragabilis), an der Pariser Universität, einer der Begründer der scholastischen Methode und aristotelisierenden Theologie, im Universalienstreit auf der Seite der Realisten. — Hptw.: Summa universae theologiae. — ↗Summen.

Alexander, Samuel, 1859—1938: englischer (evolutionistisch eingestellter) Ethiker und Metaphysiker, der in Anlehnung an die moderne naturwissenschaftliche Forschung und auf der Basis des anglo-amerikanischen Neurealismus einen Gesamtüberblick über die Etappen des kosmischen Werdens zu geben sucht: Zielpunkt der Weltentwicklung, die von der anorganischen über die organische zur seelisch-geistigen Wirklichkeit führt, ist die Gottheit, d. h. das nie erreichte Ideal der Vollendung, das Gesamtuniversum in seinem Streben zur Vollkommenheit; für den Fortschritt in der Entwicklung sorgen die (vom Raum unabtrennbare) Zeit sowie die stets gegenwärtigen metaphysischen „Formen", die der Wirklichkeit die Gestalt aufprägen; die Wirklichkeit ist in eine hierarchische Stufenfolge qualitativ verschiedenartiger Seinsbereiche aufgegliedert, deren jeder sich den tiefer liegenden gegenüber durch Eigengesetzlichkeit und neuartige Formelemente höherer Ordnung auszeichnet. — Hptw.: Space, Time and Deity, 1920, 1927^2; Beauty and Other Forms of Value, 1933; Philosophical and Literary Pieces, 1939.

Alexandrinische Schule (Alexandrismus, Alexandristen): 1) Angehörige der jüdischen und der griechischen Philosophenschulen in Alexandria in Ägypten in den ersten vor- und nachchristlichen Jahrhunderten. — 2) Lehrer an der Katechetenschule in Alexandria (↗Clemens, Origenes), vor allem im 3. Jhdt. — 3) Im Zeitalter der ↗Renaissance die Gegner der ↗Averroisten; sie legten die aristotelischen Schriften im Sinne ↗Alexanders von Aphrodisias (also naturalistisch) aus und leugneten die Unsterblichkeit der Seele (z. B. ↗Pomponazzi).

Alexie: Unfähigkeit zu lesen infolge einer Gehirnverletzung.

Al-Farabi: islam. Philosoph, um 900 n. Chr.: Übersetzer und Kommentator platonischer und aristotelischer Schriften, der vor allem das Dasein Gottes zu beweisen versucht.

Algebraische Logik: gleichbedeutend mit ↗Logistik.

Al-Ghasali (Al-Ghazzâli), 11. Jhdt. n. Chr. (gest. 1111) gilt vielen als bedeutendster Theologe und Philosoph des ↗Islams; ursprünglich mehr Skeptiker, später eher Mystiker: „Die Hoffnung, Dir bei der Enthüllung der Gefahren der Philosophie, der Widersprüchlichkeiten der Philosophen, ihrer Tükken und Verlockungen zu helfen, besteht nur darin, daß Du Dich mit der Philosophie selbst beschäftigst und ihre Lehren ergründest. Bevor man dies tut, ist eine Verurteilung der Philosophie eine Torheit und ein großer Irrtum." – Hptw. (dt.): Elixier der Glückseligkeit; Widerlegung der Philosophen. – Neue Ausgaben: Der Erretter aus dem Irrtum (Autobiographie), 1987; Die Nische der Lichter, 1987.

Algorithmus: im Mittelalter Bezeichnung für die Kunst, mit dem damals durch die Araber bekannt gewordenen dekadischen (indischen) Zahlensystem zu rechnen. Heute ganz allgemein: nach einem bestimmten Schema vollzogener Rechenvorgang, regelhafter Ablauf einer Problemlösung.

Alienation: Entfremdung; Selbstentfremdung; Fremdbestimmung des Menschen;

Entpersönlichung. — ↗Bloch, Fischer A., Fromm; Depersonalisation (Ich); Dialektischer Materialismus („Entfremdung" als „Entfremdung der Arbeit", als Selbstentfremdung des Menschen durch dessen ökonomische Ausbeutung, als Anpassungszwang der kapitalistischen Gesellschaft; Sozialismus als Befreiung aus dieser Verfremdung; von ↗Hegel stammender, von ↗Marx neu präzisierter Begriff im Sinne einer Trennung des Menschen vom Produkt seiner Arbeit: sowohl das subjektive Gefühl als auch das objektive soziale Phänomen der Verlorenheit, des Ausgeliefertseins an nicht mehr durchschaubare sozio-ökonomische Mechanismen und Lebensverhältnisse einer Konkurrenzgesellschaft).

Al-Kindi, 9. Jhdt. n. Chr.: erster arabischer Philosoph, Aristoteliker, der die Bedeutung der Mathematik als Grundwissenschaft hervorhebt.

Allbeseelung (alle Dinge sind beseelt): ↗Pampsychismus, Animismus.

Allegorische Auslegung (im Gegensatz zum einfühlenden „Verstehen"): z. B. im Mittelalter übliche Deutung der Naturerscheinungen, der Heiligen Schrift; im allgemeinen: sinnbildlich-gleichnishafte Ausdeutung von Träumen, Orakelsprüchen oder nicht mehr ganz ernst genommenen Glaubensartikeln, deren wörtlicher Sinn als absurd erscheint. — Auch: bildhafte Darstellung.

Allen, Charles Grant, 1848—1899: englischer (in Kanada geb.) Denker, Atheist, Evolutionist, der als Ästhetiker das Kunstschaffen aus dem Spieltrieb abzuleiten versucht. — Hptw.: Physiological Aesthetics, 1877; The Evolution of the Idea of God, 1897 (dt. 1906).

Alles fließt: Erkenntnis ↗Heraklits („panta rhei"); gemeint ist: in der Welt gibt es keinen Stillstand, nur Werden und Vergehen, Veränderung und Bewegung (↗Aktualismus).

Allgegenwart: Eigenschaft Gottes, im Volksglauben nicht immer anerkannt (Gott wird in seinem Heiligtum als gegenwärtiger gedacht als anderswo). — A l l g ü t e : Eigenschaft Gottes, problematisch angesichts der Übel in der Welt (↗Theodizee). — A l l m a c h t : Eigenschaft Gottes, problematisch im Hinblick auf die menschliche ↗Willensfreiheit (ebenso wie Gottes A l l w i s s e n h e i t).

Alliteration: Stabreim, Gleichklang der Anfangsbuchstaben (z. B.: „mit Kind und Kegel"; „über Stock und Stein").

Allusion: ein Tropus; Anspielung auf bekannte Tatsachen, z. B.: „Er ist kein Cicero!"

Alogisch: unlogisch, unberechenbar, sinnwidrig.

Als ob: Einleitung des fiktionalen Urteils. ↗Fiktion, Fiktionalismus; Vaihinger.

Altchristliche Philosophie: erste Entwicklungsstufe der christlichen Philosophie, auch patristische Philosophie (d. h. der Kirchenväter) genannt; in der Zeit vom 1. bis zum 8. Jhdt. in Auseinandersetzung mit dem römischen Staat, der griechischen Philosophie und der jüdischen Religion und im engsten Zusammenhang mit der Entwicklung der christlichen Religion und der altchristlichen Kirche ausgebildet; daher fließende Grenzen zwischen altchristlicher Philosophie und Theologie. — Die in Frage stehende Zeit des Überganges vom Altertum zum Mittelalter gliedert sich in zwei Perioden: 1) Zeit der „Redaktion" des Erbes der Antike = Zusammenfassung und dürftige handbuchartige Exzerption der wichtigsten wissenschaftlichen Erkenntnisse der Alten: a) Redaktion der abschließenden Handbücher (↗Artes; Martianus Capella, Cassiodor, Isidor; lateinische Grammatik: Aelius Donatus, Priscianus; lateinische Dichter: Vergil); b) geistliche Schriften (lateinische Übersetzung der Bibel: (Versio) Vulgata des ↗Hieronymus) c) Justinianisches Rechtscorpus. 2) Zeit der „Rezeption" (ab 600) der Antike durch die germanischen und die romanischen Völker. Damit ergibt sich als Inhalt des frühmittelalterlichen Bildungsbesitzes: Artes, Bibel, Kirchenväter, römisches Recht, antike Autoren. — In der Entwicklung der altchristlichen Philosophie lassen sich 3 Phasen unterscheiden: 1) vom 1. bis zum 3. Jhdt. wird die christliche Lehre gegenüber Angriffen seitens der Heiden und Juden verteidigt (von den Apologeten) und sektiererischen Auffassungen gegenüber fixiert (↗Apologie, Gnosis, Manichäismus); 2) in der 2. Periode (3. bis 5. Jhdt.), der Blütezeit der altchristlichen Philosophie, versuchen die bedeutendsten Kirchenväter, die christliche (vor allem die trinitarische, die christologische und die anthropologische) Lehre unter Heranziehung der griechischen Philosophie weiter auszugestalten und besser zu fundieren (griechische Kirchenväter: ↗Athanasius, die drei ↗Kappadozier,

↗Cyrillus; lateinische Kirchenväter: ↗Ambrosius, ↗Hieronymus, ↗Augustinus; Hauptprobleme waren die ↗monophysitischen Streitigkeiten und der ↗Prädestinationsstreit); am Übergang zur nächsten (3.) Periode steht die Rezeption ↗neuplatonischen Gedankengutes durch das Christentum (↗Areopagita); 3) in der letzten Entwicklungsphase (5. bis 8. Jhdt.) wird das christliche theologisch-philosophische Lehrgut systematisiert, werden insbesondere die Gotteslehre, die Seelenlehre und die Lehre von der Zeitlichkeit der Welt ausgestaltet und vollzieht sich schließlich der Übergang zur christlich-mittelalterlichen Philosophie (↗Scholastik). Unter einem anderen Aspekt läßt sich auch zwischen „früherer" und „späterer" Patristik unterscheiden: a) von der apostolischen Zeit bis ins 4. Jhdt. findet zwischen den ↗neuplatonischen, ↗stoischen, jüdischen und ↗parsischen Einflüssen ein Kampf um die Zulassung zur Dogmenanlage statt; die Hauptträger der Auseinandersetzung zwischen Antike und Christentum sind: ↗Celsus contra ↗Origenes und ↗Porphyrios contra ↗Augustinus; b) nach der Erhebung des Christentums zur Staatsreligion (391) folgt der Dogmenerzeugung die Dogmenentwicklung und verschwindet die heidnische Philosophie aus dem Wettbewerb (529 untersagt Justinian den Unterricht in der heidnischen Philosophie, das Vermögen der neuplatonischen „Akademie" in Athen wird konfisziert). Die Philosophie differenziert sich als „rechtfertigende" Disziplin von der Theologie als der „entscheidenden". — ↗Alexandrinische Schule, Antiochenische Schule; Synesios, Nemesius, Zacharias, Johannes Damascenus (griechische Kirchenväter); Claudianus, Boethius, Isidor, Beda (lateinische Kirchenväter).

Alternative: 1) Wahl zwischen zwei Möglichkeiten. — 2) Bezeichnung für sinngleiche Aussagen (z. B. „Wien ist die Hauptstadt Österreichs" und „die Hauptstadt Österreichs ist Wien"). — 3) Bezeichnung für zweigliedrige Disjunktionen, deren Prädikat aus zwei einander ausschließenden Begriffen besteht (z. B. „S ist entweder P oder Q").

Altertum: Philosophie des Altertums: ↗Antike.

Altruismus: Selbstlosigkeit, Uneigennützigkeit, Nächstenliebe. Der Altruist sucht das Wohl seiner Mitmenschen zu fördern. Gegenstandpunkt: ↗Egoismus.

Amalrich von Bena (Bennes), gest. um 1206, nachdem er seine Lehre widerrufen und sich mit der Kirche ausgesöhnt hatte: Französischer Mystiker und Pantheist (vom Neuplatonismus beeinflußt), der Schöpfer und Schöpfung, d. h. Gott mit dem Wesen aller Dinge gleichsetzt (Gott ist das Sein aller Dinge, also sind alle Dinge eigentlich ein Eins, und dieses Eins ist Gott).

Amalrikaner: Anhänger des Amalrich, endgültig 1215 von der Kirche als Häretiker verurteilt und ausgerottet.

Ambiguität: Zweideutigkeit (Mehrdeutigkeit) von Sätzen.

Ambivalent: zweiwertig (doppelwertig), verschieden-wertig (-wertend), gegen-wertig. — A m b i v a l e n z : Ausdruck für psychische Labilität, für seelische Krisen durch Gespaltenheit und Schwanken im Fühlen und Denken. Nach ↗Freud ist bei jedem Trieb auch der Gegen-Trieb latent wirksam (Liebe — Haß, Lebenstrieb — Todestrieb, Aufbau — Zerstörung).

Ambrosius, 340—397 n. Chr.: Kirchenvater, der die Arianer bekämpft, sich zur paulinischen Gnadenlehre bekennt, die ethische Bedeutung der Hoffnung auf Lohn im Jenseits betont und die Tugenden Schweigsamkeit, Geduld und Demut preist. — Hptw.: De officiis ministrorum.

Amerikanische Philosophie: stark von der europäischen Philosophie beeinflußt (↗Platonismus, Calvinismus, ↗Aufklärung, ↗Deutscher Idealismus, ↗Neothomismus, ↗Logistischer Positivismus), aber weniger traditionsbelastet als diese, daher einerseits wohl vorurteilsfreier, andererseits aber auch weniger kritisch, naiver und oberflächlicher (dies auch infolge des Bestrebens zu popularisieren); weniger theoretisierend und daher auch theoretisch weniger ergiebig, dafür aber enger an die Lebenspraxis gebunden als die Philosophie in Europa. Hauptströmungen: 1) der religiös-idealistische Puritanismus in der Frühzeit der Kolonisation; 2) im Gegensatz dazu: die ↗naturalistische und ↗deistische Aufklärungsphilosophie des 18. Jhdts. (z. B. Paine, als Außenseiter z. B. der an ↗Pascal erinnernde Edwards); – 3) der „Transzendentalismus" um die Mitte des 19. Jhdts., in dem einerseits der idealistische Denkansatz wieder stärker akzentuiert wird (spekulativer ↗Hegelianismus), andererseits das Naturgefühl verfeinert (↗Thoreau, ↗Emerson), die soziale Frage (wenn auch unter idealistisch-utopischem Blickwinkel, z. B. bei Ripley) aufgegriffen, das Humanitätsideal propagiert und dem Entwicklungsgedanken (wenn auch in religiöser Sicht) Raum gegeben wird; – 4) im ausgehenden 19. Jhdt. (etwa ab 1870) und im 20. Jhdt.: das Wiederaufleben des Naturalismus (unter dem Einfluß ↗Darwins), ein Weiterwirken des spekulativen Idealismus (↗Royce), der ↗Pragmatismus (Peirce, James) und ↗Instrumentalismus (↗Dewey), der ↗Neurealismus (z. B. ↗Santayana), der ↗Thomismus, der ↗Logistische Empirismus (unter dem Einfluß des ↗Wiener Kreises) und schließlich der gegen den Logistischen Neopositivismus gerichtete Versuch, eine Synthese von Idealismus und Realismus zu schaffen (Urban, Blanshard). – ↗Bridgman, Brightman, Goodman, Gutman, Hempel, Hocking, Lovejoy, Montague, Nagel, Perry, Quine. – L. Marcuse. – Lit.: Gustav E. Müller, Amerikanische Philosophie, 1936, 1950²; Herbert W. Schneider, A History of American Philosophy, 1946, 1963², dt. 1957 (Geschichte der amerikanischen Philosophie).

Amery, Carl, geb. 1922: deutscher Linkskatholik, Romancier und Essayist, Futurologe, der an der „Techno- und Öko-Diktatur des Industriesystems" Kritik übt und die Forderung erhebt, ökologischem gegenüber ökonomischem Denken den Vorrang zu geben. – Hptw.: Die Kapitulation (Deutscher Katholizismus heute), 1963; Das Ende der Vorsehung (Die gnadenlosen Folgen des Christentums), 1972; Das Königsprojekt (Roman), 1975; Natur als Politik (Die ökologische Chance des Menschen), 1976; Die Wallfahrer (Roman), 1986.

Améry, Jean, 1912–1978 (Freitod): österreichischer (zuletzt in Brüssel lebender) Kulturschriftsteller und Philosoph, Fortschritt-Skeptiker und leidenschaftlicher Humanist, der in geistvoller Auseinandersetzung mit der „Kritischen Theorie" der Frankfurter Schule sowie mit deren Kritikern eine einleuchtende Lösung sowohl des Dilemmas zwischen Dialektik und Analytik als auch des Widerspruches angeboten hat, der zwischen der „Kritischen Theorie" einerseits und der traditionellen Theorie (die nur eine system-immanente Scheinkritik am Bestehenden zuläßt und es dadurch im Grunde legitimiert) sowie dem Positivismus andererseits besteht, dem von den Frankfurtern vorgeworfen wird, daß auch seine „Kritik" am Bestehenden notwendigerweise system-immanent bleiben müsse, weil er alles als Ideologie verdächtige und verwerfe, was über die bloße Faktizität hinausgeht. Die von A. vorgeschlagene Synthese von traditioneller und kritischer Theorie, von Positivismus und Dialektik, von analytischer und dialektischer Vernunft lautet (in Anlehnung an Kants bekannten Satz, daß Anschauungen ohne Begriffe blind, Gedanken ohne Inhalt leer seien): „Dialektik ohne positivistische Ergänzung ist leer; positivistische Erkenntnis ohne dialektische Einsicht ist blind!" — Hptw.: Geburt der Gegenwart, 1961; Winston Churchill, 1965; Jenseits von Schuld und Sühne, 1966; Über das Altern, 1968; Unmeisterliche Wanderjahre, 1971; Widersprüche, 1971; Lefeu oder Der Abbruch (Roman-Essay), 1974; Hand an sich legen (Diskurs über den Freitod), 1976; Charles Bovary, Landarzt — Porträt eines einfachen Mannes, 1978; Örtlichkeiten, 1980; Bücher aus der Jugend unseres Jahrhunderts, 1981; Weiterleben – aber wie? (Essays 1968–1978), 1982; Der integrale Humanismus (Zwischen Philosophie und Literatur; Aufsätze und Kritiken eines Lesers 1966–1978), 1985. – ↗Benda; Dialektik, Futurologie, Philosophie, Positivismus-Streit (Frankfurter Schule).

Ammonios Sakkas, um 200 in Alexandria: Begründer des Neuplatonismus, Lehrer von Origenes und Plotin, vor allem an ethischen Fragen interessiert.

Amnesie: Ausfall des ↗Gedächtnisses, Erinnerungsverlust infolge einer bestimmten Gehirnerkrankung oder bedingt durch Bewußtlosigkeit (etwa nach einem Unfall), durch ↗Hypnose, durch Rausch u. dgl.; man unterscheidet verschiedene Formen der Amnesie, z. B. die nicht seltene „retrograde" (rückwirkende) Amnesie, die sich nicht nur etwa auf das Unfallsgeschehen selbst und die Zeit des Bewußtseinsverlustes, sondern auch auf das in der Zeit vor dem Unfall Erlebte erstreckt.

Amoralismus: Leugnung der ↗ethischen Werte.

Amor dei (intellectualis): ↗Spinozas Formel für die von ihm als höchste Tugend des Geistes geforderte (geistige) Liebe zu Gott, für das Eindringen in das Wesen Gottes (— je tätiger der Mensch, mehr er zu erkennen trachtet, um so näher kommt er Gott —).

Amor fati: Liebe zum Schicksal; von ↗Nietzsche erhobene Forderung im Sinne einer höchstgesteigerten Lebensbejahung („Liebe dein herrisches Schicksal!" — „Schicksal, ich folge dir! Und wollt ich nicht, ich müßt es doch und unter Seufzen tun!").

Amphibolie

Amphibolie: Mehrdeutigkeit (Zweideutigkeit) von Sätzen oder Wörtern. ↗Homonymik.

Anachronismus: unzeitgemäße Erscheinung, eher in eine vergangene Epoche passend (z. B. engstirnige Kleinstaaterei, kleinkarierter Nationalismus).

Anagramm: Änderung der Abfolge der Buchstaben eines Wortes (z. B. Angel – Nagel – Algen). – ↗Voltaire: ein Anagramm aus „Arouet l(e) j(eune)" = Arovetli. – ↗Améry (Jean): aus „Mayer".

Anakoluth: Abgehen von der angefangenen Satzkonstruktion.

Analekten: Sammlung vermischter Gedichte, Aufsätze oder Sentenzen.

Analogia entis: Ähnlichkeit des Seins. – Von den ↗Scholastikern angenommene Ähnlichkeitsbeziehung zwischen dem ewigen Sein Gottes und dem vergänglichen Sein der Welt, auf Grund deren es möglich sein soll, (per analogiam entis) vom endlichen Sein auf das unendliche Sein zu schließen, d. h. durch Negation der Merkmale der Welt (endlich, vergänglich) die Eigenschaften Gottes zu bestimmen (nämlich: unendlich, unvergänglich). – ↗Heintel E.

Analogie: Entsprechung, Ähnlichkeit. – Einen spezifischen „Analogieschluß" gibt es ebensowenig wie „einen Induktionsschluß"; per analogiam darf man stets nur mit größter Vorsicht Vermutungen wagen (z. B.: Der Mars zeigt eine gewisse Ähnlichkeit mit der Erde; beherbergt er auch Organismen?); sind die Unterschiede erheblich, so ist eher eine gegenteilige Vermutung geboten (Gegenschluß: ↗argumentum e contrario). – ↗Analogia entis. – ↗Kant unterscheidet in seiner „reinen Naturwissenschaft" drei „Analogien der Erfahrung": Regeln, nach denen wir Wahrnehmungsurteile, die das Zeitverhältnis betreffen, in Erfahrungsurteile verwandeln (Substanz, Ursache, Wechselwirkung).

Analyse: 1) Zerlegung einer Erscheinung in ihre elementaren Bestandteile (experimentell oder in Gedanken); z. B. in der Chemie, der Psychologie usw. — 2) Kritische Untersuchung des Sinnes einer Aussage (Aussagen-Analyse). – ↗ Neopositivismus („logische Analyse") und ↗Neurealismus (gemeinsamer Name: ↗„Analytische Philosophie").

Analytisch: 1) im allgemeinen Sinn: ↗Analyse. – 2) Unter „analytischen" Urteilen versteht man „Erläuterungsurteile" (z. B. ↗Definitionen), die ↗a priori (erfahrungsunabhängig) und notwendig gelten, jedoch keine Erkenntnis im eigentlichen Sinn des Wortes enthalten. Man kann unterscheiden a) ↗logische Sätze, b) ↗Konventionen. — 3) „Analytische" Sätze nennt man auch alle aus anderen Sätzen ableitbaren (z. B. die mathematischen Sätze). – Gegenbegriff: ↗synthetisch.

Analytische Philosophie: zusammenfassende Bezeichnung für den ↗Neopositivismus und den ↗Neurealismus, und zwar im Hinblick auf die von den meisten Denkern dieser beiden (natürlich mannigfach differenzierten) modernen philosophischen Schulen vertretene Auffassung, daß die Philosophie vor allem nach dem Sinn sprachlicher Wendungen zu fragen und den logischen Sinn der Aussagen zu klären habe. – ↗Analyse, Cambridger Schule (2.), Positivismus; Essler, Goodman, Hempel, Lenk H., Pap, Quine, Stegmüller, Tugendhat (sprachanalytische Philosophie), Wittgenstein (Philosophie als Sprachkritik). – Lit.: Wo steht die Analytische Philosophie heute?, herausg. v. Ludwig Nagl u. Richard Heinrich, 1986.

Analytische (Komplexe) Psychologie: von ↗C. G. Jung begründet; dieser versuchte (gegenüber der mehr biologisch zentrierten Psychoanalyse, nachdem er sich – obwohl ↗Freuds „Kronprinz" – zur Jahreswende 1912/13 endgültig von diesem losgesagt hatte) in der Tiefenpsychologie auch die geisteswissenschaftliche Betrachtungsweise zur Geltung zu bringen, indem er vor allem die Symbolik der Mythen, der Religionen und der Mystik analytisch auswertete. Jung nimmt neben dem individuellen Unbewußten noch ein (allen Menschen gemeinsames) „kollektives Unbewußtes" an, das (ähnlich dem Instinkt) das Bewußtseinsleben des Menschen unabhängig von jeder individuellen Erfahrung beeinflußt. In diesem kollektiven Unbewußten wurzeln jene (in der Symbolik der Mythen usw. angedeuteten) „Archaismen", die jede Seele im Unterbewußtsein belasten (das „Archaische" in den Seelen: psychische Residuen aus älteren Entwicklungsepochen der Menschheit) durch „psychische Vererbung" erhalten; die in dieser „Paläopsyche" verankerte „archaische Symbolik" versuchte Jung auch im Rahmen der Neurosentherapie auszuwerten (Traumdeutung, Analyse der Komplexe usw.). Neben dieser „Paläontologie der Seele" lehrt

Jung auch eine bestimmte Auffassung von den Psychoneurosen: diese entstehen, sobald der Mensch sein wahres „Selbst" (seine geistige Bestimmung) nicht zu verwirklichen vermag und an dieser Selbstentzweiung zugrunde geht. Jung fordert eine „synthetische" Behandlung des Neurotikers, um dessen „Individuationsprozeß" zu fördern. – ↗Archetypen.

Anamnesis: Erinnerung. — In seiner Anamnesis-Lehre deutet ↗Platon die Erkenntnis als Wiedererinnerung an die Ideen, die von der Seele vor ihrem Eintritt in den Körper (Präexistenz) geschaut wurden.

Anarchismus: extrem antiautoritäre, antihierarchische, gegen jede Machtausübung gerichtete Bewegung, Ablehnung jeglicher Herrschaftsform und Staatlichkeit, ja Gesetzlichkeit, sowie der Versuch, diese zu beseitigen (gewaltsam oder auch gewaltlos:z. B. Tolstoi). — „Anarchie" als Gewaltlosigkeit und Herrschaftsfreiheit wird von ↗Kant definiert als „Gesetz und Freiheit ohne Gewalt". — In erkenntnistheoretischer Bedeutung verwendet ↗Feyerabend den Begriff „Anarchismus": für die von ihm geforderte unbegrenzte Methodenfreiheit („Der einzige Grundsatz, der den Fortschritt nicht behindert, lautet: Anything goes – irgendwas geht – daher mach', was du willst!"). – ↗Bakunin, Kropotkin, Plechanow, Proudhon, Stirner; Thoreau; als Kritiker: ↗Harich; ↗Freiheit; Holz H. H., Kafka.

Anaxagoras, um 500—428 v. Chr.: griechischer Philosoph, der als Rationalist den Aberglauben bekämpft, einen als unpersönlich gedachten Weltgeist (Nus) annimmt und die Frage nach dem Urstoff aller Dinge in seiner (die Empfindungsqualitäten verdinglichenden) Lehre von den Homoiomerien beantwortet, der zufolge die Welt aus unendlich vielen qualitativ verschiedenen Stoffen (den „Spermata" = Samen) besteht, welche in unendlich kleinen Teilen (den Homoiomerien) von Ewigkeit her vorhanden sind, wobei in jedem Ding alle Elemente enthalten sind, bestimmte Elemente jedoch jeweils überwiegen.

Anaximander, 611—546 v. Chr.: griechischer Naturphilosoph aus Milet, der den Urgrund aller Dinge als apeiron (das Grenzenlose und Unendliche) bezeichnet, aus dem sich das Feste und Flüssige, Kalte und Warme (die Gegensätze, nämlich Erde, Wasser, Luft und Feuer) abscheiden. Mit dieser Lehre hat A. in gewissem Sinne den Entwicklungsgedanken vorweggenommen.

Anaximenes, um 585—525 v. Chr.: griechischer Naturphilosoph aus Milet, der die Luft für den (kraftbegabten und belebten) Urstoff aller Dinge hält, aus dem diese durch Verdichtung oder Verdünnung hervorgegangen sind.

Ancilla theologiae: ↗Petrus Damiani.

Anderle, Othmar, geb. 1907: österreichischer Geschichtsphilosoph, der sich um den Aufbau einer kulturmorphologisch zentrierten „Theoretischen Geschichte" bemüht. — Hptw.: Das universalhistorische System Toynbees, 1955; Die Geschichtswissenschaft in der Krise, 1957; Die Problematik der Ganzheit in Natur- und Geisteswissenschaft, 1965.

Günther Anders

Anders, Günther, geb. 1902: Sohn William ↗Sterns, erster Mann Hannah ↗Arendts, Schüler ↗Husserls und ↗Heideggers, in Breslau geboren, 1933 nach Paris emigriert (von ↗Sartre beeinflußt: Der Mensch ist zur Freiheit verurteilt!), schließlich über die USA (1936) nach Wien (1950), deutscher Zeit-, Gesellschafts- und Kulturkritiker, der in durchaus rationaler (affektfreier) Argumentation den vermeintlichen „Fortschritt" der wissenschaftlich-technischen Entwicklung in Frage stellt, für den unumstößlich gilt, daß es keinen Gott gibt und die Atom-Energie das Überleben der Menschheit gefährdet. — Hptw.: Der Mann auf der Brücke (Tagebuch aus Hiroshima und Nagasaki), 1959, 1963[2]; Wir Eichmannsöhne (Offener Brief an Klaus Eichmann), 1964; Kafka – Pro und Contra (die Prozeßunterlagen), 1967[3]; Philosophische Stenogramme, 1965; Die Schrift an der Wand (Tagebücher 1941–66), 1967; Die Antiquiertheit des Menschen, 1. Bd.: Über die Seele im Zeitalter der zweiten industriellen Revolution, 1956, 1980[5] (– Produktion nicht mehr für die Befriedigung von Bedürfnissen wie im Zeitalter der ersten industriellen Revolution, sondern dieser Bedürfnisse selbst –), 2. Bd.: Über die Zerstörung des Lebens im Zeitalter der dritten industriellen Revolution, 1980 (– Produktion des eigenen Unterganges mittels der Atombombe –), beide Bände 1986; Der Blick vom Turm, 1968; Der Blick vom Mond (Reflexionen über Weltraumflüge), 1970; Endzeit und Zeitende (Gedanken über die atomare Situation), 1972; Kosmologische Humoreske, 1978; Besuch im Hades (KZ), 1979; Die atomare Drohung – Radikale Überlegungen, 1982; Ketzereien, 1982; Mensch ohne Welt (Schriften zur Kunst und Literatur), 1984; Lieben gestern (Notizen zur Geschichte des Fühlens), 1986. – Lit.: Jürgen Langenbach, G. A., 1986.

Angeborene Ideen (ideae innatae): von den ↗rationalistisch eingestellten Metaphysikern angenommene erfahrungsunabhängige Begriffe (z. B. Gott, Unsterblichkeit, natürliches Sittengesetz, aus denen sich absolut gültige Erkenntnisse ableiten lassen sollen, Von den ↗Empiristen mit Recht als unhaltbare Auffassung zurückgewiesen.

Angelsächsische Philosophie: ↗Amerikanische Ph., ↗Englische Ph.

Angelus Silesius („Schlesischer Engel", Dichtername für Johann Scheffler), 1624–1677: überkonfessionell-pantheistischer Mystiker (erst später leidenschaftlich für den Katholizismus und die Gegenreformation eingetreten), geistesverwandt mit Böhme; fordert (in seinem „Cherubinischen Wandersmann") in sprachgewaltigen Sinngedichten mit hohem literarischem Wert die geheimnisvolle Vereinigung der Seele mit Gott. Proben: „Ich weiß, daß ohne mich Gott nicht ein Nu kann leben, werd ich zunicht, er muß vor Not den Geist aufgeben." „Gott ist ein lauter Nichts, ihn rührt kein Nun noch Hier: je mehr du nach ihm greifst, je mehr entwind er dir." „Gott ist in mir das Feuer, und ich in ihm der Schein: sind wir einander nicht ganz inniglich gemein?" „Ich selbst bin Ewigkeit, wann ich die Zeit verlasse und mich in Gott und Gott in mich zusammenfasse." „Ich bin so groß als Gott, er ist als ich so klein, er kann nicht über mich, ich unter ihm nicht sein." „Mensch, werde wesentlich: denn wann die Welt vergeht, so fällt der Zufall weg; das Wesen, das besteht." „Mensch, alls, was außer dir, das gibt dir keinen Wert: das Kleid macht keinen Mann, der Sattel macht kein Pferd." „Der Zufall muß hinweg und aller falscher Schein: du mußt ganz wesentlich und ungefärbet sein." „Nicht du bist in dem Ort, der Ort ist in dir."

„Freund, so du etwas bist, so bleib doch ja nicht stehn: man muß aus einem Licht fort in das andre gehn." – ↗Charakter, Willensfreiheit.

Anima mundi: ↗Weltseele.

Animatismus: Glaube an die Belebtheit auch der anorganischen Natur.

Animismus: Glaube an eine Allbeseeltheit.

Anmut: ↗Grazie; Schiller.

Annominatio: ↗Paronomasie.

Anschauungsformen: sind (nach ↗Kant) ↗Raum und ↗Zeit.

Anselm von Canterbury, 1033–1109; englischer Frühscholastiker, der mit dem Ausspruch „credo ut intelligam" („ich glaube, um zu verstehen") die Vorrangstellung des Glaubens gegenüber dem Denken unterstreicht, die christlichen Dogmen jedoch rational zu deuten und streng logisch das Dasein Gottes (ontologischer Gottesbeweis) und die Notwendigkeit seiner Menschwerdung (unschuldiger Opfertod Christi für die schuldige Menschheit, damit ihr vergeben werden kann) zu beweisen versucht; A. meint: da Gott das vollkommenste Wesen sei, das wir denken können, müsse Gott auch existieren, da er nicht das vollkommenste Wesen wäre, wenn ihm die Existenz fehlte! (Der Fehler dieses von den Franziskanern akzeptierten, von den Dominikanern, z. B. von Thomas von Aquin, jedoch verworfenen Gottesbeweises wurzelt im platonischen Begriffsrealismus und besteht darin, daß die Realität als Begriffsmerkmal aufgefaßt wird; der ontologische Gottesbeweis wurde schon von Gaunilo, einem Zeitgenossen A.s, und später vor allem von Kant vernichtend kritisiert. — Hptw.: Cur deus homo? — ↗Credo, Gott, Universalienstreit.

An sich: unabhängig von anderem (bestehend oder gültig). — Z. B.: ↗Kant („Ding an sich"); Wertmetaphysik.

Anthropogenie: Entwicklungsgeschichte der Menschheit. — Die Trennung des Menschenstammbaumes (der „Hominiden") von den Menschenaffen („Pongiden", heute noch lebend: Gibbon, Orang-Utan, Schimpanse, Gorilla) erfolgte vor rund 20 bis 12 Millionen Jahren: Es entwickelten sich der Australopithecus africanus (in Ostafrika, vor ca. 3 Millionen Jahren), der Australopithecus boisei und als Nachfolger des Homo habilis der Homo erectus (Heidelberger-, Peking-, Java-Mensch, vor etwa 1,5 Millionen Jahren) und schließlich der Homo sapiens sapiens (seit 50.000 Jahren; eine Untergruppe des Homo sapiens war z. B. der Neandertaler, der Homo sapiens neanderthaliensis, der vor 30.000 Jahren ausgestorben ist). Der Körper des Menschen besteht aus 60 Billionen Zellen, seine 10 Millionen Gene enthalten 10 Milliarden bits (kleinste Erbinformationseinheiten), sein Gehirn (15 Milliarden Nervenzellen, die jeweils mit bis zu 10.000 anderen Zellen verbunden sind) kann Billionen bits (Informationen) speichern. Pro Sekunde gelangt eine Milliarde bits in das menschliche Gehirn. Diese Informationsflut wird im Gehirn sortiert, zu Eindrücken verdichtet und ausgewählt gespeichert. Ihre Beantwortung durch das Gehirn ist die Basis für die Handlungen des Menschen. – Die Ausbildung der Menschenrassen (drei Großrassen: Europide, Mongolide, Negride; Sondergruppen: z. B. Australide, Khoisanide, Pygmoide) ist Forschungsobjekt der „Physischen Anthropologie". – Die prähistorische Zeit der Menschheitsentwicklung (vor Erfindung der Schrift: Vor-, Ur- und Frühgeschichte) leitet über zur ↗Geschichte der Menschheit: Altsteinzeit (Paläolithikum: Altpaläolithikum bis 100.000, Mittelpaläolithikum bis 40.000, Jungpaläolithikum bis 8000), Mittelsteinzeit (Mesolithikum: bis 5000), Jungsteinzeit (Neolithikum: bis 2000); Frühmetallikum (Bronzezeit: bis 800), Mittelmetallikum (Ältere Eisenzeit, illyrische Hallstattkultur: bis 400), Spätmetallikum (Jüngere Eisenzeit, Kelten: ab 400 v. Chr.). ↗Anthropologie, Geschichtsphilosophie.

Anthropogonie: Lehre von der Entstehung des Menschen. ↗Abstammungslehre, Anthropogenie.

Anthropologie: Wissenschaft vom Menschen. In der „Philosophischen Anthropologie" wird aus den einzelwissenschaftlichen Erkenntnissen der Physiologie, der Psychologie, der Soziologie, der Geschichte usw. ein umfassendes Menschenbild aufgebaut. — (↗Goethe: „Das eigentliche Studium der Menschheit ist der Mensch"; Heine: „... sagt mir, was bedeutet der Mensch? Woher ist er kommen? Wo geht er hin? ..."). Viele Metaphysiker sind mit diesem kritisch-wissenschaftlichen Menschenbild unzufrieden und versuchen daher, in einer „Meta-Anthropologie" die metaphysische Tiefendimension des Menschseins zu ergründen. — ↗Kant erblickt in der Frage „Was ist der Mensch?" das philosophische Zentralproblem. — Eine nicht uninteressante Theorie zur Erklärung der Diskrepanz zwischen den technologischen Errungenschaften der Menschheit und deren Unfähigkeit, ihre sozialen Probleme zu lösen, zwischen rationalem Denken, Vernunft und Intelligenz einerseits und irrationalem Fühlen und Glauben sowie fanatischer (politischer, religiöser usw.) Hingabe andererseits hat ↗Koestler in seinem (— von ↗Ditfurth verrissenen) jüngsten Werk entwickelt: Gestützt auf die „schizophysiologische" Papez-MacLean-Hypothese, der zufolge ein Mangel an Koordination zwischen dem archaischen (schon bei den Reptilien und den anderen Säugetieren vorhanden), für Instinkte, Triebe und Emotionen zuständigen Stammhirn und dem Sprache und Logik ermöglichenden, spezifisch menschlichen Gehirn (Neokortex) besteht, vertritt er die Auffassung, daß der Mensch infolge dieses Konstruktionsfehlers, dieser falschen Programmierung seines Gehirns ein Irrläufer der Evolution, eine biologische Mißgeburt und durchaus kein „vernünftiges Wesen" sei, ausgestattet mit einem den anderen Arten fremden Selbstvernichtungstrieb (— atomare und biochemische Kriegführung, Bevölkerungsexplosion, Umweltzerstörung usw.) und charakterisiert nicht nur durch jene unzulängliche Kontrolle des Stammhirns durch das Großhirn, sondern auch durch die aus der Hilflosigkeit des Kleinkindes resultierende kritiklos-gehorsame Unterwerfung unter eine Autorität, die Sprache als Instrument der Demagogie und als Barriere zwischen den Völkern und schließlich die Einsicht in das Sterbenmüssen samt der den Verstand überfordernden Angst vor dem Tode. — ↗Abstammungslehre, Anthropogenie, Existentialismus, Futurologie, Psychologie, Soziobiologie; Bollnow, Brandenstein, Carrel, Coreth, Ditfurth, Dobzhansky, Ehrlich W., Frankl, Freud, Fromm, Gehlen, Gradmann, Groethuysen, Heberer, Hengstenberg, Horkheimer, Humboldt, Kamlah, Keller, Landmann (spricht von „Fundamentalanthropologie" anstelle von Phil. Anthropologie), Landsberg, Leser, Lévi-Strauss, Lipps H., Litt, Lorenz, Lungwitz, Monod, Müller M., Plessner, Portmann, Ritter, Rombach, Rothacker, Sachsse, Scheler, Schelsky, Sombart, Steffens, Teilhard, Vetter, Wein, Weizsäcker, Wiese.

Anthropologismus: 1) erkenntnistheoretischer Standpunkt (gleichbedeutend mit ↗Hominismus), dem zufolge alle Wahrheit nur menschliche Wahrheit ist bzw. alle menschlichen Erkenntnisse die Struktur des menschlichen Bewußtseins widerspiegeln.

Anthropomorph

— 2) Z. B. von ↗Feuerbach vertretener Standpunkt, dem zufolge die religiösen Vorstellungen der Menschen in deren Wünschen und Hoffnungen wurzeln.

Anthropomorph: 1) vermenschlicht (z. B. Gott in Menschengestalt vorgestellt); — 2) menschlichem Denken entsprungen, der menschlichen Denkweise angepaßt, durch die menschliche Natur bedingt (z. B. die menschliche Erkenntnisweise überhaupt, im einzelnen etwa die Bildung des Kausalbegriffes usw.). — Anthropomorphismus (Anthropomorphose): Vermenschlichung (z. B. des Unbelebten), vermenschlichende Begriffsbildung.

Anthroposophie: 1. von ↗Rudolf Steiner (1913) begründete esoterische Lehre vom Menschen, der zufolge es möglich sein soll, durch Meditation mit übersinnlichen Kräften in Beziehung zu treten und dadurch einen Einblick in die Entwicklung des Kosmos und die mit ihr verflochtenen Frühstufen des eigenen Daseins zu gewinnen. — 1935 wurde die Auflösung der „Anthroposophischen Gesellschaft" verfügt (bis 1945). — Heimstätte: Das Goetheanum in Dornach bei Basel. — ↗Astralleib; Waldorfschule. — 2. Bezeichnung der ↗monadologischen Lehre ↗R. Zimmermanns.

Anthropozentrisch: ist ein Weltbild, dem zufolge die Menschheitsgeschichte dem Weltgeschehen erst Sinn verleiht, d. h. der Mensch den Mittelpunkt der Welt bildet.

Antichrist: dämonische Gestalt; ganz allgemein auch Bezeichnung für einen Gegner des Christentums; Titel einer Schrift ↗Nietzsches, in der er am Christentum schärfste Kritik übt. — ↗Irenaeus, Wein.

Antike Philosophie (Philosophie im Altertum, in der Antike): im engeren Sinne die philosophischen Leistungen der Griechen und der Römer, zu gliedern in 3 Perioden: 1) die vor-attische Periode (Anfang des 6. bis Mitte des 5. Jhdts. v. Chr.: ↗Thales, Anaximander, Anaximenes, Heraklit, Pythagoras, Xenophanes, Parmides, Empedokles, Anaxagoras, Leukippos, Demokrit); 2) die attische Periode (Mitte des 5. bis Ende des 4. Jhdts. v. Chr.: ↗Sophisten, Sokrates, Platon, Aristoteles); 3) die hellenistisch-römische Philosophie (Ende des 4. Jhdts. v. Chr. bis Mitte des 6. Jhdts. n. Chr.: ↗Kyniker, Kyrenaiker, Stoa, Epikur, Neuplatoniker). — ↗Griechische Philosophie, Römische Philosophie, Sieben Weise. — Im weiteren Sinne: ↗Ägyptische, Chinesische, Indische Philosophie. — ↗Gomperz H. u. Th., Hönigswald, Joël, Leisegang, Nestle, Stenzel, Zeller.

Antinomie: Selbstwiderspruch; Widerspruch zwischen zwei (scheinbar gültigen) Behauptungen. - ↗Hofmann, Rensi, Schultz. – ↗Kant unterscheidet in seiner kosmologischen Antinomienlehre (in der „Kritik der reinen Vernunft") vier Antinomien, deren jede aus einer „Thesis" und einer „Antithesis" besteht; bezüglich der ersten beiden (der „mathematischen") Antinomien erklärt er sowohl die Thesen (zeitlicher Anfang bzw. räumliche Begrenzung der Welt und Zusammensetzung jeder Substanz aus einfachen Teilen) als auch die Antithesen (zeitliche bzw. räumliche Unendlichkeit der Welt und keine Existenz von Einfachem) für falsch; hinsichtlich der beiden „dynamischen" Antinomien läßt er sowohl die Thesen (neben der Kausalität nach Gesetzen ist noch eine solche durch Freiheit und neben der Welt noch ein notwendiges Wesen als deren Ursache anzunehmen) als auch die Antithesen (keine Freiheit, sondern strenger Determinismus; kein schlechthin notwendiges Wesen) gelten, und zwar jene für die Welt der Dinge an sich („Intelligibler Charakter", „Gott"), diese für die Erscheinungen. - ↗Unendlichkeit (– in den ersten beiden Antinomien Kants treffen die Antithesen zu); Nyman.

Antiochenische Schule: altchristliche Theologenschule des 4. und des 5. Jhdts. (Lukian von Antiochia, Diodor von Tarsus, Theodoret von Cyrus, Theodor von Mopsuestia), deren Anhänger die Bibel möglichst wörtlich zu verstehen und auszulegen suchen und zwischen der menschlichen und der göttlichen Natur Christi scharf unterscheiden bzw. erstere stärker betonen. Gegner: ↗Alexandrinische Schule.

Antisthenes, um 440—366 v. Chr.: griechischer Denker, Begründer des Kynismus, demzufolge der Weg zum Glück über die Bedürfnislosigkeit führt. Die Lust hält A. für ein Übel („Lieber verrückt sein, als sich freuen!").

Antistrephon: „der Umkehrende"; gemeint ist folgender Fangschluß: Euathlos, ein Schüler des Protagoras, hat mit diesem einen Vertrag geschlossen, nach welchem er die eine Hälfte des Honorars für den Unterricht, den ihm P. erteilt, sofort, die andere hingegen erst zu bezahlen habe, nachdem er auf Grund der nunmehr erworbenen Kenntnisse einen Prozeß gewonnen hat. Nach Beendigung des Unterrichtes führt aber E. keinen Prozeß. Darauf verklagt ihn P. und erklärt vor den Richtern: „Ich erhalte mein Geld auf jeden Fall, denn gewinne ich den Prozeß, so erhalte ich es nach dem Gerichtsurteil, gewinn ihn aber E., so hat er einen Prozeß gewonnen, so daß ich mein Geld nach unserem Vertrage erhalte." — E. aber erklärt: „P. erhält sein Geld auf keinen Fall, denn gewinne ich den Prozeß, so erhält er es nicht nach dem Gerichtsurteil, verliere ich ihn aber, so habe ich einen Prozeß verloren und daher laut Vertrag nicht zu zahlen." Die Fehlerquelle des Antistrephon liegt im unzulässigen „Selbstbezug": der von P. gegen E. angestrengte Prozeß kann im Vertrage nicht mitberücksichtigt sein, da dies einer Erklärung des E. gleichkäme, daß er sich zu einer Zeit verpflichtet fühlen werde, P. zu bezahlen, zu der er sich nicht verpflichtet fühle, ihn zu bezahlen, was widersinnig wäre; rechtlich ist übrigens P. im Vorteil; psychologisch liegt die listige Ausnützung des in der Wendung „einen Prozeß gewinnen" enthaltenen Amphibolie (Mehrdeutigkeit) zugrunde: sie ist 1) auf den Rechtsanwalt zu beziehen, der gewinnt, und 2) auf die klagende bzw. beklagte Partei im Zivilprozeß. — ↗Paradoxon.

Antithese: Gegensatz (zur ↗These).

Antitrinitarier: Denker, die an der Trinitätslehre (Einheit der drei göttlichen Personen) Kritik üben (z. B. ↗Servet).

Antoni, Carlo, 1896—1959: italienischer Geschichtsphilosoph in der Nachfolge Croces. — Hptw.: Dallo storicismo alla sociologia, 1940, dt. 1950 (Vom Historismus zur Soziologie); La lotta contro la ragione, 1942, dt. 1951 (Der Kampf wider die Vernunft); Considerazioni su Hegel e Marx, 1946; Commento a Croce, 1955; La restaurazione de diritto di natura, 1959.

Apagogisch: ist ein indirekter Beweis, d. h. eine Art der Beweisführung, eine Beweisform, bei der die Thesis durch den Nachweis der Ungültigkeit ihres kontradiktorischen Gegensatzes bewiesen wird, indem dargetan wird, daß die gegenteilige Annahme einem als gültig anerkannten Satz widerspricht (↗argumentum e contrario).

Apathie: besonders von den ↗Stoikern geforderte Gemütsruhe, Unempfindlichkeit und Affektfreiheit. ↗Aponie, Ataraxie.

Apeiron: das Unbegrenzte, Unermeßliche, Unendliche. — Nach ↗Anaximander der Urstoff aller Dinge, die aus diesem unzerstörbaren Urgrund durch Aus- oder Abscheidung hervorgehen.

Apel, Karl-Otto, geb. 1922: deutscher Philosoph, der sich in seiner anthropologisch und sozialwissenschaftlich fundierten Erkenntnis- und Wissenschaftstheorie der phänomenologisch-hermeneutischen Richtung anschließt. — Hptw.: Die Idee der Sprache in der Tradition des Humanismus von Dante bis Vico, 1963, 1976²; Transformation der Philosophie (Bd. I: Sprachanalytik, Semiotik, Hermeneutik; Bd. II: Das Apriori der Kommunikationsgemeinschaft), 1973; Der Denkweg von Charles Sanders Peirce: Eine Einführung in den amerikanischen Pragmatismus, 1975; Transformation der Philosophie, 2 Bde., 1976; Die Erklären:Verstehen — Kontroverse in transzendentalpragmatischer Sicht, 1979; Praktische Philosophie — Ethik I, 1980; Diskurs und Verantwortung, 1988. – ↗Albert H.

Apel, Max, 1869–1945: deutscher Philosoph, Kritizist. – Hptw.: Philosophisches Wörterbuch, 1976⁶; Einführung in die Philosophie, 1932.

Aphasie: „Sprachverlust"; Unfähigkeit zu sprechen (motorische A.) oder Gesprochenes zu verstehen (sensorische A.) infolge einer Gehirnverletzung.

Aphorismus: kurzer, prägnanter sprachlicher Ausdruck eines Gedankens; geistreicher Gedankensplitter; knappste literarische Ausdrucksform. Der aphoristische Stil wurde z. B. von ↗La Rochefoucault, Lichtenberg und Nietzsche bevorzugt. – Karl Kraus meinte: „Einer, der Aphorismen schreiben kann, sollte sich nicht in Aufsätzen zersplittern". – „Ein Aphorismus ist der letzte Ring einer langen Gedankenkette" (Ebner-Eschenbach). – Aphorismen-Sammlungen herausgegeben und auch selbst diese Form gepflegt: ↗Brock, Cioran, Deschner, Gracián, Hector, La Bruyère, Margolius, Neuhäusler, Radbruch, Reininger, Schopenhauer, Wittgenstein.

Apodiktisch: Bezeichnung für Aussagen, die notwendig gelten, d. h. unbedingt gelten müssen, da es unmöglich ist, den ↗kontradiktorischen Gegensatz zu denken (z. B.: im gleichseitigen Dreieck müssen alle Winkel gleich sein).

Apokalypsen: als „Geheime Offenbarung" geltende Schriften verschiedener Zeiten, insbesondere der Zeit von 200 v. Chr. bis 200 n. Chr., die den „Weltlauf" ↗allegorischphantastisch zu deuten und das von ihnen postulierte „Weltende" zu enthüllen suchen.

Apokatastasis: Wiederherstellung und Erlösung aller Dinge, Endzustand der Vollkommenheit (im Gegensatz zur Erwartung von Himmel und Hölle) am Jüngsten Tag; Allgemeinheit der Erlösung, Rückführung aller Seelen (zuletzt auch des Teufels) zu Gott.

Apollinisch: so bezeichnet ↗Nietzsche das traumhaft-anschauliche künstlerische Schaffen des Bildners, der klare Formen prägt und für seine Schöpfungen Maß und harmonische Ausgeglichenheit fordert. — Nach ↗Spengler ist die antike Kultur eine apollinische (im Gegensatz zur faustischen des Abendlandes). — Gegenbegriff: ↗dionysisch. — ↗Spitzer.

Apollonios v. Tyana, 1. Jhdt. n. Chr.: galt zu seiner Zeit als Heiland, Prophet und Wundertäter (wie Jesus Christus). Seine Philosophie enthält neupythagoreische und auch stoische Denkelemente (z. B. Kosmopolitismus); er nimmt einen höchsten Gott an, der nicht benannt werden kann und nur durch den Geist erfaßbar ist.

Apologie (Apologetik): Verteidigung, Verteidigungsschrift (z. B. ↗Platons Apologie des Sokrates). Die „Apologeten" sind christliche Philosophen (besser: Theologen) des 2. und des 3. Jhdts., die ihre Hauptaufgabe darin erblickten, die Angriffe der nichtchristlichen Philosophen zurückzuweisen und die Überlegenheit der christlichen Lehre durch Widerlegung ihrer Gegner darzutun. Man unterscheidet: 1) „griechische Apologeten" (z. B. ↗Justinus, ↗Athenagoras, ↗Clemens, ↗Origenes, ↗Irenaeus, ↗Hippolytos, Quadratus, Aristides, Theophilus, ↗Tatian) und 2) „lateinische Apologeten" (z. B. ↗Tertullian, ↗Minucius Felix, Arnobius, Lactantius). — Gegenbegriff zu Apologetik: ↗Polemik.

Aponie: insbesondere von den ↗Stoikern erstrebte seelische Schmerzlosigkeit.

Aporie: Auswegslosigkeit (im Denken). — Von ↗N. Hartmann gerne verwendeter Begriff. — ↗Paradoxon.

Aporroen: nach ↗Empedokles von den Dingen ausgesandte feinste Ausflüsse, Ausstrahlungen, deren Zusammentreffen mit den Strahlen des Auges das Sehen ermöglicht.

Aposiopese: Verschweigen, Zurückhaltung; stilistische Figur, die darin besteht, daß Wichtiges ungesagt bleibt (Gedankenstrich, Gedankenpünktchen); in der Rhetorik dient sie dazu, etwas durch Verschweigen besonders eindringlich zu suggerieren, was unverblümt ausgesprochen eher banal klingen würde.

A posteriori: im nachhinein, d. h. auf Grund von Erfahrung (erkannt bzw. gültig). — Gegensatz: ↗a priori.

A potiori: dem Hauptteil, der Hauptsache nach.

Apperzeption: 1) Psychischer Vorgang, durch den ein Bewußtseinsinhalt klar aufgefaßt, verstanden und ichbezogen erlebt wird; Einordnung einer wahrgenommenen Erscheinung in das Weltbild. — In der (↗voluntaristischen) Apperzeptionspsychologie wird die Apperzeption als ein den assoziativen Vorstellungsablauf regulierender Willensakt aufgefaßt (↗Wundt W.). — „Tendenziöse Apperzeption": durch dominierende Einstellungen (Stimmungen, Affekte, Vorurteile usw.) beeinträchtigte Auffassungsleistung mit dem Ergebnis einer „selektiven ↗Wahrnehmung", d. h. einer unterbewußten Auswahl jener Erfahrungsinhalte, die der eigenen Überzeugung, Meinung, Auffassung usw. entsprechen, diese bestärken, ihr entgegenkommen (unter gleichzeitiger Verdrängung widersprechender Erfahrungen). — 2) Erkenntnistheoretischer Begriff: ↗Synthese (Kant, „transzendentale Apperzeption").

Apposition: ↗Intussuszeption.

Apraxie: Unfähigkeit, Gegenstände richtig zu gebrauchen; Folge einer Gehirnverletzung.

A priori: von vornherein, d. h. unabhängig von der Erfahrung gegeben bzw. gültig. — Gegensatz: ↗a posteriori. — Unter dem „Geltungspriori" versteht man die Bedingungen der Gültigkeit einer Erkenntnis, unter dem „Bewußtseinsapriori" die seelischen Bedingungen für die Möglichkeit des Erkennens. Das „wissenschaftstheoretische Apriori" der ↗Physik z. B. sind die Begriffe Raum, Zeit und Einwirkung (denn nur unter der Voraussetzung einer gedanklichen Bearbeitung der Welt der Empfindungen gemäß diesen Denkformen ist physikalische Forschung möglich).

Apriorismus: 1) gleichbedeutend mit ↗Rationalismus; erkenntnis-metaphysischer Standpunkt, dem zufolge es von der Erfahrung unabhängig (a priori) gültige

Erkenntnisse gibt. — 2) Erkenntnispsychologischer Standpunkt, dem zufolge die a priori gültige Erkenntnisform vom Bewußtsein geschaffen wird bzw. die Axiome des Erkennens und des Verstehens in der menschlichen Konstitution begründete Postulate sind und (auf den gegebenen Erkenntnisinhalt, also die Empfindungsmannigfaltigkeit angewendet) die Welt erst erkennbar und verstehbar machen. — 3) Wissenschaftstheoretische Auffassung, der zufolge in jeder Wissenschaft bestimmte a priori gültige Grundbegriffe und Prinzipien vorausgesetzt werden (z. B. in der Physik die Begriffe Raum, Zeit und Einwirkung). — Gegenstandspunkte: ↗Empirismus, Positivismus. — ↗Kant (Erkenntnistheorie).

Äqualität: das logische Verhältnis zwischen verschiedenen Bezeichnungen für denselben Begriff (z. B. Gatte — Gemahl). Gleichbedeutend mit: ↗Synonymität.

Äquipollenz: logische Gleichgeltung, Beziehung zwischen umfangsgleichen Begriffen (z. B. gleichseitiges und gleichwinkeliges Dreieck), wobei jeder unter den einen Begriff fallende Gegenstand auch unter den anderen fällt und umgekehrt (die Merkmale der beiden Begriffe sind zwar nicht dieselben, „gelten" jedoch gleich).

Äquivalenz: 1) Gleichwertigkeit (z. B. von Masse und Energie, nach ↗Einstein). — 2) Unter „logischer Äquivalenz" versteht man eine wechselseitige „logische Implikation" (umkehrbare Geltungsbeziehung, Konjunktion zweier Implikationen, von denen die eine die Umkehrung der anderen ist; z. B. „wenn heute der 13. ist, so ist morgen der 14.; wenn morgen der 14. ist, so ist heute der 13.). — 3) Unter „empirischer Äquivalenz" versteht man eine empirisch begründete Gleichgeltung (so gelten z. B. die Eigenschaften „rund" und „hart" von einem bestimmten Tisch zugleich).

Äquivokation: Gleichbenennung verschiedener Begriffe (z. B. „Franzose", „Deklination", „Induktion"); häufig die Ursache von Denkfehlern. — Gleichbedeutend mit ↗Homonymik (Polysemie): zu geringer Wortbestand der Sprache (semantische Defizienz), so daß zahlreiche Wörter mehrdeutig (amphibolisch) sind.

Arabische Philosophie: die zwischen 650 und 1500 n. Chr. in Vorderasien, Nordafrika und Spanien unter dem Einfluß der ↗griechischen und der ↗altchristlichen Philosophie und des ↗Islam entstandenen, theologisch zentrierten metaphysischen Systeme, die eine Anlehnung einerseits an einen stark mystisch getönten ↗Neuplatonismus, andererseits an die ↗aristotelisch-naturphilosophische Tradition zeigen. Die Naturphilosophie der Araber im Osten ist ein ↗Eklektizismus aus ↗Neupythagoreismus und Neuplatonismus; der Einfluß des ↗Pythagoras zeigt sich schon darin, daß Mathematik, Geometrie, Astronomie und Musik als Eingang in die Philosophie betrachtet werden. Gott selbst ist die Eins, die noch keine Zahl ist, aus der aber alle Zahlen entstehen. In vierteiligen Sätzen und vierteiligen Dispositionen wird geschrieben; das arabische Alphabet hat 28 ($= 4 \times 7$) Buchstaben. Daneben ist auch der persische Einfluß bemerkenswert, und zwar sowohl ↗parsistischer als auch ↗manichäischer Provenienz. 1065 wurde die erste muslimische Universität in Bagdad errichtet; allerdings veranstalteten die Gelehrten in Buchara auf die Nachricht von dieser Gründung hin eine Trauerfeier, da man nun sicher wäre, daß jeder nachfolgende Lehrer dasselbe wie seine Vorgänger lehren werde. Im 9. Jhdt. entstanden Übersetzungen des ↗Platonischen Timaios, der Meteorologie des ↗Aristoteles, seines Buches über die Tiere und seiner Schrift „Über den Kosmos" sowie eines Auszuges aus seiner Schrift „Über die Seele", ferner seiner sogenannten „Theologie", eigentlich eines Auszuges aus ↗Plotins Enneaden. Dieser ↗eklektischen Philosophie zufolge ist die Einzelseele eine ↗Emanation der Weltseele und remaniert in diese. Der Tod des Körpers ist die Geburt der Seele. Die Hölle besteht schon in diesem Leben. Die große Auferstehung ist die Trennung der Weltseele von der Welt und ihre Redinfulguration in Gott. Als Ideale galten die ostpersische Abstammung, der arabische Glaube, die babylonische Bildung, die hebräische Erfahrenheit, der christliche Lebenswandel, die syrische Frömmigkeit, die griechische Wissenschaftlichkeit und die indische Fähigkeit zur Geheimnisdeutung. Die arabische Philosophie gewann im ausgehenden 12. und im 13. Jhdt. in lateinischen Übersetzungen großen Einfluß auf das ↗mittelalterlich-scholastische Denken; auch die meisten aristotelischen Schriften wurden auf diesem Wege in der Zeit der Hochscholastik im Abendland bekannt. Die bedeutendsten aristotelisierenden Denker sind: ↗Al-Kindi, Al-Farabi, Avicenna und Averroes; die mystische Richtung repräsentiert vor allem Al-Ghazzâli (gest. 1111). ↗Islam; Gundissalinus, Lichtmetaphysik; Sufismus.

Aranyakas: ↗Veda.

Arbeit: nach ↗Kant eine „Beschäftigung, die für sich selbst unangenehm (beschwerlich) und nur durch ihre Wirkung (z. B. den Lohn) anlockend ist". In der Philosophie wird das Phänomen „Arbeit" in weiteren biologischen, psychologischen, soziologischen, kulturhistorischen und axiologischen Zusammenhängen gesehen, indem u. a. folgende Fragen erörtert werden: Ist Arbeit notwendig? Ist es erfreulich, arbeiten zu können, arbeiten zu dürfen, oder ist es bedauerlich, daß der Mensch arbeiten muß? Gibt nicht die Arbeit dem Leben des Menschen erst den rechten Sinn, ja ist sie nicht geradezu menschliches Lebenselement schlechthin, oder zerstört sie vielleicht gerade das Beste seines Lebens? Welcher Sinn, welcher Wert, welche Bedeutung kommt der Arbeit zu — im Leben des einzelnen, im Leben der Gesellschaft, im Hinblick auf die Kultur, fürs Mensch-Sein überhaupt? — ↗Goethe z. B. galt sie als Psychotherapeutikum: „Arbeite nur, die Freude kommt von selbst!" — Zum Verhältnis von „Arbeit" und „Spiel": ↗Groos, Huizinga, Schiller F., Schlick, Schultz. — ↗Gesellschaftsphilosophie, Sozialismus (— das Problem „Arbeitsleid"! — ↗„Alienation" —), Technik; Alain, Fetscher, Gehlen, Heintel P., Lukács, Rensi, Scheler, Voltaire.

Arbeitshypothese: heuristisch (d. h. für die künftige Forschung) wertvolle Hypothese.

Arché: Anfang, Ursprung, Urgrund, Prinzip.

Archetypen: Urbilder, Urformen, Urmuster. — Z. B. in ↗Jungs Analytischer Psychologie.

Archytas v. Tarent: um 400–364 v. Chr.: Pythagoreer, Freund Platons, durch den dieser die pythagoreische Philosophie kennengelernt hat.

Ardigò, Roberto, 1828–1920: Systematiker des italienischen Positivismus (– obwohl Theologe –). — Hptw.: Opere filosofiche, 9 Bde., 1882–1898. – ↗Peratologie.

Arendt, Hannah, 1906–1975: deutsche Schriftstellerin, Philosophin und Politologin (erste Ehe mit ↗Anders; Schülerin von ↗Jaspers; angetan von ↗Heidegger; später in den USA), die an „fragwürdigen Traditionsbeständen im politischen Denken der Gegenwart" Kritik übt und für eine verstärkte Demokratisierung und Humanisierung des politischen Lebens eintritt. An der politischen (Polis-)Theorie der Griechen orientiert, stellt sie der totalitären „Gewalt" der Diktaturen von rechts und links wahre „Macht" gegenüber, die in gemeinsamer öffentlicher Verständigung begründet ist. – Hptw.: The Origins of Totalitarianism, 1951, dt. 1955 (Elemente und Ursprünge totaler Herrschaft); Vita activa oder Vom tätigen Leben, dt. 1960; On Revolution, 1963, dt. 1968; 1974²; Eichmann in Jerusalem, dt. 1964; Macht und Gewalt, dt. 1970, 1981⁴; Vom Leben des Geistes, 3 Bde. (vollendet: Das Denken; Das Wollen; unvollendet: Das Urteilen), 1979; Zur Zeit. Politische Essays, 1986.

Areopagita, Pseudo-Dionysius, 2. Hälfte des 5. Jhdts. n. Chr.: griechischer Mystiker, der zwischen „positiver" und „negativer" Theologie unterscheidet und nur letztere für möglich hält. — Hptw.: De divinis nominibus; De mystica theologia.

Argumente: Beweisgründe, auf die eine Behauptung zurückgeführt werden muß, um als bewiesen bzw. begründet zu gelten.

Argumentum e contrario: Folgerung aus dem Gegenteil, Gegenschluß (↗Analogie, apagogischer Beweis).

Arianismus: von der Kirche auf dem Konzil zu Nicaea (325) verurteilte Lehre des alexandrinischen Priesters Arius (4. Jhdt.), der zufolge Christus und Gottvater nicht wesensgleich sind.

Aristarch von Samos, um 320—250 v. Chr.: hat erstmalig das heliozentrische (sonnenmittige) Weltbild konzipiert, das im Mittelalter von der geozentrischen Weltauffassung verdrängt wurde und sich erst seit Kopernikus endgültig durchgesetzt hat.

Aristarch von Samothrake, 217—145 v. Chr.: hat die noch heute gültige griechische Terminologie der Grammatik endgültig ausgebildet.

Aristippos von Kyrene, um 435—350 v. Chr.: Schüler des Sokrates, doch auch von den Sophisten beeinflußt; Begründer der Kyrenaischen Schule (des Hedonismus).

Aristokles aus Messene, 2. Hälfte des 2. Jhdts. n. Chr.: Philosophiehistoriker, peripatetischer Eklektiker.

Aristoteles, 384—322 v. Chr. (nach seinem Heimatort Stageira an der Ostküste der Chalkidike auch „Stagirit" genannt): griechischer Philosoph und Polyhistor (von ↗Dante „maestro di color che sanno": „Meister derer, die wissen" genannt), Lehrer

Aristoteles

Alexanders des Großen, Gründer der Peripatetischen Schule, Schüler Platons, der im Gegensatz zu diesem jedoch vor allem an der Erforschung der von Platon verachteten Erscheinungswelt Interesse zeigt, eine Reihe von Erfahrungswissenschaften begründet und in seiner Metaphysik die Auffassung vertritt, daß die Ideen nicht von den Dingen getrennt, sondern mit diesen zusammen existieren. So unterscheidet Aristoteles nicht zwischen Ding und Idee (wie Platon), sondern zwischen ungestaltetem (formlosem) Stoff (Materie) und zweckmäßig gestaltendem, schöpferischem Formprinzip (Entelechie; z. B. die Seele als Entelechie des Leibes). Gott wird von A. als die ewige stofflose Form, als erstes gestaltendes Prinzip, als absoluter Geist und reine Energie gedacht; den Weltprozeß faßt A. als einen ewigen, zielstrebig verlaufenden Entwicklungsgang auf, auf den Gott immerzu schöpferisch einwirkt. Die Ethik fundiert A. empirisch-psychologisch: das höchste Gut und damit zugleich den höchsten Grad der Glückseligkeit erblickt er in der einem jeden Wesen entsprechenden vernunftgemäßen Tätigkeit; unter „Tugend" versteht er die beständig gewordene Fähigkeit zu einer solchen Tätigkeit. A. unterscheidet zwischen Tugenden des Charakters und Tugenden des Verstandes; immer gilt es, zwischen den extremen Begierden die rechte Mitte zu wählen, also z. B. tapfer zu sein und nicht feige oder tollkühn. Auch in seiner empirisch verankerten Staatstheorie zeigt sich A. als Gegner aller Extreme, indem er für eine konstitutionelle Regierung und für die Durchsetzung der Menschenrechte eintritt. In seiner Ästhetik sieht er in der „Einheit in der Mannigfaltigkeit" das entscheidende Charakteristikum des Schönen; vom Künstler fordert er, einerseits die Natur nachzuahmen, sie aber andererseits doch auch zu verschönern; die Aufgabe der Tragödie sieht A. (im Anschluß an Gorgias) auch darin, beim Zuschauer Mitleid und Furcht zu erwecken und eine Entladung (Katharsis) dieser Affekte zu bewirken. – A. hinterließ eine große Anzahl von Schriften über Logik, Metaphysik, Ethik, Politik, Dichtkunst und Rhetorik (abgesehen von den naturwissenschaftlichen Werken). – ↗Abbagnano, Brentano, Derbolav, Fink, Frankena, Freytag-L., Geyser, Marx W., Moser, Nymann, Picht, Prantl, Reidemeister, Ritter, Schilling, Siebeck, Tugendhat, Wiplinger, Wundt M.; Scholastik (mittelalterlicher Aristotelismus); ↗Creatio, Entelechie, Gott, Gottesbeweise, Horror vacui, Kategorien, Logik, Materie (4.), Metaphysik, Naturrechtslehre, Organon, Proton k., Qualität, Substanz, Tugend, Urzeugung, Zoon.

Arius: ↗Arianismus.

Arnauld, Antoine, 1612—1694: französischer Jansenist, der zusammen mit Pierre Nicole die sogenannte „Logik von Port-Royal" verfaßt hat („La logique ou l'art de penser", 1662). — ↗Jansenismus.

Aron, Raymond, 1905–1983: französischer Denker, Moralist, der mit Sartre die Zeitschrift „Les Temps modernes" gegründet, später vom Existenzialismus und Marxismus sich abgewandt, zunächst für De Gaulle gearbeitet, ihn jedoch später bekämpft hat; einerseits liberaler Soziologe, andererseits konservativer Gaullist, der dem Fortschrittsoptimismus mit Skepsis begegnet. – Hptw. (in deutscher Übersetzung): Die deutsche Soziologie der Gegenwart, 1935, 1969³; Der permanente Krieg, 1953; Opium für Intellektuelle (oder die Sucht nach Weltanschauung), 1957; Die algerische Tragödie, 1957; Frieden und Krieg, 1963; Fortschritt ohne Ende? 1970; Die heiligen Familien des Marxismus, 1970; Zwischen Macht und Ideologie (Politische Kräfte der Gegenwart), 1974; Die imperiale Republik (Die USA und die übrige Welt seit 1945), 1976; Plädoyer für das dekadente Europa, 1978; Die Hauptströmungen des klassischen soziologischen Denkens, 1979; Clausewitz – Den Krieg denken, 1980; Über die Freiheiten, 1981; Der engagierte Beobachter – Gespräche mit Jean-Louis Missika und Dominique Wolton, 1983; Erkenntnis und Verantwortung (Lebenserinnerungen), 1985; Die letzten Jahre des Jahrhunderts, 1986.

Svante Arrhenius

Arrhenius, Svante, 1859—1927: schwedischer Physiker und Chemiker (Nobelpreis 1903), der den Entwicklungsgedanken auf die Erforschung des Weltalls übertrug und die kosmozoische Panspermie-Hypothese verfocht (Verbreitung von Lebenskeimen im Weltall durch Strahlungsdruck). – Hptw.: Das Werden der Welten, 1907; Die Vorstellung vom Weltgebäude im Wandel der Zeiten, 1908; Erde und Weltall, 1926.

Art (species): von zwei Begriffen einer Begriffsreihe heißt der speziellere: Artbegriff (z. B. Säugetier), der allgemeinere: Gattungsbegriff (z. B. Wirbeltier). Das Unterscheidungsmerkmal zwischen Gattungs- und Artbegriff bezeichnet man als artbildenden Unterschied (differentia specifica).

Artes liberales: die sieben „freien (= eines freien Mannes würdigen) Künste": Grammatik, Arithmetik, Geometrie (zusammen das Trivium) und Musik, Astronomie, Dialektik und Rhetorik (das Quadrivium).

Arya Samaj: „Arische Gesellschaft", 1875 von Dayanand Sarasvati gegründet, fordert die Rückkehr zur einfacheren Religion der ↗ Veden.

Asebie: Gottlosigkeit. Ein Asebie-Prozeß wurde z. B. gegen ↗ Sokrates angestrengt.

Aseität: Durch-sich-selbst-Sein. — Charakteristisch für Gott bzw. das Absolute. — Gegenbegriff: ↗ Abalietas.

Askese: Bußübung, Abtötung sinnlicher Begierden durch freiwilliges Ertragen von Schmerzen und Verzicht auf die Freuden des Lebens (Abstinenz, Fasten, Keuschheit u. a.), um dadurch die eigene Seele in gottgefälliger Weise zu läutern.

Assertorisch: unter einer assertorischen Aussage versteht man eine Tatsachenaussage, deren ↗ kontradiktorischer Gegensatz (zum Unterschied von der ↗ apodiktischen Aussage) immerhin denkbar ist (z. B.: „Zucker schmeckt süß").

Assonanz: Gleichklang der Vokale bei Verschiedenheit der Konsonanten (z. B.: „Er hat den Knaben wohl in dem Arm").

Assoziation: von Locke 1690 eingeführte Bezeichnung für die Vergesellschaftung von Erlebnisinhalten, die gemeinsam (in raumzeitlicher Berührung) auftreten, für die Verbindung von (z. B. auch einander ähnlichen) ↗ Vorstellungen, kraft deren eine an die andere erinnert (— Bedeutung für den ↗ ästhetischen Genuß, der durch Assoziation mit außerästhetischen Erfahrungen gestört, andererseits aber auch infolge einer Verfeinerung des Geschmackes durch Übung im Kunsterleben bereichert werden kann). Für die assoziative Verknüpfung von Bewußtseinsinhalten infolge Ähnlichkeit, Berührung oder Aufeinanderfolge, aber auch auf Grund eines Sinnzusammenhanges (= „komplexe" Assoziation), gelten die beiden Sätze von Adolf Jost: 1. Alte Assoziationen werden langsamer vergessen als junge. 2. Alte Assoziationen (z. B. früher einmal Gelerntes) werden durch Wiederholung mehr gestärkt als neue (z. B. neuer Lernstoff). — Der Assoziationspsychologie zufolge beruht das gesamte geistige Leben auf der Assoziation von Vorstellungen. — ↗ Apperzeption, Gedächtnis, Lernen, Reproduktion.

Aster, Ernst von, 1880—1948: deutscher Philosoph, der positivistische, kritizistische und marxistische Gedankenfolgen zu verbinden sucht, Schüler von Cornelius (Psychologist und Phänomenalist wie dieser). — Hptw.: Prinzipien der Erkenntnislehre (Versuch einer Neubegründung des Nominalismus), 1913; Geschichte der neueren Erkenntnistheorie, 1921, 1935²; Raum und Zeit in der Geschichte der Philosophie und Physik, 1922; Ibsen und Strindberg (Menschenschilderung und Weltanschauung), 1923; Geschichte der englischen Philosophie, 1927; Marx und die Gegenwart, 1929; Naturphilosophie, 1932; Geschichte der Philosophie, 1933, 1968¹⁵; Die (deutsche) Philosophie der Gegenwart, 1935; Die Psychoanalyse, 1949². — ↗ Falckenberg.

Ästhetik: Im ursprünglichen Sinne des Wortes bedeutet „Ästhetik" soviel wie „Wahrnehmungslehre" bzw. Lehre von dem, was „anschaulich" aufgefaßt wird (vom griech. aisthánesthai = empfinden, anschauen, bemerken, wahrnehmen); im heute gebräuchlichen Wortsinn versteht man unter „Ästhetik" die Lehre von dem, was (durch Wahrnehmung) unmittelbar gefällt oder mißfällt. Noch ↗Kant verwendete den Ausdruck einmal in dieser, dann wieder in jener Bedeutung: In der „Kritik der reinen Vernunft" (1781) bezeichnet er seine erkenntniskritische Theorie des Anschauungsvermögens als „Transzendentale Ästhetik", in der „Kritik der Urteilskraft" (1790) hingegen versteht er unter „Ästhetik" die Lehre vom Schönen und Erhabenen; diese Wortbedeutung hat sich auch dank ↗Baumgartens Werk „Aesthetica" (1750—1758) schließlich durchgesetzt. „Ästhetik" ist somit eine wertphilosophische Spezialdisziplin; Gegenstand ästhetischer Untersuchungen sind die ästhetischen Werte. Solchen Werten begegnet man in der Natur (z. B. schöne Landschaft, Sonnenuntergang, Polarlicht), in der Kunst (z. B. Denkmal, Gemälde, Symphonie) und auch in nichtkünstlerischen Kulturschöpfungen (z. B. gefälliger Briefstil, hübscher Modeartikel; oder, in Überschneidung mit der Natur: die Hortikultur). Die Vielfalt der ästhetischen Eindrücke pflegt man nach Grundgestalten (Modifikationen des ästhetischen Wertes) aufzugliedern; so bezeichnet man z. B. etwas als schön, erhaben (im Gegensatz dazu als niedlich und zierlich, was wegen seiner Kleinheit, als anmutig und graziös, was durch seine Bewegung, als rührend, was infolge seiner Naivität gefällt), tragisch, komisch (humorvoll, witzig, ironisch), gedankenästhetisch usw. Die ästhetische Wirkung, die von einem Gegenstand ausgeht, hängt nicht nur von seiner objektiven Beschaffenheit ab, sondern vor allem auch von der subjektiven Einstellung des Betrachters. Dieser muß befähigt und bereit sein, ästhetisch zu genießen, ohne davon einen praktischen Gewinn zu erwarten: nur wer den Nützlichkeitsstandpunkt aufzugeben und von der vulgären Wirklichkeit sich zu distanzieren imstande ist, wird ästhetische Werte erleben können. Im einzelnen lassen sich (von Überschneidungen und Übergängen abgesehen) vier ästhetische Grundaffekte unterscheiden: 1) durch Einfühlung und innere Nachahmung werden ästhetisch genossen: Linien, Proportionen, Rhythmen, Melodien, Bewegungen, Ausdruck, Stimmung, Bedeutung und Sinn von Handlungen; in diesem Falle kommt das ↗apollinische Element zur Geltung (in der Kunstbetrachtung, soweit wir vom Künstler absehen, und in der Betrachtung der Natur, soweit sie uns wie ein Kunstwerk entgegentritt); — 2) ↗dionysisch genießen wir das Tragische, das Komische und die Erhabenheit der Natur, indem wir dem Zwange der Kultur und der Konvention entfliehen und an großen Leidenschaften oder lächerlichen Ungezogenheiten oder entfesselten Naturkräften Gefallen finden; — 3) edlen Menschentums erfreuen wir uns beim Anblick einer Menschenplastik; – 4) an einem Stilleben z. B. gefällt uns die geschickte Naturnachahmung. Sehr häufig wird der ästhetische Genuß von außerästhetischen Faktoren beeinflußt (im schlechten Sinn z. B. durch Ekel). — Die gegenständlichen Voraussetzungen ästhetischer Wirkung (neben dem ästhetischen Verhalten ein zweiter zentraler Problemkreis der Ästhetik) werden in der Raum- und der Zeitästhetik untersucht; man unterscheidet formale und inhaltliche Prinzipien der ästhetischen Wirkung. — Eine ästhetische Typologie wird in der Differentiellen Ästhetik aufgebaut. Zur Geltung ästhetischer Werturteile: ↗Wertung. — Ein lebhaftes Interesse für Fragen der Ästhetik zeigten schon die griechischen Philosophen, deren Verdienst es ist, als erste die Probleme gesehen und formuliert zu haben, deren Lösung freilich erst in der Neuzeit gelungen ist. Während die ältere Ästhetik mehr metaphysisch orientiert war, herrscht seit dem ausgehenden 19. Jhdt. auch in der Ästhetik die wissenschaftliche Einstellung vor. Einer spekulativen „Ästhetik von oben" huldigten sowohl die Rationalisten des 17. und des 18. Jhdts. (etwa ↗Boileau in Frankreich, ↗Leibniz, Wolff und Baumgarten in Deutschland) als auch die deutschen Romantiker in der ersten Hälfte des 19. Jhdts. (↗Schelling, Hegel, Schopenhauer). Für eine weder rational noch intuitiv, sondern induktiv „von unten" aufgebaute Ästhetik hingegen wurde vor allem von den Empiristen in England (↗Hutcheson, Hogarth, Burke, Home) wertvolle Vorarbeit geleistet, die dann in der zweiten Hälfte des 19. Jhdts. in Deutschland von ↗Fechner im Sinne einer „experimentellen" Ästhetik und von ↗Lipps Th., Volkelt u.a. unter besonderer Berücksichtigung des psychologischen Aspektes fortgeführt wurde. Daneben führt in der deutschen Ästhetik noch eine Tradition der „kritizistischen" Ästhetik von ↗Kant über ↗Schiller zu den Neukantianern. — ↗Anmut, Assoziation, Ästhetizismus, Einfühlung, erhaben, Ethik, Formalästhetik, Gedankenästhetik, Gehaltsästhetik, Gestaltästhetik, Grazie, grotesk, Historismus, Humor, Ironie, Komik, Korrelativismus, Kunst, Kunstphilosophie, Musikästhetik, Mystik, Ökonomieprinzip, Raumästhetik, Schön-

Ästhetizismus

heit, Sprachästhetik, Stil, Tragik, Witz, Zeit (psychische Präsenzzeit), Zeitästhetik; – Alain, Allen, Aristoteles, Bahnsen, Batteux, Baeumler, Bense, Bloch, Bosanquet, Brentano, Cohen, Cohn, Coellen, Croce, Dessoir, Diderot, Dubos, Ehrlich W., Feuerbach, Fiedler, Fischer K., Gadamer, Gehlen, Goethe, Gorgias, Görland, Grassi, Groos, Guyau, Hartmann E. v., Hartmann N., Hemsterhuis, Herbart, Hettner, Höffding, Holz H. H., Huber, Ingarden, Jean Paul, Kainz, Kern, Kuhn, Kühnemann, Külpe, Lange K., Lessing G. E., Longinus, Lotze, Lukács, Marcuse H., Meier, Mengs, Menzer, Meumann, Moritz, Morris, Müller-Freienfels, Müllner, Nietzsche, Nohl, Odebrecht, Platon, Reich, Renaissance-Philosophie, Rensi, Riezler, Ritter, Rohrmoser, Roretz, Rossi-Landi, Ruskin, Schleiermacher, Schmied-K., Schubert-S., Shaftesbury, Siebeck, Solger, Spitzer, Stein H., Sterzinger, Utitz, Vico, Vischer, Walzel, Weiße, Wellek, Winckelmann, Witasek, Wittgenstein, Wolandt, Wölfflin, Worringer, Ziehen, Zimmermann R.

Ästhetizismus: 1) ästhetische Lebensauffassung, Ästhetentum; der Ästhet schätzt den ästhetischen Wert als den höchsten, d. h. er schätzt das „Schöne" (im weitesten Sinn: samt allen Modifikationen) höher als das Wahre und das Gute (so z. B. Gottfried Benn), Gegenstandpunkte: ↗Moralismus (Ethizismus), Intellektualismus; 2) philosophische Deutung der Wirklichkeit unter ästhetischem Blickwinkel, z. B. Auffassung der Welt als „Kunstwerk" oder „Schauspiel" (— ↗Nietzsche: „Betrachte die Welt als ästhetische Erscheinung und sie ist ewig gerechtfertigt"; — „Weltspiel, das herrische, mischt Sein und Schein, das ewig Närrische mischt uns hinein." — Morgenstern: „Im Garten Gottes spielt ein Born gedankenlos das Spiel der Welt." ↗Roretz: „Der Sinn der Welt — ein ästhetischer Sinn!" — Ähnlich auch ↗Jules de Gaultiers ästhetizistisch-illusionistischer ↗„Bovarismus": die „panästhetische" Freude an der bunten Weltherrlichkeit). — ↗Schultz (Mimet).

Astralleib: anthroposopische Lehre von einem feineren (ätherischen) Leib, der den menschlichen Leib durchzieht.

Astrologie: der wissenschaftlich unbegründete und daher erfolglose Versuch, aus der Konstellation der Gestirne das Schicksal der Welt und der Menschen abzulesen (im sogenannten Horoskop). ↗Kepler nennt sie das „närrische Töchterlein der Astronomie". — ↗Eysenck; Aberglaube; kritisch: ↗Pico.

Astrologie

Astronomie: Himmelskunde, Sternkunde, Wissenschaft vom ↗Weltall. – „Die Astronomie gleicht einem Triumphwagen. Seine beiden Räder sind: die Sternwarte und die Bibliothek. Fehlt eines dieser beiden Räder, so fällt der Wagen um." – „Gegen die Erde gibt es keinen Trost als den Sternenhimmel." (↗Jean Paul). – „Betrachte den Umlauf der Gestirne, denn solche Vorstellungen reinigen dich vom Schmutze des Erdenlebens." (↗Marc Aurel). – Und hoffnungsvoll Svante ↗Arrhenius: „Derjenige, welcher sein Auge den von der Natur gebotenen unendlichen Möglichkeiten der Entwicklung öffnet, wird nicht durch Trug oder Gewalt sich, seinen Verwandten, seinen Freunden, Gesinnungsgenossen oder Landsleuten auf Kosten der Mitmenschen Vorteile anzuzeigen suchen." – ↗Entropie, Exobiologie, Expansion, Kosmogonie, Metageometrie, Olbers-Paradoxon, Panspermie, Physik, Pulsare, Quarks, Quasare, Raum, Relativitätstheorie, Sinn (1), Unendlichkeit, Zeit; Meurers.

Asylum ignorantiae: „Zufluchtstätte der Unwissenheit"; gemeint sind die metaphysischen Begriffe (wie Entelechie, Seele, Gott), die im Grunde nichts erklären, vielmehr selbst undurchdenkbar sind. So hat

u. a. ↗Kant darauf hingewiesen, daß durch die Annahme immaterieller Prinzipien die Probleme keineswegs gelöst, sondern nur durch Worte überklebt werden (: verbale Pseudoerklärungen).

Asyndeton: Verzicht auf verbindende Konjunktionen (z. B. „Ich kam, sah, siegte").

Ataraxie: Gemütsruhe, besonderes von den ↗Stoikern geforderte Unerschütterlichkeit des Gemüts, seelische Ausgeglichenheit und Gleichgültigkeit gegenüber Schicksalsschlägen. ↗Apathie, Aponie.

Atavismus: Rückfall auf überholte Entwicklungsstufen. Aus der Frühzeit der Menschheitsentwicklung erhalten gebliebene seelisch-geistige Einstellung, Auffassungsweise, Denkungsart, Wertvorstellung, Verhaltensnorm u. dgl., heute oft kaum mehr als solche erkennbar, da weitgehend (auf Restformen, Rückstände) reduziert oder (und) modifiziert. — ↗Aberglaube, Massenpsychose, Wunderglaube.

Athanasius, 296—373: lehrt im Gegensatz zu Arius die Wesensgleichheit Christi und des Hl. Geistes mit Gottvater. — Hptw.: De incarnatione verbi.

Athanatismus: Lehre von der ↗Unsterblichkeit der ↗Seele.

Athaumasie: das Nicht-Staunen. — Von den ↗Stoikern als Bedingung der Gemütsruhe geforderte (lateinisch: „nil admirari", bei Horaz).

Atheismus: konsequenter Verzicht auf die Verwendung von Gottesbegriffen in der Philosophie, da sie zu vage sind, um einen Erklärungswert zu haben. Im allgemeinen Sinn: Leugnung der Existenz Gottes als Schöpfers und Lenkers der Welt. ↗Bense unterscheidet zwischen atheistischem Weltverständnis (kosmologischem Atheismus) und atheistischem Selbstverständnis (existentiellem Atheismus). Der Atheist philosophiert ohne Bezugnahme auf ein metaphysisch postuliertes, Erfahrbarkeit und Denkbarkeit übersteigendes höchstes Wesen, suspendiert die Idee Gottes und verzichtet auf jegliche (positive oder negative) Aussage über Gott, weil eine solche nur ein Scheinsatz sein kann, weder wahr noch falsch, von der Form „x ist y". Der atheistische Philosoph postuliert eine unbegrenzte Fortsetzbarkeit des Denkens und verzichtet auf jeglichen Rückzug in den subjektiven (objektlosen) Glauben, für den das Denken sich in „Nachfolge" verflüchtigt. — Neben diesem „theoretischen" A. unterscheidet man auch noch einen „praktischen" (die Lebensweise und das Verhalten bestimmenden) A. und einen „indifferenten" A. (↗Agnostizismus): heute eine für Millionen Menschen selbstverständliche Lebenseinstellung. — ↗Akosmismus, Existentialismus, Gott, Gottesbeweise, Jainismus, Materialismus, Monismus, Onus probandi, Pantheismus, Pessimismus, Skeptizismus, Tod; Allen, Anders, Bauer, Bayle, Bloch, Büchner, Buddha, Demokrit, Engels, Feuerbach („anthropologischer" A.), Forster, Freud, Guyau, Haeckel, N. Hartmann („postulatorischer" A.), Heidegger, Holbach, Kahl, Kant („agnostischer" A.), Karneades, Kerler, La Mettrie, Lukrez, K. Marx („sozialphilosophischer" A.), Mauthner, Nietzsche („nihilistischer" A.: Gott als „faustgrobe Antwort", „Gott ist tot"), Reding, Rée, Rensi, Russell, Sartre, Scheler, Schopenhauer, Shelley, Sölle („Theologie ohne Gott"), Spinoza, Theodoros, Vaihinger („fiktionalistischer" A. im Gefolge Kants). — Auch die Dichter Heine und Benn (Gott: ein „schlechtes Stilprinzip") z. B. sind hier zu nennen.

Atheismusstreit (1799): ↗Forberg (↗Fichte).

Athenagoras, 2. Jhdt. n. Chr.: griechischer Apologet, der in seiner (wahrscheinlich an Marc Aurel gerichteten) Apologie des Christentums die Lehre von der Dreieinigkeit verteidigt.

Athenäus (gr. Athenaios). 3. Jhdt. n. Chr.: sein „Philosophengastmahl", ein fingiertes Gastmahl mit philosophischen Gesprächen, ist wegen der zahlreichen und genauen Textangaben eine wertvolle philosophiegeschichtliche Quelle.

Ätherleib: gleichbedeutend mit ↗Astralleib.

Ätiologie: Lehre von den Ursachen (einer Erscheinung).

Atman: in der indischen Philosophie Bezeichnung für den unsterblichen Bewußtseinsträger, für die Seele des Menschen, die als mit der Weltseele (↗Braham) wesenseins gedacht wird (Seelenwanderungslehre). — ↗Upanishaden, Vedânta.

Atomistik (Atomismus): 1. in der Antike von ↗Leukippos und ↗Demokrit entwickelte (später von ↗Epikur und ↗Lukrez übernommene) materialistische Lehre, der zufolge alle Dinge aus kleinsten unteilbaren, nur quantitativ (und nicht qualitativ) verschiedenartigen Elementen (den Atomen) aufgebaut sind, deren einzige Eigenschaft die Undurchdringlichkeit ist. Nach dieser Auffassung besteht die Welt aus unendlich vielen unzerstörbaren Atomen verschiedenster Größe und Gestalt (wobei es neben den Stoffatomen auch Seelenatome gibt), die im unendlich leeren Raum in ewiger Bewegung wirbeln. — ↗Gassendi, Sennert; Laßwitz. – 2. Auch in der modernen wissenschaftlichen Atomistik werden alle qualitativen Unterschiede auf quantitative zurückgeführt, wodurch die chemisch-physikalischen Vorgänge berechenbar und verständlich werden. Der atomare Aufbau der Materie ist heute unbestritten, wenngleich es in der Atomphysik noch genug ungelöste Probleme gibt. ↗Kernphysik, Komplementarität, Materie, Mechanistik, Naturphilosophie, Physik, Quantenmechanik, Unschärferelation, Wellenmechanik. – 3. Logischer Atomismus: ↗Russell.

Attikos, um 176 n. Chr.: Platoniker, der an der Philosophie des Aristoteles Kritik übt.

Attribut: ↗Akzidenz. — Als Attribut (der Substanz) bezeichnet ↗Spinoza die Art und Weise, in der sich die Substanz dem Intellekt darstellt.

Aufklärung: geistige Strömung, die im 17. Jhdt. von England ihren Ausgang nahm, im 18. Jhdt. in Frankreich infolge ihrer Popularisierung weiteste Verbreitung fand und schließlich den ganzen europäischen Kontinent erfaßte und in Deutschland durch ↗Leibniz und vor allem ↗Kant einerseits philosophisch vertieft, andererseits in ihren extremen Auswirkungen kritisiert wurde. Die Wurzeln der Aufklärung sind das neuzeitliche physikalische Weltbild (↗Newton), der englische Empirismus (↗Locke) und Parlamentarismus, der französische Skeptizismus (↗Montaigne) sowie die Vorwegnahme mancher Aufklärungsideen in Frankreich in der zweiten Hälfte des 17. Jhdts. (↗Bayle, Fontenelle). Die bedeutendsten französischen Aufklärer sind die ↗Enzyklopädisten. Die Aufklärer anerkennen als einzige Autorität das freie, auf sich selbst gestellte Denken (↗sapere aude) und erstreben eine möglichst weitgehende Rationalisierung der Kultur sowie Humanisierung des menschlichen Lebens; ihr Fernziel ist der Aufbau einer Verstandeskultur; zwecks Erreichung dieses Zieles sagen sie allen Vorurteilen (vor allem dem Aberglauben sowie der traditionellen kirchlichen, staatlichen, gesellschaftlichen und wirtschaftlichen Ordnung) energisch den Kampf an, fordern ↗Toleranz (vor allem auf religiösem Gebiet) und bemühen sich um eine Popularisierung und Verbreitung („haute vulgarisation") der Aufklärungsgedanken (durch Publikationen in der Volkssprache statt in lateinischer Sprache, eine allgemein verständliche Darstellungsweise und die Veröffentlichung der „Großen Enzyklopädie"). Die Aufklärer sind Kulturoptimisten und glauben an den Fortschritt und an die unbegrenzte Vervollkommnungsmöglichkeit der Menschen unter der Herrschaft der Vernunft und unter dem Einfluß der Erziehung. Damit beginnt der Glaube an das Rationale, an Wissenschaft und Staatskunst, die religiösen Mythen endgültig zu verdrängen und ist der Keim für die entscheidendsten Fortschritte und die Lösung der bedrängendsten Probleme der neueren Geschichte gelegt. Für Kant ist die Aufklärung „der Ausgang des Menschen aus seiner selbstverschuldeten Unmündigkeit. Unmündigkeit ist das Unvermögen, sich seines Verstandes ohne Leitung eines anderen zu bedienen. Selbstverschuldet ist diese Unmündigkeit, wenn die Ursache derselben nicht am Mangel des Verstandes, sondern der Entschließung und des Mutes liegt, sich seiner ohne Leitung eines anderen zu bedienen." ... „Faulheit und Feigheit sind die Ursachen" hiefür. – ↗Tod; Cassirer, Dahrendorf, Freyer, Grassi, Groethuysen, Künzli, Mittelstraß, Thomasius, Wundt M.; Futurologie.

Aufmerksamkeit: ihre Zuwendung entscheidet über den Klarheits- bzw. Deutlichkeitsgrad der betreffenden Wahrnehmung, Vorstellung usw. Das Wort Aufmerksamkeit wird in vier verschiedenen Bedeutungen verwendet: 1) Akt, der Erlebnisinhalte in volle Bewußtheit hebt; 2) Fähigkeit, flüchtige Erlebnisse festzuhalten; 3) sondernde Konzentration durch Verengung des Bewußtseins; 4) nicht auf das Gegenwärtige, sondern auf das Kommende gerichtete Spannung (Erwartung, Bereitschaft). Als leibliche Parallele entspricht der Deutlichkeit eines Erlebnisses der Grad der Durchblutung (Blutversorgung) des betreffenden zerebralen Systems (entsprechend den Innervationen der Hirnarterienwände). — An Formen der Aufmerksamkeit, deren jeweilige Prävalenz auch persönlichkeitsdiagnostisch relevant ist, sind zu unterscheiden: a) die „fixierende" (starre) A. (— die einzelnen Teilinhalte einer größeren Erlebniseinheit werden genau, längere Zeit hindurch und je für sich beachtet —) von der „fluktuierenden" (gleitenden) A. (— mehrere Teilinhalte werden gleichzeitig oder in raschem Wechsel, jedoch ungenau beachtet —), b) die „analytische" A., die sich zunächst auf Einzelheiten und dann erst auf das Ganze richtet, von der „synthetischen" A., die von vornherein einen vagen Gesamteindruck hinterläßt, und c) die „stabile" (schwer ablenkbare, enge) A. geringeren Umfanges von der „labilen" (leicht ablenkbaren, weiten) A. größeren Umfanges, wobei die jeweils an erster Stelle genannten Aufmerksamkeitstypen beim „schizothymen", die an zweiter Stelle angeführten hingegen beim „zyklothymen" ↗Charakter (nach ↗E. Kretschmer) vorherrschen.

Augustinus, Aurelius, 354—430 n. Chr.: führender und organisierender Geist der späteren Patristik, bedeutendster Kirchenvater, der den christlichen Glauben dogmatisch ausbaut und an den nicht-christlichen Lehren seiner Zeit Kritik übt, neuplatonische und paulinische Auffassungen, zu einer Einheit zu verschmelzen sucht, vom Standpunkt eines ethischen Pessimismus aus und im Sinne der Gnaden- bzw. Prädestinationslehre in der Frage der menschlichen Willensfreiheit den Pelagianismus bekämpft und einen bedingungslosen, demütigen Glauben an Gottes Barmherzigkeit fordert, den Glauben an die alleinseligmachende Kirche, der anzugehören ihm für die Erfüllung der Jenseitshoffnungen als entscheidend erscheint, stark akzentuiert und staatliche Zwangsmaßnahmen gegen Ketzer als gerechtfertigt betrachtet. Die Geschichte interpretiert A. als Kampf zwischen Hochmut und Glauben, zwischen dem irdischen Staat und dem Gottesstaat, zwischen heidnisch-römischer Kultur und Christentum. A. hat das christliche Denken bis zur Gegenwart entscheidend beeinflußt. — Hptw.: Confessiones (Autobiographie); De civitate Dei (Geschichtsphilosophie). — ↗Creatio, Christentum, Geschichtsphilosophie, Jansenisten, Katholische Philosophie (Augustinismus), Manichäismus, Pelagianismus; Barion, Eibl, Gilson, Guardini, Hessen, Ritter; Ewigkeit, Tod, Zeit.

Ausdruckspsychologie: psychologische Spezialdisziplin, in der die „Ausdrucksbewegungen" (d. h. die unwillkürlich auftretenden Begleiterscheinungen des psychischen Geschehens, z. B. ↗Lachen) untersucht werden. Dem Menschen sind mehr als zehntausend sichtbare mimische Ausdruckskombinationen dank der Struktur seiner Gesichtsmuskeln möglich. Zum Problem des Ausdrucksverstehens (z. B. durch „innere Nachahmung"): ↗Affekthypothese, Assoziation, Einfühlung, Ideorealgesetz, Kultur (3.); Bühler.

Ausgefahrene Gleise: das Prinzip der a. G. besagt, daß Nervenbahnen durch Übung (= „Bahnung") immer geeigneter werden, den Nervenstrom zu leiten. — ↗Bekanntheitsqualität.

Ausgeschlossenes Drittes: das aus dem ↗Widerspruchssatz ableitbare logische Axiom vom ausgeschlossenen Dritten besagt, daß etwas nur A oder Non-A sein kann, eine dritte Möglichkeit jedoch nicht besteht. Auf einander (↗kontradiktorisch) widersprechende Aussagen angewandt, heißt das: von zwei derartigen Aussagen muß eine wahr sein (wenn die andere falsch ist), oder: von zwei Aussagen, deren eine bejaht, was die andere verneint, muß eine wahr sein (z. B.: „Dieser Tisch ist braun" bzw. „Dieser Tisch ist nicht braun").

Aussage: Es lassen sich folgende Grundtypen von Aussagen unterscheiden: 1. ↗axiomatische Aussagen, 2. ↗analytische Aussagen, 3. ↗empirische Aussagen, 4. ↗fiktionale Aussagen (Fiktionen), 5. ↗axiologische Aussagen. — ↗Urteil.

Außenwelt: Gesamtheit der vom Bewußtsein unabhängigen (extramentalen) Gegebenheiten. — Gegenbegriff: Innenwelt (Erlebniswelt). — ↗Realismus (Naiver Realismus, Kritischer Realismus, Wissenschaftlicher Realismus); Idealismus (Subjektiver Idealismus, Objektiver Idealismus, Kritischer Idealismus, Phänomenalismus). Vom Standpunkt eines kritischen Positivismus aus läßt sich das Außenweltproblem in folgender Weise lösen: Wenn man die Möglichkeit, allgemeingültige Erkenntnisse zu gewinnen, verstehen will, so muß man die Existenz einer bewußtseinsunabhängigen Außenwelt „fordern", da in jeder Erkenntnis objektive Elemente enthalten sind; daß hier und jetzt gerade dies geschieht und nicht etwas anderes, ist ebenso als gegeben hinzunehmen wie die Verhältnisse und Größen, die in den Naturgesetzen ihren Ausdruck finden; diese objektive „Außenwelt" ist natürlich keine Welt erkennbarer Gegenstände, sondern die Gesamtheit der „Außenweltreize" (Signale), auf die der Mensch in einer von der Struktur seines Bewußtseins abhängigen Weise reagiert. Erst durch diese Reaktion wird die den objektiven Reizen entsprechende subjektive Welt der Empfindungen geschaffen, die dann den Axiomen des Erkennens (Verdinglichung usw.) gemäß im Erkenntnisprozeß zu einer „Erfahrungswelt" geformt wird, in der sich

Außersinnliche Wahrnehmung (ASW)

Forschung treiben läßt. Diese gegenständliche Erfahrungswelt ist also eine menschliche Erscheinungswelt, d. h. jene Reizwelt, gebrochen durch das Prisma des menschlichen Bewußtseins; diese „Außenwelt" der uns umgebenden Gegenstände wird also mit der „Innenwelt" (Erlebniswelt) zugleich aufgebaut; bewußtseinsunabhängig sind somit nur jene objektiven „Signale". – ↗Welt, Wirklichkeit; Russell, Schrödinger.

Außersinnliche Wahrnehmung (ASW): ↗Parapsychologie.

Austin, John Langshaw, 1911–1960: englischer Erkenntniskritiker und Sprachanalytiker, Schöpfer der Sprechakt-Theorie (↗Ordinary-Language-Philosophy). — Hptw.: Philosophical Papers, 1961; Sense and Sensibilia, 1962, dt. 1975 (Sinn und Sinneserfahrung); How to Do Things with Words, 1962, 1976^2, dt. 1972 (Zur Theorie der Sprechakte).

Austrofaschismus: österreichische Variante des ↗Faschismus (1933–1938: autoritär-klerikales Regime, „Ständestaat" — unter Ausschaltung des Parlaments). — Philosophische Abstützung: ↗Spann.

Austromarxismus: von ↗Adler M., ↗Bauer, Renner u. a. begründete österreichische Variante des ↗Marxismus, ein (in Synthese mit dem ↗Kantianismus entwickelter) freiheitlicher ↗„Sozialismus mit menschlichem Antlitz". — ↗Heintel P., Leser.

Autismus: seit 1943 (nach Eugen Bleuler) so bezeichnetes kindliches Seelenleiden; nach neuesten Forschungsergebnissen genetisch oder (und) geburtstraumatisch (und nicht durch psychische Umwelteinflüsse) bedingter Mangel an Kontakt mit der Wirklichkeit: scheues, krankhaftes In-sich-gekehrt-Sein, meist mit Schwachsinn gepaart.

Automatismus: unwillkürlich, unterbewußt ablaufender seelischer Vorgang.

Autonom: selbstgesetzlich. Für autonom halten z. B. die ↗Vitalisten das organische Geschehen gegenüber dem anorganischen. Eine autonome Moral (im Gegensatz zur ↗heteronomen) fordert z. B. ↗Kant, d. h. pflichtgemäßes Handeln aus eigener Vernunft und Kraft um des Guten selbst willen.

Autorität: Ansehen (z. B. eines Religionsstifters, eines Philosophen, einer Überlieferung, eines Buches). Die Anerkennung einer Autorität ist die Grundlage des „Glaubens" an das, was sie lehrt (im Gegensatz zum selbständigen Denken und Verstehen bzw. zum „Wissen").

Autos epha: er selbst hat es gesagt (zu ergänzen: der Meister, das Schulhaupt; z. B. von den Schülern des ↗Pythagoras als Argument für die Wahrheit ihrer Behauptungen angeführt.

Autotelie (Selbstzweck): ↗Stern W.

Avenarius, Richard, 1843–1896: deutscher Philosoph (Zürich), Begründer des Empiriokritizismus (eines kritischen Empirismus). A. sucht unter Vermeidung der metaphysischen Begriffsbildung auf der Basis der „reinen Erfahrung" (d. h. unter Voraussetzung der Gleichwertigkeit der inneren und der äußeren Erfahrung, also alles Gegebenen, wobei die „natürliche" Annahme einer „Prinzipialkoordination" zwischen „Ich" und „Umgebung" den Ausgangspunkt bildet) mittels eines komplizierten Zeichensystems und in engem Anschluß an die biologische Betrachtungsweise einen „natürlichen Weltbegriff" zu entwickeln. Die beiden Voraussetzungen des Empiriokritizismus, die „empiriokritischen Axiome der Erkenntnisinhalte und der Erkenntnisformen" lauten: Daß 1. „alle Erkenntnisinhalte aller philosophischen Weltanschauungen nur Abänderungen der ursprünglichen Annahme jedes menschlichen Individuums sind, sich gegenüber eine Umgebung, andere menschliche Individuen mit Aussagen und das Ausgesagte in Abhängigkeit von der Umgebung anzunehmen", und daß 2. „das wissenschaftliche Erkennen keine wesentlich anderen Formen oder Mittel als das nichtwissenschaftliche besitzt und alle speziellen wissenschaftlichen Erkenntnisformen und Erkenntnismittel Ausbildungen vorwissenschaftlicher sind". — Hptw.: Philosophie als Denken der Welt gemäß dem Prinzip des kleinsten Kraftmaßes (Prolegomena zu einer Kritik der reinen Erfahrung) 1876, 1903^2; Kritik der reinen Erfahrung, 2 Bde. 1888, 1890, 1907/08^2; Der menschliche Weltbegriff, 1891, 1912^3. – ↗Ewald, Lenin, Petzoldt.

Averroes (Ibn Roschd), 1126–1198: islamischer Philosoph aus Córdoba (Spanien), der Aristoteles für den größten Denker aller Zeiten hält und dessen Schriften kommentiert. Er wurde von islamitischen ebenso wie von christlichen Theologen angegriffen, da er der philosophischen Wahrheit (gegenüber der religiösen) den Vorrang zuspricht („doppelte" Wahrheit) und u. a. die Ewigkeit der Körperwelt lehrt.

Avesta: „Wissen"; das heilige (Riten- und Dogmen-)Buch der Parsen, von Ahura Mazda ↗Zarathustra geoffenbart. — ↗Parsismus.

Avicebron (Ibn Gebirol), 1020—1070: jüdischer Mystiker (Spanien), der sich dem Neuplatonismus verbunden fühlt und als höchste Stufe des geistigen Lebens die intuitive Schau des Göttlichen in der Ekstase fordert. — Hptw.: Fons Vitae (Quelle des Lebens).

Avicenna (Ibn Sina aus Buchara), 980–1037: islamischer „Heiliger", Arzt und Philosoph, vom Neuplatonismus und von der aristotelischen Philosophie beeinflußt; sein Denken war von nachhaltiger Wirkung auf Scholastik und Mystik (Eckhart). – ↗Bloch.

Avidya: Nicht-Wissen, Unwissenheit, Verblendung. Nach buddhistischer Auffassung die Ursache des leidvollen Daseins (↗Maya). – ↗Vedânta.

Axiologie: ↗Werttheorie.

Axiologische Aussagen: ↗Werturteile, Normen.

Axiologismus: einseitige Betonung des axiologischen Standpunktes, indem alles für wertvoll oder wertlos, nichts jedoch für wertneutral gehalten und daher lediglich deskriptiv (beschreibend) erfaßt wird.

Axiomatik (axiomatisches Denken): Bezugnahme auf ↗Axiome, Begründung eines Gedankensystems durch Ableitung aus vorausgesetzten Axiomen; in der Logik und Mathematik ohne, in der Philosophie mit Rücksicht auf die Erfahrung (auf das ↗kategoriale Denken). – ↗Bühler, Reichenbach, Stachowiak; Rationalismus.

Axiomatische Aussagen: Sätze, in denen ↗Axiome ihren sprachlichen Ausdruck finden. Auch wenn man sie – logisch – als „implizite Definitionen" qualifiziert, so darf man nicht den (psychologisch zugrundeliegenden) ↗Postulats-Charakter der Axiome übersehen.

Axiomatische Philosophie: im Gegensatz zur „naiven" (auf unüberprüfbare Intuitionen und Evidenzen bauenden) ↗ „absolutistischen" ↗Apodiktik in der Philosophie die Besinnung auf die ↗axiomatischen Voraussetzungen des Denkens und somit auch aller ↗Philosopheme sowie auf die daraus folgende ↗ „Relativität" jedes philosophischen Denkansatzes. Eine „axiomatische Philosophie" ist demgemäß eine sich ihrer eigenen (axiomatischen) Voraussetzungen bewußte Philosophie (im Gegensatz zu jedem ↗dogmatischen Absolutheitsanspruch), die selbstkritisch den eigenen Standpunkt stets mitreflektiert (von Austeda eingeführter Terminus: „Axiomatische Philosophie", 1962).

Axiome: Aussagen, die eines Beweises weder bedürfen noch fähig sind. Axiome sind nicht Tatsachenaussagen, sondern Anweisungen, nicht Behauptungen, sondern Forderungen (Postulate). Die axiomatischen Aussagen sind als erfüllt gedachte Forderungen aufzufassen. Zu unterscheiden sind: I. Allgemeine Axiome, nämlich: 1. die logischen Axiome (des Denkens) und 2. die kategorialen Axiome (des Erfahrens und Verstehens); II. spezielle Axiome (spezielle Anwendungen der allgemeinen Axiome), nämlich 1. die mathematischen Axiome (die arithmetisch-algebraischen Axiome und Kategorien und die Axiome der euklidischen Geometrie) und 2. die Axiome der reinen Mechanik. — „Logische Axiome": ↗A = A (Identitätssatz), A ≠ Nicht-A (Widerspruchssatz), ausgeschlossenes Drittes — ↗Satz. — Unter „kategorialen Axiomen" sind zu verstehen: die Axiome und Kategorien möglicher Erfahrung, d. h. 1) die aus der Struktur der Formen des unmittelbaren Gegebenseins (↗Zeit und Raum) ableitbaren Axiome und Kategorien sowie die Axiome geordneten Erfahrens (Axiome der ↗Regelmäßigkeit und der Verdinglichung) und 2) das Axiom möglichen ↗Verstehens (dynamischen Weltverstehens), nämlich das ↗Kausalitätsprinzip. Neben den genannten (notwendigen) Axiomen gibt es auch willkürliche (z. B. das Prinzip der ↗Finalität oder auch die ↗metageometrischen Axiome).

Ayer, Alfred Jules, geb. 1910: englischer Neopositivist („logischer Positivist") und „kritischer Rationalist", Sprachkritiker, Erkenntnistheoretiker und Logiker, der, in Anlehnung an ↗Hume, vom Standpunkt des ↗Common sense aus an der spekulativen Philosophie (Metaphysik), aber auch an den Begriffen der wissenschaftlichen Verifizierbarkeit (↗Wiener Kreis) und Falsifizierbarkeit (↗Popper) Kritik übt. – Hptw.: Demonstration of the

Impossibility of Metaphysics (in „Mind", 1934); Language, Truth and Logic, 1936, 1954³, dt. 1970 (Sprache, Wahrheit und Logik); Verification and Experience, 1937; The Foundations of Empirical Knowledge, 1940; Thinking and Meaning, 1947; British Empirical Philosophers, 1952; Philosophical Essays, 1954; The Problem of Knowledge, 1956; als Mitarbeiter: The Revolution in Philosophy, 1956; als Herausgeber: Logical Positivism, 1959; The Concept of a Person and other Essays, 1963; Russell and Moore (The Analytical Heritage), 1971; Bertrand Russell, 1973 (dt.); The Central Questions of Philosophy, 1973, dt. 1976 (Die Hauptfragen der Philosophie). – ↗Fallibilismus, Sinn.

B

Baader, Franz von, 1765—1841: deutscher Philosoph, katholischer Romantiker, der den Menschen für geistig unselbständig und daher den Glauben an eine Autorität für notwendig hält, das menschliche Wissen als mitwissende Teilhabe am göttlichen Wissen definiert (cogitor, ergo cogito et sum) und eine mythologische Natur- und Religionsphilosophie bzw. mystisch-spekulative Theosophie entwickelt. — Sämtl. Werke, 16 Bde., 1851—1860. — ↗Baumgardt.

Bachofen, Johann Jakob, 1815–1887; Schweizer Jurist (Begründer der rechtsvergleichenden Forschung), Altertumsforscher und Mythensammler, Entdecker des Matriarchats. - Hptw.: Versuch über die Gräbersymbolik der Alten, 1859, 1925²; Das Mutterrecht (Eine Untersuchung über die Gynäkokratie der Alten Welt nach ihrer religiösen und rechtlichen Natur), 1861.

Francis Bacon

Bacon, Francis of Verulam, 1561—1626: englischer Staatsmann und Philosoph (vor allem Erkenntnis- und Wissenschaftstheoretiker), der am mittelalterlichen Aristotelismus und an der Scholastik Kritik übt, die Notwendigkeit empirischer Forschung (Dissecare naturam! Vere scire est per causas scire!) und wissenschaftlichen Philosophierens betont (Tantum possumus quantum scimus; Wissen ist Macht), die Induktionsmethode und die Hypothesenbildung sorgfältig untersucht, das menschliche Geistesleben den drei seelischen Grundfunktionen entsprechend aufgliedert (Gedächtnis – Geschichte, Phantasie – Poesie, Vernunft – Philosophie) und in seiner Lehre von den „Idolen", einer Vorwegnahme der ↗„Ideologiekritik", vier Arten von Vorurteilen unterscheidet, denen das menschliche Denken allzu leicht unterliegt (sie entstammen entweder der Eigenart der menschlichen Natur oder der persönlichen Eigenart eines Menschen oder beruhen auf einer Verführung durch die Sprache oder auf dem suggestiven Einfluß der Tradition: idola tribus, idola specus, idola fori und idola theatri). – Hptw.: Novum Organum scientiarum, 1620; De dignitate et augmentis scientiarum, 1623; Sylva sylvarum 1627; nicht vollendet: die Utopie „Nova Atlantis", 1627. – ↗Huarte; Geschichtsphilosophie.

Bacon, Roger, 1214—1294: hochgelehrter Franziskaner (Doctor mirabilis, in Oxford und Paris), der für seine Zeit sehr modern und fortschrittlich, nämlich empiristisch denkt, indem er auf den Wert des Erfahrungswissens und der Kausalforschung hinweist und selbst Experimente durchführt. B. wurde seiner naturwissenschaftlichen Interessen wegen von der Kirche als Zauberer verdächtigt und eingekerkert. — Hptw.: Opus maius.

Badische Schule (des Neukantianismus): auch ↗Heidelberger oder Südwestdeutsche oder Werttheoretische Schule genannt.

Julius Bahnsen

Bahnsen, Julius, 1830—1881: deutscher Philosoph, von Hegel und Schopenhauer beeinflußt; als Ethiker eher ein Skeptiker; einer der Begründer der modernen Charakterkunde, der 1867 den Terminus „Charakterologie" eingeführt hat. — Hptw.: Beiträge zur Charakterologie mit besonderer Berücksichtigung pädagogischer Fragen, 2 Bde., 1867, neue Ausgabe 1932; Zur Philosophie der Geschichte, 1871; Das Tragische als Weltgesetz und der Humor als ästhetische Gestalt der Metaphysik, 1877, neue Ausgabe 1931; Der Widerspruch im Wissen und Wesen der Welt (Prinzip und Einzelbewährung der Realdialektik), 2 Bde., 1880/81; Aphorismen zur Sprachphilosophie, 1881.

Baillie, Sir James Black, 1872—1940: englischer Philosoph, der sich zu einem erkenntnistheoretischen Idealismus und metaphysischen Spiritualismus im Sinne Hegels bekennt, indem er den Geist als eine schöpferische Kraft auffaßt, der Neues in die Welt bringt und nicht bloß die Natur abbildet. — Hptw.: The Origin and Significance of Hegel's Logic, 1901; An Outline of the Idealistic Construction of Experience, 1906; Studies in Human Nature, 1921; The Interpretation of Religion, 1929.

Bakunin, Michael, 1814—1876: russischer Revolutionär und Anarchist. — Hptw.: Catéchisme Révolutionnaire, 1869; Staatlichkeit und Anarchie, 1873. — Die Reaktion in Deutschland, 1984.

Ballauff, Theodor, geb. 1911: deutscher Pädagoge und Philosoph, Schüler N. Hartmanns. — Hptw.: Das Problem des Lebendigen, 1949; Die Idee der Paideia, 1952, 1963²; Die Grundstruktur der Bildung, 1953; Erwachsenenbildung, 1958; Systematische Pädagogik, 1962, 1970³; Philosophische Begründungen der Pädagogik, 1966; Skeptische Didaktik, 1970; Pädagogik (Eine Geschichte der Bildung und Erziehung), I. Bd., 1969.

Banause: vom griechischen Wort für „Handwerker" abgeleitete Bezeichnung für einen kleinlichen, pedantischen, engstirnigen, amusischen Spießbürger, d. h. kulturell uninteressierten und unempfänglichen Menschen, der nur seinen materiellen Vorteil im Auge hat. ↗Philosophie, Sinn (des Lebens).

Barion, Jakob, geb. 1898: deutscher Philosophiehistoriker, Rechts- und Staatsphilosoph. — Hptw.: Intellektuelle Anschauung bei Fichte und Schelling, 1929; Plotin und Augustinus, 1935; Philosophia perennis, 1936; Macht und Recht, 1947; Recht, Staat und Gesellschaft, 1949; Universitas und Universität, 1954; Hegel und die marxistische Staatslehre, 1963, 1970²; Was ist Ideologie?, 1964, 1974³; Ideologie, Wissenschaft, Philosophie, 1966; Staat und Zentralismus, 1969; Philosophie (Einführung in ihre Terminologie und ihre Hauptprobleme), 1977.

Barth, Hans, 1904—1965: deutscher Philosoph, insbesondere als Ideologiekritiker hervorgetreten. — Hptw.: Wahrheit und Ideologie, 1945, 1974³; Der konservative Gedanke, 1958; Masse und Mythos, 1959.

Barth, Heinrich, 1890—1965: Schweizer Philosoph, dessen Denken am Kritischen Idealismus, an der Dialektischen Theologie und an der Existenzphilosophie orientiert ist; B. hat eine Unzahl philosophie-historischer, politischer und pädagogischer Schriften publiziert. Seine letzten Arbeiten: Erkenntnis der Existenz, 1965; Philosophie der Erscheinung, 2 Bde., 1966²; Existenzphilosophie und neutestamentliche Hermeneutik, 1967.

Karl Barth

Barth, Karl, 1886—1968: Schweizer protestantischer Theologe, der die ↗Dialektische Theologie begründete (und die Bekennende Kirche gründete), nachdem er Kierkegaard neu entdeckt hatte. — Hptw.: Der Römerbrief, 1919; Kirchliche Dogmatik, 4 Teile, 1932—1959; Gotteserkenntnis und Gottesdienst nach reformatorischer Lehre, 1938; Theologische Fragen und Antworten (Gesammelte Vorträge), 1957; Philosophie und christliche Existenz, 1960; Die protestantische Theologie im 19. Jhdt. (Ihre Vorgeschichte und ihre Geschichte), 2 Bde., 1975; Mit dem Anfang anfangen (Lesebuch), 1985. Hrsg. der Schriftenreihe „Theologische Existenz heute" (seit 1933). — ↗Bultmann.

Barth, Paul, 1858—1922: deutscher Geschichtsphilosoph, der eine wissenschaftliche Weltauffassung fordert, die Historik als Gesetzeswissenschaft betrachtet und in unmittelbare Nähe der Soziologie rückt (— der Geschichtsforschung folgt die Geschichtsschreibung, dieser die Geschichtswissenschaft = Soziologie, dieser die Geschichtsphilosophie —) und vom ethischen Fortschritt sowie von der Macht der Erziehung überzeugt ist. Durch viele Jahre Herausgeber der „Vierteljahrsschrift für wissenschaftliche Philosophie und Soziologie". — Hptw.: Die Philosophie der Geschichte als Soziologie, 1922[4]; Geschichte der Erziehung in soziologischer und geistesgeschichtlicher Beleuchtung, 1925[6]; Die Stoa, 1909; Ethische Jugendführung, 1919. — Autobiographie in „Die Philosophie der Gegenwart in Selbstdarstellungen", Bd. I, 1923[2].

Ernst Barthel

Barthel, Ernst, 1890–1953: deutscher Philosoph und Mathematiker, der Goethes Farbenlehre und Spektraltheorie im Sinne einer „komplementaristischen Wellenmechanik" präzisiert und eine universale „Polaritätsphilosophie" entwickelt hat. – Hptw.: Goethes Wissenschaftslehre in ihrer modernen Tragweite, 1922; Lebensphilosophie, 1923; Philosophie des Eros, 1926; Die Welt als Spannung und Rhythmus (Erkenntnistheorie, Ästhetik, Naturphilosophie, Ethik), 1928; Vorstellung und Denken (Eine Kritik des pragmatischen Verstandes), 1931; Kosmologische Briefe, 1931; Beiträge zur transzendentalen Logik auf polaristischer Grundlage, 1932; Einführung in die Polargeometrie, 1932; Geometrie und Kosmos, 1939; Der Mensch und die ewigen Hintergründe, 1939; Mensch und Erde im Kosmos, 1939; Nietzsche als Verführer, 1947; Goethe – das Sinnbild deutscher Kultur, 1948[4].

Barthes, Roland, 1915–1980: französischer Sprachwissenschaftler, Literaturkritiker, Soziologe und Philosoph; Strukturalist und Semiologe. – Hptw.: Le degré zéro de l'ecriture, 1953, dt. 1959 (Am Nullpunkt der Literatur); Mythologies, 1957, dt. 1964 (Mythen des Alltags); Critique et vérité, 1966, dt. 1967 (Kritik und Wahrheit); Système de la Mode, 1967, dt. 1976 (System der Mode); Sade – Fourier – Loyola, 1971, dt. 1974; Le plaisir du texte, 1973, dt. 1974 (Die Lust am Text); Leçon, 1978, dt. 1980 (Lektion). – Weitere deutsche Ausgaben: Elemente der Semiologie, 1983; Fragmente einer Sprache der Liebe, 1984; Die helle Kammer, 1985. – ↗Eros.

Basedow, Johann Bernhard, 1723–1790: deutscher Pädagoge, der sich für eine Reform des Unterrichtswesens und der Erziehungsmethoden im Geiste der Aufklärung eingesetzt und in Dessau das Philanthropinum (eine Schule der Menschenfreundschaft) errichtet hat. – Hptw.: Elementarwerk, 4 Bde., 1774.

Basilides, aus Antiochia, um 125 n. Chr.: einer der bedeutendsten Gnostiker, der christliche Lehren unter orientalischem (persischem) Einfluß zu einem Emanationssystem verarbeitet.

Basilius v. Cäsarea, um 330–379: einer der drei Kappadozier (neben Gregor v. Nyssa und Gregor von Nazianz), Apologet und Mitbegründer der jung-nicäischen Orthodoxie, der vor allem den Arianismus bekämpft.

Basissätze: intersubjektiv gültige Aussagen über beobachtbare Vorgänge. Von ↗Popper K. an Stelle von ↗Konstatierungen und ↗Protokollsätzen als Falsifikationsgrundlage gefordert. – ↗Positivismus, Wiener Kreis.

Batteux, Charles, 1713–1780: französischer Ästhetiker, der die Aufgabe der Kunst in der Nachahmung der schönen Natur und den Zweck des ästhetischen Genusses in der seelischen Stärkung sieht. — Hptw.: Traktat über die schönen Künste und ihre Zurückführung auf ein und dasselbe Prinzip, dt. 1751; Kursus über die Schöngeistigkeit, dt. 1798.

Bauch, Bruno, 1877–1942: deutscher Philosoph, vertritt einen Neukantianismus Lotzescher Prägung und erstrebt eine Synthese Kantschen und Hegelschen Geistes, weniger kritisch als ↗Cohen oder ↗Rickert, denen er sich verbunden fühlt. – Hptw.: Studien zur Philosophie der exakten Wissenschaften, 1911; Anfangsgründe der Philosophie, 1920; Wahrheit, Wert und Wirklichkeit, 1923; Das Naturgesetz, 1924; Die Idee, 1926; Philosophie des Lebens und Philosophie der Werte, 1927; Grundzüge der Ethik, 1935. – Autobiographie in „Die Philosophie der Gegenwart in Selbstdarstellungen", Bd. VII, 1929.

Bauer, Bruno, 1809–1882: deutscher Theologe, Junghegelianer, engagierter Bibel- und Religionskritiker, Atheist. – Hptw.: Kritik der evangelischen Geschichte des Johannes, 1840; Die Posaune des Jüngsten Gerichts über Hegel, den Atheisten und Antichristen, 1841 (anonym); Kritik der evangelischen Geschichte der Synoptiker, 1841/42; Die gute Sache der Freiheit und meine eigene Angelegenheit, 1842; Die Judenfrage, 1843; Das entdeckte Christentum, 1843; Philo, Strauß und Renan und das Urchristentum, 1874; Christus und die Cäsaren (Der Ursprung des Christentums aus dem römischen Griechentum), 1877; Das Urevangelium und die Gegner der Schrift Christus und die Cäsaren, 1880. – ↗Marx.

Bauer, Otto, 1882–1938: österreichischer Politiker und Politologe, Sozialdemokrat, Mitbegründer und führender Theoretiker des „Austromarxismus". — Hptw.: Der Weg zum Sozialismus, 1921[12].

Baumgardt, David, 1890–1963: deutscher Philosophiehistoriker, Ethiker und Religionsphilosoph (später in Spanien, England und den USA). — Hptw.: Franz von Baader und die philosophische Romantik, 1927; Der Kampf um den Lebenssinn unter den Vorläufern der modernen Ethik, 1933; Bentham and the Ethics of Today, 1952; Great Western Mystics and Their Lasting Significance, 1961, dt. 1963 (Die abendländische Mystik); Jenseits von Machtmoral und Masochismus (Hedonistische Ethik als kritische Alternative), 1977. — ↗Willensfreiheit.

Baumgarten, Alexander Gottlieb, 1714 bis 1762: von Wolff beeinflußter, rationalistisch eingestellter deutscher Denker, der die Ästhetik als selbständige „Wissenschaft von der sinnlich oder verworren erkannten Vollkommenheit" begründet und vom Künstler die Nachahmung der Natur fordert. – Hptw.: Aesthetica, 1750–1758.

Baeumker, Clemens, 1853–1924: deutscher Neuscholastiker, der sich große Verdienste um die Erforschung der mittelalterlichen Philosophie erwarb und seit 1891 die „Beiträge zur Geschichte der Philosophie und Theologie des Mittelalters" herausgab. — Hptw.: Die christliche Philosophie des Mittelalters, 1923[3]. — Autobiographie in „Die Philosophie der Gegenwart in Selbstdarstellungen", Bd. II, 1923[2].

Clemens Baeumker

Baeumler, Alfred, 1887—1968: deutscher Denker, der später insbesondere in der nationalsozialistischen Ära hervorgetreten ist. Ursprünglich Kulturphilosoph, der Diltheys Denkansatz durch die Einführung des Begriffes der Individualität transzendentallogisch absichern zu müssen meinte, da seines Erachtens Dilthey den Begriff des Singulären und Cohen den Begriff der historischen Individualität nicht zu fassen vermochten. — Hptw.: Hegels Philosophie des Geistes und Rechtsphilosophie, 1927; Bachofen und Nietzsche, 1928; Nietzsche, der Philosoph und Politiker, 1931; Politik und Erziehung (Reden und Aufsätze), 1939; Jahns Stellung in der deutschen Bildungsgeschichte, 1940; Das Irrationalitätsproblem in der Ästhetik und Logik des 18. Jhdts. bis zur Kritik der Urteilskraft, 1967[2].

Baur, Ferdinand Christian, 1792–1860: deutscher evangelischer Theologe, Kirchen- und Dogmenhistoriker, der sich insbesondere um die kritische Erforschung der Geschichte des Urchristentums verdient gemacht und die (jüngere) Tübinger Schule begründet hat. – Hptw.: Das manichäische Religionssystem, 1831, 1928[2]; Der Gegensatz des Katholizismus und Protestantismus, 1834, 1836[2]; Die christliche Gnosis oder die christliche Religionsphilosophie in ihrer geschichtlichen Entwicklung, 1835; Die christliche Lehre von der Versöhnung in ihrer geschichtlichen Entwicklung, 1838; Die christliche Lehre von der Dreieinigkeit und Menschwerdung Gottes, 3 Bde., 1841–43; Lehrbuch der christlichen Dogmengeschichte, 1847, 1867[3]; Die Epochen der kirchlichen Geschichtsschreibung, 1852; Das Christentum und die christliche Kirche der drei ersten Jahrhunderte, 1853, 1863[3] (u. d. T.: Kirchengeschichte der drei ersten Jahrhunderte).

Bernhard Bavink

Bavink, Bernhard, 1879—1947: deutscher Naturphilosoph, der auf der Basis eines kritischen Realismus und im Rahmen der christlichen Weltanschauung eine induktive Metaphysik aufbaut. — Hptw.: Ergebnisse und Probleme der Naturwissenschaften, 1913, 1957[11]; Hauptfragen der heutigen Naturphilosophie, 1928; Die Naturwissenschaft auf dem Weg zur Religion, 1933, 1947[6]; Das Weltbild der heutigen Naturwissenschaften und seine Beziehungen zur Philosophie und Religion, 1947, 1952[2]; Was ist Wahrheit in den Naturwissenschaften?, 1947, 1948[2]; Philosophie und Naturwissenschaft, 1950.

Bayle, Pierre, 1647—1706: französischer Freigeist und Skeptiker, der am religiösen Aberglauben und kirchlichen Dogmatismus Kritik übt, die Widersprüche zwischen philosophischem (Evidenz) und theologischem Denken (Geheimnis) enthüllt, für eine religionsfreie Moral eintritt und Toleranz allen religiösen Standpunkten, auch dem Atheismus gegenüber, fordert, wodurch er der Aufklärung den Weg ebnet. — Hptw.: Dictionnaire historique et critique, 2 Bde., 1695—1697.

Simone de Beauvoir

Beauvoir, Simone de, 1908—1986: französische Schriftstellerin, die in ihren Romanen (z. B. „Alle Menschen sind sterblich", 1947) und zahlreichen Schriften den existentialistischen Standpunkt ihres Lebensgefährten ↗Sartre zur Geltung bringt und vehement die Emanzipation der Frau fordert. — Werke: Pour une morale de l'ambiguité, 1947; L'existentialisme et la sagesse des nations, 1948; Le deuxième sexe, 2 Bde., 1949; Privilèges, 1955. — Deutsche Ausgaben: Amerika — Tag und Nacht, 1950; Das andere Geschlecht (Sitte und Sexus der Frau), 1951, 1963[2]; Sie kam und blieb, 1953; Die Mandarins von Paris, 1957; China, 1960; Das Blut der anderen, 1963; Soll man de Sade verbrennen?, 1964; Ein sanfter Tod, 1965; Der Lauf der Dinge, 1966; Das Alter, 1972; Alles in allem, 1974; Die Zeremonie des Abschieds und Gespräche mit Jean-Paul Sartre — August/September 1974, 1982; Artikel zu Politik, Moral und Literatur 1945–1955, hrsg. v. Eva Groepler, 1987.

Beccaria, Cesare Bonesano de, 1738–1794: italienischer Jurist und Schriftsteller, der die Abschaffung der Todesstrafe und der Folter gefordert hat. — Hptw. (beeinflußt von ↗Montesquieu): Dei delitti e delle pene (Von den Verbrechen und den Strafen), 1780.

Erich Becher

Becher, Erich, 1882—1929: deutscher Naturphilosoph, der einen kritischen Realismus lehrt und als Psychovitalist vor allem das planmäßige und zweckvolle Geschehen im Bereich des Lebendigen untersucht. — Hptw.: Gehirn und Seele, 1911; Die fremddienliche Zweckmäßigkeit der Pflanzengallen und die Hypothese eines überindividuellen Seelischen, 1917; Geisteswissenschaften und Naturwissenschaften, 1921; Einführung in die Philosophie, 1926, 1949[2]. — Autobiographie in „Die Philosophie der Gegenwart in Selbstdarstellungen, Bd. I, 1923[2]. – ↗Huber K.

Becker, Oskar, 1889–1964: deutscher Mathematiker und Logiker, Freidenker, Schüler Husserls und Heideggers. – Hptw.: Mathematische

Existenz, 1927, 1973²; Zur Logik der Modalitäten, 1930; Transzendenz und Paratranszendenz, 1937; Paraexistenz, 1943; Einführung in die Logistik, 1951; Untersuchungen über den Modalkalkül, 1952; Grundlagen der Mathematik in geschichtlicher Entwicklung, 1954, 1964²; Das mathematische Denken in der Antike, 1957; Größe und Grenze der mathematischen Denkweise, 1959; Dasein und Dawesen (Ges.philosophische Aufsätze), 1963.

Beda Venerabilis, 674—735: durch ihn lernten die Angelsachsen die griechische und die römische Philosophie kennen.

Befreiungstheologie: Volksbewegung in Lateinamerika, getragen von katholischen Priestern, mit dem Ziel, durch „Option für die Armen" einen Weg zur gewaltlosen Befreiung von jeglicher Unterdrückung zu weisen. Der im Spannungsfeld von Bibel und Marxismus wirkenden Befreiungstheologie zufolge gilt es, die tristen sozialen Verhältnisse nicht nur zu interpretieren, sondern zu ändern. Im Vatikan stoßen die Befreiungstheologen auf Ablehnung: ihr Exponent, der Brasilianer Leonardo Boff, wurde 1985 mit einem totalen Lehr-, Rede- und Veröffentlichungsverbot belegt.

Begriff: Gedankenelement, Bedeutungseinheit. Durch das Hören oder Lesen des als Zeichen dem Begriff zugeordneten Begriffswortes oder Symbols ergeht die Aufforderung, den Begriff gedanklich zu realisieren, d. h. die mit dem Begriffswort assoziierten Erlebnisinhalte zu reproduzieren. In jedem Begriff sind unzählige Erfahrungen zusammengeballt; da der Erfahrungsschatz veränderlich ist bzw. immer neue Erfahrungen „ankristallisieren", ist jeder Begriff „plastisch" und seinem Inhalt nach inkonstant, also ein „fieri" nicht ein „factum". Den Vorgang der Begriffsbildung nennt man ↗Abstraktion; geht der Begriffsbildung eine Entscheidung bzw. Wertung voraus, so spricht man (nach ↗Roretz) von ↗Vitalbegriffen. In der Logik (Begriffslehre) werden die Begriffe als aus dem individuellen Erleben herausgelöste, unveränderlich-konstante „Denkformen" betrachtet; — ↗Denken Satzfunktion, Definition (Definitionsfehler), Begriffsverhältnisse, Determination (Begriffsinhalt — Begriffsumfang), Generalisation, Kategorien, Art, genus proximum, differentia specifica. — Die erkenntnistheoretische Bedeutung des Begriffes liegt darin, daß es erst durch die begriffliche „Aufspaltung" der komplexen Erscheinungen möglich wird, diese allseitig zu erkennen, daß also die Wirklichkeit nur dann geistig zu bewältigen ist, wenn man sie in ein Begriffsnetz einfängt; beachten muß man dabei nur, daß begriffliche Trennungen keine Trennungen im Gegenstand sind, und daß durch Abstraktion gewonnene Begriffe nicht zu realen Wesenheiten verdinglicht werden dürfen.

Begriffsdichtung: von ↗F. A. Lange eingeführte (schon von ↗Herder geprägte) Bezeichnung für die metaphysische Denkweise, da die metaphysischen Begriffe weder (wie die empirischen Begriffe) durch Abstraktion aus der Erfahrung gebildet, noch überhaupt durchdenkbar (gedanklich vollziehbar) sind, mithin keinen Erkenntniswert, sondern bestenfalls (wie künstlerische Gestaltungen) einen Erlebniswert besitzen.

Begriffslogik: 1) Lehre von den Begriffen (eine Spezialdisziplin der Logik). — 2) Verfehlte Auffassung, der zufolge die Wahrheit nicht in den Aussagen (Aussagen-, Prädikatenlogik), sondern in den Begriffen (Ideen) liegt. — ↗Hegel; Begriffsrealismus („Begriffsmetaphysik"), Platonismus, Universalienstreit.

Begriffsrealismus: in der Metaphysik übliche, jedoch unzulässige „Verdinglichung" von Begriffen (z. B. „Seele"). - ↗Platonismus, glossogon, Wortrealismus.

Begriffsverhältnisse: mögliche Beziehungen zwischen Begriffen; in der älteren Logik: ↗Äqualität (Synonymität), Äquivokation (Homonymität), Äquipollenz (Gleichgeltung), Subsumtion (Über- und Unterordnung), Disjunktion, Kreuzung, Korrelation, Disparation, Kontrarietät, Kontradiktion; in der neueren Logik: ↗Subsumtion, Durchschnitt, Vereinigung, Negation.

Begründung: Aussagen werden begründet, indem man sie aus anderen logisch ableitet. — ↗Beweis.

Behaviorismus: Theorie und Methode der Verhaltensforschung, 1914 vom Amerikaner John Broadus Watson (1878–1958) begründeter Forschungszweig der Psychologie. Die Behavioristen bedienen sich ausschließlich der Methode der Fremdbeobachtung (im Gegensatz zu der auf Selbstbeobachtung beruhenden Erlebnispsychologie) und sind der Meinung, daß das Verhalten der Menschen vor allem durch Umweltfaktoren bestimmt werde. – ↗Lovejoy.

Behn, Siegfried, 1884–1970: deutscher Philosoph, der christlichen Weltanschauung verbunden. – Hptw.: Die Wahrheit im Wandel der

Weltanschauung (Eine kritische Geschichte der metaphysischen Philosophie), 1924; Sein und Sollen (Eine metaphysische Begründung der Ethik), 1927; Einleitung in die Metaphysik, 1933.

Bekanntheitsqualität: mit der Wahrnehmung unmittelbar gegebenes Vertrautheitserlebnis bei Wiederkehr von bereits einmal Wahrgenommenem. Der Bekanntheitsgrad einer Wahrnehmung beruht auf einer Steigerung des Tempos der entsprechenden nervösen Vorgänge. Erklärt wird diese Erscheinung 1) durch die Theorie von den ↗ „ausgefahrenen Gleisen" oder „ausgeschliffenen Bahnen" (— je öfter Nervenbahnen von gleichartigen Erregungen durchpulst werden, umso wegsamer, durchlässiger und leistungsfähiger werden sie für diese Erregungen, umso leichter und rascher vermögen diese daher sich fortzupflanzen —) bzw. die Theorie von der „Spezifität der Erregungen" (— nach der sich nicht die Leitfähigkeit der Nervenfasern ändert, sondern die Feinstruktur der Ganglienzellen; diese werden für eine bestimmt geartete Erregung „spezifisch", wobei es ohne weiteres denkbar ist, daß ein Ansprechen auf diese spezifische Erregung umso leichter und geschwinder vor sich geht, je häufiger sie eintritt —) sowie 2) durch das Prinzip der „motorischen Andeutung": Je häufiger gleichartige motorische Reaktionen erfolgen, umso kürzer werden die motorischen Wegstrecken; die Muskel werden nicht mehr tatsächlich innerviert, sondern der motorische Impuls springt noch innerhalb des Gehirns auf dem Wege von Verbindungsfasern vom motorischen auf den zugehörigen kinästhetischen Nerv über; auf diese Weise stumpfen immer wiederkehrende Reaktionen allmählich ab, an die Stelle von Vollinnervationen treten flüchtige motorische Andeutungen; während beim erstmaligen Auftreten einer Empfindung eine vollständige Reaktion erfolgt, wird sie bei häufiger Wiederkehr nur mehr von Reaktionsrudimenten beantwortet; der Vollzug wird (kinästhetisch) gemeldet, ohne daß es einer tatsächlichen Ausführung der intendierten motorischen Reaktion bedürfe. – Durch „Bahnung" und „Andeutung" also gelingen Wahrnehmungen mit jeder Wiederholung leichter, erfährt das Tempo der zugrundeliegenden nervösen Vorgänge eine Steigerung; im Bereich des Erlebens entspricht dem ein Anwachsen des Bekanntheitsgrades, eine Verstärkung des Bekanntheitseindruckes; häufig Wahrgenommenes kann man schließlich „mit einem Blick überschauen". Das Bekanntheitserlebnis ist leicht lustbetont. – In diesen Zusammenhang gehört auch die „Bekanntheitstäuschung", d. h. das Zustandekommen einer Bekanntheitsqualität bei sicherlich erstmalig auftretenden Wahrnehmungen, das „déjà vu"-Erlebnis („schon einmal gesehen"): es scheint, als habe man eine Situation in allen Einzelheiten schon einmal durchlebt, gerade diesen Eindruck schon einmal gehabt, dies zum ersten Mal Gelesene oder Gehörte schon einmal gelesen oder gehört usw. Diese Täuschung tritt gelegentlich bei Ermüdung auf. Von den zahlreichen Erklärungen die brauchbarste: Da bei Ermüdung auch die Motorik erlahmt, kommt es ausschließlich zu ganz besonders flüchtigen motorischen Andeutungen, d. h. zu einer beachtlichen Steigerung der Geschwindigkeit der nervösen Prozesse, der dann im Psychischen das Auftreten der Bekanntheitsqualität entspricht, obwohl nichts Bekanntes vorliegt.

Bekennende Kirche: 1. gegründet von den Begründern der ↗Dialektischen Theologie (K. Barth, Brunner, Gogarten). – 2. Zur Zeit des ↗Nationalsozialismus aus der Pfarrer-Notgemeinschaft entstandene evangelische Opposition, deren geistiger Führer der Berliner Pastor Martin Niemöller (1892–1984) war: Sie stand gegen die regimetreuen „Deutschen Christen".

Bell, Daniel, geb. 1919: amerikanischer Soziologe, der drei Bereiche der modernen Industriegesellschaft unterscheidet (technoökonomische Sozialstruktur; politische Ordnung; Kultur) und nachzuweisen sucht, daß die zwischen ihnen bzw. zwischen den sie konstituierenden Leitvorstellungen (Effizienz; Gleichheitsprinzip; Idee der Selbstverwirklichung) bestehenden Widersprüche für die Spannungen und Gegensätze innerhalb der Gesellschaft verantwortlich und somit Ursache aller sozialen Konflikte sind. B.s nicht-marxistische Kritik am kapitalistischen System klingt pessimistisch, ja fatalistisch aus: seine einzige Hoffnung richtet sich auf eine religiöse Erneuerung. Hptw. (dt.): Die nachindustrielle Gesellschaft, 1976; Die Zukunft der westlichen Welt — Kultur und Technologie im Widerstreit, 1977.

Bellarmin, Robertus, 1542—1621: italienischer Jesuit, der gegen Bodins Staatsauffassung (totale Staatsautorität auch in religiösen Fragen) sowie gegen den Protestantismus polemisiert. — Hptw.: Disputationes de controversiis christianae fidei adversus huius temporis haereticos, 1586 bis 1592.

Bellum omnium contra omnes

Bellum omnium contra omnes (Krieg aller gegen alle): ↗Hobbes.

Benda, Julien, 1867–1956: französischer Rationalist, der den Irrationalismus von Bergson bis Sartre (als „Verrat der Intellektuellen") einer vernichtenden Kritik unterzogen hat. – Hptw.: Le Bergsonisme ou une philosophie de la mobilité, 1912; La trahison des clercs, 1927; La fin de l'éternel, 1929; Exercice d'un enterré vif, 1940–1944; La France byzantine, 1945; Tradition de l'Existentialisme (Les Philosophies de la vie), 1947; Du style d'idées (Réflexions sur la pensée, sa nature, ses réalisations, sa valeur morale), 1948; Trois idoles romantiques (Le dynamisme, L'existentialisme, La dialectique matérialiste), 1948; La crise du rationalisme, 1949. – Dt. Ausg.: Der Verrat der Intellektuellen (mit einem Vorwort von J. Améry), 1983.

Benedikt, Michael, geb. 1928: österreichischer Philosophiehistoriker und Erkenntnistheoretiker. – Hptw.: Wissen und Glauben (Zur Analyse der Ideologien in historisch-kritischer Sicht), 1975; Der philosophische Empirismus, 1977; Bestimmende und reflektierende Urteilskraft, 1981; Kritische Methode und Zukunft der Anthropologie, 1985.

Beneke, Friedrich Eduard, 1798–1854: deutscher Philosoph, Empirist, der die Philosophie und die Pädagogik auf die Psychologie zu gründen sucht. Bedeutende Anhänger: ↗Dittes, Fortlage, Überweg. – Hptw.: Erkenntnislehre, 1820; Erfahrungsseelenlehre, 1820; Neue Grundlegung zur Metaphysik, 1822; Grundlegung zur Physik der Sitten, 1822; Über das Verhältnis von Leib und Seele, 1826; Lehrbuch der Psychologie als Naturwissenschaft, 1833, 1877[4]; Grundlinien des natürlichen Systems der praktischen Philosophie, 3 Bde., 1837–1840; System der Metaphysik und Religionsphilosophie, 1842; System der Logik als Kunstlehre des Denkens, 2 Bde., 1842; Die neue Psychologie, 1845; Archiv der pragmatischen Psychologie, 3 Bde., 1851–1853.

Benjamin, Walter, 1892—1940 (in der Emigration): deutscher Philosoph, Essayist, Gesellschafts- und Kulturkritiker, der Frankfurter Schule nahestehend (Freund Adornos), der als (nicht-marxistischer) Sozialist am Fortschrittsglauben von links her Kritik übt. — Hptw.: Zur Kritik der Gewalt und andere Aufsätze, 1965; Berliner Chronik, 1970; Über Haschisch, 1972; Der Begriff der Kunstkritik in der deutschen Romantik, 1973; Aussichten — Illustrierte Aufsätze, 1977; Moskauer Tagebuch, 1980; Briefwechsel (1933–1940) mit Gershom Scholem, 1980; Das Passagen-Werk, 1982; Sonette (hrsg. v. Rolf Tiedemann), 1986.

Walter Benjamin

Bense, Max, geb. 1910: deutscher Philosoph, konsequenter kritischer Rationalist und Atheist, der den dogmatischen Absolutismus und „Obskurantismus der Restauration" bekämpft und an allen mystifizierenden und irrationalen Denkweisen sowie an der „metaphysischen Barbarei", an der „Remythologisierung des Geistes" und an der „Hispanisierung der Gehirne" schärfste Kritik übt. B. unterscheidet drei Funktionen der Philosophie: a) die fundierende (Grundlagenforschung), b) die kritische (Kritik am Bestehenden: z. B. Sokrates, Aufklärung, Ideologiekritik) und c) die utopische (z. B. G. E.Lessing: Erziehung des Menschengeschlechts; Marx, Nietzsche, Bloch). B. ist führender Vertreter einer (mathematisierend-quantifizierend-numerischen) informationstheoretischen und semiotischen Ästhetik, deren Begriffsmaterial aus naturwissenschaftlichen Bereichen abgeleitet ist und die sich sicherer und rational durchschaubarer Kategorien bedient und die komplexen künstlerischen und sprachlichen Erzeugnisse auf einfache Elemente zurückführt, so daß die Zusammensetzung des Objektes (Textes) aus diesen Elementen durch Anwendung statistischer Methoden mathematisch erfaßbar (beschreibbar) wird. — Hptw.: Aufstand des Geistes. Eine Verteidigung der Erkenntnis, 1935; Anti-Klages, 1937; Aus der Philosophie der Gegenwart, 1941; Einleitung in die Philosophie, 1941; Konturen einer Geistesgeschichte der Mathematik, 2 Bde., 1946/49; Philosophie als Forschung, 1948; Technische Existenz, 1949; Die Philosophie zwischen den beiden Kriegen, 1951; Der Begriff der Naturphilosophie, 1953; Descartes und die Folgen, 1955; Rationalismus und Sensibilität, 1956; Ein Geräusch in der Straße, 1960; Die präzisen Vergnügen, 1964; Brasilianische Intelligenz, 1965; Aesthetica, I–IV, 1965; Ungehorsam der Ideen (Abschließender Traktat über Intelligenz und technische Welt), 1965, 1966²; Einführung in die informationstheoretische Ästhetik, 1969; Artistik und Engagement, 1970; Zeichen und Design (Semiotische Ästhetik), 1971; Die Realität der Literatur, 1971; Vermittlung der Realitäten. Semiotische Erkenntnistheorie, 1976; Die Unwahrscheinlichkeit des Ästhetischen und die semiotische Konzeption der Kunst, 1979; Das Auge Epikurs – Indirektes über Malerei, 1979; Aesthetica – Einführung in die neue Ästhetik, 1982; Das graue Rot der Poesie (Gedichte), 1983; Das Universum der Zeichen – Essays über die Expansionen der Semiotik, 1983. – ↗Atheismus; Ingarden.

Bentham, Jeremy, 1748—1832: englischer Philosoph, der in seiner empiristischen Ethik das utilitaristische Prinzip der „Maximation der Glückseligkeit", das schon in der antiken Ethik angedeutet und in den Schriften des italienischen Rechtslehrers Beccaria und der englischen Philosophen Cumberland und Hutcheson zu finden ist, neu formuliert, wonach der Wert einer moralischen Handlung in ihren Folgen liegt und das Ziel unseres Handelns darin bestehen bzw. den „Nutzen" haben soll, einer größtmöglichen Zahl von Menschen eine größtmögliche Summe von Glück zu verschaffen („the greatest happiness of the greatest number"). — Hptw.: An Introduction to the Principles of Moral and Legislation, 1789; Deonotology, or the Science of Morality, 1834. — ↗Baumgardt, Kraus.

Berdjajew, Nicolai Alexandrowitsch, 1874 bis 1948: von Solowjew beeinflußter russischer Philosoph (Zarismus: Verbannung, von den Sowjets 1922 ausgewiesen, dann in Berlin, ab 1924 in Paris), der zunächst zwischen Marxismus und Spiritualismus zu vermitteln sucht, ein „integrales" Christentum fordert, später im Geiste eines modernistisch aufgefaßten Christentums die Materialisten und Atheisten bekämpft und in Anlehnung an existenzphilosophische Gedankengänge ein neues Menschenbild christlicher Prägung formt (unter besonderer Betonung der Freiheit der Persönlichkeit und der schöpferischen Kraft des Geistes). – Hptw.: Der Sinn der Geschichte, 1923, dt. 1925; Die Philosophie des freien Geistes, 1927, dt. 1930; Die Bestimmung des Menschen (Versuch einer paradoxalen Ethik), 1931, dt. 1935; Das Ich und die Welt der Objekte (Versuch einer Philosophie der Einsamkeit und der Gemeinschaft), 1934, dt. 1951; Das Schicksal des Menschen in unserer Zeit, 1934, dt. 1936; Geist und Wirklichkeit, 1937, dt. 1949; Selbsterkenntnis (Versuch einer philosophischen Autobiographie), 1949, dt. 1953; Wahrheit und Lüge des Kommunismus, dt. 1953; Von des Menschen Knechtschaft und Freiheit (Versuch einer personalistischen Philosophie), dt. 1954; Fortschritt, Wandel, Wiederkehr, dt. 1978.

Nicolai Alexandrowitsch Berdjajew

Berengar von Tours, 11. Jhdt.: vertrat eine rationale Abendmahlsauffassung, unterlag jedoch den von der Kirche unterstützten Verfechtern der Transsubstantiationstheorie (Lehre von der „Verwandlung" = „Wandlung" beim Abendmahl). — Hptw.: De sacra coena.

Bergemann, Paul, 1862—1946: deutscher Kulturphilosoph, Ethiker und Pädagoge (Evolutionist). — Hptw.: Soziale Pädagogik, 1900; Volksbildung, 1904; Ethik als Kulturphilosophie, 1904.

Bergmann, Julius, 1840—1904: deutscher Philosoph, der einen idealistischen Standpunkt im Sinne der Immanenzphilosophie und der Marburger Schule vertritt. — Hptw.: Untersuchungen über Hauptpunkte der Philosophie, 1900; System des objektiven Idealismus, 1903.

Bergson, Henri, 1859–1941, französischer Nobelpreisträger (für Literatur, 1927), Metaphysiker, Irrationalist, der mittels der „philosophischen Intuition" (Einfühlung, Versenkung in das eigene schöpferische Bewußtseinsleben und damit Leben überhaupt) das Lebensproblem zu lösen und das

Wesen des Bewußtseins, der Zeit und der Welt zu erschauen versucht, wobei er von der Voraussetzung ausgeht, daß die konkrete Fülle des irrationalen (ewig-werdenden) Lebens rational (verstandesmäßig-begrifflich) unfaßbar ist. Nach B. zeichnet sich das Lebensgeschehen, das daher durch „verräumlichendes" (verdinglichendes, versteinerndes) und „sezierendes" (trennendes, zersetzendes) Denken niemals begriffen werden kann, gegenüber dem absolut andersartigen chemisch-physikalischen Sein durch Bewegung und steten Fluß, durch kontinuierliche Stetigkeit („wahre Dauer", durée réelle) und durch die Wirksamkeit eines Lebensdranges (élan vital) aus, der immerzu neues Leben schafft. Und wie B. das Wesen des Lebens als „schöpferische Aktivität" zu begreifen sucht, so auch das Wesen der Welt als freie „schöpferische Entwicklung" (évolution créatrice) und Gott als „unaufhörliches Leben, Schöpfung und Freiheit" (vie incessante, action, liberté). Schließlich leitet B. aus seiner aktualistisch-spiritualistischen Naturauffassung auch die Freiheit des Menschen (seines schöpferischen Bewußtseins und Willens) ab. — Hptw.: Essai sur les données immédiates et de la conscience, 1889, 1961[96], dt. 1911 (Zeit und Freiheit); Matière et mémoire, essai sur la relation du corps à l'esprit, 1896, 1959[60], dt. 1907, 1964² (Materie und Gedächtnis); Le rire, 1900, 1946[67], dt. 1914 (Das Lachen); L'évolution créatrice, 1907, 1946[62], dt. 1912, 1930² (Schöpferische Entwicklung); Durée et simultanéité, 1921, 1923²; Les deux sources de la morale et de la religion, 1932, 1962[120], dt. 1933 (Die beiden Quellen der Moral und der Religion). — ↗Kolakowski, Le Roy.

Henri Bergson

Berkeley, George, 1685—1753: englischer Philosoph, der einen extremen Idealismus und Spiritualismus lehrt, indem er behauptet, daß die Gegenstände nur insofern existieren, als sie wahrgenommen werden (esse est percipi), die Welt also nur subjektiver Bewußtseinsinhalt ist. Indem B. die Sinneseindrücke mit den wirklichen Dingen identifiziert bzw. die materiellen Gegenstände als Komplexe von „Ideen" auffaßt, übt er Kritik am Begriff der materiellen Substanz und leugnet er die Existenz einer realen (bewußtseinsunabhängigen) Außenwelt. B. denkt zugleich pantheistisch und nimmt an, daß Gott die Vorstellungen aller wahrnehmenden Geschöpfe perzipiert, daß also die Dinge als Vorstellungen im Bewußtsein Gottes auch dann existieren, wenn wir sie nicht wahrnehmen; nach B.s Auffassung produziert also Gott die Ideen im menschlichen Geist, sieht der Mensch alles im Geiste Gottes („jede Idee ist ein Wort, das Gott zum Menschen spricht"!). Von diesem Standpunkt aus bekämpft B. sowohl die Skeptiker als auch die Atheisten. Im übrigen leugnet B. auch die Existenz abstrakter Ideen und hält nur Einzelvorstellungen für real (B. ist also radikaler Nominalist). — Hptw.: A Treatise concerning the Principles of Human Knowledge, 1710; Three Dialogues between Hylas and Philonous, 1713, 1725²; Alciphron, 1732. — ↗Metz, Reininger.

George Berkeley

Berliner Gruppe: Gesellschaft für empirische Philosophie in Berlin. — ↗Dubislav, Hempel, Reichenbach; Wiener Kreis.

Bernard, Claude, 1813—1878: französischer Physiologe, Determinist und Antivitalist. — Hptw.: La science expérimentale, 1878. — Philosophie, 1937 hrsg.

Bernhard von Chartres, um 1100: Scholastiker, der platonische und aristotelische Auffassungen zu verbinden sucht und im Universalienstreit den platonischen Realismus vertritt.

Bernhard von Clairvaux (Dr. mellifluus), 1091—1153: Begründer der scholastischen Mystik, der in der Demut den Weg zur Erkenntnis sieht und die Ekstase als höchste Stufe der Erkenntnis preist, wobei er (im Gegensatz zu den mehr rationalistisch eingestellten Scholastikern, z. B. Abaelard) darauf hinweist, daß Gott nur so weit erkannt werden kann, wie er geliebt wird. — Hptw.: De diligendo deo; De gratia et libero arbitrio. — ↗Gilson.

Beron, Peter, 1798—1871: bulgarischer Denker, besonders an naturwissenschaftlichen und ethischen Problemen interessierter Aristoteliker mit Neigung zu empiriefernen phantastisch-willkürlichen Konstruktionen; Panslawist, der, vom Glauben an die historische Sendung der Slawen beseelt, eine „Slawische Philosophie" (1855) geschrieben und nach einer Synthese von mystizistischem Denken und sozialethischem Verhalten gesucht hat („Panépistéme"). – ↗Schischkoff.

Ludwig von Bertalanffy

Bertalanffy, Ludwig von, 1901—1972: österreichischer Biologe und Naturphilosoph (später in den USA), der (unter Vernachlässigung der Frage: Vitalismus oder Biomechanistik?) die Lebenserscheinungen wissenschaftlich-metaphysikfrei zu erklären versucht und eine „organismische" Auffassung des Lebens lehrt, der zufolge Leben nur in individualisierten Systemen (Organismen) in Erscheinung tritt, die einzelnen Lebensvorgänge wohl einer restlosen physiko-chemischen Erklärung zugänglich sind, jedoch Herstellung und Erhaltung des Gesamtsystems nur unter Berücksichtigung der biologischen Systemgesetzlichkeit verständlich werden. Später hat B. seine organismische Theorie vom „Fließgleichgewicht" im Organismus (als einem „offenen System") zu einer allgemeinen Systemtheorie erweitert. — Hptw.: Kritische Theorie der Formbildung, 1928; Modern Theories of Development, 1933; Das Gefüge des Lebens, 1937; Theoretische Biologie, 2 Bde., 1932/42, 1951²; Das biologische Weltbild, 1949; Vom Molekül zum Organismenreich, 1949; Auf den Pfaden des Lebens, 1951; Biophysik des Fließgleichgewichts, 1953; Essay on the Relativity of Categories, 1955; Problems of Life, 1962; General System Theory, 1968. – ↗Symbol.

Bessarion, Johannes oder Basilius, 1403 bis 1472: Humanist, wie sein Lehrer Plethon (angesichts des Vordringens der Türken) von Konstantinopel nach Italien gekommen, wo er das Platon-Studium neu belebt und die Aristoteliker bekämpft. — Hptw.: Gegen die Verleumder Platons, 1469.

Besserungstheorie: ↗Strafe.

Bevölkerungsexplosion: zentrales Problem der ↗Futurologie; mutmaßlich rapides Anwachsen der Erdbevölkerung von 5 Milliarden Menschen (davon zwei Drittel in den Entwicklungsländern, in Elend und Unwissenheit) im Juli 1987 auf 7 Milliarden bis zur Jahrtausendwende, wobei in den Industriestaaten („1. Welt") die Zahl der Geburten sinkt, in den Entwicklungsländern („3. Welt") jedoch immer schneller steigt. (Die außerordentlich vagen Schätzungen schwanken bis zu 8 Milliarden, ja sogar bis 10 Milliarden im Jahr 2060, davon 80% in den Entwicklungsländern.) Zuletzt betrug die Wachstumsrate (der Geburtenüberschuß) 1,9% pro Jahr, das heißt, daß täglich über zweihunderttausend Menschen mehr geboren werden, als sterben, und sich die Menschheit jährlich um 90 Millionen vermehrt bzw. alle 37 Jahre verdoppelt, während zu Beginn des 19. Jhdts. es erst 1 Milliarde Menschen gab. Hingegen sagt der ebenso bekannte wie umstrittene amerikanische Futurologe Herman Kahn („Vor uns die guten Jahre", 1976) ein Abklingen des Bevölkerungswachstums voraus. – ↗Anthropologie, Malthusianismus; Ditfurth.

Bewährungstheorie (der Wahrheit): ↗Pragmatismus.

Beweis: logisches Verfahren mit dem Ziel, die Gültigkeit eines Satzes durch seine Ableitung aus anderen (als gültig anerkannten) Sätzen darzutun. Das Beweisverfahren ist eine Umkehrung des ↗Schlusses, da in diesem Falle der Schlußsatz als Behauptung (Beweissatz, Thesis) vorweggenommen wird und auf die betreffenden Grundurteile (Beweisgründe, „Argumente", die

Bewußtsein

den Prämissen des Schlusses entsprechen) zurückgeführt werden muß, um als begründet (bewiesen) zu gelten. Die Grundlage der Beweisführung ist (ebenso wie beim Schließen) die Beziehung, die zwischen dem Beweissatz und den Beweisgründen besteht. An Beweisformen (Arten der Beweisführung) unterscheidet man: 1. den direkten und 2. den indirekten Beweis. Beim direkten Beweis wird der Beweissatz aus den Beweisgründen unmittelbar (direkt) bewiesen; dies kann erfolgen durch: a) Deduktion (Schluß, d. h. progressive Ableitung des Beweissatzes aus den Beweisgründen) oder b) Regression (Zurückschließen vom Beweissatz auf die Beweisgründe). Unter einem indirekten (oder: ↗apagogischen) Beweis versteht man den Beweis der Gültigkeit der Thesis durch den Nachweis der Ungültigkeit ihres ↗kontradiktorischen Gegenteils; in diesem Falle wird dargetan, daß die gegenteilige Annahme einem als gültig anerkannten Satz widerspricht (↗argumentum e contrario). Die Kraft eines Beweises (Beweiskraft) hängt vom Geltungswert der Beweisgründe ab. Jede Beweiskette führt schließlich auf Sätze zurück, die weder beweisbar noch eines Beweises bedürftig sind (auf ↗Axiome). — ↗Schlußfehler.

Bewußtsein: 1. im psychologischen Sinn — die Fähigkeit zu erleben. Phylogenetisch: ein Produkt der Auslese. — 2. Im erkenntnistheoretischen Sinn: „Bewußtsein überhaupt", „erkenntnistheoretisches Subjekt", d. h. nicht das Bewußtsein eines bestimmten Menschen, sondern die menschliche Erlebnisfähigkeit schlechthin als Bedingung möglicher Erfahrung. — 3. „Satz des Bewußtseins": ↗idealistischer Grundsatz, dem zufolge alles Seiende nur als Bewußtseiendes gegeben, mithin alles Sein nur Bewußtsein (und nichts darüber hinaus) ist, d. h. die Begriffe „Sein" und „Bewußtsein" umfangsgleich sind. ↗Immanenzphilosophie, Konszientialismus; Berkeley, Reininger (methodischer Solipsismus). — 4. Eine sinnverschiebende Ausweitung hat der Bewußtseinsbegriff in der linksgerichteten Politologie erfahren (insbesondere in der Zusammensetzung „falsches Bewußtsein"): Bewußtsein als zutreffende oder unzutreffende Beurteilung des eigenen Stellenwertes in der sozialen Situation, soziales Selbstverständnis (oder -mißverständnis). — ↗Geist, Seele; Ideologie; Ditfurth, Frey.

Bewußtseinsmonismus: ↗Bewußtsein (3.), Konszientialismus.

Bhagavadgita: „Lied des Erhabenen" (Sanskrit), eines der meistgelesenen religiösphilosophischen Werke Indiens, in Europa seit 1785 bekannt, eine Kompilation aus theistischen (1. Hälfte des 2. Jhdts. v. Chr.) und pantheistischen Quellen (Brahman-Atman-Lehre, im 2. Jhdt. n. Chr. überarbeitet). Wesentlicher Gehalt dieser „Heiligen Schrift" der Hindus: Ein Weiser ist, wer das Nicht-Tun im Tun und im Tun das Nicht-Tun erkennt. — ↗Radhakrishnan.

Bibelkritik: insbesondere seit dem 19. Jhdt. akzentuierter Forschungszweig: von ↗Baur, ↗Bauer und ↗Strauß über die ↗„liberale Theologie" (↗Harnack, der das positive Christentum für überholt erklärte und die christliche Lehre rein ethisch verstanden wissen wollte; ↗Troeltsch, der schon 1898 über die Jesusforschung sagte: „Meine Herren, es wackelt alles!"), die ↗„Modernisten" ↗Loisy und ↗Tyrrell, über ↗Sabatier, ↗Le Roy bis herauf zu ↗Drews und ↗Brandes, zum Entmythologisierungsprogramm ↗Bultmanns und zu ↗Wyneken, ↗Deschner, ↗Carmichael, ↗Kahl, aber auch ↗Sölle. — Zu Holl, Küng und Mynarek, die nur bedingt in diesen Zusammenhang gehören: ↗Katholische Philosophie. — ↗Brock, Ricoeur.

Bibliomanie: übersteigerte Sucht nach Büchern, vor allem nach ihrem Besitz.

Bibliophilie: Bücherliebhaberei.

Bilharz, Alfons, 1836—1925: deutscher Arzt und Philosoph, der ein ursprünglich an Schopenhauer, später vor allem an Kant orientiertes idealistisches System aufgebaut hat, wobei er einerseits unter Ablehnung des Intuitionismus und des Mystizismus auf streng wissenschaftliche Fundierung und mathematische Präzision besonderen Wert gelegt, andererseits im Gegensatz zum Neukantianismus einen ontologisch-metaphysischen Seinsbegriff statuiert hat. — Hptw.: Der heliozentrische Standpunkt der Weltbetrachtung, 1879; Die metaphysischen Anfangsgründe der mathematischen Wissenschaften, 1880; Erläuterungen zu Kants Kritik der reinen Vernunft, 1884; Metaphysik als Lehre vom Vorbewußten, 1897; Die Lehre vom Leben, 1902; Mit Kant — über Kant hinaus, 1904; Neue Denklehre, 1908; Descartes, Hume und Kant, 1910; Philosophie als Universalwissenschaft, 1912. Autobiographie in „Die Philosophie der Gegenwart in Selbstdarstellungen, Bd. V, 1924.

Billicsich, Friedrich, 1883—1975: österreichischer Philosophiehistoriker katholischer Provenienz. — Hptw.: Das Problem des Übels in der Philosophie des Abendlandes, 3 Bde.: I (Von Platon bis Thomas von Aquin), 1955²; II (Von Eckhart bis Hegel), 1952; III (Von Schopenhauer bis zur Gegenwart), 1959.

Binär: zweistellig (Darstellung von Zahlen im Dualsystem mit den Ziffern 1 und 0); zweiwertig (von der Annahme zweier Wahrheitswerte ausgehende Logik).

Binomismus: Lehre von der Zweigesetzlichkeit; Bezeichnung für den erkenntnistheoretischen Standpunkt ↗Ziehens, der nicht in üblicher Weise zwischen materieller und psychischer Wirklichkeit unterscheidet, sondern den Aufbau der Wirklichkeit aus dem Zusammenwirken zweier Gesetzmäßigkeiten zu verstehen sucht (Kausalgesetzlichkeit und Parallelgesetzlichkeit), wobei er die Wert- oder Sollgesetze der Parallelgesetzmäßigkeit zuordnet. Eine dritte Gesetzmäßigkeit ist die logische, weshalb Ziehen seinen Standpunkt gelegentlich auch als „Trinomismus" bezeichnet.

Binswanger, Ludwig, 1881—1966: Schweizer Psychanthropolog und „Daseinsanalytiker" aus dem weiteren Kreis der Phänomenologen. — Hptw.: Einführung in die Probleme der allgemeinen Psychologie, 1922; Grundformen der Erkenntnis menschlichen Daseins, 1962³; Vorträge und Aufsätze, 2 Bde., 1947/55; Drei Formen mißglückten Daseins, 1956.

Biogen: von ↗Verworn, Schultz (↗Biomechanistik, Maschinentheorie des Lebens) u. a. verwendete Bezeichnung für den elementarsten Baustein eines Organismus. Aus dem Zusammenwirken der selbst noch nicht lebendigen Biogene (Großmolekülen vergleichbar) läßt sich der kunstvolle Bau der Organismen ebenso wie die Zweckmäßigkeit (↗Teloklisie und Typovergenz) des organischen Geschehens verstehen.

Biogenetisches Grundgesetz: die Individualentwicklung (Ontogenese) ist eine abgekürzte Wiederholung der Gattungsentwicklung (Phylogenese). In der Biologie von ↗Haeckel zur Geltung gebracht; im allgemeinsten Sinn (als Arbeitshypothese) auch in der Psychologie brauchbar.

Biologie: Wissenschaft vom Lebendigen. – ↗Abstammungslehre, Bionik, Exobiologie, Leben, Psychobiologie, Soziobiologie; Gebser, Hartmann M., Lungwitz, Oeser, Piaget, Portmann, Rádl, Schaxel, Ungerer.

Biologismus: 1. biologisch-psychologische Deutung des Erkenntnisvorganges (↗Psychologismus): — unzulänglich für die Begründung der Geltung der Erkenntnisse. — 2. ungerechtfertigte Absolutsetzung der Welt des Organischen (diese wird für den eigentlichen Inbegriff der Wirklichkeit gehalten, auf den sich alle anderen Wirklichkeitsformen zurückführen lassen); ↗Vitalismus, Holismus; Hollitscher.

Biomechanistik: Im Gegensatz zu den ↗Vitalisten sehen die Biomechanisten zwischen den anorganischen und den organischen Vorgängen nur einen graduellen Unterschied, ohne deshalb die enorme Komplexität und Zweckmäßigkeit des Lebensgeschehens zu leugnen, das jedoch ebenso wie alles Geschehen nach strengem Gesetz notwendig abläuft. Sie halten also auch die Lebensvorgänge für ↗kausal (naturgesetzlich) determiniert und glauben nicht an die Existenz „höherer Zwecke" und immaterieller Lebenskräfte. Nach Auffassung der Biomechanisten sind die Organismen höchst komplizierte physikalisch-chemische Systeme, auf deren sinnvoller Einrichtung das Leben beruht, und deren Aufbau und Verhalten es mittels der bekannten Naturgesetze zu erklären gilt. Ihre vollkommenste Ausgestaltung hat die Biomechanistik in der ↗ „Maschinentheorie des Lebens" von ↗Schultz gefunden, in der die Lebenserscheinungen durch die Annahme von ↗ „Biogenen" erklärt werden, d. h. selbst nicht lebendigen, kunstvoll gebauten Großmolekülen untermikroskopischer Größe, aus denen die lebendigen Gestalten aufgebaut sind. Die Biomechanisten halten die vitalistischen Fiktionen infolge ihrer Undurchdenkbarkeit für ungeeignet, das gewünschte Verständnis der Lebenserscheinungen zu ermöglichen; da sich unter „Lebenskraft" nichts vorstellen läßt, wird durch ihre Annahme nichts erklärt, sondern nur an die Stelle des Problems ein Wort gesetzt; das Problem (Zweckmäßigkeit des organischen Geschehens usw.) wird von den Vitalisten wohl gesehen, aber nicht gelöst (die Zweckmäßigkeit nicht verständlich gemacht), wogegen der mechanistischen Erklärungsweise zumindest ein ↗heuristischer Wert zukommt, indem sie dort, wo eine befriedigende Erklärung noch nicht gelungen ist, einen wissenschaftlich gangbaren Weg zum möglichen Verständnis weist. — ↗Bütschli, Loeb, Roux, Stöhr, Verworn.

Bionik: biologischer Forschungszweig, dessen Aufgabe es ist, im Bereich der Organismen nach Strukturen und Funktionen zu suchen, deren technische Simulation als wünschenswert und möglich erscheint.

Biophilosophie: ↗Rensch.

Biopsychologie: ↗Psychovitalismus.

Biotik: von ↗Stöhr eingeführte Bezeichnung für „Lebenskunst" als Vorform der Ethik; analog: „Symbiotik" = „Kunst des Zusammenlebens".

Biozentrisch: vom Standpunkt des Lebens aus gesehen; als Denkmethode von den ↗„Lebensphilosophen" (↗Palágyi, Bergson u. a.) bevorzugt und dem „logozentrischen" (verstandesmäßigen) Denken gegenübergestellt; nach Meinung der Lebensphilosophen läßt sich das irrationale (ewig werdende und fließende) Leben nur mittels des biozentrischen „Denkens" (gleichbedeutend mit intuitivem „Denken") zulänglich erfassen.

Bit: Informationseinheit. Ein quadratzentimetergroßer Computerchip speichert bis zu einer Million, das menschliche Gehirn bis zu einer Billiarde bits (Datenspeicherkapazität). – ↗Anthropogenie. – B. von ↗binär, da 2 verschiedene bits-Zustände möglich sind.

Ernst Bloch

Bloch, Ernst, 1885—1977: deutscher Philosoph; Linkshegelianer, „kritischer" Marxist (1933 Emigration: Schweiz, Frankreich, USA; 1949 DDR, ab 1961 in der BRD). B. widersetzt sich den Sachzwängen der gegenwärtigen Gesellschaftsordnung und legt seine „Philosophie der Hoffnung „prospektivisch" — „eschatologisch" — „messianistisch" auf eine menschliche Zukunft hin an, indem er das „Noch-nicht-Seiende", das „Noch-nicht-Gewordene" als Schlüsselphänomen wertet und lehrt, daß es darauf ankomme, „das Hoffen zu lernen", und daß die diesseitsgerichtete Hoffnung in ihrer utopischen Funktion die treibende Kraft des dialektischen historischen Prozesses mit dem Ziel sei, ein „Reich der Freiheit" zu schaffen, „in dem die Menschenwürde ihre Heimat hat". B.s Bekenntnis zu Rosa Luxemburgs Überzeugung, daß es „keine Demokratie ohne Sozialismus und keinen Sozialismus ohne Demokratie" gebe, läßt ihn gleichermaßen Kritik an den Verfremdungen des Sozialismus im Osten wie am westlichen Kapitalismus und der durch ihn bedingten Selbstentfremdung des Menschen in der bürgerlichen Gesellschaft üben. B.s Denken mutet nicht selten etwas sprunghaft, wenn auch ungemein geistreich an: daß er vielfältige Einflüsse von überallher verarbeitet hat, was kaum zu einem organischen Wachstum seiner Gedankenbauten führen konnte, läßt seine Denkbewegung mitunter „spiralförmig" fortschreiten, hin und wieder sogar in eine etwas verwirrende, allzu weit ausufernde Redseligkeit münden, wenn er zum Beispiel die „Unterproduktion an Transzendenz" bedauert oder „im Osten die monolithische, im Westen die pluralistische Langeweile" beklagt oder sich zu gewagten Antithesen, Paradoxien und überspitzten Formulierungen versteigt (—z. B.: „Noch ist nicht aller Tage Abend und auch nicht aller Abende Tag" —) und etwa einem religionslosen Christentum das Wort redet: „Nur ein Atheist kann ein guter Christ sein, nur ein Christ kann ein guter Atheist sein." — Hptw.: Geist der Utopie, 1918, 1971[2]; Thomas Münzer als Theologe der Revolution, 1921, 1960[2]; Erbschaft dieser Zeit, 1935; Subjekt—Objekt. Erläuterungen zu Hegel, 1951; Avicenna und die aristotelische Linke, 1951; Das Prinzip Hoffnung, 3 Bde., 1954—1956, 1969[3]; Differenzierungen im Begriff Fortschritt, 1957; Philosophische Grundfragen I (Zur Ontologie des Noch-nicht-Seins), 1961; Naturrecht und menschliche Würde, 1961, 1972[2]; Tübinger Einleitung in die Philosophie, 2 Bde., 1964, 1970[2]; Atheismus im Christentum (Zur Religion des Exodus und des Reichs), 1968, 1969[3]; Philosophische Aufsätze. Zur objektiven Phantasie, 1969; Karl Marx und die Menschlichkeit (Utopische Phantasie und Weltveränderung), 1969; Politische Messungen, Pestzeit, Vormärz, 1970; Über Methode und System bei Hegel, 1970; Das Materialismus-Problem, seine Geschichte und Substanz, 1972; Vom Hasard zur Katastrophe (Aufsätze 1934–1939), 1972; Vorlesungen zur Philosophie der Renaissance, 1972; Ästhetik des Vor-Scheins, 2 Teile, 1974; Experimentum Mundi – Frage, Kategorien des Hervorbringens, Praxis, 1975; Tagträume vom aufrechten Gang (Ein Interview), 1977; Literarische Aufsätze, 1984; Kampf, nicht Krieg (Politische Schriften 1917–1919), 1985; Briefe von 1903 bis 1975, 1985; Leipziger Vorlesungen zur Geschichte der Philosophie, 1985. – Autobiographie in „Philosophie in Selbstdarstellungen", Bd. I, 1975. – ↗Holz H. H., Schelsky; Jugend, Philosophie, Tod, Utopie.

Blondel, Maurice, 1861—1949: französischer (katholischer) Philosoph, Spiritualist, der auf die Verwurzelung des naturwissenschaftlichen Erkennens in praktischen Interessen hinweist (und damit Vorläufer der Pragmatisten ist), mit Nachdruck betont, daß die ethischen Werte im Handlungsvollzug selbst erfaßt werden müssen, und den Offenbarungsglauben fordert, dessen Inhalt freilich nicht „verstanden" werden kann, sondern in der Praxis der inneren Aneignung erlebt werden muß. – Hptw.: L'Action (Essai d'une critique de la vie et d'une science de la pratique), 1893, I: 1936², II: 1937², dt. 1965 (Die Aktion. Versuch einer Kritik des Lebens und einer Wissenschaft der Praktik); Le Procès de l'Intelligence, 1922; Le Problème de la Philosophie catholique, 1932; La Pensée, I: 1934, II: 1935; L'Être et les êtres, 1935; La Philosophie et l'Esprit chrétien, I: 1944, II: 1946; Exigences philosophiques du christianisme, 1950.

Blount, Charles, 1654—1683: englischer Deist und Anhänger Herberts von Cherbury; übt vor allem am Priestertum und am Wunderglauben scharf und ironisch Kritik. — Hptw.: De anima mundi, 1679; Orakel der Vernunft, 1693.

Blüher, Hans, 1888—1955: deutscher (philosophierender) Schriftsteller („völkisch", antiliberal, antisozialistisch), von Nietzsche beeinflußter pessimistisch-irrationalistischer „Lebensphilosoph", dessen Deutung der Jugend- und (um die Jahrhundertwende in Berlin von Karl Fischer ins Leben gerufenen) Wandervogelbewegung als Manifestation der Homoerotik nicht unwidersprochen geblieben ist (— J. Plenge: Anti-Blüher, 1920). — Hptw.: Wandervogel (Geschichte einer Jugendbewegung), 2 Bde., 1912; Die deutsche Wandervogelbewegung als erotisches Phänomen, 1912, 1922⁶; Die Rolle der Erotik in der männlichen Gesellschaft, 2 Bde., 1917/19, 1962²; Gesammelte Aufsätze, 1919; Deutsches Reich, Judentum und Sozialismus, 1919; Der Geist der Weltrevolution, 1920; Werke und Tage, 1920, 1954²; Die Aristie des Jesus von Nazareth (Philosophische Grundlegung der Lehre von der Erscheinung Christi), 1921; Der Charakter der Jugendbewegung, 1921; Frauenbewegung und Antisemitismus, 1921; Die Elemente der deutschen Position (Offener Brief an den Grafen Keyserling in deutscher und in christlicher Sache), 1927; Philosophie auf Posten (Gesammelte Schriften 1916—1921), 1928; Die Erhebung Israels gegen die christlichen Güter, 1931; Der Standpunkt des Christentums in der lebendigen Welt, 1932; Die Achse der Natur, 1949; Parerga zur Achse der Natur, 1952; Studien zur Inversion und Perversion, 1965.

Blumenberg, Hans, geb. 1920: deutscher Ideen- und Philosophiehistoriker. – Hptw.: Paradigmen zu einer Metaphorologie 1960; Lebenswelt und Technisierung, 1963; Die kopernikanische Wende, 1965; Die Legitimität der Neuzeit, 1966, 3 Bde.: 1973–1977², 1986³; Selbsterhaltung und Beharrung, 1969, 1976²; Pseudoplatonismen in der Naturwissenschaft der frühen Neuzeit, 1971; Der Prozeß der theoretischen Neugierde, 1973; Säkularisierung und Selbstbehauptung, 1974; Die Genesis der kopernikanischen Welt 1976, 1981²; Schiffbruch mit Zuschauer – Paradigma einer Daseinsmetapher, 1979; Arbeit am Mythos, 1979, 1981²; Wirklichkeiten, in denen wir leben, 1981; Lebenszeit und Weltzeit, 1985; Das Lachen der Thrakerin (Eine Urgeschichte der Theorie), 1987; Die Sorge geht über den Fluß, 1987. – ↗Kosmozentrisch, Postmoderne.

Joseph Maria Bochenski

Bochenski, Joseph Maria, geb. 1902 (in Polen): in Freiburg in der Schweiz wirkender katholischer Philosoph, der eine Identität von Ontologie und Logik annimmt. —

Hptw.: Europäische Philosophie der Gegenwart, 1947, 1951², 3. Aufl. o. J.; Der sowjetrussische dialektische Materialismus (Diamat), 1950, 1960³; Grundriß der Logistik, 1954, 1973⁴ (mit A. Menne); Formale Logik, 1956, 1978⁴; Die zeitgenössischen Denkmethoden, 1959, 1969⁴; Wege zum philosophischen Denken, 1959, 1961³; Logisch-philosophische Studien, 1959; Logik der Religion, 1968 (The Logic of Religion, 1965); Was ist Autorität? (Einführung in die Logik der Autorität), 1974. – Autobiographie in „Philosophie in Selbstdarstellungen", Bd. I, 1975.

Bodin, Jean, 1530—1596: französischer Staats- und Rechtsphilosoph, der die absolute Monarchie als beste Staatsform zu erweisen sucht und die staatliche Autorität auch der Kirche gegenüber für absolut und überhaupt nur durch das Naturrecht eingeschränkt hält. Als Religionsphilosoph ist B. Deist, indem er sich zum Toleranzgedanken bekennt und die „wahre" oder „natürliche" Religion auf die Verehrung Gottes und die Befolgung des „natürlichen" Sittengesetzes eingeschränkt wissen will. Obwohl einer der bedeutendsten Rechtstheoretiker des 16. Jahrhunderts, ist B. ein eifriger Verfechter des Hexenglaubens und einer merkwürdigen Synthese von Rationalität und irrationaler Spekulation, von Vernunft und fanatischem Glauben an die Realität von Dämonen fähig. – Hptw.: Methodus ad facilem historiarum cognitionem, 1566; Six livres de la république, 1577; Colloquium heptaplomeres (erst 1857 veröffentlicht); De la démonomanie des sorciers, 1580 (übersetzt von Johann Fischart, 1591: Vom aussgelasnen wütigen Teuffelsheer; Nachdruck 1973). — ↗ Geschichtsphilosophie.

Boethius, um 480–525: Übersetzer und Kommentator Aristotelischer Schriften und Schöpfer der lateinischen Terminologie der Scholastik, gilt als „letzter Römer" und „erster Scholastiker". Bekannt geworden vor allem durch sein Werk: De consolatione philosophiae (Tröstung durch die Philosophie). – Die Theologischen Traktate (Opuscula sacra), 1987. – ↗ Si tacuisses ...

Böhme, Jakob, 1575—1624: deutscher (schlesischer) protestantischer Mystiker und Religionsphilosoph, gelernter Schuhmacher, der (nach einem Schlüsselerlebnis im Jahre 1600) in nicht sehr klaren Begriffen mystische, theosophische, alchimistische und lutherische Ideen zu kombinieren versucht, in einer schwer verständlichen (aber originellen, bilderreichen und tiefsinnigen) Sprache eine mythologische Naturauffassung lehrt, aus einem tiefen religiösen Empfinden heraus das Verhältnis von Welt und Gott pantheistisch deutet (Gott ist der Natur immanent: immerwährende Schöpfung als Selbstoffenbarung Gottes!), den Gedanken der ethischen Autonomie aufgreift (der Mensch trägt seinen Himmel und seine Hölle in sich selbst!) und die Forderung aufstellt, sich der Begierden zu enthalten und den eigenen Willen zu opfern. — Hptw.: Morgenröte im Aufgang (Aurora), 1612. — Erste Gesamtausgabe 1682; beste Ausgabe 1715 (enthält neben anderen Schriften auch seine tiefste: „Mysterium magnum" — und klarste: „Von der Gnadenwahl"). — Stärkste Nachwirkungen B.s: ↗ Pietismus, Romantik, Deutscher Idealismus; Kolbenheyer, Schelling; Ewigkeit.

Bohr, Niels, 1885—1962: dänischer Physiker (Begründer der Kopenhagener Schule), der das planetarische Atommodell entworfen hat. — Hptw.: Über den Bau der Atome, 1924; Atomtheorie und Naturbeschreibung, 1931; Atomphysik und menschliche Erkenntnis, 2 Bde., 1958/66.

Boileau-Despréaux, Nicolas, 1636—1711: französischer Ästhetiker, der der Poesie den Vorrang vor allen anderen Künsten zuspricht und die Aufgabe der Kunst in der Nachbildung der schönen Natur sieht. — Hptw.: L'Art poétique, 1674.

Bolland, Gerhardus Johannes Petrus, 1854—1922: niederländischer Philosoph, Hegelianer, der die Geschichtlichkeit Jesu bestreitet. — Hptw. (dt.): Alte Vernunft und neuer Verstand, 1902.

Otto Friedrich Bollnow

Bollnow, Otto Friedrich, geb. 1903: von Dilthey und Husserl beeinflußter deutscher Lebens- und Existenzphilosoph. — Hptw.: Dilthey (Eine Einführung in seine Philosophie), 1936, 1955²; Das Wesen der Stimmungen, 1941, 1988⁷; Existenzphilosophie, 1942, 1960⁵; Die Ehrfurcht, 1947, 1958²; Einfache Sittlichkeit, 1947; Das Verstehen, drei Aufsätze zur Theorie der Geisteswissenschaften, 1949; Die Methode der Geisteswissenschaften, 1950; Rilke 1951, 1956²; Deutsche Existenzphilosophie, 1953; Unruhe und Geborgenheit im Weltbild neuerer Dichter, 1953; Neue Geborgenheit. Das Problem einer Überwindung des Existentialismus, 1955, 1972³; Wesen und Wandel der Tugenden, 1958; Lebensphilosophie, 1958; Existenzphilosophie und Pädagogik, 1959; Maß und Vermessenheit des Menschen, 1962; Mensch und Raum, 1963; Französischer Existentialismus, 1965; Das Vermächtnis der Zeit, 1972; Philosophie der Erkenntnis, 1. Teil (Das Vorverständnis und die Erfahrung des Neuen), 1970, 2. Teil (Das Doppelgesicht der Wahrheit), 1975; Studien zur Hermeneutik, I: Zur Philosophie der Geisteswissenschaften, 1982, II: Zur hermeneutischen Logik von Georg Misch und Hans Lipps, 1983; B. im Gespräch, 1983. – Autobiographie in „Pädagogik in Selbstdarstellungen", Bd. I, 1975.

Ludwig Boltzmann

Boltzmann, Ludwig, 1844—1906: österreichischer Physiker (einer der Begründer der kinetischen Gastheorie) und Naturphilosoph, der die Unerläßlichkeit des Atombegriffes nachzuweisen versucht, dem Entropiebegriff die endgültige Fassung gibt, indem er die Entropie als den Übergang eines geordneten (unwahrscheinlichen) in einen ungeordneten (wahrscheinlichen) Zustand definiert, und der mit Nachdruck darauf hinweist, daß nur die mathematisch formulierten Sätze der Physik Erkenntniswert besitzen, während den mechanistischen Vorstellungen nur der Wert von Bildern zukommt. — Philosophisch wichtige W.: Populäre Schriften, 1905; Wissenschaftliche Abhandlungen, 1909. — ↗Theorie.

Bolzano, Bernhard, 1781—1848: österreichischer katholischer Priester deutsch-italienischer Abstammung, Kenner der scholastischen Philosophie, Mathematiker, Logiker, Sozialethiker und Metaphysiker (von Leibniz beeinflußt), der in seiner objektivistischen Erkenntnismetaphysik die Existenz von Begriffen, Sätzen und Wahrheiten an sich (also ein materiales Apriori — als irreales drittes Reich neben den Reichen des Physischen und des Psychischen) zu erweisen sucht, wodurch er einer der Wegbereiter der Phänomenologie wurde (Einfluß auf Brentano und Husserl). B. hat auch manche Erkenntnisse der mathematischen Logik und der Mengenlehre vorweggenommen und als einer der ersten den modernen Begriff der Strenge in die mathematische Analysis eingeführt. Seine rationalistische Interpretation theologischer Lehren (z. B. seine Anerkennung des Ewigkeitsgedankens; sein Glaube an den unendlichen Fortschritt aller Kreatur; sein religionsphilosophischer Utilitarismus, dem zufolge Gott verlange, daß man an die katholische Heilslehre glaube, nicht weil sie wahr sei, sondern weil es nützlich sei, an sie zu glauben) brachte ihn in Konflikt mit der Kirche (1820 seines Amtes enthoben), wenngleich er sich zum Theismus bekannte und für einen katholischen Sozialismus eintrat. — Hptw.: Wissenschaftslehre, 4 Bde., 1837; Paradoxien des Unendlichen, 1851. – Lit.: Eduard J. Winter: Leben und geistige Entwicklung des Sozialethikers und Mathematikers B. B., 1949. – ↗Zimmermann R.

Bonaventura, 1. katholischer Heiliger und Kirchenlehrer („Doctor seraphicus", Johannes Fidanza), 1221–1274: Scholastiker, der sich zum neuplatonischen Augustinismus und zur areopagitischen Mystik bekennt. – ↗Gilson; Creatio. – 2. Pseudonym, mit dem ↗Schelling einige Gedichte unterzeichnet hat. – 3. Deckname des Verfassers des Romans „Nachtwachen des Bonaventura" (1805), fälschlich Schelling, Clemens Brentano und E. T. A. Hoffmann zugeschrieben, vermutlich ein Werk des Friedrich Gottlieb Wetzel (1779–1819).

Bonnet, Charles de, 1720—1793: Schweizer Sensualist, nach dessen Auffassung alle Erkenntnisse auf Sinneserfahrung beruhen; B. begründete durch Einführung des Begriffes der „Spur" die physiologische Psychologie. – Hptw.: Essai analytique sur les facultés de l'âme, 1760. – ↗Engramm.

Boole, George, 1815—1864: englischer Logiker, Begründer der „symbolischen" (mathematischen) Logik. — Hptw.: The Mathematical Analysis of Logic, 1847; An Investigation of the Laws of Thought, on Which Are Founded the Mathematical Theories of Logic and Probabilities, 1854. — ↗Jevons.

Born, Max, 1882—1970: deutscher Physiker, Mitbegründer der Quantenmechanik. — Hptw.: Die Relativitätstheorie Einsteins, 1964⁴; Moderne Physik, 1933; Physik im Wandel meiner Zeit, 1957, 1983⁵. Albert Einstein – Max Born: Briefwechsel 1916–1955, 1969. Hedwig Born – Max Born: Der Luxus des Gewissens – Erlebnisse und Einsichten im Atomzeitalter, 1982. - ↗Jordan.

Wilhelm Börner

Börner, Wilhelm, 1882—1951: österreichischer Schriftsteller und langjähriger Leiter der Ethischen Gemeinde in Wien (vorübergehend emigriert), der mutig den Ultramontanismus (Klerikalismus) bekämpft und für die Ideale: Menschlichkeit, Toleranz, Sozialismus, Demokratie und Frieden geworben hat. — Hptw.: Zeitgemäße Lebensfragen, 1909; Die Schundliteratur und ihre Bekämpfung, 1910²; Das Verbrechen der Gotteslästerung und die Freiheit der religiösen Kritik, 1911; Friedrich Jodl, 1911; Freidenkertum und österreichische Justiz, 1912; Weltliche Seelsorge, 1912; Die Ethische Bewegung, 1912; Charakterbildung der Kinder, 1914, 1925²; Religionsunterricht oder Moralunterricht?, 1919; Ethik des Kampfes, 1926; Lebenskunst, 1926; Zur ethischen Lebensgestaltung, 1937. - Kritischer Optimismus, 1971. - ↗Ethische Bewegung, Ethos, Güte, Optimismus, Solidarismus; Jodl (B. als Hrsg.).

Bosanquet, Bernard, 1848—1923: englischer Neuhegelianer, der den Weltprozeß als Selbstentäußerung des Absoluten zu verstehen sucht und den positiven Wert der tragischen Momente im Dasein und überhaupt des Bösen in der Welt darin sieht, daß der Mensch dadurch zu ethischer Vervollkommnung angespornt wird. — Hptw.: Logic, 1888; The Philosophical Theory of the State, 1899; Value and Destiny of the Individual, 1913; Three Lectures on Aesthetics, 1915; Implication and Linear Inference, 1920; The Meeting of Extremes in Contemporary Philosophy, 1921.

Boström, Christopher Jacob, 1797—1866: von Platon und Hegel beeinflußter schwedischer Philosoph, der einen spiritualistischen Personalismus und Panentheismus lehrt. Deutsche Auswahl seiner Schriften von Geijer und Gerloff u. d. T. „Grundlinien eines philosophischen Systems", 1923. — ↗Liljequist.

Boutroux, Emile, 1845—1921: französischer Philosoph, der am Naturalismus und Determinismus Kritik übt und eine religiös getönte Auffassung der Wirklichkeit vertritt, der zufolge zwischen den einzelnen Erfahrungsgebieten kein kontinuierlicher Zusammenhang besteht (Diskontinuitätsphilosophie!), im Naturgeschehen auch nicht voraussehbare, also „zufällige" Ereignisse eintreten können (Freiheitsspielraum der „Kontingenz" der Natur!) und die Existenz Gottes zwar nicht beweisbar, wohl aber erlebbar ist. — Hptw.: De la contingence des lois de la nature, 1874, dt. 1911; De l'idée de loi naturelle, 1895, dt. 1907; Science et religion dans la philosophie contemporaine, 1908, dt. 1910.

Bovarismus (Le Bovarysme): von ↗Gaultier (nach Flauberts berühmtem Roman „Madame Bovary") konzipierte ↗ästhetizistische Weltschau, die dem Willen des Menschen zur Illusion Rechnung trägt (d. h. der dem Menschen gegebenen Kraft, sich anders zu sehen, als er ist, sowie vor anderen und sich selbst seine innersten Neigungen und Beweggründe zu verbergen oder sich andere, edlere zuzuschreiben) und das Leben als illusionäres Schauspiel zu betrachten empfiehlt, etwa auch im Sinne des Schreibstils Flauberts, der „impassibilité" (Gleichgültigkeit, Unempfindlichkeit, Unpersönlichkeit). - ↗Roretz.

Bowman, A. A., 1883—1936: englischer Philosoph, der einen „funktionellen" psychophysischen Parallelismus auch in erkenntnistheoretischer und kosmologischer Anwendung vertritt. — Hptw.: A Sacramental Universe, 1939.

Boyle, Robert, 1627—1691: englischer Chemiker, der sich zur Atomistik und zur mechanistischen Weltauffassung bekennt. — Hptw.: Sceptical Chemist, 1661; A Free Inquiry into the Vulgarly Received Notion of Nature, 1686.

Bradley, Francis Herbert, 1846—1924: englischer Philosoph, der unter dem Einfluß Hegels vom Standpunkt eines kritisch fundierten Idealismus aus an den extremen Formen der spiritualistischen und der materialistischen Metaphysik, anderseits auch am Empirismus Kritik übt und sich zu einem wissenschaftlichen Skeptizismus bekennt; auch den Hedonismus kritisiert B. Von der kritischen Analyse der wissenschaftlichen Grundbegriffe schreitet B. weiter zur Bestimmung des Verhältnisses von Wirklichkeit und Erscheinung, wobei er darauf hinweist, daß die Wirklichkeit weder psychisch noch physisch gedacht werden dürfe; gegeben sind vielmehr nur „Ereignisse", die der Betrachtung zwei Seiten darbieten. Unter dem Absoluten versteht B. das Vollkommene, den nie erreichbaren Zielpunkt des Erkenntnisstrebens, wodurch er sich einer platonisierend-mystizistischen Auffassung nähert. — Hptw.: Ethical Studies, 1876; The Principles of Logic, 1883; Appearance and Reality, 1893, 1897², dt. 1928 (Erscheinung und Wirklichkeit); Essays on Truth and Reality, 1914.

Brahma Samaj: „Die Gesellschaft der gläubigen Brahmas des höchsten Geistes", 1828 von Ram Mohun Roy gegründet, von starkem geistigem Einfluß auf den modernen Hinduismus.

Brahman: in der indischen Philosophie Bezeichnung für den Urgrund alles Seins. — ↗Atman, tat twam asi, Upanishaden, Vedânta.

Brandenstein, Béla Frh. von, geb. 1901 (in Ungarn): deutscher Philosoph christlicher Observanz. — Hptw.: Der Mensch und seine Stellung im All (Philosophische Anthropologie), 1947; Wahrheit und Wirklichkeit, 1965; Grundlegung der Philosophie, 6 Bde., 1965—1970; Bewußtsein und Vergänglichkeit, 1975; Logik und Ontologie, 1976.

Brandes (Pseudonym für Cohen), Georg, 1842—1927; dänischer Philosoph und Literaturhistoriker, an Taine orientiert, Positivist, der 1889 als erster Vorlesungen über Nietzsches Philosophie gehalten hat. — Hptw.: Hauptströmungen in der Literatur des 19. Jhdts., 6 Bde., dt. 1872 ff., Neubearbeitung 1924; Männer des Modernen Durchbruchs (Essays), 1883. — Religionsphilosophisch relevante Werke: Die Sage von Jesus, 1925; Urchristentum, 1927.

Georg Brandes

Brennerkreis: katholisch-philosophische Erneuerungsbewegung (1910—1954), deren Organ die von Ludwig von Ficker (1880 bis 1967) herausgegebene österreichische Kulturzeitschrift „Der Brenner" war, ursprünglich ein expressionistisches Literaturblatt, das sich um die Förderung junger Dichter (z. B. Georg Trakls, 1887—1914) besonders verdient gemacht hatte. — Später trat die religionsphilosophische Diskussion in den Vordergrund (Auseinandersetzung mit ↗Nietzsche, Kierkegaard und Heidegger; Standpunkt: ↗Ebner, Haecker).

Franz Brentano

Brentano, Franz, 1838—1917: deutscher Theologe und Philosoph (1873 seine Professur in Würzburg aus Protest gegen die Verkündigung des Infallibilitätsdogmas niedergelegt und aus der Katholischen Kirche ausgetreten; 1874—1895 in Wien), der als „kritischer Empirist" in aristotelischem Geiste einen rationalen Theismus (Gott als

„erster Beweger") und eine realistische Erkenntnismetaphysik aufbaut, in deren Zentrum der scholastische Begriff der „Intentionalität" steht, der zum Ausdruck bringen soll, daß der Erkenntnisakt stets auf einen bestimmten Gegenstand gerichtet ist („Reismus") bzw. ihn „meint": Wahr ist eine Aussage nach dieser Auffassung dann, wenn sie einen Gegenstand zutreffend erfaßt, was im „Evidenz"-Erlebnis offenbar wird. (Noch schärfer präzisiert wurde dieser Standpunkt von Husserl; weitere Schüler und Anhänger B.s: Ehrenfels, Hillebrand, Höfler, Kastil, Kraus, Kreibig, Mally, Martinak, Marty, Masaryk, Meinong, Scheler, Stumpf, Twardowski, Utitz, Weinhandl, Witasek). – Hptw.: Psychologie vom empirischen Standpunkt, 1874; Vom Ursprung sittlicher Erkenntnis, 1889, 1921²; Über die Zukunft der Philosophie, 1893; Aristoteles und seine Weltanschauung, 1911; Von der Klassifikation der psychischen Phänomene, 1911; Die vier Phasen der Philosophie und ihr augenblicklicher Stand, 1926 (hrsg. v. O. Kraus). Spätere Ausgaben: Grundlegung und Aufbau der Ethik, 1952; Religion und Philosophie, 1954; Die Lehre vom richtigen Urteil, 1956; Grundzüge der Ästhetik, 1959; Wahrheit und Evidenz, 1964; Die Abkehr vom Nichtrealen, 1966; Versuch über die Erkenntnis, 1970; Philosophische Untersuchungen zu Raum, Zeit und Kontinuum, 1976; Über Aristoteles (Nachgelassene Aufsätze), 1985; Geschichte der Philosophie der Neuzeit, 1987. – (Um die Neuausgabe seiner Werke hat sich ↗ Mayer-Hillebrand verdient gemacht). – ↗Margolius, Windischer.

Breysig, Kurt, 1866—1940: deutscher Historiker und Geschichtsphilosoph, der (gegenüber dem Spezialistentum) den universal- und sozialhistorischen Gesichtspunkt akzentuiert, dem (ateleologischen) launisch-spielerischen Element in der Geschichte die ihm gebührende Bedeutung beimißt und die geschichtsbildende schöpferische Kraft der Einzelpersönlichkeit sowie die Souveränität des Individuums betont, das geschichtliche Werden für gesetzmäßig (wenn auch nicht im biologischen Sinn) determiniert und den historischen Entwicklungsgang für einen spiralförmigen hält, der in unterschiedlichem Tempo aufwärts führt. — Hptw.: Der Stufenbau und die Gesetze der Weltgeschichte, 1904, 1927²; Vom geschichtlichen Werden, 1925; Die Geschichte der Seele im Werdegang der Menschheit, 1931; Naturgeschichte und Menschheitsgeschichte, 1933; Der Werdegang der Menschheit vom Naturgeschehen zum Geistesgeschehen, 1934; Geschichte der Menschheit, 5 Bde., 1936—1955; Gestaltungen des Entwicklungsgedankens, 1940; Das Recht auf Persönlichkeit und seine Grenzen, 1944; Gesellschaftslehre und Geschichtslehre, 1958; Aus meinen Tagen und Träumen, 1962; Gedankenblätter, 1964.

Bridgman, Percy Williams, 1882—1961: amerikanischer Physiker (Nobelpreisträger), Mathematiker und Wissenschaftstheoretiker, Begründer eines „Operationalismus" (im engeren Sinn), dem zufolge durch jedes Meßverfahren ein neuer Begriff, eine eigene Größe definiert wird. — Philosophisch wichtige Hptw.: The Logic of Modern Physics, 1928, dt. 1932 (Die Logik der heutigen Physik); The Nature of Physical Theory, 1936; Reflections of a Physicist, 1950, dt. 1954 (Physikalische Forschung und soziale Verantwortung). — ↗Krampf.

Brightman, Edgar Sheffield, 1884—1953: nordamerikanischer Ethiker und Religionsphilosoph, Personalist. — Hptw.: An Introduction to Philosophy, 1925; Religious Values, 1925; A Philosophy of Ideals, 1928; The Problem of God, 1930; The Finding of God, 1931; Is God a Person?, 1932; Moral Laws, 1933; Personality and Religion, 1934; A Philosophy of Religion, 1940; The Spiritual Life, 1942; Nature and Value, 1945.

Broad, Charlie Dunbar, 1887—1971: englischer Philosoph, der auf der Basis eines kritischen Realismus seine „compound theory of materialistic emergency" aufbaut, in deren Zentrum die Entwicklungsidee steht. — Hptw.: Perception, Physics and Reality, 1914; Scientific Thought, 1923; The Mind and Its Place in Nature, 1925, 1929²; Five Types of Ethical Theory, 1930; Ethics and the History of Philosophy, 1952.

Hermann Broch

Broch, Hermann, 1886—1951: österreichischer Dichter, Kultur- und Wertkritiker („Rufer gegen die Zeit"), ab 1938 in den

USA. — Philosophisch relevante Werke: Der Tod des Vergil, 1945 (Roman); Philosophische Schriften, 2 Bde., 1977; Massenwahntheorie (Beiträge zu einer Psychologie der Politik), 1979; Briefe über Deutschland 1945–1949 – Die Korrespondenz mit Volkmar von Zühlsdorf, hrsg. v. Paul Michael Lützeler, 1986; H. B.: Ein Lesebuch, hrsg. v. P. M. Lützeler, 1987.

Brock, Erich, 1889–1976: Schweizer Denker (geb. in London), der den Problemen der „Polarität" bzw. der Essenz-Existenz-Dialektik sein besonderes Augenmerk zuwendet und vor allem auch als Philosophie- und Religionshistoriker hervorgetreten ist. – Hptw.: Das Weltbild Ernst Jüngers (Darstellung und Deutung), 1946; Befreiung und Erfüllung (Grundlinien der Ethik), 1958; Blick in den Menschen (Aphorismen), 1958; Sätze und Gegensätze (Aphorismen), 1970; Die Grundlagen des Christentums, 1970; Paul (Roman; ein Märchen), 1973; Des Lebens Linien (Aphorismen), 1975; Naturphilosophie (hrsg. v. Ernst Oldemeyer), 1985.

Louis de Broglie

Broglie, Louis de, 1892–1987: französischer Physiker, Mitbegründer der Wellenmechanik (Nobelpreis 1929). – Hptw.: (in deutscher Übersetzung): Licht und Materie (Ergebnisse der neuen Physik), 1943, 1949[7]; Die Elementarteilchen, 1943; Physik und Mikrophysik, 1950.

Brouwer, Luitzen Egbertus Jan, 1881—1966: holländischer Mathematiker, der im mathematischen Grundlagenstreit einen intuitionistischen Standpunkt einnimmt, dem zufolge die mathematischen „Gegenstände" (unabhängig von der Erfahrung) unmittelbar erschaut werden. — Hptw.: Intuitionisme en formalisme, 1912; Wiskunde, Waarheid, Werkelijkheid, 1919; Intuitionistische Mengenlehre, 1919; Intuitionistische Zerlegung mathematischer Grundbegriffe, 1925; Mathematik, Wissenschaft, Sprache, 1929; Die Struktur des Kontinuums, 1930; Historical Background, Principles and Methods of Intuitionism, 1952/53.

Brugger, Walter, geb. 1904: deutscher Theologe und Philosoph; Neuscholastiker. – Hptw.: Philosophisches Wörterbuch (als Hrsg. u. Mitverf.), 1947, 1967[13]; Allgemeine Metaphysik, 1956, 1967[3]; Einleitung in die Philosophie und Erkenntniskritik, 1959; Theologia naturalis, 1959, 1964[2]; Tractatus philosophicus de Anima humana, 1959, 1962[2]; Kleine Schriften zur Philosophie und Theologie, 1984.

Brunner, Constantin (Pseudonym für Leo Wertheimer), 1862—1937: an Spinoza orientierter Schöpfer der „Lehre von den Geistigen und vom Volk" (2 Bde., 1908, 1962[3]) und ihrer Weiterführung in dem Werk „Unser Christus oder das Wesen des Genies" (1921, 1958[2]). Die Lösung der Judenfrage sieht B. in der totalen Absage an den talmudisch-rabbinischen Mosaismus und der vollkommenen Emanzipation aus dieser Tradition. — 1971 erschienenes Werk: Vom Geist und von der Torheit. Früher sind erschienen: Spinoza gegen Kant und die Sache der geistigen Wahrheit, 1910; Der Judenhaß und die Juden, 1918, 1919[3]; Der Judenhaß und das Denken, 1922; Vom Einsiedler Constantin Brunner, 1924; Materialismus und Idealismus, 1928, 1959[2].

Brunner, Emil, 1889—1966: Schweizer protestantischer Religionsphilosoph und Vertreter der Dialektischen Theologie, der vor allem die Begriffe „Gericht" und „lebendiges Christ-Sein" analysiert hat. — Hptw.: (abgesehen von der 3bändigen „Dogmatik"): Die Mystik und das Wort, 1924; Religionsphilosophie evangelischer Theologie, 1927, 1948[2]; Der Mensch im Widerspruch, 1937, 1965[4]; Das Wort Gottes und der moderne Mensch, 1937; Offenbarung und Vernunft, 1937, 1961[2]; Wahrheit als Begegnung, 1938, 1963[2].

Bruno, Giordano, 1548–1600 (in Rom als Ketzer verbrannt): italienischer Dichterphilosoph und Freigeist (ursprünglich Dominikanermönch, 1576 aus dem Orden ausgeschlossen, und Berater Heinrichs III. von Frankreich), der für das Kopernikanische Weltsystem eintritt und einen ästhetisch getönten religiösen Naturalismus lehrt, indem er das ewige und unendliche All für beseelt hält und mit Gott gleichsetzt. Diese pantheistische Lehre von der Weltseele als einem „inneren Künstler" der Natur wurzelt in einem modernen Naturgefühl und Verständnis für die lebendige Harmonie im Universum. Die kleinsten Weltelemente bezeichnet B. als „Monaden". B. ist Kulturoptimist, indem er an den Fortschritt in der Menschheits- und Kulturentwicklung glaubt; er preist die „heroischen Affekte", den Enthusiasmus höherer Lebensgestaltung und fordert die Verehrung des Unendlichen, Streben nach Höherem, seelische Größe und geistige Freiheit. – Hptw.: Della causa, del principio e dell'uno, 1584 (Von der Ursache, dem Prinzip und dem Einen, 1977[5]); Dell'infinito, universo e mondi, 1584; Spaccio della bestia trionfante, 1584; Degli eroici furori, 1585; eine verschollene Schrift aus dem Jahr 1591 wurde 1985 in Leningrad entdeckt. – ↗Kolbenheyer, Riehl, Schelling, Stein H.

Brunschvicg, Léon, 1869—1944: französischer Philosoph, der im Geiste Kants vom Standpunkt eines kritischen Positivismus aus die schöpferische Kraft des Denkens betont und darauf hinweist, daß die erkennbare Welt für uns die Welt schlechthin ist. B. begrüßt den wissenschaftlichen Fortschritt und prophezeit das Aussterben des Glaubens, übt Kritik am Realismus und Intuitionismus und erblickt die Funktion der Philosophie in der für den Erkenntnisfortschritt notwendigen Selbstkritik des Denkens und der Wissenschaft, durch die das Denken seiner selbst bewußt wird. Die von B. vertretene Wahrheitstheorie ist demnach humanistisch-dynamisch. – Hptw.: Les étapes de la philosophie mathématique, 1912, 1947[3]; L'expérience humaine et la causalité physique, 1921; Nature et liberté, 1921; Le progrès de la conscience dans la philosophie occidentale, 1927, 1953[2]; De la connaissance de soi, 1931; Descartes, 1937; Ecrits philosophiques, 1951.

Buber, Martin, 1878—1965: jüdischer Religionsphilosoph aus Wien (seit 1938 in Jerusalem), war um eine Deutung jüdischer Wesensart sowie um eine Erneuerung des mystischen Erbes des Judentums im Sinne des ↗Chassidismus bemüht; „religiöser Sozialist". — Hptw.: Ekstatische Konfessionen, 1909; Ich und Du, 1922, 1974[8]; Reden über das Judentum, 1923, 1932[2]; Die chassidischen Bücher, 1928; Ein Versuch über Religion und Politik, 1930; Religion und Philosophie, 1931; Kampf um Israel, 1933; Deutung des Chassidismus, 1935; Die Frage an den Einzelnen, 1936; Zion als Ziel und Aufgabe, 1936; Dialogisches Leben, 1947; Das Problem des Menschen, 1948, 1982[5]; Pfade in Utopia, 1950; Zwischen Gesellschaft und Staat, 1952; Gottesfinsternis (Betrachtung zur Beziehung zwischen Religion und Philosophie), 1953; Schriften über das dialogische Prinzip, 1954; Schuld und Schuldgefühl, 1958; Begegnung (Autobiographische Fragmente), 1960; Reden über Erziehung, 1962; Urdistanz und Beziehung, 1978; Baal – Schem – Tow (Unterweisung im Umgang mit Gott), 1981; Ein Land und zwei Völker. Zur jüdischarabischen Frage, 1983. – Werke, 2 Bde., 1962. – Bibliographie 1897–1978 (Margot Cohn und Rafael Buber), 1980.

Buchholz, Erich, geb. 1896: deutscher Pädagoge, Psychologe und Philosoph, vor allem an gesellschaftskritischen, kulturkritischen und futurologischen Fragen interessiert. — Hptw.: Rätselbüchlein, 1926; vereinfacht die rechtschreibung!, 1931; Schriftgeschichte als Kulturgeschichte, 1965; alternative Gottesreich — unterwegs zur künftigen gesellschaft, 1968; anpassung an diese veränderte welt (mit studium generale und moderner philosophie zum neuen bewußtsein), 1977; Des Chaos wunderlicher Sohn (Lyrik eines Philosophen), 1980.

Büchner, Ludwig, 1824—1899: deutscher Arzt und Philosoph, Materialist. — Hptw.: Kraft und Stoff, 1855.

Buddha

Buddha (d. h. „der Erwachte"), Gotama: um 560–480 v. Chr.: indischer Ethiker, Begründer des Buddhismus, einer atheistischen Erlösungsreligion, der zufolge der Mensch aus dem Kreislauf von Vergänglichkeit und Wiedergeburt (Samsara) nur durch freiwilligen Verzicht auf Streben, Begehren und Wirken (Karman) sowie durch Einkehr in sich selbst (Yoga) und zuletzt ins Nirwana (Verlöschen, Nichts) infolge der Abtötung des Willens zum Leben erlöst werden kann. B. bewertet Welt und Leben tief pessimistisch und preist das Mitleid als höchste Tugend. Die Lehrreden B.s wurden in der Palisprache aufgezeichnet. Später genoß B. göttliche Verehrung. Zu unterscheiden ist der Mahayana (Buddhismus im Norden) vom Hinayana (südlicher Buddhismus). Die Verbreitung des Buddhismus erfolgte vor der Zeitwende von Indien nach Ceylon und China und über Korea nach Japan, im 4. Jhdt. n. Chr. nach Indonesien, Burma, Thailand und Tibet, während er in Indien fast erlosch. — ↗Akkulturation, Dharma, Neubuddhismus, Zen; Schopenhauer, Szczesny, Ziegler L.

Buddhismus: ↗Buddha; Hinayana, Mahayana. – Tibetischer Buddhismus: Lamaismus. – ↗Hinduismus, Religion, Zen; Küng.

Buffon, Georges Louis Leclerc, Graf von, 1707—1788: französischer Naturforscher und Naturalist, der in seiner „Naturgeschichte" den Entwicklungsgedanken vertritt. — Hptw.: Histoire naturelle, 1747 ff. – ↗Stil.

Bühler, Karl, 1879–1963: deutscher Psychologe und Sprachtheoretiker (später in Wien, dann in den USA; seine Gattin: die bekannte Kinderpsychologin Charlotte B., geb. 1893; spätere Werke: Der menschliche Lebenslauf als psychologisches Problem, 1959; Psychologie, 1962; Wenn das Leben gelingen soll. Psychologische Studien über Lebenserwartungen und Lebensergebnisse, 1972; Einführung in die humanistische Psychologie, 1974 – mit Melanie Allen –). – Hptw.: Die Gestaltwahrnehmungen, 1913; Die geistige Entwicklung des Kindes, 1918, 1930[6]; Die Erscheinungsweisen der Farben, 1922; Die Krise der Psychologie, 1927, 1929[2]; Ausdruckstheorie, 1933; Sprachtheorie, 1934; Die Axiomatik der Sprachwissenschaften, 1934, 1976[2]; Die Zukunft der Psychologie, 1936. – ↗Denken, Sprachphilosophie (Organonmodell); Ströker.

Bulogon: von ↗Stöhr geprägte Bezeichnung für ein durch ein bestimmtes Wollen in der Zielsetzung bereits festgelegtes Philosophieren.

Bultmann, Rudolf, 1884—1976: deutscher evangelischer Theologe (Freund und Gegner Karl Barths), der sich, vom Pathos redlichen Fragens erfüllt, um eine Entmythologisierung des Christentums (Befreiung der Bibel von ihrem mythologischen Gerüst, vom antiken Weltbild und vom Wunderglauben) bemüht und den christlichen Glauben durch „existentiale Interpretation" entzaubert, ohne ihn deswegen zu Gunsten der Wissenschaft preiszugeben. — Hptw.: Das Urchristentum im Rahmen der antiken Religionen, 1963[3]; Die Frage der Entmythologisierung, 1954; Jesus, 1958; Das Evangelium des Johannes, 1964.

Burckhardt, Carl Jacob (Großneffe von Jacob B.), 1891—1974: Schweizer Diplomat, Historiker und Schriftsteller, betont konservativ, 1937—1939 als Hoher Kommissar des Völkerbundes in Danzig, 1944—1947 Präsident des Internationalen Roten Kreuzes. — Hptw.: Richelieu, 1935; Gestalten und Mächte, 1941; Erinnerungen an Hofmannsthal, 1948; Begegnungen, 1954; Bildnisse, 1958; Betrachtungen und Berichte, 1964; Memorabilien – Erinnerungen und Begegnungen, 1977; Briefe 1908–1974, 1986.

Burckhardt, Jacob, 1818—1897: Schweizer Historiker und Geschichtsphilosoph, der sich zu einer pessimistischen Geschichtsauffassung bekennt und die Möglichkeit bezweifelt, in der Geschichte einen Sinn zu finden (geschichtsphilosophischer Skeptizismus!), in der Geschichte keinen stetigen Fortschritt, sondern ein Auf und Ab sieht, dem Zufall eine große Bedeutung als Faktor des geschichtlichen Werdens zuspricht und den Eintritt gewaltiger Katastrophen prophezeit. B. erkennt, daß in der Geschichte nur selten das Gute, vielmehr meist das Gemeine den Sieg davonträgt, weshalb er den Erfolg nicht als Zeichen der Höherwertigkeit betrachtet; Krisen, Kriege und Revolutionen hält er für notwendig und unvermeidlich, die moderne Zeit für eine Zeit des Verfalls und der nihilistischen Zersetzung. B. denkt individualistisch, indem er einerseits vor den Gefahren der Vermassung und Demokratisierung, andererseits vor der Stärkung der Staatsgewalt als einer Gefahr für die Kultur warnt; nicht Resignation, sondern würdevolles Ausharren erscheint B. als angemessene Haltung des modernen Menschen. — Philosophisch bedeutsames Hptw.: Weltgeschichtliche Betrachtungen, 1905, 1969[*]. Ferner für das Verständnis der Renaissancephilosophie wichtig: Cicerone (Eine Anleitung zum Genuß der Kunstwerke Italiens), 1855; Die Kultur der Renaissance in Italien, 1860, neue Ausg.: 1976. – ↗Joël, Knittermeyer, Salin, Wölfflin.

Buridan, Johannes: französischer Nominalist des 14. Jhdts. — „Esel des Buridan": ihm fälschlich zugeschriebenes Gleichnis für das Dilemma der Willensfreiheit (ein

Esel befindet sich genau in der Mitte zwischen zwei qualitativ und quantitativ vollkommen gleichen Heubündeln; wird er nun dort bis zu seinem Hungertode verharren, weil er sich weder für links noch für rechts entscheiden kann, oder wird er „frei" [oder determiniert?] für eine Seite optieren?...). – ↗Albert von Sachsen.

Burkamp, Wilhelm, 1879—1939: deutscher Logiker, Erkenntnistheoretiker und Naturphilosoph. — Hptw.: Begriff und Beziehung, 1927; Die Struktur der Ganzheiten, 1929; Naturphilosophie der Gegenwart, 1930; Logik, 1932; Wirklichkeit und Sinn, 2 Bde., 1938.

Burke, Edmund, 1729–1797: englischer Staatsmann, der als erster an der Französischen Revolution Kritik übt: Es bedarf einer „Identität durch Kontinuität", d. h. einer Partnerschaft nicht nur zwischen den lebenden, sondern auch zwischen den einander folgenden Generationen, wofür die „Monarchie" Bürge und Symbol ist. – „Eine der Hauptursachen unserer Fortschritte finden wir darin, daß wir die Kenntnisse nicht verachten, die uns unsere Voreltern hinterließen." – Ästhetiker, der die Ästhetik psychologisch zu fundieren sucht, indem er dem Selbsterhaltungstrieb das Erhabene und dem Geselligkeitstrieb das Schöne zuordnet. – Hptw.: A Philosophical Inquiry into the Origin of Our Ideas on the Sublime and Beautiful, 1756. – ↗Romantische Philosophie.

Burthogge, Richard, 17. Jhdt.: englischer Arzt und Erkenntnistheoretiker, der dem Grundgedanken der Erkenntnistheorie Kants sehr nahe kommt und im Rahmen seiner naturalistischen Weltauffassung den Gottesbegriff durch den Begriff der Weltseele ersetzt. — Hptw.: An Essay upon Reason and the Nature of Spirits, 1694.

Busse, Ludwig, 1862—1907: deutscher Philosoph, Anhänger Lotzes, Vertreter der Lehre von der psychophysischen Wechselwirkung. — Hptw.: Philosophie und Erkenntnistheorie, 2 Teile, 1894; Die Wechselwirkung zwischen Leib und Seele und das Gesetz der Erhaltung der Energie, 1900; Geist und Körper, Seele und Leib, 1903, 1911².

Butler, Joseph, 1692—1752: englischer Ethiker, der den Hedonismus und den Eudaimonismus bekämpft und eine „Ethik des Gewissens" lehrt, der zufolge Vollendung und wahres Glück erst im Jenseits zu erreichen sind. — Hptw.: Fifteen Sermons upon Human Nature, 1726; The Analogy of Religion, 1736.

Bütschli, Otto, 1848—1920: deutscher Philosoph, Biomechanist und Darwinist, der am Vitalismus Kritik übt. — Hptw.: Mechanismus und Vitalismus, 1901.

C

Caesalpin, Andreas, 1519—1603: italienischer Arzt und Naturphilosoph, der vom Standpunkt eines aristotelischen Naturalismus aus die Allbelebung lehrt und Gott im pantheistischen Sinn als Weltseele deutet. — Hptw.: Peripateticarum quaestionum libri V, 1571; De plantis libri XVI, 1583.

Calvus: „der Kahlkopf"; gemeint ist folgende Fangfrage des Eubulides (4. Jhdt. v. Chr.): Wie viele Haare muß man jemandem ausreißen, damit er kahlköpfig wird? Die Ursache der Denkschwierigkeit liegt in der Unklarheit der Formulierung und der Begriffe.

Cambridger Schule: 1. englische Metaphysiker des 17. Jhdts. (↗Cudworth, Cumberland, H. More), die vom Standpunkt eines christlich getönten ↗Platonismus aus die Ewigkeit und die Unveränderlichkeit der Werte zu beweisen suchen und am ↗ Empirismus und vor allem an der Ethik von ↗Hobbes Kritik üben. — 2. Englische Philosophen, die sich unter dem Einfluß von ↗G. E. Moore (1911–1939: an der Universität in Cambridge) ursprünglich zu einer Erkenntnistheorie des „gesunden Menschenverstandes" bekannten, später vor allem die Notwendigkeit einer logischen Analyse der Sprache (im Sinne des ↗Logischen Positivismus) betonten.

Campanella, Thomas, 1568—1639: italienischer Staatsphilosoph (Gegner Machiavellis), der für seinen utopischen „Sonnenstaat" eine päpstliche Theokratie und die Herrschaft des Geistes und der Liebe fordert. — Hptw.: Civitas solis, 1623.

Camus, Albert, 1913–1960: französischer Dichterphilosoph (1957 Nobelpreis), Moralist, dessen existentialistische Theorie des „Absurden" und Lehre von der Fremdheit des Menschen in der Welt (— in Abwendung von Sartre —) in der Forderung gipfelt, die Sinn- und Hoffnungslosigkeit des Daseins würdevoll zu ertragen und den Nihilismus dadurch zu überwinden, daß man „die Erde liebt, kühn und intelligent denkt, klar handelt und wirkt" und der an sich sinnlosen Welt dadurch Sinn verleiht, daß man für die Geknechteten und Entrechteten eintritt. — Hptw.: L'Étranger, 1942, dt. 1961 (Der Fremde); Le mythe de Sisyphe (Essai sur l'absurde), 1943, 1963^6, dt. 1950 (Der Mythos von Sisyphos. Ein Versuch über das Absurde); Lettres d'un ami allemand, 1945; La peste, 1947, dt. 1949 (Die Pest); L'homme révolté, 1958^2, dt. 1953 (Der Mensch in der Revolte). Weitere deutsche Ausgaben: Fragen der Zeit, 1970, 1977^2; Tagebücher (1935–1951), 1971; Der Glückliche Tod, 1972; Literarische Essays, 1973; Christliche Metaphysik und Neuplatonismus (aus dem Nachlaß) 1978; Verteidigung der Freiheit (Politische Essays), 1979. – ↗Schlette; Tod.

Albert Camus

Canetti, Elias, geb. 1905: in Bulgarien geborener Schriftsteller, Autobiograph, Kulturanthropologe und -philosoph, später in Wien, seit 1938 in London, entschiedener Gegner des Freudianismus, Verehrer von Karl Kraus, der das Phänomen „Hitler" zu deuten versucht und um die Konzeption eines Gegen-Entwurfes zur gegebenen Welt bemüht ist. Nobelpreis für Literatur 1981. – Hptw.: Die Blendung, 1935 (Roman); Komödie der Eitelkeit,

Elias Canetti

1935; Masse und Macht, 1960 (Essay), 2bändige Neuauflage: 1973; Die Welt im Kopf 1962; Die Befristeten, 1964; Aufzeichnungen, 1965; Macht und Überleben (3 Essays), 1972; Die gespaltene Zukunft (Aufsätze und Gespräche), 1972; Die Provinz des Menschen (Aufzeichnungen 1942–1972), 1973; Der Ohrenzeuge (50 Charaktere), 1974; Das Gewissen der Worte (Essays), 1975; Lebensgeschichte, 1. Teil: Die gerettete Zunge (Geschichte einer Jugend), 1977; 2. Teil: Die Fackel im Ohr (Lebensgeschichte 1921–1931), 1980; 3. Teil: Das Augenspiel (Lebensgeschichte 1931–1937) 1985²; Das Geheimherz der Uhr (Aufzeichnungen 1973–1985), 1987. – Lit.: Blendung als Lebensform – Aufsätze zu Elias Canetti (hrsg. v. F. Aspetsberger u. G. Stieg), 1985.

Cantoni, Carlo, 1840—1906: italienischer Philosoph, Kritizist. — Hptw.: G. B. Vico, studi critici e comperativi, 1867; Emanuele Kant, 3 Bde., 1879—1884; Corso elementare di filosofia, 1896, 1902¹³.

Cantor, Georg, 1845–1918: deutscher Mathematiker, Begründer der ↗„Mengenlehre" (seit 1873), der die Entwicklung der modernen Logik und die mathematische Grundlagenforschung erheblich beeinflußt hat. – Hptw.: Grundlagen einer allgemeinen Mannigfaltigkeitslehre, 1883; Beiträge zur Begründung der transfiniten Mengenlehre, I: 1895, II: 1897; Gesammelte Abhandlungen mathematischen und philosophischen Inhalts, 1932.

Captatio benevolentiae: eine rhetorische Formulierung zum Zwecke der „Erringung des Wohlwollens" der Hörer oder Leser.

Cardanus, Hieronymus, 1501–1576: italienischer Mathematiker, Arzt und Naturphilosoph, der den Aufbau der Wirklichkeit und das Naturgeschehen mechanisch zu verstehen sucht. — Hptw.: De subtilitate rerum, 1552; De varietate rerum, 1556; De vita propria, 1575.

Carlyle, Thomas, 1795–1881: englischer Historiker und Geschichtsphilosoph, der eine extrem-individualistische Geschichtsauffassung vertritt, indem er die „großen Männer" als die entscheidenden geschichtsbildenden Kräfte betrachtet. – Hptw.: On Heroes, Hero-Workship and the Heroic in History, 1841, dt. 1917⁵ (Helden und Heldenverehrung).

Carmichael, Joel, geb. 1916: englischer Religionsforscher, der sich vor allem bemüht, etwas Licht in das mysteriöse Dunkel um die Figur des Rabbi Jesus zu bringen, nachdem alle Berichte über Leben und Wirken Jesu nach seinem Tod sowohl von den Jüngern als auch von Paulus gefiltert und korrigiert worden waren (Umdeutung des jüdisch-nationalen Widerstandkämpfers gegen die Römer zum internationalen religiösen Propheten und Heilsverkünder, zum Sohn Gottes und Messias, der die Welt durch sein Leiden erlöst): Diese These vertritt neuerdings z. B. auch Johannes Lehmann („Das Geheimnis des Rabbi Jesus. – Was die Urchristen versteckten, verfälschten und vertuschten", 1985). – Hptw. (dt.): Leben und Tod des Jesus von Nazareth, 1965; Steh' auf und rufe Seinen Namen – Paulus, Erwecker der Christen und Prophet der Heiden, 1980.

Carnap, Rudolf, 1891—1970: österreichischer Philosoph (ab 1936 in Chicago), einer der Hauptrepräsentanten des Wiener Kreises (des Logistischen Positivismus bzw. Empirismus). C.s Interesse gilt vor allem den Problemen der Logik, der Semantik, der Erkenntnis- und der Wissenschaftstheorie. Die Aufgabe der Philosophie erblickt C. in der logischen Analyse der Sprache, vor allem der wissenschaftlichen Grundbegriffe und Prinzipien. Besonderen Wert legt er auf den Aufbau einer metaphysikfreien Einheitswissenschaft auf der Grundlage der Erfahrung, und zwar mit der „Sprache" der Physik als wissenschaftlicher Einheitssprache (Physikalismus). — ↗Kohärenztheorie, Wahrscheinlichkeit. — Hptw.: Der logische Aufbau der Welt (Versuch einer Konstitutionstheorie der Begriffe), 1928, 1974⁴; Scheinprobleme in der Philosophie (Das Fremdpsychische und der Realismusstreit), 1928, 1966³; Abriß der Logistik (mit besonderer Berücksichtigung der Relationstheorie und ihrer Anwendung), 1929; Logische Syntax der Sprache, 1934, 1968²; Testability and Meaning, 1936/37; Foundations of Logic and Mathematics, 1939, dt. 1973 (Grundlagen der Logik und Mathematik); Introduction to Semantics, 1942, 1948³; Formalization of Logic, 1943; Meaning and Necessity, 1948 (dt.: s. letztgenanntes Werk!); The Logical Foundations of Probability, 1951; Einführung in die symbolische Logik, 1954, 1960²; Induktive Logik und Wahrscheinlichkeit, 1959 (bearbeitet von ↗W. Stegmüller); Einführung in die Philosophie der Naturwissenschaft, dt. 1969; Bedeutung und Notwendigkeit (Eine Studie zur Semantik und modalen Logik), 1972. – Autobiography (in: The Philosophy of Rudolf Carnap, ed. by P. Schilpp), 1964.

Carneri, Bartholomäus, 1821—1909: evolutionistisch und monistisch eingestellter österreichischer Ethiker. — Hptw.: Sittlichkeit und Darwinismus, 1870, 1903²; Grundlegung der Ethik, 1880; Entwicklung und Glückseligkeit, 1886; Der moderne Mensch (Versuche über Lebensführung), 1891, 1901⁷.

Carpe diem: pflücke (d. h. nütze) den Tag! (Horaz). Grundsatz der ↗epikureischen Lebensweisheit: Genieße das Leben!

Carpenter-Effekt: benannt nach dem englischen Naturforscher und Mediziner (Anatomen und Physiologen) C. (William Benjamin, 1813–1885; „Principles of Mental Physiology", 1876). ↗Ideorealgesetz.

Carrel, Alexis, 1873—1944: französischer Biologe und Anthropologe. — Hptw.: Man — the Unknown, 1935, dt. 1936, 1950²¹ (Der Mensch — das unbekannte Wesen).

Cartesianismus: die Philosophie ↗Descartes' und seiner Anhänger.

Carus, Carl Gustav, 1789—1869: deutscher Arzt und romantisierender Psychologe und Naturphilosoph, Freund Goethes, Gegner der Biomechanistik und des Materialismus, der vor allem die Bedeutung und die Auswirkungen des unbewußten Seelenlebens erforscht. — Hptw.: Psyche (Zur Entwicklungsgeschichte der Seele), 1846.

Cassirer, Ernst, 1874—1945 (in der Emigration): deutscher Neukantianer (Marburger Schule), der als Erkenntnistheoretiker nicht nur der mathematisch-naturwissenschaftlichen Erkenntnisweise, sondern auch den geistigen Gestaltungsprozessen in Religion, Kunst, Sprache und Mythos sein Augenmerk zuwendet und ihre Gesetze zu ergründen sucht. — Hptw.: Das Erkenntnisproblem in der Philosophie und Wissenschaft der neueren Zeit, 3 Bde., 1906—1920, 1922/23³; 4. Bd. 1957; Substanzbegriff und Funktionsbegriff, 1910, 1923²; Natur- und Völkerrecht im Lichte der Geschichte und der systematischen Philosophie, 1919; Kants Leben und Lehre, 1921, 1971²; Freiheit und Form (Studien zur deutschen Geistesgeschichte), 1922, 1961³; Philosophie der symbolischen Formen, 3 Bde. 1923–1929, 1964–1972⁵ (– Definition der Kultur als die „symbolischen Formen", wie sie die Künste, die Literatur und die Religion entwickelt haben, „um den Sinn des menschlichen Daseins zu erforschen und auszudrücken"); Formen und Formwandlungen des philosophischen Wahrheitsbegriffes, 1929; Die Philosophie der Aufklärung, 1932, 1973²; Determinismus und Indeterminismus in der modernen Physik, 1936; Naturalistische und humanistische Begründung der Kulturphilosophie, 1939; Descartes (Lehre, Persönlichkeit, Wirkung) 1939; Leibniz' System in seinen wissenschaftlichen Grundlagen, 1962²; Individuum und Kosmos in der Philosophie der Renaissance, 1969³; Zur Logik der Kulturwissenschaften, 1942, 1971³; An Essay on Man, 1944, 1948³, dt. 1960 (Was ist der Mensch?); The Myth of the State, 1946, dt. 1949 (Vom Mythos des Staates); The Problem of Knowledge, 1950; Zur modernen Physik, 1957 (1921); Wesen und Wirkung des Symbolbegriffes, 1957, 1969⁴; Philosophie und exakte Wissenschaft, 1969 (eingeleitet u. kommentiert von ↗Krampf); Symbol, Technik, Sprache (Aufsätze 1927–1932), 1985. – ↗Gutmann.

Castiglione, Baldassare, 1478—1529: italienischer Diplomat und Philosoph, der die allseitige Bildung des Menschen und eine Vervollkommnung der Persönlichkeit in Richtung einer ästhetisch gefälligen Harmonisierung der menschlichen Eigenschaften fordert. — Hptw.: Il cortegiano, 1528.

Baldassare Castiglione

Causa: Ursache.

Causa sui: Ursache seiner selbst (seines eigenen Seins): Bezeichnung für das absolute Sein, für Gott. — ↗Metapher.

Celsus, um 180: römischer Platoniker, der sich als erster in einer groß angelegten Schrift grundsätzlich gegen das Christentum wendet, indem er der christlichen Lehre jede Originalität abspricht und ihre weite Verbreitung auf die geistige Primitivität der ungebildeten Masse zurückführt („Prüfet nicht, sondern glaubet!"). Höher als die christliche Liebe schätzt er die Idee der Gerechtigkeit; der Glaube an die Erlösung erscheint ihm angesichts der ewigen (vernünftigen) Ordnung des Universums als sinnwidrig. — Sein Hptw.: „Logos Alethes" („Wahres Wort": Die wahre Lehre) findet sich in Bruchstücken in der Gegenschrift des Origenes. - ↗ Rougier.

Certismus: von ↗ Dingler eingeführte Bezeichnung für die Tendenz in der Wissenschaft und in der kritisch-wissenschaftlichen Philosophie, nur „Gesichertes" gelten zu lassen und alles „Ungesicherte" deutlich als zweifelhaft zu bezeichnen und abzulehnen.

Cessante causa cessat effectus: Mit der Ursache schwindet auch die Wirkung. — ↗ Kausalität.

Ceteris paribus: unter sonst gleichen Bedingungen.

Chamberlain, Houston Stewart, 1855—1927: in England geborener Geschichts- und Kulturphilosoph, Rassentheoretiker, der die Überlegenheit der nordischen Rasse als „Herrenrasse" zu erweisen versucht; Schwiegersohn Richard Wagners. — Hptw.: Richard Wagner, 1895, 1901²; Die Grundlagen des 19. Jahrhunderts, 2 Bde., 1899, 1942²⁸; Immanuel Kant (Die Persönlichkeit als Einführung in das Werk), 1905, 1938⁵; Arische Weltanschauung, 1905, 1916³; Goethe, 2 Bde., 1912, 1936⁸; Deutsches Wesen (Ausgewählte Aufsätze), 1916; Lebenswege meines Denkens, 1919, 1942³; Mensch und Gott (Betrachtungen über Religion und Christentum), 1921, 1943⁶; Rasse und Persönlichkeit (Aufsätze), 1925; Natur und Leben, 1928.

Charakter: 1. wertfreier Charakter-Begriff in der Psychologie: verhältnismäßig (— abgesehen von milieu- und erziehungsbedingter Entwicklung —) konstant bleibendes (invariantes) seelisches Gepräge eines Menschen, das in seinen Verhaltensweisen zum Ausdruck kommt, vor allem seine Willensdisposition (gegenüber seinem Temperament oder Naturell, d. h. seiner Eigenart und Anlage hinsichtlich seines Gefühls- und Affektlebens): „Nichts ist, das dich bewegt, du selber bist das Rad, das aus sich selbsten läuft und keine Ruhe hat" (Angelus Silesius); „Des Menschen Taten und Gedanken ... sind nicht wie Meeres blind bewegte Wellen, die innere Welt, sein Mikrokosmos, ist der tiefe Schacht, aus dem sie ewig quellen ... Hab' ich des Menschen Kern erst untersucht, so weiß ich auch sein Wollen und sein Handeln" (F. Schiller). — Die wissenschaftliche Charakter-Typologie setzt sich zur Aufgabe, Charaktertypen festzulegen, indem sie die menschlichen Charaktere nach übereinstimmenden Charaktereigenschaften gruppenweise ordnet. Gelingt es, den Charakter eines Menschen einem solchen Typus zuzuordnen, so wird er auf diese Weise (wenn auch unvollkommen) bestimmt: der Typus erweist sich somit als „Wegweiser" zur Persönlichkeit; den ersten Schritt zur Bestimmung eines Charakters bildet dessen typologische Einordnung. Einige bekanntere Typologien: a) Verstandesmenschen, Gefühlsmenschen, Willensmenschen (je nach „Vorherrschaft" des einen oder des anderen „Vermögens"); b) Vier-Temperamenten-Lehre der Ärzte Hippokrates (um 400 v. Chr.) und ↗ Galenus (2. Jhdt. n. Chr.): Choleriker (Reaktionstiefe: tief, Reaktionstempo: schnell, Stimmungfarbe: düster), Sanguiniker (oberflächlich, schnell, heiter), Melancholiker (tief, langsam, düster), Phlegmatiker (oberflächlich, langsam, heiter); c) ↗ E. Kretschmer hat seine Typologie auf den von ihm festgestellten Beziehungen zwischen Körperbau (leptosom-asthenisch, athletisch-muskulär, pyknisch-digestiv, ↗ Psychose (Schizophrenie, Epilepsie, Zyklophrenie = manisch-depressivem Irresein), Psychopathie (schizoid, epileptoid, zykloid) und Charakter (schizothym, viskös, zyklothym) aufgebaut, wobei die Zuordnung nur besagt, daß die einzelnen Körperbautypen eine gewisse „Verwandtschaft" mit den entsprechenden Psychosen, Psychopathien und Charaktertypen aufweisen: Wenn (!) z. B. ein Pykniker seelisch erkrankt, so mit Wahrscheinlichkeit (!) an manisch-depressivem Irresein und nicht an Schizophrenie usw. (oder anders gesagt: unter den Psychotikern dieser Art finden sich vor allem Pykniker); oder: Leptosome zeigen meist (!) einen typisch schizothymen Charakter; d) ↗ E. Jaensch; e) ↗ K. Jaspers;. f) ↗ J. Schultz; g) ↗ E. Spranger; h) ↗ R. Wahle; i) schließlich unterscheidet man bestimmte Sehtypen (Farbseher, Formseher), Aufmerksamkeitstypen, Vorstellungstypen, Gedächtnistypen, Lerntypen, typische Beziehungen der Menschen zur Sprache, Schlaftypen usf. — ↗ Aufmerksamkeit, Sprache; Moral insanity; Schicksal, Willensfreiheit; Adickes, Bahnsen (1867 den Begriff „Charakterologie" eingeführt), Hector, Klages, La Bruyère, Nohl, Reich W., Rohracher, Theophrast, Utitz, Weininger, Wellek. — 2. Ethischer Charakter-Begriff: „wertvoller", „minderwertiger", „edler", „gemeiner" Charakter usw.

Charisma: Kennzeichen der begnadeten, übermenschlich begabten Führerpersönlichkeit.

Charron, Pierre, 1541—1603: von Montaine beeinflußter französischer Skeptiker, der (ein wenig theologisierend) die menschliche Erkenntniskraft geringschätzt, eine stoizistische Affekt-Theorie lehrt und eine von religiösen Vorstellungen unabhängige Ethik aufzubauen versucht. — Hptw.: De la sagesse, 1601 (Drei Bücher von der Weisheit, dt. 1801).

Chartier, Emile Auguste, 1868—1951: ↗Alain.

Chassidismus: im 18. Jhdt. im Karpatengebiet entstandene antirationale Glaubensbewegung mit dem Ziel einer Erneuerung der jüdischen Religion im Sinne einer mystischen Verinnerlichung (frohe Frömmigkeit, Andacht, Demut) und Abkehr von der nüchternen Gesetzesstrenge des Talmud; zunächst vor allem im europäischen Ostjudentum verbreitet, neuerdings wieder in Israel und den USA (die Gläubigen: die Chassidim). - ↗Buber.

Cheltschitz, Peter von, 15. Jahrhundert: geistiger Vater der Böhmischen Brüder (Anhänger von ↗Hus).

Cherbury, Herbert von, 1583—1648: englischer Deist, der eine kritische Prüfung der Offenbarung (nach ethischen Gesichtspunkten) fordert und fünf Prinzipien der „natürlichen Religion" aufstellt, die freilich nur rationalisierte christliche Dogmen sind (der Mensch muß tugendhaft und fromm leben und Gott verehren, darf nicht sündigen und muß auf Lohn oder Strafe im Diesseits oder Jenseits gefaßt sein). - Hptw.: Tractatus de veritate, 1624. - ↗Blount.

Chiappelli, Alessandro, 1857—1931: von Platon und Kant beeinflußter italienischer Philosoph, „theistischer Idealist". — Hptw.: Sul carattere formale del principio etico, 1884; Nuovi studi sul criticismo, 1885; Il socialismo e il pensiero moderno, 1897, 1899^2; Voci del nostro tempo, 1903; Dalla critica al nuovo idealismo, 1910; Idee moderne, 1913; Amore, morte ed immortalità, 1913, 1916^2 (Guerra, amore ed immortalità); La crisi del pensiero moderno, 1921. — Autobiographie in „Philosophie der Gegenwart in Selbstdarstellungen", Bd. V, 1924.

Chiffre: nach ↗Jaspers das Geheimzeichen der Transzendenz, verständnismäßig unauflösbar; offenbar wird das metaphysische Sein im Scheitern, das eine Chiffre für das Sein ist; die Metaphysik definiert Jaspers als „Chiffren-Schrift".

Chiliasmus: Glaube an ein Tausendjähriges Reich, im besonderen an eine tausendjährige Herrschaft Christi auf Erden vor dem Weltende und Jüngsten Gericht (Off. Joh. 20).

Chinesische Philosophie: im großen und ganzen pragmatisch, humanistisch und frei von Theologie; besondere Vorzüge: Streben nach Norm und Gesetz; Pflege der Tugenden des Fleißes, der Geschicklichkeit, der Geduld, der Schlichtheit des Lebens in Genügsamkeit und freiwilliger Verborgenheit; Lebensnähe (dem Volk und dem Alltag nahe): Harmonie von höchsten sittlichen Forderungen und sinnlich-alltäglichem Leben, von hoher Vergeistigung und naivem Lebensbehagen, von Religion und Alltag, von Geist und Natur; Altersweisheit. — ↗Chu-Hsi, Hsün-tse, I-Ching, Konfuzius, Lao-tse, Li, Li-Ki, Lieh-tse, Lun-yü, Mo-ti, Mong-tse, Shi-Ching, Tai-Tung-yüan, Tao Tê King, Tschuang-tse, Wang-Yang-ming, Wen-Wang, Wu-Wei, Yang, Yin. — ↗Leibniz (Novissima Sinica, 1697), Wolff. - Lit.: Hubert Schleichert: Klassische chinesische Philosophie, 1980. ↗Küng.

Chomsky, Noam, geb. 1928: amerikanischer Linguist und Sozialphilosoph, Begründer der „generativen Grammatik", die den Strukturalismus in der Linguistik verdrängt hat. Ch. hält das Denk- und Sprechvermögen des Menschen für angeboren. Aus einer humanistisch-sozialistischen Werthaltung heraus übt er an der kapitalistisch-imperialistischen Politik Amerikas Kritik. Im übrigen ist Ch.s politische Position etwas zwielichtig: einerseits militant links, andererseits profaschistisch (ja pro-nationalsozialistisch) — trotz seiner jüdischen Herkunft. — Hptw. (in deutscher Übersetzung): Amerika und die neuen Mandarine (Politische und zeitgeschichtliche Essays), 1969; Aspekte der Syntaxtheorie, 1971; Indochina und die amerikanische Krise, 1972; Über Erkenntnis und Freiheit (Zwei Vorlesungen zu Ehren von B. Russell), 1973; Strukturen der Syntax, 1973; Sprache und Geist (mit einem Anhang: Linguistik und Politik), 1973; Aus Staatsräson, 1974; Thesen zur Theorie der generativen Grammatik, 1974; Reflexionen über die Sprache, 1977; Studien zu Fragen der Semantik, 1978; Regeln und Repräsentationen, 1981.

Christentum: eine auf Jesus Christus zurückgehende Weltreligion, in deren Mittelpunkt der Glaube an die göttliche Herkunft Christi und seiner Heilsbotschaft steht. Die Wurzeln des Christentums reichen jedoch tief in den altorientalischen und den antiken Kulturboden (Gottesbegriff und Gehorsamsgedanke im Alten Testament, Messiasglaube im späten Judentum, hellenische Mysterien, weltverbreitete Sehnsucht nach Erlösung von den Leiden und dem Bösen in der Welt). Diesen ↗Synkretismus umschreibt ↗Voltaire mit den Worten: „Der Platonismus ist der Vater des Christentums, die jüdische Religion seine Mutter." Genauer besehen, erweist sich dieser religiöse Synkretismus als ein vorderasiatisch-ostmediterraner, wenn man die babylonischen, die iranischen und die indischen Anschauungen im Neuen Testament sowie (nach J. G. Frazer) die enge Verwandtschaft folgender Kulte in Betracht zieht (geographisch markiert durch die „levantinische Hufeisenlinie": Syrien-Anatolien-Ägypten): Astarte-Adonis (Syrien, Palästina), Kybele-Attis (Phrygien) und Isis-Osiris (Ägypten). Als Urelemente der synkretistischen christlichen Bewegung erweisen sich somit 1. die jüdische Messiashoffnung, 2. der syrisch-anatolisch-ägyptische Auferstehungsglaube und 3. die Resignation und sehnsüchtige Heilserwartung der hellenistischen Welt. Der Grundgedanke des Christentums, nämlich der Tod eines Gottes und dessen Auferstehung, ist somit fremder Herkunft. Was schließlich die Person des Religionsstifters betrifft, so ist zu bedenken, daß von Jesus nur ein schemenhaftes Bild überliefert ist, nämlich einerseits ein thaumaturgisches (des Wundertäters), andererseits ein soteriologisches (des Heilands); die Zeitspanne, die Jesus vom ältesten Berichterstatter (Paulus) trennt (der „urchristliche Hiatus" nach ↗Vollers), da aus der jerusalemischen Urgemeinde jede Mitteilung fehlt, schließt es aus, absolut entscheidende Argumente für die Geschichtlichkeit der Person Jesu beizubringen, so daß sich selbst die radikale „Mythendeutung" (↗Drews) nicht völlig widerlegen läßt (da die Überlieferung einfach zu mangelhaft ist). Im einzelnen lassen sich im Christentum drei religiöse Schichten unterscheiden: Ursprünglich bestand der erlösende christliche Glaube im (paulinischen) Vertrauen („Pistis") auf Christus, den für uns gekreuzigten und auferstandenen Gott-Menschen, und im Bestreben, ihm nachzufolgen und mit ihm eins zu werden (— weiterpraktiziert z. B. durch den Hl. Franz von Assisi, ↗Luther, ↗Schleiermacher); erst später wandelte sich unter ↗platonisch-stoischen Einflüssen (vor allem auf den vierten Evangelisten: Johannes) dieses persönliche Vertrauen in einen „Glauben" an von Gott geoffenbarte Sätze, in eine „Erleuchtung", die zu vermitteln Aufgabe der „lehrenden" Kirche wird (so die ↗Kirchenväter, ↗Augustinus, die ↗Victoriner), also in eine Anerkennung bestimmter Dogmen; und zuletzt erst triumphiert das „magische" Christentum, der durch Wundersucht und Aberglauben genährte „blinde" Glaube, die Überzeugung vom unfehlbaren Bleiben und Gehaltensein der Kirche in der Wahrheit, (– so meint z. B. Papst Johannes Paul II., die Kirche allein besitze die „Vollständige Wahrheit" über den Menschen! –), die vorbehaltlose Unterwerfung unter die Statuten der „alleinseligmachenden" („magischen") Kirche, außerhalb der es kein Heil gibt (extra ecclesiam nulla salus), und in die man durch die Taufe eintritt, sowie unter die Machtvollkommenheit der Priesterschaft (Sakramente; Transsubstantiation). Über die Entstehung des Katholizismus sagte Papst Leo X. (1513–1521): „Während das Heidentum sich christianisierte, paganisierte sich das Christentum. Ein Tag kam, an dem die beiden Potenzen einander nahe genug gekommen waren, um miteinander zu verschmelzen. Auf diese Weise wurde der Katholizismus geboren." Die ersten drei Jahrhunderte der Entwicklung des Christentums stehen somit im Zeichen einer Vermählung des jüdischen und des hellenistischen Geistes; doch auch der von der Kirche ausgeübte doppelte Druck ist nicht zu übersehen, indem sie einerseits (materiell) mit Hilfe der von ihr gewonnenen Staatsgewalt (391) die heidnischen Kulte zu beseitigen suchte und „anderseits (spirituell) es zuließ, daß „die ersten vier Jahrhunderte des Christentums eine ununterbrochene Reihe von Fälschung und frommem Betrug" bildeten (↗Strauß). Bedeutsam ist auch die Entwicklung des Mönchtums von der individuellen Zurückgezogenheit (im Osten; Säulenheilige, Eremiten) zum gemeinschaftlichen Leben (im Westen; Klostergründung durch Benedikt von Nursia auf dem Monte Cassino, 529). — Erst im 18. Jhdt. (Aufklärungszeitalter) tritt eine Tendenz zur Rationalisierung des christlichen Glaubens deutlich in Erscheinung, um sich bis zur Gegenwart in zunehmendem Maße durchzusetzen; doch wurde der „Weg vom Mythos zum Logos" (Wilhelm Nestle) nur zögernd beschritten und nicht zu Ende gegangen. Auch das Christentum blieb von Spaltungen nicht verschont: zunächst trat eine Trennung der griechischen Kirche im Osten von der römischen Kirche des Westens ein (1054); die abendländische Kirche sah sich schon im Mittelalter der Kritik der „Ketzer" ausgesetzt (Katharer, Waldenser, Wiclif, Hus u. a.), bis schließlich durch die Reformation ein endgültiger Bruch zwischen Katholizismus und Protestantismus erfolgte. Später kam es dann noch zu weiteren Aufspaltungen sowohl der Evangelischen Kirche (konservative, bibeltreue Evangelikale gegen progressive Ökumeniker; 260 protestantische Denominationen allein in Amerika) als auch des Katholizismus (z. B. Altkatholische Kirche, Reformkatholizismus — bis herauf zur „charismatischen Bewegung" mit 25 Millionen Christen). Zuletzt war Papst Johannes XXIII. bemüht, durch die Einberufung eines (— des 21. in der Geschichte der Kirche —) Ökumenischen Konzils (des Zweiten Vatikanischen Konzils: 1962—1965) die fortschreitende Zersetzung und Aufsplitterung der Christenheit in verschiedene Kirchen und Sekten rückgängig zu machen und die Einheit des Christentums wiederherzustellen. Dennoch lassen sich die zunehmende Interesselosigkeit großer Bevölkerungsteile am kirchlichen und religiösen Leben (— wie viele Taufschein-Christen praktizieren noch?–), die immer weiter um sich greifende konfessionelle Gleichgültigkeit (Indifferenz) in den christlichen Stammländern sowie den wachsende Widerstand gegen die Missionierung in der Dritten Welt nicht ignorieren. Daran vermögen auch eine „Jugend-Jesus-Bewegung" und dgl. nichts zu ändern. – ↗Akkulturation, Altchristliche Philosophie, Bibelkritik, Christliche Ethik, Deismus, Hellenismus, Ideologie, Infallibilität, Katholische Philosophie, Kerygma, Manichäismus, Mithrizismus, Neuscholastik, Neothomismus, Pietismus, Scholastik, Synkretismus, Toleranz; Amery C., Barth K., Bauer, Baur, Bloch, Bolland, Brandes, Brock, Carmichael, Dalp, Dempf, Deschner, Drews, Edwards, Eucken, Feuerbach, Foerster, Fromm, Gilson, Haecker, Harnack, Hartmann E., Herrmann, Holl, Hypatia, Jaspers, Julian, Kahl, Kamlah, Kautsky, Kolakowski, Küng, Löwith, Metz J., Nestle, Nietzsche, Reding, Reich W., Renan, Ricoeur, Rougier, Russell, Saint-Simon, Schmidt H., Schneider R., Schweitzer, Sölle, Steinbüchel, Strauß, Troeltsch, Unamuno, Verweyen, Wyneken, Zahrnt. – ↗Religion.

Christliche Ethik: wie die christliche Philosophie überhaupt, so ist auch die christliche Ethik religiös verankert; sie ist mehrschichtig: neben der ↗sozialeudaimonistischen Forderung der Nächstenliebe (dem Fraternismus) steht die ↗perfektionistische der Nachfolge Christi (Armut, Askese) und die ↗individual-eudaimonistische, das Gute mit Rücksicht auf das eigene Seelenheil, d. h. Lohn oder Strafe im Jenseits zu tun. Demgemäß ist auch das „christliche Menschenbild" ein Begriff von zittrigem Umfang und etwas nebulosem Inhalt. Die christliche Moral ist ↗theonom (Befolgung der ethischen Forderungen als Gebote Gottes). Ein Mangel der christlichen (wie überhaupt jeder religiösen) Moral besteht darin, daß sie ein trennendes Moment enthält, nämlich die Distanzierung gegenüber allen Anders- und Nichtgläubigen (von unduldsamen Missionsansprüchen bis zu Religionskriegen, von den Ketzerverfolgungen bis zum Hexenwahn). Der Konfessionalismus (Kirchenglaube) schafft nämlich nicht nur einen vernunftfreien (vernunftwidrigen) Raum (— in dem, im Gegensatz zur unbeschränkten Kommunikationsmöglichkeit auf der Ebene der Vernunft, einander nicht mehr alle begegnen können), sondern zeitigt notwendigerweise auch eine zersetzende Wirkung gegen Kultur und Humanität (zur Intoleranz tendierende Spaltwirkung; — im Gegensatz dazu sind sich z. B. die Vertreter der interkonfessionellen staatlichen Schule der Notwendigkeit bewußt, unbeschadet der verschiedenen religiösen Bekenntnisse, eine für alle verbindliche Moral zu normieren). Ein weiteres gefährliches Manko jeder religiös verankerten Ethik besteht darin, daß mit dem Zusammenbruch des Glaubens durch Verlust der konfessionellen Bindung auch die Anerkennung der ethischen Werte infolge Auflösung des Moralsystems schwindet. Schließlich darf auch nicht übersehen werden, daß die christlichen Ethiker entscheidenden Problemen gegenüber zunächst vollkommen versagt und sich allmählich, unter dem Druck der Gegner, zu einer positiven Einstellung durchgerungen haben: Wissenschaft (Behinderung: ↗Kopernikus, Galilei u. v. a.!), Geistesfreiheit (Unterdrückung durch Inquisitionsjustiz: im Mittelalter, ↗Hus, Bruno usf.!), Friedensfrage (Waffensegen!), Rassenfrage (Antisemitismus!), Soziale Frage (Unterstützung des Kapitalismus! Bekämpfung des Sozialismus!), Frauenfrage (Diskriminierung statt Befreiung und Gleichstellung: „Die Frau schweige in der Gemeinde!"), Liberalisierung und Demokratisierung (dagegen: Bündnis von Thron und Altar!); auch die (nicht immer gerade hochmoralischen) Praktiken der sich „christlich" nennenden politischen Parteien seien (als Ausdruck allgemeiner Intoleranz) nicht vergessen. – ↗Befreiungstheologie, Christentum, Klerikalismus, Ressentiment, Religion.

Chrysippos, um 280 v. Chr.: Stoiker.

Chuang-tse: Siehe Tschuang-tse.

Chubb, Thomas, 1679—1747: englischer Deist, der den Wert der christlichen Religion in ihrem ethischen Gehalt sieht und das aus rational unverständlichen Dogmen aufgebaute Lehrgebäude für bedeutungslos hält. — Hptw.: The True Gospel of Jesus Christ, 1738.

Chu-Hsi, 1130—1200: chinesischer Philosoph, der die einzelnen Kernsprüche des Konfuzianismus zu einem philosophischen System vereinigt. Er betont besonders die positivistische Tendenz des Konfuzianismus, indem er die Orientierung der Philosophie, der Ethik und der Staatskunst an der Wirklichkeit fordert. Ch. identifiziert Gott mit dem Naturgesetz, das es auch im sozialen Leben zu berücksichtigen gilt.

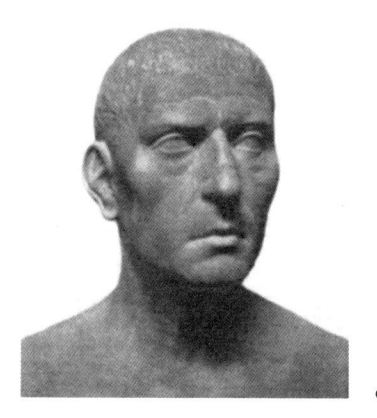

Cicero

Cicero, Marcus, Tullius, 106—43 v. Chr.: römischer Staatsmann und Redner, der in seinen eklektischen Werken das reiche Erbe der griechischen (nacharistotelischen) Philosophie den Römern in populärer Darstellung zugänglich macht. — Philosophische Schriften: De re publica; De officiis; De finibus bonorum et malorum; Tusculanae disputationes; Cato maior de senectute; Laelius de amicitia u. a. — ↗ Tod.

Cioran, Emile M., geb. 1911 (in Rumänien, seit 1937 in Frankreich): radikaler Skeptiker, unbarmherzig-illusionsloser Nihilist und Pessimist, der den sozialen Fortschritt als eine Fiktion und Utopien als Versuche der Selbsttäuschung zu entlarven sucht. Von seinem antimetaphysischen und antifortschrittsoptimistischen Standpunkt aus erscheint ihm der fortschreitende Zerfall der Kultur als unaufhaltsam, Geschichte insgesamt als Verfallsprozeß. Das Leben: ohne Sinn, ohne Ziel, ohne Wert, ohne Glanz, ohne Schönheit, nur Schmerz und Schmutz, Unverstand und Lüge. — Hptw. (dt.): Lehre vom Zerfall, 1953, 1979[2]; Geschichte und Utopie, 1965, 1979[2]; Syllogismen der Bitterkeit, 1969, 1980[2]; Der Absturz in die Zeit, 1972, 1980[2]; Die verfehlte Schöpfung, 1973, 1979[2]; Vom Nachteil, geboren zu sein, 1977, 1979[2]; Über das reaktionäre Denken, 1980; Gevierteilt, 1982; Dasein als Versuchung, 1983; Ein Gespräch, 1985; Lacrimi si Sfinti (1937), übersetzt: Des larmes et des saints (Von den Tränen und den Heiligen), 1987; Widersprüchliche Konturen (Literarische Porträts), 1986; Aveux et anathèmes (Geständnisse und Verwünschungen), 1987; Der zersplitterte Fluch (Aphorismen), 1987.

Circulus vitiosus: 1. Definitionsfehler; 2. Schluß- bzw. Beweisfehler (circulus in concludendo bzw. in probando); Beispiel: Die Autorität der Bibel aus der Wahrheit der biblischen Lehre und die Wahrheit der biblischen Lehre aus der Autorität der Bibel ableiten zu wollen (schon von ↗ Tindal kritisiert). — ↗ Hysteron-proteron (petitio principii).

Clairvoyance: Hellsehen. — ↗ Parapsychologie.

Clare et distincte: ↗ Descartes.

Claudianus, Mamertus, um 470: lehrt die Unkörperlichkeit der Seele; von Augustinus, aber auch vom Neuplatonismus beeinflußt. — Hptw.: De statu animae.

Clemens, um 216 gestorben: christlicher Apologet, Gnostiker, Lehrer an der Katechetenschule von Alexandria, der in der Gnosis die mystisch-spekulative Vollendung des Glaubens sieht. — Hptw.: „Ermahnungsrede an die Hellenen."

Clifford, William Kingdom, 1845–1879: englischer Philosoph, der einerseits den evolutionistischen Standpunkt, andererseits die Lehre vom Ding an sich vertritt. – Hptw.: Lectures and Essays, 1879; The Ethics of Belief, 1893.

Coellen, Ludwig, 1875—1945: ursprünglich auch von Kant, später vor allem von Schelling und Hegel beeinflußter deutscher Erkenntnistheoretiker und Metaphysiker, der im Sinne einer Synthese von Deutschem Idealismus und deutscher Lebensphilosophie spiritualistische und vitalistische Ideenfolgen zu verbinden sucht und als Kulturphilosoph und Kunsttheoretiker „Stil" als Ausdruck der Weltanschauung deutet.

— Hptw.: Neuromantik, 1906; Das Sein als Grenze des Erkennens, 1911; Die neue Malerei, 1912; Der Stil in der bildenden Kunst, 1921; Die Stilentwicklung der Schrift, 1922; Von der Selbstoffenbarung des göttlichen Lebens, 1924; Über die Methode der Kunstgeschichte, 1925.

Cogito ergo sum: „Ich denke, daher existiere ich." Von ↗Descartes formulierter Ursatz der Philosophie, an dessen Gültigkeit seiner Meinung nach nicht zu zweifeln sei: man könne und müsse sogar zunächst alles bezweifeln, was nicht bewiesen ist, bloß die Tatsache, daß man zweifelt und daher denkt und daher überhaupt „ist", könne sinnvollerweise nicht in Zweifel gezogen werden (de omnibus dubitandum est; methodische ↗Skepsis). Gegen Descartes' Behauptung läßt sich einwenden, daß sich das „ich bin" (sum) lediglich auf die Tatsache des „Denkens" bezieht, also „denkend bin" (cogito) bedeutet, nicht aber ohne weiteres ontologisch-existentiell aufgefaßt werden darf; denn erst unser Gedächtnis erschafft unser empirisches Ich mittels der Anschauungsform der Zeit, so daß nur der Verbalstamm „cogita-" den Vorgang des Erlebens selber, den psychischen Augenblick einigermaßen zutreffend umschreibt (↗Schultz' „3. Welt"); auch ist das „ich" schon im Grundurteil (cogito = ich denke) enthalten und daher die Ableitung des Folgerungsurteils bedeutungslos: die Existenz eines substantiell gedachten „Ich" ist damit noch keineswegs erwiesen. – ↗Maine de Biran; Ich.

Cohen, Hermann, 1842—1918: deutscher Neukantianer und Begründer der „Marburger Schule" des Neukantianismus, der sich vor allem mit dem Problem der mathematischen und naturwissenschftlichen Erkenntnis auseinandersetzt und den Kritischen Idealismus konsequent weiterentwickelt. Nach C.s Auffassung wird der Erkenntnisgegenstand (und nicht nur die Erkenntnisform) durch das Denken erzeugt: er ist niemals „gegeben", sondern stets „aufgegeben"! — Hptw.: Das Prinzip der Infinitesimalmethode und seine Geschichte, 1883; System der Philosophie (3 Bde.: Logik der reinen Erkenntnis, Ethik des reinen Willens, Ästhetik des reinen Gefühls), 1902 ff.

Cohn, Jonas, 1869—1947: deutscher Neukantianer, der auf das Zusammenwirken formaler (rationaler) und inhaltlicher (gegebener, irrationaler) Momente im Aufbau der Erkenntniswelt hinweist (Utraquismus) und unter dem Einfluß der Heidelberger Schule eine um den Begriff „Person" zentrierte (personalistische) Wert- und Kulturphilosophie entwickelt. — Hptw. Allgemeine Ästhetik, 1901; Voraussetzungen und Ziele des Erkennens, 1908; Führende Denker, 1911; Theorie der Dialektik (Formenlehre der Philosophie), 1923; Wertwissenschaft (2 Bde.), 1932/33; Wirklichkeit als Aufgabe (aus dem Nachlaß hrsg. von Jürgen v. Kempski), 1955. – Autobiographie in „Die Philosophie der Gegenwart in Selbstdarstellungen", Bd. II, 1923².

Jonas Cohn

Coincidentia oppositorum: Zusammenfallen der Gegensätze in Gott (Gott hat gegensätzliche Eigenschaften zugleich; bei ihm besteht kein Unterschied zwischen Möglichkeit und Wirklichkeit). ↗Cusanus.

Collier, Arthur, 1680—1732: englischer Philosoph, der vom Standpunkt eines subjektiven Idealismus aus die Existenz einer bewußtseinsunabhängigen Außenwelt leugnet und am Hobbes'schen Materialismus Kritik übt. — Hptw.: Clavis Universalis or a New Inquiry after Truth, 1713.

Collingwood, Robin George, 1889—1943: englischer Metaphysiker (Idealist), der sich Hegel verbunden fühlt und in seiner Analyse des geistigen Lebens fünf geistige Tätigkeiten unterscheidet (in aufsteigender Stufenfolge: Kunst, Religion, Wissenschaft, Geschichte, Philosophie). — Hptw.: Religion and Philosophy, 1916; Speculum Mentis or the Map of Knowledge, 1924; Outlines of a Philosophy of Art, 1925; An Essay on Philosophical Method, 1933; The Historical Imagination, 1953; An Essay on Metaphysics, 1940; The New Leviathan, 1941; The Idea of Nature, 1946; The Idea of History, 1946, dt. 1955 (Philosophie der Geschichte); Denken (Eine Autobiographie), 1955.

Collins, Antony, 1676—1729: englischer Deist, der in Fragen der Religion Denkfrei-

Common sense

heit fordert. — Hptw.: A Discourse of Freethinking, Occasioned by the Rise and Growth of a Sect Called Freethinkers, 1713.

Common sense: „gesunder Menschenverstand". — ↗Reid. — Neuerdings fordert z. B. ↗Feyerabend eine Rückwendung zur „natürlichen Schläue des Menschengeschlechts".

Auguste Comte

Comte, Auguste, 1798—1857: französischer Philosoph, Begründer des Positivismus und der Soziologie. C. gibt seinem phänomenalistischen Positivismus eine pragmatische Wendung, indem er besonderen Wert auf die Anwendbarkeit des Wissens legt. Die geistige Entwicklung der Menschheit umschreibt C. im „Drei-Stadien-Gesetz" (theologisches, metaphysisches, positivistisches Stadium), das auch für die Entwicklung der einzelnen wissenschatflichen Disziplinen gilt. Die Wissenschaften teilt C. nach dem Prinzip der zunehmenden Komplikation ein (von der Mathematik über die Naturwissenschaften bis zur Soziologie). Als Religionsphilosoph fordert C. die Verehrung der Menschheit und ihrer Wohltäter (der Form nach an der katholischen Heiligenverehrung orientiert). Die Grundlage dieser Menschheitsreligion ist die Ordnung, ihr Prinzip ist die Liebe und ihr Ziel der Fortschritt (nämlich der soziale Fortschritt, erzielt durch Nächstenliebe); C.s Identifikation von religiösem und sozialem Gefühl kommt auch darin zum Ausdruck, daß er den Gedanken einer persönlichen Unsterblichkeit verwirft und die Unsterblichkeit auf das Fortleben in der Erinnerung der Menschheit einschränkt. — Hptw.: Cours de philosophie positive, 6 Bde., 1830—1842, 1881[4]; Discours sur l'esprit positif, 1844; Système de politique positive (ou Traité de sociologie, instituant la religion de l'humanité), 4 Bde., 1851—1854; Catéchisme positif, 1852. — Plan der wissenschaftlichen Arbeiten, die für eine Reform der Gesellschaft notwendig sind, 1973.

Conclusio: aus den Vordersätzen abgeleiteter Schlußsatz eines ↗Syllogismus (die Schlußfolgerung).

Concursus dei: Eingriff Gottes, auf dem nach Auffassung der ↗Okkasionalisten die Wechselwirkung zwischen Leib und Seele beruht.

Condillac, Étienne Bonnot de, 1715—1780: französischer Sensualist, der die Erkenntnistheorie empirisch-psychologisch fundiert, alle Erlebnisse (auch das Ich-Erlebnis) auf Empfindungen zurückzuführen sucht und alle Erkenntnisse als aus Sinnesdaten aufgebaut denkt. — Hptw.: Essai sur l'origine des connaissances humaines, 1746; Traité des sensations, 1754. — ↗Destutt de Tracy.

Conditio sine qua non: unerläßliche Bedingung.

Condorcet, Marie Jean Antoine Marquis de, 1743—1794: französischer Aufklärer, der hart über das Mittelalter und seine Kultur urteilt und alle festen Religionsformen verwirft, den uneingeschränkten Gebrauch der Vernunft, nationale und soziale Gleichberechtigung und die Verwirklichung des Humanitätsideals und der Friedensidee fordert und an eine unbegrenzte Vervollkommnungsfähigkeit des Menschengeschlechtes, an die Macht der Erziehung und an einen unaufhaltsamen Fortschritt in der Kulturentwicklung glaubt, wobei mit dem wissenschaftlichen Fortschritt zugleich ein ethischer im Sinne einer Steigerung des gemeinsamen Glücks aller Menschen erzielt wird (− alles Elend stammt aus Unwissenheit und Aberglauben). − Hptw.: Esquisse d'un tableau historique des progrès de l'esprit humain, 1795.

Conrad-Martius, Hedwig, 1888—1966: deutsche Philosophin, die eine ontologistische Spielart der Phänomenologie entwickelt und die Existenz von „Wesensentelechien" („energetisierte Art-Logoi") angenommen hat. — Hptw.: Der Selbstaufbau der Natur, 1961[2]; Die Zeit, 1954; Das Sein, 1957; Der Raum, 1958; Die Geistseele des Menschen, 1960.

Consensus (omnium oder gentium oder nationum): Übereinstimmung aller Menschen hinsichtlich einer bestimmten Auffassung, z. B. der Annahme, daß Gott existiere. Mitunter als (natürlich nichtssagender) „Gottesbeweis" angeführt.

Contradictio in adiecto: Widerspruch in der Beifügung, widerspruchsvolle Begriffsbildung: z. B. „hölzernes Eisen", „Volkspartei", „kleine Größe", eckiger Kreis". Auch die Aussage „Der fliegende ↗Pfeil ruht" (Zenon) z. B., in der von einem Begriff ein mit ihm unverträgliches Merkmal ausgesagt wird, enthält einen Widerspruch. ↗Oxýmoron, Widerspruch.

Coreth, Emerich, geb. 1919: österreichischer Theologe und Philosoph, der (dem französischen Denker Maréchal verbunden) eine Synthese von Thomismus und Kantianismus erstrebt. — Hptw.: Das dialektische Sein in Hegels Logik, 1952; Aufgaben der Philosophie, 1958; Metaphysik, 1961, 1964²; Grundfragen der Hermeneutik, 1969; Einführung in die Philosophie der Neuzeit, Bd. I (Rationalismus, Empirismus, Aufklärung), 1972; Was ist der Mensch? (Grundzüge einer philosophischen Anthropologie), 1973, 1976².

Hans Cornelius

Cornelius, Hans, 1863—1947: deutscher Naturwissenschaftler, Psychologe, Kunsttheoretiker und Philosoph (Psychologist, Phänomenalist), der auf psychologischer Grundlage eine kritisch-positivistische Erkenntnistheorie entwickelt und ethische mit ästhetischen Gesichtspunkten zu verbinden sucht. — Hptw.: Einleitung in die Philosophie, 1901, 1921³; Elementargesetze der bildenden Kunst, 1908, 1920³; Transzendentale Systematik (Untersuchungen zur Begründung der Erkenntnistheorie), 1916, 1927²; Kunstpädagogik, 1920; Vom Wert des Lebens, 1923. — Autobiographie in „Die Philosophie der Gegenwart in Selbstdarstellungen", Bd. II, 1923². — ↗Horkheimer.

Cornutus: „der Gehörnte"; gemeint ist folgende Fangfrage des Eubulides (4. Jhdt. v. Chr.): „Was man nicht verloren hat, das besitzt man" ... „Hast du deine Hörner verloren?" — „Ja!" — „Also hast du welche gehabt!" — „Nein!" — „Also hast du sie noch!" — Die Ursache der Denkschwierigkeit liegt in der Unklarheit der Formulierung und der Begriffe.

Cousin, Victor, 1792—1867: französischer Eklektiker, der cartesianische und spiritualistische Ideenfolgen zu verbinden sucht und eine psychologisch fundierte Metaphysik im Geiste Hegels entwirft. — Hptw.: Philosophische Fragmente, 1826.

Couturat, Louis, 1868—1914: französischer Mathematiker und Logiker, Mitbegründer der Logistik. — Hptw.: Les principes des mathématiques, 1905, dt. 1908 (Die philosophischen Prinzipien der Mathematik).

Cramer, Wolfgang, 1901—1974: deutscher Philosoph, der den Kritizismus ontologisch fundieren zu müssen meint; Schüler Hönigswalds. — Hptw.: Das Problem der reinen Anschauung, 1937; Die Monade (Das philosophische Problem vom Ursprung), 1954; Grundlegung einer Theorie des Geistes, 1957, 1975³; Das Absolute und das Kontingente (Untersuchungen zum Substanz-Begriff), 1959, 1976²; Die absolute Reflexion, I: Spinozas Philosophie des Absoluten, 1966, II: Gottesbeweise und ihre Kritik. Prüfung ihrer Beweiskraft, 1967.

Creatianismus: Schöpfungstheorie, der zufolge Gott für jeden neugeborenen Menschen die Seele neu erschafft (im Gegensatz dazu: Annahme entweder einer ↗Präexistenz der Seele oder ihrer Entstehung durch Fortpflanzung seitens der Eltern; ↗Traduzianismus).

Creatio continua: unaufhörliche Schöpfung (im Gegensatz zum einmaligen Schöpfungsakt); — ein synonymer Ausdruck: „Werdender Gott". — ↗Böhme, Bergson. — ↗Schöpfung; creatio ex nihilo.

Creatio ex nihilo: ↗scholastischer Begriff für den göttlichen Akt der Schöpfung der Welt aus dem Nichts, wobei an einen Schöpfungsakt mit der Zeit (↗Augustinus) oder in der Zeit (↗Bonaventura) oder in jedem Augenblick (↗Thomas v. Aquin) gedacht wird. Die Annahme eines Anfanges der Zeit und damit eines zeitlichen Anfangs der Welt wird sowohl von ↗Aristoteles als auch von ↗Kant abgelehnt. — ↗Kosmogonie, Schöpfung.

Credo quia absurdum: „Ich glaube deshalb daran, weil es durch Vernunft nicht einzusehen ist" (angeblich von ↗Tertullian, in Wahrheit findet sich diese Fassung weder bei Tertullian noch bei Augustinus, wohl aber bei Tertullian folgende: „certum est, quia impossibile est", d. h., „es ist gewiß, weil es unmöglich ist", eben ein „Glaubensgeheimnis").

Credo ut intelligam: „Ich glaube, um zu verstehen (zu erkennen und zu wissen)"; Ausspruch von ↗Anselm von Canterbury, in dem die für die mittelalterlich-scholastische Denkweise kennzeichnende Vorrangstellung des Glaubens gegenüber dem Denken zum Ausdruck kommt.

Benedetto Croce

Croce, Benedetto, 1866—1952: italienischer Neuhegelianer, Spiritualist (als Metaphysiker) und idealistisch eingestellter Geschichtsphilosoph, der das gesamte Weltgeschehen unter historischem Aspekt betrachtet: die Welt „ist Geschichte", die Weltentwicklung verläuft in einer fortschreitend-aufsteigenden Stufenfolge. C. faßt die Welt als eine Erscheinung des „Geistes" auf, den allein er für real hält: die Welt ist insofern wirklich, als sie „Moment" der ewigen Entwicklung des Geistes ist. Die Weltentwicklung interpretiert C. als Selbstverwirklichung des Geistes in vier Stufen; diese vier Erscheinungsweisen des Geistes entsprechen den vier Funktionen des Geistes: der ästhetisch-intuitiven, der logischen, der ökonomischen und der moralischen; die korrespondierenden vier Kategorien des geistigen Lebens sind: Schönheit, Wahrheit, Nutzen und Güte. Den vier geistigen Grundsynthesen, von C. sorgfältig analysiert, lassen sich zwei Grundformen der menschlichen Geistestätigkeit zuordnen: die ersten beiden spiegeln die theoretische Aktivität des Menschen wider, deren Ziel es ist, die Dinge zu verstehen, die beiden anderen hingegen die praktische Aktivität mit dem Ziel, die Dinge zu ändern. C. ist (wie Hegel) Panlogist, für den der Kern der Wirklichkeit im Begriff gegeben ist; seiner dynamistischen Wirklichkeitsauffassung entspricht seine dynamistische Wahrheitstheorie, der zufolge die entscheidende Leistung des Denkens im Um- und Neu-Denken besteht und der Erkenntnisprozeß stetig fortschreitend verläuft — ebenso wie der Erkenntniszuwachs in der Philosophie, die C. mit der Totalität der Geschichte gleichsetzt (Geschichte und Philosophie bedingen einander wechselseitig! Historistische Auffassung von der geschichtlichen Bedingtheit des philosophischen Denkens!). Als Historiker und Geschichtsphilosoph betont C. vor allem den subjektiven Charakter der Geschichtsschreibung. — Hptw.: Filosofia come scienza dello spirito (Philosophie des Geistes, 4 Bde.: Ästhetik, Logik, Praktische Philosophie, Theorie und Geschichte der Geschichtsschreibung), 1902 ff., dt. 1944. — Gesammelte philosophische Schriften in deutscher Übersetzung: 1927—1930. — Deutsche Autobiographie in „Die Philosophie der Gegenwart in Selbstdarstellungen", Bd. IV, 1923. — In Croces letztem Lebensjahrzehnt erschienene philosophische Werke: Il carattere della filosofia moderna, 1941; Storia dell' estetica per saggi, 1942; Geschichte als Gedanke und als Tat, 1944 (it. 1938); Discorsi di varia filosofia, 1945; Estetica in nuce, 1946; Politics and Morals, 1946; Filosofia e storiographia, 1949. – Die Geschichte auf den allgemeinen Begriff der Kunst gebracht (it. 1893), 1984. – ↗Antoni.

Crocodilinus: „Krokodilschluß"; gemeint ist folgender Fangschluß: Ein Krokodil hat einer Mutter ihr Kind geraubt und ihr versprochen, ihr das Kind zurückzugeben, sobald sie ihm über das Schicksal des Kindes die Wahrheit gesagt haben werde. Nun sagt die Mutter: „Du wirst mir mein Kind nicht zurückgeben", worauf das Krokodil erwidert: „Nun erhältst du dein Kind auf keinen Fall, denn hast du die Wahrheit gesagt, so erhältst du dein Kind nicht gemäß deiner wahren Aussage, hast du aber die Unwahrheit gesagt, so erhältst du es nicht nach meinem Versprechen!" — „Nein", entgegnet die Mutter, „ich erhalte mein Kind auf jeden Fall, denn ich habe die Wahrheit gesagt, so erhalte ich es nach deinem Versprechen, habe ich aber die Unwahrheit gesagt, so mußt du es mir gemäß meiner Aussage geben." Der Crocodilinus beruht auf einer Konfusion von „wirst" und „willst"; er verstößt gegen das Prinzip, daß der im Urteil ausgesprochene Sachverhalt „unabhängig" sein muß, also nicht etwa, was das Krokodil eben tut, die „objektive Wahrheit" (Tatsache) der Rückerstattung von der „subjektiven Wahrheit" der Rückerstattung abhängig gemacht werden darf.

Crusius, Christian August, 1715—1775: deutscher Philosoph, der am naiv-optimistischen Rationalismus der Popularphilosophen des Aufklärungszeitalters (vor allem an der Philosophie Wolffs, an der Lehre von der prästabilierten Harmonie und am Kausalitätsprinzip) Kritik übt. — Hptw.: De usu et limitibus principii rationis determinantis, vulgo sufficientis, 1743; Anweisung, vernünftig zu leben, 1744; Entwurf der notwendigen Vernunftwahrheiten, 1745; Weg zur Gewißheit und Zuverlässigkeit der menschlichen Erkenntnis, 1747; Anleitung, über natürliche Begebenheiten ordentlich und vorsichtig nachzudenken, 1749.

Cudworth, Ralph, 1617—1688: Vertreter der Cambridger Schule, der an Hobbes' moralphilosophischen Auffassungen Kritik übt und behauptet, daß das Sittliche von Ewigkeit her in der göttlichen Vernunft existiere. — Hptw.: The True Intellectual System of the Universe, 1678; Treatise Concerning Eternal and Immutable Morality (erst 1731 publiziert).

Cumberland, Richard, 1631—1718: Vertreter der Cambridger Schule, der gegen Hobbes' These vom „Krieg aller gegen alle" Stellung nimmt, tätiges Wohlwollen gegenüber allen Mitmenschen ohne Rücksicht auf Lohn oder Strafe im Jenseits fordert und aus der Tatsache, daß es ein Sittengesetz gibt, auf die Existenz eines göttlichen Gesetzgebers schließt. Hptw.: De legibus naturae disquisitio philosophica, 1672.

Cum grano salis: (etwas) „mit einem Körnchen Salz", d. h. „nicht wörtlich" (verstehen).

Curriculum: „Lauf", Verlauf (z. B. Lebenslauf, Lehrgang, Lehrplan).

Cusanus (Nicolaus Chrypffs von Kues), 1401—1464: deutscher Theologe, Kirchenpolitiker und Philosoph an der Wende vom Mittelalter zur Neuzeit, in dessen schillernder Gedankenwelt neben einem mit phantastischen Zahlenspekulationen gepaarten mittelalterlichen Mystizismus auch sehr moderne Ideen zu finden sind (z. B. Hinweis auf die Bedeutung der Mathematik für die exakte Formulierung von Erkenntnissen, die Annahme einer Bewegung der Erde, die Akzentuierung des Toleranzgedankens und die Idee der „natürlichen Religion"). C. versucht nachzuweisen, daß alles Wissen nur ein Vermuten ist (coniectura) und vor allem Gott ewig unbegreiflich bleibt, womit er im Sinne eines christlichen Panentheismus gegen den Anthropomorphismus (gegen die vermenschlichende Auffassung Gottes) Stellung nimmt und sich (ähnlich wie schon vor ihm Meister Eckhart) zur Negativen Theologie bekennt, der zufolge Gott nur im Nichtwissen erfaßbar ist (bewußte Unwissenheit: docta ignorantia). C. definiert Gott als Einheit der Gegensätze (coincidentia oppositorum), da Gott alle, also auch gegensätzliche Eigenschaften in sich vereinigt, sowie als Einheit von Möglichkeit und Wirklichkeit, Können und Sein (possest); die Welt betrachtet er als eine Entfaltung Gottes (explicatio dei), in der es im Grunde keine Übel gibt, auch wenn der Mensch (als „Spiegel der Welt") infolge der Unzulänglichkeit seiner Betrachtungsweise solche zu sehen meint. — Hptw.: De docta ignorantia, 1440; Apologia doctae ignorantiae, 1449; De idiota (4 Bücher: De sapientia I u. II, De mente, De staticis experimentis), 1450; De non aliud, 1462; De apice theoriae, 1464 (Die höchste Stufe der Betrachtung; neue Ausgabe, lat.-dt., 1985); De visione dei, 1554; De possest, 1560. – ↗Jaspers, Ritter.

Cyrano de Bergerac, Savinien de, 1619 bis 1655: französischer Soldat, Lyriker und Satiriker; Kenner der Naturwissenschaften, Kopernikaner; Bewunderer Descartes', Schüler Gassendis, Vorläufer Diderots; kämpft als Freidenker gegen Intoleranz, Heuchelei und Dummheit, Feind der Tradition, am ethischen und wissenschaftlichen Fortschritt interessiert; romantischer Idealist, an Don Quijotes Heldentum erinnernd. – Hptw.: Oeuvres diverses, 1654 (beinhaltet u. a.: Lettres contre les sorciers; die Komödie Le Pédant joué); La Mort d'Agrippine (Tragödie), 1654; L'Autre Monde, ou Les États et empires de la lune et du soleil, 1. Teil 1657, 2. Teil 1762. — Bekannt auch durch Edmond Rostands heroische Komödie C. d. B. (1897).

Cyrillus, gest. 444: griechischer Kirchenvater, der die Nestorianer bekämpfte.

Czolbe, Heinrich, 1819—1873: deutscher Arzt und Philosoph, Sensualist, Positivist und Naturalist, unter dem Einfluß Hölderlins, angeregt durch Lotze, Feuerbach,

Czolbe

Strauß und Überweg; sein Standpunkt ist ein sensualistisch-positivistischer Naturalismus, ursprünglich mehr materialistisch, später mehr spinozistisch zentriert; seine antimetaphysische Grundforderung (im Gefolge Feuerbachs) lautet: „Begnügt euch mit der gegebenen Welt!" — Hptw.: Neue Darstellung des Sensualismus, 1855; Entstehung des Selbstbewußtseins, 1856; Die Grenzen und der Ursprung der menschlichen Erkenntnis, 1865; Grundzüge einer extensionalen Erkenntnistheorie, 1875.

D

Dacqué, Edgar, 1878—1945: deutscher Paläontologe und Naturphilosoph, der im Gegensatz zu Darwin die teleologische Auffassung vertritt, daß der Mensch Urform und Zielpunkt der nach Erdzeitaltern gegliederten organischen Entwicklung sei, die in den einzelnen Tierarten ihr Ziel verfehlt habe. — Hptw.: Der Deszendenzgedanke, 1903; Urwelt, Sage und Menschheit, 1924, 1938[8]; Natur und Seele, 1926, 1928[3]; Das Leben als Symbol, 1928; Die Erdzeitalter, 1930; Vom Sinn des Naturerkennens, 1933; Natur und Erlösung, 1933; Organische Morphologie und Paläontologie, 1935; Aus der Urgeschichte der Erde und des Lebens, 1936; Versteinertes Leben, 1936; Das verlorene Paradies. Zur Seelengeschichte des Menschen, 1938, 1940[2]; Die Urgestalt, 1940; Vermächtnis der Urzeit, 1948; Werk und Wirkung, 1948.

Dahrendorf, Ralf, geb. 1929: deutscher liberaler Politiker (FDP), Politologe und Soziologe, 1974–1980 Direktor der „London School of Economics and Political Science", ab 1980 Nachfolger ↗Weizsäckers als Leiter des Starnberger Max Planck-Instituts (zur Erforschung der Lebensbedingungen in der technisch-wissenschaftlichen Welt), lehrt z. Zt. in Konstanz. Sein Credo: „Die Fortschritte der Modernität sind außerordentlich. Nie zuvor haben so viele Menschen so große Lebenschancen gehabt. Das Wirtschaftswachstum ist nicht darum schlecht, weil es Widersprüche hervorgebracht hat, und dasselbe gilt auch für Chancengleichheit, Demokratie, Wissenschaft. Am Gewinn, den die Modernität gebracht hat, ist nur dann ein Zweifel möglich, wenn man letztlich nicht an menschlichen Lebenschancen interessiert ist". — Hptw.: Marx in Perspektive, 1953; Industrie- und Betriebssoziologie, 1956, 1967[4]; Soziale Klassen und Klassenkonflikt, 1957; Homo Sociologicus, 1959, 1964[4] (— heute von ihm selbst als „Jugendsünde" abqualifiziert —); Gesellschaft und Freiheit (Zur soziologischen Analyse der Gegenwart), 1961; Die angewandte Aufklärung, 1963; Bildung ist Bürgerrecht (Plädoyer für eine aktive Bildungspolitik), 1965; Gesellschaft und Demokratie in Deutschland, 1965, 1972[2]; Pfade aus Utopia, 1967; Konflikt und Freiheit (Auf dem Weg zur Dienstklassengesellschaft), 1972; Plädoyer für die Europäische Union, 1973; Die neue Freiheit (Überleben und Gerechtigkeit in einer veränderten Welt), 1975; Lebenschancen (Anläufe zur sozialen und politischen Theorie), 1979; Die Chancen der Krise (Über die Zukunft des Liberalismus), 1983; Reisen nach innen und außen (Aspekte der Zeit), 1984; Fragmente eines neuen Liberalismus, 1986. — ↗Postmoderne.

Daimónion: Gewissen. — ↗Sokrates.

Damaskios, um 470 n. Chr.: Neuplatoniker, letztes Schulhaupt der platonischen Akademie (529 durch Justinian geschlossen).

Dämmer- und Ausnahmezustände (des Seelischen): zusammenfassende Bezeichnung für ↗Schlaf, Traum, Hypnose, Suggestion, Ekstase, Trance u. dgl. Allgemeine Kennzeichen (im Gegensatz zum Wachbewußtsein): Abnahme der psychischen Leistungsfähigkeit (— lediglich das Gedächtnis erbringt mitunter höhere Leistungen), Bewußtseinstrübung (Minderung der Erlebnisklarheit), Unterbrechung der Kontinuität des Bewußtseinsstromes, Lockerung der ↗Ich-Bezogenheit des Erlebens, Veränderung des Persönlichkeitsbewußtseins, Aufhebung der subjektiven ↗Willensfreiheit.

Dämonistisches Denken: ↗Psychobiologie (Lungwitz).

Dante

Dante, Alighieri, 1265—1321: italienischer Dichter, der als Philosoph trotz seiner Bindung an die mittelalterliche Kulturwelt im Geiste des Humanismus den politisch unabhängigen Geistesaristokraten als Idealmenschen verherrlicht und Freiheit und Gerechtigkeit als höchste Werte schätzt. —

Darwin

Philosophisch bedeutende Werke: La Divina Commedia, 1307–1321; Il convivio, 1307 bis 1309; De monarchia (1329 öffentlich verbrannt). – ↗Aristoteles.

Darwin, Charles Robert, 1809—1882: englischer Naturforscher, Begründer der nach ihm benannten ↗Abstammungslehre (↗Darwinismus). — Hptw.: On the Origin of Species by Means of Natural Selection, 1859; The Descent of Man and on Selection in Relation to Sex, 2 Bde., 1871; The Expression of the Emotions in Men and Animals, 1872. – ↗Goldscheid, Haeckel, Lorenz, Ungerer.

Darwinismus: von ↗Darwin entwickelte Theorie von den Ursachen und dem Verlauf der ↗Deszendenz, der zufolge die „Arten" (der Lebewesen) durch „natürliche Auslese im Kampf ums Dasein" entstehen bzw. die „Anpassungen" durch „natürliche Zuchtwahl" zustandekommen. – ↗Carneri, Goldscheid, Haeckel, Huxley Th., Lorenz, Schmidt, Ungerer; Abstammungslehre, Neo-Darwinismus, Sozialdarwinismus, Soziobiologie. – Jüngste Auseinandersetzung (des Amerikaners Steven Stanley: Der neue Fahrplan der Evolution. Fossilien, Gene und der Ursprung der Arten, 1983) mit ↗Darwins Theorie (1859, 1871): nicht „graduell" durch „Wandel" (wie Darwin annahm), sondern „punktuell" (in „Sprüngen") erfolgt die Evolution!

David von Dinant, um 1200: Pantheist, der unter neuplatonischem Einfluß Materie, Geist und Gott gleichsetzt: Gott ist das Sein aller Dinge, also sind alle Dinge eigentlich Eins, und dieses Eins ist Gott.

Dawson, Christopher, 1889—1970: englischer Historiker, Religions- und Kulturphilosoph, „christlicher Humanist", der im neuzeitlichen Fortschrittsglauben eine Häresie erblickt. — Hptw.: The Age of the Gods, 1933, dt. 1935 (Die Gestaltung des Abendlandes); Progress and Religion, 1935, dt. 1936 (Die wahre Einheit der europäischen Kultur); Religion and Culture, 1948, dt. 1951 (Religion und Kultur); Religion and the Rise of Western Culture, 1950, dt. 1953 (Die Religion im Aufbau der abendländischen Kultur). — Weitere deutsche Ausgaben: Gestaltungskräfte der Weltgeschichte, 1959; Die Revolution der Weltgeschichte, 1960.

Deduktion: Ableitung einer Aussage aus einer anderen (↗Schluß); Methode, die von bekannten Sachverhalten ausgeht und durch logisches Schließen neue Zusammenhänge erkennen läßt. – ↗Induktion, Methode; Rougier; Ableitung.

Deduktivismus: von ↗Popper vertretene Auffassung, daß Theorien hypothetisch-deduktive Systeme sind und die Methode der Wissenschaft nicht induktiv ist. – Gegenstandpunkt: Induktivismus. – ↗Deduktion, Induktion.

Definition: Abgrenzung eines Begriffes gegenüber anderen Begriffen (Begriffsbestimmung, eindeutige Festlegung der Begriffsbedeutung, Darlegung des Begriffsinhaltes, ↗ analytisches „Erläuterungsurteil", eindeutige Zuordnung von Begriff und Zeichen, d. h. Begriffswort bzw. Symbol). Im Idealfall besteht die Definition eines Begriffes in der vollständigen und geordneten Aufzählung der Begriffsmerkmale; die Definition legt somit ausdrücklich (explicite) dar, was der Begriff (implicite) enthält. Der Einfachheit halber begnügt man sich in der Praxis mit einer verkürzten Definition, indem man nur den nächst höheren Gattungsbegriff (genus proximum) und den artbildenden Unterschied (differentia specifica), d. h. jenes Merkmal angibt, durch das sich der definierte Begriff vom nächst höheren Gattungsbegriff unterscheidet (dieses Definitions-Prinzip lautet: Definitio fiat per genus proximum et differentiam specificam). Beispiel: Unter „Quadrat" versteht man „ein gleichseitiges Parallelogramm" (genus proximum) „mit rechten Winkeln" (differentia specifica: Unterschied gegenüber dem Rhombus). Auf diese Weise wird der Sprachgebrauch festgelegt bzw. die Regel für die Verwendung eines Zeichens („Quadrat" z. B.) angegeben. Jede Definition führt zuletzt auf undefinierbare Grundbegriffe zurück, die selbst nicht mehr mittels anderer Begriffe definiert werden können, deren Inhalt nur durch Hinweis auf das unmittelbare Erleben angedeutet werden kann (z. B. die Empfindungsqualitäten oder „sein" u. a.). Ersatzdefinitionen sind die „Unterscheidung" (distinctio), der „Vergleich", die „Aufzählung von Beispielen". Definitionen (und damit Terminologien) sind immer konventionell und können daher niemals „falsch" sein, sondern bloß zweckmäßig, handlich, praktisch oder unzweckmäßig, unhandlich, unpraktisch. – ↗Dubislav.

Definitionsfehler: 1. Widerspruch in der Definition (nur in diesem Fall kann man von einer „unrichtigen" Definition sprechen, in allen folgenden Fällen nur von „unzweckmäßigen" Definitionen); 2. unklare (verschwommene) Ausdrucksweise; 3. ungeordnete Aufzählung der Begriffsmerkmale; 4. negative Formulierung (z. B.: „Unter A versteht man nicht B"); 5. zu „enge" Definition (z. B.: „Unter Philosophie versteht man den Versuch, das Erkenntnisproblem zu lösen"; dazu ist zu sagen: Und auch noch eine Reihe anderer Probleme); 6. zu „weite" Definition (z. B. „Unter Mord versteht man die Tötung eines Menschen"; in diesem Fall fehlt das Unterscheidungsmerkmal gegenüber dem „Totschlag"); bei einer zu weiten Definition fallen Gegenstände unter den definierten Begriff, die dieser gar nicht deckt; 7. Zirkeldefinition (circulus vitiosus, idem per idem, Tautologie im engeren Sinn des Wortes); z. B. „Lächerlich ist, was Lachen erregt" oder „Rotation ist die Bewegung um eine Achse" (der zu definierende Begriff wird in der Definition selbst verwendet bzw. als schon definiert vorausgesetzt; so setzt z. B. der Begriff „Achse" den Begriff „Rotation" voraus, kann also diesen Begriff nicht erläutern). Eine besondere Form der Zirkeldefinition ist die ↗Diallele.

Deismus: religionsphilosophische Strömung, die im 17. Jhdt. von England (↗Cherbury, Chubb, Collins, Tindal, Toland, der als „Begründer" gilt) ihren Ausgang genommen und sich im Zeitalter der ↗Aufklärung in ganz Europa (in Frankreich z. B. vor allem durch ↗Voltaire) durchgesetzt hat. Die Deisten versuchen, eine „natürliche Religion" (Urreligion, Vernunftreligion), d. h. ein vom Priestertum unabhängiges und von allen mythologischen, magischen und theologisch-spekulativen Elementen (vom Wunderglauben, Offenbarungsglauben usw.) gereinigtes Christentum zu begründen, indem sie sich mit der traditionellen religiösen Vorstellungswelt kritisch auseinandersetzen, eine Rationalisierung, Humanisierung und Ethisierung der Religion, d. h. Vernunft und Tugend als Grundlagen der Religion fordern und für den Toleranzgedanken eintreten. Die Deisten glauben wohl an die Existenz eines außer- und überweltlichen persönlichen Gottes, betrachten ihn jedoch (im Gegensatz zu den Theisten) nur als Weltbaumeister und Weltgesetzgeber, der von der Welt nicht nur ver-, sondern auch geschieden ist, also auf das Weltgeschehen weder durch Wunder noch durch Offenbarungen Einfluß nimmt. Die Welt gleicht nach deistischer Auffassung einer von Gott (wie von einem „Uhrmacher") geschaffenen großartigen Maschine. — ↗Blount, Bodin, Leibniz, Newton.

Déjà vu („schon gesehen"): Bekanntheitstäuschung. ↗Bekanntheitsqualität.

Del-Negro, Walter von, 1898–1984: österreichischer Philosoph, der (ähnlich wie Jacoby) im „Kritischen Realismus" den Konvergenzpunkt der erkenntnistheoretischen Richtungen erblickt, dem Konventionalismus zuneigt und das Komplementaritätsprinzip auf das Verhältnis von Psychischem und Physischem anwendet. — ↗Komplementarität. — Hptw.: Die Rolle der Fiktionen in der Erkenntnistheorie F. Nietzsches, 1923; Der Sinn des Erkennens, 1926; Die Philosophie der Gegenwart in Deutschland, 1942, 1944³; Kant — Die Grundlagen des kritischen Denkens, 1958; Konvergenzen in der Gegenwartsphilosophie und die moderne Physik, 1970.

Delp, Alfred, 1907—1945 (als Widerstandskämpfer hingerichtet): von der Evangelischen zur Katholischen Kirche übergetretener Theologe, Jesuitenpater. — Hptw.: Tragische Existenz, 1935; Der Mensch und die Geschichte, 1943; Christ und Gegenwart, 3 Bde., 1949 (Bd. III: Im Angesicht des Todes, 1965⁹).

Demiurg („Handwerker"): seit Platon übliche Bezeichnung für Gott (Weltschöpfer).

Demiurgismus: metaphysischer Standpunkt, demzufolge Gestalt und Ordnung der Welt das Werk eines Gottes an einem Stoff sind, der weder aus Gott entlassen noch durch diesen erschaffen wurde.

Demokrit

Demokrit von Abdera (auch „lachender Philosoph" genannt), ca. 460—370 v. Chr.: griechischer Naturphilosoph, der die Atomlehre des Leukippos erweitert und ergänzt und die mechanistisch-materialistische Welterklärung konsequent durchführt. D. durchschaut bereits die Subjektivität der Sinnesqualitäten; die Wahrnehmungen kommen nach seiner Auffassung dadurch

Dempf

zustande, daß von den Dingen sich loslösende „Bildchen" (eidola) über die Sinnesorgane in den Körper eindringen und die Seelenatome in Bewegung setzen. Als Ethiker fordert D. die Beherrschung der Begierden durch die Vernunft; auf eine religiöse oder metaphysische Verankerung der Ethik verzichtet D. ebenso, wie er z. B. die Unsterblichkeit nicht nur der menschlichen Seele, sondern auch der Götter leugnet. — ↗Atomistik; Dyroff, Sennert.

Alois Dempf

Dempf, Alois, 1891–1982: deutscher katholischer Kulturphilosoph, der in der Philosophiegeschichte die „vergleichende" Betrachtungsweise zur Geltung zu bringen sucht, wobei er, mitunter etwas willkürlich, einerseits „bürgerliche", „juristische" und „theologische" Philosophien sowie andererseits zwölf (zeitlich und räumlich getrennte) Philosophieperioden unterscheidet und innerhalb dieser jeweils einer „historiologischen" eine „kosmologische" Phase (mit vier „Monismen": Subjektiver Idealismus, Objektiver Idealismus, Naturalismus, Materialismus) und dieser schließlich eine „anthropologische" Phase folgen läßt (mit drei „personellen Realismen": moralischer, mystischer und kritisch-metaphysischer Realismus). – Hptw.: Weltgeschichte als Tat und Gemeinschaft, 1924; Die Hauptformen der mittelalterlichen Weltanschauung, 1925; Ethik des Mittelalters, 1927; Sacrum Imperium (Geschichts- und Staatsphilosophie des Mittelalters und der politischen Renaissance), 1929, 1962³; Metaphysik des Mittelalters, 1930; Kulturphilosophie, 1932; Kierkegaards Folgen, 1935; Religionsphilosophie, 1937; Christliche Philosophie, 1938, 1952²; Selbstkritik der Philosophie und vergleichende Philosophiegeschichte im Umriß, 1947; Die Krisis des Fortschrittsglaubens, 1947; Kritik der historischen Vernunft, 1947, 1957²; Theoretische Anthropologie, 1950; Die Einheit der Wissenschaft, 1955; Weltordnung und Heilsgeschichte, 1958; Die unsichtbare Bilderwelt, 1959. – Autobiographie in „Philosophie in Selbstdarstellungen", Bd. I, 1975. – ↗Katholische Philosophie.

Denken: unter psychologischem Blickwinkel (im Gegensatz zum logischen! ↗Denkformen) präsentiert sich das Denken (wie auch das Wollen) als „höhere" seelische Synthese, die sich von den „einfacher strukturierten Erlebnissen (wie ↗Wahrnehmung, Vorstellung) vor allem (— über die Verschmelzung zahlloser psychischer Elemente zu einheitlichem Erleben hinaus —) durch eine unerhörte „Beschleunigung" und „Abkürzung" unterscheidet, die auf „Bahnung" und „motorischer Andeutung" beruhen (↗Bekanntheitsqualität, Möglichkeitsbewußtsein). Während beim Vorstellen ein „Bild" dem anderen folgt, werden beim Denken die Vorstellungsreihen vorzeitig abgebrochen, wird der Gesamtweg abgekürzt und der Gesamtvorgang beschleunigt (= Denkvorgang): Die Vorstellungsreihen werden zu Gedankenreihen „zusammengezogen" und „verdichtet", die einzelnen Vorstellungen durch unbestimmte Richtungserlebnisse und Bewußtseinslagen ersetzt, begleitet vom Möglichkeitsbewußtsein (verstanden — bekannt!). Das Denken ist also eine psychische Funktion, die sich nur motorisch-volitionell deuten und verstehen läßt. — Die Grenzen zwischen Vorstellungen (Bilder), Tagträumen (scheinbar „freisteigende" Bilder, wenige ↗Abbreviaturen), „konkretem" Denken (wenige Bilder, zahllose Abbreviaturen) und „abstraktem" Denken (nur Abbreviaturen) sind fließend. — Die Hauptmerkmale der Denkabläufe sind 1) ihre Unanschaulichkeit und 2) ihr Sprachbezug. Die Unanschaulichkeit des Denkens ergibt sich aus der „gedanklichen Abbreviatur"; Gedanken, „Bewußtheiten" usw. sind Erlebnisse unanschaulichen Inhaltes (keine „Bilder"!), obgleich mitunter (wenn die Zeit ausreicht; bei nicht gut eingeübten Richtungserlebnissen usw.) bei weniger energischer Abkürzung einzelne Vorstellungen mit ins Bewußtsein treten können, und zwar a) als Repräsentanten für die (zu einer gedanklichen Abbreviatur zusammengezogenen) unzähligen Vorstellungsreihen (Repräsentativvorstellungen) oder b) als durch die „Aufmerksamkeit" zäh festgehaltene (perseverierende) Obervorstellung, an die unanschauliche Gedanken (Abbreviaturen) geknüpft sind. Zu 2): Man unterscheidet „vorsprachliches" und „sprachliches" Denken. Das „vorsprachliche" Denken findet sich beim Kleinkind und beim Menschenaffen in Ansätzen; dieses Denken ist an die unmittelbare Sinneswahrnehmung gebunden. Das Denken mit Hilfe der Sprache hingegen ist eine spezifisch menschliche Leistung; in diesem Falle werden die unanschaulichen Gedanken an Sprachzeichen gebunden, die einen Ersatz für die ausgefallenen anschaulichen Stützelemente der Denkabläufe darstellen; die dadurch gegebene Unabhängigkeit von der Wahrnehmung und sogar vom Vorstellen ermöglicht eine gewaltige Leistungssteigerung. Gänzlich unanschauliches Denken (Denken im engeren Sinne des Wortes) ist nur mit Hilfe der Sprache möglich, so daß die Formel gilt: Denken = stilles Sprechen (bei großer Geläufigkeit freilich ein unmerkliches „Sprechen"). Beim „sprachlichen" Denken treten an die Stelle der den Denkvollzug mitunter begleitenden „Sachvorstellungen" häufig „Wortvorstellungen" (man „sieht" das Wort geschrieben vor sich). Zu den Gefahren, die dem Denken seitens der Sprache drohen: ↗glossogon, glossomorph. — Nicht alle Denkbewegungen verlaufen gleichartig. Hinsichtlich des „Gedankenverlaufes" unterscheidet man: A) Beim „an etwas denken" treten Obervorstellungen auf, die den Denkverlauf lenken; sie werden von der Aufmerksamkeit festgehalten, während die mit ihnen assoziierten Abbreviaturen ablaufen. Der Unterschied zwischen Vorstellen und Denken ist somit folgender: Einerseits leistet das Denken mehr, und zwar infolge der Abkürzung und der dadurch bedingten Schnelligkeit des Vorganges, andererseits aber auch wieder weniger, da die Anschaulichkeit fehlt (mit Ausnahme der Obervorstellung werden alle assoziierten Vorstellungen durch gedankliche Abbreviaturen ersetzt). Statt Obervorstellung sagt man auch Zielvorstellung oder Richtungsvorstellung. — B) Im Gegensatz dazu fehlt beim „über etwas nachdenken" eine solche anschauliche Obervorstellung. In diesem Falle erfolgt die Ordnung des Gedankenverlaufes durch die Perseveration eines Urteils, das (selbst unanschaulich) ↗mitbewußt ist (ebenso mitbewußt sind z. B. beim „mehrgleisigen", auf mehreren Denkschienen verlaufenden Denken die Zwischenresultate, die „abgestellt" bzw. „vorgemerkt" werden); eine solche „Aufgabe" oder „determinierende Tendenz" bewirkt eine „Einstellung" im Sinne einer bestimmten Aufnahme- bzw. Erlebnisbereitschaft. Die beste Gelegenheit zur Bildung solcher „Tendenzen" stellen Wahrnehmungen oder Urteile dar, die dem bisher Erfahrenen zu widersprechen scheinen, wodurch eine „Frage-Unruhe" entsteht. Den Denkansatz bildet somit eine Störung der gewohnten Situation. Diese Unruhe verschwindet erst, diese Spannung wird von einer Entspannung erst abgelöst, sobald die „Frage" „beantwortet" ist. Den lustbetonten „Einfall" der Aufgabenlösung nennt ↗K. Bühler „Aha-Erlebnis". Tritt also eine neue Aufgabe an den Denkenden heran, so erfordert dies eine Umstellung im Sinne einer Anpassung an die neue „Reiz-Situation"; die neue Aufgabe bewirkt einen Einstellungswechsel und ist fortan als determinierende Tendenz bis zur Lösung der Aufgabe und Aufhebung der Spannung und Frageunruhe wirksam. — Die Leistungsfähigkeit eines Menschen auf dem Gebiete des Denkens nennt man seine „Intelligenz", die sich in verschiedenen „Dimensionen" manifestiert (Kombinationsgabe, räumliches Vorstellungsvermögen, sprachliche Ausdrucksfähigkeit usw.; allgemeine Denkbegabung — Sonderbegabungen usf.). — An Denkstörungen unterscheidet man: 1. (Inhalt): „wahnhaftes" Denken; z. B. Beziehungs- oder Beachtungswahn (ein Mensch bezieht alles auf sich, glaubt sich von allen Seiten beobachtet, bedroht, verfolgt usw.), „überwertige Idee" (etwa eine das ganze Leben eines Menschen bestimmende „Erfindung", die völlig bedeutungslos ist, für die dieser Mensch aber seine ganze Kraft, sein ganzes Können und auch noch sein Vermögen einsetzt usw.); 2. (Ablaufsform): „ideenflüchtiges" Denken (ständiger Verlust des Denkzieles, der determinierenden Tendenz); 3. (Intelligenzmangel): „Schwachsinn" (Debilität, Imbezillität, Idiotie). — ↗Hönigswald; Denkgläubige, diskursiv, Intuitionismus, Utopie, Verstehen, Würzburger Schule.

Denkformen: 1. in der Logik: zusammenfassende Bezeichnung für Begriff, Urteil und Schluß. Den Logiker interessiert der formale Aufbau dieser „Denkformen", weshalb er sie als selbständige „logische Gestalten" betrachtet und von ihrer Einbettung in einen konkreten Denkprozeß bzw. von ihrer Verwurzelung im individuellen Erleben absieht (Gegensatz: psychologische Betrachtungsweise: ↗Denken); 2. bei ↗Kant: die apriorischen Denk-Kategorien, mit deren Hilfe im Erkenntnisprozeß die chaotische Empfindungsmannigfaltigkeit in eine geordnete Erfahrungswelt verwandelt wird. Kant unterscheidet zwölf ↗Kategorien (z. B. „Kausalität" und „Substantialität", d. h.: wir verknüpfen Ereignisfolgen gedanklich nach dem Schema „Ursache — Wirkung", deuten die flüchtigen Empfindungskomplexe als beharrende Gegenstände mit wechselnden Eigenschaften usf.); ↗kategoriales Denken; 3. bei ↗Leisegang: Denkmodelle.

Denkgesetze

Denkgesetze: mißverständliche Bezeichnung für die ↗logischen Axiome. — ↗Grund, Satz.

Denkgläubige: nennt ↗Goethe diejenigen, die sich um eine Synthese von wissenschaftlicher Erkenntnis und christlichem Wunderglauben bemühen und dabei einem Wunschdenken erliegen. — Auch auf den Gegensatz zwischen der kühl-nüchternen rationalen Überlegung und dem mehr oder minder unterbewußt-emotional-affektiv (durch Gemütsbedürfnisse) gesteuerten „Denken" (Gefühlsdenken, Denkfühlen) im allgemeinen sei hier hingewiesen (↗Metaphysik). — ↗Ideologie (Ideologiekritik).

Denkmodell: „Modellvorstellung" (meist anschaulich), mit deren Hilfe man Erscheinungen zu verstehen und Probleme gedanklich zu durchdringen sucht. Beispiele: „Kraftlinien", „Weltäther", „Gesellschaftsvertrag", Atommodelle, Charaktertypen u. a. — ↗Fiktion.

De omnibus dubitandum est: Grundsätzlich und zunächst ist an allem zu zweifeln! – Prinzip des „methodischen Zweifels". So fordert z. B. Hegel: „Es ist Verwirrung, mit der die Philosophie überhaupt anfangen muß und die sie für sich hervorbringt; man muß an Allem zweifeln, man muß alle Voraussetzungen aufgeben, um es als durch den Begriff Erzeugtes wieder zu erhalten". – ↗Descartes; Cogito, Skepsis.

Deontologie: Lehre von dem, was sein sollte und daher getan werden soll (Pflichtenlehre, Ethik): Terminus bei ↗Bentham. – ↗Edwards, Lenk H., Wright.

Depersonalisation: krankhafter Zustand, in dem der Patient sich nicht mehr als Persönlichkeit erlebt. ↗Ich.

Derbolav, Josef, geb. 1912: österreichischer (antipositivistisch orientierter) Philosoph und Pädagoge. — Hptw.: Erkenntnis und Entscheidung, 1954; Die gegenwärtige Situation des Wissens von der Erziehung, 1956; Frage und Anspruch, 1970; Systematische Perspektiven der Pädagogik, 1971; Platons Sprachphilosophie in Kratylos und den späteren Schriften, 1972; Pädagogik und Politik (Eine systematisch-kritische Analyse ihrer Beziehungen), 1975; Von den Bedingungen gerechter Herrschaft (Studien zu Platon und Aristoteles), 1979. – Autobiographie in „Pädagogik in Selbstdarstellungen", Bd. II, 1976.

Josef Derbolav

Descartes, René, 1596—1650: französischer Mathematiker (Begründer der Analytischen Geometrie) und Philosoph, der den Zweifel an der Gültigkeit einer Aussage, solange diese nicht zureichend begründet ist, als Ausgangspunkt und Methode des philosophischen Denkens fordert (methodische ↗Skepsis). Als Ursatz der Philosophie, an dessen Gültigkeit nicht gezweifelt werden kann, betrachtet D. die Aussage: cogito ergo sum (ich denke, daher existiere ich), indem er meint, daß man wohl zunächst alles in Zweifel ziehen müsse (de omnibus dubitandum est), daß jedoch die Tatsache, daß man zweifelt und daher denkt und daher auch „ist", also die Selbstgewißheit des Ich nicht bezweifelt werden könne. Als Metaphysiker steht D. auf dem Boden des Rationalismus, indem er einerseits klares und deutliches Denken fordert (clare et distincte) und als entscheidendes Wahrheitskriterium anerkennt und andererseits angeborene Ideen (z. B. den Gottesbegriff) annimmt, aus denen er deduktiv metaphysische Einsichten ableiten zu können meint; Dualist ist D. insofern, als er zwei aufeinander nicht zurückführbare Grundformen der Wirklichkeit unterscheidet: die Bewußtseinswelt (res cogitans) und die mechanistisch erklärbare Welt der Ausdehnung (res extensa). Die Existenz einer „denkenden Substanz" hält D. für evident (↗cogito ergo sum); als Beweismittel für die Existenz der Welt der Materie (einschließlich der belebten) zieht er die Wahrhaftigkeit Gottes heran, die eine absichtliche Täuschung des Menschen durch Gott ausschließt (trotzdem tritt D. für eine scharfe Trennung von Glauben und Philosophie ein). Auch das psychophysische Problem löst D. dualistisch, indem er eine Wechselwirkung zwischen Leib und Seele annimmt (ermöglicht durch die Zirbeldrüse); daß er z. B. die Tiere für unbeseelt hält, ergibt sich zwangsläufig aus seiner streng dualistischen Weltauffassung (sie gehören der Welt der res extensa an). —

Hptw.: Discours de la méthode, 1637; Meditationes de prima philosophia, 1641; Principia philosophiae, 1644; Traité des passions de l'âme, 1650 (jüngste deutsche Ausgabe: Die Leidenschaften der Seele, 1984). – Neuere französisch-deutsche Ausgabe des „Discours de la méthode" („Von der Methode des richtigen Vernunftgebrauches und der wissenschaftlichen Forschung"), 1969. – ↗Cassirer, Jaspers, Mersenne, Natorp, Röd, Weizsäcker.

René Descartes

Deschner, Karlheinz, geb. 1924: deutscher Schriftsteller, Kritiker („Kitsch, Konvention und Kunst", 1957; „Talente, Dichter, Dilettanten", 1964); Religions- und Kirchenhistoriker; Agnostiker. — Hptw.: Abermals krähte der Hahn, 1962; Mit Gott und den Faschisten, 1965; Kirche und Faschismus, 1968; Kirche und Krieg, 1970; Das Kreuz mit der Kirche (Eine Sexualgeschichte des Christentums), 1974, 1987²; Kirche des Un-Heils (Argumente, um Konsequenzen zu ziehen), 1974; Der gefälschte Glaube, 1980; Ein Papst reist zum Tatort, 1981. – Als Hrsg.: Jesusbilder in theologischer Sicht, 1966; Das Christentum im Urteil seiner Gegner, 2 Bde., 1969/71 1986²; Friedrich Heer/Joachim Kahl/Karlheinz Deschner: Warum ich Christ/Atheist/Agnostiker bin, 1977. – Jüngste Werke: Ein Jahrhundert Heilsgeschichte – Die Politik der Päpste im Zeitalter der Weltkriege, 2 Bde., 1982; Nur Lebendiges schwimmt gegen den Strom (Aphorismen), 1985; Kriminalgeschichte des Christentums, 1986; Mit Gott und dem Führer (Die Politik der Päpste zur Zeit des Nationalsozialismus), 1988; Der gefälschte Glaube (Eine kritische Betrachtung kirchlicher Lehren und ihrer historischen Hintergründe), 1988.

Deszendenztheorie

Dessauer, Friedrich, 1881—1963: deutscher Biophysiker und theologisierender Naturphilosoph. — Hptw.: Leben — Natur — Religion, 1924; Philosophie der Technik, 1927, in 4. Aufl.: Streit um die Technik, 1956, 1958⁵; Mensch und Kosmos, 1948; Die Teleologie in der Natur, 1949; Am Rande der Dinge (Über das Verhältnis von Wissen und Glauben), 1951, 1959³; Auf den Spuren der Unendlichkeit, 1954, 1958²; Quantenbiologie, 1954, 1964²; Naturwissenschaftliches Erkennen, 1958.

Dessoir, Max, 1867—1947: deutscher Psychologe und Ästhetiker, der vor allem an einer kritischen Analyse der parapsychologischen Erscheinungen (z. B. des Okkultismus) sowie an der Neubegründung einer systematischen Kunstwissenschaft Interesse zeigt (seit 1906 Herausgeber der „Zeitschrift für Ästhetik und allgemeine Kunstwissenschaft"). — Hptw.: Das Doppel-Ich, 1890, 1896²; Ästhetik und allgemeine Kunstwissenschaft, 1906, 1923²; Vom Jenseits der Seele (Die Geheimwissenschaften in kritischer Betrachtung), 1917, 1931⁶; Vom Diesseits der Seele, 1923, 1947²; Lehrbuch der Philosophie, 1925; Einleitung in die Philosophie, 1936, 1946²; Die Rede als Kunst, 1940; Das Ich, der Traum, der Tod, 1947, 1951²; Buch der Erinnerung, 1946, 1947².

Max Dessoir

Destutt de Tracy, Antoine Louis Claude, Graf, 1754—1836: französischer Politiker und philosophierender Schriftsteller, Sensualist, der Condillacs Lehre zum sogenannten ↗„Ideologismus" weiterentwickelt. — Hptw.: Éléments d'idéologie, 5 Bde., 1805—1815.

Deszendenztheorie: ↗Abstammungslehre (biologische Entwicklungslehre). — ↗Spitzer.

Determination: 1. in der Logik (Begriffslehre): das gedankliche Fortschreiten von allgemeineren zu spezielleren Begriffen einer Begriffsreihe (z. B von „Mensch" über „Europäer" und „Österreicher" zu „Wiener"), d. h. die fortschreitende Erweiterung des Begriffsinhaltes (neue Merkmale hinzugefügt) und dementsprechende Einengung des Begriffsumfanges (weniger Wiener als Menschen). 2. Bestimmung, Festsetzung usw. (im allgemeinen Sinn oder im Sinn von ↗Determinismus).

Determinismus: philosophische Weltauffassung, der zufolge das gesamte Weltgeschehen als durch Ursachen bzw. Naturgesetze eindeutig festgelegt zu denken ist, da jedes „zufällige" Ereignis prinzipiell unbegreiflich bliebe (↗Kausalismus, Kontinuitätsphilosophie, Mechanistik, Zufall); die deterministische Auffassung ist nicht „beweisbar", sondern eine Forderung, die jeder anerkennen muß, der das Weltgeschehen restlos verstehen, d. h. überhaupt philosophieren will. Im besonderen: eine der beiden Lösungen des Problems der ↗Willensfreiheit, der zufolge das Wollen ebenso kausalgesetzmäßig (durch strenge Notwendigkeit) determiniert verläuft wie das Naturgeschehen überhaupt und daher die Annahme eines „freien Willens" unzulässig ist (↗Goethe: „Nach ewigen, eh'rnen großen Gesetzen müssen wir alle unseres Daseins Kreise vollenden"). – ↗Psychobiologie (Lungwitz).

Deus absconditus: „verborgener" Gott (nach Jesaia: 45, 15). — ↗Dialektische Theologie, Negative Theologie.

Deussen, Paul, 1845—1919: deutscher Philosoph, Anhänger Schopenhauers; hat sich vor allem um die Erforschung der indischen Philosophie Verdienste erworben. — Hptw.: Die Elemente der Metaphysik, 1877, 1919⁶; Das System des Vedanta, 1883, 1906²; Die Sutras des Vedanta, übers. 1887; Allgemeine Geschichte der Philosophie, 7 Bde., 1894—1917; Erinnerungen an Indien, 1904; Die Philosophie der Griechen, 1911; Die Philosophie der Bibel, 1913; Die Philosophie des Mittelalters, 1915; Mein Leben, 1922. – ↗Epigonie.

Deutsche Philosophie: läßt (verglichen mit der ↗englischen oder der ↗französischen Philosophie) folgende Tendenzen erkennen (— was natürlich nicht durchgehend, sondern nur im großen und ganzen gilt und auch abweichende Positionen durchaus nicht ausschließt —): 1. ↗metaphysisches Streben; 2. ↗Individualismus; 3. ↗Ethizismus. — ↗Kühnemann, Roretz.

Deutscher Idealismus: Zusammenfassende Bezeichnung für die ↗idealistischen (besser: spiritualistischen) Systeme der Nachkantianer: ↗Fichte, Schelling, Hegel. – ↗Hartmann N., Schulz W., Marx W.

John Dewey

Dewey, John, 1859—1952: nordamerikanischer Philosoph und fortschrittlich (antitheologisch, sozial) eingestellter Pädagoge („learning by doing"), Hauptrepräsentant des Instrumentalismus (Experimentalismus, einer Spielart des Pragmatismus). D. übt an der metaphysischen Denkweise Kritik, unterstreicht den heuristischen Wert der naturwissenschaftlichen Erkenntnismethode und weist darauf hin, daß jede Idee der Notwendigkeit entspringt, Probleme des praktischen Lebens zu meistern, also eine Funktion der Erfahrung ist, wobei ihr Wert von ihrem Nutzen abhängt. — Hptw.: The School and Society, 1889; The Influence of Darwin on Philosophy, 1910; German Philosophy and Politics, 1915, dt. 1954 (Deutsche Philosophie und Deutsche Politik); Democracy and Education, 1919, dt. 1930 (Demokratie und Erziehung; Reconstruction in Philosophy, 1920, letzte Aufl. 1951; Human Nature and Conduct, 1922, dt. 1931 (Menschliche Natur); Experience and Nature, 1925, 1929²; The Quest for Certainty, 1929; Philosophy and Civilisation, 1931; Art as Experience, 1934; Logic: The Theory of Inquiry, 1938; Liberalism and Social Action, 1938; Theory of Valuation, 1940; Freedom and Culture, 1940; Problems of Man and the Present State of Philosophy, 1946; Knowing and the Known (mit A. F. Bentley), 1950. — ↗Frankena.

Dezernismus: Bezeichnung für ↗Dinglers voluntaristischen Standpunkt, dem zufolge die Grundwahrheiten, die selbst nicht mehr begründet werden können und dürfen, nur auf dem Wege der Festsetzung durch Willensbeschluß gesichert werden können, also der Philosoph von bestimmten Entscheidungen ausgehen muß, die vom Willen zur Eindeutigkeit geleitet werden.

Dezisionismus („Unterscheidungsstandpunkt"): 1. ↗M. Webers Forderung nach strikter Trennung von Tatsache und Wert, von objektiver wissenschaftlicher Forschung und nur subjektiv gültiger persönlicher Wertentscheidung. — 2. ↗Guardini (Gegenüberstellung von „endlich" und „absolut"). — 3. ↗Konventionalismus (etwa gleichbedeutend).

Dharma (Sanskrit): 1. ethischer Grundbegriff (Gesetz, Moral, Pflicht u. dgl.); 2. die Lehre ↗Buddhas.

Dialektik: 1. im allgemeinen Sinn (in der Antike z. B. bei ↗Platon): die Kunst, ein philosophisches Streitgespräch zu führen. 2. Im Mittelalter: eine besondere Art der philosophischen Diskussion, bei der von den streitenden Parteien möglichst viele Belege aus den Werken anerkannter Autoritäten beizubringen waren; entstanden war diese ↗scholastische Dialektik als Methode zur Bereinigung von Widersprüchen in der Überlieferung, und zwar a) durch ↗ „Aequivocatio" (Verwendung eines Wortes in verschiedenen Bedeutungen) und b) durch „Sic et Non", d. h. die Auflösung eines Gegensatzes (z. B. zwischen zeitlichem Schöpfungsakt gemäß der Bibel und aristotelischem Ewigkeitsbegriff) in einer höheren Synthese; so entwickelte die Scholastik aus den Widersprüchen und deren Lösungen (vom Abwägen der gegensätzlichen Argumente bis zur Schlußfolgerung) ein Lehrgebäude; besonders ausgebildet wurde die scholastisch-dialektische Methode in den französischen Klöstern Le Bec und Chartres sowie in Paris. 3. Bei ↗Hegel: ein das gesamte Weltgeschehen beherrschendes Entwicklungsgesetz und zugleich die Denkmethode, mit deren Hilfe die Weltentwicklung verstanden werden kann. Statt dialektischer Entwicklung (als grundlegender Form vor allem des Geschichtsprozesses) kann man auch „Gegensatzentwicklung" sagen: sie führt von der Thesis (einem gegebenen Zustand) über die Antithesis (den gegensätzlichen Zustand) zur Synthese (Aufhebung des Gegensatzes). In diesem Sinne ist auch der Ausdruck ↗ „Dialektischer Materialismus" zu verstehen. 4. Bei manchen modernen Denkern (z. B. ↗Cohn, Heintel E.): die Spannung zwischen diametral entgegengesetzten Standpunkten, die je für sich ihre volle Berechtigung haben, jedoch nicht verabsolutiert werden dürfen, sondern einander ergänzen (z. B. bei Heintel: dialektische Spannung zwischen „zentraler" und „peripherer" Betrachtungsweise, zwischen „Urerlebnis" und (wissenschaftlicher) Aussage, zwischen der im aktuellen Ich-Erleben gegebenen absoluten Wirklichkeit und der gegenständlichen Erfahrungswelt). — 5. ↗Guardini (Betonung der Gegensätze). — Kritisch läßt sich gegen den Dialektik-Begriff einwenden, daß die „Dialektik", weil sie „dunkel" ist, deshalb nicht schon „tief" sein muß. Der Begriff „Dialektik" wurde schon in so verschiedenen Bedeutungen gebraucht, daß man wohl mit ↗Topitsch von einer „Leerformel" sprechen oder die Dialektik mit ↗Améry als „zugleich großartiges und verhängnisvolles Denkinstrument" bezeichnen kann, „das uns die ‚tiefen Blicke' gibt, mit dessen vertrakten Mitteln zugleich aber auch alle politischen Narren- und Lumpenstücke sich justifizieren lassen". Die „dialektische" Denkweise ist manipulierbar, man kann mit ihrer Hilfe alles „beweisen", ohne es wirklich beweisen zu müssen. „Hegelianisch-dialektische Deutungen sind bekanntlich im allgemeinen hinreichend vage, so daß sie zur Rechtfertigung fast jeder beliebigen Praxis dienen können", kritisiert ↗Albert. Von der „metaphysischen" (spekulativen) Dialektik Hegels, der „sich ihrer wie eines Mechanismus bedient hat, um dem Verlauf der Weltgeschichte eine von ihm selbst gewünschte Zielsetzung zuzuschreiben" (↗Hirsch), der neuhegelischen Dialektik ↗Kroners, der „explosiven" Dialektik bei ↗Heiss, der existentiellen Dialektik in der ↗Dialektischen Theologie sowie bei ↗Grisebach, Heidegger, Tillich... über die „ontologische" Dialektik ↗N. Hartmanns, die „materialistische" Dialektik ↗Marxens und seiner Anhänger (↗Lenin, Lukács, Bloch) und die „kritische" Dialektik bei ↗Bauch, Cassirer, Cohn, Heintel, Hofmann, Hönigswald, Litt, Marck u. anderen reicht die Skala der schillernden Facetten dieses, von Kant („transzendentale Dialektik") übrigens abgelehnten, Denkmittels bis herauf zur ↗ „Kritischen Theorie" der Frankfurter Schule. „Dialektik" ist ein wolkiger Begriff, der von den meisten Philosophen verwendet wurde, leider jedoch von jedem in einem mehr oder weniger anderen, oft nicht einmal klar definierten Sinn (- von der antiken und mittelalterlichen Bedeutung ganz abgesehen). Er enthält ein mystisches Element, und es hat wenig Sinn, wie man ganz richtig bemerkt hat, solche Begriffe undefiniert als „Geländer" zu gebrauchen. Und gerade der Marxismus ebenso wie die „Kritische Theorie" entgingen nicht der Gefahr, ihn zu einem

Begriffs-Fetisch erstarren zu lassen, unter dem jeder etwas anderes denkt (– oft nicht mehr als im alleralgemeinsten Sinn: „Gegenbegrifflichkeit", „Gegensätzlichkeit", „Widersprüchlichkeit", wobei diese auch nur scheinbar sein kann: z. B. „Freiheit" = Einsicht in die „Notwendigkeit", „erkannte, begriffene Notwendigkeit" bei Hegel, Engels u. a.). – ↗Diemer, Gadamer, Günther G., Heimsoeth, Kierkegaard, Kofler, Künzli, Liebert, Liebrucks, Marcuse L., Merleau-Ponty, Oeser, Röd, Sartre, Schleiermacher, Schmied-K., Wagner, Wein, Wust; Geschichte (Histomat: „Entwicklung in Gegensätzen", „Pendelschlag": F. A. Lange), Positivismus-Streit, Psychobiologie.

Dialektische Theologie: unter dem Einfluß ↗Kierkegaards entwickelter evangelisch-theologisch-philosophischer Standpunkt, von dem aus alle Versuche, Gottes Eigenschaften und Wirksamkeit näher zu bestimmen, als unzulänglich zurückgewiesen werden (↗„negative" Theologie) und Gott als der „Ganz-Andere" (im Gegensatz zur Welt) aufgefaßt wird. Hauptvertreter: ↗K. Barth, ↗Brunner, ↗Gogarten; Eduard Thurneysen; ↗Deus absconditus, ↗Bekennende Kirche.

Dialektischer Materialismus („Diamat"): seine Schöpfer sind ↗Marx, Engels und Lenin. Nicht ohne Einfluß auf sie waren: ↗Hegel (dessen idealistische „Dialektik" von Marx in eine materialistische verwandelt wurde), ↗Feuerbach, die englische Volkswirtschaftslehre (↗Smith, Ricardo) und der utopische ↗Sozialismus. Die Ursprünge dieser Denkbewegung reichen also weit ins 19. Jhdt. zurück, ihre letzte Ausgestaltung fällt in die jüngste Vergangenheit: Der Leninismus ist der „Marxismus der Epoche des Imperialismus oder Monopolkapitalismus und der proletarischen Revolution, d. h. des sterbenden Kapitalismus". „Der ,Dialektische Materialismus' ist die Weltanschauung der marxistisch-leninistischen Partei. Diese Weltanschauung heißt darum ,Dialektischer Materialismus', weil ihre Methode der Erforschung der Naturerscheinungen die dialektische ist und weil ihre Deutung der Naturerscheinungen ↗materialistisch ist. Der Historische Materialismus ist die Anwendung der Leitsätze des ,Dialektischen Materialismus' auf die Erforschung des Lebens der Gesellschaft, auf die Erforschung der Geschichte der Gesellschaft" (Stalin). Die dialektisch-materialistische Weltauffassung ist somit (ihrer Intention nach) wissenschaftlich-philosophisch. Die Marxisten legen größten Wert auf die wissenschaftliche Erforschung der Erfahrungswelt und lehnen die metaphysische Denkweise ab. Als Materialisten gehen sie bei der Erklärung der Welt von der Materie (vom Sein, von der Natur) aus und sehen (im Gegensatz zu den Idealisten) im Bewußtsein nur eine Funktion der höchstentwickelten Materie (des Gehirns). Das Grundprinzip des Diamat ist die Anerkennung der realen Existenz der Welt, die von objektiven Gesetzmäßigkeiten beherrscht wird, die ebenso erkennbar sind wie die ihnen gehorchenden Gegenstände. Der Erkenntnisvorgang besteht nach dieser Auffassung in einer Anpassung des Bewußtseins an die objektive Realität, in einer Abbildung der materiellen Welt im Bewußtsein. Nicht der Geist bringt die Natur hervor, sondern die Natur den Geist; dieser ist ein Produkt der Natur, gebunden an die Tätigkeit des Gehirns. Gegenüber dem etwas grobschlächtigen älteren (mechanistischen) Materialismus betonen die Vertreter des Diamat, daß die materielle Natur nichts Starres und Endgültiges ist, sondern einem unaufhörlichen Wandel unterliegt: alles ist in Bewegung, alles verändert sich, alles „fließt"; die Tatsachen sind verdinglichte Prozeßmomente, sagt Lukács. Und zwar treiben die Gegensätze („Widersprüche") in der Natur die Entwicklung voran; der ewige Kampf zwischen Absterbendem und Neuentstehendem bildet den Inhalt der dialektischen Entwicklung. Die Häufung quantitativer Veränderungen führt zu Spannungen und damit zu einer Störung des Gleichgewichtszustandes; diesem dialektischen „Sprung" entspricht eine qualitative Veränderung. Die in einer Reihe von „Revolutionen" bestehende Entwicklung bringt immer kompliziertere Wesen hervor: von den Atomen und Molekülen über die Zellen, Pflanzen und Tiere bis zum Menschen und zur Gesellschaft. Die Dialektik ist eine objektive Gesetzmäßigkeit in der Natur, die mittels der dialektischen Denkmethode erkannt werden kann. ↗Mao Tse-tung definiert sie so: „Die Methode der Analyse ist die dialektische Methode. Eine Analyse bedeutet, daß die den Dingen innewohnenden Widersprüche analysiert werden"; ihre Herkunft von Hegels Dialektik (Triade: These, Antithese, Synthese) ist hier kaum mehr zu erkennen. Die dialektisch-materialistische Weltauffassung ist ↗monistisch und kennt weder einen metaphysischen noch einen religiösen Gottesbegriff. „Heute läßt unser Gedankenbild vom Weltall in seiner Entwicklung absolut keinen Raum weder für einen Weltschöpfer noch für einen Weltregierer" sagt Engels. Und Marx meint: „Die Religion ist der Seufzer der bedrängten Kreatur, das Gemüt einer herzlosen Welt, wie sie der Geist geistloser Zustände ist. Sie ist das Opium des Volkes." „Die Kritik der Religion ist die Voraussetzung aller Kritik." — ⁊Hollitscher; Reding. — Nach der marxistischen (ökonomischen) Geschichtsauffassung (dem „Historischen Materialismus", „Histomat") machen weder „Ideen" noch „große Männer" Geschichte, sondern bestimmen in erster Linie die wirtschaftlichen Verhältnisse (Produktionsverhältnisse) den Gang der Geschichte, indem Umwälzungen in der Produktionsweise auch einen Wandel in der Struktur der Gesellschaft hervorrufen, also jeder Produktionsweise eine bestimmte Sozialordnung und diesem ökonomisch-sozialen „Unterbau" schließlich ein bestimmter ideologischer „Überbau" (die „Kultur" einer Zeit) entspricht: wie die Lebensweise der Menschen, so auch ihre Denkweise! „Nach materialistischer Geschichtsauffassung ist das in letzter Instanz bestimmende Moment in der Geschichte die Produktion und die Reproduktion des wirklichen Lebens" (Engels): „Die Menschen müssen vor allen Dingen zuerst essen, trinken, wohnen und sich kleiden, ehe sie Politik, Wissenschaft, Kunst, Religion usw. treiben können", sagt Engels; und Marx ist überzeugt, „daß mit den Lebensverhältnissen der Menschen, mit ihren gesellschaftlichen Beziehungen, mit ihrem gesellschaftlichen Dasein auch ihre Vorstellungen, Anschauungen und Begriffe, mit einem Wort auch ihr Bewußtsein sich ändert": „Es ist nicht das Bewußtsein des Menschen, das ihr Sein, sondern umgekehrt ihr gesellschaftliches Sein, das ihr Bewußtsein bestimmt". Die (politischen, juristischen, religiösen, künstlerischen, philosophischen) „Ideen" sind also „materiellen" Ursprungs, wurzeln in bestimmten ökonomischen (wirtschaftlichen) Verhältnissen, wenngleich sie natürlich auch ihrerseits wieder durch „Rückwirkung" diese Verhältnisse mitgestalten. Auch die historische Entwicklung verläuft „dialektisch". Umwälzungen in der Produktionsweise rufen einen Wandel im gesellschaftlichen Bewußtsein hervor: es kommt zu Klassenkämpfen. Der ökonomisch bedingte Kampf zwischen der absterbenden Kapitalistenklasse und der aufsteigenden Arbeiterklasse ist die treibende Kraft der dialektischen Entwicklung vom Kapitalismus (These: Ausbeutung der Arbeiter) über die „Diktatur des Proletariats" (die Antithese: Expropriation der Expropriateure durch das revolutionäre Proletariat) zum Sozialismus (der Synthese), d. h. zum Aufbau einer „klassenlosen" (sozialistischen, herrschaftsfreien, repressionsfreien) Gesellschaft, der „Freiheit aller" (Marx), in der jeder Mensch „in gleicher Weise nach seinen Fähigkeiten arbeiten und seine Bedürfnisse befriedigen kann", in der die „Entfremdung" des Menschen von sich selbst und von seinen Mitmenschen überwunden ist. Daß die Entwicklung zum Zusammenbruch des Kapitalismus führen „muß", beruht auf den „inneren Widersprüchen" des kapitalistischen Systems (Kapitalsakkumulation und -konzentration bei geringem Masseneinkommen, Disproportionalität zwischen Produktion und Absatzmöglichkeit und dadurch bedingte Wirtschaftskrisen). — So dient der „Dialektische Materialismus" nicht zuletzt der Stützung des „Wissenschaftlichen ⁊Sozialismus", ist mithin nicht nur eine theoretische Philosophie, sondern vor allem auch eine Philosophie des Handelns („Einheit von Theorie und Praxis"): „Die Philosophen haben die Welt nur verschieden interpretiert: es kommt aber darauf an, sie zu verändern!" (Marx: 11. Feuerbach-These). Daher hat die Philosophie „parteilich" zu sein, darf sich die philosophische Reflexion nicht in der Kontemplation erschöpfen, sondern hat vielmehr praktisch-politisches Engagement zu sein, hinter dem ein fanatischer Fortschrittsglaube steht. „Der Gesichtspunkt des Lebens und der Praxis muß der erste und grundlegende Gesichtspunkt der Erkenntnistheorie sein", betont Lenin. Aus der anti-individualistischen Auffassung des Menschen als gesellschaftlichen Wesens von wandelbarer Natur ergibt sich als Grundthema der marxistischen Philosophie: der sich wandelnde Mensch in der Gesellschaft, die es zu verändern gilt, was eine schonungslose, „radikale" Kritik alles Bestehenden voraussetzt (Marx): „Radikal sein heißt, die Dinge an der Wurzel fassen; die Wurzel der Dinge aber ist der Mensch!" — Diesem „klassischen" (orthodoxen) Diamat, dessen jeweils authentische Interpretation von anonymen (von den Kommunistischen Parteien der betreffenden Staaten dirigierten) „Autoren-Kollektiven" besorgt wird, blieb nicht nur heftige Kritik durch Andersdenkende nicht erspart (an der ⁊Abbildungstheorie, am Dogmatismus, an der ⁊Dialektik, der Ökonomismus, am ⁊Kollektivismus, an der ⁊Ideologie, an der politischen „Praxis" u. a. m.), sondern er unterlag auch einer immanenten Kritik und damit einer Weiterentwicklung zu einem mehr oder minder „kritischen" Diamat, der sich mehr als methodologisches Postulat, denn als absolut gültige Doktrin versteht. ⁊M. Adler, Bauer, Bloch, E. Fischer, Garaudy, Gramsci, Harich, Havemann, Kantorowicz, Kautsky, Kofler, Kolakowski, Kosik, Leser, Lukács, Machovec, Marko, Merleau-P., Nenning,

Diallele

Petrovic, Reich W., Rossi-Landi, Sartre, Schaff, Supek; ferner ↗Aster, F. A. Lange, Marck, Staudinger, Vorländer; Alienation (Entfremdung), Austromarxismus, Marxismus, Praxis.

Diallele: 1. Zirkeldefinition, d. h. ein Definitionsfehler, der darin besteht, daß in der Definition des Begriffes A der Begriff B und zugleich in der Definition des Begriffes B der Begriff A verwendet wird (z. B. „Empfindungen sind Wahrnehmungselemente", „Wahrnehmungen sind Empfindungskomplexe"). 2. Zirkelbeweis. ↗Hysteron-proteron.

Dictum de omni et nullo: in der Logik (Schlußlehre) das Grundprinzip des ↗Syllogismus: Was von allen gilt, gilt auch von einigen und von jedem einzelnen; was von keinem gilt, gilt auch nicht von einigen und einzelnen. Gemäß diesem Grundsatz läßt sich von der Gültigkeit einer allgemeinen Aussage (z. B.: „Alle Menschen sind sterblich") auf die Gültigkeit der entsprechenden speziellen Aussage schließen („also ist auch der Mensch X sterblich"). Nicht jedoch darf man von der Gültigkeit einer speziellen Aussage auf die Gültigkeit der entsprechenden allgemeinen Aussage schließen (das wäre eine ungerechtfertigte Verallgemeinerung! Z. B.: Weil manches Obst sauer schmeckt, so deshalb keineswegs alles Obst).

Denis Diderot

Diderot, Denis, 1713—1784: französischer Aufklärer, einer der Herausgeber der Großen Enzyklopädie, der auf die Relativität des menschlichen Wissens hinweist (Skeptizismus), die kausale Erklärung des Naturgeschehens der teleologischen gegenüber bevorzugt, das ganze Weltall und die gesamte Materie für belebt und beseelt hält (Annahme einer Weltseele), den modernen Entwicklungsgedanken und die Lehre vom Zellen-Aufbau der Organismen vorwegnimmt und seine naturalistische Weltauffassung mit dem Deismus in Einklang zu bringen sucht. In seinen ästhetischen Schriften versucht D., Regeln für die Mal- und die Schauspielkunst aufzustellen. — Hptw.: Pensées philosophiques, 1746; Pensées sur l'interprétation de la nature, 1754; Le rêve de d'Alembert, 1769; Essai sur la peinture, 1770. – ↗Roretz; Ephemér.

Diemer, Alwin, geb. 1920: deutscher Philosoph, Informationswissenschaftler, Mediziner, der sich um die von ihm inaugurierte Düsseldorfer „Philosophische Dokumentation" bzw. den Aufbau einer Datenbank für die internationale Zeitschriftenliteratur der Philosophie besonders verdient gemacht hat. – Hptw.: Edmund Husserl, 1956; Einführung in die Ontologie, 1959; Grundriß der Philosophie, 2 Teile, 1962/64; Was heißt Wissenschaft?, 1964; Elementarkurs Philosophie: Dialektik, 1976; Hermeneutik, 1977; Philosophische Anthropologie, 1978.

Differentia specifica (artbildender Unterschied): in der Logik Bezeichnung für jenes Merkmal, durch das sich ein Begriff (Artbegriff) vom nächst-allgemeineren Begriff (Gattungsbegriff) unterscheidet (z. B. die Unterscheidungsmerkmale zwischen Wiener und Österreicher). ↗Definition.

Differenz: ↗Differentia specifica; Ontologische Differenz.

Differenzierungstheorie (des Todes): ↗Tod.

Digby, Everard, 1550—1592: englischer Denker, der scholastisch-aristotelische neuplatonische und kabbalistische Auffassungen zu verbinden sucht. — Hptw.: Theoria analytica, 1579.

Digby, Kenelm, 1603—1665: englischer Philosoph, der Gedanken Francis Bacons aufgreift, diese jedoch im Gegensatz zu Bacon metaphysisch auswertet. — Hptw.: Demonstratio immortalitatis animae rationalis, 1664.

Dilemma: 1. im weiteren Sinne des Wortes: Auswegslosigkeit (schwierige Wahl zwischen zwei Möglichkeiten; 2 ein lemmatischer (hypothetisch-disjunktiver) Schluß mit zwei Trennungsgliedern im hypothetischen Obersatz, wobei von der Aufhebung der beiden möglichen Folgen auf die Aufhebung des Grundes geschlossen wird (z. B.: „Wenn A wäre, müßte B oder C sein; da weder B noch C ist, kann auch A nicht sein").

Wilhelm Dilthey

Dilthey, Wilhelm, 1833—1911: deutscher Philosoph, in dessen Gedankenwelt ebenso positivistische wie spiritualistische Anschauungen zu finden sind (— „er sieht in das geschichtliche Leben hinein mit dem Auge des Positivisten und mit dem Auge des Romantikers", sagt Liebert —). D. begründete 1. die „lebensphilosophisch" zentrierte „beschreibende" (nacherlebend-verstehende) Psychologie (im Gegensatz zur zergliedernden, erklärenden, atomistischen Elementenpsychologie), deren Ziel es ist, geschichtliche Vorgänge und Kulturleistungen zu verstehen, und 2. die „Weltanschauungstypologie", der zufolge die Aufgabe der Philosophie darin besteht, die Genese der philosophischen Systeme zu begreifen (D. unterscheidet drei Typen der abendländischen Weltanschauung: Materialismus bzw. Positivismus, Objektiven Idealismus und Idealismus der Freiheit). Durch diese Leistungen hat D. einerseits die Methodologie der Geisteswissenschaften um wesentliche Erkenntnisse bereichert, andererseits durch seine relativistisch-verstehende Kritik der „historischen Vernunft" und der philosophischen Weltbilder dem Historismus zum Durchbruch verholfen. Besonderes Interesse zeigt D. an der geschichtsphilosophischen Problematik; der traditionellen Metaphysik steht er ablehnend gegenüber. – Hptw.: Das Leben Schleiermachers, I: 1870, II: 1922, 1970³; Einleitung in die Geisteswissenschaften, 1883, 1933³; Ideen über eine beschreibende und zergliedernde Psychologie, 1894, 1924²; Das Erlebnis und die Dichtung, 1905, 1970¹⁵; Das Wesen der Philosophie, 1907, 1984²; Der Aufbau der geschichtlichen Welt in den Geisteswissenschaften, 1910, 1970³; Weltanschauung, Philosophie und Religion (Sammelwerk mit dem wichtigen Beitrag „Die Typen der Weltanschauung"), 1910; Untersuchungen zur Geschichte des deutschen Geistes, 1927; Philosophie der Philosophie, 1931; Von deutscher Dichtung und Musik, 1933; Die Philosophie des Lebens (Eine Auswahl aus seinen Schriften 1867–1910), hrsg. v. H. Nohl, 1946; Grundriß der allgemeinen Geschichte der Philosophie, 1949; Zur Geistesgeschichte des 19. Jahrhunderts, 1974 (Neuausgabe); Gesammelte Schriften, 9 Bde., 1921–1934; Gesammelte Werke, 1962; Schleiermachers System als Philosophie und Theologie, 1966; Texte zur Kritik der historischen Vernunft, 1983; Materialien zur Philosophie Wilhelm Diltheys (hrsg. v. F. Rodi u. H.-U. Lessing), 1983. – Lit.: Dilthey und die Philosophie der Gegenwart (hrsg. v. E. W. Orth), 1985. – ↗Geschichte, Tod; Freyer, Misch, Nohl.

Ding: eine Ordnungsvorstellung, die der wahrnehmende Mensch in seine Erfahrungswelt hineinträgt. ↗Kategoriales Denken.

Ding an sich: Bezeichnung (↗Kants) für die hinter den erkennbaren „Erscheinungen" verborgene Wirklichkeit an sich, die nie erkannt werden kann, da alles, was erkannt, ja überhaupt gedacht wird, schon vom Bewußtsein des Erkennenden mitgeformt ist; d. h.: der Mensch kann die Welt nie so erkennen, wie sie an und für sich ist, sondern nur so, wie sie ihm „erscheint". Da die Welt des „Dinges an sich" unerkennbar ist, ist es auch unmöglich, „metaphysische Erkenntnisse" zu gewinnen. Der Begriff „Ding an sich" ist ein „Grenzbegriff" ohne vorstellbaren Inhalt, eine ↗Fiktion (↗Logoid). — ↗Maimon.

Hugo Dingler

Dingler, Hugo, 1881—1954: deutscher Philosoph, Voluntarist und Konventionalist, der seinen Standpunkt als „methodische Philosophie", als ↗„Certismus" und als ↗„Dezernismus" bezeichnet, den Geltungsgrund sowohl der wissenschaftlichen Erkenntnisse als auch der Wertungen in ideellen Forderungen, d. h. Willensentscheidungen zugunsten bestimmter, a pri-

Diogenes

ori gültiger Ideen erblickt, den Erkenntnisprozeß also mit dem Wollen in engsten Zusammenhang bringt und den Gang der wissenschaftlichen Forschung als fortschreitenden Prozeß exakter Formungen betrachtet, als Aufgliederung der Natur nach jenen ideellen Formen, die der Geist (das ideelle Ich) schafft. Besondere Bedeutung mißt D. der Exhaustionsmethode zu, der zufolge man alle beobachteten Abweichungen von den (festgesetzten) Gesetzen besonderen Umständen zuzuschreiben hat. — Hptw.: Die Grundlagen der Physik, 1919, 1932²; Der Zusammenbruch der Wissenschaft und der Primat der Philosophie, 1926, 1930²; Das Experiment, sein Wesen und seine Geschichte, 1928, 1952² (Über die Geschichte und das Wesen des Experiments); Metaphysik als Wissenschaft vom Letzten, 1929; Das System, 1930; Philosophie der Logik und Arithmetik, 1931; Geschichte der Naturphilosophie, 1932, 1967²; Der Glaube an die Weltmaschine und seine Überwindung, 1932; Die Methode der Physik, 1938; Von der Tierseele zur Menschenseele, 1941; Grundriß der methodischen Philosophie, 1949; Das physikalische Weltbild, 1951; Die Ergreifung des Wirklichen, 1955, 1969²; Aufbau der exakten Fundamentalwissenschaft, 1964; Aufsätze zur Methodik, 1987. — ↗Konventionalismus, Operationalismus, Voluntarismus. – ↗Krampf.

Diogenes von Apollonia: ionischer Naturphilosoph des 5. Jhdts. v. Chr., Hylozoist.

Diogenes Laertios, um 275 n. Chr.: Doxograph, der wertvolles Material über die vorsokratischen Philosophen gesammelt hat (10 Bände „Über Leben, Ansichten und Aussprüche berühmter Philosophen"). – Neuere deutsche Ausgabe: Leben und Meinungen berühmter Philosophen, 2 Bde., 1955.

Diogenes von Oinoanda: Epikureer (um 200 n. Chr.).

Diogenes von Seleukia: Stoiker (2. Jhdt. v. Chr.).

Diogenes von Sinope, um 412—323 v. Chr.: Schüler des Antisthenes, Kyniker, der in der äußersten Bedürfnislosigkeit den Weg zum wahren Glück sieht (er hauste in einem Faß); von ihm sind u. a. folgende Aussprüche überliefert: „Ich suche einen Menschen" (mit der Laterne in der Hand, bei Tag, auf dem Marktplatz); „Geh' ein wenig aus der Sonne!" (der einzige Wunsch, den er Alexander d. Großen gegenüber geäußert hat).

Diogenes

Dionysisch: so bezeichnet ↗Nietzsche die „Rausch"-Kunst (z. B. die Musik), die von der maßlosen Dynamik eines leidenschaftlich-expansiven Willens zum Leben getragen ist. Gegenbegriff: ↗apollinisch. — ↗Spitzer.

Dirac, Paul Adrien Maurice, 1902–1984: englischer Physiker, Mitbegründer der Quantenmechanik, der 1930 auf Grund seiner „Löcher-Theorie" die Existenz von „Anti-Materie" bzw. der 1933 entdeckten Positronen postulierte und 1933 (gemeinsam mit Schrödinger) den Nobelpreis für den geglückten Versuch erhielt, Einsteins Relativitätstheorie mit Schrödingers Wellenmechanik in Einklang zu bringen. – Hptw.: The Principles of Quantum Mechanics, 1930.

Disjunktion: 1. in der Begriffslehre Bezeichnung für das Verhältnis von Begriffen, die einander ausschließen, sich jedoch unter einen gemeinsamen Oberbegriff bringen lassen (z. B. Vogel — Säugetier; Oberbegriff: Wirbeltier); 2. in der Urteils- und Schlußlehre: ↗disjunktiv.

Disjunktiv: unter disjunktiven Aussagen versteht man Trennungsaussagen (entweder — oder — Aussagen bzw. weder — noch — Aussagen); z. B.: „Jeder normale Mensch ist entweder männlichen oder weiblichen Geschlechts." Eine Disjunktion von Aussagen ist immer dann wahr, wenn eine der beiden Aussagen wahr ist. Zweigliedrige Disjunktionen (entweder – oder) heißen „Alternativen", daneben gibt es auch mehrgliedrige Disjunktionen (entweder – oder – oder...). Zu unterscheiden ist auch zwischen ausschließendem „entweder – oder" (Disjunktion; wobei nur das eine oder das andere zutreffen kann) und nichtausschließendem

„oder" (Sejunktion). Disjunktive Schlüsse enthalten disjunktive Aussagen. — ↗Modus ponens; Disjunktion (disjunktive Begriffe).

Diskontinuitätsphilosophie: philosophische Grundauffassung, der zufolge es im Naturgeschehen einen Freiheitsspielraum gibt und zwischen den einzelnen Erfahrungsbereichen kein kontinuierlicher Übergang besteht. Die Diskontinuitätsphilosophen (z. B. ↗Boutroux, Renouvier, auch die Vitalisten) verzichten voreilig auf eine durchgängige Kausalforschung (und damit auf ein restloses Verständnis des Weltgeschehens), indem sie die scheinbaren „Sprünge" in der Natur absolut setzen, statt in der Entstehung neuer Formen ein Problem zu sehen. — ↗Indeterminismus, Teleogismus. — Gegenstandpunkt: ↗Kontinuitätsphilosophie.

Diskursiv: ist das begriffliche Denken, das Schritt für Schritt vorgeht und (im Gegensatz zur ↗Intuition) von jedem nachvollziehbar ist.

Disparation: 1) in der Logik (Begriffslehre) Bezeichnung für das Verhältnis von Begriffen, die unvereinbar sind, d. h. überhaupt nichts miteinander zu tun haben (z. B. Wasser und Buch). — 2) In der Psychologie: ↗Raum (Quer- und Höhen-Disparation).

Distinctio: Unterscheidung eines Begriffes von einem anderen (unvollständige ↗Definition).

Ditfurth, Hoimar von, geb. 1921: deutscher Neurologe und Psychiater, metaphysisch (platonistisch) orientierter Naturwissenschaftler, der einer Harmonisierung von naturwissenschaftlicher und religiöser Weltdeutung das Wort redet, im Kollisionsfall jedoch der rationalen Lösung den Vorzug gibt (z. B. für Geburtenregelung angesichts der ↗Bevölkerungsexplosion). — Hptw.: Kinder des Weltalls (Der Roman unserer Existenz), 1970; Im Anfang war der Wasserstoff, 1972, 1974⁴; Zusammenhänge (Essays), 1974; Der Geist fiel nicht vom Himmel (Die Evolution unseres Bewußtseins), 1976; Wir sind nicht nur von dieser Welt (Naturwissenschaft, Religion und die Zukunft des Menschen), 1981; So laßt uns denn ein Apfelbäumchen pflanzen – Es ist soweit, 1985 (– Ditfurths besonderes Anliegen ist nunmehr der Umweltschutz!); Unbegreifliche Realität, 1987. — ↗Anthropologie.

Dithyrambos: ursprünglich griechischer Chorgesang bei Festen zu Ehren des Dionysos. Später zu einer lyrischen Kunstform (ohne Zusammenhang mit der Religion) entwickelt, z. B. von ↗Nietzsche bevorzugt.

Dittes, Friedrich, 1826–1896: österreichischer Pädagoge, Anhänger ↗Benekes, Kritiker ↗Herbarts. — Hptw.: Das Ästhetische nach seinem eigentümlichen Grundwesen und seiner pädagogischen Bedeutung, 1854; Über Religion und religiöse Menschenbildung, 1855; Naturlehre des Moralischen und Kunstlehre der moralischen Erziehung, 1856; Grundriß der Erziehungs- und Unterrichtslehre, 1868; Gesammelte Schriften, 1894.

Dittrich, Ottmar, 1865—1951: deutscher Sprachpsychologe und Ethiker, der an der psychologistischen und historistischen Betrachtungsweise Kritik übt. — Hptw.: Die Grenzen der Sprachwissenschaft, 1905; Die Grenzen der Geschichte, 1905; Die Probleme der Sprachpsychologie, 1913; Individualismus, Universalismus, Personalismus, 1917; Geschichte der Ethik (Die Systeme der Moral vom Altertum bis zur Gegenwart), 3 Bde., 1926/27; Luthers Ethik, 1930.

Divisio: in der Logik die „Einteilung" (d. h. Abgrenzung) des Umfanges eines Begriffes durch Aufzählung der Arten einer Gattung.

Divisiv: divisive Aussagen enthalten einen Subjektsbegriff und mehrere Prädikatsbegriffe; durch divisive Aussagen werden Gattungsbegriffe in Artbegriffe aufgegliedert (z. B.: „Die Körper sind teils fest, teils flüssig, teils gasförmig"; andere Bindewörter in divisiven Aussagen sind z. B. „einerseits — andererseits", „sowohl — als auch").

Dobzhansky, Theodosius, geb. 1900 (in Rußland, seit 1929 in den USA): Biologe und Anthropologe; Evolutionstheoretiker. — Hptw. (dt.): Die Entwicklung zum Menschen (Evolution, Abstammung und Vererbung), 1958; Vererbung und Menschenbild, 1960; Dynamik der menschlichen Evolution, 1965.

Docta ignorantia: „Bewußte Unwissenheit" (in spezieller Bedeutung: ↗Cusanus).

Dogmatisch: ↗Dogmatismus. — Gegenbegriff: ↗kritisch.

Dogmatismus (auch: erkenntnistheoretischer Absolutismus): in der Erkenntnis-

Doketismus

theorie Bezeichnung für folgende Geisteshaltung: Die Dogmatiker sind von der absoluten Gültigkeit der von ihnen gewonnenen Erkenntnisse überzeugt und unterlassen es daher, die Voraussetzungen ihres eigenen Denkens kritisch zu prüfen. Sie setzen ein unbegrenztes Vertrauen in die Erkenntniskraft des Menschen und halten weder den Geltungsgrund noch das Geltungsausmaß menschlicher Erkenntnisse für problematisch: weder die Möglichkeiten noch die Grenzen des menschlichen Erkenntnisvermögens bedürfen ihrer Meinung nach einer Untersuchung. Dogmatiker sind z. B. die Metaphysiker; Gegenstandpunkte: ↗Kritizismus, Relativismus, Skeptizismus.

Doketismus: die Auffassung, daß gewisse (im allgemeinen für real gehaltene) Erscheinungen nur als Schein anzusehen sind: z. B. die von den ↗Manichäern (Gnostikern) vertretene Lehre, daß Jesus niemals wirklich Mensch, sondern immer nur Gott war und in einem Scheinkörper gestorben ist.

Dominante: von den ↗Neovitalisten (↗Reinke) angenommenes metaphysisches Lebensprinzip (gleichbedeutend mit ↗Entelechie).

Doppelte Wahrheit: auf der Überzeugung von der Vernunftwidrigkeit der Glaubenssätze (Dogmen) beruhende Lehre, der zufolge eine Behauptung (philosophisch gesehen) wahr und zugleich (vom theologischen Standpunkt aus betrachtet) falsch sein kann (und umgekehrt), d. h. Vernunftwahrheit und Glaubenswahrheit somit auf verschiedenen Ebenen liegen. — ↗Duns Scotus, Siger v. Brabant, Wilhelm von Ockham.

Arthur Drews

Drews, Arthur, 1865—1935: deutscher (an E. v. Hartmann orientierter) Metaphysiker (Pantheist, Monist), der die historische Existenz Jesu in Zweifel gezogen hat. —
Hptw.: Die deutsche Spekulation seit Kant, 2 Bde., 1895²; Die Religion als Selbst-Bewußtsein Gottes, 1906, 1925²; Die Christusmythe, 1909—1911, 1924¹⁴; Die Philosophie im ersten und zweiten Drittel des 19. Jahrhunderts, 1912/13; Geschichte des Monismus im Altertum, 1913; Einführung in die Philosophie, 1921. — Autobiographie in „Die Philosophie der Gegenwart in Selbstdarstellungen", Bd. V, 1924. — ↗Christentum.

Hans Driesch

Driesch, Hans, 1867—1941: deutscher Zoologe und Philosoph, bekanntester Neovitalist (Neubegründer der aristotelischen Entelechie-Lehre), der von einem lebensmetaphysischen Denkansatz aus ein dualistisch-theistisches Weltbild aufbaut. — Hptw.: Naturbegriffe und Natururteile, 1904; Philosophie des Organischen, 1909, 1928⁴; Ordnungslehre, 1912, 1923²; Leib und Seele, 1916, 1923³; Wirklichkeitslehre (Ein metaphysischer Versuch), 1917, 1930³; Das Problem der Freiheit, 1917, 1920²; Wissen und Denken, 1919, 1922²; Geschichte des Vitalismus, 1922²; Metaphysik der Natur, 1927; Leben, Tod und Unsterblichkeit, 1927; Die sittliche Tat, 1927; Relativitätstheorie und Weltanschauung, 1930²; Parapsychologie, 1932, 1952³; Die Überwindung des Materialismus, 1935, 1947²; Selbstbesinnung und Selbsterkenntnis, 1940, 1942²; Biologische Probleme höherer Ordnung, 1941, 1944²; Der Mensch und die Welt, 1945; Lebenserinnerungen, 1950. — Autobiographie in „Die Philosophie der Gegenwart in Selbstdarstellungen" Bd. I, 1923². — ↗Schöndorfer.

Dschainismus: ↗Jainismus (Jinismus).

Dualismus: 1. im allgemeinen: die Annahme einer Zweiheit (z. B. ↗Kants Unterscheidung von Ding an sich und Erscheinung). 2. In der Metaphysik: a) die Auffassung, daß die Wirklichkeit aus zwei Grundsubstanzen aufgebaut ist, nämlich einer seelisch-geistigen und einer materiell-körperlichen; in diesem Sinne unterscheidet z. B. ↗Descartes zwischen res cogitans (Bewußtsein) und res extensa (Ausdehnung); b) die Annahme, daß die Erfahrungswelt von einer „Überwelt" überragt wird, die jenseits der Grenzen möglicher Erfahrung liegt; so spricht z. B. ↗Platon von einer Ideen-Welt, nehmen die christlichen Philosophen ein „Jenseits" an usf. 3. In der wissenschaftlich-philosophischen Wirklichkeitstheorie der Erkenntnis, daß alles Geschehen entweder seelischer Vorgang oder Bewegung im Raum ist, daß alles Wirkliche und überhaupt Denkbare nur Seelisches oder Körperliches sein kann, wobei zwischen diesen beiden Wirklichkeitsarten ein fundamentaler Unterschied besteht, d. h. beiderlei Geschehnisformen aufeinander nicht zurückführbar sind.

Dubislav, Walter, 1895—1937: deutscher Mathematiker, Logiker und Naturphilosoph, Scientist, Neo-Empirist und Physikalist, der (wie die Philosophen des Wiener Kreises) metaphysische Spekulationen für fruchtlos hält und die Philosophie auf Wissenschaftstheorie reduziert sehen möchte. - Hptw.: Die Definition, 1926, 1981[4]; Philosophie der Mathematik, 1932; Naturphilosophie, 1933; mit K. W. Clauberg zusammen herausgegeben: Systematisches Wörterbuch der Philosophie, 1923.

Du Bois-Reymond, Emil, 1818—1896: deutscher Physiologe und Naturphilosoph, der die mechanistisch-quantifizierende Naturerklärung für die einzig mögliche und fruchtbare hält (allerdings für nicht zielführend im Bereich des Psychischen, da sich dieses aus den physikalischen und physiologischen Gegebenheiten allein nicht ableiten läßt), sich zu einer naturwissenschaftlich fundierten relativistisch-positivistischen Weltauffassung bekennt und seinen skeptisch-agnostischen Standpunkt (hinsichtlich der Lösbarkeit metaphysischer Probleme) mit den Worten umschreibt: „Ignoramus et ignorabimus" („Wir wissen es nicht und werden es nie wissen"); für prinzipiell unlösbar hält er die Fragen nach dem Wesen von Materie und Kraft (die für ihn nichts weiter als Abstraktionen sind), nach dem Ursprung von Bewegung und nach dem Ursprung von Empfindung und Bewußtsein; drei Probleme erscheinen ihm als grundsätzlich, wenn auch nicht gerade leicht lösbar: die Fragen nach dem Ursprung des Lebens, nach der Zweckmäßigkeit des Lebens, nach der Zweckmäßigkeit der Organismen und nach der Entwicklung von Vernunft und Sprache; dem siebenten „Welträtsel", dem Problem der Willensfreiheit, steht er unentschieden gegenüber. — Hptw.: Über die Grenzen des Naturerkennens, 1872, 1916[11]; Die sieben Welträtsel, 1880, 1916[7]; Reden, 1885/87, 1912[2]; Über die Grundlagen der Erkenntnis in den exakten Wissenschaften, 1890. — ↗Haeckel.

Dubos, Jean Baptiste, 1670—1742: französischer Ästhetiker, der die Poesie mit der Malerei und der Musik vergleicht und auf diese Weise ihre Eigenart und ihre Grenzen festzulegen versucht. — Hptw.: Réflexions critiques sur la poésie, la peinture et la musique, 1719.

Duhem, Pierre Maurice Marie, 1861—1916: französischer Physiker, Wissenschaftstheoretiker und Wissenschaftshistoriker, dessen Auffassung, daß die physikalischen Gesetze nur Symbolkonstruktionen seien, welche die Wirklichkeit weder vollständig noch wahr noch falsch wiedergeben, von Einfluß auf den Wiener Kreis war. — Hptw.: L'évolution de la mécanique, 1903, dt. 1912 (Die Wandlungen der Mechanik und der mechanischen Naturerklärung); La théorie physique, son objet et sa structure, 2 Bde., 1905/06, 1914[1], dt. 1908 (Ziel und Struktur der physikalischen Theorie); Le système du monde, 5 Bde., 1913–1917, 10 Bde.: 1954–1959[2].

Dühring, Eugen Karl, 1833—1921: deutscher Nationalökonom und Philosoph, Positivist, der vor allem von Engels angegriffen wurde, da er trotz seiner materialistischen Grundeinstellung z. B. die räumliche und zeitliche Endlichkeit der Welt annimmt und an die Existenz einer spezifischen Lebenskraft glaubt. — Hptw.: Natürliche Dialektik, 1865; Der Wert des Lebens, 1865, 1922[8]; Kritische Geschichte der Philosophie, 1869, 1894[4]; Kritische Geschichte der allgemeinen Prinzipien der Mechanik, 1873, 1887[3]; Kursus der Philosophie (als streng wissenschaftlicher Weltanschauung und Lebensgestaltung), 1875; Logik und Wissenschaftstheorie, 1878, 1905[2]; Der Ersatz der Religion durch Vollkommeneres, 1883, 1928[4]; Wirklichkeitsphilosophie, 1895. — ↗Engels, Lessing Th., Vaihinger.

Duns Scotus, Johannes (Doctor subtilis), 1265—1308: schottischer Spätscholastiker (Franziskaner), der im Gegensatz zur Frühscholastik und zum hochscholastischen Thomismus die Vorrangstellung des Willens gegenüber dem Intellekt betont, die Zahl der rational beweisbaren Dogmen sehr einschränkt und demgemäß den Grundsatz

Durchschnitt

der „doppelten Wahrheit" vertritt, dem zufolge etwas auf Grund philosophischer Überlegungen als falsch erscheinen und doch (vom Standpunkt des Glaubens aus gesehen) wahr sein kann. Nach D. S.' Meinung ist das Gute von Gott willkürlich als solches festgelegt. – Schr.: De primo principio. – ↗Gilson, Heidegger.

Durchschnitt: Ausdruck in der modernen Logik, der ungefähr der älteren Bezeichnung ↗„Kreuzung" (von Begriffen) entspricht; der Durchschnitt" zweier Klassen umfaßt die gemeinsamen Elemente der beiden Klassen.

Durkheim, Emile, 1858—1917: französischer Soziologe und Philosoph, einer der Begründer der „Soziologischen Ethik" (Auflösung der Ethik in Soziologie). — Hptw.: Eléments de sociologie, 1889; La division du travail social, 1893; Les règles de la méthode sociologique, 1895, dt. 1908; Le suicide, 1897; Neuere deutsche Ausgaben: Soziologie und Philosophie, 1967; Erziehung, Moral und Gesellschaft, 1973.

Dürr, Karl, 1888–1970: Schweizer Neopositivist, Logistiker und Kritiker der Relativitätstheorie. – Hptw.: Wesen und Geschichte der Erkenntnistheorie, 1924; Der Logische Positivismus, 1948; Lehrbuch der Logistik, 1954; Ein Nein zu Einstein, 1961; Metaphysik und wissenschaftliche Philosophie, 1967.

Dýnamis: Kraft, Vermögen, Potenz, Möglichkeit. — ↗Energeia.

Dynamismus: Standpunkt z. B. ↗Eislers, Siegels.

Dynamisten: ↗Monarchianer.

Dynamistik: ↗Materie.

Dyophysitismus: Lehre von den zwei Naturen Christi (der menschlichen und der göttlichen). Gegenbegriff: ↗Monophysitismus.

Dyroff, Adolf, 1866—1943: deutscher Psychologe und Philosoph, kritischer Realist. — Hptw.: Die Ethik der alten Stoa, 1897; Demokrit-Studien, 1899; Über den Existentialbegriff, 1902; Einführung in die Psychologie, 1908, 1932⁶; Religion und Moral, 1925; Betrachtungen über Geschichte, 1926; Der Gottesgedanke in der europäischen Philosophie in geschichtlicher Sicht, 1943; Ästhetik des tätigen Geistes, 1948; Einleitung in die Philosophie, 1948. – Autobiographie in „Die Philosophie der Gegenwart in Selbstdarstellungen", Bd. V, 1924.

Dysteleologie: Leugnung der Zweckmäßigkeit und der Vollkommenheit der Welt. Gegenbegriff: ↗Teleologie.

E

E: in der Logik das Symbol für eine allgemein verneinende Aussage (z. B.: „Kein Mensch ist unfehlbar").

Ebbinghaus, Hermann, 1850—1909: deutscher Psychologe (führend in der experimentellen Gedächtnis- und Aufmerksamkeitsforschung), der in der Leib-Seele-Frage die Lehre vom psychophysischen Parallelismus vertritt. — Hptw.: Grundzüge der Psychologie, 1897, 1919⁴; Abriß der Psychologie, 1908, 1932⁹. — ↗Lernen.

Ebbinghaus, Julius, 1885–1981: deutscher Philosoph, Kritizist. – Hptw.: Relativer und absoluter Idealismus, 1910; Kants Lehre vom ewigen Frieden und die Kriegsschuldfrage, 1929; Über die Fortschritte der Metaphysik, 1931; Zu Deutschlands Schicksalswende, 1946, 1947²; Gesammelte Aufsätze, Vorträge und Reden, 1968; Traditionsfeindschaft und Traditionsgebundenheit, 1969. – Autobiographie in „Philosophie in Selbstdarstellungen", Bd. III, 1977.

Julius Ebbinghaus

Eberz, Otfried, 1878—1959: deutscher (katholischer) Geschichts- und Religionsphilosoph, der nachzuweisen versucht, daß die (metaphysisch orientierte) Frau ursprünglich den geistigen Primat innehatte und erst später, zum Nachteil der Kulturentwicklung, vom (rationalistisch eingestellten) Mann aus seiner Rolle verdrängt wurde. — Hptw.: Sophia und Logos oder Die Philosophie der Wiederherstellung, 1967, 1977².

Ebner, Ferdinand, 1882–1931: österreichischer Philosoph, der im Sinne einer christlichen Existenzphilosophie (vor allem unter dem Einfluß Kierkegaards) durch „dialogisches" Denken über die mystische Liebe zum geistigen Verständnis der absoluten Wirklichkeit (des absoluten „Du") vorzudringen sucht, das Kulturstreben der Menschen als „Traum vom Geist" auffaßt und in der „Liebe" und in der „Sprache" die beiden Wege sieht, die von der geistigen Realität des Ich zur geistigen Realität des Du führen. – Hptw.: Das Wort und die geistigen Realitäten (Pneumatologische Fragmente), 1921, 1952²; Wort und Liebe (Aphorismen), 1935; Das Wort ist der Weg (Tagebuchblätter), 1949; Fragmente, Aufsätze, Aphorismen, 1963; Notizen, Tagebücher, Lebenserinnerungen, 1963; Briefe, 1965. – Zwecks Dokumentation, Aufarbeitung und Verbreitung des Denkens Ebners wurde 1984 die F. Ebner-Gesellschaft in Gablitz im Wienerwald gegründet, wo E. als Volksschullehrer gewirkt hat. – ↗Brennerkreis.

Eckhart (Meister), 1260—1327: deutscher Mystiker (Dominikaner), der den kirchlichen Dogmen und der kirchlichen Heilsvermittlung wenig Wert beimißt, vielmehr die Seele als Ort der Gottesgeburt auffaßt („greift in euer eigenes Gut und ihr tragt doch alle Wahrheit wesenhaft in euch!"), die „Gelassenheit" gegenüber allem, was Gott schickt (auch gegenüber der Sünde) fordert und die Bedeutungslosigkeit aller „Werke" sowie der eigenen Seligkeit lehrt. Die Gottheit ist nach E. nicht begrifflich bestimmbar, sondern nur seelisch erfühlbar. Eine Reihe von Lehrsätzen E.s hat die Kirche als pantheistisch verworfen. — Hptw.: Opus tripartitum; Deutsche Predigten und Traktate 1978⁵. – ↗Albert K.

Eckstein, Walter, 1891—1973: österreichischer Soziologe und Philosoph (später in den USA), der sich vor allem mit werttheoretischen, namentlich ethischen sowie sozial-, staats- und rechtsphilosophischen Fragen auseinandersetzt und zu den Zielen der ↗Ethischen Bewegung bekennt. Als Philosophiehistoriker hat sich E. vor allem als Spinoza-Kenner ausgewiesen. — Werke: Untersuchungen über Adam Smith's Theorie der ethischen Gefühle, 1926; Das antike Naturrecht in sozialphilosophischer Beleuchtung, 1926; Wilhelm Jerusalem (sein Leben und Wirken), 1935; Die Ethische Bewegung in Amerika und außerhalb der USA, 1949; philosophiegeschichtliche (u. a. über Spinoza, Rousseau, Nietzsche), werttheoretische, sozial-, staats- und rechtsphilosophische Abhandlungen in Zeitschriften sowie einschlägige Artikel in „The Dictionary of Philosophy" (herausgegeben von Runes).

Eddington, Sir Arthur Stanley, 1882—1944: englischer Astronom und Wissenschaftstheoretiker, der aus den modernen physikalischen und astronomischen Forschungsergebnissen metaphysische (spiritualistische) Folgerungen ziehen zu müssen meint. — Hptw.: Space, Time and Gravitation, 1920, dt. 1923; The Mathematical Theory of Relativity, 1923, dt. 1925; Stars and Atoms, 1927, dt. 1931²; The Nature of the Physical World, 1928, dt. 1931, 1939² (Das Weltbild der Physik und ein Versuch seiner philosophischen Deutung); Science and the Unseen World, 1929, dt. 1930; The Expanding Universe, 1933; New Pathways in Science, 1935 (auch dt.); The Philosophy of Physical Science, 1939, dt. 1949, 1956² (Philosophie der Naturwissenschaft).

Edwards, Paul, geb. 1923: in den USA lebender Philosoph österreichischer Herkunft, der sich vor allem Russell verbunden fühlt und als Editor in Chief des 8bändigen Standardwerkes „Encyclopedia of Philosophy" (1967) hervorgetreten ist. - Hptw.: The Logic of Moral Discourse, 1955.

Effektualismus: erkenntnistheoretischer Standpunkt, dem zufolge nur „Wirkungen" erkennbar sind (z. B. ↗March).

Effizienz: Wirksamkeit, Ergiebigkeit.

Effulguration (Ausstrahlung): durch sie geht z. B. nach der Meinung ↗Plotins die unvollkommene Welt aus dem vollkommenen Ur-Einen hervor, das durch die Effulguration jedoch nichts an Substanz einbüßt und selbst unverändert bleibt. Im Gegensatz dazu ist bei der **Emanation** das Ausfließende von gleicher Art wie das, woraus es emaniert (dieser Gedanke ist z. B. bei ↗Xenophanes zu finden). — ↗Emanation.

Egoismus: 1. eigennütziges Verhalten (verherrlicht als „Sacro Egoismo"); ein nationalstaatlich-imperialer Egoismus ist der ↗Faschismus (Nationalsozialismus). ↗Hobbes, Mandeville, Stirner; Ethik, Immoralismus, Moral insanity. - 2. Jean Paul (↗Richter) bezeichnet (in leicht abgewandelter Terminologie ↗F. H. Jacobis) den ↗Subjektiven Idealismus als „Philosophischen Egoismus".

Ehrenfels, Christian von, 1859—1932: österreichischer Philosoph, Schüler Brentanos und Anhänger Meinongs, relativistisch-evolutionistisch eingestellter Werttheoretiker, der darauf hinweist, daß jede Wertung in einem Wunsch wurzelt, und radikalmoderne sexualethische Auffassungen vertritt. E. ist einer der Begründer der Gestalt-Psychologie; die Kennzeichen einer „Gestalt" sind nach E. ihre Übersummativität und Transponierbarkeit. — Hptw.: Über Gestaltqualitäten (Vierteljahresschrift für wiss. Philos. 14), 1890; System der Werttheorie, 1897/98; Grundbegriffe der Ethik, 1907; Sexualethik, 1907; Kosmogonie, 1916; Die Religion der Zukunft, 1929.

Ehrlich, Eugen, 1862—1922: österreichischer Rechtsphilosoph, Begründer der modernen Rechtssoziologie, der das Recht als Funktion der Macht auffaßt, d. h. auf die rechtsschöpferische Bedeutung der bestehenden Machtverhältnisse hinweist. — Hptw.: Freie Rechtsfindung und freie Rechtswissenschaft, 1903; Grundlage einer Soziologie des Rechts, 1913; Die juristische Logik, 1918.

Ehrlich, Walter, 1896—1968: deutscher Philosoph, der eine personalistische Metaphysik entworfen hat. — Hptw.: Kant und Husserl, 1923; Stufen der Personalität, 1930; Das Verstehen, 1939; Ontologie des Bewußtseins, 1940; Der Mensch und die numinosen Regionen, 1943; Ästhetik, 1947; Metaphysik, 1955; Ethik, 1956; Philosophische Anthropologie, 1959; Naturphilosophie, 1960; Kulturgeschichtliche Autobiographie, 1961; Kulturphilosophie, 1964; Philosophie der Geschichte der Philosophie, 1965; System der Philosophie, 1966.

Eibl, Hans, 1882—1958: österreichischer Metaphysiker, katholischer Kulturphilosoph und Philosophiehistoriker. — Hptw.: Metaphysik und Geschichte, 1913; Augustinus und die Patristik, 1923; Der Ausklang der antiken Philosophie und das Erwachen einer neuen Zeit, 1928 (mit G. Kafka); Aufriß der Metaphysik, 1929; Die Einheit des Abendlandes, von der deutschen Mitte aus gesehen, 1930; Vom Sinn der Gegenwart (Ein Buch von deutscher Sendung), 1933, 1934²; Die Grundlegung der abendländischen Philosophie, 1934; Delphi und Sokrates (Eine Deutung für unsere Zeit), 1949; Augustinus (Vom Götterreich zum Gottesstaat), 1951; Abendländische Geistesgeschichte, 1957.

Eidetik: 1. Wesenslehre; ↗Husserl, Phänomenologie. — 2. Vor allem von ↗Jaensch erforschte Fähigkeit mancher Jugendlicher, Künstler usw., subjektive optische Anschauungsbilder mit der Kraft von Wahrnehmungen zu erleben, also besonders starke und anschauliche Vorstellungen zu reproduzieren (diese „eidetischen Bilder" reichen an Schärfe, Deutlichkeit und Detailreichtum oft an Wahrnehmungen heran); auch der betreffende Forschungszweig der Psychologie wird so bezeichnet.

Eigen, Manfred, geb. 1927: deutscher Chemiker (Nobelpreis 1967), der durch die Erforschung biologischer Elementarprozesse entscheidende Einblicke in Ursprung und Evolution des Lebens gewinnen konnte. — Hptw. (mit Ruthild Winkler): Das Spiel (Naturgesetze steuern den Zufall), 1975; The Hypercycle: A Principle of Natural Evolution, 1979 (mit P. Schuster); Stufen zum Leben (Die frühe Evolution im Visier der Molekularbiologie), 1987; Perspektiven der Wissenschaft (Jenseits von Ideologie und Wunschdenken), 1988. – ↗Zufall.

Eigenschaftsaussage: eine Aussage von der Form „S ist P"; das bedeutet: S hat die Eigenschaft P bzw. P ist ein Merkmal von S (z. B.: „Dieser Tisch ist braun").

Eindeutigkeit: logische Eigenschaft von ↗Relationen. Man spricht von 1. ein-mehrdeutigen Relationen, wenn jedem Vorderglied nur ein Hinterglied entspricht, während dem Hinterglied mehrere Vorderglieder entsprechen können (z. B.: „X geboren von y"); 2. mehr-eindeutigen Relationen, wenn jedem Hinterglied nur ein einziges Vorderglied entspricht (z. B.: „X ist Vater von y"); 3. ein-eindeutigen (umkehrbar-eindeutigen) Relationen, wenn sowohl die Relation als auch ihre Umkehrung eindeutig sind (z. B.: „9 ist Zahlennachfolger von 8").

Einfühlung (Beseelung, Introjektion): durch Einfühlung versetzt sich der Mensch in die Lage bzw. Seelenstimmung eines anderen Menschen oder verlegt sein Erleben in Naturobjekte oder Kunstwerke, wodurch sie (nach ↗Groos, Lipps Th., Vischer R., Worringer) ästhetische Bedeutsamkeit gewinnen bzw. in erhöhtem Maß ästhetischen Genuß bereiten. – ↗Introjektion, Erhaben, Ethik, Verstehen (3. und 4.).

Einheitswissenschaft: ↗Carnap, Neurath, Zilsel; Physikalismus.

Einstein, Albert, 1879—1955: deutscher Physiker (später in den USA), Begründer der ↗Relativitätstheorie, der zuletzt an dem Versuch gearbeitet hat, die von ihm entwickelte Gravitationstheorie mit einer allgemein-invarianten Elektrodynamik zu einer einheitlichen Feldtheorie zu verbinden. Als Erkenntnistheoretiker stand E. auf dem Boden des Kritizismus; in seinen letzten Jahren bekannte er sich (im Gegensatz zu seiner früheren Endlichkeitstheorie) zur Auffassung von der Unendlichkeit der Welt; auch an der statistischen (indeterministischen) Betrachtungsweise in der Physik übte er zuletzt Kritik. Seine Auffassungen: rationalistisch, fortschrittlich, liberal, für internationale Verständigung und Zusammenarbeit; gegen Militarismus, Nationalismus, Tyrannei und Ausbeutung. – Hptw.: Die Grundlage der allgemeinen Relativitätstheorie, 1916; Über die spezielle und die allgemeine Relativitätstheorie, 1917, 1982^{22}; Äther und Relativitätstheorie, 1920; Geometrie und Erfahrung, 1921; Vier Vorlesungen über Relativitätstheorie, 1922, 1960^2 (Grundzüge der Relativitätstheorie); Mein Weltbild, 1934; Physik als Abenteuer der Erkenntnis, 1938; Die Evolution der Physik (mit Leopold Infeld), 1950; Aus meinen späteren Jahren, 1952; Frieden, 1975; Aus meinem späteren Leben, 1979. – Biographie: Philipp Frank, Einstein (sein Leben und seine Zeit), 1949. – Albert Einstein – Max Born: Briefwechsel 1916–1955, 1969. – ↗Materie, Metageometrie, Vorurteil, Wahrheit; Dirac.

Albert Einstein

Eisler, Rudolf, 1873—1926: österreichischer Philosoph (Kritizist), der einen spiritualistischen Dynamismus entwickelt hat und vor allem durch seine Nachschlagwerke bekannt geworden ist: Wörterbuch der philosophischen Begriffe, 3 Bde., 1899 (4. Aufl. herausgegeben von Roretz: 1927—1930); Philosophenlexikon, 1912 (Neuauflage in 2 Bänden von Werner Ziegenfuß: 1949/50); Handwörterbuch der Philosophie, 1913 (2. Aufl. herausgegeben von Müller-Freienfels: 1933); Kant-Lexikon, 1930. — Übrige Hptw.: W. Wundts Philosophie und Psy-

Ejektionismus

chologie, 1902; Kritische Einführung in die Philosophie, 1905, 1927²; Leib und Seele, 1906; Einführung in die Erkenntnistheorie, 1907, 1925²; Grundlagen der Philosophie des Geisteslebens, 1908; Das Wirken der Seele, 1909; Geschichte des Monismus, 1910; Geist und Körper, 1912; Der Zweck, 1914.

Ejektionismus: von ↗Schultz eingeführter Begriff, etwa gleichbedeutend mit ↗Introjektion.

Ek diaphonias: Argument, dem zufolge es z. B. eine unwandelbare Moral nicht geben kann, da die moralischen Auffassungen der einzelnen Völker nicht übereinstimmen.

Eklektizismus: Kompromißstandpunkt; der Eklektiker wählt aus verschiedenen Auffassungen das aus, was ihm als brauchbar erscheint, und versucht, zwischen den gegensätzlichen Meinungen zu vermitteln. – ↗Historismus.

Ekphorie: von ↗Semon eingeführte Bezeichnung für die Erneuerung eines früheren Erlebnisses, das sein Engramm in der lebendigen Substanz zurückgelassen hat.

Ekstase: Zustand der Verzückung, der Ergriffenheit, in dem Visionen und Halluzinationen auftreten. Dieser seelische Ausnahmezustand kann durch „Selbstversenkung" herbeigeführt werden (↗Suggestion: Autohypnose, Yoga-Praxis etc.), erleichtert durch Reiz-Abschirmung (Klausur, Eremitentum). Zum engen Zusammenhang mit dem religiösen Erleben: ↗Mystik. Auch Phänomene wie „Besessenheit" (oft epidemisch auftretend), „Zungenreden" (Glossolalie; automatisiertes Reden in unbekannten Sprachen) u. dgl. gehören in diesen Zusammenhang. – ↗Vorstellung; Eliade.

Ektoplasma: eine angeblich aus dem Körper der Materialisationsmedien heraustretende weiche oder schaumige Masse, welche die Formen von Händen, Köpfen oder ganzen Gestalten annehmen kann.

Élan vital: von ↗Bergson eingeführte Bezeichnung für die Lebenskraft.

Eleaten: Angehörige der eleatischen Schule (nach Elea in Unteritalien), deren bedeutendste Repräsentanten ↗Parmenides und sein Schüler ↗Zenon waren. — ↗Eleatismus.

Eleatismus: von den Eleaten propagierte Lösung des „genetischen" Problems: im Grunde („an sich") gibt es kein „Werden", sondern nur ein „Sein"; Bewegung und Veränderung werden uns nur durch unsere Sinne vorgetäuscht; das „wahre Sein" (die „Wirklichkeit an sich") ist unbeweglich, unveränderlich, unzerstörbar und ewig. Andere Bezeichnung dieses Standpunktes: ↗Substantialismus; Gegenstandpunkt: ↗Aktualismus.

Elenchus: Widerlegung, Gegenbeweis. ↗„Ignoratio elenchi".

Eliade, Mircea, 1907–1986: aus Rumänien stammender Religionsphilosoph, Religionshistoriker und Mythenforscher (später in den USA, französischer Staatsbürgerschaft), der in seinen Romanen sowie religions- und kulturphilosophischen Essays die Problematik der Werke Kafkas und den Existentialismus ↗Sartres mit Elementen der ↗indischen Philosophie zu verbinden sucht. – Hptw. (dt.): Das Mädchen Maitreyi (Roman), 1948; Der Mythos der ewigen Wiederkehr, 1953, 1966²; Die Religionen und das Heilige (Elemente der Religionsgeschichte) 1954, 1986³; Das Heilige und das Profane (Vom Wesen des Religiösen), 1957; Schamanismus und archaische Ekstasetechnik, 1957; Ewige Bilder und Sinnbilder (Über die magisch-religiöse Symbolik), 1958, 1986²; Der Yoga, 1960; Schmiede und Alchemisten, 1960, 1980²; Mythen, Träume und Mysterien, 1961; Mysterien der Wiedergeburt, 1962; Die Sehnsucht nach dem Ursprung, 1976; Im Mittelpunkt (Bruchstücke eines Tagebuches), 1977; Yoga (Unsterblichkeit und Freiheit), 1977; Drei Grazien (Erzählung), 1978; Phantastische Geschichten, 1978; Geschichte der religiösen Ideen, auf 5 Bde. angelegt, 1978 ff.; Nächte in Serampore (Novelle), 1985; Die Prüfung des Labyrinths, 1987; Mythos und Wirklichkeit, 1988. – ↗Yoga.

Ellipse: syntaktische Figur der Verkürzung, Auslassung eines Wortes oder Gedankens (z. B.: „Der Zug geht um zehn" – statt: um zehn Uhr). Gegensatz: ↗Hyperbel (– von den betreffenden Kegelschnittlinien ist hier nicht die Rede).

Emanation (Ausfluß): Austritt der Welt aus Gott (z. B. nach ↗Xenophanes); **Remanation:** Rückkehr in Gott (— was uns etwa als Tod erscheint —). ↗Effulguration.

Emanzipation: Freilassung, Befreiung, Verselbständigung, Mündig- und Unabhängigwerden einer Gruppe, z. B. einer Rasse, eines Volkes, eines Standes, einer Klasse, einer Generation, der Frau (Selbstbefreiung aus ihrer überkommenen sozialen Stellung: z. B. „Women's Lib" in Amerika; ↗Beauvoir).

Emergenz: Auftauchen, Aufsteigen von etwas Neuem in der ↗Evolution. ↗S. Alexander, Bergson, Morgan, Teilhard.

Emerson, Ralph Waldo, 1803–1882: amerikanischer Philosoph, Transzendentalist (↗Amerikanische Philosophie), der von einem neo-idealistischen Standpunkt aus (– „die Welt ist ein Niederschlag des Geistes" –) am Materialismus und Pragmatismus Kritik übt und die „große Persönlichkeit" als Menschenideal verherrlicht (Essays on Representative Men, 1848, dt. 1903: Vertreter der Menschheit). – Philos. Hptw.: Nature, 1836, dt. 1873; Essays, 1841–1844, dt. 1894–1907. Complete Works, 14 Bde., 1890, dt. 1902 ff. – ↗Thoreau.

Emge, Carl August, 1886—1970: deutscher Rechtsphilosoph. — Hptw.: Über das Grunddogma des rechtsphilosophischen Relativismus, 1916; Vorschule der Rechtsphilosophie, 1925; Geschichte der Rechtsphilosophie, 1931; Einführung in die Rechtsphilosophie, 1955; Das Problem des Fortschritts, 1958; Philosophie der Rechtswissenschaft, 1961; Der Weise, 1967.

Emotionalismus: psychologisch-erkenntnistheoretische Auffassung, der zufolge dem Fühlen gegenüber dem Wollen und Denken eine Vorrangstellung zukommt bzw. gefühlsmäßig (↗intuitiv) gewonnene Erkenntnisse einen besonderen Wert besitzen. Gegenstandpunkte: ↗Intellektualismus (Rationalismus), Voluntarismus.

Empathie: ↗Einfühlung (Fähigkeit, sich in einen anderen hineinzuversetzen).

Empedokles, um 495—435 v. Chr.: griechischer Naturphilosoph, der in der Frage nach dem Urstoff aller Dinge einen pluralistischen Standpunkt vertritt, indem er vier Elemente (Erde, Feuer, Luft und Wasser) unterscheidet und die Entwicklung der Welt aus der Verbindung und Trennung dieser Elemente erklärt. Die Mischung und Entmischung der Elemente wird seiner Annahme nach durch die beiden Grundkräfte Liebe (Anziehung) und Haß (Abstoßung) bewirkt. — ↗Aporroen.

Empfindungsmonismus: z. B. von ↗Mach vertretene erkenntnistheoretische Auffassung, der zufolge uns durch Erfahrung nicht „Dinge", sondern bloß „Empfindungskomplexe" „gegeben" sind („Empfindungsmetaphysik").

Empirie: Erfahrung.

Empiriokritizismus: von ↗Avenarius begründete kritisch-positivistische Philosophie der „reinen Erfahrung", der zufolge die Dinge Erscheinungen des Bewußtseins sind. – ↗Ewald; Lenin; Petzoldt.

Empirische Aussagen: Erfahrungssätze. Zu unterscheiden sind: 1. ↗Konstatierungen; 2. hypothetische Sätze: a) ↗singuläre Sätze, b) Naturgesetze bzw. Hypothesen im weiteren Sinn des Wortes und c) ↗Hypothesen im engeren Sinn des Wortes. — ↗Induktion.

Empirismus: 1. gleichbedeutend mit ↗Sensualismus, Beantwortung der Frage nach Ursprung und Quelle der Erkenntnis: erkenntnispsychologischer Standpunkt, dem zufolge alles Wissen ausschließlich durch Erfahrung (Wahrnehmung) gewonnen wird (ein „angeborenes Wissen", das die Rationalisten annehmen, gibt es nicht; das Bewußtsein eines Neugeborenen läßt sich mit einem unbeschriebenen Blatt [tabula rasa] vergleichen; Leitsatz: nihil est in intellectu, quod non prius fuerit in sensibus, d. h.: man kann nichts eher erkennen, als man es wahrgenommen hat). 2. Gleichbedeutend mit ↗Aposteriorismus, Beantwortung der Frage nach dem Geltungsgrund der Erkenntnis: erkenntniskritischer Standpunkt, dem zufolge die Erfahrung der Geltungsgrund aller Erkenntnisse ist bzw. alle Erkenntnisse auf Grund von Erfahrungen (a posteriori) gelten, da eine allgemein (intersubjektiv) gültige Erkenntnis von jedem auf ihre Wahrheit hin überprüfbar (verifizierbar) sein muß, was nur durch Erfahrung möglich ist, da sie die einzige allgemein zugängliche Erkenntnisquelle darstellt. — ↗Bacon, Locke, Hume; Kritischer Empirismus, Logischer Empirismus (Feigl), Positivismus. — Gegenstandpunkt: ↗Rationalismus (Apriorismus).

Encephalose: ↗Psychose.

Endopathie: ↗Einfühlung, Introjektion.

Enérgeia: lebendige Wirklichkeit, Tätigkeit, Wirksamkeit, Verwirklichung (— im Gegensatz zur bloßen Möglichkeit: ↗Dynamis).

Energetik: energetische Weltauffassung, der zufolge als Grundlage aller Naturerscheinungen die „Energie" anzusehen

Energismus

ist. — Gegenstandpunkt: ↗Mechanistik (1.), nach der die Grundlage aller Naturerscheinungen in der durch Stoß oder durch anziehende und abstoßende Kräfte bewegten Materie gegeben ist. — ↗Ostwald; Materie.

Energismus: ethischer Standpunkt demzufolge die Erfüllung des Lebens nicht in Glück und Lust (↗Eudaimonismus, Hedonismus), sondern in der vollen Entfaltung und Betätigung aller menschlichen Anlagen zu suchen bzw. zu finden ist (↗Perfektionismus).

Engels, Friedrich, 1820—1895: deutscher Philosoph, Mitbegründer des Marxismus (des Dialektischen Materialismus). — Hptw.: Herrn Eugen Dührings Umwälzung der Wissenschaft (Anti-Dühring), 1878, 1923[12]; Die Entwicklung des Sozialismus von der Utopie zur Wissenschaft, 1883; Ludwig Feuerbach und der Ausgang der klassischen deutschen Philosophie, 1888, 1927[2]. - ↗Marx K.; Dialektischer Mat.

Englische Empiristen: zusammenfassende Bezeichnung für ↗Locke, Berkeley, Hume. — ↗Pfeil, Reininger.

Englische Philosophie: läßt (verglichen mit der ↗deutschen oder der ↗französischen Philosophie) folgende Tendenzen erkennen: 1. Tatsachensinn (Sinn für „matter of fact"; man denke an den ↗englischen ↗Empirismus, den ↗Pragmatismus, die Orientierung an der Naturwissenschaft und die schon mit ↗F. Bacon einsetzende Kritik der Sprache, auch in der Logistiker von ↗Boole über ↗Russell bis herauf zur ↗Analytischen Philosophie!); 2. Interesse an der praktischen Verwertung der Erkenntnis (↗F. Bacon: Tantum possumus, quantum scimus; ↗Bentham, Mill, Spencer, Russell). — Natürlich bestätigen auch in diesem Falle die Ausnahmen die Regel (z. B. ↗Shaftesbury, Bradley). — ↗Aster, Ayer, Metz R., Roretz, Wentscher E. - Lit.: A. D. Ritchie, British Philosophers, 1950.

Engramm: bleibende Spur, die das Wahrgenommene im Gehirn hinterläßt. - ↗Ekphorie; Bonnet, Semon.

Enkapsis: 1) Ineinanderschachtelung von Geweben (- bei M. Heidenhain: Formen und Kräfte in der leb. Natur, 1923). - 2) Das Eingeordnetsein niederer in höhere Formen gemäß einer Hierarchie (- bei ↗K. Groos).

Enriques, Federigo, 1871—1946: italienischer Mathematiker (vor allem Geometer), Logiker, Erkenntnis- und Wissenschaftstheoretiker, der vom Standpunkt eines kritischen Positivismus bzw. Realismus aus (unter Ablehnung des Konventionalismus) die Grundbegriffe und Prinzipien der wissenschaftlichen Erkenntnis zu klären sucht. — Hptw.: Problemi della scienza, 1906, dt. 1910 (Probleme der Wissenschaft, 2 Bde.); Il problema della realtà, 1911; Scienza e razionalismo, 1913.

Entelechie: von ↗Aristoteles eingeführter, von den ↗Neovitalisten übernommener metaphysischer Begriff; wörtlich: „etwas, das sein Ziel in sich trägt", also eine zielstrebig wirkende Kraft, eine gestaltende Macht übersinnlicher Art, z. B. die „Lebenskraft".

Entfremdung: ↗Alienation.

Enthymem: verkürzter Schluß, bei dem eine der beiden Prämissen nur stillschweigend mitgedacht wird (Beispiel: „Du mußt ins Bett, weil du Fieber hast").

Entität: Wesen (eines Dinges), metaphysische Wesenheit.

Entmythologisierung: ↗Bibelkritik; Feuerbach; Galbraith, Jaspers, Ryle.

Entropie: eine physikalische Größe, in der die Wirkfähigkeit der Energie unter bestimmten Umständen zum Ausdruck kommt. Nach der kinetischen Theorie der Materie ist die Entropie (der Quantitätsfaktor der Energie) eines Systems in einem bestimmten Zustand der negative Logarithmus der Wahrscheinlichkeit dieses Zustandes; sie ist somit z. B. ein Maß für die Unwahrscheinlichkeit der zufällig bestehenden Ordnung der Moleküle. Nach dem Entropie-Prinzip kann die Entropie eines abgeschlossenen Systems nie abnehmen; sie bleibt vielmehr bei den umkehrbaren Prozessen unverändert und nimmt bei den nicht umkehrbaren Prozessen stets zu. Auf das Weltall angewendet, besagt dieses Prinzip, daß die Entropie einem Maximum zustrebt, d. h., daß die Wirkfähigkeit der Energie sich dem Nullwert nähert bzw. immer wahrscheinlichere Zustände eintreten, zuletzt der „Wärmetod". Das Entropiegesetz ist theoretisch unbeweisbar; auf keinen Fall aber gilt es für Systeme, in denen auch einmal unwahrscheinliche Zustände eintreten (z. B. im Weltall durch das Vorhandensein lebender Substanz, durch die Tätigkeit des Menschen usw.), weshalb es ungerechtfertigt ist, einen „Wärmetod" (besser: „Kältetod") des Alls (als dessen absoluten astronomischen Tod) anzunehmen. — ↗Boltzmann; Kosmogonie, Unendlichkeit.

Entstehung des Lebens: Abstammungslehre, Leben, ↗Urzeugung.

Entwicklung: die biologische Entwicklung läßt sich auf zweifache Weise verstehen: 1. der Präformationstheorie zufolge wird durch die äußeren Verhältnisse die Entwicklung nur ausgelöst; sie sind also nur die Bedingung dafür, daß die im Keime schon angelegte Entwicklung einsetzt (↗Biomechanistik); 2. nach der epigenetischen Auffassung hingegen wird dem ungeformten Stoff während der Entwicklung durch eine übersinnliche Kraft (Entelechie) die Form aufgeprägt, deren Eingreifen durch äußere Einflüsse angeregt wird (Standpunkt der ↗Vitalisten). — ↗Abstammungslehre, Evolution, Evolutionismus.

Entwicklungsmechanik: ↗Roux; Biomechanistik.

Enzyklopädismus: ein ebenso anspruchsvolles wie problematisches Bildungsideal, nämlich das Verlangen nach einer möglichst umfassenden Allgemeinbildung, wie man sie (— daher der Terminus:) „im Kreise" der Höhergebildeten voraussetzt.

Enzyklopädisten: französische Aufklärer, Autoren der (ab 1751 erschienenen) großen „Enzyklopädie" („Encyclopédie ou Dictionnaire raisonné des sciences, des arts et des métiers"), dem Handbuch des allgemeinen Wissens in der zweiten Hälfte des 18. Jhdts., das die Ideen der ↗Aufklärung verbreiten sollte und ein Gegenstück zur kleineren englischen Enzyklopädie von Chambers (1728) darstellte. Die Herausgeber waren: ↗Diderot und ↗d'Alembert; die bedeutendsten Mitarbeiter: ↗Montesquieu, ↗Voltaire, ↗Rousseau, Turgot, Jaucourt, Daubenton, ↗Holbach, ↗Buffon. — Die große „Encyclopedia Britannica" wurde 1771 von „Einer Gesellschaft von Herren" in Schottland begründet. Die Bezeichnung „Enzyklopädie" für große allgemeine Nachschlagewerke hat sich bis heute erhalten.

Epanodos: stilistische Figur, Wiederholung von Wörtern in umgekehrter Reihenfolge (z. B.: „An Liebe fehlts den Menschen, den Menschen fehlts an Liebe").

Ephemér: Nur einen „Tag" dauernd; schnell vorübergehend. — „Sophisma des Ephemeren": mit ihm illustriert ↗Diderot (Dialog: „Rêve de d'Alembert", 1769) anhand eines von ↗Fontenelle entlehnten Beispiels (— seit eine Rose sich erinnert, ist niemals ein Gärtner gestorben —) die temporäre Beschränktheit des menschlichen Individuums, seine Einbettung in die ↗Zeit mit ihrem erkenntnis-hemmenden Charakter, da die kurze Dauer unseres individuellen Lebens uns die Dinge notwendigerweise in falschem Lichte zeigt, uns überhaupt falsch auf die Wirklichkeit einstellt: des Sophismas Trug zerlegt für unser Denken in sukzessive Schichten, was „in Wahrheit" vielleicht simultan-einheitlich ist, und täuscht uns dort eine stationäre Einheit vor, wo „in Wirklichkeit" vielleicht die gleichgültige Etappe eines ungeheuren Prozesses an uns vorüberzieht. (Vgl. Gottfried Kellers Gedicht „Rosenglaube": . . . „So lange die Rose zu denken vermag, ist niemals ein Gärtner gestorben"!) ↗Roretz.

Epichirem (Epicheirem): abgekürzte Schlußkette (M ist P, denn es gilt A; S ist M, denn es gilt B; also S ist P).

Epigenese: ↗Entwicklung.

Epigonen: Nachkommen, Nachgeborene. Im heutigen Sinne: Nachahmer ohne eigene schöpferische Kraft, schlechter als die Vorfahren (epigonenhaft).

Epigonie: Von ↗Deussen formuliertes „Gesetz der Epigonie", dem zufolge einem schöpferischen Zeitalter, in dem die besten Geister durch eine fruchtbare, neu auftretende Idee ergriffen werden und höchste Kulturleistungen vollbringen, eine Zeit der Ermattung zu folgen pflegt, der es zwar nicht an geistigen Kräften, wohl aber an der Anregung zu ihrer höchsten Anspannung mangelt.

Epiktet, etwa 50—138 n. Chr.: phrygischer Sklave, Stoiker, der sich zur Mitleidsethik bekennt, das ganze Leben als Gottesdienst aufgefaßt wissen will und der Askese besondere Bedeutung beimißt. Das „Handbüchlein der Moral" wurde von seinem Schüler Arrianos nach seinen Vorträgen geschrieben.

Epikur, 341—270 v. Chr.: griechischer Philosoph, Begründer des Epikureismus, einer individual-eudaimonistischen Lebensauffassung, der zufolge der Weg zum Glück (seelischen Wohlbefinden und Gleichgewicht) über den maßvollen Lebensgenuß und die Beherrschung der Begierden durch den Verstand

Epimenides

führt (Tugenden: Mäßigkeit und Tapferkeit, beiden übergeordnet die Einsicht, Weisheit). E. gebraucht nicht den Ausdruck „eudaimonia", sondern den viel stärkeren „makaría", „makariótes". Besonderen Wert mißt E. der Freundschaft bei. Ausgangspunkt aller Philosophie ist nach E. das Staunen (thaumázein). Seine Forderungen lauten: „Nütze den Tag!" (↗Carpe diem) und „Lebe verborgen, zurückgezogen!" (↗Láthe biósas). – ↗Gott, Theodizee, Tod („Der Tod geht uns nichts an": Ho thánatos udèn pròs hemãs).

Epikur

Epimenides: ↗Mendax.

Epistemologie: Erkenntnislehre, ↗Erkenntnistheorie.

Epizeuxis: stilistische Figur der Häufung; Wiederholung eines Wortes oder einer Wortfolge in engem Aneinanderschluß, unmittelbare Aufeinanderfolge identischer Wörter (z. B.: „Mein Vater, mein Vater, und hörst du es nicht?" — oder: „von Angesicht zu Angesicht").

Epoché: die dem Weisen anstehende „Zurückhaltung" im Urteilen. (↗Skeptizismus). Mit dieser Zurückhaltung, die auf einer Einsicht in die prinzipielle Gleichgewichtigkeit aller Gründe beruht, stellt sich automatisch die Gemütsruhe (↗ataraxia, apatheia) ein (↗Stoa).

Erasmus von Rotterdam, 1466 oder 1469 bis 1536: deutscher Humanist, der die Scholastiker verachtet und ironisiert, die Ethik der Stoa mit christlichen Moralanschauungen in Einklang zu bringen sucht und im Gegensatz zu Luthers Auffassung die Willensfreiheit verteidigt. — Hptw.: Encomium moriae (Lob der Narrheit), 1509; Querela Pacis, 1516/17, dt. 1985 (Die Klage des Friedens); De libero arbitrio, 1526. – ↗Huizinga, Luther, Schlechta.

Erasmus von Rotterdam

Erdmann, Benno, 1851–1921: deutscher Psychologe, Logiker und Erkenntnistheoretiker, verdienter Kant-Forscher. – Hptw.: Martin Knutzen und seine Zeit (Ein Beitrag zur Geschichte der Wolffischen Schule und insbesondere zur Entwicklungsgeschichte Kants), 1876; Die Axiome der Geometrie, 1877; Kants Kritizismus in der 1. und 2. Auflage der Kritik der reinen Vernunft, 1878; Logik, 1892, 1923³; Psychologische Untersuchungen über das Lesen auf experimenteller Grundlage, 1898; Umrisse zur Psychologie des Denkens, 1900, 1908²; Die Psychologie des Kindes, 1901; Historische Untersuchungen über Kants Prolegomena, 1904; Immanuel Kant, 1904; Über Inhalt und Geltung des Kausalgesetzes, 1905; Wissenschaftliche Hypothesen über Leib und Seele, 1907; Erkennen und Verstehen, 1912; Die Funktionen der Phantasie im wissenschaftlichen Denken, 1913; Über den modernen Monismus, 1914; Grundzüge der Reproduktionspsychologie, 1920.

Erdmann, Johann Eduard, 1805—1892: deutscher Philosoph (Rechtshegelianer) und Historiker der Philosophie. — Hptw.: Versuch einer wissenschaftlichen Darstellung der Geschichte der neueren Philosophie; 1834—1853 (6 Abteilungen in 3 Bänden), Neudruck 1923/33; Neuausgabe der letzten beiden Bände: 1971; Vorlesungen über Glauben und Wissen, 1837; Leib und Seele, 1837, 1849²; Natur oder Schöpfung, 1840; Grundriß der Psychologie, 1840; Grundriß der Logik und Metaphysik, 1841; Psychologische Briefe, 1851, 1868⁴; Grundriß der Geschichte der Philosophie, 1865/67, 1878² (2 Bde.), neu bearb. 1930; Ernste Spiele, 1871, 1890⁴.

Erfahrung: ↗Empiriokritizismus, empirische Aussagen, Empirismus (Positivismus).

Erfolgsethik: Gegenbegriff zu ↗Gesinnungsethik.

Ergon: Werk, fertiges Gebilde.

Erhaben: kann etwas (nach ↗Kant) durch seine überdimensionale Ausdehnung (das Mathematisch-Erhabene) oder Kraft (das Dynamisch-Erhabene) wirken. Das Erhabene ist eine ↗ästhetische Grundgestalt. Erhaben ist z. B. das Erlebnis der von Menschenhand unberührten Natur. Das Erhabenheitserlebnis kommt durch ↗Einfühlung zustande: indem sich der Mensch in das Große und Kraftvolle (z. B. in entfesselte Naturkräfte) einfühlt, erhebt er sich selbst über die Kleinheit seiner Körperlichkeit und seines Alltagserlebens hinaus und schöpft Beglückung aus dem Gefühl der neu gewonnenen Größe. Der starken und hochfliegenden Seele bereiten überwältigende Eindrücke den Genuß des Erhabenen, den Zaghaften drücken sie nieder. Im einzelnen lassen sich auch unterscheiden: das Würdevoll-Erhabene, das Prächtig-Erhabene u. dgl. – ↗ Subreption; Burke, Longinus.

Erhardt, Franz, 1864–1930: deutscher Philosoph, der in Auseinandersetzung mit Kant einen an Schopenhauer, E. v. Hartmann und Drews orientierten metaphysischen Realismus zu begründen sucht. — Hptw.: Die Philosophie des Spinoza im Lichte der Kritik, 1908; Bleibendes und Vergängliches in der Philosophie Kants, 1926.

Erismann, Theodor, 1883–1961: deutscher Psychologe und Philosoph, der „Die Eigenart des Geistigen" (1924, Hptw.) besonders betont und im Sinne einer „verstehenden" (geisteswissenschaftlichen) Psychologie zu erfassen sucht.

Eristik: die Kunst, ein philosophisches Streitgespräch zu führen. Das Haupt der griechischen Eristiker war ↗Eukleides von Mégara, ein Schüler des ↗Sokrates; berühmt geworden ist vor allem ↗Eubulides durch seine Fangfragen.

Erkenntnis: 1. Erkenntnispsychologisch gesehen, beruht alle Erkenntnis auf einer gedanklichen (kategorialen) Bearbeitung von Erlebnisinhalten (z. B. Sinnesdaten), die darin besteht, mit Hilfe denknotwendiger Prinzipien (↗Anschauungsformen, Axiomen, Kategorien) die zuströmenden Erlebnisse zu ordnen. „Erkenntnis" ist also weder „Abbildung" (passive Spiegelung) einer von vornherein gegebenen Gegenstandswelt (im Bewußtsein), noch erschöpft sie sich im Erleben (z. B. von Empfindungen). Schon ↗ „Wahrnehmungen" sind höhere „Erlebniseinheiten" (einfache seelische Synthesen), die eine unmittelbare kategoriale Deutung der subjektiven Sinnesempfindungen enthalten, der zufolge diese als „Eigenschaften" beharrender Gegenstände oder als Ausdruckssymptome fremden Seelenlebens „verstanden" werden. Erst das auffassende Bewußtsein also bringt Ordnung in die chaotische Empfindungsmannigfaltigkeit und baut eine Gegenstands- und Erfahrungswelt auf, in der sich Erkenntnisse gewinnen und neue Eindrücke dem bereits erworbenen Wissen einordnen lassen, in der Unbekanntes auf Bekanntes zurückgeführt werden kann. Voraussetzung hiefür ist, daß die Erlebnisinhalte aufeinander bezogen (unterschieden, verglichen, zusammengefaßt) und die Einzel-„Erfahrungen" aufeinander abgestimmt und auf Grund schon bekannter Erfahrungsgesetze (gesetzmäßiger Zusammenhänge von Wahrnehmungen) interpretiert werden. Erkenntnis und Gegenstand verhalten sich wie Weg und Ziel: der Gegenstand ist stets „Problem" (aufgegeben) und nicht „Datum" (gegeben); er löst sich für den Erkennenden in unendlich viele Relationen auf; die vollständige Erkenntnis des Gegenstandes ist das erstrebte und doch nie erreichbare Ziel des Erkennens. — ↗Axiome, kategoriales Denken, objektiv; Kant (Erkenntnistheorie). — 2. Erkenntniskritisch (hinsichtlich des Geltungsanspruches) betrachtet, darf man nur dann von „Erkenntnis" sprechen, wenn eine logisch unanfechtbare Aussage von jedem als wahr anerkannt werden muß (intersubjektive Geltung, Allgemeingültigkeit). Diese Anerkennung setzt voraus, daß die betreffende Behauptung zulänglich begründet wird (Angabe der Erkenntnisgrundlagen und Erkenntnisquellen), so daß es prinzipiell jedem möglich ist, sie auf ihre Wahrheit hin zu prüfen (zu verifizieren oder zu falsifizieren). — ↗Erkenntnistheorie (Standpunkte).

Erkenntniskritik: Kritische Untersuchung des Geltungsanspruches, des Geltungsgrundes und des Geltungsausmaßes von Erkenntnissen. — ↗Erkenntnis (2.), Erkenntnistheorie (2).

Erkenntnistheorie: eine der drei Grunddisziplinen der Philosophie (neben der Wirklichkeits- und der Werttheorie); Beantwortung der Frage nach der Leistungsfähigkeit des menschlichen Erkenntnisvermögens. Das Erkenntnisproblem läßt sich in folgende Fragen aufspalten: 1. Auf welche Weise gewinnt man Erkenntnisse? Diese

Erkenntnistheoretischer Zirkel

Frage ist zwar eine psychologische, wird jedoch traditionellerweise in der Erkenntnistheorie erörtert, da sie mit dem erkenntnistheoretischen Zentralproblem, d. h. mit der Frage nach dem Geltungsgrund der Erkenntnisse (2) zusammenhängt (wenn auch keineswegs identisch ist). 2. Worauf beruht und wie weit reicht die Geltung der Erkenntnisse? — Die Auseinandersetzung mit dem Geltungsproblem bzw. Wahrheitsproblem wird auch als ↗„Erkenntniskritik" bezeichnet. — Die (1) Ursprungsfrage (nach dem „Fundament" der Erkenntnis; empirische „Erklärung", daß z. B. alles Erkennen aus ↗Erfahrung und bestimmten Tätigkeiten des erkennenden Subjekts zusammengewebt ist) von der (2) Geltungsfrage (nach dem „Kriterium" der Erkenntnis; axiomatische „Begründung" und Rechtfertigung) zu unterscheiden, ist in der Erkenntnistheorie ebenso unerläßlich wie in der Ethik. — 3. Was wird erkannt? Was kann erkannt werden? Diese Frage nach dem Gegenstand des Erkennens leitet von der erkenntnistheoretischen zur wirklichkeitstheoretischen Problematik über (was ist Wirklichkeit?). – Erkenntnistheoretische Spezialdisziplinen: ↗Logik, Wissenschaftstheorie. – Der Terminus „Erkenntnistheorie" soll von ↗E. Zeller (1862) herrühren, doch findet er sich schon bei ↗I. H. Fichte (1847). – Drei „Welten" der Erkenntnistheorie unterscheidet ↗Schultz. – ↗Agnostizismus, Aussage, Außenwelt, Bewußtsein, Dogmatismus (Absolutismus), Empirismus (Aposteriorismus), Erkenntnis, Erkenntnistheoretischer Zirkel, Fallibilismus, Fiktionalismus, Gesetz, Glaube, Hominismus, Idealismus, Intellektualismus, Intuitivismus (Emotionalismus, Irrationalismus), Kausalität, Kritizismus, Metaphysik, Pansomatismus, Perspektivismus, Phänomenologie, Pluralismus, Positivismus, Rationalismus (Apriorismus), Raum, Realismus, Reismus, Regelmäßigkeit, Sensualismus, Skeptizismus, Subjektivismus, Wahrheit, Wahrnehmung, Zeit; (einzelne Denker sind hier nicht angeführt, da sich wohl jeder mit dem Erkenntnisproblem am Eingange zur Philosophie auseinandersetzen muß).

Erkenntnistheoretischer Zirkel: Von ↗Schultz so bezeichnete erkenntnistheoretische Problematik, die darin besteht, daß einerseits die Kategorien als überpersönliches Apriori die phänomenale Welt erzeugen und somit „Natur" ermöglichen, andererseits aber innerhalb dieser die Spezies Mensch erwächst und als seelische Gewohnheiten eben jene Kategorien (Denkformen als Postulate) entwickelt. Dieser „Zirkel" (↗Circulus vitiosus) ist durchaus legitim und keineswegs vitiös, da zwei grundverschiedene Problemebenen vorliegen und dementsprechend zwei verschiedene Begriffe „Kategorie" zu unterscheiden sind. Ein (scheinbarer) Widerspruch ergibt sich hier nur für den, der die beiden Denkebenen nicht zu trennen versteht.

Erkenntnistherapie: von ↗Lungwitz inaugurierte psychotherapeutische Methode zur Behandlung von Neurosen, wobei die philosophische Erkenntnis als Heilmittel eingesetzt wird. Aufgabe der „Heilung durch Erkenntnis" ist es, den Neurotiker mit Hilfe entsprechender weltanschaulich-philosophischer Gespräche, die den ganzen Menschen erfassen, über die Entwicklungsstufen seines infantilen Denkens (Chaotik, Magik, Mythik, Mystik) und seiner infantilistischen Weltanschauung hinaus zum ↗realischen (ausschließlich auf die Tatsachen gerichteten) Denken und zur realisch-biologischen Weltauffassung zu führen. — ↗Psychobiologie.

Erklären: 1. in der Wissenschaft: der Versuch, neu entdeckte Tatsachen auf bereits bekannte zurückzuführen bzw. unter allgemeine Gesetze zu subsumieren; 2. in der physiologischen Psychologie: das Bestreben, den Zusammenhang seelischer Erscheinungen dadurch zu verstehen, daß man physiologische Vorgänge mit psychischen Vorgängen koordiniert; 3. in der philosophischen Wirklichkeitstheorie: das Bemühen, alle Tatsachen unter einem Blickwinkel zu sehen, d. h. die einzelnen wissenschaftlichen Erkenntnisse aufeinander zu beziehen und miteinander zu verknüpfen, um ein umfassendes Weltbild aufzubauen und auf diese Weise die großen Zusammenhänge im All restlos zu verstehen; 4. die Notwendigkeit, die Welt kategorial zu denken (gedanklich zu bearbeiten), um sie zu verstehen; 5. in der Metaphysik: die Illusion, durch die Annahme immaterieller Prinzipien und Kräfte (wie Seele, Entelechie, Gott usw.) die Erscheinungen besser begreifen zu können. — ↗Verstehen.

Erlanger Schule: Vertreter eines wissenschaftstheoretischen ↗Konstruktivismus; vor allem ↗Lorenzen, auch ↗Kamlah.

Erlebnisaussage: gleichbedeutend mit ↗Konstatierung.

Eron: von ↗Lungwitz eingeführte Bezeichnung für die „Anschauungseinheit", d. h. die untrennbare Subjekt-Objekt-Beziehung, die polar-gegensätzliche Zugleichheit von Objekt und Subjekt als Grundstruktur der Anschauung. — Eronenstrom: gleichbedeutend mit Nervenstrom.

Eros: 1. bei ↗Platon Bezeichnung für den Erkenntnistrieb (Liebe zu den ↗Ideen); 2. bei ↗Plotin die Hingabe an das Geistige und das Schöne; 3. die „Liebe" im weitesten Sinne des Wortes; wenn auch der Ursprung der Liebe (phylogenetisch betrachtet) im animalischen Geschlechtstrieb liegt, so besteht doch ein tiefgreifender Unterschied zwischen den primitiven und den gewordenen Formen der menschlichen Liebe, die in mindestens vierfacher Weise in Erscheinung tritt: 1. seelisch-geistige Liebe (geistige Kameradschaft, Seelengemeinschaft, „platonische" Liebe; der Frau gegenüber: die „Hohe Minne"); 2. sexueller Drang und Kult der Leibesschönheit; 3. Wunsch nach Nachkommenschaft; 4. Bedürfnis nach ehelicher Gemeinschaft. Die Idealform der Liebe besteht in einem harmonischen Verhältnis zwischen den genannten Spielarten der Liebe. Einseitig hingegen sind folgende Auffassungen: 1. die asketische; 2. die medizinische (psychoanalytische), der zufolge die seelisch-geistige Liebe nur eine Maske des Geschlechtstriebes ist (↗Pansexualismus); 3. die ↗utilitaristische, die reichliche Nachkommenschaft zur Erhaltung der Art fordert (— auch nach katholischer Auffassung hat der Geschlechtstrieb ausschließlich der Fortpflanzung zu dienen). „Drei Stufen der Liebe" (Eros, Philia, Agape) unterscheidet Johannes Lotz (1971), „Drei Stufen der Erotik" ↗Lucka (1913). — Die Bedeutung der Liebe für die Gestaltung des menschlichen Daseins ist kaum zu überschätzen: ist doch die Liebe als seliges Sichfinden für den Menschen der Weg aus der Einsamkeit, ist doch im Grunde alle Plage des Alltags nur Arbeit um Liebe und ist doch die Liebe Voraussetzung für die Steigerung sowohl des Ich als des Lebens überhaupt; erst in der Liebe vermag der Mensch über sich selbst hinauszuwachsen und die Grenzen seines Ich im Überschwang schenkender Begeisterung zu überschreiten. „Liebe ist das Ideal jeder Bestrebung" (Novalis); „Liebe ist eine Sprache unserer Unsterblichkeitssehnsucht" (↗Kolbenheyer); „Wenn es nicht schlichte Liebe geben könnte und wenn nicht unendliche Möglichkeiten da wären, sie hervorzulocken, dann wäre das Seinmüssen vielleicht eine zu große Last für den Menschen" (↗Kanthack). Eine Ausdrucksform der Liebe ist die Zärtlichkeit; die Augenblicke von Zärtlichkeit können die stärksten, die wesentlichsten im Leben eines Menschen sein (nach ↗Sartre ist „Zärtlichkeit eine Existenzform: die, die man gibt, die, die man erfährt"). „Obwohl jede Liebesbeziehung als einzigartig erlebt wird und das Subjekt die Idee verwirft, sie später anderswo zu wiederholen, ertappt es sich manchmal bei einer Art Streuung des Liebesverlangens; dann begreift es, daß ihm bestimmt ist, bis zum Tode umherzuschweifen, von einer Liebe zur anderen" (↗Barthes). „Wir sind nur der Sehnsucht fähig ... und solange die Sehnsucht anhält, lieben wir vielleicht. Wer unsere Sehnsucht stillt und überstillt, der verliert uns" (Ina Seidel). Eine restlos beglückende Erfüllung in der Liebe zu finden, wird dem Menschen um so weniger leicht gelingen, auf je höherer Entwicklungsstufe er steht, je feiner differenziert seine Persönlichkeitsstruktur ist: denn mit zunehmender Verfeinerung der Liebesbeziehung wird die Erreichung ihres Zieles erschwert, wird es um so unwahrscheinlicher, daß die Liebe genauso erwidert wird, wie derjenige sie erlebt, der die Erwiderung fordert (ersehnt, erhofft, erwartet). — ↗Agape, Narzißmus; Alain, Barthel, Blüher, Ehrenfels, Ficino, Foucault, Fromm, Kamlah, Kofler, Krüger, Kuhn H., Luhmann, Margolius, Müller-Lyer, Nietzsche („Was aus Liebe geschieht, geschieht immer jenseits von Gut und Böse"), Ortega, Pieper, Rehmke, Reich W., Scheler, Solowjew, Sombart, Volkelt, Weininger.

Erotematisch: Bezeichnung für einen Unterricht in Form von Frage und Antwort. Gegensatz: ↗akroamatisch.

Erscheinung: in der Erkenntnistheorie ↗Kants der Gegenbegriff zu „Ding-an-sich", d. h. das „Ding-an-sich", wie es dem menschlichen Bewußtsein erscheint, also das vom Bewußtsein räumlich, zeitlich und kategorial geformte Ding-an-sich.

Eschatologie: 1. theologische Lehre vom endzeitlichen Reich Gottes; 2. allgemein: Auseinandersetzung mit den Problemen: ↗Tod, Unsterblichkeit, Weiterleben nach dem Tod und Schicksal im Jenseits. — ↗Kamlah.

Esoterisch: streng fachlich, nur für Eingeweihte. — Gegensatz ↗exoterisch. — ↗Akroamatisch.

Esse est percipi: ↗Berkeley.

Essentialismus: „Wesensphilosophie". — ↗Husserl (dessen ↗Phänomenologie man als platonistischen Essentialismus qualifizieren kann); Begriffsrealismus, Essenz, Platonismus, Wesen, Wesensschau.

Essenz (essentia): Wesen (eines Dinges usw.). — ↗Akzidenz, Existenz.

Essler, Wilhelm Karl, geb. 1940: deutscher Logiker und Wissenschaftstheoretiker. — Hptw.: Untersuchungen zu Grundfragen der Logik, 1964; Einführung in die Logik, 1966, 1969²; Induktive Logik (Grundlagen und Voraussetzungen), 1970; Wissenschaftstheorie: I (Definition und Reduktion), 1970, 1982²; II (Theorie und Erfahrung), 1971; III (Wahrscheinlichkeit und Induktion), 1973; IV (Erklärung und Kausalität), 1979; Analytische Philosophie, I, 1972; Grundzüge der Logik, Bd. I (Das logische Schließen), 1983³ (mit Rosa F. Martínez Cruzado), Bd. II (Klassen, Relationen, Zahlen), 1986³ (mit R. F. M. C. u. Elke Brendel).

Etatismus: Vorrang des Staates (z. B. gegenüber der Kirche oder gegenüber dem einzelnen Staatsbürger), schrankenlose Machtentfaltung des Staates. — ↗Hobbes („Leviathan" als Symbol willkürlicher Herrschaft), Nietzsche (der Staat als „kältestes aller Ungeheuer"), Schmitt; Leviathan, Liberalismus, Totalitarismus.

Ethik (Moralphilosophie): philosophische (werttheoretische) Spezialdisziplin. In der Ethik werden unter anderem folgende Fragen beantwortet: Wie soll der Mensch sein Leben gestalten? Wie soll er sich seinen Mitmenschen gegenüber verhalten? Welchem Ziel soll sein sittliches Handeln dienen? Welchen Motiven soll sein moralisches Verhalten entspringen? — Zu unterscheiden sind A) inhaltsethische Standpunkte und B) die Formalethik Kants. Zu A): Will man den Sittlichkeitswert inhaltlich genauer festlegen, so muß man hypothetische Forderungen (Imperative) aufstellen; sie haben die Form: „Wenn du das erreichen willst, dann mußt du so handeln." Die Grundauffassungen sind 1. der ↗Eudaimonismus (die Glückseligkeitslehre), dem zufolge die Erreichung eines bestimmten seelischen Zustandes (Glückseligkeit) das Ziel des sittlichen Handelns sein soll; 2. der ↗Perfektionismus (die Vervollkommnungslehre), dem zufolge das Ziel des sittlichen Strebens in der Entwicklung bestimmter Fähigkeiten bestehen soll.

Zu 1): Glückseligkeitslehren sind a) ↗Hedonismus und Individualeudaimonismus (↗Kyrenaiker, Kyniker, Epikureer, Stoiker; ihnen zufolge soll das sittliche Handeln nur den Handelnden selbst betreffen; b) der Sozialeudaimonismus (↗Utilitarismus), dem zufolge das sittliche Handeln auf die Mitmenschen gerichtet sein soll. — ↗Energismus, Perfektionismus. – Zu B): ↗Kant („autonome" Moral: ↗Moralität – im Gegensatz zur „heteronomen" ↗Legalität; ↗Formalethik, Kategorischer Imperativ). – Die nachstehend angeführten Philosophen haben folgende ethische Denkansätze unterschieden: „Naturalistische", „rekommandierende" Ethiken der „Förderung" gegenüber „idealistischen", „kommandierenden" Pflichtethiken der „Forderung" (↗Wahle); „habituelle" Ethiken („aristokratische", „pantokratische" und „Präventionsethik") im Gegensatz zu „imperativen" Ethiken (↗Stöhr); „Charakterethik" des „schönen Seins" einerseits, „Pflichtethik" des „rechten Tuns" andererseits (↗Schultz); Moral-Idealismus (I) und Moral-Realismus (R) mit ihren aristokratischen (I: z. B. ↗Platon; R: etwa ↗Stirner) und demokratischen (einesteils ↗Kant, andernteils ↗Marx), optimistischen (dort: ↗Rousseau, da: Bentham) und pessimistischen (I: ↗Schopenhauer; R: ↗Leopardi), kontemplativen (↗Aristoteles) und aktivistischen Tendenzen (↗Fichte J. G.): ↗Baumgardt. — Unter „normativer Ethik" versteht man den Versuch, die allgemeinen Prinzipien moralisch richtigen Handelns zu ermitteln. — Unbeschadet der metaphysischen und der religiösen Verankerung der Ethik („übernatürliche" Ethik – „Offenbarungsethik" – im Gegensatz zur „natürlichen" Ethik, ↗Wertabsolutismus) läßt sich der Geltungsgrund des Sittlichkeitswertes und der ethischen Normen auch empirisch fundieren (wenn auch nicht im eigentlichen Sinn des Wortes „begründen"); er wurzelt in der Notwendigkeit, sozial (in einem Staat, in gesellschaftlichen Verbänden usw.) zu leben; wer in einer Gesellschaft leben will (und das muß jeder wollen, der überhaupt leben will), muß auch sich den Normen zu fügen, die das gesellschaftliche Leben regeln; sie sind (temporal, lokal und national) je nach Kulturkreis, Kulturniveau usw. andere, wenn auch die Unterschiede nicht allzu groß sind, da die allgemeinen Bedingungen des Gemeinschaftslebens ja in allen Fällen dieselben bleiben: Die Achtung vor dem Leben des Mitmenschen z. B. ist eine solche unabdingbare Voraussetzung des Zusammenlebens von Menschen. Aber nicht nur rational, sondern auch emotional, nicht nur soziologisch (Erhaltungsethik), sondern auch psychologisch (Einfühlungsethik) und ästhetisch (Gestaltungsethik, Charakterethik) läßt sich der ethische Wert verankern (– ↗Roretz, der den ethischen Wert ganz nahe an den ästhetischen gerückt hat). – Auch in der Ethik (wie in der Erkenntnistheorie) ist die Ursprungsfrage (nach dem „Fundament" der Moral; empirische „Erklärung") von der Geltungsfrage (nach dem „Kriterium" der Moral; axiomatische „Begründung" und Rechtfertigung) zu unterscheiden, unbeschadet ihrer engen Verwandtschaft, die jedoch nicht erlaubt, sie zu verquicken. – Im Grunde gibt es doch nur zwei Hauptformen der Ethik: 1) Idealbilder für Charaktere (Seelenadel gegen seelische Gemeinheit), aus denen die Taten erfließen, ohne besonderer Vorschriften fürs Handeln zu bedürfen (deren nur der richtende Staat bedarf). 2) Pflichttafeln, denen zufolge die Willensentscheidungen und Handlungen gut oder böse sind und nach denen die Charaktere beurteilt werden. – ↗Altruismus, Amoralismus (Immoralismus), autonom, christliche Ethik, Egoismus, Einfühlung, Ethische Bewegung, Ethos, Gesellschaftsphilosophie, Gesinnungsethik, Gewissen (Gewissensethik), Güte, heteronom, Humanität, Individualismus, Kasuistik, Meta-Ethik, Moral, Moral insanity, Moralismus, Moralität, Nächstenliebe, Naturrecht, Pflicht, Probabilismus, Recht, Rechtsphilosophie, Religion, Religionsphilosophie, Renaissance-Philosophie, Rigorismus, Solidarismus, Staatsphilosophie, Wirtschaftsphilosophie, Würde; Alain, Apel K.-O., Barth P., Bauch, Baumgardt, Bayle, Behn, Börner, Brentano, Carneri, Charron, Cohen, Dittrich, Durkheim, Edwards, Ehrenfels, Ehrlich W., Erasmus, Ewald, Ferguson, Fichte J. G., Frankena („analytische" Ethik), Freyer, Geulincx, Goldscheid, Görland, Guyau, Hartmann N., Hengstenberg, Hensel, Herbart, Höffding, Hofmann, Hume, Jodl, Kamlah, Kaulbach, Kerler, Kraft V. (rationale Moralbegründung), Lauth, Leibniz, Lévinas, Lungwitz, Luther, Maimon, Mandeville, Margolius, Marx W., Montaigne, Moore, Nietzsche, Nohl, Patzig, Paulsen, Rauscher, Rawls, Reiner, Reininger, Rossmann, Russell, Sachsse, Scheler, Schleiermacher, Schlick, Schmidt H., Schmied-K., Schopenhauer, Schultz, Schulz, Schweitzer, Shaftesbury, Sidgwick H., Simmel, Sokrates, Spinoza, Spranger, Staudinger, Stöhr, Störring, Tugendhat, Voltaire, Wahle, Weber M., Weischedel, Wiese, Witasek, Wundt M., Wundt W., Ziegler Th.

Ethische Bewegung: internationale überkonfessionelle Bewegung, deren Ziel es ist, eine Ethisierung des persönlichen, gesellschaftlichen, wirtschaftlichen und politischen Lebens, kurz der zwischenstaatlichen ebenso wie der zwischenmenschlichen Beziehungen durchzusetzen (Sicherung der Würde des Menschen sowie seines Rechtes auf größtmögliche politische und intellektuelle Freiheit; gerechte Wirtschafts- und Gesellschaftsordnung; Demokratie; Völkerverständigung und Weltfriede). Diesem Bestreben liegen zugrunde: 1. die Erkenntnis, daß eine rein weltliche, d. h. von metaphysischen und religiösen Überzeugungen unabhängige Ethik möglich und auch erstrebenswert ist, da jede religiöse Ethik ein bedenkliches trennendes Moment enthält, nämlich die Distanzierung gegenüber allen Anders- und Nichtgläubigen; 2. der lebens-, kultur- und fortschrittsoptimistische Glaube an die Entwicklungs- und Vervollkommnungsmöglichkeit des Menschen; 3. das Bekenntnis zum „Ethischen Humanismus", zum Ideal der Humanität und der Ethischen Kultur („Das Wichtigste ist der Mensch!" — „Das höchste Gut ist die Wohlfahrt der Menschheit!" – „Sei menschlich!" – „Habe Ehrfurcht vor deinem Mitmenschen, liebe ihn und fördere ihn im Sinne seiner maximalen Vervollkommnung!"). Die erste „Gesellschaft für Ethische Kultur" wurde 1876 von ↗Felix Adler in New York gegründet; bald darauf sind in vielen Ländern Ethische Gesellschaften entstanden (z. B. in Deutschland 1892, in Wien 1894, hier ab 1919 von ↗Börner geleitet). Der erste internationale Ethische Bund wurde 1896 ins Leben gerufen. 1952 wurde in Amsterdam auf dem „1. Internationalen Kongreß für Humanismus und Ethische Kultur" beschlossen, eine internationale Vereinigung der humanistischen und ethischen Gesellschaften unter dem Namen „International Humanist and Ethical Union" (IHEU) zu schaffen. — ↗Eckstein, Gutmann, Jodl, Monistische Bewegung, Roretz, Szczesny.

Ethizismus: gleichbedeutend mit ↗Moralismus.

Ethnologie: Völkerkunde

Ethologie: Verhaltensforschung. — ↗Behaviorismus (als Methode und Theorie der Verhaltensforschung); Lorenz; Soziobiologie.

Ethos: ethischer Wert, ethisch wertvolle Einstellung, Gegenstand ethischer Untersuchungen (nicht mit „Sitte" identisch). Das Ethos ist ein Produkt des menschlichen Zusammenlebens, der Wechselwirkung zwischen Gruppen und Individuen (↗Börner: „Ohne Ethos keine Gruppe, ohne Gruppe kein Ethos!"). Das Ethos ist die unabdingbare Voraussetzung jeder dauerhaften Kultur, da Kultur nur in der Gesellschaft möglich ist und der Bestand einer Gesellschaft ohne, wenn auch noch so primitives, Ethos nur von kurzer Dauer sein kann. Zu unterscheiden sind: 1. subjektives Ethos: Fähigkeit einer Gruppe oder eines Individuums, a) menschliche Eigenschaften, Charaktere, Gesinnungen und Handlungen ethisch zu beurteilen, b) selbst moralisch zu handeln.

Euathlos

Das Vermögen, ethische Werte zu verwirklichen, folgt nicht mit Notwendigkeit aus der Fähigkeit zu ethischer Kritik (gegenteilige Auffassung: ethischer Intellektualismus. ↗Sokrates); 2. objektives Ethos: aus dem subjektiven Ethos hervorgegangen, führt es als objektives Kulturgut eine relativ selbständiges Dasein (Sitten, Gesetze, Fürsorgeeinrichtungen, Erziehungseinrichtungen usw.). Zwischen subjektivem und objektivem Ethos besteht eine Wechselwirkung. Durch Gewöhnung, Beispiel, Beifall und Mißfallen, Achtung und Verachtung, Lob und Tadel, Lohn und Strafe wird das Gruppenethos auf die kommende Generation übertragen, ist aber dennoch einer Entwicklung und Wandlung unterworfen, die von ethisch hervorragenden Einzelpersönlichkeiten ausgeht. — Bedeutung der ethischen Erziehung für die Ausbildung des Ethos: Z. B. ↗Russells Forderung, die schöpferischen Impulse zu entwickeln, die Besitzimpulse zu hemmen. – ↗Ethik, Ethische Bewegung, Sitte.

Euathlos: ↗Antistrephon.

Eubulides (4. Jhdt. v. Chr.): ↗Calvus, Cornutus, Mendax, Sorites, Velatus.

Rudolf Eucken

Eucken, Rudolf, 1846—1926: deutscher Philosoph (Nobelpreis für Literatur 1908), der den „Geist" für eine reale metaphysische Potenz hält und das Geistesleben als etwas Ursprüngliches und Selbständiges betrachtet, das es mittels der „noologischen Methode" zu erschließen gilt. Die Lebensaufgabe des Menschen besteht nach E. darin, am Leben des Geistes tätigen Anteil zu nehmen; die Kraft aber, sich zu einer geistigen Persönlichkeit zu entwickeln, muß der Mensch aus dem Glauben an Gott (den Urgrund des Geisteslebens) schöpfen. — Hptw.: Geschichte und Kritik der Grundbegriffe der Gegenwart, 1878, 1909[4] (Geistige Strömungen der Gegenwart); Geschichte der philosophischen Terminologie, 1879; Über Bilder und Gleichnisse in der Philosophie, 1880; Die Lebensanschauungen der großen Denker, 1890, 1950[20]; Der Kampf um einen geistigen Lebensinhalt (Neue Grundlegung einer Weltanschauung), 1896, 1925[5]; Der Wahrheitsgehalt der Religion, 1901, 1927[4]; Grundlinien einer neuen Lebensanschauung, 1907, 1913[2]; Der Sinn und Wert des Lebens, 1908, 1922[9]; Können wir noch Christen sein?, 1911, 1927[2]; Erkennen und Leben, 1923[2]; Mensch und Welt, 1918; Lebenserinnerungen, 1920, 1922[2]; Prolegomena und Epilog zu einer Philosophie des geistigen Lebens, 1922.

Eudaimonismus: Glückseligkeitslehre, der zufolge die Erreichung des Zustandes der Glückseligkeit (d. h. des seelischen „Wohlbefindens") das Ziel alles menschlichen Tuns sein soll. Die bekanntesten Glückseligkeitslehren sind: ↗1. Hedonismus, 2. Individual-Eudaimonismus, 3. Sozial-Eudaimonismus (Utilitarismus). ↗Ethik (A, 1).

Eudoxos (von Knidos), 408—355 v. Chr.: Schüler Platons, doch im Gegensatz zu diesem ein Hedonist.

Eugenik: Erbpflege. — ↗Geiger; Euthanasie.

Euhemerismus: in ↗hellenistischer Zeit entwickelte religionsgeschichtliche Theorie (benannt nach ihrem Hauptvertreter Euhemeros, um 300 v. Chr.), der zufolge der Götterkult aus der Verehrung einst mächtiger Herrscher entstanden ist, die olympischen Götter also göttlich verehrte Könige der Vorzeit sind.

Eukleides (Euklid) von Mégara, ca. 450 bis 380 v. Chr.: ↗Megariker, Platon.

Eukleides (Euklid), 4./3. Jhdt. v. Chr.: berühmter griechischer Mathematiker, Verfasser der „Elemente" (griech. Stoicheia). — ↗Mathematik, Metageometrie, Quod e. d., Raum.

Euphemismus: ↗Tropus der Verhüllung (z. B. „heimgehen" statt „sterben").

Eurhythmie: wohlgefällige rhythmische Gliederung.

Eusebius, Bischof von Cäsarea, 265—339: Kirchenvater, der in der griechischen Philosophie ein spitzfindiges Wortgezänk sieht und der Meinung ist, daß die Wahrheit nur einem Christen zugänglich sei.

Eusynopsie: „Wohlüberschaubarkeit."
↗Schönheit.

Euthanasie: (aktive oder zumindest passive) „Sterbehilfe", die man in bestimmten (natürlich genau zu definierenden) Fällen wohl nicht verweigern sollte (— ähnlich wie die „Fristenlösung" bzw. Schwangerschaftsunterbrechung oder die ↗Eugenik heftig umstritten, weil mißbrauchbar, und vor allem von kirchlicher Seite abgelehnt). — ↗Tod; Geiger (Eugenik).

Euthymie: Wohlbefinden der Seele.

Evidenz: Erlebnis der unmittelbaren Gewißheit (Selbstgewißheit) einer Erkenntnis.

Evola, Julius, 1898–1974: italienischer Kulturphilosoph idealistischer Provenienz mit Hinwendung zur Transzendenz, der sich zu einem übernationalen spirituellen ↗Faschismus bekennt, vehement die modernen materialistischen und blind der Wissenschaft und dem Fortschritt ergebenen Anschauungen bekämpft, vor dem entseelten Kollektivismus des Bolschewismus und des Amerikanismus warnt und dem fernöstlichen Geistesleben zuneigt. – Hptw.: Rivolta Contro Il Mondo Moderno, 1934, 1969³; La Tradizione Ermetica, 1948²; Cavalcare la Tigre, 1963, 1971²; L'Arco e Clava, 1968; Citazioni, 1972; Il Cammino del Cinabro, 1972 (Autobiographie). Deutsche Ausgaben: Metaphysik, 1962; Das Mysterium des Gral, 1978; Revolte gegen die moderne Welt, 1982; Magie als Wissenschaft vom Ich (Praktische Grundlegung der Initiation), 1985.

Evolution: ↗Entwicklung. — ↗Evolutionismus. Unter „emergent evolution" (schöpferischer Entwicklung) versteht man eine „aufsteigende" Entwicklungsreihe bzw. die ihr entsprechende Seinsordnung (nach ↗Morgan). — **Involution:** Rückbildung. — ↗Darwinismus, Emergenz, Lamarckismus; Lorenz, Monod, Rensch, Riedl, Zimmermann W.

Evolutionismus: 1. biologische Entwicklungslehre (Deszendenztheorie, ↗Abstammungslehre); 2. Entwicklungsphilosophie, der zufolge z. B. die Wertungsweise der Menschen, ihre Moral, ihre religiösen Anschauungen usw. in Entwicklung begriffen und Wandlungen unterworfen sind und unsere Gegenwart nur eine durch den zufälligen Augenblick unserer Existenz herausgegriffene Momentaufnahme einer allumfassenden kosmischen Entwicklung ist. — ↗Ditfurth, Eigen, Huxley J., Schmidt H., Spaemann, Teilhard; Geschichtsphilosophie.

Ewald (Pseudonym für Friedländer), Oskar, 1881—1940: vor allem von Kant und Simmel beeinflußter österreichischer Philosoph, „religiöser Sozialist". — Hptw.: Nietzsches Lehre in ihren Grundbegriffen, 1903; Richard Avenarius als Begründer des Empiriokritizismus, 1905; Kants Methodologie in ihren Grundzügen, 1906; Kants kritischer Idealismus als Grundlage von Erkenntnistheorie und Ethik, 1908; Gründe und Abgründe (Präludien zu einer Philosophie des Lebens), 1909; Lebensfragen, 1911; Über Altern und Sterben, 1913; Die Wiedergeburt des Geistes, 1920; Die Erwekkung, 1922; Die Religion des Lebens, 1925; Freidenkertum und Religion, 1927; Von Laotse bis Tolstoi, 1927; Laotse, 1928.

Ewige Wiederkunft (des Gleichen): von ↗Nietzsche eingeführte Formel für die bedingungslose Lebensbejahung (— nur wer den Gedanken der ewigen Wiederkehr erträgt, bejaht das Leben vollkommen! —); so sagt Nietzsche z. B.: „Dieses Leben, wie du es jetzt lebst und gelebt hast, wirst du noch einmal und noch unzählige Male leben müssen; und es wird nichts Neues daran sein, sondern jeder Schmerz und jede Lust und jeder Gedanke und jeder Seufzer und alles unsäglich Kleine und Große dieses Lebens muß dir wiederkommen, und alles in derselben Reihe und Folge, und ebenso diese Spinne und dieses Mondlicht zwischen den Bäumen, und ebenso dieser Augenblick und ich selber. Die ewige Sanduhr des Daseins wird immer wieder umgedreht — und du mit ihr, Stäubchen vom Staube." — ↗Eliade.

Ewigkeit: 1. unendlich lange Zeitdauer (infinite Ewigkeit, stets unvollendete Ewigkeit); — ↗Zeit, Unendlichkeit. — 2. Zeitlosigkeit. In der Urerlebnisphilosophie (↗Reiniger, Heintel E.) wird die Ewigkeit (Zeitlosigkeit) des „Urerlebnisses" behauptet und daraus die Ewigkeitsbedeutung jeder unmittelbaren Daseinsäußerung (des Daseinsvollzuges) abgeleitet. — „Wem Zeit ist wie Ewigkeit und Ewigkeit wie Zeit, der ist befreit von allem Streit" (↗Böhme). — 3. Der Begriff einer transfiniten Ewigkeit (vollendeten Ewigkeit) ist unvollziehbar. ↗Augustinus (Gott hat mit der Welt auch die Zeit erschaffen); Spinoza

Exakt

(vor der Schöpfung gab es weder Zeit noch Dauer); Schleiermacher; Unsterblichkeit.

Exakt: genau; meßbar. Die sogenannten exaten Naturwissenschaften (Astronomie, Physik, Chemie) verdanken die Exaktheit ihrer Ergebnisse der Quantifizierung und Mathematisierung.

Ex cathedra: alleiniger Gesetzgeber der Katholischen Kirche ist seit dem Ersten Vatikanischen Konzil (1870) der Papst, der in Glaubensfragen (cum ex cathedra loquitur) unfehlbar entscheidet.

Exemplifikationsschluß: dritte Schlußfigur des kategorischen Syllogismus von der Form: M—P (z. B.: Fledermäuse fliegen), M—S (Fledermäuse sind Säugetiere), S—P (also gibt es Säugetiere, die fliegen). Der Exemplifikationsschluß ermöglicht den Nachweis, daß scheinbar unverträgliche Aussagen doch verträglich sind. Der Untersatz muß stets bejahend sein; der Schlußsatz ist immer ein partikuläres Urteil.

Exhaustion: ↗Dingler.

Existentialaussage: eine Aussage, in der die Existenz bzw. Realität eines Gegensatzes oder Sachverhaltes behauptet wird.

Existentiale: Seins-Charakter des Menschen (Grundbegriff der Existentialphilosophie ↗Heideggers). — ↗Existentialismus.

Existentialismus: 1. im engeren Sinn des Wortes Bezeichnung für den philosophischen Standpunkt ↗Sartres. 2. im weiteren Sinn die allgemein übliche zusammenfassende Bezeichnung für die philosophischen Lehren von ↗Jaspers, Heidegger, Sartre, Marcel u. a. Sind auch ihre Variationen um das Thema „Existenz" ungleich in der Durchführung und im Wert, so fühlen sich doch alle genannten Philosophen demselben Denksatz verpflichtet, weshalb man auch ihre Denkbemühungen, trotz der nicht unbeträchtlichen Differenzen, unter einem Namen zusammenfassen kann. Die Grundanschauungen der Existentialisten lassen sich folgendermaßen kennzeichnen (wobei hier mehr das Gemeinsame als das Trennende hervorgehoben sei): Zielpunkt des existentiellen Fragens ist der Mensch, und zwar die „Existenz", d. h. das „Sein" des Menschen, das sich hinter seiner erfahrbaren „Erscheinung" verbirgt. Während nach Meinung der Existentialisten alle erfahrungswissenschaftlichen Bemühungen um eine Erkenntnis der menschlichen Eigenart die „Existenz" verkennen und verfehlen, soll es der existentiellen Betrachtungsweise gelingen, die Tiefendimension des menschlichen Seins, also das Wesentliche am Menschen, zu „erhellen" und den Sinn und die tiefere Bedeutung des Menschseins zu erschließen. Die Existenz entzieht sich dem Zugriff der Gedanken, da 1. ihre Seinsdimension eine andere ist als die Objekte in der Welt (das Sein des Menschen ist „aktuelles Sein": Existenz „ist" nicht, sondern „wird"; „der Mensch ist, wozu er sich macht", sagt Sartre; der Mensch ist wesentlich „Entwurf", meint Heidegger), und da 2. „Existenz" nie gegenständlich gegeben ist: der Mensch ist ja zugleich Fragender und Befragter, ist als „Um-sich-Wissender" immer mehr, als er von sich wissen kann („kein gewußtes Sein ist das Sein", sagt Jaspers). Die irrationale Existenz ist also etwas, worin der Mensch selbst „steht", nicht ein Objekt, das er von außen her betrachten könnte, sondern sein Allerpersönlichstes und Subjektivstes. Die unvollendet-offene Existenz (Marcel) offenbart sich nur im Tun, im Daseinsvollzug, in der Unbedingtheit der freien Entscheidung und persönlichen Verantwortung, in der „ewigen Gegenwart" des Augenblicks. Die Dynamik und die „Dramatik" der Existenz sind etwas Geheimnisvolles, die Existenz ist nicht „Problem", sondern „Mysterium" (Marcel). „Die Frage der Existenz ist immer nur durch das Existieren selbst ins reine zu bringen", meint Heidegger; „im Scheitern wird die nie gegebene Transzendenz wirklich", gelingt der „Durchbruch zur Existenz" (Jaspers); ebenso in der „Angst", mit der ein Mensch seiner Endlichkeit gewahr wird (Heidegger). Der Weg zum existentiellen Seinsverständnis führt nicht über die gedankliche Analyse und über das rationale Wissen, sondern über das bewußte Erleben des Daseinsvollzuges, jenseits der Subjekt-Objekt-Spaltung, die Voraussetzung jeder Gegenstandserkenntnis ist. Die „Erhellung" der Existenz (Jaspers) wird möglich durch die Analyse der Situationen des menschlichen Daseins, durch „Existential-Analytik" bzw. „Fundamentalontologie" (Heidegger). Vor allem die tragischen Momente des menschlichen Schicksals, die „Nachtseiten" des Lebens, die existenzbedrohenden und -zerstörenden Mächte, die „Grenzsituationen" des Daseins fesseln die Aufmerksamkeit der Existentialisten: die Ohnmacht der Vernunft, die sinnlose Zerstörung, das Böse in der Welt, Schmerz und Leid, Schuld, Verzweiflung, Kampf und Tod. Existenzphilosophie ist „Todesphilosophie". Denn eine existentielle Erfahrung vor allem ist von entscheidender Bedeutung: daß das Menschenleben ein „Leerlauf zum Tode" ist, daß die menschliche Existenz „gleitet", „zerbrechlich, endlich, vorläufig" ist. Jaspers spricht von einer „Brüchigkeit" des Seins: „Die Welt ist eine Ruine"; „es gibt keinen Halt in der Welt"; „der Mensch ist zum Scheitern verurteilt". Marcel sieht die Welt „voll Verrat und Zerstörung". Heidegger betont die „Geworfenheit" des Menschen: „Der Mensch ist, zum Tode bestimmt, in die Welt geworfen"; Schuld und Unvollendetheit, die Sorge, das Vorlaufen (Sein) zum Tode und die Angst am Rande des Nichts, die Flucht in das „man" (in die Alltäglichkeit, in das Nicht-mehr-selbst-Sein, in die Zerstreuung, Entscheidungs- und Verantwortungslosigkeit) aus Furcht, der Angst vor dem Tode zu begegnen, das sind die Existentiale (die Seins-Charaktere) des Menschen, der aus dem Nichts emporsteigt, um wieder in das Nichts zu versinken. Für Sartre schließlich ist das menschliche Sein das Nicht-Sein schlechthin: Das spezifisch Menschliche ist das „Nichts"; „das Mensch-Sein kommt zustande, indem das Seiende sich nichtet"; „der Mensch ist die Quelle des Nichts, das er in sich trägt"; das Menschenleben ist sinn- und nutzlos; der Mensch muß scheitern; seine wesentlichen Erlebnisse sind Scham, Ekel und Angst. — Die Existentialisten begnügen sich allerdings nicht mit einer Theorie des menschlichen Daseins, sondern wollen auch eine „Heilslehre" bieten und den Menschen zur Lebensweisheit führen und „erwecken"; der Existentialismus will „Ersatzreligion", Verhaltensstil und Lebensform sein. Der „geworfene" und zum „Scheitern" verurteilte Mensch sucht Trost; „existentielle" Normen sollen ihm helfen. Hier aber scheiden sich die Geister. Während Jaspers und Marcel eine theistische Endlösung des Existenzproblems anbieten, bevorzugen Heidegger und Sartre ein homozentrisch-atheistisches Weltbild. In der „freien Entscheidung" und in der „Kommunikation" (im „liebenden Kampf") mit den Mitmenschen, vor allem aber in einer Hinwendung zum „wahren Sein", zum „verborgenen Gott", der transzendent, zugleich aber „im Dasein" und „in der Existenz" ist, erblickt Jaspers das rechte Verhalten des Menschen; der „Existenzerhellung" folgt eine (theologische) „Metaphysik": Nur im „Scheitern alles Wissens und jedes endlichen Seins" wird es möglich, die vieldeutigen Chiffren zu lesen, die in der Welt von Gott künden und den „umgreifenden" Horizont einer Überwelt ahnen lassen. Marcel ist katholischer Existentialist und denkt konkreter: ihm geht es um die Wiedergeburt des religiösen Menschen; die Begegnung mit Gott in Liebe und Verehrung und die Hoffnung auf ein ewiges Leben geben Trost: denn nur scheinbar siegt der Tod in der Welt. Heidegger und Sartre aber fordern eine heroische Haltung; für sie ist Gott „tot"; seine Existenz ist eine widerspruchsvolle, sagt Sartre, der als „Aktivist" nichts so sehr schätzt wie Vernunft und Freiheit. Und nach Heidegger geben nur der Wille zum Selbstsein und die Treue zum Selbst, die Liebe zum Schicksal, die Überwindung der Angst und die Entschlossenheit (Freiheit) zum Tode dem Menschen den gesuchten Halt: „Der Mensch soll sich vor dem Tode sammeln und ihm mutig und freudig ins Auge sehen." — Am Existentialismus wurde und wird von vielen Seiten (oft vernichtend) Kritik geübt, namentlich von rationalistisch oder positivistisch eingestellten Denkern; seit etwa 1960 verliert er an zunehmend an Einfluß. – ↗Abbagnano, Albert K., Barth H., Beauvoir, Benda, Bollnow, Brenner-Kreis, Camus, Cioran, Ebner, Guardini, Haecker, Heinemann, Hirsch, Jünger, Kierkegaard, Knittermeyer, Lavelle, Lipps H., Lukács, Malraux, Marcuse H., Mounier, Müller M., Peterson, Reidemeister, Ritter, Steinbüchel, Wust.

Existentialphilosophie: ↗Heideggers philosophischer Standpunkt. – ↗Existentialismus. – Neueste Lit.: Ingeborg Bachmann, Die kritische Aufnahme der Existentialphilosophie Martin Heideggers (Auf Grund eines Textvergleichs mit dem literarischen Nachlaß, hrsg. v. Robert Pichl, mit einem Nachwort v. ↗Wallner F.), 1985.

Existenz (existentia): 1. im allgemeinen Sinn des Wortes: Sein, Dasein (eines Dinges usw.); ↗Essenz. — 2. Grundbegriff und Zentralproblem des ↗Existentialismus.

Existenzanalyse: ↗Frankl.

Existenzerhellung: von ↗Jaspers eingeführte Bezeichnung für den Versuch, die Existenz (das metaphysische Sein) des Menschen zu erschließen.

Existenzphilosophie: philosophischer Standpunkt von Jaspers. — ↗Existentialismus.

Exklusionsschluß: zweite Schlußfigur des kategorischen Syllogismus von der Form: P—M (z. B.: Zucker schmeckt süß), S—M (dieses Ding schmeckt nicht süß), S—P (also kann es kein Zucker sein). Der Exklusionsschluß ermöglicht den Nachweis, daß scheinbar Verträgliches unverträglich ist, und dient der Widerlegung von Behaup-

Exobiologie

tungen. Der Obersatz muß ein allgemeiner sein, einer der beiden Vordersätze muß ein negativer sein; der Schlußsatz ist stets ein negatives Urteil.

Exobiologie: vom amerikanischen Biochemiker (Nobelpreisträger) Joshua Lederberg eingeführter Terminus für die Suche nach außerirdischem Leben. — Die Frage, ob unsere Milchstraße von intelligenten Wesen bevölkert sei, wird heute im allgemeinen bejaht; die Suche nach diesen extraterrestrischen („galaktischen") Zivilisationen wird daher neuerdings forciert. — Übrigens hat z. B. schon ↗ Bruno an die Existenz einer Vielzahl von Planeten mit intelligenten Bewohnern geglaubt. — ↗ Abstammungslehre.

Exorzismus: Vertreibung von Dämonen, bösen Geistern u. dgl. aus angeblich „Besessenen"; Teufelsaustreibung (in der Katholischen Kirche) mittels Beschwörung durch Gebete. — ↗ Aberglaube.

Exoterisch: populär. — Gegensatz: ↗ esoterisch.

Expansion des Universums: Ausdehnung des Weltalls, angenommen auf Grund der heute noch umstrittenen, 1929 von Hubble gegebenen Deutung der „Rotverschiebung" (Verschiebung der Spektrallinien des Lichtes aller „Nebel" gegen „rot") als Doppler-Effekt (Zunahme der Entfernung der Lichtquelle), wobei die Rotverschiebung der Spektren linear mit der Entfernung der Nebel wächst, d. h. die Fluchtgeschwindigkeit der Galaxien einfach-proportional ihrem Abstand von uns ist (Proportionalitätsfaktor bzw. Rotverschiebungskonstante nach der neuen — nach 1952 revidierten — kosmischen Entfernungsskala, der zufolge die bis dahin angenommenen Distanzen fast um den Faktor 3 vergrößert wurden: — rund 200 km pro Sekunde pro 3 Millionen Lichtjahre Abstand; bei einer Nebelentfernung von rund einer Milliarde Lichtjahren bedeutet das eine Geschwindigkeit von rund 60.000 km/sec). Diese Korrelation zwischen Entfernung und Bewegung der Nebel, der zufolge sie sich mit umso größerer Geschwindigkeit radial von uns fortbewegen, je weiter sie von uns entfernt sind, läßt folgenden Rückschluß auf den Beginn dieser Expansion zu: Der reziproke Wert der Rotverschiebungskonstante ist eine Zeit, und zwar ungefähr 4 Milliarden Jahre; das heißt, daß die Entwicklung des für uns nächstgelegenen Teiles des Universums vor 4 bis 5 Milliarden Jahren ihren Anfang genommen hat, falls es sich seither mit konstanter Beschleunigung ausgedehnt hat; dieses aus der Expansion errechnete Alter entspricht auch dem mit Hilfe anderer Methoden ermittelten Alter einzelner Sternsysteme, Sterne und Meteoriten sowie dem auf Grund der Radioaktivität bestimmbaren Alter der chemischen Elemente. Neuerdings setzt man allerdings erheblich höhere Werte (10 bis 20 Milliarden Jahre) an. Jedenfalls ist zu beachten, daß der durch diese Interpretation der Nebelspektren erschlossene „Anfang" natürlich keineswegs als „absoluter" im Sinne einer „Schöpfung aus dem Nichts" aufgefaßt werden darf, sondern nur als ein relativer zu verstehen ist, nämlich als Hinweis auf einen Zeitpunkt, in dem die Materie in einem vollkommen anderen Zustand (höchster Dichte!) und in einem Raum zusammengepackt war, der kleiner ist als unser Planetensystem, der heute sie auf einen Raum von Milliarden Lichtjahren verteilt ist. Jüngsten Messungen zufolge gelten als die ältesten beiden, am weitesten von der Erde entfernten, schnellsten und energiereichsten Himmelsobjekte die Quasare OH 471 und OQ 172: Entfernung rund 13 Milliarden Lichtjahre, Fluchtgeschwindigkeit 273.000 km pro sec (= 91% der Lichtgeschwindigkeit). — ↗ Kosmogonie, Olbers-Paradoxon, Quasar, Raum, Zeit.

Experiment: In den Naturwissenschaften mit großem Erfolg angewendete Methode, die es vor allem ermöglicht, auch komplizierte Erscheinungen sorgfältig zu untersuchen, durch Beobachtung unter verschiedenen Umständen die für das Auftreten einer bestimmten Erscheinung wesentlichen Bedingungen festzustellen und auf diese Weise exakte Erkenntnisse zu gewinnen. „Das Experiment ist eine gezielte Frage an die Natur", sagt ↗ Kirchhoff. Natürlich setzt die Durchführung eines Experiments sowie die Interpretation der Ergebnisse der Experimentaluntersuchungen ein bestimmtes Wissen voraus. Die Vorteile der Experimentalmethode bestehen darin, daß die Situation relativ einfach und überschaubar ist, weil die Versuchsbedingungen bekannt und (unter Kontrolle, d. h. planmäßig) variierbar sind, und daß der Versuch beliebig oft wiederholt werden kann. Für die psychologische Forschung ist das Experiment von geringerer Bedeutung: experimentalpsychologisch lassen sich nämlich nur relativ einfache psychische Erscheinungen untersuchen, da sich die Versuchsperson in einer unnatürlichen Situation befindet, sobald sie weiß, daß sie Versuchsobjekt ist. — ↗ Dingler, Nyman; Gedankenexperiment.

Experimentum crucis: „Probe des Kreuzes", entscheidendes ↗Experiment (durch das die auf das „Kreuz", also auf die Folter gespannte Natur ihr Geheimnis preisgeben soll).

Explícite (explizit) „entfaltet", d. h. ausdrücklich und deutlich (dargestellt, erklärt). Gegenbegriff: ↗implicite.

Expressis verbis: ausdrücklich (z. B. etwas behaupten).

Expropriation: Enteignung. — ↗Dialektischer Materialismus (Historischer Materialismus).

Extensional: umfangslogisch. ↗Umfangslogik.

Extramental: außerhalb des Bewußtseins (z. B. die „Außenwelt").

Extramundan: außerhalb der Welt (z. B. Gott, nach theistischer Auffassung).

Eysenck, Hans Jürgen, geb. 1916: heftig umstrittener deutscher Psychologe (ab 1934 in Frankreich, später in England), der die Persönlichkeitsforschung experimentalpsychologisch fundiert sehen will, an der Psychoanalyse vehement Kritik übt und den Nachweis zu führen sucht, daß die Intelligenz und der Charakter eines Menschen weitaus stärker von den Erbanlagen als vom Milieu bestimmt werden und daß über das Sexualverhalten des Menschen genetische Faktoren entscheiden. In letzter Zeit bekundet E. Sympathie für die Astrologie. – Hptw.: Wege und Abwege der Psychologie (Uses and Abuses of Psychology), dt. 1967[6]; Race, Intelligence and Education, 1971; Die Experimentiergesellschaft (Soziale Innovation durch angewandte Psychologie), 1973; The Inequality of Men, dt. 1975 (Die Ungleichheit der Menschen); Sexualität und Persönlichkeit, dt. 1977; Kriminalität und Persönlichkeit, dt. 1977; Neurose ist heilbar, dt. 1978; Die Zukunft der Psychologie, 1978; Niedergang und Ende der Psychoanalyse, 1985.

F

Falckenberg, Richard, 1851—1920: deutscher Philosophiehistoriker. — Hptw.: Geschichte der neueren Philosophie, 1885, 1927[9] (bearbeitet von Ernst v. Aster).

Fallibilismus: von ↗Peirce geprägte Bezeichnung für erkenntnistheoretische Positionen, denen zufolge es keine absolut gültige Erkenntnis, kein irrtumsfreies Fundament der Erkenntnis und keine endgültigen Theorien gibt (↗Ayer, Feyerabend, Popper K., Reichenbach, Russell, Spinner; Pluralismus).

Falsifikation: ↗Popper K.; Positivismus, Verifikation, Wahrheit.

Fangschlüsse: Trugschlüsse, die Befremden erregen sollen. Einige bekannte Fangschlüsse aus dem Altertum: ↗Acervus, Achilleus, Antistrephon, Calvus, Cornutus, Crocodilinus, Mendax, Pfeil, Sorites, Velatus. — ↗Paradoxon.

Faschismus: 1. im engeren Sinn des Wortes die von Benito Mussolini (1883—1945) in Italien gegründete autoritär-totalitäre politische Bewegung (Machtübernahme 1922 durch den „Marsch auf Rom") mit den Postulaten: credere, ubbidire, combattere (glauben, gehorchen, kämpfen) und entsprechend weitgesteckten außenpolitischen Zielen („Impero Romano", „Mare Nostro"); 2. im weiteren Sinn Bezeichnung für jede rechtsradikale politische Richtung, also z. B. auch den ↗Nationalsozialismus, den ↗Austrofaschismus, das Franco-Regime in Spanien (1936—1939: Bürgerkrieg; 1975 Tod Francos, 1977 endgültige Liquidation des Franquismus). - ↗Deschner, Evola, Freyer, Gentile, Michels, Pareto, Picard, Plessner, Rauschning, Reich W., Schmitt (Eloge auf das „Führer"-Prinzip! Mussolini: „Duce"! Franco: „Caudillo"!); Egoismus.

Fatalismus: Glaube an ein unerbittliches ↗Schicksal. - ↗Saudade, Schicksal.

Fausse mémoire, fausse reconnaissance: „falsches Gedächtnis", Erinnerungstäuschung, Bekanntheitstäuschung (↗Déjà vu). - ↗Bekanntheitsqualität.

Fechner, Gustav Theodor, 1801—1887: deutscher Naturphilosoph, Psychologe (Begründer der Psychophysik) und Ästhetiker, der die Ästhetik empirisch zu fundieren und exakt auszubauen versucht, wichtige ästhetische Grundbegriffe (z. B. „ästhetische Schwelle", „ästhetische Hilfe") und Prinzipien der Schönheitswirkung (z. B. „Einheit in der Mannigfaltigkeit") analysiert und die Bedeutung der Assoziation für das ästhetische Erlebnis untersucht. In seiner auf Erfahrung und wissenschaftlicher Erkenntnis aufgebauten „induktiven Metaphysik" vertritt F. einen spiritualistischen Monismus, dem zufolge die materiell erscheinende Wirklichkeit an sich geistiger Natur ist und das gesamte Universum beseelt gedacht werden muß (Allbeseelung, Pampsychismus). Den Gegensatz zu F.s „Tagesansicht" (panentheistischer Glaube an die Allgegenwart des Göttlichen, d. h. der Allseele, die von den Übeln der Welt unberührt bleibt) bildet die mechanistische „Nachtansicht" von der Natur. — ↗Synechologie, ↗Psychophysisches Problem. — Hptw.: Vom Leben nach dem Tode, 1836; Nanna oder über das Seelenleben der Pflanzen, 1848; Zend-Avesta oder über die Dinge des Himmels und des Jenseits, 1851; Elemente der Psycho-Physik, 1860, 1907[3]; Über die Seelenfrage, 1861, 1907[2]; Zur experimentellen Ästhetik, 1871; Vorschule der Ästhetik, 1876; Die Tagesansicht gegenüber der Nachtansicht, 1879; Das unendliche Leben, 1984. - ↗Laßwitz, Wentscher M.

Gustav Theodor Fechner

Feigl, Herbert, geb. 1902: österreichischer Philosoph (später in den USA), Mitarbeiter des Wiener Kreises, der (wie V. Kraft) den „Realisten"-Flügel der Neopositivisten repräsentiert. — Hptw.: Zufall und Gesetz, 1927; Theorie und Erfahrung in der Physik, 1929; Inquiries and Provocations (Selected Writings 1929—1974), 1981.

Ferguson, Adam, 1723—1816: schottischer Physiker, Historiker, Ethiker und Sozialphilosoph, der die von ihm für miteinander durchaus vereinbar gehaltenen moralischen Prinzipien des Egoismus, des Altruismus und des Humanismus zu einer sittlich befriedigenden Sozialutopie zu verbinden und den Fortschritt gesellschaftsfähig zu machen sucht. – Hptw.: An Essay on the History of Civil Society, 1767, dt. 1768, 1923^2; Institutes of Moral Philosophy, 1769, dt. 1772; The History of the Progress and Termination of the Roman Republic, 3 Bde., 1783 (5 Bde. 1813^2), dt. 1784–86; Principles of Moral and Political Science, 1792, dt. 1795.

Fernstenliebe: von ↗Nietzsche geschaffener Gegenbegriff zur christlichen „Nächstenliebe"; Nietzsche fordert Liebe zum ↗„Übermenschen" (d. h. zu einem Menschen-„Ideal" im Gegensatz zur mitleidvollen Nächstenliebe gegenüber dem Mitmenschen mit allen seinen Schwächen), geistesaristokratische Lebenshaltung, Kampf gegen Vermassung und Verachtung der „Viel-zu-vielen", der Herdenmenschen.

Fetischismus (von der religionsgeschichtlichen Bedeutung des Wortes ist hier abgesehen): Überbewertung (— oft bis zur Verehrung, ja Anbetung gesteigert! —) eines Gegenstandes, einer Gegebenheit, einer Entwicklung usw. (— vom sexualpathologischen „Fetischismus" über den „Staatsfetischismus", den „Wachstumsfetischismus" (ohne Rücksicht auf ökonomische Wachstumsgrenzen und ökologische Umweltgefährdung), den „Ordnungsfetischismus" bis zum „Auto-Fetischismus" u. dgl., zum harmlosen Andenken-, Devotionalien-, Reliquien- und Gräberkult und zur Etikette usf.) — ↗Statussymbol; Aberglaube (Amulette und Talismane als zauberkräftige „Fetische").

Fetscher, Iring, geb. 1922: deutscher Politologe; linksliberaler Denker, der sowohl Bloch als auch H. Marcuse nahesteht; einer der besten nichtmarxistischen Kenner des Marxismus. F. sucht nach einer alternativen Zivilisation, ohne Expansionszwänge, und will Revolution nicht mehr, wie Marx, als Lokomotive, sondern als Notbremse verstanden wissen. – Hptw.: Der Marxismus (Seine Geschichte in Dokumenten), 3 Bde., 1968 ff.; Karl Marx und der Marxismus, 1967, 1973^2; Politikwissenschaft, 1968; Rousseaus politische Philosophie (Zur Geschichte des demokratischen Freiheitsbegriffs), 1968, 1975^2; Der Sozialismus – vom Klassenkampf zum Wohlfahrtsstaat,

1969; Hegels Lehre vom Menschen, 1970; Wer hat Dornröschen wachgeküßt? (Das Märchenverwirrbuch), 1972; Modelle der Friedenssicherung, 1972; Demokratie zwischen Sozialdemokratie und Sozialismus, 1973; Herrschaft und Emanzipation (Zur Philosophie des Bürgertums), 1976; Marxistische Porträts (Bd. 1: Politiker, Bd. 2: Intellektuelle), 1976; Terrorismus und Reaktion, 1977, 1980^2; Überlebensbedingungen der Menschheit – Zur Dialektik des Fortschritts, 1980; Vom Wohlfahrtsstaat zur neuen Lebensqualität – Die Herausforderungen des demokratischen Sozialismus, 1982; Arbeit und Spiel (Essays zur Kulturkritik und Sozialphilosophie), 1983; Die Wirksamkeit der Träume (Literarische Skizzen eines Sozialwissenschaftlers), 1987.

Ludwig Feuerbach

Feuerbach, Ludwig, 1804—1872: deutscher Philosoph („Linkshegelianer"), Positivist („Begnüge dich mit der gegebenen Welt!" „Sonnenklar ist nur das Sinnliche"), Naturalist und (anthropologisch orientierter) Materialist, einer der bedeutendsten Religionsphilosophen und Ethiker des 19. Jahrhunderts, der einen religionsphilosophischen Anthropologismus lehrt, dem zufolge nicht Gott den Menschen, sondern der Mensch Gott geschaffen hat, d. h. „Gott" und „Jenseits" aus menschlichen Wünschen und Hoffnungen entsprungene Phantasiegebilde sind. Seine grundlegende These lautet: „Das Geheimnis der spekulativen Philosophie ist die Theologie; das Geheimnis der Theologie ist die Anthropologie"! F. sieht in der Anthropologie die Universalwissenschaft; er hat Hegels philosophische Theologie versinnlicht und verendlicht und dadurch erheblichen Einfluß auf die moderne Theologie und Denker wie

Buber und Bloch gewonnen; da er eine Reinigung der Religion von allen unserer modernen Weltauffassung absolut widersprechenden Vorstellungen fordert, ist er auch ein Wegbereiter der „Entmythologisierung" geworden. Die Aufgabe der neueren Zeit erblickt F. in der Verwirklichung und Vermenschlichung Gottes. „Obgleich ich Atheist bin", sagte F., „bekenne ich mich offen zur Naturreligion". — Hptw.: Das Wesen des Christentums, 1841; Grundsätze der Philosophie der Zukunft, 1843 (neu: 1967); Die Unsterblichkeitsfrage, 1846; Vorlesungen über das Wesen der Religion, 1851 (Neuausgabe: Das Wesen der Religion, 1967, 1983³); Theogonie, 1857. – ↗Engels, Haym, Jodl, Mader; Gott, Religion.

Feyerabend, Paul K., geb. 1924: österreichischer Erkenntnis- und Wissenschaftstheoretiker (viele Jahre in den USA, jetzt in Zürich), Schüler K. Poppers, dessen Kritischen Rationalismus er jedoch neuerdings als Law-and-Order-„Rationalismus" diffamiert bzw. verwirft und durch einen philosophischen „Anarchismus" bzw. „Dadaismus" ersetzt wissen will. Von der Basis eines sophistischen Relativismus aus, etikettiert als „Methodenfreiheit", gefällt er sich im Kampf gegen Wissenschaften, Erkenntnis- und Wissenschaftstheorie („eine bisher unerforschte Form des Irrsinns") und vor allem gegen den „Ratiofaschismus". – Hptw.: Knowledge Without Foundations, 1961; Einführung in die Naturphilosophie, 1975; Wider den Methodenzwang (Skizze einer anarchistischen Erkenntnistheorie), 1976; Erkenntnis für freie Menschen, 1979, 1980²; Ausgewählte Schriften, 2 Bde. (I: Der wissenschaftstheoretische Realismus und die Autorität der Wissenschaften; II: Probleme des Empirismus. Schriften zur Theorie der Erklärung, der Quantentheorie und der Wissenschaftsgeschichte), 1978/81; Wissenschaft und Tradition, 1983; Wissenschaft als Kunst, 1984. – ↗Spinner; Anarchismus, Common sense.

Fichte, Immanuel Hermann (der „jüngere" Fichte), 1796—1879: deutscher Philosoph (Sohn von Johann Gottlieb F.), der einen spekulativen (christlich-spiritualistischen) Theismus lehrt und am Panlogismus und Pantheismus Hegels Kritik übt, indem er den absoluten Geist als persönliches Wesen auffaßt. — Hptw.: Spekulative Theologie, 1846; System der Ethik, 2 Bde., 1850 bis 1853; Anthropologie, 1856; Psychologie, 2 Tle., 1864—1873; Theistische Weltansicht, 1873; Der neue Spiritualismus, 1878. — ↗Erkenntnistheorie.

Johann Gottlieb Fichte

Fichte, Johann Gottlieb, 1762—1814: deutscher Nachkantianer, der das Kantische „Ding an sich" als reines, absolutes (überindividuelles) Ich näher bestimmt, das in der Tathandlung sein eigenes Sein setzt, diesem ein Nicht-Ich entgegensetzt und schließlich diesen Gegensatz in einer Denkhandlung aufhebt, durch die „das Ich dem teilbaren (individuellen) Ich ein teilbares Nicht-Ich (die Außenwelt) entgegensetzt"; dadurch hebt F. zugleich den schroffen Kantschen Dualismus zwischen Ding an sich und Erscheinung auf. F. lehrt einen (subjektiven) Idealismus der Freiheit der geistigen Persönlichkeit (Autonomie des „Ich"), indem er die Gesetze der Natur und der Sittlichkeit aus dem transzendenten Ich ableitet und vom Standpunkt einer ethisierenden Weltbetrachtung aus und im Sinne eines ethischen Aktivismus die Welt als „versinnlichtes Material der Pflicht" auffaßt, womit dem entscheidungsfreien Ich der Stoff für seinen unendlichen Tatendrang und zur Erfüllung seiner ethischen Aufgaben gegeben ist: „Der Mensch kann, was er soll; und wenn er sagt: ich kann nicht, so will er nicht"; „Nicht das ist gut, was glückselig macht, sondern das macht glückselig, was gut ist". Ursprünglich identifizierte F. Gott mit der moralischen Weltordnung und Religion mit Sittlichkeit, später faßte er das absolute Sein als ein im sittlichen Handeln freier Subjekte sich offenbarendes göttliches Leben auf, wobei er sich zur „wahren Religion des freudigen Rechttuns" bekannte. Zuletzt rückte er das Moment der religiösen Liebe zu Gott mehr in den Vordergrund, indem er die mystische Versenkung in das Ewige forderte. – Hptw.: Versuch einer Kritik aller Offenbarung, 1792; Grundlage der gesamten Wissenschaftslehre, 1794, 1802²; Über den Begriff der Wissenschaftslehre, 1794; Grundlage des Naturrechts, 1796; Über den Grund unseres Glaubens an eine göttliche Weltregierung, 1798; System der Sittenlehre, 1798; Über die Bestimmung des Menschen, 1800; Der geschlossene Handelsstaat (Ein philosophischer Entwurf als Anhang zur Rechtslehre und Probe einer künftig zu liefernden Politik), 1800; Die Grundzüge des gegenwärtigen Zeitalters, 1804/05; Wissenschaftslehre, 1805; Anweisung zum seligen Leben, 1806; Reden an die deutsche Nation, 1807/08; Wissenschaftslehre in ihrem allgemeinen Umrisse, 1810. – ↗Barion, Forberg, Heimsoeth, Kerler, Lassalle, Lauth, Noll, Richter, Schulz, Weischedel; Moralismus, Wu-Wei.

Ficino, Marsilio, 1433–1499: italienischer Arzt, Neo-Platoniker, der eine anthropozentrische Weltanschauung vertritt, den Wert der menschlichen Persönlichkeit stark betont und eine absolute Freiheit und unbeschränkte Vervollkommnungsmöglichkeit des Menschen annimmt. – Hptw.: De amore, 1469 (neue dt. Ausg.: Über die Liebe oder Platos Gastmahl, 1984); Theologia platonica, 1482.

Marsilio Ficino

Ficker, Ludwig von, 1880–1967: ↗Brennerkreis.

Fideismus: Standpunkt des (religiösen oder philosophischen) „Glaubens" (im Gegensatz zum „Wissen"). — ↗Metaphysik.

Fiedler, Konrad, 1841—1895: deutscher Kunstforscher, der in seiner „Anschauungsästhetik" einen kantisch-idealistischen Standpunkt vertritt. — Hptw.: Der Ursprung der künstlerischen Tätigkeit, 1887; Schriften über Kunst, 2 Bde., 1913/14; Vom Wesen der Kunst, 1942.

Figur: eine künstlerisch gestaltete Form des sprachlichen Ausdrucks, die einem Wort oder Gedanken eine Gefühlsbetonung verleiht. Man unterscheidet (↗die betreffenden Stichwörter): 1. phonetische Figuren (z. B. Paronomasie, Alliteration, Assonanz, Reim; Onomatopöie); 2. Figuren der Wiederholung (z. B. Epizeuxis); 3. Figuren der Häufung (z. B. Perissologie, Pleonasmus, Tautologie, Hendiadys, Epitheton ornans); 4. Figuren des Gegensatzes (z. B. Antithese, Oxymoron, Paradoxon); 5. syntaktische Figuren (z. B. Asyndeton; Parenthese, Ellipse; Zeugma, Anakoluth); 6. rhetorische Figuren (z. B. rhetorische Frage, rhetorische Antwort, rhetorischer Ausruf, Apostrophe; Klimax). — ↗Sprachästhetik, Tropus.

Fiktion: Bezeichnung ↗Vaihingers für eine Annahme, die entweder nachweislich falsch oder grundsätzlich unbeweisbar ist, wohl aber zur philosophischen Erklärung von Tatsachen oder zur Anknüpfung wissenschaftlicher Gedankengänge vorläufig oder für immer unentbehrlich sein kann. Fiktionen sind Denkmittel bzw. Denkhilfen, die jene Bedingungen festsetzen, unter denen es möglich ist, eine Erscheinung zu „verstehen" (wenn Tatsache A verstanden werden soll, muß die fiktive Annahme B als gültig vorausgesetzt werden). Fiktionen stehen jenseits des Gegensatzes „wahr—falsch"; sie können weder wahr noch falsch sein, da sie nicht erfahrbare Tatsachen wiedergeben; sie können sich nur als brauchbar oder als unbrauchbar erweisen, je nachdem, ob sie ihren Zweck erfüllen oder nicht; dieser aber besteht in der philosophischen Erklärung von Erfahrungstatsachen (Als-ob-Betrachtung). Ob eine Fiktion das gewünschte Verständnis bietet oder nicht, hängt zuletzt von den geistigen Bedürfnissen desjenigen ab, der die Fiktion ersinnt. Beispiele: Erklärung der psychischen Vorgänge durch Annahme einer „Seele", der Lebensvorgänge durch Annahme einer „Lebenskraft" (als ob jene durch diese hervorgebracht würden) usf. Von diesen „metaphysischen" Fiktionen oder „Mythologemen" (ebenso: „freier Wille", platonische „Idee" u. a.), die übrigens von den Metaphysikern nicht einmal als Fiktionen durchschaut, sondern für Hinweise auf Realitäten gehalten werden, sind die ↗„heuristischen" Fiktionen zu unterscheiden, die von den kritisch-wissenschaftlich eingestellten Philosophen bevorzugt werden, da sie nicht nur Gemütsbedürfnisse befriedigen, sondern auch durchdenkbar sind und vor allem der wissenschaftlichen Forschung neue Wege weisen, mithin einen theoretischen (und nicht nur emotionalen) Wert besitzen. ↗Theorem, Mechanistik, Maschinentheorie des Lebens. — Fiktionen im allgemeinen Sinn des Wortes sind z. B. Hilfsbegriffe wie „Juristische Person", „Exterritorialität", „Äquator", „Staatsgrenzen" usw., überhaupt alle erklärenden Gedankenkonstruktionen. Zu unterscheiden sind ferner: mathematische Fiktionen, illustrierende Fiktionen usf.; — ↗Denkmodell, Fiktionalismus, Metapher.

Fiktionalismus

— Nicht verwechselt werden dürfen Fiktion, ↗Hypothese und ↗Theorie.
Fiktionalismus: eine Variante des Neokritizismus, ein erkenntnistheoretischer Standpunkt, von ↗Vaihinger in seiner „Philosophie des Als-Ob" theoretisch begründet, später von ↗Schultz, Müller-Freienfels, Roretz u. a. sorgfältig ausgebaut. Ein Vorläufer der Als-ob-Philosophie ist der italienische Moralpädagoge (— „Fiktion der Seele"! —) Giovanni Marchesini (1868 bis 1931). Gegenüber Vaihingers Definition der „Fiktion" als „bewußt falscher, aber praktisch brauchbarer Annahme" mag es zweckmäßig erscheinen, den Fiktionsbegriff enger und schärfer zu fassen und zwischen den metaphysischen Begriffen als mythologischen (widerspruchsvollen bzw. undurchdenkbaren) Fiktionen (Mythologemen), den wissenschaftlichen Fiktionen (Hilfsbegriffen) und den vollziehbaren (mit den Hypothesen verwandten) Begriffen der wissenschaftlich-kritischen Philosophie (Theoremen) zu unterscheiden, so daß man den Fiktionalismus auch als jenen erkenntniskritischen Standpunkt bezeichnen kann, dem zufolge die metaphysischen Behauptungen nicht als Erkenntnisse, sondern als Begriffsdichtungen erscheinen. — ↗Lange F. A., Lange K.; Fiktion.

Filmer, Robert, 1604—1647: englischer Philosoph, der in seiner Gottesgnadentheorie die Machtstellung des Herrschers auf göttliche Einsetzung zurückzuführen sucht. — Hptw.: Partriarcha, 1680.

Finalismus: ↗Teleologie; Psychobiologie (Lungwitz).

Finalität: 1. Zweckhaftigkeit (bewußte Zwecksetzung); ↗Zweck. — 2. Unbewußte Zielstrebigkeit; ↗Teleologie.

Finitismus: Überzeugung von der „Endlichkeit" (der Welt). Gegenstandpunkt: ↗Infinitismus. — ↗Ewigkeit, Raum, Unendlichkeit, Zeit.

Fink, Eugen, 1905—1975: deutscher Philosoph, Schüler Husserls. — Hptw.: Oase des Glücks, 1957; Ontologische Frühgeschichte von Raum, Zeit und Bewegung, 1958; Sein, Wahrheit, Welt, 1958; Nietzsches Philosophie, 1960; Studien zur Phänomenologie, 1966; Metaphysik und Tod, 1969; Metaphysik der Erziehung im Weltverständnis von Plato und Aristoteles, 1970, 1984²; Epiloge zur Dichtung, 1971; Traktat über die Gewalt des Menschen, 1974; Nähe und Distanz (Phänomenologische Vorträge und Aufsätze), 1976; Hegel. Phänomenologische Interpretation der „Phänomenologie des Geistes", 1977; Sein und Mensch (Vom Wesen der ontologischen Erfahrung), 1977; Grundphänomene des menschlichen Daseins, 1979.

Fischer, Aloys, 1880—1937: deutscher Pädagoge, Psychologe und Philosoph, der sich für die Akademisierung der Lehrerbildung und die Einführung der Berufsberatung eingesetzt hat. — Hptw.: Die Grundlagen der vorsokratischen Philosophie, 1910, 1920²; Erziehung als Beruf, 1921; Psychologie der Gesellschaft, 1922; Die Struktur des sozialen Bewußtseins, 1923; Theorie der emotionalen Bildung, 1923; Familie und Gesellschaft, 1927; Gestaltwandel der deutschen Schule, 1928; Pädagogische Soziologie, 1931; Leben und Werk (Ges. Abhandlungen zur Berufspädagogik), 1967. Gesamtausgabe in 9 Bänden, 1971 ff.

Fischer, Arthur, geb. 1942: deutscher Sozialkritiker. — Hptw.: Die Entfremdung des Menschen in einer heilen Gesellschaft, 1970.

Fischer, Ernst, 1899—1972: österreichischer Kulturkritiker, Marxist, der in seinen letzten Jahren, desillusioniert, Kritik am sowjetrussischen „Panzer-Kommunismus" geübt hat. – Hptw.: Freiheit und Persönlichkeit (Drei Vorlesungen über Probleme der modernen Philosophie), 1947; Kunst und Menschheit, 1949; Probleme der jungen Generation (Ohnmacht oder Verantwortung), 1963; Zeitgeist und Literatur (Gebundenheit und Freiheit der Kunst), 1964; Kunst und Koexistenz (Beiträge zu einer modernen marxistischen Ästhetik, 1966; Erinnerungen und Reflexionen, 1969, 1987²; Die Revolution ist anders, 1971; Das Ende einer Illusion (Erinnerungen 1945–1955), 1973; Kultur, Literatur, Politik, 1984; Von der Notwendigkeit der Kunst, 1985; Ursprung und Wesen der Romantik, 1986; Lob der Phantasie – Späte Schriften, 1987.

Fischer, Hugo, 1897—1975: deutscher Philosophiehistoriker und Kulturphilosoph. — Hptw.: Hegels Methode und ihre ideengeschichtliche Notwendigkeit, 1928; Erlebnis und Metaphysik (Zur Psychologie des metaphysischen Schaffens), 1929; Nietzsche Apostata oder die Philosophie des Ärgernisses, 1931; Karl Marx (Sein Verhältnis zu Wirtschaft und Staat), 1932; Die Aktualität Plotins (Über die Konvergenz von Wissenschaft und Metaphysik), 1956; Die Geburt der Hochkultur in Ägypten und Mesopotamien, 1960; Wer soll der Herr der Erde sein? (Eine politische Philosophie), 1962; Theorie der Kultur (Das kulturelle Kraftfeld), 1965; Die Geburt der westlichen Zivilisation aus dem Geist des romanischen Mönchtums, 1969; Vernunft und Zivilisation (Die Antipolitik), 1971; Kunst und Realität, 1975.

Fischer, Kuno, 1824—1907: deutscher Philosoph, der zwischen den Auffassungen Kants und Hegels zu vermitteln sucht, auch von Schopenhauer beeinflußt ist, sich um die Verbreitung der Philosophie Kants besonders verdient gemacht hat und damit ein Bahnbrecher des Neukantianismus geworden ist, Hegels dialektisches Entwicklungsprinzip mit dem modernen Evolutionismus im Sinne eines teleologischen Idealismus in Einklang zu bringen sucht, das ästhetische Verhalten als ein „spielendes" bestimmt (gekennzeichnet durch eine Sammlung und Einheit aller unserer Fähigkeiten) und vor allem als Philosophiehistoriker und Literarästhetiker bekannt geworden ist. — Hptw.: Diotima (Die Idee des Schönen), 1849, 1928²; System der Logik und Metaphysik oder Wissenschaftslehre, 1852, 1909³; Geschichte der neueren Philosophie, 1852—1877, ab 1897 in 10 Bänden, 1910⁵; Kants Leben und die Grundlagen seiner Lehre, 1860; Über die Entstehung und die Entwicklungsformen des Witzes, 1871; Kleine Schriften, 8 Teile, 1888 ff.; Philosophische Schriften, 6 Bde., 1891/92, 1908/09⁶; Schiller-Schriften, 2 Bde., 1891 ff.; Goethe-Schriften, 9 Bde., 1895 ff.; Das Verhältnis zwischen Willen und Verstand im Menschen, 1896. — ↗Witz.

Fischl, Johann, geb. 1900: österreichischer katholischer Theologe und Philosoph, Neothomist. — Hptw.: Christliche Philosophie in Einzeldarstellungen, Bd. 1 (Die Formen unseres Denkens), 1946; Bd. 2 (Die Wahrheit unseres Denkens), 1946; Christliche Weltanschauung und die Probleme unserer Zeit, 1946, 1948²; Wissenschaft und Offenbarung, 1947; Geschichte der Philosophie, 5 Bde., 1947—1954; Was ist der Mensch? 1948; Kampf um die Metaphysik, 1959.

Flatus vocis: leeres Gerede, Geschwätz.

Flechtheim, Ossip K., geb. 1909: deutscher Zukunftsforscher, der den Terminus „Futurologie" geprägt hat. F. sucht nach einem „dritten" Weg jenseits von Kapitalismus und Kommunismus, nach einer Synthese von Freiheit, Gleichheit und Brüderlichkeit, den drei revolutionären Forderungen von 1789, nach einem „Sozialismus mit konkreter Freiheit" (Rudi Dutschke); er fordert den Abbau von Herrschaft und Gewalt sowie den Aufbau einer demokratisch-pluralistisch kontrollierten Gemeinwirtschaft und einer liberal-sozialistischen Weltföderation.

— Hptw.: Von Hegel zu Kelsen, 1963; Futurologie (Der Kampf um die Zukunft), 1970; Die Parteien der Bundesrepublik Deutschland, 1973; Zeitgeschichte und Zukunftspolitik, 1974; Marxistische Praxis (Selbstverwirklichung und Selbstorganisation des Menschen in der Gesellschaft), 1974 (gemeinsam mit Ernesto Grassi); Ausblick in die Gegenwart, 1974; Weltkommunismus im Wandel, 1977; Von Marx bis Kolakowski — Sozialismus oder Untergang in der Barbarei?, 1978; Der Marsch der DKP durch die Institutionen, 1980; Ist die Zukunft noch zu retten?, 1987. — ↗Pazifismus.

Fludd, Robert, 1574—1637: englischer Denker, Anhänger des Paracelsus; übt an Keplers mathematisierender Naturbetrachtung Kritik. — Hptw.: Utriusque cosmi maioris et minoris metaphysica, physica, atque technica historia, 1617; Clavis philosophiae et alchymiae, 1633.

Folgerung: unmittelbarer (uneigentlicher) Schluß mit nur einer Prämisse, also insgesamt zwei Aussagen, nämlich dem Grundurteil und dem aus ihm abgeleiteten Folgerungsurteil; u. a. kann man folgern durch „Umkehrung" des Grundurteils (↗Konversion, ↗Kontraposition), durch ↗„Subalternation" und durch ↗„Opposition".

Fontenelle, Bernard de, 1657—1757: französischer Aufklärer, der sich für die Popularisierung der Aufklärungsideen einsetzt und vom Standpunkt des Deismus aus einerseits an manchen christlich-religiösen Vorstellungen Kritik übt, andrerseits die Wunder der Natur als Beweis für die Existenz Gottes heranzieht. — Hptw.: Dialogues des morts, 1683; Entretiens sur la pluralité des mondes, 1686; Histoire des oracles, 1687. — ↗Ephemér, Geschichtsphilosophie.

Forberg, Friedrich Karl, 1770—1848: löste durch seinen Aufsatz über „Die Entwicklung des Begriffs der Religion" (1798), zu dem Fichte ein Vorwort geschrieben hatte, den sogenannten Atheismusstreit aus; der von ihm bezogene Standpunkt entspricht etwa dem einer „Religion des Als-ob" (im Sinne Vaihingers).

Form: 1. bei ↗Aristoteles: das gestaltbildende und zwecksetzende Prinzip („Zweite Substanz", Entelechie) im Gegensatz zum strukturlosen Stoff („Erste Substanz", materia prima); 2. bei ↗Kant: Erscheinungsweise des Erkenntnisinhaltes; Kant unterscheidet Formen der Anschauung

Formalästhetik

(Raum und Zeit) und Formen des Denkens (Kategorien); 3. in der Logik: „Denkform" im Gegensatz zum Denkinhalt; Gegenstand logischer Untersuchungen sind die Bedingungen und Voraussetzungen formal richtigen Denkens und damit formal richtiger Denkergebnisse. Zwei Beispiele mögen den Unterschied zwischen formaler Richtigkeit (Gegensatz: Unrichtigkeit) und inhaltlicher Wahrheit (Gegensatz: Falschheit) verdeutlichen: a) „Dieser Mensch ist gut" — „Jenes Kleid ist hübsch"; diese beiden Aussagen unterscheiden sich nur dem Inhalt nach, der Form nach jedoch nicht! Denkt man den Inhalt weg, so bleibt die formale Satzstruktur übrig, die in beiden Fällen gleich ist: S (Subjektsbegriff) ist P (Prädikatsbegriff); b) im Gegensatz dazu: „dieser Tisch ist schmutzig" — „dieser Tisch ist nicht rein"; diese beiden Aussagen (sie beziehen sich auf denselben Tisch!) meinen inhaltlich dasselbe, unterscheiden sich jedoch der Form nach: im ersten Fall ein positiv (S ist P), im zweiten Fall hingegen ein negativ formuliertes Urteil (S ist nicht P).

Formalästhetik: ästhetischer Standpunkt, dem zufolge es vor allem oder sogar ausschließlich die Form der Kunstwerke ist, auf der ihre ästhetische Wirkung beruht. ↗Herbart (von ihm beeinflußt: ↗Zimmermann R.; Eduard Hanslick, 1825—1904, Gegner R. Wagners und A. Bruckners, für J. Brahms eingetreten, die Musik als „tönend bewegte Form" aufgefaßt: „Vom Musikalisch-Schönen. Ein Beitrag zur Revision der Ästhetik der Tonkunst", 1854, 1922[15]). – Gegenstandpunkt: Gehaltsästhetik (Auffassung der Romantiker; idealistische Ästhetik).

Formalethik: ethischer Standpunkt, dem zufolge der Sittlichkeitswert und die ethischen Normen nur formal (und nicht inhaltlich) definiert werden dürfen, wenn sie allgemein gelten sollen. — ↗Kants Ethik.

Formalwissenschaft: erfahrungsunabhängige Wissenschaft, auch „Idealwissenschaft" genannt; eine solche ist die ↗Mathematik.

Foerster, Friedrich Wilhelm, 1869—1966: deutscher Pädagoge (später in den USA) und Ethiker (theologisch fundierte Ethik des Katholizismus; Mystizismus), der das Recht der Vernunft und der Wissenschaft, in den entscheidenden Lebensfragen richtunggebend zu sein, in Zweifel gezogen hat. — Hptw.: Jugendlehre, 1904; Lebenskunde, 1904; Technik und Ethik, 1905; Christentum und Klassenkampf, 1908; 1919[4]; Schule und Charakter, 1907, 1914[12]; Sexualethik und Sexualpädagogik, 1907; Lebensführung, 1909; Staatsbürgerliche Erziehung, 1910, später u. d. T.: Politische Ethik und politische Pädagogik, 1919; Autorität und Freiheit, 1911, 1922[21]; Schuld und Sühne, 1911; Angewandte politische Ethik, 1925; Alte und neue Erziehung, 1936. — Pazifistische Schriften: Weltpolitik und Weltgewissen, 1919; Mein Kampf gegen das militaristische und nationalistische Deutschland, 1921; Europa und die deutsche Frage, 1937. Memoiren: Erlebte Weltgeschichte, 1953.

Georg Forster

Forster, Georg, 1754–1794: deutscher Naturforscher, weitgereister Begründer der vergleichenden Länder- und Völkerkunde („Reise um die Welt", 2 Bde., dt. 1778/1780, 1784[2]); bürgerlich-demokratisch gesinnter Republikaner („deutscher Jakobiner"), begeisterter Bewunderer der Französischen Revolution; Freigeist, Atheist. – Sämtliche Schriften, 9 Bde., 1843; Tagebücher, 1914. – Lit.: Klaus Harpprecht: G. F. oder Die Liebe zur Welt, 1987.

Fortlage, Carl, 1806—1881; deutscher Philosoph, der unter dem Einfluß Kants, Fichtes und Benekes einen „transzendenten Pantheismus" lehrt. Als seelische Grundkraft statuiert er den Trieb. — Hptw.: Darstellung und Kritik der Beweise für das Dasein Gottes, 1840; Genetische Geschichte der Philosophie seit Kant, 1852; System der Psychologie, 1855; Beiträge zur Psychologie, 1875.

Foucault, Michel, 1926–1984: französischer Ideenhistoriker, Erkenntnistheoretiker und Psychologe, der im Rahmen des von ihm weiterentwickelten ↗„Strukturalismus" (– nicht ganz ohne „gespreizte Einfalt" und im Grunde gegen-aufklärerisch und antirationalistisch, wie ihm die Kritik vorwirft –) ebenso über Politik wie über Literatur und Malerei schreibt und sich als „Kämpfer für Menschenrechte" und „Links-Philosoph" für die

Außenseiter der Gesellschaft engagiert. In der Sexualität erblickt F. nicht einen befreienden Weg zur Emanzipation des Menschen, sondern ein Instrument der Macht. – Hptw.: (deutsche Ausgaben): Psychologie und Geisteskrankheit, 1968; Wahnsinn und Gesellschaft (Eine Geschichte des Wahns im Zeitalter der Vernunft), 1969; Die Ordnung der Dinge (Eine Archäologie der Humanwissenschaften), 1971; Die Wörter und die Sachen, 1972; Archäologie des Wissens, 1973; Die Geburt der Klinik (Eine Archäologie des ärztlichen Blicks), 1973; Von der Subversion des Wissens, 1974; Schriften zur Literatur, 1974; Dies ist keine Pfeife, 1974; Die Ordnung des Diskurses, 1974; Überwachen und Strafen (Die Geburt des Gefängnisses), 1976. – Die von F. auf 6 Bände angelegte Geschichte der Sexualität (Histoire de la sexualité, dt.: Sexualität und Wahrheit, Bd. I: Der Wille zum Wissen, 1977; Bd. II: Der Gebrauch der Lüste, 1986; Bd. III: Die Sorge um sich, 1986) bleibt unvollendet. – ↗Nouvelle Philosophie; Reich W. – ↗Lit.: Urs Marti: Michel Foucault, 1988.

Michel Foucault

Fouillée, Alfred, 1838—1912: französischer Philosoph, der im Rahmen einer voluntaristischen Psychologie, in der er den Willens-Charakter aller seelischen Vorgänge betont und durch den Begriff der „idée-force" (gemeint ist die jeder Idee innewohnende Kraft!) umschreibt sowie unter Berücksichtigung des Entwicklungsgedankens zwischen platonischem Idealismus und modernem Naturalismus zu vermitteln sucht, indem er darauf hinweist, daß Ideen (Gedanken) Handlungen auslösen und mithin zugleich reale Kräfte sind, so daß Wirklichkeit und Denken als Einheit und Totalität strebender Kräfte gedacht werden müssen. Von diesem Standpunkt aus entwickelt F. eine Ethik der Solidarität (der Freiheit, der Gleichheit und der Gerechtigkeit), der zufolge die zugleich als ethische Kraft wirksame Idee des Altruismus der Unmöglichkeit entspringt, sich selbst ohne jede Beziehung zu Mitmenschen zu denken. — Hptw.: La liberté et le déterminisme, 1872; Critique des systèmes de morale contemporaine, 1883; L'avenir de la métaphysique, 1889; L'évolutionisme des idées-forces, 1890, dt. 1908 (Der Evolutionismus der Kraft-Ideen); La psychologie des idées-forces, 1893; La morale des idées-forces, 1908.

Fourier, Charles, 1772–1837: französischer Sozialphilosoph, der sich zu einem utopischen (spekulativen) Sozialismus bekennt und mit wirtschaftswissenschaftlichen und ethischen Argumenten den Kapitalismus sowie jegliche sexuelle und soziale Repression bekämpft. – Hptw.: Théorie des quatre mouvements et des destinées générales, 1808; Traité de l'association domestique-agricole, 1822; Le nouveau monde industriel et sociétaire, 1829. – ↗Barthes.

Franck, (Frank), Sebastian, 1500—1545: deutscher Denker, Spiritualist, der einen subjektiven Idealismus lehrt, dem zufolge jeder Mensch ein seiner seelisch-geistigen Struktur gemäßes Welt- und Gottesbild entwirft. — Hptw.: Paradoxa, 1534.

Frank, Philipp, 1884—1966: österreichischer Neopositivist (später in den USA), der sich vor allem um die Lösung erkenntnistheoretisch-physikalischer Grenzfragen bemüht. — Hptw.: Das Kausalgesetz und seine Grenzen, 1932; Das Ende der mechanistischen Physik, 1935; Between Physics and Philosophy, 1941; Einstein, sein Leben und seine Zeit, 1949; Modern Science and Its Philosophy, 1949; Relativity — A Richer Truth, 1950; Wahrheit — relativ oder absolut? 1952. — ↗Physik.

Frankena, William F., geb. 1908: amerikanischer Pädagoge und Philosoph, der sich vor allem um eine analytisch differenzierende, rationale Begründung der Moral bemüht. — Hptw.: Ethics, 1963, dt. 1972 (Analytische Ethik); Three Historical Philosophies of Education (Aristotle, Kant, Dewey), 1965.

Frankenberg, Gerhard von, 1892—1969: deutscher Biologe, Anthropologe und Philosoph, Ehrenpräsident des „Deutschen Volksbundes für Geistesfreiheit". — Hptw.: Das Wesen des Lebens, 1933; Die Natur und wir, 1941, 1952^5; Fallende Schleier (Ein Bild der lebendigen Welt), 1952; Menschenrassen und Menschentum, 1956; Das Zau-

Frankfurter Schule

berreich des Lebens, 1964; Freie Gedanken, 1966.

Frankfurter Schule: aus dem von ↗Horkheimer und seinem Freund ↗Pollock gegründeten (– vorübergehend als „Institute for Social Research" in New York etablierten, 1949 nach Frankfurt zurückverlegten –) Frankfurter „Institut für Sozialforschung" erwachsene, von Horkheimer und ↗Adorno begründete, vom Außenseiter ↗Benjamin sowie von ↗Habermas und dessen Schüler ↗Wellmer weiterentwickelte (selbst eher a-politische) Tradition einer ↗„Kritischen Theorie" der Gesellschaft, der auch ↗H. Marcuse nahesteht. – Organ der Frankfurter Schule war von 1932 bis 1941 die „Zeitschrift für Sozialforschung", in der richtungweisende Beiträge zu Horkheimers „Kritischer Theorie", Adornos Musiksoziologie, Benjamins materialistischer Literaturanalyse, H. Marcuses Kulturkritik und Fromms Sozialpsychologie erschienen sind. – ↗Dialektik, Positivismus-Streit; Albert, Améry, Bloch, Fromm, Holz H. H., Künzli, Lenk K., Lukács, Marcuse L., Popper K. – Lit.: Wiggershaus, Die Frankfurter Schule, 1986.

Frankl, Viktor E., geb. 1905: österreichischer Psychiater, Psychologe, Lebensphilosoph, Begründer der „Existenzanalyse" und der „Logotherapie", mit deren Hilfe er die Menschen bei ihrer Suche nach dem Sinn des Lebens zu unterstützen sucht, auf daß sie ihr „Sinnlosigkeitsgefühl", ihre „existentielle Frustration" und ihr „existentielles Vakuum" überwinden, wobei er den religiösen Aspekt besonders betont. – Hptw.: Ärztliche Seelsorge, 1946, 1975[9]; Ein Psychologe erlebt das Konzentrationslager, 1946, 1947[2]; ... trotzdem Ja zum Leben sagen, 1946, 1947[2]; Die Psychotherapie in der Praxis, 1947, 1975[3]; Die Existenzanalyse und die Probleme der Zeit, 1947; Zeit und Verantwortung, 1947; Der unbewußte Gott (Psychotherapie und Religion), 1948, 1974[3]; Der unbedingte Mensch, 1949; Homo patiens, 1950; Logos und Existenz, 1951; Die Psychotherapie im Alltag, 1952; Pathologie des Zeitgeistes, 1955; Theorie und Therapie der Neurosen, 1956, 1975[4]; Das Menschenbild der Seelenheilkunde, 1959; Psychotherapie für den Laien, 1971, 1973[4]; Der Mensch auf der Suche nach Sinn, 1972, 1973[3]; Der Wille zum Sinn (Ausgewählte Vorträge über Logotherapie), 1972; Anthropologische Grundlagen der Psychotherapie, 1975; Der Mensch vor der Frage nach dem Sinn (Eine Auswahl aus dem Gesamtwerk), 1979; Das Leiden am sinnlosen Leben, 1983[7]; Die Sinnfrage in der Psychotherapie, 1981; Logotherapie und Existenzanalyse (11 Texte aus 5 Jahrzehnten), 1987.

Französische Philosophie: läßt (verglichen mit der ↗deutschen und der ↗englischen Philosophie) folgende Tendenzen erkennen (— womit natürlich hin und wieder auftretende gegenläufige Strömungen keineswegs ausgeschlossen sind): 1. ↗Skeptizismus, getragen von einem geistigen Spieltrieb, einem verfeinerten Wirklichkeitsgefühl (dem zufolge kein Standpunkt dem Reichtum der Wirklichkeit gerecht werden kann), aber auch nicht ohne leicht ↗quietistischen Einschlag und nicht ohne ein gesellschaftliches Moment des Mißtrauens (ne pas être dupe), von ↗Montaigne über Charron, Sanchez, Pascal, Bayle bis Renan und Poincaré. 2. ↗Psychologismus (großes psychologisches Einfühlungsvermögen und Verständnis, Lust an der psychologischen Analyse); 3. Intellektualismus (↗Descartes: clare et distincte), auch Mathematizismus; 4. hochwertige literarische Formgebung. – ↗Bollnow, Groethuysen, Roretz; Existentialismus, Nouvelle Philosophie, Strukturalismus.

Frege, Gottlob, 1848—1925: deutscher Mathematiker und Logistiker, der die Arithmetik aus der Logik abzuleiten versucht. Wenn auch Russell in F.s logischem System einen Widerspruch nachweisen konnte, den übrigens auch F. selbst erkannt hat, so gilt doch F. als einer der bedeutendsten Logiker seit Leibniz und als Begründer der modernen Logik. — Hptw.: Begriffsschrift, 1879; Die Grundlagen der Arithmetik (Eine logisch-mathematische Untersuchung über den Begriff der Zahl), 1884, 1987[3]; Grundgesetze der Arithmetik, 1893 (1. Band), 1903 (2. Band). Neue Ausgaben: Funktion, Begriff, Bedeutung (5 logische Studien), hrsg. von G. Patzig, 1962, 1969[3]; Logische Untersuchungen, 1966; Kleine Schriften, 1967; Nachgelassene Schriften, 1969; Schriften zur Logik und Sprachphilosophie, 1971; Conceptual Notation and Related Articles, 1972; Wissenschaftlicher Briefwechsel, 1976.

Freidenker (Freigeist): zusammenfassende Bezeichnung für Denker, die sich jeder Einengung ihrer geistigen Selbständigkeit durch Tradition und Religion widersetzen, d. h. in Fragen der Weltanschauung als einzige Autorität ausschließlich ihre eigene Vernunft anerkennen: „Wo die anderen glauben zumindest ,glauben zu glauben'" (↗Lichtenberg, Strauß), fordert der Freigeist Gründe (↗Nietzsche). — ↗Deismus, Monismus, Monistische Bewegung; Bayle, Becker, Bruno, Collins, Shelley, Toland (wurde als erster als F. bezeichnet); Ewald.

Freiheit: vieldeutiger, schillernder Begriff (daher geeignet für jegliche ideologische Manipulation), ganz allgemein: Abwesenheit von Zwang (– was sinnvollerweise nur bedeuten kann, daß niemand tun muß, was er nicht tun will, nicht jedoch, daß jeder tun darf, was er will). Die Gegenbegriffe (Unfreiheit; Sicherheit; Gleichheit) liegen auf verschiedenen Ebenen (z. B.: ↗Madariaga bekennt sich als „Anhänger der Freiheit des Geistes, aber nicht der Freiheit der Dividenden"; und ↗Tocqueville meint, daß die Unfreiheit leichter ertragen werde als die Ungleichheit). Entscheidend ist, ob man Freiheit „von" etwas (z. B. Angst, Not) oder Freiheit „zu" etwas meint; Freiheit ist immer etwas Relatives, entweder „wovon" oder „wozu"; „absolute Freiheit" und „Freiheit an sich" sind sinnleere Wortfolgen, ein „Mythos". Beispiele für die „Relativität" des Freiheitsbegriffes: z. B. sein Mißbrauch in den nationalsozialistischen Parolen „Freiheit und Brot" oder „Arbeit macht frei" (über den Toren der Konzentrationslager!); oder die vieldiskutierte „Pressefreiheit": ursprünglich erkämpft als Freiheit „zu" („für" etwas), wird heute dort, wo sie zu einer „Freiheit für (– meist mit Dummheit sowie Arroganz gepaarten –) Frechheit" entartet ist, die Befreiung „von" dieser (mißbrauchten) Pressefreiheit (die nach Paul Sethe die Freiheit von 200 reichen Leuten ist, zu bestimmen, was 200 Millionen lesen müssen) gefordert; oder: sowohl der Kapitalist als auch der Sozialist rufen nach „Freiheit": von jenem als Möglichkeit der Ausbeutung, von diesem als Schutz vor Ausbeutung verstanden; bemerkenswert ist auch das paradoxe Verhältnis vieler zum Staat: einerseits fordern sie mehr Freiheit „vom" Staat (also „weniger Staat", weniger Verpflichtungen dem Staat gegenüber, weniger Steuern usw.), andererseits rufen sie ständig nach ihm (mehr Sicherheit, mehr Investitionen, mehr Subventionen, mehr Leistungen, mehr Wohlfahrt usw.), wodurch sie natürlich in zunehmendem Maße vom Staat abhängig werden; die Komplexität des Freiheitsbegriffes zeigt sich schließlich auch darin, daß Freiheit immer auch Verantwortlichkeit in sich schließt. – In der Philosophie stehen vornehmlich die Begriffe „politische Freiheit" (wirtschafts-, gesellschafts-, rechts- und staatsphilosophische Problematik) und „Willensfreiheit" (in der Psychologie, der Ethik und der Metaphysik) zur Debatte. – ↗Alienation, Anarchismus (– dagegen: Freiheit gibt es nur in der Gesellschaft und durch die Gesellschaft, alles andere ist Chaos!), Dialektik, Existentialismus, Gesetz, Ideologie (z. B. die konservative Parole „Freiheit oder/statt Sozialismus" im Gegensatz zur sozialdemokratischen Zielsetzung: „Freiheit durch (Chancen-)Gleichheit"), Liberalismus, Toleranz (nach Rosa Luxemburg ist „Freiheit immer auch die Freiheit der Andersdenkenden"), Willensfreiheit; Camus, Fromm, Hacker, Jaspers, Kant (F. als „Idee" bzw. Fiktion und als Postulat), Krings, Krüger, Lakebrink, Metzger, Müller M., Rombach, Schelling, Schwarz, Veit; Kafka.

Freimaurer (Schurz)

Freimaurer: der Freimaurerbund, im Aufklärungszeitalter gegründet (erste Großloge 1717 in London), bekennt sich zum Humanitätsideal (z. B. ↗G. E. Lessing) und erstrebt eine konfessionsfreie (in der natürlichen „Vernunftreligion", in der alle Menschen übereinstimmen können, verankerte) ethische Ausgestaltung des Menschentums, die er in (den Nichtmitgliedern gegenüber geheim gehaltenen) symbolischen Riten darstellt und feiert, deren Tradition sich bis zu den spätmittelalterlichen „Bauhütten" der Steinmetzen zurückverfolgen läßt.

Freud, Sigmund, 1856—1939: österreichischer Arzt (Neuropathologe), später in London; Begründer der ↗Psychoanalyse, durch die er einen nachhaltigen Einfluß auf die Entwicklung der Medizin, der Geisteswissenschaften und der Philosophie ausgeübt hat. — Hptw.: Studien über Hysterie, 1895, 1922[4]; Die Traumdeutung, 1900, 1922[7]; Zur Psychopathologie des Alltagslebens, 1904, 1924[10]; Drei Abhandlungen zur Sexualtheorie, 1905, 1922[5]; Der Witz und seine Beziehung zum Unbewußten, 1905; Über Psychoanalyse, 1910, 1947[10]; Totem und Tabu, 1913; Triebe und Triebschicksale, 1915; Vorlesungen zur Einführung in die Psychoanalyse, 1917, 1969[4]; Jenseits des Lustpinzips, 1920; Das Ich und das Es, 1923; Die Zukunft einer Illusion, 1927; Das Unbehagen in der Kultur, 1930, 1931[2]; Warum Krieg?, 1933. – Gesammelte Werke, 18 Bde., 1961; Studienausgabe in 10 Bänden, ab 1969. – ↗Eros, Tod; Fromm, Hollitscher, Leser, Mitscherlich, Marcuse L., Ricoeur, Zahrnt. – Neuere Lit.: S. F. (Sein Leben in Bildern und Texten), dt. 1976; Thomas Köhler, Das Werk S. Freuds, 1987.

Sigmund Freud

Freundlich, Rudolf, 1911–1988: österreichischer Philosoph, Schüler Reiningers, vor allem als Sprachanalytiker hervorgetreten. — Hptw.: Sprachtheorie (Grundbegriffe und Methoden zur Untersuchung der Sprachstruktur), 1970; Einführung in die Semantik, 1972.

Frey, Gerhard, geb. 1915: österreichischer Philosoph, an der sprachphilosophischen und wissenschaftstheoretischen Problematik besonders interessiert. – Hptw.: Gedanken zu einer universalen Philosophie, 1948; Gesetz und Entwicklung in der Natur, 1958; Erkenntnis der Wirklichkeit, 1965; Sprache – Ausdruck des Bewußtseins, 1965; Die Mathematisierung unserer Welt, 1967; Philosophie und Wissenschaft (Eine Methodenlehre), 1970; Theorie des Bewußtseins, 1980.

Freyer, Hans, 1887–1969: deutscher Soziologe und Kulturphilosoph, der an der Technokratie unserer Zeit Kritik geübt, sich ursprünglich mit dem Marxismus in positivem Sinne auseinandergesetzt (1921), in den dreißiger Jahren dann eine radikal-„rechte" (faschistische) Gegenposition bezogen hat (1931, 1933), um sich in den fünfziger Jahren (1955) auf eine gemäßigt-konservativen Pluralismus zurückzuziehen. – Hptw.: Antäus (Grundlegung einer Ethik des bewußten Lebens), 1918; Die Bewertung der Wirtschaft im philosophischen Denken des 19. Jhdts., 1921; Prometheus (Ideen zur Philosophie der Kultur), 1922; Theorie des objektiven Geistes (Eine Einleitung in die Kulturphilosophie), 1923; Der Staat, 1925; Soziologie als Wirklichkeitswissenschaft, 1930; Revolution von rechts, 1931; Einleitung in die Soziologie, 1931; Das politische Semester, 1933; Pallas Athene (Ethik des politischen Volkes), 1935; Die politische Insel (Eine Geschichte der Utopien), 1936; Gesellschaft und Geschichte, 1937; Machiavelli, 1938, 1986²; Weltgeschichte Europas, 2 Bde., 1948; Theorie des gegenwärtigen Zeitalters, 1955, 1958²; Das soziale Ganze und die Freiheit des einzelnen unter den Bedingungen des industriellen Zeitalters, 1957; Schwelle der Zeiten, 1965; Preußentum und Aufklärung (und andere Studien zur Ethik und Politik), 1986.

Freytag-Löringhoff, Bruno von, geb. 1912: deutscher Philosoph, vor allem an Problemen der Philosophie der Mathematik sowie an Fragen der Logik und der Logistik (— der er mit Reserve gegenübersteht —) interessiert. — Hptw.: Die ontologischen Grundlagen der Mathematik, 1937; Gedanken zur Philosophie der Mathematik, 1948; Logik I und II, 1955/67; Werbung für Philosophie, 1973; Neues System der Logik (Symbolisch-symmetrische Rekonstruktion und operative Anwendung des aristotelischen Ansatzes), 1985.

Friede: ein Postulat ethischer Kultur, dem zufolge es aggressionsfreie Menschlichkeit zu verwirklichen und kulturelle sowie gesellschaftliche Zwänge zu überwinden gilt, aus denen Aggression erwächst; eine Stütze findet diese pazifistische Forderung in der Auffassung, daß es keinen angeborenen „Aggressionstrieb" gibt und Kriege nicht naturgesetzlich determiniert und auch nicht unvermeidlich sind. – ↗Alain, Ebbinghaus J., Einstein, Fetscher, Hacker, Jaspers, Jünger, Kant (das gegenseitige „Besucherrecht" ist der höchste Ausdruck des Friedenswillens der Völker! – Leider, muß man hinzufügen, auch heute nicht immer der Staaten!), Kelsen, Liebrucks, Mitscherlich, Picht, Rauscher, Richter, Scheler, Schweitzer, Sölle, Thirring, Weizsäcker; Aggression, Futurologie, Pazifismus.

Friedmann, Milton, geb. 1912: amerikanischer Nationalökonom (Nobelpreis 1976), Begründer der „Chicago-Schule" bzw. des „Monetarismus", ein radikaler Liberaler, der die kapitalistische Ideologie (ungezügelte Marktwirtschaft und zynisches Besitzdenken) verteidigt (— die von John Maynard Keynes, 1883—1946, dem Schöpfer der Vollbeschäftigungstheorie, längst ideologiekritisch demaskiert ist —) und den Wohlfahrtsstaat sowie überhaupt jegliche staatliche Konjunkturpolitik und Preispolitik (überhaupt Wirtschaftspolitik) bekämpft. – Hptw. (dt.): Die optimale Geldmenge, 1970; Kapitalismus und Freiheit, 1971.

Fries, Jakob Friedrich, 1773–1843: deutscher Nachkantianer, der Kants Erkenntnistheorie psychologisch interpretiert und begründet. Die Grenzen des Wissens fallen nach F. (wie nach Kant) mit den Grenzen der Erfahrung zusammen; die Erfassung des Absoluten und Ewigen ist nach F. Sache des Glaubens. – Hptw.: Wissen, Glaube und Ahndung, 1805; Neue oder anthropologische Kritik der Vernunft, 3 Bde., 1807, 1828–1831²; System der Logik, 1811, 1837³; Handbuch der Praktischen Philosophie, 2 Tle., 1818–1832; Handbuch der psychischen Anthropologie, 2 Bde., 1820/21, 1837–1839².

Frischeisen-Köhler, Max, 1878–1923: von Kant, Eucken und Dilthey beeinflußter deutscher Philosoph, der einen kritischen Realismus lehrt. – Hptw.: Moderne Philosophie (Ein Lesebuch), 1907; Wissenschaft und Wirklichkeit, 1912; Das Realitätsproblem, 1912. – ↗Neukantianismus.

Max Frischeisen-Köhler

Frohschammer, Jakob, 1821–1893: deutscher Theologe (Altkatholik) und Metaphysiker. – Hptw.: Die Phantasie als Grundprinzip des Weltprozesses, 1877.

Fromm, Erich, 1900–1980: deutscher Psychoanalytiker (der zweiten Generation), Sozialpsychologe und Sozialphilosoph (ab 1934 in den USA), der die Psychoanalyse unter dem Aspekt der marxistischen Gesellschaftstheorie interpretiert und vom Standpunkt eines neofreudianischen (auch soziologische Kategorien miteinbeziehenden) humanistisch-ganzheitlichen Denkens aus zwischen den Existenzformen des „schöpferischen Seins" und des „entfremdeten Habens" unterscheidet und Kritik an der „Besitzorientierung" (am „Habe-Modus") der Konsum- und Überflußgesellschaft (– im Gegensatz zur „Erlebnisorientierung", zum „Seins-Modus" des menschlichen Lebens –) übt, um dem modernen Massenmenschen seine „Furcht vor der Freiheit" zu nehmen. – Hptw.: Die Entwicklung des Christusdogmas, 1931; Die Furcht vor der Freiheit, 1945; Das christliche Dogma und andere Essays, 1965; Jenseits der Illusionen, 1967, 1981²; Das Menschliche in uns, 1968; Die Herausforderung Gottes und des Menschen, 1970; Analytische Sozialpsychologie und Gesellschaftstheorie, 1970; Die Revolution der Hoffnung (Für eine humanisierte Technik), 1971; Zen-Buddhismus und Psychoanalyse, 1971; Anatomie der menschlichen Destruktivität, 1974; Haben oder Sein (Die seelischen Grundlagen einer neuen Gesellschaft), 1976; Der moderne Mensch und seine Zukunft, 1977; Das Menschenbild bei Marx, 1977; Psychoanalyse und Ethik (Bausteine zu einer humanistischen Charakterologie), 1978; Sigmund Freud: Psychoanalyse – Größe und Grenzen, 1979; Die Seele des Menschen (ihre Fähigkeit zum Guten und zum Bösen), 1979; Psychoanalyse und Religion, 1979; Arbeiter und Angestellte am Vorabend des Dritten Reiches (Eine sozialpsychologische Untersuchung 1929/30), 1979, 1983²; Märchen, Mythen, Träume (Eine Einführung in das Verständnis einer vergessenen Sprache), 1980; Die Kunst des Liebens, 1980; Das Christusdogma und andere Essays, 1981; Es geht um den Menschen, 1981; S. Freud – seine Persönlichkeit und Wirkung, 1981; Über den Ungehorsam und andere Essays, 1982; Ihr werdet sein wie Gott (Eine radikale Interpretation des Alten Testaments und seiner Tradition), 1982; Über die Liebe zum Leben, 1983. – ↗Marcuse H.

Frustration: Enttäuschung infolge Zurücksetzung oder erzwungenen Verzichtes.

Fundamentalontologie: ↗Heideggers existentialphilosophische „Grundlehre vom Sein".

Fundamentalphilosophie: erkenntniskritische Untersuchung der Grundlagen und der Voraussetzungen des philosophischen Denkens selbst. — ↗Axiomatische Philosophie.

Funke, Gerhard, geb. 1914: deutscher Philosoph, der in der Tradition der hermeneutisch-phänomenologischen Philosophie steht. – Hptw.: Zur transzendentalen Phänomenologie, 1957; Phänomenologie – Metaphysik oder Methode? 1966, 1979³; Globus intellectualis.

Funktion

Freie Wissenschaft und Philosophie, 1973; Von der Aktualität Kants, 1980.

Funktion: 1. allgemein: eine Aufgabe (die zu erfüllen), eine Leistung (die zu erbringen ist); 2. in Logik und Mathematik: feste gegenseitige Abhängigkeit zweier wechselnder Größen (der „Variablen"; $y = f[x]$). — ↗Kausalität; Cassirer.

Futurologie: Zukunftsforschung und Zukunftsplanung (Terminus von ↗Flechtheim); aus gesellschafts- und kulturkritischen Denkanstößen erwachsende Überlegungen zu der bangen Frage, ob die bedenklichen Zeichen unserer Zeit, die beängstigenden Symptome der Gegenwart auch (oder vielleicht gar erst recht, in verstärktem Maße?) für die Zukunft gelten. Im Mittelpunkt der futurologischen Befürchtungen steht die Gefährdung des Menschen in der modernen Leistungs- und Wohlstandsgesellschaft durch eine ausufernde Technokratie und die dämonischen Kräfte und Mächte des Atomzeitalters, in dem der Mensch sich anzuschicken scheint, ein erfolgreicher Selbstmörder zu werden: von den Folgen der Automation bis zur Manipulation des Menschen durch die Massenmedien, vom sublimen Konsumterror und „Terror der Aktualität" (↗Améry) über den Psychoterror der Motorisierung (durch Lärmbelästigung usw.) bis zur Brutalisierung (↗Hacker) durch den Terrorismus der nackten Gewalt, von Wirtschaftskrisen (bedingt durch Rohstoffmangel, Energieverknappung, Fehlproduktion) bis zur Naturzerstörung (durch Umweltverschmutzung, Luftverpestung und Wasservergiftung), verursacht durch die zunehmende Diskrepanz zwischen Ökonomie und Ökologie, verschuldet von einem wachstumsbessenen Industrie- und Politik-Management, einem kapitalistischen Wachstumsfetischismus gemäß dem ehernen Wirtschaftsgesetz „wachsen oder sterben", vom Schreckgespenst einer biotechnischen Gen-Manipulation über die Gefahren der ↗Bevölkerungsexplosion bis zu den apokalyptischen Horror-Visionen einer atomaren Katastrophe und eines selbstverschuldeten Unterganges der Menschheit durch nukleare Selbstvernichtung. Derzeit stehen in der Futurologie zwei gegensätzliche Auffassungen einander gegenüber: einerseits die pessimistischen Untergangsprognosen des 1968 von dem inzwischen im Alter von 75 Jahren verstorbenen Aurelio Peccei gegründeten „Club of Rome" („Limits of Growth": „Grenzen des Wachstums", 1971; Forderungen: Nullwachstum, Übergang von der Überflußgesellschaft zur Mangelwirtschaft, zum Konsumverzicht und zum Verzicht auf einen allzu hohen Lebensstandard), andererseits die optimistischen Zukunftserwartungen des Hudson-Instituts in New York (neue Erfindungen, erhöhte Produktivität; Gründer: Herman Kahn, gest. 1983: Eskalation, 1965; Ihr werdet es erleben, 1968; Angriff auf die Zukunft, 1972; Vor uns die guten Jahre, 1976). – ↗Améry C., Bell, Buchholz, Fetscher, Flechtheim, Harich, Jouvenel, Jungk, Lübbe, Reich W., Steinbuch, Weizsäcker; Anthropologie, Friede, Pazifismus. Neuere Literatur zum gesellschaftspolitischen Wandel, zur nachhaltigen Veränderung unseres Lebensstiles durch die Computer-Technik (Mikroelektronik, Mikroprozessoren) und zum Übergang von der Industrie- zur Informationsgesellschaft (durch Telekommunikation): Aurelio Peccei/Daisaku Ikeda, Noch ist es nicht zu spät, dt. 1983; Klaus Haefner: Der große Bruder – Chancen und Gefahren für eine informierte Gesellschaft, 1980; Die neue Bildungskrise – Herausforderung der Informationstechnik an Bildung und Ausbildung, 1982; Mensch und Computer im Jahr 2000. Ökonomie und Politik für eine humane computerisierte Gesellschaft, 1984; Oskar Lafontaine, Der andere Fortschritt, 1985 (– „Jedes Jahr verhungern auf der Erde 45 Millionen Menschen. Der atomare Weltbrand kann jeden Augenblick ausbrechen. Die Zerstörung der Natur schreitet immer weiter, scheinbar unaufhaltsam voran. Die Industriegesellschaft ist an ihre Grenzen gestoßen. Massenarbeitslosigkeit und Armut, die überwunden schienen, sind zurückgekehrt." Daher ist die Weichenstellung für eine neue Gesellschaftsform zu fordern, den „Ökosozialismus": Selbstverantwortung in der Arbeit, Abkehr vom Wachstumsdenken, Frieden mit der Natur!). – ↗New Age, Postmoderne. – Neueste Lit.: Jörn Rüsen, Eberhard Lämmert, Peter Glotz (Hrsg.), Die Zukunft der Aufklärung, 1988; Klaus Michael Meyer-Abich, Wissenschaft für die Zukunft (Holistisches Denken in gesellschaftlicher Verantwortung), 1988.

G

Gabriel, Leo, geb. 1902–1987: österreichischer Philosoph, der neothomistische und existenzphilosophische Denksätze im Rahmen einer „integralen" Logik bzw. Urgrund-Logik und Ontologik zu verbinden sucht. – Hptw.: Von Brahma zur Existenz (Die Grundformen der Erkenntnis und die Einheit der Philosophie), 1949, 1954²; Logik der Weltanschauung, 1949; Existenzphilosophie, 1951; 1968²; Mensch und Welt in der Entscheidung, 1961; Integrale Logik (Die Wahrheit des Ganzen), 1965.

Hans-Georg Gadamer

Gadamer, Hans-Georg, geb. 1900: deutscher Philosoph, der die ↗Hermeneutik unter dem Einfluß Husserls, Diltheys und Heideggers zu einer umfassenden „Philosophischen Hermeneutik" bzw. „Hermeneutischen Philosophie" ausgebaut hat. — Hptw.: Wahrheit und Methode (Grundzüge einer philosophischen Hermeneutik), 1960, 1975⁴; Kleine Schriften, 1. u. 2. Bd.: 1967, 3. Bd.: 1972; 4. Bd.: 1977; Platos dialektische Ethik und andere Studien zur platonischen Philosophie, 1968²; Hegels Dialektik (Hermeneutische Studien), 1971, 1980²; Vernunft im Zeitalter der Wissenschaft (Aufsätze), 1976; Rhetorik und Hermeneutik, 1976; Poetica (Ausgewählte Essays), 1977; Die Aktualität des Schönen (Kunst als Spiel, Symbol und Fest), 1977; Philosophische Lehrjahre (Eine Rückschau), 1977; Lob der Theorie (Reden und Aufsätze), 1983; Heideggers Wege (Studien zum Spätwerk), 1983. – Autobiographie in „Philosophie in Selbstdarstellungen", Bd. III, 1977.

Galaxis (Galaxie): „Milchstraße", Sternensystem. – ↗Kosmogonie.

Galbraith, John Kenneth, geb. 1908: amerikanischer Wirtschaftswissenschaftler („linker" Liberaler), streitbarer Gegner neokonservativer, ↗monetaristischer Tendenzen, der lehrt, daß der Steigerung des privaten Konsums in arithmetischen Dimensionen mit einer geometrischen Progression der öffentlichen Ausgaben begegnet werden und der Staat eingreifen muß, wenn der freie Markt versagt, da sich sonst die Schere zwischen privatem Wohlstand und öffentlicher Armut immer mehr zu öffnen droht. – Hptw. (dt.): Gesellschaft im Überfluß, 1959; Wirtschaftliches Wachstum, 1967; Die moderne Industriegesellschaft, 1968; China, 1973; Wirtschaft für Staat und Gesellschaft, 1974; Geld – woher es kommt, wohin es geht, 1976; Leben in entscheidender Zeit, 1982; Anatomie der Macht, 1987; Die Entmythologisierung der Wirtschaft (Grundvoraussetzungen ökonomischen Denkens), 1987. – ↗Konvergenztheorie.

John Kenneth Galbraith

Galen(us), clarissimus, 2. Jhdt. n. Chr.: römischer Arzt, der im Mittelalter höchstes Ansehen genoß. Als Philosoph (Eklektiker) versucht G., aristotelische und stoische Lehren zu verbinden (auch fügte er den drei aristotelischen Schlußfiguren die vierte bei).

Galilei, Galileo, 1564—1642: italienischer Naturforscher, Mathematiker und Philosoph, Begründer der modernen dynamischen Physik, der auf die Bedeutung sowohl der experimentellen Beobachtung als auch der mathematischen Bearbeitung ihrer Ergebnisse für die naturwissenschaftliche Forschung hinweist und auf Grund erkenntnistheoretischer Überlegungen die Überzeugung gewinnt, daß die

Gandhi

Sinnesqualitäten (Farbe, Temperatur usw.) nicht objektive Eigenschaften der Dinge sind. G. wurde seiner naturwissenschaftlichen (pro-kopernikanischen) Einstellung wegen von der Kirche verfolgt (1610 mit Hilfe des Fernrohrs die das kopernikanische System beweisenden Himmelserscheinungen entdeckt; 1633 vor der Inquisition widerrufen; bis zu seinem Tode Gefangener). — Hptw.: Nuntius sidereus, 1610; Il saggiatore, 1623; Dialogo sopra i due massimi sistemi del mondo, 1632. – Schriften, Briefe, Dokumente, 2 Bde., hrsg. v. Anna Mudry, 1987.

Galileo Galilei

Gandhi, Mahatma, 1869–1948: Führer der indischen Nationalbewegung, der seine Theorie vom „gewaltlosen Kampf" (satyagraha = Kraft der Seele durch Festhalten – „graha" – an der Wahrheit – „satya") ethisch begründet und Wahrheitsliebe, Selbstdisziplin und Selbstlosigkeit fordert. – Ausgewählte Texte: Aus der Stille steigt die Kraft zum Kampf. Von der Macht des Gebetes, 1987. – Gandhis großer Biograph: Romain Rolland – Lit.: Michael Blume: Satyagraha. Wahrheit und Gewaltfreiheit. Yoga und Widerstand bei Gandhi, 1987. – ↗Satyagraha; Tagore, Thoreau.

Mahatma Gandhi

Ganzheit: ↗Gestalt.

Garaudy, Roger, geb. 1913: französischer Marxist (1970 aus der KPF ausgeschlossen), der am Dogmatismus Stalins sowie an der ontologisch-realistischen Widerspiegelungstheorie der Wahrheit (im Dialektischen Materialismus) Kritik übt, für einen Sozialismus der Arbeiterselbstbestimmung und -selbstverwaltung plädiert, einer Synthese von Marxismus und Christentum das Wort redet und den seit 1968 unterbrochenen christlich-marxistischen Dialog wieder zu beleben sucht (↗Machovec, Nenning). Bemerkenswert sind die überraschenden Sprünge in seiner geistigen Entwicklung. Zunächst Kommunist, dann dem Christentum zugetan, schließlich ein „Grüner", hat er sich zuletzt dem Islam zugewandt und alle nichtwestlichen Religionen und Revolutionen gegen westliche Gedanken und Wege mobilisiert, da diese allesamt stets nur Irrgedanken und Irrwege gewesen seien. – Hptw. (deutsche Ausgaben): Der Dialog, 1966; Gott ist tot (Eine Einführung in das System und die Methode Hegels), 1966; Die ganze Wahrheit oder Für einen Kommunismus ohne Dogma, 1970; Marxismus im 20. Jahrhundert, 1971; Die Alternative (Ein neues Modell der Gesellschaft jenseits von Kapitalismus und Kommunismus), 1972; Menschenwort (Ein autobiographischer Bericht), 1976; Das Projekt Hoffnung, 1977; Plädoyer für einen Dialog der Zivilisation, 1980; Aufruf an die Lebenden, 1981.

Garve, Christian, 1742—1798: deutscher Popularphilosoph und Eklektiker des Aufklärungszeitalters, der unter dem Einfluß des englischen Empirismus als erster an Kants Hauptwerk Kritik zu üben versucht. — Hptw.: Über die Verbindung der Moral mit der Politik, 1788; Versuch über verschiedene Gegenstände aus der Moral, Literatur und dem gesellschaftlichen Leben, 5 Bde., 1792—1802, 1821²; Über Gesellschaft und Einsamkeit, 2 Bde., 1797—1800; Übersicht der vornehmsten Prinzipien der Sittenlehre, 1798. — Neudruck: Popularphilosophische Schriften (Über literarische, ästhetische und gesellschaftliche Gegenstände), 2 Bde.

Gassendi, Pierre, 1592—1655: französischer Philosoph, der die Aristoteliker bekämpft und auf Epikur und Lukrez zurückgreift, den cartesianischen Rationalismus mit einer sensualistischen Erkenntnisauffassung zu verbinden sucht, an der res cogitans des ↗Descartes Kritik übt, im Gegensatz zu Descartes die Existenz eines leeren Raumes postuliert und die Atomtheorie akzeptiert (auf deren Verbreitung in Frankreich noch 1624 die Todesstrafe stand!) und trotz seiner mechanistisch-materialistischen Naturauffassung die

Existenz Gottes und die Unsterblichkeit der Seele für gewiß erachtet, also die materialistische Atomistik mit der traditionellen spiritualistischen Metaphysik zu harmonisieren bemüht ist. – Hptw.: Exercitationes paradoxicae adversus Aristoteleos, 1624; De vita, moribus et doctrina Epicuri, 1647; Syntagma philosophicum, 1658. – ↗Cyrano, Sennert.

Gast, Peter (eigentl. Heinrich Köselitz), 1854—1918: deutscher Komponist und Schriftsteller, Freund Nietzsches.

Gaultier, Jules de, 1858—1942: französischer Philosoph, der (an Berkeley und Spinoza orientiert und unter dem Einfluß von Kant, Schopenhauer und Nietzsche) den Standpunkt eines (antichristlichen) monistischen Idealismus bezieht, als Relativist sich auch dem Fiktionalismus (Vaihingers) und dem Pragmatismus verbunden fühlt und aus künstlerischer Sicht den ästhetizistischen ↗Bovarismus konzipiert hat. — Hptw.: Le Bovarysme, 1902; Nietzsche, 1926; De Kant à Nietzsche, 1930, dt. 1961.

Gaunilo, Mönch des 11. Jhdts., der als erster am ontologischen Gottesbeweis Anselms Kritik geübt hat.

Gauß, Carl Friedrich: 1777—1855: deutscher Astronom, Physiker und Mathematiker („princeps mathematicorum"), Begründer der berühmten Göttinger Mathematikerschule. — Hptw.: Disquisitiones arithmeticae, 1801; Theoria motus corporum caelestium, 1809; Theoria combinationis observationum erroribus minimis obnoxiae, 1821/23; Disquisitiones generales circa superficies curvas, 1827. — ↗Raum.

Gaya scienza: Fröhliche Wissenschaft. — ↗Nietzsche.

Gebser, Jean, 1905—1973: deutscher (in Posen geborener) Kulturkritiker (später in der Schweiz), der, tief durchdrungen vom Krisenbewußtsein unserer Zeit, die Auffassung vertritt, daß nicht durch neue Ideologien, sondern nur mit Hilfe einer „Bewußtseinssteigerung" sowie durch Überwindung der Gegensätze zwischen Glauben und Wissen die neue Wirklichkeit bewältigt werden kann. – Hptw.: Abendländische Wandlung (Abriß der Ergebnisse moderner Forschung in Physik, Biologie und Psychologie. Ihre Bedeutung für Gegenwart und Zukunft), 1943, 1945²; Ursprung und Gegenwart, 2 Bde., 1949 (I: Die Fundamente der aperspektivischen Welt; II: Die Manifestationen der aperspektivischen Welt), 3 Bde.: 1961², 1973³; In der Bewährung, 1962, 1969²; Asien lächelt anders, 1968; Ein Mensch zu sein (Betrachtungen über die Formen der menschlichen Beziehungen), 1974.

Gedächtnis: die Fähigkeit der ↗Ekphorie von Engrammen, der Reproduktion von Bewußtseinsinhalten. — ↗Amnesie, Assoziation, Lernen, Retention; Ebbinghaus H., Semon. – „Falsches Gedächtnis" (↗Fausse m., rec.): ↗Déjà vu. – Lit.: Hans Joachim Fechtner, Das Gedächtnis, 1979.

Gedankenästhetik: Untersuchung der ästhetischen Wirkungen, die sich an bestimmte Denkleistungen und elegante wissenschaftliche Entwicklungen knüpfen (in der Philosophie, der Mathematik, der Strategie, im Schachspiel usw.) — ↗Hutcheson, Roretz: Bausteine zu einer Gedankenästhetik (Zeitschrift für Ästhetik und allgemeine Kunstwissenschaft 33), 1939.

Gedankendichtung: ↗Begriffsdichtung.

Gedankenexperiment: Durchführung eines Experimentes in Gedanken; eine Annahme unter gleichzeitiger Erwägung der sich daraus ergebenden Konsequenzen (z. B.: Würde ein isoliert lebender Mensch dieselben ethischen Grundsätze entwickeln wie ein in der Gruppe lebender Mensch?). Heuristisch wertvolle wissenschaftliche Methode, die es erlaubt, unwesentliche Umstände zu modifizieren und dadurch an einem Fall neue Seiten hervortreten zu lassen. Auf die Bedeutung des Gedankenexperiments (als eines in Gedanken gemachtes Experimentes, um das künftighin zu Erwartende auf Grund der Erfahrung abzuschätzen) haben vor allem ↗Jodl und ↗Mach hingewiesen.

Gefühle: die für unser gesamtes Erleben charakteristischen Lust-Unlust-Reaktionen. Die unübersehbare Buntheit des Gefühlslebens beruht auf der jeweiligen Kombination von Empfindungen, Erinnerungen und motorischen Reaktionen innerhalb eines gefühlsbetonten Totalerlebnisses. — ↗Affekt, Einfühlung, Intuitionismus, Psychobiologie, Stimmung; Lungwitz, Vetter.

Gegebenes (Angetroffenes, Vorgefundenes): was ohne unser Zutun Erkenntnisgegenstand werden kann, also das Tatsächliche schlechthin. – Gegenbegriff: Aufgegebenes (↗Marburger Schule). — ↗Objektiv, Gignomene, Positivismus.

Gegenstandstheorie: von ↗Meinong (unter dem Einfluß ↗Brentanos) entwickelter Standpunkt, dem zufolge es möglich sein

Gehaltsästhetik

soll, unabhängig von der Erfahrung und unter Absehung vom Dasein der Gegenstände, also a priori, allgemeinste Erkenntnisse über diese Gegenstände, ihre Merkmale und ihre Beziehungen, zu gewinnen, an den Gegenständen die Sachverhalte und die Sachbeziehungen, die „Realrelationen", a priori zu erfassen, wobei die Gegenstandsklassen den sie erfassenden Akten entsprechen (Objekte — Vorstellen, Objektive — Urteilen, Dignitative — Fühlen, Desiderative — Begehren). So wird der Realismus zu einem allgemeinen Objektivismus erweitert (— wie ihn, wenn auch von einem anderen Ausgangspunkt her und etwas anders gewendet, zum Beispiel ↗Linke entwickelt hat —), zu einer fast platonisierenden Apriori-Wissenschaft der Gegenstandserfassung, wobei gewisse Parallelen zur Entwicklung der, in ihrer Methode allerdings viel problematischeren, ↗Phänomenologie nicht zu übersehen sind. – Meinongs Anhänger und Schüler: ↗Meinong; ↗Pichler; ↗Linke.

Gehaltsästhetik (Inhaltsästhetik): Gegenstandpunkt zur ↗Formalästhetik.

Arnold Gehlen

Gehlen, Arnold, 1904—1976: deutscher Philosoph, Psychologe und Soziologe, der eine philosophische Anthropologie unter biologischem Aspekt aufzubauen versucht, wobei er den Menschen als „Mängelwesen" auffaßt, das sich von den Tieren durch Instinktunsicherheit und Antriebsüberschuß unterscheidet, das keine bestimmte Umwelt besitzt, dessen Instinkte „reduziert" („defekt") und dessen „Antriebe" „plastisch" und „formierungsbedürftig" sind, woraus G. einerseits das Kulturschaffen, andererseits die Notwendigkeit abzuleiten versucht, den Menschen (durch staatliche „Macht") zu „führen". G. wendet sich von einem aggressiv-konservativen Standpunkt aus gegen den Intellektualismus, den Demokratismus und die Frauen-Emanzipation sowie gegen den Modernismus in der Kunst; er plädiert für eine asketische Lebensweise in einer Welt des Überflusses und übt an der „pseudohumanitären" Wohlstandsmoral unserer Zeit Kritik. — Hptw.: Theorie der Willensfreiheit, 1933 (u. d. T.: Theorie der Willensfreiheit und frühe philosophische Schriften: 1965); Der Staat und die Philosophie, 1935; Der Mensch (seine Natur und seine Stellung in der Welt), 1940, 1966^8; Sozialpsychologische Probleme der industriellen Gesellschaft, 1949, 1957^2 (Die Seele im technischen Zeitalter); Soziologie, 1955; Urmensch und Spätkultur, 1956, 1964^2; Zeit-Bilder (Zur Soziologie und Ästhetik der modernen Malerei), 1960, 1986^3; Anthropologische Forschung (Zur Selbstbegegnung und Selbstentdeckung des Menschen), 1961, 1963^2; Moral und Hypermoral, 1969, 1973^3; Einblicke (Vorträge und Aufsätze), 1975. — Gesamtausgabe: 1978 ff. – ↗Luhmann.

Geiger, Theodor, 1891—1952: deutscher Soziologe und Ideologiekritiker; Positivist. — Hptw.: Die Gestalten der Gesellung, 1925; Die Masse und ihre Aktion, 1926; Die soziale Schichtung des deutschen Volkes, 1932; Kritik der eugenischen Bewegung, 1933; Erbpflege, 1934; Aufgaben und Stellung der Intelligenz in der Gesellschaft, 1949; Demokratie ohne Dogma, 1950, 1963^2; Ideologie und Wahrheit (Eine soziologische Kritik des Denkens), 1953; Vorstudien zu einer Soziologie des Rechts, 1970^2. — ↗Ideologiekritik.

Geist: Vieldeutiger Begriff: 1. Seele (Geist als Gegenbegriff zu Körper); 2. Vernunft, Verstand (Gegenbegriff: Geistlosigkeit); 3. geistige Lebenseinstellung (verwendet in den Bezeichnungen: geistige Interessen und geistiger Mensch; Gegenbegriff: Ungeist, Banause); 4. Inbegriff der in einer Zeit oder einer Gruppe herrschenden Ideen, Tendenzen und Willensrichtungen (z. B. Zeitgeist, Klassengeist); 5. Sinngehalt von Kunstwerken, Theorien usw. (↗objektiver Geist); 6. spiritistische Bedeutung (Geisterstunde); 7. theologischer Begriff: Gott als reiner „Geist"; oder: heiliger „Geist" (die dritte göttliche Person). — ↗N. Hartmann hat in seiner ontologischen Stratigraphie den „Geist" zu einer eigenen Seinsschicht hypostasiert. — ↗Cramer, Russell, Ryle, Stöhr.

Geisteswissenschaft: ↗Geschichte, Hermeneutik, idiographisch, Indizienbeweis, Kulturwissenschaft, System der Wissenschaften, Verstehen, Wissenschaft; Bollnow, Cassirer, Dilthey, Hönigswald, Litt, Misch, Rickert, Rothacker, Spranger, Windelband.

Geltung: 1. im werttheoretischen Sinn des Wortes: die Anerkennungswürdigkeit eines Wertes; z. B. die Verbindlichkeit einer ethischen Norm. — ↗ Wert, Wertung. 2. Im logischen und erkenntnistheoretischen Sinn: Wahrheitswert einer Aussage.

Gemelli, Agostino, 1878—1959: italienischer Psychiater und Philosoph, Franziskaner, Mediävist, Neothomist. — Hptw. (— von den zahlreichen psychologischen Spezialarbeiten ist hier abgesehen —): L'enigma della vita e nuovi orizzonti della biologia, 1910, 1914²; Psicologia e biologia, 1913; Religione e scienza, 1920; Das Franziskanertum, dt. 1936; Il mio contributo alla filosofia neoscolastica, 1962. — Autobiographie in „Philosophie der Gegenwart in Selbstdarstellungen", Bd. VII, 1929.

Genealogie: Lehre von der Entstehung, Herkunft u. dgl. (↗ Nietzsche: „Genealogie der Moral").

Generalisation: Verallgemeinerung, gedankliches Fortschreiten von einem spezielleren zu einem allgemeineren Begriff, wobei von einzelnen Merkmalen abgesehen (↗ Abstraktion) und dadurch der Begriffsinhalt verkleinert bzw. der Begriffsumfang vergrößert wird. Gegensatz: ↗ Determination.

Generatio aequivoca: ↗ Urzeugung.

Generationenhypothese: von Ottokar Lorenz (1832—1904; Die Geschichtswissenschaft, I, 1886) entdeckte Regel des Geschichtsverlaufes, der zufolge in Zeiten großer historischer Ereignisse und Umwälzungen die Gesinnung der Jugend einer Nation oder eines Kulturkreises gemeinsam geprägt und damit das Wirken und das Schaffen der folgenden Jahrzehnte um so nachhaltiger bestimmt wird, je weiter diese Generation in leitende Stellungen vordringt; die inzwischen herangewachsenen Kinder der nunmehr Einflußreichen (etwa Fünfzigjährigen) setzen sich nun mit den Leistungen der Väter auseinander, so daß die neue Generation entweder in Gegensatz zur väterlichen tritt oder deren Werk fortsetzt, jedenfalls aber die Menschenalter sich voneinander abheben. Zwei Beispiele: 1) Die beiden Jahrhunderte zwischen dem Beginn des Investiturstreites (1073) und dem Ende des Interregnums (1273) = 6 Generationen: 1073 bis 1149 (2 Generationen) bis 1182 (Barbarossa-Zeit bis zum Fall Heinrichs des Löwen: nationale Erhebung, Kolonisation im Osten, Rittertum, früheste städtische Kultur, Aufschwung der Romanik, Beginn volkstümlicher Literatur) bis 1215 (Krönung Friedrichs II.: fürstliche Territorialpolitik, Verwilderung des Ritterstandes, Anfänge städtischer Selbstregierung, Höhepunkt der Romanik und der höfischen Dichtung) bis 1245 (Absetzung Friedrichs II.: Poesie der Epigonen, frühe Gotik) bis 1273 (Bürgerkrieg, Autonomie der Städte, Kurfürstenkollegium). 2) Die beiden Jahrhunderte vom Ende des Spanischen Erbfolgekrieges (1714) bis zum Beginn des Ersten Weltkrieges (1914) zerfallen in sechs fast gleich lange Abschnitte von je ganz spezifischem wirtschaftlichem, politischem und geistigem Inhalt. — ↗ Epigonie.

Genetik: Vererbungslehre.

Genetisches Problem: das philosophische Problem des „Werdens", eine Teilfrage des Wirklichkeitsproblems: befindet sich die „Welt an sich" im Zustand der Ruhe oder gibt es da ebenso wie in der Welt der menschlichen Erfahrung Bewegung und Veränderung? — „Die beiden möglichen Antworten auf diese metaphysische Fragestellung: ↗ Aktualismus, Substantialismus.

Genik: in der ↗ psychobiologischen Terminologie (↗ Lungwitz) die „Gesamtheit der Reflexe, die mit Freundschaft, Liebhabereien und Fortpflanzung zu umschreiben sind", differenziert in „Platonik" (z. B. das Schöpferische in der Kunst) und „Erotik" (genitale Reflexsysteme).

Genologie: Lehre vom Geschehen und Werden.

Genosen: ↗ Psychobiologie (Lungwitz).

Genschel, Rudolf, 1891–1972: deutscher Biologe, an führender Stelle in der ↗ Monistischen Bewegung. – Hptw.: Wissenschaft ohne Gewissen? (Eine Antwort an P. Jordan), 1957 (mit E. Haenssler).

Gentile, Giovanni, 1875—1944: italienischer Neuhegelianer und Neufichteaner, der einen aktualistischen Idealismus lehrt. — Hptw.: L'atto del pensare come atto puro, 1912, dt. 1931 (Der aktuelle Idealismus); La riforma della dialettica Hegeliana, 1913, 1924³; Filosofia dell' arte, 1931, dt. 1934 (Philosophie der Kunst); Grundlagen des Faschismus, dt. 1936.

Genus proximum: nächsthöherer Gattungsbegriff (z. B. für den Begriff „Quadrat" der Begriff „gleichseitiges Parallelogramm").

Gerontologie

Gerontologie: Wissenschaft vom Altern. – ↗Améry J., Theimer.

Geschichte (Historie) und Geschichtswissenschaft (Historik): Gegenstand der geschichtswissenschaftlichen Forschung ist die Geschichte der Menschheit (↗Dilthey: „Was der Mensch sei, sagt ihm die Geschichte"; „Wer vor der Vergangenheit die Augen verschließt, wird blind für die Gegenwart" (Bundespräsident Weizsäcker); ↗Santayana: „Wer die Lektionen der Geschichte nicht gelernt hat, muß die Geschichte wiederholen"; und: „Wer die Vergangenheit ignoriert, ist dazu verdammt, sie zu wiederholen"; – dagegen Valéry: „Geschichte ist die Wissenschaft von Ereignissen, die sich niemals wiederholen"; ↗Goethe: „Denn ganz allein durch Aufklärung der Vergangenheit läßt sich die Gegenwart begreifen"; und: „Wer nicht von dreitausend Jahren sich weiß Rechenschaft zu geben, bleib' im Dunkeln unerfahren, mag von Tag zu Tage leben"; Golo Mann: „Unkenntnis der Vergangenheit ist ein Verlust für das Bewußtsein der Gegenwart"). Die Geschichtsschreibung ist halb Wissenschaft, halb Kunst. Wissenschaftlich-objektiv ist die Feststellung der Tatsachen, subjektiv hingegen sind: 1. die Auswahl des Stoffes je nach Interesse und nach den verschiedenen (natürlich nur relativ gültigen) Wertgesichtspunkten: z. B. moralisierende Tendenz oder religiöser Gesichtspunkt in der Geschichtsschreibung; 2. die Knüpfung der Zusammenhänge; 3. die Verteilung von Licht und Schatten, Lob und Tadel (Beurteilung der Vergangenheit im Lichte der Gegenwart); 4. die literarische Disposition und Diktion. Die Historik ist somit eine durch Kunst verlebendigte Wissenschaft oder eine mit wissenschaftlichen Mitteln arbeitende Kunst, eine Kunst, die auf Kenntnissen beruht; das Ergebnis ist ein wissenschaftliches Kunstwerk. – „Geschichte ist weder vom Gegenstand noch vom Zweck her eine exakte Wissenschaft, sondern eine humanistische Disziplin" (Gordon Craig); sie ist ein „wahrer Roman mit Lücken" (Golo Mann). – ↗Nietzsche unterscheidet drei Formen der Geschichtsschreibung: die monumentale (von Wollen beherrscht), die antiquarische (Fühlen) und die kritische (Denken). – Grundlage der historischen Forschung ist die Quellenkritik; die Methode der wissenschaftlichen Historik ist der ↗Indizienbeweis. Ein (wenn auch nur subjektiv gültiges) Vollverständnis der historischen Entwicklung ist freilich nur durch ↗Intuition (Einfühlung in das seelisch-geistige „Aroma", „Ambiente" eines Zeitalters) zu gewinnen (– deutende Interpretationen lassen mithin das „Faktische" zur ↗„Fiktion" werden, was u. a. Leopold v. Ranke, 1795–1886, der nur zeigen wollte, „wie es eigentlich gewesen", nicht goutierte, obwohl auch er der Auffassung war, daß Geschichtsschreibung beides sei: Wissenschaft und literarische Kunst). – ↗Anthropogenie, Geschichtsphilosophie, Historismus, Historizismus; Harnack, Patočka, Rickert, Windelband.

Geschichtsphilosophie: philosophische Spezialdisziplin, in der einerseits die Grundbegriffe und die Methoden der Geschichtswissenschaft (↗Geschichte), andererseits vor allem folgende Probleme erörtert werden: 1. Welche Triebkräfte stehen hinter der geschichtlichen Entwicklung? — Der „teleologischen" Geschichtsbetrachtung zufolge verläuft das geschichtliche Werden nicht kausal-gesetzmäßig determiniert, sondern wird von übernatürlichen „Kräften" sinnvoll gelenkt, z. B. von Gott (theologische Geschichtsauffassung: Paulus, ↗Clemens, Tertullian, Augustinus), vom „Weltgeist" (↗Hegel: „Die Weltgeschichte ist das Weltgericht") oder von „Ideen" (idealistische Geschichtsauffassung) usf., wogegen der „evolutionistischen" Geschichtsauffassung zufolge der Gang der Geschichte naturgesetzlich determiniert und daher als natürliche Entwicklung zu begreifen ist, wobei man entweder in den „großen Männern" (individualistische Geschichtsdeutung, ↗Carlyle) oder in Massenbewegungen die treibenden Kräfte der geschichtlichen Entwicklung erblicken kann, während die „großen Männer" nur als Repräsentanten der Masse erscheinen, von der sie gleichsam getragen werden (Kollektivismus); einem individualistisch-kollektivistischen Vermittlungsstandpunkt zufolge wird die Masse von den „großen Männern" mitgerissen, die wohl aus der Masse emportauchen, sich aber nur dann durchzusetzen vermögen, wenn sie den Bedürfnissen der Masse Rechnung tragen. – Wie dem auch sei: Die Menschen machen ihre Geschichte wohl nicht aus freien Stücken, aber sie machen sie selbst! Und um die Zukunft besser gestalten zu können, muß man die Vergangenheit begriffen haben. – ↗Historischer Materialismus (ökonomische Geschichtsauffassung). – 2. Welche Entwicklungsgesetze beherrschen den Gang der Geschichte? (Zufall oder Notwendigkeit in der Geschichte? Vom Sinn und Ziel der Geschichte). Während der irrationalistischen Geschichtsdeutung zufolge das historische Geschehen in einer Summe von Zufällen oder sinnloser Kumulation von Ereignissen besteht (Sinnlosigkeit bzw. Tragikomödie der Geschichte; ↗Pascal: Die Geschichte ein „Gewebe von Gewalt, Zufall und

Banalität"; – ↗Lessing Th., Mandeville, Rensi, Schopenhauer; Abderitismus, Tychismus), läßt nach Auffassung der rationalistisch eingestellten Geschichtsphilosophen der Geschichtsverlauf bestimmte Entwicklungstendenzen erkennen, wobei sich geschichtsphilosophische Entwicklungssysteme unterscheiden lassen: a) einerseits optimistische Entwicklungsideen (Fortschrittsoptimismus z. B. ↗F. Bacons, Fontenelles, der ↗Aufklärer oder ↗Hegels), andererseits pessimistische Bewertung der Kulturentwicklung (z. B. durch ↗Platon, Bodin, Vico), also Annahme einer Entwicklung entweder von der Wildheit zur Zivilisation oder vom goldenen zum ehernen Zeitalter, entweder zur Vervollkommnung der Menschheit (↗Voltaire) oder zum Niedergang des Menschengeschlechts (↗Rousseau), – b) Konstruktion von drei Entwicklungsstufen (z. B. ↗Comtes „Dreistadiengesetz") oder von vier Menschenaltern (z. B. bei Paulus, ↗Clemens, Tertullian, Augustinus); – Annahme einer ↗dialektischen Entwicklung geschichtlicher Bewegungen bei ↗Hegel sowie im ↗Marxismus bzw. ↗Dialektischen Materialismus; ↗Nietzsches Lehre von der ↗„ewigen Wiederkunft des Gleichen"; ↗Spenglers „Untergangsprognose". – 3. Im weiteren Begriffe des Wortes beinhaltet Geschichtsphilosophie auch den Versuch, den Sinn nicht nur der Weltgeschichte (nach ↗Hegel z. B. ist sie „der Fortschritt im Bewußtsein der Freiheit", nach ↗Herder „der Fortschritt im Bewußtsein der Humanität und im Willen zur Humanität"), sondern der menschlichen Existenz überhaupt zu erfassen (P. Claudel: „Es genügt nicht, die Vergangenheit zu kennen, man muß sie auch begreifen"); z. B. ↗Hegel: „Die Perioden des Glücks in der Weltgeschichte sind die leeren Blätter in ihr"; ↗Sperber. ↗Epigonie, Generationenhypothese, Historismus, Impressionismus; Kultur, Strukturalismus; Antoni, Bahnsen, Barth P., Berdjajew, Breysig, Burckhardt, Collingwood, Croce, Dempf, Freyer, Gomperz H., Görland, Gracián, Haering, Harnack, Heimsoeth, Horkheimer, Huizinga, Humboldt, Jaspers, Kamlah, Kautsky, Koestler, Krüger, Lamprecht, Lange F. A. („Pendelschlag der Geschichte") Lasson G., Le Bon, Lenk H., Löwith, Lübbe, Lukács, Marcuse H., Marquard, Meinecke, Montesquieu, Müller M., Müller-Lyer, Pichler, Picht, Pieper, Plechanow, Popper K., Ricoeur, Riezler, Ritter, Rohrmoser, Rossmann, Rothacker, Schiller F., Schlegel, Simmel, Sorokin, Spranger, Stern A., Sternberg, Thyssen, Toynbee, Troeltsch, Vetter, Vico, Vierkandt, Weber A., Weber M., Zocher.

Gesellschaftskritik: Die moderne Gesellschaftskritik, wie sie etwa von der ↗„Frankfurter Schule", aber auch von ihren Gegnern präsentiert wird, geht weit über die traditionelle Gesellschaftskritik und die herkömmlichen sozialphilosophischen Analysen hinaus, die z. B. von ↗Tönnies, der eine scharfe begriffliche Trennung von „gewachsener" Gemeinschaft und „geschaffener" Gesellschaft gefordert hat, oder von ↗Sombart oder von ↗Vierkandt, der das Gesetz von der „Stetigkeit im Kulturwandel" formuliert hat, oder, um einen Denker ganz anderer Provenienz zu nennen, etwa von ↗Gehlen, der von einem aggressiv-konservativen Standpunkt aus für eine asketische Lebensform plädiert und der „pseudo-humanitären Wohlstandsmoral" Kritik übt, oder wieder ganz anders zentriert, von dem radikalen Pessimisten ↗Cioran, der den sozialen Fortschritt als eine Fiktion erklärt, oder von dem liberalen Soziologen ↗Aron, der dem Fortschrittsoptimismus mit Skepsis begegnet, oder, wieder von einem anderen Ansatzpunkt her, von ↗Schelsky geboten wurden. Natürlich hat es auch viel früher schon an sozialreformatorischen Plänen nicht gefehlt; man denke etwa an ↗Popper-Lynkeus. Aber die neue Form der Gesellschaftskritik zeigt doch ein ganz anderes Gesicht: sie ist vor allem durch ihre radikal-progressive, um nicht zu sagen aggressive Grundhaltung charakterisiert. Im Brennpunkt des Interesses stehen nunmehr die Phänomene der Klassenherrschaft, der Repression, der systemimmanenten Zwänge, der Anti-Ethik des Konsumterrors, des hemmungslosen Profitstrebens und des uneingeschränkten Lustgewinns, der Kulturheuchelei (↗Freud) des Establishments, der Spannung zwischen Sachzwang und Systemzwang, der Technokratie, der Manipulation des Menschen durch Ideologie, „geheime Verführer" (↗Packard) und Massenmedien und — das Problem ihrer Bekämpfung, also die Frage: revolutionäre Praxis und gewaltsamer Umsturz oder liberale Evolution durch permanente gewaltfreie Strukturreform? Zweifellos wird die scharfe Sozialkritik an den Widersprüchen, Mißständen und Auswüchsen der bestehenden Gesellschaftsordnung, die autoritär und nicht solidarisch ist, sowie die radikale Tendenz zu einer Änderung der herrschenden Verhältnisse auch vom Marxismus her beeinflußt, wenngleich sich die nachstehend angeführten Denker doch erheblich weiter von dieser Diskussionsbasis entfernt haben als etwa die „Kritischen Marxisten", beispielsweise ↗Bloch: Namentlich die Vertreter der Frankfurter Schule, ihre Begründer ↗Hork-

Gesellschaftsphilosophie

heimer und ↗Adorno, der Außenseiter ↗Benjamin sowie ↗Habermas und dessen Schüler ↗Wellmer, sind trotz des dialektischen Aufbaues ihrer ↗„Kritischen Theorie" der Gesellschaft nur sehr bedingt und mit wesentlichen Einschränkungen als „Neomarxisten" zu bezeichnen. Auch ↗Künzli ist in diesem Zusammenhang zu nennen. Immerhin aber gehen sie, und dies gilt in besonderem Maße für den ihnen nahestehenden ↗H. Marcuse, in ihren Schlußfolgerungen weit hinaus nicht nur über die pragmatisch-ethische Kritik an der Macht etwa durch ↗Russell, ↗Geiger, Aron oder ↗Merleau-Ponty, sondern vor allem auch über die von ↗K. Popper, der einer rationalen, demokratischen Gestaltung des gesellschaftlichen Lebens das Wort redet, und seinem Schüler ↗Albert vorgetragenen, durch empirisch-analytische soziologische Forschung abgestützten Theorien. So spitzt sich die gegenwärtige gesellschaftskritische Diskussion zu auf den Gegensatz zwischen der „linken Mitte" um Habermas und Wellmer und dem ↗Liberalismus um Popper K.; am Rande stehen die Neue Linke und der marxistische Dogmatismus. Eine Grundeinstellung aber teilen alle modernen Gesellschafts- und Kulturkritiker: die bedingungslose Ablehnung des konservativen, die bestehenden Verhältnisse rechtfertigenden ↗„Historismus" sowie des ↗Neokonservatismus und der Neuen Rechten. – ↗Gesellschaftsphilosophie; Futurologie.

Gesellschaftsphilosophie (Sozialphilosophie): kulturphilosophische Spezialdisziplin, in der u. a. folgende Probleme erörtert werden: 1. Analyse der soziologischen und sozialpsychologischen Grundbegriffe (z. B. Gruppe, Gesellschaft, Gemeinschaft usw., z. B. ↗Tönnies); 2. Methodik der Soziologie (Problem der Wertfreiheit); 3. das soziale Leben als Wirk- und Verwirklichungsbereich ethischer Werte (Überschneidung von sozialphilosophischer und ethischer Problematik; Sozialethik; den Wesenszusammenhang von Sozialität und ↗Ethos sowie die Verwurzelung der ethischen Werte in sozialen Gegebenheiten zeigt schon eine einfache Überlegung: den vier sozialen Grundbeziehungen — 1. Gemeinschaft, 2. gemeinsame Arbeit, 3. Austausch von Arbeitsprodukten, 4. Über- und Unterordnung — entsprechen ganz bestimmte ethische Werte: 1. Liebe (↗Eros), 2. Fleiß, Tüchtigkeit, Gewissenhaftigkeit, Pflichterfüllung, Geschicklichkeit, 3. Ehrlichkeit, 4. Gerechtigkeit, Gehorsam; — das sozialethische Kernproblem ist somit das Verhältnis von Individuum und Gemeinschaft (der Mensch als soziales Wesen). — ↗Arbeit, Ethik, Futurologie, Gesellschaftskritik, Humanität, Ideologiekritik, Kulturkritik, Kultursoziologie, Marxismus, Masse, Metapolitik, Moral, Rechtsphilosophie, Sozialismus, Soziologie, Staatsphilosophie, Stalinismus, Wirtschaftsphilosophie, Wissenssoziologie sowie die jeweils dort genannten Denker. Ferner: ↗Abendroth, Albert K., Anders, Barion, Bell, Chomsky, Dahrendorf, Ferguson, Fetscher, Fischer Aloys, Freyer, Fromm, Galbraith, Gehlen, Goldscheid, Hellpach, Holz H. H., Holz H., Jerusalem, Jouvenal, Kautsky, Klages, Kofler, Lange F. A., Lenk H., Leser, Lévinas, Lévi-Strauss, Lieber, Luhmann, Mannheim, Marcuse H., Marko, Martin, Michels, Mitscherlich, Montesquieu, Nenning, Nietzsche, Ortega, Packard, Pareto, Paulsen, Popper K., Radakovic, Ritter, Röpke, Ruskin, Salamun, Schelsky, Schilling, Silva-T., Sorokin, Spann, Sperber, Szczesny, Thirring (Sozialpsychologie), Topitsch, Troeltsch, Weber A., Weber M., Weizsäcker.

Gesetz: der Begriff „Gesetz" ist doppelsinnig: sowohl ↗„Naturgesetz" als auch ↗„Norm" (Denkgesetz, ethische Norm, religiöse Norm, Staatsgesetz usw.) können gemeint sein: zwischen diesen beiden Gesetzbegriffen (einmal in „deskriptiv"-beschreibender, einmal in „präskriptiv"-vorschreibender Bedeutung) besteht aber ein fundamentaler Unterschied. Im Naturgesetz wird die Allgemeingültigkeit einer empirischen Beziehung ausgesprochen, und zwar auf Grund des ↗Regelmäßigkeitspostulates; diese Verallgemeinerung stellt eine gedankliche Erweiterung einer empirischen Feststellung dar; der Begriff „Naturgesetz" ist mithin teils empirischen, teils apriorischen Ursprungs (der Erfahrungsgrundlage nach gilt jedes Naturgesetz nur hypothetisch, jedoch wird seine ausnahmslose All- und Allgemeingültigkeit postuliert). Während im deskriptiven (beschreibenden) Naturgesetz lediglich festgestellt wird, was unter bestimmten Bedingungen geschieht (Formulierung von tatsächlich bestehenden gesetzmäßigen Zusammenhängen; „einer Einschränkung unserer Erwartung", wie ↗Mach sagt), wird im normativen Gesetz befohlen, was geschehen soll! Der Gegenbegriff zu „Allgemeinheit" oder „Allgemeingültigkeit" (Naturgesetz) ist „Ausnahme", „Regellosigkeit", „Zufall"; der Gegensatz zu „Zwang" (Vorschrift) hingegen ist „Freiheit"; daher ist nur mit bezug auf den normativen Gesetzesbegriff sinnvoll von „Freiheit" zu sprechen und „Freiheit" zu fordern; völlig sinnlos hingegen ist es, „Freiheit" gegenüber einem tatsächlich bestehenden naturgesetzlichen

Zusammenhang zu fordern, da in diesem Falle nicht der geringste Zwang ausgeübt wird (hinsichtlich der Folgen dieses Mißverständnisses: ↗Willensfreiheit). – ↗Binomismus (Trinomismus); Ziehen. – ↗Feigl, Rensch, Sachsse, Schwarz.

Gesinnungsethik: ethische Auffassung, der zufolge nicht die Handlungen, sondern die Gesinnungen der Menschen (die Motive ihres Handelns) moralisch oder unmoralisch sind, es also einzig und allein auf die gute Absicht, auf die edle Gesinnung, nicht aber auf den „Erfolg" ankommt („Erfolgsethik"). Standpunkt ↗Kants, überhaupt aller modernen Ethiker, aber auch schon z. B. ↗Abaelards. — Durchaus nicht im Widerspruch dazu steht die Unterscheidung von „Verantwortungsethikern" und „Gesinnungsethikern" durch ↗Weber M., wenngleich er diese gegenüber jenen als „Windbeutel" abqualifiziert.

Gestalt: eine in sich gegliederte, durch folgende „Gestaltkriterien" ausgezeichnete Wahrnehmung: 1. Übersummativität (die Gestalt ist mehr als die Summe ihrer Teile: z. B. ist die Melodie mehr als die Summe ihrer Töne); 2. Transponierbarkeit (eine Gestalt bleibt trotz ihrer Transposition als solche erkennbar, z. B. ein gleichseitiges Dreieck, ob es groß oder klein, blau oder grün, hier oder dort dargestellt wird). Die „Gestaltqualität" ist somit ein konstantes Beziehungsgefüge (die unveränderliche Form oder Struktur eines Gebildes). Das unmittelbare Ähnlichkeitsbewußtsein beim Anblick eines kleinen gelben und eines großen roten Kreises z. B. beruht auf der Gleichartigkeit der motorischen Reaktion in beiden Fällen (die Augen folgen den Umrißlinien). Gestalten sind leicht auffaßbar, z. B. mit dem Blick mühelos abzutasten, weshalb sie auch zu gefallen pflegen (ästhetisch wirksam sind z. B. Ornamente, geometrische Körper usw.). – Im weiteren Sinne des Wortes sind auch Erlebnisse überhaupt, Atome, Organismen, Menschengruppen usw. „Gestalten" (vor allem in bezug auf das erstgenannte Kriterium), d. h. in sich gegliederte Einheiten. Statt „Gestalt" wird oft auch „Ganzheit" gesagt. So beherrscht z. B. die „Ganzheitskategorie" das biologische Denken, da die biologischen Regulationen der Erhaltung und Wiederherstellung gestörter Ganzheit (Form, Funktion) dienen. ↗Spann hat die Ganzheitsbetrachtung in der Soziologie akzentuiert. Gewarnt sei vor einer Verabsolutierung des Ganzheitsbegriffes: „Ganzheit" und „Teil" sind nämlich korrelative Begriffe, da jede Ganzheit als Teil einer höheren Ganzheit und ebenso jeder Teil als Ganzheit gegenüber untergeordneten Teilen aufgefaßt werden kann. — ↗Ehrenfels (Begründer der „Gestaltpsychologie", die von Max Wertheimer (1880—1943), Wolfgang Köhler (geb. 1887) und Kurt Koffka (1886–1941) weiterentwickelt wurde); Bühler, Weinhandl.

Gestaltästhetik: betont besonders die ↗Eusynopsie und die ↗Komplexibilität der ↗„Gestalten".

Gestaltpsychologie: ↗Gestalt; Schmied – K.

Geulincx, Arnold, 1624—1669: flämischer Okkasionalist, der zur Erklärung der psychophysischen Wechselwirkung ein fortwährendes Eingreifen Gottes annimmt. — Hptw.: Ethica, 1675; Metaphysica vera, 1691.

Gewissen: ethisches Verantwortungsbewußtsein („innerer Gerichtshof im Menschen", wie ↗Kant sagt), von religiös eingestellten Menschen auch als „Stimme Gottes" aufgefaßt (daimónion, ↗Sokrates), d. h. also die ethisch oder (und) religiös fundierte Gesinnung eines Menschen hinsichtlich der Gebotenheit, Erlaubtheit oder Nichterlaubtheit eines bestimmten Tuns oder Unterlassens, seine Überzeugung von Recht und Unrecht sowie sein Bewußtsein von der sich daraus ergebenden Verpflichtung zu einem bestimmten Verhalten und Handeln. Psychologisch gesehen, beruht das Gewissen auf einer „Ich-Spaltung": der Mensch vergleicht unwillkürlich seine eigene Handlungsweise mit den ethischen Verhaltensnormen, die ihm durch Erziehung und Gewöhnung geläufig sind und von ihm übernommen (internalisiert) wurden, ist also zugleich Beurteiler und Beurteilter. Den Terminus „Gewissensethik" hat ↗M. Weber geprägt. — Bedenkliche Aspekte des Phänomens „Gewissen": Das „pathologisch gute Gewissen" mancher Leute ... „Das gute Gewissen ist eine Erfindung des Teufels" (↗Schweitzer); „So macht Gewissen Feige aus uns allen" (Shakespeare, Hamlet). – ↗Guardini, Kofler, Kuhn H., Rée, Richter H.-E., Ricoeur.

Geyser, Joseph, 1869—1948: deutscher Neuscholastiker (Aristoteliker) und Vermögenspsychologe. – Hptw.: Das philosophische Gottesproblem in seinen wichtigsten Auffassungen, 1899; Die Seele (Ihr Verhältnis zum Bewußtsein und zum Leibe), 1914; Allgemeine Philosophie des Seins und der Natur, 1915; Über Wahrheit und Evidenz, 1918; Grundlegung der Logik und Erkenntnistheorie, 1919; Intellekt oder Gemüt?, 1921; Einige Hauptprobleme der Metaphysik, 1923; Auf dem Kampffelde der Logik, 1926; Das Prinzip vom zureichenden Grunde, 1930; Das Gesetz der Ursache, 1933.

Gignomene: „Werdnisse"; von ↗Ziehen eingeführte Bezeichnung für das „Gegebene".

Gilson, Etienne, 1884–1978: französischer Neothomist. – Hptw.: Le Thomisme, 1921, 1943⁴; La philosophie au moyen-âge, 2 Bde., 1922, 1947³; La philosophie de Saint Bonaventure, 1924, dt. 1929; Saint Thomas d'Aquin, 1925; Introduction à l'étude de Saint Augustin, 1929, dt. 1930; L'esprit de la philosophie médiévale, 2 Bde., 1932, 1944²; dt. 1950 (Der Geist der mittelalterlichen Philosophie); La théologie mystique de Saint Bernhard, 1934, dt. 1936; Le réalisme méthodique, 1935; Christianisme et philosophie, 1936; Dante et la philosophie, 1939, 1946², dt. 1953; Existentialisme chrétien, 1947; L'être et l'essence, 1948; Johannes Duns Scotus, dt. 1960

Glanvill, Joseph, 1636–1680: englischer Skeptiker, der alle menschlichen Erkenntnisse für nur hypothetisch gültig hält, die Unbefangenheit des Denkens (auch als Voraussetzung der Gemütsruhe) fordert, in ähnlicher Weise wie später Hume am Kausalitätsbegriff Kritik übt und vor allem an der anthropomorphen Struktur des Gottesbegriffes Anstoß nimmt. — Hptw.: Scepsis scientifica, 1665.

Glaube: im allgemeinsten Sinn des Wortes eine unsichere Überzeugung, eine Vermutung. Im engeren Sinn der Gegenbegriff zu Wissen bzw. Erkenntnis, wobei noch zwischen dem religiösen und dem philosophischen (besser: metaphysischen) Glauben (↗Jaspers) zu unterscheiden ist. Der religiöse Glaube setzt die Anerkennung einer Autorität (z. B. eines Religionsstifters, einer Überlieferung) voraus, der man mehr Vertrauen schenkt als der eigenen Vernunft; die gegensätzliche Einstellung ist die des freien Geistes, der sich bemüht, durch kritisches Denken die Probleme zu lösen und Einsichten zu gewinnen. Vom Glauben zum Wissen führt keine Brücke; man muß sich für eine dieser beiden grundsätzlich möglichen geistigen Einstellungen entscheiden; der Standpunkt der ↗„doppelten Wahrheit" ist erkenntniskritisch unhaltbar: „Gantz und gar alles geglaubt oder nichts geglaubt" (↗Luther). „Der Glaube ist eine Reaktion des Gemütes ... das Wissen kann keinen Glauben erzeugen, und der Glaube kann das Wissen nicht ersetzen, denn beide sind von ganz ungleicher Natur ... jeder geht jenen Weg des Glaubens, den er nach seiner ganzen Konstitution gehen muß ... für und wider einen Glauben gibt es keinen Beweis" (↗Stöhr); „Der Glaube bedarf keines Beweises; für den Ungläubigen gibt es keinen Beweis" (F. Werfel). Da es weder für noch wider einen Glauben Beweise gibt, ist die einzig angemessene Haltung in dieser Frage: Toleranz (so sagt z. B. ↗Jodl: „Der Glaube soll das Wissen nicht meistern wollen, und das Wissen den Glauben nicht bekämpfen oder verspotten, sondern verstehen"). „Der Glaube ist kein Werk der Vernunft und kann daher auch keinem Angriff derselben unterliegen; weil glauben so wenig durch Gründe geschieht als schmecken und sehen" (↗Hamann); er ist ein vertrauensvolles Fürwahrhalten unter Aussparung der Erfahrung und der kritischen Vernunft sowie das daraus entspringende Sich-darauf-Verlassen, erkenntnistheoretisch genau besehen: ein Postulat. — Der metaphysische Glaube ist mit dem dogmatisch gebundenen religiösen Glauben insofern verwandt, als auch er, ebenso wie der religiöse, in Wünschen (z. B. Ausgleich des Mißverhältnisses zwischen dem persönlichen Wert und dem äußeren Schicksal) und Gemütsbedürfnissen wurzelt („Wunschdenken", Glaubensbedürfnis), wogegen der wissenschaftlich-kritisch eingestellte Philosoph seine seelischen Bedürfnisse den geistig-theoretischen gegenüber vernachlässigt und möglichst voraussetzungslos und vorurteilsfrei nach der Wahrheit sucht, d. h. begründete und überprüfbare und daher allgemeingültige Erkenntnisse (im Gegensatz zu den nur subjektiv überzeugenden metaphysischen Bekenntnissen) zu gewinnen trachtet (— ↗Goethe: „Das eigentliche, einzige und tiefste Thema der Welt- und Menschengeschichte, dem alle übrigen untergeordnet sind, bleibt der Konflikt des Unglaubens und des Glaubens"). — Gegenbegriffe zu „Glauben": 1. „Zweifel"; 2. „Wissen". — ↗Aberglaube, Atheismus, Credo, Denkgläubige, Freidenker, Historismus, Metaphysik, Mystizismus, Onus probandi, Philosophie, Religion, Religionsphilosophie, Wunder; Benedikt, Kraft J., Küng, Le Bon, Reiner.

Glaubensphilosophie: Kennzeichnung der Philosophie ↗F. H. Jacobis, gleichbedeutend mit „Gefühlsphilosophie"; auch zusammenfassende Bezeichnung für die Standpunkte ↗Hamanns („mystische" G.), ↗Herders („empirische" G.) und Jacobis („skeptisch-kritische" G.). – „Glaubensphilosophie" ist akzeptabel nur als „philosophische Theorie vom Glauben", nicht jedoch als Philosophie, die „bloß auf den Glauben gegründet werden soll" (W. T. Krug).

Gleichförmigkeit: ↗Kammerer („Duplizität der Ereignisse"), Marbe, Schopenhauer (Über die anscheinende Absichtlichkeit im Schicksal des einzelnen), Sterzinger („Knäuelung gleichartiger Begebnisse"); auch die „Perioden"- und „Zyklen"-Theoretiker sind hier zu erwähnen: z. B. Wilhelm Fließ (deutscher Arzt, 1858—1928, „Der Ablauf des Lebens, 1906: rhythmische Periodizität der Lebensprozesse: 27 Tage), Hermann Swoboda (österreichischer Psychologe, 1873—1955: 28 Tage [Frau] bzw. 23 Tage [Mann]; 23 bzw. 18 Stunden; 7 Jahre: „Das Siebenjahr", 1917); das Problem der Korrelationen (Entsprechungen) des Geschehens, der Serialität und der Synchronizität (serieller und synchroner Koinzidenzen) steht auch in der ↗Parapsychologie zur Debatte; ↗Zufall (Kausalität); Koestler.

Hermann Glockner

Glockner, Hermann, 1896–1979: deutscher Philosoph, der die Grundgedanken der Philosophie Hegels mit der modernen irrationalistischen Lebensphilosophie zu verbinden sucht. – Hptw.: Das philosophische Problem in Goethes Farbenlehre, 1924; Hegel und seine Philosophie, 1932; Das Abenteuer des Geistes, 1938, 1947[3]; Hegel, 2 Bde., 1954/58[2]; Einführung in das Philosophieren, 1944, 1974[4]; Philosophisches Lesebuch, 2 Bde., 1949/50; Philosophie und Technik, 1953; Die europäische Philosophie, 1958; Hundert Aussprüche Hegels, 1958; Kulturphilosophische Perspektiven, 1968; Das Selbstbewußtsein (Eine Einführung in die Fundamentalphilosophie), 1972; Paraphilosophica (Gesammelte Dichtungen), 1974. – Autobiographie in „Philosophie in Selbstdarstellungen", Bd. I, 1975.

Glossogon: von ↗Stöhr konzipierte Bezeichnung für metaphysische Begriffe, die einem Mißbrauch der Sprache bzw. einer Verführung des philosophischen Denkens durch Worte ihre Entstehung verdanken. (Metaphysik des „rollenden Wortes", wurzelnd in einer glossomorphen Konfusion). Beispiel: ↗Begriffsrealismus.

Glossomorph: ist ein irriges Denken, das auf einer durch die Abhängigkeit des Denkens von der Sprache ermöglichten Verwechslung der Rede- mit Denkformen beruht, in letzter Konsequenz: ein gedanklich undurchdringbarer Leerlauf der Rede (Glossurgie). So erliegt z. B. ↗Heidegger, dem die Sprache das „Haus des Seins" ist, weitgehend einer Verführung durch die Sprache. — ↗Hirsch, Stöhr.

André Glucksmann

Glucksmann, André, geb. 1937: ↗Nouvelle Philosophie (dort nicht angeführtes, jüngst erschienenes Werk: Vom Eros des Westens, 1988).

Gnosis (griech. „Wissen", „Erkenntnis"): frühchristlich-hellenistische religionsphilosophische Strömung, vor allem im 2. Jhdt. weit verbreitet. Die Gnostiker (die „Wissenden"), in zahllose Sekten gespalten, hielten die Einweihung in ihre mythologischen Geheimlehren für unentbehrlich zur Erlangung der ewigen Seligkeit, sahen also nicht im Glauben, sondern in der „Erkenntnis" Gottes und der übersinnlichen Welt sowie in phantastischen Spekulationen über das Leben nach dem Tode und nach dem Weltuntergang den Weg zur Erlösung; sie hielten die Welt (Realität) für total böse und schlecht und setzten ihre Hoffnung auf eine aus dem Jenseits kommende Erlösergestalt; ihre „Gnosis" galt ihnen als ein (nur wenigen Auserwählten mögliches) „höheres Wissen". Die bekanntesten Gnostiker: Simon Magnus, ↗Satornil, ↗Basilides und sein Sohn Isidor in Syrien, ↗Karpokrates und sein Sohn Ephiphanes in Alexandria, ↗Valentin in Rom und seine Anhänger Ptolemäus und ↗Herakleon. — Erst seit 1972 liegen Originalzeugnisse der älteren Gnosis vor; bis dahin standen nur die Kirchenväter als (du-

Gödel

biose) Quellen zur Verfügung. – ↗Manichäismus; Leisegang.

Gödel, Kurt, 1906–1978: österreichischer Mathematiker und Logistiker (später in den USA), Ermittler der Metatheoreme (Vollständigkeitssatz, Unvollständigkeitssatz, Unabhängigkeits- und Konsistenztheorem), der vor allem durch seine Entdeckung des „Unvollständigkeitstheorems" bekannt geworden ist, dem zufolge es innerhalb eines formalen Systems Sätze gibt, deren Richtigkeit (Geltung innerhalb des Systems) im Rahmen des Systems nicht bewiesen werden kann; da zu diesen Sätzen unter anderen jener Satz gehört, der die Widerspruchsfreiheit des Systems aussagt, kann von einer absoluten Widerspruchslosigkeit eines Systems nicht gesprochen werden. („Über formal unentscheidbare Sätze der Principia Mathematica und verwandter Systeme", Monatshefte für Mathematik und Physik, Bd. 38, 1931). – ↗Gottesbeweise.

Johann Wolfgang Goethe

Goethe, Johann Wolfgang, 1749—1832: deutscher Klassiker, der von einem lebensphilosophischen Standpunkt aus gegen die allzu weit getriebene Abstraktion in der Philosophie Stellung nimmt („Für Philosophie im eigentlichen Sinn habe ich kein Organ"). Einen „Idealrealismus" lehrt G., wenn er meint: „Alles was im Subjekt ist, ist im Objekt, und noch etwas mehr"; „alles was im Objekt ist, ist im Subjekt, und noch etwas mehr", wobei er das „Ding an sich" (im Gegensatz zu Kant) nicht für absolut unerkennbar hält. G. bekennt sich zu einer lebensnahen Naturphilosophie, in deren Zentrum die Begriffe: Leben, Lebendigkeit, Anschaulichkeit, Allbelebtheit und Allbeseeltheit stehen. Die Natur gilt es nach G. wie ein Kunstwerk zu betrachten, und zwar als die symbolische Erscheinung einer Idee. G. betont mit Nachdruck, daß jedes Geschöpf um seiner selbst willen existiere; und wie Kant, so bewundert auch er die Zweckmäßigkeit in der Natur, ohne deshalb metaphysische Zwecke anzunehmen. G. ist Pantheist, indem er an die Göttlichkeit der Natur glaubt und die Forderung erhebt, das Unendliche im Endlichen zu suchen: „Willst du ins Unendliche schreiten, geh' nur im Endlichen nach allen Seiten!" Und: „Wer Wissenschaft und Kunst besitzt, hat auch Religion." In dieser Einstellung wurzelt G.s Fortschritts- und Wertoptimismus, dem zufolge auch der Sinn der Unsterblichkeit nur in der Wertverwirklichung liegen kann. Im Gegensatz zum sinnenfeindlichen Christentum fordert G., ganz im Sinne seiner weltoffenen Philosophie der Lebendigkeit, die unverkümmerte und harmonische Ausgestaltung der naturgegebenen Anlagen des Menschen bzw. dessen Entwicklung zur „Persönlichkeit". Mit aller Entschiedenheit bekennt sich G. zum Humanitätsideal. Entsprechend seiner einmaligen künstlerischen Potenz hat G. auch die Ästhetik um wertvolle Einsichten bereichert, wenn er auch nicht gerade eine Kunsttheorie im engeren Sinn des Wortes entwickelt hat („Ich komme mir gar wunderlich vor, wenn ich theoretisieren soll."): G. bemüht sich vor allem, das Verhältnis von Natur und Kunst zu bestimmen; auch analysiert er z. B. die Typen des künstlerischen Schaffens, die verschiedenen Formen der Dichtung, den Dilettantismus u. a. — G.s Schriften zur Ästhetik: „Nachahmung der Natur, Manier, Stil", im „Teutschen Merkur" (von Wieland herausgegeben), 1788; „Über Wahrheit und Wahrscheinlichkeit der Kunstwerke" (in den von G. herausgegebenen „Propyläen"), 1798; „Über den Dilettantismus oder die praktische Liebhaberei in den Künsten", 1799. Philosophisch besonders bedeutsame Schriften (abgesehen von den bekannten Dichtungen): „Sprüche in Prosa", „Psychisches"; „Metamorphose der Pflanzen"; „Farbenlehre"; „Der Versuch als Vermittler von Objekt und Subjekt"; „Maximen und Reflexionen". – ↗Barthel, Chamberlain, Fischer K., Glockner, Klages, Lichtenberg, Mahnke, Menzer, Moritz, Nicolai, Rintelen, Schlechta, Schlegel, Schmidt H., Siebeck, Simmel, Steiner R.; Anthropologie, Arbeit, Denkgläubige, Determinismus, Geschichte, Glaube, Moral insanity, Mystizismus, Pantheismus, Polarität, Selbsterkenntnis, Theophysis, Tod, Wert; kosmozentrisch.

Gogarten, Friedrich, 1887—1967: deutscher evangelischer Theologe, Mitbegründer der Dialektischen Theologie und Mitgründer der „Bekennenden Kirche". — Hptw.: Illusionen, 1926; Glaube und Wirklichkeit, 1928; Wider die Ächtung der Autorität, 1930; Politische Ethik, 1932; Der Mensch zwischen Gott und Welt, 1956.

Goldscheid, Rudolf, 1870–1931: österreichischer Sozial- und Kulturphilosph, Monist, entschiedener Sozialist, ohne orthodoxer Marxist zu sein. – Hptw.: Zur Ethik des Gesamtwillens (Eine sozialphilosophische Untersuchung), 1902; Grundlinien zu einer Kritik der Willenskraft, 1905; Verelendungs- oder Meliorationstheorie, 1906; Entwicklungswerttheorie, Entwicklungsökonomie, Menschenökonomie, 1908; Darwin als Lebenselement unserer modernen Kultur, 1909; Höherentwicklung und Menschenökonomie (Grundlegung einer Sozialbiologie, I), 1911; Friedensbewegung und Menschenökonomie, 1912; Monismus und Politik, 1913; Das Verhältnis der äußeren Politik zur innern, 1914; Frauenfrage und Menschenökonomie, 1914; Deutschlands größte Gefahr, 1915; Staatssozialismus oder Staatskapitalismus (Ein finanzsoziologischer Beitrag zur Lösung des Staatsschulden-Problems), 1917; Reine Vernunft und Staatsvernunft, 1918; Grundfragen des Menschenschicksals, 1920; Erkenntnisgefüge und Herrschaftsgefüge, 1926.

Gomperz, Heinrich, 1873—1942: österreichischer Philosoph (später in den USA), der vom Standpunkt eines kritischen Positivismus aus unter anderem nachzuweisen versucht, daß die philosophischen Grundbegriffe und Denkmodelle gefühlsmäßig wertenden Stellungnahmen entstammen („Pathempirismus") und zwischen Denken und Handeln, theoretischen und außertheoretischen Annahmen (auch im Bereich der wissenschaftlichen Forschung) fließende Übergänge bestehen. — Hptw.: Zur Psychologie der logischen Grundtatsachen, 1897; Die Lebensauffassung der griechischen Philosophen und das Ideal der inneren Freiheit, 1904, 1927³; Weltanschauungslehre, I (Methodologie): 1905, II (Noologie): 1908; Das Problem der Willensfreiheit, 1907; Sophistik und Rhetorik, 1912; Über Sinn und Sinngebilde, Erklären und Verstehen, 1929; Die Wissenschaft und die Tat, 1934; Interpretation (Logical Analysis of a Method of Historical Research), 1939; Philosophical Studies, 1953 (Sammlung von Aufsätzen aus G.s letzten Lebensjahren, z. B. Notes on the Early Presocratics, Problems and Methods of Early Greek Science, Some Simple Thoughts on Freedom and Responsibility). — ↗Platon; Welt.

Gomperz, Theodor, 1832—1912: österreichischer Altphilologe und Philosoph (Antimetaphysiker), der sich größte Verdienste um die Erforschung der griechischen Philosophie erworben hat. — Hptw.: Griechische Denker, 3 Bde., 1896—1909 (4. Aufl. 1922 bis 1932, herausgegeben von seinem Sohn Heinrich).

Goodman, Nelson, geb. 1906: amerikanischer Erkenntnis- und Wissenschaftstheoretiker. — Hptw.: The Structure of Appearance, 1951; Fact, Fiction and Forecast, 1954.

Gorgias, 483–375 v. Chr.: beutender Lehrer der Redekunst, Sophist und Skeptiker, der an nichts glaubt als an die Macht des Wortes; einer der Begründer der Ästhetik (Entdecker der bewußten und beabsichtigten künstlerischen Illusion). – ↗Aristoteles, Platon.

Göring, Carl, 1841—1879: deutscher Philosoph, Determinist, der sich um eine Synthese von Empirismus, Positivismus und Kritizismus bemüht. — Hptw.: System der kritischen Philosophie, 2 Teile, 1874/75; Über die menschliche Freiheit und Zurechnungsfähigkeit, 1876.

Görland, Albert, 1869—1952: deutscher Neukantianer, der sich in seiner Philosophie des „Stils" (im weitesten, also geisteswissenschaftlichen, ästhetischen und ethischen Sinn des Wortes) auf der Basis einer kritisch-idealistischen „Prologik" (als Philosophie überhaupt) vor allem mit den Fragen: Persönlichkeitsbildung, Weltanschauung, Lebenssinn, Lebensstil und Sozialität auseinandersetzt. Als Erkenntnistheoretiker hält G. (im Sinne der Marburger Schule) die Wirklichkeit für ein unerschöpfliches Problem, das nur näherungsweise zu lösen ist, so daß jede sogenannte „Tatsache" nur in der „Idee des Abschlusses aller Annäherung", jeder „Gegenstand" nur als „stets unvollendet bleibendes Ideal der wissenschaftlichen Annäherungsarbeit" (mittels Hypothesenbildung) besteht, wobei als „wirklich" gilt, was sich in den Gesamtzusammenhang aller Hypothesen einfügen läßt. — Hptw.: Die Hypothese, 1911; Ethik als Kritik der Weltgeschichte, 1914; Religionsphilosophie als Wissenschaft aus dem Systemgeiste des Kritischen Idealismus, 1922; Kants Revolution der Denkungsart als eine problemgeschichtliche Betrachtungsweise, 1926; Prologik (Dialektik des Kritischen Idealismus), 1930; Politische Ideenbildung, 1930; Ästhetik (Kritische Philosophie des Stils), 1937; Die Grundweisen des Menschseins, 1954.

Görres, Joseph von, 1776–1848: deutscher, unter dem Einfluß A. Günthers stehender Denker, der im Rahmen einer vermögenspsychologischen Anthropologie kulturhistorische Analysen mit metaphysischen Konstruktionen verbindet. — Hptw.: Glaube und Wissen, 1805; Grundlage, Gliederung und Zeitenfolge der Weltgeschichte, 1829;

Die christliche Mystik, 1836–1842. – Ausgewählte Werke in 2 Bänden, 1978. – ↗Romantische Philosophie.

Gott: religiös-metaphysischer Zentralbegriff, der den Glauben an die Existenz eines höchsten Wesens voraussetzt; an das Dasein Gottes kann man nur glauben, beweisen kann man es nicht (↗„Gottesbeweise"). — Erkenntniskritisch betrachtet, erscheinen die philosophischen Gottesbegriffe (vom religiösen Gottesglauben ist hier nicht die Rede) als gedanklich unvollziehbare Mythologeme: sie sind entweder widerspruchsvoll (wenn mit Hilfe „immanenter" Prädikate konzipiert) oder (wenn echt „transzendent") leer, entweder „verständlich" (doch dann eben „Gott" verfehlend) oder „unverständlich", in jedem Falle somit überflüssig; jeder Versuch, den Gottesbegriff ontologisch-personalistisch (als abstraktes „Ding" oder als geheimnisvolles „Lebewesen") zu fassen, führt unausweichlich zum Anthropomorphismus, bedeutet eine „unangebrachte Konkretisierung" (↗Whitehead). „Gott" ist, könnte man auch sagen, eine „Leerformel", eine unabhängige Variable ohne abhängige Variable. Der Erkenntniskritik halten stand nur ein „grenzbegrifflicher" „Gottesbegriff" (natürlich auch inhaltsleer und kein eigentlicher „Gottesbegriff", sondern nur der Hinweis auf den „Bezugspunkt" der nie „gegebenen" Seinstotalität im immanenten Sinn), der ↗Nomotheismus ↗Ziehens etwa oder eine axiologische Fassung des Gottesbegriffes, der zufolge „Gott" als das „Vollkommene", als höchster Wertbegriff, als Inbegriff des Wertvollen überhaupt verstanden wird und als Symbol für die Werthaftigkeit schlechthin steht (so z. B. bei ↗Epikur: „Das Vollkommene ist das Göttliche"; ↗Jodl, Müller-Freienfels, Roretz): Gott also, anthropozentrisch (im Sinne ↗Kants: „Gott ist nicht ein außer mir bestehendes Ding, sondern mein eigener Gedanke!" — oder ↗Feuerbachs) gefaßt, nicht als das allerwirklichste, sondern als das allerwünschenswerteste Wesen, nicht als eine Realität, sondern als eine Aufgabe, als ein Ideal begriffen wird, das kein „Sein", sondern ein ewiges „Werden" ist, als der Gedanke des „Schön-Guten" in seiner allgemeinsten Form, der im Sinne seiner immer wieder möglichen Realisierung das Weltgeschehen verständlich und uns selbst schaffensfreudig macht. — Religionsgeschichtlich interessant ist das (u. a. von Bertholet) untersuchte Phänomen der Götterspaltung und der Götterverschmelzung. — ↗Abelias, Absolut, Actus purus, Allgegenwart usw., Anthropologismus, Antitrinitarier, Asebie, Aseität, Atheismus, Causa sui, Deismus, Demiurg, Deus absconditus, Dialektische Theologie, Henotheismus, Monismus, Monotheismus, Mystik, Negative Theologie, Panentheismus, Pantheismus, Paradoxon (Müllner), Religion, Religionsphilosophie, Schöpfung, Synkretismus, Tautologie, Theodizee, Theismus, Theophanie, Tod; – ↗Kant (Gott als „Idee der reinen Vernunft" und als „Postulat der praktischen Vernunft"); ↗Kolakowski („Falls es keinen Gott gibt, ist alles erlaubt"; daher ↗Kants „Postulat"; Voltaire: ↗Gottesbeweise); ↗Lungwitz (Gott als „Inbegriff alles Väterlichen"); ↗Wahle (Gott: „Der gewaltigste, alles beherrschende Begriff"); – ↗Barth K., Buber, Cramer, Dyroff, Fortlage, Geyser, Hegel, Horkheimer, Kahl, Krampf, Küng, Lévinas, Meurers, Mynarek, Nietzsche, Pascal, Picht, Scheler, Schulz W., Schmied-K., Sölle, Stout, Strauß, Vaihinger, Vico, Weischedel, Whitehead, Zahrnt, Ziegler L.

Gottesbeweise: Versuche, das Dasein Gottes zu beweisen, was prinzipiell unmöglich ist (wie u. a. schon ↗Kant unwiderleglich nachgewiesen hat). Die bekanntesten Gottesbeweise sind: 1. der ontologische Beweis (↗Anselm), d. h. der Schluß vom Begriff eines vollkommensten Wesens auf dessen Existenz; 2. der kosmologische Beweis (↗Aristoteles; ↗„Lichtmetaphysik"): der Schluß von der Existenz und der Bewegung der Welt auf einen Weltschöpfer und einen „ersten Beweger"; 3. der teleologische (physiko-theologische) Beweis; der Schluß von der zweckmäßigen Einrichtung der Welt auf einen Weltgesetzgeber; 4. der ethische (ethiko-theologische) Beweis: der Schluß von der moralischen Weltordnung auf ihren Urheber, dessen Existenz zugleich einen gerechten Ausgleich von Tugend und Glück garantiert (von Kant nicht als Beweis, wohl aber als Postulat der praktischen Vernunft anerkannt); 5. der pragmatistische Beweis, dem zufolge der Glaube an die Existenz Gottes biologisch zweckmäßig ist, da er das Verhalten der Menschen günstig beeinflußt und ihnen als seelische Stütze dient (z. B. bei ↗Voltaire: „Si Dieu n'existait pas, il faudrait l'inventer": Wenn es keinen Gott gäbe, so müßte man ihn erfinden, nämlich als Zügel für die breite Masse); 6. der historische Beweis (a consensu gentium), dem zufolge die allgemeine Verbreitung des Glaubens an die Existenz Gottes auch dessen Dasein verbürgt; 7. der Offenbarungsbeweis, der den Glauben an die göttliche Offenbarung freilich schon voraussetzt (übernatürliche Gotteserkenntnis im Gegensatz zur natürlichen der anderen Gottesbeweise). Das von

Kant endgültig erledigte Thema, „Gottesbeweise" mit Hilfe der formalen Logik (Logistik) zu erbringen, hat in letzter Zeit doch wieder Interessenten gefunden (z. B. ↗Gödel. – Lit.: Mackie, Das Wunder des Theismus, dt. 1985). Was von Versuchen dieser Art zu halten ist, erhellt aus der Tatsache, daß sie niemals mehr als Konklusionen aus a priori, also dogmatisch festgesetzten Prämissen (Axiomen) bieten können und somit von einem material relevanten „Beweis" keine Rede sein kann; und also ebenso nichtig erweist sich z. B. der von Jörg Splett („Gotteserfahrung im Denken. – Philosophische Rechtfertigung des Redens von Gott", 1985³) aus der „Dialektik der Mitmenschlichkeit" (angeblich) „gewonnene" Gottesbeweis. – ↗Gott, Onus probandi; Brentano, Cramer.

Göttinger Schule: 1. ↗Neufriesische Schule (↗Nelson). — 2. G. S. d. Mathematik: ↗Gauß.

Gracián, Baltasar, 1601–1658: spanischer Schriftsteller (Jesuit), pessimistischer Moralist, der als Geschichtsphilosoph auf Grund der Entstehungsgeschichte des Staates und der historischen Entwicklung der Menschheit die Geschichte als Verwirklichung des Humanitätsideals zu begreifen sucht. – Hptw.: El Criticón, 3 Teile, 1651–57; Oráculo Manual, 1653 (durch das G. dank der Übersetzung durch Schopenhauer besonders bekannt geworden ist: „Handorakel der Weltklugheit", 1862; daraus eine Probe: „Laßt uns nicht abwarten, daß die Welt uns den Rücken kehre und uns, noch im Gefühl lebendig, aber in der Hochachtung gestorben, zu Grabe trage. Der Kluge versetzt seinen Wettrenner beizeiten in den Ruhestand und wartet nicht ab, daß er, mitten auf der Rennbahn niederstürzend, Gelächter errege. Eine Schöne zerbricht schlau beizeiten ihren Spiegel, um es nicht später aus Ungeduld zu tun, wenn sie aus ihrer Täuschung gerissen hat").

Gradmann, Hans, geb. 1892: deutscher Botaniker und Philosoph, der sich um die Erarbeitung eines „biologisch fundierten Selbstverständnisses des Menschen auf wissenschaftlicher Grundlage" bemüht. — Hptw.: Das Rätsel des Lebens im Lichte der Forschung, 1962; Die Rückkoppelung als Urprinzip der Lebensvorgänge, 1963; Menschsein ohne Illusionen (Die Aussöhnung mit den Naturgesetzen), 1970.

Gramsci, Antonio, 1891–1937: italienischer „Kritischer" Marxist. – Hptw. (dt.): Philosophie der Praxis, 1967 (– so bezeichnet er den Historischen Materialismus –); Marxismus und Literatur – Ideologie, Alltag, Literatur, 1983.

Graphologie: Lehre von der Deutung der Handschrift eines Menschen als Ausdruck seines Charakters. – ↗Klages.

Grassi, Ernesto, geb. 1902: Münchner Philosoph italienischer Abstammung; Humanist; Herausgeber von Rowohlts Deutscher Enzyklopädie sowie von „rororo studium". — Deutsche Hptw.: Vom Vorrang des Logos, 1939; Verteidigung des individuellen Lebens, 1946; Leopardis Theorie des schönen Wahns, 1949; Von Ursprung und Grenzen der Geisteswissenschaften und Naturwissenschaften, 1950; Reisen ohne anzukommen (Südamerikanische Impressionen), 1955, 1974² (neuer Untertitel: Eine Konfrontation mit Südamerika); Kunst und Mythos, 1957; Die zweite Aufklärung, 1958; Die Theorie des Schönen in der Antike, 1961; Das Goldene Buch vom Mittelmeer, 1966; Macht des Bildes, Ohnmacht der rationalen Sprache, 1968; Humanismus und Marxismus, 1973; Die Macht der Phantasie – Zur Geschichte abendländischen Denkens, 1979.

Grazer Schule: ↗Gegenstandstheorie; Meinong.

Grazie: von ↗F. Schiller in „Anmut und Würde" untersuchter ästhetischer Begriff, wobei er zwischen belebender und beruhigender Grazie (Anmut) unterscheidet (die geschmeidigen Bewegungen einer Tänzerin z. B. sind „graziös", die Gesichtszüge eines schlafenden Kindes hingegen „anmutig").

Grebe, Wilhelm, 1897—1946: deutscher Philosoph, der (ähnlich wie z. B. Hofmann, Reininger, E. Heintel) das philosophische Denken erlebnis-metaphysisch zu fundieren, d. h. unter Hinweis auf die Einseitigkeit der wissenschaftlichen Erkenntnisweise im unmittelbaren Daseinsvollzug zu verankern versucht. — Hptw.: Die Form des Erkennens (Eine Untersuchung zur Grundlegung der formalen Logik), 1929; Erkennen und Zeit (Eine Studie über das Naturgesetz), 1931; Geist und Sache (Grundlegung der Theorie der Geisteswissenschaften und Klärung des Sinnes kulturellen Schaffens), 1934; Der tätige Mensch (Untersuchungen zur Philosophie des Handelns), 1937.

Green, Thomas Hill, 1836—1882: englischer Philosoph, der vom Standpunkt des Deutschen Idealismus (vor allem Hegels) aus

Gregor von Nazianz, um 330—390: griechischer Kirchenvater, einer der drei Begründer der jungnicäischen Orthodoxie (↗Kappadozier).

Gregor von Nyssa, um 331—394: griechischer Kirchenvater (↗Kappadozier), einer der drei Begründer der jungnicäischen Orthodoxie, von Platon und Origenes beeinflußt (↗Apokatastasis-Lehre).

Grenzbegriff: ↗Logoid.

Grenznutzentheorie: antimarxistische Wirtschaftstheorie, die nicht von der Arbeit, sondern von der Konsumkapazität ausgeht, subjektivistische Wertlehre, der zufolge der Wert eines wirtschaftlichen Gutes für den Konsumenten durch die letzte noch zur Verfügung stehende Teilmenge bestimmt wird bzw. der „Grenznutzen" einer Ware „die Resultante aus der Nützlichkeit und der Seltenheit" derselben ist (Böhm-Bawerk, 1851—1914), d. h. also aus der Dringlichkeit der Bedürfnisse einerseits und der Menge der verfügbaren Teilquantitäten des Gutes andererseits.

Grenzsituation: von ↗Jaspers eingeführte Bezeichnung für eine existenzbedrohende und -zerstörende Lebenssituation (z. B. Schmerz, Leid, Kampf, Tod, „Scheitern"); „Grenzsituationen erfahren und existieren ist dasselbe", sagt Jaspers.

Griechische Philosophie: ↗Antike Philosophie; Agenetisten, Transformisten; Deussen, Gomperz H. und Th., Siebeck, Wundt M., Zeller. – Lit.: Wilhelm Capelle, Die griechische Philosophie, 2 Bde., 1971³.

Grisebach, Eberhard, 1880—1945: deutscher Philosoph und Pädagoge, Sohn des Schopenhauer-Biographen Eduard Grisebach (1845—1906), später in der Schweiz, der vom Standpunkt der Dialektischen Theologie und der Existenzphilosophie aus an einer Reihe überkommener Kulturwerte Kritik übt. – Hptw.: Wahrheit und Wirklichkeiten, 1919; Die Schule des Geistes, 1921; Erkenntnis und Glaube, 1923; Gegenwart (Eine kritische Ethik), 1927; Freiheit und Zucht, 1936; Die Schicksalsfrage des Abendlandes, 1942.

Groethuysen, Bernhard, 1880—1946: deutscher Philosoph, Schüler Diltheys, vor allem durch seine geistesgeschichtlichen Forschungen bekannt geworden. — Hptw.: Entstehung der bürgerlichen Welt- und Lebensanschauung in Frankreich, 2 Bde., 1927 bis 1931; Dialektik der Demokratie, 1932; Philosophische Anthropologie (im Handbuch der Philosophie, herausgegeben von Baeumler und Schröter), 1931; Philosophie der Französischen Revolution, 1971.

Karl Groos

Groos, Karl, 1861—1946: deutscher Philosoph, vor allem Psychologe und Ästhetiker, der sich zur Einfühlungs- und Spieltheorie bekennt, der zufolge der ästhetische Genuß auf dem Spiel der inneren Nachahmung, also auf Einfühlung beruht und die künstlerische Gestaltung als höchstentwickelte Form des Spieles zu betrachten ist. Als Philosoph lehrt G. einen metaphysisch-teleologisch unterbauten kritischen Realismus. — Hptw.: Einleitung in die Ästhetik, 1892; Die Spiele der Tiere, 1896, 1930³; Die Spiele der Menschen, 1899; Der ästhetische Genuß, 1902; Der Aufbau der Systeme (Eine formale Einführung in die Philosophie), 1923; Das philosophische System von Karl Groos. Eigene Gesamtdarstellung, 1934; Seele, Welt, Gott (Gesammelte Aufsätze zur Naturphilosophie und Metaphysik des Geistes), 1952. Autobiographie in „Die Philosophie der Gegenwart in Selbstdarstellungen, Bd. II, 1923².

Grosseteste, Robert, 1175—1253: Gründer der Oxforder Franziskanerschule, Scholastiker, der die Welt als System mathematischer Zusammenhänge betrachtet.

Grotesk: ästhetische Grundgestalt (Kategorie), sprachlich von (ital.) grotta (Grotte) abgeleitet, eine Entfremdung der Wirklichkeit intendierend: phantastisch — unwirklich, beklemmend, unheimlich, monströs, bizarr, extravagant, wunderlich, verzerrt, seltsam, absonderlich, skurril, abwegig, absurd; die Grenze zum Derb-Komischen (↗) ist fließend.

Grotius, Hugo, 1583—1645: holländischer Staatsmann und Völkerrechtslehrer, der die Theorie vom „Naturrecht" und den Grundsatz der „Freiheit des Meeres" vertritt. — Hptw.: De jure belli ac pacis, 1625.

Grund: logischer Grund oder Erkenntnisgrund, der die Denknotwendigkeit einer Aussage verbürgt. Der „Satz vom zureichenden Grunde" besagt, daß jedes Urteil zur Begründung seiner Geltung eines ausreichenden Grundes bedarf. Der Grund ist (im Gegensatz zur Ursache) nicht ein reales Geschehnis, durch dessen Auftreten der Eintritt eines anderen Ereignisses bedingt ist, sondern eine Erkenntnis, durch deren Gültigkeit die Geltung einer Folge-Erkenntnis begründet wird. Das Verhältnis von Grund und Folge (im Gegensatz zu dem von Ursache und Wirkung) ist demnach nicht ein „reales", sondern ein „logisches" (z. B. Grundurteil: „die Quecksilbersäule des Thermometers ist gestiegen", Folgeurteil: „es ist warm geworden". Kausal betrachtet hingegen, liegen die Verhältnisse gerade umgekehrt: weil es wärmer geworden ist, hat sich die Quecksilbersäule ausgedehnt). — ↗Geyser, Heidegger, Leibniz, Schopenhauer; Implikation, hypothetisch, modus ponens.

Grundgestalten (ästhetische): ↗Ästhetik.

Grundwissenschaft: von ↗Rehmke begründete philosophische Lehre. — ↗Heyde.

Grünthal, Ernst, geb. 1894: Schweizer Arzt, der eine Geschichte des psychophysischen Problems geschrieben hat. — Hptw.: Psyche und Nervensystem, 1968.

Grünwald, Ernst, 1912—1933: österreichischer Wissenssoziologe. — Hptw.: Das Problem der Soziologie des Wissens, 1934.

Gruppendynamik: vom deutschen Sozialpsychologen Kurt Lewin (1890—1947, ab 1933 in den USA) geprägter (1935 in den USA erstmals verwendeter) Terminus; moderne Forschungsrichtung, die sich mit den Vorgängen in kleinen Gruppen beschäftigt, zentriert um die Probleme „Autorität" und „Kommunikation". — **Gruppentherapie:** Behandlungsmethode der Verhaltenskorrektur durch „Begegnung" in der Gruppe als Fundament für einen auf Selbsterfahrung (↗Selbsterkenntnis) und Selbstfindung gegründeten dynamischen Lebensstil unter Festigung des Selbstgefühls und des Selbstbewußtseins sowie unter Stärkung des Selbstwertgefühls, des Selbstvertrauens und der Selbstsicherheit auf Grund individueller „Nachbehandlung".

— Übrigens gilt neben Lewin auch Jakob Moreno, der in Wien 1913 mit gruppentherapeutischen Experimenten begonnen und die Methode der „Soziometrie" entwickelt hat, als Schöpfer der Gruppendynamik (ab 1925 in den USA). – ↗Adler A., Heintel P., Richter H.-E.; Lewin.

Romano Guardini

Guardini, Romano, 1885—1968: deutscher katholischer Philosoph (geb. in Verona), der im Rahmen seiner dialektischen (die Gegensätze akzentuierenden) Wirklichkeitsbetrachtung die Verwirklichung einer anspruchsvollen „christlichen Existenz" und die Erneuerung einer vom religiösen Leben getragenen humanistischen Gesinnung fordert. G.s „Gegensatzphilosophie" geht von der Dialektik des menschlichen Daseins und Denkens aus, von der „Gegensätzlichkeit" als einem Grundzug des menschlichen Lebens. G. unterscheidet zwischen „Gegensatz" (sowohl/als auch: nur scheinbar ein Widerspruch) und „Widerspruch" (entweder/oder). Das Lebendig-Konkrete ist eine gegensätzlich strukturierte Einheit, die sich als „Polarität" einerseits im Sein konstituiert und andererseits dem Denken erschließt. Ursprünglich gibt es im Lebendig-Konkreten keinen Widerspruch; erst der (in der Neuzeit, gegenüber dem Mittelalter, im Zeichen des Autonomismus, der „einseitigen" Verabsolutierung des Endlichen und Verfehlung des Absoluten, unternommene) Versuch, zwischen den Polen zu unterscheiden (= Dezisionismus), führt durch „Defekt" und „Exzeß" infolge der „Einseitigkeit" zum Untergang des Lebendig-Konkreten. — Organ des Kreises um G.: „Die Schildgenossen". — Hptw.: Vom Geist der Liturgie, 1918; Der Gegensatz. Versuch zu einer Philosophie des Lebendig-Konkreten, 1925; Das Gute, das Gewissen und die Sammlung, 1929, 1931[2]; Der Mensch und der Glaube, 1933, 1951[4] (Unter dem Titel: Religiöse Gestalten in Dostojewskijs Werk); Christliches Bewußtsein. Versuche über Pascal, 1934, 1950[2]; Unterscheidung des Christlichen, 1935; Die Bekehrung des Aurelius Augustinus, 1935, 1950[2]; Der Herr, 1937, 1953[9];

Hölderlin. Weltbild und Frömmigkeit, 1939, 1955²; Die Offenbarung, 1940; Zu R. M. Rilkes Deutung des Daseins, 1941, 1953⁴; Der Tod des Sokrates, 1943, 1952⁴; Freiheit, Gnade, Schicksal (Drei Kapitel zur Deutung des Daseins), 1948; Das Ende der Neuzeit, 1950, 1959⁷; Vom Wesen katholischer Weltanschauung, 1953; Die Annahme seiner selbst, 1960. — ↗Kuhn H.

Gubisch, Wilhelm, geb. 1890: deutscher Denker, der überzeugend am Okkultismus schärfste Kritik übt. — Hptw.: Hellseher, Scharlatane, Demagogen, 1961.

Gundissalinus, Dominicus, um 1100: spanischer Vermittler arabischen Gedankengutes.

Günther, Anton, 1783—1863: österreichischer Denker (katholischer Theologe), der im Rahmen einer theologisierenden Metaphysik (—im Konflikt mit der offiziellen Kirche –) eine an Aristoteles und Descartes orientierte Theorie der Schöpfung, der Natur und des Menschen entwirft, in der er vor allem die Spannung zwischen menschlicher Freiheit und Abhängigkeit vom absoluten Geist (Gott) zu erklären sucht. - Hptw.: Vorschule zur spekulativen Theologie des positiven Christentums, 1828-29, 1846—1848²; Gesammelte Schriften, 4 Bde., 1881. – Pritz, Joseph (Hrsg.): Glauben und Wissen bei Anton Günther (Eine Einführung in sein Leben und Werk mit einer Auswahl aus seinen Schriften), 1963.

Gotthard Günther

Günther, Gotthard, 1900–1984: deutscher Philosoph, der sich zunächst mit Hegel auseinandersetzt, später (seit 1940 in den USA) in der kybernetischen Forschung tätig ist. – Hptw.: Grundzüge einer neuen Theorie des Denkens in Hegels Logik, 1933; Idee und Grundriß einer nichtaristotelischen Logik, 1959; Das Bewußtsein der Maschinen (Eine Metaphysik der Kybernetik), 1957, 1963²; Logik, Zeit, Emanation und Evolution, 1967; Beiträge zur Grundlegung einer operationsfähigen Dialektik, 3 Bde., 1976–1980. – Autobiographie in „Philosophie in Selbstdarstellungen", Bd. II, 1975.

Guru: indische Bezeichnung für einen geistlichen Lehrer, der mitunter auch als Inkarnation Gottes und nicht nur als Mittler zwischen Gott und Mensch gilt.

Gut: wertvoller Gegenstand, Wertträger (z. B. ein Kunstwerk) Gegensatz: ↗Übel.

Constantin Gutberlet

Gutberlet, Constantin, 1837—1928: deutscher Theologe, Psychologe und Philosoph, Neothomist. — Hptw.: Lehrbuch der Philosophie, 6 Bde., 1878—1884; Lehrbuch der Apologetik, 3 Bde., 1888—1894. — Autobiographie in „Die Philosophie der Gegenwart in Selbstdarstellungen", Bd. IV, 1923. — ↗Katholische Philosophie.

Güte: von ↗Börner für die ethisch wertvollste Charaktereigenschaft gehalten.

Gutmann, James, geb. 1897: amerikanischer Philosophiehistoriker, Ethiker und Pädagoge (Standpunkt: ↗Ethische Bewegung), der Werke Spinozas und Schellings herausgegeben und bedeutende Arbeiten über Nietzsche und Cassirer sowie wertvolle Beiträge zu ethischen und pädagogischen Fragen veröffentlicht hat.

Gutwenger, Engelbert, 1905–1985: deutscher Theologe und Philosoph, Neothomist, insbesondere auch an Fragen der Logik und der Logistik interessiert. – Hptw.: Die Vollkommenheit, 1948; Wertphilosophie (mit besonderer Berücksichtigung des ethischen Wertes), 1952; Bewußtsein und Wissen Christi (Eine dogmatische Studie), 1960; Inspiration und geschichtliche Wahrheit, 1962.

Guyau, Jean Marie, 1854—1888: französischer Philosoph, der den Entwicklungsgedanken philosophisch zu verwerten sucht, als Ethiker individualistische und soziale Gesichtspunkte zu kombinieren trachtet, den Begriff der Sanktion (Lohn und Strafe) scharf kritisiert, den Pflichtbegriff auf die Verpflichtung zu intensivster Lebenssteigerung und -bereicherung einschränkt (— über je mehr Tatkraft ein Mensch verfügt, je höher er in der Entwicklung steht, um so mehr ist er verpflichtet, seine Kräfte wirken zu lassen und seinem Entwicklungs- und Tätigkeitsdrang nachzugeben! —), die Freude am Wagnis und Kampf preist, die gemeinschaftsbildende Kraft des geistigen Schaffens und Wirkens betont und als Religionsphilosoph jedem Menschen die Freiheit zuspricht, sich seiner Lebensenergie entsprechend ein ihn geistig befriedigendes, individuell gültiges Weltbild aufzubauen. G. ist religionsphilosophischer Individualist; er lehnt jede Art von Orthodoxie ab und entlarvt die Dogmen als Illusionen; der Zentralbegriff seiner Philosophie ist der des „Lebens"; in ihm wurzeln der religiöse, der ethische und der ästhetische Wert, weshalb diese drei Grundwerte aufs engste verbunden sind: sie alle dienen der Lebenssteigerung. Für G. ist die Lebensentwicklung zugleich Wert- und Sozialentwicklung; seine Weltauffassung gipfelt in der Forderung nach Schaffung einer Lebensgemeinschaft nicht nur innerhalb der Menschheit, sondern auch zwischen Menschheit und Kosmos. — Hptw.: Les problèmes de l'esthétique contemporaine, 1884, dt. 1912 (Die ästhetischen Probleme der Gegenwart); Esquisse d'une morale sans obligation ni sanction, 1885, dt. 1909 (Sittlichkeit ohne Pflicht); L'irreligion de l'avenir, 1887, dt. 1910 (Die Irreligion der Zukunft). — ↗Pfeil; Tod.

H

Häberlin, Paul, 1878—1960: Schweizer Philosoph, Psychologe und Pädagoge, der (an Leibniz orientiert) eine ontologische (metaphysische) Anthropologie und Kosmologie aufzubauen versucht, wobei er im Sinne eines universalen vitalistisch-spiritualistischen Seinsmonismus eine Belebtheit des gesamten Universums annimmt. — Hptw.: Der Leib und die Seele, 1923; Allgemeine Ästhetik, 1929; Philosophie als Abenteuer des Geistes, 1930; Das Wesen der Philosophie, 1934; Leitfaden der Psychologie, 1937, 1949³; Naturphilosophische Betrachtungen (Eine allgemeine Ontologie), 2 Bde., 1939/40; Der Mensch (Eine philosophische Anthropologie), 1941, 1969²; Ethik im Grundriß, 1946; Logik im Grundriß, 1947; Handbüchlein der Philosophie, 1949; Philosophia perennis, 1952; Leben und Lebensform, 1957; Das Böse (Ursprung und Bedeutung), 1960.

Jürgen Habermas

Habermas, Jürgen, geb. 1929: deutscher Gesellschaftstheoretiker, bis vor kurzem Mitarbeiter der „Frankfurter Schule", der die Argumentationsform Hegels wieder überzeugend gemacht hat und in der dialektischen „Kritischen Theorie" der Gesellschaft die Voraussetzung für deren Veränderung mit dem Ziel ihrer Humanisierung sieht. Sein besonderes Bemühen gilt einer besseren methodologischen Fundierung dieser Theorie. Er anerkennt keine von der gesellschaftlichen Situation abgelöste „objektive" Wissenschaftlichkeit, keine „Wertfreiheit" der Wissenschaft, keine „reine" Theorie, er hält alle Erkenntnisse für vermittelt durch Interessen, er setzt Gleichheitszeichen zwischen Philosophie = kritische Soziologie, Erkenntnistheorie = Gesellschaftstheorie, Erkenntniskritik = Gesellschaftskritik, Reflexion = Engagement, Vernunft = Interesse, Theorie = Praxis, These = Aktion. — ↗Gesellschaftskritik, Positivismus—Streit; Luhmann (dessen für technokratische „Kontrolle" plädierende sozialwissenschaftliche Position im Gegensatz zu der auf „Änderung" zielenden humanisierenden Sozialphilosophie der Habermas-Schule steht). — Hptw.: Student und Politik, 1961; Strukturwandel der Öffentlichkeit, 1971²; Theorie und Praxis (Sozialphilosophische Studien), 1971³; Zur Logik der Sozialwissenschaften, 1970²; Erkenntnis und Interesse, 1968, 1979⁵; Technik und Wissenschaft als „Ideologie", 1968; Philosophisch-politische Profile, 1981³; Theorie der Gesellschaft oder Sozialtechnologie, 1971 (mit N. Luhmann); Legitimationsprobleme im Spät-Kapitalismus, 1973; Kultur und Kritik (Verstreute Aufsätze), 1973; Zur Rekonstruktion des Historischen Materialismus, 1976; Kleine Politische Schriften, 1981; Theorie des kommunikativen Handelns, 2 Bde. (I: Handlungsrationalität und gesellschaftliche Rationalisierung; II: Zur Kritik der funktionalistischen Vernunft), 1981 (– H. unterscheidet 3 Sprechakte: den „kognitiven" ~ objektive Welt/Wahrheit, den „regulativen" ~ soziale Welt/Richtigkeit und den „expressiven" ~ subjektive Innenwelt/ Wahrhaftigkeit bzw. Authentizität); Vorstudien und Ergänzungen zur Theorie des kommunikativen Handelns, 1984; Der philosophische Diskurs der Moderne (12 Vorlesungen), 1985; Die Neue Unübersichtlichkeit, 1985; Nachmetaphysisches Denken (Phil. Aufsätze), 1988. — ↗Marx W., Wellmer; kritisch: Luhmann, Rohrmoser; Politik, Postmoderne.

Hacker, Friedrich, 1914–1989: österreichischer Psychiater, Kriminal- und Sozialpsychologe (seit 1938 in den USA). — Hptw.: Versagt der Mensch oder die Gesellschaft? (Probleme der modernen Kriminalpsychologie), 1964; Aggression (Die Brutalisierung der modernen Welt), 1971; Materialien zum Thema Aggression, 1972; Terror (Mythos, Realität, Analyse), 1973; Freiheit, die sie meinen, 1978. — ↗Futurologie.

Hadrosen: ↗Psychobiologie (Lungwitz).

Haeckel, Ernst, 1834—1919: deutscher Zoologe und Philosoph, Empirist und Monist (Evolutionist, Determinist, Mechanist), der die Entdeckung Darwins philosophisch auswertet und vor allem am Schöpfungs- und Gottesbegriff Kritik übt und sich zu einer (pantheistischen) „natürlichen Religion" (gegründet auf die Bewunderung der Natur) bekennt. Im Gegensatz zu Du Bois nimmt er nur ein einziges echtes „Welträtsel" an, nämlich das „Substanzproblem", die übrigen hält er entweder für bereits gelöst – Ursprung des Lebens, Zweckmäßigkeit der Organismen, Entwicklung von Vernunft und Sprache — oder für Scheinprobleme, wie z. B. das Problem der Willensfreiheit, die „als reines Dogma auf bloßer Täuschung beruht und in Wirklichkeit gar nicht existiert." — Hptw.: Generelle Morphologie der Organismen, 2 Bde., 1866; Neudruck 1986; Natürliche Schöpfungsgeschichte, 1868, 1913[12]; Anthropogenie, 1874, 1910[6]; Der Monismus als Band zwischen Religion und Wissenschaft, 1893, 1922[17]; Die Welträtsel (gemeinverständliche Studien über monistische Philosophie), 1899, 410. Tausend 1933; Die Lebenswunder, 1904, 89. Tausend 1923; Der Kampf um den Entwicklungsgedanken, 1905; Monismus und Naturgesetz, 1906; Monistische Bausteine, 1913; Gott–Natur (Theophysis), Studien über monistische Religion, 1914; Fünfzig Jahre Stammesgeschichte, 1916; Kristallseelen, 1917, 1922[3]. – ↗Du Bois, Heberer, Schmidt H.; Ökologie, Theophysis.

Ernst Haeckel

Haecker, Theodor, 1879–1945: deutscher Religionsphilosoph, der vom Standpunkt Kierkegaards aus im Sinne eines christlichen Existentialismus Kritik an der Verflachung des Christentums übt. – Hptw.: Satire und Polemik, 1922; Dialog über Christentum und Kultur, 1927, 1946[2]; Vergil, Vater des Abendlandes, 1931, 1948[6]; Was ist der Mensch? 1933, 1949[5]; Der Geist des Menschen und die Wahrheit, 1937; Aus dem Nachlaß: Tag- und Nachtbücher (1939–1945), 1947, 1959[3]; weitere Ausgabe: Was ist der Mensch? Der Christ und die Geschichte. Schöpfer und Schöpfung, 1959, 1965[2].

Haering, Theodor Ludwig, 1884–1964: deutscher Philosoph, Neuhegelianer, der in seinen wissenschaftstheoretischen Analysen aufeinander nicht zurückführbare Erkenntnisweisen (kausale, teleologische usw.) unterscheidet und eine scharfe Trennungslinie zwischen Wissenschaft und Weltanschauung zieht. — Hptw.: Die Struktur der Weltgeschichte (Philosophische Grundlegung einer jeden Geschichtsphilosophie), 1921; Philosophie der Naturwissenschaft (Versuch eines einheitlichen Verständnisses der Methoden und Ergebnisse der anorganischen Naturwissenschaft. Zugleich eine Rehabilitierung des vorwissenschaftlichen Weltbildes), 1923; Die Grundfragen der Geschichtsphilosophie, 1925; Hegel, sein Wollen und sein Werk, 2 Bde., 1929/38; Der werdende Hegel, 1931; Naturphilosophie in der Gegenwart, 1933; Die Entstehungsgeschichte der Phänomenologie des Geistes, 1934; Hegels Lehre von Staat und Recht, 1940; Fichte, Schelling, Hegel, 1941; Die deutsche und die europäische Philosophie, 1943; Novalis als Philosoph, 1954; Philosophie des Verstehens, 1963.

Hägerström, Axel, 1868—1939: schwedischer Philosoph, der eine metaphysikfreie Wirklichkeitsphilosophie vertritt und vor allem am Subjektivismus Kritik übt. — Hptw. (dt.): Kants Ethik im Verhältnis zu seinen erkenntnistheoretischen Grundgedanken, 1902; Staat und Recht, 1904; Das Prinzip der Wissenschaft (Eine logisch-erkenntnistheoretische Untersuchung), Bd. I: Die Realität, 1908; Der Botaniker und der Philosoph, 1910; Die Wahrheit moralischer Vorstellungen, 1911. — Autobiographie in „Philosophie der Gegenwart in Selbstdarstellungen", Bd. VII, 1929. — ↗Phalén.

Haldane, John B. Scott, 1860—1936: englischer Biologe und Naturphilosoph, Holist (↗Holismus). — Hptw.: Die philosophischen Grundlagen der Biologie, 1932 (The Philosophical Basis of Biology); The Philosophy of a Biologist, 1935; The Marxist Philosophy and the Sciences, 1938.

Haller, Rudolf, geb. 1929: österreichischer Logiker und Erkenntnistheoretiker (geb. in der Schweiz), besonders an der „Philosophischen Grundlagenforschung" interessiert. – Hptw.: Studien zur österreichischen Philosophie, 1978; Urteile und Ereignisse (Studien zur philosophischen Logik und Erkenntnistheorie), 1982. – ↗Mach, Neurath.

Halluzination (Pseudohalluzination): ↗Vorstellung.

Halo-Effekt (von der physikalisch-astronomischen Bedeutung ist hier abgesehen):

Hamann

in der Psychologie (1907 von H. S. Wells geprägte, 1920 von E. L. Thorndike eingeführte) Bezeichnung für eine Art „Wertüberstrahlung", die einem (— z. B. sympathischen —) Menschen durch voreiligen Rückschluß von diesem Persönlichkeitsmerkmal auf andere positive Eigenschaften zu einem unbegründet guten Ruf (— z. B. auch ehrlich, gescheit usw. zu sein —), oft sogar zu einer ungerechtfertigten Autorität verhilft (— z. B. in allen Fragen kompetent zu sein, weil er in seinem Berufe tüchtig ist; doch auch ein noch so tüchtiger Professor für Botanik oder für Physik z. B. muß noch lange nicht auch etwas von Philosophie oder von Politik oder von Kunst verstehen).

Hamann, Johann Georg (der „Magus im Norden"), 1730—1788: deutscher protestantischer Gefühls- und Glaubensphilosoph, Gegner der Aufklärung (des Rationalismus), besonders einflußreich im „Sturm und Drang" und in der Romantik, vor allem auch als Sprachphilosoph (Herder!). — Hptw.: Sokratische Denkwürdigkeiten, 1759; Kreuzzüge eines Philologen, 1762; Golgatha und Scheblimini, 1784. — Krit. Gesamtausgabe in 6 Bänden von Josef Nadler, 1949 ff. — ↗Glaube; Hemsterhuis.

Hamelin, Octave, 1856—1907: französischer Philosoph, Idealist, der im Rahmen eines „integralen Rationalismus" Kants erkenntnistheoretischen Denkansatz mit Hegels Dialektik zu kombinieren versucht. – Hptw.: Essai sur les éléments principaux de la représentation, 1907.

Hamilton'sches Prinzip: vom englischen Philosophen Sir William Hamilton (1788 bis 1856) als Voraussetzung des Kausalgesetzes postuliertes Prinzip, dem zufolge es ein echtes Entstehen oder Vergehen in Wirklichkeit gar nicht gibt, vielmehr alles in einem unaufhörlichen Wandel begriffen ist. — ↗Heraklit.

Harich, Wolfgang, geb. 1923: deutscher Philosoph, als „kritischer", auch an Fragen der Ökologie interessierter Marxist von 1956 bis 1964 in der DDR inhaftiert, ab 1979 in der BRD, nunmehr wieder in der DDR, wo er sich als besonders radikaler Stalinist zu profilieren sucht. - Hptw.: Jean Pauls Kritik des philosophischen Egoismus, 1968; Zur Kritik der revolutionären Ungeduld (Eine Abrechnung mit dem alten und dem neuen Anarchismus), 1971; Jean Pauls Revolutionsdichtung (Versuch einer neuen Deutung seiner heroischen Romane), 1974; Kommunismus ohne Wachstum? - Babeuf und der „Club of Rome", 1975.

Harnack, Adolf von, 1851–1930: deutscher evangelischer Theologe und Religionshistoriker, Polyhistor, Vorkämpfer des liberalen Protestantismus; H. sucht Gedanken Goethes und Humboldts mit der evangelischen Lehre zu verbinden, indem er das positive Dogmenchristentum für überholt erklärt und im Gegensatz zur theologischen Auffassung die christliche Lehre ↗historistisch aus der Entwicklung des griechischen Geistes ableitet und rein ethisch verstanden wissen will. - Hptw.: Lehrbuch der Dogmengeschichte, 3 Bde., 1885–1889, 1931/32[5]; Das Wesen des Christentums, 1900, 1950[15]; Geschichte der Preußischen Akademie der Wissenschaften, 3 Bde., 1900; Reden und Aufsätze, 2 Bde., 1904, 1906[2]; Über die Sicherheit und die Grenzen geschichtlicher Erkenntnis, 1917; Fortschritt ins Nichts (Kulturkritische Aphorismen), 1928; Ausgewählte Reden und Aufsätze, 1951.

Hartley, David, 1704—1757: einer der Begründer der damals vor allem in England gepflegten analytischen Assoziationspsychologie. — Hptw.: Observations on Man, His Frame, His Duty and His Expectations, 1749.

Hartmann, Eduard von, 1842—1906: deutscher Philosoph, der eine „induktive" Metaphysik entwickelt (auf der Basis empirischer Forschung), in der er das Absolute als das „Unbewußte" definiert; seine allgemeine Weltschau erinnert an Schopenhauers pessimistische Lebensauffassung. — Hptw.: Über die dialektische Methode, 1868; Philosophie des Unbewußten, 1869, 1923[12]; Die Selbstzersetzung des Christentums und die Religion der Zukunft, 1874; Wahrheit und Irrtum im Darwinismus, 1875; Ästhetik, 1887; Das Grundproblem der Erkenntnistheorie, 1889; System der Philosophie im Grundriß, 8 Bde., 1906—1909; Grundriß der Religionsphilosophie, 1909. — ↗Vaihinger.

Hartmann, Max, 1876—1962: deutscher Biologe und Naturphilosoph, der einerseits in Anlehnung an N. Hartmann einen realistisch-ontologischen Standpunkt vertritt, andererseits als Kritizist der Metaphysik mit Skepsis gegenübersteht und als Kausalist und Mechanist den teleologischen Vitalismus und vor allem jede Verquickung von religiösen und naturwissenschaftlichen Gesichtspunkten ablehnt.— Hptw.: Biologie und Philosophie, 1925; Wesen und Wege der biologischen Erkenntnis, 1936; Philosophie der Naturwissenschaften, 1937; Naturwissenschaftliche

Erkenntnis und ihre Methoden, 1937; Naturwissenschaft und Religion, 1940; Atomphysik, Biologie und Religion, 1947; Die philosophischen Grundlagen der Naturwissenschaften (Erkenntnistheorie und Methodologie), 1948, 1959²; Allgemeine Biologie, 1953⁴.

Nicolai Hartmann

Hartmann, Nicolai, 1882—1950: deutscher Ontologe, der die „Wesensstruktur" der „Seins-Schichten" untersucht und induktiv eine Schichtentheorie entwickelt, der zufolge jede höhere Seinsschicht aus Elementen der niederen Schichten aufgebaut, diesen gegenüber aber doch unabhängig („frei") ist, d. h. sich von ihnen durch eine spezifische Gesetzmäßigkeit unterscheidet (so herrscht z. B. in der Welt der Materie die Kausalität, im Bereich des Lebendigen hingegen die Finalität). Die begrifflichen Bestimmtheiten der einzelnen Schichten verhalten sich zueinander gesetzmäßig: Gewisse, jedoch nicht alle Kategorien einer niederen Schicht, z. B. der toten Natur, greifen in eine höhere Schicht, z. B. der Organismen, über, doch wandeln sie sich dabei und werden vom Gepräge der höheren Schicht überformt; diese Abwandlungen und damit auch die Eigenart der höheren Schicht werden dadurch erwirkt, daß etwas kategorial Neues (z. B. das Leben) hinzutritt. In seiner „Kategorienlehre" bespricht H. die für die einzelnen Seinssphären charakteristischen Kategorien: er unterscheidet zwei primäre (reales und ideales Sein) und zwei sekundäre Seinssphären (Erkenntnissphäre und logische Sphäre); das reale Sein spaltet sich auf in Materie, Leben, Bewußtsein und Geist, die korrespondierende Erkenntnissphäre dementsprechend in Wahrnehmung, Anschauung, Erkenntnis und Wissen; das ideale Sein gliedert H. auf in: Wesenheiten, Werte und mathematisches Sein; in der logischen Sphäre entsprechen dieser Dreiteilung: Begriff, Urteil und Schluß. In seinen ersten Schriften bekennt sich H. zum Kritischen Idealismus der Marburger Schule; später bezieht er den Standpunkt des erkenntnistheoretischen Realismus; er denkt kritischer und geht vorsichtiger zu Werk als andere Metaphysiker: er geht empirisch vor, seine schichtenontologischen Analysen erstrecken sich ausschließlich auf das „endliche Sein", er enthält sich aller Spekulationen über Gott und das Jenseits. Als Ethiker ist H. Wertabsolutist, indem er an die Existenz von „Werten an sich" glaubt; in der Frage der Willensfreiheit steht er auf der Seite der Indeterministen. – Hptw.: Platos Logik des Seins, 1909, 1965²; Grundzüge einer Metaphysik der Erkenntnis, 1921, 1965⁵; Ethik, 1926, 1962⁴; Das Problem des geistigen Seins, 1933, 1962³; Zur Grundlegung der Ontologie, 1935, 1965⁴; Möglichkeit und Wirklichkeit, 1938, 1966³; Der Aufbau der realen Welt, 1940, 1964³; Neue Wege der Ontologie, 1942, 1968⁵; Philosophie der Natur, 1950, 1979²; Teleologisches Denken, 1951, 1966²; Ästhetik, 1953, 1966²; Philosophische Gespräche, 1954; Kleinere Schriften, 3 Bde., 1955–1958; Der philosophische Gedanke und seine Geschichte, 1957; Die Philosophie des deutschen Idealismus, 1974³; Die Erkenntnis im Lichte der Ontologie, 1982. – ↗Wertabsolutismus, Wertrelativismus; Ballauff, Kanthack, Zocher.

Hasse, Heinrich, 1884—1935: deutscher Philosoph, vor allem an Schopenhauer orientiert. — Hptw.: Schopenhauers Erkenntnislehre als System einer Gemeinschaft des Rationalen und Irrationalen, 1913; Das Problem des Sokrates bei Friedrich Nietzsche, 1918; Das Problem der Gültigkeit in der Philosophie David Humes (Ein kritischer Beitrag zur Geschichte der Erkenntnistheorie), 1920; Schopenhauers Religionsphilosophie und ihre Bedeutung für die Gegenwart, 1924; Schopenhauer, 1926.

Hausdorff, Felix, 1868—1942 (Selbstmord wegen Judenverfolgung): deutscher Mathematiker (— axiomatische Grundlagen der Mengenlehre und der Topologie —) und Philosoph (unter dem Decknamen Paul Mongré), der im Sinne Nietzsches („Sant' Ilario. Gedanken aus der Landschaft Zarathustras", 1897) alle Metaphysik ablehnt und die Erfahrung als „einen vom Bewußtsein vollzogenen Ausschnitt aus dem gesetzlosen Chaos" betrachtet („Das Chaos in kosmischer Auslese", 1898).

Hauser, Arnold, geb. 1892: ungarischer Philosoph, Kunstsoziologe, Kunst- und Literarhistoriker, später in Berlin, Wien, London; von Troeltsch, Max Weber und Mannheim angeregt. — Hptw.: Sozialgeschichte der Kunst und Literatur, 1953 (Soziologie der Kunst und Literatur, deutsche Sonderausgabe 1974); Philosophie der Kunstgeschichte, 1958 (jetzt: Methoden moderner Kunstbetrachtung); Der Manierismus (Die Krise der Renaissance und der Ursprung der modernen Kunst), 1964, als Sonderausgabe: Der Ursprung der modernen Kunst und Literatur (Die Entwicklung des Manierismus seit der Krise der Renaissance), 1973; Kunst und Gesellschaft, 1973.

Havemann, Robert, 1910–1982: deutscher Chemiker; revisionistischer Sozialist; als Regimekritiker von den DDR-Behörden zum Schweigen verurteilt. – Hptw.: Dialektik ohne Dogma? (Naturwissenschaft und Weltanschauung), 1964; Rückantworten an die Hauptverwaltung „Ewige Wahrheiten", 1971 (hrsg. v. Hartmut Jäckel); Berliner Schriften 1976; Ein deutscher Kommunist (Rückblicke und Perspektiven aus der Isolation), 1978; Morgen (Die Industriegesellschaft am Scheideweg. Kritik und reale Utopie), 1980.

Haym, Rudolf, 1821—1901: deutscher Literar- und Philosphiehistoriker; Gründer der „Preußischen Jahrbücher" (1858). – Hptw.: Feuerbach und die Philosophie, 1847; W. v. Humboldt, 1856; Hegel und seine Zeit, 1857; A. Schopenhauer, 1864; Die romantische Schule, 1870, 1928³; Herder, 2 Bde., 1877/85; 1954²; Aus meinem Leben, 1902; Gesammelte Aufsätze, 1903.

Heberer, Gerhard, 1901–1973: deutscher Biologe und Anthropologe, Monist. – Hptw.: Anthropologie, 1959; Menschliche Abstammungslehre, 1965; Der Ursprung des Menschen, 1968; Der gerechtfertigte Haeckel, 1968.

Hector, Heinz, geb. 1922: deutscher Psychologe und Philosoph, Begründer der „Coburger Schule" (der Selbsterkenntnis-Psychologie), der 1985 zwecks Sammlung einschlägiger Daten und Beiträge ein „Archiv für Selbsterkenntnis" in Coburg gegründet hat. – Hptw. (jüngste, zusammenfassende Ausgaben): I. Gesammelte Seminarpapiere, 1986; II. Ausgewählte Vorlesungen, 1972–1986 (darin: „Der Satz vom Nichtsein"); III. Vom Sein, 1987; IV. Charaktere. Zur Selbsterkenntnis, 1986; V. Fachliche Briefe, ab 1960; VI. Formgebungen, ab 1952; VII. Versteckspiele des Sinns, 1987; VIII. Hohes Gras. Memoiren, 1987. – ↗Selbsterkenntnis; Nichtsein.

Hedonismus: Glückseligkeitslehre, der zufolge die Menschen so handeln sollen, daß der Ertrag an Lust ein größtmöglicher ist. In der Antike z. B. von ↗Aristipp (um 400 v. Chr.) aufgestellte Forderung. — ↗Kyrenaiker; Eudoxos; Baumgardt.

Friedrich Heer

Heer, Friedrich, 1916–1983: österreichischer Historiker, antiklerikaler „Links-Katholik", Humanist. – Hptw.: Gespräch der Feinde, 1949; Europäische Geistesgeschichte, 1953; Glaube und Unglaube (ein Briefwechsel mit G. Szczesny), 1959; Die dritte Kraft (Der europäische Humanismus zwischen den Fronten des konfessionellen Zeitalters), 1959; Offener Humanismus, 1962; Europa – Mutter der Revolutionen, 1964; Gottes erste Liebe, 1967; Der Glaube des Adolf Hitler, 1968; Kreuzzüge gestern – heute – morgen?, 1969; Abschied von Höllen und Himmeln, 1970; Jugend zwischen Haß und Hoffnung, 1971; Europa unser, 1977; Das Wagnis der schöpferischen Vernunft, 1977; Karl der Große und seine Welt, 1978; Warum gibt es kein Geistesleben in Deutschland?, 1978; Die großen Dokumente der Weltgeschichte, 1978; Der Kampf um die österreichische Identität, 1981. – ↗Deschner.

Georg Wilhelm Friedrich Hegel

Hegel, Georg Wilhelm Friedrich, 1770 bis 1831: zu seiner Zeit überaus einflußreicher deutscher Nachkantianer (Idealist), der in etwas willkürlichen rationalistisch-metaphysischen Konstruktionen, gepaart mit analytischer Schärfe und stärkster systematischer Kraft, das Ding-an-sich als absolute Vernunft bestimmt (Spiritualismus), Denken und Sein identifiziert und den Weltprozeß als logisch-dialektische Denkbewegung auffaßt, indem er alles Wirkliche für vernünftig und alles Vernünftige für wirklich erklärt (in der Vorrede zur „Rechtsphilosophie": „Was vernünftig ist, das ist wirklich; und was wirklich ist, das ist vernünftig") und die „Totalität der Vernunft in der Wirklichkeit der Geschichte" nachzuweisen sucht (Panlogismus, Logodizee). Die Weltentwicklung deutet H. als einen Prozeß der Selbstentäußerung des absoluten Geistes, der sich im menschlichen Geist seiner selbst bewußt wird. Diese Entwicklung erfolgt „dialektisch" (in Gegensätzen): Jeder Begriff entläßt aus sich infolge seiner Unvollkommenheit einen Gegenbegriff, weshalb die Aufhebung des Widerspruches durch einen dritten Begriff erfolgen muß (wobei der Zentralbegriff der Dialektik „aufheben" die dreifache Bedeutung von „verneinen", „auf eine höhere Stufe heben" und „bewahren" hat), der freilich wieder in sich widerspruchsvoll ist und abermals in sein Gegenteil umschlägt usf. (Triplizitätsschema: Thesis, Antithesis, Synthesis). Dialektisch verlaufen sowohl der Denkprozeß als auch die Weltentwicklung, die sich in jenem spiegelt, weshalb die Philosophie imstande ist, die Entwicklung der logischen Idee durch alle Stadien hindurch zu verfolgen; H. unterscheidet folgende Entwicklungsstufen: logische Idee (Thesis), Natur (Antithesis), Geist (Synthesis); die dialektische Entwicklung des Geistes führt vom subjektiven (Seele, Bewußtsein, Geist) über den objektiven (Recht, Moralität, Sittlichkeit) zum absoluten Geist (Kunst, Religion, Philosophie). Die historischen Entwicklungsstufen der Philosophie sind die philosophischen Systeme (wobei H. in seinem eigenen System die abschließende Synthese aller erblickt). Bemerkenswert ist schließlich H.s Auffassung vom Staat, den er als Verwirklichung der sittlichen Idee verherrlicht. — Nicht unerwähnt soll bleiben, daß neuerdings eine (gegen die seit einem Jahrhundert nie verstummte Hegel-Kritik gerichtete) Hegel-Interpretation (auf Grund von Nachschriften von Hegels Vorlesungen zur Rechtsphilosophie) auf sich aufmerksam zu machen sucht, der zufolge H. nicht der Ideologe des preußischen Obrigkeitsstaates und der Restauration war, sondern sich bloß aus Furcht vor der Zensur genötigt sah, seinen progressiven Liberalismus zu kaschieren, in Wahrheit also nicht reaktionär, sondern liberal war und Philosophie als Kritik des Bestehenden und nicht als dessen Rechtfertigung verstanden wissen wollte (— das Vernünftige „soll" wirklich sein, habe er in Wahrheit mit seiner historistischen Wendung, daß alles Wirkliche vernünftig sei, gemeint!): „Wenn die Philosophie ihr Grau in Grau malt, dann ist eine Gestalt des Lebens alt geworden, und mit Grau in Grau läßt sie sich nicht verjüngen, sondern nur erkennen; die Eule der Minerva beginnt erst mit der einbrechenden Dämmerung ihren Flug" (Vorrede zur Rechtsphilosophie). – Hptw.: Phänomenologie des Geistes, 1807; Wissenschaft der Logik, 1812–1816; Enzyklopädie der philosophischen Wissenschaften im Grundriß, 1817, 1830²; Grundlinien der Philosophie des Rechts, 1821; nach seinem Tode wurden seine Vorlesungen herausgegeben (Geschichtsphilosophie, Ästhetik, Philosophiegeschichte). Seit 1968 erscheint die „Historisch-kritische Ausgabe der Gesammelten Werke" in ca. 40 Bänden. – Zu Hegel und Hegelianismus: ↗Adorno, Antoni, Barion, Bauer, Coreth, Fetscher, Fink, Fischer H., Fischer K., Flechtheim, Gadamer, Garaudy, Glockner, Günther G., Haym, Heintel E., Heiss, Holz H. H., Hübscher, Kaltenbrunner, Lakebrink, Lasson G., Lenin, Litt, Löwith, Mader, Marcuse H., Marx W., Moog, Phalén, Pöggeler, Popper K., Ritter, Rohrmoser, Scholz, Topitsch, Windelband, Wundt M.; Alienation, Begriffslogik, De omnibus, Dialektik, Geschichtsphilosophie, Hegelianer, Historismus, Kunstphilosophie, List der Vernunft, Neuhegelianismus; Nouvelle Philosophie, Philosophie, Philosophiegeschichte, Weisheit, Willensfreiheit, Tod.

Hegelianer: Schüler und Anhänger ↗Hegels. Schon bald nach dem Tode Hegels setzte die Spaltung der Hegelschen Schule in einen radikalen „linken" Flügel (Junghegelianer: z. B. ↗Bauer, ↗Feuerbach, ↗Strauß, die Hegels Gottesauffassung zu einem Pantheismus weiterentwickelten), einen konservativen „rechten" Flügel (der Kirchenlehre geneigte Althegelianer) und in ein zwischen diesen Parteien vermittelndes „Zentrum" ein. – ↗Bolland.

Hegesias, 4./3. Jhdt. v. Chr.: griechischer Philosoph, Kyrenaiker, der aber nicht (wie Aristipp) in der (nie vollkommen erreichbaren) Lust, sondern im Freisein von Unlust das höchste Gut erblickt, bekannt auch unter dem Beinamen „Peisithánatos" (der zum Tode Überredende).

Heidegger, Martin, 1889—1976: deutscher Existentialphilosoph, der in seiner fundamentalontologischen Existentialanalytik

Heidelberger Schule

Martin Heidegger

(Daseinsanalytik) die typischen Seins-Charaktere (Existentiale) des Menschen und damit Wesen und Sinn des menschlichen Seins (etwa die Endlichkeit des Menschen als eines sich sorgenden Wesens unter dem Aspekt der Zeitlichkeit) zu erschließen sucht. ↗Existentialismus. Die fast unverständliche Kunstsprache bzw. obskure Terminologie (— Etymologismen, Neologismen, Tautologien, Leerformeln —), der sich H. in seinen Schriften bedient (und hinter der sich nicht selten grobe sprachlogische Fehler und unwissenschaftliche Begründungen durch sachfremde pseudoetymologische Schein-Ableitungen verbergen), erschwert sehr das Eindringen in seine metaphysische Gedankenwelt. Nicht gerade glücklich war die von H. nach 1933 favorisierte enge Verbindung von Politik und Philosophie. – Hptw.: Die Lehre vom Urteil im Psychologismus, 1914; Die Kategorien- und Bedeutungslehre des Duns Scotus, 1916; Sein und Zeit, 1927, 1976^{13}; Was ist Metaphysik?, 1929, 1986^{13}; Vom Wesen des Grundes, 1929, 1983^{7}; Vom Wesen der Wahrheit, 1943, 1986^{7}; Der Feldweg, 1949, 1986^{8}; Holzwege, 1950, 1980^{6}; Einführung in die Metaphysik, 1953, 1966^{3}; Was heißt denken?, 1954; Vorträge und Aufsätze, 1954; Der Satz vom Grunde, 1957, 1971^{4}; Identität und Differenz, 1957; Unterwegs zur Sprache, 1959; Über den Humanismus, 1960, 1981^{8}; Die Frage nach dem Ding, 1962; Kants These über das Sein, 1962; Wegmarken, 1967, 1978^{2}; Der Ursprung des Kunstwerkes, 1967; Zur Sache des Denkens, 1969; Phänomenologie und Theologie, 1970; Martin Heidegger im Gespräch (Hrsg. R. Wisser), 1970; Schellings Abhandlung über das Wesen der menschlichen Freiheit, 1971; Frühe Schriften, 1972; Vier Seminare, 1977; Die Selbstbehauptung der deutschen Universität. – Das Rektorat 1933/34, 1983; Denkerfahrungen (1910 bis 1976), 1983 (hrsg. v. Hermann Heidegger); Zollikoner Seminare (Protokolle – Gespräche – Briefe), hrsg. v. Medard Boss, 1987. – Gesamtausgabe 1975 ff. – ↗Anders, Arendt, Gadamer, Hirsch, Holz H. H., Hühnerfeld, Hübscher, Husserl (Lehrer Heideggers), Jaspers, Jünger, Kanthack, Löwith, Marcic, Marx W., Meyer, Pöggeler, Rothacker, Siewerth, Tugendhat, Wallner, Wiplinger; Existentialphilosophie, glossomorph, Masse, Ontologische Differenz, Technokratie, Tod, Wahrheit. – Lit.: Otto Pöggeler (mit Annemarie Gethmann-Seifert): Heidegger und die Praktische Philosophie, 1986.

Heidelberger (Badische, Südwestdeutsche) Schule: von ↗Windelband und ↗Rickert begründete (werttheoretische) Richtung des Neukantianismus. – ↗Bauch, Cohn, Kroner, Lask, Münsterberg, Radbruch, Zocher.

Heim, Arnold, geb. 1882: Schweizer Naturforscher, Monist. — Hptw.: Weltbild eines Naturforschers, 1948^{2}.

Heimsoeth, Heinz, 1886—1975: deutscher Philosophiehistoriker. — Hptw.: Die sechs großen Themen der abendländischen Metaphysik, 1922, 1964^{5}; Fichte, 1923; Metaphysik der Neuzeit, 1927/29, 1967^{2}; Die Errungenschaften des Deutschen Idealismus, 1931; Nietzsches Idee der Geschichte, 1938; Macht und Geist in Nietzsches Geschichtsphilosophie, 1938; Geschichtsphilosophie, 1948; Atom, Seele, Monade, 1960; Transzendentale Dialektik (Ein Kommentar zu Kants Kritik der reinen Vernunft), 4 Teile, 1966–1971. Als Herausgeber: W. Windelband, Lehrbuch der Geschichte der Philosophie, 15. Auflage, 1957. – Autobiographie in „Philosophie in Selbstdarstellungen", Bd. III, 1977.

Heinz Heimsoeth

Heinemann, Fritz, 1889: deutscher Philosoph, der überzeugend am Existentialismus Kritik übt. — Hptw.: Neue Wege der Philosophie, 1929; Odysseus oder die Zukunft der Philosophie, 1939; Existenzphilosophie – lebendig oder tot?, 1954, 1963^{3}; Jenseits des Existentialismus, 1957.

Erich Heintel

Heintel, Erich, geb. 1912: österreichischer Philosoph, Schüler ↗Reiningers, dessen kritisch-idealistische Erkenntnis- und Wirklichkeitstheorie und Urerlebnisphilosophie er in Richtung ↗„Deutscher Idealismus" modifiziert und zu einer subjektivistisch-idealistischen Metaphysik des „Erlebens" (Bewußtseins- oder Ich-Metaphysik) weiterentwickelt, der zufolge im unmittelbaren (zeitlos-aktuellen) Erleben die absolute Wirklichkeit (im Gegensatz zur räumlich-physischen Erscheinungswelt) offenbar wird („zentrales" Erkennen im Gegensatz zur wissenschaftlich-peripheren Betrachtungsweise, d. h. Einsicht in die „dialektische Identität" von zentralem Daseinsvollzug und peripherer Erkenntnis, von Erlebnis und Aussage). Der wissenschaftliche Gegenstandsbereich ist nach H. „dreidimensional" aufgebaut: 1. das material Vorgegebene (die irrationale Urwirklichkeit), 2. das formal Aufgegebene (die Systemidee), 3. die transzendentale Synthesis (die ordnenden und erkennenden Vollzüge); ferner unterscheidet H. drei Möglichkeiten der Zuordnung von Zeichen und Bezeichnetem: 1. die linear-formale Zuordnung (Zeichen und Bezeichnetes sind struktur-identisch), 2. die linear-abstrakte Zuordnung (Zeichen und Bezeichnetes sind strukturaffin), 3. die nichtlineare dialektische Zuordnung (Zeichen und Bezeichnetes sind struktur-komplementär). In seinen erkenntniskritisch-methodologischen Analysen übt H. einerseits an der objektivistischen Transzendenzmetaphysik, andererseits am positivistischen Scientismus Kritik, wobei er sowohl die philosophiegeschichtliche Tradition als auch die modernen einzelwissenschaftlichen Forschungsergebnisse zu berücksichtigen sucht. – Hptw.: Wirklichkeit, Wahrheit und Wert bei Nietzsche (Diss.), 1935; Nietzsches „System" in seinen Grundbegriffen (Habil.), 1939; Metabiologie und Wirklichkeitsphilosophie, 1944; Hegel und die analogia entis, 1958; Die beiden Labyrinthe der Philosophie, Bd. 1: 1968; Einführung in die Sprachphilosophie, 1972, 1975²; Logik der Dialektik, 1977; Was kann ich wissen? Was soll ich tun? Was darf ich hoffen?, Versuch einer gemeinverständlichen Einführung in das Philosophieren, 1986. – Autobiographie in „Philosophie in Selbstdarstellungen", Bd. III, 1977. – ↗Dialektik, Ontologische Differenz, Philosophia perennis.

Heintel, Peter, geb. 1940: österreichischer Philosoph mit besonderem Interesse für bildungswissenschaftliche Probleme. – Hptw.: System und Ideologie (Der Austromarxismus im Spiegel der Philosophie Max Adlers), 1967; Die Bedeutung der Kritik der ästhetischen Urteilskraft für die transzendentale Systematik, 1969; Das ist Gruppendynamik, 1974; Politische Bildung als Prinzip aller Bildung, 1977; Modellbildung in der Fachdidaktik (Eine philosophisch-wissenschaftstheoretische Untersuchung), 1978; Zeit und Arbeit (Hundert Jahre nach Marx), 1985 (gemeinsam mit Thomas Macho).

Werner Heisenberg

Heisenberg, Werner Carl, 1901—1976: deutscher Physiker, Wissenschaftstheoretiker und Naturphilosoph, Nobelpreisträger (1932), einer der Begründer der modernen Physik (↗Quantenmechanik), Entdecker der „Unbestimmtheitsrelation" (Unschärferelation), der zufolge Ort und Impuls eines Miktroteilchens der Materie nicht mit gleicher Genauigkeit zu bestimmen sind (je genauer die Lage gemessen wird, um so ungenauer gerät die Messung der Geschwindigkeit und umgekehrt!), wobei die Grenze der größten erreichbaren Genauigkeit bei der Bestimmung gekoppelter Zustandsgrößen in Mikrobereichen durch die Konstante „h" (das Planck'sche Wirkungsquantum) angegeben wird. Gegenüber den philosophischen Folgerungen, die von manchen Physikern und Metaphysikern aus dieser Entdeckung gezogen wurden, ist darauf hinzuweisen, daß durch sie nicht die Gültigkeit des Kausalprinzips erschüttert wird, sondern nur die Zulänglichkeit der menschlichen Kausalforschung in Frage gestellt ist (Unbestimmbarkeit darf nicht

Heiss

mit realer Unbestimmtheit verwechselt werden!). — Hptw.: Die physikalischen Prinzipien der Quantentheorie, 1930, 1958⁵; Wandlungen in den Grundlagen der Naturwissenschaft, 1935, 1973¹⁰; Die Physik der Atomkerne, 1943, 1949³; Das Naturbild der heutigen Physik, 1955, 1959²; Physik und Philosophie, 1959, 1972⁴; Das Naturgesetz und die Struktur der Materie, 1967; Der Teil und das Ganze (Gespräche im Umkreis der Atomphysik), 1969; Schritte über Grenzen (Gesammelte Reden und Aufsätze), 1971; Tradition in der Wissenschaft (Reden und Aufsätze), 1977. – Gesammelte Werke: 1984 ff.

Heiss, Robert. 1903–1974: an N. Hartmanns Philosophie orientierter deutscher Denker konservativer Richtung (späte Rückkehr zum Glauben). – Hptw.: Philosophie der Logik und die Negation, 1926; Logik des Widerspruches, 1932; Der Gang des Geistes, 1948; Wesen und Formen der Dialektik, 1959; Die großen Dialektiker des 19. Jhdts.: Hegel, Kierkegaard, Marx, 1963; Utopie und Revolution (Ein Beitrag zur Geschichte des fortschrittlichen Denkens), 1973. – ↗Dialektik.

Heiterkeit: abgeklärte Heiterkeit wird z. B. von Gerhart Hauptmann als „höchste menschliche Lebensform" gepriesen („Griechischer Frühling"). — ↗Nietzsche („Heiterkeit, güldene, komm!"), Schlick (Heiterkeit als „Pflicht"); Humor (Höffding: Der „große Humor"), Komik, Lachen, Spiel; Baumgardt, F. Schiller, Spinoza, Wahle.

Hellenismus: von Johann Gustav Droysen (1808–1884) geprägter Begriff für die Durchdringung des Nahen Ostens mit der griechischen Kultur in der Zeit zwischen 338 (Sieg Philipps II. von Makedonien über die Griechen bei Chäronea) und Christi Geburt (— wodurch die Ausbreitung des Christentums erst möglich wurde), für die griechisch-orientalische Mischkultur im von Alexander d. Großen (356—336—323) im 4. Jhdt. v. Chr. geschaffenen „Weltreich"; Blütezeit im 3. Jhdt. v. Chr.; schließlich von den Römern übernommen; Schwerpunkte im Osten: Alexandria, Antiochia, Rhodos, Pergamon. Synthese von griechischer Geisteskraft und altorientalischen Kenntnissen und Mitteln, Ausweitung und Spezialisierung der wissenschaftlichen Forschung, Steigerung der Kunstfertigkeit und des künstlerischen Ausdrucksvermögens, Luxus und Prachtentfaltung. — ↗Antike Philosophie, Euhemerismus, Synkretismus; Leisegang, Worringer.

Hellpach, Willy, 1877–1955: deutscher Politiker (liberaler Demokrat) und Psychologe. – Hptw.: Die Grenzwissenschaften der Psychologie, 1902; Die geistigen Epidemien, 1907; Geopsyche, 1911, 1950⁶; Sozialpsychologie, 1933, 1951³; Einführung in die Völkerpsychologie, 1938, 1944²; Mensch und Volk der Großstadt, 1939; Sinn und Seele, 1946; Wirken in Wirren (autobiographisch), 1949; Grundriß der Religionspsychologie, 1951; Kulturpsychologie, 1953; Der deutsche Charakter, 1954; Erzogene über Erziehung, 1954. – Memoiren 1925–1945, hrsg. v. Christoph Führ u. Hans Georg Zier, 1986. – ↗Kultur.

Helmholtz, Hermann von, 1821—1894: deutscher Physiker, Physiologe, Psychologe und von Kant beeinflußter Erkenntnistheoretiker. — Hptw.: Über die Erhaltung der Kraft, 1847; Über die Wechselwirkungen der Naturkräfte, 1854; Über das Sehen des Menschen, 1855; Über das Verhältnis der Naturwissenschaften zur Gesamtheit der Wissenschaften, 1862; Die Lehre von den Tonempfindungen, 1863, 1913⁶; Über die Tatsachen, die der Geometrie zugrunde liegen, 1868; Über das Ziel und die Fortschritte der Naturwissenschaft, 1869; Über den Ursprung und die Bedeutung der geometrischen Axiome, 1870; Induktion und Deduktion, 1873; Die Tatsachen in der Wahrnehmung, 1878; Wissenschaftliche Abhandlungen, 3 Bde., 1881–1895; Vorträge und Reden, 1884, 1903⁵; Schriften zur Erkenntnistheorie, herausgegeben von P. Hertz und M. Schlick, 1921. – ↗Riehl; Panspermie.

Helvétius, Claude Adrien, 1715—1771: französischer Enzyklopädist, Sensualist und Utilitarist, der das gesamte Seelenleben aus den Empfindungen (sowie aus Selbstliebe, Liebe und Haß) und das moralische Verhalten aus einem „wohlverstandenen Eigeninteresse" abzuleiten versucht und das „Gemeinwohl" als höchsten ethischen Wert anerkennt. — Hptw.: De l'esprit, 1758. — Vom Menschen, seinen geistigen Fähigkeiten und seiner Erziehung, 1972 (Neuausgabe).

Hempel, Carl Gustav, geb. 1905: deutscher Erkenntnis- und Wissenschaftstheoretiker (seit 1937 in den USA), an Reichenbach, Schlick und Carnap orientiert, dem Logischen Positivismus jedoch durch immanente Kritik eine liberalere, tolerantere Note gegeben. – Hptw.: Der Typusbegriff im Lichte der Neuen Logik, 1936 (mit Paul Oppenheim); Fundamentals of Concept Formation in Empirical Science, 1952; Aspects of Scientific Explanation, 1965 (das Schlußkapitel in deutscher Übersetzung: Aspekte wissenschaftlicher Erklärung, 1977).

Hemsterhuis, Franz, 1721—1790: niederländischer Philosoph, Neuplatoniker, im katholischen Kreis um die Fürstin Gallitzin in Münster (mit Jacobi und Hamann). — Deutsche Auswahl seiner „Philosophischen Schriften", 2 Bde., 1912.

Hendiadyoin (Hendiadys): „Eins durch zwei"; stilistische Figur, die einen Begriff durch zwei Begriffe ausdrückt (z. B. „Haus und Hof" für Heimat).

Hans-Eduard Hengstenberg

Hengstenberg, Hans-Eduard, geb. 1904: deutscher (katholisierender) Ontologe und Metaphysiker, in der Tradition der Phänomenologie stehend und auch an anthropologischen Problemen besonders interessiert. — Hptw.: Christliche Askese — Eine Besinnung auf christliche Existenz im modernen Lebensraum, 1936, 1948³ (neuer Untertitel: Von den Ursprüngen der sittlich-religiösen Entfaltung); Einsamkeit und Tod, 1938, 1942²; Tod und Vollendung, 1938, 1955² (Der Leib und die letzten Dinge); Christliche Grundhaltungen, 1938; Das Band zwischen Gott und Schöpfung, 1940, 1948²; Von der göttlichen Vorsehung, 1940, 1947³; Grundlegungen zu einer Metaphysik der Gesellschaft, 1949; Autonomismus und Transzendenzphilosophie, 1950; Philosophische Anthropologie, 1957, 1966³; Sein und Ursprünglichkeit — Zur philosophischen Grundlegung der Schöpfungslehre, 1958, 1959²; Freiheit und Seinsordnung (Ges. Aufsätze und Vorträge zur allgemeinen und speziellen Ontologie), 1961; Mensch und Materie (Zur Problematik Teilhard de Chardins), 1965; Grundlegung der Ethik, 1969; Seinsüberschreitung und Kreativität, 1979.

Hennemann, Gerhard, 1900—1981: deutscher Erkenntnis- und Wissenschaftstheoretiker. — Hptw.: Zum Problem der Voraussetzungslosigkeit und Objektivität in der Wissenschaft, 1947; Das Verhältnis der Quantenmechanik zur klassischen Physik, 1947; Das Bild der Welt und des Menschen in ontologischer Sicht, 1951; Beitrag zur Interpretation der modernen Atomphysik, 1955; Philosophie – Religion – moderne Naturwissenschaft, 1955; Naturphilosophie im 19. Jhdt., 1959; Naturwissenschaft und Religion, 1963; Probleme der physikalischen und religiösen Wirklichkeit, 1967; Grundzüge einer Geschichte der Naturphilosophie und ihrer Hauptprobleme, 1974.

Henotheismus (Kathenotheismus): Eingottglaube, der zum Unterschied vom Monotheismus den Glauben an die Existenz mehrerer Götter und auch deren Verehrung nicht ausschließt. Der Henotheist verehrt den von ihm angebeteten Gott so, als ob er der einzige wäre (nach Max Müller ein „Monotheismus des Affektes und der Stimmung"). Henotheistisch ist z. B. der Glaube der Juden an ihren Stammesgott Jahwe.

Hensel, Paul, 1860—1930: deutscher Philosophiehistoriker, Riehl und Windelband verbunden, mit Rickert befreundet, vor allem um eine philosophische Deutung der Dichtkunst bemüht. — Hptw.: Ethisches Wissen und ethisches Handeln, 1889; Hauptprobleme der Ethik, 1903, 1913²; Kleine Schriften und Vorträge, 1930; Religionsphilosophie, 1934.

Herakleon, um 180 n. Chr.: Gnostiker, ein Schüler Valentins; verfaßte Kommentare zum Lukas- und zum Johannesevangelium (bei Origenes in Bruchstücken erhalten).

Heraklit

Heraklit (Herakleitos) von Ephesos, um 540–480 v. Chr.: griechischer Philosoph (auch der „dunkle" oder „weinende" Philosoph genannt), der im „Feuer" den Urgrund aller Dinge erblickt und die Weltordnung auf die Wirksamkeit einer göttlichen Vernunft bzw. eines göttlichen Weltgesetzes (Logos) zurückführt; Gott ist mithin dem Geiste nach als Logos, dem Leibe nach als der ewig lebendige Urstoff „Feuer" zu denken; H.s „Selbstumwandlungslehre" zufolge verwandelt sich ein

Herbart

Teil dieses Gottes periodisch in die sich stetig verändernde Welt. H. ist Aktualist (und daher Gegner der Eleaten), indem er lehrt: das Wesen der Welt ist „ewiges Werden"; alles unterliegt einem ewigen Wechsel; es gibt kein starres Sein, sondern nur Veränderung und Bewegung („alles fließt", „der Kampf ist der Vater aller Dinge"). Als Individualist zeigt H. eine tiefempfundene Abneigung der Masse und jeder Autorität gegenüber. Der Weg zur Weisheit und zum höchsten Glück (zur Seelenruhe) führt nach H. über die Anerkennung der Gesetze der Vernunft. — ↗Lassalle, Stöhr; Seele.

Johann Friedrich Herbart

Herbart, Johann Friedrich, 1776—1841: deutscher Philosoph und Pädagoge, Begründer der „Realistischen Schule". H. bekennt sich zu einer pluralistischen Metaphysik (Annahme einer Vielheit einfacher realer Wesen). Als Psychologe fordert H. eine exakt-mathematische Grundlegung der Psychologie, weshalb er an der ↗Vermögenspsychologie Kritik übt. H. versucht sowohl die ethischen als auch die ästhetischen Wertungen, denen er absolute Geltung zuspricht, auf Geschmacksurteile zurückzuführen. Im Zentrum seiner ästhetisch getönten Ethik steht der Begriff des Sittlich-Schönen, der in Geschmacksurteilen über Willensverhältnisse wurzelt (innere Freiheit, d. h. Übereinstimmung des Willens mit der eigenen Beurteilung, Vollkommenheit, Wohlwollen, Recht, Vergeltung bzw. Billigkeit); in seiner intellektualistisch-formalistischen Ästhetik führt H. das ästhetische Geschmacksurteil auf eine vollendete Vorstellung von Formverhältnissen zurück, die durch eine Vielheit von Elementen gebildet werden, womit er sowohl die Naturschönheit als auch die Modifikationen des ästhetischen Wertes negiert. Als Hilfswissenschaften der Pädagogik bezeichnet H. die Ethik (Festlegung des Erziehungszieles) und die Psychologie (Darlegung der erzieherischen Hilfsmittel). — Hptw.: Allgemeine Pädagogik, 1806, 1920²; Hauptpunkte der Metaphysik, 1806, 1808²; Allgemeine praktische Philosophie, 1808, 1891³; Lehrbuch zur Einleitung in die Philosophie, 1813, 1883⁵; Lehrbuch zur Psychologie, 1816, 1900⁶; Psychologie als Wissenschaft, 2 Bde., 1824—1825; Allgemeine Metaphysik, 2 Bde., 1828—1829. — ↗Dittes, Willmann, Zimmermann R.; Monade, Pluralismus, Vermögenspsychologie.

Herdenmoral: ↗Nietzsche (↗Herrenmoral, Sklavenmoral).

Johann Gottfried Herder

Herder, Johann Gottfried, 1744—1803: deutscher Vorklassiker (der sich auch um Rezeption der Volkspoesie verdient gemacht hat), der in seiner Geschichtsphilosophie das Ziel der historischen Entwicklung in der Verwirklichung des Humanitätsideals erblickt und als Religionsphilosoph Gott als den unendlichen und ewigen Urgrund aller Dinge auffaßt und die menschliche Seele nur insofern für unsterblich hält, als sie Wertschöpfer ist. Im übrigen vertritt H. (im Gegensatz zur idealistischen Philosophie Kants und der Nachkantianer) einen realistischen Standpunkt. — Philosophische Hptw.: Abhandlungen über den Ursprung der Sprache, 1772; Ideen zur Philosophie der Geschichte der Menschheit, 1784—1791; Von der menschlichen Unsterblichkeit, 1792; Briefe zu Beförderung der Humanität, 1793; Verstand und Erfahrung, Vernunft und Sprache. Eine Metakritik zur Kritik der reinen Vernunft, 1799. — ↗Hamann, Haym, Jacoby, Kühnemann, Siegel; Begriffsdichtung, Geschichtsphilosophie, Glaubensphilosophie, Humanität.

Hermeneutik: 1. Geisteswissenschaftliche Methode der Erklärung und Deutung literarischer Werke (— um diese zu „verstehen" —), die vor allem psychologisches Feingefühl voraussetzt. Im Gegensatz zur im Mittelalter üblichen Auslegung aller Schriften in einem Sinn versucht man heute, jeden Denker und Schriftsteller in seinem

Sinn zu verstehen und die seelischen Voraussetzungen der Kulturleistungen durch Einfühlung zu erschließen. 2. Später wurde die H. vor allem von ↗Gadamer unter dem Einfluß ↗Husserls, ↗Diltheys und ↗Heideggers zu einer „Philosophischen Hermeneutik" oder „Hermeneutischen Philosophie" ausgebaut, d. h. zu einer universellen Lehre vom Verstehen, zu einer Theorie der Erfahrung, zu einer „Kritik der historischen Vernunft", mit dem Ziel einer philosophischen Besinnung auf das Phänomen des Verstehens und der rechten Auslegung des Verstandenen und damit auf die Grundlagen der geisteswissenschaftlichen Forschung überhaupt. Damit war der am Muster der Interpretation von Texten gewonnene Erkenntnisbegriff so weit extrapoliert, daß sich die Hermeneutik zu einer universalen Ontologie entwickeln konnte, deren Aufgabe es ist, auf dem Wege über ein umfassendes „Verstehen des Verstehens" die Welt selbst zu deuten und zu verstehen. – ↗Apel K.-O., Bollnow, Diemer, Freyer, Funke, Lipps H., Misch, Picht, Pöggeler, Ricoeur, Wach.

Hermes Trismegistos (der „Dreimalgrößte", entsprechend dem ägyptischen Gott „Großer Toth"): Von den 42 unter seinem Namen und unter Berufung auf seine Autorität in den ersten Jahrhunderten n. Chr. in Umlauf gebrachten, vermutlich in Ägypten entstandenen mystisch-eschatologischen Schriften, in denen griechisches Geistesgut (orphisch-pythagoreische Mysteriengedanken, platonische, neupythagoreische und stoische Anschauungen) mit ägyptischen und orientalischen (vor allem semitischen) Elementen durchsetzt ist, sind nur 18 nachgewiesen. ↗Alchimie.

Hermetische Schriften: nach ↗Hermes Trismegistos benannte Literatur.

Herminos, 2. Hälfte des 2. Jhdts. v. Chr.: Peripatetiker.

Herrenmoral: von ↗Nietzsche geprägter Gegenbegriff zu Sklavenmoral; im Gegensatz zu dieser ist die H. die Moral des starken Menschen, des „Übermenschen", der Lebensbejahung und der Lebenssteigerung.

Herrmann, Horst, geb. 1940: deutscher katholischer Theologe, Kirchenrechtler, Soziologe, der an der Kirche system-immanente Kritik übt (und deshalb gemaßregelt wurde), indem er ihr vor allem (wie schon der evangelische Kirchenhistoriker Gottfried Arnold im 17. Jhdt.) Abfall von ihrem Ursprung vorwirft, an ihrer privilegierten Stellung im Staat Kritik übt und nur in den „Ketzern" wahre Christen sieht. – Hptw.: Ein unmoralisches Verhältnis (Bemerkungen eines Betroffenen zur Lage von Staat und Kirche in der BRD), 1974; Die sieben Todsünden der Kirche, 1976; Savonarola (Der Ketzer von San Marco), 1977; Ketzer in Deutschland, 1978; Papst Wojtyla. Der heilige Narr, 1982.

Hertz, Heinrich, 1857—1894: deutscher Physiker und an Kant orientierter Erkenntnistheoretiker, der sich bemüht, die Mechanik auf möglichst wenige Prinzipien zu gründen, wobei er die Frage nach den Ursachen der Bewegungen, etwa den Fernkräften, ausklammert und die „Kräfte" durch Bewegungsgleichungen ersetzt. – Hptw.: Untersuchungen über die Ausbreitung der elektrischen Kraft, 1892; Über die Beziehungen zwischen Licht und Elektrizität, 1889; Prinzipien der Mechanik, 1894. Ges. Werke, 3 Bde., 1894/95.

Hessen, Johannes, 1889—1971: deutscher katholischer Theologe und Philosoph (Augustinist), der im Gegensatz zu den dogmatisch gebundenen Thomisten den Eigenwert der kritisch-wissenschaftlichen Philosophie zumindest anerkennt. – Hptw.: Die Religionsphilosophie des Neukantianismus, 1919, 1924^2; Erkenntnistheorie, 1926; Das Kausalprinzip, 1928, 1958^2; Augustinus Metaphysik der Erkenntnis, 1931; Die Methode der Metaphysik, 1932, 1955^2; Das Substanzproblem in der Philosophie der Neuzeit, 1932; Der Sinn des Lebens, 1933; Der deutsche Genius und sein Ringen um Gott, 1936, 1937^2; Wertphilosophie, 1937; Die Geistesströmungen der Gegenwart, 1937; Die Werte des Heiligen, 1938; Die philosophischen Strömungen der Gegenwart, 1939, 1940^2; Ewigkeitswert der deutschen Philosophie, 1943; Lehrbuch der Philosophie, 3 Bde., 1947—1950; Existenzphilosophie, 1947; Religionsphilosophie, 2 Bde., 1948; Die Philosophie des 20. Jahrhunderts, 1951; Thomas von Aquin und wir, 1959; Geistige Kräfte der Zeit im Spiegel eines Lebens, 1960. — ↗Mynarek.

Heterogonie: ↗Zweck.

Heteronom: fremdgesetzlich. In der Ethik Bezeichnung für ein Handeln auf Grund von Geboten und Vorschriften ohne moralische Gesinnung und persönliche Entscheidung für das Gute. Gegensatz: ↗autonom.

Heterozétesis: 1. Fangfrage mit mehreren möglichen Antworten (z. B. ↗Cornutus). 2. „Beweisverrückung", Abweichung vom Beweisziel, indem das, was bewiesen werden soll, nicht bewiesen wird, weil entweder zu wenig oder nicht der fragliche Beweissatz, sondern ein anderer Satz bewiesen wird (ignoratio elenchi).

Hettner, Hermann, 1821—1882: deutscher Kunst- und Literaturhistoriker und Ästhetiker. — Hptw.: Literaturgeschichte des 18. Jahrhunderts, 3 Teile in 6 Bänden, 1856—1870 (3 Teile in 4 Bänden, 1929); ferner: Modernes Drama, 1852; Griechische Reiseskizzen, 1853; Italienische Studien, 1879. — ↗Spitzer.

Heuristisch (vom griechischen Wort für „finden" abgeleitet): wegweisend und förderlich für die künftige wissenschaftliche Forschung (z. B. heuristische Hypothesen und Fiktionen).

Heyde, Johannes Erich, 1892–1974: deutscher Philosoph, Schüler Rehmkes, dessen „grundwissenschaftliche" Philosophie er weiter ausbaut. H. versucht, zwischen Realismus und Idealismus sowie zwischen Wertabsolutismus und Wertrelativismus zu vermitteln, und übt vor allem am Irrationalismus Kritik. – Hptw.: Grundlegung der Wertlehre, 1916; Grundwissenschaftliche Philosophie, 1924; Realismus oder Idealismus?, 1924; Wert (Eine philosophische Grundlegung), 1926; Technik des wissenschaftlichen Arbeitens, 1931, 1966^9; Erlebnis und Erkenntnis, 1932; Grundwissenschaftliches Denken, 1935; Johannes Rehmke und unsere Zeit, 1935; Das Wesen des Charakters, 1939; Der Typus, 1940; Entwertung der Kausalität? (Für und wider den Positivismus), 1957; Wege zur Klarheit (Gesammelte Aufsätze), 1960; Die Objektivität des Allgemeinen, 1965; Die Unlogik der sogenannten Begriffspyramide, 1973.

Heymans, Gerardus, 1857—1930: holländischer Psychologe und Philosoph, der einen psychologisch fundierten kritischen Empirismus (z. B. in der Leib-Seele-Frage den Parallelismus) lehrt, den er durch eine kritisch-induktive (spiritualistische) Metaphysik ergänzt, der zufolge die Wirklichkeit an-sich seelisch-geistiger Natur ist. — Hptw.: Die Gesetze und Elemente des wissenschaftlichen Denkens, 1890, 1923^4; Einführung in die Metaphysik auf Grundlage der Erfahrung, 1905, 1921^3; Einführung in die Ethik auf Grundlage der Erfahrung, 1914; Gesammelte kleinere Schriften zur Philosophie und Psychologie, 3 Bde., 1917. — Autobiographie in „Die Philosophie der Gegenwart in Selbstdarstellungen", Bd. III, 1922.

Heyse, Hans, geb. 1891: deutscher Denker, der vor allem in der nationalsozialistischen Ära (als Herausgeber der Kant-Studien) hervorgetreten ist. — Hptw.: Einleitung in die Kategorienlehre, 1919; Der Begriff der Ganzheit und die Kantische Philosophie, 1927; Idee und Existenz, 1935.

Hierokles v. Alexandrien, um 420 n. Chr.: Neuplatoniker, Eklektiker, der auch christliches Gedankengut rezipiert hat.

Hieronymus, um 340–420 n. Chr.: Schöpfer der „Vulgata" (der kirchlich anerkannten lateinischen Bibelübersetzung); H. bekämpft Origenes und Pelagius und verherrlicht Weltflucht, Askese und Mönchtum.

Hilbert, David, 1862—1943: deutscher Mathematiker und Logistiker, der vor allem die axiomatischen Grundlagen der Mathematik untersucht und damit die Philosophie der Mathematik um wertvolle Einsichten bereichert hat. – Hptw.: Die Grundlagen der Geometrie, 1899, 1956^8; Grundzüge der theoretischen Logik, 1928, 1949^3 (zusammen mit W. Ackermann); Gesammelte Abhandlungen, 3 Bde., 1932–1935; Die Grundlagen der Mathematik, 2 Bde., 1934/1939 (zusammen mit P. Bernays).

Hildebrand, Dietrich v., 1889—1977: deutscher Philosoph (später in den USA), der die Struktur der sittlichen Handlungsweise phänomenologisch zu erfassen versucht, eine objektiv-materiale Wertethik aufbaut und im Sinne des Katholizismus von der Endgültigkeit und absoluten Geltung seines geschlossenen Systems tief überzeugt ist. — Hptw.: Die Idee der sittlichen Handlung, 1918, 1930^2; Sittlichkeit und ethische Werterkenntnis, 1922 (beide Werke in einem Band: 1969); Metaphysik der Gemeinschaft, 1930; Zeitliches im Lichte des Ewigen (Gesammelte Abhandlungen), 1932; Sittliche Grundhaltungen, 1933, 1946^2; Liturgie und Persönlichkeit, 1933; Reinheit und Jungfräulichkeit, 1933, 1950^3; Die sittlichen Grundlagen der Völkergemeinschaft, 1946; Der Sinn philosophischen Fragens und Erkennens, 1950; Das Trojanische Pferd in der Stadt Gottes, 1968; Das Wesen der Liebe, 1971; Idolkult und Gotteskult, 1974; Was ist Philosophie? 1976.

Hillebrand, Franz, 1863—1926: österreichischer Philosoph, Schüler Brentanos. — Hptw.: Die neuen Theorien der kategorischen Schlüsse, 1891; Zur Lehre von der Hypothesenbildung, 1896. — ↗Mayer-Hillebrand.

Hiller, Kurt, 1885—1972: deutscher Schriftsteller, der sich wiederholt auch mit philosophischen Fragen auseinandergesetzt und eine ↗„Logokratie" gefordert hat. — Hptw.: Köpfe und Tröpfe (Profile aus einem Vierteljahrhundert), 1950; Ratioaktiv (Reden 1914—1964. Ein Buch der Rechenschaft), 1966; Leben gegen die Zeit (Erinnerungen. 1. Bd.: Logos; 2. Bd.: Eros), 1973.

Hinayana: „Kleiner Wagen" des Buddhismus (für die Fahrt der nur sich selbst erlösenden buddhistischen Mönche ins Nirwana) im Gegensatz zum ↗Mahayana; südlicher Buddhismus, wie er auf Ceylon, in Birma, Siam, Kambodscha usw. vertreten wird. — ↗Buddha.

Hinduismus (Hindu-Philosophie): in Indien, Pakistan, Burma, auf Ceylon, Bali und Trinidad verbreitete religiöse Weltanschauung, zentriert um den (in der Bhagavata Purana, der Heilsgeschichte, verankerten) Glauben an die Reinkarnation (Wiedergeburt) Vishnus, der als Krishna Fleisch geworden ist. — ↗Vivekananda; Advaita-Vedanta, Brahma-Samaj, Indische Philosophie. — Lit.: Anneliese Keilhauer: Hinduismus, 1981. — ↗Küng.

Hippias, um 400 v. Chr.: griechischer Sophist.

Hippokrates (von Kos), um 460—377 v. Chr.: griechischer Arzt, Begründer der erfahrungswissenschaftlichen Medizin.

Hippolytos, um 230 n. Chr.: Schüler des Irenäus, Apologet; steht (wie Irenäus) der griechischen Philosophie ablehnend gegenüber; Gegner der Monarchianer.

Hirsch, Wolfgang, geb. 1919: deutscher Philosoph, der an Heideggers glossotroper „Etymologie"-Monomanie sowie am schillernden „Dialektik"-Begriff überzeugend Kritik übt. — Hptw.: Über die Grundlagen einer universalen Methode der Philosophie, 1969. — ↗Dialektik.

Historische Rechtsschule (auch: Romantische Rechtsschule): rechtsphilosophische Strömung im 19. Jhdt., deren Repräsentanten (im Gegensatz zu den Naturrechtslehrern) das Recht als geschichtlich gewachsenes Produkt des Volksgeistes betrachten und von diesem rechtspositivistischen Standpunkt aus, dem zufolge alles Recht „gesetzt" ist, die nationalen Varianten des Rechtes zu erklären suchen. Hauptvertreter: ↗Hegel, Ihering, v. Savigny.

Historischer Materialismus: ↗Dialektischer Materialismus; Praxis (2.); Habermas.

Historismus: an und für sich durchaus berechtigte Tendenz, alles geschichtlich (als Entwicklungsprodukt) zu begreifen, genetisch zu betrachten, als „geworden" aufzufassen. Gefährlich am Historismus ist nur die oft mit ihm verbundene Neigung zur Flucht in die Vergangenheit (Hemmung schöpferischer Impulse, obwohl der ästhetisch-epigonal-eklektische „Historismus" im ausgehenden 19. Jhdt. durchaus nicht als eine Epoche kraftloser Mischungen und banalen Kopistentums zu bewerten ist) sowie die sich dahinter tarnende konservative bis reaktionäre Ideologie der Rechtfertigung der bestehenden Verhältnisse durch kausale Ableitung aus den vorhergegangenen (z. B. ↗Hegel: „Was vernünftig ist, das ist wirklich, und was wirklich ist, das ist vernünftig"). Gegenstandpunkt: Rationalismus. In der Philosophie tritt der Historismus als Historischer Relativismus in Erscheinung (die philosophischen Systeme und die Weltanschauungen sind — ebenso wie z. B. die verschiedenen Religionen — Ausdruck bestimmter Geisteshaltungen und enthalten nicht absolute Wahrheiten). — ↗Antoni, Dilthey, Harnack, Meinecke, Nietzsche, Popper (Historizismus-Kritik), Simmel, Troeltsch; Neokonservativismus, Romantische Philosophie.

Historizismus: von ↗Popper als unwissenschaftlich abgelehnte Auffassung, daß es möglich sei, den Gang der Geschichte in einem universalen historischen Verlaufsgesetz auszudrücken, daß sich der gesetzmäßige Gang der Geschichte über die Gegenwart hinaus fortsetze und daher langfristige Prognosen über den Verlauf sozialer Entwicklungen erstellt werden können. — ↗Geschichtsphilosophie, Historismus.

Hobbes, Thomas, 1588—1679: englischer Philosoph, der auf der Basis einer empiristisch-positivistischen Erkenntnistheorie und unter Ausschaltung des Seelen- und des Gottesbegriffes ein mechanistisch-deterministisches Weltbild aufbaut, wobei er nicht nur die Natur, sondern auch das gesellschaftliche und das staatliche Leben kausal zu verstehen sucht. H. leitet aus der von ihm angenommenen asozialen (egoistischen) Natur des Menschen die Vertragstheorie von der Entstehung des Staates ab, der zufolge die Menschen aus wohlverstandenem Eigennutz den Staat geschaffen haben, um dem Urzustand eines „Krieges aller gegen alle" ein Ende zu setzen. Da nach H.' Meinung nur der totale Staat imstande ist, den Frieden in der Gesellschaft zu sichern, bekennt sich H. zum absolutistischen Staatsideal (Vergöttlichung des Staates), dem zufolge dem Herrscher (auf Grund der Übertragung aller Souveränität auf ihn durch das Volk) unumschränkte Macht zukommt, gegen die es kein Recht auf Widerstand gibt. — Hptw.: Elementa philosophica — de cive, 1642; — de corpore, 1655; — de homine, 1658; Leviathan, 1651. — ↗Collier, Cumberland, Hönigswald, Künzli, Locke, Schelsky, Schmitt; Etatismus, Leviathan.

Thomas Hobbes

Hochkeppel, Willy, geb. 1927: deutscher Literarhistoriker, Psychologe und Philosophiekritiker, der in radikaler Skepsis gegenüber der Philosophie deren Selbstzerstörung und Selbstauflösung diagnoziert und angesichts dieser Fatalität seine Hoffnung (wie Heidegger) in einen „neuen Gott" setzt. – Hptw.: Die Antwort der Philosophie heute, 1967; Denken als Spiel, 1970; Modelle des gegenwärtigen Zeitalters – Thesen der Kulturphilosophie im Zwanzigsten Jahrhundert, 1973; Mythos Philosophie, 1976. – ↗Philosophie.

Hocking, William Ernest, 1873—1966: nordamerikanischer Philosoph, der sich um eine Synthese von erfahrungswissenschaftlichem Realismus, Pragmatismus und idealistischer Metaphysik bemüht. — Hptw.: The Meaning of God in Human Experience, 1912, 1925[5]; Human Nature and Its Remaking, 1918, 1923[2]; Man and the State, 1926; The Self, Its Body and Freedom, 1928; Types of Philosophy, 1929; Lasting Elements of Individualism, 1937; Thoughts on Death and Life, 1937; What Man Can Make of Man, 1942, dt. 1949 (Der Mensch als Schöpfer seiner selbst); Science and the Idea of God, 1944.

Harald Höffding

Höffding, Harald, 1843—1931: dänischer Psychologe und Philosoph, der einen kritischen Empirismus (Positivismus) und Monismus lehrt, an der theologisch-metaphysisch zentrierten Philosophie Kritik übt und vor allem auch als Philosophiehistoriker mit bedeutenden Arbeiten hervorgetreten ist. H.s wertoptimistische Lebensauffassung spiegelt sich in seinem Werk über den Humor als Lebensgefühl wider; in seiner Ethik bekennt er sich zum Humanitätsideal und zum Sozialeudaimonismus. Die religionsphilosophische Betrachtungsweise ist nach H. keine spezifische (das religiöse Problem ist vom psychologischen, erkenntnistheoretischen und ethischen Standpunkt aus zu lösen). Als Psychologe ist H. Voluntarist, indem er alle seelischen Erscheinungen als Willensfunktionen auffaßt; das Leib-Seele-Problem löst er parallelistisch, wobei er das Psychische und das Physische für wesensidentisch hält. — Hptw. (in deutscher Übersetzung): Ethik (Eine Darstellung der ethischen Prinzipien und deren Anwendung auf besondere Lebensverhältnisse), 1922[3]; Psychologie, 1922[6]; Sören Kierkegaard als Philosoph, 1922[3]; Geschichte der neueren Philosophie, 2 Bde., 1921/22[2]; Religionsphilosophie, 1901; Philosophische Probleme, 1903; Moderne Philosophen, 1905; Der menschliche Gedanke, seine Formen und seine Aufgaben, 1911; Der Totalitätsbegriff, 1917; Humor als Lebensgefühl, 1918; Leitende Gedanken im 19. Jahrhundert, 1920; Der Relationsbegriff, 1922; Erlebnis und Deutung, 1923; Der Begriff der Analogie, 1924; Erkenntnistheorie und Lebensauffassung, 1926; Religiöse Denktypen, 1927; Erinnerungen, 1928. – Autobiographie in „Die Philosophie der Gegenwart in

Selbstdarstellungen", Bd. IV, 1923. – ↗Kultur.

Hoffnung: neuerdings bevorzugtes philosophisches Thema (↗Bloch, Fromm, Garaudy), doch als solches durchaus nicht neu (christliche Tugend!); im Grunde steckt nicht mehr hinter dem „Prinzip H." als die simple psychologische Tatsache, die in dem lateinischen Wortspiel Ausdruck findet: Dum spiro, spero: Solange ich atme, hoffe ich. — ↗Utopie.

Alois Höfler

Höfler, Alois, 1853–1922: österreichischer Philosoph und Pädagoge, von Brentano und Meinong beeinflußt. – Hptw.: Logik, 1890, 1921²; Psychologie, 1897, 1930² (3 Bde.); Naturwissenschaft und Philosophie, 1920. – Autobiographie in „Die Philosophie der Gegenwart in Selbstdarstellungen", Bd. II, 1923².

Hofmann, Paul, 1880–1947: deutscher Philosoph, der die Philosophie als Sinnwissenschaft (im Gegensatz zu den Sachwissenschaften) auffaßt, deren Aufgabe es (im Gegensatz zur „transzendierenden" sachwissenschaftlichen Erkenntnis durch Wahrnehmung und Denken) ist, den in der Einheit des unmittelbaren Erlebens enthaltenen „Sinn" „introszendierend" zu erspüren und zu verstehen (z. B. auch durch Auslegung von Sinnbildern). Die Gegensätzlichkeit der philosophischen Grundstandpunkte und Weltanschauungen führt H. auf die in der Struktur des menschlichen Bewußtseins verankerten gegensätzlichen Möglichkeiten zurück, sich das Verhältnis von Objekt und Subjekt vorzustellen (entweder wird das Subjekt als ein Ding neben anderen oder das Objekt als subjektive Bewußtseinsgegebenheit aufgefaßt). Als Ethiker ist H. Individualist. — Hptw.: Die antithetische Struktur des Bewußtseins (Grundlegung einer Theorie der Weltanschauungsformen), 1914; Empfindung und Vorstellung, 1919; Eigengesetz oder Pflichtgebot (Eine Studie über die Grundlagen ethischer Überzeugungen), 1920; Die Antinomie im Problem der Gültigkeit, 1921; Das religiöse Erlebnis (seine Struktur, seine Typen und sein Wahrheitsanspruch), 1925; Über die Struktur, Grundlage und geschichtliche Entwicklung von Weltanschauungen, 1927; Das Verstehen von Sinn und seine Allgemeingültigkeit, 1929; Metaphysik oder verstehende Sinnwissenschaft?, 1929; Sinn und Geschichte, 1937; Problem und Probleme einer sinnerforschenden Philosophie, 1983 (hrsg. von Käte Hamburger).

Hogarth, William, 1697–1764: englischer Maler und Ästhetiker, der die ästhetische Wirkung von Kunstwerken auf das Wohlgefallen an der Wellen- und der Schlangenlinie zurückzuführen sucht. — Hptw.: Analysis of Beauty, 1753.

Höhlengleichnis: ↗Platons Darstellung seiner Ideenlehre in Form einer Parabel (im 7. Buch der „Politeia") zur Veranschaulichung des Gegensatzes zwischen der wahren und der scheinbaren Welt sowie der 3 Arten des Wissens (– was wir uns vorstellen, ist nur im Schatten; was wir mit den Sinnen wahrnehmen, ist nur ein Bild des wahren Seins; dieses selbst aber ist nur durch die Vernunft zu erfassen): In einer unterirdischen Höhle leben an Hals und Beinen gefesselte Menschen, die nur vorwärts blicken, jedoch weder den Kopf drehen, noch sich bewegen können. Hinter ihrem Rücken brennt ein Feuer, das die Höhle erleuchtet. Zwischen dem Feuer und den Gefesselten ist eine Mauer gezogen. Längs der Mauer und von ihr gedeckt halten Vorübergehende Gegenstände empor, sodaß die Gefangenen deren Schattenbilder an der Wand vor sich sehen. Nun habe sich einer seiner Fesseln entledigt: Sobald er, sich umwendend, das Feuer und die Dinge auf der Mauer erblickt, wird er glauben, schon zur wahren Erkenntnis gelangt zu sein, bis er durch den engen Aufstieg ans volle Licht des Tages tritt und nun erst die wahre Sonne und die Urbilder jener Dinge in der Höhle schaut. Den anderen aber, die unten geblieben sind, erscheint sein Geist nun als verwirrt: Das Los des Philosophen auf der Erde!

Holbach, Baron von, 1723–1789: nach Frankreich emigrierter deutscher Enzyklopädist, Materialist, Determinist und Atheist, der unter Zusammenfassung sämtlicher wissenschaftlicher Erkenntnisse seiner Zeit das gesamte Weltgeschehen aus sechs Grundkräften abzuleiten versucht (Grundkräfte der Materie: Trägheit, Anziehung und Abstoßung; die entsprechenden seelischen Grundkräfte: Selbstliebe, Liebe und Haß). H. glaubt an die Allmacht der Erziehung und der Gesetzgebung und erklärt das moralische Verhalten aus wohlverstandenem Eigeninteresse; als höchste Tugend preist er den Gebrauch der Vernunft, als höchsten Wert die Wahrheit. — Hptw.: Système de la nature, 1770.

Holismus (auch „Organizismus"): von ↗J. C. Smuts (Holism and Evolution, 1926) geprägte Bezeichnung für den Vermittlungsstandpunkt zwischen Vitalismus und Biomechanistik. Im Gegensatz zu den Vitalisten behaupten die Holisten, es bestehe ein Ableitungszusammenhang zwischen den biologischen und den physikalischen Gesetzen; gegenüber der biomechanistischen Auffassung jedoch glauben sie (mit den Vitalisten) an die Eigengesetzlichkeit der organischen Welt, indem sie es für unmöglich halten, die biologischen Prinzipien (als die komplexeren) aus den (einfacheren) physikalischen abzuleiten; sie fordern vielmehr, von den Gesetzen der organischen Wirklichkeit (als der „konkreteren") auszugehen und gedanklich (durch Abstraktion und Simplifikation = Vereinfachung) zu den Gesetzen der wirklichkeits-„ferneren" physikalischen Welt fortzuschreiten. Diese „Lösung" des Vitalismus-Problems ist allerdings keine echte; die Alternative: Vitalismus oder Biomechanistik? — bleibt dennoch bestehen; der H. ist eine moderne Variante des Aristotelismus und setzt eine Teleologie der Wirklichkeit voraus; im Gegensatz zu den Vitalisten aber verwenden die Holisten diese Teleologie nicht als konstitutives Erklärungsprinzip, sondern betrachten sie als Aufgabe (Problem) der Erkenntnis. Hauptvertreter dieser Auffassung: ↗J. S. Haldane, A. Meyer-Abich.

Holl, Adolf, geb. 1930: österreichischer katholischer Theologe, dessen kritische Stellungnahmen in kirchlichen Kreisen Anstoß erregten, bis ihm schließlich 1976 die Ausübung des Priester- und des Lehramtes untersagt wurde. H. zeigt auch Verständnis für ↗Parapsychologie, Grenzerfahrungen, ↗Okkultismus... und revoltierte gegen unsere moderne Industriekultur. — Hptw.: Jesus in schlechter Gesellschaft, 1971; Tod und Teufel, 1973; Wo Gott wohnt, 1976; Mystik für Anfänger, 1977; Der letzte Christ (Franz von Assisi), 1979; Religionen, 1981; Lieber Papst – Schriften aus gegebenem Anlaß, 1983; Mitleid im Winter (Erfahrungen mit einem bequemen Gefühl), 1985; Die zweite Wirklichkeit, 1987.

Höllhuber, Ivo, geb. 1906: österreichischer Philosoph antipositivistischer, christlich-spiritualistischer Richtung, als Philosophiehistoriker vor allem um eine Verbreitung der italienischen und der spanischen Philosophie im deutschen Sprachgebiet bemüht. — Hptw.: Das Menschenbild als Grundlage der Menschenbildung, 1941; Michele Federico Sciacca (ein Wegweiser abendländischen Geistes), 1962; Sprache — Gesellschaft — Mystik (Prolegomena zu einer pneumatologischen Anthropologie), 1963; Geschichte der Philosophie im spanischen Kulturbereich, 1967; Geschichte der italienischen Philosophie von den Anfängen des 19. Jahrhunderts bis zur Gegenwart, 1969.

Hollitscher, Walter, 1911–1986: österreichischer Naturwissenschaftler und Philosoph, der sich zum Dialektischen Materialismus bekennt. – Hptw.: Über die Begriffe der psychischen Gesundheit und Erkrankung, 1947; Vom Nutzen der Philosophie und ihrer Geschichte, 1947; Die Natur im Weltbild der Wissenschaft, 1960, 1965²; Aggression im Menschenbild (Marx – Freud – Lorenz), 1970; „Kain" oder Prometheus (Zur Kritik des zeitgenössischen Biologismus), 1972; Sexualität und Revolution, 1973; Aggressionstrieb und Krieg, 1973; Grundbegriffe der marxistischen politischen Ökonomie und Philosophie, 1974, 1975³; Der überanstrengte Sexus (Die sogenannte sexuelle Emanzipation im heutigen Kapitalismus), 1975; Christen und Marxisten im Friedensgespräch, 1976; Marxismus-Leninismus, 1976; Für und wider die Menschlichkeit (Essays), 1977; Bedrohung und Zuversicht (Marxistische Essays), 1980; Materie, Bewegung, kosmische Entwicklung, 1983 (mit H. Horstmann); Natur und Mensch im Weltbild der Wissenschaft, 1983 (hrsg. v. H. Horstmann); Die menschliche Psyche, 1983 (mit J. Erpenbeck); Ursprung und Entwicklung des Lebens (mit R. Löther), 1984.

Holz, Hans Heinz, geb. 1927: deutscher Philosoph und Politologe marxistischer Provenienz, der an der Frankfurter Schule Kritik übt und eine systematische Weiterbildung der auf eine Ontologie des Noch-Nicht-Seins und eine dialektische Kategorienlehre gerichteten Philosophie Blochs anvisiert. – Hptw.: Jean-Paul Sartre (Darstellung und Kritik seiner Philosophie), 1951; Sprache und Welt, 1953; Herr und Knecht bei Leibniz und Hegel (Zur Interpretation der Klassengesellschaft), 1968; Utopie und Anarchismus (Zur Kritik der Kritischen Theorie Herbert Marcuses), 1968; Widerspruch in China (Politisch-philosophische Erläuterungen zu Mao Tse-tung), 1970; Vom

Kunstwerk zur Ware (Studien zur Funktion des ästhetischen Gegenstandes im Spätkapitalismus), 1972; Strömungen und Tendenzen im Neomarxismus, 1973; Logos spermatikos (Ernst Blochs Philosophie der unfertigen Welt), 1975; Die abenteuerliche Rebellion – Bürgerliche Protestbewegungen in der Philosophie (Stirner, Nietzsche, Sartre, Marcuse, Neue Linke), 1976.

Holz, Harald, geb. 1930: deutscher Philosoph, am französischen Denker Maréchal orientiert und um eine Synthese von Thomismus und Kantianismus bemüht. – Hptw.: Transzendentalphilosophie und Metaphysik, 1966; Einführung in die Transzendentalphilosophie, 1973; Mensch und Menschheit (Entwürfe zur Grundlegung und Durchführung einer philosophischen Anthropologie), 1973; Personalität als Wesen und Geschichte, 1974; Philosophie humaner Praxis in Gesellschaft, Religion und Politik, 1974; Thomas von Aquin und die Philosophie, 1975; Vom Mythos zur Reflexion (Thesen zum Strukturgesetz der Entwicklung des abendländischen Denkens), 1975; Die Idee der Philosophie bei Schelling (Metaphysische Motive in seiner Frühphilosophie), 1977; System der Transzendentalphilosophie im Grundriß, 2 Bde., 1977.

„Hölzernes Eisen": Beispiel für einen Widerspruch in der Beifügung (↗contradictio in adiecto).

Home, Henry, 1696—1782: englischer Ästhetiker, der seine Theorie der Geschmacksnormen psychologisch und soziologisch zu fundieren sucht, die Struktur der ästhetischen Grundgestalten untersucht und die Bedeutung der ästhetischen Einfühlung hervorhebt. — Hptw.: Elements of Criticism, 2 Bde., 1762—1765.

Hominismus: erkenntnistheoretischer Standpunkt, dem zufolge der Geltungsbereich der menschlichen Erkenntnis folgendermaßen abzugrenzen ist: alle Wahrheit ist nur menschliche Wahrheit; alle unsere Erkenntnisse gelten nur für uns Menschen und spiegeln die Struktur des menschlichen Bewußtseins wider. — ↗Humanismus, Konventionalismus, Kritizismus, Pragmatismus, Relativismus.

Homo homini lupus (Der Mensch ist dem Menschen ein Wolf): sagt Plautus; Standpunkt des ethischen Pessimismus. — ↗Moral insanity; Hsün-tse.

Homoiomerien: von ↗Anaxagoras angenommene qualitativ verschiedene Urelemente der Körper.

Homo-mensura-Satz: Hauptlehrsatz des ↗Protagoras („Der Mensch ist das Maß aller Dinge").

Homonymik: ↗Äquivokation.

Homo sum, humani nihil a me alienum puto (Ich bin ein Mensch, nichts Menschliches ist mir fremd): sagt Terenz.

Hönigswald, Richard, 1875—1947: österreichischer Denkpsychologe und Philosoph (später in Deutschland und in den USA), der unter dem Einfluß Riehls vom Standpunkt des Kritizismus (im engsten Sinne des Wortes) aus am Psychologismus Kritik übt und die Philosophie als „Theorie letztdefinierter Begriffe" bzw. „strenge" Wissenschaft von der „Gegenständlichkeit" aufgefaßt wissen will (Probleme: Gegenstand, Erkenntnis, Sprache, Gemeinschaft, Werte, Kultur, Glaube, Mensch). — Hptw.: Zur Kritik der Machschen Philosophie, 1903; Über die Lehre Humes von der Realität der Außendinge, 1904; Beiträge zur Erkenntnistheorie und Methodenlehre, 1906; Zum Streit über die Grundlagen der Mathematik, 1912; Die Skepsis, 1914; Die Philosophie und Wissenschaft, 1914; Die Philosophie des Altertums, 1917, 1924²; Über die Grundlagen der Pädagogik, 1918, 1927²; Die Grundlagen der Denkpsychologie, 1921, 1925²; Philosophie von der Renaissance bis Kant, 1923; Hobbes und die Staatsphilosophie, 1924; Grundfragen der Erkenntnistheorie, 1931; Geschichte der Erkenntnistheorie, 1933, 1966²; Philosophie und Sprache, 1937; Denker der italienischen Renaissance, 1938; Die Systematik der Philosophie, 1976. – Schriften aus dem Nachlaß, 10 Bde., 1957–1977. – ↗Cramer, Wolandt.

Horkheimer, Max, 1895—1973: deutscher Denker (vorübergehend emigriert), Schüler von Cornelius, Philosoph und Soziologe, humanistischer Aufklärer, Zeitkritiker, Haupt der „Frankfurter Schule" (nachdem er 1931 die Leitung des 1922 gegründeten Frankfurter Instituts für Sozialforschung übernommen und 1932 die „Zeitschrift für Sozialforschung" mitgegründet hatte, die bis 1941 in Paris in deutscher Sprache erschienen ist) und Mitbegründer der „Kritischen Theorie" (↗Positivismus — Streit), für den „die wahre gesellschaftliche Funktion der Philosophie in der Kritik des Bestehenden" liegt. H. kommt vom Marxismus her (Kritik am Wirtschaftssystem des Spätkapitalismus sowie an der industriellen Gesellschaft und ihrer Mentalität), wurde jedoch bald durch den Stalinismus enttäuscht, empfand Grauen vor der totalen Verwaltung des Menschen in einer lieblosen Welt und bekannte sich später zum Liberalismus anstelle der revolutionär-marxistischen Theorie, zum Ideal der Freiheit statt zu dem der Gleichheit, die notwendigerweise Zwang bedeutet. Die letzte Entwicklungsphase seines Denkens führte ihn, der zunehmend beunruhigt war über die endgültige und unabänderliche Verlassenheit des Menschen, von einer pessimistischen Auffassung der Wirksamkeit der Vernunft, deren Selbstzerstörung er befürchtete, zur „Sehnsucht nach dem ganz Anderen", zum Postulat eines unbeschreibbar Göttlichen, eines (nicht darstellbaren) Gottes im Sinne einer „negativen" Theologie. — Hptw.: Zum Begriff des Menschen, 1957; Ideologie und Handeln, 1962; Über das Vorurteil, 1963; Zur Kritik der instrumentellen Vernunft, 1967; Kritische Theorie, 2 Bde., 1968; Die Sehnsucht nach dem ganz Anderen (Ein Interview mit Kommentar von Hellmut Gumnior), 1970; Die verwaltete Welt, 1970; Anfänge der bürgerlichen Geschichtsphilosophie (und zwei andere Aufsätze), 1971²; Über die deutschen Juden, 1971; Sozialphilosophische Studien, 1972; Die gesellschaftliche Funktion der Philosophie, 1974; „Notizen 1950 bis 1969" und „Dämmerung – Notizen in Deutschland", 1974. – ↗Adorno.

Horror vacui: schon von Aristoteles und in der Physik bis Torricelli angenommene „Scheu" (der Natur) vor dem leeren Raum, so daß daher überall „etwas" sein müsse; das Nichtdulden einer Leere (als Voraussetzung der Saugkraft).

Hoyle, Fred (Sir Frederik), geb. 1915: englischer Astronom, der ein ewiges Werden und Vergehen von Materie im unendlichen All annimmt (↗Kosmogonie: „Steady-State"-Modell) und jeden Versuch einer Bevormundung der wissenschaftlichen Kosmologie durch Glaubensinstanzen scharf zurückweist. Das Leben auf der Erde hat nach H.s Überzeugung seinen Ursprung im kosmischen Staub (in interstellarer Materie mit organischen Substanzen, die durch Meteoriten auf die Erde gebracht wurden). — Hptw. (in deutscher Übersetzung): Das grenzenlose All, 1957; Mensch und Materialismus, 1961.

Hsün-tse, 305—235 v. Chr.: chinesischer Philosoph, der an der Philosophie des Mencius Kritik übt, den Menschen für von Natur aus böse geartet hält und die ethische Forderung erhebt, die Begierden zu beherrschen.

Huarte, Juan de, 1520—1592: spanischer Arzt, Aristoteliker, der den von ihm unterschiedenen drei Menschentypen drei Grundwissenschaften zuordnet: als besonders begabt für die positiven Wissenschaften erscheinen ihm die Gedächtnismenschen, für die spekulativen Wissenschaften die Verstandesmenschen und für die rhetorischen Wissenschaften die Phantasiemenschen. Diese Aufgliederung hat einerseits Francis Bacon und den Enzyklopädisten und andererseits den Romantikern als Vorbild gedient. — Hptw.: Examen de los ingenios para las sciencias, 1575.

Huber, Joseph, geb. 1948: deutscher Publizist, Sozialwissenschaftler. – Hptw.: Die verlorene Unschuld der Ökologie (Neue Technologien und superindustrielle Entwicklung), 1982; Die zwei Gesichter der Arbeit (Ungenutzte Möglichkeiten der Dualwirtschaft), 1984; Die Regenbogengesellschaft (Sozialpolitik und Ökologie), 1985.

Huber, Kurt, 1893—1943 (als Widerstandskämpfer hingerichtet): deutscher Psychologe und Philosoph. — Hptw.: Der Ausdruck musikalischer Elementarmotive, 1923; Erich Bechers Philosophie, 1931; Vokalmischungen und Qualitätensystem der Vokale, 1931; Leibniz-Biographie, 1950; Allgemeine Ästhetik, 1954; Musikästhetik, 1954; Grundbegriffe der Seelenkunde, 1955. – ↗Schischkoff.

Hübner, Kurt, geb. 1921: deutscher Erkenntnis- und Wissenschaftstheoretiker, der von einem irrationalistisch gefärbten, ja sanft mythologisch getönten Denkansatz aus, in eine massive „Gegenaufklärung" auslaufend, auf eine von ihm statuierte „Krise" der Wissenschaft und ihre sozio-ökonomischen Konsequenzen hinweisen, die historisch bedingte Relativität aller wissenschaftlichen Erkenntnis betonen und an deren, von ihm bestrittenen „Objektivität" als einer „Ideologie des Scientismus" sowie am Wert der seiner Meinung nach überschätzten Rationalität und Empiristik überhaupt Kritik üben zu müssen meint. — Hptw.: Beiträge zur Philosophie der Physik, 1963; Kritik der wissenschaftlichen Vernunft, 1978, 1986³; Die Wahrheit des Mythos, 1985.

Hübscher, Arthur, 1897–1985: deutscher Philosoph und Philosophiehistoriker, der sich insbesondere Schopenhauer verbunden fühlt. – Hptw.: Philosophie der Gegenwart, 1949; Die große Weissagung (Texte, Geschichte und Deutung der Prophezeiungen von den biblischen Propheten bis auf unsere Zeit), 1952; Denker unserer Zeit, 2 Bde., 1956/57; Von Hegel zu Heidegger (Gestalten und Probleme), 1961; Leben mit Schopenhauer, 1966; Denker gegen den Strom (Schopenhauer gestern, heute, morgen), 1973; Schopenhauer-Biographie, 1981; Erlebt – gedacht – vollbracht (Erinnerungen an ein Jahrhundert), 1983. – Als Hrsg.: Schopenhauers handschriftlicher Nachlaß in 5 Bänden, 1986.

Huet, Pierre Daniel, 1630—1721: französischer Polyhistor und Theologe, Gegner des Descartes, Skeptiker, der auf Grund seines Mißtrauens gegenüber der menschlichen Erkenntniskraft den Glauben an die christliche Offenbarung fordert. — Hptw.: Traité de l'origine des Romans, 1670; Censura philosophiae Cartesianae, 1689; Quaestiones de concordia rationis et fidei, 1690; Traité philosophique de la faiblesse de l'esprit humain, 1723.

Hugo v. St. Victor, 1096—1141: Mystiker, der seiner Zeit insofern voraus war, als er den Wert naturwissenschaftlicher Forschung und die Erfahrung als Grundlage aller Erkenntnis anerkannte, wenngleich er auch meinte, daß die Vernunft der Garant der Wahrheit sei, da die Erfahrung als solche oft trüge.

Hühnerfeld, Paul, 1926—1960: deutscher Philosoph, der überzeugend an der Existentialphilosophie Kritik übt. — Hptw.: In Sachen Heidegger, 1959.

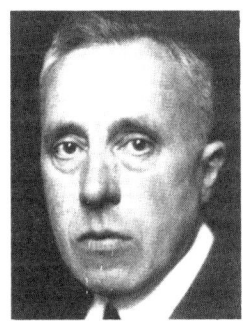

Johan Huizinga

Huizinga, Johan, 1872—1945: holländischer Kulturhistoriker (vor allem der spätmittelalterlichen und der frühneuzeitlichen Epoche), Kultur- und Geschichtsphilosoph, der unter anderem am Totalitarismus und Kollektivismus unserer Zeit leidenschaftlich Kritik übt. — Hptw.: Der Herbst des Mittelalters (Studien über Lebens- und Geistesformen des 14. und 15. Jhdts. in Frankreich und in den Niederlanden), 1919, dt. 1923, 1952[6]; Erasmus von Rotterdam, 1924, dt. 1928, 1951[4]; Wege der Kulturgeschichte, 1929, dt. 1930; Im Schatten von morgen (Eine Diagnose des kulturellen Leidens unserer Zeit), 1935, dt. 1948[7]; Der Mensch und die Kultur, 1938; Homo ludens (Versuch einer Bestimmung des Spielelementes der Kultur, 1939, 1941[3], dt. 1942, 1944[5]; Im Banne der Geschichte, 1942, dt. 1943[2]; Wenn die Waffen schweigen, 1943, dt. 1945; Gesammelte Aufsätze und Betrachtungen unter dem Titel „Parerga", 1945. – Spätere deutsche Ausgaben: Geschichte und Kultur (Gesammelte Aufsätze), 1954; Homo ludens (Vom Ursprung der Kultur im Spiel), 1956; Europäischer Humanismus: Erasmus, 1958. – ↗Kultur, Tod.

Humaniora: Abkürzung für „Studia humaniora", d. h. für („humanistische") Studien, die zu einer höheren Stufe des „Menschseins" führen, insbesondere das Studium der klassischen Sprachen und Autoren. — Im weiteren Sinn alle „menschlichen" Angelegenheiten, den „Menschen" betreffende Gegebenheiten, Taten und Leiden des Menschengeschlechts, vom Menschen geschaffene Gebilde ... (als Gegenstand geisteswissenschaftlicher, historischer Forschung).

Humanismus: 1. geistesgeschichtlicher Begriff: a) im weiteren Sinn des Wortes: welt- und lebenszugewandtes, vor allem auf die Bewältigung der „menschlichen" Lebensaufgaben gerichtetes Kulturstreben (zu Beginn der Neuzeit, vom 14. bis 16. Jhdt.); im einzelnen: Wiederbelebung des antiken Geistes, Erneuerung der antiken Kulturwerte; geistige Wiedergeburt des Menschen (selbstbewußtes Menschentum, freie Entfaltung aller menschlichen Geisteskräfte, schöpferische Aktivität des Menschen); Kampf gegen die Bevormundung der wissenschaftlichen Forschung, des philosophischen Denkens und des religiösen Lebens durch die Kirche; ↗Renaissance-Philosophie; b) im engeren (literarhistorischen) Sinn: literarische Komponente der Renaissance, Erschließung der antiken Quellen und Pflege der antiken Sprachen (daher die Bezeichnung „Humanistisches Gymnasium"; humanistisches Bildungsideal in diesem engeren Sinne: „Pietas et eloquentia", der humanistisch gebildete und religiös orthodoxe Mensch). – Italienische Humanisten: z. B. Petrarca, Cola di Rienzo, Poggio, Enea Silvio, Sarpi; deutsche Humanisten: z. B. Agricola, Erasmus, Hutten, Reuchlin, Celtes, Eobanus Hessus, Melanchthon, Taurellus. ↗Renaissance (– Philosophie). – 2. Ethisch-kulturoptimistisches Streben nach Verwirklichung

Humanität

des Humanitätsideals. – ↗Ethische Bewegung, Humanität, Kultur, Monistische Bewegung, Neuhumanismus, Philosophie, Sozialismus; Grassi, Kofler. – 3. Erkenntnistheoretischer Standpunkt: gleichbedeutend mit ↗„Hominismus"; ↗F. C. S. Schiller.

Humanität: Menschlichkeit, Liebe zum Menschentum (ein ethischer Begriff). Das Humanitätsideal ist Ausdruck der Forderung nach einem der Würde des Menschentums entsprechenden Verhalten gegenüber den Mitmenschen, wobei es allerdings nicht nur die Erhaltung (im Sinne der „caritas"), sondern vor allem auch die Steigerung des Lebens zu sichern gilt (indem man z. B. dem Mitmenschen zur vollen Entfaltung seiner positiven Anlagen verhilft usw.). – ↗Humanismus (2.); Comte, Gracián, Guyau, Heer, Herder („Was in der Geschichte je Gutes getan ward, ist für die Humanität getan worden; was in ihr Törichtes, Lasterhaftes und Abscheuliches in Schwang kam, ward gegen die Humanität verübt"), Humboldt, Huxley J., Liebert, Malraux, Mendelssohn, Merleau-P., Mitscherlich, Nietzsche, Pannwitz, Popper K., Popper-L., Sartre, Schaff, Szczesny („qualitativer Humanismus").

Wilhelm von Humboldt

Humboldt, Wilhelm von, 1767—1835: deutscher Gelehrter, Sprachforscher und Sprachphilosoph, Staatsmann und Staatsphilosoph, der sich zum Humanitätsideal bekennt und gegenüber der absolutistischen Staatsauffassung (z. B. Hegels) eine individualistisch getönte und ethisch untermauerte Staatstheorie vertritt, in der er dem Staat nur eine negative Funktion zubilligt: Der Staat hat nur das Leben der Staatsbürger zu sichern, im übrigen aber deren Recht auf Freiheit zu achten. H. erhebt die ethische Forderung, nach Vervollkommnung zu streben und die erreichte Vollkommenheit dann auf andere zu übertragen. — Phil. Hptw.: Ideen zu einem Versuch, die Grenzen der Wirksamkeit des Staates zu bestimmen, 1792 (1851 veröffentlicht); Über die Aufgabe des Geschichtsschreibers, 1822; Über die Verschiedenheit des menschlichen Sprachbaues und ihren Einfluß auf die geistige Entwicklung des Menschengeschlechts, 1835; Gesammelte Werke in 7 Bänden, 1841–52, Nachdruck 1986. – Neuere Ausgaben: Schriften zur Anthropologie und Geschichte, 1960; Schriften zur Politik und zum Bildungswesen, 1964. – ↗Neuhumanismus, Sprachphilosophie; Haym.

David Hume

Hume, David, 1711—1776: englischer Aufklärer, Nominalist, der vom Standpunkt eines kritischen Empirismus und Positivismus aus die Unhaltbarkeit des Seelenbegriffes nachweist (die Seele ist nicht eine Substanz, sondern die Gesamtheit der Erlebnisse) und am Kausalitätsbegriff Kritik übt, indem er darauf hinweist, daß immer nur eine regelmäßige Aufeinanderfolge von Ereignissen, niemals jedoch eine notwendige Verknüpfung von Ursache und Wirkung wahrnehmbar ist. Die Erkenntnis besteht für H. aus „Eindrücken" (impressions) und „Vorstellungen" (ideas), die sich auf jene zurückführen lassen müssen; „angeborene Ideen" gibt es nicht. Auch in der Religionsphilosophie und Ethik lehnt H. die theologisch-metaphysische Betrachtungsweise ab; er widerlegt die sogenannten Gottesbeweise und distanziert sich vom Glauben an Wunder und an die Unsterblichkeit der Seele. Den Mitmenschen gegenüber fordert er Einfühlung und Mitempfinden. — Hptw.: A Treatise on Human Nature (1. Teil: Vom Verstand; 2. Teil: Von den Affekten; 3. Teil: Von der Moral), 1739/40; Essays, Moral and Political, 1741/42; An Enquiry concerning Human Understanding, 1748; An Enquiry concerning the Principles of Morals, 1751; Political Discourses, 1752; History of England, 1754—1762; Dialogues Concerning Natural Religion, 1779. — ↗Hasse, Hönigswald, Huxley Th., Jodl, Kant, Metz, Radakovic, Reininger; Induktion, Kausalität, Schönheit, Seele.

Humor: 1. ästhetische Grundgestalt, besondere Form der Komik, im Gegensatz zum Witz und zur Ironie mehr gutmütig, wohlwollend und mild in der Beurteilung der Unzulänglichkeiten des Lebens, die verständnisvoll verziehen werden. 2. Lebenseinstellung, Lebensanschauung, Lebensgefühl, Daseinsform, Existenzcharakter (Der „große Humor" nach ↗Höffding): heitere Art der Weltbetrachtung (die nichts zu tun hat mit dem albernen „wenn man trotzdem lacht"), wobei die Tragik des Lebens wohl bewußt wird, aber doch nicht so ernst genommen wird, daß man darüber das Lachen verlernen müßte: „Humor als äußerste Freiheit des Geistes"; „Humor als Betrachtungsweise des Endlichen vom Standpunkt des Unendlichen aus" (Morgenstern). — ↗Heiterkeit; Bahnsen, Kierkegaard, Lipps Th., Richter J. P. F., Solger.

Hus, Johannes, um 1369—1415: böhmischer Theologe (bekannteste Schrift: De ecclesia), Förderer der tschechischen Sprache, als Reformator beeinflußt vom englischen Kirchen- und Gesellschaftsreformer John Wiclif († 1384), auf dem Konzil zu Konstanz zum Feuertod verurteilt. Das hussitische Denken ist getragen von einer bürgerlichen Revolution gegen das Feudalismus, die im bäuerlich-plebejischen Hussitismus kulminiert (Hussitenkriege, 1419—1436). – ↗Cheltschitz.

Edmund Husserl

Husserl, Edmund, 1859—1938: deutscher Erkenntnistheoretiker (Begründer der „Phänomenologischen Schule"), der Brentanos deskriptive Psychologie zur Phänomenologie umgestaltet und von der Basis einer platonisch-idealistischen Metaphysik aus am Psychologismus, Relativismus und Subjektivismus Kritik übt und „reine Wesenswahrheiten" zu gewinnen hofft, indem er unter „Einklammerung" alles dessen, was sich nicht als zum „reinen Bewußtsein" gehörig ausweisen kann, durch „Wesensschau" („Ideation") das „reine Wesen" („Eidos") von Erfahrungsgegebenheiten und Phantasiegebilden, also z. B. das Wesen des Tones überhaupt, des Wollens überhaupt, des Erlebnisses überhaupt usw. mit intuitiver Evidenz zu erschließen versucht. — Hptw.: Über den Begriff der Zahl, 1887; Philosophie der Arithmetik, I, 1891; Logische Untersuchungen, 2 Bde., 1900/01, 2. Auflage in 3 Bänden: 1913 bis 1921, 1928³; Ideen zu einer reinen Phänomenologie und phänomenologischen Philosophie, I, 1913, 1928³, vollständige Ausgabe I–III: 1950–1952; Formale und transzendentale Logik (Versuch einer Kritik der logischen Vernunft), 1929; Méditations cartésiennes, 1931, dt. 1950 (Cartesianische Meditationen); Erfahrung und Urteil (Untersuchungen zur Genealogie der Logik), 1939, 1954³; Erste Philosophie, 2 Bde., 1956/59; Philosophie als strenge Wissenschaft, 1965, 1981⁴ (hrsg. v. ↗Szilasi); Die Krisis der europäischen Wissenschaften und die transzendentale Phänomenologie, 1977; Phantasie, Bildbewußtsein, Erinnerung (Zur Phänomenologie der anschaulichen Vergegenwärtigung), Texte aus dem Nachlaß (1898–1925), 1980; Texte zur Phänomenologie des inneren Zeitbewußtseins, 1985. – ↗Anders, Adorno, Diemer, Ehrlich W., Fink, Heidegger (dessen Lehrer Husserl war), Ingarden, Kolakowski, Marx W., Merleau-Ponty, Tugendhat, Wagner, Zocher; Essentialismus, Phänomenologie, Retention. – Lit.: Edmund Husserl und die phänomenologische Bewegung. Zeugnisse in Text und Bild, 1988 (hrsg. im Auftrag des Husserl-Archivs Freiburg im Breisgau v. Hans Rainer Sepp). – ↗Ströker.

Hutcheson, Francis, 1694—1747: englischer Philosoph, der als Ethiker das Prinzip „des größten Glücks der größten Zahl", das später durch Bentham populär geworden ist, vertritt (that action is best, which procures the greatest happiness for the greatest number) und als Ästhetiker die Prinzipien der Schönheitswirkung empirisch-psychologisch festzustellen sucht sowie auf das ästhetische Vergnügen hinweist, das elegante Gedankenführungen und geniale Denkleistungen bereiten können. — Hptw.: An Inquiry into the Original of Our Ideas of Beauty and Virtue, 1725; An Essay on the Nature and Conduct of the Passions and Affections, 1728; A System of Moral Philosophy, 1755.

Huxley, Sir Julian Sorell, 1887—1975: englischer Zoologe und Philosoph, der den biologischen Evolutionismus zu einem philosophischen zu erweitern sucht, vom Standpunkt der wissenschaftlichen Philosophie aus an der Metaphysik (z. B. am Vitalismus) Kritik übt und sich fortschrittsoptimistisch zum Ideal einer von politischen und religiösen Dogmen freien, rational-human eingestellten Menschheit bekennt. — Hptw.: Evolution (The Modern Synthesis), 1942, 1943²; Ethics and Evolution, 1945; UNESCO, Its Purpose and Its Philosophy, 1946 (— H. war ihr erster Generalsekretär); Science, Liberty and Peace, 1947; Soviet Genetics and World Science, 1950; Evolution in Action, 1953. — Deutsche Ausgaben: Der Mensch in der modernen Welt, 1950; Entfaltung des Lebens, 1954; Religion ohne Offenbarung, 1957; Der evolutionäre Humanismus, 1964; Ich sehe den künftigen Menschen (Natur und neuer Humanismus), 1965; Ein Leben für die Zukunft (Erinnerungen), 1974.

Huxley, Thomas Henry, 1825–1895: englischer Physiologe und Philosoph, Großvater des Schriftstellers Aldous H. und des Biologen ↗Julian H., ein Vorkämpfer des ↗Darwinismus, Biomechanist und Evolutionist, der einen antimetaphysischen ↗„Agnostizismus" lehrt (der Ausdruck wurde von ihm eingeführt), dem zufolge alle Erkenntnisse nur hypothetisch gelten. - Hptw.: Man's Place in Nature, 1863, dt. 1863; Über unsere Erkenntnisse von den Ursachen der Erscheinungen in der organischen Natur, 1865; Hume, 1879; Science and Culture, 1881; Evolution and Ethics, 1893; Collected Essays, 1894.

Hylopsychismus: metaphysische Auffassung, der zufolge die gesamte Materie (auch die anorganische Körperwelt) als beseelt zu denken ist. — ↗Pampsychismus.

Hylozoismus: von den frühen griechischen Philosophen vertretener naturphilosophischer Standpunkt, dem zufolge Leben und Materie eine untrennbare Einheit bilden und die gesamte Materie belebt zu denken ist. — ↗Milesier; Spitzer.

Hypatia: griechische Mathematikerin und Philosophin der neuplatonischen Schule in Alexandria, deren Vorsteherin sie war. Sie wurde 415 n. Chr. von fanatischen Mönchen gesteinigt: „Typisch für die intellektuelle Vermurung des alten mediterranen Kulturbodens durch die vorderasiatische Überflutung im Zeichen des siegreichen Christentums" (↗Vollers).

Hyperbel: Tropus der Übertreibung (z. B. „phantastisch", „einmalig" statt „schön"; „Blitzesschnelle"); Gegenbegriff: ↗Litotes. — Auch: Steigerung durch Häufung und Verdichtung in einer Wort- oder Gedankenfolge; Gegenbegriff: ↗Ellipse (– von den betreffenden Kegelschnittlinien ist hier nicht die Rede).

Hypnose: durch ↗Suggestion herbeigeführter schlafähnlicher Zustand, tranceartiger Schwebezustand zwischen Wachbewußtsein und ↗Traum. Dieser künstlich geschaffene „Schlafzustand" unterscheidet sich vorteilhaft vom natürlichen ↗Schlaf, und zwar dadurch, daß ein uneingeschränkter Kontakt zur Außenwelt besteht (der Rapport zum Hypnotiseur), die Reizbarkeit größer ist, weil keine Ermüdung vorhergeht, und dieser „Schlafzustand" nur partiell ist, d. h. nur ganz bestimmte Bereiche des seelischen Geschehens betrifft (in der Hypnose besteht für manche Reize eine gesteigerte, für andere eine geringere Empfindlichkeit; auch eine merkwürdige Ambivalenz ist charakteristisch: einerseits eine Hypermnesie, d. h. ungewöhnliche Gedächtnisleistungen wie die Erinnerung an vergessene oder verdrängte Erlebnisse, andererseits aber auch eine durch Suggestion hervorgerufene Gedächtnis-„Verschmutzung"). Daher läßt sich auch mit einem Hypnotisierten mehr unternehmen als mit einem Schlafenden: Der Hypnotiseur kann durch Suggestion bei eingeschränktem Bewußtsein den Hypnotisierten psychosomatisch beeinflussen, da er selbst die Hypnose gesetzt und die Apperzeptionsfähigkeit des Hypnotisierten in einer ganz bestimmten Weise reduziert hat (Bewußtseinsengung); gezielte Begrenzung der Willensschwächung und des Abbaues rationaler Hemmungen), und die Hypnose auch als Methode der Therapie (Heilung) einsetzen. Rund fünf Sechstel aller Menschen hypnotisierbar; verhältnismäßig leicht zu hypnotisieren sind Jugendliche, Frauen, Primitive und Hysteriker (leicht beeinflußbar); nicht hypnotisierbar sind Schwachsinnige und Kinder (Konzentrationsunfähigkeit). Die Hypnose kann mittels verschiedener Methoden herbeigeführt werden, durch die künstlich eine leichte Ermüdung erzielt wird, z. B. die Verbalmethode (monotones Sprechen), die Fixationsmethode (Fixierung bestimmter Gegenstände durch den Hypnotisierten: gläserne Kugel, Finger usw.), die Streichmethode (Berührung oder gleichförmige Streichbewegung durch den Hypnotiseur) oder die Schreckmethode (Befehlserteilung; Aufblitzen eines grellen Lichtes). Folgende Tiefengrade der Hypnose sind zu unterscheiden: Somnolenz (Benommenheit, Bewußtseinstrübung), Lethargie (ähnlich dem Leichtschlaf; Gliedererschlaffung), Katalepsie (abnorm langes Beibehalten of sehr unbequemer Körperstellungen; die Glieder verharren in jeder Lage, in die sie vom

Hypnotiseur gebracht werden; aktive Bewegungen kommen nicht zustande, den passiven wird nicht widerstrebt: auf Befehl werden auch anstrengende Körperhaltungen eingenommen), Somnambulie (in diesem Zustand werden suggerierte Vorstellungen halluzinatorisch für Wahrnehmungen gehalten; der Schlafzustand des Hypnotisierten erlaubt es einzelnen suggerierten Vorstellungen, die gesamte noch verfügbare psychische Energie in ihren Dienst zu zwingen, die gesamte Motorik an sich zu reißen; dem Hypnotiseur gegenüber besteht Befehlsautomatie: erhöhte Suggestibilität, gesteigerte Beeinflußbarkeit; auch Schmerzunempfindlichkeit z. B. kann suggeriert werden). Nach tiefster Hypnose besteht totale Amnesie (Erinnerungsunvermögen). Das vor allem den Laien rätselhaft und geheimnisvoll anmutende Phänomen „Hypnose" ist seit zwei Jahrhunderten Gegenstand wissenschaftlicher Untersuchungen: von den „magnetischen Heilkuren" des Arztes Franz Anton Mesmer (Mesmerismus) über den britischen Chirurgen James Braid, der 1842 den Terminus „Hypnose" (griech. Hypnos = Schlaf) eingeführt hat, bis zu den therapeutischen Bemühungen in der Gegenwart. „Posthypnose": ↗ Suggestion. — ↗ Ich, Masse; Wundt W.

Hypochonder: „eingebildeter Kranker".

Hypokrisie: Heuchelei.

Hypostase: Verdinglichung von Allgemeinbegriffen zu realen Wesenheiten. — ↗ Begriffsrealismus, Geist, Metaphysik, Platonismus, Seele, Wortrealismus.

Hypothese: eine begründete Annahme, deren Wahrheitsgehalt noch nicht endgültig erwiesen ist. Hypothesen sind prinzipiell verifizierbar bzw. falsifizierbar, da sie sich auf Gegenstände möglicher Erfahrung beziehen. Wenn etwa infolge technischer Schwierigkeiten eine Hypothese vorläufig noch nicht überprüfbar ist, so muß doch zumindest grundsätzlich die Möglichkeit bestehen, sie auf ihren Wahrheitsgehalt hin zu prüfen: der Weg zur Verifikation muß zumindest denkbar und angebbar sein (Beispiel: „Auf dem Mars gibt es organische Substanzen"). Hypothesen weisen zunächst auf eine Möglichkeit hin, gelten dann mit fortschreitender Erweiterung des Erfahrungsbereiches mehr oder weniger wahrscheinlich, um schließlich als wahre Erfahrungsaussagen angenommen oder als unbrauchbare Hypothesen verworfen zu werden. Hypothesen im weiteren Sinne des Wortes: ↗ Induktion. – ↗ Görland, Hillebrand F., Kraft V., Newton, Poincaré, Popper K.

Hypothetisch: bedingt gültig. — Hypothetische Aussagen sind Bedingungsaussagen von der Form „wenn A, dann B". — ↗ Implikation. — Hypothetische Syllogismen sind Schlüsse, die hypothetische Aussagen enthalten; man unterscheidet 1. gemischthypothetische Schlüsse, bei denen der Obersatz ein hypothetisches Urteil ist (↗ modus ponens, modus tollens), und 2. rein-hypothetische Schlüsse, in diesem Fall sind beide Prämissen und der Schlußsatz hypothetische Urteile (z. B.: „wenn die Luft verdünnt wird, nimmt der Luftdruck ab; wenn der Luftdruck geringer wird, sinkt der Siedepunkt des Wassers; daher: wenn die Luft verdünnt wird, sinkt der Siedepunkt des Wassers").

Hysterie: in ihrer leichten Form charakterbedingte Launenhaftigkeit, Eigensinnigkeit und Herrschsucht, in ihrer schwersten Form eine seelische Erkrankung an der Schwelle zur Psychose mit beträchtlichen körperlichen Störungen. Allgemeine Symptome hinter der Buntheit des jeweiligen Erscheinungsbildes: Übererregbarkeit, Neigung zur Exaltation, gesteigerte Motorik und ungehemmter Bewegungsdrang, demonstrativ-theatralisches Gebaren. – ↗ Hypnose, Ich, Lachen, Neurose, Psychoanalyse/Freud (erste psychoanalytische Neurosenlehre, gemeinsam mit Joseph Breuer: „Studien über Hysterie", 1895: „Die Hysteriker leiden an Reminiszenzen").

Hysteron-proteron: „das Spätere zuerst"; ein Schluß- bzw. Beweisfehler, der darin besteht, daß das, was bewiesen oder erschlossen werden soll, als bereits bewiesen oder erschlossen vorausgesetzt wird, und daß dann aus diesen scheinbar bewiesenen oder erschlossenen Sätzen Aussagen abgeleitet werden, durch die jene scheinbar gültigen Sätze ihrerseits erst zu beweisen wären (↗ petitio principii, Zirkelbeweis, Zirkelschluß). — ↗ circulus vitiosus, Zirkel.

I

I: in der Logik das Symbol (i) für eine teilweise bejahende Aussage (z. B. „manche Säugetiere legen Eier").

Ibn Gabirol (Gebirol), Salomo, ca. 1020 (Málaga) – 1070 (Valencia) an ↗Plotin orientierter jüdischer Dichter und Denker, der manche Gedanken ↗Spinozas vorweggenommen hat.

I-Ching: Buch der Wandlungen. Ein Orakelbuch: Das beinahe einzige mystizistisch-okkultistische Werk der chinesischen Philosophie (von Konfuzius herausgegeben und mit einem Kommentar versehen). Es wird als das bedeutendste der neun klassischen Bücher der Chinesen angesehen. — ↗Wen-Wang.

Ich: A) Zur Psychologie des Ich-Begriffes: das Ichbewußtsein ist eine höchst komplexe seelische Synthese. Zu unterscheiden sind: 1. zwei Formen des primären Ich-Erlebens (a: „Subjekt-Ich", b: „dynamisches Ich"; und 2. drei Formen des senkundären Ich-Erlebens (c: subjektives Ich-Bild, d: Persönlichkeitsbewußtsein, e: objektives Ich-Bild),), d. h. im einzelnen: a) der Mensch erlebt normalerweise alles „ich-bezogen", erlebt sich also selbst als augenblicklich Erlebenden in allen Erlebnissen mit (das in jedem Augenblick erlebte „Subjekt-Ich"); dieses Aktivitätserlebnis beruht auf den motorischen Innervationen. Eine Erweiterung dieser Erlebnisform des „ich" stellt dar: b) das „dynamische Ich"-Erlebnis, das sich aus dem Subjekt-Ich-Erlebnis entwickelt und wie dieses in erster Linie auf der Motorik beruht: mit dem (aus einem anhaltenden Spannungserleben resultierenden) lustbetonten Kraftbewußtsein verschmelzen dann noch die Wahrnehmung des eigenen Leibes sowie die augenblickliche Stimmungslage. Eine Störung dieses dynamischen Ich-Erlebens ist die „Depersonalisation" (z. B. bei schwerer Ermüdung oder im Falle einer schweren seelischen Erkrankung). Zu c): Das subjektive Ich-Bild (die Ich-Vorstellung): in diesem Falle treten an die Stelle der Wahrnehmungen (Leibesempfindungen usw.) Erinnerungen. Dieses Ich-Bild ist die Voraussetzung für das Zustandekommen des „Persönlichkeitsbewußtseins" im energen Sinne des Wortes (d): das Erlebnis der „Eigenpersönlichkeit" als eines mit sich selbst identisch bleibenden und kontinuierlich agierenden Erlebnissubjektes, die eigene „Persönlichkeit" als längste aller Erinnerungsketten.

Normalerweise nun fallen das in der Erinnerung reproduzierte Ich-Bild und das primäre Gegenwarts-Ich zusammen; wo dies nicht der Fall ist (schwere Hysterie, ↗Hypnose, ↗Trance, Rausch usw.), da fehlt die Gewißheit der Identität und Kontinuität der Eigenpersönlichkeit, d. h. es kommt zu einer „Doppelung der Persönlichkeit": Zwei Ich-Bewußtseinslagen lösen einander ab, beide Ichs wissen nichts voneinander. Zu e): das objektive Ich-Bild innerhalb des Weltbewußtseins, wobei das „Ich" gleichsam von außen her (als Teil der Welt) „gesehen" (erlebt) wird; Voraussetzung ist das Persönlichkeitsbewußtsein. — ↗Individualpsychologie, Introjektion, Introspektion, Introzeption, Psychoanalyse, Psychobiologie. — B) Zur philosophischen (sowohl erkenntnistheoretischen als auch ethischen) Bedeutung des Ich-Begriffes: ↗Descartes (cogito ergo sum), Seele, Urerlebnis (Reininger, E. Heintel), Existentialismus (Das Ich als aussagendes Subjekt ist stets mehr, als es von sich als Objekt aussagen kann), Individualität (Müller-Freienfels): Das Ich als Ordnungsvorstellung, die wir in die Welt hineintragen. — ↗Dessoir; Gewissen; Selbsterkenntnis; Egoismus, Individualismus; Solipsismus; Stirner.

Ich weiß, daß ich nichts weiß: gegen die ↗Sophisten gerichteter Ausspruch des ↗Sokrates.

Ideal: erstrebtes Ziel; Wert, den man zu verwirklichen kann der Mensch wünscht. „Ohne Ideale kann der Mensch nicht aufrechtgehen" (↗Riehl). Ideale sind nicht gegeben, sondern aufgegeben, sind nicht beweisbar, sondern nur in ihren Konsequenzen zu entwickeln. – ↗Kraus W., Lange F. A.

Idealismus: 1. erkenntnistheoretischer Standpunkt (↗Konszientialismus. Bewußtseinsmonismus, Psychomonismus, Logismus), dem zufolge eine vom Bewußtsein des Erkennenden unabhängig existierende Wirklichkeit (Außenwelt) undenkbar ist, da alles, was wir wahrnehmen und denken, Bewußtseinsinhalt ist. Daher ist unsere Bewußtseinswelt eben „die Welt" schlechthin, ist alles „Sein": Bewußtsein (– das Denken „erzeugt" die Welt, der Untersucher eines Phänomens „schafft" es erst —). Gegenstandpunkt: Realismus (— das Denken „entdeckt" die Welt —). Im einzelnen sind folgende idealistische Standpunkte zu unterscheiden: a) Subjektiver Idealismus („die Welt" ist Inhalt eines individuellen Bewußtseins); ↗Berkeley, Solipsismus (Schubert-Soldern), Illusionismus, Egoismus; b) Objektiver Idealismus: die Welt ist Inhalt (oder sogar Schöpfung) eines überindividuellen (allgemeinen) Bewußtseins oder „Ich"; c) Monistischer Idealismus (↗Gaultier); d) Idealistischer Positivismus (↗Fiktionalismus); e) Empfindungsmonismus (↗Mach); f) Kritischer Idealismus (↗Kant); — ↗Deutscher Idealismus, Marburger Neukantianismus, Ideal-Realismus, Immanenzphilosophie, Phänomenalismus, Urerlebnisphilosophie. — 2. metaphysischer Standpunkt, gleichbedeutend mit ↗Spiritualismus. — 3. in der Ethik: Anerkennung von „Idealen" („geistigen" Werten); wie problematisch ein solcher „Idealismus" sein kann, deutet L. Marcuse an: „Die Menschen kämpfen sehr gerne für ihre Ideale — falls sie in derselben Richtung liegen wie ihr Interesse; nicht zu übersehen ist auch die bedenkliche Kehrseite jedes übersteigerten „Idealismus", von dem oft nur ein Schritt zu einem gnadenlosen politischen oder religiösen Fanatismus oder gar zum Terrorismus führt, wie denn überhaupt gerade die moralisierenden „idealistischen Gesinnungstäter" (auch als „Schreibtischtäter") nicht selten besonders grausame, rücksichts- und skrupellose Verbrecher sind. — ↗Bewußtsein; Jodl, M. Weber (Gesinnungsethik), Willmann.

Ideal-Realismus: Synthese von idealistischen und realistischen Gesichtspunkten, so z. B. bei Fichte und Schelling oder in anderem Sinne etwa bei W. Wundt und A. Müller. ↗ Kritischer Realismus.

Idealwissenschaft: Formalwissenschaft. Eine Idealwissenschaft ist die Mathematik, da die Gegenstände mathematischer Untersuchungen (z. B. geometrische Formen, Zahlen) nicht reale, sondern ideelle (konstruierte) sind.

Ideation: Wesenschau. — ↗Phänomenologie; Husserl, Scheler.

Idée-force: ↗Fouillée.

Ideen: 1. im allgemeinsten Sinn des Wortes: Gedanken, Vorstellungen. — 2. Nach Platons Ideenlehre die ewigen Urbilder der Dinge. — (↗Begriffsrealismus, Universalienstreit). — 3. In Kants Erkenntnistheorie: Vernunftbegriffe, regulative „Leitgedanken" unseres Erkenntnisstrebens (nämlich: Seele, Welt, Gott); diese Begriffe haben keine objektive Gültigkeit, d. h. sie decken nicht erkennbare Gegenstände, sondern sind Grenzbegriffe (Fiktionen), die den Aufbau eines geschlossenen Weltbildes ermöglichen. — ↗Fiktionalismus (Vaihinger); Freiheit; Platon (Methexis, Parusie).

Idem per idem: unzulängliche ↗Definition, indem der zu definierende Begriff als schon definiert vorausgesetzt und in der Definition als definierender Begriff verwendet wird (z. B.: „lächerlich ist, was Lachen erregt").

Identismus: metaphysischer Standpunkt, Lösung des „ontologischen Problems" bzw. Antwort auf die Frage, wie die „Welt an sich" beschaffen sei. So denkt z. B. ↗Spinoza die An-sich-Wirklichkeit als eine Substanz mit unendlich vielen Eigenschaften, von denen wir nur zwei erkennen können, nämlich die Ausdehnung (der Materie) und das Bewußtsein (die seelisch-geistige Wirklichkeit); diese einzige Substanz identifiziert er mit der „Natur" und zugleich mit „Gott"; er hält also materielles und geistiges Sein für an sich „identisch" (ordo et connexio idearum idem est ac ordo et connexio rerum). — ↗Rensch.

Identität: Gleichheit, völlige Übereinstimmung; Selbigkeit = Identität mit sich selbst. — ↗A = A (Identitätssatz), Identismus.

Identitatis indiscernibilium principium: Satz der Identität des Ununterscheidbaren, dem zufolge es nicht zwei gleiche Dinge in der Welt gibt und jedes Individuum von den anderen unterschieden ist (z. B. von ↗Leibniz betont).

Identitätslehre: ↗Identismus, Psychophysisches Problem, Schelling (Identitätsphilosophie).

Ideologie: 1. ganz allgemein: Ideen-System. — 2. Durch das (gesellschaftliche) „Sein" bestimmtes ↗„Bewußtsein" (Klassenbewußtsein, z. B. des Bürgertums; im Marxschen Sinn des Wortes: „Falsches Bewußtsein"; ↗Marxismus. — 3. Zwecks Verschleierung von (z. B. materiellen) Interessen: theoretisch unzulängliche, aber lebensdienliche Fehlbeurteilung der Wirklichkeit, die darauf beruht, daß die ideologischen Gedankensysteme Aussagen enthalten, in denen Wertungen und Normen in der Verkleidung von Tatsachenbehauptungen auftreten (— als ob sie allgemeingültige Erkenntnisse wären). Die pseudowissenschaftli-

Ideologiekritik

che ideologische Deutung der Wirklichkeit erfolgt im Interesse weltanschaulicher oder politischer Zielsetzungen, die dadurch legitimiert (oder auch disqualifiziert) werden sollen (– z. B. durch verbale Diffamierung, etwa durch Gleichsetzung von „Sozialismus" und „Sozialimperialismus" u. dgl.). Von der Rechtfertigung asozialer Gegebenheiten im Interesse der Profitmaximierung (– das nicht selten, wenn auch ideologisch noch so gut getarnt, z. B. auch hinter betont gemeinnützig gebenden ökologischen Bestrebungen oder pharmazeutischen Bemühungen u. dgl. steht –) bis zum Wunschdenken und zur biologisch nützlichen Lebenslüge, ja bis zum Betrug dehnt sich das weite Reich der „Ideologien". Eine gewisse Gefahr besteht darin, daß der „Ideologie"-Begriff zu weit gefaßt und damit entleert und nichtssagend wird: Wenn jede geistige Regung als ideologieverdächtig abqualifiziert wird, wenn letztlich „alles" Ideologie ist, so ist dieser Begriff seines spezifischen Sinnes beraubt, und es erübrigt sich sein Gebrauch. Mit Recht hat Solschenizyn (Archipel Gulag) darauf hingewiesen, daß auch z. B. das extrem Böse, das Menschen einander antun können, erst durch die Ideologie möglich wird, die der bösen Tat die gesuchte Rechtfertigung liefert (von der christlichen Inquisition bis zu den modernen Totalitarismen). Was den Ideologen an guten Gründen (logischen und empirischen) fehlt, ersetzen sie durch dogmatisch-aggressiven Eifer, wobei sie so tun, als ob ihre (doch nur Interessen verkleidende) „Losungen" (z. B. „Freiheit oder/statt Sozialismus" oder ↗Schelskys schiefe Alternative „mehr Demokratie oder mehr Freiheit" oder „Das Wichtigste zuerst!") auch schon „Lösungen" der betreffenden Probleme wären (– die sich aber erst stellen: Was ist denn z. B. das „Wichtigste"?); weitere Beispiele sind etwa der konservative Ruf nach „Law and Order", „Zucht und Ordnung" u. dgl. oder nach Besinnung auf das „Positive" (?), ferner die simplen demagogischen Formeln in der Kernenergie-Debatte oder auch die beliebte „Nestbeschmutzungsideologie" (…da das Nest „an sich" sauber ist, kann derjenige, der Schmutz darin findet, diesen nur selbst hineingetan haben…). – ↗Ideologiekritik, Ideologismus, Leerformeln, Vitalbegriffe; Benedikt.

Ideologiekritik: Versuch, die Ursachen der Bildung von ↗Ideologien festzustellen, d. h. die hinter den ideologischen Urteilen (als Tatsachenfeststellungen verkappten Werturteilen) sich verbergenden irrationalen Vorentscheidungen, (rassistische, nationalistische, politische …) Vorurteile, Motive, Einstellungen, Gesinnungen, Werthaltungen, Wünsche, Absichten, Ressentiments, „Vitalengagements" (↗Geiger) aufzudecken. Dank der in den letzten Jahrzehnten geleisteten Ideologiekritik ist man heute besonders hellhörig und empfindlich gegenüber ideologischen „Sprachregelungen" und Trugworten aller Art, gegenüber jedem Versuch (vor allem in der Politik), Ideologie mit Hilfe von (wie u. a. ↗Albert und Topitsch sagen:) „Immunisierungsstrategien" (z. B. durch Einbau von ↗„Leerformeln", Anspruch auf „Unfehlbarkeit" u. dgl.) der Kritik zu entziehen und als Wissenschaft anzubieten, obwohl sie in Wahrheit nichts anderes ist als „Gesinnung in Begriffen", die das an Interessen orientierte und von Wertgesichtspunkten gesteuerte Denken des Menschen beherrscht. Ideologiekritik dient somit indirekt auch der Zerstörung ungerechtfertigter Autoritätsansprüche und -strukturen. Andererseits gibt es freilich auch allzu eifrige „Ideologie"-Kritiker, die einfach überall, hinter jeder geistigen Produktion, jeder Aussage, jeder Hypothese, selbst in exakten Wissenschaften, eine „Ideologie" wittern, wodurch sie den an sich schon schillernden Ideologiebegriff vollends seines spezifischen Inhaltes berauben, ihn zu einem nichtssagenden Reizwort verwässern und damit wertlos machen (↗Ideologie, 1). – ↗Albert, Améry, Aron, Bacon F. (Idolenlehre), Barion, Barth Hans, Friedmann, Geiger, Kahl, Kelsen, Kofler, Küng, Künzli, Lenk K., Lieber, Lübbe, Mannheim, Marko, Pareto, Rapoport, Rossi-Landi, Salamun, Sölle, Szczesny, Theimer, Topitsch; Dialektik, Freiheit, Historismus, Liberalismus, Nationalsozialismus, Obskurantismus, Positivismus-Streit, Strukturalismus; Cioran.

Ideologismus: Standpunkt des französischen Philosophen ↗Destutt de Tracy, der den Ideologie-Begriff eingeführt hat, dessen Abwertung auf Napoleon zurückgeht.

Ideorealgesetz (ideomotorisches Gesetz, Rudiment-Theorie, ↗Carpenter-Effekt): auf jede Wahrnehmung oder Vorstellung einer Bewegung wird mit entsprechenden Bewegungsimpulsen, mit rudimentären „Mitbewegungen" (im Sinne einer unmittelbaren „Nachahmung") reagiert; jede Wahrnehmung einer Bewegung enthält einen unwiderstehlichen Antrieb zur Ausführung dieser Bewegung; die Wahrnehmung einer Bewegung wirkt fast unausweichlich ansteckend (z. B. Gähnen, Lächeln…); allgemeiner: Jede Vorstellung schließt den Antrieb zur (motorischen) Verwirklichung ihres Inhaltes ein: eine entscheidende Voraussetzung für das ↗Verstehen.

Idiographisch: geht man in den Kulturwissenschaften (methodisch) vor. — ↗Naturwissenschaften; Windelband.

Idiosynkrasie: Überempfindlichkeit gegenüber bestimmten Reizen.

Idol: Trugbild, Vorurteil. — ↗F. Bacon (Idolenlehre).

Ignoramus et ignorabimus: Wir wissen es nicht und werden es nie wissen; ↗Du Bois-Reymond; Agnostizismus.

Ignoratio elenchi: Beweisfehler, der darin besteht, daß der fragliche Punkt unbeachtet gelassen wird, d. h. also verkannt wird, was bewiesen werden soll, bzw. der Widerspruch zwischen zwei Behauptungen unbeachtet bleibt. — ↗Heterozétesis.

Ihering, Rudolf von, 1818-1892: deutscher Rechtsphilosoph, der einflußreichste deutsche Jurist der zweiten Hälfte des 19. Jhdts. und der bedeutendste Mitbegründer der jüngeren ↗Historischen Rechtsschule, der nachzuweisen versucht, daß der „Zweck" der Schöpfer des Rechtes sei. - Hptw.: Der Geist des römischen Rechts auf den verschiedenen Stufen seiner Entwicklung, 5 Bde., 1852-1878, 1894⁶; Der Kampf ums Recht, 1872, 1881⁶; Der Zweck im Recht, 2 Bde., 1877/1883, 1923⁸; Gesammelte Aufsätze, 3 Bde., 1881-1886.

Illusion: 1) im allgemeinen Sinn: Einbildung, Wunschgedanke, Selbsttäuschung. — ↗Hoffnung. - 2) ↗Vorstellung. - 3) ↗Vaihinger. - 4) ↗Lange K.

Illusionismus: ↗Gaultier, Gorgias, Lange K.

Immanent: innerweltlich, diesseitig, innewohnend: z. B. „bewußtseinsimmanent" (innerhalb des Bewußtseins), „erfahrungsimmanent" (im Bereich möglicher Erfahrung); Gegenbegriff: ↗transzendent.

Immanenzphilosophie: erkenntnistheoretischer Standpunkt, dem zufolge alles Gegebene bewußtseinsimmanent ist bzw. eine bewußtseinsunabhängige Wirklichkeit nicht gedacht werden kann (Bewußtseinsmonismus; ↗Schuppe, Kauffmann). — ↗Empfindungsmonismus (Mach), Solipsismus (Schubert-Soldern).

Immaterielle Prinzipien: prinzipiell unbeobachtbare („verborgene", übersinnliche) Kräfte und magische Mächte, z. B. „Gott", „Seele", „Entelechie", von den Metaphysikern zur „Erklärung" von Erscheinungen angenommen, wozu sie freilich ungeeignet sind, da sie vielmehr selbst erst einer Erklärung bedürften; ihr Wert ist also nicht ein theoretischer, sondern ein außerwissenschaftlicher, emotionaler. — ↗Mythologem, Teleologie.

Immoralismus (Amoralismus): 1. im allgemeinen Sinn des Wortes: Mißachtung der ethischen Werte (↗Moral insanity; ↗Stirner); 2. im engeren Sinn des Wortes: ↗Nietzsches ↗„Umwertung aller Werte" (Ablehnung der christlichen Morallehre).

Imperativ: Forderung. Z. B. ↗Kategorischer Imperativ ↗Kants.

Impersonal: unpersönlich. In der Logik Bezeichnung für Aussagen wie „es donnert", „es regnet".

Impetus: Antrieb, Drang.

Implicite (implizit): eingeschlossen, dem Sinne nach mitenthalten; Gegensatz: ↗explicite.

Implikation: 1. unter einer „logischen Implikation" versteht man eine Geltungsbeziehung, die darin besteht, daß die Gültigkeit eines Satzes die Gültigkeit eines anderen Satzes „einschließt" (verbürgt), z. B.: wenn a = b, so ist b = a; 2. unter „empirischer Implikation" versteht man ein tatsächlich bestehendes Bedingungsverhältnis (zwischen Sachverhalten). — ↗Äquivalenz.

Imponderabilien: Unwägbarkeiten, unbestimmbare Einflüsse.

Impressionismus: eine Welt- und Lebensauffassung (— von der gleichnamigen Kunstrichtung, vor allem in der Malerei und der Lyrik, ist hier abgesehen —), die der unreflektierten Anschauung und der Hingabe an den „Eindruck" des Augenblickserlebnisses einen besonderen Wert beimißt, die unmittelbare „Kenntnis" höher schätzt als die von Begriffen durchsetzten „Erkenntnisse" der bildungssüchtigen Gedächtnismenschen, den „Reichtum" des konkreten Erlebens der „Armut" der abstrakten Begrifflichkeit vorzieht und die Vorzüge eines ahistorischen Daseinsvollzuges preist. - Praktische Konsequenzen des Impressionismus: Passivismus, ↗Wu-Wei. - Ästhetizismus, Bovarismus, Geschichte. - ↗Mach (erkenntnistheoretischer Impressionismus: ↗Empfindungsmonismus, Empiriokritizismus, Empirismus, Immanenzphilosophie, Positivismus, Sensualismus), Nietzsche

Indeterminismus

(Anti-Historismus), Reininger, Wahle.

Indeterminismus: philosophischer Standpunkt, dem zufolge 1. das Weltgeschehen nicht kausal-gesetzmäßig determiniert verläuft, sondern von zielstrebig wirkenden Kräften gelenkt wird (↗Finalismus, ↗Teleologismus) und 2. der Mensch über einen freien Willen verfügt (↗Willensfreiheit). Gegenstandpunkt: ↗Determinismus (↗Kausalismus, ↗Mechanistik).

Indiscernibilium: ↗Identitatis i. p.

Indische Philosophie: religiös-theologisch zentrierte philosophische Systeme, äußerst vielgestaltig, im wesentlichen ein ahnungsvolles Suchen nach Erlösung vom Ungenügen des irdischen Daseins, gepaart mit einer Neigung zu mönchischem Weltentsagen und zu jugendlich-asketisch-puritanischer Weisheit (zum Unterschied vom chinesischen Ideal der Altersweisheit), getragen vom asiatischen Einheitsgedanken, im einzelnen orientiert am Vedismus, Brahmaismus oder Hinduismus, d. h. an Religionen, in denen die Autorität des Veda anerkannt wird, bzw. am Buddhismus oder Jainismus (die Autorität des Veda nicht anerkannt). Religion und Philosophie bilden in der indischen Kultur eine unlösliche Einheit. Die 6 klassischen Systeme: Vaischeschika, Nyaya, Mimamsa, Sankhya, Yoga, Vedânta. Typen indischen Philosophierens sind der schriftgelehrte „Pandit" und der meditierende „Yogin". – ↗Adi Granth, Advaita, Advaita-Vedanta, Aranyakas, Arya Samaj, Atman, Avidya, Brahman, Brahma-Samaj, Buddha, Dharma, Gandhi, Guru, Hinayana, Hinduismus, Jainismus, Kapila, Karma, Mahatma, Mahavira, Mahayana, Maya, Neubuddhismus, Nirwana, Prakrti, Puranas, Purusa (Puruscha), Radhakrishnan, Sâmkhyam (Sankhya), Samsara (Sansara), Santyagraha, Sikhs, Sutras, Tagore, Tantrismus, Tat twam asi, Upanishaden, Veda, Vedânta, Vivekananda, Yajnavalkya, Yoga, Yogácaras, Zen; Bhagavadgita. – (Schreibung different, da aus verschiedenen Sprachen – Sanskrit, Pali, Hindi – bei schwankender Umschrift). – Zum Einfluß der indischen Philosophie auf das neueuropäische Geistesleben: ↗Schopenhauer, Keyserling; Neubuddhismus; Deussen, Schweitzer. – Einer der bedeutendsten Mittler indischen Geistes: Helmuth von Glasenapp (1891–1963; „Die Philosophie der Inder", 1974³). – ↗Eliade, Küng.

Individualismus: 1. ethischer Standpunkt, dem zufolge jeder Mensch das Recht und die Pflicht hat, vor allem seine eigene Persönlichkeit zu größtmöglicher Vervollkommnung zu entwickeln, da sein Sonderdasein einen Eigenwert darstellt, der dem Wert von Gruppen (Volk, Staat usw.) nicht untergeordnet werden darf; Gegenstandpunkt: ↗Universalismus; 2. ethischer Standpunkt, gleichbedeutend mit ↗Individualeudaimonismus; Gegenstandpunkt: ↗Sozialeudaimonismus. — 3. Geschichtsphilosophische Auffassung, der zufolge vor allem die „großen Männer" Geschichte machen (z. B. von ↗Carlyle vertreten); Gegenstandpunkt: Kollektivismus.

Individualität: Einzigartigkeit eines Wesens (beim Menschen spricht man auch von „Persönlichkeit"). Die Individualität zeichnet sich durch Identität aus (↗Müller-Freienfels). – ↗Existentialismus, Ich, Ineffabilität; Suárez, Volkelt; Identitatis i. p.

Individualpsychologie: von ↗Alfred Adler begründet; Annahme eines bei allen Menschen schon im Kindesalter auftretenden allgemeinen Minderwertigkeitsgefühles, das unter normalen Umständen mit zunehmender Reife allmählich abgebaut wird. Unter bestimmten Umständen aber (z. B. bei Menschen mit körperlichen Gebrechen oder in einer sehr mißlichen sozialen Situation oder infolge verkehrter Erziehung) kann es auch zu einer Verstärkung dieses allgemeinen Minderwertigkeitsgefühles durch ein spezielles Minderwertigkeitsgefühl kommen. Wer unter solchen Minderwertigkeitskomplexen leidet, neigt dazu, sie durch besondere Erfolge auszugleichen, zu kompensieren, ja sogar zu überkompensieren, d. h. ein ausgeprägtes Geltungs- bzw. Machtstreben zu entwickeln, das sich in bestimmten Handlungsweisen (asozialem Verhalten), Charaktereigenschaften (Egoismus) und neurotischen Erkrankungen äußert. Aufgabe des Individualpsychologen ist es, dem Neurotiker die Fehlerhaftigkeit seines Lebensplanes zu Bewußtsein zu bringen und ihm auf diese Weise zu helfen, eine sachliche und gemeinschaftsbewußte Lebenseinstellung (im Gegensatz zur egozentrischen) zu gewinnen. Das ertragreichste Anwendungsgebiet der Individualpsychologie ist die Pädagogik, deren oberster Grundsatz nach Adler zu lauten hat: Ermutigung des Kindes! — ↗Ressentiment.

Indizienbeweis: geisteswissenschaftliche Erkenntnismethode. Da in den Geisteswissenschaften (z. B. in der Geschichte) bedeutend weniger Erfahrungsmaterial zur Verfügung steht (z. B. nur einzelne Urkunden, Münzen usw.) als in den Naturwissenschaften und auch Experimente nicht durchführbar sind, ist man auf Indizienbeweise angewiesen, d. h. auf den Nachweis eines Tatbestandes mittels anderer feststehender Tatsachen, durch die er erfahrungsgemäß bedingt ist (— wie bei der ↗ „Theorie" eine Kombination von ↗Induktion und ↗Deduktion).

Induktion: erfahrungswissenschaftliche Erkenntnismethode, und zwar das gedankliche Fortschreiten von Einzelbeobachtungen zur Formulierung allgemeiner Sätze. Voraussetzung hiefür ist das Vorhandensein gleichartiger Wirklichkeitselemente, aber auch die Befolgung des ↗Regelmäßigkeitspostulates. Wichtig ist es vor allem, die komplizierten Erscheinungen zunächst sorgfältig zu untersuchen und die Tatsachenkomplexe durch Analyse in elementare Komponenten zu zerlegen; dann müssen durch Beobachtung unter verschiedenen Umständen die für das Auftreten einer bestimmten Erscheinung wesentlichen Bedingungen eruiert werden, wodurch es möglich wird, die Invarianz einer Beziehung in den untersuchten Fällen nachzuweisen. Beste Gelegenheit für eine derartige Untersuchung bietet das Experiment (bekannte Versuchsbedingungen, Einfachheit der Situation, Wiederholbarkeit, Kontrollmöglichkeit, Möglichkeit einer planmäßigen Variation der Versuchsanordnung); allerdings setzt die Durchführung eines Experimentes (sowie die Interpretation der Ergebnisse der Experimentaluntersuchung) ein bestimmtes Wissen voraus. Schließlich wird die invariante, gesetzmäßige Beziehung in einem allgemeinen (für die einzelnen Fälle gültigen) Satz zum Ausdruck gebracht. Problematisch am Induktionsverfahren ist die Verallgemeinerung der als invariant erkannten (gesetzmäßigen) Beziehung über die tatsächlich beobachteten Fälle hinaus. Einen „Induktionsschluß" gibt es ebensowenig wie einen „Analogieschluß"; in beiden Fällen wird nur eine Vermutung über das Bestehen eines Zusammenhanges bzw. einer Gleichheit infolge der Ähnlichkeit (Analogie) ausgesprochen (Fehler: „ungerechtfertigte Verallgemeinerung", „falsche Analogie"): Jeder Schluß setzt allgemeine Obersätze voraus; solche allgemeine Sätze aber sind durch Induktion erst zu gewinnen und stehen nicht am Beginn des Induktionsverfahrens; daher kann man induktiv niemals „schließen". Die allgemeinen Sätze werden aus den Einzelbeobachtungen also nicht „abgeleitet", sondern nur „induziert", und zwar durch vorläufige Verallgemeinerung; der allgemeine Satz wird aufgestellt und gilt hypothetisch (mehr oder weniger wahrscheinlich) auch für alle noch nicht beobachteten Fälle gleicher Art, und zwar solange er nicht durch neue Erfahrungen widerlegt wird und widerrufen bzw. abgeändert werden muß. Somit gelten die allgemeinen Sätze („Naturgesetze" usw.) nur hypothetisch, d. h. auf Widerruf; sie sind ausnahmslos Hypothesen (im weiteren Sinne des Wortes). Da sich also aus Einzelerfahrungen allgemeine Beziehungen nicht „ableiten", sondern nur „induzieren" und vermutungsweise in Form von Hypothesen formulieren lassen, die stets aufs neue bestätigt werden müssen, bedarf die Induktionsmethode zur Begründung der Geltung empirischer Sätze der Ergänzung durch die Deduktion. Man baut daher aus jenen allgemeinen Sätzen eine „Theorie" auf, leitet aus diesen als gültig vorausgesetzten Sätzen Einzelaussagen ab, die nun in bezug auf jene Voraussetzungen notwendig gelten, prüft dann die Aussagen an der Erfahrung und verifiziert oder falsifiziert dadurch nachträglich und indirekt jene Obersätze. (↗Theorie). Empirische Erkenntnisse gelten also nie absolut, da sie durch neue Erfahrungen jederzeit widerlegt werden können und durch fortgesetzte Verifikation immer wieder bestätigt werden müssen. Als erster hat ↗Hume die I. einer Kritik unterzogen und ihre Problematik durchschaut (psychologische Rechtfertigung durch „Gewohnheit"). — ↗Kraft V., Mill, Popper, Spinner, Zilsel; Statistik, Wahrscheinlichkeit.

Induktivismus: ↗Deduktivismus, Induktion.

Ineffabilität: Unaussprechlichkeit (z. B. Gottes). – ↗Leibniz: „Individuum est ineffabile" (d. h. die Individualität ist Selbstrealisierung in Freiheit, nicht jedoch ein mitteilbarer Inhalt).

Infallibilität: Unfehlbarkeit, Irrtumsfreiheit, z. B. vom Vatikanischen Konzil 1870 dem Papst zugesprochen, wenn er in Ausübung seines Amtes (ex cathedra) eine Glaubensoder Sittenlehre definiert. Nicht uninteressant ist es, daß der Franziskaner Petrus Johannis Olivi (13. Jhdt.) als Häretiker verurteilt wurde, weil er als erster die „verwerfliche Irrlehre" von der Unfehlbarkeit des Papstes verkündet hatte. 1870 war Pius IX. Papst (1846—1878), der auch das Dogma der „Unbefleckten Empfängnis" verkündet hat (1854).

Infinit: unendlich. — ↗Ewigkeit, Infinitismus, Raum, transfinit, Unendlichkeit, Zeit.

Infinitismus: Überzeugung von der „Unendlichkeit" (der Welt). Gegenstandpunkt: ↗Finitismus. — ↗Ewigkeit, Raum, Unendlichkeit, Zeit.

Ingarden, Roman, 1893—1970: polnischer Philosoph, Schüler Husserls; sein Interesse gilt vornehmlich einer phänomenologischen Ästhetik; an der Anwendung statistischer Methoden in der Literaturforschung (z. B. durch Bense) übt er eher Kritik. — Hptw.: Das literarische Kunstwerk, 1972⁴; Untersuchungen zur Ontologie der Kunst (Musikwelt – Bild – Architektur – Film), 1962; Der Streit um die Existenz der Welt, 1. Bd. (Existentialontologie): 1964, 2 Bd. (Formalontologie): 1965, 3. Bd. (Über die kausale Struktur der realen Welt): 1974; Vom Erkennen des literarischen Kunstwerkes, 1968; Erlebnis, Kunstwerk und Wert (Vorträge zur Ästhetik 1937 bis 1967), 1969; Über die Verantwortung, 1971; Gegenstand und Aufgaben der Literaturwissenschaft (Aufsätze und Diskussionsbeiträge), 1976.

Inge, William Ralph, 1860—1954: englischer Neurealist, als Religionsphilosoph von Platon und Plotin beeinflußt. — Hptw.: Faith and Knowledge, 1904: Truth and Falsehood in Religion, 1906; Personal Idealism and Mysticism, 1907; Faith and Its Psychology, 1909; The Philosophy of Plotinus, 2 Bde., 1918, 1929³; Christian Ethics, 1930; Christian Mysticism, 1933.

Ingrisch, Hugo, geb. 1905: österreichischer Philosoph, der sich vom Standpunkt eines an Kant orientierten agnostizistischen Pragmatismus aus mit allen philosophischen Grundproblemen auseinandersetzt und den für die Gegenwart charakteristischen eudaimonologischen Pessimismus von einem evolutionistischen Optimismus und Perfektionismus abgelöst wissen will. - Hptw.: Philosophie der Vollkommenheit, 3 Bde. (I: Philosophie als Erkennen; II: Philosophie des Wertens; III: Die praktische Philosophie als Ergebnis der theoretischen), 1978–1983.

Inhaltslogik: ältere Form der Logik, Untersuchung und Einteilung der Begriffe und Aussagen nach ihrem Inhalt (z. B. Deutung der Aussage „S ist P" als Eigenschaftsaussage). Gegensatz: ↗Umfangslogik.

Innervation: Erregung eines Muskels (einer Drüse usw.) über einen motorischen Nerven.

Instrumentalismus: besonders in Amerika bevorzugter erkenntnistheoretischer Standpunkt. - ↗Pragmatismus; Dewey.

Integral: vollständig, umfassend; ein in der Gegenwartsphilosophie häufig gebrauchter Ausdruck (z. B. „integrale Logik" bei ↗Gabriel). Als „integral" kann man auch die philosophische (wirklichkeitstheoretische) Betrachtungsweise im Gegensatz zur einzelwissenschaftlichen bezeichnen. - ↗Berdjajew, Rintelen.

Intellektualismus: 1. Welt- und Lebensauffassung, der zufolge der theoretische Wert allen anderen Werten gegenüber eine Vorrangstellung verdient (z. B. ↗Nietzsche: „Sieh' das Leben als ein Experiment der Erkennenden an"). Gegenstandpunkte: ↗Ethizismus, ↗Ästhetizismus. — 2. Erkenntnistheoretischer Standpunkt, dem zufolge dem Denken eine größere Bedeutung im menschlichen Bewußtseinsleben zukommt als dem Fühlen, Wollen und Handeln. Gegenstandpunkte: ↗Emotionalismus, ↗Voluntarismus. — 3. Gleichbedeutend mit ↗Rationalismus (in der erkenntnispsychologischen Bedeutung). — 4. Ethischer Standpunkt, dem zufolge die Tugend „lehrbar" ist (↗Sokrates). - 5. Allgemeiner Gegenstandpunkt: Anti-Intellektualismus. - ↗Gehlen.

Intellektuelle Anschauung: ↗Intuition (etwa gleichbedeutend); Fichte, Schelling; Barion.

Intelligenz: ↗Denken. — Im weiteren Sinn: Klugheit, geistige Anpassungsfähigkeit, Urteilsfähigkeit, Auffassungsgabe; im engeren Sinne des Wortes unterscheidet man einzelne Intelligenz-„Dimensionen". Der Begriff „Intelligenz-Quotient" (IQ) wurde von ↗Stern W. 1912 als Maß für die Höhe der Intelligenz eines Menschen eingeführt (IQ = IA : LA × 100; IA = Intelligenzalter, das durch Tests ermittelt wird; LA = Lebensalter). - Neuerdings richtet sich das Interesse der Forscher vor allem auf den Zusammenhang von Hirnstromtätigkeit und Intelligenz. - ↗Piaget.

Intention: Gerichtetheit des Bewußtseins auf einen Gegenstand, der „gemeint" ist, oder auf ein Tun, das „beabsichtigt" wird.

Intentional: ↗Brentano.

Intersubjektiv: für alle Menschen gültig. — ↗Erkenntnis, überindividuell, Wahrheit.

Intoleranz: Unduldsamkeit gegenüber Andersdenkenden oder Andersgläubigen. Gegenbegriff: ↗Toleranz.

Introjektion (Endopathie, Einfühlung): 1. Vermenschlichung (Anthropomorphose) der

Naturvorgänge, um sie (über Beschreibung und Berechnung hinaus) auch zu ↗verstehen (↗kategoriales Denken). Allzu weit getriebene Einfühlung in ich-fremde Erscheinungen führt zur mythologischen Personifikation (z. B. antike Götterwelt). — 2. Eine wesentliche Voraussetzung des ästhetischen Genusses. ↗Ästhetik. — Den Terminus I. hat ↗Avenarius eingeführt.

Introspektion: psychologische Methode der Selbstbeobachtung, d. h. Beobachtung des eigenen Erlebens; der Vorteil dieser Methode (gegenüber der Fremdbeobachtung, d. h. der Beobachtung der wahrnehmbaren Äußerungen fremden Seelenlebens) besteht darin, daß sie einen unmittelbaren Einblick in die Welt der Seele gewährt; da aber die Selbstbeobachtung notwendig zu einer Veränderung, Unterbrechung oder auch Verdrängung des eben ablaufenden seelischen Geschehens (das beobachtet werden soll) führt und jedes Erlebnis daher erst rückschauend (retrospektiv) zu beobachten ist, besteht die Gefahr einer Täuschung (ganz abgesehen von der durch Scheu, Eitelkeit usw. bedingten bewußten oder unbewußten Fälschung der Selbstbeobachtungsergebnisse).

Introszendent: ↗Hofmann.

Introzeption: Ein-Eignung; ein ethischer Imperativ; von ↗W. Stern geprägter Terminus für die Umwandlung von (heteronomen) Fremdgeboten in (autonome) Eigengebote.

Intuition: ↗Intuitionismus; Phänomenologie.

Intuitionismus: Die Intuitionisten (oder Irrationalisten) halten die Intuition für die wichtigste Erkenntnisquelle. Statt „Intuition" kann man auch ↗Einfühlung, ↗„intellektuelle Anschauung" oder ↗„Wesensschau" sagen. Die „gefühlsmäßig" (intuitiv) aufgestellten Behauptungen so zu begründen, daß sie von jedem nachgeprüft werden können, halten die Intuitionisten für überflüssig; ihnen genügt die „Evidenz", d. i. das Gefühl der Gewißheit, die Wahrheit unmittelbar erschaut zu haben. Kritisch ist dagegen einzuwenden, daß die Intuition wohl neue Einsichten gewinnen läßt, jedoch zur Begründung allgemeingültiger Erkenntnisse nicht ausreicht; alle Intuitionen bedürfen einer nachträglichen Kontrolle und Verifikation durch die allgemein zugängliche Erfahrung. ↗Metaphysik; Mathematik.

Intussuszeption: Wachstum organischer Zellen durch „Innenaufnahme". — ↗Leben. — Gegenbegriff: **Apposition** („Beifügung", „Außenaufnahme"): durch sie wachsen Kristalle.

Inverse: ↗Symmetrie.

Involution: ↗Evolution.

Ionier: die griechischen Naturphilosophen Thales, Anaximander, Anaximenes (↗Milesier) und ↗Heraklit. — ↗Kosmozentrisch.

Irenaeus: kleinasiatischer Theologe des 2. Jhdts. n. Chr. (geb. zwischen 130 und 142, gest. um 202 als Bischof von Lyon und Vienne), der die Gnostiker bekämpft und die Auffassung von der Einheit des Schöpfer- und Erlösergottes vertritt. I. läßt in seiner Glaubensdarstellung den Wunsch nach ausgleichender Gerechtigkeit erkennen: Die Menschen scheiden sich immer schärfer in gute und böse. bis der Antichrist, der menschgewordene Satan, erscheint und im Tempel von Jerusalem thront und regiert; dann wird Christus kommen und den Antichrist ins Feuer werfen, nachdem die Welt bis dahin sechs Jahrtausende bestanden haben wird (jedem Tag der Schöpfung tausend Jahre entsprechend; dem siebenten Tag, dem Ruhetag, entsprechen tausend Jahre des Reiches Christi: in diesem Jahrtausend werden die erweckten Gerechten leben; nach Ablauf dieser tausend Jahre findet eine zweite Wiedererweckung der Gerechten und der Ungerechten statt: die Gerechten erlangen das ewige Heil, die Ungerechten das Gericht und die ewige Strafe des Verlustes der Gnade).

Ironie: eine ästhetische Grundgestalt, ein Stilmittel (zwischen Wahrheit und Lüge), eine besondere Form der ↗Komik, die darin besteht, daß man das Gegenteil von dem sagt, was man zu sagen beabsichtigt, aber so, daß es bemerkt wird. Im Gegensatz zum ↗Humor (und nicht unähnlich dem ↗Witz) ist die Ironie mehr boshaft-spöttisch, mitunter zynisch; ihr Ziel ist es, den Ironisierten herabzusetzen, in seinem Wert zu mindern. Eine verschärfte (bissige und verletzende) Form der Ironie ist der Sarkasmus. Besondere Formen der Ironie sind die romantische Ironie (Vernichtung der Stimmung, die man selbst geschaffen hat) und die ↗sokratische Ironie (indem man sich mit Absicht unwissend stellt). Auch Parodie (lächerlicher Inhalt in pathetischer Form dargestellt), Travestie (bedeutsamer

Irrationalismus

Inhalt bagatellisiert) und ↗Satire (spöttisch-moralisierend, Mahnung und Tadel) sind Versuche, etwas lächerlich zu machen. – ↗Lachen, Tropus; Voltaire.

Irrationalismus: 1. geringes Vertrauen in die Leistungsfähigkeit der menschlichen Vernunft (ähnlich ↗Magismus, Mystizismus: „Wir müssen, ob wir wollen oder nicht, das Irrationale als den wichtigsten Faktor des Geschehens einsetzen.") – ↗Lukács. – 2. Gleichbedeutend mit ↗Intuitionismus (Versuch, metaphysische Erkenntnisse durch Intuition zu gewinnen). – ↗Lebensphilosophie. – Gegenstandpunkt: ↗Rationalismus. – ↗Müller-Freienfels.

Isidor von Sevilla, gest. 636: letzter „Kirchenvater", Bischof, von umfassender Gelehrsamkeit, der u. a. eine Enzyklopädie des gesamten Wissens seiner Zeit verfaßte: die „Etymologiae".

Islâm (= „Hingabe an Allah", d. h. Ergebung in den Willen Gottes): von Muhammad (Mohammed, geb. 570 oder 572 in Mekka) begründete monotheistische Weltreligion, im Korân (78.000 Wörter: 114 Suren und 6236 Verse) schriftlich fixiert; mit Mohammeds Übersiedlung von Mekka nach Jathrib (nach ihm Medinat al nebi, Stadt des Propheten, genannt = Medina) im Juli 622 (Higra, Hedschra) beginnt der islamische (nach Mondjahren zählende) Kalender; aus der historischen Entwicklung nach Mohammeds Tod (an einem Montagnachmittag, im Juni 632) sei hier nur auf die Traditionssammlungen der Muslime (= Islamgläubigen) verwiesen (Hadith: acht Generationen), ferner auf den ↗Sufismus und die Philosophen ↗Al-Farabi, ↗Al-Kindi, ↗Avicenna, den an Schleiermacher erinnernden ↗Al-Ghasali (gest. 1111) und auf ↗Averroes. Der Islam stimmt im wesentlichen mit dem Judentum und dem Christentum überein, auch der indische (buddhistische) und vor allem der iranische Einfluß ist nicht zu übersehen; im Mittelpunkt steht der Glaube an die Prädestination und die Gnadenwahl durch Gott; verboten sind der Genuß berauschender Getränke und die bildliche Darstellung lebender Wesen; die fünf „Pfeiler" des Islam: Glaube an einen Gott und die Prophetie Mohammeds, fünfmaliges tägliches Gebet, Almosen, Fasten im heiligen Monat Ramadân, mindestens eine Wallfahrt nach Mekka. – Eine gerade in der Gegenwart wieder stark akzentuierte Spaltung: Die „Sunniten" anerkennen die Sunna, d. h. die mündliche Überlieferung, und betrachten die ersten drei Kalifen als rechtmäßige Nachfolger Mohammeds; die „Schiiten" hingegen halten ausschließlich Ali, den Schwiegersohn Mohammeds, für damals berechtigt zum Kalifat. Diese Spaltung des Islam in zwei (in sich auch wieder vielfach aufgespaltene) Richtungen ist nicht so sehr religiös, sondern politisch begründet und nur religiös verbrämt, da die schiitischen Mohammedaner (Schi'a = „Partei") das Prinzip des Imamates verfechten (heute vor allem: Iran, Irak, Jemen, Syrien und Libanon), indem sie den fünf „Grundpfeilern" als sechsten die Anhänglichkeit an die Imame im Sinne einer Autoritätskirche hinzufügen und eine gesteigerte Unduldsamkeit praktizieren, z. B. in den militanten Organisationen „Hizbollah" („Partei Gottes") und „Jihad" („Heiliger Krieg"). – Lit.: Bernard Lewis (britischer Orientalist, geb. 1916, jetzt in den USA), Hptw. (dt.): Welt des Islam, 1976; Der Islam von den Anfängen bis zur Eroberung von Konstantinopel, 2 Bde., 1981; Die Welt der Ungläubigen: Wie der Islam Europa entdeckte, 1983; Die Juden in der islamischen Welt, 1987. – ↗Akkulturation, Arabische Philosophie, Religion; Küng.

Isokrates, 436–338 v. Chr.: Athenischer Rhetor, der vor allem an den Auffassungen ↗Platons und ↗Antisthenes' Kritik geübt hat.

Italienische Philosophie: sie bietet kein einheitliches Bild, so daß sie sich auch kaum (wie die ↗deutsche, die ↗englische und die ↗französische Philosophie) allgemein charakterisieren läßt. Höhepunkte der Entwicklung liegen im Rinascimento (↗Renaissance-Philosophie) und im Risorgimento (↗Mazzini), aber auch in der Zeit davor (↗Dante) und dazwischen (↗Vico) ragen einzelne bedeutende Denker hervor. „Nach dem Scheiterhaufen ↗Brunos, der Gefangenschaft ↗Campanellas und dem Prozesse ↗Galileis, welche den Triumph der Gegenreformation in Italien bezeichneten, wurden die Jesuiten, von den Spaniern beschützt, Herren des italienischen Geistes, und die Philosophie bewahrte als vernünftige, vom Dogma unabhängige Forschung ein fast zwei Jahrhunderte langes Schweigen" (Luigi Credaro). Die philosophischen Hauptströmungen der neuesten Zeit fanden auch in Italien Widerhall: ↗Hegelianismus (Vera: 1813—1885; Spaventa: 1817—1883), ↗Neukantianismus (Cantoni: 1840—1906), ↗Positivismus (↗Ardigò, ↗Rensi), ↗Fiktionalismus (Marchesini) und ↗Neo-Idealismus (↗Croce, ↗Gentile). Im 19. und im 20. Jhdt. tragen einzelne philosophische Positionen, bedingt durch das Risorgimento (↗Mazzini) einerseits und den Faschismus (↗Gentile) andererseits, einen mehr oder weniger starken politologischen Akzent. – ↗Abbagnano, Antoni, Cantoni, Chiappelli, Enriques, Gemelli, Gramsci, Leopardi, Mosca, Pareto, Peano, Rossi-Landi, Ruggiero, Sciacca, Varisco; Höllhuber.

J

Jacobi, Friedrich Heinrich, 1743—1819: deutscher Schriftsteller, Gefühls- und Glaubensphilosoph. — Gesammelte Werke, 6 Bde., 1812—1825. — ↗Egoismus, Nihilismus; Hemsterhuis, Maimon.

Jacoby, Günther, 1881—1969: deutscher Ontologe. — Hptw.: Der Pragmatismus, 1909; Herder als Faust, 1911; Allgemeine Ontologie der Wirklichkeit, 2 Bde., 1925/1955; Die Ansprüche der Logistiker auf die Logik und ihre Geschichtsschreibung, 1962. — ↗Pragmatismus.

Jaensch, Erich, 1883—1940: deutscher Psychologe und Philosoph, Erforscher der ↗Eidetik und Begründer einer auf dieser aufbauenden Charakterologie, deren Konsequenzen für die philosophische Anthropologie, Weltanschauungstypologie und Kulturphilosophie er untersucht hat. — Philosophische Hptw.: Grundformen menschlichen Seins, 1929; Wirklichkeit und Wert in der Philosophie und Kultur der Neuzeit, 1929; Über den Aufbau des Bewußtseins, 1930; Vorfragen der Wirklichkeitsphilosophie, 1931; Über die Grundlagen der menschlichen Erkenntnis, 1931; Der Gegentypus (Psychologische und anthropologische Grundlagen der Kulturphilosophie), 1938.

Jainismus (Jinismus), spr. Dschainismus: von Vardhama ↗Mahavira zur Zeit ↗Buddhas in Indien begründete, dem Buddhismus ähnliche atheistische Erlösungsreligion; wichtigstes Mittel zur Erlösung ist den Jainas („Sieger über die Welt", dzt. ca. zweieinhalb Millionen) die Askese.

Jamblichos (der Göttliche), gest. um 330 n. Chr.: Begründer des syrischen Neuplatonismus, der zwar das Christentum bekämpft, aber dennoch die christliche Theologie beeinflußt hat.

James, William, 1842—1910: amerikanischer Philosoph, Begründer des Pragmatismus, der sich vor allem mit psychologischen, ethischen, metaphysischen und religiösen Problemen auseinandersetzt, einen Pluralismus, Panpsychismus und Personalismus lehrt, auch an der Assoziationspsychologie Kritik übt (trotz Anerkennung des Parallelismus und des Aktualismus), den Glauben an die Unsterblichkeit der Seele für unentbehrlich hält und die Grundlage des (nach seiner Auffassung unausrottbaren und biologisch wertvollen) Glaubens im Gefühl sieht. — Hptw. The Principles of Psychology, 2 Bde., 1890, dt. 1900; Pragmatism, 1907, dt. 1908: Der Pragmatismus (Ein neuer Name für alte Denkmethoden); A Pluralistic Universe, 1909, dt. 1914; The Varieties of Religious Experience, 1902, dt. 1925[4]; Essays on Faith and Morals, 1947, dt. 1948. — ↗Paradoxon.

William James

Jánoska, Georg, geb. 1924: österreichischer Philosoph, Sprachanalytiker. — Hptw.: Kant und Schestow, 1952; Die sprachlichen Grundlagen der Philosophie, 1962.

Jansenisten: Angehörige der Abtei Port Royal des Champs bei Versailles, benannt nach dem niederländischen Theologen Cornelius Jansen (1585—1638; — Hptw.: Augustinus, sive doctrina Augustini de humanae naturae sanitate, aegritudine, medicina, 1640). Die Jansenisten erstrebten eine religiös-sittliche Erneuerung der französischen Kirche (im Sinne einer vertieften katholischen Innerlichkeit: Kunstfeindschaft, Weltverneinung, Bußübungen). Die Grundgedanken des Jansenismus sind in der von Antoine Arnauld und Pierre Nicole herausgegebenen Logik von Port Royal festgelegt. Die Jansenisten waren Anhänger von ↗Descartes, bevorzugten den Augustinismus (Erbsünde, Prädestination) gegenüber dem Thomismus: moralphilosophischer christlicher ↗Rigorismus im Gegensatz zum ↗Probabilismus. ↗Pascal unterstützte sie in den Lettres provinciales (1656/57). Die Jansenisten wurden von Kirche und Staat verfolgt; 1730 wurde die Verbreitung ihrer Lehre verboten. — ↗Arnauld, Nicole.

Jaspers, Karl, 1883—1969: deutscher Existenzphilosoph (ursprünglich Psychiater); ↗Existentialismus, Chiffre, Glaube (philosophischer), Grenzsituation, Umgreifendes.

Karl Jaspers

— Als Weltanschauungstypologe unterscheidet J. drei Menschentypen des geistigen Lebens: den traditionellen (Gesetzes-) Menschen, den nihilistisch-chaotischen Menschen (der die traditionell erstarrten Formen sprengt) und den enthusiastisch-dämonischen Menschen (der neue Werte schafft), wobei er den drei möglichen Grundeinstellungen (der gegenständlichen, der selbstreflektierenden und der enthusiastischen) drei Weltbilder zuordnet: das sinnlich-räumliche, das seelisch-kulturelle und das metaphysische. Als Zeitkritiker hat J. unermüdlich vor der Selbstvernichtung der Menschheit gewarnt. — Hptw.: Allgemeine Psychopathologie, 1913, 1959[7]; Psychologie der Weltanschauungen, 1919, 1971[6]; Strindberg und van Gogh (Versuch einer pathographischen Analyse unter vergleichender Heranziehung von Swedenborg und Hölderlin), 1922, 1977[3]; Die Idee der Universität, 1923, 1961[3]; Die geistige Situation der Zeit, 1931, 1979[8]; Philosophie, 3 Bde., 1932, 1955/56[2]; Max Weber (Deutsches Wesen im politischen Denken, im Forschen und Philosophieren), 1932, 1958[3]; Vernunft und Existenz, 1935, 1960[4]; Nietzsche (Einführung in das Verständnis seines Philosophierens), 1936, 1981[5]; Descartes und die Philosophie, 1937, 1966[4]; Existenzphilosophie, 1938, 1974[4]; Die Schuldfrage (Zur politischen Haftung Deutschlands), 1946; Von der Wahrheit (Philosophische Logik, 1. Bd.), 1947, 1958[2]; Nietzsche und das Christentum, 1947, 1963[3]; Vom europäischen Geist, 1947; Der philosophische Glaube, 1948, 1955[4]; Vom Ursprung und Ziel der Geschichte, 1949, 1963[4]; Vernunft und Widervernunft in unserer Zeit, 1950, 1952[2]; Einführung in die Philosophie, 1950, 1961[7]; Rechenschaft und Ausblick, 1951, 1958[2]; Lionardo als Philosoph, 1953; Die Frage der Entmythologisierung, 1954; Schelling (Größe und Verhängnis), 1955; Die großen Philosophen, 1957, 1959[2]; Philosophie und Welt (Reden und Aufsätze), 1958, 1964[2]; Wahrheit, Freiheit und Friede, 1958; Die Atombombe und die Zukunft des Menschen (Politisches Bewußtsein in unserer Zeit), 1958, 1960[2]; Freiheit und Wiedervereinigung, 1960; Der philosophische Glaube angesichts der Offenbarung, 1962, 1984[3]; Lebensfragen der deutschen Politik, 1963; Nikolaus Cusanus, 1964; Hoffnung und Sorge, 1965; Wohin treibt die Bundesrepublik? (Tatsachen, Gefahren, Chancen), 1966; Antwort zur Kritik meiner Schrift „Wohin treibt die Bundesrepublik?", 1967; Schicksal und Wille (Autobiographie), 1967; Philosophische Autobiographie (1956), 1977[2]; Provokationen, 1969; Notizen zu Martin Heidegger, 1978; Spinoza, 1978; Die Schuldfrage – Für Völkermord gibt es keine Verjährung, 1979; Nachlaß, Darstellungen und Inventar, 1981; Weltgeschichte der Philosophie (Einleitung. Aus dem Nachlaß herausgegeben), 1982; Wahrheit und Bewährung (Philosophieren für die Praxis), 1983; Der Arzt im technischen Zeitalter – Technik und Medizin, Arzt und Patient, Kritik der Psychotherapie, 1986. – ↗ Arendt, Salamun.

Jean Paul: ↗ Richter; Tod.

Jeans, Sir James Hopwood, 1877—1946: englischer Physiker und Astronom, der aus den neuesten physikalischen und astronomischen Erkenntnissen metaphysische (spiritualistische) Folgerungen ziehen zu müssen meint. — Hptw.: Problems of Cosmogony and Stellar Dynamics, 1919; The Mysterious Universe, 1930, dt. 1931 (Der Weltenraum und seine Rätsel); The New Background of Science, 1933; Physics and Philosophy, 1943, dt. 1944, 1951[2] (Physik und Philosophie); The Astronomical Horizon, 1947, dt. 1947 (Der wachsende Horizont im astronomischen Weltbild); Der Werdegang der exakten Wissenschaft, 1948.

Jenseits: Unter- und Überwelt, in der nach religiöser Auffassung die Verstorbenen weiterleben; häufig geteilt gedacht (Himmel, Fegefeuer, Hölle). — Gegenbegriff: „Diesseits", Welt.

Jerusalem, Wilhelm, 1854—1923: österreichischer Pädagoge und Philosoph, der vom Standpunkt eines kritischen Positivismus aus das seelische und das geistige Geschehen biologisch und soziologisch zu verstehen sucht. — Hptw.: Lehrbuch der empirischen Psychologie, 1888, 1926[8]; Einleitung in die Philosophie, 1899, 1923[10]; Der kritische Idealismus und die reine Logik, 1905; Die Aufgaben des Lehrers an Höheren Schulen, 1912[2]; Moralische Richtlinien nach dem Kriege (Ein Beitrag zur soziologischen Ethik), 1918; Einführung in die Soziologie, 1926. — Autobiographie in „Die Philoso-

Jevons

phie der Gegenwart in Selbstdarstellungen", Bd. III, 1922. – ↗Eckstein.

Jevons, William Stanley, 1835—1882: englischer Nationalökonom und Logiker, Schüler ↗Boole's. — Hptw.: Pure Logic, 1864; Leitfaden der Logik, dt. 1906.

Jinismus: Jainismus.

Joachim v. Floris, 1145—1202: christlicher Mystiker, dessen Lehre als Tritheismus vom 4. Laterankonzil (1215) verworfen wurde; seiner Auffassung von der Trinität als einer Vereinigung dreier Personen entspricht die geschichtsphilosophisch-mystische Lehre von den 3 Reichen: 1. Reich (Vater), 2. Reich (Sohn), zukünftiges 3. Reich (Hlg. Geist).

Friedrich Jodl

Jodl, Friedrich, 1849—1914: deutscher Philosoph, der vom Standpunkt eines kritisch-realistisch getönten Positivismus aus ein monistisches, kausalistisch-evolutionistisches Weltbild entwirft und sich zu einer diesseitsorientierten, naturalistischen, religions- und metaphysikfreien Welt- und Lebensauffassung bekennt. Als Ethiker begnügt sich J. nicht mit theoretischen (historischen und systematischen) Untersuchungen, sondern tritt darüber hinaus, vom Glauben an den Wert des Lebens und an eine fortschreitende Entwicklung sowie von einem kraftvollen Kulturoptimismus tief durchdrungen, energisch für die Humanisierung der Kultur, für die Ethisierung des sozialen Lebens und für die Freiheit des Denkens (gegen Klerikalismus und kirchliche Intoleranz) ein. J. verbindet somit den wirklichkeitstheoretischen Realismus mit einem werttheoretischen und praktisch-ethischen Idealismus, die empirisch-wissenschaftlich fundierte monistische Weltauffassung mit dem Ideal einer auf das Diesseits gerichteten ethisch-humanitären Lebensgestaltung. Größtes Einfühlungsvermögen zeigt J. in seinen kulturpsychologischen, ästhetischen und philosophiehistorischen Analysen. — Hptw.: Leben und Philosophie David Hume's, 1872; Die Kulturgeschichtsschreibung, 1878; Geschichte der Ethik als philosophischer Wissenschaft, 2 Bde., 1930^4; Lehrbuch der Psychologie, 2 Bde., 1924^6; Ludwig Feuerbach, 1904; Der Monismus und die Kulturprobleme der Gegenwart, 1911; Vom wahren und vom falschen Idealismus, 1914. Aus dem Nachlaß: Geschichte der neueren Philosophie (herausg. von K. Roretz), 1924; Vom Lebenswege (Gesammelte Vorträge und Aufsätze), 2 Bde., 1916/17; Allgemeine Ethik, 1918; Ästhetik der bildenden Künste, 1922^2 (die drei letztgenannten Werke herausg. von W. Börner); Kritik des Idealismus (herausg. v. C. Siegel und W. Schmied-Kowarzik), 1920. — Biographie: Friedrich Jodl (Sein Leben und sein Wirken), dargestellt nach Tagebüchern und Briefen von Margarete Jodl, 1920. — ↗Ethische Bewegung, Monistische Bewegung; Gedankenexperiment, Glaube, Gott, Paradoxon.

Joël, Karl, 1864—1934: deutscher Philosoph (später in der Schweiz), einer der besten Kenner der antiken Philosophie, an Schelling orientierter Neo-Idealist, der sich um eine Synthese von Logismus und Lebensphilosophie bemüht und aus der Tatsache, daß alles Lebendige als Organismus auftritt, eine organismische Weltauffassung ableitet, d.h. die Welt- und die Geistesentwicklung nach dem Urbild der organischen Entwicklung und das Denken als „Organisierung" zu verstehen sucht. — Hptw.: Der Ursprung der Naturphilosophie aus dem Geiste der Mystik, 1906, 1926^2; Seele und Welt (Versuch einer organischen Auffassung), 1912, 1923^2; Die philosophische Krisis der Gegenwart, 1914, 1923^3; Antibarbarus, 1914; Neue Weltkultur, 1915; Die Vernunft in der Geschichte, 1916; Geschichte der antiken Philosophie, I, 1921; Kant als Vollender des Humanismus, 1924; Jacob Burckhardt als Geschichtsphilosoph, 1928; Wandlungen der Weltanschauungen, 2 Bde., 1928/29. – Autobiographie in „Die Philosophie der Gegenwart in Selbstdarstellungen", Bd. I, 1923^2.

Karl Joël

Johannes Damascenus, um 700—750: vertritt die Auffassung, daß die Wissenschaften Dienerinnen der Theologie seien.

Johannes v. Salisbury, um 1110—1180: Bischof von Chartres, in der Universalienfrage ein gemäßigter Realist, der den Wert der Beobachtung und des Experimentes zu schätzen weiß.

Johannes Scotus Eri(u)gena, ca. 810–880 (877?): aus Irland stammender Schotte, der einen neuplatonischen Pantheismus lehrt, die Welt als direkte (unmittelbare) Offenbarung Gottes auffaßt (Theophanie), also Gott und Schöpfung identifiziert und eine immerwährende Schöpfung und damit die Ewigkeit der Welt annimmt. Gottes Wesen hält J. für unerkennbar (Negative Theologie). In der Welt herrscht seiner Meinung nach vollkommene Harmonie: das Böse existiert in Wirklichkeit gar nicht; daß wir es dennoch zu sehen glauben, beruht auf einer falschen Einschätzung der Dinge. – Hptw.: De divisione naturae.

Pascual Jordan

Jordan, Pascual, 1902–1977: deutscher Physiker (mit Max Born und Werner Heisenberg die „Quantenmechanik" und die „Quantenelektrodynamik" begründet und weiterentwickelt), der aus den neuesten physikalischen Forschungsergebnissen metaphysische (sogar okkultistische) Folgerungen (Indeterminismus, Theismus) abzuleiten versucht (↗Genschel). — Hptw.: Statistische Mechanik auf quantentheoretischer Grundlage, 1933, 1946²; Die Physik des 20. Jahrhunderts, 1936, 1949⁸; Anschauliche Quantentheorie, 1936; Die Physik und das Geheimnis des organischen Lebens, 1941, 1949⁶; Das Bild der modernen Physik, 1947, 1957³; Schwerkraft und Weltall, 1952, 1955²; Forschung macht Geschichte, 1954; Der gescheiterte Aufstand, 1956; Der Naturwissenschafter vor der religiösen Frage, 1963, 1968⁵; Schöpfung und Geheimnis, 1970; Begegnungen (Niels Bohr, Max Born, Albert Einstein u. a.), 1971; Erkenntnis und Besinnung. Grenzbetrachtungen aus naturwissenschaftlicher Sicht, 1972. — Autobiographie in „Philosophie in Selbstdarstellungen", Bd. I, 1975. – ↗Genschel; Kosmogonie.

Jouvenel, Bertrand de, 1903–1987: französischer Nationalökonom, Politologe und Futurologe. – Hptw. (deutsche Ausgaben): Nach der Niederlage, 1941; Über Souveränität (Auf der Suche nach dem Gemeinwohl), 1963; Reine Theorie der Politik, 1967; Die Kunst der Vorausschau, 1967; Jenseits der Leistungsgesellschaft (Elemente sozialer Planung und Vorausschau), 1971; Über die Staatsgewalt (Die Naturgeschichte ihres Wachstums), 1972.

Jugend: eine „Philosophie der Jugend" haben, im Anschluß an ↗F. Schillers Spiel-Theorie, u. a. ↗Ortega und ↗Schlick entwickelt. — Nach ↗Bloch ist die „Jugend" (— sowohl im engen, wörtlichen Sinn als auch im weiten, übertragenen: die historischen Umbruch- und Wendezeiten —) ein Ort, an dem das „Tagträumen" besonders hervorbricht (↗Utopie). — ↗Sinn (des Lebens); Kuhn H.

Juhos, Béla, 1901—1971: österreichischer Logiker, Erkenntnistheoretiker und Wissenschaftstheoretiker (Mitarbeiter des Wiener Kreises). — Hptw.: Über die Grundlage der Gewißheit des reinen Denkens, 1928; Das Problem der mathematischen Wahrscheinlichkeit, 1930; Erkenntnisformen in Natur- und Geisteswissenschaften, 1940; Die Erkenntnis und ihre Leistung, 1950; Elemente der neuen Logik, 1954; Das Wertgeschehen und seine Erfassung, 1956; Die erkenntnislogischen Grundlagen der klassischen Physik (mit H. Schleichert), 1963; Die erkenntnislogischen Grundlagen der modernen Physik, 1967; Wahrscheinlichkeit als Erkenntnisform (mit W. Katzenberger), 1970.

Julian Apostata, 332—362: römischer Kaiser, der „Romantiker auf dem Throne der Cäsaren" (Strauß), glühender Verehrer des Mithras, Neuplatoniker, der das Griechen- und Römertum erneuern wollte, im Geiste der hellenistisch-heidnischen Kultur am Christentum Kritik übt und gegen führende Christen staatliche Maßnahmen ergreift (Apostata = der Abtrünnige). — ↗Strauß.

Jung, Carl Gustav, 1875—1961: Schweizer Psychiater und Tiefenpsychologe, Begründer der Züricher psychoanalytischen Schule (der ↗„analytischen" bzw. „komplexen" Psychologie) nach seinem Bruch mit Freud (1913), dessen „persönlichem" Unbewußten er das „kollektive Unbewußte" entgegenstellt. In seiner Typologie unterscheidet J. zwischen introvertiertem und extravertiertem Charakter. Mit seiner Lehre, daß das Handeln der Menschen von überindividuellen Kräften bestimmt wird, und durch seine Symbolforschung hat J. der Sozial- und der Religionspsychologie entscheidende Anregungen gegeben. Bedauerlicherweise konnte sich J., naturverbunden und geistergläubig, mit einem Hang zum Mystisch-Transzendenten und zu okkulten Phänomenen, von einem faschistoiden Irrationalismus (samt antisemitischen Ressentiments) nicht ganz freihalten. — Hptw.: Wandlungen und Symbole der Libido, 1912, 1938³, 4. Aufl. unter dem Titel: Symbole der Wandlung, 1950; Psychologische Typen, 1921, 1960⁹; Seelenprobleme der Gegenwart, 1931, 1951⁵; Die Beziehungen zwischen dem Ich und dem Unbewußten, 1933; Über die Archetypen, 1937; Psychologie und Religion, 1942, 1947³; Über die Psychologie des Unbewußten, 1943, 1948⁶ (erweiterte Auflage älterer Schriften); Symbolik des Geistes, 1948; Gestaltungen des Unbewußten, 1950; Aion, Untersuchungen zur Symbolgeschichte, 1951; Naturerklärung und Psyche, 1952; Von den Wurzeln des Bewußtseins, 1954; Praxis der Psychotherapie, 1958; Hundert Briefe, 1975, Kinderträume, 1987.

Jünger, Ernst, geb. 1895: deutscher Dichter, philosophisch Heidegger nahestehend, der vor allem um eine existenzphilosophische Deutung des Kriegserlebnisses bemüht war und sich, seinen mystisch-irrationalen Neigungen entsprechend, zunächst für einen nationalen (wenn auch nicht im Sinne des Nationalsozialismus, so doch gegen die Friedensidee), später für einen religiösen Totalitarismus (gegen die Geistesfreiheit) stark gemacht hat. Sein Glaube an das Irrationale und sein Mißtrauen gegenüber den Errungenschaften der Zivilisation ließen ihn sich immer wieder in konservativer Haltung gegen den jeweiligen Zeitgeist stellen. Sein philosophischer Standpunkt läßt sich als „Heroischer Nihilismus" und „Kosmologischer Spiritualismus" qualifizieren. — Hptw.: In Stahlgewittern, 1920; Der Arbeiter (Herrschaft und Gestalt), 1932, 1941⁴; Geheimnisse der Sprache, 1939 (Neuaufl. 1963); Auf den Marmorklippen, 1939; spätere Arbeiten: Über die Linie, 1958⁵; Jahre der Okkupation (Tagebücher 1945–1948), 1958; Der Waldgang, 1962⁵; Der Weltstaat, 1960; Subtile Jagden, 1967; Ad hoc, 1970; Annäherungen – Drogen und Rausch, 1970; Sinn und Bedeutung (Ein Figurenspiel), 1971; Die Zwille, 1973; Zahlen und Götter. Philemon und Baucis (Zwei Essays), 1974; Eumeswil (Roman), 1977; Siebzig verweht (Tagebücher 1965–1980), 2 Bde., 1981; Aladins Problem, 1983; Autor und Autorschaft, 1984; Zwei Mal Halley, 1987. – Werke, 10 Bde., 1960 ff. – ↗Brock. – Neueste Lit.: Norbert Dietka, E. J. nach 1945 (Das Jünger-Bild der bundesdeutschen Kritik), 1988.

Robert Jungk

Jungk (Pseudonym für Baum), Robert, geb. 1913: deutscher Schriftsteller (1933–1945 Emigration), für den Rechtsstaat kämpfender Gewalt-Gegner und engagierter „Atomkraft-Gegner", Futurologe, der vor den Gefährdungen und Bedrängnissen des Menschen im Plutonium-Zeitalter warnt. – Hptw.: Die Zukunft hat schon begonnen, 1954; Albert Schweitzer, 1954, 1955²; Heller als tausend Sonnen, 1956, 1960²; Strahlen aus der Asche, 1958, 1967⁴; Zeit der Experimente, 1964; Die große Maschine, 1966, 1968²; Der Jahrtausendmensch, 1973; Der Atom-Staat (Vom Fortschritt in die Unmenschlichkeit), 1977; Menschenbeben. Der Aufstand gegen das Unerträgliche, 1983; Zukunftswerkstätten 1983 (mit Norbert R. Müllert); Mein Lesebuch, 1987; Projekt Ermutigung, 1988.

Justinus, ca. 105—166 n. Chr.: griechischer Apologet; Bekehrung ca. 133; Märtyrertod in Rom.

K

Kabbala: „Überlieferung"; jüdisch-mystische Geheimlehre, Gemenge aus (in phantastische Zahlen- und Buchstabenspielereien eingebetteten) neuplatonischen, neupythagoreischen und gnostischen Spekulationen, im Hochmittelalter entwickelt, zu Beginn der Neuzeit neubelebt. — ↗Digby E.

Kafka, Gustav, 1883–1953: österreichischer Psychologe und Philosophiehistoriker (später in Deutschland, ab 1934 in den USA). – Hptw.: Einführung in die Tierpsychologie, Bd. 1, 1914; Herausgeber des „Handbuches der vergleichenden Psychologie", 3 Bde., 1922, sowie der „Geschichte der Philosophie in Einzeldarstellungen", seit 1919 (darin von K. selbst verfaßt: Die Vorsokratiker, 1921; Sokrates, Platon und der Sokratische Kreis, 1921; Aristoteles, 1922; Der Ausklang der antiken Philosophie und das Erwachen einer neuen Zeit, 1928 – gemeinsam mit ↗Eibl); Naturgesetz, Freiheit und Wunder, 1940; Freiheit und Anarchie, 1949.

Kahl, Joachim, geb. 1941: deutscher Denker (bis 1967 evangelischer Theologe), marxistischer Atheist, der Theologie und Kirche einer schonungslosen Ideologiekritik unterwirft. — Hptw.: Das Elend des Christentum oder Plädoyer für eine Humanität ohne Gott, 1968. — ↗Deschner.

Kaila, Eino, 1890—1958: finnischer Psychologe und Erkenntnistheoretiker, Neopositivist (dem Wiener Kreis nahestehend), der u. a. an der Konstitutionstheorie der Begriffe von Carnap Kritik übt und sich vor allem mit dem Verifikations- und dem Physikalismusproblem auseinandersetzt. — Hptw.: Über die Motivation und die Entscheidung, 1916; Der Satz vom Ausgleich des Zufalls und das Kausalprinzip, 1925; Die Prinzipien der Wahrscheinlichkeitslogik, 1926; Der logistische Neopositivismus, 1930; Über das System der Wirklichkeitsbegriffe, 1936; Über den physikalischen Realitätsbegriff, 1944; Zur Metatheorie der Quantenmechanik, 1950; Termin-Kausalität als die Grundlage eines unitarischen Naturbegriffs, 1956; Reality and Experience. Four Philosophical Essays, 1979.

Kainz, Friedrich, 1897–1977: österreichischer Philosoph, orientiert am Personalismus W. Sterns, vor allem als Sprachpsychologe und Ästhetiker (Standpunkt: ↗Gestaltästhetik, ↗Korrelativismus) hervorgetreten. — Hptw.: Das Steigerungsphänomen als künstlerisches Gestaltungsprinzip, 1924; Personalistische Ästhetik, 1932; Psychologie der Sprache, I.: 1941, 1962^4; II: 1943, 1960^2; III: 1954, 1965^2; IV: 1956, 1967^2; V/1: 1965; V/2: 1969; Über das Sprachgefühl, 1944; Einführung in die Sprachpsychologie, 1946; Vorlesungen über Ästhetik, 1948; Einführung in die Philosophie der Kunst, 1948; Die „Sprache" der Tiere, 1961; Philosophische Etymologie und historische Semantik, 1969; Über die Sprachverführung des Denkens, 1972; Grillparzer als Denker (Der Ertrag seines Werkes für die Welt- und Lebensweisheit), 1975; Hauptprobleme der Kulturphilosophie, 1977. – ↗Sprachkritik, Sprachphilosophie; Rohracher, Sterzinger.

Kallikles, um 400 v. Chr.: Sophist, der den Standpunkt der Herrenmoral (Recht des Stärkeren) vertritt.

Kalokagathie: altgriechisches Bildungsideal der „Schön-gut-heit". — ↗Platon.

Kaltenbrunner, Gerd-Klaus, geb. 1939: österreichischer Denker (jetzt in der BRD), der sich dank seiner ↗pluralistischen Grundhaltung bedeutende Verdienste um die Herausgabe philosophisch einschlägiger Sammelwerke und Buchreihen erworben hat. In seinem Bestreben, jedem Standpunkt Gerechtigkeit widerfahren zu lassen, bewegt er sich neuerdings mit Vorliebe im ↗neokonservativen Gedankenkreis, der seines Erachtens bisher zu wenig beachtet und gewürdigt wurde. — Hptw.: Der schwierige Konservativismus (Definition, Theorien, Porträts), 1975. — Als Herausgeber: Hegel und die Folgen, 1970; Rekonstruktion des Konservativismus, 1972, 1978^3; Konservativismus international, 1973; seit 1974 (Hg.): Vierteljahrsmagazin „Herderbücherei Initiative", z. B. Bd. 1: Plädoyer für die Vernunft (Signale einer Tendenzwende). – Als Autor: Die Herausforderung der Konservativen, 1975; Rechtfertigung der Elite (Wider der Anmaßung der Prominenz), 1979; Europa. Seine geistigen Quellen in Porträts aus zwei Jahrtausenden, 3 Bde., 1981–85; Elite (Erziehung für den Ernstfall), 1984; Wege der Weltbewahrung (Sieben konservative Gedankengänge), 1985; Vom Geist Europas (Landschaften – Gestalten – Ideen), 1987. – Für ↗Schelsky ist K. der „geistvollste Interpret des deutschen Konservativismus".

Kambartel, Friedrich, geb. 1935: deutscher Philosoph, vor allem Wissenschaftstheoretiker. – Hptw.: Erfahrung und Struktur (Bausteine zu einer Kritik des Empirismus und Formalismus), 1968, 1974²; Theorie und Begründung (Studien zum Philosophie- und Wissenschaftsverständnis), 1976.

Kamlah, Wilhelm, 1905–1976: deutscher Philosophiehistoriker, Geschichtsphilosoph, Ethiker, Wissenschaftstheoretiker, Sprachkritiker und Logiker. – Hptw.: Apokalypse und Geschichtstheologie, 1935, 1965²; Der Mensch in der Profanität, 1949; Christentum und Geschichtlichkeit, 1951; Der Ruf des Steuermanns, 1954; Platons Selbstkritik im Sophistes, 1963; Utopie, Eschatologie, Geschichtsteleologie, 1969; Philosophische Anthropologie und Ethik, 1973; Von der Sprache zur Vernunft, 1975. – ↗Erlanger Schule.

Paul Kammerer

Kammerer, Paul, 1880—1926: österreichischer Biologe und Naturphilosoph, der sich ohne (zumindest allgemein anerkannten) Erfolg um den Nachweis einer Vererbung erworbener Eigenschaften bemüht und das Phänomen der Gleichförmigkeit (der „Duplizität der Ereignisse") untersucht hat. – Hptw.: Über Erwerbung und Vererbung des musikalischen Talents, 1912; Allgemeine Biologie, 1915, 1925³; Einzeltod, Völkertod, biologische Unsterblichkeit, 1918; Das Gesetz der Serie (Eine Lehre von den Wiederholungen im Lebens- und im Weltgeschehen), 1919, 1921²; Neuvererbung oder Vererbung erworbener Eigenschaften, 1925. — ↗Koestler; Gleichförmigkeit.

Kampf ums Dasein: ↗Darwinismus; Schmidt H.

Kant, Immanuel, 1724—1804 (Königsberg): deutscher Philosoph, „um dessen Gedankenwelt die deutsche Philosophie als um ihre Zentralsonne kreist" (Paulsen), der „kein Licht der Welt, sondern ein ganzes strahlendes Sonnensystem auf einmal ist" (Jean Paul), Aufklärer im besten Sinne des Wortes, der vor allem für die Befreiung des menschlichen Geistes vom beengenden Autoritäts- und Traditionsglauben eintritt („Nehmt an, was euch nach sorgfältiger und aufrichtiger Prüfung am glaubwürdigsten scheint; nur streitet der Vernunft nicht das, was sie zum höchsten Gut auf Erden macht, nämlich das Vorrecht ab, der letzte Probierstein der Wahrheit zu sein!").

I. K.s Erkenntnistheorie (Kritik der reinen Vernunft, 1781, 1787²; Prolegomena zu einer jeden künftigen Metaphysik, die als Wissenschaft wird auftreten können, 1783): K.s Absicht ist es (unter dem Einfluß Hume's, der ihn aus seinem „dogmatischen Schlummer" erweckt hat), die menschliche Erkenntnisweise kritisch zu untersuchen (Kritizismus) und die Fragen nach ihrer Struktur und ihrer Reichweite zu beantworten. Nach K.s Auffassung setzt das Erkennen sowohl Wahrnehmung als auch Denken voraus: während der Inhalt der Erkenntnisse durch Erfahrung gegeben ist, entstammt die Form der Erkenntnis (die Erscheinungsweise des Erkenntnisinhaltes) dem Bewußtsein, wobei im einzelnen die Anschauungsformen Raum und Zeit und die Denkformen (Kategorien; z. B. Kausalität) zu unterscheiden sind. Durch die Formung der Wahrnehmungsinhalte (durch das Bewußtsein) wird die chaotische Empfindungsmannigfaltigkeit in eine geordnete Erfahrungswelt verwandelt (Ordnung der Gegenstände im Raum, zeitliche Aufeinanderfolge der Erlebnisse, gedankliche Verknüpfung der Einzelwahrnehmungen usf.). Die Kritik der reinen Vernunft ist somit nicht Wissenschaft von Objekten, sondern Wissenschaft von den allgemeinen und notwendigen Bedingungen des Daseins von Objekten; Anschauungsformen und Kategorien sind selbst nicht Erkenntnis, sondern die Grundlagen der Erkenntnis, sind nicht der Erfahrung entnommen, sondern ermöglichen erst Erfahrung. Gegen den radikalen Empirismus wendet K. ein, daß „Anschauungen ohne Begriffe blind", gegen die rationalistische Metaphysik, daß „Gedanken ohne Inhalt leer" seien. Da die Form der Erkenntnisse eine Schöpfung des Bewußtseins ist, muß zwischen dem erkannten Gegenstand und dem „Gegenstand an sich" unterschieden werden; was immer erkannt wird, wird im Erkenntnisprozeß selbst schon vom Bewußtsein des Erkennenden mitgestaltet (räumlich, zeitlich, kategorial vom Bewußtsein geformt) und ist daher nicht mehr die „Wirklichkeit an sich", sondern eine vom Menschen erkannte Wirklichkeit: aus dem „Ding an sich" ist eine „Erscheinung" geworden; wir erkennen die Gegenstände nicht so, wie sie an und für sich sind, sondern so, wie sie unserem menschlichen Bewußtsein „erscheinen". Erkennbar ist daher nur die Welt der „Erscheinungen" (der „Phänomene", d. h. unsere menschliche Erfahrungswelt), während die hinter den Erscheinungen verborgene Welt des „Dinges an sich" unzugänglich bleibt; daher hält K. es für unmöglich, metaphysische „Erkenntnisse" zu gewinnen (Standpunkt: Phänomenalismus). K.s Erkenntnislehre wird auch „Transzendentaler Idealismus" (Transzendentalphilosophie, Transzendentalismus) genannt; unter „transzendentaler Betrachtungsweise versteht K. die „erkenntniskritische" (nicht zu verwechseln mit „transzendent" = erfahrungsjenseitig); in diesem Sinne spricht K. von „empirischer Realität" und zugleich „transzendentaler Idealität" von Raum und Zeit: d. h. empirisch (vom Standpunkt der Erfahrung aus) betrachtet, sind beide „real", unter transzendentalem (erkenntniskritischem) Blickwinkel gesehen, jedoch „ideal" (sie gehören unserer Vorstellung von den Dingen und nicht diesen selbst an; wir erkennen durch sie nicht die „Dinge an sich", sondern deren Erscheinungen). Aus dem „transzendentalen" Charakter von Raum und Zeit folgert K. die apriorische Gültigkeit der (nach seiner Auffassung synthetischen) mathematischen Sätze, während er aus seiner Lehre von den Kategorien die apriorische Geltung der allgemeinsten naturwissenschaftlichen Sätze ableitet (der Verstand schöpft seine Gesetze nicht aus der Natur, sondern schreibt sie dieser vor: von K. durchgeführte sogenannte „Kopernikanische Wendung"). K. hält es für erforderlich, zur Vervollständigung des Weltbildes drei „Ideen" zu konzipieren, die freilich nur „Leitgedanken" unseres Erkenntnisstrebens sein können, keinesfalls jedoch erkennbare Gegenstände decken: Seele, Welt, Gott (Metaphysik, Gottesbeweise usw. sind eben nicht möglich). ↗ Synthese, synthetisch. — Nach der „Kritik der reinen Vernunft" zerfällt die Transzendentalphilosophie in: I. Transzendentale Elementarlehre (A. Transzendentale Ästhetik; B. Transzendentale Logik: a) Transzendentale Analytik, b) Transzendentale Dialektik), II. Transzendentale Methodenlehre; nach den „Prolegomena" (übersichtlicher) in: I. Transzendentale Ästhetik (Möglichkeit der reinen Mathematik), II. Transzendentale Analytik (Möglichkeit der reinen Naturwissenschaft), III. Transzendentale Dialektik (Möglichkeit der Metaphysik), IV. Transzendentale Methodenlehre (Möglichkeit der Metaphysik als Wissenschaft). — Die (in ihrem Wert gegenüber der 1. Auflage umstrittene) 2. Auflage der Kritik der reinen Vernunft bringt (durch Garves unverständige Kritik veranlaßt) eher eine Verdunkelung des großen erkenntnistheoretischen Grundgedankens. —

II. K.s Ethik (Grundlegung zur Metaphysik der Sitten, 1785; Kritik der praktischen Vernunft, 1788): K. stellt den nur hypothetisch gültigen ethischen Forderungen den „kategorischen Imperativ" gegenüber: „Handle so, daß die Maxime deines Willens jederzeit zugleich als Prinzip einer allgemeinen Gesetzgebung gelten könne!" Dieses formalethische Prinzip gilt wohl allgemein und unbedingt (worauf K. vor allem Wert gelegt hat), ist jedoch inhaltsleer, so daß K. selbst an anderer Stelle den Sittlichkeitswert auch inhaltlich näher bestimmt hat, und zwar als Achtung vor der menschlichen Persönlichkeit bzw. als Vereinbarkeit der Freiheit des einzenen mit der Freiheit aller übrigen Menschen („Handle so, daß du die Würde der Menschheit sowohl in deiner Person als in der jedes anderen jederzeit achtest und die Person immer zugleich als Zweck, nie als bloßes Mittel gebrauchst!"). K.s Moralauffassung ist äußerst streng (Rigorismus): K. hält nur diejenigen Handlungen für ethisch wertvoll, die aus Achtung vor dem Sittengesetz bzw. aus Pflichtbewußtsein und nicht nur aus Neigung erfolgen (↗ Schiller F.); er fordert eine autonome (selbstgesetzliche) Moral im Gegensatz zur heteronomen (fremdgesetzlichen, durch außerethische Zwecke bedingten), d. h. Moralität (pflichtgemäßes Handeln um des Guten selbst willen; die Pflicht um ihrer selbst willen erfüllen: „Pflicht, du erhabener großer Name, der du nichts Beliebtes, was Einschmeichelung bei sich führt, in dir fassest, sondern Unterwerfung verlangst, doch auch nichts drohest, was natürliche Abneigung im Gemüte erregte und schreckte, um den Willen zu bewegen, sondern bloß ein Gesetz aufstellst, welches von selbst im Gemüte Eingang findet und doch sich selbst wider Willen Verehrung (wenngleich nicht immer Befolgung) erwirbt, vor dem alle Neigungen verstummen, wenn sie gleich insgeheim ihm entgegenwirken...") im Gegensatz zur Legalität (Befolgung von Vorschriften ohne moralischen Antrieb). Grundlage des sittlichen Verhaltens ist nach K. die persönliche Entscheidung für das Gute („Es ist überall nichts in der Welt, ja überhaupt auch außerhalb derselben zu denken möglich, was ohne Einschränkung für gut könnte gehalten werden, als allein ein guter Wille"). Diese Entscheidung, in der die Würde des Menschen begründet liegt, setzt nach K. einen freien Willen voraus — was man soll, muß man

Kant

auch können –, weshalb K. die Willensfreiheit als Postulat (Forderung) der praktischen Vernunft („des reinen Willens") bezeichnet. Zwei weitere Postulate sind: Unsterblichkeit (als Gelegenheit, das Sittengesetz endgültig zu erfüllen, was nur in einem ins unendliche fortschreitenden Prozeß möglich ist) und Gott (als Garant der sittlichen Weltordnung und Richter, der einen Ausgleich von Tugend und Glück verbürgt). Der innere Zusammenhang von K.s Erkenntnistheorie und Ethik kommt z. B. in folgenden Worten zum Ausdruck: „Zwei Dinge erfüllen das Gemüt mit immer neuer und zunehmender Bewunderung und Ehrfurcht: der bestirnte Himmel über mir und das moralische Gesetz in mir"; und: „Ich mußte das Wissen aufheben, um zum Glauben Platz zu bekommen." –
III. K.s religionsphilosophische Auffassung (Über das Mißlingen aller philosophischen Versuche in der „Theodizee", 1791; Die Religion innerhalb der Grenzen der bloßen Vernunft, 1793; Der Streit der Fakultäten, 1798): K. versucht, die Religion 1. zu rationalisieren und mit der mechanistischen Naturauffassung in Einklang zu bringen, indem er die Ausschaltung ihrer mythologischen, mystischen und magischen Elemente und das Bekenntnis zu einer freien Vernunftreligion fordert und am statutarischen Kirchenglauben bzw. fetischistischen Aberglauben Kritik übt, und 2. zu ethisieren, indem er als „wahre Religion" die Achtung vor dem Sittengesetz bzw. die Erkenntnis aller unserer Pflichten als göttlicher Gebote bezeichnet. (Die Bestimmung des Kirchenglaubens ist es, sich selbst nach und nach überflüssig zu machen. Der wahre Gottesdienst besteht in der sittlichen Gesinnung und ihrer Betätigung. Alles, was der Mensch außer dem guten Lebenswandel noch tun zu können vermeint, ist „Afterdienst Gottes", Fetischdienst, in dessen Gefolge sich Pfaffentum, Heuchelei und Fanatismus einstellen, sagt K.); „Religion hat es mit dem Himmelreich in uns zu tun"; und über Gott sagt K.: „Er ist nicht ein außer mir bestehendes Ding, sondern mein eigener Gedanke." — Vgl. auch: dritte Idee der reinen Vernunft und drittes Postulat der praktischen Vernunft. Die ↗Gottesbeweise hat K. vernichtend kritisiert. — IV. K.s Ästhetik (1. Teil der „Kritik der Urteilskraft", 1790): als „schön" bezeichnet K., was ohne Begriff und Interesse notwendig allgemeines Wohlgefallen erregt, also was einem gefällt (was der sinnlich-geistigen Organisation des Menschen zweckmäßig entspricht bzw. mit dem freien Spiel der Gemütskräfte zweckmäßig zusammenstimmt), was man jedoch weder erkennen noch besitzen möchte. U. a. hat K. auch die

Immanuel Kant

Begriffe „Genie" und „erhaben" analysiert. So unterscheidet K. z. B. zwischen dem durch seine Unbegrenztheit und Formlosigkeit, also durch seine überdimensionale Ausdehnung ästhetisch wirksamen „mathematisch Erhabenen" und dem durch seine überlegene Kraft ausgezeichneten „dynamisch Erhabenen". ↗Subreption.
V. K.s Gedanken zur Philosophie des Organischen (2. Teil der „Kritik der Urteilskraft", 1790): Betrachtung des Organismus und biologischen Vorgänge, als ob sie von einem an der Erhaltung und Entfaltung der Form interessierten Intellekt hervorgebracht wären (zweckmäßiges Verhältnis zwischen dem Ganzen und seinen Teilen, Zweckmäßigkeit ohne Zweck). — Kleinere Schriften K.s: Allgemeine Naturgeschichte und Theorie des Himmels, 1755 (↗Kant-Laplace'sche Theorie); Träume eines Geistersehers, erläutert durch Träume der Metaphysik, 1766; Was ist Aufklärung?, 1784; Metaphysische Anfangsgründe der Naturwissenschaft, 1786; Zum ewigen Frieden, 1795. — Schließlich sei auch noch auf die große Bedeutung des Nachlasses, des „Opus postumum" hingewiesen, das keineswegs, wie gelegentlich angenommen, ein Produkt der Altersschwäche K.s ist, sondern seine Gedankenwelt oft überraschend erhellt und seine Antworten auf die ihn unablässig bewegenden Kardinalfragen erst in ihrer ganzen Tiefe erfassen läßt: Was können wir wissen? Was sollen wir tun? Was dürfen wir hoffen? – Was ist der Mensch? – ↗Analogie, Anarchismus, Anthropologie, Antinomie, Arbeit, Asylum I., Aufklärung, Creatio, Gewissen, Gott, Kategorien, Lachen, Mathematik, Mechanistik, Moral, Moral insanity, Neukantianismus, Paralogismus, Protophysik, Sapere, Subjekt, Teleologie, Theorie, Urteilskraft, Weisheit, Willensfreiheit; Adickes, Cantoni, Chamberlain, Del-Negro, Ehrlich W., Erdmann B., Ewald, Frankena, Funke, Gaultier, Jánoska, Kaulbach, Kühnemann, Lehmann, Maimon, Martin, Noack, Noll, Reininger, Roretz, Schilling, Schulze, Stegmüller, Stöhr, Swedenborg, Vaihinger, Wundt M., Zocher; außerdem auch alle

Nach- und Neukantianer, Kritizisten und Neokritizisten (– siehe jeweils dort!), die hier nicht angeführt sind. – ↗Pluralismus.

Kanthack, Katharina, 1901–1986: (geb. Heufelder): deutsche Philosophin. – Hptw.: Zur Lehre vom überindividuellen Bewußtsein, 1931; Die psychische Kausalität und ihre Bedeutung für das Leibnizsche System, 1939; Leibniz, ein Genius der Deutschen, 1946; Max Scheler (Zur Krisis der Ehrfurcht), 1948; Vom Sinn der Selbsterkenntnis, 1958; Das Denken Martin Heideggers, 1959, 1964²; Nicolai Hartmann und das Ende der Ontologie, 1962. – ↗Eros.

Kantianismus: ↗Kant; Neukantianismus; Willmann.

Kant-Laplace'sche Theorie: zusammenfassende Bezeichnung für die von Kant (1755) und Laplace (1796) entwickelten Theorien von der Entstehung des Planetensystems, die sie freilich nach moderner Auffassung nicht befriedigend zu erklären vermögen (nach Kants „Staubhypothese" sollen die Planeten durch Zusammenballung einer rotierenden Sternstaubwolke mit freibeweglichen Teilen entstanden sein, nach der Abschleuderungs- bzw. Nebularhypothese von Laplace aus einem rotierenden und infolge der Rotation sich mehr und mehr abplattenden heißen Gasball mit zentraler Verdichtung, Ablösung der Materie in Ringform und Zerfall der Gasringe in Körper).

Kantorowicz, Alfred, 1899–1979: deutscher Schriftsteller und Literarhistoriker (1933 nach Frankreich, dann in die USA emigriert; 1946 Rückkehr nach Ostberlin, 1957 als tief enttäuschter Kommunist nach Westberlin), der auf die Gefahren einer konterrationalen „Gegenaufklärung", wie sie sich heute allenthalben breitmacht, hinweist. – Hptw.: Deutsche Schicksale (Intellektuelle unter Hitler und Stalin), 1964; Exil in Frankreich (Merkwürdigkeiten und Denkwürdigkeiten), 1971; Die Geächteten der Republik (Alte und neue Aufsätze), 1977; Politik und Literatur im Exil – Deutschsprachige Schriftsteller im Kampf gegen den Nationalsozialismus, 1978; Deutsches Tagebuch, I. Teil: 1978, II. Teil: 1979.

Kapila, ca. 500 v. Chr.: indischer Philosoph, der als erster die vollkommene Unabhängigkeit und Freiheit des menschlichen Geistes behauptet und eines der bedeutendsten philosophischen Systeme Indiens geschaffen hat (↗Sâmkhyam).

Kappadozier („die drei Lichter der Kirche von Kappadozien"): die aus Kappadozien in Kleinasien stammenden drei Kirchenväter ↗Basilius der Große, sein Bruder ↗Gregor von Nyssa und beider Freund ↗Gregor von Nazianz

Karma, Karman: „Tat" (Sanskrit); der Begriff „Karma" steht im Zentrum der Lehre von der ↗Seelenwanderung und Wiedergeburt, der zufolge das Schicksal jedes Menschen nach seinem Tod zwangsläufig bestimmt wird durch die Taten, die er in diesem Leben gesetzt hat (ausgleichende Gerechtigkeit). Der Glaube an das Karma (die Schuldlast aus früheren Geburten) findet sich schon in den ↗Upanishaden.

Karneades von Kyrene, 214—129 v. Chr.: griechischer Philosoph, Begründer der neueren Akademie, Gegner der Stoiker, der vom Standpunkt eines gemäßigten Skeptizismus aus u. a. am Gottesbegriff Kritik übt und eine Theorie der Wahrscheinlichkeit entwickelt.

Karpokrates, um 130 n. Chr.: Gnostiker (von Platon beeinflußt), der eine Gütergemeinschaft (Kommunismus) fordert.

Kastil, Alfred, 1874–1950: österreichischer Philosoph, Anhänger Brentanos. – Hptw.: Zur Lehre von der Willensfreiheit in der Nikomachischen Ethik, 1901; Studien zur neueren Erkenntnistheorie, I (Descartes), 1909; Die Philosophie Franz ↗Brentanos (Eine Einführung in seine Lehre), hrsg. v. Franziska ↗Mayer-Hillebrand, 1951.

Kasuistik: 1. im allgemeinen Sinn: Morallehre, in der das Verhalten für einzelne Situationen und Gewissenskonflikte normiert wird. — 2. Morallehre (z. B. von den Jesuiten akzeptiert; ↗Probabilismus), der zufolge manche ethische Konfliktsfälle nicht mit Sicherheit entscheidbar sind und daher der Autorität der christlichen Moraltheorie überantwortet werden sollen; da überdies eine Anpassung an die jeweiligen Einzelfälle und Umstände gefordert wird und die Erlaubnis besteht, unter Umständen das bequemere Verhalten zu wählen, kann die Kasuistik zu einer gefährlichen Relativierung der moralischen Verpflichtungen führen.

Katachrese: fehlerhafte ↗Metapher (unstimmiges Bild), Verquickung unvereinbarer Metaphern („Bilder"-Mischung; z. B.: „Er kommt wie ein Blitz hereingeschneit").

Katalepsie: ↗Hypnose.

Katathym: Ausdruck von H. Maier (Psychologie des emotionalen Denkens, 1908), bekannt geworden durch ↗Kretschmer (Medizinische Psychologie, 1963¹²); Bezeichnung der Umformung psychischer Inhalte durch einen Affekt.

Kategoriales Denken: Denken gemäß den Kategorien „Ursache — Wirkung" (dem subjektiven Kraftbewußtsein entsprungen) und „Ding — Eigenschaft" (im Persönlichkeitsbewußtsein verwurzelt). Erst durch die Projektion dieser (dem subjektiven Ich-Erleben entstammenden) Kategorien in die zunächst fremd und unbegreiflich anmutende Umwelt wird es möglich, diese zu verstehen, wenn auch um den Preis ihrer „Vermenschlichung", d. h. auf Grund einer Einfühlung des Ich in das ich-fremde Weltgeschehen. — Von ↗Schultz eingeführter Terminus.

Kategorien: Grundbegriffe des Denkens; 1. in der Logik allgemeinste Begriffe (z. B. „Sein"); 2. in der Logik des Aristoteles die 10 allgemeinsten Aussageweisen (Substanz, Qualität, Quantität, Relation, Ort, Zeit, Lage, Haben, Tun, Leiden); 3. in der Erkenntnistheorie Kants die 12 apriorischen Denkformen, mit deren Hilfe die chaotische Empfindungswelt in eine geordnete Erfahrungswelt transformiert wird. Kant unterscheidet a) drei Kategorien der Quantität (Einheit, Vielheit, Allheit), b) drei Kategorien der Qualität (Realität, Negation, Limitation), c) drei Kategorien der Relation (Substantialität, Kausalität, Wechselwirkung), d) drei Kategorien der Modalität (Möglichkeit, Wirklichkeit, Notwendigkeit); 4. bezeichnet man in der Erkenntnistheorie vor allem den Substanzbegriff und die Kausalität als „Kategorien". — ↗Axiome, kategoriales Denken, Postulat.

Kategorisch: einfach aussagend, bedingungslos gültig. 1. Kategorische Aussagen haben die Form: „S ist P" (z. B.: „dieser Mensch ist gütig"). — 2. Kategorische Syllogismen sind Schlüsse mit ausschließlich kategorischen Urteilen; nach der Stellung des Mittelbegriffes in den Prämissen lassen sich vier Schlußfiguren unterscheiden, von denen nur die ersten drei von Bedeutung sind (↗Subsumtionsschluß, ↗Exklusionsschluß, ↗Exemplifikationsschluß); da als Prämissen Urteile aller vier Arten (a, e, i, o) vorkommen können, ergeben sich für jede der vier Schlußfiguren 16 verschiedene Schlußweisen, d. h für alle vier Schlußfiguren zusammen: 64, von denen jedoch nur 19 gültig sind; da überdies die vierte Schlußfigur mit ihren fünf gültigen Schlußweisen praktisch bedeutungslos ist, bleiben nur 14 Schlußweisen (1. Schlußfigur: 4, 2. Schlußfigur: 4, 3. Schlußfigur: 6). — Allgemeine Schlußregeln sind: 1. zwei negative Prämissen lassen keinen Schluß zu; 2. zwei partikuläre Prämissen lassen keinen Schluß zu (Voraussetzung für einen gültigen Schluß ist das Vorhandensein eines allgemeinen Vordersatzes); 3. ein partikulärer Obersatz und ein negativer Untersatz lassen keinen Schluß zu; 4. der Schlußsatz folgt dem „schwächeren" Teil (d. h.: ist einer der Vordersätze ein negatives oder partikuläres Urteil, so ist es auch der Schlußsatz).

Kategorischer Imperativ: von Kant erhobene ethische Forderung, die allgemein und unbedingt gelten soll (im Gegensatz zu den nur bedingt gültigen hypothetischen Imperativen); sie lautet: „Handle so, daß die Maxime deines Willens jederzeit zugleich als Prinzip einer allgemeinen Gesetzgebung gelten könne". — ↗Kant (Ethik), Formalethik.

Kat' exochén: vorzugsweise, hauptsächlich.

Katholische Philosophie: Wiederaufleben der mittelalterlichen Denkweise, Erneuerung und Weiterbildung der mittelalterlichen philosophischen Tradition; nicht eine (voraussetzungslose) „Philosophie" im üblichen Sinne des Wortes, eine konfessionell gebundene „Theologie"; daher verneint der französische Philosophiehistoriker Bréhier mit Recht die Frage, ob es dem an das christlich-katholische Dogma Gebundenen möglich sei, Philosophie zu treiben. Kennzeichnend ist z. B. die Aussage Pius XII. (1876—1939—1958): „Je weiter die wahre Wissenschaft vordringt, desto mehr entdeckt sie Gott"; und unüberhörbar ist der dogmatische Absolutheitsanspruch: „Nur die theistische Weltanschauung kann sich einer ↗Philosophia perennis erfreuen", sagt ↗Gutberlet; „Die Philosophie wird in Zukunft christlich oder nicht sein", meint ↗Dempf. Die bedeutendsten Strömungen der katholischen Philosophie der Gegenwart sind: 1. der Augustinismus (intuitionistisch, aktualistisch, mystizistisch, an ↗Augustinus und ↗Bonaventura orientiert, z. B. von ↗Hessen und ↗Wust vertreten); 2. die ↗Neuscholastik (intellektualistisch). — Für einen (selbst-)„kritischen" Katholizismus in der Theologie und damit auch in der Philosophie plädieren u. a. ↗Holl, ↗Küng, ↗Mynarek: sie üben nicht Bibelkritik in der historisch-philologischen Tradition, sondern eher Bibelexegese, indem sie sich eher auf die Bibel stützen. — ↗Eros,

Euthanasie, Klerikalismus, Modernismus, Neothomismus; Eberz, Heer, Herrmann, Leser, Marcel, Reding, Willmann.

Kauffmann, Max, tödlich verunglückt 1896: Von Berkeley und Hume beeinflußter deutscher Immanenzphilosoph und Nominalist, der die Existenz eines Dinges an sich und die reale Verschiedenheit von Subjekt und Objekt bestreitet. — Hptw.: Fundamente der Erkenntnistheorie und Wissenschaftslehre, 1890; Immanente Philosophie, 1. Bd.: Analyse der Metaphysik, 1893.

Kaufmann, Felix, 1895–1949: österreichischer Philosoph, Neukantianer, aber auch Mitarbeiter des Wiener Kreises (später in Amerika). – Hptw.: Logik und Rechtswissenschaft, 1922; Die philosophischen Grundprobleme der Lehre von der Strafrechtsschuld, 1929; Das Unendliche in der Mathematik und seine Ausschaltung, 1930.

Kaufmann, Walter, geb. 1921: deutsch-amerikanischer Philosoph, der an der Religion Kritik übt („Keine Religion hat der Vernunft die gebührende Achtung erwiesen und einige Religionen haben sie bekämpft"). — Hptw. (dt.): Der Glaube eines Ketzers, 1965; Religion und Philosophie (Eine Kritik des Denkens unserer Zeit), 1966; Jenseits von Schuld und Gerechtigkeit, 1974; Tragödie und Philosophie, 1980.

Friedrich Kaulbach

Kaulbach, Friedrich, geb. 1912: deutscher Philosoph, vor allem Philosophiehistoriker, an Kant im weitesten Sinne orientiert. – Hptw.: Das sittliche Sein und das Sollen, 1948; Philosophische Grundlegung zu einer wissenschaftlichen Symbolik, 1954; Die Metaphysik des Raumes bei Leibniz und Kant, 1960; Der philosophische Begriff der Bewegung, 1965; Philosophie der Beschreibung, 1968; Immanuel Kant, 1969, 1983²; Einführung in die Metaphysik, 1972; Ethik und Metaethik (Darstellung und Kritik meta-ethischer Argumente), 1974; Das Prinzip Handlung in der Philosophie Kants, 1978; Nietzsches Idee einer Experimentalphilosophie, 1980; Philosophie als Wissenschaft (Eine Einleitung zum Studium von Kants Kritik der reinen Vernunft), 1981; Einführung in die Philosophie des Handelns, 1982. – Autobiographie in „Philosophie in Selbstdarstellungen", Bd. III, 1977.

Kausalismus: kausale Deutung des Weltgeschehens (im Gegensatz zur teleologischen) gemäß dem Postulat „causa aequat effectum", dem zufolge jeder Augenblickszustand restlos und meßbar im vorhergegangenen begründet liegt, so daß jemand, dem ein System in einem bestimmten Moment auf das genaueste bekannt wäre, alle künftigen Zustände des Systems vorausberechnen könnte. ↗Kategoriales Denken, Kausalität, Kontinuitätsphilosophie, Laplace'scher Geist, Mechanistik, Naturphilosophie, Psychobiologie (Lungwitz).

Kausalität: das Kausalitäts-Postulat lautet: suche zu jedem Geschehen die Ursache! Lasse keine Wirkungen ohne entsprechende Ursachen zu! Lasse keine Bewegung oder Beschleunigung ohne Angabe ihres Anlasses zu! Das Kausalitäts-Postulat darf nicht mit dem Postulat der ↗Regelmäßigkeit verwechselt werden; wer die Zuordnung von Bedingung und Ereignis nur beschreiben will, braucht nur das Regelmäßigkeitspostulat zu befolgen; wer aber darüber hinaus ein Vorgang auch noch „verstehen" (nacherleben) will, der muß nach der Ursache fragen, durch die er bewirkt ist, aus der (statt nur: auf die) er folgt. Der Phoronomiker (Kinematiker) z. B. beschreibt bloß die Bewegungen und anerkennt daher das Relativitätsprinzip (es gibt nur relative Bewegung und Beschleunigung), wogegen der Dynamiker (Kinetiker) außerdem noch nach dem Bewegungsanlaß, nach der bewirkenden „Kraft" (Fern- oder Nahkraft) forscht, weshalb er eine „absolute" Bewegung und Beschleunigung annehmen muß (einen absoluten Bezugspunkt im absoluten Raum gewinnt man, sobald man alle Bewegungsanlässe aufgehoben denkt). Zu unterscheiden sind: 1. Ursache; diese muß (als Anlaß einer Bewegung etwa) „zureichend", d. h. der Folge proportional sein: dies ist das Postulat der quantitativen Gleichsetzung von Ursache und Wirkung, der eindeutigen und quantitativen Bestimmtheit der Wirkung durch die Ursache („causa aequat effectum"); quantitativ unbestimmbare Ursachen (z. B. „verborgene Qualitäten" = „qualitates occultae" oder „seelische Vermögen" oder „Lebenskräfte", „Entelechien" usw.) sind für die wissenschaftliche Betrachtungsweise uninteressant und unakzeptabel, da sie einer Analyse unzugänglich sind und daher nichts „erklären"; 2. auslösendes Moment: kleiner Anlaß, verglichen mit der Folge; 3. Funktion: Abhängigkeitsverhältnis zweier Gegebenheiten, von denen keine eine Bewegung oder eine Beschleunigung ist (z. B. Beziehung zwischen Druck und Volumen bei Gasen); 4. Bedingung: unter der Gesamtheit der Bedingungen eines Ereignisses versteht man jene Konstellation, die das Wirken der Ursache ermöglicht. Da die nur-beschreibende Naturbetrachtung ohne Ursach-Begriff auskommt, sind für sie die eben angeführten Unterscheidungen gegenstandslos: man spricht daher von einem „Bedingungsgefüge" (Standpunkt: ↗Konditionalismus), dessen funktionale Beziehung zum resultierenden Ereignis allein interessiert (Verdrängung des Ursach-Substanz-Kraft-Begriffes durch den Funktionsbegriff). In diesem Sinne hat schon ↗Hume den Ursachebegriff kritisiert, und zwar von seinem Standpunkt aus unwiderleglich: die Erfahrung lehrt stets nur eine bestimmte regelmäßige Sukzession von Ereignissen, zeigt jedoch niemals ein „Bewirktsein durch"; eine zwingende Macht oder eine Notwendigkeit gerade dieser oder jener Aufeinanderfolge sind empirisch niemals nachzuweisen; ihre Annahme beruht auf Gewohnheit (wir haben uns an gerade diese oder jene Koppelung von Ereignissen gewöhnt und erwarten nun nicht nur gemäß dem Regelmäßigkeitspostulat ihre Wiederkehr, sondern halten darüber hinaus für eine notwendige Verknüpfung, sehen in dem einen Ereignis die Ursache des anderen); deshalb läßt sich auf diese Annahme (einer Ursache bzw. Notwendigkeit der Aufeinanderfolge) verzichten. Darauf ist zu erwidern: sicherlich läßt sich verzichten (womit Hume recht behält), und in der Physik z. B., deren Aufgabe in der möglichst einfachen Beschreibung der Naturerscheinungen besteht (↗Kirchhoff, ↗Mach), hat man auch verzichtet; nur verstanden („erklärt" im philosophischen Sinn) sind die beschriebenen Erscheinungen damit noch nicht; und deshalb kann der Philosoph, der als Wirklichkeitstheoretiker ein umfassendes Weltverständnis erstrebt, auf das Ursach-Denken nicht verzichten; identisch sind „regelmäßiges Begleitetsein" und „Verursachtsein" jedenfalls nicht. Behält man den Unterschied zwischen Regelmäßigkeit und Kausalität im Auge, so fällt es leicht, die oft unklaren und mißverständlichen Formulierungen des „Kausalgesetzes" und alle unbegründeten Behauptungen über seine Gültigkeit (↗Determinismus) oder Ungültigkeit (↗Indeterminismus) auf ihre Haltbarkeit hin zu prüfen: keinesfalls handelt es sich um ein „Naturgesetz", sondern vielmehr um eine Forderung, die durch Erfahrung niemals zu widerlegen ist, die unbeschränkt gilt, solange man sie als Forderung anerkennt, was man tun muß, wenn man „verstehen" will; der Kausalnexus (Ursache—Wirkung) ist ebensowenig etwas „Wirkliches" wie Raum oder Zeit. Bekannte und doch recht unklare Formulierungen des Kausalitätspostulates lauten: „Jede Wirkung hat eine Ursache" (dies ist eine Tautologie: Ursache und Wirkung sind korrelative Begriffe; ebenso: "cessante causa cessat effectus": ohne Ursache keine Wirkung); oder: „Jede Veränderung hat eine Ursache" (korrekterweise müßte es heißen: „soll eine haben"); oder: „Gleiche Ursachen haben gleiche Wirkungen" (kann im Sinne der Regelmäßigkeitssatzes gemeint sein, der hinsichtlich der geforderten „Gleichheit" natürlich auch Voraussetzung des Kausalitätssatzes ist, kann aber auch die Forderung der quantitativen Gleichsetzung von Ursache und Wirkung bedeuten). Ebenso kann man unter „Zufall" verstehen: 1. Ausnahme gegenüber der Regelmäßigkeit; 2. Schnittpunkt zweier voneinander unabhängiger Kausalreihen (als auslösendes Moment). — ↗Wahrscheinlichkeit. An dieser Stelle sei nur betont, daß es ohne absolute Gesetzmäßigkeit auch keine statistische Wahrscheinlichkeit gäbe (im Gegensatz zu allen ungerechtfertigten Behauptungen von einer partiellen Ungültigkeit des „Kausalgesetzes"): Wahrscheinlichkeit ist nur „verdeckte Regelmäßigkeit"! (↗Heisenbergs Unschärferelation). — Im übrigen darf der Ursache-Begriff natürlich nicht zu eng gefaßt werden: er ist stets der Komplexität der zu erklärenden Erscheinungen anzupassen! (So etwa ist im Hinblick auf die Geschichte oder das menschliche Verhalten überhaupt sinnvollerweise nur von einer „pluralistischen" (multifaktoriellen) Kausalität zu sprechen!) — ↗Adler M., Cassirer, Erdmann B., Kaila, Kant, Planck, Sachsse; Psychobiologie (Lungwitz), Willensfreiheit, Zufall.

Kautsky, Karl, 1854—1938: altösterreichischer Sozialist (geb. in Prag), vorübergehend in der Schweiz, in England und in Deutschland, Historiker und Nationalökonom, Gesellschafts- und Geschichtsphilosoph, der als kritischer Marxist sowohl den Revisionismus (Bernsteins) als auch den Bolschewismus (Lenins und Stalins) bekämpfte. Als „Vaterfigur" der Zweiten Internationale, dem im Sinne eines demokratischen Sozialismus, eben der „Sozialdemokratie", Demokratie und Sozialismus als untrennbar sowie Demokratiefestigkeit und Machtpragmatismus als durchaus vereinbar galten, wurde er von links als „zu rechts" und von rechts als „zu radikal" diffamiert. – Hptw.: Thomas More und seine Utopie, 1888; Die soziale Revolution, 1903; Ethik und materialistische Geschichtsauffassung, 1906; Der Ursprung des Christentums, 1908, 1923[13]; Terrorismus und Kommunismus, 1919; Die materialistische Geschichtsauffassung, 2 Bde., 1927.

Keller, Wilhelm, geb. 1909: Schweizer Psychologe und Philosoph. — Hptw.: Vom Wesen des Menschen, 1943, 1971[2] (Einführung in die philosophische Anthropologie); Gegenwartsaufgaben der Philosophie, 1945; Psychologie und Philosophie des Wollens, 1954; Das Selbstwertstreben (Wesen, Formen, Schicksale), 1963; Das Problem der Willensfreiheit, 1964; Dasein und Freiheit, 1974.

Kelsen, Hans, 1881–1973: österreichischer Staatsrechtslehrer (Schöpfer der österreichischen Bundesverfassung von 1920) und Rechtsphilosoph (ab 1930: Köln, Prag, Genf; ab 1940 in den USA); Kantianer, Antihegelianer, Sozialist, Begründer der „Reinen Rechtslehre", der vom Standpunkt eines ideologiekritischen Wertrelativismus aus vor allem die erkenntnistheoretischen Voraussetzungen der Rechtswissenschaft zu klären sucht. Sein politisches Credo: „Der Parlamentarismus ist die einzige reale Form, in der die Idee der Demokratie innerhalb der sozialen Wirklichkeit von heute erfüllt werden kann." – Hptw.: Grenzen zwischen juristischer und soziologischer Methode, 1911; Hauptprobleme der Staatsrechtslehre, 1911, 1923[2]; Sozialismus und Staat, 1920, 1965[3]; Vom Wesen und Wert der Demokratie, 1920, 1929[2]; Das Problem der Souveränität und die Theorie des Völkerrechts, 1920, 1928[2]; Der soziologische und der juristische Staatsbegriff, 1922, 1928[2]; Allgemeine Staatslehre, 1925; Die philosophischen Grundlagen der Naturrechtslehre und des Rechtspositivismus, 1928; Traktat über die allgemeine Rechtslehre im Lichte materialistischer Geschichtsauffassung, 1931; Staatsform und Weltanschauung, 1933; Reine Rechtslehre, 1933, 1960[2]; Law and Peace in International Relations, 1942; Society and Nature, 1943, dt. 1946 (Vergeltung und Kausalität); Peace through Law, 1944; General Theory of Law and State, 1945; The Political Theory of Bolshevism, 1948; Was ist Gerechtigkeit?, 1953, 1975[2]; The Communist Theory of Law, 1955; Aufsätze zur Ideologiekritik, 1964; Demokratie und Sozialismus, 1967. – Sammelbände: Die Wiener rechtstheoretische Schule, 2 Bde., 1968; 33 Beiträge zur Reinen Rechtslehre, 1974. – Lit.: Rudolf Aladár Métall, H. K. – Leben und Werk, 1969. – ↗Flechtheim, Leser; Rechtspositivismus.

Kemmerich, Max, 1876–1932: deutscher Kulturhistoriker und Kulturkritiker. – Hptw.: Kulturkuriosa, 2 Bde., 1909/10, 1926[20]; Dinge, die man nicht sagt, 1910; Gespenster und Spuk, 1921; Machiavelli, 1925; Moderne Kulturkuriosa, 1926; Das Weltbild des Mystikers, 1926; Unter der Lupe (Zeitgenössische Betrachtungen), 1931.

Kenophonie: ein Wort ohne Bedeutung und Sinn.

Kepler, Johannes, 1571–1630: deutscher Mathematiker, Astronom und Naturphilosoph, der gegen die mittelalterlichen Autoritäten polemisiert und an der aristotelischen Physik Kritik übt, dem kopernikanischem Weltbild auf Grund sorgfältiger Beobachtungen eine exakte mathematische Form gibt, wenn auch noch eingebettet in eine ästhetisierend-mystische Weltauffassung, und in seinen erkenntnistheoretischen Darlegungen manche Gedanken Kants vorwegnimmt, indem er z. B. auf die Bedeutung der apriorischen Verstandesfunktion für den Aufbau der Erfahrungswelt (in der sich wissenschaftliche Forschung treiben läßt) hinweist. — Hptw.: Mysterium cosmographicum, 1596; Astronomia nova, 1609; Harmonices mundi, 1619. — ↗Astrologie; Oeser.

Keplerbund: theistisch orientierte Vereinigung zur Bekämpfung der ↗Monistischen Bewegung (des Monistenbundes) unter der Führung ↗Bavinks und ↗Reinkes.

Kerler, Dietrich Heinrich, 1882–1921: deutscher Philosoph, der unter dem Einfluß Husserls für eine rigoristische, irreligiöse, „impersonalistische" Ethik (unter Ausschaltung jeder Ichbezogenheit) plädiert, der zufolge in der bedingungslosen Erfüllung der Pflicht der Sinn des Lebens liegt, und als Atheist jede Metaphysik verwirft. — Hptw.: Die Idee der gerechten Vergeltung und ihr Widerspruch mit der Moral, 1908; Über Annahmen, 2 Teile, 1910/11; Kategorienprobleme, 1912; Jenseits von Optimismus und Pessimismus, 1914; Die Fichte-Schellingsche Wissenschaftslehre (Erläuterung und Kritik), 1917; Der Denker (Eine Herausforderung), 1920; Die auferstandene Metaphysik (Eine Abrechnung), 1921; Weltwille und Wertwille (hrsg. v. Kurt Port), 1925.

Kern, Berthold von, 1848—1940: deutscher Arzt und Philosoph, Empirist und Kritizist, der am Vitalismus und metaphysischen Mystizismus überhaupt Kritik übt, die Verschiedenheit erkenntnistheoretischer Auffassungen auf einen an sich berechtigten Standpunktwechsel zurückzuführen sucht und sich zu einer welt- und lebensbejahenden Religiosität bekennt. — Hptw.: Das Wesen des menschlichen Seelen- und Geisteslebens als Grundriß einer Philosophie des Denkens, 1905, 1907²; Das Problem des Lebens in kritischer Bearbeitung, 1909; Das Erkenntnisproblem und seine kritische Lösung, 1910, 1911²; Weltanschauungen und Welterkenntnis, 1911; Über den Ursprung der geistigen Fähigkeiten des Menschen, 1912; Einleitung in die Grundfragen der Ästhetik, 1913; Ethik, Erkenntnis, Weltanschauungen, 1913; Die Willensfreiheit, 1914; Die Religion in ihrem Werden und Wesen, 1919; Die Grund- und Endprobleme der Erkenntnis, 1939.

Berthold von Kern

Kernphysik: Forschungszweig der Atomphysik (Untersuchung des Aufbaues der Atomkerne sowie ihrer Bestandteile, der Nukleonen). – ↗Physik.

Georg Kerschensteiner

Kerschensteiner, Georg, 1854–1932: deutscher Pädagoge. – Hptw.: Begriff der Arbeitsschule, 1912, 1957¹²; Charakterbegriff und Charaktererziehung, 1912, 1929⁴; Die Seele des Erziehers und das Problem der Lehrerbildung, 1921, 1965⁹; Theorie der Bildung, 1926, 1931³; Theorie der Bildungsorganisation, 1933.

Kerygma: Verkündigung (Heilsverkündigung, apostolische Predigt im Urchristentum).

Kettenschluß (Sorites): verkürzte Schlußkette, bei der alle Schlußsätze, mit Ausnahme des letzten, weggelassen werden.

Keynes, John Maynard, 1883–1946: englischer Nationalökonom, Schöpfer der Vollbeschäftigungstheorie (weniger Arbeitslosigkeit durch mehr Inflation; wenn die private Investitionstätigkeit nachläßt, muß der Staat in diese Nachfragelücke einspringen; dieser kann somit eine Regression durch hohe Staatsaufträge mit Staatsverschuldung bekämpfen, muß allerdings im folgenden Konjunkturaufschwung die Schulden zurückzahlen). – ↗Friedmann.

Hermann Graf Keyserling

Keyserling, Hermann Graf, 1880—1946: deutscher Kulturphilosoph, Gründer der „Schule der Weisheit" (Darmstadt, 1920), der an der wissenschaftlichen Verstandeskultur Kritik übt und sie durch eine am indisch-chinesischen Geistesleben orientierte, aus schöpferischer Intuition geborene „Weisheit" ersetzt wissen will. K. erhebt die romantisch-irrationalistische Forderung, den „Aberglauben an die Kompetenz des Denkens" zu überwinden, und spricht (trotz gelegentlicher Anerkennung des kritischen Denkansatzes) sogar dem Okkultismus einen besonderen Wert zu. — Hptw.: Das Reisetagebuch eines Philosophen, 2 Bde., 1919, 1922⁷; Philosophie als Kunst, 1920; Schöpferische Erkenntnis, 1922; Politik, Wirtschaft, Weisheit, 1922; Wiedergeburt, 1927; Das Buch vom persönlichen Leben, 1936; Betrachtungen der Stille und Besinnlichkeit, 1941; Das Buch vom Ursprung, 1947; Reise durch die Zeit, 1948; Kritik des Denkens, 1948, 1952²; Das Erbe der Schule der Weisheit – unveröffentlichte Essays und Buchbesprechungen 1920–1946, 2 Bde., hrsg. v. Arnold Keyserling, 1981. – Autobiographie in „Die Philosophie der Gegenwart in Selbstdarstellungen", Bd. IV, 1923. – ↗Blüher.

Kierkegaard, Sören, 1813—1855: dänischer Religionsphilosoph, der eine Theorie der „Existenz" (des „Trägers der Subjektivität") entwickelt sowie aus übersteigerter Religiosität und Sehnsucht nach Gott die kulturoptimistische Einstellung der Christen seiner Zeit scharf kritisiert, die Menschen zu einem wahrhaft christlichen Leben auf Grund immer erneuter persönlicher Entscheidung bewegen will und ein religiös-existentielles Denken fordert, das in einem radikalen Sündenbewußtsein und in der Angst, die Entscheidung für das ewige Leben zu verfehlen, sowie in der Anerkennung eines absoluten Unterschiedes zwischen Gott und Mensch wurzelt. Sowohl die dialektische Theologie als auch der Existentialismus stehen unter dem Einfluß K.s. — Hptw.: Entweder — Oder, 2 Bde., 1843; Der Begriff Angst, 1844. - Neue Ausgaben: Einübung im Christentum, 1951; Philosophische Brocken, 1952; Die Leidenschaft des Religiösen, 1953; Die Krankheit zum Tode, 1956. Ges. Werke, 36 Bde. u. 2 Bde. Anhang (Tagebücher), 1961 ff. - ↗Dempf, Ebner, Haecker, Heiss, Höffding, Löwith, Przywara, Schulz, Vetter.

Sören Kierkegaard

Kinkel, Walter, 1871—1938: deutscher Philosoph (Marburger Neukantianer) und Philosophiehistoriker. — Hptw.: Beiträge zur Erkenntniskritik, 1900; Geschichte der Philosophie als Einleitung in das System der Philosophie, 2 Bde., 1906/08; Idealismus und Realismus, 1911; Allgemeine Geschichte der Philosophie, 4 Bde., 1920 bis 1927.

Kirchenväter: ↗Altchristliche Philosophie.

Kirchhoff, Gustav Robert, 1824—1887: deutscher Physiker, der sich zum Ideal einer rein-wissenschaftlichen, metaphysikfreien Weltauffassung bekennt; erkenntnistheoretisch bedeutsam ist seine Auffassung, daß die Naturwissenschaft die Naturerscheinungen nicht zu „erklären", sondern nur möglichst einfach, klar und übersichtlich zu beschreiben, also auch die Mechanik mithin die Bewegungen lediglich vollständig und auf die einfachste Weise zu beschreiben, nicht jedoch zu „erklären", d. h. nach ihren „Ursachen" zu suchen habe. — Philosophisch wichtiges Hptw.: Vorlesungen über mathematische Physik, I (Mechanik), 1876. — ↗Experiment.

Kladistik: Phylogenetische Systematik als Weg zu einem logisch aufgebauten System der Organismen. - Lit.: Henning W.: Aufgaben und Probleme stammesgeschichtlicher Forschung, 1984. - ↗Abstammungslehre.

Klages, Ludwig, 1872—1956: deutscher Psychologe (einer der Begründer der wissenschaftlichen Graphologie, der Charakterologie und der Ausdruckskunde) und Philosoph, der in seiner irrationalistischen „Metaphysik der Seele" einen unaufhebbaren Gegensatz zwischen Geist und Seele annimmt, die „jahrtausendelange Disziplinierung des Blutes durch den Geist" beklagt, als Geschichtsphilosoph zu einer apokalyptischen Untergangsprognose neigt und an Fortschritt, Wissenschaft und Technik Kritik übt (die positive Kehrseite dieser biozentrischen Denkweise und extrem konservativen Einstellung ist die berechtigte Kritik an der industriellen Leistungsgesellschaft, an der Naturausbeutung usf.). — Hptw.: Prinzipien der Charakterologie, 1910, seit der 4. Aufl. (1926) als: Die Grundlagen der Charakterkunde, 1980[14]; Ausdrucksbewegung und Gestaltungskraft, 1913, seit der 5. Auflage als: Grundlegung der Wissenschaft vom Ausdruck, 1950[7]; Handschrift und Charakter, 1916, 1980[27]; Vom Wesen des Bewußtseins, 1921, 1955[4]; Vom kosmogonischen Eros, 1922, 1980[8]; Die psychologischen Errungenschaften Nietzsches, 1926, 1968[4]; Der Geist als Widersacher der Seele, 2 Bde., 1929/33, 1972[5] in 1 Bd.; Goethe als Seelenforscher, 1932, 1980[4]; Vom Wesen des Rhythmus, 1933, 1980[2]; Geist und Leben, 1934, 1940[2]; Die Sprache als Quell der Seelenkunde, 1948; Vom Traumbewußtsein, 1952; Mensch und Erde (Gesammelte Abhandlungen), Neudruck 1973; Neuausgabe der kleinen Bücher „Einführung in die Psychologie der Handschrift" (1924) und „Graphologie" (1932) unter dem Titel „Der Mensch und seine Handschrift" (hrsg. v. A. Krantz u. M. Paul-Mengelberg), 1983. - Biographie und Bibliographie in: Gesammelte Aufsätze und Vorträge zu seinem Werk, hrsg. v. Hans Kasdorff, 1984. - ↗Bense.

Klasse: ↗Satzfunktion.

Klassenaussage: Aussage von der Form: „S ist P"; umfangslogisch gedeutet: S gehört zur Gattung P (bildet einen Teil der Gattung P) bzw. bildet die Gattung P. Im ersten Fall spricht man von „Subsumtion", im zweiten von „Definition".

Klatt, Fritz, 1888—1945: deutscher Pädagoge. — Hptw.: Die schöpferische Pause, 1921, 1932²³; Freizeitgestaltung (Grundsätze und Erfahrungen zur Erziehung des berufsgebundenen Menschen), 1929; Lebensmächte, 1939; Wirkungsgewalt der Sprache, 1940; Griechisches Erbe, 1943.

Kleanthes, 331—233 v. Chr.: Stoiker (Nachfolger Zenons).

Klein, Felix, 1849—1925: deutscher Mathematiker, besonders interessiert auch an mathematisch-naturwissenschaftlich-technischen Grenzfragen, bekannt auch durch seine Unterscheidung von Präzisions- und Approximationsmathematik. — Hptw.: Gesammelte mathematische Abhandlungen, 5 Bde., 1921-1923; Vorlesungen über die Entwicklung der Mathematik im 19. Jhdt., 2 Bde., 1926/27.

Klein, Hans-Dieter, geb. 1940: österreichischer Philosoph, ↗E. Heintel verbunden. — Hptw.: Leibnizens Monade als Ich und substantielle Form, 1962; Begriff und Methode der Philosophie, 1969; Vernunft und Wirklichkeit, 1973; Geschichtsphilosophie (Eine Einführung), 1984.

Klerikalismus (Gegenbegriff: Laizismus): militanter politischer Katholizismus (Ultramontanismus), totalitärer Anspruch der Kirche, die Gestaltung des öffentlichen und des privaten Lebens zu beeinflussen, das menschliche Verhalten zu reglementieren und das geistige Leben zu beherrschen; insbesondere der in der 2. Hälfte des 19. Jahrhunderts verstärkt einsetzende (— im totalen Machtanspruch der römisch-katholischen Kirche und der ihr folgenden politischen Parteien wurzelnde —), vor allem um die letzte Jahrhundertwende forcierte und bis heute nicht aufgegebene Versuch, namentlich die Universitäten zu beherrschen oder „wiederzuerobern", um die Freiheit der Forschung und der Lehre zu unterbinden und durch Zwangsverformung den freien Geist zu bezwingen. Für den Klerikalen ist die Dogmatik der römisch-katholischen Kirche oberste Erkenntnisquelle und bindende Forschungsgrenze; sein (von äußerster Intoleranz, ja Fanatismus inspirierter) Kampf richtet sich gegen die vermeintlich „zersetzenden" Tendenzen des ↗Liberalismus, gegen den ↗„Modernismus" und die „moderne" Philosophie und Kultur, ja den Fortschritt überhaupt. Besondere Aktivität entfalten hiebei die farbentragenden katholischen Studentenverbindungen des CV (Cartellverbandes). Der Scheincharakter der vordergründigen (lautstarken) kirchlichen Freiheitsapologetik ist angesichts der tatsächlich angestrebten restaurativen Verfilzung von kirchlicher und weltlicher Macht unschwer zu durchschauen. — Eine Art „Klerikalismus" im Sinne eines orthodoxen Totalitätsanspruches gibt es daher nicht minder auch im evangelischen Bereich. — ↗Christliche Ethik, Katholische Philosophie, Liberalismus, Monistische Bewegung, Neothomismus, ultramontan; Albrecht, Foerster, Heer, Knoll, Lionardo, Paulsen, Wahrmund.

Klimax (in der Stilistik): Steigerung des Gedankens durch stufenweise Verstärkung des Ausdrucks.

Knittermeyer, Hinrich, 1891-1958: deutscher Philosoph, der den Begriff „Existenzphilosophie", deren Ursprünge er untersucht hat, extrem weit faßt. — Hptw.: Jacob Burckhardt (Deutung und Berufung des abendländischen Menschen), 1949; Die Philosophie der Existenz, 1952; Der Mensch der Erkenntnis (Entwurf einer kritischen Transzendentalphilosophie), 1962; Grundgegebenheiten des menschlichen Daseins, 1963.

August Maria Knoll

Knoll, August Maria, 1900—1963: österreichischer Soziologe, antiklerikaler Katholik, Neothomist, Personalist. — Hptw.: Von den drei Wesenstheorien der Gesellschaft, 1949; Katholische Kirche und scholastisches Naturrecht, 1962; Katholische Gesellschaftslehre, 1966.

Knutzen, Martin, 1713-1751: deutscher Philosoph, Lehrer Kants, der Wolffs Rationalismus mit dem Pietismus in Einklang zu bringen versucht. — Hptw.: Philosophischer Beweis von der Wahrheit der christlichen Religion,

1740; Commentatio philosophica de humanae mentis individua natura sive immortalitate, 1741, dt. 1745; Systema causarum efficientium, 1745; Elementa philosophiae rationalis, 1747. – ↗Erdmann B.

Arthur Koestler

Koestler, Arthur, 1905–1983 (Freitod): deutscher Schriftsteller ungarischer Herkunft (zuletzt in London), politisch engagiert (früher Kommunist, später Gegner des Kommunismus, jedoch kein Antikommunist im landläufig-primitiven Sinn des Wortes); auch an wissenschaftlich-philosophischen Fragen sehr interessiert. Die dialektische Entwicklung der Geschichte interpretiert K. als Wellenbewegung zwischen Rationalismus (Optimismus) und Irrationalismus (Mystizismus, Romantizismus). – Politologisch und philosophisch relevante Hptw. (dt.): Sonnenfinsternis, 1948; Der Yogi und der Kommissar, 1950; Ein Gott, der keiner war, 1962; Die Nachtwandler (Das Bild des Universums im Wandel der Zeiten), 1963; Diesseits von Gut und Böse, 1965; Der göttliche Funke, 1966; Das Gespenst in der Maschine, 1968; Der Krötenküsser (Der Fall des Biologen ↗P. Kammerer oder Für eine Vererbungslehre ohne Dogma), 1972; Die Wurzeln des Zufalls (Ist Zufall wirklich Zufall?), 1972; The Brain Explosion, 1977, dt. 1978 (Der Mensch – Irrläufer der Evolution); Diebe in der Nacht (Roman), 1978; Die Armut der Psychologie (Der Mensch als Opfer des Versuchs, irrationalem Verhalten mit rationalen Methoden beizukommen), 1980; Als Zeuge der Zeit, 1983. – Autobiographie in 2 Bänden (1971): Frühe Empörung; Abschaum der Erde. ↗Anthropologie.

Koffka, Kurt: ↗Gestalt.

Kofler, Leo (Pseudonym Stanislaw Warynski), geb. 1907 (Polen): deutscher Soziologe und Sozialphilosoph (1951 aus der DDR in die BRD geflohen), von Max Adler beeinflußter Neomarxist. — Hptw.: Die Wissenschaft von der Gesellschaft. Umriß einer Methodenlehre des dialektischen Sozialismus, 1944 (Ps. St. Warynski); Zur Geschichte der bürgerlichen Gesellschaft. Versuch einer verstehenden Deutung der Neuzeit nach dem Historischen Materialismus, 1948, 1966³; Das Wesen und die Rolle der stalinistischen Bürokratie, 1952; Der Fall Lukacs. Georg Lukacs und der Stalinismus, 1952; Ist der Marxismus überholt? Marxistischer oder ethischer Sozialismus, 1955; Geschichte und Dialektik. Zur Methodenlehre der dialektischen Geschichtsbetrachtung, 1955; Staat, Gesellschaft und Elite zwischen Humanismus und Nihilismus, 1960; Das Ende der Philosophie, 1961; Der proletarische Bürger (Marxistischer oder ethischer Sozialismus?), 1964; Der asketische Eros. Industriekultur und Ideologie, 1967; Perspektiven des revolutionären Humanismus, 1968; Technologische Rationalität, 1971; Zur Dialektik der Kultur, 1972; Aggression und Gewissen, 1973.

Kohärenztheorie (der Wahrheit): ihr zufolge ist ein Satz wahr, wenn er den übrigen, bereits verifizierten Sätzen nicht widerspricht; je nachdem, ob ein Urteil in das Gesamtsystem der auf ein Erkenntnisgebiet bezüglichen Urteile sich widerspruchslos einfügen läßt oder nicht, ist es wahr oder falsch; „Wahrheit" liegt nicht in einzelnen Urteilen, sondern im Zusammenschluß von Urteilen zu einem System: Wahrheit „ist" nicht, sondern „wird", vollendet sich erst in der fortschreitenden Denkbewegung. ↗Carnap und ↗Neurath haben dahingehend argumentiert, daß niemals Beobachtungsdaten, sondern immer nur Sätze über Beobachtungsdaten gegeben seien, weshalb über Wahrheit oder Falschheit von Aussagen nie durch Vergleich von Sätzen mit Beobachtungsdaten, sondern eben nur durch Vergleich von Sätzen mit Sätzen entschieden werden könne. Gegen dieses Wahrheitskriterium ist geltend zu machen, daß mit der Forderung nach Verträglichkeit der Aussagen noch nicht gesagt ist, welche von zwei unverträglichen Behauptungen abzuändern oder zu verwerfen ist, daß es daher möglich ist, viele in sich widerspruchsfreie Satzsysteme aufzubauen, die nur durch einen Rekurs auf die Erfahrung (Erlebnisgrundlage) als wahr oder falsch zu erweisen sind. Die ↗Konventionalisten allerdings sind der Meinung, daß zwischen den möglichen widerspruchsfreien Systemen konventionell (durch willkürliche Festsetzung) zugunsten des einen oder des anderen entschieden werden müsse (Festsetzung der Wahrheit nach Zweckmäßigkeitserwägungen, größtmögliche Einfachheit des Gesamtsystems). — ↗Korrespondenztheorie.

Köhler, Wolfgang: ↗Gestalt.

Köhlerglaube: zunächst die „fides implicita" gemeint („ich glaube, was die Kirche glaubt), dann überhaupt der schlichte Glaube des einfachen Menschen, schließlich der unkritische Glaube an die Schöpfungsgeschichte. – ↗Materialismus-Streit; Vogt.

Kolakowski, Leszek, geb. 1927: polnischer Philosoph (1970 nach England, 1981 in die USA), früher kritisch-unorthodoxer Marxist und Kommunist, nunmehr antimarxistischer und antikommunistischer Sozialist, der Kommunismus und Demokratie für unvereinbar hält und am Sowjetsystem wegen seiner Unmenschlichkeit sowie am Eurokommunismus Kritik übt; Positivist und Relativist. — Hptw.: Der Mensch ohne Alternative (Von der Möglichkeit und Unmöglichkeit, Marxist zu sein), 1961, 1976[x]; Der Himmelschlüssel, 1966;Traktat über die Sterblichkeit der Vernunft, 1967; Gespräche mit dem Teufel, 1968; Geist und Ungeist christlicher Traditionen, 1971; Die Philosophie des Positivismus, 1971; Der revolutionäre Geist, 1972, 1977[2]; Die Gegenwärtigkeit des Mythos, 1974; Marxismus — Utopie und Anti-Utopie, 1974; Husserl and the Search for Certitude, 1975, dt. 1977 (Die Suche nach der verlorenen Gewißheit. Denk-Wege mit Edmund Husserl); Leben trotz Geschichte (Lesebuch), 1977; Zweifel an der Methode (Vier Essays), 1977; Die Hauptströmungen des Marxismus (Entstehung, Entwicklung, Zerfall), 3 Bde., I/1977, II/1978, III/1979, 1981[2]; Falls es keinen Gott gibt, 1982; Henri Bergson – Ein Dichterphilosoph, 1985; Narr und Priester – Ein philosophisches Lesebuch, 1987. – ↗Gott; Flechtheim.

Kolbenheyer, Erwin Guido, 1878—1962: deutscher Dichter (Schüler ↗Stöhrs), der in folgenden Werken philosophische Themen aufgegriffen hat: Heroische Leidenschaften (Die Tragödie des Giordano Bruno), 1929; Amor Dei (Ein Spinoza-Roman), 1952[x]; Paracelsus (Trilogie), 1952[x]; Die Philosophie der Bauhütte, 1952 (das systematische Hauptwerk; biozentrische Weltauffassung). – ↗Eros, Religion.

Kollektaneen: Lesefrüchte, wissenschaftliche Sammelberichte.

Kollektivismus: geschichtsphilosophischer Standpunkt, dem zufolge nicht die „großen Männer", sondern die „Massen" (das Kollektiv) den Gang der Geschichte bestimmen.

Kollektivpsychologie: Spezialdisziplin der ↗Psychologie, in der das Erleben und das Verhalten des Menschen im Kollektiv, also in einer Gruppe, z. B. in der ↗Masse, untersucht wird. — Wenn sich ein Mensch mit einer Gruppe identifiziert, so wird seine Fähigkeit zu vernünftigem Denken eingeschränkt, werden seine gefühlsbedingten Reaktionen verstärkt (man denke z. B. an die Manifestationen der Kernkraftwerksgegner oder an die Sportplatz-Exzesse!). — ↗Gruppendynamik. — Verwandte Forschungsrichtung mit ähnlicher Zielsetzung: Sozialpsychologie (z. B. ↗Thirring).

Komik: eine ästhetische Grundgestalt; künstlerisch gestaltete Lächerlichkeit. Spielarten der Komik sind: ↗Humor, ↗Witz, ↗Ironie (Parodie, Travestie, ↗Satire, Sarkasmus usw.). Von der „hohen" Komik (die vor allem den Geist lachen läßt), ist die mehr einfältig-naive „niedere" Komik (Drolligkeit) und die schwankhaft-burleske, drastisch- ↗groteske Derbkomik zu unterscheiden. Der Mensch findet an lächerlichen Ungezogenheiten Gefallen, weil sich seine Natur mitunter gegen die Schranken der Konvention aufbäumt und ein Bedürfnis nach Absurdität, Verrücktheit und Widersinnigkeit empfindet. Im allgemeinen beruht die komische Wirkung auf der überraschenden Vernichtung von Scheinwerten: im Witz mehr verletzend und entblößend, im Humor mehr gutmütig und wohlwollend; die Wirkung der Komik kommt zustande, sobald sich scheinbar Bedeutsames als nichtig erweist. Voraussetzung ist ein geistreiches Sich-dumm-Stellen, entscheidend ist das Überraschungsmoment. (Über die einzelnen Spielarten der Komödiendichtung, über Charakterkomik, Situationskomik, Wortkomik usw. ist hier nicht zu sprechen). – Die Tragikomik ruft tragische und zugleich komische Wirkungen hervor. Tragikomisch ist z. B. ein maßloser Einsatz von Mitteln mit nichtigem Erfolg. — ↗Heiterkeit, Lachen; Lipps Th., Stern A.

Kommunismus: ↗Dialektischer Materialismus, Leninismus, Marxismus, Sozialismus, Stalinismus.

Kompilation: Zusammenstellung, Anhäufung von (fremden) Gedanken. **Kompilieren:** zusammentragen (nämlich Auszüge aus alten Schriften zu einer neuen Schrift).

Komplementarität: Ergänzungsverhältnis. Beispiele: 1. K. von Korpuskelaspekt und Wellenaspekt (es gibt Lichtquanten, wie 1905 Einstein entdeckt hat, weil Lichtwellen auch Teilcheneigenschaften haben; und es gibt Materiewellen, 1922 von de Broglie erkannt, da Materieteilchen auch Welleneigenschaften haben: gewisse Experimente erweisen den Wellencharakter, andere wieder den Korpuskelcharakter der Materie und des Lichtes (z. B. erweisen die Interferenzerscheinungen die Wellennatur des Lichtes). Ein quantenphysikalisches Gebilde hat somit verschiedene („komplementäre") Seiten: jedes Experiment, das eine Seite hervortreten läßt, entzieht zugleich die komplementäre Seite der Beobachtung; die kleinsten Bestandteile der Materie sind mithin weder ausschließlich als Teilchen noch ausschließlich als Wellenbündel vorzustellen: es wird einfach ihr Verhalten durch mathematische Gleichungen beschrieben. 2. Auch „Ort" und „Impuls" eines Materieteilchens z. B. sind komplementäre Größen: so wird dem Massepunkt, der einen bestimmten Impuls besitzt, eine ebene Welle zugeordnet, die sich durch den ganzen Raum hin gleichmäßig ausdehnt, da es unmöglich ist, eine bestimmte Stelle als angeblichen Ort des Massepunktes auszuzeichnen. 3. Ebenso sind „Energie" und „Zeit" komplementäre Größen: in Quantenzustand, der eine bestimmte Lebensdauer besitzt, kann nur eine ungenau definierte Energie haben; so hat z. B. der Grundzustand eines Atoms infolge seiner unendlichen Lebensdauer eine exakt festgelegte Energie; während der Emission eines Lichtquants jedoch ist die Energie nicht scharf bestimmbar. — ↗Heisenberg (Unschärferelation). — ↗Del-Negro (der eine „Komplementaritätstheorie" zur Lösung des psychophysischen Problems entwickelt hat, die freilich nicht mehr als eine verbalistische Scheinlösung bietet).

Komplex: 1. zusammengefaßt (Zusammenfassung), zusammengesetzt, umfassend. — 2. Verbindung seelischer Elemente; unter „verdrängten Komplexen" verstehen die ↗Psychoanalytiker Erlebnisse, die ins Unbewußte abgedrängt wurden und von dort aus das Bewußtseinsleben schädigend beeinflussen.

Komplexe Psychologie: ↗Analytische Psychologie.

Komplexibel: leicht zu überschauen und aufzufassen. — ↗Schönheit.

Konditionalismus (Konditionismus): erkenntnistheoretischer Standpunkt, dem zufolge der Ursache-Begriff durch den Begriff „Bedingungsgefüge" zu ersetzen ist. — ↗Verworn; Kausalität, Psychobiologie (Lungwitz).

Konfessionalismus: aus religiösen Bekenntnissen („Konfessionen") erwachsende Einstellungen und Denkhaltungen. ↗Christentum, christliche Ethik, Katholische Philosophie, Klerikalismus, Religion.

Konfuzius (Kung-fu-tse, Kung-tzu, Meister Kung), 551—479 v. Chr.: chinesischer Philosoph, Historiker, Staatsmann und Ethiker, der (wie Sokrates) die Tugend für lehrbar hält, vom Menschen in allen Lebenssituationen ein bestimmtes Verhalten verlangt und folgende Tugenden, als im Einklang mit den Gesetzen der Natur stehend, besonders hochschätzt: Pietät, Treue, Rechtschaffenheit, Milde, Menschlichkeit, Weisheit, Güte, Ehrfurcht, Mut; sie bilden die Grundlage einer vernunftgemäßen Ordnung im Zusammenleben der Menschen, ermöglichen es dem einzelnen, in sich vollkommen zu werden und im Wirken für das Ganze seine Bestimmung zu erfüllen. K., der Systematiker und der Moralist, der Gesetzgeber und der Bewahrer der Sitte, ausgezeichnet durch Gelassenheit, Schlichtheit und Humor, ist der große Gegenspieler des ↗Lao-tse. — Der Konfuzianismus wurde im 1. Jhdt. v. Chr. chinesische Staatsreligion und gewann im 9. Jhdt. über den Buddhismus und im 11. Jhdt. über den Taoismus die Oberhand. — Neuere Übertragung und Erläuterung des ↗Lun-yü (der Diskussionsreden des Meisters Kung mit seinen Schülern): Haymo Kremsmayer, Worte der Weisheit, 1956. - ↗Li, Li-Ki; Chu-Hsi, Mong-tse.

König, René, geb. 1906: deutscher Soziologe, der u. a. an der Phänomenologie Kritik geübt hat. – Hptw.: Vom Wesen der deutschen Universität, 1935; Grundformen der Gesellschaft: Die Gemeinde, 1958; Soziologische Orientierungen (Vorträge und Aufsätze), 1965; Studien zur Soziologie, 1971; Macht und Reiz der Mode, 1971; Kritik der historisch-existenzialistischen Soziologie (Ein Beitrag zur Begründung einer objektiven Soziologie), 1975; Leben im Widerspruch – Versuch einer intellektuellen Autobiographie, 1980; Menschheit auf dem Laufsteg – Die Methode im Zivilisationsprozeß, 1985; Soziologie in Deutschland (Begründer, Verfechter, Verächter), 1987.

Konjunktion: logische Funktion (logisches Abhängigkeitsverhältnis) bzw. logische Relation zwischen durch das Wort „und" verbundenen Aussagen. Die Konjunktion von zwei Aussagen ist wahr, wenn beide Aussagen wahr sind.

Konjunktiv: in der Logik (— von der grammatikalischen Bedeutung ist hier abgesehen —) Bezeichnung für Aussagen mit einem Subjektsbegriff und mehreren Prädikatsbegriffen (z. B. „er studiert und verdient zugleich").

Konkret: anschaulich, sinnfällig, — Gegenbegriff: ↗abstrakt (unanschaulich, begrifflich).

Konservativismus: ↗Liberalismus, Neokonservativismus („Konservativismus-Streit"); Kaltenbrunner.

Konstante: 1. in der Logik ein Symbol, das zur Bezeichnung eines bestimmten Begriffes oder Satzes dient (Gegensatz: Variable). Man unterscheidet deskriptive (Zeichen für Gegenstände) und logische Konstante (Zeichen für: alle, nicht, und, oder, ist, sind, es gibt usw.). — 2. Naturkonstante (empirisch gefundener unveränderlicher physikalischer Meßwert).

Konstatierung: einfachster Erfahrungssatz, Erlebnisaussage von der Form „ich sehe gelb", nicht-hypothetische empirische Feststellung; wenn sie falsch ist, dann kann es sich nur um eine Lüge, niemals jedoch um einen Irrtum handeln.

Konstruktivismus: von ↗Kraft V. in seinen letzten Arbeiten vertretener erkenntnistheoretischer Standpunkt, der ihn dem Kritizismus (im weitesten Sinne des Wortes) näherrückt, als ihm vielleicht bewußt und erwünscht war. — ↗Lorenzen; Mathematik (2.).

Konszientialismus (von ↗. Külpe eingeführte Bezeichnung für den von ihm bekämpften „Bewußtseinsstandpunkt"): gleichbedeutend mit erkenntnistheoretischem Idealismus, dem zufolge es keine vom erkennenden Bewußtsein unabhängig existierende Wirklichkeit („Außenwelt", „Ding an sich") gibt, ja die Existenz einer solchen extramentalen Welt sogar undenkbar ist, da alles Gegebene, Wahrgenommene, Vorgestellte, Gedachte usw. Bewußtseinsinhalt, d. h. alle Wirklichkeit „Bewußtseinswirklichkeit" ist.

Kontemplativ: beschaulich.

Kontiguität: Berührung.

Kontingenz: Zufälligkeit. In diesem Sinn wird z. B. die Welt als „kontingent" bezeichnet, weil sie auch ganz anders sein könnte, als sie tatsächlich ist. — ↗Evolution (Entwicklung), Zufall; Monod.

Kontinuität: lückenloser Zusammenhang, Stetigkeit.

Kontinuitätsphilosophie: philosophische Auffassung, der zufolge das gesamte Weltgeschehen der kausalen Forschung zugänglich ist und zwischen den einzelnen Erfahrungsbereichen ein kontinuierlicher Übergang besteht. ↗Naturalismus. Determinismus, Kausalismus, Mechanistik. — Gegenstandpunkt: ↗Diskontinuitätsphilosophie.

Kontradiktion: ↗kontradiktorisches Begriffsverhältnis.

Kontradiktionen: sinnwidrige (unsinnige), d. h. widerspruchsvolle und daher unrichtige logische Sätze; Kontradiktionen sind in allen Fällen falsch (Beispiel: „Diese Tafel ist schwarz und nicht schwarz".)

Kontradiktorisch: gegensätzlich (in einem anderen Sinn als ↗kontrār). Kontradiktorische Begriffe sind z. B. „sterblich" und „unsterblich": alles, was nicht unter den einen Begriff fällt, fällt notwendigerweise unter den anderen, der eine Begriff hebt den anderen auf, ist die Negation des anderen. — ↗Opposition (Folgerung, kontradiktorische Aussagen).

Kontraposition: eine Art der „Umkehr" einer Aussage, die eine Folgerung erlaubt und darin besteht, daß der Subjekts- und der Prädikatsbegriff bei Änderung der ↗Qualität des Urteils ihre Stellung wechseln, so daß der ↗kontradiktorische Gegensatz des Prädikatsbegriffs Subjektsbegriff wird; so läßt sich z. B. aus der Aussage „jeder wirklich religiöse Mensch handelt sittlich" durch Kontraposition des Urteils ableiten: „wer nicht sittlich handelt, ist kein wirklich religiöser Mensch". Ändert sich auch noch die ↗Quantität des Urteils, so spricht man von „unreiner Kontraposition".

Kontrār: gegensätzlich (in einem anderen Sinn als ↗kontradiktorisch). Konträre Begriffe sind z. B. „schwarz" und „weiß"; sie lassen sich als Endpunkte einer Strecke denken; zwischen diesen beiden Extremwerten liegen unzählige Zwischenwerte, z. B. die einzelnen Stufen von „grau". — ↗Opposition (Folgerung, konträre Aussagen).

Kontrarietät: ↗konträres Begriffsverhältnis.

Konventionalismus: erkenntnistheoretischer und wissenschaftstheoretischer Standpunkt, dem zufolge (mindestens) einige der wichtigsten physikalischen Gesetze (Naturgesetze) Konventionen (willkürliche Festsetzungen) sind, also die Natur nicht beschreiben, sondern festlegen, wie wir die Natur beschreiben wollen (ausgewählt nach Einfachheit, Zweckmäßigkeit, Brauchbarkeit). Hauptvertreter: ↗Poincaré, Dingler; auch Del-Negro. — ↗Voluntarismus (2).

Konventionen: willkürliche Festsetzungen bzw. Anweisungen. Neben den ↗logischen Sätzen die zweite Gruppe der ↗analytischen Sätze. Konventionen sind: 1. die ↗Definitionen und 2. die Axiome der ↗Metageometrien. — ↗Konventionalismus. — Im allgemeinen Sprachgebrauch versteht man unter „Konvention" entweder „Herkommen, Brauch" oder „Übereinkunft", „Abmachung".

Konvergenztheorie: von ↗Tinbergen (neben anderen wie ↗Galbraith; Walt Whitman Rostow, geb. 1916) konzipierte Auffassung, daß sich die Wirtschafts- und die Gesellschaftssysteme des Ostens und des Westens schrittweise einander angleichen und die Unterschiede zwischen Marktwirtschaft und Planwirtschaft („Marx"-Wirtschaft) mehr und mehr schwinden werden, so daß sich schließlich hier wie dort eine Kombination der besten Elemente aus beiden Systemen durchsetzen wird.

Konverse: ↗Symmetrie.

Konversion: eine Art der „Umkehrung" einer Aussage, die eine Folgerung erlaubt. Man unterscheidet zwischen „einfacher" und „quantitativer" Konversion. Bei der einfachen Konversion wechseln Subjekts- und Prädikatsbegriff ihre Stellung, wobei die Quantität der Aussage gleich bleibt (so kann man z. B. durch einfache Konversion aus der Aussage „Wien ist die Hauptstadt Österreichs" die Aussage „die Hauptstadt Österreichs ist Wien" ableiten). Die quantitative Konversion hingegen besteht in einem Stellungswechsel von Subjekts- und Prädikatsbegriff und in einer Änderung der Quantität des Urteils (so kann man z. B. durch quantitative Konversion aus der Aussage „alle Wiener sind Österreicher" folgern: „einige Österreicher sind Wiener").

Konzeptualismus: ↗Universalienstreit; Abaelard.

Kopernikus, Nikolaus, 1473—1543: deutscher Astronom, der dem heliozentrischen (sonnenmittigen) Weltbild des Aristarchos v. Samos zum endgültigen Sieg über das geozentrische (erdmittige) Weltsystem des Klaudios Ptolemaios verholfen hat. Daher wird das heliozentrische Weltbild auch als kopernikanisches bezeichnet. K.' Lehre wurde 1616 von der Inquisition auf den Index der verbotenen Bücher gesetzt (erst seit 1822 erlaubt die Katholische Kirche den Druck von Werken, die eine Bewegung der Erde um die Sonne lehren!). — Hptw.: De revolutionibus orbium coelestium, libri VI, 1543 (dt.: Sechs Bücher über die Umläufe der Himmelskörper, 1879). — ↗Blumenberg, Bruno, Galilei, Kepler.

Kopula: das Bindeglied zwischen dem Subjekts- und dem Prädikatsbegriff einer Aussage; die Kopula stellt eine logische Beziehung zwischen diesen beiden Begriffen her, die darin besteht, daß über das Subjekt etwas ausgesagt wird (z. B. „dieser Mensch ist tapfer"). An die Stelle von Kopula und Prädikatsnomen kann auch ein verbum finitum als Prädikat treten (z. B. „diese Blume blüht"). Die Kopula „ist" bedeutet natürlich nicht eine mathematische Gleichsetzung (=)!

Kopulativ: Bezeichnung für Aussagen mit mehreren Subjektsbegriffen und nur einem Prädikatsbegriff (z. B. „Kreis, Ellipse, Parabel und Hyperbel sind Kegelschnittlinien").

Korollar: Folgerung, Folgesatz.

Korrelativ: Bezeichnung für Begriffe, die einander gleichsam „fordern", d. h. nur zusammen sinnvoll gebraucht werden können, z. B. „Ursache" und „Wirkung".

Korrelativismus: Vermittlungsstandpunkt, z. B. zwischen ästhetischem Objektivismus und Subjektivismus, dem zufolge die ästhetische Wirkung, die von einem Gegenstand ausgeht, sowohl von dessen objektiver Beschaffenheit als auch von der subjektiven Einstellung des Betrachters abhängt. ↗Ästhetik, Schönheit.

Korrespondenztheorie: eine Wahrheitstheorie, der zufolge eine Aussage wahr ist, sobald sie dem in ihr beschriebenen Sachverhalt „entspricht". Der Metaphysiker interpretiert diese Auffassung ontologisch, der Nicht-Metaphysiker empiristisch. Nach dem ontologischen Wahrheitskriterium ist eine Aussage wahr, wenn sie mit der beschriebenen „Wirklichkeit" übereinstimmt, wenn also der reale Gegenstand zutreffend „abgebildet" ist (↗Abbildungstheorie). Das empirische Wahrheitskriterium hingegen bevorzugt derjenige, der die Voraussetzungen der ontologischen (metaphysischen) Wahrheitstheorie als unhaltbar durchschaut (z. B. die naiv-realistische Lösung des Problems der Außenwelt) und weiß, daß sich Aussagen niemals mit der Wirklichkeit an sich, sondern nur mit den ihnen zugrundeliegenden Beobachtungsdaten vergleichen lassen: demnach sind Aussagen wahr, wenn sie die Erlebnistatsachen (Wahrnehmungen usw.), auf die sie sich beziehen, zutreffend wiedergeben. — ↗Verifikation.

Kosík, Karel, geb. 1926: tschechischer, von Hegel und Heidegger beeinflußter Neomarxist, der in der „Tauwetter"-Periode (Liberalisierungsära) eine universale Philosophie der Praxis auf Grund einer dialektischen Ontologie des Menschen aufzubauen begann. – Hptw.: Die Dialektik des Konkreten, 1967.

Kosmodizee: Rechtfertigung nicht mehr Gottes (↗Theodizee), sondern des Kosmos selbst angesichts der Übel in der Welt durch ↗Nietzsche, der die Welt zunächst „nur als ästhetisches Phänomen" für „ewig gerechtfertigt" hält, später dann auch „das Leben" durch die Relativierung und schließlich Aufhebung des Gegensatzes von Gut und Böse rechtfertigt.

Kosmogonie: Lehre vom Ursprung und von der Entstehung der Welt. Von den modernen kosmogonischen Theorien werden zwei besonders häufig zitiert: die mit dem Schöpfungsgedanken (allerdings nur scheinbar!) besser verträgliche „Explosionshypothese" des belgischen Theologen Lemaître (– später vor allem von Gamow vertreten: „Die Geburt des Alls", 1959 –), der zufolge das Weltall aus einem „Urknall" hervorgegangen ist („Big-Bang"-Modell), und die ihr widersprechende „Steady-State-Universe"-Theorie des Cambridger Astronomen ↗Hoyle (1948), der ein ewiges Werden und Vergehen von Materie im grenzenlosen All annimmt (die Sterne zerstrahlen Materie zu Energie, und aus Energie entsteht wieder Materie). Die Annahme einer spontanen Entstehung von Materie findet heute, nach der Entdeckung der Quasare und der kosmischen Hintergrundstrahlung (der Background Radiation, eines Reliktes des Urknalls, wie man meint), kaum mehr Zustimmung. Als Ausgangspunkt der Entwicklung des Universums wird vielmehr ein Zustand von enormer Materiedichte, ungeheurem Druck und extrem hoher Temperatur angenommen. Beachten muß man hiebei allerdings, daß mit dieser Annahme nur gesagt ist, daß man über den Zustand des Universums vor dem Urknall nichts weiß; nicht jedoch darf man (wie z. B. ↗Jordan will) einen absoluten Anfang (auch der Zeit) statuieren, also eine „Entstehung" im Sinne einer „Schöpfung" aus nichts (– eine solche Behauptung ist eine logisch unerlaubte Extrapolation und Subreption). Das „Alter" der Welt (besser: die bisherige Dauer der gegenwärtigen Entwicklungsphase des Weltalls) beträgt etwa 15 Milliarden Jahre (— die Angaben schwanken zwischen 10 und 20 Milliarden), ihr Inhalt besteht aus 10^{11} (= 100 Milliarden) Galaxien (— eine davon ist unsere Milchstraße, die 10^{11} = 100 Milliarden Sterne umfaßt, von denen einer unsere Sonne ist. — Unsere Milchstraße, ein spiralförmiger Sternenhaufen, ist vor rund 10, unser Sonnen-Planeten-System vor etwa 5 Milliarden Jahren entstanden). Eine fundamentale Problemstellung bleibt die Frage nach der künftigen Entwicklung des Kosmos, d. h., ob das Weltall „offen" oder „geschlossen" sei, ob das seit dem Urknall expandierende und immer kälter werdende „dynamische" All einem Zustand größter Ausdehnung mit anschließendem Schwere-Kollaps (einem gleichsam zeitlich umgekehrt ablaufenden Urknall) entgegengehe, also die gegenwärtige Expansion in eine Kontraktion umschlage (= geschlossenes, zwischen Expansion und Kontraktion periodisch „pulsierendes" Universum) oder die Expansion unbegrenzt (wenn auch verlangsamt) fortdauern werde (offenes Universum), wobei man vor kurzem letzteres für wahrscheinlicher hielt, neuerdings jedoch eher ein „Zurück zum Urknall" annimmt. Wie schwierig es ist, ein zutreffendes Modell des Universums zu entwickeln, das allgemeine Anerkennung finden könnte, mögen drei jüngste Entdeckungen zeigen: 1) Neueste Messungen (größte gemessene Entfernung im Weltall: 13 Milliarden Lichtjahre) und Überlegungen (Alter der Milchstraße 10, des ältesten Teiles des Kosmos 20 Milliarden Jahre) lassen die Relation zwischen Entfernung und Zeit (Lichtjahren und Jahren) mit der Steady-State-Hypothese als in besserem Einklang erscheinen; 2) wurden (aus Tausenden von Nebelhaufen bestehende) „Superhaufen" (1 Nebelhaufen = mehrere hundert Galaxien) geortet; 3) hat man neuerdings Änderungen der Naturkonstanten (z. B. der Lichtgeschwindigkeit, des Planckschen Wirkungsquantums) in der Zeit (in Milliarden von Jahren) festgestellt. — ↗Astronomie, Creatio, Entropie, Expansion, Metageometrie, Olbers-Paradoxon, Pulsare, Quasare, Raum, Relativitätstheorie, Schöpfung, Unendlichkeit, Weltall, Zeit (– wir blicken genauso weit in die Vergangenheit des Weltalls zurück wie wir in den Weltraum hinaussehen, da das Licht eines x Milliarden Lichtjahre entfernten kosmischen Objektes, das wir heute sehen, vor x Milliarden Jahren ausgesandt wurde). ↗Neuhäusler.

Kosmologie: Lehre vom Weltall, ursprünglich mythologisch-religiös fundiert, später metaphysisch zentriert, zuletzt mehr empirisch untermauert und schließlich in einzelne Naturwissenschaften aufgefächert, deren Erkenntnisse in der philosophischen Wirklichkeitstheorie zu einem Naturbild zusammengefaßt werden. – ↗Barthel, Wein. – Neuere Lit.: Ernst Kammerer, Kosmologie. 1975.

Kosmopolitismus: Weltbürgertum; weltbürgerliche Gesinnung wurde z. B. von den Stoikern gefordert. — ↗Pazifismus (Internationalismus).

Kosmos: das übersichtlich gebaute, harmonisch geordnete Weltall (Grundbegriff des griechischen Denkens). Gegenbegriff: Chaos (ursprünglich: der leere Raum; später: ungeordnete Masse).

Kosmozentrisch: 1. gleichbedeutend mit „pantheistisch" (bei ↗Dilthey); 2. Kennzeichnung der „auf das Ganze der Natur und Welt" gerichteten Philosophie der ↗Ionier"; 3. normativer Inbegriff der kosmischen Ordnung als Vorbild für die Gestaltung des menschlichen Lebens (in der Antike, nach ↗Blumenberg auch noch bei ↗Goethe).

Kotarbinski, Tadeusz, geb. 1886: polnischer Philosoph, der einen ↗„Reismus (physikalischen Somatismus) lehrt und eine ↗„Praxeologie" entwickelt hat. — Hptw. (in englischer Übersetzung): Praxiology (An Introduction to the Science of Efficient Action), 1965.

Kraft: 1. quantitativ meßbare Ursache einer Bewegungsänderung (nach dem Prinzip: causa aequat effectum). 2. Okkulte Kraft (metaphysisches Prinzip); ↗Qualität (verborgene). — Grundlage des Kraftbegriffes ist das Erlebnis unserer eigenen Kraftanstrengung bei Gliederbewegungen (das „Kraftbewußtsein" als ein Bekanntheitserlebnis auf Grund wiederholten Kraftaufwandes).

Kraft, Julius, 1898—1960: rationalistisch und positivistisch orientierter deutscher Philosoph. — Hptw.: Die „Wiedergeburt" des Naturrechts, 1932; Von Husserl zu Heidegger (Kritik der phänomenologischen Philosophie), 1932, 1977³; Die Unmöglichkeit der Geisteswissenschaft, 1934, 1977³; Erkenntnis und Glaube, 1937; Philosophie als Wissenschaft und als Weltanschauung (Untersuchungen zu den Grundlagen von Philosophie und Soziologie, hrsg. von Albert Menne), 1977.

Kraft, Victor, 1880—1975: österreichischer Philosoph, Mitarbeiter des Wiener Kreises, der den neopositivistischen Denkansatz mit einer realistischen Wirklichkeitsauffassung zu verbinden sucht und sich (im Gegensatz zu den nur mathematisch-naturwissenschaftlich interessierten Empiristen) auch mit dem Problem der geisteswissenschaftlichen Erkenntnismethodik und vor allem mit dem Wertproblem (vom Standpunkt der wissenschaftlichen Weltauffassung aus) auseinandersetzt. — Hptw.: Weltbegriff, und Erkenntnisbegriff, 1912; Die Grundformen der wissenschaftlichen Methoden, 1925, 1973²; Die Grundlagen einer wissenschaftlichen Wertlehre, 1937, 1951²; Mathematik, Logik und Erfahrung, 1947, 1970²; Einführung in die Philosophie, 1950, 1967²; Der Wiener Kreis (Der Ursprung des Neopositivismus), 1950, 1968²; Erkenntnislehre, 1960; Die Grundlagen der Erkenntnis und der Moral, 1968. – ↗Konstruktivismus.

Krampf, Wilhelm, geb. 1899: an Dinglers Denkansatz anknüpfender sowie an der aktivistischen Wissenschaftsauffassung Bridgman's orientierter deutscher Philosoph, der u. a. am Neopositivismus Kritik übt. – Hptw.: Die Philosophie Hugo Dinglers, 1955; Die Metaphysik und ihre Gegner, 1973; Das Wort „Gott" in der Sprache der Philosophie, 1979. – ↗Cassirer.

Krapotkin, Peter: ↗Kropotkin.

Kraus, Oskar, 1872—1942: österreichischer Philosoph (Schüler Brentanos und Martys), der an der Wertmetaphysik Kritik übt und den Pazifismus theoretisch zu begründen versucht; Kulturoptimist; in der Frage der Willensfreiheit Determinist; bekannt auch durch seine Kritik an der Relativitätstheorie Einsteins. — Hptw.: Zur Theorie des Wertes (Eine Bentham-Studie), 1901; Das Recht zu strafen (Eine rechtsphilosophische Untersuchung), 1911; Anton Marty (sein Leben und seine Lehre), 1916; Franz Brentano (zur Kenntnis seines Lebens und seiner Lehre. In Gemeinschaft mit Stumpf und Husserl), 1919; Offene Briefe an Albert Einstein und Max von Laue über die gedanklichen Grundlagen der speziellen und allgemeinen Relativitätstheorie, 1925; Albert Schweitzer (sein Werk und seine Weltanschauung), 1926, 1929²; Wege und Abwege der Philosophie (Vorträge und Abhandlungen), 1934; Die Werttheorie, 1937. — Autobiographie in „Die Philosophie der Gegenwart in Selbstdarstellungen", Bd. VII, 1929.

Kraus, Wolfgang, geb. 1924: österreichischer Gesellschafts- und Kulturkritiker, einem religiös fundierten, politisch liberalen Konservativismus verpflichtet. — Hptw.: Der fünfte Stand (Aufbruch der Intellektuellen in West und Ost), 1966; Die stillen Revolutionäre (Umrisse einer Gesellschaft von morgen), 1970; Kultur und Macht (Die Verwandlung der Wünsche), 1975; Die verratene Anbetung (Verlust und Wiederkehr der Ideale), 1978; Nihilismus heute oder Die Geduld der Weltgeschichte, 1983.

Krause, Karl Christian Friedrich, 1781 bis 1832: deutscher Metaphysiker (von Fichte und Schelling beeinflußt), universeller Geist (Naturforscher, Pädagoge, Sprachtheoretiker, Musikästhetiker), der ein (mystisch getöntes) panentheistisches (infolge sprachlicher Sonderbarkeiten bzw. einer äußerst eigenwilligen Terminologie schwer verständliches) naturphilosophisches System entwickelt und die optimistisch ethische Forderung aufgestellt hat, Gott ähnlich zu werden. K. ist für einen Zusammenschluß aller Staaten und Menschen im Interesse der Erhaltung des Friedens eingetreten. — Hptw.: Das Urbild der Menschheit, 1811; Abriß des Systems der Philosophie, 3 Bde. 1825–1828. – Lit.: Studien zu Krauses Philosophie und zum Krausismo, 1985 (hrsg. v. Klaus M. Kodalle).

Kreatianismus: ↗Creatianismus.

Kreibig, Josef Klemens, 1863—1917: österreichischer Philosoph, Anhänger Brentanos. — Hptw.: Geschichte und Kritik des ethischen Skeptizismus, 1896; Die intellektuellen Funktionen (Untersuchungen über Grenzfragen der Logik, Psychologie und Erkenntnistheorie), 1909; Über Wahrnehmung, 1912; Über die Quantität des Urteils, 1919.

Kretschmer, Ernst, 1888—1964: deutscher Psychiater, der vor allem durch seine Charaktertypologie bekannt geworden ist. — Hptw.: Körperbau und Charakter, 1921, 1977^{26}; Medizinische Psychologie, 1922, 1963^{12}; Hysterie, Reflexe, Instinkt, 1923, 1958^{6}; Geniale Menschen, 1929, 1958^{5}; Psychotherapeutische Studien, 1949; Gestalten und Gedanken, 1963. – ↗Charakter, Katathym.

Kreuzung: logische Beziehung zwischen Begriffen, die darin besteht, daß einige der unter den einen Begriff fallenden Gegenstände auch unter den anderen fallen; so kreuzen z. B. die Begriffe „Säugetier" und „eierlegendes Tier" einander, da „Schnabeltier" unter beide Begriffe fällt; auch zwischen den Begriffen „Österreicher" und „Katholik" z. B. besteht ein solches Verhältnis.

Kries, Johannes von, 1853—1928: deutscher Physiologe, Psychologe und Logiker. — Hptw.: Prinzipien der Wahrscheinlichkeitsrechnung, 1886, 1927^{2}; Über die materiellen Grundlagen der Bewußtseinserscheinungen, 1901.

Krings, Hermann, geb. 1913: deutscher Philosoph. — Hptw.: Ordo (Philosophischhistorische Grundlegung einer abendländischen Idee), 1941, 1982^{2}; Fragen und Aufgaben der Ontologie, 1954; Meditation des Denkens, 1956; Transzendentale Logik, 1964; Neues Lernen, 1972; System und Freiheit (Gesammelte Aufsätze), 1980.

Kristallseelen: ↗Haeckel.

Kristallsehen: in einem Kristall angeblich erscheinende Bilder oder Schriften, die übersinnlichen Ursprungs sein sollen.

Kriterium: Merkmal, Kennzeichen.

Kritias, um 410 v. Chr. griechischer Politiker, der den Sophisten nahesteht (Gegner der Demokratie).

Kritik (im Gegensatz zur dogmatischen Gläubigkeit): Stellungnahme, Auseinandersetzung, Bewertung geistig-kultureller Leistungen. Zur Möglichkeit einer objektiven Kritik: ↗Wertung. Wertvolle Kritik ist gebunden an fachliche Qualifikation, Sachlichkeit, Unpersönlichkeit sowie möglichst weitgehende Voraussetzungslosigkeit und äußert sich in ihrer Fruchtbarkeit (Förderung des Kulturschaffens durch „schöpferische Kritik"). Die Aufgabe der Kritik ist eine prinzipiell unvollendbare, denn immer wieder gilt es, die gegebenen Kulturwerte als problematisch anzusehen und in Frage zu stellen. Wünschenswert erscheint es, den Kreis der Teilnehmer an der Kritik nach Möglichkeit zu erweitern. Hüten sollte sich jede Kritik, die ernstgenommen werden will, vor Beliebigkeit und Faktenschluderei. — ↗Kant; kritisch.

Kritisch: 1) ↗Kritik. — 2) ↗Erkenntniskritik, Kritizismus (Kant). — Gegenbegriff: dogmatisch (↗Dogmatismus). — Kant sagt, daß den, der einmal „Kritik gekostet habe, alles dogmatische Gewäsche ekele".

Kritische Theorie: von der ↗Frankfurter Schule entwickelte „Theorie der Gesellschaft", die historische, soziologische und philosophische Fragen unter gesellschaftskritischem Aspekt miteinander verbindet. – ↗Adorno, Albert, Améry, Benjamin, Habermas, Horkheimer, Lange F. A., Luhmann, Marcuse H., Pollack, Popper K., Rohrmoser, Wellmer; Dialektik, Positivismus-Streit.

Kritischer Empirismus: ↗Brentano.

Kritischer Idealismus: ↗Kant (Erkenntnistheorie); Marburger Schule.

Kritischer Rationalismus: 1. ↗Albert, Popper K., 2. ↗Bense.

Kritischer Realismus: erkenntnistheoretischer Standpunkt in der Frage nach der Realität der „Außenwelt" (Vertreter: ↗Bavink, Becher, Dempf, Driesch, Külpe, Messer, Reinke. Schöndorfer, Wenzl). — ↗Realismus, wissenschaftlicher Realismus; Del-Negro; Feigl, Kraft V.; Reismus.

Kritizismus: ↗Kants Erkenntnistheorie (Lehre von der Zweistämmigkeit der Erkenntnis: Synthese von Rationalismus und Empirismus). – ↗Neokritizismus, Neukantianismus; Lenk H. (rationaler K.).

Krokodeilites: ↗Crocodilinus.

Kroner, Richard, 1884—1974: deutscher Philosoph, am Heidelberger Neukantianismus, später auch an Hegel orientiert (neuhegelianische Dialektik). — Hptw.: Von Kant zu Hegel, 2 Bde., 1921/24, 1977³; Die Selbstverwirklichung des Geistes, 1928; Kulturphilosophische Grundlegung der Politik, 1931; How Do We Know God? 1942; Culture and Faith, 1951; Selbstbesinnung, 1958.

Kropotkin, Peter Alexejewitsch, 1842 bis 1921: russischer Offizier, Naturforscher (Geologe), Gesellschaftskritiker und Hauptrepräsentant des Kommuno-Anarchismus. — Hptw.: La morale anarchiste, 1889; Memoiren eines Revolutionärs, 1899; Gegenseitige Hilfe in der Tier- und Menschenwelt, 1902; Die Eroberung des Brotes, 1892.

Krüger, Gerhard, 1902—1972: deutscher Philosophiehistoriker und Ontologe, Theist. — Hptw.: Philosophie und Moral in der Kantischen Kritik, 1931, 1967²; Einsicht und Leidenschaft (Das Wesen des platonischen Denkens), 1939, 1983⁵; Die Geschichte im Denken der Gegenwart, 1947; Leibniz als Friedensstifter, 1948; Geschichte und Tradition, 1949; Abendländische Humanität, 1953; Grundfragen der Philosophie (Geschichte, Wahrheit, Wissenschaft), 1958, 1965²; Freiheit und Weltverwaltung (Aufsätze zur Philosophie der Geschichte), 1958; Die Herkunft des philosophischen Selbstbewußtseins, 1962; Religiöse und profane Welterfahrung, 1973; Eros und Mythos bei Plato, 1978 (die letzten beiden Werke hrsg. v. Richard Schaeffler).

Kryptästhesie (Paläoästhesie, Telästhesie): behauptete außersinnliche Wahrnehmung verborgener Gegenstände, vergangener Schicksale usf.

Helmut Kuhn

Kuhn, Helmut, geb. 1899: deutscher Philosoph und Sozialanthropologe, um eine Verknüpfung der transzendentalen mit der phänomenologischen Methode sowie um eine Integration der verschiedenen anthropologischen Richtungen bemüht. — Hptw.: Die Kulturfunktion der Kunst, 2 Bde., 1931; Sokrates (Versuch über den Ursprung der Metaphysik), 1934, 1959²; Begegnung mit dem Nichts (Ein Versuch über die Existenzphilosophie), 1950; Begegnung mit dem Sein (Meditation zur Metaphysik des Gewissens), 1954; Wesen und Wirken des Kunstwerkes, 1960, 1980²; Romano Guardini (Der Mensch und das Werk), 1961; Das Sein und das Gute, 1962; Traktat über die Methode der Philosophie, 1966; Schriften zur Ästhetik, 1966; Der Staat (Eine philosophische Darstellung), 1967; Rebellion gegen die Freiheit (Über das Generationsproblem und die Jugendunruhen unserer Zeit), 1968; Die wahre Tragödie (Platon als Nachfolger der Tragiker), 1970; Jugend am Aufbruch (Zur revolutionären Bewegung unserer Zeit), 1970; Liebe (Geschichte eines Begriffes), 1975; Der Weg des Bewußtseins zum Sein, 1981. – Autobiographie in „Philosophie in Selbstdarstellungen", Bd. III, 1977.

Kuhn, Thomas S., geb. 1922: amerikanischer Wissenschaftstheoretiker und -historiker, der die historistische Auffassung vertritt, daß sich der Fortschritt in der Wissenschaft nicht durch kontinuierliche Veränderung, sondern durch revolutionäre Prozesse (spontanen Wechsel der Erklärungsmodelle bzw. „Paradigmata") vollzieht. —

Hptw. (dt.): Die Struktur wissenschaftlicher Revolutionen, 1967, 1978³; Die Entstehung des Neuen (Studien zur Struktur der Wissenschaftsgeschichte), 1977.

Kühnemann, Eugen, 1868—1946: deutscher Literar- und Philosophiehistoriker. — Hptw.: Kants und Schillers Begründung der Ästhetik, 1895; Grundlehren der Philosophie. Studien über Vorsokratiker, Sokrates und Platon, 1899; Sokrates und die Pädagogik, 1901; Über die Grundlagen der Lehre des Spinoza, 1902; Schiller, 1905, 1927⁷; Herder (1893, 1895), 1912²; Vom Weltreich des deutschen Geistes, 1914, 1926² (Aus dem Weltreich deutschen Geistes); Deutschland und Amerika, 1917, 1918³; Gerhart Hauptmann. Aus dem Leben des deutschen Geistes in der Gegenwart, 1922; Kant, 2 Bde. (I: Der kantische Gedanke im vorkantischen Denken; II: Das Werk Kants und der europäische Gedanke), 1923/24. — Autobiographie in „Philosophie der Gegenwart in Selbstdarstellungen", Bd. VI, 1927.

Külpe, Oswald, 1862—1915: deutscher Psychologe (Begründer der experimentellen Denkpsychologie, der „Würzburger Schule") und Philosoph, der einen kritischen Realismus lehrt, die wissenschaftliche Erkenntnismethode als „Realisierung" bezeichnet, den Seelenbegriff substantialistisch faßt, eine psychophysische Wechselwirkung annimmt und sowohl an der psychologistischen Erkenntnistheorie als auch am Neukantianismus Kritik übt. — Hptw.: Grundriß der Psychologie, 1893; Einleitung in die Philosophie, 1895, 1928¹² (von Messer herausgegeben); Kant, 1907; Erkenntnistheorie und Wissenschaft, 1910; Die Realisierung (Ein Beitrag zur Grundlegung der Realwissenschaften), 3 Bde., 1912—1923; Vorlesungen über Psychologie, 1920, 1922²; Grundlagen der Ästhetik, 1921; Vorlesungen über Logik, 1923. — ↗Paradoxon.

Kultur: 1. Zusammenfassende Bezeichnung für jedes auf Wertverwirklichung gerichtete menschliche Tun und Verhalten, durch das der Mensch sich um eine Seinsstufe über seine „stummen Brüder" (↗Schopenhauer), über die bloße Natur erhebt: Die menschliche Kultur ist ein Prozeß der Erzeugung von Werten und der „Erhaltung der Werte" (↗Höffding) und somit auf „Dauer" gerichtet (↗Petzoldt); sie ist „die Ordnung aller Lebensinhalte und Lebensformen einer Menschengemeinschaft unter einem obersten Wert" (↗Hellpach); sie ist der Inbegriff der Lebensweise einer räumlich und zeitlich zirkumskripten Menschengruppe und manifestiert sich in bestimmten Kulturzonen und -bereichen: 1. Werkzeugkultur (Nahrungsgewinnung durch Aufsammeln, Jagd, Fischfang; Bodenbebauung, Tierzucht, Bergbau; Technik: vom einfachsten Gerät über das Handwerk bis zur Industrie; Eigentumsbildung, Tausch, Handel und Verkehr; Wirtschaft); 2. Sozialkultur (Sitte, Recht, Gemeinschaftsbildung: von der Familie bis zum Staat; Erziehung; Institutionen wie Behörden, Gerichtshöfe, Schulen); 3. Symbolkultur (Sprache; Schrift; Spiel; Mythos und Magie; Wissenschaft, Kunst, Sittlichkeit, Religion; Philosophie, Geschichte, Weltanschauung). Das Kulturobjekt verdankt seine Gestaltung absichtsgeleiteter menschlicher Tätigkeit, ist mithin Objektivation von Geistigem; und Kultur ist somit das Insgesamt aller durch menschliche Tätigkeit geschaffenen beständigen Objektivationen von Geistigem; diese werden als solche erlebt und verstanden durch ihre „Resubjektivierung" (Richard Meister). Wie vielschichtig und zugleich umfassend der Begriff „Kultur" ist, zeigt z. B. seine Definition durch ↗H. Marcuse: Kultur als „Möglichkeit einer Gesellschaft zu ihrer Humanisierung"; d. h.: Jeder ↗Humanismus ist notwendigerweise Kulturhumanismus, einen anderen Humanismus gibt es nicht. – Gegenbegriff: ↗Natur. – 2. Im engeren Sinne des Wortes: „Geisteskultur" im Gegensatz zur Zivilisation („materiellen", d. h. die vitalen Bedürfnisse befriedigenden Kultur, z. B. Wirtschaft, Technik). Getragen sind die einzelnen Kulturzweige von folgenden psychischen Motivationen bzw. geistigen Dispositionen: Wissenschaft – Forschungsdrang; Philosophie – Ahnen und Sinnen, Ersinnen, Besinnen; Religion – Angst und Hoffnung; Kunst – Schauen und Lauschen; Wirtschaft – Neid und Raffgier. – 3. Die Entwicklung vom Naturmenschen zum Kulturmenschen (im allgemeinsten Sinne des Wortes) manifestiert sich psychologisch in einer zunehmenden Differenzierung der Urerlebnisse, in einer Zügelung der Bewegungen (die zu nur angedeuteten, gedämpften, minder intensiven, abgemüdeten, feineren, zarteren, abgeschatteten motorischen Prozessen schrumpfen), in einer Abschwächung der Gestik und Mimik (aus dem ↗Lachen wird ein Lächeln usw., die Innervationen verdünnen sich zu Ansätzen) und schließlich in einer Verfeinerung des Geschmacks, der Sitten usf. – 4. Unter der „inneren Kultur" eines Menschen versteht man seine Fähigkeit und seinen Willen, bewußt zur Welt Stellung zu nehmen, dem Leben einen ↗Sinn zu leihen und weiter als aufs Unmittelbare zu blicken, um des unverlierbaren Glücks der geistigen Erhebung über das materielle Dasein teilhaftig zu werden. Zu unterscheiden sind „Kulturträger" und „Kulturgenießer", wobei sich die Frage erhebt, ob die Kulturkonsumenten (die „reichen" Leute, die „beati possidentes") jeweils auch imstande sind, Kultur zu schaffen; Tatsache ist jedenfalls, daß die Wurzeln der Fähigkeit zur Kulturproduktion bis in die untersten Schichten eines Volkes hinabreichen. „Viele Hände weben den großen Teppich Kultur", betont daher zu Recht Sigrid Hunke. Gleichwohl hat Kultur (schon per definitionem) ihrem Wesen nach elitären Charakter, wie uns schon der flüchtigste Blick auf die Geistesgeschichte lehrt, zumal sie allerwegen ästhetische, ja ludische Elemente (↗Huizinga) enthält. – 5. Eine in der Geschichte immer wiederkehrende Erscheinung ist die „Kulturmüdigkeit": ↗Epigonie, Generationenhypothese. – ↗Akkulturation (Kulturwandel), Kulturkritik, Kulturphilosophie, Kultursoziologie, Kulturwissenschaft (Geisteswissenschaft), Philosophie, Sprachphilosophie, Stil.

Kulturkritik: kritische Auseinandersetzung mit den überkommenen Kulturwerten; z. B. ↗Nietzsches desillusionistische Kulturpsychologie, ↗Ortegas Kritik an der (für unser Zeitalter charakteristischen) Technisierung, Spezialisierung und Vermassung, die Geschichtskritik eines ↗Huizinga, ↗Spengler und ↗Toynbee, ↗Schelers ↗Wissenssoziologie, ↗A. Webers ↗Kultursoziologie. Viele Kulturkritiker haben auch einen Weg zu neuen Kulturidealen gewiesen, z. B. Nietzsche (flammendes Bekenntnis zum Wert des ↗Lebens) oder ↗Schweitzer („Ehrfurcht vor dem Leben"). — Anders, Broch, Fetscher, Freud, Freyer, Fromm, Gebser, Griesebach, Huxley J., Jaspers, Klages, Kraus W., Krüger, Lessing Th., Lieber, Lorenz, Madariaga, Mitscherlich, Pannwitz, Picard, Picht, Pieper, Rathenau, Rousseau, Sperber, Szczesny, Weizsäcker; Futurologie, Gesellschaftskritik, Kritik, Neokonservativismus (Kulturmüdigkeit), Optimismus (Kulturoptimismus), Pessimismus (Kulturpessimismus), Wert.

Kulturphilosophie: philosophische (wirklichkeitstheoretische) Disziplin; von ↗Tönnies eingeführter Terminus. Die philosophische „Theorie der Kultur" soll das Phänomen „Kultur" verständlich machen und das Naturbild zu einem Gesamtbild erweitern. Eine wertvolle Hilfswissenschaft der Kulturphilosophie ist die Kulturpsychologie. Da die Kulturtätigkeit der Menschen auf Wertungen beruht (z. B. das wissenschaftliche Forschen auf dem Streben nach Wahrheit oder das Kunstschaffen auf der Anerkennung ästhetischer Werte), überschneiden sich die entsprechenden kultur- und wertphilosophischen Problemkreise (Kunstphilosophie und Ästhetik; Moralphilosohie und Ethik). Die wichtigsten kulturphilosophischen Spezialdisziplinen sind: ↗Geschichtsphilosophie, Kunstphilosophie, Religionsphilosophie, Moralphilosophie, Gesellschaftsphilosophie, Staatsphilosophie, Rechtsphilosophie, Wirtschaftsphilosophie, Philosophie der Technik. — ↗Vierkandt (Stetigkeit des Kulturwandels). — ↗Philosophiegeschichte (als Beispiel für eine „Entwicklung in Gegensätzen"), Kultur, Kulturkritik, Kultursoziologie, Kulturwissenschaft, Wert; Alain, Anders, Barthes, Cassirer (Definition der „Kultur"), Dawson, Ehrlich W., Eibl, Eisler, Fetscher, Fischer H., Freyer, Hochkeppel, Huizinga, Kainz, Kemmerich, Kofler, Kraus W., Lübbe, Mach, Marcuse H., Mutius, Pannwitz, Petzoldt, Riedl, Schilling, Schleiermacher, Schmied-K., Schröter, Schweitzer, Simmel, Vetter.

Kultursoziologie: von ↗Müller-Lyer begründete Wissenschaft von den soziologischen Grundlagen der Kultur, z. B. dem Verhältnis von Gesellschaft und Weltanschauung. — ↗Wissenssoziologie; Plessner, Weber A.

Kulturwissenschaft: gleichbedeutend mit ↗Geisteswissenschaft. Gliederung: historische (z. B. Kunstgeschichte) und systematische Kulturwissenschaften (z. B. allgemeine Kunstwissenschaft).

Küng, Hans, geb. 1928: Schweizer katholischer Theologe, der das II. Vatikanische Konzil „nach vorne interpretiert", die Infallibilität des Papstes in Frage stellt und Theologie samt Kirche einer schonungslosen Ideologiekritik unterwirft (— und deshalb bereits in ernste Schwierigkeiten geraten ist: seit 1962 im Vatikan angeklagt, 1979 durch die Römische Glaubenskongregation die Lehrbefugnis entzogen). Im übrigen meint K. (dzt. in Tübingen), daß die Zeit für eine Versöhnung von Glauben und Wissenschaft gekommen sei, da heute manche angesichts der Grenzen der Forschung wieder Vertrauen in die Existenz Gottes und dessen Heilsplan setzen. – Hptw.: Strukturen der Kirche, 1962; Die Kirche, 1967 (1977 unveränderter Nachdruck); Unfehlbar? (Eine Anfrage), 1970; Menschwerdung Gottes (Eine Einführung in Hegels theologisches Denken als Prolegomena zu einer künftigen Christologie), 1970; Was in der Kirche bleiben muß, 1973; Fehlbar (Eine Bilanz), 1973 (als Hrsg.); Christ sein, 1974; Zwanzig Thesen zum Christsein, 1975; Existiert Gott? (Antwort auf die Gottesfrage der Neuzeit), 1978; 24 Thesen zur Gottesfrage, 1979; Kirche – gehalten

Kunst

in der Wahrheit, 1979; Die christliche Herausforderung – Kurzfassung von „Christ sein", 1980; Ewiges Leben?, 1982; Christentum und Weltreligionen (Hinführung zum Dialog mit Islam, Hinduismus und Buddhismus), 1984 (als Mitautor); Theologie im Aufbruch (Eine ökumenische Grundlegung), 1986; Christentum und chinesische Religion, 1988 (mit Julia Ching). – ↗Albert H.

Kunst: ein Zweig der Kultur; zusammenfassende Bezeichnung für jene durch Menschenhand geschaffenen Werke, die ästhetisch positiv bewertet werden und aus der Absicht entstanden sind, eine solche Beurteilung auszulösen. Man unterscheidet 1. die Raumkünste (die bildenden Künste: Architektur, Plastik und Malerei) und 2. die Zeitkünste: Musik und Dichtung (Lyrik, Epik, Dramatik); in dieses einfache „System der Künste" lassen sich auch Kunstformen wie die Oper (Zusammenwirken mehrerer Künste) oder die Tanzkunst (als raumzeitliche Bewegungskunst) einordnen. Streng durchführbar ist dieses Einteilungsprinzip freilich nicht, da auch in den Raumkünsten sukzessiv und in den Zeitkünsten verräumlichend aufgefaßt wird. Die Frage nach der Aufgabe und der Funktion der Kunst läßt sich von zwei gegensätzlichen Standpunkten aus beantworten: Nach der schon von ↗Aristoteles vertretenen Nachahmungstheorie hat der Künstler vor allem die Natur „nachzuahmen" (charakteristisch für die realistische und die naturalistische Kunst), wogegen die „modernen" Künstler die Aufgabe der Kunst eher in der „Verwesentlichung des Seins", in der Erhellung der Tiefendimension der Erscheinungen erblicken (Surrealismus); „Natur und Kunst sind zweierlei: In der Kunst drücken wir unsere Vorstellung von dem aus, was wir in der Natur nicht sehen", sagt Picasso. — ↗Ästhetik, Kunstphilosophie; Fischer H., Müllner, Ortega, Picht, Riezler, Schischkoff.

Kunstphilosophie: Spezialdisziplin der Kunstphilosophie einerseits und der Ästhetik (Werttheorie) andererseits; aufgegliedert in: Ästhetik der bildenden Künste, Musikästhetik und Literaturästhetik; Gegenstand kunstphilosophischer Analysen sind vor allem: die psychischen Wurzeln der Kunst (Ausdrucksverlangen, Gestaltungswille, Spieltrieb, Lust am Schein), die künstlerischen Motive (Erlebnis, Ausdruck, Gestaltung), das Kunstschaffen und das Wesen des Schöpferischen (Inspiration, Konzeption, innere Durchführung, Ausführung), Kunsterleben und Kunstgenuß, Wesen der Kunst (z. B. Kant: Kunst als Spiel; Hegel: Kunst als Schein; Nietzsche: Kunst als Lüge), Sinn der Kunst (z. B. Weckung von Gefühlserlebnissen, Lebenssteigerung u. a.). – ↗Kunst, Ästhetik, Stil (und die jeweils dort genannten Stichwörter und Philosophen); Alain, Albert K., Anders, Collingwood, Fischer E., Frey, Gehlen, Hauser, Heidegger, Hettner, Ingarden, Kuhn H., Malraux, Marcuse H., Müller-Freienfels, Mutius, Pöggeler, Schelling, Schilling, Simmel, Spitzer, Steiner, Sterzinger, Utitz, Vischer, Weischedel, Winckelmann, Wolandt, Wölfflin, Worringer; Mystik.

Kuntze, Friedrich, 1881–1929: deutscher Philosoph, Kritizist (jedoch auch von E. v. Hartmann, Lotze und Riehl in seiner Entwicklung beeinflußt), der die Transzendentalphilosophie im Sinne des Realismus auszubauen versucht, wobei er drei Grundwelten unterscheidet: Außenwelt (praeter nos), Vorstellungswelt (im Raum erscheinende Welt extra nos) und Gedankenwelt (Welt der Ideen, unabhängig von deren psychologischer Vollziehung). – Hptw.: Die kritische Lehre von der Objektivität, 1906; Natur- und Geschichtsphilosophie, 1911; Denkmittel der Mathematik im Dienst der exakten Darstellung erkenntnistheoretischer Probleme, 1912; Die Technik der geistigen Arbeit, 1921, 1924⁴; Erkenntnistheorie, 1927; Von den neuen Denkmitteln der Philosophie (6 Briefe), 1927/28; Der morphologische Idealismus (Seine Grundlagen und seine Bedeutung), 1929. – ↗Logophoren.

Künzli, Arnold, geb. 1919: linksliberaler Schweizer Politologe und Ideologiekritiker. – Hptw.: Die Angst als abendländische Krankheit, 1948; Das entfremdete Paradies (Der Kommunismus auf dem Wege zur Wirklichkeit), 1963; Karl Marx (Eine Psychographie), 1966; Über Marx hinaus (Beiträge zur Ideologiekritik), 1969; Aufklärung und Dialektik (Politische Philosophie von Hobbes bis Adorno), 1971; Tradition und Revolution (Zur Theorie eines nachmarxistischen Sozialismus), 1975; Mein und Dein – Zur Ideengeschichte der Eigentumsfeindschaft, 1986.

Kusaner: ↗Cusanus.

Kybernetik: von dem um die Entwicklung der modernen Rechen- und Automatisierungstechnik hochverdienten amerikanischen Mathematiker ↗Norbert Wiener eingeführte (vom griech. kybernetes, Steuermann, abgeleitete) Bezeichnung für seine Lehre von der „Regelung und Nachrichtenübermittlung in Tier und Maschine" (Cybernetics, or Control and Communication in the Animal and in the Machine, 1948), d. h. für die Theorie der Kommunikations- und Steuerungsvorgänge in Systemen aller Art (elektronischen Apparaturen, Nervensystemen, sozialen Systemen), der zufolge eine Analogie zwischen der Arbeit des Gehirns und der einer elektronischen Rechenmaschine bzw. zwischen der Steuerung des Organismus durch das Gehirn und der Steuerung von Maschinen durch Rechenautomaten besteht. – ↗Günther G., Sachsse, Stachowiak, Steinbuch.

Kyniker: griechische Philosophen des 4. Jhdts. v. Chr. (z. B. ↗Antisthenes, ↗Diogenes), die vor allem die Bedürfnislosigkeit als Weg zum wahren Glück preisen; sie fordern Selbstgenügsamkeit, Selbstbeherrschung und Natürlichkeit (im Gegensatz zur Konvention). — ↗Zynismus.

Kyrenaiker: nach ↗Aristipp von Kyrene benannte griechische Philosophen des 4. Jhdts. v. Chr., die in der „Lust" und der Lebensfreude das erstrebenswerte Ziel alles menschlichen Tuns erblicken (Standpunkt: Hedonismus).

L

Laas, Ernst, 1837—1885: deutscher Philosoph und Pädagoge, Positivist und Relativist. — Hptw.: Idealismus und Positivismus, 3 Bde., 1879—1884.

La Bruyère, Jean de, 1645–1696: französischer pessimistischer Moralist. – Hptw.: Les caractères de Théophraste, traduits du grec, avec les caractères ou les moeurs de ce siècle, 1688. – ↗Theophrast.

Lachelier, Jules, 1832–1918: französischer Denker, der das Naturgeschehen teleologisch zu verstehen sucht. – Hptw.: Psychologie et Métaphysique, 1885, dt. 1908.

Lachen: plötzliches, in schnell wiederholten Stößen vorbrechendes Ausatmen, Erschütterung des Zwerchfells. Zu unterscheiden sind: 1. reines Lustgelächter (Entladung eines Überschusses von Bewegungsenergie); 2. Krampfgelächter (hysterisch); 3. Lachen aus Überraschung (es wirkt lächerlich, wenn sich das scheinbar Bedeutsame plötzlich in Nichtigkeit verflüchtigt). – „Es muß in allem, was ein lebhaftes, erschütterndes Lachen erregen soll, etwas Widersinniges sein, woran also der Verstand an sich kein Wohlgefallen finden kann", meint ↗Kant, dem zufolge das Lachen seinen Ursprung im gedanklichen „Kontrast" des Witzes hat: Beim Verstehen des Witzes findet in unserem Kopf ein Hin und Her statt, und aus dieser Bewegung ergibt sich das Lachen. Diesen Gedanken hat ↗Vischer (1837) weitergeführt: „Wir erkennen diesen „Kontrast", bemühen uns, den Widerspruch zu reimen, und es geht und geht nicht, und wir versuchen es doch wieder, und diese An- und Abspannung erzeugt das fröhliche Gelächter." ↗Spencer hat in einer Abhandlung über das Lachen (1860) den Sachverhalt so umschrieben: Was sich später als Witz herausstellt, wirkt zuerst einmal alarmierend; stellt sich der Schrecken als unbegründet heraus, so lacht man die überflüssige Energie weg, das heißt, daß der Schrecken im Lachen abfließt, beim Lachen also die psychische Energie abgeführt wird, die der Körper nicht mehr braucht. – „Das leidendste Tier auf Erden erfand sich – das Lachen" (Nietzsche). – ↗Baumgardt, Bergson, Müller-Freienfels, Plessner, Stern A., Voltaire; – ↗Heiterkeit, Humor, Ironie, Komik, Kultur (3., Lächeln), Witz.

Laird, John, 1887—1946: englischer Neurealist und Deist. — Hptw.: A Study in Realism, 1924; Knowledge, Belief and Opinion, 1931; Recent Philosophy, 1936; Mind and Deity, 1941.

Laizismus: Gegenbegriff zu ↗Klerikalismus. Ablehnung jeglicher kirchlichen Bindung im öffentlichen Leben, Forderung nach Trennung von Kirche und Staat, von Kirche und Schule.

Lakebrink, Bernhard, geb. 1904: deutscher (thomistisch theologisierender) Metaphysiker. – Hptw.: Der lateinische Gedanke und die deutsche Subjektivität, 1946; Neue Bildung (Die Überwindung des modernen Nominalismus), 1947; Hegels dialektische Ontologie und die Thomistische Analektik, 1955, 1968^2; Klassische Metaphysik (Eine Auseinandersetzung mit der existentialen Anthropozentrik), 1967; Die Europäische Idee der Freiheit, 1968; Studien zur Metaphysik Hegels, 1969; Vorwort zu Hegels Philosophie des Rechts, 1970; Vorwort zu Spinozas Ethik, 1977; Kommentar zu Hegels „Logik" in seiner „Enzyklopädie" von 1830, Band I: Sein und Wesen, 1979, Band II: Begriff, 1985; Perfectio omnium perfectionum (Studien zur Seinskonzeption bei Thomas von Aquin und Hegel), 1984.

Lamarck, Jean Baptiste de, 1744—1829: einer der Begründer der Entwicklungslehre; er hält erworbene Eigenschaften für vererbbar und erklärt den Formenwandel in der organischen Welt durch aktive Anpassung (hervorgerufen durch den verstärkten Gebrauch oder Nichtgebrauch einzelner Glieder oder Organe). Als Philosoph ist L. Naturalist. – Hptw.: Philosophie zoologique, 1809. – ↗Ungerer.

Lamarckismus: Standpunkt ↗Lamarcks. – ↗Abstammungslehre, Neolamarckismus; Kammerer, Semon.

Lambert, Johann Heinrich, 1728–1777: deutscher Astronom, Mathematiker und Philosoph, der im Gegensatz zu den naiv-rationalistisch eingestellten Popularphilosophen des Aufklärungszeitalters (ähnlich wie Kant) eine Synthese von Rationalismus und Empirismsus fordert. – Hptw.: Die freye Perspective, 1759; Cosmologische Briefe über die Einrichtung des Weltenbaues, 1761; Neues Organon, 1764; Architectonic, 1771. – Texte zur Systematologie und zur Theorie der wissenschaftlichen Erkenntnis, 1987.

Lamettrie, Julien Offray de, 1709—1751: französischer Enzyklopädist, der das gesamte Weltgeschehen materialistisch (atomistisch) zu verstehen und auf Ausdehnung, Bewegung und Empfindung zurückzuführen sucht. — Hptw.: L'homme machine (Der Mensch als Maschine), 1748.

Lamprecht, Karl, 1856—1915: deutscher Kulturhistoriker und Geschichtsphilosoph, der getreu seiner eigenen Warnung, „nicht rettungslos im Stoff zu versinken", vor allem den Geist einer Zeit zu verstehen und allgemeine Verlaufsgesetze der historischen Entwicklung zu finden sucht. (So verläuft z. B. nach seiner Auffassung die Stilentwicklung stets vom Symbolismus über den Typismus und Konventionalismus zum Individualismus und Subjektivismus.) — Hptw.: Deutsche Geschichte, 19 Bde., 1891 bis 1909; Alte und neue Richtungen der Geschichtswissenschaft, 1896; Was ist Kulturgeschichte?, 1897; Moderne Geschichtswissenschaft, 1905; Einführung in das historische Denken, 1912.

Landgrebe, Ludwig, geb. 1902: von Husserl ausgehender deutscher Philosoph. — Hptw.: Phänomenologie und Metaphysik, 1949; Philosophie der Gegenwart, 1952, 1957²; Der Weg der Phänomenologie, 1963, 1971⁴; Über einige Grundfragen der Philosophie der Politik, 1969; Faktizität und Individuation, 1982. — Autobiographie in „Philosophie in Selbstdarstellungen", Bd. II, 1975.

Landmann, Michael, 1913–1984: Schweizer Philosoph, an geschichts-, sozial- und kulturanthropologischen Fragen und am sogenannten „Selbstproblem" der Philosophie besonders interessiert; antirationalistischer Wortführer einer Gegen-Aufklärung. — Hptw.: Problematik (Nichtwissen und Wissensverlangen im philosophischen Bewußtsein), 1949; Erkenntnis und Erlebnis (Phänomenologische Studien), 1951; Philosophische Anthropologie (Menschliche Selbstdarstellung in Geschichte und Gegenwart), 1982⁵; Der Mensch als Schöpfer und Geschöpf der Kultur, 1961; De homine (Der Mensch im Spiegel seines Gedankens), 1962; Ursprungsbild und Schöpfertat, 1966; Das Ende des Individuums (Anthropologische Skizzen), 1971; Die Israelpseudos der Pseudolinken, 1971; Was ist Philosophie?, 1972, 1980³; Entfremdende Vernunft, 1975; Anklage gegen die Vernunft, 1976. – ↗Simmel.

Landsberg, Paul-Ludwig, 1901–1944 († KZ): deutscher Philosoph, strenggläubiger katholischer Existentialist, der als Schüler Schelers dessen anthropologische Gedankenreihen weiterentwickelt hat. – Hptw.: Einführung in die philosophische Anthropologie, 1934, 1960²; Die Erfahrung des Todes, 1973. – ↗Tod.

Lange, Friedrich Albert, 1828—1875: deutscher Philosoph, einer der Begründer des Neukantianismus, der durch seine psychologische Interpretation der Kantschen Erkenntnistheorie manche Gedanken der Fiktionalisten vorwegnimmt, der metaphysischen „Begriffsdichtung" keinen theoretischen, sondern nur einen emotionalen Wert zuspricht und in seinem Hauptwerk vor allem Wert und Unwert des Materialismus zu erweisen sucht (dieser ist als wissenschaftliche Forschungsmethode heuristisch wertvoll, als metaphysische Weltanschauung hingegen unhaltbar). L. selbst bezieht den „Standpunkt des Ideals". — L. steht in der Tradition Schopenhauers, seine Werke sind eine wesentliche Quelle für Nietzsche und wirken noch fort in Horkheimers „Kritischer Theorie". Als liberaler Demokrat war er ein erbitterter Widersacher Bismarcks, als Sozialtheoretiker übte er Einfluß auf die frühen Sozialisten. — Hptw.: Die Arbeiterfrage, 1865, 1910⁷; Geschichte des Materialismus und Kritik seiner Bedeutung in der Gegenwart, 2 Bde., 1866, 1926¹¹, Neudruck 1974; Logische Studien, 1894². — ↗Vaihinger; Geschichtsphilosophie.

Friedrich Albert Lange

Lange, Konrad von, 1855—1921: deutscher Ästhetiker und Kunstphilosoph, dessen „Illusionstheorie" zufolge es die Aufgabe des Künstlers ist, eine Welt der „Illusion" aufzubauen. — Hptw.: Die bewußte Selbsttäuschung als Kern des ästhetischen Genusses, 1895; Das Wesen der Kunst, 2 Bde., 1901, 1907²; Das Wesen der künstlerischen Erziehung, 1902; Schön und praktisch (Eine Einführung in die Ästhetik der angewandten Künste), 1908; Über den Zweck der Kunst, 1912; Krieg und Kunst, 1915; Das Kino in Gegenwart und Zukunft, 1920.

Laotse

Laotse

Laotse (Lao-tse, Lao-tzu, chinesisch: „alter Meister"): chinesischer Dichterphilosoph des (?) 6./5./4. (?) Jhdts. v. Chr., Begründer des Taoismus, der an der Kultur seiner Zeit Kritik übt und den Menschen einen Weg aus der Wirrnis der Zeit und aus der von ihm für nichtig und wertlos gehaltenen Sinnenwelt weisen will, indem er für alle Lebenssituationen ein bestimmtes Verhalten vorschreibt, nämlich: ↗Wu-wei (das Nicht-Tun), Meditation und mystische Versenkung in den unendlichen und unvergänglichen Urgrund des Alls, in das Tao, das durch das Tê (Kraft des Tao) im Menschen wirkt, da nur in der Rückkehr zum Tao (in der Allverbundenheit) das Herz leer und rein werden kann. – Hptw.: ↗Tao-Tê-King, erst später (mit vielen Interpolationen) aufgezeichnet. – ↗Ewald; Lieh-tse.

Laplace, Pierre Simon Marquis de, 1749 bis 1827: französischer Mathematiker und Astronom, klassischer Wahrscheinlichkeitstheoretiker, der sich zu einer konsequenten mechanistischen Weltauffassung bekennt (↗Laplacescher Geist) und vor allem durch seine Theorie von der Entstehung des Planetensystems (↗Kant-Laplacesche Theorie) bekannt geworden ist. — Hptw.: Traité de mécanique céleste, 5 Bde., 1799 bis 1825; Exposition du système du monde, 2 Bde., 1796; Théorie analytique des probabilités, 1812; Essai philosophique sur les probabilités, 1814, 1840^6, dt. 1819 und 1886.

Laplace'scher Geist: von ↗Laplace fingierter Allgeist, der im Sinne der mechanistischen Weltauffassung imstande sein müßte, das gesamte Weltgeschehen (in Vergangenheit, Gegenwart und Zukunft) mit absoluter Genauigkeit zu berechnen, wenn ihm für einen bestimmten Augenblick die Lagen sämtlicher Massenpunkte des Universums und ihre Momentangeschwindigkeiten bekannt wären. — ↗Determinismus, Kausalismus, Mechanistik.

La Rochefoucauld, François, 1613—1680: französischer Marschall, Moralpsychologe, der mit viel Geist und Zynismus die Auffassung vertritt, daß alle menschlichen Handlungen egoistischen Motiven entspringen. — Hptw.: Réflexions, ou sentences et maximes morales, 1655.

Lask, Emil, 1875—1915 (gefallen): deutscher Philosoph, Neukantianer der Badischen Schule, der sich zugleich auch der Phänomenologie verbunden fühlt. — Hptw.: Die Logik der Philosophie und die Kategorienlehre, 1911; Die Lehre vom Urteil, 1912.

Lassalle, Ferdinand, 1825—1864: Gründer der sozialdemokratischen Arbeiterbewegung in Deutschland (1863), orientiert an Hegel, vor allem aber an Fichte. — Hptw.: Die Philosophie Herakleitos' des Dunklen von Ephesos, 2 Bde., 1858; Die Philosophie Fichtes und die Bedeutung des deutschen Volksgeistes, 1862; Das System der erworbenen Rechte, 2 Bde., 1861, 1880^2. Gesammelte Reden und Schriften in 12 Bänden, hrsg. v. Eduard Bernstein, 1919/20; Nachlaß in 6 Bänden, hrsg. v. Gustav Mayer, 1921—1925. Auswahl v. Karl Renner, 1923.

Lasson, Adolf, 1832—1917: deutscher Neuhegelianer. — Hptw.: Über Gegenstand und Behandlung der Religionsphilosophie, 1879; System der Rechtsphilosophie, 1967^2.

Lasson, Georg, 1862—1932: deutscher Neuhegelianer. — Hptw.: Was heißt Hegelianismus? 1916; Hegel als Geschichtsphilosoph, 1922^2.

Kurd Laßwitz

Laßwitz, Kurd, 1848—1910: deutscher Erzähler und Philosoph, Physiker und Wissenschaftstheoretiker, von Kant und Fechner beeinflußt. – Hptw.: Atomistik und Kritizismus, 1878; Natur und Mensch, 1879; Die Lehre Kants von der Idealität des Raumes und der Zeit, 1883; Geschichte der Atomistik vom Mittelalter bis Newton, 2 Bde., 1889/90, 1926^2; Wirklichkeiten, 1900, 1921^4; G. Th. Fechner, 1896, 1910^3; Religion und Naturwissenschaft, 1904; Seelen und Ziele, 1908; Empfundenes und Erkanntes, 1919.

Laster: habituell gewordenes unmoralisches Verhalten, Gegenbegriff zu ↗Tugend, Untugend; aus der Antike überkommene, im Frühmittelalter in die Lehre von den sieben „Todsünden" übernommene Aufgliederung: Hoffart (Hochmut), Trägheit (Müßiggang), Unkeuschheit, Zorn, Unmäßigkeit, Neid, Geiz. — ↗Russell.

Láthe biósas: „Lebe verborgen, zurückgezogen!" (Grundsatz ↗Epikurs.)

Lauth, Reinhard, geb. 1919: deutscher Transzendentalphilosoph. — Hptw.: Die Philosophie Dostojewskis in systematischer Darstellung, 1950; Die Frage nach dem Sinn des Daseins, 1953; Zur Idee der Transzendentalphilosophie, 1965; Die absolute Ungeschichtlichkeit der Wahrheit, 1966; Begriff, Begründung und Rechtfertigung der Philosophie, 1967; Ethik in ihrer Grundlage als Prinzipien entfaltet, 1969; Die Entstehung von Schellings Identitätsphilosophie in der Auseinandersetzung mit Fichtes Wissenschaftslehre (1795–1801), 1975; Theorie des philosophischen Arguments (Der Ausgangspunkt und seine Voraussetzungen), 1979; Die Konstitution der Zeit im Bewußtsein, 1981; Die transzendentale Naturlehre Fichtes nach den Prinzipien der Wissenschaftslehre, 1984.

Lavater, Johann Kaspar, 1741–1801: Schweizer Pfarrer und Schriftsteller. - Hptw.: Physiognomische Fragmente zur Beförderung der Menschenkenntnis und Menschenliebe, 4 Bde., 1775–1778. – Neue Ausgabe: Unveränderte Fragmente aus dem Tagebuch eines Beobachters seiner Selbst, 1979 (hrsg. v. Chr. Siegrist).

Lavelle, Louis, 1883—1951: französischer Philosoph, der in seiner intuitionistischen Metaphysik der „geistigen Innerlichkeit" („Philosophie de l'esprit") eine zwischen Spiritualismus und Realismus vermittelnde Auffassung vertritt, in der neuplatonische, neuthomistische, existenzphilosophische und schichtenontologische Denkmotive anklingen. Seine „existentiale Metaphysik" ist der Versuch einer Synthese von Existenzphilosophie und traditioneller Metaphysik. — Hptw.: De l'être, 1928, 1947²; La dialectique de l'éternel présent, 3 Bde., 1927—1945; De l'acte, 1937; L'erreur de Narcisse, 1939, dt. 1955 (Der Irrtum des Narziß); La parole et l'écriture, 1942, 1947²; La philosophie française entre les deux guerres, 1942; Du temps et de l'éternité, 1945; Introduction à l'ontologie, 1947; Les puissances du moi, 1948; La présence totale, 1951; Traité de valeur, 1952; Chroniques philosophiques. Psychologie et spiritualité, 1967. – ↗Albert K.

Leben: I. Erleben (die dem Menschen introspektiv zugängliche psychische Seite des Lebens). — II. Räumliche Erscheinung des Lebendigen (die Organismen, ihre Veränderungen und Bewegungen). Die organische Gestalt ist durch und durch gegliedert; das gesamte Lebensgeschehen (wie Wachstum, Regeneration, Fortpflanzung, Assimilation und Dissimilation, Ausscheidung, rhythmisches Verhalten, Reizbarkeit, Spontanbewegung usw.) dient der Herstellung und Erhaltung der organischen Form, verläuft also „typovergent", wobei die fortschreitende Differenzierung eines Organismus seine fortschreitende Determinierung im Gefolge hat. Biochemisch gesehen, ist der Organismus ein in stetem Flusse begriffenes, „offenes" System, in dem sich unaufhörlich ein Baustoff- und Betriebsstoffwechsel vollzieht, wobei die ständige Stoff- und Energieumwandlung durch spezifische Katalysatoren, die Enzyme, in Gang gehalten wird; die lebende Zelle, ein von Membranen umschlossener Reaktionsraum, steht mithin in einem Stoff-Fluß sowie in einem Energiegefälle und nützt die Energiedifferenz zwischen energiereichen Nahrungsstoffen (chemischen Verbindungen hohen Energiegehalts, z. B. Zucker oder Fettsäuren, die von außen aufgenommen werden) und Exkreten (energiearmen Endprodukten wie Kohlensäure oder Wasser), um ihre Substanz zu erneuern, zu vermehren und sich zu reproduzieren; entscheidendes Lebensprinzip ist die „Rückkoppelung", d. h. die Rückführung eines Teiles der Ausgangsleistung eines Systems auf den Eingang; sie dient automatisch der Kontrolle und der Steuerung der Lebensprozesse. — Der Naturphilosoph versucht, die vom Biologen beschriebenen organischen Formen und vitalen Vorgänge möglichst einheitlich und restlos zu „verstehen" (Philosophie des Organischen). Die Geschichte der „Philosophie des Organischen" ist eine Auseinandersetzung zwischen vier möglichen Grundauffassungen, die den vier möglichen Urkonstellationen der Lebensentstehung entsprechen: 1. der (unhaltbaren) Chaos-Theorie (Zufallstheorie: Aus dem materiell-chaotischen Urzustand sind durch Zufall und Selektion die Lebensformen entstanden), 2. der ↗kausalistischen ↗Maschinentheorie (materiell geordneter Anfangszustand; — ↗Biogen, Biomechanistik; zugehörige Lösung des Leib-Seele-Problems: ↗phänomenalistischer ↗Parallelismus), 3. dem (a) kausalistischen und dem (b) ↗psychistisch-teleologischen ↗Vi-

Lebensanschauung

talismus (ungeordneter Stoff; kausale oder finale Einwirkung einer ↗Lebenskraft bzw. Entelechie; ↗Wechselwirkungslehre). — ↗Ballauff, Bertalanffy (organismische Auffassung), Eigen, Gradmann, Hartmann M., Hollitscher, Huxley J., Kammerer, Monod, Oparin, Rádl, Rensch, Schaxel, Schrödinger, Teilhard, Ungerer, Wenzl, Woltereck; Abstammungslehre, Anthropogenie, Anthropogonie, Anthropologie, Biogenetisches Grundgesetz, Biologie, Biologismus, biozentrisch, Entwicklung, Holismus, Intussuszeption, Maschinentheorie, Psychobiologie, Tod, Urzeugung. – III. Metaphysische Potenz, z. B. von ↗Schopenhauer statuiert (blinder Trieb und Drang, „Wille" zum Leben). – IV. „Leben" in des Wortes allgemeinster Bedeutung: ↗Sinn des Lebens (Bewertung des Lebens; z. B. ↗Nietzsches absolutes „Ja" zum Leben: „Die Welt ist tief... Tief ist ihr Weh –, Lust – tiefer noch als Herzeleid ... Doch alle Lust will Ewigkeit..."; und Lou Andreas – Salomé, Nietzsches Freundin, „Hast du kein Glück mehr übrig, mir zu geben, wohlan, noch hast du deine Pein!"; sagt ↗F. Schiller: „Das Leben ist der Güter höchstes nicht", so urteilt Nietzsche: Das Leben ist der Güter höchstes! – „Dieses Leben – dein ewiges Leben"!). – ↗Lebensanschauung, Lebenskunst, Lebensphilosophie, Lebensweisheit.

Lebensanschauung: ↗Bovarismus, Ethik, Humor, Impressionismus, Weltanschauung; Eucken, Simmel.

Lebensformen ↗Spranger; Stil.

Lebenskraft: von den ↗Vitalisten zur Erklärung der Lebenserscheinungen angenommen; ein ↗Mythologem, das im Grund nichts erklärt (eine undurchdenkbare metaphysische Fiktion); dieses Wort bezeichnet „weniger einen Begriff als eine Begriffslücke" (↗Liebmann).

Lebenskunst: ↗Philosophie, Sinn (des Lebens). — Morgenstern sagt: „Sieh, das ist Lebenskunst: Vom schweren Wahn des Lebens sich befrein, fein hinzulächeln übers große Muß". — ↗Nietzsche.

Lebensphilosophie: 1. Erkenntnistheoretischer Standpunkt, dem zufolge das Denken bloß eine Funktion des Seins (Lebens) ist. Gegenstandpunkte: Logismus, erkenntnistheoretischer Idealismus. 2. Zusammenfassende Bezeichnung für alle philosophischen Standpunkte, denen zufolge dem Leben und dem Erleben eine Vorrangstellung gegenüber dem Denken zukommt. — ↗Existentialismus, Impressionismus, Irrationalismus, Urerlebnisphilosophie; Barthel, Bergson, Keyserling, Klages, Lersch, Lieber, Misch, Palágyi, Scheler, Stern W.; kritisch: ↗Dilthey, Müller-Freienfels. – Gegen die Lebens- und die Erlebnismetaphysik läßt sich u. a. einwenden: Leben (Erleben) und Denken sind nun einmal nicht identisch (Benn: „Das, was lebt, ist etwas anderes als das, was denkt"); natürlich hinkt das Denken (Erkennen) dem Leben und dem „dunklen" Erleben nach; man muß nur wissen, was man will: Erkenntnisse oder Erlebnisse (↗W. Wundt: „Das Erlebte ist der intimere, das Erkannte der bessere Teil des Lebens"). Will man „erkennen", so muß man das Erleben nachträglich zu analysieren und zu verstehen suchen; oder man will „erleben"...; nur glaube man nicht, damit schon etwas erkannt oder verstanden zu haben. Entweder „erleben und schweigen" oder „erkennen"; wer beides vermengt, „schwätzt" (– mit Recht sagt Luise Rinser: „Was ist das Leben? – Lebe!).

Lebenspsychologie: von ↗Müller-Freienfels („Grundzüge der Lebenspsychologie", 1924) eingeführter Begriff.

Lebenssinn: ↗Sinn.

Lebensweisheit: ↗Philosophie.

Le Bon, Gustave, 1841—1931: französischer Arzt, Sozial- und Völkerpsychologe, Geschichtsphilosoph, einer der Begründer der Massenpsychologie, Gegner der Demokratie und des Sozialismus. — Hptw.: L'homme et les sociétés, 1881; Les lois psychologiques de l'évolution des peuples, 1894, 1911[10]; La psychologie des foules, 1895, 1953[45], dt. 1908, 1973[14] (Psychologie der Massen); Psychologie du socialisme, 1898, 1917[8]; Psychologie de l'éducation, 1902, 1910[13]; L'évolution de la matière, 1905, dt. 1909 (Die Entwicklung der Materie); Les opinions et les croyances, 1911; La psychologie politique, 1911; La Révolution française et la psychologie des révolutions, 1912; Aphorismes du temps présent, 1913; Bases scientifiques d'une philosophie de l'histoire, 1931.

Leerformeln: beliebig verwendbare, weil im Grunde nichtssagende Wendungen, deren ideologischen Mißbrauch es durch ↗Ideologiekritik zu entlarven gilt (z. B. „Das Wichtigste zuerst!" – „Kraftvoll die Zukunft gestalten!" „Für uns alle!" – „Mehr tun für Wien!" als politische Parolen), die aber auch in der Philosophie, vor allem in der Metaphysik, eine unheilvolle Rolle spielen (z. B. „Dialektik", „Lebenskraft" u. dgl.), Scheinprobleme schaffen und daher der Auflösung durch logische Analyse bedürfen. – ↗Metapher; Tautologie.

Legalität: Gesetzlichkeit; Befolgung von Vorschriften ohne inneren moralischen Antrieb. Gegenbegriff: ↗Moralität. — ↗Kant (Ethik).

Lehmann, Gerhard, geb. 1900: deutscher Philosophiehistoriker, der sich vor allem um die Erschließung der Philosophie Kants verdient gemacht hat. — Hptw.: Grundprobleme der Naturphilosophie, 1923; Das Kollektivbewußtsein, 1928; Geschichte der nachkantischen Philosophie, 1931; Die Ontologie der Gegenwart in ihren Grundgestalten, 1933; Kants Nachlaßwerk und die Kritik der Urteilskraft, 1939; Die deutsche Philosophie der Gegenwart, 1943; Die Philosophie des 19. Jhdts., 2 Bde., 1953; Die Philosophie im ersten Drittel des 20. Jhdts., 2 Bde., 1957/60; Beiträge zur Geschichte und Interpretation der Philosophie Kants, 1969; Kants Tugenden (Neue Beiträge zur Geschichte und Interpretation der Philosophie Kants), 1980.

Gottfried Wilhelm Leibniz

Leibniz, Gottfried Wilhelm, 1646—1716: deutscher Philosoph, vielseitig begabter und schöpferisch tätiger, reicher und lebendiger Geist (Jurist, Diplomat, Bibliothekar und Haushistoriker im Dienste des Herzogs von Hannover, seit 1700 Präsident der von ihm ins Leben gerufenen Akademie der Wissenschaften in Berlin, Polyhistor, Theologe, Mathematiker: neben Newton Begründer der Infinitesimalrechnung), rationalistisch eingestellter Metaphysiker, der in seiner dynamistisch-spiritualistischen Lehre vom Weltall die für die Körperwelt gültige kausal-mechanistische Naturauffassung mit dem teleologischen Gesichtspunkt (Zweckmäßigkeit in der seelischen Welt und im spirituellen Reich der Gnade und der Freiheit) in Einklang zu bringen sucht, indem er die Welt als aus Monaden aufgebaut denkt, d. h. sie als Komplex von seelischen Kraftzentren verschiedenen Vollkommenheitsgrades, von kraftbegabten Seinseinheiten mit mehr oder weniger klar bewußten Vorstellungen auffaßt. Nach L. monadologischer Weltauffassung ist die Körperwelt in Raum und Zeit nur ein Erscheinungsbild der an sich aus Monaden aufgebauten Wirklichkeit, „gegeben" durch die Perzeptionen unserer Seele (der Zentralmonade unseres Körpers). In jeder Monade spiegelt sich das Universum anders. Da die Monaden aufeinander nicht einwirken können („fensterlos" sind: sans fenêtres), nimmt L. in seiner Lehre von der „prästabilierten Harmonie" (harmonie préétablie) eine von Gott ein für allemal festgelegte Weltordnung an, z. B. einen (dem synchronen Lauf aufeinander abgestimmter Uhren vergleichbaren) Parallelismus zwischen Gehirn- und Seelenvorgängen. Gott selbst faßt L. einmal mehr anthropomorph als persönlichen Weltschöpfer über und außerhalb der Welt, der alle Monaden erschaffen hat, einmal als Weltseele, einmal als Zentralmonade auf, d. h. als einfache Substanz, deren Ausstrahlungen die Monaden sind. L. sucht seine optimistische Weltauffassung (unsere Welt ist die beste aller möglichen!) aus der Allwissenheit, der Allgüte und der Allmacht Gottes abzuleiten (denn wäre eine bessere Welt möglich, so hätte Gott sie auch gekannt, gewollt und schaffen können); auch die Übel in der Welt versucht er zu rechtfertigen (Theodizee), indem er einerseits ihre positive moralpädagogische Bedeutung betont, andererseits ihre Überschätzung auf eine unzulängliche (allzu engstirnige, kleinliche und daher falsche) Betrachtungsweise zurückführt. Als Religionsphilosoph ist L. Utilitarist, wobei er sich sogar dazu versteigt, die ewige Höllenstrafe zu verteidigen: „Deus omnibus prodest, quantum possibile est. Qui non quaerit commune bonum, is deo non oboedit." Seiner panlogistisch-optimistischen Weltanschauung gemäß ist L. auch Kulturoptimist. In seiner Ethik vertritt er einen intellektualistischen und perfektionistischen Standpunkt, dem zufolge alle Geschöpfe je nach dem Grade ihrer Vollkommenheit dem Ruhm der Gottheit dienen und die von allen Geschöpfen erstrebte Glückseligkeit nur durch Vervollkommnung erreicht werden kann, deren höchste Stufe im klaren und deutlichen Denken besteht, das sogar den Liebesaffekt wachzurufen imstande ist. — Hptw.: Nouveaux essais sur l'entendement humain (Neue Versuche über den menschlichen Verstand), 1704, erst 1765 aus dem Nachlaß veröffentlicht; Essais de Théodicée sur la bonté de dieu, la liberté de l'homme et l'origine du mal, 1710; La Monadologie, 1714 (1720 ersch.); Principes de la nature et de la grâce, 1714 (1718 ersch.).

Leib-Seele-Problem

— ↗Cassirer, Holz H. H., Huber, Kanthack, Kaulbach, Krüger, Mahnke, Martin, Ortega, Pichler, Schischkoff, Thomasius J., Zimmermann R.; Chinesische Philosophie; Identitatis i. p., Ineffabilität, Monade, Tod.

Leib-Seele-Problem: Zwischen Leib und Seele sind folgende Beziehungen denkbar: 1. das Seelische ist eine Eigenschaft (Funktion, Energie) der Körper; 2. das Leibliche ist ein Ausdruck des Psychischen, die Erlebnisse erscheinen im Raum als physiologische Vorgänge (↗phänomenalistischer ↗Parallelismus); 3. die beiden „Substanzen" (↗Dualismus) stehen in ↗Wechselwirkung. — ↗Psychophysisches Problem.

Leinfellner, Werner, geb. 1921: österreichischer Wissenschaftslogiker in der Tradition des Wiener Kreises (jetzt in den USA). — Hptw.: Einführung in die Erkenntnis- und Wissenschaftstheorie, 1965; Struktur und Aufbau wissenschaftlicher Theorien, 1965; Die Entstehung der Theorie, 1966; Ontologie, Systemtheorie und Semantik, 1978 (mit Elisabeth Leinfellner).

Leisegang, Hans, 1890—1951: deutscher Philosoph, der sich vor allem um die Erforschung der hellenistischen Philosophie verdient gemacht hat. In seiner ontologischen Erkenntnistheorie untersucht L. die verschiedenen „Denkformen". — Hptw.: Die Begriffe der Zeit und Ewigkeit im späteren Platonismus, 1913; Der Heilige Geist (das Wesen und Werden der mystisch-intuitiven Erkenntnis in der Philosophie und Religion der Griechen), 1919; Griechische Philosophie von Thales bis Platon, 1922; Hellenistische Philosophie, 1923; Die Gnosis, 1924, 1955^4; Deutsche Philosophie im 20. Jhdt., 1928; Denkformen, 1928, 1951^2; Die Platondeutung der Gegenwart, 1929; Religionsphilosophie der Gegenwart, 1930; Einführung in die Philosophie, 1951, 1973^8; Meine Weltanschauung, 1952.

Lemberger (Logische) Schule: ↗Twardowski.

Lenin (eigentlich Wladimir Iljitsch Uljanow), 1870–1924: russischer Revolutionär, Staatsmann und Philosoph, Gründer des sowjetrussischen Staates, der den ↗Marxismus (↗Dialektischen und Historischen Materialismus) weiterentwickelt (↗Leninismus) und vor allem am Empiriokritizismus, am Empfindungsmonismus und an der idealistischen Philosophie Kritik übt. – Hptw.: Materialismus und Empiriokritizismus (Kritische Bemerkungen über eine reaktionäre Philosophie), 1908; Der Imperialismus als höchste Stufe des Kapitalismus, 1915; Staat und Revolution, 1918; Die Kinderkrankheit des Radikalismus im Kommunismus, hrsg. v. Maslow, 1925; Über Hegelsche Dialektik. Ausgewählte Texte, 1970. – ↗Vorländer.

Lenin

Leninismus: Standpunkt ↗Lenins („Der Marxismus der Epoche des Imperialismus oder Monopolkapitalismus und der proletarischen Revolution, d. h. des sterbenden Kapitalismus"); seine Kurzformel für „Kommunismus": „Sowjets plus Elektrifizierung". – ↗Stalin (gest. 1953): Fragen des Leninismus; Breschnew (gest. 1982): Auf dem Wege Lenins; Gorbatschow (geb. 1931): Perestroika (Die zweite russische Revolution. Eine neue Politik für Europa und die Welt), 1987. – ↗Nouvelle Ph.

Lenk, Hans, geb. 1935: deutscher Sprachanalytiker, Wissenschaftslogiker, Sozialphilosoph und Sportwissenschaftler, der ↗H. Alberts „Kritischen Rationalismus" als „Rationalen Kritizismus" verstanden wissen will und vor allem die „pragmatische" Funktion der Philosophie akzentuiert. – Hptw.: Kritik der logischen Konstanten (Philosophische Begründungen der Urteilsformen vom Idealismus bis zur Gegenwart), 1968; Philosophie im technologischen Zeitalter, 1971, 1974^2; Erklärung – Prognose – Planung (Skizzen zu Brennpunktproblemen der Wissenschaftstheorie), 1972; Metalogik und Sprachanalyse (Studien zur analytischen Philosophie), 1973; Wozu Philosophie? (Eine Einführung in Frage und Antwort), 1974; Normenlogik (Grundprobleme der deontischen Logik), 1974; Pragmatische Philosophie (Plädoyers und Beispiele für eine praxisnahe Philosophie und Wissenschaftstheorie), 1975; Sozialphilosophie des Leistungshandelns (Das humanisierte Leistungsprinzip in Produktion und Sport), 1976; Zur Sozialphilosophie der Technik, 1981; Eigenleistung – Plädoyer für eine positive Leistungskultur, 1983; Kritik der kleinen Vernunft (Einführung in die jokologische Philosophie), 1987; Zwischen Sozialpsychologie und Sozialphilosophie, 1988; – als Hrsg.:

Handlungstheorien − interdisziplinär, 4 Bde., 1977−1982.

Lenk, Kurt, geb. 1929: deutscher Ideologiekritiker, Wissenssoziologe und Politologe, der ↗Frankfurter Schule und dem ↗Neomarxismus verbunden. − Hptw.: Von der Ohnmacht des Geistes, 1959; Volk und Staat (Strukturwandel politischer Ideologien im 19. und 20. Jahrhundert), 1971; Marx in der Wissenssoziologie (Studien zur Rezeption der Marxschen Ideologiekritik), 1972; Theorien der Revolution, 1973; Politische Wissenschaft, 1975. − Als Hrsg.: Ideologie, Ideologiekritik und Wissenssoziologie, 1961, 1972[6].

Leonardo: ↗Lionardo.

Leontius v. Byzanz, etwa 485−543: vom Neuplatonismus beeinflußter Aristoteliker.

Leopardi, Giacomo Graf, 1798−1837: italienischer Dichter, Skeptiker und Pessimist. Seine Werke und Briefe wurden wiederholt herausgegeben und auch übersetzt (Gesamtausgabe: 1937 ff.); besonders aufschlußreich ist das Tagebuch „Lo Zibaldone di pensieri" (Mischmasch der Gedanken, 1817−1832), 1900 erschienen unter dem Titel: Pensieri di varia filosofia e di bella letteratura, 7 Bde. − Neue deutsche Ausgabe (v. Hanno Helbling): Bd. I (Gesänge, Dialoge und andere Lehrstücke), 1978; Bd. II (Das Gedankenbuch − Aufzeichnungen eines Skeptikers), 1985. − ↗Grassi.

Leptosen: ↗Psychobiologie (Lungwitz).

Lernen: bewußte Steuerung der Einprägearbeit als Voraussetzung einer besonderen ↗Gedächtnisleistung. Kein einheitlicher, homogener Prozeß, sondern ein kompliziertes, in zahlreichen aufeinanderfolgenden Phasen ablaufendes Geschehen. Im einzelnen (Lerntechniken, Lerntypen usw.). Gegenstand der experimentellen Gedächtnisforschung und der Lernpsychologie. Bisher wurde noch kein allgemein überzeugendes neurophysiologisches Modell des Lernvorganges entwickelt. − ↗Ebbinghaus H. (Gesetz von E.: Eine Vermehrung des Lernmaterials macht eine überproportionale, sehr beträchtliche Verlängerung der Lernzeit notwendig), Stachowiak; Assoziation.

Le Roy, Edouard, 1870−1954: an Bergson orientierter, nach einer Synthese von Wissen und Glauben suchender französischer Modernist, der den mythologischen Gehalt der christlichen Dogmen für unbeweisbar und fiktiv erklärt; der Wert dieser Dogmen besteht nach seiner Auffassung darin, daß sie ethische Forderungen enthalten und somit die Handlungsweise der Menschen positiv beeinflussen. − Hptw.: Science positive et philosophie de la liberté, 1900; Dogme et critique, 1906; Une philosophie nouvelle: H. Bergson, 1912; L'exigence idéaliste et le fait de l'évolution, 1927; Les origines humaines et l'évolution de l'intelligence, 1928; Le problème de Dieu, 1929, 1930[10]; La pensée intuitive, 2 Bde., 1929/1930; Introduction à l'étude du problème religieux, 1944; Essai d'une philosophie première, 2 Bde., 1956/1958.

Lersch, Philipp, 1898−1972: deutscher Philosoph (Anthropologe), der als Schüler N. Hartmanns eine Schichtenontologie der Persönlichkeit konzipiert hat. − Hptw: Die Lebensphilosophie der Gegenwart, 1932; Aufbau der Person, 1966[10]; Vom Wesen der Geschlechter, 1950[3]; Gesicht und Seele, 1961[5]; Der Mensch in der Gegenwart, 1964[3]; Der Mensch als soziales Wesen, 1965[2]; Zur Psychologie der Indoktrination, 1969.

Le Senne, René, 1882−1954: französischer Metaphysiker (Spiritualist, Vertreter der „Philosophie de l'esprit"), der den Existentialisten nahesteht. — Hptw.: Introduction à la philosophie, 1925, 1939[2]; Le devoir, 1930; La description de la conscience, obstacle et valeur, 1934; Traité de morale générale, 1942; Traité de caractérologie, 1945; Obstacle et valeur, 1947.

Leser, Norbert, geb. 1933: österreichischer Rechts- und Staatsphilosoph, Soziologe und Politologe, Theoretiker der Sozialistischen Partei Österreichs, obwohl streng-katholischer Observanz („religiös rechts, politisch links orientiert"), der die Einseitigkeit dogmatischer Positionen sowohl konservativer als auch progressiver Provenienz zu überwinden sucht. — Hptw.: Begegnung und Auftrag, 1963; Zwischen Reformismus und Bolschewismus (Der Austromarxismus als Theorie und Praxis), 1968, 1985[2]; Marxismus, Sozialismus und Humanismus (Übereinstimmung und Gegensätze), 1971; Die Odyssee des Marxismus (Auf dem Weg zum Sozialismus), 1971; Sozialismus zwischen Relativismus und Dogmatismus (Aufsätze im Spannungsfeld von Marx und Kelsen), 1974; Gottes Spuren in Österreich (Mein Verhältnis zum [politischen] Katholizismus), 1978; Jenseits von Marx und Freud (Studien zur philosophischen Anthropologie); 1980; Grenzgänger – Österreichische Geistesgeschichte in Totenbeschwörungen, 2 Bde., 1981/82; Genius Austriacus (Beiträge zur Geschichte und Geistesgeschichte Österreichs), 1986. – Als Hrsg.: Das geistige Leben Wiens in der Zwischenkriegszeit, 1981; Die Schule und die Bildungspolitik der österreichischen Sozialdemokratie in der Ersten Republik, 1983. – ↗Weininger.

Norbert Leser

Lessing, Gotthold Ephraim, 1729—1781: deutscher Vorklassiker, der in seinen ästhetischen und kunstkritischen Schriften die Eigengesetzlichkeit der Poesie (als Kunst des Nacheinander) und der bildenden Kunst (des Nebeinander) sowie die Rechte und die Pflichten des Genies einerseits und des Kunstkritikers andererseits untersucht. In seiner deistischen Religionsphilosophie sucht L. einerseits die Leibnizsche Monadologie mit einem spinozistischen Panentheismus, dem zufolge die Vielheit der Dinge von der Einheit Gottes überspannt wird bzw. alle Dinge in Gott ihre Existenz haben, andererseits die religiöse Sphäre mit der ethischen zu verschmelzen. L. bekennt sich zur „natürlichen Religion" und fordert eine kritische Bibelinterpretation. Als Ethiker erhebt L. die Forderung, das Gute um seiner selbst willen zu tun; als höchste Ideale preist er: Weltbürgertum, Humanität und liberale Toleranz. — Philosophische Hptw.: Das Christentum der Vernunft, 1753; Briefe, die neueste Literatur betreffend, 1759; Über die Wirklichkeit der Dinge außer Gott, 1763; Laokoon oder über die Grenzen der Malerei und Poesie, 1766; Hamburgische Dramaturgie, 1767/69; Wie die Alten den Tod gebildet, 1769; Die Fragmente eines Wolfenbüttelschen Ungenannten, 1774 (— Gedankengänge von ↗Reimarus –); Anti-Goeze, 1778; Ernst und Falk, Gespräche für Freimaurer, 1778–1780; Die Erziehung des Menschengeschlechtes, 1780. – ↗Mendelssohn, Nicolai, Zimmermann R.

Lessing, Theodor, 1872—1933 (von Nationalsozialisten ermordet): deutscher Kultur- und Geschichtsphilosoph, der sich zu einem kulturpessimistischen Irrationalismus bekennt und den Geist als ein Selbstvernichtungsmittel des Universums verdächtigt, den „Untergang der Erde am Geist" prophezeit, Sinn und Vernunft in der Geschichte leugnet (— erst nachträglich nämlich unterschiebt der Geschichtsbetrachter den an und für sich völlig sinnlosen historischen Tatsachen einen tieferen Sinn!) und den Wert der Geschichte darin sieht, daß sie eine Art notwendiger Illusion schafft. – Hptw.: A. Spirs Erkenntnislehre (Diss.), 1899; Philosophie als Tat, 1914; Europa und Asien (Untergang der Erde am Geist), 1916, 1930^5; Die verfluchte Kultur (Gedanken über den Gegensatz von Leben und Geist), 1921; Geschichte als Sinngebung des Sinnlosen, 1919, 1927^4 (Neuausg. 1983); Dührings Haß, 1922; Einmal und nie wieder (Lebenserinnerungen), 1935, 1969^2; Der jüdische Selbsthaß, 1984; Ich warf eine neue Flaschenpost ins Eismeer der Geschichte – Essays und Feuilletons (1923–1933), hrsg. v. Rainer Marwedel, 1986. – Biographie: R. Marwedel, Th. L., 1987. – ↗Messer.

Theodor Lessing

Leukippos, um 450 v. Chr.: griechischer Philosoph, der sich konsequent zur mechanistischen Weltauffassung bekennt und die antike Atomistik begründet, der zufolge die Welt als aus (ihrer Gestalt, Lage und Anordnung nach verschiedenen) Atomen aufgebaut zu denken ist, wobei neben dem „Vollen" (den seit Ewigkeit in Bewegung befindlichen Atomen) auch noch das „Leere" existiert (ohne das keine Bewegung und Vielheit gedacht werden kann). L. hat in Abdera eine Philosophenschule gegründet; sein bedeutendster Schüler war ↗Demokrit.

Leviathan (hebr. Liwjatan: krumme, gewundene Schlange): das im Buch Hiob (Kap. 40/41) beschriebene Seeungeheuer (neben dem Landtier Behemoth), von ↗Hobbes (1651) als Symbol für den allmächtigen Staat herangezogen. – ↗Schmitt.

Lévinas, Emmanuel, geb. 1905 (in Litauen): französischer Religionsphilosoph, Ethiker und Sozialphilosoph, der sich insbesondere Descartes und Husserl verbunden fühlt. – Hptw. (ins Deutsche übersetzt): Die Spur des Anderen (Untersuchungen zur Phänomenologie und Sozialphilosophie), 1983, 1987²; Die Zeit und der Andere, 1984; Wenn Gott ins Denken einfällt (Diskurse über die Betroffenheit von Transzendenz), 1985; Totalität und Unendlichkeit (Versuch über die Exteriorität), 1987; Vom Sein zum Seienden, 1988.

Claude Lévi-Strauss

Lévi-Strauss, Claude, geb. 1908: französischer Ethnologe, Linguist und Mythenforscher, Begründer des ↗Strukturalismus. – Hptw. (in deutscher Übersetzung): Traurige Tropen, 1960; Strukturale Anthropologie I/1967, II/1976; Das Ende des Totemismus, 1965; Das Wilde Denken, 1968; Der Strukturbegriff in der Enthnologie, 1971; Das Rohe und das Gekochte (I), 1971; Rasse und Geschichte, 1972; Vom Honig zur Asche (II), 1972; Der Ursprung der Tischsitten (III), 1974; Der nackte Mensch (IV), 2 Teile, 1975; Der Weg der Masken, 1977. Die Werke I—IV wurden unter dem Titel „Mythologica" 1976 neu aufgelegt (5 Bde.); Die elementaren Strukturen der Verwandtschaft, 1981; Eingelöste Versprechen (Wortmeldungen aus dreißig Jahren), 1985; Ein Blick aus der Ferne, 1985; Die eifersüchtige Töpferin, 1987.

Levitation: naturgesetzwidriges Emporsteigen und Schweben von Dingen (z. B. Tischen) und Menschen. ↗Parapsychologie.

Lévy-Bruhl, Lucien, 1857—1939: französischer Soziologe, Enthnologe und Völkerpsychologe, der vor allem das „prälogische Denken der „Primitiven" untersucht (— ihre Haltung der Welt gegenüber ist symbolisch: alles hat seine symbolische Bedeutung, es gibt keinen Zufall, das ständige Wunder ist die Regel —) und als Ethiker für eine „soziologische Ethik", d. h. für eine Auflösung der Ethik in Soziologie eintritt. — Hptw.: Les fonctions mentales dans les sociétés inférieures, 1910, dt. (Das Denken der Naturvölker) 1926²; Die geistige Welt der Primitiven, 1927; Le surnaturel et la nature dans la mentalié primitive, 1931.

Lewin, Kurt, 1890–1947: deutscher Psychologe (ab 1933 in den USA), philosophisch am ↗Heidelberger Neukantianismus orientiert. – Hptw.: Der Begriff der Genese, 1922; Vorsatz, Wille und Bedürfnis, 1926; A Dynamic Theory of Personality, 1935; Principles of Topological Psychology, 1936; Field Theory in Social Science, 1951. – ↗Gruppendynamik.

Lex continui (lex continuationis, loi de continuité): ↗„natura non facit saltus" (Gesetz der Stetigkeit).

Li: zentraler Begriff der altchinesischen Philosophie, schwer zu übersetzen, bedeutet etwa: Höflichkeit, gutes Benehmen, Korrektheit, Anstand, Wohlerzogenheit, Sitte, Brauch, rechter Ton, gesellschaftliche Pflicht, Etikette usw.; von Konfuzius als soziale Verhaltensnorm, als ethisches Ordnungsprinzip gepredigt. – ↗Li-Ki.

Liberale Theologie: Standpunkt der freiheitlich gesinnten Theologen im späteren 19. Jhdt. (z. B. ↗Harnack, ↗Troeltsch), die sich gegen eine allzu enge kirchlich-dogmatische Bindung zur Wehr setzten und für Toleranz und kritisches Denken auch in religiösen Fragen eintraten.

Liberalismus: mehrschichtiger Begriff, facettenreich schillernd wie der Begriff „Freiheit" selbst (— von der ursprünglich spezielleren Bedeutung des aus dem Spanischen stammenden politischen Schlagwortes zu Beginn des 19. Jhdts. ist hier abgesehen); zusammenfassende Bezeichnung für der jeweiligen historischen Entwicklungsstufe entsprechende sowie der betreffenden historischen Situation angemessene und somit im einzelnen differierende, jedoch miteinander eng verwandte weltanschauliche Zielvorstellungen sowie staats-, wirtschafts- und kulturpolitische Zielsetzungen, die insgesamt getragen sind von einer durch die ↗Aufklärung geprägten, im 19. Jhdt. weiterentwickelten und in den bürgerlichen Revolutionen sich manifestierenden, rational begründeten, individualistisch getönten freiheitlichen und fortschrittlichen Gesinnung, so z. B. die Forderungen nach Glaubens-, Gewissens-, und Gedankenfreiheit, nach Beschränkung

Libertinismus

der überkommenen Staatsgewalt (Rechtsstaat, Verfassungsstaat, Trennung der „Gewalten", unabhängige Gerichtsbarkeit, Konstitution, Volksvertretung, Republik, Demokratie) sowie der Macht der Kirche, nach einer Trennung von Staat (sowie Schule) und Kirche, nach einer Auflockerung bestehender hierarchischer Strukturen, nach einem größtmöglichen Freiheitsspielraum im wirtschaftlichen („freie" Wirtschaft, Freihandel, Manchestertum) und im kulturellen Leben (Prinzip der Geistesfreiheit: Meinungsfreiheit, Freiheit der wissenschaftlichen Forschung und Lehre, Pressefreiheit, Vereins- und Versammlungsfreiheit u. dgl.). — Gegenstandpunkte: Reaktion (Wiederbelebung des Vergangenen), Konservativismus (Erhaltung des Bestehenden; ↗Neokonservativismus), ↗Etatismus bzw. Totalitarismus (Allmacht des Staates, staatlicher Protektionismus in der Wirtschaft), ↗Sozialismus (gegen Unternehmerwillkür, Ausbeutung der Arbeitnehmer und andere sozial ungerechte Konsequenzen des Kapitalismus, zumal der vielgepriesene „freie Wettbewerb" des Früh- und vielleicht auch noch des Hochkapitalismus im Zeitalter des Monopolkapitalismus längst eine Illusion ist). — Bemerkenswert ist folgende Begriffsverwirrung: Neuerdings werden die modernen fortschrittlich-liberalen Denker von Anarcho-Utopisten als „konservativ" (ja „reaktionär") diffamiert, weil sie angeblich bewußt oder in weltfremder Verblendung die bestehenden „Repressionen" dulden. — Ein zweites Beispiel: „Christlich-liberal" als neuestes Etikett einer stockkonservativen Partei. – Programm eines (selbst-)kritischen Liberalismus: Richard Löwenthal, Gesellschaftswandel und Kulturkrise (Zukunftsprobleme der westlichen Demokratien), 1979. – ↗Freiheit, Ethische Bewegung, Klerikalismus, Laizismus, Libertinismus, Monetarismus, Monistische Bewegung, Pluralismus, Recht (– bürgerliche Beschränktheit des liberalistischen Rechtsbegriffes), Relativismus (als erkenntnistheoretische und ethische Basis der liberalen Geisteshaltung), Staatsphilosophie (– liberalistische Reduktion der Funktion des Staates auf den „Nachtwächterstaat": liberaler Rechtsstaat, aber nicht sozialer Rechts- und Wohlfahrtsstaat), Toleranz, Albert, Dahrendorf, Dewey, Friedmann, Hellpach, Horkheimer, Kant, F. A. Lange, Liebert, Locke, Mannheim, Mill (einst führender Theoretiker des Liberalismus), Montague, Montesquieu, K. Popper, Röpke, Ruggiero, Smith, Weber M., Wiese, Wyneken.

Libertinismus: freiheitliche, tolerante Einstellung, namentlich in Fragen der ↗Sitte, insbesondere der Sexualmoral; Neigung (des Libertin) zum sexuellen Pluralismus, zur Promiskuität (Libertinage). — Gegenstandpunkt: ↗Puritanismus.

Liberum arbitrium (indifferentiae): Wahlfreiheit, freier Wille. – ↗Willensfreiheit.

Lichtenberg, Georg Christoph, 1742–1799: deutscher Physiker, Psychologe und Philosoph des Aufklärungszeitalters, Moralist, der in seinen satirischen Schriften vor allem am Mystizismus und Konfessionalismus Kritik übt und geistvoll zu verschiedensten Fragen der Lebensweisheit und Lebenskunst Stellung nimmt. Seine Aphorismen sind voller Skepsis, Witz und Tiefsinn (Goethe: „Wo Lichtenberg einen Spaß macht, liegt ein Problem verborgen"). – Hptw.: „Vermischte Schriften", 9 Bde., 1800/05. – Neue Ausgabe: Briefwechsel, 1983 ff. – ↗Sprachkritik; Mendelssohn.

Georg Christoph Lichtenberg

Lichtmetaphysik: ↗plotinische, dann arabische Form des kosmologischen ↗Gottesbeweises, dem zufolge das Licht als Vermittler zwischen Gott und den Geschöpfen gedacht wird. Im Abendland vor allem im 13. Jhdt., aber auch noch im 16. Jhdt. (z. B. von Patritius) vertretener Standpunkt.

Liebe: ↗Agape, Eros.

Lieber, Hans-Joachim, geb. 1923: deutscher Gesellschaftsphilosoph, Wissenssoziologe und Ideologiekritiker. — Hptw.: Wissen und Gesellschaft, 1952; Die Philosophie des Bolschewismus in den Grundzügen ihrer Entwicklung, 1957; Individuum und Kollektiv in der Sowjetideologie, 1964; Philosophie, Soziologie, Gesellschaft (Gesammelte Studien zum Ideologie-Problem), 1965; Ideologienlehre und Wissenssoziologie, 1974; Kulturkritik und Lebensphilosophie, 1974; Ideologie – Wissenschaft – Gesellschaft, 1975. – ↗Marx K.

Liebert, Arthur, 1878—1946: deutscher Philosoph, Neukantianer, liberal gesinnter Humanist. — Hptw.: Das Problem der Geltung, 1914, 1921²; Der Geltungswert der Metaphysik, 1915; Wie ist kritische Philosophie überhaupt möglich?, 1919, 1923³; Ethik, 1923; Geist und Welt der Dialektik, 1929; Erkenntnistheorie, 2 Bde., 1932; Philosophie des Unterrichts, 1935; Die Krise des Idealismus, 1936; Der Liberalismus als Forderung, Gesinnung und Weltanschauung, 1938; Von der Pflicht der Philosophie in unserer Zeit. Ein Aufruf und Mahnruf an die Philosophie und an die Philosophen der Gegenwart, 1938; Der universale Humanismus, 1946. — ↗Dilthey.

Liebmann, Otto, 1840—1912: deutscher Philosoph, einer der Begründer des Neukantianismus, der eine „kritische Metaphysik" (Wirklichkeitstheorie) auf der Basis der Kantischen Erkenntnistheorie für möglich hält. — Hptw.: Kant und die Epigonen, 1865, 1912²; Zur Analysis der Wirklichkeit, 1876, 1911⁴; Die Klimax der Theorien, 1884, 1914²; Gedanken und Tatsachen, 2 Bde., 1899/1904. — ↗Lebenskraft.

Bruno Liebrucks

Liebrucks, Bruno, 1911—1986: deutscher Philosophehistoriker, Erkenntnistheoretiker und Sprachphilosoph. - Hptpw.: Probleme der Subjekt-Objekt-Relation, 1934; Platons Entwicklung zur Dialektik, 1949; Sprache und Bewußtsein, 6 Bände, 1964—1974; Erkenntnis und Dialektik, 1972; Von der Koexistenz zum Frieden, 1973. — Autobiographie in „Philosophie in Selbstdarstellungen", Bd. II, 1975.

Lieh-tse, 5. Jhdt. v. Chr.: chinesischer Philosoph, der den Taoismus phantastisch-mythologisch ausbaut.

Li-Ki: „Buch der Riten", Sammlung chinesischer Lebensregeln. ↗Konfuzius war der Ansicht, daß die alten Regeln des Anstandes eine wertvolle Hilfe bei der Heranbildung des Charakters sowie für die Herstellung einer sozialen Ordnung im Staate seien.

Liljequist, Per Efraim, 1865—1941: schwedischer Psychologe und Philosoph, der zwischen den Auffassungen Boströms und Kants zu vermitteln sucht und der Grundwissenschaft Rehmkes nahesteht. — Hptw.: Antike und moderne Sophistik, 1896; Einleitung in die Psychologie, 1899; Meinongs allgemeine Werttheorie, 1904; Der schwedische Persönlichkeitsidealismus und Kant, dt. 1934. — Autobiographie in „Die Philosophie der Gegenwart in Selbstdarstellungen", Bd. VI, 1927.

Linke, Paul Ferdinand, 1876—1955: deutscher Philosoph, der einen realistisch-objektivistischen Standpunkt bezogen und an gewissen „Moden" der Gegenwartsphilosophie Kritik geübt hat. - Hptw.: Grundfragen der Wahrnehmungslehre (Untersuchungen über die Bedeutung der Gegenstandstheorie und Phänomenologie für die experimentelle Psychologie), 1918, 1929²; Verstehen, Erkennen und Geist, 1936; Niedergangserscheinungen in der Philosophie der Gegenwart, 1961.

Lionardo da Vinci

Lionardo da Vinci, 1452—1519: italienisches Universalgenie, erfolgreicher Forscher und Erfinder, vor allem ein berühmter Künstler, der in seinen philosophischen Untersuchungen in antiklerikalem Geist die Gesamtwirklichkeit mechanistisch (als System von Bewegungsvorgängen) zu verstehen sucht. - ↗Jaspers; Tod.

Lipps, Gottlob Friedrich, 1865—1931: deutscher Philosoph, der vor allem die Struktur und die Entwicklung des mythischen Denkens kritisch untersucht hat. — Hptpw.: Mythenbildung und Erkenntnis, 1907; Weltanschauung und Bildungsideal, 1911; Das Problem der Willensfreiheit, 1919³.

Lipps, Hans, 1889—1941 (gefallen in Rußland): deutscher Philosoph, der eine phänomenologisch-existenzphilosophische Anthropologie und Sprachtheorie zu begründen sucht. — Hptw.: Untersuchungen zur Phänomenologie der Erkenntnis, 2 Bde., 1927/28; Untersuchungen zu einer hermeneutischen Logik, 1938, 1968³; Die menschliche Natur, 1941; Die Verbindlichkeit der Sprache, 1944, 1958²; Die Wirklichkeit des Menschen, 1954. – 1976/77: Werke, 5 Bde. (die 5 angeführten Schriften). – ↗Bollnow; Hermeneutik.

Lipps, Theodor, 1851—1914: deutscher Philosoph und Psychologe, Kritizist und Psychologist, der die retrospektiv-analytische Psychologie zur Grundwissenschaft erhebt und u. a. die Einfühlungstheorie begründet, der zufolge der ästhetische Genuß auf Einfühlung und innerer Nachahmung beruht. — Hptpw.: Psychologische Studien, 1885; Der Streit über die Tragödie, 1890; Ästhetische Faktoren der Raumanschauung, 1891; Grundzüge der Logik, 1893; Raumästhetik und geometrisch-optische Täuschungen, 1897; Komik und Humor, 1898; Die ethischen Grundfragen, 1899; Ästhetische Einfühlung, 1900; Vom Fühlen, Wollen und Denken, 1902; Leitfaden der Psychologie, 1903, 1905²; Ästhetik, 2 Bde., 1903/06; Psychologische Untersuchungen, 2 Bde., 1907 bis 1912; Philosophie und Wirklichkeit, 1908.

Lipsius, Friedrich Reinhard, 1873—1934: von Wundt beeinflußter, naturwissenschaftlich bestens geschulter Philosoph, der einen ↗Voluntarismus lehrt, demzufolge jedes philosophische System Ausdruck einer Willensentscheidung ihres Schöpfers ist. Die Grundform des Wollens erblickt L. im Gefühl, das er auch für die religiöse Grundfunktion hält. L. bekennt sich zu einem spiritualistischen Monismus, indem er die Welt als aus Seinselementen geistiger Art aufgebaut denkt und Gott als das raum- und zeitlose Wesen des Universums auffaßt. — Hptw.: Kritik der theologischen Erkenntnis, 1904; Einheit der Erkenntnis und Einheit des Seins, 1913, 1923²; Naturphilosophie und Weltanschauung, 1918, 1925²; Glaube und Wissen, 1921; Naturphilosophie (des Anorganischen), 1923; Wahrheit und Irrtum in der Relativitätstheorie, 1927.

Lipsius, Richard Adalbert, 1830–1892: deutscher, von Schleiermacher beeinflußter liberaler Theologe, Neukantianer. – Hptw.: Lehrbuch der evangelisch-protestantischen Dogmatik, 1879; Philosophie und Religion, 1885; Die Hauptpunkte der christlichen Glaubenslehre, 1891².

List der Vernunft: von ↗Hegel dem Geschichtsverlauf unterlegte Kraft, mit deren Hilfe die Interessen und Leidenschaften der Menschen auch gegen oder ohne deren Willen zur Erreichung des Endzieles der historischen Entwicklung genützt werden.

Literarästhetik: ↗Sprachästhetik.

Litotes: Tropus der Untertreibung (z. B. „nicht übel" statt „recht schön"); Gegenbegriff: ↗Hyperbel.

Litt, Theodor, 1880—1962: deutscher Pädagoge, Ethiker, Gesellschafts- und Kulturphilosoph, von Dilthey beeinflußter Neuhegelianer. — Hptw.: Geschichte und Leben, 1918, 1930³; Individuum und Gemeinschaft, 1919, 1926²; Erkenntnis und Leben, 1923; Ethik der Neuzeit, 1927; Führen oder Wachsenlassen?, 1927, 1967¹³; Wissenschaft, Bildung, Weltanschauung, 1928; Kant und Herder als Deuter der geistigen Welt, 1930; Einleitung in die Philosophie, 1933, 1949²; Philosophie und Zeitgeist, 1935; Der deutsche Geist und das Christentum, 1938; Die Selbsterkenntnis des Menschen, 1938, 1948²; Das Allgemeine im Aufbau der geisteswissenschaftlichen Erkenntnis, 1941, 1980²; Von der Sendung der Philosophie, 1946; Staatsgewalt und Sittlichkeit, 1947; Denken und Sein, 1948; Mensch und Welt, 1948, 1961²; Die Sonderstellung des Menschen im Reiche des Lebendigen, 1948; Geschichtswissenschaft und Geschichtsphilosophie, 1950; Naturwissenschaft und Menschenbildung, 1952, 1959³; Hegel (Versuch einer kritischen Erneuerung), 1953; Die Wiedererweckung des geschichtlichen Bewußtseins, 1956; Freiheit und Lebensordnung, 1962.

Loeb, Jacques, 1859–1924: deutsch-amerikanischer Biologe und Naturphilosoph, der die biomechanistische Theorie durch seine Lehre von den „Tropismen" (Reflexbewegungen zu einer Reizquelle hin oder von ihr weg) zu stützen sucht und am Vitalismus Kritik übt: L. ist überzeugt, daß die Lebenserscheinungen restlos physikalisch-chemisch erklärt werden können, und erhebt die Forderung, auch die soziale und die ethische Lebensgestaltung auf rein naturwissenschaftlicher Grundlage aufzubauen. — Hptw.: Der Heliotropismus der Tiere und seine Übereinstimmung mit dem Heliotropismus der Pflanzen, 1890; Vorlesungen über die Dynamik der Lebenserscheinungen, 1906; The Mechanistic Conception of Life, 1912.

Locke, John, 1632–1704: Begründer des englischen Empirismus, der in Auseinandersetzung mit den Rationalisten nachweist, daß es „angeborene Ideen" nicht gibt, da sich alle Vorstellungen auf äußere oder innere Erfahrung zurückführen lassen. Als Religionsphilosoph ist L. Deist, indem er eine Rationalisierung und eine Humanisierung der Religion sowie vor allem Toleranz fordert. In seiner Staatsphilosophie fordert er die „Trennung der Gewalten" (↗Montesquieu), wobei er sowohl an der „Gottesgnadentheorie" als auch an der absolutistischen Staatstheorie von Hobbes Kritik übt, indem er die Macht des Staates für beschränkt erklärt und dem Staatsbürger das Recht auf Revolution zubilligt, falls in dem auf freier Übereinkunft beruhenden Staat die Regierung ihre Pflichten den Bürgern gegenüber nicht erfüllen sollte. — Hptw.: Letters on Toleration, 1689—1692; An Essay Concerning Human Understanding, 1690; Two Treatises on Civil Government, 1690; The Reasonableness of Christianity, 1695. — ↗Reininger, Sarpi; Assoziation.

John Locke

Logik: erkenntnistheoretische Disziplin. Aufgabe des Logikers ist es, die Kriterien (Merkmale, Kennzeichen) anzugeben, nach denen formal richtige von formal unrichtigen Aussagen zu unterscheiden sind, d. h. also die Bedingungen und Voraussetzungen richtigen (geordneten, logischen) Denkens festzustellen (↗Axiome) bzw. darzulegen, wie man denken muß, um zu formal richtigen Ergebnissen zu gelangen. Die Logik ist sowohl eine Formal- und Idealdisziplin, da in logischen Untersuchungen der Wert (das Ideal) der formalen Richtigkeit in Betracht gezogen wird, als auch eine normative Disziplin, da in der Logik Vorschriften (Normen) für das richtige Denken formuliert werden; in diesem Falle ist die Logik nicht mehr nur theoretische Disziplin, sondern darüber hinaus auch noch eine Kunstlehre. Die Denkpraxis selbst schließlich meint man, wenn man „logisch" oder „unlogisch" (den logischen Axiomen, d. h. dem Widerspruchsatz gemäß oder zuwiderlaufend gedacht) oder z. B. „wo bleibt denn da die Logik?" sagt.

Herkömmlicherweise gliedert man die Logik in Begriffs-, Urteils- und Schlußlehre; in diesen Einzeldisziplinen der Logik wird die Struktur der ↗Denkformen (↗Begriff, ↗Urteil, ↗Schluß und ↗Beweis) untersucht. Man unterscheidet zwischen „alter (traditioneller, klassischer, im wesentlichen auf Aristoteles zurückgehender; daher auch „Aristotelische Logik"!) und „neuer" (moderner) Logik. Die neuere Logik wurde (abgesehen von gelegentlichen Anregungen in früheren Jahrhunderten, z. B. von ↗Leibniz) um die Mitte des 19. Jhdts. (↗Boole, Jevons) begründet; neben der 1. erhöhten Präzision (vgl. ↗Logistik, wo auch die bedeutendsten Vertreter der modernen Logik angeführt sind) zeigt die neue Logik gegenüber der alten vor allem noch folgende Vorzüge: 2. systematische Vollständigkeit (einen streng-systematischen Aufbau), 3. eine wesentliche Erweiterung (↗Relationstheorie) und 4. eine beträchtliche Vereinfachung (durch Verallgemeinerung). — ↗Begriffslogik, Fangschlüsse, Form, Inhaltslogik, logische Sätze (Metalogik), mehrwertige Logiken, Metasprache, Paradoxon, Protologik, Satz, Umfangslogik, Wahrscheinlichkeit; Albrecht, Becker, Bochenski, Bollnow, Carnap, Essler, Frege, Freytag-L., Lenk H., Lipps H., Lorenzen, Lullus, Menne, Patzig, Piaget, Prantl, Scheler, Scholz, Sidgwick A., Sigwart, Stöhr, Ziehen.

Logische Sätze: analytische Sätze in weiteren Sinne des Wortes. Zu unterscheiden sind: 1. ↗Tautologien, 2. ↗Kontradiktionen, 3. formal-unentscheidbare Sätze (sie werden erst durch eine metalogische Erweiterung des Systems, dem sie angehörigen, entscheidbar; ↗Gödel). Abgesehen von den unentscheidbaren logischen Sätzen kann einem logischen Satz stets nur ein Wahrheitswert zukommen: er kann nur wahr (Tautologie) oder falsch sein (Kontradiktion).

Logisches Quadrat: Veranschaulichung der Beziehungen zwischen den 4 Aussagewerten (a, e, i, o). — ↗Opposition, Subalternation.

Logismus (Logizismus): 1. Im Gegensatz zum Psychologismus die Forderung nach scharfer Trennung zwischen dem erkenntniskritischen Geltungsproblem und dem erkenntnispsychologischen Ursprungsproblem (wie kommt Erkenntnis zustande?). — ↗(Logistischer) Positivismus, Phänomenologie. — 2. Bezeichnung für den rationalistischen Standpunkt der ↗Marburger Neukantianer, dem zufolge das „Sein" nur

Logistik

eine Kategorie des Denkens ist. — ↗Mathematik, Panologismus (Hegel, Leibniz).

Logistik: symbolische, algebraische, mathematisierende Logik; moderne Form der Logik; in der L. wird ausschließlich in genau definierten Symbolen notiert (nur die Regeln für den Gebrauch der Symbole werden in der Wortsprache formuliert). Durch die Einführung eines algebraischen Symbolsystems (eines Logik-Kalküls, einer Formalsprache) werden erhöhte Präzision und größere Exaktheit erzielt, da Denkfehler infolge einer vagen Ausdrucksweise nicht unterlaufen können. Erst dieser Formalismus ermöglicht die in der Logik erwünschte vollkommene Formalisierung der Aussagen: nun wird vom Inhalt tatsächlich abgesehen, nun kann auch versteckter- oder unbemerkterweise ein solcher nicht mehr mitgedacht werden. Natürlich wird die umständliche logistische Schreibweise nur in problematischen Fällen angewandt, nicht jedoch zur Darstellung auch sprachlich unmißverständlich formulierbarer Gedankenfolgen eingesetzt. An Symbolen sind zu unterscheiden: 1. Variable und 2. Konstante. Bedauerlicherweise haben die einzelnen Logistiker verschiedenartige Symbolsysteme entwickelt; ein allgemein anerkannte (einheitliche) Symbolik und Terminologie wäre sehr vorteilhaft. Bedeutende Logistiker: ↗Carnap, Dürr, Frege, Hilbert, Russell, Scholz, Whitehead. ↗Logik, Positivismus; Polnische Schule; Becker, Bocheński, Jacoby, Juhos, Menne. — (Vom militärwissenschaftlichen „Logistik"-Begriff ist hier abgesehen).

Logistischer Positivismus: ↗Positivismus (Neopositivismus).

Logizimsus: ↗Logismus.

Logodizee: ↗Hegel.

Logoid: von ↗Stöhr eingeführte Bezeichnung für „Grenzbegriffe", denen nichts Anschauliches entspricht, die aber dennoch einen logischen Zweck erfüllen (z. B. „Ding an sich", „mathematische Gerade"), für Begriffe ohne Begriffsfelder, ohne Umfang, so daß sich von ihnen keine vorstellbaren Exemplare aufweisen lassen.

Logokratie: Herrschaft des Logos, des Geistes, der Vernunft, z. B. von ↗Hiller gefordert.

Logophoren: von ↗Kuntze statuierte sinngebende Träger der Gedankenwelt.

Logos: mehrdeutiger Grundbegriff des griechischen Denkens; 1. Wort, Satz, Rede; 2. Gedanke, Begriff, Urteil, Vernunft; 3. mathematisches Verhältnis; 4. Gesetz der Welt und der Menschennatur, göttliche Vernunft, z. B. bei ↗Heraklit, Parmenides und den ↗Stoikern, deren Lehre zufolge die „Logoi spermatikoi" (Vernunftkeime) als Entwicklungsfaktoren in den Dingen wirken; 5. nach der christlichen Logoslehre (bei Paulus, im Johannesevangelium): einerseits die im Kosmos wirkende Kraft Gottes, andererseits der Heiland der Welt (Mittler zwischen Gott und Mensch, an die Welt gerichtetes „Wort Gottes"). — ↗Aall, Albert K., Holz H. H.

Logotherapie: ↗Frankl.

Loisy, Alfred, 1857—1940: französischer Dogmen-Historiker und Modernist, der in den christlichen Dogmen nur ethische Forderungen zu sehen bereit ist. — Hptw.: L'évangile et l'église, 1902; La morale humaine, 1923.

Longinus, 3. Jhdt. n. Chr.: ihm wird die Schrift „Über das Erhabene" zugeschrieben, obwohl sie wahrscheinlich aus dem 1. Jhdt. n. Chr. stammt.

Lorentz'sche Kontraktionshypothese: vom holländischen Physiker Hendrik Antoon Lorentz (1853–1928) konzipierte Hypothese, der zufolge sich alle bewegten Körper in der Richtung ihrer Bewegung physikalisch im Verhältnis von $1 : \sqrt{1 - \frac{v^2}{c^2}}$ verkürzen (v = Geschwindigkeit des bewegten Körpers, c = Lichtgeschwindigkeit).

Konrad Lorenz

Lorenz, Konrad, 1903–1989: österreichischer Biologe (Nobelpreisträger) und Psychologe; Darwinist; Zivilisationskritiker, der mit Hilfe der vergleichenden Verhaltensforschung im Tierreich das Instinkthafte im sozialen Verhalten des Menschen zu erfassen sucht, um die Krankheit unserer Zivilisation diagnostizieren und eine naturwissenschaftlich fundierte Therapie entwickeln zu können. L. forderte die Aufklärung des Menschen über seine Triebstruktur und ein „technologisches Moratorium". An L.' Aggressionstheorie, in der er die Existenz eines Aggressionstriebes postuliert, wurde wiederholt Kritik geübt; die Wahrheit dürfte wohl in der Mitte zwischen den beiden umstrittenen Hypothesen liegen: der endogenetischen Trieb-Hypothese von L. und der exogenetischen Außenreiz-Hypothese. — Hptw.: Das sogenannte Böse (Zur Naturgeschichte der Aggression), 1963; Über tierisches und menschliches Verhalten (Gesammelte Abhandlungen), 2 Bde., 1965; Darwin hat doch recht gesehen, 1965; Die acht Todsünden der zivilisierten Menschheit, 1972; Die Rückseite des Spiegels (Versuch einer Naturgeschichte menschlichen Erkennens), 1973, 1980[3]; Vergleichende Verhaltensforschung – Grundlagen der Ethologie, 1978; Das Wirkungsgefüge der Natur, 1978; Das Jahr der Graugans, 1979; Der Abbau des Menschlichen, 1983; Die Evolution des Denkens (mit Franz M. Wuketits), 1983; Die Zukunft ist offen (Diskussion mit K. R. Popper), 1985; So kam der Mensch auf den Hund, 1986.

Lorenzen, Paul, geb. 1915: deutscher Mathematiker, Logiker und Logistiker, Begründer der ↗Erlanger Schule. — Hptw.: Einführung in die operative Logik und Mathematik, 1955; Formale Logik, 1970[4]; Metamathematik, 1962; Methodisches Denken, 1968; Konstruktive Logik, Ethik und Wissenschaftstheorie (mit O. Schwemmer), 1973, 1975[2]; Konstruktive Wissenschaftstheorie, 1974; Theorie der technischen und politischen Vernunft, 1978; Dialogische Logik, 1978.

Rudolph Hermann Lotze

Lotze, Rudolph Hermann, 1817—1881: deutscher Philosoph, der einerseits den Wert der empirischen psychologischen Forschung zu schätzen weiß, andererseits auf die Annahme einer substantiellen Seele nicht verzichten will und an einen (vom empirischen Denkprozeß unabhängigen) objektiven Geltungswert der Wahrheiten ebenso wie an eine absolute Geltung der ethischen Werte glaubt. L. unterscheidet drei „Welten": Sein, Geschehen und Gelten (Ideenwelt). Die Grundlagen des ästhetischen Erlebens erblickt L. in der Einfühlung und inneren Nachahmung. L. bekennt sich bei voller Anerkennung der mechanistischen Naturerklärung zu einer teleologisch-spiritualistischen Metaphysik: er betrachtet sowohl die Natur als auch die Geschichte unter teleologischem Blickwinkel und schließt aus der Zweckhaftigkeit des Weltgeschehens auf die Existenz eines Schöpfergottes. — Hptw.: Mikrokosmos, 3 Bde., 1856—1864; System der Philosophie, 2 Teile (Logik; Metaphysik), 1874/79; beide Werke wiederholt aufgelegt. – ↗Wentscher M.

Lovejoy, Arthur Oncken, 1873–1962: nordamerikanischer Philosoph (geb. in Berlin), Ideen-Historiker und Erkenntnistheoretiker, der vom Standpunkt des „Kritischen Realismus" aus am Pragmatismus, Behaviorismus und Neurealismus Kritik übt. – Hptw.: Unity of Science, 1912; The Revolt Against Dualism, 1930; The Great Chain of Being, 1936; Essay on the History of Ideas, 1948; The Thirteen Pragmatisms and Other Essays, 1960; Reflections on Human Nature, 1961. – Deutsche Ausgabe: Die große Kette der Wesen – Geschichte eines Gedankens, 1985.

Löwith, Karl, 1897—1973: deutscher Philosoph, von Husserl und Heidegger beeinflußter, Burckhardt und Nietzsche verbundener, rückwärts gewandter Utopist (orientiert an der griechischen Antike). L. übt Kritik am Christentum, weil es „den antiken Kosmos zugunsten des transzendenten Schöpfergottes enthront und die Welt als Schöpfung im Menschen als ihrer Krone gipfeln läßt", kritisiert im Sinne eines konservativen Traditionalismus das Fortschrittsstreben, erblickt in der neuzeitlichen Geschichtsphilosophie eine Säkularisierung biblisch-eschatologischen Denkens und versteht die Geschichte als sinngebende Instanz mit der Überlieferung als Richtschnur. L. ist vor allem mit philosophiehistorischen Werken hervorgetreten. — Hptw.: Das Individuum in der Rolle des Mitmenschen, 1928; Kiergekaard und Nietzsche, 1933; Nietzsche, 1935; Von Hegel zu Nietzsche, 1941, 1958[4]; Weltgeschichte und Heilsgeschehen (Zur Kritik der Geschichtsphilosophie), 1953, 1956[2]; Heidegger (Denker in dürftiger Zeit), 1953; Gesammelte Abhandlungen (Zur Kritik der geschichtlichen Exi-

Lübbe

stenz), 1960; Vorträge und Abhandlungen (Zur Kritik der christlichen Überlieferung), 1966; Gott, Mensch und Welt in der Metaphysik von Descartes bis Nietzsche, 1967; Aufsätze und Vorträge 1930–1970, 1971; Mein Leben in Deutschland vor und nach 1933 (Ein Bericht), 1986.

Hermann Lübbe

Lübbe, Hermann, geb. 1926: deutscher Politiker, Politologe und Ideologiekritiker, in der Tagespolitik („Tendenzwende") und der Erziehungstheorie eher konservativ („Mut zur Erziehung"), der im Sinne einer Gegen-Aufklärung gegen den Intellektualismus, in concreto: gegen die „Intellektuellenfront", z. B. die Schule der Kritischen Theorie, zu Felde zieht. – Hptw.: Politische Philosophie in Deutschland (Studien zu ihrer Geschichte), 1963; Säkularisierung (Geschichte eines ideenpolitischen Begriffs), 1965, 1975²; Theorie und Entscheidung (Studien zum Primat der praktischen Vernunft), 1971; Bewußtsein in Geschichten (Studien zur Phänomenologie der Subjektivität), 1972; Fortschritt als Orientierungsproblem. Aufklärung in der Gegenwart, 1975; Unsere stille Kulturrevolution, 1976; Geschichtsbegriff und Geschichtsinteresse, 1977; Wozu Philosophie?, 1978 (als Hrsg.); Philosophie nach der Aufklärung – Von der Notwendigkeit pragmatischer Vernunft, 1980; Zwischen Trend und Tradition (Überfordert uns die Gegenwart?), 1981; Zeit – Verhältnisse (Zur Kulturphilosophie des Fortschritts), 1983.

Lucka, Emil, 1877–1941: österreichischer Essayist, Romancier, Kulturhistoriker, Psychologe und (von Kant beeinflußter) Philosoph, der mit Wildgans, Zweig und Werfel zum „Wiener Dichterkreis" zählt. – Hptw.: Otto Weininger, 1905; Die Phantasie (Eine psychologische Untersuchung), 1908; Die drei Stufen der Erotik, 1913 (– L. unterscheidet drei Stufen männlicher Erotik: 1. Sinnenbefriedigung, 2. Seelenliebe, 3. Verbindung beider, wie sie bei der Frau schon immer gegeben ist); Grenzen der Seele, 1914, 1919⁷; Urgut der Menschheit, 1924; Inbrunst und Düsternis (Ein Bild des alten Spaniens), 1927; Michelangelo (Ein Buch über den Genius), 1930; Die Verwandlung des Menschen, 1934; Die große Zeit der Niederlande, 1937.

Luhmann, Niklas, geb. 1927: deutscher Jurist und Soziologe, an dessen (auf technokratische „Kontrolle" sich beschränkendem) sozialwissenschaftlichem Denkansatz (– im Gegensatz zu der für „Änderung" plädierenden „humanisierenden" Sozialphilosophie von ↗Habermas –) sowie „Systemtheorie" ihrer „herrschaftsstabilisierenden" Funktion wegen wiederholt Kritik geübt wurde (– Fetischisierung des „Systems" im Gefolge ↗Gehlens, Totemstruktur der Institutionen, institutioneller Rigorismus, Law and Order – Ethik). – Hptw.: Funktionen und Folgen formaler Organisation, 1964; Grundrechte als Institution, 1965; Theorie der Verwaltungswissenschaft, 1966; Recht und Automation in der öffentlichen Verwaltung, 1966; Vertrauen, 1968; Zweckbegriff und Systemrationalität (Über die Funktion von Zwecken in sozialen Systemen), 1968; Legitimation durch Verfahren, 1969; Soziologische Aufklärung (Aufsätze zur Theorie sozialer Systeme), 1971²; Rechtssoziologie, 2 Bde., 1972; Soziologische Aufklärung II (Aufsätze zur Theorie der Gesellschaft), 1975; Funktionen der Religion, 1977; Gesellschaftsstruktur und Semantik (Studien zur Wissenssoziologie der modernen Gesellschaft), 2 Bde., 1980/81; Ausdifferenzierung des Rechts (Beiträge zur Rechtssoziologie und Rechtstheorie), 1981; Liebe als Passion – Zur Codierung von Intimität, 1982; Soziale Systeme – Grundriß einer allgemeinen Theorie, 1984.

Georg Lukács

Lukács, Georg, 1885–1971: ungarischer marxistischer Theoretiker, Literaturkritiker und Ideologiekritiker, Begründer einer marxistischen Literatursoziologie, der zwar als marxistischer Kulturphilosoph in der Literaturtheorie dem „sozialistischen Realismus" huldigt und gegen den „parasitären Subjektivismus" zu Felde zieht, andererseits jedoch eine immanente Kritik am Stalinismus übt und auch die Einseitigkeit des Historischen Materialismus hinter sich läßt, wenn er etwa den deutschen Imperialismus aus der Tradition des Irrationalismus in der deutschen Philosophie von Schelling bis Heidegger ableitet (— Adorno freilich nannte ihn hämisch einen, „der hoffnungslos an seinen Ketten zerrt und sich einbildet, ihr Klirren sei der Marsch des Weltgeistes", wie denn andererseits L. den Pessimismus der Frankfurter Schule aufs Korn nahm, die er einmal als „Grandhotel Abgrund" bezeichnet hat —). Immerhin ist ihm die eindringliche Warnung vor den Verlockungen des Irrationalismus durch sein Engagement gegen „die Zerstörung der Vernunft" zu danken. – Hptw.: Geschichte und Klassenbewußtsein (Studien über marxistische Dialektik), 1923, neu 1979; Essays über den Realismus, 5 Bde., 1946–1949; Der junge Hegel (Über die Beziehungen von Dialektik und Ökonomie), 1948, 1967²; Existentialisme ou marxisme?, 1949, dt. 1951 (Existentialismus oder Marxismus?); Goethe und seine Zeit, 1953; Der historische Roman, 1955; Die Zerstörung der Vernunft (Der Weg des Irrationalismus von Schelling zu Hitler), 1955, 1960²; Schriften zur Literatursoziologie, 1961; Theorie des Romans (1916): Ein geschichtsphilosophischer Versuch über die Formen der großen Epik, 1971²; Die Eigenart des Ästhetischen, 2 Bde., 1963; Von Nietzsche bis Hitler oder der Irrationalismus in der deutschen Politik, 1966; Schriften zur Ideologie und Politik, 1967; Die Seele und die Formen (1911), 1971; Zur Ontologie des gesellschaftlichen Seins (aus dem 1. Bd.: Hegels falsche und echte Ontologie, 1971; Die ontologischen Grundprinzipien von Marx, 1972; Die Arbeit, 1973); Heidelberger Philosophie der Kunst (1912–1914), 1974; Soziologie und Irrationalismus, 1974; Frühe Schriften zur Ästhetik (Heidelberger Ästhetik), I/1974, II/1975; Politische Aufsätze, I/1975 (Taktik und Ethik), II/1976 (Revolution und Gegenrevolution), III/1977 (Organisation und Illusion); Gelebtes Denken – Eine Autobiographie im Dialog, 1981; Briefwechsel 1902–1917, 1982; Moskauer Schriften, 1984. – ↗Dialektischer Materialismus; Kofler.

Lukasiewicz, Jan, 1878–1956: polnischer Logistiker, einer der Entdecker der ↗„mehrwertigen Logik". — Hptw.: Die logischen Grundlagen der Wahrscheinlichkeitsrechnung, 1913; Philosophische Bemerkungen zu mehrwertigen Systemen des Aussagen-Kalküls, 1930; Zur Geschichte der Aussagenlogik, 1935; Die Logik und das Grundlagenproblem, 1938.

Lukian, etwa 125–180 n. Chr.: einer der bekanntesten und meistgelesenen Schriftsteller des Altertums; besonders seine satirischen „Göttergespräche" wurden wegen des Spottes über die Religion gerne gelesen.

Lukrez (Titus Lucretius Carus), 96–55 v. Chr.: römischer Dichter, der als Determinist und Atheist für die mechanistische Welterklärung (im Geiste Demokrits und Epikurs) eintritt, den Glauben an übersinnliche Kräfte und an ein Fortleben nach dem Tode scharf kritisiert und die Forderung erhebt, für unser Handeln die Natur, der wir eingeordnet sind, als Vorbild zu wählen. — Hptw.: De rerum natura.

Lullus, Raymundus, 1235–1315: spanischer Scholastiker, der den Islam, die arabische Philosophie und die averroistische Lehre von der „doppelten Wahrheit" bekämpft und in seiner „Ars magna et ultima" ein System allgemeinster Begriffe entwickelt hat, durch deren Kombination sich alle Erkenntnisse gewinnen lassen sollten (Lullische Kunst). – Hptw.: Logica Nova; neue lateinisch-deutsche Ausgabe 1985.

Lungwitz, Hans, 1881–1967: Berliner Nervenarzt, der in fruchtbringender Kombination erkenntnistheoretischer und biologisch-medizinischer Gesichtspunkte das Wesen des Bewußtseins (und damit, seiner Lehre zufolge, zugleich auch das Wesen der Dinge) erfolgreich erforscht und die ↗„realische" Weltanschauung der ↗„Psychobiologie" sowie die aus ihr abgeleitete ↗„Erkenntnistherapie" als Heilmethode für Neurosen begründet hat, wobei er realisches Denken an die Stelle des dämonistischen Denkens und biologisches Denken an die Stelle des mechanistischen Denkens setzt. — Hptw.: Über Psychoanalyse, 1924; Die Entdeckung der Seele (Allgemeine Psychobiologie), 1925, 1947⁵; Erkenntnistherapie für Nervöse (Psychobiologie der Krankheit und der Genesung), 1932, 1949⁷, u. d. T.: Psychobiologische Analyse, 1977⁸; Tabak und Neurose, 1942; Psychologie der Volksseuche Neurose, 1951; Lehrbuch der Psychobiologie, 8 Bde., 1933 bis 1956, 2. Aufl. 1969/70 (I. Abtlg.: Die Welt ohne Rätsel: 1. Bd.: Das Wesen der Anschauung. Der Mensch als Reflexwesen. Von den Eigenschaften und Funktionen; 2. Bd.: Die neun Sinne; 3. Bd.: Die Psychobiologie der

Sprache. II. Abtlg.: Die Psychobiologie der Entwicklung: 4. Bd.: Der Mensch als Organismus. Die Kultur; 5. Bd.: Die Weltanschauung. Der Charakter. III. Abtlg.: Die Psychobiologie der Krankheit; 6. Bd.: Das Wesen der Krankheit und der Genesung; 7. Bd.: Die Neurosenlehre. Die Erkenntnistherapie. IV. Abtlg.: Das Buch der Beispiele: 8. Bd.: Aus der Weltanschauungskunde. Aus der Neurosenkunde); Kurzgefaßte Autobiographie, 1961; Ausgewählte Aufsätze, 1973. – ↗Eron, Gott.

Lun-yü (Unterredungen): „Gespräche" des ↗Konfuzius mit seinen Jüngern. Klassisches Werk der chinesischen Philosophie.

Luther, Martin, 1483—1546: deutscher Theologe und Reformator, Begründer des Protestantismus, Verfechter einer radikalen Prädestinations- und Gnadenlehre, der zufolge wohl das einzelne Gewissen in der Aneignung des Heils absolut verantwortlich ist, der Mensch jedoch sein Heil nur von Gott geschenkt bekommen kann. L. leugnet die Willensfreiheit und Begreiflichkeit der göttlichen Entscheidung, beugt sich der konkreten Offenbarung und dem Schriftprinzip, kämpft für die Reinheit der evangelischen Verkündigung und lehnt das Papsttum ab. Dadurch wirkt er im Sinne einer Zersetzung und Verweltlichung der mittelalterlichen (magisch-hierarchischen) Weltauffassung und Lebensordnung und leitet die „Reformation" ein (Reform des Gottesdienstes, Abschaffung von Mönchtum und Zölibat, Aufbau von Landeskirchen). L. schuf mit seiner Bibelübersetzung aus verstreuten Dialekten das Neuhochdeutsche; seine drei großen Reformationsschriften (1520/21): „An den christlichen Adel deutscher Nation"; „Von der Freiheit eines Christenmenschen"; „Von der babylonischen Gefangenschaft der Kirche". Phil. Hptw.: De servo arbitrio, 1525. — ↗Dittrich, Erasmus, Melanchthon, Zahrnt; Christentum, Glaube.

Martin Luther

M

M: in der Logik Bezeichnung für den Mittelbegriff des ↗Syllogismus.

Mach, Ernst, 1838—1916: österreichischer Physiker, Erkenntnistheoretiker und Naturphilosoph, dessen Interesse vor allem naturwissenschäftlich-philosophischen Grenzfragen gilt, der z. B. (lange vor Einstein schon) die Relativität auch der Drehbewegung nachweist, die traditionellen physikalischen Grundbegriffe kritisch analysiert und die metaphysische Denkweise aus der naturwissenschaftlichen Begriffsbildung zu eliminieren sucht, indem er z. B. den Kausalitätsbegriff durch den Funktionsbegriff ersetzt. M. bekämpft energisch den Dogmen- und Autoritätsglauben und den Mystizismus und durchmustert sorgfältig die Irrwege menschlicher Erkenntnis. Als Positivist begnügt er sich mit einer möglichst denkökonomischen Beschreibung des Gegebenen bzw. „Nachbildung und Vorbildung von Tatsachen in Gedanken", womit er zugleich auf die heuristische Bedeutung des Gedankenexperiments für die wissenschaftliche Forschung hinweist. M.s Standpunkt wird auch als Empfindungsmonismus oder Empfindungsmetaphysik bezeichnet, da M. die Dinge nicht als Substanzen, sondern als relativ stabile Komplexe von Empfindungen (rot, hart ...) auffaßt bzw. in den Empfindungsqualitäten die neutralen (weder psychischen noch physischen) Elemente der Wirklichkeit erblickt. M.s Weltbild ist monistisch; es muß notwendigerweise stets unvollendet bleiben, wird von M. jedoch einem scheinbar abgeschlossenen, aber unzureichenden metaphysischen Weltbild vorgezogen. — Hptw.: Die Mechanik in ihrer Entwicklung, 1883, 1933[9]; Die Analyse der Empfindungen und das Verhältnis des Physischen zum Psychischen, 1886, 1922[9]; Die Prinzipien der Wärmelehre, 1896, 1923[4]; Erkenntnis und Irrtum, 1905, 1926[5]; Kultur und Mechanik, 1915. — Ernst Mach als Außenseiter (Machs Briefwechsel über Philosophie und Relativitätstheorie mit Persönlichkeiten seiner Zeit. Auszug aus dem Faksimile des Notizbuches Machs), 1985 (hrsg. v. John Blackmore u. Klaus Hentschel). — Lit.: Friedrich Stadler: Vom Positivismus zur „Wissenschaftlichen Weltauffassung" (Am Beispiel der Wirkungsgeschichte von Ernst Mach in Österreich von 1895 bis 1934), 1982; Ernst Mach – Werk und Wirkung, hrsg. v. Rudolf Haller u. Friedrich Stadler, 1988. — ↗Gesetz, Wahrscheinlichkeit, Wiener Kreis; Hönigswald.

Ernst Mach

Machiavelli (Macchiavelli), Niccolò, 1469 bis 1527: italienischer Geschichts- und Staatsphilosoph, der von einem amoralischen Standpunkt aus das Ideal der politischen Tüchtigkeit preist, indem er die rücksichtslose Durchsetzung der eigenen Individualität zum Zwecke der Erwerbung und Erhaltung der politischen Macht fordert und die Überzeugung vertritt, daß in der Politik der Erfolg den Gebrauch aller Mittel (auch Rechtsbrüche) rechtfertige. — Hptw.: Il Principe, 1513 geschrieben, 1532 gedruckt. — „Antimachiavell" ist der Titel einer Schrift Friedrichs d. Großen (1739), in der dieser an Machiavellis politischen Grundsätzen Kritik übt. — ↗Freyer, Kemmerich, Mariana, Vorländer.

Niccolò Machiavelli

Machovéc, Milan, geb. 1925: tschechischer Religionsphilosoph, Neomarxist, der den seit 1968 abgebrochenen christlich-marxistischen Dialog wiederzubeleben sucht (— ↗Garaudy, Nenning). — Hptw.: Vom Sinn des menschlichen Lebens, 1971; Jesus für Atheisten, 1972.

Macht: neben „Herrschaft", „Gewalt" u. dgl. einer der Grundbegriffe und eines der Hauptprobleme der ↗Ethik, der ↗Wirtschafts-, der ↗Gesellschafts-, der ↗Staats- und der ↗Rechtsphilosophie, der Sozialpsychologie und der Sozialkritik, der ↗Soziologie und der Politologie (↗Metapolitik). — ↗F. Bacon, Baumgardt, Gandhi, Hobbes, Hume, Machiavelli, Nietzsche („Wille zur Macht"), Russell, Spinoza sowie weitere unter den oben angeführten Sachstichwörtern genannte Denker; Anarchismus, Machtmensch.

Machtmensch: ein Menschenideal, das z. B. schon bei den ↗Sophisten Beifall gefunden hat, später u. a. von ↗Machiavelli verherrlicht wurde und z. B. bei ↗Nietzsche (wenn auch in abgewandelter Bedeutung) unter der Bezeichnung ↗„Übermensch" wieder anklingt. — ↗Spranger.

Mackenzie, John Stuart, 1860—1935: englischer Philosoph, der einen ähnlichen Standpunkt wie Spencer vertritt und ebenso wie dieser ein unerkennbares, überpersönliches, absolutes „Etwas" annimmt. — Hptw.: Elements of Constructive Philosophy, 1917.

Madariaga y Rojo, Salvador de, 1886—1978: spanischer Romancier, Historiker, Diplomat, religiös-gläubiger, konservativer und dabei doch auch liberaler „Europäer", Kulturphilosoph, der in der Emigration gegen jeglichen Totalitarismus (ob von links oder rechts) und Militarismus opponiert hat. — Hptw.: Spanien, 1929, 1980²; Porträt Europas, 1955; Von der Angst zur Freiheit, 1959; Satanael (Roman), 1967; Morgen ohne Mittag (Erinnerungen 1921-1936), 1973. – ↗Freiheit.

Mader, Johann Karl, geb. 1926: österreichischer Philosophiehistoriker und Erkenntnistheoretiker. – Hptw.: Die logische Struktur des personalen Denkens, 1965; Der Philosoph (Wesensbestimmung, Grundprobleme und Disziplinen der Philosophie), 1966; Fichte, Feuerbach, Marx, 1968; Zwischen Hegel und Marx (Zur Verwirklichung der Philosophie), 1975; Moral, Philosophie und Wissenschaft (Probleme der Ethik in Tradition und Gegenwart), 1979.

Maeterlinck, Maurice, 1862–1949: belgischer Dichter, Symbolist, Nobelpreisträger (1911); Vertreter einer mystischen Weltanschauung. – Hptw. (von den Dramen und Gedichten ist hier abgesehen) – in deutscher Übersetzung: Der Schatz der Armen, 1898; Weisheit und Schicksal, 1899; Das Leben der Bienen, 1901; Der doppelte Garten, 1904; Die Intelligenz der Blumen, 1907; Das große Rätsel, 1924; Das Leben der Termiten, 1927; Das Leben der Ameisen, 1930; Vor dem großen Schweigen, 1935. – ↗Mystik.

Mäeutik (Hebammenkunst): von ↗Sokrates bevorzugte Fragemethode, mit deren Hilfe er seine Gesprächspartner zu zwingen versuchte, ihnen noch nicht deutlich bewußte Erkenntnisse selbständig zu voller Klarheit zu entwickeln.

Magie: Zauberkunst, Geheimkunst; „magische" Kräfte: verborgene (übernatürliche, die Naturgesetze aufhebende) Kräfte im Gegensatz zu den „natürlichen". – ↗Evola.

Magismus: Extremform des ↗Irrationalismus. ↗Mystizismus („Auferstehung").

Mahatma: Ehrentitel ↗Gandhis („Große Seele"). In der Vedanta-Philosophie Bezeichnung für die Weltseele.

Mahavira, Vardhama: Begründer des ↗Jainismus.

Mahayana: nördlicher Buddhismus, wie er vor allem in den Himalayastaaten, aber auch in China und Japan vertreten wird. Wörtlich: „Großes Fahrzeug" (Platz für die vielen aus Mitleid Miterlösten). Weitere Unterschiede gegenüber dem ↗Hinayana: Entwicklung einer buddhistischen Mythologie mit einer Unzahl verehrter Wesen; Erwartung eines himmlischen Paradieses. ↗Buddha.

Mahnke, Dietrich, 1884—1939: deutscher Philosoph, an Leibniz orientiert. — Hptw.: Eine neue Monadologie, 1917; Das unsichtbare Königreich des deutschen Idealismus, 1920; Ewigkeit und Gegenwart, 1922; Leibniz und Goethe, 1924; Leibnizens Synthese von Universalmathematik und Individualmetaphysik, I, 1925.

Maier, Heinrich, 1867—1933: deutscher Psychologe und Metaphysiker, der einen kritischen Realismus lehrt. — Hptw.: Syllogistik des Aristoteles, 1896—1900; Psychologie des emotionalen Denkens, 1908; An der Grenze der Philosophie, 1909; Sokrates, 1913; Philosophie der Wirklichkeit, 3 Bde., 1926—1935. — ↗Katathym.

Maimon, Salomon, 1753—1800: deutscher Philosoph, der in scharfsinniger Auseinandersetzung mit Kant vor allem (wie schon Jacobi und später wieder die Neukantianer) am Begriff „Ding an sich", aber auch am ethischen Rigorismus Kritik übt.

— Hptw.: Versuch über die Transzendentalphilosophie, 1790; Versuch einer neuen Logik oder Theorie des Denkens, 1794, 1798², Neudruck 1912; Kritische Untersuchung über den menschlichen Geist, 1797. — Lebensgeschichte (hrsg. v. K. Ph. Moritz), 1792, Neuausgabe 1911.

Salomon Maimon

Maimonides (Moses ben Maimon), 1135 bis 1204: der größte jüdische Gelehrte des Mittelalters (in Spanien: Córdoba; Marokko und Ägypten), der ein umfassendes System der talmudischen Lehre entwirft und eine Synthese von jüdischer Philosophie und Aristotelismus anstrebt. — Hptw.: Führer der Unschlüssigen (arabisch geschrieben; hebr. Übers.: Moreh Nebuchim).

Maine de Biran, François Pierre, 1766 bis 1824: französischer Psychologe und Erkenntnistheoretiker, der am passivistischen Sensualismus Kritik übt und einen psychologischen Voluntarismus und Aktivismus begründet, indem er dem cartesianischen „cogito ergo sum" ein „volo ergo sum" entgegensetzt und aus dem Anstrengungs- und Widerstandserlebnis die Begriffe „Existenz" und „Ursache" ableitet. Besonders hoch schätzt er (unter dem Einfluß Malebranches) die Mystik; er gilt als Begründer des französischen „spiritualistischen Realismus". - Hptw.: Essai sur les fondements de la psychologie, 1813–1822. — Tagebuch, dt. 1977.

Mainländer, (Batz) Philipp, 1841—1876: von Schopenhauer beeinflußter deutscher Metaphysiker. — Hptw.: Philosophie der Erlösung, 2 Bde., 1876—1886, 1894³.

Maior: 1. Oberbegriff (terminus maior), d. h. derjenige Begriff, der im Schlußsatz eines ↗Syllogismus als Prädikatsbegriff auftritt. Der Vordersatz, der diesen Begriff enthält, heißt: (2.) Obersatz (propositio maior) und wird stets an erster Stelle angeschrieben. - ↗Minor.

Maistre, Joseph Marie, Comte de, 1753–1821: französischer (ultramontan eingestellter) Staatsphilosoph, extrem reaktionärer Traditionalist, wenngleich Freimaurer, Todfeind der Aufklärung und der Französischen Revolution, Gegenrevolutionär, der die absolute Monarchie und die Unfehlbarkeit des Papstes verherrlicht, d. h. für einen theokratischen Despotismus eintritt. - Hptw.: Essai sur le principe générateur des constitutions politiques, 1810; Du Pape, 2 Bde., 1819; Les soirées de St. Pétersbourg, 2 Bde., 1821.

Makaría (makariótes): Glückseligkeit. - ↗Epikur.

Makrokosmos und Mikrokosmos: „Große Welt" (Weltall) und „Kleine Welt" (des Menschen); stehen nach Auffassung vieler Denker in Wechselwirkung (Grundlage der ↗Magie, der ↗Mantik und der ↗Astrologie). — Z. B.: Ethische Forderung des ↗Konfuzius, zwischen Makro- und Mikrokosmos ein harmonisches Verhältnis herzustellen; brahmaistische Behauptung der Identität von ↗Atman und ↗Brahman; Auffassung des ↗Paracelsus. — ↗Monade (Leibniz).

Malebranche, Nicolas, 1638—1715: französischer Philosoph, der cartesianische mit neuplatonischen und augustinischen Gedankengängen zu kombinieren sucht und ein pantheistisches Weltbild entwirft, dem zufolge das Universum in Gott aufgeht und der Mensch alle Dinge in Gott schaut und in Gott liebt. Das Psychophysische Problem löst M. okkasionalistisch: da Seele und Körper einander wesensfremd sind, kann es nur Gott sein, der bei jeder „Gelegenheit" die körperlichen und seelischen Vorgänge aufeinander abstimmt. — Hptw.: De la recherche de la vérité, 1674/75; Entretiens sur la métaphysique et la réligion, 1688.

Mally, Ernst, 1879—1944: österreichischer Philosoph, Anhänger Meinongs. — Hptw.: Gegenstandstheoretische Grundlegung der Logik und Logistik, 1912; Grundgesetze des Sollens. Elemente der Logik des Willens, 1926; Erlebnis und Wirklichkeit (Einleitung zur Philosophie der natürlichen Weltauffassung), 1935; Anfangsgründe der Philosophie, 1938; Wahrscheinlichkeit und Gesetz (Ein Beitrag zur wahrscheinlichkeitstheoretischen Begründung der Naturwissenschaft), 1938.

Malraux, André, 1901—1976: französischer Politiker, Schriftsteller, Archäologe, Orientalist, Kunsthistoriker, existentialistischer Dichterphilosoph, geistig zwischen Pascal und Nietzsche angesiedelt, um einen Ausgleich von sozialer Gerechtigkeit und Freiheit bemüht. Dem von ihm verfochtenen „tragischen Humanismus" zufolge liegt der Sinn des Lebens im Handeln um des Handelns selbst willen und vermag der Mensch die Verzweiflung, den Tod und das Nichts nur mit Hilfe der Kunst zu überwinden. — Hptw. (abgesehen von den Romanen) — in deutscher Übersetzung: Die Versuchung des Abendlandes, 1926; Das imaginäre Museum, 1949; Stimmen der Stille, 1956; Die künstlerische Gestaltung, 1958; Das Lösegeld des Absoluten, 1961; Lockung des Okzidents, 1966; Anti-Memoiren, 1968; Geist der Kunst, 1978.

Malthusianismus: vom englischen Wirtschaftswissenschaftler Thomas Robert Malthus (1766–1834; Essay on the Principle of Population, 1798) begründete Theorie der Bevölkerungsvermehrung. Malthus führt das Elend der Menschen auf das Anwachsen der Bevölkerung zurück, da seines Erachtens die Bevölkerungszahl in geometrischer Progression, die Menge der zur Verfügung stehenden Nahrungsmittel jedoch nur in arithmetischer Folge ansteigt.

Manana („morgen"): lateinamerikanische Lebensphilosophie des „Auf-morgen-Verschiebens", der Erledigung von Entscheidungen durch „Vertagung".

Mandeville, Bernard, 1670—1733: von Hobbes beeinflußter englischer Arzt und Satiriker, der den Egoismus theoretisch zu begründen sucht, später allerdings die christliche Ethik und den Toleranzgedanken akzeptiert. Nach M.s Auffassung wird auch der Gang der Geschichte vom Spiel der Triebe beherrscht. — Hptw.: The Fable of the Bees, or Private Vices Made Public Benefits, 1714, dt. 1914, neu 1968 (Die Bienenfabel. Private Laster als öffentliche Tugenden), womit M. meint, daß es für das Gemeinwohl nur segensreich sein kann, wenn jeder seinen egoistischen Interessen, seinem Eigennutz, seinen Launen und Lastern hemmungslos nachgeht.

Mani, 216 (Babylonien)—273 (276, 277): Religionsstifter und Kirchengründer, Begründer des ↗Manichäismus, inspiriert vom Buddhismus, dem Täufertum, der Gnosis, dem Christentum und vor allem dem Zarathustra-Glauben und -Feuerkult; letzter großer Gnostiker der Spätantike, der 22 Evangelien, vornehmlich in ostaramäischer Sprache, verfaßt haben soll, vom teuflischen Charakter der Weltschöpfung überzeugt war, einen Dualismus von Licht und Finsternis, Gut und Böse, Wahrheit und Lüge, Gott (Geist) und Materie ... gelehrt (ähnlich Zarathustra) und seine Kirche hierarchisch in Auserwählte (electi, 4 Rangstufen) und Hörer (auditores) gegliedert hat.

Manichäismus: Hauptströmung der ↗Gnosis (deren Tendenz er mit der des ↗Montanismus vereinigt), mythologische Erlösungslehre (Erlösung des Menschen aus der Finsternis), begründet vom Perser ↗Mani, der sich als Nachfolger ↗Zarathustras, ↗Buddhas und Jesu gefühlt und den „Erwählten" unter seinen Anhängern Askese, allen übrigen einen bilderlosen Kult (Gebet und Fasten) vorgeschrieben hat. Der Manichäismus ist im Osten bis China (im 14. Jhdt.), im Westen bis Südfrankreich vorgedrungen; sein Einfluß auf christliche (auch ↗Augustinus war Manichäer) und islamische Sekten war nicht unbedeutend. Später führten die Christen einen erbarmungslosen Ausrottungskrieg gegen die Manichäer, die sich jedoch immer wieder behaupten konnten, zumindest in verwandten Bewegungen weiterlebten (z. B. die Katharer und die Albigenser im 13. Jhdt., die Bogomilen in Bulgarien und Mazedonien). – ↗Baur.

Mannheim, Karl, 1893 (Budapest) – 1947 (London): deutscher Soziologe, Pädagoge und Philosoph, der von Max Schelers wissenssoziologischem Standpunkt aus die Ideologien der Parteien und das Wunschdenken kritisiert (da es „so viele Wahrheiten wie Seinslagen gibt") und für Freiheit, Demokratie und Integration der politischen und religiösen Auffassungen eintritt. – Hptw.: Die Strukturanalyse der Erkenntnistheorie, 1922; Ideologie und Utopie, 1929, 1985[7]; Die Gegenwartsaufgaben der Soziologie, 1932; Mensch und Gesellschaft im Zeitalter des Umbaus, 1935, 1958[2]; Diagnosis of Our Time, 1943 (Diagnose unserer Zeit, 1951, 1974[4]); Freedom, Power and Democratic Planning, 1951 (Freiheit und geplante Demokratie, 1970).

Mantik: „Seherkunst"; Glaube an Weissagung und Prophetie.

Mao Tse-tung, 1893—1976: Gründer der kommunistischen Volksrepublik China, Partei- und Staats-Chef; seine Gedanken in deutscher Übertragung: Worte des Vorsitzenden M., 1972; Mao intern. Unveröffentlichte Schriften, Reden und Gespräche M.s (1949—1971), 1974 (hg. v. Helmut Martin). — ↗Holz H. H.; Nouvelle Ph., Dialektischer M.

Marbe, Karl, 1869—1953: deutscher Psychologe (Würzburger Schule) und Philosoph, Positivist. — Hptw.: Die Gleichförmigkeit in der Welt, 2 Bde., 1916/19; Grundfragen der angewandten Wahrscheinlichkeitsrechnung und theoretischen Statistik, 1934; Neue Untersuchungen zur Psychologie, Statistik und Biologie, 1940. — ↗Gleichförmigkeit.

Marburger Schule: an der Universität in Marburg von ↗Cohen begründete Richtung des Neukantianismus. Der vor allem von Cohen, ↗Natorp, ↗Cassirer und ↗Görland vertretene Standpunkt der Marburger Schule ist ein konsequent durchdachter erkenntnistheoretischer Idealismus, dem zufolge die Welt die Gestalt hat, die der menschliche Geist ihr gibt, ja es sinnwidrig wäre, ein unerkennbares Ding an sich anzunehmen, da das „Sein" erst im Denkprozeß geschaffen wird (rationalistischer bzw. logistischer Idealismus, Logismus, Logizismus) und der Erkenntnisgegenstand daher niemals gegeben, sondern immerzu „aufgegeben", nur ein x, „stets Problem und nie Datum" ist, d. h. durch den ins unendliche fortschreitenden Erkenntnisprozeß asymptotisch bestimmt und damit zugleich „erzeugt" wird (Cohen: „Nur das Denken selbst kann erzeugen, was als Sein gelten darf"). Das grundlegende Prinzip für die Erzeugung der Realität durch das reine Denken ist die Methode des „Ursprungs", der gemäß etwa der Untersucher eines Phänomens dieses erst schafft (— „Sterne" existieren nicht am Himmel, sondern in der Astronomie!). – ↗Kinkel, Noack, Stadler; Wahrheit (Einstein-Zitat).

Marc Aurel, 121—180 (gest. in Vindobona): römischer Kaiser, Stoiker, von Seneca und Epiktet beeinflußt. — Hptw.: „Selbstbetrachtungen". — ↗Tod.

Marcel, Gabriel, 1889—1973: französischer Dramatiker, Romancier und Philosoph, christlicher ↗Existentialist, der an den Ideen und Werken von Sartre und Camus Kritik übt und unter dem Einfluß Platons, des deutschen und des angelsächsischen Idealismus, Bergsons und des französischen Thomismus eine „Konkrete Philosophie des Schöpferischen" entwirft. — Hptw.: Être et avoir, 1935, dt. 1954; Homo viator, 1944, 1948[5]; dt. 1949; La métaphysique de Royce, 1945; Le mystère de l'être, 1951, dt. 1952; Le déclin de la sagesse, 1954; L'homme problématique, 1955, dt. 1956; Foi et réalité, 1967. Neuere deutsche Ausgaben: Der Mensch als Problem, 1964[3]; Die Erniedrigung des Menschen, 1964[2]; Gegenwart und Unsterblichkeit, 1961; Schöpferische Treue, 1963; Auf der Suche nach Wahrheit und Gerechtigkeit, 1964; Das ontologische Geheimnis, 1964; Die Menschenwürde und ihr existentieller Grund, 1965; Sein und Haben, 1968; Tragische Weisheit (Zur gegenwärtigen Situation des Menschen), 1974.

March, Arthur, 1891—1957: österreichischer Physiker, auch an naturwissenschaftlich-erkenntnistheoretischen Grenzfragen interessiert, bekannt durch seine 1937 entwickelte Theorie der „kleinsten Länge". — Hptw.: Lehrbuch der Quantenmechanik, 1930; Natur und Erkenntnis, 1948; Die physikalische Erkenntnis und ihre Grenzen, 1955; Das neue Denken der modernen Physik, 1957. — ↗Effektualismus.

Marcic, René, 1919—1971 (Flugzeugexplosion): österreichischer Rechtsphilosoph, um eine naturrechtliche Ontologisierung des geltenden Rechts bemüht. – Hptw.: Martin Heidegger und die Existenzialphilosophie, 1949; Mensch, Recht, Kosmos (Drei Gedankenwege ins Dasein), 1965; Rechtsphilosophie (Eine Einführung), 1969; Geschichte der Rechtsphilosophie (Schwerpunkte – Kontrapunkte), 1971.

Marcion (von Sinope, Pontus), etwa 85 bis 165 n. Chr.: bedeutendster und erfolgreichster Ketzer des 2. Jhdts., der die Kirche als eine „judaische" Entartung bekämpft, an den phantastischen Spekulationen der Gnostiker Kritik übt und im Gegensatz zur Gesetzesreligion eine Religion der Liebe lehrt.

Marck, Siegfried, 1889—1957: deutscher Philosoph, der im Sinne einer „kritischen" Dialektik eine Synthese von Kantianismus, Hegelianismus und Marxismus erstrebt. — Hptw.: Hegelianismus und Marxismus, 1922; Die Dialektik in der Philosophie der Gegenwart, 2 Halbbände, 1929/31.

Marcuse, Herbert, 1898–1979: deutsch-amerikanischer Sozialphilosoph, der unter dem Einfluß Hegels und Heideggers an der spätindustriellen technischen Zivilisation sowie am analytisch-positivistischen Denken als der „Ideologie der Repression und des Apparates" schärfste Kritik übt. Er steht ideologisch der Frankfurter Schule nahe (↗Positivismus-Streit) und hat dank seiner unerbittlichen Kritik am Kapitalismus und damit auch am kapitalistischen Unterbau des klassischen Universitätssystems (weit mehr als z. B. Habermas) die Sympathie der linksradikalen Studentenschaft gefunden, sowohl in den USA als auch in der BRD. Er gilt als Prophet der Neuen Linken, der weltweiten Studentenrevolution. Seine Gesellschaftskritik, die den Zusammenhang von Konsum und Gewalt, von Repression und Aggressivität ihrer Opfer bloßlegt, zielt als „Heilslehre" auf radikale Gesellschaftsveränderungen: Den einzig wahren Humanismus erblickt er in der Negation des Bestehenden, in der Auflösung der auf Ausbeutung basierenden Industriegesellschaft und ihrer Umwandlung in eine repressionsfreie Gesellschaft. M. führt einen leidenschaftlichen Kampf gegen die Enge, Rechthaberei und intolerante Ideologie des Establishments, das er beschuldigt, einen Klassenkampf von oben zu führen. Daher fordert er Intoleranz gegen „rechts" (weil „der Feind rechts steht", wie Wirth einst gesagt hat) und anerkennt nur eine „parteiische" Toleranz (— übrigens ein nicht ungefährlicher Standpunkt, wie so manche historische Entwicklung lehrt). Ähnlich wie Bloch (der da wie dort nur „Langeweile" sieht) ist er sowohl mit dem Westen wie mit dem Osten unzufrieden: Im Osten beklagt er die Unfreiheit der Produktionsgesellschaft, im Westen die „komfortable Freiheit" der manipulierten Konsumgesellschaft. Obwohl M. die radikalsten Forderungen erhoben und theoretisch zu begründen versucht hat, verharrt gerade er zuletzt in einer unbestimmten Negation, beim Dauerpathos der „großen Weigerung". Diese gesellschaftsutopische Haltung wurde jüngst erst von Fromm als „Flucht in frühkindliche Sexualität", als „infantil-regressive Sentimentalität", als „revolutionäre Rhetorik zur Verdunkelung einer rückschrittlichen, antirevolutionären Position" kritisiert. Aber auch Albert wirft M. reaktionären, pseudotheologischen Dogmatismus und „romantische Reaktion" gegen moderne Wissenschaft und westliche Konsumgesellschaft vor. ↝ Hptw.: Vernunft und Revolution (Hegel und die Entstehung der Gesellschaftstheorie), 1962; Kultur und Gesellschaft, 2 Bde., 1965; Triebstruktur und Gesellschaft, 1966; Der eindimensionale Mensch (Studien zur Ideologie der fortgeschrittenen Industriegesellschaft), 1970^4; Kritik der reinen Toleranz, 1966; Hegels Ontologie und die Theorie der Geschichtlichkeit, 1968^2; Versuch über Befreiung, 1969, 1980^5; Ideen zu einer kritischen Theorie der Gesellschaft, 1969; Existentialistische Marx-Interpretation, 1973; Konterrevolution und Revolte, 1973; Die Permanenz der Kunst – Wider eine bestimmte marxistische Ästhetik, 1977; Schriften, Bd. I: Der deutsche Künstlerroman (Frühe Schriften), 1978; Psychoanalyse und Politik, 1980. – ↗Holz H. H.; Aggression, Amerikanische Philosophie, Kultur, Technokratie.

Marcuse, Ludwig (Pseudonym für Heinz Raabe), 1894–1971: deutscher (philosophierender) Schriftsteller (später in den USA, dann in der Schweiz), ideologiekritischer „Aufklärer" im besten Sinne des Wortes, der unter anderem an der utopisch-dialektischen Linksromantik der Frankfurter Schule sowie Blochs Kritik übt und gegen den „soziologesischen" Jargon dieser Denker den berechtigten Einwand erhebt, daß „schöne Zungen" noch keine philosophischen Argumente sind. – Hptw.: Philosophie des Glücks (Von Hiob bis Freud), 1962^2; Der Philosoph und der Diktator, 1950; Pessimismus (Ein Stadium der Reife), 1953; Amerikanisches Philosophieren, 1959; Heinrich Heine, 1960; Mein zwanzigstes Jahrhundert, 1960; Obszön (Geschichte einer Entrüstung), 1962; Das denkwürdige Leben des Richard Wagner, 1963, 1973^2; Aus den Papieren eines bejahrten Philosophiestudenten, 1964; Argumente und Rezepte, 1967; Nachruf auf Ludwig Marcuse, 1969; Sigmund Freud (Sein Bild vom Menschen. Porträt und Wirkungsgeschichte der Psychoanalyse), 1972; Argumente und Rezepte (Ein Wörterbuch für Zeitgenossen), 1972; Essays, Porträts, Polemiken, 1979. – ↗Idealismus.

Maréchal, Joseph, 1878—1944: französischer Denker, vom Thomismus nicht allzu weit entfernt, Begründer einer Schule, die auch im deutschen Sprachraum Anhänger gefunden hat: ↗Coreth, Holz H., Rahner. — Hptw.: Le point de départ de la métaphysique. Leçons sur le développement historique et théorique du problème de la connaissance, 5 Bde., 1944—1949.

Margolius, Hans, 1902–1984: deutscher Ethiker (später in den USA), der das Gute in der Hingabe an ein Lebewesen (Wohlwollen) oder an eine Idee (Begeisterung) erblickt und Achtung vor dem Leben (im Sinne ↗Schweitzers), Förderung des Wohles aller und Bemühen um verstehendes Wissen fordert. – Hptw. (dt.): Die Ethik Franz Brentanos, 1929; Ethische Studien, 1932; Vom Wesen des Guten, 1934; Grundlegung zur Ethik, 1936; Ideal und Leben (Philosophische Gespräche), 1936; Glückswürdigkeit und Glück, 1937; Maximen zur Ethik, 1953; Kräfte des Guten, 1954; Aphorismen zur Ethik, 1957; System und Aphorismus, 1960; Aphorismen zur Ethik und Metaphysik, 1962; Der lachende Philosoph (Anekdoten), 1963; Wachstum der Liebe, 1963; System der Ethik, 1967; Das Gute im Menschen, 1969, 1981⁴; Werte und Wege (Aphorismen zur Ethik), 1977; Notizen zur Ethik (mit Bibliographie), 1980.

Mariana, Juan de, 1536—1624: spanischer Jesuit, Historiker, Geschichts- und Staatsphilosoph, der an der machiavellistischen Machttheorie und an der Lehre von der Staatssouveränität Kritik übt, indem er dem Gedanken der Volkssouveränität Geltung zu verschaffen sucht, den freiwilligen Zusammenschluß der Bürger als Fundament des Staates betrachtet, den Staatszweck in der Schaffung gerechter Verhältnisse und in der Förderung der Humanität erblickt und das Recht auf Widerstand gegen jede Art von Tyrannei anerkennt. — Hptw.: De rege et regis institutione, 1599.

Maritain, Jacques, 1882—1973: französischer Neuscholastiker (Neothomist), der sich im Rahmen der scholastischen Erkenntnistheorie und Metaphysik mit existenzphilosophischen Problemen auseinandersetzt. — Hptw.: Art et scolastique, 1920, 1935³; dt. 1930; Antimoderne, 1922, dt. 1930; Religion et culture, 1930, 1934³, dt. 1936; Distinguer pour unir ou les degrés du savoir, 1932, 1946⁴; dt. 1954 (Die Stufen des Wissens); Humanisme intégral, 1936, dt. 1936 (Die Zukunft der Christenheit) und 1950 (Christlicher Humanismus); Scolastique et politique, 1940; De Bergson à Thomas d'Aquin, 1944, dt. 1948; Court traité de l'existence et de l'existent, 1947; La signification de l'athéisme contemporain, 1950; Die Menschenrechte und das natürliche Gesetz, 1951; L'homme et l'État, 1953; La philosophie morale, 1960; Der Bauer von der Garonne, 1969.

Marko, Kurt, geb. 1928: österreichischer Politologe, Osteuropa-Historiker und Ideologiekritiker. – Hptw.: Sic et Non (Kritisches Wörterbuch des sowjetrussischen Marxismus und Leninismus der Gegenwart), 1962; Sowjethistoriker zwischen Ideologie und Wissenschaft, 1964; Evolution wider Willen (Die Sowjetideologie zwischen Orthodoxie und Revision), 1968; Dogmatismus und Emanzipation in der Sowjetunion, 1971; Pragmatische Koexistenz – Partnerschaft von Ost und West? Der Staatssozialismus im Wandel von der Reformutopie zum Defensivrealismus, 1973.

Marquard, Odo, geb. 1928: deutscher Philosoph. Seine These: daß der neuzeitliche Mensch, der das Walten eines göttlichen Schicksals nicht anerkennen kann oder will, zur eigenen „Machsal" verurteilt sei. – Hptw.: Skeptische Methode im Blick auf Kant, 1958, 1982³; Schwierigkeiten mit der Geschichtsphilosophie, 1973; Transzendentaler Idealismus, Romantische Naturphilosophie, Psychoanalyse, 1987. – ↗Postmoderne.

Martin, Gottfried, 1901–1972: deutscher Metaphysiker und Philosophiehistoriker. – Hptw.: W. v. Ockham, 1949; Immanuel Kant (Ontologie und Wissenschaftstheorie), 1968⁴; Klassische Ontologie der Zahl, 1956; Einleitung in die allgemeine Metaphysik, 1958²; Allgemeine Metaphysik, ihre Probleme und ihre Methoden, 1965; Leibniz (Logik und Metaphysik), 1967²; Gesammelte Abhandlungen, Bd. 1, 1961; Sokrates, 1967; Platon, 1969; Arithmetik und Kombinatorik bei Kant, 1972; Platons Ideenlehre, 1973. – Hrsg. d. Kant-Studien 1952–1968.

Martinak, Eduard, 1859—1943: österreichischer Philosoph und Pädagoge, Anhänger Meinongs. — Hptw.: Zur Begriffsbestimmung der intellektuellen Gefühle, 1895; Psychologische Untersuchungen zur Bedeutungslehre, 1901; Das Wesen der Form, 1905; Wesen und Aufgabe der Erziehungswissenschaft, 1928.

Martineau, James, 1805—1900: englischer Metaphysiker, Indeterminist und Theist. — Hptw.: Studies of Christianity, 1858; Types of Ethical Theory, 2 Bde., 1885; Study of Religion, 2 Bde., 1888, 1889².

Marty, Anton, 1847—1914: von Brentano beeinflußter deutscher Sprachphilosoph und Erkenntnistheoretiker (in der Schweiz geboren). — Hptw.: Über den Ursprung der Sprache, 1875; Was ist Philosophie?, 1897; Untersuchungen zur Grundlegung der allgemeinen Grammatik und Sprachphilosophie, 1908; Raum und Zeit, 1916. — ↗Kraus O.

Marx, Karl, 1818–1883: deutscher Nationalökonom und Philosoph, Begründer des Wissenschaftlichen ↗Sozialismus und des ↗Dialektischen (Historischen) Materialismus). Manche Autoren (z. B. Louis Althusser) konstatieren (oder „konstruieren") einen Bruch zwischen dem jungen Marx und dem Autor des „Kapital", der an die Stelle des „Menschen" „ökonomische Strukturen" treten läßt. – Hptw.: Die heilige Familie oder Kritik der kritischen Kritik. Gegen ↗Bruno Bauer und Konsorten, 1845 (mit ↗Engels); Manifest der Kommunistischen Partei, 1848 (mit Engels; Schlußsatz: „Proletarier aller Länder, vereinigt euch!"); Zur Kritik der Politischen Ökonomie, 1859; Das Kapital (Kritik der politischen Ökonomie), 3 Bde., 1867–1894 (2. und 3. Bd. von Engels herausgegeben). – Marx und Engels, Werke, hg. v. H.-J. Lieber, 33 Bde., 1960 ff. – ↗Adler M., Antoni, Aron, Barion, Dahrendorf, Fischer H., Flechtheim, Fromm, Heiss, Künzli, Lenk K., Leser, Mader, Marcuse H., Popper K., Reding, Schaff, Schmied-Kowarzik, Steinbüchel, Vorländer; Alienation, Marxismus, Religion, Nouvelle Ph.

Werner Marx

Marx, Werner, geb. 1910: deutscher Philosophiehistoriker und Sprachphilosoph. – Hptw.: Heidegger und die Tradition (Eine problemgeschichtliche Einführung in die Grundbestimmungen des Seins), 1961, 1980²; Die Bestimmung der Philosophie im Deutschen Idealismus, 1965; Absolute Reflexion und Sprache, 1967; Das Problem der Sonderwelten bei Husserl, 1969; Vernunft und Lebenswelt, 1970; Hegels Phänomenologie des Geistes (Die Bestimmung ihrer Idee in „Vorrede" und „Einleitung"), 1971, 1981²; Aristoteles' Theorie vom Seienden, 1972; Grundbegriffe der Geschichtsauffassung bei Schelling und Habermas, 1974; Schelling: Geschichte, System, Freiheit, 1977; Gibt es auf Erden ein Maß? (Grundbestimmungen einer nichtmetaphysischen Ethik), 1983; Das Selbstbewußtsein in Hegels Phänomenologie des Geistes, 1986; Ethos und Lebenswelt (Mitleidenkönnen als Maß), 1986. – Autobiographie in „Philosophie in Selbstdarstellungen", Bd. I, 1975.

Marxismus: zusammenfassende Bezeichnung für den von ↗Karl Marx (zusammen mit ↗Engels) unter dem Einfluß ↗Hegels, ↗Feuerbachs, der englischen Volkswirtschaftslehre (↗Smith und Ricardo) und des „utopischen" ↗Sozialismus entwickelten „Wissenschaftlichen Sozialismus" und ↗Dialektischen Materialismus (als dessen philosophisch-weltanschauliche Grundlegung). Zu unterscheiden ist zwischen dem „klassischen" (dogmatischen) und einem „modernen" (kritischen) Marxismus, der in Marxens Lehre bloß ein heuristisch wertvolles methodologisches Postulat erblickt, dem zufolge sich z. B. erkennen läßt, daß die von Marx 1848 (im „Kommunistischen Manifest") beschriebene kapitalistische Expansion heute von den multinationalen Weltkonzernen praktiziert wird (Neomarxismus). Zur (durchaus nicht linearen, sondern auch synchronen) historischen Entwicklung des Marxismus, dessen Metamorphosen besser von „Marxismen" sprechen lassen: revolutionäre Theorie (Marx, Engels), reformistische Praxis (↗Kautsky), Revisionismus (Bernstein: Begründer des Reformismus), radikaler (revolutionärer) Marxismus (Luxemburg, Liebknecht), Restauration des frühmarxistischen Kommunismus durch Lenin (Bolschewismus), Stalinismus (Erstarrung zu einem irrational-dogmatischen Mythos). Systematisch sind am Marxismus folgende Dimensionen zu unterscheiden: philosophischer Standpunkt (Diamat), geschichtsphilosophische Auffassung (Histomat), Wirtschaftslehre (Kritik am Kapitalismus: Widersprüche zwischen gesellschaftlicher Produktion und individueller Aneignung der Güter; Überproduktion bei Mangel an Absatzmärkten: Krisen; Akkumulation des Kapitals durch Ausbeutung: Verelendung); soziologische und politische Theorie (wissenschaftlicher Sozialismus, Kommunismus). – ↗Alienation, Austromarxismus, Nouvelle Philosophie, Praxis (2); Adler M., Aron, Aster, Barion, Bloch, Fetscher, Freyer, Garaudy, Grassi, Heintel P., Hollitscher, Holz H. H., Kautsky, Kofler, Kolakowski, Lange F. A., Lenk K., Leser, Lieber, Lukács, Marcuse H., Marko, Plechanow, Popper K., Reding, Reich W., Rohrmoser, Rossi-Landi, Schaff, Schaxel, Schmied-K., Steinbüchel, Theimer, Zilsel.

Masaryk, Tomáš Garrigue, 1850—1937: tschechischer Philosoph und Staatsmann, Gründer und erster Präsident der Tschechoslowakischen Republik, der in seinen Reden und Schriften vor allem für Toleranz und Demokratie eintritt („Demokratie ist Diskussion"). – Hptw.: Versuch einer konkreten Logik, 1887; Die philosophischen und soziologischen Grundlagen des Marxismus (Studien zur sozialen Frage), 1899; Die Ideale der Humanität, 1901, 1919²; Rußland und Europa, 2 Bde., 1913. – ↗Rádl.

Maschinentheorie (des Lebens): von ↗Julius Schultz entwickelte biomechanistische Theorie, der zufolge auch das Lebensgeschehen an die physikalisch-chemische Naturgesetzlichkeit gebunden ist und auf der zweckmäßigen Anordnung und dem Zusammenwirken untermikroskopisch kleiner, selbst nicht lebendiger „Biogene" beruht, die im Zellsaft schwimmen, periodisch wachsen und sich teilen, durch Ansatz und Verlust von Seitenketten sich differenzieren und entdifferenzieren und nach Art und Grad ihrer Differenzierung den Zellen, Geweben und organischen Körpern ihre besondere Eigenart aufprägen.

Masse: 1. in der „Massenpsychologie" werden die psychischen Merkmale des Menschen in der „Masse" (in einer „Menschenballung") untersucht, die je nach der Einfluß nehmenden Masse („heterogene", unorganisierte Masse, z. B. Menschenansammlung, oder „homogene", d. h. organisierte Masse, z. B. militärische Einheit), in der der einzelne gerät, differieren. Im großen und ganzen kann man jedoch stets eine „Primitivierung" des einzelnen in der Masse feststellen, und zwar a) eine Senkung des intellektuellen Niveaus (Verdummung, Kritiklosigkeit, Leichtgläubigkeit: Gerücht! Schlagwort!), b) den Wegfall moralischer Hemmungen (Ungezügeltheit des einzelnen infolge seiner Anonymität: Verantwortungslosigkeit! Triebhaftes Verhalten: Bestialitäten!) und c) eine Steigerung der Affektivität (starke Gefühlserregbarkeit, Gefühlsrausch!). Für die „Massenseele" besonders charakteristisch sind: a) gesteigerte Suggestibilität (Begeisterungsfähigkeit! Einfluß großer Persönlichkeiten!), b) Unduldsamkeit und c) Instabilität der Meinung (die verhältnismäßig rasch gewechselt wird). Die Beeinflussung eines Menschen durch eine Masse nennt man „Massensuggestion" („Mitgerissenwerden"); diese „seelische Ansteckung" kann sogar zu „Massenhalluzinationen" führen. Die Tatsache, daß in einer erregten Menschenmenge Glauben, Schauen usw. „ansteckend" wirken, beruht auf der (nicht-bewußten) unmittelbaren „Nachahmung" der Ausdrucksbewegungen der mitversammelten Menschen (↗Ideorealgesetz); durch die Gleichartigkeit der Ausdrucksbewegungen kommt es in zahllosen Gehirnen zu einem gleichartigen zerebralen Zusammenspiel und daher auch zu einem dementsprechend gleichartigen Erleben („Panik", seelische bzw. religiöse „Epidemien" usw.). — ↗Kollektivpsychologie, Suggestion; Hacker, Le Bon, Mitscherlich, Reich W., Roretz. — 2. In der Gesellschaftsphilosophie unterscheidet man zweckmäßigerweise (a) die „quantitative" Vermassung (die Tatsache der „Überfüllung" allerorten! Gefahren der ↗Bevölkerungsexplosion! ↗Geiger) von (b) der „qualitativen" Vermassung (der „Massenmensch" als Menschentypus: Der einzelne selbst ist „Masse", wenn er „wie alle" sein will, denkt und handelt und Anderssein für unanständig hält). ↗Heidegger („man"; ↗Existentialismus), ↗Nietzsche (der „letzte Mensch" im Gegensatz zum ↗„Übermenschen"), ↗Ortega y Gasset. — (Vom physikalischen „Masse"-Begriff ist hier abgesehen.)

Materialisation: kurzzeitige vollkörperliche Erscheinung von Tieren oder Menschen, von ↗Spiritisten für real gehalten.

Materialismus: 1. metaphysischer Standpunkt, dem zufolge die Gesamtwirklichkeit an sich materieller Natur ist, d. h. auch das seelische und das geistige Leben nur eine „Funktion" des materiellen Geschehens sind. 2. Kritischer (positivistischer) Materialismus: ↗Büchner, Rensi. 3. ↗Dialektischer Materialismus (↗Wissenschaftlicher Realismus). 4. Historischer Materialismus: geschichtsphilosophischer Standpunkt, gleichbedeutend mit „ökonomistischer Geschichtsauffassung" (↗Dialektischer Materialismus). 5. Ethischer Standpunkt, dem zufolge es sinnlos ist, „höheren" Idealen nachzustreben, und ausschließlich materielle Werte Anerkennung verdienen. 6. Pädagogischer Materialismus, der die Anhäufung von Wissensstoff (statt der vor allem ↗Vogt entgegentrat („Köhlerglaube und Wissenschaft"). — ↗Köhlerglaube.

Materialismus-Streit: ausgelöst 1854 durch einen provokanten Vortrag des Physiologen Rudolf Wagner („Über Menschenschöpfung und Seelensubstanz"), dem vor allem ↗Vogt entgegentrat („Köhlerglaube und Wissenschaft").

Materie: 1. Baustein des Universums. Unter „Materie" darf nicht ein substantielles Ding-an-sich verstanden werden; der Begriff „Materie" ist vielmehr (ebenso wie der Begriff „Substanz") Ausdruck einer Forderung, nämlich die Erfahrungstatsachen in einem bestimmten Sinn zu deuten, weshalb sich auch der Inhalt dieses Begriffes mit fortschreitendem Erkenntniszuwachs ändert. Der Begriff „Materie" weist also nicht auf eine hinter den Erscheinungen verborgene Wirklichkeit hin (wie im metaphysischen Materialismus angenommen wird), sondern besagt nur, daß infolge der Subjektivität der Empfindungen zu den Erscheinungen (um ihr Auftreten zu verstehen) ein eigenschaftsloses, ausgedehntes, durch den Raum sich bewegendes, wirksames Substrat als ihr („objektiver") Träger hinzugedacht werden muß. — ↗Kategoriales Denken, Naturphilosophie, Mechanistik (die physikalische Welt der Materie bzw. objektive „Reiz"-Welt als qualitätsfreie Bewegungswelt im Gegensatz zur qualitativ differenzierten Erfahrungswelt). Von den vielen möglichen Bildern von der Materie bietet ein Vollverständnis der Erscheinungswelt nur die dynamistische ↗Atomistik; der viel unklareren ↗energetischen Auffassung zufolge ist die Materie als eine Dauerkonfiguration von Energie, als ein Energieknoten in einem Energiefeld zu denken, der sich durch Trägheit und Gravitation geltend macht. — ↗Fiktion (Theorem), Physik (Komplementarität, Quantenmechanik, Wellenmechanik). — 2. Vom naturphilosophischen Materie-Begriff (1.) ist der physikalische im engeren Sinne zu unterscheiden: Die Welt im kleinen, deren Aufbau zu erforschen und zu erschließen Aufgabe der ↗Physik ist. — Als „Anti-Materie" bezeichnet man die Gesamtheit der „Anti-Teilchen", d. h. jener Materie-Bausteine, die einerseits den Elementarteilchen entsprechen, andererseits jedoch gegensätzliche Eigenschaften aufweisen (so entspricht z. B. dem elektrisch negativ geladenen Elektron als Antiteilchen das Positron mit gleicher Masse, aber positiver elektrischer Ladung von gleicher Stärke; es wurde als erstes Antiteilchen 1932 in der kosmischen Höhenstrahlung nachgewiesen). — ↗Quarks. — 3. „Materie" als Gegenbegriff zu „Psyche" (d. h. räumlich ausgedehnte Wirklichkeit im Gegensatz zu den nur in der Zeit verlaufenden seelischen Vorgängen). — Vgl. auch die Unterscheidung von anorganischer (unbelebter) und organischer (belebter) „Materie". — 4. „Materie" als relativ ungeformter „Stoff" im Gegensatz zur „Form". ↗Aristoteles: „Erste" Substanz bzw. materia prima im Gegensatz zur „Zweiten" Substanz.

Mathematik (von Gauß als „Königin der Wissenschaften" bezeichnet): ihre Geschichte beginnt im Orient, wo um 2000 v. Chr. die Babylonier eine elementare Algebra entwickelten. Als Wissenschaft im modernen Sinn tritt sie allerdings erst im 5. bis 4. Jhdt. v. Chr. in Griechenland in Erscheinung. Nach einer langen Periode der Stagnation setzte im 17. Jhdt. eine Revolutionierung der Mathematik durch Begründung der Analytischen Geometrie (↗Descartes) und der Infinitesimalrechnung (↗Leibniz, Newton) ein. Im 19. Jhdt. erwachte schließlich der Sinn für die Notwendigkeit, sich selbstkritisch auf die logischen Grundlagen der Mathematik zu besinnen. — In der „Philosophie der Mathematik" werden vor allem drei Grundprobleme erörtert: 1. Methode (Geltungsbegründung) der Mathematik (Fragen nach dem Ursprung der mathematischen Gewißheit sowie nach der Eigenart mathematischer Argumente und Beweise): Die mathematischen Systeme sind deduktive Systeme, die axiomatisch aufgebaut sind. An ihrer Spitze stehen erfahrungsunabhängige Annahmen, sogenannte Axiome, durch die bestimmte Beziehungen festgesetzt werden. Aus diesen Voraussetzungen des Axiomensystems, die aufeinander nicht zurückführbar sein und einander nicht widersprechen dürfen, werden Sätze abgeleitet, in denen die in den Axiomen festgelegten Beziehungen im einzelnen entwickelt werden. Diese mathematischen Aussagen sind insofern analytische Sätze (in der modernen Bedeutung des Wortes), als sie durch Ableitung gewonnen werden; deshalb sind sie jedoch keineswegs „leer" („analytisch" in der älteren Bedeutung des Wortes): das „synthetische" Moment des mathematischen Denkens liegt in der Aufgabenstellung, im Ansatz, der ebenso „neu" ist wie der Beginn jeder Deduktion, da ja von vornherein nicht bekannt ist, welche Beziehungen in den Axiomen enthalten sind; Schlußsätze lassen sich stets erst aus den Prämissen insgesamt ableiten: „synthetisch" ist also die Kombination der Prämissen. ↗Kant bezeichnet daher die mathematischen Aussagen mit Recht als „synthetische Urteile a priori"; heute allerdings nennt man Aussagen (wie die mathematischen), deren Geltung auf ihrer Verträglichkeit mit den logischen Grundsätzen beruht, „analytisch" (trotz ihres „synthetischen" Charakters im Sinne Kants, also in der älteren Bedeutung des Wortes). Die mathematischen Sätze gelten somit erfahrungsunabhängig (a priori), da sie sich nicht auf tatsächlich bestehende (reale) Verhältnisse beziehen („Idealität" der mathematischen Gegenstände): sie sind „wahr", wenn sie aus den Axiomen folgerichtig abgeleitet sind; innerhalb des Axiomensystems gelten sie absolut. Die Frage nach dem „Geltungsgrund" der Axiome ist ein Scheinproblem, da die Axiome überhaupt nicht „gelten" z. B. keineswegs „evident" (unmittelbar gewiß) sind, sondern einfach aufgestellt (festgesetzt) werden. Mathematisches Denken ist somit kreativ und hat nur entfernt etwas mit Rechnen zu tun; es ist eine Kunst, die auf dem Fundament der Logik basiert. — 2. Gegenstand der mathematischen Erkenntnis, Art und Existenzweise der mathematischen Gegenstände: Die Gegenstände der Mathematik sind Gedankengebilde, Denkmöglichkeiten, Möglichkeiten der Anordnung beliebiger Mannigfaltigkeit (Objekte), aber keine Wirklichkeiten (Standpunkt: Mentalismus bzw. Konstruktivismus). Die Idealität der geometrischen Gegenstände (ideelle Gegenständlichkeit) ergibt sich aus der Idealität des ↗Raumes (der Raum als Möglichkeit der Formen und Bewegungen); ebenso sind die Zahlen (R. Dedekind: Was sind und was sollen die Zahlen? 1911³) als „Möglichkeit" des Unterscheidens und Gruppierens aufzufasen. Im Gegensatz zum extremen Empirismus (↗Mill) ist zu betonen, daß die einzelnen mathematischen Gebilde nicht Erfahrungsgegenstände, sondern abstrakte Gedankenschöpfungen sind, die freilich anläßlich bestimmter Erfahrungen konzipiert wurden. — 3. Anwendungsproblem (Problem der Gültigkeit mathematischer Sätze in der Erfahrungswelt): Bedingung für die Anwendung der Arithmetik im Bereich der Erfahrung ist lediglich, daß es Einzelnes (Diskretes) gibt. Die Anwendbarkeit der euklidischen Geometrie auf die Erfahrungswelt beruht darauf, daß die Axiome dieses geometrischen Systems den psychologischen Gesetzen der menschlichen Raumauffassung entsprechen (der menschliche Anschauungsraum ist eben und dreidimensional). Die Mathematik selbst ist keine Erfahrungswissenschaft, wohl aber das exakteste Ausdrucksmittel der Erfahrungswissenschaften (daher z. B. die Quantifizierungs- und Mathematisierungstendenz in der modernen Physik): In diesem Sinne unterscheidet Paul A. Halmos zwischen reiner (— Mathologie) und angewandter Mathematik (Mathophysik). — In der „Philosophie der Mathematik" stehen folgende Auffassungen im Widerstreit (die sogenannte „Grundlagenkrisis" der Mathematik: der Empirismus (↗Mill, Positivismus), der Formalismus (↗Hilbert), der ↗Intuitionismus (↗Brouwer, Halb-Intuitionismus; ↗Weyl), der voluntaristische ↗Konventionalismus (↗Poincaré), der Kritizismus (in der Nachfolge ↗Kants), der rationalistische Logizismus (↗Frege, Peano, Russell, Whitehead); im großen und ganzen stimmt man jedoch darin überein, daß der deduktiv-axiomatische Charakter der Mathematik unbestreitbar ist, psychologisch primär aber Intuition und Konstruktion sind. — ↗Becker, Brunschvicg, Cantor, Couturat, Enriques, Erdmann D., Eukleides, Freytag-L., Gauß, Gödel, Hausdorff, Helmholtz, Hönigswald, Klein, Kraft V., Lorenzen, Martin, Pasch, Reidemeister, Scheffler H., Schischkoff, Wuchterl, Zermelo; Mengenlehre, Metageometrie, Raum, System der Wissenschaften, Unendlichkeit.

Mathematizismus: einerseits (im positiven Sinn) die möglichst weitgehende Verwendung des Kalküls zwecks Erhöhung der Exaktheit durch mathematische Präzisierung der Beschreibung von Fakten, Abläufen usw., andererseits (negativ gemeint) die einseitige Überbetonung des mathematischen Gesichtspunktes, die Übertreibung der mathematischen Denkweise, z. B. die gelegentlich zu beobachtende Tendenz in der Theoretischen Physik, diese vollkommen auf Mathematik zu reduzieren, vollständig in reine Mathematik (also in eine „Wissenschaft ohne Wirklichkeit") aufzulösen. — ↗Frey.

Matrizenmechanik: ↗Quantenmechanik.

Mauthner, Fritz, 1849—1923: deutscher Schriftsteller und Philosoph, der die zentrale Aufgabe der Philosophie in einer umfassenden Kritik der Sprache (des „Wortaberglaubens" und der „Wortfetische") erblickt, als Erkenntnistheoretiker im Rahmen seines sprachkritischen Agnostizismus bzw. Nominalismus einen extrem-skeptizistischen Subjektivismus und Relativismus lehrt und sich als Religionsphilosoph zu einer „gottlosen Mystik" bekennt. — Hptw.: Beiträge zu einer Kritik der Sprache, 3 Bde., 1901/2, 1923³; Wörterbuch der Philosophie (Neue Beiträge zu einer Kritik der Sprache), 2 Bde., 1910/11, 3 Bde., 1923/24², Nachdruck in 2 Bänden 1980; Gespräche im Himmel, 1914; Erinnerungen, 1918; Der Atheismus und seine Geschichte im Abendlande, 4 Bde., 1920 bis 1923; Spinoza (Ein Umriß seines Lebens und Wirkens), 1922; Die drei Bilder der Welt (Ein sprachkritischer Versuch), 1925; Prager Jugendjahre (Erinnerungen), 1969. – Autobiographie in „Die Philosophie der Gegenwart in Selbstdarstellungen", Bd. III, 1922. – Sprache und Leben (Ausgewählte Texte aus dem philosophischen Werk, hrsg. v. Gershon Weiler, 1986. – Literatur: Walter Eisen: F. M.s Kritik der Sprache, 1929. – ↗Romantische Philosophie.

Maxime: Bestimmungsgrund, Vorsatz, Ziel für ein Tun, Leitgedanke.

May, Eduard, 1905—1956: deutscher Biologe, Erkenntnistheoretiker und kritisch-wissenschaftlich eingestellter Naturphilosoph (Kausalist). — Hptw.: Die Bedeutung der modernen Physik für die Theorie der Erkenntnis, 1937; Am Abgrund des Relativismus, 1941, 1942²; Kleiner Grundriß der Naturphilosophie, 1949; Heilen und Denken, 1956.

Maya: indische Gottheit; im Vedanta-System Sinnbild der trügerischen Erscheinungswelt (deren Illusionscharakter ↗Schopenhauer daher „Schleier der Maya" nennt).

Mayer-Hillebrand, Franziska, 1885–1978: österreichische Psychologin (Einführung in die Psychologie der bildenden Kunst, 1966), die sich insbesondere um die Edition der Werke ↗Brentanos verdient gemacht hat. – Autobiographie in „Philosophie in Selbstdarstellungen", Bd. II, 1975. – ↗Kastil.

Franziska Mayer-Hillebrand

Mazzini, Giuseppe, 1805—1872: italienischer Staatsphilosoph, der fortschrittsoptimistisch die politischen Grundgedanken seines Jahrhunderts (Nationalität und Demokratie) propagiert und die Schaffung unabhängiger (demokratisch-freier) Nationalstaaten und ihre internationale Vereinigung fordert. M. übte Kritik an der Kirche und kämpfte sein Leben lang für die Einigung Italiens in einer demokratischen Republik sowie für die Errichtung einer europäischen Internationale. — W.: Scritti, 1861—1891; deutsche Auswahl, 1868—1911.

Mechanistik: 1. Im engeren Sinne des Wortes der Versuch, alle physikalischen Vorgänge auf mechanische zurückzuführen. Gegenstandpunkt: ↗Energetik. — 2. Kritisch-wissenschaftliche Art der philosopischen Naturbetrachtung, die allein ein restloses Verständnis der Naturerscheinungen ermöglicht. Um das beobachtbare Naturgeschehen zu verstehen, muß der Mechanist die Eigenschaften der Sinndinge auf räumliche Strukturen nur-quantitativer Materie, alle Veränderungen auf Bewegungen, die „Zwecke der Natur" auf maschinelle Einrichtung und die psychophysische Wechselwirkung auf einen Parallelismus zurückzuführen. Da die Bewegungen die einzigen nicht-qualitativen Vorgänge sind, die wir kennen, substituiert der Mechanist, der um die Subjektivität aller Empfindungsqualitäten weiß, der Sinnenwelt eine (fiktive) Bewegungswelt, zumal sich auch nur Bewegungsvorgänge verstehen (durch Einfühlung nacherleben, in Gedanken ausführen) lassen (↗Kant: Wir verstehen nur, was wir „machen" können), wogegen die qualitative Buntheit der Erscheinungswelt als gegeben hingenommen werden muß und unbegreiflich bleibt. Zugleich ist der Mechanist auch ↗„Kausalist", weil er weiß, daß sich das Naturgeschehen nur unter der Voraussetzung verstehen läßt, daß jeder Augenblickszustand restlos und meßbar im vorhergegangenen begründet liegt (während etwa zielstrebig wirkende Agentien als nicht-quantitative Ursachen unmeßbar und daher der Analyse unzugänglich sind): er erfüllt somit das Postulat eindeutiger quantitativer Bestimmtheit der Wirkung durch die Ursache („causa aequat effectum"). Im einzelnen sind zwei mechanistische Grundauffassungen zu unterscheiden: a) die kinetische, der zufolge die Beschleunigungsursachen als Bewegungsgrößen aufzufassen sind (Nahwirkungstheorie), und b) die Dynamistik, der zufolge sie in fernwirkende Kraftpunkte zu verlegen sind. Die mechanistische Welt ist also eine denknotwendige Konstruktion zur Erklärung der Sinnenwelt; die Wirklichkeitswürde beider Welten ist die gleiche (die Sinnenwelt eine menschlich-qualitative Welt, die Bewegungswelt eine menschlich-quantitative Welt, die erste subjektiv in bezug auf das menschliche Empfinden, die zweite in bezug auf das menschliche Denken). Die „Wahrheit" der mechanistischen Sätze läßt sich nur durch indirekte empirische Verifikation prüfen. Je konsequenter die mechanistische Betrachtungsweise durchgeführt wird, um so exakter gerät auch die Naturbeschreibung (so beruht z. B. die Exaktheit der physikalischen Aussagen auf einer restlosen Quantifizierung, die eine mathematische Formulierung erlaubt: dem Schall z. B. werden Luftschwingungen zugeordnet usw.). Gegenstandpunkt: Naturmetaphysik. — ↗Biomechanistik, kategoriales Denken, Kausalität, Kraft, Laplace'scher Geist, Maschinentheorie (des Lebens), Naturphilosophie, Teleologie, Vitalismus, Wirklichkeit; Palágyis Weltmechanik; Radakovic.

Medèn ágan: ↗Ne quid nimis.

Medium: Vermittler zwischen unserer Wirklichkeit und der (im ↗Spiritismus angenommenen) Welt der Geister. — ↗Xenoglossie.

Megariker: Anhänger des ↗Eukleides von Mégara, eines Schülers von ↗Sokrates. Sie werden auch ↗Eristiker genannt. Berühmt geworden ist u. a. der Megariker ↗Eubulides. — ↗Calvus, Cornutus, Mendax, Velatus.

Mehrwertige Logiken: im Gegensatz zur zweiwertigen klassisch-aristotelischen Logik (wahr-falsch) Kalküle mit einer Mehrheit von Wahrheitswerten (z. B. dreiwertige Logik: wahr — falsch — unbestimmt bzw. möglich). Der polnische Logiker ↗Jan Lukasiewicz (1920—1922) und der amerikanische Logiker Emil Post (1921) haben unabhängig voneinander diese Erweiterung vorgenommen. Lukasiewicz hat zunächst (1920) eine dreiwertige Logik geschaffen, in welcher der 3. Wahrheitswert (die „Möglichkeit") so aufgefaßt wird, daß seine Negation wieder dieselbe Möglichkeit ergibt; erst 1922 hat er eine unendlich-wertige Logik (mit einer stetigen Skala von Wahrheitswerten) aufgebaut.

Meier, Georg Friedrich: 1718—1777: deutscher Ästhetiker, der gegenüber Baumgarten auf die Unzulänglichkeit des ästhetischen Intellektualismus hinweist. — Hptw.: Anfangsgründe aller schönen Wissenschaften, 1748; Lehre von den Gemütsbewegungen, 1759.

Meinecke, Friedrich, 1862—1954: deutscher Historiker und Geschichtsphilosoph. — Hptw.: Weltbürgertum und Nationalstaat, 1908, 1928[7]; Persönlichkeit und geschichtliche Welt, 1918, 1923[2]; Die Entstehung des Historismus, 1936, 1960[3]; Vom geschichtlichen Sinn und vom Sinn der Geschichte, 1939; Erlebtes, 1941; Straßburg — Freiburg — Berlin, 1949 (Selbstbiographie); Aphorismen und Skizzen zur Geschichte, 1951, 1953[2]; Zur Theorie und Philosophie der Geschichte (Vorträge und Aufsätze), 1959. Werke in 6 Bänden, 1957 ff.

Meinong, Alexius, 1853—1920: österreichischer Philosoph, der unter dem Einfluß Brentanos die ↗„Gegenstandstheorie" entwickelt, der zufolge an den Gegenständen die Sachverhalte und Sachbeziehungen a priori erfaßt werden können (Anhänger: Ehrenfels, Höfler). M. wurde damit Begründer der „Grazer Schule" (Martinak, Witasek, Mally, Weinhandl). — Hptw.: Psychologisch-ethische Untersuchungen zur Werttheorie, 1894; Über Annahmen, 1902, 1928[3]; Untersuchungen zur Gegenstandstheorie und Psychologie, 1904; Über die Erfahrungsgrundlagen unseres Wissens, 1906; Über die Stellung der Gegenstandstheorie im System der Wissenschaften, 1907; Über Möglichkeit und Wahrscheinlichkeit, 1915; Über emotionale Präsentation, 1917; Zum Erweise des allgemeinen Kausalgesetzes, 1919; Philosophenbriefe, 1965; Abhandlungen zur Werttheorie, 1968. - Gesamtausgabe 1969-1978. - Autobiographie in „Die Philosophie der Gegenwart in Selbstdarstellungen", Bd. I, 1923[2]. — ↗Liljequist, Witasek; Nicolai.

Melanchthon, Philipp, 1497—1560: deutscher Reformator und Philosoph, der in seiner aristotelisierenden Logik angeborene Begriffe annimmt, eine rationale Kosmologie und Vermögenspsychologie entwickelt und die Gnadenlehre Luthers weiterbildet. — Hptw.: Loci communes rerum theologicarum, 1521; Philosophiae moralis epitome, 1537; Commentaria de anima, 1540.

Meliorismus: abgeschwächter Optimismus; ein Standpunkt, dem zufolge die Welt zwar nicht die beste aller möglichen Welten, aber doch gut und noch besserungsfähig ist (Fortschrittsoptimismus); daher vor allem auch der Vorsatz, die Welt besser zu machen, als sie ist.

Mencius: ↗Mong-tse.

Mendax: „der Lügner"; gemeint ist folgende Fangfrage des ↗Eubulides von Mégara (auch im Paulus-Brief an Titus, I, 12): Lügt der Kreter Epimenides, wenn er behauptet, jeder Kreter sei ein Lügner, oder sagt er die Wahrheit? — Der Fehler besteht darin, daß „Wahrheit" einmal auf die Aussage selbst, dann wieder auf das Lügen im allgemeinen bezogen wird: im Grunde nicht mehr als ein Taschenspielertrick. Die hier vorausgesetzten unablässig lügenden Kreter können tatsächlich gar nicht immer lügen, selbst wenn sie wollten, da ebenso wahre wie falsche Urteile im Umlauf oder möglich sind: Wenn zufällig ein (objektiv) falsches Urteil von einem Kreter (ob nun aus Albernheit oder Bosheit) negiert wird, so entsteht ein wahres Urteil, so daß er dann tatsächlich etwas Unwahres nicht ausgesprochen hat. Epimendes, mit der Eigenschaft permanenter Lügenhaftigkeit behaftet, ist also überhaupt nicht befähigt, objektiv zu urteilen, und zwar nicht darum, weil seine Urteile unbedingt falsch sein müssen, sondern deshalb, weil sie ganz unsicher und unbestimmbar variabel sind; seine Urteile gelten nicht unbedingt immer als falsch, aber immer als höchst dubios, als ganz unverläßlich; denn eine seiner Ausagen kann auch zufällig stimmen: wenn er nämlich ein falsches Urteil vor sich hatte. — ↗Paradoxon.

Mendelssohn, Moses, 1729—1786: deutscher Popularphilosoph des Aufklärungszeitalters, der erbauliche Schriften über das Dasein Gottes und über die Unsterblichkeit der Seele verfaßt und einem duldsamen Aufklärungshumanismus gehuldigt hat. M. wurde von seinem Freund Lessing als

Mengenlehre

„Nathan der Weise" porträtiert, von Lichtenberg für den „Philosophen des Jahrhunderts" gehalten und von Kant hochgeschätzt. — Hptw.: Philosophische Gespräche, 1755; Abhandlung über die Evidenz in den metaphysischen Wissenschaften, 1764; Phädon oder über die Unsterblichkeit der Seele, 1767. – ↗Wunder; Nicolai.

Mengenlehre: vor allem von ↗Georg Cantor begründete mathematische Disziplin. Unter einer „Menge" versteht C. „eine Zusammenfassung bestimmter, wohlunterschiedener Objekte unserer Anschauung oder unseres Denkens zu einem Ganzen" (z. B. die Menge aller Primzahlen, aller rechtwinkeligen Dreiecke, aller österreichischen Staatsbürger usf.). „Diese Objekte heißen die Elemente der Menge". — ↗Paradoxon; Quine, Russell.

Mengs, Raphael, 1728—1779: deutscher Maler und platonisierender Ästhetiker, der vom Künstler die freie (vom Verstand geleitete) Beherrschung der Materie fordert und in der „Harmonie" die Grundlage der Schönheitswirkung erblickt. — Hptw.: Gedanken über Schönheit und Geschmack in der Malerei, 1770.

Menne, Albert, geb. 1923: deutscher Logiker und Wissenschaftstheoretiker. — Hptw.: Logik und Existenz, 1954; Was ist und was kann Logistik? 1957, 1970[2]; Einführung in die Logik, 1966, 1973[2]; Einführung in die Methodologie, 1975. — ↗Kraft J.

Mentalismus: Standpunkt in der Philosophie der ↗Mathematik (2.)

Menzer, Paul, 1873—1960: deutscher Philosoph, Mitarbeiter Diltheys, Kantforscher, der Kants Erkenntnistheorie zu einem kritischen Realismus weiterentwickelt und den Geltungswert der metaphysischen Systeme auf Grund einer Analyse der metaphysischen Begriffsbildung zu bestimmen sucht. — Hptw.: Der Entwicklungsgang in Natur und Geschichte, 1911; Weltanschauungsfragen, 1918; Lebenswerte, 1919; Persönlichkeit und Philosophie, 1920; Einleitung in die Philosophie, 1922[3]; Natur und Geschichte im Weltbild Kants, 1924; Das Wesen des deutschen Geistes, 1925; Leitende Ideen in der Pädagogik der Gegenwart, 1926; Deutsche Metaphysik der Gegenwart, 1931; Metaphysik, 1932; Goethes Ästhetik, 1957. – ↗Neukantianismus.

Mercier, André, geb. 1913: Schweizer Physiker. — Philosophisch relevante Hptw.: Antikes und modernes Denken in Physik und Mathematik, 1964; Die Idee einer einheitlichen Theorie (mit Jonathan Schaer), 1964; Metaphysik, eine Wissenschaft sui generis (Theorie und Erfahrung auf dem Gebiet des Inkommensurablen), 1980.

Merleau-Ponty, Maurice, 1908—1961: französischer Philosoph (einst Weggefährte Sartres; hat später jedoch ihm und dem Marxismus wegen dessen antihumanistischer Komponente den Rücken gekehrt), der Husserls Phänomenologie in Frankreich bekanntgemacht und deren Grundzüge mit existentialistischen Ideenfolgen zur Grundlegung einer Philosophie der Endlichkeit kombiniert hat. — Hptw. (in deutscher Übersetzung): Phänomenologie der Wahrnehmung, 1966; Das Auge und der Geist (Philosophische Essays), 1967, 1984[2]; Humanismus und Terror, 1966; Die Abenteuer der Dialektik, 1968; Vorlesungen, 1973; Die Struktur des Verhaltens, 1976; Die Prosa der Welt, 1983; Das Sichtbare und das Unsichtbare, 1986.

Mersenne, Marin, 1588—1648: französischer Mathematiker und Musiktheoretiker, Minorit, Freund Descartes', der Aristotelismus und Katholizismus mit den naturwissenschaftlichen Erkenntnissen in Einklang zu bringen suchte, die Lehre von der Subjektivität der Sinnesqualitäten vertrat und am Skeptizismus Kritik übte. — Hptw.: L'impiété des Déistes et des plus subtils libertins découverte et réfutée par raison de théologie et de philosophie, 1624; La vérité de sciences contre les sceptiques ou Pyrrhoniens, 1625; Harmonie universelle, 2 Bde., 1636/37; Cogitata physico-mathematica, 3 Bde., 1644 ff.

Mesótes (Medietas, Mediocritas): Mitte, Maß. ↗Aristoteles; Tugend.

August Messer

Messer, August, 1867—1937: 1910 aus der Katholischen Kirche ausgetretener deutscher Pädagoge, Psychologe und Philosoph, der einen kritischen Realismus lehrt und vor allem als Kantforscher, Philosophiehistoriker und Herausgeber klassischer Werke der Philosophie hervorgetreten ist. — Hptw.: Einführung in die Erkenntnistheorie, 1927³; Das Problem der Willensfreiheit, 1918²; Immanuel Kants Leben und Philosophie, 1924; Oswald Spengler als Philosoph, 1924; Geschichte der Pädagogik, 3 Bde., 1925; Geschichte der Philosophie, 4 Bde., 1912, 1923⁷; Natur und Geist (Philosophische Aufsätze), 1920; Der Kritische Realismus, 1923; Philosophische Grundlegung der Pädagogik, 1924; Deutsche Wertphilosophie der Gegenwart, 1926; Der Fall Theodor Lessing, 1926; Lebensphilosophie, 1931; Einführung in die Philosophie und Pädagogik, 1931. — Autobiographie in „Die Philosophie der Gegenwart in Selbstdarstellungen", Bd. III, 1922.

Metábasis (eis allo genos): Übertritt von einer Begriffs- oder Problemebene auf eine andere (ein Denkfehler).

Meta-Ethik: Untersuchung der „ethischen Sprache" (der Sprache der ↗Ethik), begriffsanalytische Frage nach der Bedeutung und der Verwendung ethischer Begriffe und Urteile. — Erster Meta-Ethiker: ↗Locke. — ↗Edwards.

Metageometrie (auch: metaeuklidische Geometrie): nicht-euklidischer Räume, d. h. solcher Räume, die nicht dreidimensional und eben wie unser Anschauungsraum sind. Gedanken dazu schon bei ↗Gauß (nicht veröffentlicht); besonders verdient um die Entwicklung der Metageometrie: Nikolai Iwanowitsch Lobatschewskij (1773 bis 1856), Johann Bolyai (1802–1860), Bernhard Riemann (1826–1866). Im Hinblick auf das Krümmungsmaß des Raumes und die Winkelsumme im Dreieck sind zu unterscheiden: Der Raum mit dem Krümmungsmaß = 0 (Winkelsumme = 180°; euklidischer oder parabolischer Raum; durch einen Punkt gibt es nur eine Parallele zu einer ihn nicht enthaltenden Geraden; Euklids Geometrie unseres Anschauungsraumes; offenes Universum), Räume mit einem Krümmungsmaß = größer als 0 (Winkelsumme = größer als 180°; sphärisch gekrümmte oder elliptische Räume; durch einen Punkt gibt es keine „Parallele" zu einer ihn nicht enthaltenden Geraden; Riemannsche Geometrie; geschlossenes, d. h. endliches, aber dennoch unbegrenztes Universum) und Räume mit einem Krümmungsmaß = kleiner als 0 (Winkelsumme = kleiner als 180°; hyperbolisch gekrümmte oder pseudosphärische Räume; durch einen Punkt gibt es unendlich viele „Parallele" zu einer ihn nicht enthaltenden Geraden; Lobatschewskijsche Geometrie; offenes Universum); einen Riemannschen Raum, allerdings nicht mit konstantem, sondern variablem (durch Gravitationsfelder bestimmtem) Krümmungsmaß, nimmt ↗Einstein an (mißverständlicherweise von ihm auch als „pseudosphärisch" bezeichnet; richtiger wäre: pänesphärisch). ↗Eukleides, Lorenzen, Palágyi, Schöndorfer; Raum.

Metakritik: Kritik der Kritik. — ↗Herder.

Metalinguistik: ↗Whorf.

Metalogik: ↗Lenk H.; Logik, Logische Sätze.

Metamathematik: ↗Mathematik, Metageometrie; Lorenzen.

Metapher: gleichnishafter (bildlicher) Ausdruck; ein ↗Tropus: Übertragung eines Wortes aus dem allgemeinen Sprachschatz auf einen neuen Eindruck, in eine andere Anschauungssphäre, Vertauschung zweier Vorstellungen auf Grund ihrer Ähnlichkeit (z. B. „blühender Unsinn", „haarsträubender Blödsinn"; „graue Belesenheit"; „trockene Gelehrsamkeit"; „flammendes Bekenntnis"; „glühender Eifer"; „ungehobelter Mensch"; „Schiff der Wüste"); Abarten: Personifikation, ↗Allegorie. Eine Gefahr im Sinne einer Verführung des Denkens durch die Sprache besteht darin, daß die Uneigentlichkeit nicht beachtet und das sprachliche Bild als Begriff bzw. die indirekt-übertragene Bezeichnung für eine direkte und eigentliche genommen wird. — Als zwangsläufige Bildlichkeit des Ausdrucks ist die Metaphorik eine Urtatsache des gesamten Sprachlebens, das in seiner Entwicklung eine ex-metaphorische Tendenz zeigt („Ex-metaphorik der Sprache"; z. B.: „auf-fassen"). — „Inopia"-Metaphern (C. F. P. Sutterheim) sind „Metaphern aus Ausdrucksnot" (↗Stöhr) bzw. aus Bezeichnungsarmut, also Verlegenheits- bzw. Ausweichmetaphern, wobei der Bezeichnungsmangel nicht selten durch ein erhebliches Denkdefizit bedingt ist, z. B. bei „Leerformeln" wie ↗„Causa sui" oder dem ↗„Absoluten". — ↗Katachrese.

Metaphorisch: bildlich, uneigentlich.

Metaphysik: Der Name „Metaphysik" verstand sich ursprünglich aus der Anordnung der Schriften des ↗Aristoteles: seine metaphysischen Bücher waren in seiner Bibliothek nach (metá) den naturwissenschaftlichen eingereiht. Erst später wurde dieser Ausdruck auf den Inhalt der Schriften bezogen (Beschreibung der „hinter" der Er-

Metaphysik

fahrungswelt liegenden Wirklichkeit). ↗Metempirik. — Heute ein mehrdeutiger Begriff: 1. Transzendenzphilosophie (Metempirik), d. i. der Versuch, die „hinter" der Erfahrungswelt vermutete (transzendente) „Wirklichkeit an sich" zu erkennen, also das „Wesen" der Dinge, das „Innere" der Natur, die „Urgründe" des Seins, das „Dasein" Gottes usw. zu „erschließen". Die Methoden, die den Metaphysikern als geeignet erscheinen, ihnen zu ihren erwünschten (vermeintlichen) „Erkenntnissen" zu verhelfen, sind die ↗„Deduktion" (rationalistische Metaphysik) und die ↗„Intuition" (irrationalistische Metaphysik). Kritisch läßt sich dagegen geltend machen: Als Methode des metaphysischen Denkens ist die Deduktion unbrauchbar; denn die deduktiv gewonnenen metaphysischen Einsichten bieten nichts Neues gegenüber den Vordersätzen, aus denen sie abgeleitet sind; diese Vordersätze aber sind entweder willkürlich festgesetzt oder Erfahrungsurteile oder Intuitionen; aus willkürlichen Festsetzungen und Erfahrungsurteilen aber lassen sich keine metaphysischen Erkenntnisse destillieren; ein „angeborenes" Wissen gibt es nicht; also bleibt nur die Intuition. Diese Methode aber ist unverläßlich; die Intuition (unmittelbare Einsicht, unmittelbares Durchschauen eines Sachverhaltes, gefühlsmäßiges Erfassen von Zusammenhängen) läßt wohl Erkenntnisse gewinnen, reicht jedoch nicht zu ihrer Begründung aus; zwischen einander widersprechenden Intuitionen kann wieder nur die allgemein zugängliche Erfahrung entscheiden: Daher ist die Erfahrung der Geltungsgrund aller Erkenntnisse und somit auch der intuitiv gewonnenen. Beziehen sich die Intutionen aber auf nicht-erfaßbare (metaphysische) Gegebenheiten, so fehlt ihnen die Allgemeingültigkeit. Die ↗„Evidenz" als persönliche Überzeugung von der Wahrheit einer Intuition ist ein trügerisches und daher unzulängliches Merkmal der Wahrheit. Die Intuition als Methode der Metaphysik führt daher nicht zu allgemeingültigen Erkenntnissen, sondern zu (bestenfalls subjektiv befriedigenden) Annahmen und Vermutungen. Der kühne Glaube, das Transzendente intuitiv erkennen zu können, ist eine Illusion des Wunschdenkens. Metaphysische „Erkenntnisse" gibt es also nicht und kann es nicht geben (– schon ↗Kant hat die Metaphysik als Wissenschaft für unmöglich erklärt). – So steht dem kritisch-wissenschaftlichen Denken in der Philosophie das unkritisch-unwissenschaftliche Erkenntnisstreben der Metaphysiker gegenüber. Während der kritisch-wissenschaftlich eingestellte Philosoph die metaphysischen Probleme als Scheinprobleme entlarvt, klammert sich der Metaphysiker an seine selbstgeschaffene Traumwelt und hält gerade sie für die allerwirklichste Wirklichkeit, weil er sich mit der Erfahrungswelt, wie sie nun einmal ist, nicht abzufinden vermag. Der Philosoph anerkennt bescheiden die Grenzen der menschlichen Erkenntnis, der Metaphysiker hingegen gesteht sich nicht ein, daß er nach einem absoluten Haltepunkt sucht und in der Philosophie vor allem seine seelischen Bedürfnisse (nach ↗Schopenhauer: sein „metaphysisches Bedürfnis") zu befriedigen und seine (geheimen) Wünsche zu erfüllen trachtet. Nicht zu Unrecht steht daher die Metaphysik unter ↗Ideologie-Verdacht. Der Denkstil des Metaphysikers spiegelt dessen geistiges Wollen wider: ein Wissen vom Übersinnlichen ist nicht zu gewinnen; es wird aber heiß ersehnt; also wird kein Weg gescheut, um ein solches wenigstens vorzutäuschen. So neigt der Metaphysiker zum ↗Mystizismus, zur kritiklosen Übernahme traditionellen Gedankengutes und nicht zuletzt zum Wirrdenken, indem er Begriffe für Realitäten hält oder die metaphysischen Hinter- und Überwelt in mythologisierender Manier mit personifizierten Mächten oder unpersönlichen Kräften besetzt denkt (↗Asylum ignorantiae, Begriffsdichtung, Begriffsrealismus, Mythologem). Während in der kritisch-wissenschaftlichen Philosophie „Erkenntnisse" geboten werden, legt der Metaphysiker „Bekenntnisse" ab, weshalb man auch von „Fideismus" sprechen kann. Auch dem religiösen Glauben ist der metaphysische Glaube verwandt: fast alle metaphysischen Systeme sind von Theologismen durchsetzt. ↗Fiktionalismus, glossogon, pathogon, Positivismus; Bense, Roretz, Topitsch. – 2. Die Metaphysik des „Erlebens": Im Gegensatz zu den besprochenen Metaphysikern, die ein „Objekt an sich" zu erkennen trachten (objektivistische Metaphysik), sind die Erlebnis-Metaphysiker „Subjektivisten". Sie behaupten, daß die absolute Wirklichkeit (im Gegensatz zur räumlich-physischen Erscheinungswelt) im aktuellen Ich-Erleben, im zeitlosen ↗„Urerlebnis" gegeben sei. Die Bewußtseins- oder Ich-Metaphysiker denken kritischer als die Objekt-Metaphysiker und bekämpfen selbst die Transzendenz-Metaphysiker (↗Grebe, Heintel E., Hofmann, Reininger). — 3. Reininger versteht unter „Metaphysik" auch (ähnlich wie Aristoteles) die Lehre „von den letzten Prinzipien des Seins, Erkennens und Wertens". — 4. In einem wesentlich anderen Sinn gebrauchen z. B. ↗Müller-Freienfels, Schultz, Stöhr den Begriff „Metaphysik" (etwa gleichbedeutend mit philosophischer Wirklichkeitstheorie). — Gebräuchlich sind auch die Termini: „Kritische Metaphysik" (für 2., 3. und 4.) und „Induktive Metaphysik" (für 3. sowie für metaphysische Extrapolationen auf wissenschaftlicher Basis), ferner „Erweiterungsmetaphysik" (1.) und „Deutungsmetaphysik (2., 3. und 4.; ↗Driesch), wobei die Grenzen freilich nicht immer scharf zu ziehen sind. – ↗Neue Metaphysik; bulogon; Fischer H., Hägerström, Kerler, Krampf, Martin, Mercier, Moser, Paulsen, Wahle, Wiplinger; Psychobiologie (Lungwitz).

Metapolitik: philosphische (ethische) Reflexion auf die Politik (Politologie, Politphilosophie). — ↗Bewußtsein (4.), Ethik, Futurologie, Gesellschaftskritik, Gesellschaftsphilosophie, Ideologie, Kulturkritik, Liberalismus, Moral, Neokonservatismus, Rechtsphilosophie, Staatsphilosophie, Wirtschaftsphilosophie (und die jeweils dort genannten Denker). — ↗Abendroth, Arendt, Aron, Bloch, Broch, Canetti, Dahrendorf, Derbolav, Evola, Ferguson, Fetscher, Flechtheim, Freyer, Gehlen, Hume, Holz H., Humboldt, Jouvenel, Kaltenbrunner, Kelsen, Künzli, Le Bon, Leser, Marko, Masaryk, Michels, Mong-tse, Mosca, Nenning, Noll, Pareto, Pöggeler, Riezler, Rauscher, Rossmann, Schelsky, Schmitt, Sontheimer, Sorel, Spaemann, Stern A., Szczesny, Theimer, Thirring, Topitsch, Tugendhat, Weber M. (– hat Politik als „Streben nach Machtanteil" aufgefaßt und sie definiert als „ein starkes langsames Bohren von harten Brettern mit Leidenschaft und Augenmaß zugleich"). – ↗Politik.

Metasprache: nach ↗Tarski u. a. muß zur Vermeidung von ↗Antinomien unterschieden werden zwischen: 1. der Objektsprache (zur Beschreibung von Dingen, Vorgängen usw.) und 2. der Metasprache, in deren nichtsemanitischem Teil alles ausdrückbar sein muß, was in der Objektsprache ausgesagt wird, die jedoch an Ausdrücken reicher sein muß als die Objektsprache, so daß in ihr auch über die Objektsprache selbst gesprochen werden kann (in semantischen Ausdrücken wie „Satz", „wahr" usw., die sich auf die Bedeutung der objektsprachlichen Ausdrücke beziehen).

Metempirik: zweckmäßiger Ersatzausdruck für „Metaphysik", da der Versuch, jenseits der Erfahrungswelt liegende Urgründe zu erschließen, nicht auf die Meta-„Physik" im engeren Sinne des Wortes beschränkt bleibt, sondern zugleich auch die metabiologische, metapsychologische, metathropologische und metahistorische Problematik mit umschließt.

Metempsychose: ↗Seelenwanderung.

Methexis: „Teilhabe" (der Dinge an den ↗„Ideen"). — ↗Platon; Parusie.

Methode: Denk- bzw. Forschungsweise. Zu unterscheiden sind: 1. Methoden des Erkennens (Wege, auf denen man Erkenntnisse gewinnt, z. B. ↗Intuition) und 2. Methoden der Erkenntnissicherung (Verfahren, die eine Begründung der Geltung bzw. den Nachweis der Wahrheit einer Aussage ermöglichen); nur diese sind Gegenstand philosophischer (erkenntnis- und wissenschaftstheoretischer) Untersuchungen, während die Methoden des „Findens" (↗Heuristik) von Wahrheiten in den einzelnen Wissenschaften selbst entwickelt werden. Die Begründung der Geltung eines Satzes ist ausschließlich durch ↗Deduktion (Schluß bzw. Beweis) möglich; auf die Deduktion sind daher alle wissenschaftlichen Methoden angewiesen. ↗Induktion, Theorie, Indizienbeweis. — ↗Kraft V. – 3. Methoden der Philosophie: ↗Analytische Philosophie, Anarchismus, Dialektik, Existentialismus, Fiktion, Hermeneutik, Konstruktivismus, Mäeutik, Metaphysik, Operationalismus, Phänomenologie, Positivismus, Pragmatismus, Schichtenontologie, Skeptizismus (methodische Skepsis), Sprachkritik, transzendental; Descartes, Feyerabend, Gadamer, Hofmann, Kant, Kolakowski, Reininger, Sidgwick H., Spinoza (geometrisierende Methode); Psychologie; Philosophiegeschichte; Axiomatik.

Methodius, etwa 311 als Märtyrer gest.: Kirchenvater, der die platonische Lehre von der Präexistenz der Seele ablehnt, die menschliche Seele für körperlich und nur Gott für unkörperlich hält.

Metonymie: ein ↗Tropus; Vertauschung zweier Vorstellungen auf Grund einer inneren (gedanklichen) Beziehung zwischen ihnen (z. B. „ein langes Gesicht machen").

Metz, Johann Baptist, geb. 1928: deutscher katholischer Theologe, der von der Kirche eine Verstärkung ihres politischen Engagements fordert und für die „Befreiungstheologie" eintritt. – Hptw.: Christliche Anthropozentrik, 1962; Zur Theologie der Welt, 1968, 1973³; Glaube in Geschichte und Gesellschaft (Studien zu einer praktischen Fundamentaltheologie), 1977; Zeit der Orden? (Zur Mystik und Politik der Nachfolge), 1977; Jenseits bürgerlicher Religion (Reden über die Zukunft des Christentums), 1980.

Metz, Rudolf, 1891—194? († KZ): deutscher Philosophiehistoriker, der sich vor allem um die Erforschung der englischen Philosophie (Berkeley, Hume) besonders verdient gemacht hat. — Hptw.: Die philosophischen Strömungen der Gegenwart in Großbritannien, 2 Bde., 1935; England und die deutsche Philosophie, 1941.

Metzger, Arnold, 1892—1974: deutscher Philosoph, der über die Auseinandersetzung mit Marx Bloch nahegekommen ist, und dessen Denken, phänomenologischer Herkunft, bis zur Negativen Theologie im Sinne des Cusanus ausschwingt. — Hptw.: Phänomenologie und Metaphysik (Das Problem des Relativismus und seiner Überwindung), 1966^2; Freiheit und Tod, 1955, 1972^2; Automation und Autonomie (Das Problem des freien Einzelnen im gegenwärtigen Zeitalter), 1964; Dämonie und Transzendenz, 1964; Der Einzelne und der Einsame, 1967; Existentialismus und Sozialismus (Der Dialog des Zeitalters), 1968.

Meumann, Ernst, 1862—1915: deutscher Psychologe, Ästhetiker, Pädagoge. — Hptw.: Vorlesungen zur Einführung in die experimentelle Pädagogik, 2 Bde., 1907, 3 Bde., 1920—1922^2; Intelligenz und Wille, 1907, 1925^4; Einführung in die Ästhetik der Gegenwart, 1912^2; System der Ästhetik, 1914.

Meurers, Joseph, geb. 1909: deutscher Astronom und Philosoph katholischer Provenienz. — Hptw.: Wilhelm Diltheys Gedankenwelt und die Naturwissenschaft, 1939; Das gegenwärtige Verhältnis von Natur- und Geisteswissenschaften und seine Bedeutung für die wissenschaftliche Situation der Zeit, 1951; Das Alter des Universums (Eine philosophische Studie zum Problem des Weltalters in der Astronomie der Gegenwart), 1954; Die geistige Einwirkung des Materialismus auf die Wissenschaft des Ostens, 1957; Das Weltbild im Umbruch der Zeit, 1958; Wissenschaft im Kollektiv (Ein neuer Versuch zum Verständnis des Dialektischen Materialismus), 1959; Die Frage nach Gott und die Naturwissenschaft, 1962; Die Sehnsucht nach dem verlorenen Weltbild (Verlockung und Gefahr der Thesen Teilhard de Chardins), 1963; Können wir von Gott wissen? 1965; Kleine Weltall-Kunde, 1967; Kleine Wissenschaftslehre, 1970; Weltallforschung, 1971; Allgemeine Astronomie (Eine Einführung in die Wissenschaft von den großen Massen und Räumen), 1972.

Meyer, Hans, 1884—1966: dem Neothomismus nahestehender deutscher Philosoph. — Hptw.: Abendländische Weltanschauung, 5 Bde., 1946—1950, 1953^2; Systematische Philosophie, 4 Bde., 1955—1960; Martin Heidegger und Thomas von Aquin, 1964.

Meyer-Abich, Adolf, 1893—1971: deutscher Biologe und Naturphilosoph; ↗Holismus. — Hptw.: Logik und Morphologie, 1926; Die Axiome der Biologie, 1934; Ideen und Ideale der biologischen Erkenntnis, 1934; Naturphilosophie auf neuen Wegen, 1943, 1948^2; Biologie der Goethezeit, 1949; Geistesgeschichtliche Grundlagen der Biologie, 1963.

Meyerson, Émile, 1859—1933: französischer Wissenschaftskritiker (geb. in Lublin), der am älteren Empirismus Kritik übt und die Apriorität bzw. den konventionellen Charakter der wissenschaftlichen Grundprinzipien zu erweisen sucht. — Hptw.: Identité et réalité, 1908; dt. 1930; De l'explication dans les sciences, 1921, 1928^2, 2 Bde., La déduction relativiste, 1925; Du cheminement de la pensée, 3 Bde., 1931; Réel et déterminisme dans la physique quantique, 1933; Essais, 1936. — ↗Abbagnano.

Michels, Robert, 1876–1936: deutscher Soziologe und Staatsphilosoph, der auf Grund einer sorgfältigen Analyse des Verhältnisses zwischen Führung und Masse das „eherne Gesetz der Oligarchie" aufgestellt hat, dem zufolge alle politischen Führer einer „herrschenden Klasse" angehören, die der Mehrheit ihren Willen aufzwingt und deren Streben nach Autokratie auch in der Demokratie nicht verhindert, wohl aber gezügelt werden kann, weshalb die Demokratie trotz ihrer Mängel als das kleinste Übel allen anderen Regierungsformen vorzuziehen ist. – Hptw.: Zur Soziologie des Parteiwesens in der modernen Demokratie (Untersuchungen über die oligarchischen Tendenzen des Gruppenlebens), 1911, Neuauflage 1970; Probleme der Sozialphilosophie, 1913; Der Faschismus, 1928.

Mikrokosmos: ↗Makrokosmos.

Milesier: die nach ihrer Heimat Milet (an der kleinasiatischen Küste der Ägäis) benannten griechischen Philosophen: ↗Thales, Anaximander und Anaximenes.

Militsch, Jan, 14. Jhdt.: Vorgänger von ↗Hus zur Zeit Karls IV. (einer Zeit kultureller Hochblüte und tiefen moralischen Verfalls), der religiöse Inbrunst mit praktisch-sozialer Hilfeleistung zu verbinden wußte.

Mill, John Stuart, 1806—1873: englischer Logiker, Vollender der klassischen Nationalökonomie und Bahnbrecher des Positivismus, der (im Gegensatz zu den Neopositivisten) in der Erfahrung den Geltungsgrund nicht nur der realwissenschaftlichen Aussagen, sondern auch der Logik und der Mathematik sieht. Die von M. angegebenen (vom englischen Astronomen Herschel übernommenen: A Preliminary Discourse on the Study of Natural Philosophy, 1831) Induktionsregeln für die experimentelle Forschung (Methode der Übereinstimmung, des Unterschiedes, der Rückstände und der einander begleitenden Veränderungen) gelten nur für verhältnismäßig unkomplizierte Fälle, sind zu einfach und daher unzulänglich. Als Ethiker bekennt sich M. zum ↗Utilitarismus, als Politologe, der als erster die politisch-rechtliche Gleichstellung der Frau gefordert hat, zum ↗Liberalismus. In seiner Religionsphilosophie schließt M. von der Zweckmäßigkeit der Welt auf die Existenz Gottes, der allerdings die Welt nicht erschaffen, sondern nur die von ihm unabhängig existierende Materie bearbeitet hat). — Hptw.: System of Logic, 1843, dt. 1877⁴ (System der deduktiven und induktiven Logik); Principles of Political Economy, 1848; On Liberty, 1859; Considerations on Representative Government, 1861; Utilitarianism, 1861; Autobiography, 1873; Three Essays on Religion, 1874, 1885³. — ↗Paradoxon.

Mimet: von ↗J. Schultz eingeführte Bezeichnung für den „Ästheten", „Theoreten", „Schauer", „Einfühler" — im Gegensatz zum praktisch eingestellten Menschen. Der Mimet entwickelt nicht nur eine andere Lebensauffassung als der Praktische, sondern auch eine andere Metaphysik, Ethik und Geschichtsphilosophie.

Minor: 1. Unterbegriff (terminus minor), d. h. derjenige Begriff, der im Schlußsatz eines ↗Syllogismus als Subjektbegriff auftritt. Der Vordersatz, der diesen Begriff enthält, heißt: 2. Untersatz (propositio minor) und wird unterhalb des Obersatzes angeschrieben. — ↗Maior.

Minucius, Felix, um 170 n. Chr.: christlicher Apologet, der an die Einheit des unendlichen, allmächtigen und ewigen Gottes glaubt.

Misch, Georg, 1878–1965: deutscher Denker, Schwiegersohn ↗Diltheys, dessen Forschungsarbeit er weiterführte. – Hptw.: Die Idee der Lebensphilosophie in der Theorie der Geisteswissenschaften, 1924; Der Weg in die Philosophie, 1926, 1950²; Lebensphilosophie und Phänomenologie, 1930, 1931²; Vom Lebens- und Gedankenkreis Wilhelm Diltheys, 1947; Geschichte der Autobiographie, 4 Bde., 1949–1969. – ↗Bollnow.

Mises, Richard von, 1883–1953: Mathematiker und Logiker (in Lemberg geb., später in den USA), der sich vor allem um eine Analyse des Wahrscheinlichkeitsbegriffs bemüht und seine Untersuchungsergebnisse philosophisch (im Rahmen des Positivismus) zu verwerten sucht. — Hptw: Wahrscheinlichkeit, Statistik und Wahrheit, 1936, 1951²; Kleines Lehrbuch des Positivismus, 1939.

Mitbewußtes: von ↗Rohracher eingeführter Terminus für das, was nicht mit voller Klarheit erlebt wird, aber doch im Hintergrund des Bewußtseins steht. — ↗Denken.

Mithrismus: Glaube an Mithras, den persischen Gott des Lichtes und „Mittler" zwischen dem guten Gotte Ahura Mazda und der Menschheit. Der Mithrasglaube war ein Gemisch aus altpersischer Naturreligion, chaldäischer Astrologie, ägyptischem Aberglauben und stoischer Metaphysik. Durch römische Soldaten wurde der Mithraskult (in unterirdischen Grotten: Taufe, Abendmahl) nach Westen getragen und zu einem gefährlichen Rivalen des Christentums (1.—4. Jhdt.; ↗Celsus, Julian Apostata; weitere Parallelen: Kampf gegen das Böse, vor allem gegen Lüge und Unkeuschheit, ewige Seligkeit als Lohn). Infolge seiner Identifikation mit dem Sonnengott erhielt Mithras als Sol invictus („Unbesiegte Sonne") seinen Festtag am 25. Dezember. 274 begründete Aurelian den offiziellen Kult des Sol invictus, dem er den Vorrang vor allen römischen Gottheiten verlieh, und der Schirmherr des Kaisers und des Reiches bis zum Sieg des Christentums blieb. Über den Monotheismus der Sonnenanbetung (Gipfelpunkt der Entwicklung des antiken Heidentums) hat schließlich das Christentum triumphiert (infolge einer allgemeinen Abneigung gegen alles Persische, der Germanisierung des römischen Heeres, der Esoterik der orientalischen Mysterien und des verschwommenen ↗Synkretismus der Mithras-Religion). Um die Mitte des 4. Jhdts. verlegte der römische Bischof (Papst) Liberius das Weihnachtsfest (Geburtstag Christi) auf den 25. Dezember, weil an diesem Tag der Geburtstag des Sonnengottes (Natalis Invicti) gefeiert wurde (– ein Beispiel für die Christianisierung heidnischer Bräuche). — ↗Zarathustra.

Mitleidsethik: z. B. ↗Schopenhauers ethischer Standpunkt, dem zufolge jeder

Mensch aus Mitleid seinen Mitmenschen helfen soll, um ihnen das Dasein in dieser schlechtestmöglichen Welt zu erleichtern.

Mitscherlich, Alexander, 1908–1982: deutscher Mediziner (Psychosomatiker), Psychologe (Psychoanalytiker) und Soziologe (Sozialpsychologe), unorthodoxer Freudianer (Sigmund Freud weitergedacht), Moralist, Kulturkritiker, linksliberaler, toleranter, kritischer Humanist, der durch Kombination von Psychoanalyse und Gesellschaftskritik die seelischen Prozesse zu erfassen sucht, durch die unsere Einstellungen bedingt sind, und damit die Triebpsychologie als Weg zur Lösung gesellschaftspolitischer Probleme empfiehlt. – Hptw.: Freiheit und Unfreiheit in der Krankheit, 1946, 1977²; Auf dem Weg zur vaterlosen Gesellschaft (Ideen zur Sozialpsychologie), 1963, 1973¹⁰; Das beschädigte Leben, 1963 (als Hrsg.); Die Unwirtlichkeit unserer Städte, 1965; Krankheit als Konflikt (Studien zur psychosomatischen Medizin), 1966; Die Unfähigkeit zu trauern (Grundlagen kollektiven Verhaltens), 1967, 1973⁹ (mit Margarete M.); Die Idee des Friedens und die menschliche Aggressivität, 1969; Bis hierher und nicht weiter, 1969 (als Hrsg.); Versuch, die Welt besser zu verstehen, 1970; Toleranz: Verschleierung der Ohnmacht?, 1971; Thesen zur Stadt der Zukunft, 1971; Massenpsychologie ohne Ressentiment (Sozialpsychologische Betrachtungen), 1972; Der Kampf um die Erinnerung (Psychoanalyse für fortgeschrittene Anfänger), 1976; Das Ich und die Vielen (Parteinahmen eines Psychoanalytikers), 1978; Ein Leben für die Psychoanalyse (Anmerkungen zu meiner Zeit), 1980. – Mitscherlich Margarete (geb. 1917): Männer. Zehn exemplar. Geschichten, 1980; Die friedfertige Frau (Eine psychoanalytische Untersuchung zur Aggression der Geschlechter), 1985; Erinnerungsarbeit (Zur Psychoanalyse der Unfähigkeit zu trauern), 1987. – ↗Aggression, Friede.

Mittelalterliche Philosophie (Philosophie im europäischen Mittelalter): eine Verbindung biblischer und griechischer Gedankenelemente, der Versuch einer Synthese von neutestamentlichem Lehrinhalt und ↗griechische Philosophie (zunächst in Gestalt des ↗Neuplatonismus, später im Sinne des ↗Aristotelismus). Zur üblichen Gliederung: ↗Altchristliche Philosophie (Patristik), Scholastik, Mystik. Für die mittelalterliche Denkweise und Weltauffassung ist charakteristisch: Glaubensdemut, allegorisches Weltbetrachten, Fabel- und Wunderglaube, Mangel an Wirklichkeitssinn und Beobachtungsgabe, Verachtung farbiger Mannigfaltigkeit, asketische Verehrung des Allgemeinen, Abstrakten und Einfachen, ↗Hypostasierung der Begriffe zu über- und untergeordneten Wesenheiten (↗Platonismus). – ↗Dempf, Deussen, Müller M., Rougier, Schultz; Universalienstreit; Renaissance-Philosophie; Allegor. A.

Mittelbegriff: (terminus medius; abgekürzt: M): jener Begriff, der sowohl im Ober- als auch im Untersatz eines ↗Syllogismus vorkommt und als Bindeglied zwischen den beiden Prämissen jene Beziehung herstellt, die eine Voraussetzung für die Ableitung des Schlußsatzes ist.

Mittelstraß, Jürgen, geb. 1936: deutscher Philosoph, vor allem Wissenschaftstheoretiker und -historiker. – Hptw.: Die Rettung der Phänomene (Ursprung und Geschichte eines antiken Forschungsprinzips), 1962; Neuzeit und Aufklärung (Studien zur Entstehung der neuzeitlichen Wissenschaft und Philosophie), 1970; Das praktische Fundament der Wissenschaft und die Aufgabe der Philosophie, 1972; Die Möglichkeit von Wissenschaft, 1974. – Als Hrsg.: Enzyklopädie Philosophie und Wissenschaftstheorie, Bd. 1, 1980; Bd. 2, 1984.

Mneme: Erinnerung, Gedächtnis. – ↗Semon.

Modalisten: ↗Monarchianer; Sabellius.

Modalität: 1. logischer Gesichtspunkt, nach dem die Aussagen eingeteilt werden in: ↗assertorische, problematische und apodiktische. — 2. Empfindungsmodalität: Sinnesgebiet (z. B. Geruchssinn).

Modernismus (Reformkatholizismus): zwischen 1907 und 1910 von Pius X. wiederholt scharf verurteilte (weil der modernen Geistesentwicklung verständnisvoller gegenüberstehende) Bestrebungen in der Katholischen Kirche, wissenschaftliche und philosophische Erkenntnisse (z. B. den Entwicklungsgedanken) im Rahmen der katholischen Weltanschauung zur Geltung zu bringen und das Christentum zu ethisieren. Hauptvertreter: ↗Loisy, Murri, Schell, ↗Tyrrell.

Modifikation: „Abwandlung"; Reihe möglicher Abwandlungen; z. B.: Stärke, Höhe und Dauer sind „Modifikationen" der Töne. — ↗Ästhetik (ästhetische ↗Grundgestalten = „Modifikationen" des ästhetischen Wertes).

Modus: ↗Akzidenz.

Modus ponens: Prinzip des gemischt-hypothetischen Schlusses (mit einem hypothetischen Obersatz), dem zufolge mit dem Grund die Folge gegeben ist: z. B. „wenn du faul bist, wirst du schlechte Noten bekommen" (hypothetischer Obersatz); „du bist faul" (im Untersatz wird der Grund als gegeben angenommen); „daher wirst du schlechte Noten bekommen" (im Schlußsatz wird die Folge abgeleitet). Das Gegenstück zum modus ponens ist der modus tollens, der besagt, daß mit der Folge auch der Grund aufgehoben ist (und nicht etwa umgekehrt: mit dem Grund die Folge!). Es darf stets nur von der Aufhebung der Folge auf die Aufhebung des Grundes, niemals jedoch von der Aufhebung des Grundes auf die Aufhebung der Folge geschlossen werden, da immer auch andere Gründe als der angegebene Grund für das Auftreten einer Folge verantwortlich sein können, z. B. für eine schlechte Qualifikation sowohl Faulheit als auch Dummheit des Schülers): z. B. „wenn du faul gewesen wärst, hättest du schlechte Noten bekommen" (hypothetischer Obersatz); „du hast keine schlechten Noten bekommen" (im Untersatz wird das Ausbleiben der Folge festgestellt); „daher kannst du nicht faul gewesen sein" (im Schlußsatz die Aufhebung des Grundes ausgesprochen). Für die disjunktiven Syllogismen (Schlüsse aus disjunktiven Urteilsgefügen) gelten 1. der modus ponendo tollens (ist eine Möglichkeit gegeben, so sind dadurch die anderen Möglichkeiten aufgehoben; z. B. „dieser Ball ist entweder rot oder grün oder gelb", „er ist rot", „also kann er weder grün noch gelb sein"); 2. der modus tollendo ponens (sind alle Möglichkeiten bis auf eine aufgehoben, so ist dadurch diese eine Möglichkeit gegeben: z. B. wenn der Ball weder grün noch gelb ist, so muß er rot sein!)

Modus tollens: ↗ modus ponens.

Möglichkeitsbewußtsein: 1. im weiteren Sinn des Wortes das Vermögen des menschlichen Geistes (— gegenüber dem Tier), stets mehrere Möglichkeiten zu überschauen, wodurch der Mensch zu seinem Weltbild eine neue Dimension hinzugewinnt. So ist der Mensch z. B. imstande, die Folgen seiner Handlungsweise in Gedanken vorwegzunehmen (subjektive ↗ Willensfreiheit). 2. Im engeren Sinn des Wortes: „geistiges" Kraftbewußtsein, Grundlage des infiniten ↗ Unendlichkeitsbegriffes, überhaupt der Begriffsbildung und des Denkens (Beschleunigung und Abkürzung des Vorstellungsverlaufes zu dem unanschaulichen Erlebnis: „Verstanden"; d. h.: „ich könnte mir den Inhalt dieses Begriffes durch unzählige Vorstellungen verdeutlichen, aber es ist nicht nötig, ich verstehe"). 3. Von dieser „dynamischen" Möglichkeit („Möglichkeit zu", z. B. Denkmöglichkeit) sind zwei andere Formen der Möglichkeit zu unterscheiden: a) die ↗ problematische (subjektive) Möglichkeit, eine ↗ Modalität des Urteils, zwischen „wirklich bzw. wahrscheinlich" einerseits und „unwahrscheinlich bzw. unwirklich" andererseits gelegen (von der Form: „es ist möglich, daß"); b) die „systematische" Möglichkeit, z. B. der ↗ Raum als Ordnungsform, die alle Möglichkeiten für die Lagen von Körpern enthält, oder die ↗ Zeit (alle Möglichkeiten für Veränderungen) oder das Farbenoktaeder oder die Tonskala (von der Form: „Möglichkeit für"); Gegenbegriff: „Verwirklichung". — Vor allem von ↗ Schultz (im Hinblick auf den Zusammenhang von Möglichkeitsbewußtsein und Menschwerdung) untersuchtes Phänomen.

Moleschott, Jacob, 1822—1893: niederländischer Physiologe, Materialist. — Hptw.: Der Kreislauf des Lebens, 1852, 1875/86³ (2 Bde.).

Jacob Moleschott

Monade: metaphysisches Grundelement der Wirklichkeit, von ↗ Bruno ausgedehnt, von ↗ Leibniz als unausgedehnter „metaphysischer Punkt" gedacht, d. h. als seelenartiges Kraftatom (individuell, einfach, unteilbar, unzerstörbar, empfindungs- und vorstellungsbegabt). — Nach Leibniz ist die Welt aus Monaden verschiedenen Vollkommenheitsgrades aufgebaut (den „eigentlichen Atomen der Natur", lebendigen Spiegeln des Alls, von denen jeder einzelne einen Mikrokosmos, ein Universum im kleinen, abbildet), wobei jedem (aus zahllosen Monaden bestehenden) Körper eine Zentralmonade (Seele) zugeordnet ist. Lebensgrund aller Monaden ist die unendliche Zentralmonade der Welt (Gottheit). Die Monaden wirken nicht aufeinander ein (sind „fensterlos"), sind jedoch aufeinander

Monadologie

abgestimmt und miteinander in Einklang („Prästabilierte Harmonie"). — ↗Herbart (der Monade-Begriff ist bei ihm als ↗„Reale" wiederauferstanden), Mahnke, Renouvier, Zimmermann R.; Pluralismus; Cramer, Klein H.

Monadologie: von ↗Leibniz entwickelte Lehre von den ↗Monaden.

Monarchianer: Theologen des ausgehenden zweiten Jahrhunderts, die im Gegensatz zu den ↗Apologeten (Logos-Spekulation) und ↗Gnostikern für die „Monarchie" (Einheit!) Gottes eingetreten sind. Nach Auffassung der Dynamisten (unter den Monarchianern) ist Christus nur durch seine göttliche „Kraft" mit Gott verbunden, für die Adoptianisten nur durch Adoption, während die Modalisten (z. B. ↗Sabellius) Christus nur als „Erscheinungsform" Gottes ansehen (ihre Gegner: ↗Hippolytos, Origenes).

Monetarismus: wirtschaftswissenschaftlicher und wirtschaftspolitischer Gegenbegriff zu „Keynesianismus" (↗Keynes), vor allem von ↗Friedmann vertretene Theorie zur Lösung des Inflationsproblems (— dagegen Keynes: Lösung des Arbeitslosenproblems): „freie Marktwirtschaft" ohne staatliche Eingriffe, Erhaltung der Stabilität des Geldwertes (Aufgabe der Notenbank). Gegenüber dieser einseitigen Auffassung bevorzugt man in der modernen Wirtschaftspolitik vielfach die gemeinsame Verantwortung von Notenbank, Regierung und Sozialpartnern im Rahmen einer „sozialen Marktwirtschaft". – Neuesten Untersuchungen zufolge ist der M. in zunehmendem Maße umstritten (in England unter Thatcher ist er gescheitert). Der monetaristischen „Geldpolitik" (gegründet auf die wirtschaftswissenschaftliche Theorie, daß zwischen der Geldmenge und der gesamtwirtschaftlichen Nachfrage ein enger Zusammenhang bestehe und die Geldmenge steuerbar sei; bemerkenswerterweise ist z. Zt. geradezu eine monetaristisch-neoklassische „Revolution" im Gange: Friedrich August von Hayek, Nobelpreisträger wie auch alle anderen in diesem Artikel genannten Denker, geb. 1899 in Wien, „Weg zur Knechtschaft", 1945: „Mit Leistung ist alles erreichbar", „Die Starken überleben"; ↗Sozialdarwinismus) steht somit als Gegenposition die „fiskalpolitische" Theorie des britischen Nationalökonom ↗Keynes gegenüber (– fehlende private Nachfrage sei durch staatliche Nachfrage zu ersetzen, um Arbeitslosigkeit zu verhindern). – ↗Galbraith.

Mongré, Paul: Deckname für ↗Hausdorff.

Mong-tse, (Mong Dsi, lateinisch: Mencius), 372–289 v. Chr.: bedeutender Konfuzianist, von den Chinesen als „zweiter Weiser" verehrt. M. bevorzugt die Monarchie gegenüber der Demokratie, da hier alle belehrt werden müssen, dort jedoch nur einer. Nichtsdestoweniger fordert er sogar die Absetzung des Fürsten, wenn dieser das Leben der Nation gefährdet. M., dem neben Chu-Hsi Konfuzius den Sieg seiner Lehre verdankt, hält die Menschen (in Übereinstimmung mit dem ethischen und anthropologischen Optimismus der europäischen Aufklärung) für von Natur aus gut geartet und preist als höchste Tugenden: Menschlichkeit, Gerechtigkeit, Befolgung der Sitten und Weisheit. Das Hauptübel: Besitzgier.

Monismus: 1. gleichbedeutend mit ↗Singularismus (Lehre, die alles auf ein einziges Prinzip zurückführt; Gegenstandpunkt: ↗Pluralismus). 2. gleichbedeutend mit ↗Naturalismus (Gegenstandpunkt: ↗Dualismus, Supranaturalismus): eine der beiden Lösungen des Problems der „Überwelt" (des Gottesproblems), der zufolge sich das gesamte Weltgeschehen aus natürlichen (innerweltlichen, immanenten) Ursachen erklären läßt; daher keine Annahme einer transzendenten (göttlichen) „Überwelt". – ↗Atheismus, Materialismus, Pantheismus, Positivismus; Monistische Bewegung; Arrhenius, Demokrit, Diderot, Drews, Eisler, Epikur, Erdmann B., Feuerbach, Heim, Hobbes, Holbach, Hume, Schmidt, Spinoza, Strauß.

Monistische Bewegung: ab 1906 im „Deutschen Monistenbund" (unter dem Ehrenvorsitz Ernst Haeckels—) organisiert, jedoch weit über die Grenzen Deutschlands hinaus wirksam (erster internationaler Monistenkongreß: 1911 in Hamburg). Ihre Träger sagen als Fortschrittsoptimisten und „Aufklärer" (im besten Sinn des Wortes) vom Standpunkt der wissenschaftlichen Weltauffassung aus allen Vorurteilen sowie dem Dogmatismus und dem Aberglauben den Kampf an, treten für die Trennung von Kirche und Staat sowie von Kirche und Schule ein, fordern eine empirische Fundierung und rationale Begründung der Ethik und suchen durch ihr Bekenntnis zu den Idealen: Geistes-, Glaubens- und Gewissensfreiheit, Weltfrieden, Humanität und soziale Gerechtigkeit am Aufbau einer modernen Diesseitskultur mitzuarbeiten. — Seit 1949 ist der „Deutsche Monistenbund" mit anderen freigeistigen und freireligiösen Verbänden zum „Deutschen Volksbund für Geistesfreiheit" zusammengeschlossen (Organ: „Die freigeistige Aktion" mit dem

Motto: Für Freiheit des Geistes und Humanität, gegen Aberglauben und Klerikalismus; später: "Freigeistige Aktion. Für Geistesfreiheit und Humanismus"; seit 1973: "Der Humanist"); führende Persönlichkeiten: neben ↗Frankenberg vor allem Albert Heuer (1894–1960), ↗Genschel und Haenssler. – ↗Monismus; Börner, Carneri, Goldscheid, Haeckel, Huxley Th., Jodl, Kammerer, Mach, Müller-Lyer, Ostwald, Popper-Lynkeus, Wahrmund.

Monod, Jacques, 1910—1976: französischer Molekularbiologe (Freund von Camus), der unter schroffer Ablehnung der christlichen Evolutionslehre von Teilhard de Chardin einen atheistisch-kausalistischen „Evolutionismus" konzipiert hat, dem zufolge die Entwicklung des Organischen ohne jegliche Teleologie (Zielstrebigkeit) allein vom Zufall als treibender Kraft beherrscht und durch das blinde Spiel von „Zufall und Notwendigkeit" vorangetrieben wird. M. hält den Menschen für ein Zufallsprodukt, in ein fremdes, gleichgültiges, stummes Universum geworfen, der „wie ein Zigeuner am Rande des Alls" lebt. Dieser Gesichtspunkt, das Leben und die Menschheit als Produkte eines allmächtigen Zufalls zu deuten, involviert zweifellos auch eine antirationalistische, gegenaufklärerische Tendenz. — Hptw. (in deutscher Übersetzung): Zufall und Notwendigkeit (Philosophische Fragen der modernen Biologie), 1971, 1973⁵. – ↗Abstammungslehre, Leben.

Monophysitismus: Lehre von der einen (göttlichen) Natur Christi. Gegenstandpunkt: ↗Dyophysitismus.

Monotheismus: strenger Eingottglaube. Gegenbegriffe: ↗Henotheismus; Polytheismus; Pantheismus, Panentheismus.

Montague, William Pepperell, 1873–1953: von Royce beeinflußter, dem Neurealismus verbundener nordamerikanischer Denker, Kausalist, der einen (Wissen und Glauben synthetisierenden) „animistischen Materialismus" vertritt und vor allem die Liberalismus philosophisch zu begründen sucht. — Hptw.: The New Realism, 1912; The Ways of Knowing, or The Methods of Philosophy, 1925; Belief Unbound. A Promethean Religion for the Modern World, 1930; The Chances of Surviving Death, 1934; The Ways of Things. A Philosophy of Knowledge, Nature and Value, 1940; Great Visions of Philosophy, 1950.

Montaigne, Michel Eyquem, Seigneur de, 1533–1592: französischer Skeptiker, Moralist, der mit scharfem psychologischem Blick und in faszinierend lebendiger Ausdrucksweise den erkenntnistheoretischen Subjektivismus, Relativismus und Phänomenalismus zu begründen sucht und an der religiösen Vorstellungswelt schonungslos Kritik übt. Als Ethiker lehnt M. Mitleid und Reue ab; er ist überzeugt, daß „auch das Ziel der Tugend nur das eigene Vergnügen" sei, und preist die Gemütsruhe, den lust- und zugleich maßvollen Lebensgenuß und das kraftvolle Wirken im Dienste des Lebens. – Hptw.: Essais (2 Bde. 1580, 3. Band 1588): Aus ihnen hat z. B. Shakespeare reichlich geschöpft (etwa die meisten der tiefsinnigen Gedanken Hamlets). – Neueste Lit.: Jean Starobinski, M., dt. 1986.

Montanismus: ↗Tertullian; Manichäismus.

Montesquieu, Charles de, 1689–1755: französischer Staatsphilosoph des Aufklärungszeitalters, der die absolute Monarchie (in der auch die Gesetzgebung dem Monarchen zusteht) bekämpft, die konstitutionelle Monarchie (in der die Gesetzgebung in der Hand der Volksvertretung ruht, während der Monarch nur die vollziehende Gewalt ausübt) als beste Staatsform preist, daher auch die englische Staatsverfassung verherrlicht und mit Nachdruck die (von Locke in etwas anderer Form verlangte) „Trennung der Gewalten" fordert, d. h. die Freiheit des Staatsbürgers nur dort garantiert sieht, wo die gesetzgebende, die vollziehende und die richterliche Gewalt von verschiedenen, voneinander unabhängigen Staatsorganen ausgeübt werden. Aus M.s Staatslehre ist der Liberalismus des 19. und des 20. Jhdts. erwachsen. – Hptw.: Lettres persanes, 2 Bde., 1721; Considérations sur les causes de la grandeur des Romains et de leur décadence, 1734; De l'esprit des lois 1748. – ↗Beccaria.

Montherlant, Henry de, 1896–1972: französischer Romancier und Dramatiker, einerseits Moralist, andererseits Zyniker, skeptischer Kulturpessimist, Frauenverächter, der einer männlich-heroischen Lebenshaltung das Wort redet. — Philosophisch relevante (übersetzte) Hptw.: Erbarmen mit den Frauen (4teiliger Romanzyklus), 1936; Ein Mörder ist mein Herr und Meister (Roman), 1973; Die Wüstenrose (Roman), 1977.

Moog, Willy, 1888–1935: deutscher Philosophiehistoriker und Pädagoge. — Hptw.: Logik, Psychologie und Psychologismus (Wissenschaftssystematische Untersuchungen), 1920; Die deutsche Philosophie des 20. Jahrhunderts, 1922; III. Bd. des

↗ „Überweg", 1924¹²; Geschichtsphilosophie und Geschichtsunterricht, 1927; Hegel und die Hegelsche Schule, 1930.

Moore, George Edward, 1873—1958: englischer Philosoph, Begründer des ↗Neurealismus (↗Cambridger Schule). — Hptw.: Ethics, 1911; Philosophical Studies, 1922; A Defense of Common Sense, 1925; dt. 1969; Proof of an External World, 1939; A Reply to My Critics, 1942; Some Main Problems of Philosophy, 1953; Principia Ethica, 1970; Grundprobleme der Ethik, 1975. — ↗Ayer.

Moral: Sittlichkeit. Im Englischen und im Französischen in viel weiterem Sinn verstanden als im Deutschen (hier der Umfang des Begriffes fast auf die Sphäre des Sexuellen eingeengt). — ↗Ethik (Begründung der Moral, d. h. des ethischen Wertes; ↗Schopenhauer: Moral predigen ist leicht, Moral begründen schwer). — Zum Verhältnis von Moral und Politik: ↗Kant („Die wahre Politik kann keinen Schritt tun, ohne vorher der Moral gehuldigt zu haben"); ↗Platon („Entweder müssen die Philosophen Könige werden in den Staaten oder die jetzt so genannten Könige und Gewalthaber wahrhaft und gründlich philosophieren: sonst gibt es kein Ende des Unheils für die Staaten und für das Menschengeschlecht"; Kant sagt dazu: „Daß Könige philosophieren oder Philosophen Könige würden, ist nicht zu erwarten, aber auch nicht zu wünschen, weil der Besitz der Gewalt das freie Urteil der Vernunft unvermeidlich verdirbt. Daß aber Könige oder königliche (sich selbst regierende) Völker die Klasse der Philosophen nicht schwinden oder verstummen, sondern öffentliche sprechen lassen, ist beiden zur Beleuchtung ihres Geschäftes unentbehrlich"). — ↗Nietzsche („Herrenmoral", „Herdenmoral", „Sklavenmoral"). – ↗Gehlen, Scheler.

Moral Insanity: „Moralisches Irresein", „Moralischer Schwachsinn", „Moralischer Stumpfsinn"; umstrittener pathopsychologischer Begriff: Hinweis auf ein betont asoziales Verhalten, einen erheblichen Mangel an Verantwortungsgefühl und Pflichtbewußtsein, an moralischen Hemmungen und ethisch-positiven Impulsen; inwieweit die dem defekten Hemmungsmechanismus zugrundeliegende Gemütsrohheit, Gefühlskälte, seelische Abstumpfung sowie der Mangel an Einfühlungsvermögen anlage- oder (— richtig wohl: und ! —) umweltbedingt sind, wird immer wieder diskutiert. Durch die blutige Brutalität des Terrorismus, dessen Exekutoren eine erschreckende Hemmungslosigkeit und aufreizende Unempfindlichkeit gegenüber dem Leiden anderer Menschen an den Tag legen, hat diese Problematik leider wieder an Aktualität gewonnen; doch auch diese Art von Kriminalität ist aus Umweltfaktoren, aus aggressiver Reaktion auf soziale Mißstände usw. allein nicht zu erklären, auch hier sind wohl entsprechende Anlage-Radikale vorauszusetzen. — Ungeachtet der hier gemeinten individuellen (kriminellen, mehr oder weniger krankhaften) Extremfälle hat z. B. ↗Kant dem Menschen ein allgemein-gattungsmäßig angelegtes „Radikal-Böses" unterstellt, was ihm u. a. von ↗Goethe sehr verübelt wurde. — ↗Eysenck, Hsün-tse; Homo homini lupus; Egoismus, Immoralismus, Ideologie; Hacker.

Moralismus (auch: Ethizismus): eine Auffassung, der zufolge der ethische Wert an der Spitze der Wertrangordnung steht und allen anderen Werten vorzuziehen ist, weshalb auch das Verhalten der Menschen vor allem vom ethischen (und nicht etwa ästhetischen) Standpunkt aus beurteilt werden soll; z. B. von ↗Fichte vertreten (die Welt als „versinnlichtes Material der Pflicht"). Gegenstandpunkte: ↗Ästhetizismus, Intellektualismus.

Moralisten: Moralphilosophen, Sittenprediger. — In modernerer Bedeutung: Philosophen und Schriftsteller, die in geistvoller und ansprechender Weise vor allem die hintergründigen Motive menschlichen Verhaltens bloßzulegen suchen. – Z. B. Aron, Gracián, Camus, La Bruyère, La Rochefoucault, Lichtenberg, Mitscherlich, Montaigne, Montherlant, Pascal, Schopenhauer, Shaftesbury, Vauvenargues.

Moralität: nach ↗Kant das autonome (selbstgesetzliche) moralische Verhalten, d. h. das pflichtgemäße Handeln um des Guten selbst willen. Gegensatz: Legalität (heteronome oder fremdgesetzliche Moral, d. h. Befolgung von Vorschriften ohne moralischen Antrieb).

Moralphilosophie: gleichbedeutend mit ↗Ethik.

Morgan, Conwy Lloyd, 1852—1936: englischer Biologe, Psychologe und Philosoph; Neurealist, Evolutionist, der den Begriff „emergent evolution" (fortschreitende, schöpferische Entwicklung) geprägt hat. – Hptw.: Animal Behaviour, 1900, 1920³; Instinct and Experience, 1912, dt. 1913; Emergent Evolution, 1923; A Philosophy of Evolution, 1924; Life, Mind and Spirit, 1926.

Moritz, Karl Philipp, 1757—1793: deutscher Psychologe, Altertumskundler und Ästhetiker; Freund Goethes, inspiriert vom Pietismus ebenso wie von der Aufklärung (Wolff). — Hptw.: Anton Reiser (psychologisch-biographischer Roman), 1785—1790 (4 Bde.); Über die bildende Nachahmung des Schönen, 1788. — ↗Maimon.

Morris, Charles William, geb. 1901: amerikanischer Semantiker, der Positivismus und Pragmatismus zu synthetisieren versucht und einen „Logischen Empirismus" vertritt. — Hptw.: Signs, Language and Behavior, 1946; Zeichen — Wert — Ästhetik, 1975; Pragmatische Semiotik und Handlungstheorie, 1977.

Morus (More), Thomas, 1478–1535: englischer Geschichts-, Sozial- und Staatsphilosoph, der im Geiste des Humanismus die Lehre vom Naturrecht des Menschen zu begründen sucht, sich zu sozialistischen Idealen bekennt und Toleranz in Fragen der Religion fordert. - Hptw.: Utopia, 1516. - ↗Kautsky; Utopie (dort auch biographische Hinweise). - Lit.: Richard Marius, Thomas More (Eine Biographie), 1987 (aus dem Amerikanischen übersetzt von Ute Mäurer).

Mosca, Gaetano, 1858—1941: italienischer Soziologe und Staatsphilosoph, der durch seine „Theorie der herrschenden Klasse" nachzuweisen versucht, daß für das politische Leben (auch in der Demokratie) die Herrschaft einer Minderheit über eine Mehrheit kennzeichnend ist, wobei die Eliten ihre Herrschaft mit irrationalen politischen Schlagworten zu rechtfertigen und zu sichern suchen. Ein Optimum an Gerechtigkeit gewährt nach M. das demokratisch-parlamentarische System. — Hptw.: Elementi di scienza politica, 1923, 1947[4], dt. 1950 (Die herrschende Klasse).

Moser, Simon, geb. 1901: österreichischer Metaphysiker, langjähriger Betreuer der internationalen Symposien des von ihm mitbegründeten „Europäischen Forums" in Alpbach. - Hptw.: Grundgedanken der Naturphilosophie bei W. v. Ockham, 1932; Zur Lehre von der Definition bei Aristoteles, 1935; Philosophie und Antike, 1946; Philosophie an der Technischen Hochschule, 1953; Metaphysik einst und jetzt (Kritische Untersuchungen zu Begriff und Ansatz der Ontologie), 1958; Philosophie und Gegenwart (Vorträge), 1960.

Mo-ti (Mo-tzu, lateinisch: Micius), 470 bis 390 v. Chr.: einer der ersten chinesischen Logiker, Altruist und Pazifist, nach der Aussage des Mong-tse ein tätiger Philanthrop, der in der „allgemeinen Menschenliebe" den Weg zur Lösung der sozialen Frage sieht; als Staatstheoretiker bevorzugt er den Anarchismus. Seine Lehre diente zwei Jahrhunderte lang einer pazifiistischen Sekte als Religion, überlebte jedoch die allgemeine Bücherverbrennung 213 v. Chr. nicht.

Motivismus: ↗Psychobiologie (Lungwitz).

Motorium: Gesamtheit aller Gehirnzellen, von denen aus Muskeln, Drüsen und Adern inneviert werden (Motorik). ↗Sensorium.

Emanuel Mounier

Mounier, Emanuel, 1905—1950: französischer Philosoph, der existentialistische und marxistische Ideenfolgen im Rahmen eines neuen „Personalismus" zu verbinden sucht. — Hptw.: Révolution personnaliste et communautaire, 1934; Manifeste au service du personnalisme, 1936; L'affrontement chrétien, 1945, dt. 1950; Traité du caractère, 1946; Introduction aux existentialismes, 1947, dt. 1949; Le personnalisme, 1949, 1954[3]; dt.: Angst und Zuversicht des 20. Jahrhunderts (3 Essays), 1955.

Müller, Adam Heinrich, 1779–1829: deutscher Sozial- und Staatsphilosoph, zum Katholizismus übergetretener Romantiker, der die Tradition besonders hochschätzt, am Rationalismus und Liberalismus Kritik übt und als Staatsmann den christlich-autoritären Ständestaat nach mittelalterlichem Vorbild verherrlicht. — Hptw.: Lehre vom Gegensatz, 1804; Elemente der Staatskunst, 1810.

Müller, Aloys, 1879–1952: deutscher Psychologe und Philosoph (Ideal-Realist). – Hptw.: Das Problem des absoluten Raumes und seine Beziehungen zum allgemeinen Raumproblem, 1911, 2. Aufl.: Die philosophischen Probleme der Einsteinschen Relativitätstheorie, 1922; Wahrheit und

Wirklichkeit, 1913; Der Gegenstand der Mathematik (mit besonderer Beziehung auf die Relativitätstheorie), 1922; Psychologie, 1927; Welt und Mensch in ihrem irrealen Aufbau, 1951[4] (in der 1. und 2. Aufl.: Einleitung in die Philosophie, 1925, 1931[2]).

Müller, Max, geb. 1906: deutscher Philosoph und (kath.) Theologe (in den dreißiger Jahren Führer des Bundes „Neudeutschland"), um Synthese von Thomismus und Existenzphilosophie bemüht. – Hptw.: Über die Grundbegriffe philosophischer Wertlehre (Logische Studien über Wertbewußtsein und Wertgegenständlichkeit), 1932; Sein und Geist (Systematische Untersuchungen über Grundproblem und Aufbau mittelalterlicher Ontologie), 1940, 1981[2] (erweitert um den Beitrag: „Die Aktualität des Thomas von Aquin"); Das christliche Menschenbild und die Weltanschauungen der Neuzeit, 1945; Die Krise des Geistes, 1946; Existenzphilosophie im geistigen Leben der Gegenwart, 1949, 1986[4]; Erfahrung und Geschichte (Grundzüge einer Philosophie der Freiheit als transzendentale Erfahrung), 1971; Philosophische Anthropologie, 1974; Sinn und Deutungen der Geschichte (Drei philosophische Betrachtungen zur Situation), 1976; Der Kompromiß oder Vom Unsinn und Sinn menschlichen Lebens, 1980. – ↗Siewerth.

Richard Müller-Freienfels

Müller-Freienfels, Richard, 1882—1949: deutscher Psychologe und Philosoph, der die Bedeutung der in der Wirklichkeit, im Denken und im Werterleben wirksamen irrationalen Kräfte sowie die Leistungsfähigkeit der Intuition als Erkenntnismethode nicht unterschätzt wissen will. Als Psychologe interessiert sich M.-F. vor allem für das Verhältnis von Persönlichkeit und Weltanschauung und für die Erlebnisgrundlagen der Kunst. Mit großer Sorgfalt untersucht M.-F. die Kategorie „Individualität" (ihre Charakteristika sind: Irrationalität, Einzigkeit, Kontinuität, Nichtabgrenzbarkeit) sowie die Erscheinungsweisen der Individualität (Erlebnis-Ich, Leib, Seele, geistiger Besitzstand, subjektives Ich-Bild, das Ich im Auge der anderen, Objektivation in Werken) und die Gesetze ihrer Wandlungen und Spaltungen. — Hptw.: Psychologie der Kunst, 2 Bde., 1912; Persönlichkeit und Weltanschauung (Psychologische Untersuchungen zu Religion, Kunst und Philosophie), 1919; Philosophie der Individualität, 1921, 1923[2]; Psychologie der Religion (I: Die Entstehung der Religion; II: Mythen und Kulte), 1920; Irrationalismus (Umrisse einer Erkenntnislehre), 1922; Die Philosophie des 20. Jahrhunderts in ihren Hauptströmungen, 1923; Grundzüge der Lebenspsychologie, 2 Bde., 1924/25; Die Seele des Alltags, 1925; Metaphysik des Irrationalen, 1927; Psychologie der Wissenschaft, 1936; Psychologie der Musik, 1936; Menschenkenntnis und Menschenbehandlung, 1939, 1950[2]; Das Lachen und das Lächeln, 1948; Schicksal und Zufall, 1949; Der Mensch und das Universum (Philosophische Antworten auf kosmische Fragen), 1949. – ↗Gott.

Müller-Lyer, Franz Carl, 1857–1916: deutscher Psychiater, Soziologe und Kulturphilosoph, Monist, der sich als Ethiker zum Evolutionismus und Fortschrittsoptimismus bekennt und mit Hilfe der „phaseologischen Methode" die Kultursoziologie begründet hat. – Hptw.: Psychophysische Untersuchungen, 1889; Phasen der Kultur und Richtungslinien des Fortschritts, 1908, 1948[2]; Die Entwicklungsstufen der Menschheit, 1910 ff., 1. Bd.: Der Sinn des Lebens und die Wissenschaft, 1910, 1922[15]; Formen der Ehe, der Familie und der Verwandtschaft, 1911, 1924[10]; Die Familie, 1912, 1924[10]; Phasen der Liebe, 1913, 1923[10]; Soziologie der Leiden, 1914, 1920[2]; Die Zähmung der Nornen, 2 Bde., 1917/24.

Müllner, Laurenz, 1848—1911: österreichischer katholischer Theologe und Philosoph. — Hptw.: W. Rosenkrantz' Leben und Werke, 1876/77; Über die Bedeutung Galileis für die Philosophie, 1894; Literatur- und kunstkritische Studien (Beiträge zur Ästhetik der Dichtkunst und Malerei), 1895. – ↗Paradoxon.

Münsterberg, Hugo, 1863—1916: deutscher Psychologe und Werttheoretiker (später in den USA), einer der Begründer der experimentellen Psychologie und der Psychotechnik, der sich der Badischen Schule des Neukantianismus verbunden fühlt und unter dem Einfluß Fichtes zu einem voluntaristischen (ethischen) Idealismus bekennt. — Hptw.: Der Ursprung der Sittlichkeit, 1889; Grundzüge der Psychologie, 1900, 1918²; Science and Idealism, 1907; Philosophie der Werte, 1908, 1921²; Psychologie und Wirtschaftsleben, 1912, 1922³; Grundzüge der Psychotechnik, 1914, 1920².

Müntzer (Münzer), Thomas, enthauptet 1525: deutscher Theologe, Bauernführer, Reformator, Gegenspieler Luthers, „Spartakus seiner Zeit" (Clara Zetkin), der an der Verkirchlichung des Christentums (als einer Institutionalisierung der Religion) Kritik übt (Fürstenpredigt, 1524). — ↗Bloch (M. als „Klassebewußter, revolutionärer Kommunist").

Musaget: „Musenfreund", Förderer der Wissenschaften und der Künste.

Musikästhetik: Spezialdisziplin der ↗Zeitästhetik, in der die Töne und Klänge (Tonkomplexe), die simultanen Klanggestalten (Akkord, Harmonie) und die sukzessiven Klanggestalten (Melodie, Rhythmus) auf ihre ästhetische Wirkung hin untersucht werden. — ↗Adorno (Musiksoziologie), Dilthey, Dubos, Helmholtz, Huber, Kammerer, Mersenne, Müller-Freienfels, Siebeck, Stumpf, Wellek; dionysisch, Formalästhetik (Hanslick), Modifikation, Zeit.

Mutatis mutandis: mit (oder nach) den notwendigen Abänderungen; unter Berücksichtigung gewisser Unterschiede.

Mutius, Gerhard von, 1872—1934: deutscher Diplomat und Kulturphilosoph. — Hptw.: Die drei Reiche (Ein Versuch philosophischer Besinnung), 1916, 1920²; Gedanken und Erlebnis (Umriß einer Philosophie des Wertes), 1922; Jenseits von Person und Sache (Skizzen und Vorträge zur Philosophie des Persönlichen), 1925; Wort, Wert, Gemeinschaft (Sprachkritische und soziologische Überlegungen), 1929; Zur Mythologie der Gegenwart (Gedanken über Wesen und Zusammenhang der Kulturbestrebungen), 1933; Das Kunstwerk als Unschuld und Gefahr, 1936.

Mutualismus: gemäßigter Sozialismus. ↗Proudhon.

Mynarek, Hubertus, geb. 1929: deutscher katholischer Theologe (1972 aus der Kirche ausgetreten) und Philosoph, der an der kirchlich organisierten Religion massiv Kritik übt, indem er der Kirche vorwirft, Unterdrückung der Freiheit durch repressives Herrschaftssystem und antidemokratisch-diktatorisches Verhalten, dem Kirchlichkeit vor Menschlichkeit geht, zu praktizieren und Hemmschuh aller sozialen Erleichterungen und des wissenschaftlichen Fortschritts zu sein. — Hptw.: Hessens Philosophie des religiösen Erlebnisses, 1963; Der Mensch — Sinnziel der Weltentwicklung, 1967; Mensch und Sprache, 1967; Der Mensch, das Wesen der Zukunft, 1968; Gott oder der Mensch im Mittelpunkt? (Christozentrik als Versöhnung von Theozentrik und Anthropozentrik), 1968; Existenzkrise Gottes? 1969; Herren und Knechte der Kirche, 1973; Religion — Möglichkeit oder Grenze der Freiheit?, 1977; Eros und Klerus (Vom Elend des Zölibats), 1978; Zwischen Gott und Genossen (Als Priester in Polen), 1981; Religiös ohne Gott? Neue Religiosität der Gegenwart in Selbstzeugnissen, 1983; Ökologische Religion, 1986.

Mysterien: „Geheimnisse" (religiöse Glaubensgeheimnisse, Geheimkulte). — ↗Mithrismus; Eliade.

Mystik: 1. im allgemeinen Sinn einer mystischen Weltanschauung" (z. B. bei ↗Maeterlinck): der Versuch, die Wirklichkeit unzerstückelt, in einem einzigen synthetischen Akt, „schauend" in sich aufzunehmen. ↗Schopenhauer definiert: „Mystik ist jede Anleitung zum unmittelbaren Innewerden dessen, wohin weder Anschauung noch Begriff, also überhaupt keine Erkenntnis reicht"; eine verwandte Art dieses Welterfassens ist das gefühlserfüllte Schauerlebnis im Kunstgenuß; 2. im engeren Sinne das Bemühen, durch Kontemplation oder in der ↗Ekstase in unmittelbare Berührung mit der Gottheit zu kommen, sie zu „erfühlen", mit ihr eins zu werden. So forderten z. B. die bedeutendsten mittelalterlichen Mystiker das Absterben der Seele für die Welt und die Geburt und Auferstehung Gottes im Menschen. Zu unterscheiden ist die aktivistische Wertmystik (z. B. ↗Eckharts) von der passivistischen Genußmystik der Orientalen, die nicht eine Werterfüllung erstreben, sondern den Genuß, von Gott geliebt zu werden. Zweifellos enthält das religiöse Mystik auch ein Moment der Asozialität. — ↗Areopagita, Bernhard von Clairvaux, Hugo, Bonaventura, Suso, Tauler, Thomas v. Kempen, Agrippa, Franck, Weigel, Böhme, Angelus Silesius; Neuplatonismus, Sufismus, Yoga; Baumgardt, Brunner E., Buber, Eliade, Holl, Joël, Kemmerich, Otto, Verweyen.

Mystizismus: 1. theoretisch unfruchtbarer philosophischer Denkansatz, von dem aus

Mythologem

das „Geheimnisvolle" liebevoll verehrt, aber nicht rational durchleuchtet wird; bequemer Standpunkt, „der seine Armut gerne hinter einer respektablen Dunkelheit verbirgt" (↗Goethe); ebenso wie der Magismus eine Extremform des ↗Irrationalismus (z. B. „Erklärung" der Auferstehung Christi: „Jesus lebt als der Ganz-Andere; Auferstehung ist keine Wiederbelebung"); 2. ein dieser geistigen Einstellung entsprungener Gedankengang oder Begriff (↗Nietzsche: „Die mystischen Erklärungen gelten für tief; die Wahrheit ist, daß sie noch nicht einmal oberflächlich sind"). – ↗Metaphysik (1.), Religionsphilosophie; Erkenntnistherapie (Psychobiologie, Lungwitz); Obskurantismus.

Mythologem: ein der ↗mythologisierenden (d. h. naiv-antropomorphosierenden) Denkweise entsprungener ↗metaphysischer Begriff, eine undurchdenkbare ↗Fiktion. — ↗Erkenntnistherapie (Psychobiologie, Lungwitz).

Mythologie: 1. Kenntnis der Mythen; 2. systematische Verknüpfung von Mythen. Zur mythologischen Thematik: ↗Theogonie, Kosmogonie, Anthropogonie, Eschatologie. Für die mythologische (primitive, vorphilosophische und vorwissenschaftliche) Weltauffassung sind vor allem die Hypertrophie des Kausaltriebes (d. h. das Bedürfnis, auch dort „Erklärungen" anzubieten, wo es gar keiner bedarf) und die naiv-anthropomorphosierende Denkweise kennzeichnend (z. B. Erklärung der Naturerscheinungen durch Zurückführung auf Willensakte überirdischer Mächte). — ↗Erkenntnistherapie (Psychobiologie, Lungwitz).

Mythos: Erzählung; Götter-, Geister- und Heldensagen als Ausdruck der Weltanschauung eines Volkes und einer Zeit, im vorwissenschaftlichen phantasievollen Denken verwurzelt, Grundlage des religiösen Kultes. — ↗Bibelkritik (Entmythologisierung), Mythologie, Strukturalismus; Cassirer, Barthes, Blumenberg, Eliade, Fromm, Holz H., Hübner, Kolakowski, Krüger, Lipps G. F., Picht.

N

Nächstenliebe: wohlwollende, mitleidvolle Einstellung den Mitmenschen gegenüber, u. a. eine Forderung der christlichen Morallehre. Von ↗Nietzsche als „Sklavenmoral" scharf kritisiert und durch die Forderung der „Herrenmoral" und der „Fernstenliebe" ersetzt. — ↗Agape.

Nagel, Ernst, geb. 1901 (CS), seit 1911 in den USA: Logiker, Wissenschaftstheoretiker und Rechtsphilosoph, der sich zum (philosophischen) Naturalismus bekennt („contextual naturalist") und einen (metaphysikfreien) erkenntnistheoretischen Realismus vertritt. — Hptw.: The Logic of Measurement, 1930; Introduction to Logic and Scientific Method (gem. mit M. R. Cohen), 1934; Principles of the Theory of Probability, 1939; Sovereign Reason, 1954; Logic without Metaphysics, 1957; Gödel's Proof (gem. mit J. R. Newman), 1958; The Structure of Science, 1961.

Naiver Realismus: unhaltbarer vorphilosophischer und unkritischer Alltagsstandpunkt des (angeblich) „gesunden Menschenverstandes", dem zufolge es nicht nur eine vom Bewußtsein des Erkennenden unabhängig (an sich) existierende Wirklichkeit (Außenwelt) gibt (Realismus), sondern auch die an einem Gegenstand wahrgenommenen Eigenschaften (z. B. farbig, süß, heiß usf.) für objektiv-real gehalten werden, d. h. die Welt „in Wirklichkeit" (an sich) als so beschaffen gilt, wie der Mensch sie wahrnimmt. – ↗Kritischer bzw. Wissenschaftlicher Realismus, Idealismus.

Naniwada, Haruo, geb. 1906: japanischer Wirtschafts-, Sozial- und Kulturphilosoph. – Hptw. (dt.): Sozialwissenschaft und Wirklichkeit, 1984.

Narzißmus: Selbstliebe (bei ↗Aristoteles: Philautia). — Nach Narkissos, einem schönen Jüngling der griechischen Mythologie, der in sein Spiegelbild verliebt war, benannte (auto-erotische) Fixierung eines Menschen auf sich selbst; in der Pubertät als „Ich-Findung" durchaus natürlich, beim Erwachsenen eine Störung der „Wir-Bindung", ein durch (mehr oder weniger krankhaft übersteigerte) Eitelkeit, Geltungssucht und Egozentrik geprägter Infantilismus.

Nation: Volk; durch einen engstirnigen „Nationalismus" diskreditierter Begriff, an dem sich, kritisch besehen, mindestens drei Dimensionen unterscheiden lassen: Kulturnation, Sprachnation, Staatsnation; daß sie sich bei kaum einem „Volk" decken, z. Zt. am wenigsten wohl beim deutschen, ist jeweils das Ergebnis der historischen Entwicklung.

Nationalsozialismus: im wesentlichen von Adolf Hitler (1889—1945) in „Mein Kampf" (1925) theoretisch entwickelte und im „Dritten Reich" (— nach Arthur Moeller van den Bruck, 1876—1925: „Das Dritte Reich", 1923) von 1933 bis 1945 praktizierte Erscheinungsform des ↗Faschismus. Die Zielsetzungen dieser als „Weltanschauung" propagierten ↗Ideologie, „die geistig nicht mehr bietet als einen reichlich wirren ↗chiliastischen ↗Synkretismus" (W. Lenning), sind ebenfalls durchaus nicht originell: „Blut und Boden" — Mystizismus, rassistischer Antisemitismus (gesteigert bis zur „Ausrottung" der Juden), Antikommunismus, antidemokratischer Einparteienstaat (NSDAP: Nationalsozialistische Deutsche Arbeiterpartei), Antiliberalismus, Antiparlamentarismus, autoritäre Staatsführung, eine bis zur physischen Vernichtung Andersdenkender sich versteigende brutal-inhumane Diktatur, Nationalismus („Ein Volk — Ein Reich — Ein Führer"), auf Revision (gegenüber „Versailles") und Expansion gerichtete Außenpolitik (Eroberung von „Lebensraum"), Totalitarismus („Du bist nichts, dein Volk ist alles" — mit „sozialistischer" Tarnung: „Gemeinnutz geht vor Eigennutz", „Volksgemeinschaft", „Kraft durch Freude"; vom „totalitären Führerstaat": „Einer für alle – alle für einen" – zum „totalen" Krieg: „Gelobt sei, was hart macht" – das von Hitler am meisten geschätzte Nietzsche-Zitat!). - ↗Bäumler, Blüher, Freyer, Heyse, Schmitt, Wundt M.; ↗Freiheit; Heer; Rauschning (der Nationalsozialismus als nihilistischer „Veitstanz des 20. Jhdts."); Opfer des nationalsozialistischen Terrors (– abgesehen von jenen, die zur Emigration gezwungen oder mit Berufsverbot belegt wurden –): ↗Dalp, Hausdorff, Huber, Landsberg, Lessing Th., Metz, Stein, Verweyen; Bekennende Kirche; Deschner, Kantorowicz, Sontheimer; Heidegger.

Natorp, Paul, 1854—1924: deutscher Philosoph und Pädagoge, neben Cohen und Cassirer der bedeutendste Neukantianer der Marburger Schule. — Hptw.: Descartes' Erkenntnistheorie (Eine Studie zur Vorgeschichte des Kritizismus), 1882; Einleitung in die Psychologie nach kritischer Methode, 1888, 1912² (Titel: Allgemeine Psychologie nach kritischer Methode); Religion innerhalb der Grenzen der Humanität, 1894, 1908²; Sozialpädagogik, 1899, 1925⁶; Platos Ideenlehre, 1903, 1961³; Die logischen Grundlagen der exakten Wissenschaften, 1910, 1923³; Philosophie (ihr Problem und ihre Probleme), 1911, 1921³; Kant und die Marburger Schule, 1912; Individuum und Gemeinschaft, 1921. — Autobiographie in „Die Philosophie der Gegenwart in Selbstdarstellungen", Bd. I, 1923². — Aus dem Nachlaß: Philosophische Systematik, 1957. — ↗Platon.

Paul Natorp

Natur: ↗Naturphilosophie, Naturwissenschaften; Kultur, Kulturphilosophie.

Natura naturans: die schaffende Natur; Gott.

Natura naturata: die geschaffene Natur; Welt.

Natura non facit saltus: die Natur macht keine Sprünge (Kontinuitätsprinzip; bei ↗Leibniz: Loi de continuité).

Naturalismus: 1. mit dem ↗Monismus, Kausalismus, Atheismus und der Kontinuitätsphilosophie verwandter antimetaphysischer Standpunkt, dem zufolge das Weltgeschehen aus natürlichen Ursachen und ohne die Annahme einer göttlichen Überwelt und übernatürlicher Kräfte (die imstande wären, die naturgesetzliche Ordnung in der Welt zu durchbrechen) zu verstehen ist. Gemäß dieser (oft ästhetisierenden: die Natur verehrenden und die Schönheit der Welt genießenden) Betrachtungsweise erscheint auch der Mensch als Glied der Natur, sind auch seine scheinbar freien Willenshandlungen als höchst komplizierte Reaktionen auf Reize zu begreifen usf. 2. Ethischer Standpunkt, dem zufolge der Mensch so handeln soll, daß er seine natürlichen Anlagen voll entwickelt. ↗Guyau, Lamarck, Nietzsche. - (Von der kunstwissenschaftlichen und kunsthistorischen Bedeutung des Wortes ist hier abgesehen.) — ↗Paulsen.

Naturgesetz: ↗Determinismus, Gesetz, Hypothese, Induktion, Kausalität, Kosmogonie, Mechanistik, objektiv, Theorie; Eigen, Kafka.

Naturphilosophie: philosophische (wirklichkeitstheoretische) Disziplin, in der zwei Grundprobleme erörtert werden: 1. Prinzipien und Methoden der naturwissenschaftlichen Erkenntnis (Philosophie der Naturwissenschaft) und 2. Aufbau eines Naturbildes (Philosophie der Natur: denkende Bearbeitung der von den ↗Naturwissenschaften festgestellten Tatsachen und Erscheinungen, Verzahnung der naturwissenschaftlichen Forschungsergebnisse zu einem umfassenden Bild von der Natur, wofür die erkenntniskritische Analyse der naturwissenschaftlichen Grundsätze und Grundbegriffe Voraussetzung ist); dieses Problem kann man von zwei grundsätzlich verschiedenen Standpunkten aus zu lösen versuchen: a) im Rahmen einer kritisch-wissenschaftlichen Naturphilosophie und b) unter metaphysischem Blickwinkel. Zu a): naturphilosophische Spezialdisziplinen sind: Philosophie der anorganischen (unbelebten) Materie, Philosophie der organischen (belebten) Materie, Philosophie der seelischen Wirklichkeit. ↗Atomistik, Materie, Mechanistik, Physik; Biomechanistik, Leben; Aktualitätstheorie; Psychophysisches Problem, Parallelismus; Monismus, Naturalismus; Evolutionismus; Determinismus, Kausalismus; Atheismus. Zu b): naturmetaphysische Spezialdisziplinen (ihre Hilfsmittel: Selbstbeobachtung, innere Erfahrung, geistige Einfühlung, Analogieschlüsse) sind: Metaphysik, Metabiologie, Metapsychologie, Metanthropologie. ↗Vitalismus; Seele, Wechselwirkungslehre; Dualismus, Supranaturalismus; Indeterminismus, Teleologie; Theismus. — ↗Bavink, Becher, Bergson, Bertalanffy, Bohr, Boltzmann, Boyle, Brock, Bütschli, Burkamp, Carnap, Dacqué, Darwin, Dessauer, Dingler, Driesch, Dubislav, Du Bois, Eddington, Ehrlich W., Einstein, Frank, Frankenberg, Fries, Galilei, Goethe, Haeckel, Haering, Haldane, Hartmann M., Hartmann N., Heisenberg, Helmholtz, Hennemann, Herder, Hertz, Hollitscher, Jeans, Jordan, Kammerer, Kant,

Kepler, Kirchhoff, Kopernikus, Lipsius F. R., Loeb, Mach, March, May, Meurers, Newton, Ostwald, Planck, Reichenbach, Reinke, Roux, Schelling, Schlick, Schöndorfer, Schopenhauer, Schrödinger, Schultz, Sennert, Siegel, Steffens, Stöhr, Wenzl, Ziehen, Zimmermann W.; Entropie, Expansion, Kernphysik, Komplementarität, Kosmogonie, Quantenmechanik, Quarks, Quasare, Relativitätstheorie, Unschärferelation, Wellenmechanik.

Naturrecht: von religiös und metaphysisch eingestellten Rechtsphilosophen statuiertes System (angeblich) absolut gültiger Rechtsnormen – im Gegensatz zum „positiven" (von Menschen gesetzten) Recht. – ↗Antoni, Knoll, Kraft J., Marcic, Reiner; Naturrechtslehre.

Naturrechtslehre: ein schon von ↗Aristoteles angedeuteter, besonders im 17. und 18. Jhdt. bevorzugter rechtsphilosophischer Standpunkt (↗Bodin, Grotius, Leibniz, Kant u. a.), dem zufolge sich das Recht aus der menschlichen Natur (Vernunft) herleitet bzw. in ihr begründet ist. Dieses ↗„Naturrecht" soll an sich gültig und aus reiner Vernunft erkennbar sein und nach dem Grundsatz „Naturrecht bricht positives Recht" über allem „gesetzten" (positiven) Recht stehen. Gegenstandpunkt: ↗Rechtspositivismus; Eckstein, Kelsen.

Naturwissenschaften: im Gegensatz zu den Kulturwissenschaften jene Gruppe von Realwissenschaften (induktiven bzw. empirischen Wissenschaften), deren Forschungsgebiet (im Gegensatz zur Kultur- und Wertwelt) die Natur ist. Man kann zwischen mehr beschreibenden (Wortendung meist -graphie, z. B. Petrographie), mehr historisierenden (z. B. Naturgeschichte, Erdgeschichte) und mehr erklärenden Naturwissenschaften unterscheiden (Wortendung meist: -logie, z. B. Biologie); diese werden auch als exakte oder generalisierende oder Gesetzeswissenschaften (nomothetische Wissenschaften; z. B. die Physik vor allem), in denen es um die Erfassung konstanter Beziehungen geht, den Individualwissenschaften (Kulturwissenschaften, Wertwissenschaften, ↗idiographischen Wissenschaften) gegenübergestellt. — ↗Wissenschaft, System der Wissenschaften; Induktion, Hypothese, Theorie; Naturphilosophie.

Negation: 1. Verneinung; 2. in der modernen Logik die extensional (umfangslogisch, d. h. als Beziehung der Klassenelemente) aufgefaßte Begriffsbeziehung der „Unverträglichkeit" (die Relation zu den Elementen, die einer Klasse nicht angehören).

Negativ: ist eine verneinende Aussage (z. B. „dieses Tuch ist nicht rot"). Gegensatz: bejahende (affirmative) Aussage.

Negative Theologie: die Auffassung, daß die Eigenschaften Gottes nicht positiv bestimmbar, sondern nur durch ↗Negation der uns bekannten menschlichen Eigenschaften zu umschreiben seien (z. B. bei ↗Albinos, Areopagita, Johannes Scotus Eriugena und bei vielen Mystikern; ↗Dialektische Theologie); ↗Deus absconditus.

Nelson, Leonard, 1882—1927: deutscher Philosoph (Begründer der „Neufriesischen Schule"), der sich vor allem um eine Neubelebung der Philosophie von Fries bemüht, wie dieser Kants Erkenntnistheorie psychologisch deutet und in der Ethik und der Rechtsphilosophie einen metaphysikfreien utilitaristisch-sozialistischen Standpunkt bezieht. — Hptw.: J. F. Fries und sein jüngster Kritiker, 1904; Die Unmöglichkeit der Erkenntnistheorie, 1911; Ethische Methodenlehre, 1915; Kritik der praktischen Vernunft, 1917; System der philosophischen Rechtslehre und Politik, 1924, 1964²; Sittliche und religiöse Weltansicht, 1946; Die Rechtswissenschaft ohne Recht, 1949²; Fortschritte und Rückschritte der Philosophie von Hume und Kant bis Hegel und Fries, 1962; Die Schule der Kritischen Philosophie und ihre Methode, 1970; Vom Selbstvertrauen der Vernunft (Schriften zur kritischen Philosophie und ihrer Ethik), 1975. – Gesammelte Schriften in 9 Bänden, 1970–1977.

Leonard Nelson

Nemesius, um 400 n. Chr.: lehrt die Präexistenz der Seele und die Willensfreiheit. – Hptw.: De natura hominis.

Nenning, Günther, geb. 1921: österreichischer Publizist, der im Rahmen der (1955 in

Deutschland gegründeten) „Paulus-Gesellschaft" und in dem von ihm herausgegebenen „(Neuen) Forum" den Dialog zwischen Christen und Marxisten zu fördern bemüht ist (↗Garaudy, Machovéc) und sich neuerdings in der Umweltschutz-Bewegung besonders engagiert. – Hptw.: Anschluß an die Zukunft, 1963; Rot und realistisch. Gesamtsozialistische Strategie und Sozialdemokratie, 1973; Realisten oder Verräter? (Die Zukunft der Sozialdemokratie), 1976; Vorwärts zum Menschen zurück (Ein rot-grünes Plädoyer), 1983; Grenzenlos deutsch, 1988.

Neodarwinismus: vor allem von ↗Julian Huxley entwickelte Synthese von Darwins Evolutionstheorie und Gregor Mendels (1822—1884) Genetik. Dem N. zufolge ist die Evolution das Ergebnis zufälliger Mutationen in den Genen, die durch natürliche Auslese erhalten bleiben. Auf der Basis des N. sucht z. B. neuerdings der Begründer der ↗Soziobiologie (Edward O. Wilson; sein neuestes Werk: On Human Nature, 1978) das „soziale" Verhalten der Tiere aus der Theorie der Evolution des Lebens durch natürliche Auslese deterministisch zu erklären. — ↗Darwinismus.

Neo-Empirismus: die Berliner Neo-Empiristen (z. B. ↗Dubislav, Reichenbach) stehen in ihrer philosophischen Grundhaltung dem ↗Wiener Kreis nahe.

Neo-Idealismus: so könnte man zusammenfassend bezeichnen 1. die im 20. Jhdt. entwickelten Formen der idealistischen (nämlich objektivistisch-idealistischen bzw. ↗spiritualistischen) Metaphysik (z. B. ↗Neuhegelianismus, etwa ↗Croce); 2. den subjektivistisch-idealistischen Standpunkt, wie ihn z. B. ↗Hofmann, Reininger (mehr kritizistisch) und Heintel E. (mehr am deutschen Idealismus orientiert) vertreten (Metaphysik des Erlebens); 3. den Standpunkt der ↗Neukantianer. — 4. Bezeichnung für den Standpunkt ↗Euckens, 5. für die Position ↗Joëls und 6. für den amerikanischen Transzendentalismus (↗Emerson).

Neokonservativismus: Wiederaufleben konservativer Denkweisen und Werthaltungen, die infolge Kulturmüdigkeit, Staatsverdrossenheit, Wohlstandsüberdruß einerseits und Existenzangst andererseits neuerdings an Boden gewinnen. Die Befürworter des Neokonservativismus (↗Rohrmoser, Schelsky, Topitsch u. a.) sind offenbar an einer Verewigung der traditionellen Herrschafts- und Abhängigkeitsverhältnisse interessiert und engagieren sich daher für deren Verteidigung; daß sie sich mit Vorliebe als

↗Ideologiekritiker gerieren (nämlich allen anderen Einstellungen gegenüber), kann nicht darüber hinwegtäuschen, daß sich gerade hinter ihrer Position eine, mehr oder weniger gut getarnte, massive ↗Ideologie verbirgt. — In den siebziger Jahren ist in der Bundesrepublik Deutschland ein „Konservativismus-Streit" zwischen liberalen und konservativen Denkern entbrannt. — ↗Kaltenbrunner, Kraus W.; Freiheit, Historismus, Liberalismus.

Neokritizismus: 1. so könnte man zusammenfassend die verschiedenen Standpunkte der vor allem von ↗Kant beeinflußten Denker unseres Jahrhunderts bezeichnen (z. B. Neukantianismus, Fiktionalismus, erkenntnistheoretischer Relativismus, Wissenschaftskritik, Philosophiekritik, Kulturkritik). — 2. Standpunkt ↗Renouviers (Neocriticisme). — ↗Adickes, M. Apel, B. Erdmann, Ewald, Fiedler, Liebert, Paulsen, Reininger, Stammler, Staudinger, Sternberg, Vorländer; in weiterem Sinne: Albert, Ebbinghaus J., Höffding, Kern, Lenk H., Popper K., Roretz, Schultz, Spitzer.

Neolamarckismus: eine unhaltbare Neuauflage des Lamarckismus, in der Stalin-Ära von T. D. Lyssenko (in der Nachfolge Mitschurins) vertreten. – ↗Kammerer, Koestler.

Neomarxismus (Kritischer Marxismus): ↗Frankfurter Schule, Marxismus, Dialektischer Materialismus (Kritischer Diamat); Holz H. H., Lenk K.

Neopositivismus: Erneuerung und Weiterbildung des älteren Empirismus und Positivismus im 20. Jhdt. Man spricht auch von „logischem" bzw. „logistischem" Positivismus oder Empirismus, da für diesen Standpunkt kennzeichnend ist: die wissenschaftliche Weltauffassung, das Interesse an den Problemen der modernen Logik, die scharfe Unterscheidung zwischen erfahrungswissenschaftlicher (induktiver) und axiomatischer Methode (in der Logik und der Mathematik) und nicht zuletzt die Forderung nach Klarheit und Eindeutigkeit der philosophischen Begriffe und Formulierungen, nach Ausscheiden der metaphysischen Probleme (da sie Scheinprobleme sind) und nach Beschränkung der Philosophie auf erkenntniskritische (sprachkritische) und wissenschaftstheoretische Analysen. Hauptvertreter dieser Auffassung: die Philosophen des ↗Wiener Kreises. — ↗Positivismus.

Neoscholastik: gleichbedeutend mit ↗Neuscholastik.

Neothomismus: Versuch einer Erneuerung und Weiterbildung des Thomismus, d. h. der Lehre des ⁊hl. Thomas von Aquin; weitaus einflußreichste Schule der ⁊Neuscholastik (der bedeutendsten Strömung der ⁊Katholischen Philosophie der Gegenwart); von Papst Leo XIII. in der Enzyklika „Aeterini patris unigenitus" (1879) autorisiert und empfohlen. Das thomistische Denken ist an die christliche Weltanschauung (und die katholischen Dogmen, die kritiklos als absolute Wahrheiten akzeptiert werden) gebunden und kreist um Gott: der Gottesbegriff ist der Zentralbegriff, die Gottesfrage das Zentralproblem dieser Denkbewegung. Dem christlichen Glauben an einen jenseits der Welt thronenden persönlichen Schöpfergott entspricht eine theistische bzw. dualistische (Welt und Gott voneinander abhebende) Metaphysik vom Weltgrund, deren Aufgabe es ist, jenen Glauben durch „Beweise" zu stützen und die Existenz Gottes aus seiner Wirksamkeit in der Welt zu „erschließen". Vorausgesetzt wird hierbei eine Ähnlichkeitsbeziehung zwischen dem ewigen Sein Gottes und dem vergänglichen Sein der Welt, die es ermöglicht, per analogiam entis (auf Grund der Ähnlichkeit des Seins) vom endlichen Sein auf das unendliche Sein zu schließen und durch Negation bzw. Steigerung (via eminentiae) der Merkmale der Welt (endlich, vergänglich) die Eigenschaften Gottes zu bestimmen (unendlich, unvergänglich, allmächtig, allwissend, allgütig), in dem alle Gegensätze zusammenfallen und sich aufheben, bei dem kein Unterschied zwischen Möglichkeit (Können) und Wirklichkeit (Sein) besteht (die vom ⁊Cusaner gelehrte „coincidentia oppositorum"). Als Erkenntnistheoretiker sind die Thomisten Realisten: sie bemühen sich um die Erkenntnis der hinter den Erscheinungen verborgenen Dinge und Wesenheiten (⁊Ontismus). Die von Gott erschaffene und gelenkte Welt gleicht nach thomistischer Auffassung einem sinnvoll gegliederten Stufenbau (Materie, Pflanze, Tier, unsterbliche Seele, Geist). Das vollkommenste Geschöpf Gottes ist der Mensch; er ist mit einer unsterblichen Seele, mit einem freien Willen und mit Geist ausgestattet. Im Gegensatz zu den weniger vollkomenen „Naturwesen" vermag sich der Mensch über seine Bindung an das animalische Leben hinaus in die Welt des Rein-Geistigen zu erheben: sich aus den Verstrickungen des Trieblebens zu befreien, ist seine vornehmste Aufgabe; durch ihre Erfüllung beweist der Mensch seine Freiheit und Würde. Doch ist der menschliche Geist unvergleichbar dem göttlichen: die Welt ist ein Nichts, gemessen an der Allmacht Gottes; ärgste Vermessenheit ist es daher, nicht gottgefällig zu leben; ohne Befolgung der göttlichen Gebote gibt es kein Seelenheil und keine ewige Glückseligkeit im Jenseits. Manche Neothomisten zeigen großes Interesse an der Logistik und sind zweifellos logisch sehr gut geschult (z. B. ⁊Bocheński, Gutwenger), was freilich nicht darüber hinwegtäuschen kann, daß der Neotheomismus mehr Theologie als Philosophie ist und daß die Neothomisten alle Andersdenkenden leidenschaftlich bekämpfen, vom „Sterbelager des Kantianismus" träumen (⁊Gutberlet) und in der modernen Philosophie „die Pathologie der menschlichen Vernunft" sehen (Cornoldi). Die Verbreitung des Neothomismus deckt sich verständlicherweise mit der des Katholizismus. Demgemäß ist er auch die zahlenmäßig stärkstvertretene Richtung der Gegenwartsphilosophie. Dennoch ist die neothomistische Philosophie durchaus nicht eine so in sich geschlossene und einheitlich-gefestigte Denkrichtung, wie es auf den ersten Blick scheinen mag: auch hier treten verschiedenartige Unterströmungen zutage, machen sich unterschiedliche Tendenzen geltend, werden die durch den Thomismus gezogenen Grenzlinien zunehmend überschritten. Naturgemäß sind unter den neothomistischen Philosophen viele Theologen. Zu den bedeutendsten Neothomisten zählen die Franzosen ⁊Sertillanges, Maritain und Gilson. Für den deutschen Sprachraum sind als dem Thomismus mehr oder weniger nahestehende, zumindest aber als im existentiell-metaphysischen Sinn „christliche" Denker zu nennen: ⁊Baeumker, Behn, Bocheński, Brandenstein, Dawson, Dempf, Eibl, Fischl, Foerster, Geyser, Gutberlet, Gutwenger, Lakebrink, Meyer, Pfeil, Pieper, Przywara, Willmann, Windischer, die Naturphilosophen Bavink, Dessauer, Meurers, Wenzl. Manche unternahmen auch den Versuch, vom Thomismus aus Brücken zu anderen philosophischen Positionen zu schlagen: so etwa der ⁊Brennerkreis, Coreth, Ebner, Gabriel, Haecker, Hildebrand, Höllhuber, Holz H., Kuhn, Maréchal, Martin, Müller M., Pieper, Rahner, Reding, Rintelen, Schöndorfer, Schwarz, Sciacca, Silva-Tarouca, Teilhard; ⁊Philosophia perennis. – Zur Kritik des N.: B. E. Bychowski, Die Erosion der „ewigen" Philosophie, 1977.

Neovitalismus: Erneuerung des Vitalismus im 20. Jhdt., z. B. durch ⁊Driesch, Reinke u. a. Für den von den älteren Vitalisten gebrauchten Begriff „Lebenskraft" setzen die Neovitalisten den aristotelischen Terminus „Entelechie". Die Grundauffassung ist in beiden Fällen gleich. – ⁊Schaxel. – ⁊Psychovitalismus.

Ne quid nimis: nichts zu sehr, nichts im Übermaß! (Terenz; lateinische Version der delphischen Forderung „medèn ágan!").

Neruda (Pseudonym nach dem von ihm geschätzten tschechischen Dichter Jan Neruda, 1834–1891, für Neftali Ricardo Reyes), Pablo, 1904–1973 (von Faschisten ermordet): chilenischer Diplomat, Dichter, Nobelpreisträger (1971). – Hptw.: Canto General, 1950, dt. 1953 (Der große Gesang); deutsche Ausgaben: Ich bekenne, ich habe gelebt (Memoiren), 1974; Liebesgedichte, 1975; Letzte Gedichte, 1975; Dichtungen, 1977; Um geboren zu werden – Prosaschriften, 1980; Oden, 1985; Die Raserei und die Qual (Gedichte), 1986.

Nervus probandi: der „Nerv eines Beweises" (auf den es bei der Beweisführung ankommt).

Nestle, Wilhelm, 1865—1959: deutscher Altphilologe und Philosophiehistoriker (Antike). — Hptw.: Die Vorsokratiker, 1908, 1957[5]; Die Sokratiker, 1922; Die Nachsokratiker, 2 Bde., 1923/24; Griechische Religiosität, 3 Bde., 1930—1934; Vom Mythos zum Logos (Die Selbstentfaltung des griechischen Geistes), 1940, 1948[3]; Griechische Geistesgeschichte, 1944, 1956[2]; Griechische Weltanschauung in ihrer Bedeutung für die Gegenwart, 1946; Die Krisis des Christentums, 1947; Griechische Studien, 1948.

Neubuddhismus: der Buddhismus in der Gestalt, in der man ihn in der Gegenwart auf außerasiatischem Boden verbreiten will. Gewaltigen Eindruck machte der Buddhismus u. a. auf ↗Schopenhauer und ↗Eduard von Hartmann. Später kam es sogar zur Gründung eines buddhistischen Klosters in Berlin-Frohnau („Buddhistische Gesellschaft in Deutschland"). Der Buddhismus widerspricht jedoch allzu sehr der aktivistischen Lebenseinstellung des Abendländers; mehr Erfolg hatte der Buddhismus in Amerika. — Eine japanische Neustiftung buddhistischer Schulrichtung: Soka Gakkai.

Neue Metaphysik: euphemistische Bezeichnung für die keineswegs originellen Neuauflagen älterer metaphysischer Auffassungen im 20. Jhdt. (z. B. ↗neurealistische, ↗neo-idealistische Metaphysik usw.).

Neue Rechte: ↗Neokonservativismus.

Neufriesische Schule: von ↗Nelson in Göttingen begründet.

Neuhäusler, Anton, geb. 1919: deutscher Philosoph, der auf empirisch-induktivem Wege metaphysische Einsichten zu gewinnen versucht. — Hptw.: Mensch und Materie, 1948; Angst vor dem Nichts? 1953; Telepathie, Hellsehen, Präkognition, 1957; Zeit und Sein, 1957; Ein Weg in die Relativitätstheorie, 1957; Der Mensch und die Abstammungslehre, 1958; Grundbegriffe der philosophischen Sprache, 1963, 1967[2]; Fragmente keines Vorsokratikers, 1968; Achtzehn Philosophen sehen unsere Welt, 1973; Einmal fing die Welt an, 1981.

Neuhegelianismus: ↗Neo-Idealismus; Hegel, Hegelianer; ↗Baillie, Bosanquet, Bradley, Croce, Gentile, Glockner, Haering, Heintel E., Kroner, Lasson A., Lasson G., Wundt M.; Italienische Philosophie.

Neuhumanismus: Erneuerung der humanistischen Lebensauffassung und des humanistischen Bildungsideals um 1800, gegründet auf die Kulturwerte der Antike in der Sicht der deutschen Klassik. – ↗Humanismus; Goethe, Herder, Humboldt, Lessing G. E., Schleiermacher, Schiller F.; Paulsen.

Neukantianismus: Erneuerung und Weiterbildung der Kantischen Philosophie im ausgehenden 19. und beginnenden 20. Jhdt. Man unterscheidet zwei Schulen: die ↗Marburger Schule und die ↗Heidelberger Schule des Neukantianismus. Daneben wurde auch eine mehr realistische Deutung der Kantischen Erkenntnistheorie vertreten: so von ↗Riehl (↗Siegel), in gewissem Sinne auch von ↗Hönigswald, ↗Kuntze, aber auch von ↗Menzer und ↗Frischeisen-Köhler, die lange Zeit die „Kant-Studien" (das Publikationsorgan des Neukantianismus, von ↗Vaihinger 1896 begründet) redigiert haben. Die Begründer des Neukantianismus sind ↗F. A. Lange, ↗K. Fischer, ↗Liebmann, ↗Siebeck und ↗Zeller. ↗Neokritizismus (und die dort genannten Denker); Kaufmann F., Noack.

Neuplatonismus: das letzte große System der griechischen Philosophie, eine Weiterbildung der Philosophie ↗Platons unter Aufnahme auch anderer Lehren der griechischen Philosophie sowie orientalischer und christlicher religiöser Vorstellungen; in der Spätantike (von der Mitte des 3. bis zur Mitte des 6. Jhdts.) in der Absicht, einen Religionsersatz zu bieten, gelehrt; im Mittelalter von großem Einfluß auf die christlich-abendländische Philosophie. Die Neuplatoniker (↗Ammonios Sakkas, Plotin, Porphyrios, Jamblichos, Proklos, Hypatia u. a.) bekennen sich zu einer Effulgurationslehre, der zufolge die Welt (die Vielheit) aus dem „Einen", der eigenschaftlosen, unveränderlichen, zeitlos starren, einfachen, absoluten Ur-Eins, dem „überseienden" (unpersönlichen) Urgrund und Vollkommen, das sich nur negativ umschreiben läßt, hervorgegangen ist, und zwar (vergleichbar dem Licht) durch „Ausströmung" in absteigender Stufenfolge über den Weltgeist und die ihm innewohnenden Ideen, über die Weltseele und die Natur bis zur Materie, der unvollkommensten Seinsform. Die Lebensaufgabe des Menschen besteht nach neuplatonischer Auffassung darin, aus der Erscheinungswelt in die übersinnliche Welt zurückzufinden: der Weg der Seele zu „Gott", zur mystischen Verschmelzung mit dem „Einen" im Zustand der Ekstase führt über die sittliche Vervollkommnung und die Befreiung der Seele vom Leib durch Askese. — ↗Altchristliche Philosophie; Hierokles; Effulguration, Lichtmetaphysik.

Neurath, Otto, 1882—1945: österreichischer Neopositivist und Mitarbeiter des Wiener Kreises (später in Holland und England), Begründer der „Bildstatistik" und der „Kommunikationsgraphik" (im Österr. Gesellschafts- u. Wirtschaftsmuseum in Wien), der vom Standpunkt eines leicht konventionalistisch getönten Physikalismus aus den Aufbau einer „Einheitswissenschaft" (mit der physikalischen Sprache als Universalsprache) fordert und die Soziologie empirisch zu begründen versucht. ↗Kohärenztheorie. — Hptw.: Wesen und Weg der Sozialisierung, 1919; Vollsozialisierung, 1920; Lebensgestaltung und Klassenkampf, 1928; Empirische Soziologie (Der wissenschaftliche Gehalt der Geschichte und Nationalökonomie), 1931; Einheitswissenschaft und Psychologie, 1933; Radikaler Physikalismus und „wirkliche Welt" (in „Erkenntnis", Bd. 4), 1934; Was bedeutet rationale Wirtschaftsbetrachtung?, 1935; Einzelwissenschaften, Einheitswissenschaft, Pseudorationalismus, 1936; Wissenschaftliche Weltauffassung, 1979. – Gesammelte philosophische und methodologische Schriften in 2 Bänden (hrsg. v. R. Haller u. H. Rutte), 1981. – Lit.: Arbeiterbildung in der Zwischenkriegszeit (Otto Neurath – Gerd Arntz), hrsg. v. Friedrich Stadler, 1982.

Neurealismus: Erneuerung der realistischen Grundauffassung (um die letzte Jahrhundertwende, vor allem in den angelsächsischen Ländern). Das Ursprungsland des Neurealismus ist England (↗Moore, 1903). Die Neurealisten bekämpfen vom Standpunkt des erkenntnistheoretischen Realismus aus die ↗idealistische Philosophie, wie sie im späten 19. Jhdt. in England z. B. von ↗Bradley und ↗Bosanquet vertreten worden war: sie leugnen vor allem die weltgestaltende schöpferische Kraft des Denkens und halten die objektive „Wirklichkeit an sich" für erkennbar. Die letzte Gegebenheit, auf die alles Geschehen in der Welt zurückgeführt werden kann, die selbst aber nicht weiter analysierbar ist, das Urelement der Wirklichkeit also, sehen die Neurealisten, die aus dem realistischen Denkansatz metaphysische Konsequenzen ziehen und das hinter den Erscheinungen verborgene Wesen der Dinge in den Griff zu bekommen versuchen, im „Ereignis" (und nicht etwa in der starren Materie): sie betrachten die Welt als einen „Fluß von Ereignissen". Sie weisen darauf hin, daß nicht nur der Raum wirklich „ist", sondern ebenso auch die Zeit: sie ist die Quelle des ewigen Werdens, sie sorgt dafür, daß es in der Welt keine Dauer und keinen Stillstand gibt, daß sich stets etwas „ereignet", daß alles in Entwicklung begriffen und alles in Bewegung ist. Daß die endlose Kette von Ereignissen aber eine fortschreitende („schöpferische") Entwicklung (emergent evolution, nach ↗Morgan) zeigt, ist den metaphysischen „Formen" zuzuschreiben, die (den platonischen Ideen gleich) in den Prozeß des Werdens eingreifen und seine Richtung bestimmen: die kosmische Entwicklung ist unumkehrbar und bringt immer kompliziertere Ordnungsgefüge hervor — bis herauf zum menschlichen Geist. Dieses in seinen Grundzügen von allen neurealistischen Metaphysikern akzeptierte Weltbild wird von den einzelnen Denkern um mehr oder weniger interessante Nuancen bereichert: ↗Alexander, Broad, Inge, Santayana, Whitehead. Im weiteren Sinn des Wortes könnte man auch noch Denker wie ↗Häberlin, N. Hartmann, Laird, die Neuscholastiker sowie die Vertreter des ↗„Kritischen Realismus" zu den realistisch eingestellten Metaphysikern der Gegenwart zählen, wenn sie auch den angloamerikanischen Neurealisten fernstehen. Einen nicht-metaphysischen Neurealismus lehrt z. B. ↗Russell. — Zum neueren Realismus überhaupt: ↗Kraft V., Lovejoy, Rensi, Riehl; Analytische Philosophie, Cambridger Schule; Perry.

Neurose: im Laufe des Lebens (auf Grund vererbter Disposition) sich entwickelnde seelische Störung als Ausdruck eines intrapsychischen Konfliktes bzw. als Folge einer „Verdrängung". — Man unterscheidet: Traumatische Neurosen (Schreckneurosen),

Psychoneurosen: ↗Hysterie, Zwangsneurosen („fixe Ideen", Waschzwang u. dgl.), Angstneurosen (Phobien: z. B. Platzangst, Ansteckungsangst, Angst vor dem Erröten). ↗Lungwitz unterscheidet: Hadrosen (organische Störungen) und Leptosen (funktionelle Störungen), die er in Throphosen und Genosen untergliedert. — Neurosen können sich auch durch körperliche Symptome verraten (z. B. „Tics": unwillkürlich — zwanghaft auftretende mimische Zuckungen). – ↗Hypnose, Ich, Psychoanalyse, Psychobiologie; Frankl, Freud, Lungwitz, Reich W., Richter H.-E.

Neuscholastik: bedeutendste Richtung der ↗Katholischen Philosophie der Gegenwart; Erneuerung der ↗Scholastik; gegenüber dem ↗Augustinismus (z. B. ↗Hessen) mehr intellektualistisch zentriert, an ↗Albert und ↗Thomas orientiert; an neuscholastischen Standpunkten sind zu unterscheiden: 1. Scotismus (nach ↗Duns Scotus; franziskanische Schule), 2. der Suarezianismus (↗Suarez), 3. der Thomismus, die einflußreichste Schule der Neuscholastik (↗Neothomismus).

Neuthomismus: gleichbedeutend mit ↗Neothomismus.

Neutralmonismus: Bezeichnung für den wirklichkeitstheoretischen Standpunkt von ↗Bertrand Russell, dem zufolge die psychische und die physische Wirklichkeit wesensidentisch sind, d. h. die Aufgliederung der an sich „neutralen" Ereignisse oder Vorgänge in seelische bzw. körperliche erst durch nachträgliche gedankliche Bearbeitung erfolgt, und zwar je nachdem, unter welchem Blickwinkel man die als „neutral" erlebten Wirklichkeitselemente betrachtet. – ↗Mach.

New Age („Neues Zeitalter"): rezente, von den USA ausgehende Alternativbewegung im Zeitgeist der ↗Postmoderne; dem nahezu schon absurd breiten Spektrum ihrer Aktivitäten (↗esoterische Praktiken: ↗„transzendentale" Meditation, Bewußtseinstransformation, Rebirthing; ↗Okkultismus, ↗Parapsychologie, Bioenergetik ... von ↗Yoga und Jogging bis Joghurt und Körndlfutter) bleibt als gemeinsamer Nenner nur das mit der „emotionalen Bereitschaft" der Adepten gegebene antirationale Potential: Die „neue Heilslehre, die besondere Erleuchtung verheißt, erhebt als modische „Wende"-Strömung einer „Gegen-Aufklärung" die Forderung, der sezierend-eindimensionalen Rationalität der abendländischen Weltsicht vor dem drohenden ökologischen Crash (Waldsterben, technische Katastrophen) das ganzheitlich-sanfte Lebenskonzept orientalischer Weisheit entgegenzuhalten (↗Eklektizismus, Wissenschaftsskepsis, Fortschrittspessimismus). Auch der unübersehbare „Boom" des Sekten(un)wesens, insbesondere der Jugend-Sekten, und der Rückzug vieler in Mystik und Religion und „zurück zur Natur", ihre Hinwendung zum „Glauben" (bis hin zum primitivsten Teufelsglauben ...) sind nur in diesem Zusammenhang zu verstehen. Auch „in Leibesübungen und Körperverrenkungen glauben manche den Weg zur Vergeistigung gefunden zu haben, der jedoch nur zur Unfruchtbarmachung des Geistes, zur Bewußtseinsverdunkelung, in die Umnachtung führt" (Ernst Kammerer). – ↗Futurologie.

Isaac Newton

Newton, Isaac, 1643—1727: englischer Physiker (Entdecker der Dispersion des Lichtes, des Gravitationsgesetzes: 1666, Begründer einer physikalischen Theorie der Farben und der Optik sowie der ersten mathematischen Theorie der Mechanik, einer „abgeschlossenen", d. h. keiner wesentlichen Verbesserung bedürftigen und auch nicht fähigen Theorie), Mathematiker (neben Leibniz Schöpfer der Infinitesimalrechnung) und Naturphilosoph, der die Forderung erhebt, die analytische (induktive) Methode (empirische Erforschung der Erscheinungen) mit der synthetischen (deduktiven) Methode (mathematische Formulierung der Erkenntnisse) zu kombinieren, und auf den heuristischen Wert der Hypothesen und Gedankenexperimente hinweist, ferner das klassische mathematisch-mechanistische Weltbild der Physik konzipiert und damit dem aristotelisch-mittelalterlichen Weltbild (mit seinen substantiellen Formen und verborgenen Kräften) und der scholastischen Methode endgültig den Todesstoß versetzt (— in diesem Sinne ist sein Forschungsgrundsatz zu verstehen: „Hypotheses non fingo" — „ich fingiere nicht" —), andererseits jedoch aus seiner kosmologischen Auffassung deistisch-theologische Folgerungen zieht, die in scharfem Kontrast zu seinen naturwissenschaftlichen Leistungen stehen. — Hptw.: Philosophiae naturalis principia mathematica, 1687 (vollendet 1684, handschriftlich vorgelegt 1686).

Nichts (das N.): ein gedanklich unvollziehbarer Begriff, unter dem sich eben „nichts" denken läßt; eine logisch unzulässige Substantivierung und ↗Hypostasierung. — ↗Fichte, Hegel, Heidegger, Neuhäusler, Sartre.

Nichtsein: Sprachlogisch bezeichnen Urteile der ↗Negation das „Nichtsein". Nach ↗Hector („Der Satz vom Nichtsein") fehlt den vier Axiomen klassischer Logik ein dem Nichtsein gewidmeter Denksatz. Während jedes Sein verschieden von anderem ist, entfallen innerhalb des Nichtseins jegliche Unterschiede. Das Nichtsein ist ein zur Bestimmung des Seins unentbehrlicher Grundbegriff des Denkens und Urteilens.

Nicolai, Christoph Friedrich, 1733—1811: deutscher Aufklärungsphilosoph, unermüdlicher Kämpfer gegen Orthodoxie, Pietismus, Jesuitenorden und Geheimgesellschaften, Freund ↗Lessings und ↗Mendelssohns, von ↗Goethe verhöhnt und verspottet. - Hptw.: Briefe, den jetzigen Zustand der schönen Wissenschaften betreffend, 1755; Briefe, die neueste Literatur betreffend, 1761 ff., Selbstbiographie, 1806; Philosophische Abhandlungen, 2 Bde., 1808. - Hrsg.: Allgemeine Deutsche Bibiothek, 1765–1806 (268 Bde.)

Nicolaus von Autrecourt, gest. nach 1350: französischer Spätscholastiker, der als Skeptiker unter dem Einfluß Wilhelms v. Ockham an der aristotelischen Metaphysik Kritik zu üben wagte und von der Kirche zum Widerruf genötigt wurde; er gilt als der „mittelalterliche Hume".

Nicolaus von Cues: ↗Cusanus.

Nicolaus von Oresme, ca. 1320—1382: französischer Mathematiker, Physiker und Astronom, von Wilhelm v. Ockham beeinflußter Nominalist, Gegner des Aristotelismus, der Astrologie und des Aberglaubens seiner Zeit, der durch sein Werk „Über Ursprung, Wesen und Umlauf des Geldes" Begründer der Nationalökonomie wurde.

Nicole, Pierre, 1625—1695: französischer Jansenist, der zusammen mit Antoine Arnauld die sogenannte „Logik von Port-Royal" verfaßt hat („La logique ou l'art de penser", 1662). — ↗Jansenismus.

Niebuhr, Reinhold, geb. 1892: deutscher Glaubensmetaphysiker. — Hptw.: Glaube und Geschichte, 1951.

Friedrich Nietzsche

Nietzsche, Friedrich, 1844—1900: deutscher Dichter-Philosoph, der in einer faszinierend bilderreichen und ästhetisch ungemein wirkungsvollen Sprache seine unendlich reiche Gedankenwelt aufbaut, vielleicht das letzte wirklich große philosophische Ereignis. N. sucht stets von möglichst vielen Seiten her in die Probleme einzudringen, beleuchtet jede Erscheinung von den verschiedensten Standpunkten aus und bekennt sich daher in seinen unzähligen geistvollen aphoristischen Formulierungen oft zu scheinbar (!) widerspruchsvollen Werturteilen; deshalb muß man N.s Gesamtwerk kennen, um seine Äußerungen nicht zu mißdeuten, wiewohl es nur einer geistesverwandten Seele gelingen wird, ihn wirklich zu verstehen; daraus erklären sich auch die Widersprüche in der Beurteilung N.s durch die Nachwelt. N. übt an der Dekadenzkultur seiner Zeit unerbittlich Kritik, sucht in feinsinnigen psychologischen Analysen die Ursachen des ↗Nihilismus bloßzulegen, wird dadurch zu einer Kritik am Christentum und seiner Ethik genötigt und fordert von seinem Standpunkt eines immoralistischen Individualismus und einer absoluten Lebensbejahung aus (— das höchste Ja zum Leben, auch zu Leid und Vernichtung, die zum Leben gehören! ↗Ewige Wiederkunft!): eine ↗„Umwertung aller Werte", eine ↗„Herrenmoral", „die ↗„Fernstenliebe" („Pathos der Distanz"!), die Entfaltung des ↗„Willens zur Macht" und das Bekenntnis zum Ideal des ↗„Übermenschen". — ↗Amor fati, Antichrist, Apollinisch, Ästhetizismus, Atheismus, Dionysisch, Dithyrambos, Etatismus, Gott, Geschichte, Intellektualismus, Kulturkritik, Leben, Masse, Mystizismus,

Optimismus, Ressentiment, Sklavenmoral, Tod). — Hptw.: Die Geburt der Tragödie aus dem Geiste der Musik, 1872: — N. erfaßte die griechische Tragödie als Abbild des Daseins, nachdem er in ihr die beiden von Schopenhauer unterschiedenen Seiten der Welt (Wille und Vorstellung) entdeckt hatte: das dunkle (instinktive, dionysische) und das lichte (intellektuelle, apollinische) Element, jenes durch den Chor, dieses durch den Dialog vertreten —; Unzeitgemäße Betrachtungen, 1873—1876 (1. David Strauß, der Bekenner und der Schriftsteller; 2. Vom Nutzen und Nachteil der Historie für das Leben; 3. Schopenhauer als Erzieher; 4. Richard Wagner in Bayreuth); Menschliches-Allzumenschliches, 1878; Morgenröte, 1881; Die Fröhliche Wissenschaft, 1882; Also sprach Zarathustra (4 Teile), 1883—1885; Jenseits von Gut und Böse, 1886; Zur Genealogie der Moral, 1887; Der Fall Wagner, 1888; Götzendämmerung, 1888; hinterlassen: Der Antichrist; Ecce homo; unvollendet: Der Wille zur Macht. Kritische Gesamtausgabe, 3 Bde., 1967 ff. - ↗Barthel, Brandes, Del-Negro, Ewald, Fink, Fischer H., Gast, Gaultier, Gutmann, Hasse, Hausdorff, Heintel E., Holz H. H., Jaspers, Kaulbach, Klages, Marcuse L., Löwith, Noll, Pannwitz, Pfeil, Rée, Reininger, Riehl, Salin, Rohrmoser, Schestow, Schlechta, Siegel, Thirring, Vaihinger, Vetter, Wein, Worringer; Nouvelle Philosophie; Perspektivismus; Selbsterkenntnis; Eros; Heiterkeit, Lachen; Sinn; Zynismus (Sloterdijk); Nationalsozialismus; Kosmodizee.

Nigidius, Figulus, gest. 45 v. Chr.: erster uns bekannter Neupythagoreer, Freund Ciceros.

Nihil est in intellectu, quod nun prius fuerit in sensibus: man kann nichts eher erkennen, als man es wahrgenommen hat (Grundsatz des ↗Sensualismus). Darauf erwidern die ↗Rationalisten (↗Leibniz); nisi intellectus ipse (d. h. mit Ausnahme der ↗ „angeborenen Ideen").

Nihilismus (vom lateinischen Wort für „nichts" = nihil): Standpunkt der Wertverneinung, dem zufolge es als sinnlos erscheint, Werte und Ideale anzuerkennen, sich für sie zu begeistern und sich um ihre Verwirklichung zu bemühen; die Meinung, daß sich nichts lohne, daß alles vergeblich sei; das Bewußtsein der Sinnlosigkeit alles Tuns und Strebens, des Lebens wie des Sterbens, die es sogar nicht lohnt (weder für etwas zu leben, noch für etwas zu sterben). Bereits 1799 hat ↗F. H. Jacobi in einem Brief an ↗Fichte die Tendenzen seiner Zeit mit diesem Begriff charakterisiert, doch kommt dieser Terminus schon 1796, ja 1786 in Büchern vor. Der Nihilismus ist ein Grundzug der ↗Romantik (z. B. im Roman „Nachtwachen des ↗Bonaventura", 1805). Er kann sich bis zur Lebensverneinung sowie zur Neigung des Menschen zur Selbstzerstörung, zur Auslöschung seines Daseins, zum Nicht-Sein, zum Nicht-Mensch-Sein steigern. - ↗Sinn (des Lebens); Améry J., Cioran, Camus, Jünger, Kofler, Kraus W., Nietzsche („Umwertung aller Werte"; Atheismus; Kritik am Nihilismus, dessen Heraufkunft er beschrieben hat), Rauschning, Weber A.

Nikolaus: ↗Nicolaus.

Nil admirari: nichts bestaunen, über nichts sich wundern (nach ↗Plutarch die Antwort des ↗Pythagoras auf die Frage nach dem Ergebnis seines Philosophierens; in der lateinischen Fassung bei Cicero und Horaz).

Nirwana: in der indischen (buddhistischen) Philosophie Bezeichnung für das „Nichts" (wörtlich: Erlöschen). — ↗Buddha, Samsara.

Noack, Hermann, 1895–1977: deutscher Neukantianer im Gefolge Cassirers und Görlands. - Hptw.: Geschichte und System der Philosophie, 1928; Symbol und Existenz der Wissenschaft, 1936; Deutsche Geisteswelt, I, 1952; Die Religionsphilosophie im Gesamtwerk Kants, 1956; Sprache und Offenbarung, 1960; Die Philosophie Westeuropas im 20. Jhdt., 1962, 1975[4]; Allgemeine Einführung in die Philosophie (Probleme ihrer gegenwärtigen Auslegung), 1972.

Noema: Gedanke.

Noesis: Denkakt.

Noetik: Denklehre.

Nohl, Herman, 1879—1960: deutscher Philosoph und Pädagoge, der sich vom Standpunkt ↗Diltheys aus vor allem mit kulturpsychologischen Problemen auseinandersetzt. - Hptw.: Stil und Weltanschauung, 1920; Einführung in die Philosophie, 1935, 1977[8]; Die ästhetische Wirklichkeit, 1935, 1973[4]; Charakter und Schicksal (Eine pädagogische Menschenkunde), 1938, 1970[7]; Die sittlichen Grunderfahrungen, 1939, 1949[3]; Friedrich Schiller, 1954.

Noll, Balduin, 1897—1964: deutscher Rationalist und Pantheist in Rückwendung zu den Vorsokratikern Anaximander, Heraklit und Parmenides. — Hptw.: Kants und Fichtes Frage nach dem Ding, 1936; Das Wesen von Nietzsches Idealismus, 1941²; Das Gestaltproblem in der Erkenntnistheorie Kants, 1946; Der philosophische Mensch in der Entscheidung unserer Zeit, 1948; Philosophie und Politik, 1954; Philosophia rationalis sine fide, 1959.

Nominalismus: Standpunkt im scholastischen ↗Universalienstreit, dem zufolge die Universalien (Allgemeinbegriffe) nicht selbständig (real), sondern nur als Abstraktionen („Namen") existieren (also: post res, d. h. nach den Dingen); z. B. von ↗Roscelinus und ↗Wilhelm von Ockham, von ↗Albert v. Sachsen, ↗Buridan, ↗Nicolaus von Autrecourt und ↗Nicolaus von Oresme (↗Pariser Schule) vertreten. Gegenstandpunkt: ↗Realismus (Begriffsrealismus). – ↗Lakebrink, Spitzer.

Nomos: ↗Gesetz.

Nomothetisch: gesetzbildend. — ↗Naturwissenschaften; Stern A., Windelband.

Nomotheismus: ↗Ziehens religionsphilosophischer Standpunkt, dem zufolge „Gott" mit „Gesetzmäßigkeit überhaupt" identisch ist bzw. als Inbegriff der logischen Gesetzmäßigkeit, der Naturgesetze und der Gesetze des seelischen-geistigen Lebens aufgefaßt werden muß (Trinomismus), da die anthropomorphe Trennung von Gesetz und Gesetzgeber unzulässig ist.

Nonkonformismus: „Nicht-Übereinstimmung" (mit Andersdenkenden), „Nicht-Anpassung" (an andere), prononciert individuell-persönliche Haltung, Einstellung, Meinung.

Non plus ultra: „Nicht darüber hinaus", unüberbietbar, unübertrefflich.

Non scholae, sed vitae discimus: „Nicht für die Schule, sondern für das Leben lernen wir." Umkehrung eines Wortes von ↗Seneca, dessen Epistel 106 mit den Worten schließt: „Wir lernen leider nicht für das Leben, sondern für die Schule."

Noologie (noologisch): ↗Eucken; Gomperz H.

Nordlichter: im 19. Jhdt. übliche Bezeichnung für nach Süddeutschland berufene protestantische Gelehrte aus Mittel- und Norddeutschland — im Gegensatz zu den katholischen (süddeutschen) ↗Ultramontanen.

Normen: Forderungen, denen Wertungen zugrundeliegen. Von absolut gültigen Normen oder einem „unbedingten Sollen" kann ebensowenig die Rede sein wie von absolut gültigen Wertungen und Werten. Allgemein anerkannte Normen sind ebenso wie überindividuelle Wertungen von und für Menschen geschaffen. – ↗Ethik (normative E.), Gesetz, Recht, Wertung.

Notwehrtheorie: ↗Strafe.

Notwendigkeit: ↗Dialektik, Gesetz, Kausalität, Schicksal, Willensfreiheit; Monod.

Nouvelle Philosophie: fortschrittspessimistisch getönte Kritik am totalitären ↗Marxismus, insbesondere an Hegel und Karl Marx selbst, durch junge Pariser Linksintellektuelle, z. B. André Glucksmann (geb. 1937, Sohn emigrierter österreichischer Kommunisten, ehemals Assistent ↗Arons und Freund ↗Sartres; Hptw. in deutscher Übersetzung: „Köchin und Menschenfresser. Über die Beziehung zwischen Staat, Marxismus und Konzentrationslager", 1976; „Die Meisterdenker", 1978; „Philosophie der Abschreckung", 1984; „Die Macht der Dummheit", 1985; „Politik des Schweigens (Hintergründe der Hungerkatastrophe in Äthiopien)", 1987 (gemeinsam mit Thierry Wolton) und Bernard-Henri Lévy (geb. 1948, Hptw. i. d. Ü.: „Die Barbarei mit menschlichem Antlitz", 1977; „Das Testament Gottes", 1980), die sich den ↗Strukturalisten (vor allem ↗Foucault) verbunden fühlen. Ihre Kritik richtet sich insbesondere gegen den „sozialistisch" drapierten bürokratischen Staatskapitalismus des Sowjetsystems, den ↗Leninismus und den ↗Stalinismus, gegen den „Staatsfetischismus" (das staatliche Herrschaftsdenken und den Ruf nach staatlicher Allmacht) von ↗Platon über ↗Fichte, ↗Hegel und ↗Marx bis ↗Mao Tse-tung, gegen ↗Nietzsches ↗„Willen zur Macht" und schließlich gegen das Establishment überhaupt. Hat Glucksmann zunächst nicht nur den Marxismus als totalitäre Ideologie und Praxis, sondern das Systemdenken der genannten „Meisterdenker" überhaupt verabschiedet, so tendiert er nunmehr zum Sozialismus eines Mitterand und redet neuerdings dem atomaren Wettrüsten zwecks Abschreckung das Wort, wobei er im Sinne von „weder rot noch tot" mit der Friedensbewegung und dem „grünen Pazifismus" (z. B. Franz Alt) hart ins Gericht geht.

Numenon (grch.): Gedankending, Idee, Begriff ohne Gegenstand. Gegenbegriff: Phainomenon (Phänomen, Erscheinung, empirischer Gegenstand).

Numenios, 2. Hälfte d. 2. Jhdts. n. Chr.: Neupythagoreer.

Nus (grch.): ↗Geist. Bei ↗Anaxagoras der „Weltgeist", bei ↗Platon und ↗Aristoteles die „denkende Seele" des Menschen (im Gegensatz zur Tierseele), im ↗Neuplatonismus der „Weltgeist".

Nyman, Alf, 1884—1968: schwedischer Psychologe und Philosoph, Positivist, Psychologist. — Hptw.: Psychologismus gegen Logizismus, 1917; Die Antinomien in der Physik des Aristoteles. Eine Kant-Parallele, 1921; Die Raum-Analogien der Logik, 1926; Schema und Schluß. Eine experimentelllogische Untersuchung, 1928; Neue Wege der Psychologie, 1955^6; Probleme und Problemlösungen in der Philosophie, 1945; Das Experiment, seine Voraussetzungen und seine Grenzen, 1952.

O

O: in der Logik das Symbol für eine teilweise verneinende Aussage (z. B. „dieser Hut ist nicht schön").

Oberbegriff (Obersatz): ↗Maior.

Objektiv: nicht vom Menschen geschaffen oder abhängig, sondern: 1. gleichbedeutend mit „gegeben" (z. B. die objektiven Elemente jeder Erkenntnis, die „Tatsachen", d. h. die in den Naturgesetzen enthaltenen Größen sowie die Zeit- und die Raumlage eines Ereignisses); 2. gleichbedeutend mit „objektiv gültig" (sind z. B. objektive ↗Werturteile, die auf Grund einer naturgesetzlichen Beziehung oder infolge logischer Ableitung anerkannt werden müssen). Gegensatz: subjektiv.

Objektiver Geist (besser: objektivierter Geist): gleichbedeutend mit ↗„Kultur", dem seelisch-geistigen Leben der Menschen entsprungen, jedoch objektiviert, d. h. von den schöpferischen Subjekten losgelöst: z. B. Sprachen, Werkzeuge, Maschinen, Sitten und Bräuche, Staatsverfassungen, Wirtschaftsformen, Kunstwerke, philosophische Systeme, wissenschaftliche Theorien, religiöse Dogmen usw. – ↗Freyer; Kultur.

Objektiver Idealismus: eine Modifikation des idealistischen Standpunktes in der Erkenntnistheorie; dem Objektiven Idealismus zufolge ist die Welt als Inhalt (oder sogar Schöpfung) eines überindividuellen (allgemeinen) Bewußtseins oder „Ich" zu denken. Diese Auffassung kann metaphysisch ausgebaut (z. B. im ↗Deutschen Idealismus) oder metaphysikfrei formuliert werden (z. B. in der ↗Immanenzphilosophie). Nachbarstandpunkt: ↗Subjektiver Idealismus. Gegenstandpunkt: ↗Realismus.

Objektivismus: 1. ein erkenntnis- oder werttheoretischer Standpunkt, dem zufolge es objektive Gegebenheiten oder Werte gibt; ↗Gegenstandstheorie (Meinong), Linke; N. Hartmann, Scheler. — 2. In der Ästhetik die Auffassung, daß die Schönheitswirkung eines Gegenstandes ausschließlich seiner Struktur und nicht der Einstellung des Betrachters zuzuschreiben ist (Gegenstandpunkt: ↗Subjektivismus; Vermittlungsstandpunkt: ↗Korrelativismus.

Objektologie: Bezeichnung für den Standpunkt ↗Meinongs (↗Gegenstandstheorie).

Obskurantismus (Obskurantentum): 1. (in weiterem Sinn) gegen klares, kritisches Denken gerichtete Tendenz zur geistigen „Verdunkelung", „Vernebelung", z. B. Hang zum ↗Aberglauben, zum ↗Mystizismus, zur ↗ideologischen Verschleierung u. dgl.; 2. (in engerem Sinn): „Dunkelmännertum" („Dunkelmänner": fanatische Vertreter der Orthodoxie). — Ganz allgemeine Bedeutung: Anti-↗„Aufklärung".

Ockham (Occam), Wilhelm von: ↗Wilhelm v. O.

Ockhams „Rasiermesser"-Prinzip: man darf die zu erforschenden Gegenstände nicht ohne Notwendigkeit vermehren (durch Setzung „überflüssiger Wesenheiten"); ↗principia (n. s. m. p. n.); Wilhelm v. O.

Odebrecht, Rudolf, 1883—1945: deutscher Ästhetiker, der am Positivismus Kritik übt. — Hptw.: Form und Geist (Der Aufstieg des dialektischen Gedankens in Kants Ästhetik), 1930; Ästhetik der Gegenwart, 1932.

Oeser, Erhard, geb. 1938: österreichischer Philosoph, Wissenschaftstheoretiker und -historiker. – Hptw.: Die antike Dialektik in der Spätphilosophie Schellings, 1965; Begriff und Systematik der Abstraktion, 1969; Kepler (Die Entstehung der neuzeitlichen Wissenschaft), 1971; System, Klassifikation, Evolution (Historische Analyse und Rekonstruktion der wissenschaftstheoretischen Grundlage der Biologie), 1974; Die Evolutionstheorie (Geschichte – Argumente – Erklärungen), 1974 (mit Rainer Schubert-Soldern); Wissenschaft und Information (Systematische Grundlagen einer Theorie der Wissenschaftsentwicklung), 3 Bde. (I: Wissenschaftstheorie und empirische Wissenschaftsforschung; II: Erkenntnis als Informationsprozeß; III: Struktur und Dynamik erfahrungswissenschaftlicher Systeme), 1976; Wissenschaftstheorie als Rekonstruktion der Wissenschaftsgeschichte (Bd. 1: Metrisierung, Hypothesenbildung, Theoriendynamik; Bd. 2: Experiment, Erklärung, Prognose), 1979.

Oesterreich, Traugott Konstantin, 1880 bis 1949: deutscher Philosophiehistoriker und Parapsychologe. — Hptw.: Die Phänomenologie des Ich, 1910; Einführung in die Religionspsychologie, 1917; Das Weltbild der Gegenwart, 1920, 1925²; Die Besessenheit, 1921; Grundbegriffe der Parapsychologie, 1921, 1931²; Der Okkultismus im modernen Weltbild, 1921, 1923²; Die philosophische Bedeutung der mediumistischen Phänomene, 1924; IV. u. V. Bd. des ↗ „Überweg", 1923/1928¹².

Oken (ursprünglich Ockenfuß), Lorenz, 1779—1851: deutscher Anatom, Naturphilosoph aus der Schule Schellings, Pantheist, Gründer der „Gesellschaft Deutscher Naturforscher und Ärzte" (1822), der trotz phantastischer Spekulationen manche moderne naturwissenschaftliche Gesichtspunkte ansatzweise vorweggenommen hat. — Hptw.: Übersicht des Grundrisses des Systems der Naturphilosophie, 1803; Die Zeugung, 1805; Abriß des Systems der Biologie, 1805; Über das Universum als Fortsetzung des Sinnessystems, 1808; Lehrbuch der Naturphilosophie, 3 Bde., 1809—1811, 1843³; Lehrbuch der Naturgeschichte, 3 Bde., 1813—1826; Allgemeine Naturgeschichte, 13 Bde., 1833—1841.

Okkasionalisten: z. B. ↗Geulincx, ↗Malebranche, deren okkasionalistischer Auffassung zufolge Körper und Seele nicht aufeinander einwirken, sondern Gott bei jeder „Gelegenheit" die entsprechenden körperlichen und seelischen Vorgänge einander zuordnet.

Okkultismus: („unerklärbar" und „übernatürlich" verwechselnde) Lehre vom „Verborgenen" (z. B. ↗Spiritismus und Hellsehen). — ↗Parapsychologie; Dessoir, Keyserling, Oesterreich, Verweyen.

Ökologie: Erforschung der Beziehungen zwischen Lebewesen und deren Umwelt. - Erstmalig von ↗E. Haeckel als „Wissenschaft von den Wechselbeziehungen zwischen Organismen und ihrer Umwelt" definiert (1886). - ↗Amery C., Huber J., Sachsse.

Ökonomie (Ökonomik): Wirtschaft (Wirtschaftswissenschaft).

Ökonomieprinzip: Prinzip des kleinsten Kraftmaßes, d. h. die Forderung, bei sparsamster Verwendung der Mittel einen größtmöglichen Erfolg zu erzielen. Dieser Forderung entsprechend soll 1. gedacht (↗Mach, ↗Avenarius) und 2. künstlerisch gestaltet werden.

Ökonomistische Geschichtsauffassung (Historischer Materialismus): ↗Dialektischer Materialismus.

Olbers-Paradoxon: Wilhelm Olbers (Bremer Arzt und Astronom: Über die Durchsichtigkeit des Weltraumes, 1823) suchte die Frage zu beantworten, warum der Nachthimmel schwarz ist und uns nicht (wie seiner Meinung nach zu erwarten wäre) aus dem unendlichen All eine Lichtflut, ein glühendes Firmament entgegenstrahlt. Logisch betrachtet, enthüllt sich Olbers' Fragestellung als Sophisma, das er nicht durchschaut, weil er einen falschen, nämlich transfiniten (statt den allein zulässigen: infiniten) ↗Unendlichkeitsbegriff voraussetzt. Physikalisch-astronomisch spricht gegen Olbers' Annahme 1. die Expansion des Universums, 2. die Tatsache, daß die Lichtemissionen der Sterne viel zu gering sind, und 3. der Umstand, daß (— vorausgesetzt ein Alter des Weltalls von 10 Milliarden Jahren —) die Zeit, in der sich Licht im Kosmos wie Sonnenlicht ansammeln könnte, tausend Trilliarden Jahre betragen würde.

Onomatopöie: Herstellung einer Beziehung zwischen Laut und Vorstellung, Transponierung eines Geräusches in die Sphäre menschlicher Artikulation (z. B.: Hund = Wau-Wau; Auto = Töff-Töff), Lautnachahmung, Lautmalerei, inbesondere Nachahmung eines Naturlautes durch ein Wort (z. B. „knirschen"). ↗Figur.

Ontologie: Seinslehre. — ↗Ontologismus, ontologische Differenz.

Ontologische Differenz: von ↗Heidegger inaugurierte Bezeichnung für den von ihm statuierten Unterschied zwischen „Seiendem" und „Sein". — ↗Heintel E. bezeichnet so den Unterschied zwischen empirisch-phänomenalem und metaphysisch-transzendentem „Sein" — in Abhebung von der von ihm so genannten a) „ontischen Differenz" (zwischen verschiedenen empirisch-phänomenalen Seinsarten) und der b) „transzendentalen Differenz" (zwischen Gegenständlichkeit und „Logos", nach sonst üblicher Terminologie zwischen Anschauung und Begriff, auch zwischen empirischer und transzendentaler Betrachtungsweise).

Ontologismus (Ontismus): 1. gleichbedeutend mit „erkenntnistheoretischem Realismus": der erkenntnistheoretische Standpunkt der Metaphysiker (Ontologen), die das „Sein an sich" erkennen wollen. Die entsprechende philosophische Disziplin:

Ontologie (↗Albert K., Diemer, Fink, Hartmann N., Jacoby, Krings, Lehmann, Moser, Pichler, Rombach, Zocher; Reismus). – Gegenstandpunkt: ↗Phänomenalismus. 2. Gleichbedeutend mit ↗Begriffsrealismus.

Ontophänomenologie: ↗Silva-Tarouca.

Onus probandi: Beweislast. — Die Beweislast ist stets von dem zu tragen, der die Existenz einer Gegebenheit oder einer Begebenheit behauptet, nicht jedoch von dem, der sie bestreitet. Daher ist es eine logisch vollkommen ungerechtfertigte Zumutung, z. B. von Atheisten zu verlangen, daß sie ihrerseits zu beweisen hätten, daß es keinen Gott gibt, und sodann, — da eine solche Beweisführung natürlich ebenso unmöglich ist wie ein positiver Gottesbeweis —, zu folgern, daß der Glaube an Gott eben unwiderlegbar und somit eine logisch zwingende Erkenntnis sei, obwohl er lediglich ein Postulat ist. — ↗Glaube, Gottesbeweise.

Oparin, Alexander Iwanowitsch, geb. 1894: russischer Biologe, der vor allem die chemische Evolution präbiologischer Systeme untersucht. — Hptw. (in deutscher Übersetzung): Die Entstehung des Lebens auf der Erde, 1957; Das Leben (seine Natur, Herkunft und Entwicklung), 1963.

Operationalismus: 1. von ↗Bridgman begründeter (auch an ↗Dingler erinnernder) Standpunkt, dem zufolge durch jedes Meßverfahren ein neuer Begriff, eine eigene Größe definiert wird. — 2. Von ↗Rapoport inaugurierte Auffassung.

Oppenheimer, J. Robert, 1904—1967: amerikanischer Physiker, als Philosoph Indeterminist, ab 1943 Leiter des Laboratoriums in Los Alamos, in dem die erste Atombombe (am 6. 8. 1945 über Hiroshima abgeworfene Uran-Bombe) hergestellt wurde. — Hptw. (dt.): Wissenschaft und allgemeines Denken, 1955.

Opposition: A) im allgemeinen Sinn des Wortes: Gegnerschaft. — B) in der Logik: „Entgegensetzung" (d. h. Änderung der Quantität und der Qualität einer Aussage), die bestimmte Folgerungen ermöglicht. Man unterscheidet: a) die kontradiktorische Opposition (quantitative und qualitative Entgegensetzung), die von der Gültigkeit einer Aussage auf die Ungültigkeit der kontradiktorischen Aussage (z. B. wenn a gültig, dann o ungültig) und von der Ungültigkeit einer Aussage auf die Gültigkeit der kontradiktorischen Aussage schließen läßt (z. B. wenn a ungültig, dann o gültig), und zwar deshalb, weil von zwei kontradiktorischen Aussagen nur eine wahr sein kann (wenn z. B. die Aussage „alle Menschen sind sterblich" gilt, dann kann die Aussage „dieser Mensch ist nicht sterblich" nicht gelten); b) die konträre Opposition (qualitative Entgegensetzung bei allgemeinen Aussagen), die von der Gültigkeit einer Aussage auf die Ungültigkeit der konträren Aussage, nicht (!) jedoch von der Ungültigkeit einer Aussage auf die Gültigkeit der konträren Aussage schließen läßt (z. B. wenn die Aussage „alle Menschen sind sterblich" gilt, dann ist die Aussage „kein Mensch ist sterblich" ungültig); c) die subkonträre Opposition (qualitative Entgegensetzung bei partikulären Aussagen), die von der Ungültigkeit einer Aussage auf die Gültigkeit der subkonträren Aussage, nicht (!) jedoch von der Gültigkeit einer Aussage auf die Ungültigkeit der subkonträren Aussage schließen läßt (z. B. da die Aussage „einige Menschen sind nicht sterblich" ungültig ist, muß die Aussage „einige Menschen sind sterblich" gültig sein). Dazu noch eine Übersicht (das „logische Quadrat"):

```
    a     konträr      e
     \               /
   subaltern  kontradiktorisch  subaltern
     /               \
    i    subkonträr   o
```

1. konträre Urteile können nicht beide zugleich wahr, wohl aber zugleich falsch sein; 2. subkonträre Urteile können nicht beide zugleich falsch, wohl aber zugleich wahr sein; 3. kontradiktorische Urteile können nicht beide zugleich wahr, aber auch nicht beide zugleich falsch sein; 4. im Verhältnis der ↗Subalternation stehende Urteile können beide zugleich wahr oder falsch sein.

Optimismus: jene Weltbewertung und Lebenseinstellung, der zufolge das Leben zu bejahen ist und die Welt, wenn schon nicht die beste aller möglichen Welten, so doch eine vollkommene ist (↗Leibniz, ↗Hegel; ↗Theodizee). Ein philosophisch reifer Standpunkt ist der „kritische Optimismus", der sich auf die künftige Welt- und Kulturentwicklung und Lebensgestaltung bezieht und daher auch als Fortschritts- oder Kulturoptimismus bezeichnet wird; er ist die Voraussetzung des Aktivismus (↗Börner). Die Lebenseinstellung des Optimisten ist ↗heiter und weltaufgeschlossen

(↗Schlick; ↗Nietzsches „heroischer Optimismus" des „trotzdem": ↗amor fati; ↗K. Popper: Optimismus ist „Pflicht"!). Ein abgeschwächter Optimismus ist einerseits der ↗Perfektionismus, d. h. der Glaube an die Möglichkeit einer Vervollkommnung des Menschen und die Forderung, sie anzustreben, andererseits der ↗Meliorismus. Gegenstandpunkt: ↗Pessimismus (z. B. ↗Schopenhauer). Im Grunde läßt sich die Welt weder als beste (O.) noch als schlechteste (P.) aller möglichen Welten qualifizieren, da für ein solches Urteil die Erfahrungsgrundlage in Form einer vergleichbaren anderen Welt fehlt. − ↗Aufklärung, Geschichtsphilosophie, Neokonservativismus (Kulturmüdigkeit), Panlogismus (− auch z. B. Alexander Pope, 1688−1744, hielt alles Wirkliche für gut!). − ↗Jodl (Kulturoptimist).

Ordinary-Language-Philosophy: von der Oxforder Schule entwickelte „Philosophie der Umgangssprache"; Ahnherren: ↗Moore, ↗Russell, ↗Wittgenstein; − ↗Ryle, ↗Toulmin und auch ↗Austin bedienen sich in diesem Sinne der Gebrauchssprache zur Neuformulierung der philosophischen Probleme (− und nicht einer künstlichen Sprache −); ihrer Meinung nach verdanken die traditionellen (nicht wissenschaftlich-exakten) Problemstellungen der Philosophie einem Mißbrauch der Sprache ihre Entstehung.

Ordnungslehre: so bezeichnet ↗Driesch die Logik im allgemeinsten Sinn des Wortes.

Organon: „Werkzeug" (des philosophischen Denkens); 1. Bezeichnung der Logik des ↗Aristoteles; — 2. ↗Bacon F. (Novum Organum); — 3. ↗Sprachphilosophie (↗Bühlers „Organon-Modell").

Orgon: von ↗Reich W. eingeführter Begriff.

Origenes, 185—254 n. Chr.: Schüler des Clemens, Lehrer an der Katechetenschule in Alexandria, Gegner der Monarchianer, Apologet, der die erste systematische christliche Dogmatik geschaffen und die ↗Apokatastasis gelehrt hat. Seine negative Einstellung zur Kunst und seine Verständnislosigkeit für die Schönheit der Formen erklärt sich aus seiner asketischen und weltflüchtigen Grundhaltung. Seine theologische Lehre wurde im 6. Jhdt. als nicht-orthodox verworfen.

Ortega y Gasset, José, 1883−1955: spanischer Kulturphilosoph, der an der (für unser Zeitalter charakteristischen) Technisierung, Spezialisierung und Vermassung Kritik übt, den Vorrang des konkreten Lebens gegenüber dem abstrakten Denken betont und einen Weltanschauungsperspektivismus lehrt, dem zufolge die philosophischen Systeme Ausdruck einer bestimmten seelisch-geistigen Einstellung der Welt gegenüber sind, nicht jedoch absolute Wahrheiten enthalten; was Ortega an einer späten Rückkehr zum Glauben allerdings nicht gehindert hat. − Hptw. (in deutscher Übersetzung): Wahrheit und Perspektive (Essays), 1916; Über den Blickpunkt in der Kunst (Essays), 1924; Die Aufgabe unserer Zeit, 1928; Der Aufstand der Massen, 1931, 1977^5; Über die Liebe, 1933; Buch des Betrachters, 1934, 1959^2; Geschichte als System, 1943; Das Wesen geschichtlicher Krisen, 1943; Betrachtungen über die Technik, 1948; Der Intellektuelle und der Andere, 1949; Vom Menschen als utopischem Wesen, 1951; Der Mensch und die Leute, 1957; Was ist Philosophie?, 1962; Eine Interpretation der Weltgeschichte, 1964; Politische Schriften, 1971; Der Prinzipienbegriff bei Leibniz und die Entwicklung der Deduktionstheorie, 1966; Triumph des Augenblicks − Glanz der Dauer, 1983. − Gesammelte Werke, 6 Bde., 1978. − ↗Jugend, Masse; Perspektivismus, Technik.

José Ortega y Gasset

Ostwald, Wilhelm, 1853—1932: deutscher Chemiker und Philosoph, Monist, Empirist und Relativist, Gegner der Mechanisten und der Materialisten, Begründer der „Energetik", der zufolge das Wesen der gesamten (materiellen, psychischen und auch geistigen) Wirklichkeit „Energie" ist. — Hptw.: Die Überwindung des wissenschaftlichen Materialismus, 1895, 1911^2; Vorlesungen über Naturphilosophie, 1902; Grundriß der Naturphilosophie, 1908, 1913^2; Energetische Grundlagen der Kulturwissenschaft, 1908; Die Forderung des Tages, 1910; Der Monismus als Kulturziel,

1912; Der energetische Imperativ, 1912; Die Philosophie der Werte, 1913. – Autobiographie in „Die Philosophie der Gegenwart in Selbstdarstellungen", Bd. IV, 1923.

Wilhelm Ostwald

Ott, Walter, geb. 1942: Schweizer Jurist und Rechtsphilosoph, der sich vor allem um eine sowohl erkenntnis- als auch werttheoretische Fundierung des Rechtspositivismus bemüht und hiebei scharf zwischen axiomatischem und empirischem Denkansatz unterscheidet. — Hptw.: Die Problematik einer Typologie im Gesellschaftsrecht, 1972; Der Rechtspositivismus (Kritische Würdigung auf der Grundlage eines juristischen Pragmatismus), 1976.

Otto, Rudolf, 1869—1937: deutscher evangelischer Theologe, der in seiner irrationalistischen Religionsphilosophie die religiöse Vorstellungswelt als eine Wirklichkeit besonderer Art auffaßt, Gott für rational unerkennbar, jedoch der unmittelbaren gefühlsmäßigen Schau zugänglich hält und den Begriff des „Heiligen" (des persönlich aufgefaßten „Göttlichen") in das Numinosum, Tremendum und Fascinosum aufspaltet. – Hptw.: Naturalistische und religiöse Weltansicht, 1904, 1929³; Religionsphilosophie, 1909, 1921²; Das Heilige (Über das Irrationale in der Idee des Göttlichen und sein Verhältnis zum Rationalen), 1917, 1979³⁷; West-Östliche Mystik (Vergleich und Unterscheidung zur Wesensdeutung), 1926, 1971³; Rabindranath Tagores Bekenntnis, 1931; Reich Gottes und Menschensohn, 1934, 1954³; Freiheit und Notwendigkeit, 1940; Aufsätze zur Ethik, 1981.

Owen, Robert, 1771—1858: englischer Textilfabrikant, Sozialreformer, neben Fourier und Saint-Simon ein Hauptvertreter des „utopischen" Sozialismus und einer der Begründer der Gewerkschafts- und Genossenschaftsbewegung. Schon 1833 (!) erklärt er den achtstündigen (!) Arbeitstag für maximal zumutbar. Er vertritt die Milieutheorie, der zufolge das soziale Milieu eines Menschen für seine Charakterbildung verantwortlich ist. O. lehnt den Kirchenglauben ab und versucht, eine rationalisierte Religion zu verbreiten. — Hptw.: A New View of Society, 1812; Essays on the Formation of Human Character, 1813; Oberservations on the Effects of the Manufacturing System, 1813; Social System, 1826.

Oxforder Schule: 1. ↗Grosseteste. — 2. ↗Ordinary-Language-Philosophy.

Oxýmoron („**spitz-stumpf**"): Verbindung entgegengesetzter Begriffe zur Einheit einer Vorstellung, z. B. „kluger Narr", „beredtes Schweigen", „tönendes Schweigen" (R. Wagner), „dröhnende Stille", „sprühende Langeweile"; als logischer Widerspruch sinnlos, als poetische Figur jedoch ein wertvolles Stilmittel. ↗Contradictio in adiecto (Widerspruch in der Beifügung).

P

P: In der Logik Bezeichnung für den Prädikatsbegriff einer Aussage.

Packard, Vance, geb. 1914: amerikanischer Sozialpsychologe und Gesellschaftskritiker. — Hptw. (in deutscher Übersetzung): Die geheimen Verführer, 1958; Die unsichtbaren Schranken, 1959; Die große Verschwendung, 1961; Der Mensch im Affen, 1963; Die große Versuchung (Der Eingriff in Leib und Seele), 1976.

Palágyi, Melchior, 1859—1925: ungarischer Philosoph (später in Darmstadt), Vitalist, „Lebensphilosoph", der die „biozentrische Intuition" höher schätzt als die logozentrische (verstandesmäßige) Erkenntnismethode, die er für außerstande hält, das kontinuierliche Lebensgeschehen zugänglich zu erfassen. Der Raum wird nach P.s Auffassung von der Zeit hervorgebracht, „fließt" also auf der Zeitkoordinate dahin. — Hptw.: Neue Theorie des Raumes und der Zeit (Die Grundbegriffe einer Metageometric), 1901; Der Streit der Psychologisten und Formalisten in der modernen Logik, 1902; Die Logik auf dem Scheideweg, 1903; Naturphilosophische Vorlesungen über die Grundprobleme des Bewußtseins und des Lebens, 1908, 1924²; Theorie der Phantasie, 1908; Wahrnehmungslehre, 1925; Zur Weltmechanik, 1925. Ausgewählte Werke, mit einer Einführung in P.s Philosophie von L. Klages, 3 Bde., 1924/25. — ↗Palágyische Welt.

Palágyi'sche Welt: vierdimensionale Raum-Zeit-Mannigfaltigkeit xyzl (l = ict; i = $\sqrt{-1}$; c = Lichtgeschwindigkeit, t = verflossene Zeit).

Palingenesis: Wiedergeburt, Seelenwanderung.

Pampsychismus (Panpsychismus): Lehre von der Allbeseelung. – ↗Fechner, James, Rensch; Spiritualismus.

Panaitios, etwa 185—110 v. Chr.: griechischer Philosoph der mittleren Stoa, der am Fortleben der Seele nach dem Tode zweifelt und Mantik und Mystik ablehnt.

Panästhetizismus: ↗Ästhetizismus, Bovarismus; Gaultier, Roretz, Schelling.

Panazee: Allheilmittel.

Pandit: ↗Indische Philosophie.

Panentheismus: All-in-Gott-Lehre; religionsphilosophischer Standpunkt, dem zufolge das Göttliche nicht ganz in allem ist, wohl aber alles ganz in ihm ruht. — ↗Pantheismus: Krause.

Panlogismus: Geist als Grundprinzip alles Seienden, Identität von Denken und Sein. — ↗Hegel, Leibniz, Pannwitz; Optimismus.

Pannwitz, Rudolf, 1881—1969: deutscher Dichter und Kulturphilosoph, Panlogist, der an der Religion und der Metaphysik Kritik übt und im Gefolge Nietzsches und Stefan Georges die „Überreligion" eines neuen Humanismus zu begründen sucht. — Hptw.: Die Krisis der europäischen Kultur, 1917; Neuausgabe, 1947; Kosmos atheos, 2 Bde., 1926; Die Freiheit des Menschen, 1926; Trilogie des Lebens, 1929; Logos, Eidos, Bios, 1931; Lebenshilfen, 1938; Beiträge zu einer europäischen Kultur, 1954; Gilgamesch und Sokrates (Titanentum und Humanismus), 1966; Das Werk des Menschen, 1968.

Panprotopsychismus (panprotopsychischer Identismus): ↗Rensch; Identismus, Pampsychismus.

Pansexualismus: Überschätzung der Bedeutung der Sexualität (gegen die Psychoanalytiker erhobener Einwand, die um jeden Preis versuchen, bei jeder psychischen Störung sexuelle Verdrängungen und Ödipus-Komplexe aufzudecken); — ↗Eros; W. Reich.

Pansomatismus: Standpunkt ↗Kotarbinskis (Somatismus).

Panspermie: Verbreitung von Lebenskeimen im Weltall; kosmozoische Hypothese von ↗Arrhenius (durch Strahlungsdruck); auch schon bei ↗Helmholtz (durch Meteoriten). Neueste Untersuchungen haben ergeben, daß Bakterien-Sporen auch im extrem lebensfeindlichen Weltraum (Hochvakuum, UV-Strahlung, −263 °C) noch nach 4,5 – 45 Millionen Jahren lebensfähig sein könnten. - ↗Abstammungslehre; Hoyle, Schultz.

Pantelismus: Annahme einer universalen ↗Teleologie (das gesamte Weltgeschehen verläuft zielstrebig und zweckbezogen), extremer ↗Teleologismus.

Pantheismus: Allgottlehre, Identifikation der als unpersönlich gedachten Gottheit mit dem Weltall (Aufhebung des persönlichen Verhältnisses zwischen Gott und Mensch). Wird Gott als All aufgefaßt, so spricht man auch von Theopanismus; wird das All vergöttlicht, so geht der Pantheismus in einen „Naturalismus bzw. ↗Atheismus über (daher hat z. B. ↗Schopenhauer den Pantheismus als „höflichen Atheismus" bezeichnet). Der Ausdruck „Pantheismus" wurde von ↗Toland (1705) eingeführt. Pantheisten: ↗Xenophanes, die ↗Eleaten, ↗Amalrich von Bennes, ↗David von Dinant, ↗Caesaplin, ↗Bruno, ↗Spinoza (naturalistischer Pantheismus: Gleichsetzung von Gott und Natur), ↗Herder und ↗Goethe (vitalistischer Pantheismus: „Was wäre ein Gott, der nur von außen stieße, im Kreis das All am Finger laufen ließe! Ihm ziemts, die Welt im Inneren zu bewegen, Natur in Sich, Sich in Natur zu hegen ..."), ↗Schelling (identistischer Pantheismus: Wesensidentität von Geist und Natur), ↗Oken, ↗Hegel (spiritualistischer Pantheismus: Gott als Weltgeist aufgefaßt), ↗Schleiermacher (anthropologischer Pantheismus, auch Panentheismus). — ↗Johannes Scotus Eriugena, Haeckel, Noll.

Panthelismus: Allwillenslehre (↗Schopenhauers metaphysische Auffassung).

Pap, Arthur, 1921—1963: amerikanischer Erkenntnistheoretiker, Mitbegründer der „Analytischen Philosophie". — Hptw.: Analytische Erkenntnistheorie, 1955.

Paracelsus

Paracelsus. (Theophrastus Bombastus von Hohenheim), 1493—1541: deutscher Arzt und Philosoph, der am traditionsgebundenen Autoritätsglauben in der Medizin Kritik übt, die empirische Erforschung der Krankheiten des menschlichen Körpers fordert, im allgemeinen aber doch auf dem vitalistischen Standpunkt steht und den Menschen (Mikrokosmos) als ein Abbild der Natur (des Makrokosmos) deutet, in der alles mit allem in sinnvoller Wechselbeziehung steht. — W.: Opera, 10 Bde., (z. B. Philosophia magna; De fundamento sapientiae), 1589—1591. — ↗Kolbenheyer, Weinhandl.

Parádigma: Beispiel, Muster, Vorbild.

Paradox: (scheinbar) widersinnig.

Parádoxon: eine der Erwartung entgegengesetzte Verknüpfung einander widersprechender Vorstellungen (z. B.: „Es gibt keinen Gott, und Jodl ist sein Prophet": von ↗Müllner auf den ↗Monismus ↗Jodls gemünztes Bonmot); auch: Verbindung widerspruchsvoller Vorstellungen im Kausalverhältnis. — Paradoxien (Parádoxa) signalisieren ebenso wie ↗Aporien und ↗Sophismen nur scheinbar ein Versagen unserer Denkkraft. Sie lassen sich mit Hilfe folgender Überlegungen auflösen: 1. Niemals darf ein Begriff auf sich selbst bezogen werden, denn dadurch verliert er seinen Sinn (z. B. ist der Begriff des Blauen nicht selbst wieder blau: ein sinnloser Bezug!); Beispiele: ↗Mendax (der „Lügner": „ich lüge jetzt!"; doch das als wahr oder unwahr Ausgesprochene muß damit noch nicht wahr oder unwahr sein; subjektive Redlichkeit bedeutet noch nicht objektive Gültigkeit; ein geäußertes Urteil ist noch nicht ein beurteiltes); ↗Antistrephon; ↗Mengenlehre (Begriff einer Menge, die sich selbst als Glied enthält); ↗Probabilismus (wie viele theologische Gewährsmänner sind nötig? Einer genügt: denn das lehren mehr als zwanzig Moraltheologen; — autoritative Begründung des allgemeinen und übergeordneten Satzes, daß im Einzelfall durch Rekurs auf eine Autorität zu entscheiden sei); weitere Beispiele für solche Trugschlüsse: der Dorfbarbier, der alle Leute rasiert, die nicht selbst rasieren (nun kann er weder sich selbst noch nicht sich selbst rasieren: der Begriff auf sich selbst zurückbezogen; der Begriff sagt aber nichts über sich selbst); ↗Mill: keine Regel ohne Ausnahme; das ist selbst eine Regel, also eine Regel ohne Ausnahme; ↗Külpe: Unwahrscheinliche Ereignisse sind häufig: was häufig ist, ist wahrscheinlich, also sind unwahrscheinliche Ereignisse wahrscheinlich. — 2. Feststellung des genauen Sinnes einer Aussage, z. B. zur Klärung folgender Scheinprobleme: Priorität von Ei oder Huhn? Was bewegt sich früher: der Finger oder das Wasser? ↗James: Zwei Eichhörnchen laufen „herum"? — 3. Zerlegung des scheinbar unlösbaren Problems in Teilfragen; Beispiele: Paradoxie der ↗Kausalität („Ursache-Wirkung" zur Erklärung des Wirklichkeitsgeschehens im Einzelfall; damit dieses Prinzip aber anwendbar werde, ist es notwendig, die Einzelfälle dieser Wirklichkeit vorher umzumodeln, bis sie ihren individuellen Charakter ganz verloren haben; — beides eben Hand in Hand!); ↗Rensi: Paradoxie der ästhetischen Beziehung in der Kunsterziehung (vorgegebene individuelle Einstellung nötig, damit Erziehung möglich werde; — wieder beides Hand in Hand!). — 4. Vermeidung einer Verwechslung von gedanklicher Stetigkeit und Unstetigkeit des äußeren Naturgeschehens; Beispiele: ↗Achilleus; ↗Pfeil; Tristram Shandy (Laurence Sterne) kann nie mit der Autobiographie fertig werden (— an einem Punkte doch durchaus möglich). — Zum Verhältnis von Paradoxie und Leben: die Paradoxie ist a) kein Verfallssymptom (obwohl die Paradoxie mitunter lähmend auf die Denkkraft des Hörers wirkt), vielmehr b) ein biologisches Plus (— bloß darf die Paradoxie nicht in sich selbst ruhen: das erkenntnistheoretisch-ästhetische Moment muß, wie in der Antike, im Vordergrund stehen oder das edelste Pathos im Hintergrund wie beim dekadenzfeindlichen Nietzsche); c) das ewige, bornierte Behagen an der Paradoxie hingegen ist als pathologisch zu qualifizieren, denn der Sprung über den eigenen Schatten ist noch niemandem geglückt. — ↗Fangschlüsse; Bloch, Bolzano; Olbers-P., Paralogismus.

Paralipómena: Nachträge, Ergänzungen. — ↗Schopenhauer.

Parallelismus (psychophysischer): die brauchbarste Lösung des Psychophysischen Problems, der zufolge seelische und körperliche Vorgänge einander gesetzmäßig zugeordnet sind und „parallel" verlaufen, ohne sich gegenseitig zu beeinflussen; eine heute allgemein akzeptierte (nur von den „Seelenmetaphysikern" abgelehnte) Auffassung, die (von der erkenntnistheoretischen Problematik abgesehen; ↗Psychologismus: 1; ↗Leib-Seele-Problem) zumindest eine brauchbare Arbeitshypothese für die „analytische" und die „physiologische" Psychologie — im Gegensatz zur alten Vermögenspsychologie (Annahme einer ↗Seele und besonderer Seelenvermögen) — darstellt. — Gegenstandpunkt: ↗Wechselwirkungslehre.

Paralogismus: 1. Fehlschluß; Denkfehler. — 2. ↗Kant nennt jene Fehlschlüsse, die zur Annahme einer immateriellen unsterblichen ↗Seele führen: „Paralogismen der reinen Vernunft" (Fehlschlüsse der rationalen Psychologie).

Parapsychologie: Forschungszweig der Psychologie; Untersuchung vermeintlich „übersinnlicher" Phänomene (der „außersinnlichen Wahrnehmung", ASW: Clairvoyance = Hellsehen; Telepathie = Gedankenlesen; Präkognition = Vorausschau; Psychokinese = Bewegung von Gegenständen durch seelische Kräfte; Serialität und Synchronizität = serielle und synchronistische Koinzidenzen). Während z. B. ein Janet sich mit größter Zurückhaltung (und schließlich negativem Ergebnis) an der parapsychologischen Forschung beteiligt hat, trat in Deutschland vor allem Schrenck-Notzing als geradezu „gläubiger" Parapsychologe hervor. Auch Spiritismus und Okkultismus gehören in diesen Zusammenhang. — ↗Ektoplasma, Kristallsehen, Kryptästhesie, Levitation, Materialisation, Medium, Psi, Telekinese, Xenoglossie; Dessoir, Driesch, Koestler, Oesterreich. — Bestfundierte Kritik: Wilhelm Gubisch, Hellseher — Scharlatane — Demagogen, 1961. — ↗Gleichförmigkeit.

Pareidolie: ↗Vorstellung.

Parenthese: Einschiebung eines Nebengedankens in der Form eines selbständigen Hauptsatzes.

Párerga: Nebenwerke, kleinere Schriften. — ↗Schopenhauer.

Pareto, Vilfredo Federigo, 1848—1923: italienischer Wirtschaftspolitiker, Soziologe und Staatsphilosoph, der nachzuweisen versucht, daß ausschließlich die „Eliten" den Gang der Geschichte bestimmen, während die „Masse" passiv sich ihrer Führung anvertraut. P. weist darauf hin, daß die Menschen meist unlogisch-instinktiv handeln und erst im nachhinein durch Scheinbeweise (in Form von Weltanschauungen, Mythen, Religionen, politischen Theorien usw.) ihre Handlungsweise zu rechtfertigen suchen. P. verachtet Christentum, Demokratie und Humanitätsideal als Symptome politischer Schwäche und verherrlicht, unter dem Einfluß Machiavellis, die Politik der Stärke und Gewalt (dadurch ein Wegbereiter des „Faschismus" geworden). — Hptw.: Tratato di sociologia generale, 2 Bde., 1916, 3 Bde., 1923, dt.: Geist und Gesellschaft (Ausw.), 1955, u. d. T.: System der Allgemeinen Soziologie, 1962; Ausgewählte Schriften, 1976.

Pariser Schule: nominalistische Ockhamisten-Schule im 14. Jhdt., deren Denker (↗Albert v. Sachsen, Buridan, Nicolaus v. Autrecourt, Nicolaus v. Oresme) bereits gewisse Aspekte der neuzeitlichen Physik und Himmelsmechanik vorweggenommen haben. – ↗Wilhelm v. Ockham; Nominalismus.

Parkinson-, Paturi-, Peter-Effekte: (miteinander verwandte sozialpsychologische Erscheinungen, benannt nach den betreffenden Autoren, der Einfachheit halber hier unter einem Stichwort zusammengefaßt): 1. Ungehemmtes Streben von Institutionen, Organisationen, Ämtern usw. nach Expansion, nach Selbstvergrößerung durch bedenkenlose Vermehrung des Personals, und zwar ganz unabhängig davon, ob dies an sich notwendig ist, ja vor allem gerade dann, wenn kein objektiver Grund hiefür besteht, so daß sich im Extremfall dieser vollkommen ungerechtfertigterweise aufgeblähte „Apparat" mangels wirklicher Aufgaben nur mehr selbst verwaltet und seine Existenzberechtigung nachzuweisen sucht, indem die Arbeit in den Behörden so lange ausgedehnt wird, bis sie die zur Verfügung stehende Zeit ausfüllt (1955 veröffentlichtes Parkinson-Gesetz). – 2. Es kommt kaum vor, daß jemand auf der Leiter des beruflichen Vorwärtskommens und damit des sozialen Aufstiegs zurückfällt; auch wenn er keine entsprechenden Leistungen erbringt, wird er automatisch vorwärts geschoben, „fällt" er immer wieder „hinauf", auch wenn dies nicht gerechtfertigt ist (Paturi: Der Rolltreppeneffekt). – 3. Diese automatischen „Beförderungen" haben nicht selten zur Folge, daß jemand, der sich in seiner letzten Funktion noch durchaus bewährt hat, schließlich in eine Position gehoben wird, die ihn überfordert, in der er aber versagt, aus der er aber nicht mehr zu entfernen ist (Peter-Prinzip). – Das Endergebnis aller dieser Entwicklungen ist jedenfalls die totale Ineffizienz.

Parmenides, etwa 540—480 v. Chr.: Haupt der griechischen Philosophenschule von Elea (in Unteritalien), Rationalist, der überzeugt ist, daß „die Sinne täuschen, während das Denken niemals trügt", und sich zum Substantialismus bekennt, indem er im Gegensatz zu Heraklit lehrt, daß die Wirklichkeit an sich weder Veränderung noch Bewegung zeigt, sondern sich im Zustand der Ruhe befindet, daß es im Grunde kein Werden, sondern nur ein „Sein" gibt, während Bewegung und Veränderung uns nur durch unsere Sinne vorgetäuscht werden: das „wahre Sein" ist unbeweglich, unveränderlich, unzerstörbar und ewig. (Zur Stützung dieser metaphysischen Ansicht hat P.' Schüler Zenon seine berühmt gewordenen ↗Fangschlüsse formuliert.) – ↗Riezler.

Paronomasie (Annominatio): Wortfigur, Wortspiel (z. B. „betrogener Betrüger"), Steigerung des sprachlichen Ausdrucks durch syntaktische Mittel, hyperbolisch-potenzierende Wortfolgen wie „Buch der Bücher" (Bibel), „König der Könige" (Jesus Christus), „Berg der Berge" (K2).

Pars pro toto: stilistischer Tropus, bei dem ein „Teil" „für" „das Ganze" steht (z. B.: „Bonn" für „BRD"). – ↗Synekdoche.

Parsismus: aus der Lehre ↗Zarathustras entwickelte Religion, ein ethisch akzentuierter Monotheismus. – ↗Avesta.

Partikulär: ist eine besondere, spezielle (im Gegensatz zu einer allgemeinen) Aussage (z. B. „dieses Bild ist schön").

Partitio: „Einteilung", d. h. Umschreibung des Inhaltes eines Begriffes (↗Definition).

Parusie: Gegenwärtigkeit, Anwesenheit der ↗„Ideen" in den Dingen. — ↗Platon; Methexis.

Blaise Pascal

Pascal, Blaise, 1623—1662: französischer Mathematiker (einer der Begründer der Wahrscheinlichkeitsrechnung) und Philosoph, ein zwiespältiger Geist, der einerseits großes Interesse an den neuen mechanistisch-naturwissenschaftlichen Erkenntnissen seiner Zeit zeigt, andererseits seiner tragischen Weltanschauung sowie seinem pessimistischen Zweifel an der Macht des menschlichen Geistes und am ethischen Wert des Menschen in blendenden Formulierungen Ausdruck verleiht und in die tiefsten Abgründe eines religiösen Irrationalismus hinabsteigt („Das menschliche Herz ist so geschaffen, daß es ein Vakuum bleibt, wenn es nicht der lebendige Gott ausfüllt" — „Knie nieder, und du wirst glauben"). — Hptw.: Lettres à un Provincial („Les provinciales"), 1656/57; Pensées sur la religion, 1669 (Nachlaß). – ↗Geschichtsphilosophie; Guardini; Pascals „Wette".

Pascals „Wette": Wir wissen nicht, ob es Gott gibt; Vernunftgründe sprechen nicht für seine Existenz, doch kann sie durch den beschränkten menschlichen Verstand auch nicht mit absoluter Sicherheit ausgeschlossen werden. Wie sollen wir uns also der christlichen Lehre gegenüber verhalten? Sollen wir an Gott glauben? — Nach den Regeln der Klugheit sollte man sich für die Existenz Gottes und für einen Lebenswandel in christlicher Tugend entscheiden, da der Glaube an Gott mit dem Gewinn „unendlich vieler, unendlich glücklicher Leben" verbunden ist, also die ewige Seligkeit winkt, wenn es Gott gibt; sollte es Gott aber nicht geben, so wäre mit dem Glauben an seine Existenz jedenfalls nichts verloren. — ↗Pascal.

Pasch, Moritz, 1843—1930: deutscher Mathematiker, der sich auch mit wissenschaftstheoretischen Grundlagenfragen der Mathematik auseinandergesetzt hat. — Hptw.: Vorlesungen über neuere Geometrie, 1882, 1926^2; Grundlagen der Analysis, 1909; Veränderliche und Funktion, 1914; Mathematik und Logik, 1919, 1924^2; Die Begründung der Mathematik und die implizite Definition, 1920; Die Begriffswelt des Mathematikers in der Vorhalle der Geometrie, 1922; Mathematik am Ursprung, 1927.

Pathempirismus: erkenntnistheoretischer Standpunkt ↗H. Gomperz'.

Pathogon: von ↗Stöhr eingeführte Bezeichnung für metaphysische Begriffsdichtungen, die nicht theoretischen Überlegungen und logischem Denken, sondern Gefühlen, Wünschen und seelischen Bedürfnissen ihr Dasein verdanken (Metaphysik des leidenden Gemütes).

Patočka, Jan, 1907–1977: tschechischer Philosoph, Phänomenologe. – Hptw. (dt.): Die natürliche Welt als philosophisches Problem, 1937, 1970^2; Ausgewählte Schriften, auf 5 Bde. angelegt: Bd. I (Kunst und Zeit – Kulturphilosophische Schriften), 1987; Bd. II (Ketzerische Essays zur Philosophie der Geschichte), 1988.

Patripassianismus: Überzeugung, daß sich Gott-Vater selbst in Christus am Kreuz dem Leiden und Sterben unterworfen und geopfert hat. – ↗Sabellius.

Patristik: die von der griechischen Philosophie stark beeinflußte Philosophie der Kirchenväter. — ↗Altchristliche Philosophie.

Patritius (Patrizi) Franciscus, 1529–1597: italienischer Neuplatoniker und Spiritualist, der das „Licht" für das Medium der Wechselwirkung zwischen „reinem Geist" und Weltseele sowie zwischen Weltseele und Körperlichkeit hält. – Hptw.: Discussiones peripateticae, 1581^2; De rerum natura, 1587; Nova de universis philosophia, 1591.

Patzig, Günther, geb. 1926: deutscher Logiker, Sprachphilosoph und Ethiker. — Hptw.: Die aristotelische Syllogistik, 1959, 1969^3; Sprache und Logik, 1968; Ethik ohne Metaphysik, 1971; Der Unterschied zwischen subjektiven und objektiven Interessen und seine Bedeutung für die Ethik, 1978. – ↗Frege.

Pauli-Prinzip: von Wolfgang Pauli (geb. 1900 in Wien; hat 1931 die Existenz des Neutrinos postuliert, das erstmals 1956 indirekt — in seiner Wirkung — beobachtet wurde; Nobelpreis 1945; gest. 1958 in Zürich) formuliertes quantentheoretisches Prinzip („Ausschließungsprinzip", „Pauli-Verbot"), dem zufolge zwei Elektronen, die sich im gleichen (statistisch-quantenmechanischen) Bahnzustand befinden, einander entgegengesetzte Spin-Richtungen haben müssen (Spin = Eigenrotation der Elektronen): Zwei gleiche Partikel mit der Eigenschaft „½ Spin" (z. B. Elektronen oder Quarks) können nicht denselben quantenmechanischen Zustand einnehmen; in einem neutralen Atom können nicht zwei Elektronen den gleichen Satz an Quantenzahlen haben, d. h. nur ein einziges Elektron kann eine „Umlaufbahn" innerhalb des Atoms zu einem gegebenen Zeitpunkt besetzen; innerhalb eines Atoms darf kein Elektron mit einem anderen in allen seinen vier Quantenzahlen übereinstimmen, woraus u. a. die Zahl der Elemente in den Perioden des Periodischen Systems erklären läßt. – Allgemein-logische Formulierung: Zwei Dinge können nicht zur selben Zeit denselben Platz einnehmen. – W. Pauli: Physik und Erkenntnistheorie, 1984.

Paulsen, Friedrich, 1846—1908: deutscher Philosoph und Pädagoge, der unter dem Einfluß Spinozas, Kants, Schopenhauers, Lotzes, Wundts und Fechners eine „Kritische Metaphysik" entwickelt, der zufolge hinter der materiellen Erscheinungswelt eine geist- und willensbegabte, zweck- und sinnsetzende Macht, ein göttliches All-Leben anzunehmen ist. In seiner Ethik lehrt P. einen neuhumanistischen, sozial getönten Perfektionismus, indem er die Vervollkommnung der von sozialem Verantwortungsgefühl durchdrungenen Einzelpersönlichkeit (auch in ihrem eigenen Interesse) fordert. — Hptw.: Was uns Kant sein kann? (Aufsätze), 1881; System der Ethik (mit einem Umriß der Staats- und Gesellschaftslehre), 2 Bde., 1889, 1921¹²; Einleitung in die Philosophie, 1892, 1929⁴²; Immanuel Kant (sein Leben und seine Lehre), 1898, 1924⁷; Philosophia militans (gegen Klerikalismus und Naturalismus), 1908⁴; Geschichte des gelehrten Unterrichts, 1895²; Aus meinem Leben, 1909. — ↗ Voluntarismus.

Friedrich Paulsen

Pauperismus: allgemein verbreitete Armut des Proletariats, Massenelend infolge Arbeitslosigkeit usw.; Symptom bestimmter Entwicklungsphasen und -formen des Kapitalismus, verursacht durch dessen systemimmanente Schwächen; heute vor allem in den Entwicklungsländern zu beobachten. — ↗ Sozialismus.

Pazifismus: Friedensgesinnung. – ↗ Kosmopolitismus (Internationalismus), Friede, Nouvelle Philosophie (Glucksmann); Flechtheim („Zivilisten aller Länder vereinigt euch gegen die Militärs!"), Foerster, Kraus O., Krause, Scheler.

Peano, Giuseppe, 1858—1932: italienischer Mathematiker und Logistiker, der vor allem durch seine axiomatische Begründung der Arithmetik und den Versuch, die Mathematik auf Logik zurückzuführen, bekanntgeworden ist. — Hptw.: Calcolo Geometrico, 1888; Arithmetices Principia 1889; Formulaire des Mathématiques, 1894 bis 1908.

Peirce, Charles Sanders, 1839—1914: nordamerikanischer Philosoph, der den Begriff ↗ „Pragmatismus" eingeführt hat (1878); unter Pragmatismus versteht P. jene erkenntnistheoretische Auffassung, der zufolge die praktischen Konsequenzen, die sich aus der Einführung eines Begriffes ergeben, den Wert und die Bedeutung dieses Begriffes bestimmen. — ↗ Fallibilismus, Tychismus. — Hptw.: Studies in Logic, 1883; Collected Papers of Ch. S. Peirce, 1931; The Philosophy of Peirce. Selected Writings, 1940; Lectures on Pragmatism (dt.: Vorlesungen über den Pragmatismus), 1973. — Deutsche Ausgaben: Die Festigung der Überzeugung (und andere Schriften), 1967 (herausgegeben von Elisabeth Walther); Über die Klarheit unserer Gedanken, 1968, 1985³; Graphen und Zeichen (Prolegomena zu einer Apologie des Pragmatizismus), 1971; Schriften zum Pragmatismus und Pragmatizismus, 1976; Phänomen und Logik der Zeichen, 1983. – ↗ Apel K.-O.

Pelagianismus: theologische Lehre des britischen Mönches Pelagius (gest. 418), der an der Erbsünden-, Gnaden- und Erlösungslehre des ↗ Augustinus Kritik übt und dem Menschen die Willensfreiheit zuspricht, sich persönlich für das Gute oder das Böse zu entscheiden, also die natürlichen Kräfte des Menschen für ausreichend zur Erlangung der ewigen Seligkeit hält. (Der Pelagianismus wurde von der Kirche verurteilt, da er den Wert der kirchlichen Gnadenmittel in Frage stellt; Neupelagianer war z. B. ↗ Abaelard (Betonung der Kraft des freien sittlichen Wollens).

Peratologie: von ↗ Ardigò geprägter Terminus für den allgemeinen Teil der Philosophie (gegenüber den philosophischen Einzeldisziplinen).

Perfektionismus: Vervollkommnungslehre, der zufolge das Ziel ethischen Strebens in der Entwicklung bestimmter Fähigkeiten zu größtmöglicher Vervollkommnung bestehen soll. Da der Begriff „Vollkommenheit" vieldeutig ist, gibt es verschiedene perfektionistische Standpunkte, z. B. den der ↗ Renaissance-Philosophen (der „uomo universale", d. h. die allseitig gebildete Persönlichkeit als Idealtypus), die Lehre ↗ Nietzsches vom „Übermenschen", die christliche Forderung, in der „Nachfolge Christi" zu leben u. a. — ↗ Optimismus.

Periëchontologie: ↗ Jaspers' metaphysische Lehre vom „Umgreifenden" (von den „Periëchonta").

Peripatetiker: Angehörige der von ↗ Aristoteles gegründeten „Peripatetischen Schule", also Schüler des Aristoteles, vermut-

Periphrase

lich nach einem „Wandelgang" benannt, in dem sie studierten (und nicht, wie früher angenommen, weil der Unterricht „im Umhergehen" stattgefunden hat); z. B. ↗Theophrastos, Aristoxenes, Dikaiarchos.

Periphrase: stilistischer ↗Tropus der „Umschreibung" (z. B.: „... das Land, wo die Zitronen blüh'n").

Perissologie: stilistische Figur der Häufung ↗synonymer Wörter. Zum Unterschied vom ↗Pleonasmus mit Absicht eingesetzes Stilmittel zwecks Hervorhebung und Betonung einer Vorstellung.

Ralph Barton Perry

Perry, Ralph Barton, 1876—1957: von William James beeinflußter nordamerikanischer Philosoph, der die realistische mit der idealistischen Lebensauffassung zu verbinden und die Überlegenheit der im Glauben an die Vernunft und in der Anerkennung des Toleranzideals wurzelnden Demokratie werttheoretisch zu begründen sucht. — Hptw.: The New Realism, 1912; Philosophy of the Recent Past. An Outline of European and American Philosophy since 1860, 1926; General Theory of Value, 1926, 1949²; The Thought and Character of William James, 2 Bde., 1935; Shall not Perish from the Earth, 1940, dt. 1949, Puritanismus and Democracy, 1944, dt. 1947 (Amerikanische Ideale); One World in the Making, 1945, dt. 1948 (Wie wird die Welt?); The Citizen Decides, 1951.

Perseveration: zähes Haften von Bewußtseinsinhalten: perseverierende ↗Vorstellungen z. B. sind beharrende, einen Gedankenverlauf dominierende Vorstellungen. Typologisch besteht zwischen Perseveration und ↗Aufmerksamkeit folgende Relation: der engen (fixierenden) Aufmerksamkeit entspricht eine starke Perseveration, der weiten (fluktuierenden) Aufmerksamkeit eine schwache Perseveration.

Person: nach ↗W. Sterns Kritischem Personalismus der Gegenbegriff zu „Sache". — ↗Lersch.

Personal-Idealismus: ↗Schiller F. C. S.

Personalismus (kritischer): philosophischer (metanthropologischer) Standpunkt ↗W. Sterns (auch: „Personalistik"). – ↗Cohn, Ehrlich W., James, Kainz, Knoll, Lersch, Mounier, Renouvier.

Perspektivismus: erkenntnistheoretischer Standpunkt, dem zufolge 1. die einzelwissenschaftlichen Standpunkte mit Voraussetzungen belastet sind (weshalb die einzelwissenschaftlichen Erkenntnisse in der philosophischen Wirklichkeitstheorie von einem überhöhten, möglichst voraussetzungslosen Standpunkt aus aufeinander zu beziehen und zu einem Weltbild zu verzahnen sind); 2. die philosophischen (metaphysischen) Systeme (Weltanschauungen) Ausdruck bestimmter seelisch-geistiger Einstellungen der Welt und dem Leben gegenüber sind und daher nicht absolut gültige Wahrheiten enthalten (↗Ortega); 3. jede Erkenntnis nur relativ zum Standpunkt des Erkennenden (auf ihn bezogen) gilt, da in jeder Erkenntnis stets nur ein Teilaspekt zur Geltung kommt und durch jeden Erkenntnisakt der Wirklichkeit Gewalt angetan wird, indem sie in einer bestimmten Begriffsebene „angeschnitten" bzw. in ein bestimmtes „Begriffsnetz" eingefangen wird (vgl. Punkt 1). Der Terminus stammt von ↗Nietzsche und wurde von Ortega popularisiert.

Pessimismus: jene Weltbewertung und Lebenseinstellung, der zufolge das Dasein sinn- und wertlos ist bzw. der Glaube an einen Fortschritt auf einer ungerechtfertigten Illusion beruht. Im Gegensatz zum Optimismus wirkt die pessimistische Einstellung auf den Fortschritt hemmend (Quietismus). Fortschrittspessimisten: ↗Rousseau, Spengler, Th. Lessing, Schultz. — ↗Buddhismus, Existentialismus, Geschichtsphilosophie, Kulturkritik (Kulturpessimismus), Neokonservativismus (Kulturmüdigkeit), Optimismus; Cioran, Leopardi, Marcuse H., Marcuse L., Schopenhauer (dem persischen Gedichte Anwari Soheili entnommene Verse: „Ist einer Welt Besitz für dich zerronnen, / Sei nicht im Leid darüber, es ist nichts; / Und hast du einer Welt Besitz gewonnen, / Sei nicht erfreut darüber, es ist nichts. / Vorüber gehn die Schmerzen und die Wonnen, / Geh' an der Welt vorüber, es ist nichts."). – Fortschrittsskeptizismus: ↗Améry J., Wahle; Nouvelle Philosophie. – ↗Steinbuch.

Peterson, Erik, geb. 1890: deutscher evangelischer Theologe, der den (1922 vom Politologen ↗Schmitt geprägten) Begriff „politische Theologie" (Zuordnung von politischer Gemeinschaft und ihr entsprechender Ideologie, namentlich Weltreich- und Gottesreichvorstellung) näher untersucht, Kulturhistoriker und Wissenssoziologe, der die Anerkennung der göttlichen Autorität der christlichen Lehre und die Verwirklichung der christlichen Existenzform fordert. – Schr.: Was ist Theologie?, 1925; Der Monotheismus als politisches Problem, 1930; Existentialismus und protestantische Theologie, 1947.

Petitio principii: „Forderung des Beweisgrundes" (ein Beweisfehler). — ↗Zirkelbeweis; hysteron-proteron.

Petrarca, Francesco, 1304—1374: italienischer Dichter, der als Philosoph die mittelalterlichen Averroisten bekämpft und mit der stoischen Lehre sympathisiert. — Phil. Hptw.: De contemptu mundi, 1342; De remediis utriusque fortunae, 1360—1366.

Petrović, Gajo, geb. 1927: jugoslawischer Marxist, der am „etatistischen Sozialismus" Kritik übt und sich um ein undogmatisches Verständnis des Marxismus bemüht. Mit Milan Kangrga (geb. 1923) und ↗Supek Herausgeber der Zagreber Zeitschrift ↗„Praxis". — Hptw.: Revolutionäre Praxis (Jugoslawischer Marxismus der Gegenwart), 1969; Philosophie und Revolution (Modelle für eine Marx-Interpretation), 1971.

Petrus Damiani, 1007–1072: Frühscholastiker, hält die Philosophie für eine „Dienstmagd der Theologie" (ancilla theologiae), verachtet die Dialektik und die Wissenschaften und ist der Meinung, daß Gott infolge seiner Allmacht die Naturgesetze jederzeit durchbrechen könne.

Petrus Lombardus, um 1160 gest.: italienischer Scholastiker, durch seine „Sentenzen", einer Zusammenfassung von Aussagen theologischer Autoritäten, Vorbild der französischen „Summisten".

Petrus Peregrinus, 2. Hälfte des 13. Jhdts: französischer Scholastiker, der an der experimentellen Naturwissenschaft Interesse zeigt und u. a. den Magnetismus untersucht (Epistola de magnete, 1269).

Petzoldt, Joseph, 1862—1929: deutscher Philosoph, Mach, Schuppe und vor allem Avenarius verbunden, den von letzterem entwickelten ↗Empiriokritizismus weiter ausbaut und sich zu einem „Relativistischen Positivismus" bekennt, dem zufolge es nicht eine „Welt an sich", sondern nur eine „Welt für uns" gibt und diese Welt als eine psychische aufzufassen ist, sofern sie wahrgenommen wird, als eine physische hingegen, sofern sie sich als „eindeutiger" Zusammenhang relativ konstanter Komplexe von Empfindungsqualitäten präsentiert. Für P. sind Kausalität und Substantialität unhaltbare und entbehrliche Kategorien. Seine Synthese von metaphysikfreiem Positivismus und erkenntnistheoretischem Relativismus gipfelt in einem evolutionistischen Naturalismus, dem zufolge der Mensch nicht ein Dauertypus ist, wohl aber einer Dauerform entgegengeht, da „das wesentlichste Merkmal aller Ziele unseres Denkens und Handelns die Dauer ist". — Hptw.: Maxima, Minima und Ökonomie, 1891; Einführung in die Philosophie der reinen Erfahrung, 2 Bde., 1900/1904; Das Weltproblem vom Standpunkt des relativistischen Positivismus aus historisch-kritisch dargestellt, 1906, 1924³; Die Stellung der Relativitätstheorie in der geistigen Entwicklung der Menschheit, 1921, 1923²; Das allgemeinste Entwicklungsgesetz, 1923; Das natürliche Höhenziel der menschheitlichen Entwicklung, 1927. — ↗Kultur.

Pfänder, Alexander, 1870—1941: deutscher Philosoph, der als Schüler Husserls die Psychologie, die Logik und die Ethik phänomenologisch zu unterbauen versucht. — Hptw.: Phänomenologie des Wollens, 1901, 1930²; Logik, 1921, 1929² (beide Werke zusammengefaßt: 1963³); Zur Psychologie der Gesinnungen, 2 Tle., 1913/16, 1922/30²; Grundprobleme der Charakterologie, 1924; Die Seele des Menschen, 1933; Philosophie der Lebensziele, 1948; Schriften aus dem Nachlaß zur Phänomenologie und Ethik, 2 Bde. (I: Philosophie auf phänomenologischer Grundlage — Einleitung in die Philosophie und Phänomenologie; II: Ethik in kurzer Darstellung — Ethische Wertlehre und ethische Sollenslehre), 1973.

Pfeil, Hans, geb. 1903: deutscher Theologe und Philosoph katholischer Observanz. — Hptw.: Jean Marie Guyau und die Philosophie des Lebens, 1928; Der Psychologismus im englischen Empirismus, 1934, 1974²; Grundfragen der Philosophie im Denken der Gegenwart, 1949; Existentialistische Philosophie, 1950; Was sollen wir wissen?, 1960, 1963²; Einführung in die Philosophie, 1962, 1963²; Die Menschheit in der Krise, 1963; Gott und die tragische Welt, 1971; Christsein in säkularisierter Welt, 1972; Von Christus zu Dionysos (Nietzsches religiöse Entwicklung), 1975.

Pfeil, der ruhende („der fliegende Pfeil ruht"): ein Sophisma ↗Zenons, mit dessen Hilfe er die Unwirklichkeit, ja Unmöglichkeit aller physikalischen Bewegung nachweisen wollte: Der fliegende Pfeil ruht in jedem Zeitpunkt und an jedem Ort seiner Bahn, da er in jedem Augenblick an einem bestimmten Orte ist und nicht zur selben Zeit an zwei verschiedenen Orten sein kann; mithin ruht er in allen Zeitpunkten zusammen in der ganzen Bahn! (Der Fehler ist offenkundig: es ist unsinnig, von einer „Ruhe" in einem einzigen Zeitpunkt zu sprechen; durch Einführung des Infinitesimalbegriffes ist das Problem einfach zu lösen.)

Pflicht (Pflichtethik): ↗Fichte J. G., Kant.

Phalén, Adolf Krister, 1884—1931: schwedischer Philosophiehistoriker und Erkenntnistheoretiker in der Tradition Kants, Schüler Hägerströms. — Hptw.: Das Erkenntnisproblem in Hegels Philosophie, 1912; Beiträge zur Klärung des Begriffs der inneren Erfahrung, 1913; Zur Bestimmung des Begriffs des Psychischen, 1914; Über die Relativität der Raum- und Zeitbestimmungen, 1922. — Autobiographie in „Philosophie der Gegenwart in Selbstdarstellungen", Bd. V, 1924.

Phänomen (Phainomenon): Erscheinung. — ↗Kant (Erkenntnistheorie); Phänomenalismus. — Gegenbegriff: ↗Numenon.

Phänomenalismus: erkenntnistheoretischer Standpunkt, dem zufolge die Sinnenwelt „Erscheinung" einer seelisch-geistigen Realität oder eines sonstwie Unerkennbaren ist. — ↗Kant. — Gegenstandpunkt: ↗Realismus (Lehre von der Wirklichkeit der Körperwelt). - ↗Psychologismus (1); Leib-Seele-Problem; Stegmüller.

Phänomenologie: 1. von ↗Husserl begründete Richtung der Gegenwartsphilosophie. Gegenstand phänomenologischer Analysen sind „reine Wesenheiten" und nicht Tatsachen oder Dinge, wie sie der Wissenschaftler erforscht. Nach H. ist alles individuelle Sein jeglicher Art zufällig. Es könnte seinem Wesen nach auch anders sein. Diese Zufälligkeit heißt auch Tatsächlichkeit. Die Welt der Wesensnotwendigkeit aber erschließt sich uns erst, wenn wir die reale Welt weder bejahen noch verneinen, sondern ihr individuelles Dasein dahingestellt sein lassen. Nach H. treibt man Phänomenologie als Normwissenschaft des Seelischen, wenn man die Welt des Wirklichen (des Tatsächlichen, des Zufälligen) nicht mehr beachtet und den Blick auf das eigene Schauerlebnis richtet. Der Phänomenologe sieht somit von der Existenz der betrachteten Gegenstände ab („klammert sie ein" = eidetische Reduktion), um ihr Wesen und damit zugleich ihren Sinn und ihre Bedeutung um so besser „erschauen" zu können. Diese „Wesensschau" (Ideation) soll den Weg „zu den Sachen selbst" eröffnen. Das „Wesen" der Dinge erschließt sich dem Phänomenologen mit „intuitiver Evidenz"; Wesenskern und Wesensgesetze sind unmittelbar einsichtig und werden mit unfehlbarer Gewißheit erschaut. Das Ergebnis ist ein Einblick in das Wesen der „Farbe überhaupt", des „Wollens überhaupt", des „Erlebnisses überhaupt" ... Schließlich tritt zur eidetischen Reduktion in der Wesensschau noch die „transzendentale Reduktion" auf das Bewußtsein als absolutes Sein mit dem Ziel einer „transzendentalen Phänomenologie", die „das Grundwesen des Geistes in seinen Intentionalitäten erfassen und von da aus eine ins unendliche konsequente Geistesanalytik aufbauen soll". Von diesem Standpunkte aus hat H. Kritik am ↗Psychologismus (vor allem am ↗Sensualismus) geübt. — Einer der bedeutendsten Schüler Husserls war ↗Scheler, der die phänomenologische Methode in der Kultur- und der Wertphilosophie zur Geltung gebracht hat, um das „Wesen" der Religion, der Kunst usw. zu bestimmen (↗Pfänder, Reinach). — Auch der Existentialphilosoph ↗Heidegger z. B. stand ursprünglich unter dem Einfluß Husserls. — ↗Apel K.-O., Binswanger, Bollnow, Conrad-M., Fink, Funke, Gadamer, Heidegger, Hildebrand, Kuhn, Landgrebe, Landmann, Landsberg, Lenk H., Lask, Lévinas, Linke, Lipps H., Litt, Löwith, Lübbe, Merleau-Ponty, Misch, Oesterreich, Picht, Plessner, Reiner, Ricoeur, Rintelen, Rombach, Schapp, Schwarz, Stein, Szilasi, Vierkandt, Zocher; Hermeneutik. - Kritik geübt haben an der Phänomenologie: ↗Adorno, Cohen, Driesch, Hönigswald, König, Kraft J., Lessing Th., Rickert, Schultz, Volkelt: Sie alle nahmen vor allem daran Anstoß, daß von den Phänomenologen dem Ich ein ganz neues, sonst nicht bekanntes „Schauvermögen" zugeschrieben wird, hinter dem sich im Grunde nichts anderes als ein Wunschdenken verbirgt (— man wünscht ein Wissen, das unmittelbar in Vollendung erworben und absolut ist). - 2. Eine ganz (und zwar je) andere Bedeutung hat der Terminus „Phänomenologie" bei: ↗Kant, Hegel, Stumpf.

Pherekydes, 6. Jhdt. v. Chr.: schrieb eine mythologische Kosmologie und Theogonie und unterschied folgende Elemente: Luft,

Wasser, Feuer, Erde und Nacht (als Prinzip der Unterwelt). P. soll als erster die Seelenwanderung gelehrt haben. Fragmente seiner Werke sind erhalten.

Philolaos, 5. Jhdt v. Chr.: Pythagoreer.

Philon, um 25 v.—45 n. Chr.: alexandrinischer Jude, der jüdisches und griechisches Denken zu amalgamieren versucht, einen Dualismus (scharfe Trennung zwischen Gott und Welt, Seele und Körper) lehrt und durch die theologische Deutung des Logos-Begriffes, der zufolge Gott mit Hilfe des Logos die Welt geschaffen hat, die christliche Philosophie nachhaltig beeinflußt hat. P. verleiht seiner platonisierenden Metaphysik einen mystischen Akzent, indem er die Befreiung von der Sinnlichkeit und die ekstatische Schau Gottes als höchste Tugenden preist und die Forderung erhebt, die Gottheit „nachzuahmen", d. h. ihr nachzufolgen. – ↗Bauer.

Philosophem: philosophischer Begriff; philosophische Aussage.

Philosophia perennis: „ewige", immerwährend gültige Philosophie. So bezeichnen 1. die ↗katholischen Philosophen ihren Standpunkt (↗Scholastik); 2. Heintel E. sieht eine solche a) im ↗Aristotelismus (der ↗griechischen und der ↗mittelalterlichen Philosophie) und b) im ↗Transzendentalismus der Neuzeit (von ↗Descartes über ↗Kant bis zum ↗Deutschen Idealismus) — im Gegensatz zur „modernen" Philosophie (— seiner Meinung nach „Nicht-Philosophie" —): Positivismus; Dialektischer Materialismus); — 3. zu untersuchen wäre (mit ↗Jean Améry), daß sich der Geist der ↗Aufklärung (der ↗Kritische Rationalismus usw.) als Philosophia perennis behaupte; — 4. im allgemeinsten Sinne auch: Tradition der abendländischen (europäischen) Philosophie überhaupt. — ↗Barion, Häberlin, Willmann.

Philosophie, wörtlich (griech.): „Liebe zur Weisheit", „Streben nach Wissen".
1. Zur Entwicklung der abendländischen Philosophie: Ursprünglich verstand man unter Philosophie die „Gesamtwissenschaft", deren Aufgabe in der Erarbeitung eines geordneten Gesamtwissens vom Kosmos bestand; später (etwa zur Zeit des ↗Aristoteles) spaltete sich die Gesamtwissenschaft infolge der raschen Erweiterung des Erfahrungsbereiches und dementsprechenden Vermehrung des Wissensstoffes in einzelne Fachwissenschaften einerseits und in „Philosophie" im engeren Sinne des Wortes andererseits auf, der zuletzt jene Probleme zur Bearbeitung verblieben, die alle Wissenschaften betreffen und daher nicht im Rahmen einer Einzelwissenschaft gelöst werden können. In der Spätantike wollten die Philosophen vor allem eine Theorie der rechten Lebensführung, die sie zugleich auch selbst zu verwirklichen suchten (Philosophie als Weg zur Lebensweisheit und als Lebenskunst), sowie einen Religionsersatz bieten, wogegen es im Mittelalter wieder Aufgabe der Philosophie wurde (diesmal als „Magd" der christlichen Theologie), das weltliche Gesamtwissen zusammenzufassen. In der Neuzeit zeigen die Philosophen entweder am Aufbau einer Welt- und Lebensanschauung (die großen philosophischen Systeme) oder an der Erkenntniskritik besonderes Interesse (vom ↗englischen Empirismus über ↗Kant bis zur Gegenwart). Für die Entwicklung der Philosophie ist vor allem kennzeichnend, daß sie nicht geradlinig-fortschreitend verläuft, sondern mehr einer Pendelbewegung, einer ↗dialektischen „Entwicklung in Gegensätzen" gleicht. Die philosophischen Probleme bleiben zum Teil dieselben und auch die „neuen" Lösungen sind vielfach nur altbekannte in neuer Gestalt. Das soll freilich nicht heißen, daß es im philosophischen Denken überhaupt keinen Fortschritt gebe; natürlich erwachsen aus neuen wissenschaftlichen Erfahrungen auch neue philosophische Problemstellungen; man meidet heute Umwege und Klippen des Denkens, die man erst erkunden mußte; man ist wissender, vorsichtiger und kritischer geworden; und immer wieder gilt es, dem augenblicklichen Wissenstand entsprechend, das Weltbild neu zu formen und die alten Problemlösungen zu revidieren. Und dennoch bleiben die alten Probleme und bekannten Lösungen trotz der neuen Masken sichtbar. So gibt es z. B. auch heute wieder Denker, die auf die theologische Metaphysik des ↗Mittelalters zurückgreifen und sie neu zu beleben suchen; und auch die „romantischen Metaphysiker des frühen 19. Jhdts. z. B. finden heute wieder ihre Verehrer. —
2. Zum systematischen Aufbau der Philosophie: die drei philosophischen Grundprobleme sind a) das Erkenntnisproblem, b) das Wirklichkeitsproblem, c) das Wertproblem. Die entsprechenden philosophischen Grunddisziplinen sind: a) die ↗Erkenntnistheorie (Analyse der Erkenntnisgrundlagen; Philosophie als Fundamentalwissenschaft), b) die ↗Wirklichkeitstheorie (Aufbau eines Weltbildes, d. h. einer konstruktiven Synthese der einzelwissenschaftlichen Erkenntnisse; Philosophie als Universalwissenschaft), c) die ↗Werttheorie (Philosophie als Wertwissenschaft). —

Philosophie

↗Kulturphilosophie, ↗Naturphilosophie (wo jeweils die entsprechenden philosophischen Spezialdisziplinen angeführt sind). — Kennzeichnend für die philosophische Problemstellung und Betrachtungsweise ist die kritische Selbstbesinnung (Philosophie als ein Sich-selbst-Verstehen des menschlichen Geistes im Sinne ↗Hegels). Während der Wissenschaftler sein Interesse ausschließlich dem Gegenstand zuwendet, den er erkennen will, bleibt sich der Philosoph bei allen seinen Betrachtungen der Tatsache bewußt, daß es ein Mensch ist, der da erkennt und versteht und wertet, und daß der Mensch nicht, einem Spiegel vergleichbar, in seinem Geiste die Welt so abbildet, wie sie an und für sich ist, sondern als Erkennender und Verstehender die Wirklichkeit seiner menschlichen Eigenart gemäß sieht und gedanklich bearbeitet. Der Philosoph denkt „rückbezüglich" und daher umfassender und tiefer als der Wissenschaftler. Die Frage nach den Zusammenhängen zwingt ihn, alles zu sehen: nicht nur die Welt, sondern zugleich auch sich selbst, den Menschen, der die Welt zu erkennen und (als Philosoph) alle Erfahrungen des Lebens und der Wissenschaft in begreifbare Einheit zu schließen und einheitlich zu verstehen sucht. Daher kann man die Frage nach dem Verhältnis des Menschen zum Universum als das Zentralproblem der Philosophie bezeichnen. Die vordringlichste Aufgabe der Philosophie aber liegt in der Schärfung des Problembewußtseins: Der Philosoph muß bereit sein, alles kritisch in Frage zu stellen, um Vorurteile in Urteile zu verwandeln. Damit ist auch die Stellung der Philosophie als „Königin der Wissenschaften" verständlich: wohl ist das philosophische Denken ein wissenschaftliches, indem es auf die Erfahrung und auf die wissenschaftlichen Forschungsergebnisse angewiesen bleibt; dennoch ist es ungleich voraussetzungsloser als das einzelwissenschaftliche Erkennen: denn als Universalwissenschaft (Allgemeinwissenschaft, Integrativwissenschaft) ist die Philosophie frei von der Einseitigkeit und Enge der spezialwissenschaftlichen Betrachtungsweise, als Fundamentalwissenschaft (Grundwissenschaft) aber ist sie von allen besonderen fachwissenschaftlichen Voraussetzungen entlastet. Auch die Bezeichnungen „Zentralwissenschaft", „Urwissenschaft", „Endwissenschaft", „Globalwissenschaft" und „Totalwissenschaft" wollen das andeuten: Zweifellos ist die Philosophie ihrer Idee nach universelle Wirklichkeitserkenntnis, besteht eine ihrer Hauptaufgaben darin, soweit wie möglich die Erkenntnisse der verschiedenen wissenschaftlichen Disziplinen zu einem Gesamtbild zu vereinen, d. h. vor allem die „Zusammenhangsprobleme" bzw. „Grenzfindungsprobleme" (z. B. Anorganik/Organik; Leib/Seele) zu lösen, wenngleich man sich bewußt sein muß, daß dieses Anliegen für immer ein faktisch unerreichbarer Zielpunkt bleibt; denn Philosophie als die Idee einer Wissenschaft von einem möglichen Ganzen der Erkenntnis kann eben immer nur die Idee einer Wissenschaft, niemals aber selbst eine Wissenschaft sein. Im Gegensatz zur Spezialisierung der wissenschaftlichen Forschung zielt Philosophie stets vom Kleinen und Einzelnen nach dem großen „Ganzen", denn „das Wahre ist das Ganze" (↗Hegel): So ersinnt der Philosoph Denkmöglichkeiten, um der Einheits-Bestrebung der Vernunft Genüge zu tun, möglichst „alle" grundlegenden Phänomene gedanklich zu umgreifen und einen möglichst weiten Überblick zu gewinnen; er denkt daher nicht linear-einspurig-kettenförmig wie der Einzelwissenschaftler, sondern mehrspurig-netzförmig, um ein „Koordinatensystem" zu finden für die Einordnung der von ihm (unter kritischer Benutzung der von den Wissenschaften gelieferten Tatsachenfeststellungen) in denkender Betrachtung (Hegel) aufeinander bezogenen und dadurch „transformierten", auf eine neue Ebene „transponierten" Erkenntnisse. Daher ist Philosophie wohl auch Wissenschaft, aber doch keineswegs nur Wissenschaft, vielmehr eine mit wissenschaftlichen Mitteln betriebene Denk-Kunst, ja sogar — als gedankliche Bearbeitung der Wirklichkeit und als Weltdeutung, d. h. als Schritt von der wissenschaftlichen „Welterkenntnis" zum vertieften und umfassenden philosophischen „Weltverständnis" — mehr Kunst als Wissenschaft. – Von dieser „kritisch-wissenschaftlichen Philosophie" ist sodann die ↗Metaphysik (als unkritisch-unwissenschaftliche Art des Philosophierens) zu unterscheiden. – ↗Bense (drei Funktionen und Aspekte der Philosophie); ↗Wittgenstein (Philosophie als universale Sprachkritik). — 3. Zur Bedeutung der Philosophie für das Leben: Echte Philosophie ist nicht lebensfremd, sondern wurzelt im Leben und bereichert das Leben, ist Lebenshilfe. Nicht nur das Bestreben des Wissenschaftlers, über die Voraussetzungen des eigenen Denkens letzte Klarheit zu gewinnen, gibt Anlaß zu philosophischen Überlegungen. Auch Lebenserfahrungen lassen oft den Wunsch reifen, Leben und Welt zu „verstehen". Wer Leidvolles, bittere Enttäuschungen, schwere Schicksalsschläge erlebt hat, wird vielleicht über den ewigen Rhythmus von Leben und ↗Tod nachzugrübeln beginnen und versuchen, den Sinn des menschlichen Daseins zu deuten. Auch wer der konfessionell-dogmatischen Enge des Denkens entfliehen möchte und Ersatz sucht für den verlorenen Glauben, wird den Weg zur Philosophie finden: „Der erste Schritt zur Philosophie ist der Unglaube" (↗Diderot). Und auch wer den rechten Lebensweg zu finden trachtet, wer Ideale wie Freiheit, soziale Gerechtigkeit, Frieden usw. zu verwirklichen oder zu verteidigen sich bemüht, wer „mit den Vorstellungen seiner Zeit nicht einig ist" (↗Goethe), stößt auf philosophische Fragen wie etwa die nach dem ↗„Sinn des Lebens". — Philosophie steht dem Leben nicht ohnmächtig gegenüber, sondern ist eine geistige Macht ersten Ranges neben den politischen und religiösen Lebensmächten (Parteien, Staat, Kirche). Ihr Machtmittel ist die Überzeugungskraft, ihre Stärke liegt in der Unüberwindbarkeit der Wahrheit (↗Moral). Philosophische Ideen und Ideale greifen oft nachhaltig in das Weltgeschehen ein: Man denke nur an die weltanschaulichen Gegensätze, die das politische Leben der Gegenwart beherrschen! Gerade in unserer Zeit ist die ↗gesellschaftskritische Funktion der Philosophie von besonderer Bedeutung. Sollen technischer Fortschritt und politische Entscheidungen die Menschheit nicht ins Verderben stürzen, so müssen ihnen philosophische Kritik und ethische Besinnung zur Seite treten. Alle großen Philosophen waren sich ihrer vornehmsten Aufgabe bewußt: dem Ideal der Humanität zu dienen, menschen- und völkerversöhnend zu wirken und den Egoismus der Menschen und Nationen zu bekämpfen (↗Vives: „Humanitatis studia, id est philosophia"). Wer die philosophische Vernunft verachtet, ermöglicht den Triumph des Ungeistes, der Gewalt und der Unmenschlichkeit. —

4. Die Erlebniswerte der Philosophie: Das „philosophische Leben" ist unendlich reich; dem Philosophen bleibt es vorbehalten, die Welt zutiefst zu verstehen; er lebt „wissender", „bewußter"; nur er kennt das Erlebnis des befreienden Zweifels; er allein genießt die Freiheit des Geistes gegenüber allen dogmatischen Beschränkungen; denn nur das vorurteilsfreie, kritische Denken gewährt tiefste Befriedigung und läßt in hohem, heiterem Genuß die erlesensten geistigen Freuden erleben. Philosophie ist ein „Bewußtseins- und Verhaltensstil", ein „Erlebensmodus" (↗Hochkeppel), dessen Voraussetzungen „Betroffenheit" (Hochkeppel), „fragendes Staunen" (↗Bloch) und „Nachdenklichkeit" (↗Améry) sind. Und auch Lebenskünstler ist allein der Philosoph: nur er kennt den Weg zur Lebensweisheit und weiß um den Wert einer höheren menschlichen Lebensform. Das tiefe innere Glück, das der Philosoph aus der Weitung seines geistigen Horizontes und aus der Bereicherung seiner Erlebniswelt schöpft, ist unverlierbar. Nur der Philosoph lebt wahrhaft frei· er lächelt über die Ungereimtheiten des Alltags und bedauert die nur-praktisch interessierten Menschen, die bloß ihre egozentrischen Bedürfnisse, Wünsche und Zwecke kennen und unter der drückenden Enge und Last ihres banalen Daseins, unter dem Fluch der „Tempos" und „Leistungsdruckes", unter dem Zwang zur Aktualität und zum Erfolg leiden; nur er vermag das Leben weniger ernst zu nehmen, als es ist, nur er kennt den „großen Humor" (↗Höffding). So weist Philosophie den Weg zur Welt- und Lebensweisheit, ja ist selbst „Weltweisheit in Begriffen". Im Gegensatz zum „bestialischen Anstieren der Welt" (↗Hegel) durch den kulturlosen Banausen lebt der „philosophische Mensch" ein idealerfülltes Leben voll innerer Kultur; er drängt nicht hastig und selbstsüchtig voran; er schätzt Bescheidenheit, Genügsamkeit und Verzichtbereitschaft; er zieht Beschaulichkeit dem lärmenden Treiben, stille Sammlung der lauten Zerstreuung vor; und er will vor allem „Persönlichkeit" sein; er lebt in heiterer Gelassenheit und innerer Ruhe, ausgeglichen und versöhnt mit dem unabänderlich-notwendigen Schicksal; er steht weltüberlegen „über den Dingen", jenseits von Furcht und Hoffnung, jenseits von Leidenschaft und Verzweiflung; er bewahrt Gleichmut gegenüber Leid, Altern und Tod; er wendet seinen Blick ab von Kleinlich-Endlichen, um sich auf das Wesentliche zu besinnen, um sich einzufühlen in die Erhabenheit des unendlichen Alls und mit tiefem Naturgefühl und feinem Kunstverständnis die Schönheiten der Welt in ihrer unauslotbaren Fülle um sich her zu genießen: „Das Riesengemälde beschauen; beschauen so innig, wie Menschenaugen vermögen und auf Alpengipfeln Welten erleben und unter Sternenhimmeln sich selber als ein Glied des Alleinen empfinden; nur wer solche Trunkenheit kennt, weiß auch, was es heißt, ein Philosoph zu sein", sagt ↗Schultz; und ↗Arrhenius meint: „Derjenige, welcher sein Auge von der Natur gebotenen unendlichen Möglichkeiten der Entwicklung öffnet, wird nicht durch Trug und Gewalt sich, seinen Verwandten, seinen Freunden, Gesinnungsgenossen oder Landsleuten auf Kosten der Mitmenschen Vorteile anzueignen versuchen." — ↗Axiomatische Philosophie; ↗Weltanschauung; Al-Ghasali, Adorno, Dilthey, Epikur (↗Thaumázein, das Staunen, als Ausgangspunkt aller Philosophie), Kofler, Kraft J., Kraft V., Lauth, Neuhäusler, Noack, Noll, Nyman, Wohlgenannt; Tod.

Philosophiegeschichte: Darstellung der bisher vertretenen philosophischen Auffassungen und Auseinandersetzung mit ihnen, Deutung philosophischer Systeme aus ihrem historischen Kontext (— ↗Hegel: „Philosophie ist ihre Zeit, in Gedanken gefaßt"). Der besondere Reiz philosophiegeschichtlicher Studien besteht darin, daß man auf diesem Wege die Weltanschauungen großer Denker kennenlernt und erfährt, wie diese überragenden Persönlichkeiten Welt und Leben gesehen und beurteilt haben. — Mögliche Darstellungsarten: systemgeschichtlich (z. B. ↗Kuno Fischer) oder problemgeschichtlich (z. B. ↗Windelband), mehr unter psychologischem (z. B. ↗Höffding) oder kulturhistorischem Blickwinkel (z. B. ↗Jodl). — In Anlehnung an eine analoge Formulierung ↗Kants läßt sich auch sagen: „Systematische Philosophie ohne Philosophiegeschichte ist leer. Philosophiegeschichte ohne systematische Fragestellung ist blind" (Hartmut Brands). — ↗Reininger („Geschichte der Philosophie als philosophische Wissenschaft", 1928). — Zur Gliederung und Periodisierung der Philosophiegeschichte siehe u. a.: ↗Antike Philosophie (Griechische Philosophie, Römische Philosophie, Hellenismus), Altchristliche Philosophie, Mittelalterliche Philosophie (Scholastik, Mystik), Renaissance-Philosophie, Aufklärung, Romantische Philosophie, Arabische Philosophie, Ägyptische Philosophie; Chinesische Philosophie; Indische Philosophie; Deutsche Philosophie, Englische Philosophie, Französische Philosophie, Italienische Philosophie ... — Umfangreichste philosophiegeschichtliche Materialsammlung: Überweg, Grundriß der Geschichte der Philosophie, 5 Bde., in der letzten (12.) Aufl. (1924—28) von Praechter, Geyer, Frischeisen-Köhler, Moog und Oesterreich bearbeitet; die 13. Aufl., 1953, ist ein photomechanischer Neudruck der 12. Aufl. — ↗Philosophie (1.); Aster, Dempf, Dilthey, Ehrlich W., Falckenberg, Glockner, Gomperz, Heimsoeth, Hönigswald, Joël, Kinkel, Leisegang, Messer, Meyer, Nestle, Schwarz, Vorländer, Zeller; Deussen.

Phobie: krankhafte Angst. ↗Neurose.

Phrenose: ↗Psychose.

Phronetismus („Erkenntnistheorie"): Standpunkt ↗A. Sterns.

Physik: Die Schlüsselwissenschaft aller anderen naturwissenschaftlichen Forschungszweige; ihre Aufgabe ist es, mit mathematischen Mitteln die Grundgesetze der unbelebten Natur zu finden sowie die Struktur und die auf ihr beruhenden Erscheinungen und Eigenschaften der Materie, den Aufbau der Materie aus Elementarteilchen und deren Wirkungen zu erschließen. Der Rahmen der physikalischen Forschung ist dementsprechend weit gespannt, sie gliedert sich in etliche Teilgebiete; früher bestimmte man diese nach der Vielfalt menschlicher Sinneswahrnehmungen (Klassische Physik), heute teilt man nach anderen Gesichtspunkten ein, so daß sich die Fundamentalbereiche von ehedem nunmehr mit neuen (vielschichtigen) Forschungsvorhaben überschneiden: Relativistische Kosmologie (Erörterung der grundlegenden Aspekte von Raum und Zeit im großen Maßstab von Urzuständen und Evolution), Elementarteilchenphysik, Kernphysik, Atomphysik, Plasmaphysik, Physik der kondensierten Materie, Akustik, Optik, Strömungsphysik, Mechanik. In welche Dimensionen die Physik vorstößt, zeigt folgender Vergleich: Der Durchmesser eines Elementarteilchens verhält sich zur Ausdehnung des Universums wie $1 : 10^{40}$, das zugehörige Massenverhältnis beträgt $1 : (10^{40})^2$. Es ist bemerkenswert, daß man mehr als 250 verschiedene subatomare Teilchen entdeckt zu haben glaubt (— so unterscheidet man z. B. einerseits folgende Klassen von Teilchen: 1) Tardyonen (Protonen, Elektronen; langsamer als Licht), 2) Luxonen (Photonen, Neutrinos; Lichtgeschwindigkeit), 3) Tachyonen (Überlichtgeschwindigkeit); andererseits stellt man den Leptonen (leichten Teilchen, z. B. Elektronen, dimensionslosen Punkten ohne innere Struktur) die Hadronen (schwere Teilchen, z. B. Protonen und Neutronen) gegenüber, die nicht elementar sein, sondern eine innere Struktur aufweisen sollen —) — und daher intensiv nach den „letzten" Bausteinen der Materie (↗ „Quarks"; „Partonen": feinste Struktureinheiten der Atomteilchen) fahndet, andererseits aber bis jetzt keine allgemein überzeugende, widerspruchsfreie Theorie der Elementarteilchen zu entwickeln vermochte (— auffällig ist z. B. das Vorherrschen gewisser „Symmetrien" —) und auch noch nicht in der Lage ist, die vier fundamentalen Naturkräfte (in einer einheitlichen „Feldtheorie") aufeinander zurückzuführen: die starke nukleare Kraft (Wechselwirkung: Zusammenhalt von Protonen und Neutronen) im Atomkern, die elektromagnetische Kraft, die schwache Wechselwirkung (Beta-Zerfall radioaktiver Elemente) und die Gravitation (— erst in den letzten Jahren ist es mit Hilfe der sogenannten „Eich-Theorien" des Amerikaners Steven Weinberg (mit Sheldon Glashow) und des Pakistani Abdus Salam

(Triest) gelungen (Nobelpreis 1979), die Elektrodynamik und die „schwache" Wechselwirkung auf einen gemeinsamen Nenner zu bringen); als besonders problematisch erweist sich in diesem Zusammenhang die Schwerkraft, deren „Gravitonen" bis jetzt nicht nachgewiesen werden konnten. Als Voraussetzungen einer einheitlichen Beschreibung der Naturkräfte und der Elementarteilchen in einer einzigen Theorie, der „Weltformel", müßten zunächst drei Fragen geklärt, d. h. drei Schlüsselexperimente gelungen sein: 1. Ermittlung der Neutrinomasse (↗Pauli-Prinzip), 2. Nachweis des Protonenzerfalls, 3. Entdeckung magnetischer Monopole. – Auch Bruno Zumino, der die vier Urkräfte zu einer einzigen teilchenlosen „Ur-Energie" zu vereinigen versucht, war bisher kein Erfolg beschieden. – Von zunehmender Bedeutung ist die Anwendung der Ergebnisse der physikalischen Fundamentalforschung: vom Laser über die Halbleiterbausteine in Computern bis zur Nutzung der Kernenergie. — Für die Entwicklung der neuzeitlichen Physik ist der fortschreitende Verzicht auf die Ermittlung vermeintlich „letzter Ursachen" zugunsten einer exakten mathematisch-funktionalen Beschreibung der Erscheinungen kennzeichnend. Der Übergang von der klassischen Physik des 19. Jhdts. (↗Newtonschen Physik) zur Quantenphysik des 20. Jhdts. vollzog sich in zwei Wellen: 1. ↗Planck (Quantentheorie), ↗Einstein (↗Relativitätstheorie) und ↗ Bohr (planetarisches Atommodell); 2. ↗Born, Heisenberg, Pauli, Jordan, Dirac (↗Quantenmechanik) und de Broglie, Schrödinger (↗Wellenmechanik). Die „klassische" Physik ist dadurch nicht „überholt", sondern nur in ihrer Gültigkeit auf den (für uns allerdings alltäglichen) Grenzfall mittlerer Größen und Geschwindigkeiten eingeschränkt, wogegen die „moderne" Physik auch die Bereiche enormer Geschwindigkeiten und atomarer Dimensionen berücksichtigt. — Zur eminenten Bedeutung der physikalischen Begriffsbildung für die Philosophie: „Die wahre Philosophie besteht darin, daß man nicht weiter geht, als die Fackel der Physik leuchtet" (↗Voltaire); „Die Philosophie einer Zeit ist eine Versteinerung der jeweils herrschenden physikalischen Anschauungen" (↗Theimer unter Bezugnahme auf ↗Frank). — ↗Atomistik, Entropie, Hypothese, Induktion, Kausalität, Komplementarität, Materie (2., Anti-Materie), Mathematizismus, Mechanistik, Naturphilosophie, Naturwissenschaft, Pauli-Prinzip, Synergetik, Theorie, Unbestimmtheitsrelation; Duhem, Sommerfeld. – Weinberg (s. o.: „Teile des Unteilbaren", dt. 1984). – ↗Gebser, Hübner, Wallner, Weizsäcker.

Physikalismus: 1. radikaler ↗neopositivistischer Standpunkt, dem zufolge jeder wissenschaftliche Begriff auf einen physikalischen Begriff zurückführbar und jede wissenschaftliche Aussage in die Raum-Zeit-Sprache der Physik übersetzbar sein muß, um intersubjektiv verständlich und (durch die Methoden der Physik: Messung usw.) kontrollierbar zu sein. Aus dieser Annahme wird die Forderung abgeleitet, die Physik als „Leitwissenschaft" bzw. „Modellwissenschaft" für alle anderen Wissenschaften anzuerkennen und alle Wissenschaften zu einer „Einheitswissenschaft" (mit der physikalischen Sprache als wissenschaftlicher Universalsprache) zusammenzufassen. — ↗Carnap, Dubislav, Neurath. — 2. In allgemeinerem Sinn: Anerkennung der Bedeutung physikalischer Anschauungen für das philosophische Denken (↗Physik; Zitate am Schluß des Artikels!). — 3. ↗Reismus (Kotarbinski).

Physikotheologie: ↗Gottesbeweise.

Piaget, Jean, 1896–1980: Schweizer Kinder- und Experimentalpsychologe, Biologe, Physiker, Mathematiker, Soziologe, Pädagoge und Philosoph (insbesondere Erkenntnistheoretiker), der (wie ↗Schultz) vor allem auch dem genetischen Gesichtspunkt Rechnung trägt und die Bedeutung der Aktivität des Erkenntnissubjektes sowie die Notwendigkeit kausaler Erklärungen betont: Der Mensch ist ein aktives Wesen, das selbst seine Umwelt schafft und gestaltet; der Mensch ist weder strukturalistisch noch historisch-materialistisch vorbestimmt! Hptw. (dt., abgesehen von speziellen psychologischen Untersuchungen): Psychologie der Intelligenz, 1948; Die Genese der Zahl, 1958; Die Entwicklung der elementaren logischen Strukturen, 2 Bde., 1972 (mit Bärbel Inhelder); Theorien und Methoden der modernen Erziehung, 1972; Der Strukturalismus, 1973; Einführung in die genetische Erkenntnistheorie, 1973; Erkenntnistheorie der Wissenschaften vom Menschen – Hauptströmungen der sozialwissenschaftlichen Forschung, 1973; Weisheit und Illusionen der Philosophie, 1974; Biologie und Erkenntnis – Über die Beziehungen zwischen organischen und kognitiven Prozessen, 1974; Biologische Anpassung und Psychologie der Intelligenz – Organische Selektion und Phänokopie, 1975. – Gesammelte Werke: Deutsche Studienausgabe in 10 Bänden, 1975.

Picard, Max, 1888–1965: Schweizer Arzt und Kulturkritiker, der die Verfallssymptome unseres Zeitalters schonungslos bloßlegt und schärfste Kritik am Mißbrauch der Sprache („Wortgeräusche"!) sowie an der „Unförmigkeit" moderner Existenz übt. – Hptw.: Die Flucht vor Gott, 1934; Die Grenzen der Physiognomik, 1937; Hitler in uns selbst, 1946; Die Welt des Schweigens, 1948; Zerstörte und unzerstörbare Welt, 1951; Der Mensch und das Wort, 1955; Die Atomisierung der Person, 1958; Das alte Haus in Schopfheim (Erinnerungen aus dem Nachlaß), 1974.

Pichler, Hans, 1882–1958: an der ↗ „Gegenstandstheorie" orientierter deutscher Ontologe. Hptw.: Über die Arten des Seins, 1906; Über die Erkennbarkeit der Gegenstände, 1909; Über Christian Wolffs Ontologie, 1910; Möglichkeit und Widerspruchslosigkeit, 1912; Grundzüge einer Ethik, 1919; Leibniz, 1919; Volk und Menschheit, 1920; Zur Philosophie der Geschichte, 1922; Weisheit und Tat, 1923; Logik der Gemeinschaft, 1924; Vom Wesen der Erkenntnis, 1926; Logik der Seele, 1927; Vernunft und Verstand, 1934; Einführung in die Kategorienlehre, 1937; Persönlichkeit, Glück, Schicksal, 1947; Der Realismus und die Idee, 1952; Über die Einheit und die Immanenz des Ganzen, 1956; Die Idee der Wissenschaft im Wandel der Jahrhunderte, 1956.

Georg Picht

Picht, Georg, 1913–1982: an Platon orientierter deutscher Altphilologe, Pädagoge und Religionsphilosoph, der in der hermeneutisch-phänomenologischen Tradition steht, für eine Intensivierung der „Friedenserziehung" im weitesten Sinne des Wortes plädiert und als Kritiker des Bildungsnotstandes in der BRD hervorgetreten ist. — Hptw.: Die Erfahrung der Geschichte, 1958; Die deutsche Bildungskatastrophe, 1964; Die Verantwortung des Geistes, 1965; Der Gott der Philosophen und die Wissenschaft der Neuzeit, 1966; Prognose — Utopie — Planung, 1967; Mut zur Utopie, 1969; Wahrheit — Vernunft — Verantwortung, 1969; Theologie und Kirche im 20. Jahrhundert, 1972; Hier und Jetzt. Philosophieren nach Auschwitz und Hiroshima, 2 Bde., 1980/81; Kunst und Mythos, 1986; Aristoteles' „De Anima", 1987.

Pico della Mirandola, Giovanni, 1463 bis 1494: italienischer Philosoph, der sich zu einer anthropozentrischen Weltauffassung bekennt und den Wert der Persönlichkeit preist. Gegner der Astrologen. — Hptw.: De dignitate hominis, 1486.

Pieper, Josef, geb. 1904: deutscher Neothomist, katholischer Religionswissenschaftler und Kulturkritiker. — Hptw.: Die Wirklichkeit und das Gute, 1963[7]; Grundformen sozialer Spielregeln, 1966[5]; Wahrheit der Dinge, 1966[4]; Vom Sinn der Tapferkeit, 1963[8]; Muße und Kult, 1965[7]; Was heißt Philosophieren?, 1967[6]; Hinführung zu Thomas von Aquin, 1963[2]; Scholastik, 1960; Überlieferung, Begriff und Anspruch, 1970; Über die Liebe, 1972[3]; Über die Schwierigkeit, heute zu glauben (Aufsätze und Reden), 1974; Über den Begriff der Sünde, 1977; Das Viergespann — Klugheit, Gerechtigkeit, Tapferkeit, Maß, 1977. — Autobiographie in „Philosophie in Selbstdarstellungen", Bd. I, 1975.

Pietismus: im 17. Jhdt. einsetzende religiöse Bewegung im Protestantismus mit dem Ziel einer Vertiefung und Steigerung der Frömmigkeit.

Max Planck

Planck, Max, 1858—1947: deutscher Physiker, Begründer der Quantentheorie (1900), der zufolge die Atome Strahlungsenergie nur stoßweise aufnehmen und abgeben (also in bestimmten Energiequanten, deren Größe sich aus der Schwingungszahl, multipliziert mit dem Planckschen Wirkungsquantum „h", ergibt). Als Erkenntnistheoretiker und Naturphilosoph hält P. einerseits den Kausalitätsbegriff für unentbehrlich, andererseits aber auch Metaphysik für möglich und nötig; er bekennt sich zum erkenntnistheoretischen Realismus, indem er den Glauben, daß außerhalb der Wahrnehmungswelt noch eine andere wirkliche Welt existiere, für notwendig erklärt; auch glaubt er an eine ewige („göttliche") Weltordnung, allerdings nicht an einen persönlichen Gott im Sinne der Konfessionen. — Philosophisch relevante Hptw.: Die Einheit des physikalischen Weltbildes, 1909; Neue Bahnen der physikalischen Erkenntnis, 1913, 1923³; Dynamische und statistische Gesetzmäßigkeit, 1914; Kausalgesetz und Willensfreiheit, 1923; Vom Relativen zum Absoluten, 1925; Physikalische Gesetzlichkeit im Lichte neuerer Forschung, 1926; Das Weltbild der neuen Physik, 1929, 1947¹⁰; Positivismus und reale Außenwelt, 1931; Der Kausalbegriff in der Physik, 1932, 1941³; Wege zur physikalischen Erkenntnis (Vorträge und Aufsätze), 1933, 1948⁵; Die Physik im Kampf um die Weltanschauung, 1935, 1945⁴; Vom Wesen der Willensfreiheit, 1936, 1945⁴; Religion und Naturwissenschaft, 1937, 1947¹⁰; Determinismus oder Indeterminismus?, 1938; Sinn und Grenzen der exakten Wissenschaft, 1942, 1955⁵; Scheinprobleme der Wissenschaft, 1942; Vorträge und Erinnerungen, 1970⁸; Wissenschaftliche Selbstbiographie, 1948.

Platon

Platon (lat. Plato), 427—347 v. Chr.: griechischer Philosoph (zunächst Dichter), seit 407 Schüler des Sokrates, nach dessen Tod (399) mit anderen Schülern des Sokrates zu Eukleides nach Mégara, dann nach Ägypten und Kyrene, schließlich drei Reisen nach Syrakus, wo er seine staatspolitischen Ideen verwirklichen wollte; 387 Gründung der „Akademie" in Athen. — Begründer der metaphysischen „Ideenlehre", der zufolge die Erscheinungswelt (Erfahrungswelt, Sinnenwelt der unvollkommenen Einzeldinge) von einer übersinnlichen Welt der „Ideen" (der allein „wirklichen", vollkommenen, ewigen und unveränderlichen Urbilder der Dinge) überragt wird (idealistischer und dualistischer Standpunkt), wobei die Einzeldinge an den ihnen entsprechenden Ideen „teilhaben". P. bekennt sich zur Seelenwanderungslehre, indem er nicht nur an ein Fortleben der Seele nach dem Tod, sondern auch an die Präexistenz der Seele vor ihrem Eintritt in den Körper glaubt; im Zusammenhang damit erklärt er auch die Möglichkeit, Erkenntnisse zu gewinnen, und zwar in der „Anamnesislehre", der zufolge sich der Mensch beim Anblick der Gegenstände und durch Denken an die vor der Geburt geschauten Ideen erinnert. Die höchste Idee, die Idee des „Guten" (gemeint ist die formende Zweckhaftigkeit im All) setzt P. mit Gott gleich, den er andererseits aber auch als Weltbaumeister (Demiurg) auffaßt, der durch Maß und Zahl aus dem Chaos den Kosmos geformt hat. In seiner Lehre vom Idealstaat erhebt P. die ethische Forderung, daß Macht stets mit Geist gepaart sein müsse (↗Moral); zwischen den drei Ständen des idealen Staates (Philosophen, Soldaten und erwerbstätigem Volk) solle ebenso wie zwischen den Tugenden (Weisheit, Tapferkeit und Besonnenheit, alle drei überragt von der Gerechtigkeit) und den drei Seelenvermögen ein harmonisches Verhältnis herrschen. In scharfem Kontrast zu seiner eigenen künstlerischen Potenz (als Dichter) verbannt P. den Künstler aus seinem Idealstaat, da er die Welt der Kunst für eine drittrangige Wirklichkeit (nach der Welt der Ideen und der Sinnenwelt) hält, in der die empirischen Abbilder der Ideen nur nochmals nachgeahmt werden. Als Ästhetiker denkt P. intellektualistisch, indem er die geistige Schönheit höher schätzt als die sinnliche; im übrigen gibt er dem ethischen Wert den Vorrang gegenüber dem ästhetischen und setzt das Schöne mit dem Guten gleich (Begriff der „Kalokagathia" = Schöngutheit). P. hat die hellenistische (z. B. den Neuplatonismus) und die christliche Philosophie (vor allem der patristischen und der frühmittelalterlichen Zeit) nachhaltig beeinflußt. — ↗Begriffsrealismus, Eros, Höhlengleichnis, Platonische Liebe, Platonismus, Sokrates, Tod, Tugend, Universalienstreit, Unsterblichkeit. — P.s bedeutendste Schriften und Dialoge (philosophische Gespräche): 1. (sokratische Periode): Apologie (Verteidigungsrede des Sokrates vor Gericht), Kriton (Sokrates im Gefängnis: über den Gehorsam gegenüber den Gesetzen), Laches (über die Tapferkeit), Eutyphron (über die Frömmigkeit), Protagoras (über die Lehrbarkeit der Tugend), Gorgias (gegen die Rhetorik der Sophisten); 2. (mittlere, dichterisch reifste Periode): Menon (Anamnesislehre), Phaidon (über die Unsterblichkeit der Seele), Phaidros (über den Eros als Streben nach der Welt der Ideen), Symposion (ebenso), Politeia (über den Idealstaat); 3. (Altersperiode; erkenntnistheoretische Fragen im Vordergrund): Parmenides (die Ideenlehre), Theaitetos (über die Voraussetzungen des Wissens), Sophistes (Metaphysik), Politikos (über den philosophisch gebildeten Staatsmann), Philebos

Platonische Liebe

(Kritik des Hedonismus), Timaios (Naturphilosophie), die Gesetze (Staatslehre). — ↗Gomperz H. (der Platons philosophisches System als „Ableitungssystem" interpretiert, dem zufolge die Dinge durch die Ideen, die Ideen durch die Zahlen, diese durch die Urfaktoren bedingt sind, wobei jeweils sowohl eine logische als auch eine temporäre Priorität besteht, mithin nicht nur die Entgegensetzung der ewigen Ruhe wandelloser Musterbilder und des beständigen Flusses der Sinnendinge von Belang ist); ↗Natorp (Interpretation Platons im Sinne des Marburger Neukantianismus: Beim späten Platon findet sich der Dualismus der klassischen Ideenlehre weitgehend abgeschwächt, tritt ein fast kritischer Idealismus im Sinne Kants an die Stelle des ursprünglich objektiven Idealismus); ↗Siegel, (Platons Metaphysik als Versuch gewertet, Sokrates' Persönlichkeit, Wirken, Leben und Sterben philosophisch zu erklären und zu rechtfertigen); ↗Albert K., Derbolav, Ficino, Fink, Gadamer, Hartmann N., Kamlah, Krüger, Kuhn H., Kühnemann, Leisegang, Liebrucks, Martin, Picht, Popper K., Prantl, Ryle, Schilling, Stenzel; Geschichtsphilosophie, Nouvelle Ph., Renaissance-Philosophie; Archytas; Methexis, Parusie.

Platonische Liebe: bei ↗Platon der Drang (↗Eros) nach philosophischer Erkenntnis; heute Bezeichnung für eine unsinnliche Liebe.

Platonismus: 1. Im engeren Sinn des Wortes: Standpunkt ↗Platons. — 2. Im weiteren Sinn des Wortes: die auf einer Verwechslung der Begriffe „Sein" und „Gelten" beruhende unhaltbare Auffassung, daß die Wahrheit in den Begriffen (statt in den Urteilen) liege und jeder Begriff eine Realität decke, so daß also jeder Wahrheit eine Wirklichkeit und der höchsten Wahrheit auch der höchste Grad der Wirklichkeit entspreche. — ↗Begriffsrealismus, Universalienstreit; Albert K.

Plechanow, Georgij Walentinowitsch, 1857 bis 1918: russischer Marxist, führender Sozialdemokrat. — Hptw. (dt.): Beiträge zur Geschichte des Materialismus, 1896; Über die Rolle der Persönlichkeit in der Geschichte, 1898; Anarchismus und Sozialismus, 1911³.

Pleonasmus: überflüssige Häufung gleichbedeutender Wörter. — ↗Perissologie.

Plessner, Helmuth, 1892–1985: deutscher Philosoph, der schichtenontologische Gesichtspunkte im Sinne N. Hartmanns in die Philosophie des Organischen eingebracht hat; Sozialanthropologe phänomenologischer Richtung und Kultursoziologe. — Hptw.: Die Einheit der Sinne, 1923, 1965²; Grenzen der Gemeinschaft, 1924, 1972²; Die Stufen des Organischen und der Mensch (Einleitung in die Philosophische Anthropologie), 1928, 1975³; Die verspätete Nation (Über die politische Verführbarkeit bürgerlichen Geistes), 1935, 1974⁶; Zwischen Philosophie und Gesellschaft, 1953; Diesseits der Utopie (Ausgewählte Beiträge zur Kultursoziologie), 1966, 1974²; Philosophische Anthropologie (enthält u. a. Lachen und Weinen, 1941, 1961³), 1970; Die Frage nach der Conditio humana (Aufsätze zur Philosophischen Anthropologie), 1976; Mit anderen Augen – Aspekte einer Philosophischen Anthropologie, 1982. – Autobiographie in „Philosophie in Selbstdarstellungen", Bd. I, 1975. – Gesammelte Schriften in mehreren Bänden erscheinen seit 1980.

Helmuth Plessner

Plethon, Georgios Gemistos, 1355—1450: aus Konstantinopel stammender Philosoph, der in Italien das Interesse für den Platonismus und den Neuplatonismus geweckt hat.

Plotin, 203–269 n. Chr.: Hauptbegründer des ↗Neuplatonismus (Schüler des Ammonios Sakkas). Seine sechs „Enneaden" wurden von seinem Schüler Pophyrios herausgegeben. ↗Effulguration, Lichtmetaphysik, Tod; Barion, Fischer H., Inge, Schlette.

Pluralismus: Mehrheits- bzw. Vielheitsstandpunkt. — Terminus von ↗Wolff, der Leibnizens Lehre von den Monaden so bezeichnet hat (1). – 1) philosophische Weltauffassung, der zufolge die Wirklichkeit aus mehreren verschiedenartigen Elementen aufgebaut ist. So hat z. B. Empedokles vier Elemente genommen; aber auch ↗Leibnizens Monadologie und ↗Herbarts Lehre von den „Realen" z. B. sind pluralistisch. — Rickert: „Das All ist nur pluralistisch zu begreifen". 2) Weltanschauungspluralismus: Überzeugung von der bloß relativen Geltung jeder ↗Welt- und Lebensanschauung; 3) daraus resultierende Lebensform und Gesellschaftsordnung (Demokratie, „pluralistische Gesellschaft", Vielgestaltigkeit der politischen Auffassungen usw.; ethisches Postulat: ↗Toleranz; ↗Popper K.; Kant bemerkt: „Dem ↗Egoismus kann nur der P. entgegengesetzt werden, d. i. die Denkungsart, sich nicht als die ganze Welt in seinem Selbst befassen, sondern als einen bloßen Weltbürger zu betrachten und zu verhalten"). – 4) Erkenntnismodell: Aus dem ↗Fallibilismus abgeleitete Forderung, der zufolge alternative Theorien in Permanenz gegeneinander zu kämpfen haben (↗Spinner). – 5) ↗Kausalität. – 6) ↗James. – Lit.: Boris Jakowenko, Vom Wesen des Pluralismus, dt. 1928.

Plutarch, ca. 45—125 n. Chr.: letzter großer griechischer Schriftsteller, bekannt vor allem durch seine Biographien berühmter Griechen und Römer, der auch zahlreiche philosophische Abhandlungen über verschiedene (vornehmlich ethische) Themen verfaßt hat.

Pneumatologie: christlich-eschatologische Lehre ↗Ebners von den „geistigen Realitäten". — ↗Höllhuber.

Pöggeler, Otto, geb. 1928: deutscher Philosophiehistoriker, Hegel-Forscher und Kunstphilosoph. – Hptw.: Hegels Kritik der Romantik, 1956; Der Denkweg Martin Heideggers 1963; Philosophie und Politik bei Heidegger. 1972, 1974²; Hegels Idee einer Phänomenologie des Geistes, 1973; Heidegger und die hermeneutische Philosophie, 1983; Die Frage nach der Kunst (Von Hegel zu Heidegger), 1984; Spur des Worts (Zur Lyrik Paul Celans), 1986. – ↗Heidegger.

Poincaré, Henri, 1854—1912: franz. Mathematiker, Physiker und Astronom, der als Wissenschaftstheoretiker vom konventionalistischen Standpunkt aus die mathematische Denkweise und die wissenschaftlichen Erkenntnisverfahren kritisch untersucht, wobei er insbesondere die bedeutende Rolle des schöpferischen Denkens hervorhebt (in der Auswahl und der Formulierung der wissenschaftlichen Grundprinzipien, deren Geltung auf freier Übereinkunft beruht, die sich ferner nur durch ihre besondere Zweckmäßigkeit auszeichnen und keinesfalls dogmatisch verabsolutiert werden dürfen: z. B. euklidische oder nichteuklidische Geometrie, mechanistische oder energetische Betrachtungsweise usw.). P. betont die Wertfreiheit der wissenschaftlichen Forschung: „Es gibt keine wissenschaftliche Moral und keine moralische Wissenschaft". — Hptw. (in deutscher Übersetzung): Wissenschaft und Hypothese, 1904, 1914³; Der Wert der Wissenschaft, 1906, 1921³; Die neue Mechanik, 1910; Wissenschaft und Methode, 1913; Letzte Gedanken, 1913.

Polarität: Gegensätzlichkeit, Spannung. Besonders von ↗Barthel (Polaritätsphilosophie), ↗Goethe (in seiner Farbenlehre) und ↗Schelling akzentuierter Begriff. – ↗Brock; Dialektik.

Polemik: aggresive Form der geistigen Auseinandersetzung. — Gegenbegriff: ↗Apologetik. — ↗Haecker.

Politik (Politologie, Politphilosophie): ↗Metapolitik, Moral; Gesellschaftskritik, Gesellschaftsphilosophie, Rechtsphilosophie, Soziologie, Staatsphilosophie, Wirtschaftsphilosophie; Riezler, Weber M. – Dazu noch ein nicht uninteressanter Gesichtspunkt! „Reversionslogik": „Verkehrte" (reaktionäre) Logik, der zufolge nicht das (z. B. politische) Verbrechen verurteilt wird, sondern derjenige, der es anprangert, als eigentlicher Täter gilt, d. h. die Opfer zu Tätern erklärt werden und die Ankläger als Angeklagte figurieren (etwa im Zusammenhang mit der nach wie vor ausständigen „Entsorgung der Vergangenheit", die u. a. ↗Habermas urgiert; jüngstes Beispiel: Österreich 1986—1988). Auch die diversen Präventivkriegsthesen zwecks Rechtfertigung von Angriffs-, Eroberungs-, Raub- und Vernichtungskriegen sind hier zu erwähnen (Beispiele aus der deutschen Geschichte, wenn auch unterschiedlicher Gewichtung: 1740, 1871, 1914, 1939, 1940, 1941). So kann man heute in der „hohen" Politik mühelos beobachten, was z. B. auch in den Niederungen der Kriminalberichterstattung gewisser Medien unverblümt zutage tritt: Interesse und Mitgefühl wenden sich häufig mehr dem Verbrecher als seinem Opfer zu, das als „irgendwie mitschuldig" gilt (– und warum sollten es dann die Juden am Holocaust nicht gewesen sein? –), wogegen der Übeltäter eher als „Opfer" seiner Lebensbedingungen, seiner Um- und Mitwelt angesehen wird, dem daher eine permissive Behandlung zusteht (frei nach Franz Werfel: „Nicht der Mörder, der Ermordete ist schuldig"). Dort ist es das „historische Verstehen", die Historisierung und damit Relativierung z. B. einer Gewaltherrschaft, hier ist es das „psychologische Verstehen" der Motive des Täters, was mitunter geradezu auf eine Verhöhnung des Tatopfers hinausläuft.

Politische Theologie: ↗Peterson, Schmitt, Sölle.

Pollock, Friedrich, 1894—1970: deutscher Soziologe, als Freund Horkheimers Mitgründer des Frankfurter Instituts für Sozialforschung und Mitbegründer der Frankfurter Schule. — Hptw.: Automation (Materialien zur Beurteilung der ökonomischen und sozialen Folgen), 1964; Stadien des Kapitalismus, 1975.

Polnische Schule (der Logik bzw. Logistik): Ajdukiewicz. Lesniewski, ↗Lukasiewicz, ↗Tarski u. a. — Bemerkenswert ist vor allem ihre metalogisch-formale Betrachtung der Sprache (als eines Darstellungssystems).

Polysemie: gleichbedeutend mit Homonymik; ↗Äquivokation.

Polysyndeton: mehrfache Wiederholung der gleichen Konjunktion (z. B.: und ... und ... und ...).

Polytheismus: Glaube an die Existenz mehrerer Götter. — Gegenstandpunkt: Monotheismus (Eingottglaube).

Pomponazzi, Pietro (Pomponatius Petrus), 1462—1524: italienischer Philosoph, ↗Alexandrist, der die Existenz und Unsterblichkeit einer vom Körper unabhängigen Seele leugnet. — Hptw.: De immortalitate animae, 1516.

Sir Karl Raimund Popper

Popper, Sir Karl Raimund, geb. 1902: österreichischer Philosoph (ab 1937 in Neuseeland, dann in England), Neopositivist, kritischer Rationalist, der (in Abweichung vom Wiener Kreis) 1. die Möglichkeit einer rationalen Behandlung metaphysischer Probleme innerhalb gewisser Grenzen (mitunter an Bergson gemahnend) bejaht (Realismus, Indeterminismus, Evolutionismus) und 2. an die Stelle der Verifikationstheorie eine fallibilistische Erkenntnis- und Wissenschaftstheorie setzt, der zufolge der Induktionismus durch den Deduktionismus und das Verifikationskriterium durch das Falsifikationskriterium zu ersetzen sind, da Aussagen niemals (endgültig) verifizierbar, sondern nur falsifizierbar sind. In (— und nur —) diesem Sinne ist Poppers Gedankenführung somit als anti-positivistisch, im übrigen als realistisch und objektivistisch (anti-idealistisch und anti-subjektivistisch) zu qualifizieren. P. unterscheidet 3 „Welten": Physikalische Welt (Materie), Erlebniswelt (Bewußtsein) und Welt der Ideen, Theorien, Gedanken, Denkinhalte, Sätze, Probleme, Argumente, also der Produkte des menschlichen Geistes... (als objektive Realität!). Als Gesellschafts- und Kulturphilosoph übt er Kritik an der ganzheitlichen Sozialphilosophie und an der generalisierend-nomothetischen Betrachtungsweise in der Geschichtswissenschaft und bekennt er sich zu den Idealen eines reformwilligen sozialliberalen Humanismus sowie einer demokratisch-pluralistischen Gesellschaftsordnung, einer freien, „offenen" Gesellschaft; in scharfem Gegensatz zum linken Utopismus der revolutionären Systemveränderer und zu der, mittlerweile beinahe fatalistisch gewordenen, dogmatisch-schwärmerischen Haltung der Frankfurter Schule fordert P. eine nüchtern-rationale, durch empirisch-analytische soziologische Forschung und ständige Überprüfung abgesicherte Gestaltung des öffentlichen Lebens (— „Laßt unsere Hypothesen anstelle von uns sterben!" — „Der Versuch, den Himmel auf Erden einzurichten, produziert stets die Hölle." — „Wenn wir die Welt nicht wieder ins Unglück stürzen wollen, müssen wir unsere Träume der Weltbeglückung aufgeben." — „Nur wenn wir wissen, daß wir irren können, sind wir bereit und imstande, die Meinung des anderen zu respektieren." —) und einen reformfreudigen Kampf gegen alles vermeidbare Elend. — ↗Albert; auch ↗Dahrendorf, ↗Lübbe und ↗Topitsch fühlen sich P. verbunden. — Hptw.: Logik der Forschung (Zur Erkenntnistheorie der modernen Naturwissenschaft), 1934, 1984[8]; The Open Society and its Enemies, 2 Bde., 1945, dt. 1957/58, 1980[6] (Die offene Gesellschaft und ihre Feinde: I — Der Zauber Platons; II — Falsche Propheten. Hegel, Marx und die Folgen); The Poverty of Historicism, 1957, dt. 1965, 1979[5] (Das Elend des Historizismus); Conjectures and Refutations: The Growth of Scientific Knowledge, 1963, 1972[4]; Objectiv Knowledge (An Evolutionary Approach), 1972, dt. 1973 (Objektive Erkenntnis. — Ein evolutionärer Entwurf); Unended Quest, an Intellectual Autobiography, 1976, dt. 1979 (Ausgangspunkte – Meine intellektuelle Entwicklung); Die beiden Grundprobleme der Erkenntnistheorie, 1979; gemeinsam mit John C. Eccles: Das Ich und sein Gehirn, 1982; Auf der Suche nach einer besseren Welt (Vorträge und Aufsätze aus dreißig Jahren), 1984; Die Zukunft ist offen (Diskussion mit Konrad Lorenz), 1985. – Neueste Lit.: Karl Popper – Philosophie und Wissenschaft (hrsg. v. Friedrich Wallner), 1985; Versuche und Widerlegungen – Offene Probleme im Werk Karl Poppers (hrsg. v. Karl Müller, Friedrich Stadler u. Friedrich Wallner), 1986. – ↗Basissätze, Historizismus, Optimismus, Positivismus-Streit, Toleranz, Wahrscheinlichkeit, Xenophanismus; Feyerabend, Spinner, Wellmer.

Popper-Lynkeus, Josef, 1838—1921: von einem tiefen sozialen Verantwortungsbewußtsein durchdrungener österreichischer Sozialphilosoph, der in seinen sozialpolitischen Reformvorschlägen auf die Verpflichtung der Gesellschaft hinweist, jedes einzelne Individuum vor Hunger und Elend zu bewahren und ihm ein Existenzminimum zu sichern, wodurch er individualistische und sozialistische Forderungen zu verbinden sucht. P. möchte die zwischenmenschlichen Beziehungen durch Vernunft und Güte geregelt sehen, nimmt mutig gegen Krieg, sexuelle Heuchelei und konfessionelle Intoleranz Stellung, tritt für die Humanisierung und Ethisierung der Strafrechtspflege ein und ist als überzeugter Monist bestrebt, den religiösen Glauben als Aberglauben und traditionelle Gewohnheit zu entlarven. — Hptw.: Das Recht zu leben und die Pflicht zu sterben, 1878, 1903³; Phantasien eines Realisten, 1899, 1918¹⁴; Die Allgemeine Nährpflicht als Lösung der sozialen Frage, 1912, 1919³; Krieg, Wehrpflicht und Staatsverfassung, 1921; Das Ich und das soziale Gewissen, 1924; Philosophie des Strafrechts, 1924; Über Religion, 1924.

Popularphilosophen: deutsche Denker des ↗Aufklärungszeitalters (z. B. ↗Garve, Mendelssohn), die einen naiv-optimistischen ↗Rationalismus predigen, dem zufolge die menschliche Vernunft imstande sei, alle überhaupt denkbaren Probleme zu lösen. — Gegenposition: ↗Kants „Kritik der reinen Vernunft".

Porphyrios, 232—304 n. Chr.: Schüler Plotins und Herausgeber seiner „Enneaden"; hat sich vor allem um die Verbreitung des ↗Neuplatonismus große Verdienste erworben. Seine Schrift „Gegen die Christen" (15 Bücher) ist nicht erhalten.

Portmann, Adolf, 1897–1982: Schweizer Biologe und (philosophierender) Anthropologe. – Hptw.: Vom Ursprung des Menschen 1944; Biologische Fragmente zu einer Lehre vom Menschen, 1951; Zoologie und das neue Bild des Menschen, 1956; Biologie und Geist, 1968; Entläßt die Natur den Menschen? (Gesammelte Aufsätze zur Biologie und Anthropologie), 1970; Wir sind unterwegs (Der Mensch in seiner Umwelt), 1971; Naturschutz wird Menschenschutz, 1972; Vom Lebendigen, 1973; Biologie und Geist, 1973; An den Grenzen des Wissens (Vom Beitrag der Biologie zu einem neuen Weltbild), 1974; Einheit und Verschiedenheit, 1980; Vom Wunder des Vogellebens, 1984.

Poseidonios aus Apameia in Syrien, 135 bis 51 v. Chr.: griechischer Philosoph, Schüler des Panaitios und dessen Nachfolger in der Leitung der Schule auf Rhodos, wo ihn auch Cicero und Pompeius hörten. Nach P., der die Lehren Heraklits, Platons und Aristoteles' mit dem Stoizismus zu verbinden sucht, stellt der Mensch, dessen unsterbliche Seele nur zur Strafe im Leib eingekerkert ist, den Übergang vom Irdischen zum Göttlichen dar. Durch P. fanden Mystik und Mantik Eingang in die mittlere Stoa.

Positivismus: A) antimetaphysischer Standpunkt, dem zufolge nur das Positive (das Gegebene, d. h., was ohne unser Zutun Erkenntnisgegenstand werden kann) erkennbar ist. Aufgabe der Wissenschaft ist es, dieses Gegebene möglichst einfach (ökonomisch) zu beschreiben (↗Kirchhoff, Mach). Über die Erfahrung hinaus reicht kein Wissen: die Grenzen der Erfahrungswelt sind auch die Grenzen der Erkenntnis („erkennen" heißt „erfahren"). Es „gibt" nur „Gegebenes"; nach einem „wahrhaft Wirklichen" hinter dem Gegebenen zu suchen, ist sinnlos und führt zu unfruchtbaren Spekulationen; jeder sinnvolle Begriff muß auf Begriffe zurückführbar sein, die sich auf Wahrnehmbares beziehen. Die Grundthesen des Positivismus hat z. B. Ziehen besonders klar formuliert: 1. Ausgangspunkt des Erkennens kann nur das „Gegebene" sein (Gignomenalprinzip). 2. Es ist widersinnig, Nicht-Gegebenes erkennen zu wollen; metaphysische Transzendenzerkenntnisse kann es nicht geben (Immanenzprinzip). 3. Die erste Aufgabe der Philosophie besteht im Aufsuchen der Gesetze alles Gegebenen (positivistisches oder nomistisches Prinzip). Gegenüber den radikalen Positivisten, die den Problemkreis der Philosophie auf die ↗wissenschaftstheoretische Problematik einschränken wollen, da die Gesamtheit des Gegebenen Forschungsbereich der Einzelwissenschaften ist, halten die Verfechter eines „Kritischen Positivismus" die philosophische (kritisch-wissenschaftliche) Wirklichkeitstheorie für unentbehrlich (Aufbau eines Weltbildes, Berücksichtigung der apriorischen Funktion des Bewußtseins im Sinne des ↗Kritizismus); ↗Aster, Brunschvicg, Göring, Höffding, Kern, Kolakowski, Roretz, Schultz, Siegel, Stöhr, Vaihinger (fiktionalistischer bzw. idealistischer Positivismus). Gegenüber dem älteren Positivismus (scientischer Positivismus ↗Comtes, sensualistischer Positivismus bzw. Empfindungsmonismus ↗Machs, Empiriokritizismus ↗Avenarius', relativistischer Positivismus ↗Petzoldts; — ↗Ardigó, Cornelius, Czolbe, Dilthey, Du Bois-Reymond, Enriques, Feuerbach, Hemholtz, Hertz, Jodl, Laas, Mill, Ostwald, Rensi, Spencer, Strauß, Taine, Verworn, Wahle, Th. Ziegler; in gewissem Sinne auch die Immanenzphilosophen ↗Schuppe, Schubert-Soldern und Kauffmann sowie ↗Rehmkes Grundwissenschaft) ist der Neopositivismus „logisch" bzw. „logistisch" besser fundiert. Das bedeutet, daß man sich erstens mit den Problemen der modernen Logik auseinandersetzt und zweitens zwischen erfahrungswissenschaftlicher (Induktion) und ↗axiomatischer Methode (in der Logik und der Mathematik) scharf unterscheidet. Anders als manche ältere Positivisten, die oft allzu sehr vereinfachten, legen die Neopositivisten größten Wert auf logische Klarheit und Präzision. Während die älteren Empiristen alle Urteile, auch die logischen und die mathematischen, für Erfahrungsurteile hielten, wiesen die Neopositivisten auf Grund sorgfältiger Untersuchungen nach, daß die logischen und die mathematischen Aussagen unabhängig von der Erfahrung gelten. Besonders bemerkenswert ist die neopositivistische Auffassung von der Aufgabe der Philosophie: auch den Philosophen muß der Wille zur „Erkenntnis" beseelen; er darf sich nicht mit „Bekenntnissen" zufriedengeben; nicht phantasievoll in vagen und verschwommenen Begriffen zu „dichten", nicht „schwammig" zu denken, ist seine Aufgabe; vom Philosophen ist vielmehr strengste logische Zucht zu fordern, von den philosophischen Begriffen und Formulierungen: Klarheit und Eindeutigkeit. Wie jede wissenschaftliche Erkenntnis, so muß auch jede philosophische Behauptung begründet und überprüfbar sein. Unüberprüfbare Sätze sind sinnlos; ein Satz hat nur dann einen Sinn, wenn man weiß, unter welchen Umständen er wahr oder falsch ist, wenn der Grad der Wahrscheinlichkeit seiner Geltung bestimmt werden kann; oder anders gewendet: Aussagen sind nur verständlich, wenn sich ein Weg denken läßt, auf dem man ihre Wahrheit überprüfen kann. Da die metaphysischen Behauptungen keinen prüfbaren Sachgehalt aufweisen, muß man „wissenschaftlich" philosophieren, sofern man „wissen" will. Das ↗metaphysische Denken führt niemals zu allgemeingültigen Erkenntnissen, sondern dient nur der Befriedigung persönlicher Gemütsbedürfnisse, der Weckung von Erlebnissen; in den metaphysischen Systemen kommen ebenso wie in religiösen Bekenntnissen und Kunstwerken Stimmung und Lebensgefühl zum Ausdruck. Die Probleme der Metaphysik sind daher keine Probleme für den wissenschaftlichen Philosophen; vom Standpunkt der wissenschaftlichen Philosophie aus betrachtet, sind sie „Scheinprobleme" (z. B. Dasein Gottes, Unsterblichkeit der Seele, Wirksamkeit einer Lebenskraft u. dgl.), unlösbare, weil falsch gestellte Fragen, die sich nicht so formulieren lassen, daß durch Erfahrung eine Entscheidung zwischen einander widersprechenden Antworten getroffen werden könnte. Die legitime Aufgabe der Philosophie besteht in erkenntniskritischen (sprachkritischen und wissenschaftstheoretischen) Analysen mit dem Ziel, die Sinnlosigkeit metaphysischer Behauptungen zu erweisen, den „Sinn" der wissenschaftlichen Grundbegriffe und Fragen klarzustellen und die Tragweite der wissenschaftlichen Erkenntnismethoden zu bestimmen; die Aufgabe der Philosophie besteht somit in der „Klärung des Verhältnisses von Sprache und Welt". Die typisch philosophische Fragestellung lautet: „Was meinst du eigentlich?"-Philosophie ist nach neopositivistischer Auffassung nicht eine bestimmte Lehre, sondern eine Tätigkeit: logische Klärung bzw. das „Studium der logischen Syntax der wissenschaftlichen Sätze". Die bedeutendsten Repräsentanten des Neopositivismus stellte der ↗Wiener Kreis; — ↗Analytische Philosophie; Morris, Popper K. (Fallibilismus, Falsifikation), Russell (neurealistischer Positivismus). — Ein bedauerliches Handikap ist die offenbar unüberwindliche Verständnislosigkeit der mitunter etwas „schmalspurig" philosophierenden Neopositivisten gegenüber dem ↗„transzendentalen" Denkansatz ↗Kants. — Vorformen des Positivismus sind der spätmittelalterliche ↗Nominalismus und der ↗englische Empirismus (Locke, Hume). — B) ↗Rechtspositivismus. — C) Religionspositivismus: Standpunkt der positiven Religionen (Offenbarungsreligionen) im Gegensatz zur Vernunftreligion der Rationalisten (↗Deismus). — D) Soziologischer Positivismus: z. B. ↗Geiger. — E) Positivismus im allgemeinsten Sinn des Wortes: positive Einstellung zum Leben (= ↗Optimismus). — F) Zur weltanschaulichen Facette des Positivismus: ↗Monismus, Naturalismus (Evolutionismus).

Positivismus-Streit (↗Dialektik-Positivismus-St.): eine Methoden-Kontroverse, in der die von ihren Gegnern als „Positivisten" bezeichneten ↗Popper K. und ↗Albert — obwohl sich diese ausdrücklich von dieser Etikettierung distanziert haben — (— in gewissem Sinne stehen ihnen auch ↗Dahrendorf und ↗Topitsch nahe —) der ↗Frankfurter Schule vorwerfen: daß ihre Methode irrational-spekulativ sei, daß sie ideologiegetrübtes, quasitheologisches Heils- und Erlösungswissen anbiete, daß ihre an ↗Hegel, Marx und Freud orientierte Gesellschaftskritik empirie- und damit auch praxisfern und in reiner Negation erstarrt sei, daß ↗H. Marcuse etwa, der an der spätindustriellen Zivilisation und am Pluralismus der formalen Demokratie schärfste Kritik geübt und eine Theorie der Revolution entwickelt hat, angesichts der Übermächtigkeit der repressiven Gesellschaft praktisch zur Resignation verurteilt sei. Im Gegensatz zu dieser von ihnen kritisierten Haltung der Vertreter der in Frankfurt entwickelten ↗„Kritischen Theorie", deren Voraussetzungen und Konsequenzen z. B. auch ↗Rohrmoser einer einläßlichen Kritik unterzogen hat, meinen Popper, der Theoretiker des Liberalismus, und Albert, der liberale Kritiker der sozialen Marktwirtschaft, daß eine pluralistische („offene") Gesellschaft sich durchaus auf dem Wege schrittweiser Reformen optimieren lasse, wobei es, fern jeder Dialektik und Spekulation, lediglich der Anwendung rationaler Verfahrensweisen (an Stelle irrationaler Revolutionen) und empirischer Analytik bedürfe. Ihnen (den „Positivisten") wieder hält ↗Habermas in seiner Kritik am „eindimensionalen" positivistischen Denken entgegen, daß sie den Wissenschaftsbetrieb in seiner Objektivität überschätzen und vergessen, daß die Gesellschaft gar nicht wie die „Natur" objektiviert werden könne, daß sie Wissenschaft und soziale Praxis, Erkenntnis und Interesse abstrakt trennen und damit bestehende Herrschaftsstrukturen rechtfertigen; es gelte vielmehr, die erkenntnisleitenden Einstellungen und Interessen der Technokratie ideologiekritisch zu durchschauen. H. Marcuse geht sogar so weit, im analytisch-positivistischen Denken nur die verkappte ↗„Ideologie der Repression und des Apparates" zu erblicken. Diese Reaktion H. Marcuses wieder bezeichnet Albert als eine „romantische", hinter der sich ein pseudotheologischer Dogmatismus, ein gegen die moderne Wissenschaft und die westliche Gesellschaftsordnung gerichtetes reaktionäres Freund-Feind-Denken verberge. — ↗Améry.

Post hoc — ergo propter hoc: ein Denkfehler, und zwar die Verwechslung von „kausalem (ursächlichem) Zusammenhang" (propter hoc) und „zeitlicher Aufeinanderfolge" (Sukzession: post hoc); er beruht auf mangelhafter Analyse und falscher Analogie. Beispiel: Wenn nach dem Erscheinen eines Kometen etwa alle Unglücksfälle auf dieses Ereignis zurückgeführt werden.

Postmoderne: Im Grunde nichtssagender, fast inhaltsleerer, weil nur eine zeitliche Nachfolge andeutender Sammelbegriff für verschiedene geistige Strömungen im Kulturleben der Gegenwart, insbesondere in der zeitgenössischen Literatur und Philosophie, aber auch z. B. in der Architektur (– nach Dieter Koll: das ungerechtfertigte Auffallen und Aufsehen der postmodernen Architektur durch verwirrte Flucht aus der Eintönigkeit der Nachkriegsarchitektur; bedeutungsleeres Spiel mit inhaltlich funktionslosen Kulissen von Look-Charakter wie in der Mode; Architektur als modisches Design), die sich mit einer ausgeprägten wissenschaftsskeptischen und fortschrittspessimistischen Tendenz zum Irrationalen deutlich von der in der ↗„Aufklärung" wurzelnden, rational zentrierten, zukunftsoptimistischen „Moderne" (↗Brandes, Dahrendorf) abheben. – „Post-" ist heute ein abgegriffenes antimodernistisches Schlag- und Reizwort, das in alle möglichen Wortkombinationen Eingang gefunden hat (z. B. Postliberalismus, Postmaterialismus, Postpositivismus, Poststrukturalismus ...); andererseits aber gibt es auch, vom Standpunkt der Postmoderne aus als Gegenposition gesehen, einen „Modernitätstraditionalismus" (nach Marquard) bzw. „Altmodernismus" (nach Bergfleth): z. B. ↗Habermas' „unnachgiebige Aufklärung". – Wurzeln der Postmoderne: Die Bewußtseinslage des Menschen von heute ist gekennzeichnet durch Desillusionierung und Enttäuschung infolge der kopernikanischen Vertreibung des Menschen aus dem Mittelpunkt der Welt, der darwinistischen aus der Gotteskindschaft, der Marxschen aus dem Primat des Individuums gegenüber dem Kollektiv und des „Bewußtseins" gegenüber dem „Sein", der Freudschen aus der Souveränität des Ich und schließlich auch infolge der Einsicht in die Möglichkeit einer atomaren Selbstzerstörung der Menschheit oder eines Entropie-Todes des expandierenden Universums und des dadurch bedingten Verlustes der, wenn auch nur noch kollektiven, Unsterblichkeit (↗Blumenberg). Wissenschaftsüberdruß, „Techniker-Dämmerung" (im Hinblick auf die negativen Nebenwirkungen der ↗Technokratie), Verärgerung über die zunehmende Umweltbelastung und die damit gegebene Gesundheitsgefährdung, Staats- und Politikverdrossenheit, die Bevölkerungsexplosion in der dritten und vierten Welt einerseits und die Entlassung Europas aus seiner führenden Rolle in der Welt andererseits steigern die Angst vor der Zukunft. Die aus dieser Sorge und Trostlosigkeit, aus dem Sinnlosigkeitsverdacht entspringende Heilssehnsucht verführt dann leicht zu einer überstürzten Flucht aus der „Krise" der Ratio in eine der unzähligen Varianten und Verzweigungen des ↗Mystizismus, ja des Magismus (↗Magie), zu einer Rückkehr vom Logos zum ↗Mythos. Diese gegen die „Moderne" (die Besinnung auf die geistige Tradition der Neuzeit, insbesondere der letzten hundert Jahre) gerichtete Konterrevolution der „Postmoderne" ist mithin zweifellos ein Rückschritt, im günstigsten Fall zurück ins ↗Mittelalter oder in die ↗Romantik, im schlimmsten zur „Bücherverbrennung" mit allen ihren unheilvollen Folgen. In der „Postmoderne" begegnen wir einer „Beliebigkeitsphilosophie" ohne Ziel, ohne Programm, ohne Profil, die die überkommenen Werte nicht mehr ernst nimmt, der die „Erneuerung" selbst an sich schon Prinzip und Zweck genug ist, nämlich der Schritt von der Vernunft zur Ideologie der Gleichgültigkeit, der Hang zum ↗Obskurantismus, genährt vor allem durch die immer rasanter und damit unüberschaubarer werdende technologische Entwicklung, aber auch durch die anschwellende Informationsflut ohne Orientierung. Doch die Lawine der „Postismen" ist eben nun einmal losgetreten... - Zur „Moderne": ↗Bense, Kantorowicz. - „Postmoderne" Theoretiker: ↗Feyerabend (Lakatos), Foucault, Hübner, Marquard, Sloterdijk (↗Zynismus); gleichermaßen kennzeichnend etwa für Feyerabend („anything goes": mach' was du willst!) wie für Marquard („Lob des Polytheismus": alles ist gleich „schön"!) ist die müde, resignierende, permissive Gleichgültigkeit gegenüber der Ratio und der Empirie. - Ferner: ↗Lübbe, Richter H.-E. - Vorläufer: ↗Heidegger, Klages, Lessing Th., Spengler, Wahle. - Lit.: Gerd Bergfleth, Kritik der palavernden Aufklärung, 1984. - Burghart Schmidt, Postmoderne (Strategien des Vergessens), 1986. - ↗Futurologie, New Age, Nouvelle Philosophie.

Postulat: Forderung, Anweisung. — Es gibt notwendige und willkürliche Forderungen (wahr oder falsch können Forderungen niemals sein). Ganz willkürlich wird z. B. von manchen Metaphysikern die Forderung erhoben, in der Natur nach „Zwecken" zu suchen (ganz abgesehen von der Problematik des Zweckbegriffes); doch läßt sich auch ohne Annahme solcher „Zwecke" die Zweckmäßigkeit in der Natur restlos verstehen (weshalb die finale oder teleologische Naturbetrachtung durch die kausale zu ersetzen ist). Die auf Grund erkenntniskritischer Analyse als notwendig ausgewiesenen Forderungen hingegen gelten nicht etwa auf Grund einer Konvention (wie die ↗Konventionalisten wollen), sondern zwingen unser Denken, da sie in der menschlichen Geistesorganisation verwurzelt sind (z. B. die logischen Axiome, Kategorien usw.). Für denjenigen, der diesen Forderungen (etwa dem ↗Regelmäßigkeitspostulat) nicht gehorcht, stürzt die Welt ins Chaos, wird Erfahrung unmöglich; oder wer nicht kausal denken will und den Ursache-Begriff durch den Funktionsbegriff ersetzt, kann die Naturerscheinungen nur beschreiben, niemals jedoch „verstehen". — ↗Axiome, Kategorien, kategoriales Denken, Glaube, Kausalität, Teleologie, Zweck; Kant (Postulate der praktischen Vernunft).

Potentia (Potenz, Potentialität, griech. dynamis): Möglichkeit, Kraft, Vermögen. — Gegenbegriff: ↗Actus.

Potentiell (virtuell): möglich, vermögend, wirkfähig (z. B. potentielle Energie = ruhende Zustandsenergie). — Gegenbegriff: aktuell.

Prädestination: Vorherbestimmung (z. B. durch Gott). — ↗Abstammungslehre; ↗Augustinus, Luther; Prädestinationslehre: Calvin, Johann, 1509—1564 („Institutio religionis christianae", 1536).

Präexistenz (der Seele): (von ↗Platon, Origenes u. a. angenommene) Existenz der Seele vor ihrem Eintritt in den Körper. — ↗Anamnesis, Kreatianismus, Traduzianismus.

Präformation: ↗Entwicklung.

Pragmatismus: ein vor allem von amerikanischen Philosophen (z. B. ↗Peirce, James, Dewey) vertretener erkenntnistheoretischer Standpunkt. Nach pragmatistischer Auffassung ist ein Urteil dann wahr, wenn es sich „bewährt", d. h. der Lebenserhaltung und Lebenssteigerung dient und die persönliche Lebensführung positiv beeinflußt („Bewährungstheorie" der Wahrheit).

Wahrheit und Geltung einer Erkenntnis beruhen auf ihrem biologischen Wert, auf ihrer praktischen Brauchbarkeit und auf ihrer Bedeutung für das Verhalten des Menschen; entscheidend ist ihr cash-value („Kassenwert", „Barwert"). Die Wahrheit wird mit einem Werkzeug (tool) verglichen; von der Erkenntnis verlangt man vor allem: power to work. — Gegen den Pragmatismus läßt sich u. a. einwenden, daß er wohl haltbar ist, soweit das Phänomen „Erkenntnis" im allgemeinen zur Debatte steht (biologische Funktion der Erkenntnis: Bestimmung einer unbestimmten Situation, „Überführung einer unharmonischen in eine harmonische Denksituation"; Wahrheit als biologisches Optimum im Sinne einer zweckmäßigen Anpassung des Menschen an die Umwelt), daß es jedoch sinnlos ist, einzelne Erkenntnisse nach dem biologischen „Wahrheits"-Kriterium zu messen, zumal dieses Kriterium höchst unbestimmt ist (Wahrheit = Bewahrheitung = Bewährung = praktischer Erfolg: Wann dieser Erfolg gegeben ist, wann etwas für die Lebensführung nützlich oder förderlich ist und wann nicht, ist von vornherein kaum zu entscheiden; ja es steht nicht einmal eindeutig fest, worin die „Bewährung" überhaupt besteht). — Apel K.-O., Jacoby, Jerusalem, Lenk H., Morris, Rapoport; Tod.

Präkognition: ↗ Parapsychologie.

Prakrti: in der indischen ↗ Sâmkhyam-Philosophie Bezeichnung der Urmaterie. — ↗ Purusa (Geist).

Praktische Vernunft: z.B. von ↗ Kant gebrauchte Bezeichnung für das von der Vernunft geleitete Wollen (im Gegensatz zur „reinen", d. h. „theoretischen" Vernunft).

Prämisse: Vordersatz eines ↗ Schlusses.

Prantl, Carl von, 1820–1888: deutscher Logiker und Philosophiehistoriker. — Hptw.: Über die Entwicklung der Aristotelischen Logik aus der Platonischen Philosophie, 1853; Geschichte der Logik im Abendlande, 4 Bde., 1855–1870 (2 Bde.: 1885²), letzter Neudruck 1955.

Prästabilierte Harmonie: von ↗ Leibniz eingeführte Bezeichnung für die von Gott festgelegte Weltordnung, z.B. die Abstimmung der (parallel verlaufenden) seelischen und körperlichen Vorgänge aufeinander.

Praxeologie: von ↗ Kotarbinski entwickelte Lehre vom erfolgreichen Entscheiden und Handeln.

Praxis: 1. Handeln, Tat (im Gegensatz zum Denken, zur ↗ Theorie). — ↗ Praktische Vernunft. — ↗ Gomperz H., Grebe, Kaulbach, Reinke, Verweyen. — 2. Als „Philosophie der Praxis" bezeichnet ↗ Gramsci den „Historischen Materialismus". — 3. „Praxis": Seit 1963/64 in Jugoslawien (Zagreb) als Diskussionsforum der progressiven, undogmatischen, unorthodoxen Marxisten von ↗ Petrović (Zagreb; mit Milan Kangrga und ↗ Supek), Mihailo Marković (Belgrad; „Dialectical Theory of Meaning", 1984) und Svetozar Stojanović (Belgrad; „Kritik und Zukunft des Sozialismus", 1970; „Geschichte und Parteibewußtsein", 1978) herausgegebene philosophische Zeitschrift (gegen ↗ Etatismus, Autoritarismus und Bürokratismus; für Liberalisierung), staatlicherseits (wegen „ideologischer Abweichung" und „oppositioneller Aktivität") zeitweilig, seit 1975 endgültig verboten. — 4. ↗ Bloch. — 5. ↗ Pragmatismus. — 6. ↗ Lenk H., Stachowiak.

Primat: Vorrangstellung, z.B. der praktischen Vernunft vor der theoretischen (↗ Kant), des Willens vor dem Intellekt (↗ Schopenhauer).

Primitivologie: Erforschung der „primitiven" Völker. — ↗ Lévi-Strauss, Lévy-Bruhl.

Primordial: ursprünglich, anfänglich.

Principia non sunt multiplicanda praeter necessitatem: antimetaphysische Forderung, keine „überflüssigen Wesenheiten" anzunehmen. — ↗ Wilhelm v. Ockham, Ockhams „Rasiermesser".

Principium individuationis: Prinzip der Vereinzelung; gemeint sind Raum und Zeit, da ein Ding nicht gleichzeitig an verschiedenen Orten sein bzw. derselbe Ort nicht von mehreren Dingen eingenommen werden kann.

Probabilismus (Wahrscheinlichkeitsstandpunkt): 1. erkenntnistheoretischer Standpunkt, dem zufolge allen Erkenntnissen nur eine mehr oder weniger wahrscheinliche Geltung zukommt (↗ Subjektivismus); 2. ethischer Standpunkt (von den Jesuiten vertreten, z.B. von dem Spanier Escobar), dem zufolge es gestattet ist, so zu handeln, wie es als ausreichend gut erscheint, bzw. Entscheidungen auch gegen alle Gewissensbedenken zu treffen, wenn sie zumindest wahrscheinlich richtig sind, also als einigermaßen annehmbar erscheinen, und ihre Zulässigkeit durch eine Autorität verbürgt ist. Diese jesuitische Morallehre wurzelt in dem Wunsch, lebens-

Problematisch

nah zu bleiben und die Herrschaft über die Seelen nicht zu verlieren, und setzt ein großes Vertrauen in die eigene Scharfsinnigkeit voraus; ihre Folgen sind nicht selten paradoxe und unmoralische Entscheidungen. — ↗Kasuistik, Paradoxon. Gegenstandpunkt: ↗Rigorismus.

Problematisch: ist eine Aussage, die nur möglicherweise gilt (z. B. „diese Flüssigkeit kann giftig sein").

Prodikos von Keos, 5. Jhdt. v. Chr.: Sophist (Wertrelativist), der u. a. lehrt, daß die Menschen dasjenige, was ihnen im Leben Nutzen bringt, vergöttlichen. — Hptw.: Herakles am Scheideweg.

Proklos, 410—485 n. Chr.: Haupt der athenischen Schule der Neuplatoniker.

Prolegómena: Vorbemerkungen, Einleitung. — ↗Kant.

Prólepsis (Anticipatio): Vorwegnahme, z. B. in der Stilistik eines Satzteiles oder -gliedes, in der Rhetorik der Einwände des Gegners.

Prologik: ↗Protologik.

Promiscue: vermengt, vermischt.

Prosopopöie: stilistischer ↗Tropus des „Vor-das-Antlitz-Bringens", Darstellung von Leblosem durch Lebendiges, verlebendigende Ausdrucksweise (z. B.: „Die Sonne verbirgt sich").

Protagoras, ca. 481–411 v. Chr.: bekanntester Sophist, der einen Subjektivismus und Relativismus lehrt, d. h. also die Möglichkeit bezweifelt, daß der Mensch allgemeingültige Erkenntnisse gewinnen (z. B. über die Existenz und das Leben der Götter etwas wissen) könne, und den Menschen für das „Maß aller Dinge" hält („Homo-mensura"-Satz). - Hptw.: Von den Göttern; Die Niederwerfenden (nämlich: Worte, die den Gegner niederzwingen). - ↗Antistrephon.

Protokollsätze: Aussagen über Erlebnistatsachen. - ↗Basissätze, Konstatierung, Positivismus, Wiener Kreis.

Protologik: der Logik vorgeordnete Disziplin, in welcher der Geltungsgrund der Logik untersucht und das Begründungsproblem der Logik erörtert wird. — ↗Görland (Prologik).

Proton kinun akineton (lat. primum movens): „erstes bewegendes (selbst unbewegtes) Prinzip", „erster Beweger" (= Gott). — ↗Kosmologischer Gottesbeweis (z. B. bei ↗Aristoteles).

Proton pseudos: Grundirrtum, falsche Voraussetzung (z. B. ein Schluß aus ungültigen Prämissen oder die Einführung eines unzureichenden Beweisgrundes). Beispiel: Antwort auf die Frage, ob man heiraten solle: „Entweder wirst du dir eine Schöne oder eine Häßliche nehmen; wenn du dir eine Schöne nimmst, wirst du sie mit anderen gemeinsam haben; wenn du dir aber eine Häßliche nimmst, so schaffst du dir Pein; daher sollst du nicht heiraten!" (Dagegen ist zu sagen: Schönheit ist nicht unbedingt an Untreue gebunden; außerdem sind nicht alle Frauen entweder „schön" oder „häßlich"; d. h. also: eine Reihe von falschen oder zumindest ungerechtfertigten Voraussetzungen).

Protophysik: der ↗Physik vorgeordnete erkenntnis- und wissenschaftstheoretische Problematik, z. B. Kants „reine Naturwissenschaft" (↗Analogie).

Prototyp: Urtypus, Urbild.

Proudhon, Pierre Joseph, 1809—1865: französischer Sozialphilosoph, Begründer der Theorie des Anarchismus für einen gemäßigten Sozialismus (Mutualismus) eintritt, indem er vor allem gegen die Ausbeutung Stellung nimmt („Eigentum ist Diebstahl"). — Hptw.: Qu'est-ce que la propriété?, 1840; Système des contradictions économiques, ou Philosophie de la misère, 1846; La guerre et la paix, 1860; De la capacité politique de la classe ouvrière, 1865.

Przywara, Erich, 1889—1972: deutscher katholischer Theologe und Religionsphilosoph. — Hptw.: Religionsphilosophie katholischer Theologie, 1927; Gott, 1926; Das Geheimnis Kierkegaards, 1929; Kant heute, 1930; Analogia entis, 1932, 1962²; Christliche Existenz, 1934; Heroisch, 1936; Crucis Mysterium, 1939; Humanitas, 1952; Religionsphilosophische Schriften, 1962; Logos, 1964.

Psi: Formel für die von ↗Parapsychologen (z. B. Joseph Banks Rhine, geb. 1895: The Reach of the Mind, 1948; Hans Bender, geb. 1907) angenommenen (unbekannten, geheimnisvollen, unerklärbaren) übersinnlichen Kräfte und Fähigkeiten vorgeblich paranormal begabter Menschen (— 23. Buchstabe des griechischen Alphabets).

Psyche: ↗Seele.

Psychoanalyse (Psychanalytik): vor allem von ↗Freud (mit Josef Breuer, 1842–1925) entwickelte Neurosenlehre und tiefenpsychologische Auffassung, deren Grundthesen folgende sind: 1. Neben dem bewußten „Ich" (dem der Außenwelt zugewandten Teil der Persönlichkeit) und dem „Über-Ich" (dem durch Erziehung usw. entwickelten Gewissen) ist es vor allem das unbewußte „Es" (das Triebhafte, die „verdrängten" Komplexe), d. h. das persönlich-individuelle „Unbewußte" (mit einem aus frühester Kindheit stammenden, seinerzeit dorthin verdrängten Inhalt, wobei ein psychisches Trauma u. dgl. umso nachhaltiger wirkt, je früher es im Leben eines heranwachsenden Menschen erfolgt), dessen Durchleuchtung dem Psychoanalytiker Aufschluß über die Ursachen neurotischer Erkrankungen gibt. 2. Diese entstehen durch „Verdrängung" entweder affektbetonter Erlebnisse (wie Schreck, Schuldbewußtsein) oder unbefriedigter sexueller Triebregungen ins Unbewußte. Während die verdrängten Affekterlebnisse „traumatisch" (verletzend auf die Seele) wirken, lösen unbefriedigte Triebe seelische „Konflikte" aus, deren Ausdruck die ↗„Neurose" ist. Demgemäß unterscheidet Freud zwischen a) traumatischen Neurosen („Schreckneurosen", durch traumatische Erlebnisse bedingt) und b) Psychoneurosen (als Folgen eines nicht bewältigten Triebkonfliktes, z. B. ↗Hysterie, Zwangsneurosen, z. B. „Waschzwang", gekennzeichnet durch das Auftreten von Zwangsvorstellungen oder Zwangshandlungen, und Angstneurosen oder „Phobien", d. h. grundlos-zwanghafte Befürchtungen). Neurosen können sich in seelischen und körperlichen Störungen äußern („Konversion" der verdrängten Komplexe in körperliche Symptome). 3. Die psychoanalytische Therapie der Neurosen besteht in der Aufhebung der Verdrängung, wofür Voraussetzung ist, daß der Neurotiker die von ihm verdrängten und vom Analytiker aufgedeckten Komplexe bewußt nacherlebt und dadurch nachträglich abreagiert (Psychokatharsis). Hilfsmittel des Arztes sind u. a. die ↗Hypnose und die Traumdeutung (da in den Träumen des Neurotikers die verdrängten sexuellen Begierden in symbolischer Verkleidung ins Bewußtsein treten). Gegen die Psychoanalyse läßt sich u. a. einwenden, daß die Annahme eines „Unbewußten" durchaus nicht zwingend ist, da die in Frage stehenden Erscheinungen sich auch ohne Zuhilfenahme dieser Fiktion erklären lassen (als submentale physiologische Prozesse), daß die Lehre von der Traumdeutung z. B. mehr Mythologie als Wissenschaft ist und daß die Psychoanalytiker dem Sexualleben eine allzu große Bedeutung beimessen (↗Pansexualismus). — ↗Fromm, Marcuse H., Marcuse L., Marquard, Mitscherlich, Reich W., Richter H.-E., Ricoeur. – Kritiker: ↗Canetti, Eysenck, Jaspers, Lungwitz, Wahle, Ziehen; ferner die Psychiater Bumke, Gruhle, Hoche, Stransky. Dieter E. Zimmer: Tiefenschwindel, 1986. – ↗Ambivalent, Analytische (komplexe) Psychologie (C. G. Jung), Frankl, Individualpsychologie (A. Adler); Regression, Traum; Ich (– Spezialprobleme und -begriffe der Psychoanalyse wie „Ödipus-Komplex", „Elektra-Komplex", „Projektion", „Sublimierung" u. dgl. sind hier nicht zu erörtern).

Psychobiologie: Von ↗Lungwitz 1923 begründete, in jahrzehntelanger fruchtbarer Arbeit durchentwickelte empirisch-biologische Wissenschaft, die als streng-naturwissenschaftlich fundierte, rein-biologisch zentrierte psychologisch-anthropologische Lehre auf der Forderung basiert, daß die Analyse des (gesunden wie kranken) Menschen sich ausschließlich an nachprüfbare Tatsachen zu halten und die psychologische bzw. psychopathologische Betrachtungsweise auf alle Magik-Mythik-Mystik zu verzichten habe. Psychobiologie ist somit „die Wissenschaft vom gesunden und vom kranken Menschen auf der Grundlage der Erkenntnis, daß der Mensch ein rein-biologischer Organismus ist, also auch die sogenannten seelisch-geistigen Vorgänge und Erscheinungen biologisch sind". Ausgangspunkte seiner erkenntnistheoretischen Überlegungen sind für Lungwitz die Fragen nach dem Wesen der Anschauung (– sie ist nach Lungwitz sowohl „Gegensätzlichkeit" als auch „polare Zugleichheit": Subjekt/Objekt, Psyche/Physis, Ich/Du, Inhalt/Form, negativ/positiv, nichts/etwas, weiblich/männlich usw. —) sowie nach der Entstehung des Bewußtseins und damit nach dem Wesen der Dinge überhaupt. Lungwitz stellt der „dämonistischen" (deutenden, fiktionalen) Denkweise (z. B. dem Seelenglauben, aber auch dem „Motivismus", d. h. dem Kausalismus, dem Konditionalismus und dem Finalismus in der Psychologie) das ↗„realische" Denken gegenüber: Der Glaube an die Existenz von Metaphysischem (etwa von Seelen oder seelenähnlichen Kräften) ist Inhalt der dämonistischen (fiktionalen) Weltauffassung; mit Hilfe der realischen Denkweise hingegen läßt sich die Metaphysik als Fiktion durchschauen und eine realisch-biologische Weltanschauung aufbauen. Die erkenntnistheoretische Klarstellung des Wesens des Bewußtseins sowie die medizinische Erhellung der biologischen Struktur und Funktion des Nervensystems einschließlich der Hirnrinde als Organ des Bewußtseins lassen Lungwitz den Menschen als rein-biologisches, aus Reflexsystemen ganzheitlich zusammengesetzes Wesen erkennen, dessen Erlebnisse auch biologischer Natur sind und daher nur auf biologischer Grundlage psychologisch erforscht werden können. Mit der Einsicht, daß alle seelisch-geistigen Vorgänge Funktionen des Nervensystems bzw. des Gehirns sind, erübrigt sich jede metaphysische Spekulation als entbehrliche Fiktion, von der „dämonistischen" Annahme einer „Seele" bis zu den Auswüchsen des Freudianismus, und erweisen sich z. B. das dualistische Leib-Seele-Problem sowie das (metaphysische) Kausalproblem als gegenstandslose Scheinprobleme. Die Lösung des Kausalproblems ohne metaphysische Implikationen (Zweckursachen) findet Lungwitz in der Beschränkung auf die Beschreibung der Tatsächlichkeit ohne metaphysische Deutung, d. h. in einem „biologischen Determinismus", dem zufolge der Mensch eben so ist, wie er ist, und sich seiner Beschaffenheit entsprechend verhält. — Von besonderer anthropologisch-medizinischer Bedeutung ist die von Lungwitz im Rahmen der Psychobiologie entwickelte Neurosen-Lehre sowie die von ihm inaugurierte adäquate ärztlich-philosophische Behandlungsmethode, die ↗ „Erkenntnistherapie" (— nur der Weg der Erkenntnis führt als Heilsweg zum Ziel!). In seiner Krankheitslehre, der zufolge auch die psychischen Krankheiten zugleich körperliche sind, unterscheidet Lungwitz Hadrosen (organische Erkrankungen) und Leptosen (funktionelle Störungen); zu den Leptosen zählen die Neurosen, die, je nachdem, ob der genische (durch Liebe und Zeugung auf die Lebensfortpflanzung gerichtete) oder der trophische (durch Ernährung und Beruf auf die Lebenserhaltung gerichtete) Teil der Persönlichkeit erkrankt, Genosen (Neurosen der Platonik und der Sinnlichkeit) oder Trophosen (Neurosen im Ernährung-Arbeit-Bereich) sind. Lungwitz erkennt (wie Freud) in den Neurosen (— und über Freud hinaus in den Krankheiten überhaupt —) infantilistische Entwicklungsstörungen und -hemmungen, die sich in kindlich anmutenden Übertreibungen, Übersteigerungen, Über- und Unterschätzungen u. dgl. manifestieren. Neben den Gegenstandsneurosen (Zwangshandlungen) und den Begriffsneurosen (Wahnideen) unterscheidet Lungwitz folgende fünf Typen von Gefühlsneurosen bzw. Neurosen schlechthin, da auch Gegenstände und Begriffe „gefühlig" sind: Hunger-, Angst-, Schmerz-, Trauer- und Freude-Neurosen.

Während beim gesunden Menschen diese fünf Grundgefühle in einem harmonischen Verhältnis zueinander stehen und in der Grunderlebnisreihe des HASTF-Schemas, nach dem alles Erleben verläuft, regelmäßig mit etwa gleichanteiliger Intensität einander folgen, ist diese Ausgewogenheit beim Neurotiker gestört. Neben den Grundgefühlen unterscheidet Lungwitz noch Mischgefühle (z. B. Neid) und Stauungsgefühle (z. B. Haß). An einem Beispiel sei die komplexe Struktur der neurotischen Erkrankung verdeutlicht: eine Schmerzneurose z. B. kann trophisch oder genisch zentriert und in jedem der beiden Fälle aktiv oder passiv akzentuiert sein; daher ist im Falle der trophischen Schmerz-Lust zwischen aktivem und passivem Dolorismus, im Falle der sinnlichen Schmerz-Lust zwischen (aktivem) Sadismus und (passivem) Masochismus zu unterscheiden, wobei Mischformen nicht so selten sind (z. B. Sadomasochismus). — Schließlich hat Lungwitz seine psychobiologische Lehre, d. h. seine (eine höchstdifferenzierte und dementsprechend profunde Menschenkenntnis ermöglichende) biologisch-psychologisch-anthropologisch-medizinische Menschenkunde (in Form einer minuziösen Beschreibung des gesunden und des kranken Menschen und ihrer Welt in allen Stadien der biologischen Entwicklung), zu einer Weltanschauungslehre, ja zu einem umfassenden philosophischen System erweitert, in dem er zu allen weltanschaulich relevanten Fragen — von der Soziologie, Eugenik, Pädagogik, Sprachwissenschaft, Rechtswissenschaft und Politik über Ethik und Ästhetik bis zur Evolutionslehre, Kosmologie und Religionsphilosophie — in höchst origineller Weise Stellung nimmt, wobei er seine psychobiologische Theorie immerzu an den Tatsachen mißt, um die „realistische" (auf realisches Denken gegründete) Weltanschauung des „realischen" (gesunden, reifen, d. h. kognitiven) Menschen jeweils zu verifizieren und nach allen Seiten hin bis in ihre letzten Konsequenzen abzusichern. „Psychobiologie" in diesem weitesten Sinne ist somit eine „biologische Philosophie", die sämtliche Lebens- und Wissensgebiete umgreift. — Schüler von Lungwitz bzw. Adepten der Psychobiologie, die auch publizistisch hervorgetreten sind: Reinhold Becker, Johann Ludwig Clauss, Wilhelm Josef Huppertz, Ludwig Leonhardt, Hans-Georg Rahn, Adolf Schweckendiek. — ↗ Genik, Trophik.

Psychoid: ↗ Psychovitalismus.

Psychokinese: ↗ Parapsychologie.

Psycholinguistik: Koordination der Erforschung der Sprache mit der des Sprechverhaltens. — ↗Sprachphilosophie (Sprachpsychologie).

Psychologie: Seelenkunde; Wissenschaft vom seelischen (psychischen) Geschehen. Der Psychologe sucht 1. die seelischen Vorgänge möglichst genau zu beschreiben und zu gruppieren, 2. die psychischen Erscheinungen (seelischen Synthesen) in ihre elementaren Komponenten zu zerlegen (zu analysieren) und 3. die Gesetzmäßigkeiten im Aufbau und Ablauf des Seelenlebens zu erfassen. — Das in der Psychologie untersuchte seelische Geschehen besteht aus außerordentlich komplexen Totalerlebnissen: Tatsächlich erlebt werden stets Wahrnehmungen und Stimmungen und Gedanken und Strebungen usw., ineinander verwoben und in einen kontinuierlichen Erlebnisstrom eingebettet. Der Psychologe aber muß (in seiner Reflexion auf das Erleben) immerzu scheiden, trennen, analysieren, d. h. die einzelnen seelischen Elemente herauslösen und gesondert betrachten. — Unter den nachstehenden Stichwörtern sind verständlicherweise jeweils nur solche Fakten angeführt, deren Kenntnis für das prinzipielle Verständnis der betreffenden Erscheinungen unerläßlich ist, nicht jedoch Ergebnisse der mathematisch-statistischen Psychologie, experimentalpsychologische oder neurophysiologische Details, wenngleich der Satz des großen Physiologen Johannes Peter Müller (1801—1858) absolut gilt: „Nemo psychologus nisi physiologus". — ↗Affekte, Affekthypothese, Akkommodation, Analytische Psychologie, Anthropogenie, Apperzeption, Assoziation, Aufmerksamkeit, Ausdrucksspsychologie, Ausgefahrene Gleise, Behaviorismus, Bekanntheitsqualität, Bewußtsein, Bovarismus, Charakter, Dämmer- und Ausnahmezustände, Denken, Eidetik, Ekstase, Erklären, Experiment, Gedächtnis, Gefühl, Gestaltwahrnehmung, Gruppendynamik, Halo-Effekt, Hypnose, Hysterie, Ich, Ideorealgesetz, Individualität, Individualpsychologie, Intelligenz, Introspektion, Kollektivpsychologie, Lebenspsychologie, Lernen, Masse, Neurose, Parapsychologie, Parkinson-Effekt, Perseveration, Phobie, Psychoanalyse, Psychobiologie, Psychopathie, Psychophysisches Problem, Psychophysik, Psychose, Psychosomatik, Raum, Reflexologie, Reihenpsychologie, Reproduktion, Retention, Schlaf, Seele, Selbsterkenntnis, Soziologie (Sozial- und Kulturpsychologie), Sprache, Stereotype, Stimmung, Suggestion, Tiefenpsychologie, Trance, Traum, Verstehen, Vermögenspsychologie, Voluntarismus, Vorstellung, Wahrnehmung, Willensfreiheit, Wollen, Würzburger Schule, Zeit; – ↗Adler A., Beneke, Bonnet, Brentano, Bühler, Carus, Dessoir, Dilthey, Dyroff, Ebbinghaus H., Ehrenfels, Erdmann B., Erisman, Eysenck, Fischer Aloys, Freud, Gebser, Hacker, Hector, Hellpach, Hönigswald, Huber, Jaensch, Jodl, Jung, Kainz, Keller, Klages, Koestler, Külpe, Lavater, Lersch, Lewin, Linke, Lucka, Lungwitz, Mitscherlich, Müller-Freienfels, Natorp, Nyman, Piaget, Reich W., Richter H.-E., Rohracher, Roretz, Schmied-K., Schultz, Schwarz, Semon, Siebeck, Spranger, Stachowiak, Stout, Sterzinger, Stöhr, Störring, Stumpf, Szondi, Thorndike, Vetter, Vives, Wahle, Wellek, Witasek, Wittgenstein, Wölfflin, Worringer, Wundt W., Ziehen. – Literatur: Die Psychologie des 20. Jahrhunderts, 15 Bände, 1976 ff.

Psychologismus: 1. Verabsolutierung der seelischen Wirklichkeit (metaphysische Behauptung, daß die Wirklichkeit an sich seelisch-geistiger Natur sei; ↗Spiritualismus) kritisch gefaßt: ↗Phänomenalistischer ↗Parallelismus; 2. Erhebung der Psychologie zur Grundwissenschaft, da alles „Gegebene" als Erlebnis gegeben ist. 3. Überbewertung der psychologischen Betrachtungsweise (gegenüber der axiologischen, z. B. bei der Beurteilung von Kulturleistungen). 4. Psychologische Grundlegung der Erkenntnistheorie und damit der Philosophie überhaupt. Während z. B. die älteren Empiristen und Positivisten die erkenntniskritische Geltungsfrage von der erkenntnispsychologischen Frage nach der Genese der Erkenntnis kaum unterschieden, werden im Neopositivismus die beiden Probleme scharf getrennt; die Psychologisten unter den Neopositivisten versuchen jedoch die Geltungsfrage aus der genetischen Frage zu entwickeln, betonen also ihren Zusammenhang (Kritischer Positivismus). Gegenstandpunkt: ↗Logismus. – ↗Heidegger, Nyman, Palágyi, Piaget, Pfeil H., Schultz; Beneke.

Psychomonismus (Bewußtseinsmonismus): ↗Idealismus, Immanenzphilosophie, Konszientialismus; Rensch, Schrödinger, Schultz, Ziehen.

Psychopathie: angeborene seelische Abnormität; abnormer Dauerzustand im Grenzbereich zwischen Norm und ↗Psychose; Psychopathen sind abnorme Charaktere, die unter ihrer Abnormität leiden oder (und) unter deren Abnormität die Gesellschaft leidet. – Zur Psychopathologie (Pathopsychologie): ↗Binswanger (Psychiater und

Psychophysik

Daseinsanalytiker), Jaspers (Psychotherapie), Szondi (Schicksalsanalyse).

Psychophysik: messende und rechnende Wissenschaft von den Einwirkungen äußerer Reize auf das seelische Geschehen und von den seelischen Reaktionen auf die Umwelt. ↗Fechner.

Psychophysisches Problem: eines der wirklichkeitstheoretischen Zentralprobleme der Philosophie; Frage nach dem Zusammenhang zwischen körperlichem und seelischem Geschehen (↗Leib-Seele-Problem). Die bekanntesten Lösungsversuche sind folgende: I. Dualistische Lösungen: 1. ↗Wechselwirkungslehre (Leib und Seele wirken aufeinander ein); 2. Psychophysischer ↗Parallelismus (seelische und körperliche Vorgänge sind einander gesetzmäßig zugeordnet und laufen parallel ab). Während die Wechselwirkungslehre die metaphysische Annahme einer „Seele" voraussetzt, ist die Parallelismus-Theorie wenigstens eine brauchbare Arbeitshypothese für die „analytische" und die „physiologische" Psychologie (im Gegensatz zur ↗Vermögenspsychologie). II. Monistische Lösungen: 1. „Streichungslösungen": a) ↗Materialismus (im Grunde gibt es nur eine materielle Wirklichkeit; Seelisches existiert nur scheinbar oder ist nur eine Nebenerscheinung des Materiellen; die seelischen Erscheinungen sind entweder selbst physischer Natur oder „Wirkungen", „Eigenschaften" bzw. „Funktionen" der Materie); b) ↗Spiritualismus (alles Sein ist seelisch-geistiges Sein; das Materielle ist nur eine Erscheinungsform des Seelischen). 2. ↗Identitätslehre: Seelisches und Materielles sind nur zwei Seiten derselben Wirklichkeit, zwei Erscheinungsformen einer einzigen Substanz (una eademque res sed duobus modis expressa, ↗Spinoza), vergleichbar einem Kreisbogen, der je nachdem, von welcher Seite aus man ihn betrachtet, konkav oder konvex erscheint (↗Fechner). ↗Neutralmonismus: es gibt nur „neutrale" Wirklichkeitselemente, die sich je nach dem Standpunkt des Betrachters einer subjektiven (seelischen) oder objektiven (körperlichen) Geschehnisreihe einordnen lassen. — ↗Beneke, Del-Negro (Komplementaritätstheorie), Descartes, Leibniz, Reininger, Rensch, Riehl, Russell, Schultz; Grünthal; Okkasionalismus, Psychobiologie (Lungwitz), Seele.

Psychose: (Encephalose, Phrenose): schwere seelisch-geistige Erkrankung. „Affektpsychosen" (die vor allem das Gemütsleben in Mitleidenschaft ziehen) sind z. B. die ↗Schizophrenie („Spaltungsirresein", Bewußtseinsspaltung; Depersonalisation; Persönlichkeitszerfall; intrapsychische Ataxie bzw. Disharmonie; Störung des normalen Zusammenwirkens der einzelnen seelisch-geistigen Funktionen; Denk-Zerfall: der Schizophrene denkt wie der Normale im ↗Traum; bei der paranoiden Form: Wahnideen) und die Zyklophrenie, das manisch-depressive (zirkuläre) Irresein, bei dem depressive (melancholische Schwermut, Gehemmtheit) und manische (euphorische Heiterkeit, Erregtheit) Phasen einander in regelmäßiger Folge ablösen. Organische Ursachen dieser Erkrankungen wurden bislang nicht gefunden (mit einer jüngst entdeckten Ausnahme: für die Zyklophrenie soll ein genetisch falsch programmiertes Enzym verantwortlich sein); doch gilt die biochemische Ätiologie der Psychosen heute als nahezu gewiß (Defekte im Chemismus des Gehirns). — Bezeichnung der Erkrankten: „Psychotiker" bzw. „Phrenotiker". — ↗Wahle.

Psychosomatik: Annahme einer wechselseitigen Beeinflussung von seelischem und körperlichem Geschehen. — ↗Wechselwirkungslehre; Mitscherlich, Richter H.-E.

Psychovitalismus (Biopsychologie): Variante des ↗Neovitalismus. Die Psychovitalisten (z. B. ↗Becher, Pauly) stellen sich unter der „Lebenskraft" ein seelenähnliches Gebilde vor (Psychoid).

Pulsare: sehr schnell rotierende, vorwiegend aus Neutronen aufgebaute „pulsierende" Sterne, die Radiowellen in Impulsen in den Weltraum emittieren. Sie sind Überreste explodierender Riesensterne, deren Neutronen und atomare Bruchstücke so dicht zusammengeballt sind, daß ein Teelöffel voll Sternenmasse auf der Erde viele Millionen Tonnen wiegen würde. Außer den rund 500 bisher entdeckten Pulsaren, die nur Radiostrahlung aussenden, wurden neuerdings auch Pulsare festgestellt, die sichtbares Licht ausstrahlen (– die jüngst photographierte pulsierende Lichtstrahlenquelle ist 165.000 Lichtjahre von der Erde entfernt, dreht sich 20mal pro Sekunde um die eigene Achse, hat einen Durchmesser von nur 15 Kilometer, ist 500 bis 2000 Jahre alt und liegt außerhalb der Milchstraße, zu der unser Sonnensystem gehört.

Puranas: Alte Erzählungen, die für den ↗Hinduismus das gleiche bedeuten wie die ↗Veden für den Brahmaismus.

Purismus: 1) erkenntnistheoretischer Versuch, von empirischer „Verunreinigung" freie Erkenntnisse zu begründen (↗Apriorismus, Logismus, Rationalismus); 2) ethische Forderung nach Lauterkeit der Motivation (Gesinnung).

Puritanismus (von der historischen Rolle der Puritaner ist hier abgesehen): strengmoralisierender Standpunkt, oft bis zur Intoleranz gesteigert, insbesondere in Fragen der Religion, der Sitte und der Sittlichkeit. — Gegenstandpunkt: ↗Libertinismus.

Purusa: in der ↗indischen Philosophie (↗Sâmkhyam-Philosophie) das Bewußtseinssubjekt (die „Seele"), einem Spiegel vergleichbar, in dem sich das Prakrti (das immanente Bewußtseinsobjekt, die „Substanz", die „Schöpfung") abbildet, indem es sich selbst in Purusa bespiegelt.

Pyrrhon, ca. 360—270 v. Chr.: griechischer Skeptiker.

Pythagoras, ca. 580—500 v. Chr.: griechischer Mathematiker („Pythagoreischer Lehrsatz"), Musiktheoretiker (Lehre von der musikalischen Harmonie; Anwendung auf kosmische Vorgänge: „Sphärenharmonie") und Philosoph, der in den Zahlen und Zahlenverhältnissen die Grundprinzipien des Weltgeschehens erblickt (spekulative Zahlenmystik). P. gründete in Kroton (in Unteritalien) eine Gemeinde (Pythagoreer), deren Mitglieder, von der Seelenwanderung überzeugt, sich um die Verwirklichung religiöser und ethischer Ideale bemühten (Heiligung des Lebens, asketische Lebensweise, Vegetarianismus). Es ist ungeklärt, was P. selbst gelehrt hat bzw. was von seinen Schülern erdacht wurde, da sie ihre Erkenntnisse dem Meister in den Mund legten (↗autos épha). Von den Nachsokratikern ließ sich vor allem Platon von den pythagoreischen Anschauungen stark beeinflussen.

Pythagoras

Pythagoreer: Schüler und Anhänger des ↗Pythagoras, die sich durch ihre Exklusivität den Haß des Volkes zuzogen und um 500 v. Chr. beim Gottesdienst (in einem Haus) eingeschlossen und verbrannt wurden. In der Folgezeit gab es nur vereinzelt Pythagoreer (z. B. Petron von Himera, Hippasos von Metapont, Alkmaion von Kroton, Archytas von Tarent, Philolaos von Kroton, Hiketas und Ekphantos, der als erster eine Bewegung der Erde angenommen hat); in der ersten Hälfte des 4. Jhdt. v. Chr. lebte die Lehre des Pythagoras im Neuphythagoreismus wieder auf, nun verknüpft mit platonischen, stoischen und orientalischen Anschauungen.

Q

Qualität: 1. in der Logik ein Unterscheidungsmerkmal für Aussagen, die man ihrer „Qualität" nach in bejahende (affirmative) und verneinende (negative) einteilt (z. B. „mein Hut ist blau" bzw. „dieser Stoff ist nicht schön"). — 2. Beschaffenheit, Eigenschaft eines Dinges, d. h. Sinnes- bzw. Empfindungsqualität (z. B. bitter, heiß usw.). Die Sinnesqualitäten entspringen subjektiven seelischen Reaktionen auf Reize. Die Struktur der Reizwelt wird von der ↗Physik erforscht, wobei alle qualitativen Unterschiede auf quantitative zurückgeführt werden (z. B. Schall auf Luftschwingungen usw.). Früher (z. B. ↗Demokrit, ↗Galilei, ↗Locke) unterschied man zwischen primären (objektiven: z. B. Dichte, Ausdehnung usw.) und sekundären (subjektiven) Qualitäten. — 3. in der aristotelischen Physik (im Mittelalter besonders hochgeschätzt): Annahme von qualitates occultae, d. h. verborgenen Eigenschaften und Kräften, die man zur „Erklärung" der beobachtbaren Eigenschaften und Wirkungen in die Dinge projizierte (↗Metaphysik).

Quantenmechanik: 1925 von ↗Born, ↗Heisenberg, ↗Jordan, ↗Pauli und ↗Dirac entwickeltes mathematisches Verfahren zur Beschreibung der von ↗Planck (Quantentheorie) festgestellten Quantelung der atomaren Energieabgabe und Energieaufnahme. Mathematisches Hilfsmittel: Matrizenrechnung (daher auch: Matrizenmechanik). ↗Pauli-Prinzip; Kaila.

Quantentheorie: 1900 von ↗Planck entwickelt.

Quantität: Unterscheidungsmerkmal für Aussagen, die man ihrer „Quantität" nach in allgemeine (generelle, universale) und besondere (spezielle, partikuläre) einteilt (z. B. „alle Bilder sind schön" bzw. „dieses Bild ist schön").

Quarks: hypothetische Letztbestandteile der „schweren" Elementarteilchen, die theoretisch kleinsten, unteilbaren Bausteine der Materie, die sich durch bestimmte Quanteneigenschaften unterscheiden, postuliert auf phänomenologisch-gruppentheoretischer Basis 1963 vom amerikanischen Physiker Murray Gell-Mann (Nobelpreis 1969) und in willkürlicher Anspielung auf „Finnegan's Wake" von James Joyce so benannt, von Experimentalphysikern fieberhaft gesucht (— von William Fairbank 1977 möglicherweise gefunden? —). Dem Quark-Modell zufolge sind die Hadronen (↗Physik) entweder Baryonen (z. B. Protonen, Neutronen, der aus 3 Quarks bestehen) oder Mesonen (z. B. Pionen, Kaonen, die ein Quark und ein Anti-Quark aufweisen). Da die Zusammensetzung aus 3 Quarks (u = up, d = down, s = strange; Proton: uud; Neutron = udd) die 1974 entdeckten Psi-Teilchen nicht verstehen läßt, wird die Existenz eines vierten (c = charm), seit der vor kurzem erfolgten Entdeckung des Ypsilon-Teilchens sogar eines fünften (t = truth) und eines sechsten (b = beauty) angenommen (auch: t = top, 1983 entdeckt; b = bottom, 1978 gefunden). Jedem Quark entspricht ein Anti-Quark mit entgegengesetzter elektrischer Ladung. Eine weitere Quark-Eigenschaft (neben anderen) ist auch das ↗Spin. Ferner werden den Quarks (über die nunmehr angenommenen, die sechs Quark-Arten konstituierenden sechs Quark-Eigenschaften hinaus: u–d, c–s, t–b) auch noch je drei zusätzliche (theoretische) Werte zugeschrieben: „rot", „grün" und „blau"; die „Farben" (= Quantenzahlen) der Anti-Quarks sind sodann die Komplementärfarben (Cyan = antirot, Magenta = antigrün, Gelb = antiblau). Tatsache ist jedenfalls, daß die Materie offensichtlich wesentlich komplizierter aufgebaut ist, als man ursprünglich vermutet hat; die Forschung ist nach wie vor im Fluß, die Quark-Diskussion ist heftiger denn je, um endgültig, wie man ebenso kritisch wie witzig gesagt hat, im Teilchen-„Zoo" Ordnung zu schaffen. — „Sechsköpfig" ist übrigens auch die zweite „Familie" der elementarsten Materie-Teilchen (neben den „schweren" Hadronen): die „leichten" Leptonen (drei negativ geladene: Elektron-e, Myon-m, Tau-t, sowie die positiven Anti-Teilchen, z. B. das Positron zum Elektron; dazu kommen noch drei ungeladene Neutrinos: Elektron-Neutrino = ne, Myon-Neutrino = nm, Tau-Neutrino = nt). — Man unterscheidet somit dzt. 3 Generationen der fundamentalen Teilchen mit Spin $1/2$: 1. Generation: u-Quark, d-Quark, e-Lepton, ne-Lepton; 2. Generation: c-Quark, s-Quark, m-Lepton, nm-Lepton; 3. Generation: t-Quark, b-Quark, t-Lepton, nt-Lepton. — Die 1. Generation baut die irdische Materie auf, die Teilchen der 2. Generation nehmen eine höhere Energieebene ein (Sterne, Galaxien; irdische Beschleuniger), die Partikel der 3. Generation existieren auf der höchsten Energieebene (Urknall; irdische Superbeschleuniger). — Außerdem sind noch folgende 12 „Partikel ohne Ruheenergie" zu unterscheiden, durch deren wechselseitigen Austausch alle Kräfte übertragen werden (hinsichtlich der Gravitation denkt man bereits an „Gravitonen"!): das „Lichtteilchen" Photon als „Bindeteilchen" der elektromagnetischen Kraft (zwischen Atomkern und Elektronen), acht Gluonen (1978 entdeckt) als Bindeteilchen der starken (im Atomkern zwischen den Quarks wirkenden) Kraft und drei „Bindeteilchen" der schwachen (beim radioaktiven Zerfall der Atomkerne wirksamen) Kraft (zwischen Quarks und Elektronen): das „Z-null-Teilchen" (1983 entdeckt, dafür Physik-Nobelpreis 1984: Simon van der Meer und Carlo Rubbia vom multinationalen Genfer Cern-Institut) und die beiden geladenen „W-plus"- und „W-minus"-Bosonen. – Darüber hinaus nimmt der Israeli Haim Harari (1979) noch zwei Ur-Ur-Teilchen an, die „Rischonen" „Tohu" („wüst") und „Vavohu" („leer"), aus denen theoretisch alle o. a. Bausteine der Materie gebildet werden können; neuerdings wird an der Existenz solcher „Subquarks" allerdings gezweifelt. – ↗Materie, Physik.

Quasare: 1963 entdeckte, relativ (!) kleine „quasistellare" (sternähnliche) Objekte von extremer Dichte und Temperatur, die sich mit unvorstellbarer Geschwindigkeit entfernen, kosmische (extragalaktische) Quellen ungewöhnlich starker Energie, deren Strahlung bis tausendmal die der hellsten Galaxien („Milchstraßen") übertrifft. Die Entfernung der Quasare beträgt bis zu 20 Milliarden Lichtjahren (nicht einige tausend Lichtjahre wie die der Sterne unserer Milchstraße), ihr Strahlung ist seit 20 Milliarden Jahren unterwegs zu uns. Wahrscheinlich handelt es sich um verdichtete Kerne von Galaxien in einem bestimmten Entwicklungsstadium, um Entwicklungsvorstufen von Galaxien, um frühe Durchgangsstadien in deren Entwicklung. Die Energie der Quasare wird vermutlich von sogenannten „schwarzen Löchern" erzeugt, die entstehen, wenn ungewöhnlich dichte Materieansammlungen im Kosmos durch das eigene Gewicht zusammenbrechen, so daß die ausgesandten elektromagnetischen Wellen wieder „zurückfallen". – ↗Kosmogonie.

Quaternio terminorum: „Vierzahl der Begriffe"; Schlußfehler infolge der Doppeldeutigkeit des Mittelbegriffes, so daß der betreffende ↗Syllogismus statt der üblichen drei Begriffe (getarnt) vier enthält.

Quietismus (Passivismus): Standpunkt der Resignation, Ergebenheit, Entsagung; Bedürfnis nach Ruhe. — Gegenstandpunkt: ↗Aktivismus.

Quine, Willard Van Orman, geb. 1908: in den USA wirkender Mitbegründer der ↗„Analytischen Philosophie". – Hptw.: From a Logical Point of View, 1953; Word and Object, 1960, dt. 1980 (Wort und Gegenstand). – Deutsche Ausgaben: Grundzüge der Logik, 1969, 1974²; Philosophie der Logik, 1973; Mengenlehre und ihre Logik, 1973; Ontologische Relativität und andere Schriften, 1976; Die Wurzeln der Referenz, 1977.

Quintilian, Marcus Fabius, 30—96 n. Chr.: römischer Rhetor und Rhetoriker. — Hptw.: Institutio oratoria (hrsg. v. L. Radermacher: 1935).

Quod erat demonstrandum (lat.): „Was zu beweisen war" (Schlußformel einer Beweisführung); schon von ↗Eukleides (II) jeweils ans Ende seiner mathematischen Beweise gesetzte Formel (grch.).

R

Radakovic, Konstantin, 1894—1973: österreichischer Philosophiehistoriker, Erkenntnistheoretiker, Sozial- und Religionsphilosoph. — Hptw.: Vitalismus und Mechanismus, 1922; Die letzten Fundamente der Humeschen Erkenntnistheorie, 1925; Die Stellung des Skeptizismus zu den Grundlagen unserer Erkenntnis, 1926; Grundzüge einer deskriptiven Soziologie, 1927; Die Stellung des Skeptizismus zu Wissenschaft und Weltanschauung, 1928; Grundzüge einer genetischen Soziologie, 1929; Individuum und Gesellschaft, 1931; Das religiöse Erlebnis, 1951; Wissen und Glauben (Philosophische Aufsätze), 1964.

Radbruch, Gustav, 1878–1949: deutscher Jurist, sozialdemokratischer Politiker, Rechtsphilosoph („Relativist") im Gefolge der Heidelberger Neukantianer und Max Webers. – Hptw.: Einführung in die Rechtswissenschaft, 1910, 1961[11]; Grundzüge der Rechtsphilosophie, 1914, 1956[5]; Religionsphilosophie der Kultur (mit P. Tillich), 1920, 1921[2]; Kulturlehre des Sozialismus, 1922, 1949[3]; Der Mensch im Recht, 1926, 1961[2]; Gestalten und Gedanken, 1945, 1954[2]; Der Geist des englischen Rechts, 1946, 1958[4]; Vorschule der Rechtsphilosophie, 1947, 1959[2]; Der innere Weg (Aufriß meines Lebens), 1951, 1961[2]; Kleines Rechtsbrevier, 1954, 1955[2]; Aphorismen zur Rechtsweisheit, 1963. – Gesamtausgabe in 20 Bänden, hrsg. von Arthur Kaufmann, 1987 ff. – Lit.: Arthur Kaufmann, Gustav Radbruch (Rechtsdenker, Philosoph, Sozialdemokrat), 1987.

Radhakrishnan, Sir Sarwapalli, 1888–1975: führender Philosoph, Erziehungswissenschaftler und Politiker Indiens, der sich zu einem modernisierten ↗Vedânta-Glauben sowie zum Ideal eines antiprovinzialistischen Weltbürgertums bekennt. – Hptw.: The Philosophy of Rabindranath ↗Tagore, 1918; Indian Philosophy, 2 Bde., 1923/26 (neue Ausg. 1951), dt. 1955; Eastern Religions and Western Thought, 1939, 1940[2], dt. 1952 (Die Gemeinschaft des Geistes); India and China, 1944; Education, Politics and War, 1944; Religion and Society, 1947, dt. 1954; ↗Bhagavadgita, 1958; Religion in a Changing World, 1967.

Rádl, Emanuel, 1873–1942: Prager Biologe und Philosoph, zunächst Intuitionist, später Rationalist, der sich als Schüler ↗Masaryks im Sinne des Ideals der Völkerverständigung und des Humanitätsideals vor allem um eine Zusammenarbeit zwischen Deutschen und Tschechen bemüht hat. – Hptw.: Geschichte der biologischen Theorien, 2 Teile, 1905/09; Neue Lehre vom zentralen Nervensystem, 1912; Romantische Wissenschaft, 1918; Religion und Politik, 1921; West und Ost (Ergebnis einer Weltreise), 1925; Der Kampf zwischen Tschechen und Deutschen, 1928; Geschichte der Philosophie, 1932 (tschechisch).

Emanuel Rádl

Rahner, Karl, 1904–1984: deutscher Theologe, der in der Tradition der Schule des französischen Denkers Maréchal steht und einer Synthese von Thomismus und Kantianismus sowie einer stärkeren Welt-, Lebens- und Geistesaufgeschlossenheit von Theologie und Kirche das Wort redet. – Hptw.: Hörer des Wortes, 1941; Geist in der Welt, 1957[2]; Zur Theologie der Zukunft, 1971; Strukturwandel der Kirche als Aufgabe und Chance, 1972; Experiment Mensch, 1973.

Ramakrishna: ↗Vivekananda.

Ramus, Petrus (Pierre de la Ramée), 1515 bis 1572: französischer Logiker, Skeptiker, Gegner der Aristoteliker (seine Anhänger: Ramisten; auch „Semi-Ramisten" gab es in dem Streit zwischen Ramisten und Aristotelikern). — Hptw.: Institutionum dialecticarum libri III, 1543; Aristotelicae animadversiones, 1543; Dialectique, 1555.

Rangordnung der Werte: kommt zustande durch eine Bewertung der ↗Werte. Eine absolut gültige Wertrangordnung gibt es ebensowenig wie absolut gültige Werte, da die Stellungnahme eines Menschen zu den einzelnen Werten (z. B. die Bevorzugung des ethischen Wertes gegenüber dem ästhetischen) ebenso relativ ist wie die Bewertung von Gegenständen oder Tatsachen (↗Wertung, Wertsystem). — ↗Ästhetizismus, Intellektualismus, Moralismus. – Vgl. auch z. B. die Alternative „Freiheit" oder „Gleichheit"?...

Rapoport, Anatol, geb. 1911: amerikanischer Mathematiker, Psychologe, Soziologe und Philosoph, der mit Hilfe seines „operationalen" Denkansatzes eine Integration von Wissen (Denken) und Handeln erstrebt, die er gemäß seiner Definition der Wahrheit als Vorhersagegehalt einer Aussage, für untrennbar hält, und sich daher in der Philosophie um eine Verknüpfung der Philosophie der Naturwissenschaft (im Sinne der positivistisch-semantischen Analyse) mit dem Pragmatismus bemüht, und zwar sowohl im Sinne Deweys als auch Marxens, die beide die Auffassung teilen, daß Bewußtsein und damit Wissen aus dem Handeln erwachsen. Von der Übertragung der Methode der „analytischen" Philosophie auf die Behandlung gesellschaftlicher Fragen verspricht er sich eine wirksame Waffe im Kampf gegen den ideologischen Fanatismus und Mystizismus. — Hptw. (in deutscher Übersetzung): Philosophie heute und morgen (Einführung ins operationale Denken), 1970; Bedeutungslehre (Eine semantische Kritik), 1972; Konflikt in der vom Menschen gemachten Umwelt, 1975.

Rathenau, Walther, 1867—1922: deutscher Politiker (Wiederaufbauminister, Außenminister) und Kulturkritiker, der weitblickend vor einer „Vertikalinvasion der Barbaren" sowie vor den Auswüchsen des Kapitalismus gewarnt hat („Die Wirtschaft ist unser Schicksal"). — Hptw.: Reflexionen, 1908; Zur Kritik der Zeit, 1912, 1918[15]; Zur Mechanik des Geistes, 1913; Von kommenden Dingen, 1917; Die neue Wirtschaft, 1918; Die neue Gesellschaft, 1919; Der neue Staat, 1919.

Walther Rathenau

Rational: gedanklich, begrifflich (im Gegensatz zu irrational bzw. intuitiv); allgemein: vernunftgemäß, verstandesmäßig.

Rationaler Kritizismus: ↗Lenk H.

Rationalismus: 1. Beantwortung der Frage nach dem Ursprung und den Quellen der Erkenntnis; erkenntnispsychologischer Standpunkt, dem zufolge man Erkenntnisse vor allem durch richtiges Denken gewinnt, da erstens die Erfahrungswelt durch gedankliche Verknüpfung und Korrektur der Sinnesdaten erschlossen wird und es zweitens einerseits möglich ist, durch Überlegung allein (spekulativ) die Grenzen der Erfahrungswelt zu überspringen, und es andererseits auch erfahrungsunabhängige Grundsätze und Grundbegriffe („angeborene Ideen") gibt, aus denen sich Erkenntnisse ableiten lassen; auf diese Weise haben die rationalistisch eingestellten Metaphysiker (z. B. ↗Descartes, ↗Spinoza, ↗Leibniz) metaphysische Einsichten zu gewinnen versucht. — 2. Gleichbedeutend mit ↗Apriorismus, d. h. Beantwortung der Frage nach der Geltungsgrund der Erkenntnis; erkenntnistheoretischer Standpunkt, dem zufolge es auch a priori (unabhängig von der Erfahrung) gültige Erkenntnisse gibt. — Vom empirischen Standpunkt aus läßt sich gegen den Rationalismus einwenden, daß es weder „selbstgewisse Grundsätze" noch „angeborene Ideen" gibt, die a priori (erfahrungsunabhängig) gelten. Diese „selbstgewissen Vernunftwahrheiten" sind entweder Tautologien bzw. Definitionen (Konventionen) oder logische Axiome (Postulate); diese gelten wohl unabhängig von der Erfahrung, enthalten aber keine Erkenntnisse. — ↗Aufklärung; ↗Kant; ↗Benda, ↗Bense (Rationalismus im allgemeinsten und weitesten Sinn des Wortes: Überzeugung, daß der Vernunft, der Ratio, dem Logos, dem Geist der Primat vor allen anderen Seelenkräften zukommt). — ↗Intellektualismus; Kraft J., Noll, Rougier; Kritischer Rationalismus: Albert, Lenk H., Popper K., Stachowiak.

Raum: 1. als psychologisches Problem: Voraussetzungen für das Zustandekommen der Raumwahrnehmung, der ↗Wahrnehmung der Tiefe und der Entfernung, sind a) die „Lokalität" der Gesichtsempfindungen (die „retinalen Lokalzeichen"), b) das Zusammenwirken beider Augen (die Querdisparation der Netzhautbilder: Ein Körper wird auf den beiden Netzhäuten verschieden abgebildet; diese beiden Bilder sind „querdisparat"; bei ihrer Verschmelzung zu einem einzigen Bild wird diese Verschiedenheit automatisch als Anzeichen für die Dreidimensionalität des Gegenstandes, als „Tiefenkriterium" gewertet, wobei der Tiefeneindruck umso stärker ist, je größer die Querdisparation ist; beim Überschreiten eines bestimmten Wertes entstehen Doppelbilder. Unter „Quer- bzw. Höhendisparation" versteht man also die Abweichung des Breiten- bzw. des Höhenwertes eines Netzhautpunktes des einen Auges vom entsprechenden Netzhautpunkt des anderen Auges; korrespondierende Netzhautpunkte, die z. B. bei der Fixation eines Lichtpunktes gereizt werden, sind weder quer- noch höhendisparat), c) kinästhetische Empfindungen (Körper- und Kopfhaltung; Augenmuskulatur: Akkomodation = Veränderungen im Krümmungsradius der Kristall-Linse zwecks Anpassung an verschiedene Sehentfernungen; Fixation = Augenbewegungen, um „direkt" zu sehen, d. h. damit der Lichtstrahl auf die Stelle des deutlichsten Sehens, den sogenannten „gelben Fleck", fällt — zum Unterschied vom sogenannten „blinden Fleck", wo der Sehnerv aus der Netzhaut austritt und daher nichts gesehen wird), d) Erinnerungen an früher gemachte Erfahrungen (Nachklänge von Tast- und Muskelempfindungen, aber auch das Wissen um die wahrgenommenen Gegenstände und die dementsprechende Deutung von perspektivischen Verkürzungen, Schattenbildungen, Überschneidungen usw.). — Man unterscheidet verschiedene „Räume": Nah-(Greif-)Raum, Fern-(Bewegungs-)Raum, Schallraum usw. Die Raumwahrnehmung (der Sinnes- bzw. Erlebnisraum) ist das Ergebnis individueller Erfahrung; die Vorstellung einer uns umgebenden, in einem dreidimensionalen Raum angeordneten Körper- bzw. Gegenstandswelt wird erst allmählich vom heranwachsenden Menschen aufgebaut (Kinder greifen nach dem Mond! — Das Netzhautbild ist „verkehrt"! — Später operierte Blindgeborene benötigen längere Zeit, um die räumlichen Distanzen richtig abzuschätzen zu lernen!). — 2. „Raum" als erkenntnistheoretisches Problem: das Raumproblem ist eines der umstrittensten erkenntnistheoretischen Probleme. Psychologisch gesehen, ist der Raum eine Erlebnis- bzw. Anschauungsform, logisch betrachtet: die Möglichkeit von Lagen und Bewegungen. Als eine „Form" der Erkenntnis für einen beliebigen Erkenntnisinhalt, als Ordnungsgefüge für beliebige Empfindungsqualitäten ist der Raum eine Bedingung möglicher Erfahrung. Der „leere" Raum ist nicht etwas Reales, dessen Beschaffenheit man empirisch ergründen könnte (weshalb auch alle derartigen Versuche scheitern mußten), sondern das von realen Dingen und Bewegungen abstrahierte Schema für mögliche Lagen von Punkten. Daher muß jeder Raum vollkommen gleichförmig (kontinuierlich bzw. isotrop = richtungsunabhängig; homogen = gleichmäßig) gedacht werden, da im Begriff „Raum" eben schon von jeder inhaltlichen Besonderung abgesehen wird. Unter allen denkbaren Räumen ist nur ein einziger anschaulich, nämlich der dreidimensional-ebene (euklidische) Raum; diese psychologische Tatsache beruht auf dem Zusammenwirken von Gesichts- und Bewegungssinn bzw. auf der Verschmelzung von Gesichts- und Bewegungsempfindungen. Die Struktur dieses Raumes wird in der euklidischen Geometrie untersucht, die der gekrümmten und der mehrdimensionalen (metaeuklidischen) „Räume" in der ↗Metageometrie. Auch diese unanschaulichen (nur denkbaren und mathematisch beschreibbaren) nicht-euklidischen „Räume" (besser: Ordnungsgefüge) müssen als isotrop und homogen (konstant gekrümmt) gedacht werden; und wenn daher z. B. in der ↗Relativitätstheorie (Einsteins) von einem anisotropen und inhomogenen „physischen Raum" (höchst unklar und mißverständlich) gesprochen wird, so kann damit nicht ein Raum im eigentlichen Sinne des Wortes, sondern nur etwas (physikalisch) „Wirkliches" gemeint sein (nämlich durch gravitierende Massen hervorgerufene „Raumkrümmungen", wodurch im Raum ausgezeichnete Stellen entstehen; hier also handelt es sich um reale Anordnungen, wogegen der Raum eine Möglichkeit bzw. Form für Anordnungen ist). — ↗Unendlichkeit (des Raumes); Kant, Kaulbach, Palágyi, Phalén, Reichenbach, Schlick, Siegel, Ströker, Stumpf, Weyl, Witasek.

Raumästhetik: Spezialdisziplin der Ästhetik, in der die Schönheitswirkung von Farben, Linien, Flächen und Körpern untersucht wird. Ein besonderes Anliegen der raumästhetischen Forschung ist die Analyse der ästhetischen Wirkung der bildenden Künste, also der Architektur (Baukunst), der Plastik (Bildhauerei, Bildschnitzerei) und der Malerei.

Rauscher, Josef, 1895–1979: österreichischer Ethiker und Kulturphilosoph, der im Geiste Schlicks für mehr Humanität und Friedensgesinnung geworben hat. – Hptw.: Vom Sinn des Lebens (Grundlagen einer lebensbejahenden Ethik), 1955; Sind Kriege unvermeidbar?, 1962; Krise der Menschlichkeit (Ende oder Wende der Menschheitsgeschichte?), 1974; Staatsmythos und Politik (Ein Weg zur Humanisierung der Völkerbeziehungen), 1976; Mythos, Wissenschaft, Moral, 1977.

Rauschning, Hermann, 1887–1982: deutscher Politiker (Danziger Senatspräsident bis 1934) und Kulturkritiker, der sich mit dem Nihilismus unserer Zeit auseinandersetzt. –

Hptw.: Gespräche mit Hitler, 1940; Ist Friede noch möglich? (Die Verantwortung der Macht), 1951; Masken und Metamorphosen des Nihilismus, 1954. – ↗Nationalsozialismus.

John Rawls

Rawls, John, geb. 1921: nordamerikanischer Rechtsphilosoph und Ethiker, der sich von einer konventionalistisch-utilitaristischen Position aus vor allem mit den Problemen „Gerechtigkeit" und „Gesellschaftsvertrag" auseinandersetzt. – Hptw.: Justice as Fairness, 1962, dt. 1977 (Gerechtigkeit als Fairneß); A Theory of Justice, 1971, dt. 1975 (Eine Theorie der Gerechtigkeit).

Raymund von Sabunde, gest. 1437: Arzt und Theologe, der auf die Unbeständigkeit der menschlichen Erkenntnis und die Unsicherheit ihrer Resultate hinweist. — Hptw.: Theologia naturalis, 1487; De natura et obligatione hominis dialogi, 1501.

Raymundus Lullus: ↗Lullus.

Realdialektik: ↗Hegel, Wein.

Reale: ↗Herbart, Monade, Pluralismus.

Real-Idealismus: so hat ↗Fichte seinen idealistischen Standpunkt bezeichnet (auch als ↗„Ideal-Realismus").

Realisches Denken (Erkennen): von ↗Lungwitz eingeführte Bezeichnung für ein ausschließlich auf nachprüfbare Tatsachen gerichtetes, an der Wirklichkeit orientiertes Denken mit dem Ziel, klar zu erkennen, wie die Dinge realiter sind, unter Ausschluß metaphysischer Deutungsversuche. Gegensatz: „infantiles Denken" (Chaotik, Magik, Mythik, Mystik). — ↗Psychobiologie, Erkenntnistherapie.

Realisierung: ↗Külpe.

Realismus: 1) Lehre von der Wirklichkeit der Körperwelt. — 2) Erkenntnistheoretischer Standpunkt, dem zufolge eine vom Bewußtsein des Erkennenden unabhängig existierende (extramentale, bewußtseinstranszendente) Wirklichkeit (Außenwelt) anzunehmen ist, die „abzubilden" das Ziel unseres Erkenntnisstrebens ist (ontologisches Wahrheitskriterium). Man unterscheidet zwischen Naivem und Kritischem bzw. Wissenschaftlichem Realismus. — Gegenstandpunkte: ↗Idealismus (— das Denken „entdeckt" nicht, wie die Realisten wollen, sondern „erzeugt" die Welt! —), Konszientialismus, Phänomenalismus. — Zur Kritik: ↗Kritizismus. ↗Gegenstandstheorie, Reismus; Erhardt, Russell. — 3) Gleichbedeutend mit (plantonischem) ↗Begriffsrealismus (↗Universalienstreit; Spitzer). — ↗Reale (↗Herbart). – ↗Maine de Biran („spiritualistischer Realismus"), Thyssen.

Realität: ↗Wirklichkeit.

Realwissenschaften (gleichbedeutend mit Erfahrungswissenschaften oder empirischen Wissenschaften): sind im Gegensatz zur Mathematik (Idealwissenschaft) auf Erfahrung angewiesen, da es ihre Aufgabe ist, die Wirklichkeit (Realität) zu erkennen. Die Realwissenschaften lassen sich in Natur- und Kulturwissenschaften aufgliedern.

Rebus sic stantibus: nach Lage der Dinge; bei gegebener Sachlage; unter den vorliegenden Umständen; unter den vorherrschenden Verhältnissen.

Recht: zu unterscheiden ist 1. das „subjektive" Recht (z. B. das Recht einer Person an einer Sache) vom „objektiven" Recht (System von Rechtsnormen, die Rechtsordnung); 2. das Privatrecht (Regelung der Rechtsbeziehungen der Individuen) vom öffentlichen Recht (Regelung der Betätigung der staatlichen Verbände). Recht kann ausdrücklich gesetzt sein oder gewohnheitsgemäß gehandhabt werden. — Recht ist das ethische Minimum. – Der aus dem ausgehenden 18. Jhdt. stammende Rechtsbegriff des ↗Liberalismus, zugeschnitten auf die an der Eigentumsideologie orientierten Klasseninteressen des Bürgertums, wird heute dort, wo sozialistische Rechtspolitik sich geltend machen kann, in Richtung auf eine Beachtung auch der jeweiligen sozialen Situation einschließlich ihrer psychologisch-humanen Aspekte erweitert, um den liberalen zum sozialen Rechtsstaat weiterzuentwickeln. — ↗Ethik; Historische Rechtsschule, Naturrecht, Rechtspositivismus; Rechtsphilosophie; Solowjew.

Rechtsphilosophie

Rechtsphilosophie: kulturphilosophische Spezialdisziplin, in der 1. die rechtswissenschaftlichen Grundbegriffe und Prinzipien (wie Recht, Gerechtigkeit, Zurechnungsfähigkeit, Verantwortlichkeit, Strafe usw.) einer kritischen Analyse unterzogen (in der Rechtsprinzipienlehre bzw. allgemeinen Rechtslehre) und 2. Theorien vom Ursprung und von der Bedeutung des Rechts entwickelt werden (in der Rechtswertlehre bzw. Rechtsphilosophie im engeren Sinn des Wortes). Die Rechtsprinzipienlehre versuchte man 1. soziologisch-positivistisch (Gumplovicz), 2. psychologisch (Zitelmann) und 3. nach der rechtsvergleichenden Methode zu begründen (Kohler); alle drei Gesichtspunkte berücksichtigten u. a. Adolf Merkel (Allgemeine Rechtslehre) und E. R. Bierling (Juristische Prinzipienlehre). An rechtsphilosophischen Grundauffassungen sind zu unterscheiden: 1. die ↗Naturrechtslehre, 2. der ↗Rechtspositivismus (die Historische Rechtsschule). — ↗Ehrlich E. (Freirechtslehre), Stammler (Rechtsphilosophie im Geiste Kants), Reinach (phänomenologische Rechtsphilosophie); ↗Staatsphilosophie, Strafe; Bachofen, Barion, Cassirer, Emge, Freyer, Ihering, Kaufmann F., Kelsen („Reine Rechtslehre"; Wiener Schule der Rechtstheorie: K., Adolf Merkl, Alfred Verdroß, Franz Weyr), Lakebrink, Lasson A., Luhmann, Marcic, Ott, Radbruch, Rawls, Reiner, Schapp, Schelsky, Schmitt, Weber M.

Rechtspositivismus: rechtsphilosophischer Standpunkt, dem zufolge es kein absolut gültiges ↗„Naturrecht", sondern nur ein „positives" (von Menschen gesetztes) Recht gibt, Gesetze „menschliche Befehle" sind und kein notwendiger Zusammenhang zwischen Recht und Moral (zwischen Recht, wie es ist, und Recht, wie es sein sollte) besteht (= „Trennungsthese"). Rechtspositivistisch ist jede Rechtstheorie, die unter Vermeidung metaphysischer Annahmen (z. B. der Existenz Gottes, eines Ideenreiches, einer vernünftigen Weltordnung, einer unveränderlichen „Natur" des Menschen oder einer teleologisch bestimmten Natur) den Begriff des Rechts mit Hilfe gewisser wertneutraler Merkmale bestimmt, die auf eine gegebene Wirklichkeit verweisen und daher veränderlich sind, wodurch sich eine Relativierung des Rechtsinhaltes ergibt. In diesem Sinne hat z. B. ↗M. Weber eine „normative Kraft des Faktischen" anerkannt, und schon ↗Spinoza hat gesagt: „Jeder hat soviel Recht, wie er Macht hat". – ↗Ehrlich E., Kelsen, Ott.

Rechtssoziologie: ↗Ehrlich E., Luhmann, Schelsky, Weber M. – Rechtspsychologie: Sigmund Kornfeld, Das Rechtsgefühl, 1914.

Reding, Marcel, geb. 1914: Luxemburger katholischer Moraltheologe und Sozialphilosoph. — Hptw.: Der Aufbau der christlichen Existenz, 1952; Philosophische Grundlegung der katholischen Morallehre, 1953; Thomas von Aquino und Karl Marx, 1953; Der politische Atheismus, 1957, 1958²; Der Sinn des marxistischen Atheismus, 1957; Die Glaubensfreiheit im Marxismus, 1967; Politische Ethik, 1972; Die Struktur des Thomismus, 1974.

Redukt: ↗Ziehen.

Reduktion: neben der Definition zur Einführung von Begriffen zu verwenden (↗Carnap). Nach der „positivistischen" These ist jeder Begriff der Wissenschaft auf Begriffe reduzierbar, die Wahrnehmungsqualitäten bezeichnen; nach der „physikalistischen" These ist jeder Begriff der Wissenschaft auf physikalische Begriffe zu reduzieren.

Rée, Paul, 1849—1901: deutscher Psychologe und Moralphilosoph, Skeptiker, Evolutionist, Determinist und Atheist, mit Nietzsche anfangs eng befreundet gewesen. — Hptw.: Der Ursprung der moralischen Empfindungen, 1877; Die Entstehung des Gewissens, 1885; Die Illusion der Willensfreiheit, 1885; Philosophie, 1903.

Reflex: einfachster nervöser Vorgang, der mit einem Reiz von außen einsetzt und (nach dem Überspringen auf motorische Zentren) mit einer Reaktion auf die Umwelt endet (Bewegung, Drüsenentleerung, Aderverengung oder -erweiterung).

Reflexologie: Theorie der „bedingten Reflexe", von Iwan Petrowitsch Pawlow (1849—1936, 1904 Nobelpreis) auf Grund von Experimenten an Hunden begründete psychologische Lehre, der zufolge das gesamte seelische Geschehen auf bedingte Reflexe zurückzuführen ist. — ↗Psychobiologie.

Regel: 1. Ein wenig exaktes deskriptives „Gesetz", das sich nicht mathematisch scharf formulieren läßt und Ausnahmen zuläßt, so daß mit seiner Hilfe Voraussagen nicht mit vollkommener Bestimmtheit zu treffen sind. Nur Regeln (statt eines Gesetzes) wird man dort finden, wo ein Geschehen durch unzählige Faktoren determiniert, sein Ursachengefüge also sehr komplex ist (z. B. historische Vorgänge, Willensentscheidungen). — ↗Gesetz, Kausalität, Wahrscheinlichkeit. — 2. Gleichbedeutend mit ↗Norm.

Regelmäßigkeit: „Regelmäßigkeit des Geschehens" ist nicht etwas Gegebenes, sondern Ausdruck der Forderung, bei Wiederkehr gleicher Bedingungen gleiche Ereignisse zu erwarten; was heute als ein bestimmten Bedingungen zugeordnetes Ereignis erkannt wird, bleibt auch morgen und für immer eben diesen Bedingungen zugeordnet; kehren diese Bedingungen wieder, so eben auch dieses ihnen entsprechende Ereignis. Diese Regelmäßigkeit in der Sukzession (zeitlichen Aufeinanderfolge) von Zuständen ist eine Bedingung möglicher Erfahrung und Erkenntnis. Die Erfüllung des Postulates der Regelmäßigkeit erlaubt es, beobachtete Vorgänge unter Regeln zu bringen, Erscheinungen nach gesetzmäßigen Beziehungen zu ordnen; die Erkenntnis dieser Naturgesetze wieder gestattet es, Voraussagen zu wagen, Neuartiges auf Bekanntes zurückzuführen, Gewohntes im Ungewohnten wiederzuerkennen, Einzelbeobachtungen bekannten Gesetzen unterzuordnen und auf diese Weise zu „erklären" (im wissenschaftlichen Sinn des Wortes). Damit wird das Erkennen zugleich seiner Uraufgabe gerecht: nämlich mit einem Minimum an Zeichen ein Maximum an Tatsachen eindeutig zu beschreiben (Ökonomie des wissenschaftlichen Denkens). — ↗Axiom, Gesetz, Induktion, Kausalität, Willensfreiheit; Hume.

Regression: 1. eine Art der Beweisführung, eine Form des direkten ↗Beweises, bei der vom Beweissatz (von der Thesis) auf die Beweisgründe (Argumente) zurückgeschlossen wird (Umkehrung der ↗Deduktion bzw. des ↗Schlußverfahrens). — 2. in der Psychologie: die in bestimmten (ihrer Genese nach undurchschauten) neurotischen Verhaltensweisen und Einstellungen sich manifestierende „Rückzugstendenz" auf frühere (kindliche) Entwicklungsstufen, entsprungen dem (unbewußt bleibenden) Wunsch, den Anforderungen der Realität zu entfliehen.

Regulationen (organische): Vorgänge, durch die Störungen der Lebensprozesse ausgeglichen werden.

Rehmke, Johannes, 1848—1930: deutscher Philosoph, Begründer der „grundwissenschaftlichen" Philosophie, d. h. der „vorurteilsfreien" Wissenschaft vom „Gegebenen überhaupt", wobei die Definition des Wissens als „beziehungslosen Habens" als grundlegender Satz zu gelten hat („ich habe bewußt etwas" = das „cogito" des Descartes als Ausgangspunkt alles Philosophierens). R. übt vor allem an der (einer ungerechtfertigten Verdinglichung des Bewußtseins entsprungenen) idealistischen und phänomalistischen Philosophie, auch am Materialismus, überhaupt an jeder „Zweiweltentheorie" (Unterscheidung von „Erkennendem" und „Erkenntnisgegenstand", von Außenwelt und Innenwelt, von Transzendenz und Immanenz usw.) Kritik. Als Ethiker versucht R. eine soziale Ethik der Liebe und Gemeinschaftsverbundenheit zu begründen (im Gegensatz zu Kants Pflicht- und Individualethik). — Hptw.: Die Welt als Wahrnehmung und Begriff, 1880; Unsere Gewißheit von der Außenwelt, 1892, 1894³; Lehrbuch der allgemeinen Psychologie, 1894; 1926³; Grundriß der Geschichte der Philosophie, 1896, 1927³ (Neuausg. 1959); Die Seele des Menschen, 1902, 1920⁵; Philosophie als Grundwissenschaft, 1910, 1929²; Das Bewußtsein, 1910; Die Willensfreiheit, 1911; Logik oder Philosophie als Wissenslehre, 1918, 1923²; Die philosophische Erbsünde und Was bin ich?, 1924; Grundlegung der Ethik als Wissenschaft, 1925; Der Mensch, 1928. — Autobiographie in „Die Philosophie der Gegenwart in Selbstdarstellungen", Bd. I, 1923². — ↗Heyde, Liljequist.

Johannes Rehmke

Reich, Emil, 1864—1940: österreichischer Ethiker und Ästhetiker. — Hptw.: Schopenhauer als Philosoph der Tragödie, 1888; Grillparzers Kunstphilosophie, 1890; Die bürgerliche Kunst und die besitzlosen Volksklassen, 1892, 1894²; Ibsens Dramen, 1893, 1910⁸; Grillparzers Dramen, 1894, 1909³; Kunst und Moral, 1901; Aus Leben und Dichtung, 1911; Gemeinschaftsethik, 1935.

Reich, Wilhelm, 1897—1957: österreichischer (Wiener) Psychoanalytiker und Sozialkritiker (später in den USA), vielbekämpfter abtrünniger Schüler Freuds, der Psychoanalyse und Marxismus in eigenwilliger Weise zu verbinden sucht, in seiner bio-energetischen „Orgon"-Theorie nicht nur die Neurosen, sondern auch politische Unterdrückung und soziale Notstände als Störungen in der Ökonomie der Sexualenergie deutet, die sozialen Ursachen der Sexualstörungen aufdeckt und durch sexuelle Befreiung des Menschen eine biologische Revolution einzuleiten wünscht, um jegliche Repression und Beherrschung mittels Sexualmoral zu verhindern, den Sexualzwang als Herrschaftsinstrument zu beseitigen und dadurch die Menschheit vor der Selbstzerstörung zu bewahren. – Hptw.: Dialektischer Materialismus und Psychoanalyse, 1929, 1934²; Der Einbruch der Sexualmoral, 1932, 1935², 1972: Der Einbruch der sexuellen Zwangsmoral; Charakteranalyse, 1933, 1978³; Die Massenpsychologie des Faschismus, 1933, 1986³; Die Sexualität im Kulturkampf, 1936, 1966; Die sexuelle Revolution (Zur charakterlichen Selbststeuerung des Menschen); Orgasmusreflex, Muskelhaltung und Körperausdruck, 1937; Die Funktion des Orgasmus, 1965 (1927); Der Krebs, 1974; Frühe Schriften, 3 Bde., 1977 ff.; Christusmord (1951), 1983². – ↗Foucault; Aggression.

Wilhelm Reich

Reichenbach, Hans, 1891—1953: deutscher Physiker und Philosoph (später in den USA), Neopositivist, der dem Wiener Kreis nahesteht und vom Standpunkt des „Logischen Empirismus" aus die Apriorität von Zeit und Raum bestreitet und eine Aussage nur dann als sinnvoll anerkennt, wenn sich ein Weg denken läßt, auf dem der Wahrscheinlichkeitsgrad ihrer Geltung erwiesen werden kann, wobei R. den Wahrscheinlichkeitsbegriff mathematisch-statistisch zu definieren versucht. R. ist Fallibilist. — Hptw.: Relativitätstheorie und Erkenntnis a priori, 1920; Axiomatik der relativistischen Raum-Zeit-Lehre, 1924; Von Kopernikus bis Einstein, 1927; Philosophie der Raum-Zeit-Lehre, 1928; Atom und Kosmos (Das physikalische Weltbild der Gegenwart), 1930; Ziele und Wege der heutigen Naturphilosophie, 1931; Wahrscheinlichkeitslehre, 1935; Experience and Prediction, 1938, 1949³; Philosophical Foundations of Quantum Mechanics, 1944, dt. 1949; Philosophy and Physics, 1948; The Rise of Scientific Philosophy, 1951, dt. 1953, 1968² (Der Aufstieg der wissenschaftlichen Philosophie). — Gesammelte Werke ab 1976; Selected Writings 1909–1953, 2 Bde., 1978.

Reid, Thomas, 1710—1796: Begründer der „Schottischen Schule", der im Gegensatz zu den englischen Empiristen „selbstevidente" Wahrheiten des angeborenen „gesunden Menschenverstandes" (common sense) statuiert.

Reidemeister, Kurt, 1893—1971: deutscher Mathematiker und Erkenntnistheoretiker, der am Existentialismus überzeugend Kritik übt. — Hptw.: Die Arithmetik der Griechen, 1940; Das System des Aristoteles, 1943; Figuren, 1946; Das exakte Denken bei den Griechen, 1949; Die Unsachlichkeit der Existenzphilosophie, 1954, 1970²; Raum und Zahl, 1957.

Reihenpsychologie (gleichbedeutend mit „analytischer" und „physiologischer" Psychologie): im Gegensatz zur älteren ↗Vermögenspsychologie das Bestreben, den Aufbau der seelischen Erscheinungen („Synthesen") durch ihre Zerlegung in einfachste Elementarvorgänge und deren Zuordnung zu nervösen Prozessen zu verstehen. Von ihren Gegnern zu Unrecht als „atomistische" „Mosaik"-Psychologie diffamiert.

Reimarus, Hermann Samuel, 1694—1768: deutscher Bibelkritiker, dessen Gedanken Lessing in den „Fragmenten eines Wolfenbüttler Ungenannten" der Nachwelt zugänglich gemacht hat. — Hptw.: Abhandlungen von den vornehmsten Wahrheiten der natürlichen Religion, 1757; Allgemeine Betrachtungen über die Triebe der Tiere, 1760; Apologie oder Schutzschrift für die vernünftigen Verehrer Gottes, 2 Bde., Neuausgabe: 1972.

Reinach, Adolf, 1883—1917: deutscher Rechtsphilosoph, der in phänomenologischen Untersuchungen die apriorische und absolute Geltung der Rechtssätze aus dem Sinngehalt der Rechtsbegriffe abzuleiten versucht. — Hptw.: Über den Ursachenbegriff im geltenden Strafrecht, 1905; Zur Theorie des negativen Urteils, 1911; Über die apriorischen Grundlagen des bürgerlichen Rechts, 1913; Gesammelte Schriften, 1921.

Reiner, Hans, geb. 1896: deutscher Ethiker und Rechtsphilosoph im Gefolge Schelers und N. Hartmanns. — Hptw.: Freiheit, Wollen und Aktivität (Phänomenologische Untersuchungen in Richtung auf das Problem der Willensfreiheit), 1927; Phänomenologie und die menschlichliche Existenz, 1931; Der Grund der sittlichen Bindung und das sittlich Gute, 1932; Das Phänomen des Glaubens, 1934; Das Prinzip von Gut und Böse, 1949; Pflicht und Neigung, 1951, 1974² (Die Grundlagen der Sittlichkeit); Die Ehre, 1956; Der Sinn unseres Daseins, 1960, 1964²; Die philosophische Ethik, 1964; Grundlagen, Grundsätze und Einzelnormen des Naturrechts, 1964; Gut und Böse, 1965.

Reine Vernunft: ↗Kants („Kritik der reinen Vernunft") Bezeichnung für das Erkenntnisvermögen im Gegensatz zum Willensvermögen (praktische Vernunft).

Reininger, Robert, 1869—1955: österreichischer Philosoph, der vom Standpunkt eines „methodischen Solipsismus" aus eine kritisch-idealistische „Metaphysik der Wirklichkeit" als möglichst voraussetzungslose und wirklichkeitsnahe Wissenschaft von den letzen Prinzipien aufbaut (und zwar nicht in der Absicht, ein geschlossenes System zu entwerfen, sondern mehr im Sinne einer Methode verstanden, die eine Relativierung jeder einzelwissenschaftlichen Betrachtungsweise erlaubt. Im Zentrum von R.s Philosophie steht der Begriff „Urerlebnis",worunter die unmittelbar gegebene, zeitlose (allgegenwärtige) und ungegliederte Erlebnistotalität, das aktuelle Einssein von Ich und Gegenstand zu verstehen ist; im Urerlebnis wurzelt alle Wirklichkeitsgewißheit (als Daseinsgefühl) und ebenso jeder intentionale Erkenntnisprozeß. Die philosophische Besinnung auf das Urerlebnis bezeichnet R. als „zentrale" Einstellung im Gegensatz zur „peripheren" wissenschaftlich-realistischen Gegenstandserkenntnis; formale Exaktheit der Erkenntnis und Wirklichkeitsnähe stehen demnach in verkehrtproportionalem Verhältnis; das entscheidende Wahrheitskriterium erblickt R. im Evidenzgefühl. Die stufenweise Verwandlung des primären Erlebnis-Ich in das sekundäre (an die Leibesvorstellung gebundene) Ich des Selbstbewußtseins, sobald es in das Blickfeld der Aufmerksamkeit rückt, nennt R. „Transformation". Diese Lösung des psycho-physischen Problems verallgemeinert R., indem er das Physische überhaupt als die inhaltlich-anschaulichgegenständliche Vorstellungsseite im Gegensatz zum Psychischen als der ich-bezogenen zuständlichen Erlebnisseite jeder Bewußtseinslage auffaßt und die physische und die psychische Wirklichkeit als durch ein Transformationsverhältnis verbunden denkt. Als metaphysische Einstellung bezeichnet R. das Bewußtsein von der Ewigkeitsbedeutung der zeitlosen Gegenwart des Urerlebnisses (des unmittelbaren Daseinsvollzuges), d. h. der für uns „absoluten" Wirklichkeit, in der die Totalität alles Existierenden eingeschlossen ist („Nichts Wirkliches ist in der Zeit, und die Zeit selbst ist nichts Wirkliches."). R. nennt seine Metaphysik auch eine „negative" (im Gegensatz zur positiven Transzendenzmetaphysik, die im realistischen Vorurteil, d. h. in der ungerechtfertigten Annahme einer bewußtseinsunabhängigen Außenwelt wurzelt). In der Werttheorie und Ethik übt R. am Wertabsolutismus (an der materialen Wertethik) Kritik, indem er nachweist, daß Werturteile auf einem subjektiven Wertgefühl beruhen. — Hptw.: Kants Lehre vom Inneren Sinn seine Theorie der Erfahrung, 1900; Philosophie des Erkennens, 1911; Das Psycho-physische Problem, 1916, 1930²; Friedrich Nietzsches Kampf um den Sinn des Lebens, 1922, 1925²; Locke, Berkeley, Hume, 1922; Kant, seine Anhänger und seine Gegner, 1923; Metaphysik der Wirklichkeit, 2 Bde., 1931, 1847/48² (Neudruck in einem Band: 1970); Wertphilosophie und Ethik, 1939, 1947³; Einführung in die Probleme und Grundbegriffe der Philosophie, 1978. Nachgelassene philosophische Aphorismen (1948–1954), 1961 (hrsg. v. E. Heintel); Jugendschriften (1885–1895) und Aphorismen (1894–1948), 1974 (hrsg. v. K. Nawratil); Philosophie des Erlebens (hrsg. v. K. Nawratil), 1976; Biographie (R. R., Leben – Wirken – Persönlichkeit), 1969 (v. K. Nawratil). – ↗Heintel E., Freundlich; Metaphysik, Philosophiegeschichte.

Robert Reininger

Reinke, Johannes, 1849—1931: deutscher Botaniker und Naturphilosoph. Neovitalist,

Reismus

der die Zielstrebigkeit der organischen Entwicklung auf die Wirksamkeit von „Dominanten" (formgebenden und gestaltbildenden Richtkräften) zurückführt und sich zu einer theistischen Weltanschauung bekennt. R. hat im „Keplerbund" die Monisten (vor allem Haeckel) bekämpft. — Hptw.: Die Welt als Tat (Umrisse einer Weltansicht auf naturwissenschaftlicher Grundlage), 1899, 1925[7]; Einleitung in die theoretische Biologie, 1901, 1911[2]; Philosophie der Botanik, 1905; Haeckels Monismus und seine Freunde, 1907; Die Natur und wir, 1907, 1908[2]; Die Kunst der Weltanschauung, 1911; Die Freiheit der Wissenschaft, 1912; Kritik der Abstammungslehre, 1920; Grundlagen der Biodynamik, 1922; Naturwissenschaft, Weltanschauung, Religion (Bausteine für eine natürliche Grundlegung des Gottesglaubens), 1923, 1925[3]; Mein Tagewerk, 1925; Das dynamische Weltbild (Physik und Biologie), 1926; Wissen und Glauben in der Naturwissenschaft. 1929. — Autobiographie in „Die Philosophie der Gegenwart in Selbstdarstellungen", Bd. VI, 1927.

Reismus: ↗Brentanos realistischer Standpunkt in der Erkenntnistheorie (alle Erkenntnis ist „intentional" auf einen bestimmten Gegenstand gerichtet, den sie „meint"). Ähnlich: ↗Kotarbinski (physikalistischer „Somatismus").

Relation: 1. logische Beziehung (z. B. „größer", „Freund von", „Ursache von"). In der Relationstheorie (einem Spezialgebiet der modernen Logik) werden Beziehungsaussagen (Relationsurteile) als Satzfunktionen mit mehreren Variablen notiert (z. B. xRy, d. h. zwischen x und y besteht die Beziehung R; ein Beispiel für eine solche zweigliedrige Relation: x ist größer als y. Oder: $xRyz$, d. h. x steht in der Beziehung R zu y und z; ein Beispiel für eine solche dreigliedrige Relation: x liegt zwischen y und z). Die wichtigsten logischen Eigenschaften von Relationen (und zugleich Relationsarten) sind: Umkehrbarkeit (Symmetrie), Transitivität und Eindeutigkeit. Die asymmetrischen und transitiven Relationen (z. B. „größer", „früher") bezeichnet man als reihenbildende Relationen, da sie die Bildung von Reihen (Größenordnungen, zeitlichen Ordnungen usw.) gestatten. Auch die logischen Funktionen (z. B. ↗Implikation, Disjunktion, Sejunktion, Konjunktion, Äquivalenz, Negation) sind Relationen. — 2. Gesichtspunkt, nach dem die Aussagen eingeteilt werden in: ↗kategorische, hypothetische, disjunktive.

Relationismus: erkenntnistheoretischer Standpunkt, dem zufolge 1. die Dinge und die Gesetze nicht als voneinander getrennte Wesenheiten betrachtet werden dürfen (↗Ziehen) und 2. nur die zwischen den Erscheinungen bestehenden Beziehungen (Relationen, Gesetze) erkennbar sind, weshalb es sinnlos ist, nach dem Wesen der Dinge zu fragen (antimetaphysische, ↗positivistisch-agnostische Auffassung).

Relationstheorie (auch: Relationslogik): Forschungsgebiet der modernen Logik, Untersuchung der logischen Eigenschaften der Relationen. — Relationsurteil (Relationsaussage): im Gegensatz zu einer Eigenschafts- und Klassenaussage ein Urteil, in dem das Bestehen einer Beziehung (Relation) behauptet wird.

Relativ: bedingt (gültig), verhältnismäßig, abhängig. — Gegenbegriff: ↗absolut.

Relativismus: 1. gleichbedeutend mit ↗Subjektivismus (alle Erkenntnisse gelten nur subjektiv, d. h. für den Erkennenden selbst); — 2. gleichbedeutend mit ↗Hominismus (auch: ↗Kritizismus, ↗Pragmatismus: alle Wahrheit ist menschliche Wahrheit); — 3. erkenntnistheoretischer Standpunkt, dem zufolge alle Erfahrungsaussagen nur relativ gelten (es kann keine endgültigen Wahrheiten geben, da neue Erfahrungen eine Korrektur der bis dahin für wahr gehaltenen Aussagen erzwingen können; ↗Induktion); zwecks besserer Unterscheidung könnte man hier von „Induktionsrelativismus" sprechen (gegenüber dem „Transzendentalrelativismus" unter Punkt 2); — 4. ↗Perspektivismus; — 5. ↗Wertrelativismus. — Gegenstandpunkte: ↗Dogmatismus, erkenntnistheoretischer bzw. werttheoretischer ↗Absolutismus. — ↗May, Metzger, Thyssen, Wein; Radbruch (rechtsphilosophischer Relativismus).

Relativitätstheorie: Von ↗Einstein entwickelte physikalisch-mathematische Theorie, und zwar 1. im Hinblick auf das negative Ergebnis von (vor allem von Michelson seit 1881 durchgeführten) Experimenten, die das Vorhandensein eines ruhenden Weltäthers als absoluten Bezugssystems für Bewegungen im Weltraum dartun sollten, und 2. unter Verallgemeinerung des von ↗Galilei und ↗Newton formulierten Relativitätsprinzips der klassischen Mechanik (dem zufolge es unmöglich ist, innerhalb eines Systems dessen gleichförmiggeradlinige Bewegung festzustellen). In Einsteins spezieller (1905) und allgemeiner Relativitätstheorie (1916) werden die Begriffe „absoluter Raum", „absolute Zeit" und „absolute Bewegung" als unbrauchbar verworfen und folgende Grundthesen aufgestellt: 1. physikalische Gleichwertigkeit aller Bezugssysteme (Inertialsysteme); 2. Relativität der Gleichzeitigkeit (für jedes Bezugssystem gilt ein besonderes Maß für Längen und Zeiten; diese Maße sind durch die ↗Lorentz-Transformationen aufeinander rückführbar; im Zusammenhang damit steht das Additions-Theorem, dem zufolge von verschiedenen Bezugssystemen aus gemessene Geschwindigkeiten nicht einfach addiert werden dürfen); 3. Konstanz der Lichtgeschwindigkeit (sie ist für alle Systeme gleich groß, nämlich rund 300.000 km pro Sekunde), 4. Identität von „träger" und „schwerer" Masse (= Äquivalenz der Wirkungen von Beschleunigung und von Gravitation); 5. Proportionalität von Masse und Energie ($E = mc^2$); 6. Annahme eines vierdimensionalen Raum-Zeit-Kontinuums (nach Minkowskis Anregung, 1908); 7. Raumkrümmung durch Massen (Abhängigkeit der metrischen Struktur des Raumes von der Verteilung der Materie im Weltall). — ↗Dürr, Kraus O., Thirring (die ersten beiden Autoren kritisch, der letztgenannte apologetisch); Neuhäusler. — Literaturübersicht: ↗W. Theimer, Die Relativitätstheorie (Lehre, Wirkung, Kritik), 1977. — Übrigens haben neben Einstein auch andere Autoren „Relativitätstheorien" entwickelt. — ↗Metageometrie, Raum; Born, Driesch, Lipsius F. R., Mach, Müller, A., Reichenbach, Russell, Schlick, Weyl. — Sehr kritisch: Ernst Kammerer, Kosmologie, 1975 (↗Kosmologie).

Religion: historisch gesehen, zweifellos die gewichtigste Tatsache des menschlichen Geisteslebens; alles höhere menschliche Leben ist im Bunde mit ihr emporgewachsen; Religion ist ein Grundphänomen der menschlichen Kultur, das sich auf andere kulturelle Gegebenheiten nicht zurückführen läßt, selbst aber natürlich auch einem historischen Wandel unterworfen ist (— auf die historischen Ausformungen der einzelnen Religionen kann hier natürlich nicht eingegangen werden, auch sind hier mehr die „Hochreligionen" als die „Primitivreligionen" in Betracht gezogen). Zu unterscheiden sind zwei Komponenten der religiösen Einstellung, die tief in emotionalen Bedürfnissen verwurzelt sind: 1. das Streben nach Sinnfindung und Werterfüllung; 2. der Glaube an Götter, an überirdische Mächte, von denen sich der Mensch schicksalhaft abhängig glaubt, die er durch Opfer, Gebete usw. zu seinen Gunsten zu beeinflussen sucht. Beide Aspekte, die Suche nach Existenzorientierung und Lebenssinn ebenso wie der positive Gottesglaube als konkrete Sinndeutung, Sinngebung und Sinnerfüllung, sind verklammert in der Frage des Fortlebens nach dem Tode, im Totenkult, dem wohl tiefstgelegenen Wesenskern der Religion (— ohne das Phänomen des ↗Todes gäbe es keine Religion; das Todesproblem, eng verknüpft mit der Lebenssinn-Frage, bzw. das Problem des „ewigen Lebens" und der ↗Unsterblichkeit als das Zentralproblem, Angst und Hoffnung als Wurzeln und zugleich Stützen aller Religion: „Wer an mich glaubt, wird nicht sterben in Ewigkeit", lehrt z. B. Jesus Christus). Jedenfalls ist für den gläubigen Menschen Gott Ursprung und Urgrund allen Seins, Grund und Sinn allen Lebens; und das Herzstück aller Religion ist daher die Wiedervereinigung des Menschen mit Gott. — A) Religion (im engeren Sinne) ist persönlicher Verkehr mit der Gottheit, deren Verehrung und Anbetung, in Angst und Furcht, aber auch in Liebe und Vertrauen (in die Existenz einer „höheren Ordnung" angesichts der geheimnisvollen Rätselhaftigkeit der Welt), getragen vom Erlösungsgedanken und dem Glauben an ein „höheres Leben" (im Jenseits). Religion ist nach ↗Whitehead „Sehnsucht nach Sinngebung", nach ↗Otto das Erlebnis des „Heiligen", eine „numinose" Erfahrungstatsache, die Verehrung des „Ganzanderen". F. König definiert Religion als Überzeugung von einer oder als Glauben an eine übermenschliche Macht, als existentielle Erkenntnis der Abhängigkeit von dieser Macht und als Ordnung des Lebens entsprechend dieser Abhängigkeit in individueller und sozialer Hinsicht. — Zum Wort selbst: nach Cicero stammt es von relegere (religere) = ehrfürchtig beachten, verehren; von größerer Bedeutung ist wohl die Etymologie des Kirchenlehrers Lactantius († um 330), der das Wort von religare (knüpfen, rückbinden, nämlich an Gott) ableitet. — Unter „Weltreligionen" versteht man Konfessionen, die über weite Gebiete verbreitet sind, eine sehr große Zahl von Bekennern aufweisen, die Grenzen ihrer Heimat überschritten und die Schranken der Nationalität durchbrochen haben und von den verschiedensten Rassen bzw. Völkern angenommen wurden (↗Buddhismus: 274 Millionen; ↗Christentum: 1,1 Mrd., und zwar 103 Millionen Orthodoxe, 712 Millionen Katholiken, 285 Millionen Protestanten, davon 55 Millionen Lutheraner; ↗Hinduismus: 583 Millionen; ↗Islam: 700 Millionen, davon 90% Sunniten). — Ohne religiöses Bekenntnis: 20% der Menschheit. — Nicht zu übersehen sind aber auch die negativen Implikationen des religiösen Glaubens: das sich nicht selten bis zur Intoleranz, ja zum (euphemistisch als „Funda-

Religionsphilosophie

mentalismus" umschriebenen) Fanatismus steigernde trennende Moment, das jeglichem Konfessionalismus und jeder religiösen Moral innewohnt (man denke nur an die immerhin auch religiös motivierten politisch-kriegerischen Auseinandersetzungen, etwa in Irland, im Nahen Osten, in Armenien, in Indien/Pakistan, im Iran . . ., ganz abgesehen von den Religionskriegen vergangener Zeiten: Je mehr Religion, umso weniger Humanität!). — Weiters ist an die immer wieder vorgebrachte Behauptung, daß es „ohne Religion keine tragfähige Lösung der gesellschaftlichen Probleme gebe", die Gegenfrage nach deren „Lösung" in betont „religiösen" Zeitaltern oder Ländern zu knüpfen (z. B. im Mittelalter oder in Italien oder auch in der kirchenfrommen „guten alten" Hausherren- und Kündigungszeit). Und schließlich spricht auch z. B. die 72-Stunden-Woche für Kinderarbeit in den orientalischen Teppichknüpfereien nicht gerade für eine ethisierende bzw. humanisierende Wirkung der Religion, von den kirchlich gestützten Militärdiktaturen u. dgl. ganz zu schweigen. — Kritik an der Religion, vor allem an dem ihr zugrundeliegenden Wunschdenken, wurde und wird von den verschiedensten Seiten geübt; zwei Beispiele mögen für viele stehen: ↗Freud sieht in der Religion eine „Illusion", ↗Marx K. ein „Opiat" („Die Religion ist der Seufzer der bedrängten Kreatur, das Gemüt einer herzlosen Welt, wie sie der Geist geistloser Zustände ist. Sie ist das Opium des Volkes"). — Dem Absolutheitsanspruch jeder Religion gegenüber läßt ↗Kolbenheyer in „Amor Dei" ↗Spinoza sagen: „Wäre es möglich, daß die Erde Raum hat für hundertfältigen Glauben, wenn in einem einzigen die volle Wahrheit lebte, die alle Herzen mit ihrem Frieden erfüllen müßte?" — „Alle Religion ist nur ein Versuch, das Weltgefühl aus sich herauszustellen. Daher hat jede auf ihre Weise recht" (Ernst Barlach). — B) Gelegentlich wird der Begriff „Religion" auch in einem viel weiteren Sinne gebraucht, gleichbedeutend etwa mit dem „metaphysischen Trieb" bei ↗Schopenhauer, so z. B., wenn ↗Schelsky eine „Dauerhaftigkeit religiöser Grundbedürfnisse" feststellt oder ↗Fromm von einer „neuen nicht-theistischen, nicht-institutionalisierten Religiosität" spricht. Diese „Sprachregelung" erscheint allerdings insoferne als problematisch, als sie die Grenze zwischen Religion und Philosophie zu verwischen geeignet ist. Wo die Religion (der Glaube) anfängt, hört jedoch die Philosophie (das Denken) auf (und umgekehrt); sie sind schlechthin unvereinbar: „Der Religion ist nur das Heilige wahr, der Philosophie nur das Wahre heilig" (↗Feuerbach). Die einzige erkenntnistheoretisch legitime Verbindung zwischen ihnen ist die ↗„Religionsphilosophie", allerdings nicht als ein religiösen Glauben verankertes Philosophieren, sondern als empirisch fundierte, areligiös-rationale philosophische Reflexion auf das Phänomen „Religion", als ein Philosophieren über, nicht aber aus (d. h. auf der Basis einer) Religion, was nicht mehr Philosophie wäre. — ↗Historismus.

Religionsphilosophie: kulturphilosophische Spezialdisziplin, in der vor allem folgende Probleme erörtert werden: 1. Die Eigenart der religiösen Weltauffassung (zugleich religionspsychologische, religionssoziologische und religionsgeschichtliche Problematik. Versuche, den Begriff „Religion" zu definieren: z. B. als in Angst und Vertrauen wurzelndes Abhängigkeitsgefühl Gott gegenüber, wodurch der Mensch seinem Leben einen Sinn zu geben und sein „Heil", d. h. Trost und Geborgenheit zu finden hofft; oder als Anerkennung bestimmter Dogmen und ethischer Gebote usw.). — 2. Der Wahrheitsanspruch der Religionen (erkenntniskritische Analyse der religiösen Vorstellungen und Begriffe, der Gottesbeweise, des Verhältnisses von Glauben und Wissen u. dgl.). — 3. Der ethische Wert der Religiosität. — 4. Die Einordnung des Phänomens „Religion" in das philosophische Weltbild (unter Berücksichtigung anderer möglicher Einstellungen der Welt und dem Leben gegenüber). — Zur Geschichte der Religionsphilosophie: Erst in der Neuzeit begann man sich ernsthaft auf die Voraussetzungen des religiösen Glaubens zu besinnen (man suchte nach der gemeinsamen Grundlage aller Religionen, versuchte eine „natürliche" Religion bzw. „Vernunftreligion" zu begründen, rationalisierte den Gottesbegriff, ethisierte und humanisierte die Religion überhaupt und betonte den individuellen Charakter des religiösen Erlebens). Periodisierung dieser Entwicklung: ↗Renaissance (neues Weltbild und Lebensgefühl); älterer ↗Rationalismus (z. B. ↗Spinoza) und ↗Aufklärung (↗Deismus, Rationalisierung und Humanisierung der Religion); Rückschlag in der ersten Hälfte des 19. Jhdts. (spekulative Philosophie der ↗Nachkantianer, ↗romantischer Mystizismus), 2. Hälfte des 19. Jhdts.: ↗positivistisch-naturalistische Gegenströmung (antimetaphysisch-naturwissenschaftliche Einstellung, Verzicht auf eine überweltliche Orientierung, kritische Stellungnahme zur Religion, gesteigertes Interesse an der religionspsychologischen Forschung, Individualismus und Lebensglaube: das Leben erhält sich selbst und rechtfertigt sich selbst: ↗Nietzsche, ↗Guyau). — ↗Ahnung, Akkulturation, Anthropologismus, Askese, Atheismus, Deismus, Dialektischer Materialismus, Dialektische Theologie, Euhemerismus, Existentialismus, Glaube, Gott (Gottesbeweise), Historismus, Modernismus, Mystik, Mythos, Negative Theologie, Nomotheismus (↗Ziehen), Panentheismus, Pantheismus, Religion, Religionssoziologie, Sinn (des Lebens), Theismus, Theodizee; Ägyptische Philosophie, Altchristliche Philosophie, Arabische Philosophie, Buddhismus, Chinesische Philosophie, Christentum, Christliche Ethik, Indische Philosophie, Islam, Manichäismus, Mithrismus, Mittelalterliche Philosophie (Scholastik), Shinto, Zarathustra, Zen; Alain, Albert K., Baader, Bachofen, Baillie, Bauer, Baumgardt, Baur, Bayle, Bochenski, Boutroux, Brightman, Brunner, Bruno, Buber, Comte, Cusanus, Dawson, Deschner, Eckhart, Ehrlich W., Eliade, Eucken, Feuerbach, Fichte, Forberg, Görland, Goethe, Haecker, Hellpach, Hennemann, Hensel, Herder, Hessen, Hochkeppel, Höffding, Hofmann („religiöses Erlebnis"), Holl, Holz H., Hume, James, Jodl, Jung, Kahl, Kant („Die Religion innerhalb der Grenzen der bloßen Vernunft"), Kaufmann W., Kern, Kierkegaard, Küng, Lasson A., Leibniz, Leisegang, Le Roy, Lessing G. E., Lévinas, Locke, Luhmann, Machovec, Mauthner, Mill, Montaigne, Müller-Freienfels, Mynarek, Natorp („Religion innerhalb der Grenzen der Humanität"), Owen, Picht, Przywara, Radakovic, Radbruch, Renan, Rensi, Ricoeur, Roretz („religiöse Epidemien"), Sabatier, Scheler, Schleiermacher, Schlette, Schmid, Schmied-K., Scholz, Schweitzer, Siebeck, Sölle, Spann, Springer, Staudinger, Steffens, Strauß, Szczesny, Tillich, Toynbee, Troeltsch, Vaihinger, Vollers, Weiße, Whitehead, Wittgenstein, Wuchterl, Zahrnt.

Religionssoziologie: ↗Durkheim, Stark, Wach, Weber M.

Remanation: ↗Emanation.

Renaissance(-Philosophie): Philosophie an der Wende vom Mittelalter zur Neuzeit (Zeitalter der Emanzipation des Bürgertums, 15./16. Jhdt.). — Unter „Renaissance" (— der Ausdruck erscheint erst in der französischen Literatur des 18. Jhdts. —) darf man nicht nur (wie Vasari und ↗Melanchthon wollten) die Wiedergeburt (Wiedererweckung und Wiedererneuerung) der Antike (des klassischen Altertums) als Folge der Eroberung Konstantinopels durch die Türken (1453) verstehen; der Begriff ist viel weiter zu fassen: schon in der ersten Hälfte des 14. Jhdts. (Dichterkrönung ↗Petrarcas auf dem Kapitol zu Rom: 1341; Cola di Rienzis römisches Volkstribunat: 1347) kündigt sich der Umbruch der Zeiten an, der Beginn der Neuzeit mit den grandiosen Erfindungen und Entdeckungen, den religiösen und sozialen Aufbrüchen; entscheidende Faktoren sind die politische Entwicklung in den italienischen Städten nach dem Zusammenbruch der beiden universalen Gewalten (Kaisertum und Papsttum), das Ende der Feudalherrschaft und des Rittertums, die Konzilsbewegung und der (aus der ↗Mystik kommende) religiöse Individualismus; das heißt also: nicht die Erneuerung der Antike führte die Renaissance herauf, sondern das Streben nach Erneuerung schlechthin fand in der Antike das Vorbild (wann war Italien groß?); die Renaissance war primär eine Wiedergeburt an sich (gegenüber den Wirren der Zeit) und erst sekundär eine solche der Antike. Die Renaissance war die bewegendste Epoche der abendländischen Geschichte: die Geburt der Moderne, als der Mensch sich selbst entdeckte. — — Der neue Zeitgeist wurzelt in einem neuen Lebensgefühl, in einem neuen Welt- und Menschenbild, das sich von der ↗mittelalterlichen Welt- und Lebensanschauung in scharfem Kontrast abhebt: Mündigkeit der Vernunft an Stelle blinden Glaubens, Erfahrung an Stelle der Offenbarung als entscheidende Erkenntnisquelle, Natürlichkeit statt Heiligkeit als Lebensideal, Vollendung im Diesseits statt Erlösung im Jenseits als Lebensziel, schrankenloser Individualismus und Persönlichkeitskult statt Anonymität und ständischer Bindung als Lebensstil. — Für die Philosophie dieser Epoche ist daher kennzeichnend: 1. Abkehr von der mittelalterlichen theologischen Denkweise (Befreiung des philosophischen Denkens von den Fesseln der kirchlichen Autorität, Kampf gegen ↗Scholastik und ↗Aristotelismus, Kampf um die Freiheit der empirisch-wissenschaftlichen Forschung); 2. Wiederverlebendigung der antiken Tradition (Pflege der antiken Sprachen, von der mittelalterlichen Auslegung unabhängiges Studium der antiken Quellen, selbständige Auseinandersetzung mit der ↗antiken Philosophie); 3. ↗anthropozentrische (im Gegensatz zur ↗theozentrischen) Weltbetrachtung und Lebensanschauung (Lebensbejahung, Kulturoptimismus, „Humanismus"); 4. Glaube an den Wert der menschlichen Einzelpersönlichkeit und Verherrlichung des Genies (↗Individualismus im Gegensatz zum mittelalterlichen ↗Kollektivismus und Institutionalismus, dem zufolge die Einzelpersönlichkeit nur als Glied einer Gemeinschaft wie Kirche, Stand, Zunft usw. Bedeutung gewann); besonders verehrt wird der Idealtypus des „uomo universale", von dem allseitige Vollkommenheit erwartet wird: „che tutto il possibile a lui fosse facile"; 5. gesteigerte Empfänglichkeit für künstlerische Werte; 6. Ausbildung eines verfeinerten Naturgefühls und ästhetisch getönten Naturverständnisses. — Die bedeutendsten Leistungen der Renaissancephilosophie sind: 1. Erneuerung der ↗platonischen Philosophie (z. B. ↗Plethon, ↗Bessarion, ↗Pico, ↗Ficino); 2. philosophische Besinnung durch die Reformation (z. B. bei ↗Luther, ↗Melanchthon, ↗Erasmus); 3. Beginn der modernen naturwissenschaftlichen Forschung und Aufbau eines neuen (wissenschaftlichen) Weltbildes: a) ↗Paracelsus, b) italienische Naturphilosophen (z. B. ↗Telesio) c) Umgestaltung des überkommenen geozentrischen Weltbildes (von ↗Kopernikus, ↗Kepler, ↗Galilei bis ↗Newton) und philosophisch-weltanschauliche Deutung der neuen astronomischen Erkenntnisse durch ↗Bruno, d) Begründung der neuzeitlichen Physik (von Galilei bis Newton); 4. neue Ideen in der Staats- und der Rechtsphilosophie (z. B. ↗Machiavelli, ↗Morus, ↗Bodin); 5. der französische Skeptizismus (↗Montaigne, ↗Charron, ↗Sanchez). – ↗Castiglione, Lionardo, Patritius, Pomponazzi, Valla; Bloch, Burckhardt J., Cassirer, Dempf, Hönigswald, Mittelstraß, Roretz, Schilling, Wölfflin; Humanismus, Tod.

Ernest Renan

Renan, Ernest, 1823—1892: französischer Philosoph, der Comtesche und Hegelsche Gedanken zu verbinden sucht, einerseits von einem optimistischen Glauben an den Sieg der wissenschaftlichen Weltauffassung beseelt ist, andererseits wieder über Welt und Leben eher pessimistisch urteilt und der ironisierenden Skepsis und passiven Zurückhaltung (gegenüber einer eindeutigen Stellungnahme zu den Problemen) den Vorzug gibt, sich zum geistesaristokratischen Menschenideal bekennt und aus dem Fortschritt in der Menschheitsentwicklung die Immanenz Gottes in der Welt folgert. — Hptw.: La vie de Jésus, 1863 (1. Bd. der achtbändigen Historie des origines du christianisme, 1863—1883); Dialogues et fragments philosophiques, 1876; Examen de conscience philosophique, 1889; L'avenir de la science, 1890 (verfaßt schon 1848). – ↗Bauer.

Renouvier, Charles, 1815—1903: französischer Philosoph, der unter dem Einfluß Kants eine voluntaristische Erkenntnistheorie entwickelt (Néocriticisme), wobei er von der Überzeugung ausgeht, daß einerseits nur Erscheinungen erkannt werden können, andererseits die Grundprinzipien jedes philosophischen Systems frei (a priori) gewählt werden. R. selbst entscheidet sich für das Prinzip der Freiheit und Diskontinuität und hält die Gültigkeit des im Willenserlebnis verwurzelten Kausalitätsbegriffes für beschränkt; von dieser Voraussetzung aus entwirft er eine Theorie der Willensfreiheit. R. bekennt sich zur individualistischen Geschichtsauffassung und zu einem Monotheismus, dem zufolge Gott als erste Ursache der Weltschöpfung ebensowenig als unendlich vorgestellt werden kann wie die Welt selbst. R. vertritt eine personalistische Weltanschauung, der zufolge der Mensch auf Grund seiner geistigen Überlegenheit (der Natur gegenüber) als Zentrum der Welt aufzufassen ist. — Hptw.: Essais de critique générale, 1854 bis 1864; Classification systématique des doctrines philosophiques, 1885; La nouvelle Monadologie, 1899; Les dilemmes de la métaphysique pure, 1901; Le personalisme, 1903.

Rensch, Bernhard, geb. 1900: deutscher Biologe (als Philosoph an ↗Ziehen orientiert), der seinen Standpunkt als „panpsychistischen Identismus" („panprotopsychischen Identismus", „Panpsychismus", „Panprotopsychismus") bezeichnet. – Hptw.: Neuere Probleme der Abstammungslehre, 1954^2; Homo sapiens (Vom Tier zum Halbgott), 1965^2; Biophilosophie auf erkenntnistheoretischer Grundlage, 1968; Gedächtnis, Begriffsbildung und Planhandlungen bei Tieren, 1973; Das universale Weltbild (Evolution und Naturphilosophie), 1977; Gesetzlichkeit, psycho-physischer Zusammenhang, Willensfreiheit und Ethik, 1979.

Rensi, Giuseppe, 1871–1941: italienischer Philosoph, der vom Standpunkt eines pessimistischen Skeptizismus aus an der optimistisch-idealistischen Philosophie Kritik übt und in Umkehrung der bekannten Hegelschen Behauptung sagt: „Was wirklich ist, das ist unvernünftig, und was vernünftig ist, das ist nicht wirklich". Die Unzulänglichkeit des menschlichen Geistes liegt nach R.s Auffassung in der Antithetik (Spaltung und Zerrissenheit) der Vernunft begründet. R. bekennt sich zu einem antimetaphysischen Realismus (positivistischen Materialismus) und Atheismus. In der Geschichte erblickt R. eine sinn- und ziellose Häufung von absurden Zufällen. Die Philosophie hält er eher für eine Kunst als für eine Wissenschaft (ihre Ergebnisse stehen jenseits von wahr und falsch und sind nur der „Reflex des subjektiven Eindruckes", den die „Totalität des Universums" in verschiedenen Denkern hinterläßt). – Hptw.: Le Antinomie dello Spirito, 1910; Lineamenti di Filosofia Scettica, 1919, 1921²; La Scepsi Estetica, 1920; La Filosofia dell'Autorità, 1920; Introduzione alla Scepsi Etica, 1921; L'Irrazionale, il Lavoro, l'Amore, 1923; Interiora Rerum, 1924; Realismo, 1925; Apologia dell'Ateismo, 1925; Autorità e Libertà, 1926; Apologia dello Scetticismo, 1927; Lo Scetticismo, 1927; Le Aporie della Religione, 1932; Le Ragioni dell'Irrazionalismo, 1933; Il Materialismo Critico, 1934; La Filosofia dell'Asurdo, 1937; Testamento filosofico, 1939. – Gesammelte Aufsätze unter dem Titel Sali di Vita, 1951. – Deutsche Autobiographie in „Die Philosophie der Gegenwart in Selbstdarstellungen", Bd. VI, 1927. – ⁊Paradoxon.

Repression: Unterdrückung (des Menschen durch den Menschen). — ⁊Dialektischer Materialismus, Frankfurter Schule; H. Marcuse, W. Reich.

Reproduktion (von Vorstellungen): Wiederauftauchen von ⁊Vorstellungen infolge des Eintrittes von mit ihnen assoziierten Vorstellungen. — ⁊Assoziation; Wahle („Konstellation").

Res cogitans, res extensa: ⁊Descartes.

Reservatio mentalis: geheimer gedanklicher Vorbehalt (Mentalreservation).

Ressentiment: „Gegengefühl", Voreingenommenheit, Groll, Abneigung, (verborgener) Neid, Vergeltungssucht, Rachsucht, ohnmächtiger Haß. — Abwertung des anderen zwecks Überwindung der eigenen Minderwertigkeitsgefühle (⁊Individualpsychologie). — ⁊Nietzsche erklärt die christliche Ethik aus dem Ressentiment der im Leben Schlechtweggekommenen, der Schwachen gegenüber den Starken („Genealogie der Moral"; ⁊Sklavenmoral).

Guiseppe Rensi

Retention (wörtlich: „Zurückhaltung"): die Voraussetzung des Auftretens von Empfindungsnachklängen; hologramm-ähnliche Speicherung von Gedächtnisinhalten im Gehirn. — ⁊Gedächtnis, Zeit (psychische Präsenzzeit; — in spezieller Bedeutung auch von ⁊Husserl in seiner Zeitlehre verwendeter Terminus).

Reuchlin, Johann, 1455—1522: von Pico beeinflußter deutscher Humanist, der platonische Philosophie und jüdische Geheimlehre (Kabbala) zu verbinden sucht und für eine Versöhnung von Judentum, Heidentum und Christentum im Geiste der Toleranz eintritt. — Hptw.: De verbo mirifico, 1494; De arte cabbalistica, 1517.

Rezeptoren: Sinnesorgane. — ⁊Sinn (8.), Spezifische Energie.

Rhetorik: 1. Redekunst („persuasive Kommunikation") und 2. deren wissenschaftliche Untersuchung. ⁊Aposiopese, Captatio benevolentiae, Figur, Prolepsis, Solözismus; Dessoir, Gadamer, H. Gomperz; Sophisten, Cicero, Isokrates, Quintilian.

Richard, v. St. Victor, gest. 1173: Schotte, Schüler und Nachfolger des Hugo v. St. Victor, bekannt durch seinen „Gottesbeweis": Da die Dinge entstehen und vergehen, also nicht ewig sind, muß es etwas geben, das ewig ist und diese Dinge erschafft.

Richter, Horst-Eberhard, geb. 1923: deutscher Psychoanalytiker und Psychosomatiker, der u. a. am Glauben des Menschen an seine Allmacht Kritik übt. – Hptw.: Eltern, Kind und Neurose (Die Rolle des Kindes in der Familie), 1963, 1974¹²; Patient Familie (Entstehung, Struktur und Therapie von Konflikten in Ehe und Familie), 1970, 1974⁷; Die Gruppe (Hoffnung auf einen neuen Weg, sich selbst und andere zu befreien. – Psychoanalyse in Kooperation mit Gruppeninitiativen), 1972, 1974⁶; Lernziel Solidarität, 1974, 1975⁴;

Flüchten oder Standhalten, 1976; Engagierte Analysen (Über den Umgang des Menschen mit dem Menschen), 1978; Der Gotteskomplex (Die Geburt und die Krise des Glaubens an die Allmacht des Menschen), 1979; Alle redeten vom Frieden – Versuch einer paradoxen Intervention, 1981; Sich der Krise stellen, 1981; Zur Psychologie des Friedens, 1982; Die Chance des Gewissens (Erinnerungen und Assoziationen), 1986; Leben statt Machen (Einwände gegen das Verzagen) 1987.

Richter, Jean Paul Friedrich (Jean Paul), 1763—1825: deutscher Dichter (Humorist, Satiriker; ebenso gedankenreich wie gefühlsinnig) und Philosoph, beeinflußt von Herder, Jacobi und Kant; betont den Vorrang des Gefühls und der Anschauung gegenüber dem Verstand und der Vernunft; hat ein Herz für die kleinen Leute und die Geschlagenen und tritt daher als Sozialkritiker für die Befreiung der Bauern und die Emanzipation der Frau ein. In einer Streitschrift gegen Fichte (Clavis Fichtiana seu Leibgeberiana, 1799/1800) bekämpft er dessen Subjektiven Idealismus (als „Philosophischen Egoismus"). — Gesammelte Werke: 30 Bde., 1927—1942 (darin u. v. a.: Vorschule der Ästhetik, 1804; Levana oder Erziehungslehre, 1807). — ↗Harich.

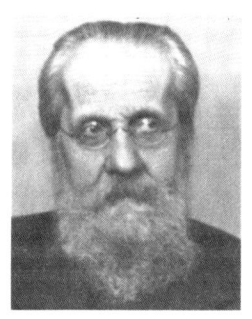

Heinrich Rickert

Rickert, Heinrich, 1863—1936: deutscher Philosoph, der zusammen mit Windelband die Südwestdeutsche (Badische, Heidelberger oder Werttheoretische) Schule des Neukantianismus begründet hat, vor allem den Unterschied zwischen naturwissenschaftlicher (generalisierender) und historischer (individualisierender) Begriffsbildung zu präzisieren versucht und zeitlos-unbedingt (objektiv) gültige (wenn auch nur „formale") Wertprinzipien annimmt, die im Kulturleben Verwirklichung finden und auf die das historische Geschehen bezogen wird, woraus sich R.s Auffassung zufolge die Möglichkeit ergibt, allgemein-gültige geschichtliche Erkenntnisse zu gewinnen. — Hptw.: Zur Lehre von der Definition, 1888, 1929³; Der Gegenstand der Erkenntnis, 1892, 1928⁶; Die Grenzen der naturwissenschaftlichen Begriffsbildung, 1896, 1929⁵; Kulturwissenschaft und Naturwissenschaft, 1899, 1926⁶; Das Problem der Geschichtsphilosophie, 1905, 1924³; Die Philosophie des Lebens, 1920, 1922²; System der Philosophie I, 1921; Kant als Philosoph der modernen Kultur, 1924; Die Logik des Prädikats und das Problem der Ontologie, 1930; Die Heidelberger Tradition in der deutschen Philosophie, 1931; Grundprobleme der philosophischen Methodologie, Ontologie und Anthropologie, 1934; Sehen und Erkennen, 1934; Unmittelbarkeit der Sinndeutung, 1939.

Ricoeur, Paul, geb. 1913: französischer Philosoph aus der Schule Gabriel Marcels, Phänomenologe, der unter dem Einfluß der protestantischen Theologie die Mythen als symbolische Sprache des Gewissens deutet und am Strukturalismus Kritik übt. — Hptw.: Philosophie de la volonté, 3 Bde., 1949–1953; Le conflit des interprétations (Essai d'Herméneutique), 1969; La sémantique de l'action, 1977. – In deutscher Übersetzung: Die Interpretation (Ein Versuch über Freud), 1969; Phänomenologie der Schuld (I: Die Fehlbarkeit des Menschen; II: Symbolik des Bösen), 1971; Hermeneutik und Strukturalismus, 1973; Hermeneutik und Psychoanalyse, 1974; Geschichte und Wahrheit, 1974.

Riedl, Rupert, geb. 1925: österreichischer Zoologe mit besonderem Interesse an Fragen der Erkenntnistheorie und ihren weltanschaulichen Implikationen. – Philosophisch relevante Hptw.: Die Ordnung des Lebendigen (Systembedingungen der Evolution), 1975; Die Strategie der Genesis (Naturgeschichte der realen Welt), 1976; Biologie der Erkenntnis (Die stammesgeschichtlichen Grundlagen der Vernunft), 1980; Evolution und Erkenntnis (Antworten auf Fragen unserer Zeit), 1982; Die Spaltung des Weltbildes (Biologische Grundlagen des Erklärens und Verstehens), 1984; Kultur – Spätzündung der Evolution?, 1987.

Riehl, Alois, 1844—1924: österreichischer Philosoph (später in Deutschland), der vom Standpunkt eines realistisch gedeuteten Kritizismus aus einerseits an der Transzendenzmetaphysik Kritik übt, andererseits den Vorrang des Seins gegenüber dem Denken betont („Sentio, ergo sum et est"). Besondere Bedeutung mißt R. der naturwissenschaftlichen Erkenntnisweise bei; die teleologische Betrachtungsweise lehnt er nachdrücklich ab. In bezug auf das Verhältnis von physischer und psychischer Wirklichkeit lehrt R. einen Monismus, dem zufolge „die Welt nur einmal da ist" (was z. B. dem Nicht-Ich als physiologischer Vorgang erscheint, ist für das Ich ein Empfindungsprozeß: „Zweiseitentheorie"). R. unterscheidet zwischen wissenschaftlicher Philosophie (als Erkenntnistheorie) und nichtwissenschaftlicher Philosophie (als dem Werterleben entsprungene Lebensanschauung und „Kunst der Geistesführung"); als Ethiker steht R. Kant nahe. – Hptw.: Realistische Grundzüge, 1870; Moral und Dogma, 1871; Über Begriff und Form der Philosophie, 1872; Der philosophische Kritizismus und seine Bedeutung für die positive Wissenschaft, 2 Bde., 1876–1887, 3 Bde., 1924–1926³; Über wissenschaftliche und nichtwissenschaftliche Philosophie, 1883, 1914²; Giordano Bruno, 1889; Fr. Nietzsche, der Künstler und der Denker, 1897, 1923⁸; Zur Einführung in die Philosophie der Gegenwart, 1903, 1921⁶; H. v. Helmholtz in seinem Verhältnis zu Kant, 1904; Führende Denker und Forscher, 1924²; Philosophische Studien aus vier Jahrzehnten, 1925. – ↗Siegel; Ideal.

Alois Riehl

Riezler, Kurt, 1882–1955: deutscher Diplomat und Philosoph, Sekretär Bethmann-Hollwegs und Eberts (1938–1953 in den USA), der die Einheit des philosophischen Weltbegriffes nur durch eine Kombination der wissenschaftlichen mit der metaphysischen Betrachtungsweise (– deren Aufgabe die Suche nach dem – nie erreichbaren – „höchsten Gut" ist: nach der Einheit von Natur und Geist) gesichert sieht, von der Sinnlosigkeit und der Vorsehungslosigkeit der Geschichte überzeugt ist (– alles ist nur Schauspiel des Ewigen, und das Tragische gehört in seinen Spielplan –), Politik als die Kunst begreift, das Böse zu wollen, um das Gute zu schaffen, und unter dem Pseudonym Ruedorffer über „Nationalismus und Krieg" philosophiert hat (z. B.: Grundzüge der Weltpolitik in der Gegenwart, 1914). – Hptw.: Die Erforderlichkeit des Unmöglichen (Prolegomena zu einer Theorie der Politik), 1913; Gestalt und Gesetz (Entwurf einer Metaphysik der Freiheit), 1924; Über Gebundenheit und Freiheit des gegenwärtigen Zeitalters, 1929; Parmenides, 1933; Traktat vom Schönen (Zur Ontologie der Kunst), 1935; Physics and Reality, 1941; Tagebücher, Aufsätze, Dokumente, 1972.

Kurt Riezler

Rigorismus: ethischer Standpunkt, dem zufolge nur pflichtgemäßes Handeln (und nicht ein moralisches Verhalten aus Neigung) ethisch wertvoll ist. So fordert z. B. ↗Kant ein moralisches Verhalten ausschließlich aus Achtung vor dem Sittengesetz und aus Pflichtbewußtsein. — ↗F. Schiller.

Rintelen, Fritz-Joachim von, 1898–1979: katholisch orientierter deutscher Denker; Philosophiehistoriker und Wertphilosoph, der einen Wertrealismus lehrt, nach der Wiedergeburt des „integralen" Menschen ruft und sich zum Theismus bekennt. – Hptw.: Das philosophische Wertproblem (I: Der Wertgedanke in der europäischen Geistesentwicklung, 1. Teil Altertum und Mittelalter), 1932; Albert der Deutsche und wir, 1935; Leben und Tod, 1941; Goethe als abendländischer Mensch, 1946, 1947²; Dämonie des Willens (Eine geistesgeschichtlich-philosophische Untersuchung), 1947; Unsere geistige Lage im Lichte christlicher Kultur, 1948; Von Dionysos zu Apollon (Der Aufstieg im Geiste), 1948, 1970²; Philosophie der Endlichkeit als Spiegel der Gegenwart, 1949, 1951²; Der Rang des Geistes. Goethes Weltverständnis, 1955; Der europäische Mensch, 1957; Philosophie des lebendigen Geistes in der Krise der Gegenwart, 1977.

Ritter, Joachim, 1903—1974: deutscher Philosophiehistoriker (Aristoteles, Augustinus, Cusanus), Geschichts- und Gesellschaftsphilosoph, Ästhetiker. — Hptw.: Über den Sinn und die Grenzen der Lehre vom Menschen, 1933; Zum Problem der Existenzphilosophie, 1954; Hegel und die Französische Revolution, 1957; Die Aufgabe der Geisteswissenschaften in der modernen Gesellschaft, 1963; Landschaft. Zur Funktion des Ästhetischen, 1963; Metaphysik und Politik (Studien über Aristoteles und Hegel), 1969.

Robinet, Jean Baptiste, 1735—1820: französischer Naturalist, der eine kontinuierliche Naturentwicklung vom Einfacheren zum Komplizierteren annimmt und den Menschen als letztes Glied dieser Entwicklungsreihe auffaßt; als Urgrund und Ursache dieser Entwicklung betrachtet er die Natur selbst (an Stelle des persönlichen Gottes). R. versucht das Naturgeschehen kausal zu verstehen und lehnt die teleologische Betrachtungsweise als anthropomorph und daher unzulänglich ab. — Hptw.: De la nature, 1761—1766.

Röd, Wolfgang, geb. 1926: österreichischer Philosophiehistoriker. — Hptw.: Descartes, 1964; Spinozas Lehre von der Societas, 1969; Geometrischer Geist und Naturrecht, 1970; Descartes' Erste Philosophie, 1971; Dialektische Philosophie der Neuzeit, 1974, 1987²; Geschichte der Philosophie, 1976 ff. (auch als Herausgeber).

Rodbertus, Johann Karl, 1805—1875: deutscher Wirtschafts-, Sozial und Staatsphilosoph, der die Notwendigkeit einer staatlichen Wirtschaftslenkung und Sozialpolitik zu begründen sucht und einen reformistischen Sozialismus lehrt. — Hptw.: Zur Erkenntnis unserer staatswirtschaftlichen Zustände, 1842; Zur Beleuchtung der sozialen Frage, 1885.

Rogge, Eberhard, 1908—1941: deutscher Philosoph. — Hptw.: Axiomatik alles möglichen Philosophierens (Das grundsätzliche Sprechen der Logistik, der Sprach-Kritik und der Lebens-Metaphysik), 1950.

Rohracher, Hubert, 1903—1972: österreichischer Psychologe, der zwischen psychischen Kräften (Trieb, Gefühl, Wille) und psychischen Funktionen (Wahrnehmung, Gedächtnis, Denken) unterscheidet; Entdecker der mechanischen Mikroschwingungen des menschlichen Körpers. — Hptw.: Persönlichkeit und Schicksal, 1926; Theorie des Willens (auf experimenteller Grundlage), 1932; Kleine Charakterkunde, 1934, 1969¹²; Die Vorgänge im Gehirn und das geistige Leben, 1939, 1967⁴ (u. d. T.: Die Arbeitsweise des Gehirns und die psychischen Vorgänge); Einführung in die Psychologie, 1946, 1971¹⁰; — F. Kainz: Hubert Rohracher (Versuch eines Psycho- und Ergogramms), 1973. — ↗Mitbewußtes.

Hubert Rohracher

Rohrmoser, Günter, geb. 1927: deutscher Sozialphilosoph und extrem-konservativer Politologe, der vor allem die Voraussetzungen und die Konsequenzen der Frankfurter „Kritischen Theorie" sowie des Neomarxismus einer einläßlichen Kritik unterzogen hat. Als katholisch orientierter, wertkonservativer „Hofphilosoph" der CDU und „Wende"-Philosoph gefällt er sich als fanatisch engagierter Befürworter einer „geistig-ethischen" Erneuerung" im Sinne der Anfachung eines christlichen Kreuzzugsgeistes (moralisch gegen Atheismus und Marxismus, militärisch gegen die Sowjetunion). — Hptw.: Subjektivität und Verdinglichung (Theologie und Gesellschaft im Denken des jungen Hegel), 1961; Das Elend der Kritischen Theorie (Th. W. Adorno/H. Marcuse/J. Habermas), 1970, 1973³; Emanzipation und Freiheit, 1970; Shakespeare (Erfahrung der Geschichte), 1971; Nietzsche und das Ende der Emanzipation, 1971; Herrschaft und Versöhnung (Ästhetik und die Kulturrevolution des Westens), 1972; Die Krise der Institutionen, 1972, 1973²; Marxismus und Menschlichkeit, 1974; Revolution — unser Schicksal?, 1974; Zäsur, Wandel des Bewußtseins, 1980; Krise der politischen Kultur, 1983; Geistiger Umbruch — Bilanz der marxistischen Epoche, 1984. — ↗Siewerth; Neokonservativismus.

Romantische Philosophie: das philosophische Schaffen im ersten Drittel des 19. Jhdts. (im Zeitalter der Romantik), gekennzeichnet durch eine gesteigerte Vorliebe für ↗metaphysische Spekulation (z. B. ↗Baader, ↗Deutscher Idealismus, ↗Schlegel, ↗Schopenhauer), zu verstehen als eine Reaktion (als dialektischer „Pendelschlag") gegen den ↗Rationalismus und den ↗Empirismus des ↗Aufklärungszeitalters. In der zweiten Hälfte des 19. Jhdts.

wurde die romantische Denkungsart in der Philosophie vom ↗Positivismus und ↗Neukantianismus verdrängt. Das romantische Welt- und Lebensgefühl, die romantische Welt- und Lebensauffassung, deren Ausdruck auch die romantische Philosophie ist, läßt sich vielleich am besten unter dem Aspekt der „Flucht" verstehen: die von der (politischen) Realität (— Französische Revolution, Napoleonisches Zeitalter, Restauration und Reaktion —) enttäuschten Menschen suchten Ersatzbefriedigung im Kreis der Familie (im eigenen Heim), in der Religion (im Kirchenglauben), in der schwärmerischen Besinnung auf die eigene Vergangenheit (— „Historismus"; Altertums- und Sprachforschung —), im Gefühlsüberschwang des Kunstgenusses (insbesondere in Musik, Dichtung und Malerei: „Malerpoeten"; auch in der „Irrealität" des Märchens) und im Naturerlebnis; ihre irrationale Sehnsucht nach einer heilen (besseren) Welt, einer Überwelt, einer Welt des Ideals (— als Antwort auf die Ernüchterung durch übersteigerte Rationalität—), läßt sowohl den religiösen Mystizismus als auch den patriotischen Enthusiasmus der Romantiker samt aller hintergründigen Symbolik begreifen. Als geistige Wegbereiter der Romantik sind u. a. zu nennen: ↗Rousseau, ↗Swedenborg; ↗Mystik, ↗Pietismus; „Sturm und Drang". (— Auf Einzelfragen des romantischen Kunstschaffens in Musik, Dichtung und Malerei ist hier nicht einzugehen). — Mit Kritik an dieser Geisteshaltung wurde nicht gespart: „Die romantische Reaktion hat die Welt auf die Geschichte, also auf die Unvernunft gestellt", sagt ↗Mauthner, und dem durch ↗Hegels ↗Logodizee sich rechtfertigenden ↗Historismus (einer „Gegen-Aufklärung") wirft man gerade heute wieder vehement die (in einer Flucht nach innen kulminierende) Kapitulation vor dem Bestehenden, vor der (irrational) etablierten Macht vor. Anderserseits darf man nicht übersehen, daß sich die restaurativen Niedergangserscheinungen der Romantik erst verhältnismäßig spät zeigten, daß ihre Anfänge jedoch glänzend waren, und daß sich Romantiker wie die Brüder Schlegel (als Begründer der vergleichenden Sprach- und Literaturwissenschaft), deren Übersetzungen z. T. unübertroffen sind, oder die Brüder Grimm (um die Germanistik) außerordentlich verdient gemacht haben. Zuletzt sei noch auf eine merkwürdige Zwiespältigkeit, ja geradezu Polarisierung der romantischen Geisteshaltung hingewiesen: Einerseits die Rebellion gegen den Geist der Aufklärung, die reaktionäre Gegen-Aufklärung, der irrationalistische Antirationalismus... (↗Burke, Chateaubriand, Coleridge, ↗Görres, Friedrich ↗Schlegel), andererseits das progressiv-fortschrittliche Aufbegehren gegen die „Entfremdung"... (Byron, Heine, ↗Shelley, Stendhal). – ↗Ironie, Nihilismus; Baumgardt, Fischer E., Haym, Marquard.

Rombach, Heinrich, geb. 1923: deutscher Philosoph und Pädagoge (Herausgeber eines Wörterbuches der Pädagogik). — Hptw.: Über Ursprung und Wesen der Frage, 1950; Die Gegenwart der Philosophie, 1962, 1964²; Substanz, System, Struktur (Die Ontologie des Funktionalismus und der philosophische Hintergrund der modernen Wissenschaft), 2 Bde., 1965/66, 1981²; Strukturontologie (Eine Phänomenologie der Freiheit), 1971; Leben des Geistes (Ein Buch der Bilder zur Fundamentalgeschichte der Menschheit), 1977; Phänomenologie des gegenwärtigen Bewußtseins, 1980; Welt und Gegenwelt. Umdenken über die Wirklichkeit: Die philosophische Hermetik, 1983; Strukturanthropologie (Der menschliche Mensch), 1987.

Römische Philosophie: ↗Antike Philosophie; die römische Philosophie ist gekennzeichnet durch geistige Verarmung, Verflachung und Vereinfachung gegenüber der griechischen Originalphilosophie, durch Weglassen von Feinheiten und Tiefsinnigkeiten, durch moralisierende Tendenz und (allerdings sprachlich vollendete) epigonale Rezeption und Zusammenschau (weniger Denkarbeit als literarische Tätigkeit des Exzerpierens und Erklärens). – ↗Hellenismus.

Röpke, Wilhelm, 1899—1966: deutscher Nationalökonom, Soziologe, Wirtschafts- und Gesellschaftsphilosoph; Verfechter des Liberalismus. — Hptw.: Krise und Konjunktur, 1932; Die Lehre von der Wirtschaft, 1937, 1965¹⁰; Die Gesellschaftskrisis der Gegenwart, 1942, 1948²; Civitas Humana, 1944, 1949²; Die Deutsche Frage, 1945, 1948²; Die Krise des Kollektivismus, 1947, 1949²; Das Kulturideal des Liberalismus, 1947; Die Ordnung der Wirtschaft, 1948; Maß und Mitte, 1950; Internationale Ordnung — heute, 1954; Jenseits von Angebot und Nachfrage, 1962²; Wirrnis und Wahrheit, 1962; Wort und Wirkung, 1964; Fronten der Freiheit (Auswahl), 1965.

Roretz, Karl von, 1881—1967: österreichischer Philosoph, der sich vom Standpunkt eines (gleicherweise empirisch-wissenschaftlich wie „kritizistisch" fundierten) kritischen (!) Positivismus und Fiktionalismus aus mit allen Grundproblemen der Philosophie in origineller Weise auseinandersetzt; sein Hauptinteresse gilt der Erkenntniskritik, kulturpsychologischen und kulturphilosophischen Problemen und der Philosophiegeschichte der Neuzeit. R. lehnt jede Art von Dogmatismus und haltloser metaphysischer Spekulation ab; strenge Wissenschaftlichkeit, kritische Besinnung, skeptische Rationalität, intellektuelle Redlichkeit und liberale Freisinnigkeit sind die Grundzüge seines an Kant, Goethe und Nietzsche orientierten Denkens. Er hat die von ihm so benannten ↗ „Vitalbegriffe" entdeckt und auch die ästhetische Forschung z. B. durch eine Untersuchung der von ihm so bezeichneten ↗ „gedankenästhetischen" Werte bereichert. Als Kulturpsychologen interessieren ihn vor allem seelische Massenerscheinungen (Massenerkrankungen) in Religion, Politik, Wirtschaft, Kunst, Mode und Sport, als Kulturphilosoph fühlt er sich besonders Nietzsche verbunden. Größte Sympathie empfindet er für die „panästhetische" Weltauffassung (im Gefolge von Jules de Gaultiers ästhetizistisch-illusionistischen ↗ „Bovarismus"), der zufolge sich die ästhetische Perspektive der Wirklichkeitsbetrachtung als eine universell brauchbare und biologisch optimale erweist. Als Ethiker ist R. überzeugter Humanist und Demokrat, bekennt er sich vorbehaltlos zu den Idealen: Menschlichkeit, Toleranz und Geistesfreiheit als Postulaten „ethischer Kultur". — Hptw.: Diderots Weltanschauung, 1914; Bedingt der Weltkrieg eine Umgestaltung unserer Weltanschauung?, 1916; Zur Analyse von Kants Philosophie des Organischen, 1922; Religiöse Epidemien, 1925; Die Lebensauffassung des Rinascimento, 1926; Die Metaphysik — eine Fiktion!, 1927; Was ist Wirklichkeit?, 1933; An den Quellen unseres Denkens (Studien zur Morphologie der Erkenntnis und Forschung), 1937. Ziele und Wege philosophischen Denkens (hrsg. von F. Austeda), 1976. – ↗ Ästhetizismus, Ephemér (– im erstgenannten Hptw.), Ethik, Ethische Bewegung, Gott; Eisler, Jodl.

Karl von Roretz

Roscelinus, Johannes, um 1100; französischer Frühscholastiker, nominalistischer Sprachkritiker, der als arianischer Tritheist verdammt wurde.

Rossi-Landi, Ferruccio, geb. 1921: italienischer Philosoph, der sich um die Grundlegung einer marxistischen Semiotik bemüht, indem er die Sprache als eine Erscheinung der menschlichen Produktion überhaupt zu verstehen sucht. — Hptw. (dt.): Dialektik und Entfremdung in der Sprache, 1973; Sprache als Arbeit und als Markt, 1974; Semiotik, Ästhetik und Ideologie, 1976. – Ital.: L'Ideologia, 1978.

Rossmann, Kurt, geb. 1909: deutscher Philosophiehistoriker und Geschichtsphilosoph. – Hptw.: Wissenschaft, Ethik und Politik, 1949; Deutsche Geschichtsphilosophie, 1959, 1969³; Die Idee der Universität (mit K. Jaspers), 1961.

Rothacker, Erich, 1888—1965: von Dilthey beeinflußter deutscher Psychologe und Philosoph, der die Voraussetzungen der geisteswissenschaftlichen Erkenntnismethode und die Grundlagen der Weltanschauungsphilosophie kritisch untersucht und eine ontologische Schichtentheorie der „Persönlichkeit" aufzubauen versucht. — Hptw.: Einleitung in die Geisteswissenschaften, 1920, 1930²; Logik und Systematik der Geisteswissenschaften, 1926, 1965⁴; Geschichtsphilosophie, 1933; Die Schichten der Persönlichkeit, 1938, 1952⁵; Probleme der Kulturanthropologie, 1942, 1948²; Mensch und Geschichte (Studien zur Anthropologie und Wissenschaftsgeschichte), 1944, 1950²; Heitere Erinnerungen, 1963; Philosophische Anthropologie, 1964, 1980⁴; Zur Genealogie des menschlichen Bewußtseins, 1966; Gedanken über Heidegger, 1973.

Rougier, Louis, 1889–1982: französischer Philosoph, der als Erkenntnistheoretiker dem Neopositivismus nahesteht. – Hptw.: Les Paralogismes du Rationalisme, 1920; La Structure des Théories déductives, 1921; La Matière et l'Énergie, 1921; La Scolastique et le Thomisme, 1925; Celse ou le Conflict de la Civilisation antique et du Christianisme primitif, 1926; Les Mystiques politiques et leurs Incidences internationales, 1935; Créance morale de la France, 1946; Les Mystiques économiques, 1950²; Traité de la Connaissance, 1955; La Métaphysique et le Langage, 1960; L'Erreur de la Démocratie française, 1963; Le Génie de l'Occident (Essai sur la Formation d'une Mentalité), 1969; La genèse des Dogmes chrétiens, 1972; La Conflit du Christianisme primitif et de la Civilisation antique, 1974; Du Paradis à l'Utopie, 1979.

Rousseau, Jean-Jacques, 1712—1778: französischer Philosoph (aus Genf), der vor allem am Rationalismus seiner Zeit Kritik übt und gegenüber der Überschätzung der Macht der Vernunft durch die Aufklärer die Forderung erhebt, die Gefühlskultur nicht zu vernachlässigen. Dem Kulturfortschritt der Menschheit steht R. skeptisch gegenüber, er preist den Naturmenschen im Gegensatz zum Kulturmenschen und ruft warnend: „Zurück zur Natur!" Das Fundament des Staates erblickt R. im widerruflichen „Gesellschaftsvertrag" zwischen Volk und Herrscher. In seiner Religionsphilosophie bekennt sich R. zum Deismus, indem er Mythos und Ritus ablehnt und kritisiert; er glaubt aber doch an die Möglichkeit, der Existenz eines persönlichen Gottes im gefühlsmäßigen religiösen Erleben innezuwerden, wenn Gott auch rational unfaßbar bleibt. — Hptw.: Discours sur les sciences et les arts, 1750; Discours sur l'origine et les fondements de l'inégalité parmi les hommes, 1754; Émile ou de l'éducation (— enthält sowohl R.s Erziehungslehre als auch seine Religionsphilosophie: Profession de foi du Vicaire Savoyard, Glaubensbekenntnis des Savoyischen Vikars), 1762; Du contrat social, 1762; Confessions, 1782 — Neue deutsche Ausgabe: Politische Ökonomie, 1977 (1755 in der „Enzyklopädie" erschienener Artikel). — ↗ Ayer, Fetscher.

Jean-Jacques Rousseau

Roux, Wilhelm, 1850—1924: deutscher Anatom und Biologe, Begründer der „Entwicklungsmechanik" (einer Kausalmorphologie, d. h. kausalen und analytischen Erforschung der organischen Formen und ihrer Entwicklung), derzufolge die Lebewesen auf sehr langem Wege durch Erhaltung der dauerfähigen Bildungen entstandene Selbsterhaltungs-, Selbstvermehrungs- und Selbstregulationsmaschinen sind, allerdings keine psychogenen (wie die vom Menschen geschaffenen), sondern zunächst chaogene, dann autogene. R. ist Kausalist, Biomechanist und Gegner der Vitalisten („Entelechetiker", die sich einer metaphysisch-mystifizierenden Argumentation bedienen). — Hptw.: Über die Leistungsfähigkeit der Prinzipien der Deszendenzlehre, 1880; Der Kampf der Teile im Organismus, 1881; Gesammelte Abhandlungen über Entwicklungsmechanik, ein neuer Zweig der biologischen Wissenschaft, 1905; Über kausale und konditionale Weltanschauung und deren Stellung zur Entwicklungsmechanik, 1913; Die Selbstregulation, ein charakteristisches und nicht notwendig vitalistisches Vermögen aller Lebewesen, 1914.

Royce, Josiah, 1855—1916: nordamerikanischer Philosoph, der im Anschluß an den nachkantischen deutschen Idealismus (vor allem Hegels) einen theistischen Spiritualismus und idealistischen Personalismus lehrt, dem zufolge das Bewußtsein ein individuelles „Teilmoment" des allumfassenden absoluten Geistes ist. — Hptw.: The Religious Aspect of Philosophy, 1885; The Spirit of Modern Philosophy, 1892; The Conception of God, 1897; The World and the Individual, 2 Bde., 1900—1902; Problem of Truth, 1908; The Sources of Religious Insight, 1912; The Problem of Christ, 1913; Lectures on Modern Idealism, 1918.

Ruggiero, Guido de, 1888—1948: italienischer Philosophiehistoriker, Idealist. — Hptw.: La filosofia contemporanea, 1912, 1920²; La scienza come esperienza assoluta, 1913; Storia della filosofia, 1930, 1948⁴; Geschichte des Liberalismus in Europa, 1930; Filosofi del Novecento, 1933, 1946³, dt. 1949 (Philosophische Strömungen des 20. Jhdts.); Il ritorno alla ragione, 1946.

Ruskin, John, 1819—1900: englischer Kunst- und Sozialphilosoph, der sich zu einem ästhetisierenden Pantheismus bekennt und einen engen Zusammenhang zwischen den drei Grundwerten (Schönheit, Wahrheit und Güte) annimmt. Als Sozialreformer bekämpft R. den Mammonismus. — Hptw. (neben vielen anderen kunsthistorischen und kunsttheoretischen Werken): The Stones of Venice, 3 Bde., 1851—1853, dt. 1900; The Political Economy of Art, 1857; Unto This Last, 1860; Time and Tide, 1867; Fors Clavigera, 8 Bde., 1871—1884; Munera Pulveris, 1872.

Russell, Bertrand, 1872—1970: englischer Mathematiker (— um die Jahrhundertwende die Antinomien der Mengenlehre formuliert —), Logiker, Erkenntnistheoreti-

Bertrand Russell

...ker, Natur- und Kulturphilosoph (Nobelpreis für Literatur: 1950), der logistisch-positivistische und neurealistische Gedankenfolgen kombiniert. Im Gegensatz zu den Metaphysikern unter den Neurealisten lehnt er es ab, aus dem realistischen Denkansatz metaphysische Folgerungen zu ziehen; er gibt vielmehr dem Neurealismus eine empiristische Wendung (— der menschliche Geist „entdeckt" die Wirklichkeit, „erzeugt" sie jedoch nicht, wie z. B. die Deutschen Idealisten meinten —). R. meint, daß es kein verläßliches Kriterium der Wahrheit gebe: er ist Fallibilist; sein erkenntnistheoretischer Standpunkt wird auch als „Logischer Atomismus" (dem zufolge die Welt aus „Sinnesdaten" besteht, die durch den Denkprozeß verbunden werden), seine wirklichkeitstheoretische Auffassung als Neutralmonismus bezeichnet. Als moderner Aufklärer im besten Sinn des Wortes übt R. an der Metaphysik und am Mystizismus Kritik; als Kulturphilosoph fordert er eine Verdrängung der Besitzimpulse und Akzentuierung der schöpferischen Impulse sowie das Bekenntnis zu den Idealen: Toleranz, Weltfriede, Demokratie und Sozialismus. — Hptw.: Principia Mathematica (Mit Whitehead), 1910—1913, 1925—1927[2]; The Problems of Philosophy, 1912, 1948[20]; dt. 1926, 1969[3]; Our Knowledge of the External World, 1914, dt. 1926; Introduction to Mathematical Philosophy, 1919, 1963[11], dt. 1923; The Analysis of Mind, 1921, 1962[8], dt. 1927; The Prospects of Industrial Civilization, 1923, dt. 1928; The Analysis of Matter, 1927; The ABC of Relativity, 1925, dt. 1928; Mensch und Welt, 1930; The Scientific Outlook, 1931, 1949[2], dt. 1953 (Das naturwissenschaftliche Zeitalter); Power. A New Social Analysis, 1938, dt. 1947, 1973[2] (Macht); An Inquiry into Meaning and Truth, 1940, 1967[7]; A History of Western Philosophy, 1946, 1965[9], dt. 1950; Physics and Experience, 1946, dt. 1948; Religion and Science, 1947; Human Knowledge: Its Scope and Limits 1948, 1967[5], dt. 1952; Authority and the Individual, 1949, Dictionary of Mind, Matter and Morals, 1952; Human Society in Ethics and Politics, 1954, 1963[3], dt. 1956 (Dennoch siegt die Vernunft). Weitere deutsche Ausgaben: Ehe und Moral, 1951; Mystik und Logik, 1952; Lob des Müßiggangs, 1957; Warum ich kein Christ bin, 1963; Skepsis, 1964; Wege zur Freiheit (Sozialismus, Anarchismus, Syndikalismus), 1971; Autobiographie, 1971; Moral und Politik, 1972; Philosophie (Die Entwicklung meines Denkens), 1973; Erziehung ohne Dogma, 1974; Philosophie des Abendlandes (im Zusammenhang mit der politischen und sozialen Entwicklung), 1975 (in einem Band); R. B. sagt seine Meinung, 1976; Eroberung des Glücks (Neue Wege zu einer besseren Lebensgestaltung), 1977; Die Philosophie des Logischen Atomismus (Aufsätze zur Logik und Erkenntnistheorie 1908—1918), 1979. – ↗Chomsky, Edwards, Frege; Tod.

Ryle, Gilbert, geb. 1900: englischer Erkenntnistheoretiker, um eine „sprachanalytische Entmythologisierung des Geistes" bemüht. – Hptw.: The Concept of Mind, 1949, dt. 1969 (Der Begriff des Geistes); Dilemmas, 1954, dt. 1970 (Begriffskonflikte); Plato's Progress, 1966; On Thinking, 1979. – ↗Ordinary-Language-Philosophy; Toulmin.

S

S: in der Logik Bezeichnung für den Subjektsbegriff einer Aussage.

Sabatier, Auguste, 1858—1901: französischer (protestantischer) Theologe, der vom Standpunkt eines modernistischen (religionsphilosophischen) Symbolismus aus in den religiösen Wahrheiten nur mythologisch-symbolische Umschreibungen für ethische Forderungen und den Wert der Religion in ihrem ethischen Gehalt erblickt. — Hptw.: Esquisse d'une philosophie de la religion, 1897, dt. 1898.

Sabellius: Theologe in der ersten Hälfte des 3. Jhdts., Monarchianer (Modalist). Sein Standpunkt: Sabellianismus (Patripassianismus), im Gegensatz zur Trinitätslehre die Auffassung, daß es nur einen Gott gibt, der in dreifacher Weise (als Weltschöpfer, Sohn und Heiliger Geist) erscheint.

Andrej Dimitrijewitsch Sacharow

Sacharow, Andrej Dimitrijewitsch, geb. 1921: russischer Atomwissenschaftler, Regimekritiker und Entspannungs-Politologe (Friedensnobelpreis 1975), 1980 nach Gorki verbannt, 1986 freigelassen. — Hptw. (dt.): Furcht und Hoffnung — Neue Schriften bis Gorki 1980, 1980; Furcht und Hoffnung — Kampf für Freiheit und Menschenrechte, 1983; Den Frieden retten! (Ausgewählte Aufsätze, Briefe, Aufrufe 1978—1983), 1983.

Sache: bei ↗Stern W. (im Kritischen Personalismus) der Gegenbegriff zu Person.

Sachsse, Hans, geb. 1906: deutscher Biologe und Philosoph, der auf eine weitere Vermehrung des Wissens eher verzichten will. — Hptw.: Naturerkenntnis und Wirklichkeit, 1967; Die Erkenntnis des Lebendigen, 1968; Einführung in die Kybernetik, 1971; Technik und Verantwortung (Probleme der Ethik im technischen Zeitalter), 1972; Anthropologie der Technik, 1978; Was ist Sozialismus? — Zur Naturphilosophie der Gesellschaft, 1979; Kausalität — Gesetzlichkeit — Wahrscheinlichkeit (Die Geschichte von Grundkategorien zur Auseinandersetzung des Menschen mit der Welt), 1979; Ökologische Philosophie, 1984. — Hrsg.: Technik und Gesellschaft, 1976.

Sacrificium intellectus: „Opferung des Verstandes", d. h. Verzicht auf selbständiges Denken und eigene Einsicht.

Saint-Simon (Claude Henri de Rouvroy), 1760—1825: französischer Hauptrepräsentant des technokratischen Industrialismus („Alles für und durch die Industrie!") und des utopischen Sozialismus. — Hptw.: Réorganisation de la société européenne, 1814; L'organisateur, 1820; Catéchisme des industriels, 1823; Nouveau christianisme, 1825, dt. 1911 (neues Christentum).

Salamun, Kurt, geb. 1940: österreichischer Philosoph, besonders an Fragen der Ideologiekritik und der Philosophie der Politik interessiert. — Hptw.: Ideologie — Herrschaft des Vorurteils, 1972 (mit E. Topitsch); Ideologie — Wissenschaft — Politik (Sozialphilosophische Studien), 1975; Karl Jaspers, 1985.

Salin, Edgar, 1892—1974: deutscher Staatswissenschaftler, Nationalökonom, Historiker und Philosoph (zuletzt in Basel). — Hptw.: Geschichte der Volkswirtschaftslehre, 1923; Jakob Burckhardt und Nietzsche, 1937, 1948².

Saltus in concludendo (probando): Sprung im Schließen (Beweisen), ein Schluß- und Beweisfehler, der dann vorliegt, wenn der Schluß oder der Beweis nicht stetig fortschreitet, wenn also notwendige Zwischenglieder ausgelassen werden.

Sâmkhyam (Sankhya): eine der Hauptströmungen der indischen Philosophie, eines der orthodoxen Systeme des Brahmaismus, Grundlage des ↗Yoga-Systems, mystisch-pessimistisch-dualistischer Realismus, zentriert um den Gegensatz von ↗Purusa (Geist) und ↗Prakrti (Materie). — ↗Kapila.

Samsara (Sansara): in der indischen Philosophie die Bezeichnung für den ewigen Kreislauf des Weltgeschehens und Lebens (von Geburt zu Tod und neuer Geburt). Dieser ewigen Wiedergeburt zu entrinnen, gelingt nach buddhistischer Auffassung durch Abtötung des Willens zum Leben und freiwillige Einkehr ins ↗Nirwana. — ↗Buddha.

Sanchez, Francisco, 1552—1632: (in Portugal geborener) französischer Skeptiker, der an der Scholastik und am Aristotelismus Kritik übt. — Hptw.: Quod nihil scitur, 1581.

George Santayana

Santayana, George, 1863—1952: philosophischer Schriftsteller spanischer Herkunft und amerikanischer Nationalität, der im Sinne eines romantisierenden Platonismus einen Vermittlungsstandpunkt zwischen metaphysischem Idealismus und Realismus einnimmt, indem er die „wahre Realität" in einem „Gewebe von Wesenheiten" erblickt, an deren Existenz er intuitiv glaubt, die er jedoch für unerkennbar hält; auch von den Gegenständen der Erfahrungswelt lassen sich seiner Auffassung nach nur perspektivisch verzerrte und daher nur relativ gültige Bilder gewinnen. — Hptw.: The Life of Reason, or the Phasis of Human Progress: Reason in Commonsense, in Society, in Religion, in Art, in Science, 5 Bde., 1905/06, 1922², einbändige Ausgabe 1951; Realms of Being, I: The Realm of Essence, 1928; II: The Realm of Matter, 1930; III: The Realm of Truth, 1938; IV: The Realm of Spirit, 1940; V: The Realm of Being, 1945; Persons and Places (The Background of My Life), 1944; Atoms of Thought, 1950. — ↗Geschichte.

Sapere aude: wage es, verständig (weise) zu sein (Ausspruch des Horaz)! — Nach ↗Kant der Wahlspruch der Aufklärung: Habe Mut, dich deines eigenen Verstandes zu bedienen. Habe Mut zu denken!

SAR: Subordination — Autorität — Relation; von Erwin Stransky eingeführter Terminus.

Sarpi, Pietro, 1552—1623: italienischer Serviten-Mönch, von seinen Zeitgenossen Fra Paolo genannt, 1579 Provinzial des Servitenordens für die Ordensprovinz Venedig, dessen politischer Berater er wurde, Theologe, Humanist, der gesagt hat: „Ich spreche nie eine Lüge aus, aber ich sage nicht jedermann die Wahrheit". S. hat die maßgebende Geschichte des Konzils von Trient geschrieben (1619), Galilei bei der Konstruktion des Fernrohrs geholfen, als erster die Ausdehnung der Uvea im Auge festgestellt und wahrscheinlich die Funktion der Ventilklappen der Blutgefäße entdeckt. S. war Autorität auf dem Gebiet des Magnetismus. Mit seiner Abhandlung „Über das menschliche Wissen" hat er die Philosophie Lockes vorweggenommen. S. wandte sich gegen die territorialen Bestrebungen und Gebietsansprüche des Vatikans; seine Bücher wurden von der Kirche auf den Index gesetzt.

Jean-Paul Sartre

Sartre, Jean-Paul, 1905–1980 (Nobelpreisträger; Blutsverwandter Albert Schweitzers): französischer Dichter (Roman: Der Ekel; Dramen: Die Fliegen; Die schmutzigen Hände; Bei geschlossenen Türen; Der Teufel und der liebe Gott; Die ehrbare Dirne; Tote ohne Begräbnis; Die Eingeschlossenen; u. a.), Schriftsteller (Herausgeber der Monatsschrift: Les Temps Modernes), Philosoph, linksorientierter (z. B. mit dem chinesischen Kommunismus sympathisierender) Hauptrepräsentant eines atheistischen Existentialismus, der einen Vorrang der Existenz gegenüber dem Wissen statuiert, den Menschen als Für-sich der Freiheit betrachtet, das sich nie zum An-und-für-sich vollenden kann (– wobei er mit besonderem Nachdruck die Idee des Scheiterns – im Hinblick auf ein absolutes Ziel – akzentuiert –), den ↗Existentialismus als Humanismus konzipiert und seine Gedankenwelt im Spannungsfeld des Einflusses von Husserl und Heidegger einerseits und von Hegel und Marx anderseits aufbaut. – Seine zuletzt bekundeten Sympathien für den Terrorismus sind wohl nur aus einer partiellen Senilität zu erklären. – Philosophische Hptw.: La transcendance de l'égo, 1936, dt. 1964 (Die Transzendenz des Ego); L'imaginaire, 1940, 1960², dt. 1971 (Das Imaginäre. Phänomenologische Psychologie der Einbildungskraft); L'être et le néant, 1943, 1947[13], dt. (in Auswahl) 1952 (Das Sein und das Nichts. Versuch einer phänomenologischen Ontologie); L'existentialisme est un humanisme, 1946, dt. (Ist der Existentialismus ein Humanismus?) 1947, Situations, 7 Bde., 1947–1965, dt. 1965 (Auswahl); Critique de la raison dialectique, 1960, dt. 1967 (Kritik der dialektischen Vernunft); L'idiot de la famille, 2 Bde., 1971 (– über Flaubert und die Bewußtseinsstrukturen des bürgerlichen Zeitalters –). Autobiographisches Werk: Les Mots. – Weitere deutsche Ausgaben: Materialismus und Revolution, 1950; Was ist Literatur?, 1958; Marxismus und Existentialismus (Versuch einer Methodik), 1964; Die Wörter, 1965; Der Intellektuelle und die Revolution, 1971; Mai '68 und die Folgen (Reden, Interviews, Aufsätze), 1975; Der Idiot der Familie (Gustave Flaubert 1821–1857), 1977 ff.; Was kann Literatur? (Interviews, Reden, Texte 1960–1976), 1979; Mythos und Realität des Theaters (Schriften zu Theater und Film 1931–1970), 1979; Paris unter der Besatzung (Artikel und Reportagen 1944–1945), 1980; Mallarmés Engagement, 1983; Tagebücher (XI/39–III/40), 1984; Die letzte Chance, 1985. – ⌐Anders, Aron, Beauvoir, Eliade, Holz H. H., Schaff, Stern A.; Eros, Tod.

Satire (vom lat. sátura, etwa: „bunte Fülle"): spöttische Kritik durch Ironie und Übertreibung; von freien, kritischen Köpfen (z. B. Brecht, Heine, Karl Kraus, Swift, Tucholsky) bevorzugte Literaturgattung: die intellektuellste Form der Dichtung, von der Karl Kraus sagt: „Die Satire darf die kleine Nase zum Knopf, die große zur Gurke machen". — ⌐Ironie; Haecker, Lichtenberg, Lukian, Richter, Voltaire.

Satyagraha: „Kraft der Seele", von ⌐Gandhi gepredigter „gewaltloser Widerstand" („S. kennt keine Furcht, darum fürchtet sie sich auch nicht, dem Gegner zu vertrauen. Und hat er sie zwanzigmal betrogen, so vertraut sie ihm zum einundzwanzigsten Mal. Das Wesen dieses Glaubens ist nämlich ein unverwüstliches Vertrauen in die menschliche Natur").

Satz: ⌐Aussage, Urteil. — Zu den auch so bezeichneten logischen Axiomen: ⌐A = A (Satz der Identität, principium identitatis), ⌐A ≠ Nicht A (Satz des Widerspruchs, principium contradictionis), ⌐ausgeschlossenes Drittes (Satz vom ausgeschlossenen Dritten, principium exclusi tertii), ⌐Grund (Satz vom zureichenden Grunde, principium rationis sufficientis). — ⌐Bewußtsein (Satz des Bewußtseins).

Satzfunktion: in der modernen Logik Bezeichnung für ein Satz-Schema, für einen unvollständigen Satz mit Leerstellen (Variablen). Eine Satzfunktion mit einer Leerstelle (fx) stellt eine Eigenschaft dar (Eigenschaft f von x) und heißt „Begriff". Ein Klassenbegriff wird somit hinsichtlich seines Umfanges durch eine Satzfunktion (fx) dargestellt, d. h. durch einen Satz mit diesem Begriff als Prädikat und einer Leerstelle (Variable x), z. B. „x ist schön"; die Summe alles dessen, was sich in diese Leerstelle einsetzen läßt, ergibt den Umfang jenes Begriffes (Klasse der unter jenen Begriff fallenden Gegenstände, z. B. alles „Schöne"). Allgemeine Aussagen werden durch eine „All-Operator" (x) gekennzeichnet: [(x) fx], d. h. für jedes x gilt: x hat die Eigenschaft f. — Satzfunktionen mit mehreren Variablen stellen Beziehungen (Relationen) dar: ⌐Relation.

Saudade (port.): Vagabundierende Sehnsucht, leise Resignation, ⌐Fatalismus.

Girolamo Savonarola

Savonarola, Girolamo, 1452–1498 (als Ketzer gehängt und verbrannt): Florentiner Dominikanermönch, der eine gegen das kirchliche Regiment gerichtete Theokratie (Diktatur Gottes) errichten wollte. – ⌐Herrmann.

Satornil (lat. Saturnius), um 130 n. Chr.: ⌐Gnostiker.

Schaff, Adam, geb. 1913: polnischer Marxist, der die „Entfremdung" des Menschen als soziales Phänomen erfaßt und sich um eine „Renaissance" marxistischer Philosophie durch deren Entmythologisierung bemüht. Als „Revisionist" aus der „Polnischen Vereinigten Arbeiterpartei", der KP Polens, ausgeschlossen. – Hptw.: Marx oder Sartre? Versuch einer Philosophie des Menschen, 1964; Sprache und Erkenntnis, 1964; Marxismus und das menschliche Individuum, 1966; Einführung in die Semantik, 1966, 1973²; Essays über die Philosophie der Sprache, 1968; Geschichte und Wahrheit, 1970; Theorie der Wahrheit, 1971; Strukturalismus und Marxismus (Essays), 1974; Humanismus – Sprachphilosophie – Erkenntnistheorie des Marxismus, 1975; Stereotypen und das menschliche Handeln, 1980; Die kommunistische Bewegung am Scheideweg, 1982; Polen heute, 1984; Wohin führt der Weg?, 1985; Perspektiven des modernen Sozialismus, 1988.

Adam Schaff

Schapp, Wilhelm, 1884–1965: deutscher Jurist, Phänomenologe. – Hptw.: Beiträge zur Phänomenologie der Wahrnehmung, 1910, 1976²; Die neue Wissenschaft vom Recht (Eine phänomenologische Untersuchung), 2 Bde. (I: Der Vertrag als Vorgegebenheit; II: Wert, Werk und Eigentum), 1930/1932; Das Reichserbhofrecht, 1934; In Geschichten verstrickt (Zum Sein von Mensch und Ding), 1953, 1985³; Philosophie der Geschichten, 1959, 1981²; Zur Metaphysik des Muttertums, 1965.

Schaxel, Julius, 1887–1943: deutscher Zoologe, engagierter Marxist, der den Neovitalismus scharf bekämpft. – Hptw.: Grundzüge der Theorienbildung in der Biologie, 1919, 1922²; Über die Darstellung allgemeiner Biologie, 1919; Untersuchungen über die Formbildung der Tiere, 2 Teile, 1921/22; Menschen der Zukunft, 1929; Das Weltbild der Gegenwart und seine gesellschaftlichen Grundlagen, 1932. – Herausgeber der „Abhandlungen zur theoretischen Biologie" (1919 ff.).

Scheffler, (August Christian Wilhelm) Hermann, 1820–1903: deutscher Mathematiker und Physiker, von Kant beeinflußter Wissenschaftstheoretiker und Naturphilosoph. Hptw.: Über das Verhältnis der Arithmetik zur Geometrie, 1846; Körper und Geist, 1862; Die Naturgesetze und ihr Zusammenhang mit den Prinzipien der abstrakten Wissenschaften, 1876 ff.; Die Welt nach menschlicher Auffassung, 1885; Grundlagen der Wissenschaft, 1889; Die Äquivalenz der Naturkräfte und das Energiegesetz als Weltgesetz, 1893; Das Wesen der Mathematik, 1895/96; Die erkennbaren und unerkennbaren Weltvermögen, 1900.

Scheffler, Johannes: ↗Angelus Silesius.

Scheinprobleme: im ↗Wiener Kreis (↗Carnap) übliche Bezeichnung für metaphysische Probleme, jedoch nicht, wie allgemein angenommen, im Wiener Kreis konzipiert, sondern bereits bei ↗Ostwald und ↗Schultz (1909). — Analog: „Scheinbegriffe" (metaphysische Begriffe, ↗Mythologeme).

Max Scheler

Scheler, Max, 1874—1928: deutscher Metaphysiker (von Husserl beeinflußt), der sich ursprünglich zum Theismus, später unter dem Einfluß Bergsons zum Pantheismus und schließlich sogar zum Atheismus als einem Postulat der sittlichen Freiheit und Verantwortung bekennt. Sch. fordert die Identifikation des Gottes der Religionen mit dem metaphysischen Weltgrund und faßt Gott als absolut-aktuelles Sein und als ideales Endziel des göttlichen Werdeprozesses auf, das dadurch erreicht wird, daß die Welt der vollkommene Leib Gottes wird. Der Mensch ist nach Sch. „zu Gott bestimmt" und kann und soll direkten und unmittelbaren Kontakt mit ihm gewinnen und des Daseins Gottes in unmittelbarer Schau gewiß werden; die Menschheitsgeschichte ist in das Werden Gottes hineinverflochten, so daß Gott durch den Menschen mitverwirklicht wird und der Mensch dadurch zugleich zum gottverbundenen und gott-geistbezogenen Menschen wird. Als Wertmetaphysiker glaubt Sch. an die Existenz objektiver (absolut gültiger) Werte (unter besonderer Akzentuierung des religiösen Wertes) und meint, diese an sich bestehenden Wertqualitäten ebenso wie die absolute Rangordnung der Werte emotional-intuitiv erfassen zu können. Wohin sich eine solche Werterschließung durch „Wesensschau" versteigen kann, zeigt Sch.s Deutung des Krieges als Ausdruck christlicher Liebesmoral. Aus seiner personalistischen Auffassung, der zufolge die Person als „Akt-Zentrum" (d. h. als Mittelpunkt ihrer auf andere Personen gerichteten Tätigkeiten) betrachtet werden muß, folgert Sch. den Solidarismus, indem er aus der Verbundenheit der Menschen die Verpflichtung zur Mitverantwortung (für den Mitmenschen) ableitet. Gegenüber dem Rationalismus fordert Sch. eine „Trieb-Revolte" gegen die übersteigerte Intellektualität des modernen Menschen; er hofft auf eine Rehabilitierung der „Lebenswerte" und einen harmonischen Ausgleich zwischen Trieb (Sinnlichkeit) und Geist (Idee). Als Wissenssoziologe unterscheidet Sch. mehrere Wissensformen (Herrschafts-, Bildungs-, Heils- und Leistungswissen), wobei er versucht, ihre soziologischen Grundlagen aufzudecken; von dieser Basis aus übt Sch. „Weltanschauungskritik". Die künftige Entwicklung der Menschheit beurteilt Sch. eher pessimistisch. — Sch. gilt als „Vater" der modernen Philosophischen Anthropologie. — Auch als Antipazifist ist er hervorgetreten. — Hptw.: Die transzendentale und die psychologische Methode, 1900; Vom Umsturz der Werte (Abhandlungen und Aufsätze), 2 Bde., 1915, 1972³; Der Genius des Krieges und der deutsche Krieg, 1915, 1917⁶; Krieg und Aufbau, 1916; Der Formalismus in der Ethik und die materiale Wertethik, 1913/16, 1966⁵; Vom Ewigen im Menschen, 1921, 1968⁵; Schriften zur Soziologie und Weltanschauungslehre, 1923; Wesen und Formen der Sympathie, 1923, 1974²; Versuche zu einer Soziologie des Wissens, 1924; Die Formen des Wissens und die Bildung, 1925; Die Wissensformen und die Gesellschaft, 1926, 1960²; Die Stellung des Menschen im Kosmos, 1928, 1966⁷; Mensch und Geschichte, 1929; Philosophische Weltanschauung, 1929, 1968³; Die Idee des Friedens und der Pazifismus, 1931, 1974²; Logik, 1976; Erkenntnis und Arbeit (hrsg. v. M. S. Frings), 1977; Das Ressentiment im Aufbau der Moralen (hrsg. v. M. S. Frings), 1978; Politisch-Pädagogische Schriften, 1982. – Gesammelte Werke, 13 Bde., 1954 ff. ↗Wert (sowie die dort folgenden sechs Artikel); Kanthack; Landsberg.

Schelling, Friedrich Wilhelm Joseph, 1775 bis 1854: deutscher Nachkantianer, romantisierender Metaphysiker, Schöpfer eines ästhetisierenden Pantheismus, der im Sinne eines modernen Platonismus eine idealistische Identitätsphilosophie lehrt, der zufolge eine Wesensidentität von Natur und Geist (natura naturans und Logos) besteht; dem von Sch. konzipierten Identitätssystem gemäß lösen sich die in der Wirklichkeit vorhandenen Gegensätze von Geist und Natur, von Subjekt und Objekt, im Absoluten auf; die absolute Identität von Realem und Idealem (Objekt und Subjekt) ist das Lebendige, Ewige, das in der „intellektuellen Anschauung" unmittelbar erfaßt werden kann. Sch.s romantische Naturphilosophie ist ein Musterbeispiel spekulativer Naturmetaphysik („die Natur ist der sichtbare Geist, der Geist die unsichtbare Natur"); in der zweiten (religionsphilosophischen) Periode seines Schaffens orientierte sich Sch. an Platon, Bruno und Böhme; zuletzt wandte er sich der (von ihm so bezeichneten) „positiven" Philosophie zu (dem Offenbarungsglauben und der Mystik). — Hptw.: Ideen zu einer Philosophie der Natur, 1797; Von der Weltseele, 1798; System des transzendentalen Idealismus, 1800; Über das Wesen der menschlichen Freiheit, 1809; Philosophie der Mythologie und Philosophie der Offenbarung (in der Gesamtausgabe seiner Werke in 14 Bänden, 1856—1861, in 6 Bänden, 1927–1928); Das Tagebuch 1848 (Philosophie und Mythologie der demokratischen Revolution), 1987. – ↗Barion, Bonaventura, Gutmann, Heidegger, Holz H., Jaspers, Kerler, Lauth, Marx W., Oeser, Schmied-K., Schröter, Schulz, Steffens; Polarität.

Friedrich Wilhelm Joseph Schelling

Schelsky, Helmut, 1912–1984: deutscher Soziologe, Sprecher der „Neuen Rechten", Kritiker der Linksintellektuellen, Ideologe der politischen „Gegenreformation" und Gegen-Aufklärung, Wortführer des Neokonservatismus, dem zufolge durch die Demokratisierung der Gesellschaft (mehr Demokratie = mehr Konflikte = weniger Rationalität = mehr Herrschaftsansprüche = weniger Sachlichkeit) die

Freiheit erstickt wird, also ein Gegensatz zwischen Demokratisierung (= Unfreiheit) und Freiheit (durch Gewaltenteilung) besteht und der Wohlfahrtsstaat die moderne Form der Sklaverei ist, weshalb es das ständestaatliche Konzept zu verwirklichen gilt (– ursprünglich hatte Sch. eine konträre Position eingenommen: „Sozialistische Lebenshaltung", 1933!). „Neue Formen der Herrschaft" sind nach Sch. „Belehrung, Befreiung, Beplanung"; Blochs „Prinzip Hoffnung" setzt er das „Prinzip Erfahrung" entgegen (Erfahrung contra Hoffnung = Realität contra Illusion!). – Hptw.: Arbeitslosigkeit und Berufsnot der Jugend, 1952; Wandlungen der deutschen Familie in der Gegenwart, 1953, 1960⁴; Soziologie der Sexualität, 1955; Die skeptische Generation, 1957, 1963⁶; Schule und Erziehung in der industriellen Gesellschaft, 1957; Die sozialen Folgen der Automatisierung, 1957; Anpassung oder Widerstand?, 1961; Auf der Suche nach Wirklichkeit, 1965; Systemüberwindung, Demokratisierung und Gewaltenteilung, 1973; Die Arbeit tun die anderen (Klassenkampf und Priesterherrschaft der Intellektuellen), 1975; Der selbständige und der betreute Mensch, 1976; Die Hoffnung Blochs. – Kritik der marxistischen Existenzphilosophie eines Jugendbewegten, 1979; Die Soziologie und das Recht (Abhandlungen und Vorträge zur Soziologie von Recht, Institution und Planung), 1980; Rückblicke eines Anti-Soziologen, 1981; Thomas Hobbes (Eine politische Lehre), 1981; Funktionäre – gefährden sie das Gemeinwohl?, 1982; Politik und Publizität, 1983. – ↗Ideologie; Kaltenbrunner; Neokons.

Helmut Schelsky

Schestow (Chestow), Leo (Leo Isaak Schwarzmann), 1866—1938: russischer (antirationalistischer) Religionsphilosoph (ab 1920 Prof. in Paris). — Hptw.: Shakespeare, 1898; Tolstoi und Nietzsche, 1900, dt. 1923; Dostojewski und Nietzsche, 1903, dt. 1924, 1931²; Potestas clavium, 1923, dt. 1926; Spekulation und Offenbarung, 1963. — ↗Jánoska.

Schichtenontologie: philosophische Lehre ↗N. Hartmanns; Untersuchung der Wesensstruktur der Seins-Schichten. H. geht zunächst empirisch-induktiv vor und versucht sodann, die Beschreibung der Erscheinungen durch eine ontologische Schichtentheorie und Kategorienlehre zu ergänzen; auf diese Weise vermeidet er die Verabsolutierung einzelner Seinsebenen („additive" Wirklichkeitsbetrachtung). — ↗Lersch, Rothacker, Wein, Woltereck.

Schicksal: ↗Amor fati (Nietzsche), Charakter, Fatalismus, Sinn (des Lebens), Willensfreiheit, Zufall; Szondi (Schicksalsanalyse). — „In deiner Brust sind deines Schicksals Sterne" (↗F. Schiller), d. h.: „Du hast kein Schicksal, sondern du bist es"!

Schiller, F. C. S. (Ferdinand Canning Scott), 1864—1937: englischer Pragmatist, der seinen erkenntnistheoretischen (relativistischen) Standpunkt als „Humanismus" bezeichnet (auch Personal-Idealismus genannt) und sich zu einer teleologischen Weltauffassung bekennt. — Hptw.: Riddles of the Sphinx, 1891, 1894²; Humanism, 1903, 1912²; Studies in Humanism, 1907, 1912²; Plato or Protagoras?, 1908; Formal Logic, 1912, 1931²; Problems of Belief, 1924; Tantalus or the Future of Man, 1924 (dt. 1926); Logic for Use, 1929; Must Philosophers Disagree and Other Essays in Popular Philosophy, 1934; Our Human Truths, 1939.

Schiller, Friedrich, 1759—1805: deutscher Klassiker, der in seinen ästhetischen Untersuchungen 1. die Wertprädikate „angenehm", „gut", „erhaben" und „schön" gegeneinander abgrenzt, 2. das Begriffspaar „Anmut" (im engeren Sinn: ästhetisch wirksame Bewegung, im weiteren Sinn: Ausdruck der „schönen Seele", für die ein harmonisches Verhältnis zwischen Sinnlichkeit und Vernunft und zwischen Pflicht und Neigung kennzeichnend ist) und „Würde" (Ausdruck einer heroischen Seele, einer erhabenen Gesinnung und Beherrschung der Sinnlichkeit durch den Geist) und 3. die beiden Grundformen der Dichtkunst analysiert („naive" Dichtung: die Dichter „sind" Natur, z. B. antike Kunst der Begrenzung; „sentimentalische" Dichtung: die Dichter „suchen" die verlorene Natur, z. B. moderne Kunst des Unendlichen) und 4. auf die Bedeutung des „Spieltriebes" (Vermittlung zwischen Empfindung und Denken, zwischen dem sinnlichen Stofftrieb und dem Formtrieb, Verbindung von Leben und Gestalt zu „lebendiger Gestalt": „Der Mensch ist nur da ganz Mensch, wo er spielt") sowie der Freude am „ästhetischen Schein" für die Verwirklichung des Schönheitswertes hinweist, um schließlich die Schönheit als Freiheit in der Erscheinung (z. B. Freiheit der Bewegung) zu definieren. Im übrigen fühlt sich Sch. als Philosoph vor allem Kant verbunden („Du kannst, denn du sollst!"), wenn er auch z. B. den Kantischen Pflichtbegriff ironisiert („Gerne dien' ich den Freunden, doch tu' ich's leider aus Neigung ..."). — Ästhetische Hptschr.: Über den Grund unseres Vergnügens an tragischen Gegenständen, 1792; Über Anmut und Würde, 1793; Über die notwendigen Grenzen beim Gebrauch schöner Formen, 1795; Briefe über die ästhetische Erziehung des Menschen, 1795; Über naive und sentimentalische Dichtung, 1795/96; Über das Erhabene, 1801; Über das Pathetische, 1801; Gedanken über den Gebrauch des Gemeinen und Niedrigen in der Kunst, 1802; außerdem eine Reihe von Gedichten: Die Künstler; Die Ideale; Das Ideal und das Leben u. a. (von Sch.s Bedeutung als Dichter ist hier abgesehen). — Geschichtsphilosophische Antrittsrede: Was heißt und zu welchem Ende studiert man Universalgeschichte?, 1789. — ↗Charakter, Grazie, Jugend, Leben, Schicksal, Sinn; Fischer K., Kühnemann, Nohl, Zimmermann R.

Schilling, Kurt, geb. 1899: deutscher Philosophiehistoriker und Kulturphilosoph. — Hptw.: Aristoteles, 1928; Natur und Wahrheit, 1934: Der Staat, 1935; Geschichte der Philosophie, 2 Bde., 1937, 1951/53²; Platon, 1948; Shakespeare, 1953; Von der Renaissance bis Kant, 1954; Geschichte der sozialen Ideen, 1957, 1966²; Die Kunst, 1961; Weltgeschichte der Philosophie, 1964; Philosophie und Technik, 1968.

Schischkoff, Georgi, geb. 1912: in Bulgarien geborener, nunmehr in der BRD wirkender Philosoph, der die „Zeitschrift für philosophische Forschung" (bis 1977) und den „Philosophischen Literaturanzeiger" herausgegeben sowie die letzten Auflagen des „Philosophischen Wörterbuches" (Kröner, 1982²¹) betreut hat. – Hptw.: Gegenwärtige philosophische Probleme der Mathematik, 1944; Beiträge zur Leibnizforschung, 1947 (Hrsg.); Erschöpfte Kunst oder Kunstformalismus? (Eine anthropologische Untersuchung zur modernen Kunst), 1952; Zur Psychologie der bulgarischen Wiedergeburt im 19. Jhdt., 1958; Die gesteuerte Vermassung, 1964; Kurt Huber als Leibnizforscher, 1966; Peter Beron (1798–1871): Forscherdrang aus dem Glauben an die geschichtliche Sendung der Slawen, 1971. – ↗Schmidt (Philosophisches Wörterbuch).

Schizophrenie: ↗Psychose; Wahle („Mi": erweist sich beim Augentest, der Beobachtung eines gleichmäßig schwingenden Pendels, als gestört).

Schlaf: lebensnotwendige Funktion, vom Stammhirn gesteuert; mehr oder weniger weitgehende Ausschaltung des Bewußtseins (Zentralnervensystems) unter Erhaltung von Bewußtseinsresten durch a) Ermüdung (Abnahme der Arbeitslust und der Leistungsfähigkeit, Nachlassen der Aufmerksamkeit und der Denkfähigkeit sowie Zunahme der Reizbarkeit infolge einer Anhäufung von unvollkommen oxidierten Stoffwechselprodukten, von Milchsäure, Kohlensäure und Eiweißspaltprodukten) und b) Reizabschirmung (Entkleidung, Dunkelheit, Ruhe, Lidschluß; psychische Entspannung, Langeweile, aber auch einschläfernde Wirkung monotoner akustischer Reize). Physiologische Begleiterscheinungen: Reduktion des Stoffwechsels, der sekretorischen Prozesse, der Atemfrequenz, der Herztätigkeit, des Blutdrucks und der Sinneserregbarkeit; Reflexe aufgehoben; die Augen mit kontrahierten Pupillen nach innen und oben gerichtet. Die Dauer des Schlafes hängt von der Schlaftiefe ab: je tiefer der Schlaf, umso kürzer kann er sein; die „Schlafarbeit" (Erholung) wird in diesem Falle schneller erledigt; außerdem hängt die Schlaftiefe auch vom Lebensalter des Schläfers ab. Der Schlaf verläuft in rhythmischen Wiederholungen verschiedener Schlaftiefen. Zwischen den drei bis fünf Tiefschlafphasen liegen ebenso viele Leichtschlafperioden: der REM-Schlaf (entdeckt vom Amerikaner Aserinsky) mit schnellen Augenbewegungen (Rapid Eye Movements) hinter geschlossenen Lidern auf Grund einer stärkeren Durchblutung der Hirnrinde, wobei die Tiefschlafphasen im Laufe der Nacht kürzer, die REM-Schlaf-Perioden hingegen länger werden. Da der REM-Leichtschlaf den höchsten Erholungswert hat, wird er auch als „Paradox-Schlaf" bezeichnet. Die ursprüngliche Gleichsetzung von REM-Schlaf und Träumen mußte inzwischen revidiert werden, wenngleich sich die Träume in den REM-Phasen (irreal, phantastisch, dramatisch, gefühlsstark) von den übrigen Träumen unterscheiden. Die individuellen Differenzen hinsichtlich der Art und Weise des Schlafens sind beträchtlich, doch lassen sich zwei Schläfertypen unterscheiden, nämlich Abendschläfer (größte Schlaftiefe bald nach dem Einschlafen; Morgenarbeiter) und Morgenschläfer (größte Schlaftiefe erst in den Morgenstunden; Abendarbeiter; eine zweite Vertiefungszacke vor dem Aufwachen vor allem bei nervösen Menschen). Neuerdings versucht man, aus den verschiedenen Körperhaltungen während des Schlafes charakterologische Schlüsse zu ziehen. Nicht ganz unwidersprochen blieb die Feststellung, daß während des Schlafes die Einprägearbeit leichter erfolgt, der Vergessensgrad geringer ist als beim Lernen im Wachzustand. Schlafstörungen: Schlafmangel (Erschwerung des Einschlafens oder des Durchschlafens, vorzeitiges Erwachen), qualitativ schlechter Schlaf (Mangel an Erfrischung und Erholung durch den Schlaf). — Entscheidend angeregt wurde die moderne Schlafforschung vor allem durch zwei Erkenntnisse: die Entdeckung des von Economo postulierten Schlafsteuerungszentrums im Zwischenhirn, dessen Existenz (etwas allgemeiner als Region der Schlaf-Wach-Regulation) von Walter R. Hess (Nobelpreis 1949) experimentell nachgewiesen wurde, und die Einführung des Elektro-Encephalogramms (EEG) als wichtigster Untersuchungsmethode der Hirntätigkeit (1924 von Hans Berger gefunden, 1929 publiziert). — Daß dem Schlaf-„Mechanismus" ein Gehirn-„Chemismus" zugrundeliegt, wurde z. B. auch von ↗Wahle angenommen. — Kein Schlaf im hier besprochenen Sinn, sondern ein „automatisches Handeln" ist der „Schlaf mit offenen Augen". — ↗Traum, Zeit.

Schlechta, Karl, 1904–1985: deutscher Philosophiehistoriker, Nietzsche-Philologe und -Herausgeber. – Hauptw.: Goethe in seinem Verhältnis zu Aristoteles, 1938; Erasmus von Rotterdam, 1940, 1949⁴; Goethes Wilhelm Meister, 1953; Nietzsches Großer Mittag, 1954; Der Fall Nietzsche, 1958; Worte ins Ungewisse, 1969.

Friedrich Schlegel

Schlegel, Friedrich, 1772–1829: deutscher Dichter (Romantiker), Kulturhistoriker („der Historiker ist ein rückwärts gekehrter Prophet") und Kulturphilosoph, der an den philosophischen Systemen Kritik übt, indem er sie als symbolischen Ausdruck bestimmter seelisch-geistiger Einstellungen deutet, ihrer relativen Gültigkeit den Katholizismus als überlegenen Standpunkt gegenüberstellt und von dieser Basis aus ein theistisches Weltbild und eine religiös-mystische Lebensphilosophie entwickelt. — Hptw.: Philosophie des Lebens, 1828; Philosophie der Geschichte, 1829; Philosophie der Sprache und des Wortes, 1830. – Neue Ausgabe: Über Goethes Meister – Gespräch über die Poesie, 1985. – ↗Romantische Philosophie, Tod.

Friedrich Ernst Daniel Schleiermacher

Schleiermacher, Friedrich Ernst Daniel, 1768—1834: deutscher protestantischer Theologe und Religionsphilosoph, der das religiöse Erlebnis als ein dem Offenbarungswissen und moralischen Handeln gegenüber selbstständiges Gefühlserlebnis (der „schlechthinnigen Abhängigkeit von Gott") auffaßt, unter „Religion" also das lebendige Bewußtsein unserer absoluten Abhängigkeit und vor allem den individuell ausgeprägten „Sinn und Geschmack für das Unendliche" versteht, Gott als unpersönliche, absolute und unendliche Totalität (in der alle Gegensätze aufgehoben sind und die daher nicht näher bestimmbar ist) denkt, den pantheistischen Gedanken einer lebendigen Einheit von Welt und Gott in den Vordergrund rückt und ↗Unsterblichkeit mit der Werterfüllung des Daseins gleichsetzt („Mitten in der Endlichkeit eins werden mit dem Unendlichen und ewig sein in einem Augenblick"). Als Kulturphilosoph versucht Sch. das Verhältnis der vier Lebensmächte: Staat, Gesellschaft (Wirtschaft), Schule (Wissenschaft) und Kirche näher zu bestimmen, wobei er die Trennung von Kirche und Staat fordert; die Sittlichkeit definiert er als Harmonie von Vernunft und Natur, sie herzustellen, ist oberste ethische Forderung. — Hptw.: Reden über die Religion an die Gebildeten unter ihren Verächtern, 1799; Monologen, 1800; Grundlinien einer Kritik der bisherigen Sittenlehre, 1803; Der christliche Glaube, 1821/22; System der Sittenlehre, 1835 (Nachlaß). – Neuere Ausgaben: Vorlesungen über Ästhetik (1842), 1974;

Aus Schleiermachers Leben. In Briefen. 4 Bde. (1860-63), 1974; Christliche Sittenlehre – Einleitung, 1983; Dialektik (1814/15). Einleitung zur Dialektik (1833), 1987. – ↗Dilthey, Lipsius R. A.; Christentum.

Schlette, Heinz Robert, geb. 1931: deutscher Theologe, Religionswissenschaftler und Religionsphilosoph. — Hptw.: Das Eine und das Andere (Zur Problematik des Negativen in der Metaphysik Plotins), 1966; Aporie und Glaube, 1970; Einführung in das Studium der Religionen, 1971; Skeptische Religionsphilosophie (Zur Kritik der Pietät), 1972; Albert Camus – Welt und Revolte, 1980.

Moritz Schlick

Schlick, Moritz, 1882—1936 (ermordet): Physiker (Schüler Plancks), später sehr einflußreicher Erkenntnistheoretiker und Naturphilosoph, der sich eine „Renaissance der Philosophie durch die Logik" zum Ziel gesetzt hat, aber auch Ethiker, Kultur- und Lebensphilosoph, Begründer des Wiener Kreises (↗Positivismus bzw. Logistischer Neopositivismus; dort sind auch Sch.s Auffassung von der Aufgabe der Philosophie sowie sein erkenntnistheoretischer Standpunkt dargestellt). Das Ethos versucht Sch. (unabhängig von allen theologischen und metaphysischen Annahmen) psychologisch und kulturhistorisch zu verstehen. Er fordert im Gegensatz zur Pflichtethik eine Ethik der Güte („mehr Liebe tut uns not!"), die des Menschen „Willen zum Glück" nicht außer acht läßt (— „sei glücksbereit!") und im fortschrittsoptimistischen Bekenntnis zum Ideal ungetrübter Menschlichkeit gipfelt. Der Sinn des Lebens liegt nach Sch. in der für die Lebenseinstellung der Jugend kennzeichnenden zweckfreien und spielerischen Betätigung („je mehr Jugend in einem Dasein verwirklicht wird, desto wertvoller ist es, und wer ‚jung' stirbt, wie lange er auch gelebt haben möge, dessen Leben hat Sinn gehabt"). Für besonders beherzigenswert hält er die Forderung: „Heiterkeit ist Pflicht!", „denn es wäre unmoralisch, kleine Dinge ernst zu nehmen.

Humor ist Vorbedingung der Moral. Wer das Kleine zu wichtig nimmt, kann das Große nicht wichtig nehmen". — Hptw.: Allgemeine Erkenntnislehre, 1918, 1925²; Raum und Zeit in der gegenwärtigen Physik (Zur Einführung in das Verständnis der Relativitäts- und Gravitationstheorie), 1920; Vom Sinn des Lebens, 1927; Fragen der Ethik, 1930; Gesammelte Aufsätze, 1938; Grundzüge der Naturphilosophie, 1948; Natur und Kultur, 1952; Aphorismen, 1962; General Theory of Knowledge, 1974; Philosophical Papers, Vol. I (1909-1922), 1979; Philosophische Logik (hrsg. v. Bernd Philippi), 1986.

Schluß: Ableitung (Deduktion) einer Aussage aus einer oder mehreren anderen. Die Wahrheit der vorausgesetzten Aussagen (Voraussetzungen, Vordersätze, Prämissen, propositiones praemissae) verbürgt auf Grund der zwischen ihnen und der aus ihnen abgeleiteten Aussage (Schlußsatz, Konklusion, conclusio) bestehenden Beziehung auch deren Wahrheit, sofern der Schluß formal richtig durchgeführt ist. Die Bedingungen des formalrichtigen Schließens werden in der Logik (Schlußlehre) untersucht. Zu „neuen" Erkenntnissen führt das Schlußverfahren nicht; der Schlußsatz kann niemals mehr Wahrheit enthalten als die Prämissen; in ihm wird nur deutlich zum Ausdruck gebracht, was in den Prämissen bereits mitgedacht wurde; das Schlußverfahren stellt lediglich eine „Umformung" dar; seine Leistung besteht in der Kombination bestimmter Aussagen, wodurch die zwischen ihnen bestehende Beziehung zutage tritt und ein grundsätzlich bereits bekannter Sachverhalt in einem anderen Zusammenhang gesehen wird. Schlußarten, unterschieden nach der Zahl der Prämissen: ↗Folgerung (mit einer Prämisse) und ↗Syllogismus (mit zwei oder mehr Prämissen). – ↗Enthymem.

Schlußfehler (Beweisfehler): zu unterscheiden sind 1. Fehlschlüsse (Paralogismen), die auf einem Irrtum beruhen; 2. Trugschlüsse (Sophismen), die einer absichtlichen Täuschung dienen; Fangschlüsse sind Trugschlüsse, die Befremden erregen sollen. Am häufigsten kommen folgende Schlußfehler vor: ↗proton pseudos, hysteron proteron (petitio principii, circulus in probando, Zirkelschluß), saltus in concludendo, Heterozetesis (ignoratio elenchi), Schluß von der Aufhebung des Grundes auf die Aufhebung der Folge, ungerechtfertigte Verallgemeinerung, quaternio terminorum, post hoc — ergo propter hoc,

Schlußkette

subjektive Beweisführung (argumentum ad hominem, argumentum e consensu).

Schlußkette: liegt dann vor, wenn der Schlußsatz eines Schlusses den Obersatz des nächstfolgenden Schlusses bildet usf. — ↗Kettenschluß.

Schmid, Carl Christian Erhard, 1761—1812: deutscher Kantianer, Novalis und Schiller in Freundschaft verbunden, mit Fichte in Streit geraten, anonymer Verfasser der berühmt-berüchtigten Schrift von den „Drei großen Betrügern" (Moses, Jesus, Mohammed; „De Tribus Mundi Impostoribus", 1792 —; eine gewagte Formel, die übrigens schon Kaiser Friedrich II. von seinen papistischen Feinden in den Mund gelegt worden war —). — Hptw.: Kritik der reinen Vernunft im Grundriß, 1786; Wörterbuch zum leichteren Gebrauch der Kantischen Schriften, 1788, 1798⁴.

Schmidt, Heinrich, 1874—1935: deutscher Biologe und Naturphilosoph, Evolutionist und Monist, Schüler Haeckels. — Hptw.: Der Kampf um die Welträtsel, 1900; Monismus und Christentum, 1906; Wörterbuch der Biologie, 1911; Goethe-Lexikon, 1912; Philosophisches Wörterbuch, 1912, 1934⁸; Geschichte der Entwicklungslehre, 1918; Der Kampf ums Dasein, 1929; Harmonie (Versuch einer monistischen Ethik), 1931; Mensch und Affe, 1932; Die Philosophie der Gegenwart, 1932; Ernst Haeckel (Denkmal eines großen Lebens), 1934. — ↗Schischkoff.

Schmied-Kowarzik, Walther, 1885—1958: österreichischer Psychologe und Philosoph. — Hptw.: Umriß einer neuen analytischen Psychologie, 1912, 1928²; Gotteserlebnis und Welterkenntnis, 1918; Gestaltpsychologie und Ästhetik, 1924; Die Objektivation des Geistigen, 1927; Ethik. Mit Berücksichtigung pädagogischer Probleme, 1932; Glaubensbekenntnis eines freien Protestanten, 1933; Frühe Sinnbilder des Kosmos (Gotteserlebnis und Welterkenntnis in der Mythologie), 1974.

Schmied-Kowarzik, Wolfdietrich, geb. 1939: österreichischer Philosoph und Pädagoge. - Hptw.: Sinn und Existenz in der Spätphilosophie ↗Schellings, 1963; Bruchstücke zur Dialektik der Philosophie, 1974; Dialektische Pädagogik, 1974; Die Dialektik der gesellschaftlichen Praxis (Zur Genesis und Kernstruktur der Marxschen Theorie), 1981; Das dialektische Verhältnis des Menschen zur Natur (Philosophiegeschichtliche Studien zur Naturproblematik bei ↗Karl Marx), 1984.

Schmitt, Carl, geb. 1888: an ↗Hobbes und den Philosophen der Restauration (z. B. dem Spanier Donoso Cortés, „Rede über die Diktatur", 1849) orientierter deutscher Rechts- und Staatsphilosoph, antiliberaler ↗Etatist, mehr ↗Faschist als ↗Nationalsozialist. – Hptw.: Der Wert des Staates und die Bedeutung des Einzelnen, 1914; Die Diktatur, 1921, neu 1978; Politische Theologie, 1922, neu 1979; Die geistesgeschichtliche Lage des heutigen Parlamentarismus, 1923, 1926², neu 1979; Der Begriff des Politischen, 1927, neu 1979; Verfassungslehre, 1928; Der Hüter der Verfassung, 1931; Legalität und Legitimität, 1932, neu 1980; Staat, Bewegung, Volk, 1933; Der Führer schützt das Recht, 1934 (Rechtfertigung der Röhm-Morde); Der Leviathan in der Staatslehre des Thomas Hobbes (Sinn und Fehlschlag eines politischen Symbols), 1938, neu 1982. – Lit.: Matthias Kaufmann, Recht ohne Regel? (Die philosophischen Prinzipien in Carl Schmitts Staats- und Rechtslehre), 1988. – ↗Peterson; Leviathan.

Schneider, Friedrich, 1915–1977: deutscher Philosoph. – Hptw.: Der Positivismus in den Naturwissenschaften, 1950; Philosophie der Gegenwart, 1964²; Kennen und Erkennen (Ein Lehrbuch der Erkenntnistheorie), 1967².

Schneider, Reinhold, 1903—1958: deutscher Geschichtsschreiber, Essayist und Dichter legitimistisch-katholischer Provenienz (bevorzugte Themen: Glaube – Unglaube, Gewissen – Macht, Kirche – Staat; Zentralproblem: Mißbrauch der Macht). – Hptw. (ohne Belletristik): Macht und Gnade, 1940; Schriften zur Zeit, 1948; Der große Verzicht, 1950; Gott mehr gehorchen (Nachrufe, Erinnerungen, Briefe), 1958. – Gesammelte Werke, 1977 ff.

Scholastik: welt- und lebensabgewandte, von der Theologie bevormundete, in der Frühzeit an der ↗platonischen, später vor allem an der ↗aristotelischen Philosophie orientierte mittelalterliche Schulphilosophie, deren Entwicklung zwei Höhepunkte erreichte in der ersten Hälfte des 12. Jhdts. (↗Berengar von Tours einerseits und ↗Anselm von Canterbury andererseits) und in der zweiten Hälfte des 13. Jhdts. (aristotelisierende Hochscholastik, z. B. ↗Thomas). Zwischen diesen Zeiträumen lag ein philosophisch unfruchtbares Jahrhundert (Beschränkung auf die vernunftwidrige Beantwortung metaphysisch-theologischer Fragen, vergebliche Versuche, Widersprüche in der Kirchenlehre, wie etwa zwischen Gottes Allmacht und Allwissenheit einerseits und menschlicher Verantwortlichkeit, Sünde und Bestrafung andererseits, oder zwischen Monotheismus und Dreieinigkeitslehre, auszugleichen). Absicht der Scholastiker war es vor allem, die Wahrheit der christlichen Dogmen zu beweisen, also das, was geglaubt werden sollte, auch rational einsichtig zu machen, d. h. eine Brücke vom Glauben zum Wissen zu schlagen. Die zur patristischen Zeit (— ↗altchristliche Philosophie) angelegten und entwickelten Dogmen wurden nunmehr philosophisch geformt, und die ursprünglich ↗pathogone Metaphysik wurde, soweit dies möglich war, in eine dialektisch erzeugte verwandelt. Allmählich wurde freilich die Aussichtslosigkeit dieses Bemühens eingesehen, so daß immer mehr Dogmen als unbeweisbar aus der philosophischen Diskussion ausgeschieden wurden. Als absolut verbindlich galt die christliche Lehre; jeder Fortschritt im freien Denken wurde von der Kirche gewaltsam unterbrochen (z. B. durch die Verdammung ↗Abaelards; die Verbrennung der ↗Amalrikaner und die Ächtung der Ideen ↗Johannes Scotus Eriugenas; die Einkerkerung ↗Roger Bacons). In den Disputationen galt es, zur Begründung des eigenen Standpunktes möglichst viele Belege aus den Schriften anerkannter Autoritäten beizubringen, die man nicht (wie z. B. heute) in ihrem Sinne zu verstehen, sondern alle in einem bestimmten (von vornherein feststehenden) Sinn (durch deutelnde Spitzfindigkeiten) zu begreifen versuchte (Methode der „Distinktionen"; — Gegenbegriff: ↗Hermeneutik). Dem blinden Autoritätsglauben entsprach der Verzicht auf erfahrungswissenschaftliche Forschung (Ausnahme: Roger Bacon): man hielt sich eben nicht an die Dinge selbst, sondern an die Überlieferung. Besonderen Gefallen fand man an logischen Tüfteleien und an etymologischen Spielereien. Von besonderer Bedeutung war der Einfluß der ↗arabischen sowohl wie der ↗jüdischen Philosophie. An Gegenkräften zur Scholastik sind die Willenslehre des ↗Duns Scotus, die Mystik Meister ↗Eckharts und der ↗Nominalismus hervorzuheben. Der Zusammenbruch der Scholastik manifestierte sich im Sturz der Autorität des Aristoteles und in der Erneuerung des Platonismus; bei ↗Cusanus kündigte sich bereits der Übergang zur neueren Philosophie an, die sehr bald schon in der ↗Renaissance-Philosophie und um 1600 in ↗Bruno, ↗Böhme und ↗Francis Bacon ihren ersten Höhepunkt erreichen sollte. Zur Frühscholastik (9.—12. Jhdt.): ↗Johannes Scotus Eriugena, Berengar, Petrus Damiani, Bernhard von Chartres, Anselm, Roscelinus, Abaelard, Johannes von Salisbury, Alanus, Joachim von Floris; zur Hochscholastik (13. Jhdt.): ↗Grosseteste, Alexander von Hales, Bonaventura, Albertus Magnus, Thomas von Aquin, Siger von Brabant, Petrus Peregrinus, Raymundus Lullus, Roger Bacon; Witelo, Duns Scotus; zur Spätscholastik (14.—15. Jhdt.): ↗Wilhelm von Ockham, Buridan, Nicolaus von Oresme, Agricola, Albert von Sachsen, Cusanus. — ↗analogia entis, Christentum, Christliche Ethik, Dialektik (2.), Katholische Philosophie, Neothomismus, Neuscholastik, Summen, Universalienstreit; Boethius. – ↗Pieper, Siewerth, Windischer. – Kritisch: ↗Rougier.

Scholz, Heinrich, 1884–1956: deutscher Theologe, Religionsphilosoph und Logiker. – Hptw.: Der Unsterblichkeitsgedanke als philosophisches Problem, 1920, 1922³; Religionsphilosophie, 1921, 1974³; Die Bedeutung der Hegelschen Philosophie für das philosophische Denken der Gegenwart, 1921; Abriß der Geschichte der Logik, 1931, 1967³; Der platonische Philosoph auf der Höhe des Lebens und im Anblick des Todes, 1931; Logistik, 1933; Metaphysik als strenge Wissenschaft, 1941; Grundzüge der mathematischen Logik, 2 Bde., 1961 (mit G. Hasenjaeger); Mathesis universalis, 1961, 1969².

Ulrich Schöndorfer

Schöndorfer, Ulrich, 1899–1984: österreichischer Pädagoge, Erkenntnistheoretiker und Naturphilosoph, der wiederholt auch zu kultur- und werttheoretischen Fragen der Gegenwartsphilosophie Stellung genommen und sich vor allem um eine sowohl logisch wie wissenschaftlich zureichende Begründung des „Kritischen Realismus" bemüht hat. – Hptw.: Erkenntnistheoretische Grundlagen der nichteuklidischen Geometrie, 1936; Einführung in die Philosophie, 1945; Stand und Aufgaben der Philosophie der Gegenwart, 1947; Das philosophische Menschenbild unserer Zeit, 1947; Hans Drieschs philosophisches Werk, 1951; Philosophie der Materie, 1954.

Schönheit: ästhetische Grundgestalt. Die Wirkung von Schönheit heißt ästhetischer Genuß. Was als schön gefällt, hängt auch (aber nicht nur) vom „Auge" des Betrachters ab: „Die Schönheit der Dinge lebt in der Seele dessen, der sie betrachtet" (↗Hume). Gegenstände können sowohl durch ihre anschaulich vollkommene Form als auch durch ihren Inhalt schön wirken. Demgemäß unterscheidet man 1. formalästhetische Prinzipien der Schönheitswirkung: z. B. Symmetrie, Proportion, Wiederholung, Kontrast, Steigerung, Harmonie, Einheit in der Mannigfaltigkeit bzw. Eusynopsie und Komplexibilität (die ästhetisch wirksame Gestalt muß leicht zu überschauen bzw. aufzufassen und dabei doch vielfältig gegliedert sein), Ökonomieprinzip (der Künstler muß bei sparsamster Verwendung der Mittel und kleinstem Kraftaufwand eine größtmögliche Wirkung erzielen); 2. inhaltsästhetische Prinzipien der Schönheitswirkung: z. B. Typusgemäßheit (Idealität), Ausdrucksstärke, Beseeltheit, Lebensfülle, Innigkeit, Stimmung usw. — Von den vielen Modifikationen des Schönheitswertes sei als Beispiel nur die Kategorie „hübsch" (— fein und zart, gefällig) angeführt (gegenüber „schön" = großartig, edel und regelmäßig).

Arthur Schopenhauer

Schopenhauer, Arthur, 1788—1860: deutscher Philosoph, der im Anschluß an Kants Unterscheidung von Ding an sich und Erscheinung von einem irrationalistisch-metaphysischen Standpunkt aus die „Wirklichkeit an sich" intuitiv zu erfassen sucht. So erblickt er im vernunftlosen (blinden) Trieb und Drang („Willen") zum Leben das Wesen der Welt, deren Schicksal er tief pessimistisch beurteilt: seinem schmerzvollen und hoffnungslosen Dasein vermag der Mensch nur für Augenblicke im Kunstgenuß zu entrinnen; Erlösung aber findet er erst durch die Verneinung seines Willens zum Leben. In engem Zusammenhang mit dieser an buddhistische Anschauungen gemahnenden pessimistischen Welt- und Lebensauffassung (— Glück = Schmerzlosigkeit ohne Langeweile —) steht seine Mitleidsethik, der zufolge der Mensch auf Grund der Wesensidentität aller Leidenden zur wohlwollenden Anteilnahme am Leiden seiner Mitmenschen verpflichtet ist. Sch.s Schriften zeichnen sich vor allem (— etwa in seinen pessimistischen Betrachtungen über die menschliche Natur und den Gelehrten im besonderen —) durch tiefdringende psychologische Analysen, reife Lebensweisheit und einen blendenden Stil aus. — Hptw.: Die Welt als Wille und Vorstellung, 1819, 1844^2; Kleinere Schriften: Über die vierfache Wurzel des Satzes vom zureichenden Grunde, 1813; Über den Willen in der Natur, 1836; Die beiden Grundprobleme der Ethik, 1841; Parerga und Paralipomena, 2 Bände, 1851 (darin: Aphorismen zur Lebensweisheit). — ↗Deussen, Gracián, Hasse, Haym, Hübscher, Reich E.; Gleichförmigkeit, Kultur, Maya, Metaphysik, Moral, Mystik, Pantheismus, Pessimismus, Primat, Soziologie, Stil, Tod, Upanishaden, Wahrscheinlichkeit, Willensfreiheit, Zufall. — Lit.: Rüdiger Safranski: Schopenhauer und Die wilden Jahre der Philosophie (Eine Biographie), 1987.

Schöpfung: durch sie soll nach religiöser Auffassung und Meinung vieler Metaphysiker die Welt entstanden sein (Schöpfung der Welt aus dem Nichts kraft der schöpferischen Allmacht Gottes: ↗creatio ex nihilo). Vom einmaligen Schöpfungsakt ist die von den Pantheisten angenommene fortlaufende (immerwährende) Schöpfung (↗creatio continua) zu unterscheiden. Für die kritisch-wissenschaftliche Philosophie ist der Schöpfungsbegriff wertlos, da er (abgesehen von seiner anthropomorphen Struktur) eine Erklärung der Weltentstehung nicht zu bieten vermag. Die Annahme der ↗Ewigkeit der Welt ist nicht nur einfacher und verständlicher, sondern auch deshalb vorzuziehen, weil auch der Begriff der „Schöpfung" einen „ewig" existierenden Gott voraussetzt, mithin auch in diesem Falle die (scheinbare) Problematik des Ewigkeitsbegriffes nicht zu umgehen ist. — ↗Kosmogonie.

Schottische Schule: ↗Reid.

Schrödinger, Erwin, 1887–1961: österreichischer Physiker (Nobelpreisträger 1933, einer der Schöpfer der Wellenmechanik, gemeinsam mit ↗Dirac, 1925/26), der gelegentlich auch zu philosophischen Fragen Stellung genommen hat (z. B.: Die naiv-realistische Überzeugung von der Existenz einer materiellen Außenwelt, einschließlich des eigenen Körpers, ist eine metaphysisch-mystische Hypothese; wirklich ist nur unsere Vorstellung von ihr; Außenwelt und Bewußtsein sind ident; alles Geschehen geht nur in unserer Weltvorstellung vor sich –). Hptw.: Four Lectures on Wave Mechanics, 1927, dt. 1928 (Abhandlungen zur Wellenmechanik); Zwei Vorträge zur Kritik der naturwissenschaftlichen Erkenntnis, 1932; What is Life?, 1945, dt. 1946, 1987[3] (Was ist Leben?); Space-Time-Structure, 1950; Naturwissenschaft und Humanismus, 1951; Geist und Materie, 1959, 1965[2]; Meine Weltansicht, 1961; Was ist ein Naturgesetz?, 1962[2]; Mein Leben, meine Weltansicht (Das philosophische Testament und die im Nachlaß aufgefundene Autobiographie mit einem Vorwort von Auguste Dick), 1985; Dokumente, Materialien und Bilder (hrsg. v. Gabriele und Wolfgang Kerber u. Auguste Dick), 1987.

Erwin Schrödinger

Schröter, Manfred, 1880–1973: deutscher Kulturphilosoph, ↗Schelling-Forscher. – Hptw.: Die Kulturmöglichkeit der Technik als Formproblem der produktiven Arbeit, 1920; Der Streit um ↗Spengler (Kritik seiner Kritiker), 1923; Kultursystematik und Philosophie der Technik, 1932; Deutscher Geist in der Technik, 1935; Metaphysik des Untergangs, 1949; Kritische Studien (Über Schelling und Kulturphilosophie), 1971.

Schubert-Soldern, Richard, 1852–1924: österreichischer Philosoph, der einen immanenzphilosophischen (erkenntnistheoretischen) „Solipsismus" lehrt, dem zufolge alles Gegebene Bewußtseinsinhalt und das Ich „die Auffassung des Gegebenen als Bewußtseinsprozeß" ist. — Hptw.: Über Transzendenz des Objekts und des Subjekts. 1882; Grundlagen einer Erkenntnistheorie, 1884; Grundlagen zu einer Ethik, 1887; Das menschliche Glück und die soziale Frage, 1896; Die soziale Bedeutung der ästhetischen Bildung, 1897; Die menschliche Erziehung, 1905.

Schultz, Julius, 1862—1936: deutscher Philosoph, der sich in ungemein scharfsinnigen und tiefschürfenden Analysen mit allen philosophischen Problemen in origineller Weise auseinandersetzt und auf solidester wissenschaftlicher und erkenntniskritischer Grundlage in blendenden Formulierungen und in äußerster Konsequenz ein mechanistisches Weltbild entwickelt. Als Erkenntnistheoretiker fühlt sich Sch. vor allem Kant und Vaihinger verbunden, deren Auffassung er psychologistisch interpretiert und weiterentwickelt. Er unterscheidet drei „Welten" der Erkenntnistheorie (Erfahrungswelt, Mechanistik, Augenblickserlebnis des Erlebens selber), analog den drei psychischen Funktionen „Erkennen", „Verstehen", „Erleben" sowie den drei „Schichten des Wirklichen" (wahrgenommene Sinnendinge, erdachte Kraftsysteme, seelenhaftes Sein): „Der ersten Welt kommt allein Wahrheit zu, aber nur bedingte Gewißheit und begrenztes Verstehen. Die zweite ist das Feld des Verstehens, aber ohne transzendentale Wahrheit und ohne Gewißheit. Die dritte bietet die letzte Gewißheit, aber kein Verstehen und keine Wahrheit." Besondere Beachtung fand seine „Maschinentheorie des Lebens" (↗Biomechanistik). In der Leib-Seele-Frage bezieht er den Standpunkt des Parallelismus. Die künftige Kulturentwicklung beurteilt er pessimistisch. Sch. sucht alle philosophischen Standpunkte auf zwei Grundauffassungen von Welt und Leben zurückzuführen, denen zwei Typen von Menschen entsprechen: der eine huldigt dem Erhaltungswert und bevorzugt die zielstrebig-zweckhafte Betätigung; als Denker bekennt sich dieser „praktisch" gesinnte Mensch zur Ethik der Pflicht und glaubt an den Fortschritt und an die Wirksamkeit übersinnlicher metaphysischer Potenzen (Schöpfergott, unsterbliche Seele, freier Wille, Entelechie); der Gegentypus bevorzugt den Gestaltungswert und fühlt sich als Mimet (Ästhet, Theoret) gern spielerisch in die Formen ein, deren größtmögliche Fülle er zu schauen wünscht: er bekennt sich zur Charakterethik (Ethik des schönen Seins), glaubt an einen ewigen Kreislauf von Werden und Vergehen und erträumt sich als Determinist und Kausalist ein mechanistisches Bild der Welt, um sie restlos zu verstehen (der Standpunkt, dem Sch. selbst den Vorzug gibt). — Hptw.: Psychologie der Axiome, 1899; Die Bilder von der Materie, 1905; Die drei Welten der Erkenntnistheorie, 1907; Die Maschinentheorie des Lebens, 1909, 1929[2]; Die Philosophie am Scheideweg (Die Antinomie im Werten und im Denken), 1922; Leib und Seele, 1923; Das Ich und die Physik, 1935;

Wandlungen der Seele im Hochmittelalter, 1936; 1940² (3 Bde.). — Autobiographie in „Die Philosophie der Gegenwart in Selbstdarstellungen", Bd. III, 1922. — ↗Ejektionismus, Erkenntnistheoretischer Zirkel, Ethik, Philosophie, Spiritualismus, Tod; cogito.

Julius Schultz

Schulz, Walter, geb. 1912: deutscher Philosoph, vor allem auch Philosophiehistoriker, der in Schellings (und nicht, wie üblich, in Hegels) Denken den Höhepunkt der idealistischen Philosophie und in Heideggers Werk den Schlußstein aller Metaphysik sieht, u. a. eine neue politische Moral der „Verantwortung" fordert und die Rechtfertigung der Philosophie in ihrer Funktion als „Ethik der Krisenzeiten" erblickt. — Hptw.: Die Vollendung des deutschen Idealismus in der Spätphilosophie Schellings, 1955; Der Gott der neuzeitlichen Metaphysik, 1957, 1962³; Johann Gottlieb Fichte. Vernunft und Freiheit, 1962; Das Problem der absoluten Reflexion (Zur Auseinandersetzung mit dem Deutschen Idealismus), 1962; Wittgenstein. Die Negation der Philosophie, 1967; Existenz und System bei Sören Kierkegaard, 1967; Philosophie in der veränderten Welt, 1972; Ich und die Welt (Philosophie der Subjektivität), 1979. — Autobiographie in „Philosophie in Selbstdarstellungen", Bd. II, 1975.

Schulze, Gottlob Ernst, 1761—1833: deutscher Philosoph, Skeptiker, Gegner Kants. — Hptw.: Ainesidemos oder ..., Verteidigung des Skeptizismus gegen die Anmaßungen der Vernunftkritik, 1792; Kritik der theoretischen Philosophie, 2 Bde., 1801.

Schuppe, Wilhelm, 1836—1913: deutscher „Immanenzphilosoph", der einen Bewußtseinsmonismus lehrt, dem zufolge die Welt der Gegenstände Inhalt des allen Individuen gemeinsamen „Bewußtseins überhaupt", alles Gegebene also Bewußtseinsgegebenes ist. — Hptw.: Erkenntnistheoretische Logik, 1878; Grundzüge der Ethik und Rechtsphilosophie, 1882; Grundriß der Erkenntnistheorie und Logik, 1894, 1910²; Die immanente Philosophie, 1897. — ↗Zocher.

Schutztheorie: ↗Strafe.

Schwarz, Balduin, geb. 1902: deutscher Philosoph (zwischendurch in den USA), Schüler Hildebrands, um eine Synthese von Thomismus und Phänomenologie bemüht. — Hptw.: Untersuchungen zur Psychologie des Weinens, 1928; Der Irrtum in der Philosophie, 1934; Ewige Philosophie (Gesetz und Freiheit in der Geistesgeschichte), 1937; Über das innere Prinzip der Periodisierung der Philosophiegeschichte, 1964; Rehabilitierung der Philosophie, 1974; Vom Wahren und Guten, 1982; Dankbarkeit ist das Gedächtnis des Herzens, 1983. – ↗Siewerth.

Albert Schweitzer

Schweitzer, Albert, 1875—1965: Elsässer protestantischer Theologe, Musikwissenschaftler, Arzt und Kulturphilosoph, der die „Ehrfurcht vor dem Leben" als ethische Grundnorm postuliert und in der philanthropischen Erfüllung dieser Forderung (im Rahmen seiner ärztlichen Tätigkeit im von ihm 1913 gegründeten Urwald-Krankenhaus in Lambarene, in Gabun) seine Lebensaufgabe erblickt hat. — Sch. ist Friedensnobel-

Walter Schulz

preisträger (1952). — Hptw.: Geschichte der Leben-Jesu-Forschung, 1906, 1951⁶; J. S. Bach, 1908, 1942¹⁴; Geschichte der Paulinischen Forschung, 1911, 1933²; Die psychiatrische Beurteilung Jesu, 1913; Zwischen Wasser und Urwald, 1921, 191. Tsd. 1955; Kulturphilosophie, 2 Teile, 1923/25, 1953¹⁰; Das Christentum und die Weltreligionen, 1924, 34. Tsd. 1953; Aus meinem Leben und Denken, 1931, 280. Tsd. 1955; Die Weltanschauung der indischen Denker, 1935, 12. Tsd. 1936; Afrikanische Geschichten, 1938, 40. Tsd. 1955; Denken und Tat, 1950; Friede oder Atomkrieg?, 1958, 1982²; Selbstzeugnisse, 1959, Nachdruck 1975. — Albert Schweitzer — Fackelträger der Menschlichkeit, 1959 (hrsg. v. Leopold Wech). — ↗Jungk, Kraus O., Margolius, Sartre; Gewissen.

Sciacca, Michele Federico, geb. 1908: italienischer Philosoph, der den immanenzphilosophischen Subjektivismus durch eine Ich-Metaphysik im Sinne einer antipositivistischen Akt-Philosophie der „objektiven Innerlichkeit" bzw. eines christlich-spiritualistischen „Integralismus" der „selbstschöpferischen Aktualität" zu überwinden und vom Selbstbewußtsein aus über das Seinsbewußtsein die Transzendenz zu erschließen sucht. — Hptw.: Il XX secolo, 1941, 1947²; La filosofia oggi, 1945, 1970⁵; deutsche Ausgabe: Italienische Philosophie der Gegenwart, 1948; Filosofia e metafisica, 1950, 1965³; Atto ed essere, 1972⁵, dt. 1964 (Akt und Sein); L'interiorità oggettiva, 1951, 1965⁵, dt. 1965 (Objektive Inwendigkeit); Morte ed immortalità, 1954, 1965³; Ontologia triadica e trinitaria, 1972. — ↗Höllhuber.

Scientismus: 1. ↗„Wissenschaftliche" Philosophie. — 2. Gleichsetzung von Wissenschaft und Philosophie, Leugnung einer spezifisch philosophischen Problematik.

Seele: Die Gesamtheit der seelischen Vorgänge und Zustände eines Menschen, vor allem die für ihn charakteristische Erlebnisweise, wird mitunter in abgekürzter Form als seine Seele (Psyche) bezeichnet. Dieser zusammenfassenden Bezeichnung für die Vielfalt seelischen Geschehens bedient man sich deshalb, weil die einzelnen seelischen Erscheinungen nicht nur in engstem Zusammenhang miteinander stehen, sondern auch in ihrer Gesamtheit als einheitlich auf einen identisch bleibenden Erlebenden bezogen erscheinen. Entsprechend dem Körper, an dem die verschiedensten Veränderungen sichtbar werden, wird auch den wechselnden seelischen Abläufen eine „Seele" als deren Träger untergeschoben. Ob es aber eine „Seele" als ein dem Seelen-

leben zugrundeliegendes „Bewußtseinsprinzip", als reale Kraft oder Substanz (mit den seelischen Vorgängen als ihren erfahrbaren Äußerungen), tatsächlich gibt oder nicht, ist eine unbeantwortbare Frage, da im Bereich der Erfahrung eine solche „Seele" nicht nachweisbar ist. Notwendig ist diese metaphysische Annahme jedenfalls nicht; überdies ist der metaphysische Seelenbegriff zur Erklärung seelischer Erscheinungen ungeeignet, da er selbst einer Klärung bedarf (er ist ein „Mythologem"). Es lassen sich somit zwei mögliche Lösungen des Seelenproblems unterscheiden: 1. die Substantialitätstheorie (Annahme einer Seele und besonderer Seelenvermögen wie Verstand, freier Wille usw.) und 2. die Aktualitätstheorie, der zufolge „Seele" nicht mehr bedeutet als: seelisches Geschehen bzw. die Art und Weise des einzelnen, auf Reize zu reagieren, sich in einer bestimmten Weise zu verhalten usf., wobei von besonderem Interesse der Zusammenhang der seelischen Erscheinungen mit dem Gehirn (rund 15 Milliarden Nervenzellen) als leiblichem Korrelat ist (→ der Mensch als ↗„telencephalisiertes Lebewesen", wie Erwin Stransky sagt, mit einer Großhirnrinde ausgestattet, einem unendlich komplizierten Schaltplan mit mehr als 10 Milliarden Nervenzellen). In diesem Sinne meint z. B. ↗Hume, die Seele sei eine „Summe von Erlebnissen". — Eine Neuauflage hat der uralte Seelenbegriff übrigens im Begriff „Existenz" (im Sinne des Existentialismus) erlebt. — ↗Psychophysisches Problem, Vermögenspsychologie. Zur Frage nach der „Entstehung der Seele": ↗Seelenwanderung, Traduzianismus. — ↗Lungwitz, Topitsch; Anthropogenie, Paralogismus, Psychobiologie. — ↗Heraklit: „Die Seele des Menschen ist ein fernes Land, das man weder besichtigen noch besuchen kann." Das Gehirn ist „das zerbrechliche Haus der Seele" (Shakespeare).

Seelenblindheit: Unfähigkeit, Gegenstände zu erkennen, als Folge einer Gehirnverletzung.

Seelenwanderung (Metempsychose, Reinkarnation): Glaube an eine immer wiederkehrende Einkörperung der Seele (z. B. im Brahmaismus, bei den ↗Pythagoreern, bei ↗Platon). — ↗Karma.

Sein (Dasein): vieldeutiger Gegenbegriff zu: Werden, Schein, Denken, Sollen. — ↗Existenz, Ontologie, ontologische Differenz, Ontologismus, Welt, Wirklichkeit.

Seinsmonismus: gleichbedeutend mit ↗Monismus (1.). — ↗Häberlin.

Sejunktion: 1. in der Logik: ↗sejunktiv. — 2. in der Psychologie: von Carl Wernicke eingeführte Bezeichnung für die Zerstörung der Verbindungen zwischen Großhirnbezirken und infolgedessen auch zwischen Gruppen von Vorstellungen.

Sejunktiv: ist eine Aussage, die ein nichtausschließendes „oder" enthält; ↗disjunktiv.

Selbstbeobachtung: ↗Introspektion.

Selbsterkenntnis: Erfüllung der Forderung „Erkenne dich selbst! Gehe in dich! Strebe nach Selbsterkenntnis! Besinne dich auf die allseitige Begrenztheit des menschlichen Daseins!" (Von Chilon oder einem anderen der ↗„Sieben Weisen", etwa ↗Thales, verfaßte Inschrift am Apollon-Tempel in Delphi: „Gnothi seauton"); Beantwortung der Frage: Wer und wie bin ich?; Erkenntnis des sich selbst erlebenden Ich; zutreffende Selbsteinschätzung und Selbstbeurteilung durch gewissenhafte Selbstbeobachtung und Selbstprüfung an Stelle von Selbsttäuschung sowie falscher Selbstkonzeption und Selbstdarstellung; durch Selbsterfahrung und Selbstbesinnung zur Selbstverwirklichung (Nietzsche: „Werde, der du bist!"), zur Festigung des Selbstgefühls und des Selbstbewußtseins, zur Stärkung des Selbstwertgefühls, des Selbstvertrauens und der Selbstsicherheit (Goethe: „Und wenn du ganz dich zu verlieren scheinst, vergleiche dich! Erkenne, was du bist!"; Alfred Döblin: „Hin zu den Quellen ... das Zentrum finden, sich reinigen, sich erkennen!"; Ina Seidel: „Es genügt nicht, sein Selbst zu erkennen, man muß es auch leben!"). – ↗Abaelard, Adler A., Brunschvicg, Dessoir, Driesch, Freud, Gracián, Hector, Kanthack, Litt, Misch, Montaigne, Nietzsche, Ryle, Varisco; Existentialismus, Gruppendynamik, Ich, Individualpsychologie, Introspektion, Psychoanalyse.

Semantik (Semasiologie, Bedeutungswissenschaft): Disziplin der modernen Logik, ein Zweig der ↗Semiotik; Gegenstand der semantischen Forschung sind die Beziehungen zwischen den Zeichen und dem Bezeichneten, zwischen der Sprache und den Objekten. ↗Tarski z. B. hält den Wahrheitsbegriff für einen semantischen Begriff. – ↗Carnap, Chomsky, Kainz, Leinfellner, Luhmann, Morris, Rapoport, Schaff, Stachowiak, Stegmüller, Tugendhat.

Semasiologie: ↗Semantik.

Sematologie: Zeichentheorie. – Bei R. Gätschenberger auch „Symbologie" (Symbollehre; ↗Symbol): Symbola, Anfangsgründe der Erkenntnistheorie, 1920.

Semiotik: Theorie der Zeichen und ihrer Anwendung (1938 von Locke-Peirce-Morris in „Grundlagen der Theorie der Zeichen" geprägter Terminus), von besonderer Bedeutung für den Entwurf von Programmiersprachen für digitale Rechenanlagen. In drei Disziplinen gegliedert: 1. Pragmatik (Psychologie, Soziologie und Geschichte des Gebrauchs von Zeichen bzw. Wörtern); 2. ↗Semantik; 3. Syntaktik (Theorie der formalen Beziehungen zwischen den Zeichen. Die „logische Syntax" ist die auf die Wissenschaftssprache angewandte Syntaktik). – ↗Apel K.-O., Barthes, Bense, Rossi-Landi.

Semipelagianismus (Halbpelagianismus): abgeschwächter ↗Pelagianismus.

Semon, Richard, 1859–1918: deutscher Naturforscher (in Australien und Ozeanien), Anatom und Psychologe, der im Sinne ↗Lamarcks und ↗Kammerers eine Vererbung erworbener Eigenschaften annimmt und in seiner Theorie der „Mneme" (des unbewußten Gedächtnisses als einer allgemeinen Eigenschaft des Organischen, das zugleich physisch und psychisch ist) die Möglichkeit der Reproduktion (Erinnerung) dadurch erklärt, daß Reize (Eindrücke) in der lebendigen Substanz „Engramme" (Spuren) hinterlassen, die auf einen Anstoß hin (z. B. durch Assoziation) „ekphoriert" werden können (Wiederaufleben, Erneuerung des früheren Vorgangs); diese Fähigkeit zur Ekphorie von Engrammen heißt „Mneme" (Gedächtnis). – Hptw.: Die Mneme als erhaltendes Prinzip im Wechsel des organischen Geschehens, 1904, 1920^5; Die mnemischen Empfindungen in ihren Beziehungen zu den Originalempfindungen, 1909, 1922^2; Das Problem der Vererbung erworbener Eigenschaften, 1912; Bewußtseinsvorgang und Gehirnprozeß, 1920.

Semper distinguendum est: Grundsatz des philosophischen Denkens, dem zufolge die einzelnen Erfahrungszonen, axiomatischen Denkansätze, Begriffs- und Aussagenebenen stets klar zu unterscheiden, scharf voneinander zu trennen und streng gegeneinander abzugrenzen sind.

Seneca (Lucius Annaeus), um 4 v. Chr. bis 65 n. Chr.: römischer Dichter, Staatsmann und Philosoph (Erzieher Kaiser Neros, von diesem zum Selbstmord gezwungen). Stoiker, der eine autonome Ethik edler Menschlichkeit lehrt („Deine Tat selbst sei dein Lohn!" – „Der Mensch sei dem Menschen eine heilige Sache!"). – Hptw.: Epistulae morales (124 moralphilosophische

Briefe an seinen Freund Lucilius). – ↗Non scholae, Tod.

Sennert, Daniel, 1572–1637: deutscher Mediziner und Naturphilosoph, der (schon vor ↗Gassendi) die ↗Atomistik wieder zur Geltung zu bringen sucht. – Hptw.: Epitome scientiae naturalis, 1618, 1633²; Hypomnemata physica, 1636; Opera, 1660.

Sensorium: Gesamtheit aller Gehirnzellen, die von den Sinnesorganen aus Erregungen empfangen. — ↗Motorium.

Sensualismus: erkenntnispsychologischer Standpunkt, dem zufolge die Sinneswahrnehmung die einzige Quelle der Erkenntnis ist. Der sensualistische Grundsatz lautet: nihil est in intellectu, quod non prius fuerit in sensibus (man kann nichts eher erkennen, als man es wahrgenommen hat). Ein „kritischer" Sensualismus ist der ↗Empirismus. – Gegenstandpunkt: ↗Rationalismus. – ↗Condillac, Destutt.

Sertillanges, Antonin-Gilbert, 1863—1948: französischer Neothomist. — Hptw.: Les grandes thèses de la philosophie thomiste, 1928; L'idée de création et ses retentissements en philosophie, 1945; Le Christianisme et les philosophies, 1946.

Servet, Michael, 1511—1553 (auf Betreiben Calvins verbrannt): spanischer Arzt, der an der Trinitätslehre Kritik zu üben wagt und eine streng monotheistische Auffassung Gottes fordert. — Hptw.: De trinitatis erroribus, 1531.

Seuse: ↗Suso.

Sextus Empiricus, um 200 n. Chr.: Skeptiker, der am Kausalitätsbegriff Kritik übt, indem er darauf hinweist, daß das Wirken der Ursache vom Menschen in die Geschehnisreihen hineinprojiziert, also nur „hinzugedacht" wird. — Schr.: „Pyrrhonische Grundzüge" und „Gegen die Mathematiker" (d. h. gegen alle Fachleute).

Sexualität: ↗Eros, Pansexualismus, Psychoanalyse; Freud, W. Reich.

Shaftesbury, Anthony Ashley-Cooper, 1671 bis 1713: englischer (idealistisch eingestellter) Ethiker und Ästhetiker, der die Ethik und die Ästhetik metaphysisch (in Anlehnung an Platon) zu unterbauen sucht, indem er alle Schönheit und Ordnung in der Welt auf die Wirksamkeit eines geistigen Prinzips (zuletzt Gottes) zurückführt. S. leitet das moralische und das ästhetische Urteil aus dem Gefühl für Ordnung und Proportion (Einheit in der Mannigfaltigkeit) ab und fordert eine Moral des Wohlwollens, der Mäßigung und der Entfaltung reichster Menschlichkeit (ästhetisch gefärbter Sozialeudaimonismus). — Hptw.: Characteristics of Men, Manners, Opinions, Times, 3 Bde., 1711.

Shelley, Percy Bysshe, 1792–1822: englischer Dichter (von dieser Seite seines Schaffens ist hier abgesehen), Romantiker, Freigeist. – Hptw.: Die Notwendigkeit des Atheismus, 1811. – ↗Romantische Philosophie.

Shi-Ching: Buch der Lieder (enthält 305 Lieder aus der Zeit von 1800 v. Chr. bis 500 n. Chr., von Konfuzius ausgewählt).

Shinto (Shintoismus): japanische Staatsreligion (bis 1945). Shinto = „Weg der Götter".

Sic et Non: „so und nicht (so)", „ja und nein"; Methode der ↗Scholastik. — ↗Dialektik (2, b); Abaelard.

Sidgwick, Alfred, 1850—1945: englischer Erkenntnistheoretiker, der an der landläufigen Überschätzung der formalen Logik mit dem Argument Kritik übt, daß erst die aus der Anwendung eines Satzes sich ergebende Bedeutung desselben eine Entscheidung über seinen Wahrheitsgehalt zuläßt. — Hptw.: Fallacies, a View of Logic, 1883; Distinction and Criticism of Beliefs, 1892; The Process of Argument, 1893; The Use of Words in Reasoning, 1901; The Application of Logic, 1910; Elementary Logic, 1914.

Sidgwick, Henry, 1838—1900: englischer Ethiker, der den Utilitarismus „intuitional" zu begründen versucht. — Hptw.: Methods of Ethics, 2 Bde., 1874, 1930⁷, dt. 1909; History of Ethics, 1879, 1896⁴; Practical Ethics, 1898; Philosophy, Its Scope and Relations, 1902.

Siebeck, Hermann, 1842—1920: deutscher Philosoph, der sich u. a. durch seine selbständige Fortbildung der Kantschen Philosophie und Freiheitslehre um den Neukantianismus verdient gemacht hat. — Hptw.: Untersuchungen zur Philosophie der Griechen, 1873, 1888²; Das Wesen der ästhetischen Anschauung, 1875; Das Traumleben der Seele, 1877; Über das Bewußtsein als Schranke der Naturerkenntnis, 1879; Geschichte der Psychologie, Bd. I, 2 Teile, 1880; Lehrbuch der Religionsphilosophie, 1893; Aristoteles, 1899, 1910³; Goethe als Denker, 1902, 1905²; Über musikalische Einfühlung, 1906; Zur Religionsphilosophie, 1907; Zur Psychologie und Ästhetik der Tonkunst, 1909; Über Freiheit, Entwicklung und Vorsehung, 1911.

Sieben Weise: griechische Staatsmänner und Denker, denen kurzgefaßte Lebensregeln zugeschrieben werden. Die Zuweisung der einzelnen Sprüche an einzelne Weise ist umstritten; die älteste und allgemein anerkannte Verteilung ist: Thales von Milet („Erkenne dich selbst"), Solon („Nichts zu sehr"), Kleobulos („Maß ist das Beste"), Periander („Alles ist Übung"), Chilon („Bürgschaft, schon ist Unheil da), Pittakos („Erkenne den passenden Augenblick"), Bias („Die meisten sind schlecht").

Carl Siegel

Siegel, Carl, 1872—1943: österreichischer Philosoph, Schüler Jodls, der sich zu einem kritischen Empirismus und einer dynamistischen Weltauffassung bekennt (Wahrheit, Wirklichkeit und Wert sind nicht gegeben, sondern aufgegeben!), die philosophiegeschichtliche mit der systematischen Betrachtungsweise kombiniert und besonders an Fragen aus den Grenzgebieten der Philosophie und der Germanistik einerseits sowie der Philosophie und der Naturwissenschaften andererseits interessiert ist. S. fundiert seinen erkenntnistheoretischen Standpunkt genetisch, indem er auch die psychologischen Grundlagen der Erkenntnis nicht aus den Augen verliert; in der Wahrheitsfrage ist er Anhänger der Kohärenztheorie. In der Philosophie des Organischen vermittelt er zwischen Vitalismus und Biomechanistik; hinsichtlich des psychophysischen Problems zieht er die Identitätslehre allen anderen Arbeitshypothesen vor. — Hptw.: Die Entwicklung der Raumvorstellung, 1899; Zur Psychologie und Theorie der Erkenntnis, 1903; Herder als Philosoph, 1907; Naturgesetzlichkeit und Vitalismus, 1910; Von der Natur des Denkens, 1911; Geschichte der deutschen Naturphilosophie, 1913; Platon und Sokrates, 1920;

Grundprobleme der Philosophie, organisch entwickelt, 1925; Alois Riehl (Ein Beitrag zur Geschichte des Neukantianismus), 1932; Nietzsches Zarathustra (Gehalt und Gestalt), 1938. — ↗ Platon.

Siewerth, Gustav, 1903–1963: deutscher katholischer Theologe und Philosoph, der Tradition des christlichen Glaubens- und Kulturgutes verbunden, am Welt- und Menschenbild der aristotelisch-thomistischen Scholastik orientiert („Der Thomismus als Identitätssystem" 1939; „Das Schicksal der Metaphysik von Thomas zu Heidegger", 1959). – Gesammelte Werke (hrsg. v. Wolfgang Behler u. Alma v. Stockhausen, der Leiterin der Gustav-Siewerth-Akademie im Schwarzwald, deren Ziel es ist, Theologie, Philosophie und Naturwissenschaften miteinander ins Gespräch zu bringen), 1971 ff. – Akademie-Mitarbeiter: ↗ Müller M., Rohrmoser, Schwarz, Spaemann.

Siger von Brabant, 13. Jhdt.: niederländischer Scholastiker, als Ketzer verurteilt, führender Averroist an der Pariser Universität, der die Willensfreiheit leugnet, die Ewigkeit der Welt lehrt und für die Unabhängigkeit der Philosophie von der kirchlichen Dogmatik eintritt („doppelte Wahrheit").

Sigwart, Christoph von, 1830—1904: an Schleiermacher orientierter deutscher Philosoph, bekannt vor allem als Logiker. – Hptw.: Logik, 2 Bde., 1873/78, 1924⁵; Vorfragen der Ethik, 1886, 1907².

Ota Šik

Šik, Ota, geb. 1919: tschechischer Sozialist (seit 1968 in der Emigration), Befürworter der Marktwirtschaft sowie einer Überwindung des Gegensatzes von Arbeit und Kapital durch Weckung des Interesses der Arbeiter an der Investitionsentwicklung. Š. tritt für einen freiheitlichen Sozialismus auf kommunistischer Basis unter Ausschaltung des Sowjetsystems ein. — Hptw. (in deutscher Übersetzung): Plan und Macht im Sozialismus, 1967; Argumente für den Dritten Weg, 1973; Humane Wirtschaftsdemokratie – Ein dritter Weg, 1979; Ein Wirtschaftssystem der Zukunft, 1985; Prager Frühlingserwachen, 1988.

Sikhs (Sanskrit: Jünger, Schüler): indische Religionsgemeinschaft (ca. 8 Millionen) im nordwestindischen Bundesstaat Punjab (Pandschab), deren höchstes Heiligtum, der „Goldene Tempel" von Amritsar (auf einer Insel im „See der Unsterblichkeit" – Amrita Saras), sowie weitere 26 Tempel, die als Waffenlager dienten, 1984 von der indischen Armee erstürmt wurden, um den permanenten Terror radikaler Sikhs zu brechen und einen Schlußstrich unter die monatelangen blutigen Kämpfe zwischen Sikhs und Hindus zu ziehen. Die Sikhs sind Monotheisten; ihre Lehre sucht eine Verbindung zwischen Islam und Hinduismus zu schaffen. – ↗ Adi Granth.

Silesius: ↗ Angelus S.

Silva-Tarouca, Amadeo, 1898—1971: österreichischer Philosoph, Neothomist, um die Überwindung der Einseitigkeit aller philosophischen Denkansätze durch deren Integration bemüht. — Hptw.: Thomas heute, 1947; Praxis und Theorie des Gottesbeweisens, 1950; Die Logik der Angst, 1953; Philosophie im Mittelpunkt (Entwurf einer Ontophänomenologie), 1957; Aufsätze zur Sozialphilosophie, 1970.

Georg Simmel

Simmel, Georg, 1858—1918: deutscher Philosoph und Soziologe, der unter Ablehnung aller geschlossenen philosophischen Systeme auf den funktionellen Charakter der Philosophie hinweist, deren Wert nicht in ihren Behauptungen liegt, sondern in der unvollendbaren Aufgabe, stets aufs neue auf die „Ganzheit des Seins" zu reflektieren, um ein Gesamtverständnis der Wirklichkeit zu gewinnen. Ursprünglich bekannte sich S. zu einem antipsychologistischen Relativismus, den er aus der rational-apriorischen Struktur des menschlichen Natur- und Geschichtsbildes abzuleiten versuchte. Später übt S. am historischen Relativismus Kritik, wobei er die schöpferische Souveränität des Geistes betont und seine ursprüngliche Auffassung durch eine Kulturphilosophie im Sinne einer Metaphysik des Geisteslebens ergänzt. Im allgemeinen wendet sich S. jedoch immer wieder gegen jede metaphysische Begriffsdichtung. Er verzichtet beim Aufbau des Weltbildes auf den „Schlußstein des Absoluten" und bekennt sich zu einer an Goethe, Schopenhauer und Nietzsche orientierten Lebensauffassung, der zufolge alles Leben (als rastloses Weiterdrängen) seinem Wesen nach jeder Erfüllung widerspricht. Als Geschichtsphilosoph betont S. den Unterschied zwischen historischer Wahrheit und erlebter Wirklichkeit, stellt demgemäß den Wissenschaftscharakter der Geschichte in Frage und rückt die Historik in die Nähe der Kunst. Im übrigen ist S. von der Selbständigkeit der Soziologie als Wissenschaft überzeugt. Sein ethischer Standpunkt erinnert an Kant (Formalethik). — Hptw.: Einleitung in die Moralwissenschaft (Eine Kritik der ethischen Grundbegriffe), 2 Bde., 1892/93, 1911[3]; Die Probleme der Geschichtsphilosophie (Eine erkenntnistheoretische Studie), 1892, 1923[5]; Philosophie des Geldes, 1900, 1958[6]; Soziologie, 1908, 1922[2]; Hauptprobleme der Philosophie, 1910, 1964[8]; Goethe, 1913; Zur Geschichte der modernen Weltanschauung, 1916; Grundfragen der Soziologie, 1917; Vom Wesen des historischen Geschehens, 1918; Lebensanschauung, 1918; Der Konflikt der modernen Kultur, 1918, 1926[3]; Zur Philosophie der Kunst, 1922; Brücke und Tür, 1957; Soziologische Untersuchungen über die Formen der Vergesellschaftung, 1958[4]; Das individuelle Gesetz (Philosophische Exkurse), 1968, 1987[2] (hrsg. u. eingeleitet v. Michael Landmann); Philosophische Kultur – Über das Abenteuer, die Geschlechter und die Krise der Moderne – Gesammelte Essays, 1983; – neue Ausgabe: Rembrandt – Ein kunstphilosophischer Versuch (1916, 1919[2]), 1985. – Lit.: Georg Simmel und die Moderne (Neue Interpretationen und Materialien), hrsg. v. H.-J. Dahme u. O. Rammstedt, 1985. – ↗ Adler M.

Simon von Tournay: französischer Scholastiker und „Summist" des 13. Jhdts.

Singuläre Sätze: empirisch-hypothetische Sätze, die nur über bestimmte Einzelfälle etwas aussagen. Beispiel: „Dies ist eine Blume".

Singularismus: ontologische Auffassung, der zufolge die Wirklichkeit aus einer einzigen Grundsubstanz aufgebaut ist. Singularistische Standpunkte sind der ↗Materialismus, Energismus, Hylozoismus, Hylopsychismus, Spiritualismus und Identismus. Gegenstandpunkte: ↗Dualismus, Pluralismus.

Sinn: 1. gleichbedeutend mit ↗„Wert". Vom Standpunkt eines modernen Kulturbewußtseins aus könnte man die Frage nach dem „Sinn" des Lebens dahingehend beantworten, daß er in kulturschöpferischer Tätigkeit, d. h. in der Verwirklichung von Werten besteht; dazu gehört sowohl das zweckfreie, begeisterungserfüllte ↗Spiel (↗Jugend, ↗Eros), als auch die zielbewußte Arbeit an sich selbst und an den Aufgaben des Lebens: Nützen wir die Spanne Zeit, die uns vom Schicksal gegönnt, füllen wir sie so gut wie möglich mit Kraft und Bedeutung und prägen wir nach Möglichkeit die flüchtigen Erscheinungen in Dauerform, denn nur wir selbst können der Welt Sinn und Wert verleihen! Einen „Sinn an sich", den man suchen und vielleicht finden könnte, gibt es nicht (— ebensowenig wie einen „Wert an sich"); jeder solche „Sinn" wird „durch die Interesselosigkeit der Geschichte widerlegt" (sagt Siegfried Lenz), und „je begreiflicher uns das Universum wird, als umso sinnloser erscheint es uns auch" (meint Steven Weinberg); möglich (und notwendig, wenn man sich nicht damit abfindet, daß der Sinn des Lebens sich in dem Versuch erschöpft, seine Sinnlosigkeit zu ertragen) aber ist eine subjektive Sinn-Gebung (— bestehe sie nun, wie für die antiken Philosophen, im Erkennen der Ursachen der Dinge oder, wie für Empedokles, darin, die Sterne zu schauen, oder in sonst einer, von uns selbst zu leistenden, Sinnerfüllung: ethizistisch etwa in dem Bestreben, dem Mitmenschen Freude, ihn glücklich zu machen, in der Arbeit für bzw. Sorge um andere, ästhetizistisch in der Hingabe an die Kunst). Das Leben hat eben bloß den Sinn, den der Mensch ihm gibt: „Das Leben hat keinen Sinn außer dem, den wir ihm geben" (Thornton Wilder); „Das Leben kann nur so viel Sinn haben, wie man imstande ist, in es hineinzutun" (↗Ayer); „Wisset, ein erhabener Sinn legt das Große in das Leben, und er sucht es nicht darin" (↗F. Schiller). Daß die Frage nach dem Sinn des eigenen Daseins für die „Existenz" des Menschen von entscheidender Bedeutung ist, steht außer Zweifel: „Wer ein Warum zu leben hat, erträgt fast jedes Wie" (Nietzsche). - ↗Ästhetizismus, Banause, Geschichte, Heiterkeit, Idealismus (3.), Intellektualismus, Kultur (4.), Leben, Moralismus (Sinn der Welt), Nihilismus, Optimismus, Philosophie (3., 4.), Religion, Tod, Unsterblichkeit; Adler A., Baumgardt, Bloch, Camus, Cioran, Eucken, Frankl, Görland, Hessen, Höffding, Lauth, Machovéc, Malraux, Müller M., Müller-Lyer, Reiner, Schlick, Schopenhauer, Stern A., Wahle. – 2. Gleichbedeutend mit „Zweckmäßigkeit" (z. B. im Bau der Organismen); ↗Zweck. – 3. In der Logik und der Erkenntnistheorie: „Sinngehalt" von Aussagen und Begriffen. Als „sinnwidrig" kann man alle widerspruchsvollen Aussagen (Kontradiktionen), als „sinnleer" die Tautologien, als (theoretisch) „sinnlos" die metaphysischen Probleme (Scheinprobleme) und Behauptungen bezeichnen (womit ihr emotionaler Wert für Menschen mit entsprechenden seelischen Bedürfnissen nicht in Frage gestellt ist). ↗Logistischer Positivismus (Sinnkriterium der Verifikation bzw. Falsifikation), Semantik; Austin, Stenzel. – 4. „Bedeutung" (z. B. eines Kunstwerkes); ↗Verstehen, Hermeneutik. – 5. ↗Gomperz H. – 6. ↗Hofmann. – 7. ↗Lessing Th. – 8. Reizaufnahmeorgan (z. B. Gehör-Sinn); ↗Spezifische Energie.

Si tacuisses, philosophus mansisses (↗Boethius): Wenn du geschwiegen hättest, wärst du ein Philosoph geblieben (d. h.: wenn du dir keine Blöße gegeben hättest, würde man dich weiterhin für einen Philosophen halten).

Sitte: überlieferter Brauch, traditionelle Gepflogenheit. Nicht zu verwechseln mit: ↗Ethos, Moral (Sittlichkeit). — ↗Tönnies.

Skepsis: Zweifel. Zu unterscheiden sind: 1. radikale Skepsis; in diesem Falle wird die Möglichkeit, allgemeingültige Erkenntnisse zu gewinnen, grundsätzlich in Zweifel gezogen (Auffassung z. B. der ↗Sophisten); 2. methodische Skepsis, der zufolge an der Gültigkeit einer Aussage zu zweifeln ist, solange sie nicht zureichend begründet ist; z. B. von ↗Descartes als Ausgangspunkt und Methode des philosophischen Denkens gefordert („de omnibus dubitandum est"). — ↗Skeptizismus.

Skeptizismus: erkenntnistheoretischer Standpunkt, dem zufolge es unmöglich ist, verläßliche (allgemeingültige) Erkenntnisse zu gewinnen. Zu unterscheiden ist zwischen einer destruktiven und einer konstruktiven ↗Skepsis (der Skeptizismus als notwendige Sicherung gegenüber dem Autoritätsglauben, als Vorform des ↗Positivismus, Phänomenalismus, Kritizismus und Perspektivismus). — ↗Skepsis (radikale und methodische Skepsis), epoché;

Ainesidemos, Bayle, Charron, Cioran, Glanville, Hegel („Es ist Verwirrung, mit der die Philosophie überhaupt anfangen muß und die sie für sich hervorbringt; man muß an Allem zweifeln, man muß alle Voraussetzungen aufgeben, um es als durch den Begriff Erzeugtes wieder zu erhalten"), Hönigswald, Kolakowski, Leopardi, Marquard, Mersenne, Montaigne, Radakovic, Rée, Rensi, Sanchez, Sextus, Schulze, Weischedel; Pessimismus (Fortschrittsskeptizismus).

Sklavenmoral: von ↗Nietzsche eingeführte Bezeichnung für die christliche Moral (Tugenden: Demut, Mitleid, Barmherzigkeit, Nächstenliebe). Dieser Moral der „schwachen" Menschen und des absterbenden Lebens gegenüber preist Nietzsche die ↗Herrenmoral. Daß die christliche Moralauffassung sich durchgesetzt hat, beruht nach Nietzsche auf einem „Sklavenaufstand" in der Moral, der darin bestand, daß die starken und wohlgeratenen Menschen der Unmoral bezichtigt wurden, so daß von da an die Lebensbejahung und der „Wille zur Macht" als unmoralisch galten. — ↗Ressentiment.

Smith, Adam, 1723–1790: schottischer Volkswirtschaftler und Moralphilosoph, Verfechter des Wirtschaftsliberalismus. – Hptw.: Theory of Moral Sentiments, 1759; An Inquiry into the Nature and Causes of the Wealth of Nations, 1776. – ↗Eckstein.

Smuts, Jan Christiaan, 1870—1950: südafrikanischer General und Staatsmann. — ↗Holismus („Holism and Evolution", 1926, dt. 1938: „Die holistische Welt").

Sokrates

Sokrates, 469–399 v. Chr.: griechischer Ethiker, der den Sophisten entgegentrat und ihre wertrelativistische Auffassung bekämpft, indem er die Menschen auffordert, stets das Gute zu tun und der Stimme des Gewissens, dem „daimonion" (der das Weltall ordnenden Macht) zu folgen. S. hat keine systematische „Lehre" entwickelt, sondern war ein philosophierender „Praktiker". Er selbst hat, nachdem er zu Unrecht (wegen Verführung der Jugend zur Gottlosigkeit) in einem „Asebie-Prozeß" zum Tode verurteilt worden war, den Giftbecher freiwillig geleert, obgleich es ihm möglich gewesen wäre, dem Kerker zu entfliehen, um zu demonstrieren, daß man den Gesetzen unter allen Umständen zu gehorchen habe. S. ist der Überzeugung, daß Tugend lehrbar sei, daß unmoralisches Verhalten auf einem Denkfehler beruhe und daß der Weg zur Tugend daher über die Weisheit führe (ethischer Intellektualismus und Optimismus); er selbst versteht es meisterhaft, durch geschickte Fragen (mäeutische Methode) seine Gesprächspartner ihrer Unwissenheit zu überführen (wobei er sich mit Absicht unwissend stellt: „sokratische Ironie"); von sich selbst sagt er: „ich weiß, daß ich nichts weiß" (im Gegensatz zur Selbstüberheblichkeit der Sophisten). S. hat keine Schriften hinterlassen; seine philosophischen Auffassungen kennen wir vor allem aus den Darstellungen seines Schülers ↗Platon. – Seiner Gattin Xanthippe haftet der Ruf zänkischer Gemütsanlage übrigens zu Unrecht an. – ↗Eibl, Guardini, Hasse, Kuhn H., Kühnemann, Maier, Martin, Nestle, Pannwitz, Siegel, Kafka.

Solger, Karl Wilhelm Ferdinand, 1780 bis 1819: deutscher Ästhetiker. – Hptw.: Erwin (Vier Gespräche über das Schöne und die Kunst), 2 Bde., 1815, 1907²; Philosophische Gespräche, 1817; Vorlesungen über Ästhetik, 1829.

Solidarismus: ethischer Standpunkt, dem zufolge das Zusammenleben der Menschen in stets zunehmendem Maß durch Vernunft und Ordnung in der Weise geregelt werden soll, daß jeder Einzelmensch alle seine (zu größtmöglicher Entfaltung gebrachten) Eigenschaften und Fähigkeiten bewußt und freiwillig in den Dienst der Höherentwicklung der Menschheit stellt. Der Solidarismus (z. B. von ↗Börner vertreten) stellt eine Synthese von ↗Individualismus und ↗Kollektivismus dar und ist zugleich ↗evolutionistisch und ↗optimistisch (↗melioristisch); er wurzelt in der Anerkennung des ↗Humanitätsideals, hat einen überzeitlichen Sinn und ruft zum „ethischen Heroismus" auf.

Solipsismus: konsequent zu Ende gedachter subjektiver Idealismus. Nach solipsistischer Auffassung ist die Welt (einschließlich der Mitmenschen) nur Inhalt des eigenen Bewußtseins. Dieser Standpunkt ist wohl theoretisch

Sölle

im strengen Sinn des Wortes nicht widerlegbar, seine Konsequenzen sind jedoch absurd. – „Methodischer Solipsismus": ↗Reininger; ↗Immanenzphilosophie; Schubert-Soldern.

Sölle, Dorothee, geb. 1929: dt. (ev.) Theologin, die im Sinne einer radikalen „Gott-ist-tot"-Theologie und „Religionskritik" eine „Theologie ohne Gott" und damit den Abbau der Ideologie „Gott" fordert, um den Mißbrauch des Gottesbegriffes zur Rechtfertigung bestehender Machtverhältnisse zu verhindern. – Hptw.: Die Wahrheit ist konkret, 1967; Atheistisch an Gott glauben, 1968; Realisation (Studien zum Verhältnis von Theologie und Dichtung nach der Aufklärung), 1970; Das Recht, ein anderer zu werden, 1971; Leiden, 1973; Die Hinreise – Zur religiösen Erfahrung (Texte und Überlegungen), 1975; Religionsgespräche, 1975; Sympathie – theologisch-politische Traktate, 1978; Im Hause des Menschenfressers (Texte zum Frieden), 1981; Politische Theologie, 1982; Ein Volk ohne Vision geht zugrunde, 1986.

Solowjew, Wladimir, 1853–1900: russischer Mystiker und Religionsphilosoph. — Hptw. (russisch): Die Krise der westlichen Philosophie, 1874; Die Geschichte und die Zukunft der Theokratie, 1887, Teile 2 und 3 unter dem Titel „La Russie et l'Église universelle", 1889; Die Rechtfertigung des Guten, 1897; Theoretische Philosophie, 1897 bis 1899. – Neue deutsche Ausgaben: Recht und Sittlichkeit, 1971; Der Sinn der Liebe, 1985.

Solözismus: Sprachfehler, vornehmlich in der Rhetorik (– nach der Stadt Soloi in Kilikien, deren Bewohner ein schlechtes Griechisch sprachen).

Werner Sombart

Sombart, Werner, 1863–1941: dt. sozialliberaler Wirtschafts- u. Sozialphilosoph, der u. a. „drei Nationalökonomien" unterscheidet: 1. die richtende (als Normwissenschaft), 2. die ordnende (die sich naturwissenschaftlicher Methoden bedient) und 3. die verstehende (geisteswissenschaftlich orientierte). — Hptw.: Sozialismus und Soziale Bewegung im 19. Jhdt., 1896, 10. Aufl. unter dem Titel „Der proletarische Sozialismus (Marxismus), 2 Bde., 1924; Der moderne Kapitalismus, 1902, 1928[7] (3 Bde.); Die drei Nationalökonomien, 1930; Deutscher Sozialismus, 1934; Die Zukunft des Kapitalismus, 1937; Weltanschauung, Wissenschaft und Wirtschaft, 1938; Vom Menschen (Versuch einer geisteswissenschaftlichen Anthropologie), 1938, 1956[2]. – Neue Ausgabe: Liebe, Luxus und Kapitalismus (Über die Entstehung der modernen Welt aus dem Geist der Verschwendung), 1983.

Sommerfeld, Arnold, 1868—1951: deutscher Physiker. — Hptw.: Vorlesungen über theoretische Physik, 1943; Atombau und Spektrallinien, 2 Bde., 1949[7].

Somnambulie, Somnolenz: ↗Hysterie.

Sontheimer, Kurt, geb. 1928: deutscher Politologe. — Hptw.: Thomas Mann und die Deutschen, 1961; Antidemokratisches Denken in der Weimarer Republik (Die politischen Ideen des deutschen Nationalsozialismus von 1918 bis 1933), 1962; Politische Wissenschaft und Staatsrechtslehre, 1963; Israel (Politik, Gesellschaft, Wirtschaft), 1968; Deutschland zwischen Demokratie und Antidemokratie, 1971; Das politische System Großbritanniens, 1972; Das Elend unserer Intellektuellen (Linke Theorie in der Bundesrepublik), 1976; Die verunsicherte Republik (Die Bundesrepublik nach 30 Jahren), 1979; Zeitenwende? (Die Bundesrepublik Deutschland zwischen alter und alternativer Politik), 1983.

Sopatros v. Apameia, 4. Jhdt. n. Chr.: Schüler des Jamblichos; vertrat einen Polytheismus, weshalb er in Konstantinopel hingerichtet wurde. Seine Schrift über die Vorsehung ist nicht erhalten.

Sophismen: Trugschlüsse, die einer beabsichtigten Täuschung dienen. – ↗Ephemér, Fangschlüsse, Paradoxon, Schlußfehler.

Sophisten: griechische Philosophen des 5. und 4. Jhdts. v. Chr., die sich zum erkenntnistheoretischen ↗Relativismus (extremen ↗Skeptizismus) und zum ↗Wertrelativismus bekennen und als „Weisheits"-Lehrer ihre Schüler vor allem in ↗Rhetorik unterweisen, damit sie fähig werden, durch geschickte Rede sogar dem Unrecht zum Siege zu verhelfen. Sie zeigen große Gewandtheit im Denken; ihrer Weltanschauung nach kann man sie als ↗„Aufklärer" bezeichnen. Man wird den Sophisten nicht gerecht, wenn man in ihnen lediglich die Wortführer einer negativistischen Kritik sieht, da sie die Entwicklung der abendländischen Logik und Wissenschaft zweifellos entscheidend angeregt haben. Die bedeutendsten Sophisten sind: ↗Protagoras, Gorgias; ihr Gegner: ↗Sokrates; zu den jüngeren Sophisten zählen u. a.: ↗Prodikos, Hippias. – Siehe: ↗H. Gomperz, Liljequist.

Sophrosyne (Besonnenheit, Mäßigung): eine der vier griechischen Kardinaltugenden. ↗Tugend.

Sorel, Georges, 1847—1922: französischer Sozial- und Staatsphilosoph, der (im Sinne eines revolutionären Konservativismus) im Rahmen der von ihm entwickelten „Theorie der Eliten" und „Theorie des politischen Mythos" am demokratischen Parlamentarismus, Fortschrittsglauben, Humanismus und Pazifismus Kritik übt, die „direkte Aktion" bzw. den Generalstreik empfiehlt und nachzuweisen versucht, daß nicht rationale Kräfte, sondern Mythen und die Energie der Eliten in der Politik maßgebend sind. – Hptw.: Réflexions sur la violence, 1908; Les illusions du progrès, 1908; La décomposition du marxisme, 1908; Matériaux d'une théorie du prolétariat, 1919. – Neue deutsche Ausgabe: Über die Gewalt, 1981.

Sorites: 1. ↗Kettenschluß. — 2. Fangfrage des ↗Eubulides (Wann kann man von einem Kornhaufen sprechen? Da weder ein Korn noch zwei noch drei noch vier Körner einen Kornhaufen bilden, kann dieser offenbar nie zustandekommen! Oder bei 500 Körnern? Dann also macht ein Korn, nämlich das fünfhundertste, den Kornhaufen aus? — Was sich analog von jeder Zahl sagen läßt!). Fehler: unklare Formulierungen, Definitionsmängel.

Sorokin, Pitirim Alexandrowitsch, 1889 bis 1968: russischer Soziologe und Sozialphilosoph (später in den USA), der einen „soziologischen Integralismus" lehrt und als „Anti-Spengler" gilt. — Philosophisch bedeutsame Hptw.: Social and Cultural Dynamics, 4 Bde., 1937—1941; The Crisis of Our Age, 1941, dt. 1950 (Die Krise unserer Zeit); Social Philosophies of an Age of Crisis, 1951, dt. 1953 (Kulturkrise und Gesellschaftsphilosophie).

Sozialdarwinismus: ungerechtfertigte Verwendung biologischer Kategorien zur Interpretation der Sozialentwicklung und des historischen Geschehens, z. B. die Behauptung, daß (gemäß ↗Darwins Lehre) der „Kampf ums Dasein" auch im Völkerleben ein notwendiges Mittel der Auslese sei und daher Kriege und Klassenkämpfe für alle Zeiten unvermeidbar, ja von Nutzen seien. — ↗Nietzsche(„Genealogie der Moral"); Herrenmoral, Sklavenmoral (Herdenmoral).

Sozialeudaimonismus: ↗Ethik, Utilitarismus.

Sozialismus: politische Bewegung, deren Ziel die Beseitigung des kapitalistischen Systems, die Durchführung einer Planwirtschaft und der Aufbau einer klassenlosen Gesellschaft ist. (Auch dieses Ziel selbst und auch die zugrundeliegende Theorie werden als „Sozialismus" bezeichnet. — Im allgemeinsten Sinne des Wortes ist „Sozialismus" gleichbedeutend mit dem ethischen Postulat des Anti-Egoismus, des Altruismus: „Sozialismus ist das, was man unter dem Namen Moral so lange vergebens gesucht hat"). Von den vielen Varianten des Sozialismus sind vor allem zu unterscheiden: 1. im Hinblick auf die politische Praxis: der revolutionäre (radikale) Sozialismus (Kommunismus) im Gegensatz zum gemäßigten (demokratischen, reformistischen) Sozialismus: Im Gegensatz zum revolutionären, orthodox-marxistischen Sozialismus will der demokratische Sozialismus (— die Sozialdemokratie —) den Ausbau des Sozialstaates evolutionär im Rahmen der parlamentarischen Demokratie vorantreiben, wobei nicht eine grundsätzliche Änderung des bestehenden Systems und eine totale Vergesellschaftung der Produktionsmittel beabsichtigt ist, sondern das Subsidiaritätsprinzip gelten soll (Privatwirtschaft so weit wie möglich, Gemeineigentum soweit wie nötig); Ziel ist ein Sozialismus mit „konkreter Freiheit" (Rudi Dutschke), in der Wohlfahrt, Wohlstand und Wohlbefinden aller durch eine sinnvolle Verbindung ökonomischer und ökologischer Aspekte gewährleistet sind, ein Sozialismus mit „menschlichem Antlitz", wie er auch z. B. von ↗Flechtheim gefordert wird (– Günter Berkhan in der Tradition Rosa Luxemburgs: „Keine Demokratie ohne Sozialismus, kein Sozialismus ohne Demokratie" –). – 2. Hinsichtlich der theoretischen Begründung: der wissenschaftliche Sozialismus (Marxismus) im Gegensatz zum älteren utopischen Sozialismus („Sozialromantik": ↗Fourier, Saint-Simon, Owen). – ↗Abendroth, Adler M., Dewey,

Sozialphilosophie

Fetscher, Kautsky, Kelsen, Kofler, Künzli, Lange F. A., Lassalle, Le Bon, Leser, Marko, Plechanow, Proudhon, Radbruch, Rodbertus, Sachsse, Šik, Sombart, Staudinger, Steinbüchel, Vorländer, Wiese; Alienation, Austromarxismus, Dialektischer Materialismus, Gesellschaftsphilosophie, Liberalismus, Marxismus, Mutualismus, Nouvelle Philosophie, Recht, Staatsphilosophie („Staatssozialismus"). – ↗Freiheit.

Sozialphilosophie: ↗Gesellschaftsphilosophie.

Soziobiologie (Terminus von Edward O. Wilson: Sociobiology – The New Synthesis, 1975): 1. im allgemeinsten Sinn gleichbedeutend mit ↗Ethologie; – 2. im engeren Sinn eine vor allem vom oben genannten amerikanischen Zoologen begründete Forschungsrichtung mit dem Ziel, durch Untersuchung der biologisch-genetischen Grundlagen des sozialen Verhaltens von Tieren und Menschen „die darwinistische Revolution des Menschenbildes zu vollenden": ↗Neodarwinismus; Ergebnisse: Das Entwicklungsprodukt ist jeweils eine Synthese von Vererbung und Erziehung; hingegen ist z. B. die Geschlechtsrolle (männliches bzw. weibliches Verhalten) nicht anerzogen, sondern biologisch vorbestimmt.

Soziologie: relativ spät (↗Comte) entwickelte Wissenschaft vom Zusammenleben und Zusammenwirken von Menschen; Wissenschaft von den Formen der Vergesellschaftung, Gesellschaftslehre, in der (in Überschneidung mit der sozialpsychologischen und kulturpsychologischen Forschung) u. a. untersucht werden: 1. die Formen der zwischenmenschlichen Beziehungen (z. B. Liebe, Freundschaft, Kameradschaft, Sympathie, Kollegialität, Solidarität, Zusammenarbeit, Nachahmung, Suggestion, Führertum, Herrschaft, Wettbewerb, Opposition, Kritik, Antipathie, Haß, Verbrechen), 2. die Ausprägungen der Gruppenbildung (z. B. Familie, Sippe, Gemeinde, Stand, Klasse, Bund, Verein, Partei), aber auch amorpher Menschenballung (Masse; Serie: z. B. der Angstgejagten), 3. die sozial bedingten Leistungen und Erzeugnisse der Menschen (Institutionen: Ehe, Staat, Kirche usw.; Kulturgebilde: Recht, Moral, Kunst usf.). – ↗Abendroth, Aron, Dahrendorf, Durkheim, Fetscher, Freyer, Gehlen, Goldscheid, Hacker, Hauser, Holz H. H., Kelsen, Kofler, König, Kraft J., Lewin, Lieber, Lorenz, Luhmann, Mannheim, Michels, Mitscherlich, Müller-Lyer, Neurath, Pareto, Piaget, Radakovic, Schelsky, Simmel, Sombart, Spaemann, Spann (Ganzheitskategorie), Tönnies, Veit, Weber A., Weber M., Wiese; Dialektik, Futurologie, Gesellschaftsphilosophie, Kultursoziologie. – Zur **Sozialpsychologie,** deren Probleme und Gegenstand im engeren Sinn hier nicht zu erörtern sind, nur ein Bonmot Schopenhauers, seine berühmte Fabel von den Stachelschweinen zur Versinnbildlichung der „metaphysischen" Situation des Menschen (Parerga und Paralipomena, 2. Bd., § 400): „Eine Gesellschaft Stachelschweine drängte sich, an einem kalten Wintertage, recht nahe zusammen, um, durch die gegenseitige Wärme, sich vor dem Erfrieren zu schützen. Jedoch bald empfanden sie die gegenseitigen Stacheln; welches sie dann wieder von einander entfernte. Wann nun das Bedürfnis der Erwärmung sie wieder näher zusammen brachte, wiederholte sich jenes zweite Übel; so daß sie zwischen beiden Leiden hin und hergeworfen wurden, bis sie eine mäßige Entfernung von einander herausgefunden hatten, in der sie es am besten aushalten konnten. – So treibt das Bedürfnis der Gesellschaft, aus der Leere und Monotonie des eigenen Innern entsprungen, die Menschen zu einander; aber ihre vielen widerwärtigen Eigenschaften und unerträglichen Fehler stoßen sie wieder von einander ab."

Soziologismus: Glaube an die Allmacht der Gesellschaft; Überschätzung sozialer Ursachen; Verabsolutierung des soziologischen Aspektes; einseitige Übertreibung der soziologischen Betrachtungsweise.

Spaemann, Robert, geb. 1927: deutscher Philosoph. – Hptw.: Der Ursprung der Soziologie aus dem Geist der Restauration, 1959; Reflexion und Spontaneität (Studien über Fénelon), 1963; Einsprüche, 1977; Zur Kritik der politischen Utopie (Zehn Kapitel politischer Philosophie), 1977; Evolutionstherapie und menschliches Selbstverständnis, 1984. – ↗Siewerth.

Spann, Othmar, 1878—1950: österreichischer Nationalökonom, Soziologe und Philosoph (Schöpfer der Ganzheitslehre), der die „ganzheitliche" Betrachtungsweise, d. h. die Voraussetzung, daß eine „Gruppe" von Menschen mehr sei als die Summe ihrer Individuen, für unentbehrlich hält, vom Standpunkt eines romantisierenden Universalismus aus sowohl am Individualismus als auch am Kollektivismus und schließlich im Geiste einer an Platon und Aristoteles orientierten idealistischen Metaphysik auch am Empirismus, Positivismus und Materialismus Kritik übt. — Hptw.: Wirtschaft und Gesellschaft, 1907; Die Haupttheorien der

Volkswirtschaftslehre, 1911, 1949[25]; Gesellschaftslehre, 1914, 1930[3]; Fundament der Volkswirtschaftslehre, 1918, 1929[4]; Der wahre Staat, 1921, 1972[5]; Kategorienlehre, 1924, 1939[2]; Gesellschaftsphilosophie, 1928; Der Schöpfungsgang des Geistes, 1928; Geschichtsphilosophie, 1932; Philosophenspiegel, 1933, 1950[2]; Erkenne dich selbst (Eine Geistesphilosophie als Lehre vom Menschen und seiner Weltanschauung), 1935; Naturphilosophie, 1937; Religionsphilosophie auf geschichtlicher Grundlage, 1947; Ganzheitliche Logik, 1962[2]. – ↗Austrofaschismus (Ständestaat).

Spekulation: Überlegung, phantasievolles Denken, Methode der rationalistischen Metaphysik, die niemals Erkenntnisse gewinnen, sondern nur Gedankendichtungen reifen läßt.

Herbert Spencer

Spencer, Herbert, 1820—1903: englischer Empirist, der einen erkenntnistheoretischen Relativismus lehrt, dem zufolge alle Erkenntnisse nur relativ gelten und sich ausschließlich auf empirisch gegebene Erscheinungen beziehen. Das Wesen der absoluten Wirklichkeit hält S. für unerkennbar (Agnostizismus); die Behauptung der Existenz eines „unknowable" jedoch erscheint ihm als gerechtfertigt. S. ist Evolutionist, indem er den Entwicklungsgedanken philosophisch verwertet und zur Interpretation der organischen, der psychischen und der sozialen Erscheinungen heranzieht. Seine ethischen Auffassungen fundiert er soziologisch; den Zweck des Staates sieht er in der Sicherung der Rechte und der Freiheit des Einzelmenschen (Individualismus). – Hptw.: A System of Synthetic Philosophy, 1862–1896; The Man versus the State, 1884. – ↗Lachen.

Spengler, Oswald, 1880—1936: deutscher Geschichtsphilosoph, nach dessen pessimistischer Geschichts- und Kulturauffassung die Kulturentwicklung nicht stetig fortschreitet, sondern in einer Aufeinanderfolge in sich geschlossener Kulturkreisläufe besteht, wobei jeder Kulturkreislauf Ausdruck einer spezifischen Kulturseele ist. Die von S. unterschiedenen acht Kulturen (ägyptische, babylonische, indische, chinesische, Maya-Kultur, arabisch-magische, antikapollinische, abendländisch-faustische) folgen wie Organismen einem Wachstums- und Verfallsgesetz und sterben nach einer Lebensdauer von durchschnittlich tausend Jahren ab. Die Lebenslinie eines Kulturzyklus führt von der Frühzeit über die Entfaltung der Hochkultur zur Verfallsperiode. Die Gleichartigkeit der Kulturkreisläufe zeigt sich z. B. in der für alle Kulturen gültigen Aufeinanderfolge der Stilperioden; und doch sind die Kulturen ihrem tiefsten Wesen nach voneinander verschieden, ebenso wie ihre Plastiken, Malereien, Mathematiken und Physiken. Auch der abendländischen Kultur, die in ihrer Entwicklung bereits das Verfallsstadium der „Zivilisation" erreicht hat (Großstädte, Vermassung, Rationalisierung, Technisierung, Spezialisierung, Mangel an schöpferischer Kraft und Originalität), steht daher der Untergang bevor; S. prophezeit ihre Ablösung durch eine neue Kultur (vermutlich russische). Auch den Staat begreift S. organistisch als „Lebewesen". S. ist ein Gegner des Sozialismus und der Demokratie und sagt den Untergang der Demokratie und die Heraufkunft des Cäsarismus voraus. S.s Untergangsphilosophie wurzelt in einer irrationalistischen Metaphysik. Seiner romantisierenden und ästhetisierenden Betrachtungsweise wird seitens der Fachwissenschaft vor allem Einseitigkeit und Willkür in der Bildung von Analogien sowie Vernachlässigung der Wechselwirkungen zwischen den von ihm postulierten „Kulturleibern" vorgeworfen (– die Kulturen beeinflussen einander; selbst sterbende Kulturen hinterlassen eine „Erbmasse"!). – Hptw.: Der Untergang des Abendlandes, 2 Bde., 1918/22; Preußentum und Sozialismus, 1920; Der Mensch und die Technik, 1931; Jahre der Entscheidung, 1933, 1961[2]; Reden und Aufsätze, 1937; Briefe, 1963; Urfragen (Fragmente aus dem Nachlaß), 1965. – ↗Messer, Schröter, Sorokin, Thirring.

Oswald Spengler

Sperber, Manès, 1905–1984: österr. (in Galizien geb.) Schriftsteller, Kulturkritiker (später in Frankreich), der sich, unter dem Einfluß von Marx, Freud und A. Adler, in einer an Bloch und manche existenzphilosophische Analysen erinnernden Weise mit dem Zeitgeschehen auseinandersetzt. – Hptw.: Zur Analyse der Tyrannis (Sozialpsychologische Essays), 1938, 1975²; Die Achillesferse, 1957, 1960²; Wie eine Träne im Ozean, 1961, 1967³; Zur täglichen Weltgeschichte, 1967; Alfred Adler oder Das Elend der Psychologie, 1970; Leben in dieser Zeit (Sieben Fragen zur Gewalt), 1972; All das Vergangene ... (Memoiren in 3 Bänden): Die Wasserträger Gottes, 1974; Die vergebliche Warnung, 1975; Bis man mir Scherben auf die Augen legt, 1977; Individuum und Gemeinschaft (Versuch einer sozialen Charakterologie), 1978; Sieben Fragen der Gewalt, 1978; Churban oder Die unfaßbare Gewißheit (Essays), 1979; Nur eine Brücke zwischen gestern und morgen, 1980; Essays zur täglichen Weltgeschichte, 1981; Geteilte Einsamkeit – Der Autor und sein Leser, 1985; Sein letztes Jahr (Hrsg. v. Heinz Friedrich), 1986; Der schwarze Zaun (Roman), 1986.

Speusippos, um 350 v. Chr.: Platons Neffe und Nachfolger in der Leitung der Akademie, der gleichartige Erscheinungen (Homoia) in der Tier- und der Pflanzenwelt empirisch erforscht hat.

Spezifische Energie (der Sinne): von Johannes Müller (– „nemo psychologus nisi physiologus" –) formuliertes Gesetz, dem zufolge die Sinnesorgane und die ihnen entsprechenden Gehirnbezirke nur für Erregungen einer bestimmten Art geeignet sind, mit denen sie verschiedenste Reize beantworten (z. B.: Auch wenn das Auge statt von Lichtstrahlen von einem Hieb getroffen oder von einem elektrischen Strom durchflossen wird, sieht man Licht).

Spiel: ↗Arbeit, Sinn (des Lebens), Zufall; Alain, Eigen, Fetscher, Groos, Hochkeppel, Huizinga, F. Schiller, Schlick, Schultz.

Spin: ↗Pauli-Prinzip.

Spinner, F. Helmut, geb. 1937: deutscher Soziologe und Erkenntnistheoretiker aus der Schule K. Poppers, vor allem ↗Feyerabend und Imre Lakatos verbunden. – Hptw.: Theoretical Pluralism, 1968, dt. 1971; Wege und Irrwege der Wissenschaft, 1969; Modelle und Experimente, 1969; Science without Reduction, 1973; Pluralismus als Erkenntnismodell, 1974; K. Popper und die Politik, 1978; Begründung, Kritik und Rationalität (Zur philosophischen Grundlagenproblematik des Rechtfertigungsmodells der Erkenntnis und der kritizistischen Alternative. Bd. I: Die Entstehung des Erkenntnisproblems im griechischen Denken und seine klassische Rechtfertigungslösung aus dem Geiste des Rechts), 1978. – (Lakatos: 1922–1974).

Baruch de Spinoza

Spinoza, Baruch de, 1632—1677: holländischer Philosoph (1656 aus der Amsterdamer Judengemeinde ausgestoßen), der den cartesianischen Dualismus in einen pantheistischen Monismus auflöst, indem er streng systematisch und logisch eine metaphysische ↗Identitätslehre entwickelt, der zufolge Natur (Ausdehnung) und Geist (Denken) ihrem Wesen nach identisch sind und nur zwei Seiten (Attribute) derselben unendlichen Substanz (nämlich Gottes) darstellen („außer Gott gibt es keine Substanz; Ausdehnung und Denken sind seine Attribute"). S. ist Rationalist und leitet seine metaphysischen Anschauungen in mathematischer Beweisführung aus Definitionen und Axiomen ab. Er kombiniert seine mechanistisch-deterministisch-statische Naturauffassung, nach der alles (auch die Entschlüsse und Willenshandlungen) mit Notwendigkeit aus der Natur Gottes hervorgeht und die Dinge und die Menschen nur unselbständige Daseinsweisen (modi) der göttlichen Substanz sind, mit mystischen Ideen, indem er die Betrachtung der Welt ↗sub specie aeternitatis (als der dem Wesen der Dinge gemäßen Erkenntnisweise) und die geistige Liebe zu Gott (↗amor dei intellectualis) als der immanenten (innewohnenden) Ursache der Welt fordert und als Weg zur Tugend (Gemütsruhe und Affektfreiheit) und zum höchsten Glück des Menschen preist. Der traditionellen religiösen Vorstellungswelt gegenüber ist S. kritisch eingestellt (Bibelkritik; Ablehnung des Anthropomorphismus). Als beste Staatsform bezeichnet S. die durch Vernunft geleitete aristokratische Republik. — Hptw.: Tractatus theologico-politicus, 1670; Ethica ordine geometrico demonstrata, 1677; Tractatus politicus, 1677; Tractatus de deo et homine eiusque felicitate, erst 1852 veröffentlicht. – Neue Ausgaben: Briefwechsel, 1986³; Lebensbeschreibungen und Dokumente, 1987³. – ↗Brunner C., Cramer, Eckstein, Erhardt, Gutmann, Jaspers, Kolbenheyer, Kühnemann, Lakebrink, Mauthner, Röd, Wahle; Ewigkeit, Identismus, Psychophysisches Problem, Rechtspositivismus, Religion, Tod.

Spir, Afrikan, 1837–1890: in Rußland geborener Philosoph (später in Deutschland und in der Schweiz), der Kants Erkenntnistheorie in realistisch-metaphysischer Richtung weiterentwickelt und einen Dualismus lehrt, dem zufolge die Dinge sowohl eine physische als auch eine absolute Natur besitzen. Leo Tolstoi war von ihm beeinflußt. – Hpt.: Die Wahrheit, 1867; Forschung nach der Gewißheit in der Erkenntnis der Wirklichkeit, 1868; Andeutungen zu einem widerspruchslosen Denken, 1868; Vorschlag an die Freunde einer vernünftigen Lebensführung, 1869; Kurze Darstellung der Grundzüge einer philosophischen Anschauungsweise, 1869; Kleine Schriften, 1870; Denken und Wirklichkeit (Versuch einer Erneuerung der griechischen Philosophie), 1873, 1877²; Moralität und Religion, 1874, 1878²; Empirie und Philosophie, 1876; Recht und Unrecht, 1879; Vier Grundfragen, 1880; Studien, 1883; Gesammelte Schriften, 1883–85 (4 Bde.), neue (4.) Ausgabe 1908/09 (2 Bde.); Esquisse de la philosophie critique, 1887. – ↗Lessing Th.

Spiritismus: Glaube an die Existenz von Geistern verstorbener Personen, mit denen ein durch die „Odkraft" des Menschen vermittelter Verkehr möglich sein soll. Nach spiritistischer Auffassung werden Geist und Körper des Menschen durch den ↗„Astralleib" zusammengehalten. Spiritistische Erscheinungen sind die ↗Telekinese (Bewegung von Gegenständen in der Umgebung des ↗Mediums) und die Materialisation von Gebilden, die aus dem Medium (z. B. aus seinem Munde) hervorgehen. Wissenschaftlich (psychologisch) gesehen, gehört der Spiritismus in das Reich der ↗Hypnose und der ↗Suggestion (Auftreten von ↗Halluzinationen usw.). – ↗Parapsychologie; Kemmerich.

Spiritualismus: metaphysischer Standpunkt, dem zufolge die Welt ihrem Wesen nach geistig-seelischer Natur ist, d. h. die materielle Wirklichkeit nur eine Erscheinungsform dieser geistig-seelischen Tiefenwirklichkeit darstellt. Dieser Standpunkt läßt viele Modifikationen zu, z. B. ↗Boström; Hegel, Leibniz, Schopenhauer, Schultz (phänomenalistischer Parallelismus; — ↗Psychologismus: 1); Neo-Idealismus.

Spitzer, Hugo, 1854—1936: von Kant und Feuerbach beeinflußter österreichischer Mediziner, Naturwissenschaftler und Philosoph, Schüler Riehls, Monist, Naturalist, Evolutionist und Darwinist, der in seiner Ästhetik (in Anlehnung an Nietzsche) zwischen apollinischer Kunst der Anschauung und dionysischer Kunst der Affekte unterscheidet, für eine Trennung von Ästhetik und Kunstwissenschaft plädiert (wie später Dessoir) und als Erkenntnistheoretiker den Standpunkt eines kritischen Positivismus bezieht. — Hptw.: Nominalismus und Realismus in der neuesten deutschen Philosophie (mit Berücksichtigung ihres Verhältnisses zur modernen Naturwissenschaft), 1876; Über Ursprung und Bedeutung des Hylozoismus, 1881; Über das Verhältnis der Philosophie zu den organischen Naturwissenschaften, 1883; Beiträge zur Deszendenztheorie und zur Methodologie der Naturwissenschaften, 1886; Kritische Studien zur Ästhetik der Gegenwart, 1897; Untersuchungen zur Theorie und Geschichte der Ästhetik I (Hermann Hettners kunstphilosophische Anfänge und Literarästhetik), 1903; 1923².

Sprachästhetik (Verbalästhetik): Spezialdisziplin der Zeitästhetik, in der die spezifischen Schönheitswerte der Sprache, vor allem folgende Wirkungen des sprachlichen Ausdrucks untersucht werden: Musikalität, Tropik, ↗Metaphorik bzw. Bildlichkeit. Die Sprachästhetik läßt sich aufgliedern in Rhetorik, Stilistik und Poetik bzw. Literarästhetik (Ästhetik der Lyrik, der Epik, der Dramatik, des ↗Tragischen und des ↗Komischen usf.). ↗Figur, Stil, Tropus; Hettner, Spitzer, Walzel, Wellek.

Sprachkritik: sehr wichtiges Anliegen der Erkenntniskritik, da einerseits Erkenntnisse in sprachlichen Formulierungen mitgeteilt werden und andererseits Denkfehler häufig auf einer Verführung durch die Sprache (z. B. Verwechslung von Sprech- und Denkformen) beruhen (z. B. Wortrealismus, fehlerhafte ↗Metaphorik, Leerformeln als verbalistische Scheinlösungen von ↗Scheinproblemen, Blickeinengung

Sprachphilosophie

durch ein „Sprachgitter" und dementsprechend unzulängliche Deutung der Wirklichkeit). Im einzelnen lassen sich folgende sprachkritische Ansätze unterscheiden: 1. der angelsächsische ↗Neopositivismus und die sich an ihn anschließende ↗analytische Philosophie (↗Russell, ↗Ayer, ↗Moore, ↗Austin); 2. die Ontologiekritik des französischen Neopositivismus (↗Rougier); 3. die amerikanische Sprachsoziologie im Anschluß an die von Korzybski an den aristotelischen Denkformen geübte Kritik (Stuart Chase, Hayakawa) und 4. die komparative Ethnolinguistik (Sapir, ↗Whorf) mit ihrer Kritik an den SAE (Standard Average European) – Sprachen. – ↗glossogon, glossomorph, Logistik, Sprachphilosophie; Nominalismus, Aufklärungsphilosophie; Albrecht, Austin, Ayer, Bacon F., Hensel, Hönigswald, Kainz, Lenk H., Lichtenberg (– „unsere ganze Philosophie ist Berichtigung des Sprachgebrauches" –), Lipps H., Lukács, Mauthner, Picard, Rougier, Stöhr, Tugendhat; Wiener Kreis.

Sprachphilosophie: kulturphilosophische Spezialdisziplin, in der in Zusammenarbeit mit der Sprachwissenschaft (Gegenstand: Sprache als ↗„Ergon") und der ↗Sprachpsychologie (Sprache als ↗„Dynamis") die Sprache als ↗„Energeia" untersucht wird und im einzelnen folgende Probleme erörtert werden: 1. Die Funktionen der Sprache (z. B. Verständigungsmittel im zwischenmenschlichen Verkehr, Denkhilfe; oder anders aufgegliedert, nach ↗K. Bühlers dreistrahligem „Organon-Modell": Ausdruck gefühlsbetonter Erlebnisse, Kundgabe; Auslösung eines bestimmten Verhaltens beim Angesprochenen, Appell; Darstellung eines Sachverhaltes, Bericht); 2. das Verhältnis von Erlebnis, Sprache und Erkenntnis (Überschneidung mit der erkenntnistheoretischen Problematik; ↗Semantik, Sprachkritik, Logistischer Positivismus: z. B. Hinweis auf die wissenschaftliche [Vermittlung von Erkenntnissen] im Gegensatz zur metaphysischen Funktion der Sprache [Weckung von Erlebnissen]); 3. Die Sprache als Kulturleistung, wobei zu unterscheiden ist zwischen a) le langage (dem Sprachvermögen), b) la langue (einer bestimmten Sprache) und c) la parole (dem individuellen Sprechvermögen und konkreten Sprachvollzug). Mit Recht nennt Kainz die Sprache „das Kulturgedächtnis der Menschheit". — Die Schönheitswirkungen der Sprache werden in der ↗Sprachästhetik (Verbalästhetik) untersucht. – ↗Albrecht, Apel K.-O., Bahnsen, Bühler, Cassirer, Chomsky, Dittrich, Frege, Hamann, Heintel, Herder, Hönigswald, Humboldt, Janoska, Kainz, Kamlah, Leibniz, Lévi-Strauss C., Liebrucks, Lipps H., Marty, Marx W., Mauthner, Patzig, Rossi-Landi, Schaff, Schlegel, Steinthal, Stenzel, Ströker, Tetens, Vico, Wallner, Wein, Whorf; Denken.

Sprachpsychologie: Untersuchung des Sprechvorganges (zentral und peripher), der Sprachentwicklung (Schreien, Ruf, Lallen, Lautgesten, Benennung, Satzbildung) u. dgl. — ↗Sprachphilosophie. — Hinsichtlich des Verhältnisses der Menschen zur Sprache unterscheidet man verschiedene Typen: z. B. a) den „sprachkohärenten" Typus (— inniges Verhältnis zur Sprache, Gewandtheit im sprachlichen Ausdruck —) im Gegensatz zum „sachkohärenten" (den „stillen" Denker, schwerfällig im Ausdruck —); b) den „Hyperboliker" (— übertreibende, drastische Ausdrucksweise, z. B. „phantastisch!" —) im Gegensatz zum ↗„Litotes"-Menschen (— Neigung zu abschwächenden Formulierungen, z. B. „nicht sehr schön" statt „häßlich"). — ↗Kainz.

Rudolf Stammler

Spranger, Eduard, 1882—1963: deutscher Pädagoge, Psychologe und Philosoph, der unter dem Einfluß Diltheys ein System der menschlichen Wertungsweisen und der ihnen entsprechenden Lebensformen entworfen hat, wobei er folgende „ideale Grundtypen der Individualität" unterscheidet: 1. der theoretische, 2. der ökonomische, 3. der ästhetische, 4. der soziale Mensch, 5. der Machtmensch, 6. der religiöse Mensch. — Hptw.: Die Grundlagen der Geschichtswissenschaft, 1905; Lebensformen (Geisteswissenschaftliche Psychologie und Ethik der Persönlichkeit), 1914, neue Fassung: 1921, 1950[8]; Zur Theorie des Verstehens und zur geisteswissenschaftlichen Psychologie, 1918; Psychologie des Jugendalters, 1924, 1951[22]; Der Sinn der Voraussetzungslosigkeit in den Geisteswissenschaften, 1929; Volk, Staat, Erziehung, 1932; Weltfrömmigkeit, 1940; Lebensführung, 1947; Kulturfragen der Gegenwart, 1964[4]; Gedanken zur Daseinsgestaltung

(Auswahl), 1954; Der geborene Erzieher, 1958; Menschenleben und Menschheitsfragen, 1963; Kulturphilosophie und Kulturkritik, 1969; Philosophie und Psychologie der Religion (Abhandlungen), 1974.

Sprechakttheorie: ↗Austin; ↗Ordinary-L.

Staatsphilosophie (Philosophie der Politik): kulturphilosophische Spezialdisziplin, in der einerseits die staatswissenschaftlichen Grundbegriffe (Staat, Staatsvolk, Staatsgebiet, Staatsgewalt, Staatsformen usw.) kritisch analysiert, andererseits Staatstheorien (vom Ursprung, von der Aufgabe des Staates usw.) entwickelt werden. Die staatsphilosophische Problematik hängt aufs engste mit der rechtsphilosophischen und der ethischen zusammen (kein Staat ohne Recht, kein Recht ohne Staat!) — Bedeutende Staatstheoretiker: ↗Platon, Aristoteles, Augustinus, Dante, Machiavelli, Morus, Bodin, Bellarmin, Mariana, Suarez, Campanella, Grotius, Hobbes, Filmer, Spinoza, Locke, Montesquieu, Rousseau, Burke, Kant, Bentham, de Maistre, Herder, Müller Adam, Saint-Simon, Fichte, Humboldt, Hegel, Owen, Fourier, Comte, Stirner, Proudhon, Rodbertus, Marx K., Engels, Mazzini, Bakunin, Kropotkin, Spencer, Bosanquet, Mosca, Pareto, Michels, Sorel, Paulsen, Goldscheid, Cassirer, Schmitt, Kelsen, Dempf, Schelsky, Jouvenel, Spann, Freyer, Schelsky, Wundt M., Sontheimer, Kuhn H., Arendt, Barion, Schilling; Etatismus, Ethik, Faschismus, Freiheit, Futurologie, Liberalismus, Metapolitik, Moral, Nationalsozialismus, Neokonservativismus (Staatsverdrossenheit), Recht (liberaler bzw. sozialer Rechtsstaat), Sozialismus („Staatssozialismus": wenn der Staat selbst soziale Zielsetzungen verfolgt und soziale Forderungen erfüllt, im Effekt: Verwirklichung des Sozialstaates), Totalitarismus, Utopie.

Stachowiak, Herbert, geb. 1921: deutscher Wissenschafts- und Planungstheoretiker, ↗Leisegang und ↗May verbunden. – Hptw.: Denken und Erkennen im kybernetischen Modell, 1962, 1975³; Zum Problem einer logisch-semantischen Maßbestimmung des Lernerfolges, 1966; Grundriß einer Planungstheorie, 1970; Rationalismus im Ursprung. Die Genesis des axiomatischen Denkens, 1971; Allgemeine Modelltheorie, 1973; Bedürfnisse, Werte, Normen und Ziele im dynamischen Gesellschaftsmodell, 1982. – Hrsg.: „Schriften zur wissenschaftlichen Weltorientierung" (mit O. W. Haseloff); „Pragmatik (Handbuch pragmatischen Denkens)", 5 Bde., 1985 ff.

Stadler, August, 1850–1910: Schweizer Neukantianer. – Hptw.: Kants Teleologie und ihre erkenntnistheoretische Bedeutung, 1874; Die Grundzüge der reinen Erkenntnistheorie in der Kantschen Philosophie, 1876; Kants Theorie der Materie, 1883; Logik, 1912; Die Grundbegriffe der Erkenntnis, 1913. – Phil. Werke, 5 Bde., 1918.

Stagirit: ↗Aristoteles.

Stalin: ↗Stalinismus.

Stalinismus: in der Sowjetunion vor allem von Jossif W. Stalin (= der „Stählerne"), 1879—1953, geprägtes politisch-gesellschaftliches System des „Überganges vom Kommunismus zum Sozialismus", gekennzeichnet durch eine unumschränkte Herrschaft des Parteiapparates, das Fehlen jeglicher politischen Freiheit, terroristische „Säuberungen" und den Personenkult um Stalin. — ↗Dialektischer Materialismus, Leninismus; Marko.

Stallo, John Bernard, 1823—1900: deutscher Positivist (später in den USA und in Italien). — Hptw.: Die Begriffe und Theorien der modernen Physik, 1901, 1911².

Eduard Spranger

Stammler, Rudolf, 1856—1938: deutscher Rechtsphilosoph, der auf Kant zurückgreift und das Recht formalistisch als „das „unverbrüchliche, selbstherrliche, verbindliche Wollen" definiert. — Hptw.: Die Lehre vom richtigen Recht, 1902, 1926²; Wirtschaft und Recht nach der materialistischen Geschichtsauffassung, 1896, 1924⁵; Lehrbuch der Rechtsphilosophie, 1922, 1928², Neuausgabe 1970; Rechtsphilosophische Abhandlungen und Vorträge, 2 Bde., 1925.

Stark, Werner, 1909–1985: deutscher Rechts- und Sozialwissenschaftler (später in den USA). – Hptw.: Die Wissenssoziologie (Ein Beitrag zum tieferen Verständnis des Geisteslebens), 1960; Grundriß der Religionssoziologie, 1974.

Statistik: ihrer modernen Entwicklung (etwa durch ↗Mises) als einer mathematischen Theorie der ↗Induktion und damit einem wichtigen Bindeglied zwischen den Erfahrungswissenschaften und den Formalwissenschaften (Logik, Mathematik) kommt naturgemäß besondere Bedeutung zu. — ↗Kausalität, Stochastik, Wahrscheinlichkeit.

Status-Symbol: für die Sicherung oder Hebung des Sozialprestiges vermeintlich unentbehrlicher Besitz, auch wenn er an sich gar nicht benötigt wird, z. B. teures Auto, Kleidung nach neuester Mode, Abonnement einer renommierten Zeitung, ein voller Bücherkasten, auch wenn nie ein Buch gelesen wird. — ↗Fetischismus.

Staudinger, Franz, 1849—1921: deutscher Philosoph, Neukantianer, der sich zu einem sozialistischen Ethos bekennt. — Hptw.: Ethik und Politik, 1899; Wirtschaftliche Grundlagen der Moral, 1907; Kulturgrundlagen der Politik, 2 Bde., 1914; Religion in Vernunft und Leben, 1916.

Steffens, Henrik, 1773—1845: norwegischer Dichter, Freund Schellings, protestantischer Religionsphilosoph und romantisierender Naturphilosoph (später in Deutschland). — Hptw.: Grundzüge der philosophischen Naturwissenschaft, 1806; Anthropologie, 2 Bde., 1824; Was ich erlebte (Selbstbiographie), 10 Bde., 1840—1844.

Stegmüller, Wolfgang, geb. 1923: österreichischer Volkswirtschaftler und Philosoph (dzt. in München). — Hptw.: Hauptströmungen der Gegenwartsphilosophie, 1952, 1979[6]; (2 Bde.); Metaphysik – Wissenschaft – Skepsis, 1954, 1969[2]; Das Wahrheitsproblem und die Idee der Semantik (eine Einführung in die Theorien von A. Tarski und R. Carnap), 1957, 1968[2]; Aufsätze zu Kant und Wittgenstein, 1966, 1968[2]; Glauben, Wissen und Erkennen (Das Universalienproblem einst und jetzt), 1967; Probleme und Resultate der Wissenschaftstheorie und Analytischen Philosophie, 1969 ff. (in mehreren Bänden, verschiedenen Ausgaben und etlichen Auflagen); Rationale Rekonstruktion von Wissenschaft und ihrem Wandel – mit einer autobiographischen Einleitung, 1979; Theorie und Erfahrung – Die Entwicklung des neuen Strukturalismus seit 1973, 1986; Neue Wege der Wissenschaftsphilosophie, 1980. – ↗Carnap.

Stein, Edith, 1891–1942 († KZ): deutsche Phänomenologin, jüdisch-christliche Märtyrerin. – Hptw.: Eine Untersuchung über den Staat, 1924; Das Ethos der Frauenberufe, 1931. Spätere Ausgaben: Endliches und ewiges Sein (Versuch eines Aufstiegs zum Sinn des Seins), 1950; Kreuzeswissenschaft (Studie über Johannes a Cruce), 1954; Welt und Person (Beitrag zum christlichen Wahrheitsstreben), 1962; Beiträge zur philosophischen Begründung der Psychologie und der Geisteswissenschaften, 1970. – Lit.: Teresia Renata de Spiritu Sancto, E. St. (Lebensbild einer Philosophin und Karmeliterin), 1948[4]; Alexander, C., Der Fall E. St. (Flucht in die Chimäre), 1969; Biographie v. Elisabeth Endres, 1987.

Stein, Heinrich, Freiherr von, 1857—1887: deutscher Philosoph, Irrationalist, von Wagner, Nietzsche und Dilthey beeinflußter Ästhetiker. — Hptw.: Die Ideale des Materialismus, 1878; Die Entstehung der neueren Ästhetik, 1886; Vorlesungen über Ästhetik, 1897; Giordano Bruno, 1900; Zur Kultur der Seele, ges. Aufsätze, 1906; „Idee und Welt", Auswahl aus Schriften, Briefen und Tagebüchern, hrsg. v. Ralfs, 1940.

Steinbuch, Karl, geb. 1917: deutscher Informationstheoretiker und Futurologe. — Hptw.: Die informierte Gesellschaft, 1966, 1969[2]; Automat und Mensch, 1967, 1971[4]; Falsch programmiert, 1968, 1970[9]; Programm 2000, 1970; Philosophie und Kybernetik, 1970; Mensch, Technik, Zukunft, 1971; Kurskorrektur, 1973[7]; Ja zur Wirklichkeit, 1975; Maßlos informiert (Die Enteignung unseres Denkens), 1978; Die rechte Zukunft – Gegen Fortschrittswahn und Pessimismus, 1981; Unsere manipulierte Demokratie, 1985; Schluß mit der ideologischen Verwüstung, 1986; Der Zeitgeist in der Hexenschaukel (Unser Schicksal ist unsere Vernunft), 1987.

Steinbüchel, Theodor, 1888—1949: deutscher Theologe und Philosoph, der sich um eine Synthese von christlicher Philosophie, Existentialismus und Marxismus bemüht. — Hptw.: Sittliche Ideen des Sozialismus, 1921; Lassalle und der Deutsche Idealismus, 1926; Umbruch des Denkens, 1936; Philosophische Grundlegung der katholischen Sittenlehre, 1938; Karl Marx, Gestalt, Werk und Ethos, 1946; Existentialismus und christliches Ethos, 1947; Dostojewski, 1947.

Steiner, Rudolf, 1861–1925: österreichisch-ungarischer Denker, Begründer der ↗Anthroposophie, einer esoterischen Lehre, die in einer spiritualistischen Metaphysik wurzelt. – Hptw.: Goethes Weltanschauung, 1897; Theosophie, 1904; Die Rätsel der Philosophie, 1914; Wie erlangt man Erkenntnisse höherer Welten?, 1909, 1919[2]; Die Geheimwissenschaften im Umriß, 1921⁹; Vom Menschenrätsel, 1916; Mein Lebensgang, 1925; Eurhythmische Kunst, 1983. – ↗Waldorf-Schule; Abendroth.

Rudolf Steiner

Steinthal, Heymann, 1823—1899: von Herbart beeinflußter deutscher Völkerpsychologe, Sprachforscher und Philosoph. — Hptw.: Der Ursprung der Sprache, 1851, 1888⁴; Grammatik, Logik, Psychologie, 1855; Abriß der Sprachwissenschaft, 2 Tle., 1861 bis 1871.

Stenzel, Julius, 1883—1936: deutscher Logiker, Sprachphilosoph und Philosophiehistoriker (Antike). — Hptw.: Platon als Erzieher, 1928, 1962²; Sinn, Bedeutung, Begriff, 1925; Metaphysik des Altertums, 1929/31; Philosophie der Sprache, 1934.

Stereotype (Begriff von Walter Lippmann: Public Opinion, 1922): „bildhafte Vorstellungen", charakteristisch für die im gruppenbezogenen Denken verwendeten Symbole und Etiketten; starre Beurteilungs- und Bewertungsschemata, vorgefaßte Meinungen, Vorurteilsschablonen, Klischeevorstellungen, geistige „Paßformen", Verhaltensmuster. – ↗Vorurteil; Schaff.

Stern, Alfred, geb. 1899: österreichischer Philosoph (später in Frankreich und Belgien, Mexiko und USA), der in Anlehnung an Reininger einen erkenntnistheoretischen Idealismus lehrt, der den widerspruchsvollen Begriff des „Gegebenen" durch „logische und extralogische innere Gebundenheit des Denkens" ersetzt („Phronetismus"). In der Werttheorie unterscheidet St. individuelle (von den Besonderheiten des wertenden Subjekts abhängige), kollektive (von den Besonderheiten der wertenden Gruppe abhängige) und universelle (von jenen Besonderheiten unabhängige) Werte, wobei er unter „Werten" Beziehungen zwischen Objekten und Subjekten versteht, die entweder nach Bevorzugungen oder nach Normen wählen. Dem von St. vertretenen (— für alle Wertgebiete geltenden —) nomothetischen Wertrelativismus zufolge wird ein positiver Wert jenem Wollen zugesprochen, das auf die Überwindung der Entgegensetzung Subjekt — Objekt gerichtet ist, ein negativer Wert hingegen einem Wollen entgegengesetzter Richtung, wobei das Maß, in dem ein Wollen dem Ziel der Überwindung der Entgegensetzung Subjekt — Objekt sich annähert, über den Wertgrad entscheidet. St.s axiologischer Theorie des Lachens und Weinens zufolge lachen wir über degradierte Werte oder, um Werte zu degradieren; hingegen weinen wir über bedrohte, verlorene oder unverwirklichbare Werte. Das Lachen über das Komische ist der instinktive Ausdruck eines negativen Werturteils über degradierte Werte, das Weinen der instinktive Ausdruck eines positiven Werturteils über bedrohte oder verlorene Werte. Als Geschichtsphilosoph meint St., daß man auf der Suche nach einem Sinn in der Aufeinanderfolge der Versuche zur Verwirklichung kollektiver Projekte, aus denen die politische Geschichte besteht, einen solchen in der Tatsache finden könnte, daß jede Verwirklichung eines kollektiven Projektes zur Auskristallisierung neuer Werte führt. — Hptw.: Die philosophischen Grundlagen von Wahrheit, Wirklichkeit und Wert, 1932; La philosophie des valeurs, 1936; La Filosofía de la Política, 1943; Philosophie du Rire et des Pleurs, 1949; Sartre — His Philosophy and Existential Psychoanalysis, 1953; Philosophy of History and the Problem of Values, 1962; Geschichtsphilosophie und Wertproblem, 1967; The Search for Meaning, 1971; Problemas filosóficos de la Ciencia, 1976.

Stern, William, 1871—1938: deutscher Psychologe und Philosoph, Begründer der „Differentiellen Psychologie" (Typen- und Individualpsychologie) und des „Kritischen Personalismus", einer Metaphysik der „Person" (als zielstrebig wirkender „Vieleinheit" bzw. unitas multiplex im Gegensatz zur „Sache", die nicht als individuelle, selbstwirkende Ganzheit aufgefaßt werden kann). Nach St. besteht zwischen Person und Sache kein absoluter, sondern nur ein relativer Unterschied (Ergänzungsverhältnis, Wechselwirkung). St.s panteleologische Weltbetrachtung klingt in einen Pampsychismus und in die Lehre von der „Allperson" (der absoluten Wertfülle) aus. An Werten unterscheidet St. Selbstwerte (Personen) und Fremdwerte; diese gliedert er in Strahlwerte (Momente des selbstwertigen Seins) und Dienstwerte (Mittel zur Verwirklichung von Selbstwerten) auf.

Besondere Bedeutung mißt St. der Introzeption zu, d. h. jenem Verhalten der wertschaffenden Person, das in der Aufnahme der Fremdwerte (Fremdzwecke, Exzentrowerte, Heterotelie) in den Selbstwert (Selbstzweck, Zentrowert, Autotelie), d. h. in ihrer Aneignung und Formung besteht. — Hptw.: Person und Sache (System des Kritischen Personalismus), 3 Bde., (I: Ableitung und Grundlehre des kritischen Personalismus, 1906, 1923²; II: Die menschliche Persönlichkeit, 1918, 1923²; III: Wertphilosophie, 1924); Die Differentielle Psychologie in ihren methodischen Grundlagen, 1911, 1921³; Personalistik als Wissenschaft, 1930; Theorie und Wirklichkeit als metaphysisches Problem, 1932; Allgemeine Psychologie auf personalistischer Grundlage, 1935, 1950². – Autobiographie in „Die Philosophie der Gegenwart in Selbstdarstellungen", Bd. VI, 1927. – ↗Anders; Intelligenz.

Sternberg, Kurt, 1885—1935 (verschollen): deutscher Kritizist. — Hptw.: Zur Logik der Geschichtswissenschaft, 1925²; Einführung in die Philosophie vom Standpunkte des Kritizismus, 1919; Idealismus und Kultur, 1923; Was heißt und zu welchem Ende studiert man Philosophiegeschichte?, 1926.

Sterzinger, Othmar, 1879—1944: österreichischer Philosoph, der als Ästhetiker vor allem auf die Bedeutung des „Steigerungsphänomens" hingewiesen hat (1917). — Hptw.: Zur Logik und Naturphilosophie der Wahrscheinlichkeitslehre, 1911; Grundlinien der Kunstpsychologie, 2 Bde., 1938/39. — ↗Kainz.

Stil: Invariante im Ausdruck; Ausdrucksform einer Kulturschöpfung; im besonderen: die Gesamtheit der Ausdrucksmittel eines Kunstwerkes. Jede Kulturleistung ist Ausdruck einer bestimmten Welt- und Lebensauffassung, die den Stil einer Kulturepoche, aber auch jedes einzelnen Werkes prägt. (↗Buffon: „Le style c'est l'homme même"; ↗Schopenhauer: „Stil ist die Physiognomie des Geistes"). Von diesem „historischen" Stil (Stil im relativen Sinn), nämlich der Ausdrucksform einer bestimmten Kultur und ihrer Manifestationen, ist der Stil im absoluten oder ästhetischen Sinn zu unterscheiden, der durch bestimmte Kriterien der Schönheitswirkung gegeben ist (↗Ästhetik, Kunstphilosophie, Schönheit, Sprachästhetik, Tropus). Ein besonderes Problem ist das Verhältnis von relativem und absolutem Stil, d. h. die Frage, ob alle Äußerungen einer bestimmten Kultur einen charakteristischen „durchgehenden" Stil zeigen oder ob die einzelnen Kulturbereiche eine eigene innere (spezifische) Entwicklung durchlaufen (z. B. die Formentwicklung in der Kunst oder die Problementwicklung in der Philosophie). ↗Coellen, Dilthey, Görland, Goethe, Lamprecht, Nohl, Ruskin, Spengler, Taine, Utitz, Winckelmann, Wölfflin.

Stimmung: einfache seelische Synthese, die durch das Verschmelzen unzähliger Leibesempfindungen zu einheitlichem Erleben zustandekommt und daher vom Vitaltonus abhängt. Die Eigenart einer Stimmung entspricht den Gefühlstönen der sie aufbauenden Einzelempfindungen: von der ausgelassenen Stimmung über die heitere, freudige, gehobene, neutrale Stimmung, Verstimmung, düstere Stimmung bis zur Depression. Besonders charakteristisch ist für Stimmungen, daß sie verhältnismäßig lange Zeit hindurch anhalten, weshalb man sie auch mitunter als „Gefühlszustände von langer Dauer" („Gemüts-", „Gefühlslage") bezeichnet. Die Stimmungen beeinflussen (gleichsam vom Bewußtseinshintergrund aus) das Erleben insoferne, als dem Gesamtgefühlston der Stimmung entsprechende Erlebnisse verstärkt, ihm zuwiderlaufende hingegen „verdrängt" werden; man spricht in diesem Zusammenhang von einer „auswählenden", die „Einstellung" des Erlebenden bestimmenden Wirkung der Stimmungen. Stimmungsschwankungen und Stimmungsänderungen können durch Erlebnisse jeglicher Art (Vorstellungen, Wahrnehmungen usw.) ausgelöst werden. – ↗Affekt; Bollnow.

Stirner, Max (Caspar Schmidt), 1806—1856: deutscher Denker, der mit größtem Zynismus vom Standpunkt eines extremen Individualismus bzw. absoluten Egoismus aus an den Idealen „Sozialität" und „Humanität" Kritik übt, gegen Staat und Moral polemisiert und dem Einzelmenschen gegenüber der Gesellschaft, die er als „Vereinigung von Egoisten" bezeichnet, die volle Souveränität und den unbedingten Vorrang zuspricht. — Hptw.: Der Einzige und sein Eigentum, 1845. — ↗Holz H. H.

Stoa: ↗Stoizismus.

Stobaios: Johannes, um 400 n. Chr.: Neuplatoniker. Von ihm stammt eine Sammlung von Auszügen aus z. T. verschollenen Prosaschriften und Dichtungen griechischer Philosophen.

Stochastik: mathematische Zufallsforschung, mathematische Wahrscheinlichkeitstheorie.

— Siehe: ↗Kausalität, Statistik, Wahrscheinlichkeit, Zufall; Boltzmann, Gauß, Laplace, Mises.

Stoff: Gegenbegriff zu ↗Form. — ↗Materie.

Adolf Stöhr

Stöhr, Adolf, 1855—1921: österreichischer Linguist, Psychologe und Philosoph, der auf breitester empirischer Basis ungemein originelle Gedankenbauten aufführt, sich mit allen philosophischen Grundproblemen eigenständig auseinandersetzt, sein besonderes Augenmerk dem Verhältnis von Denken und Sprechen zuwendet, sein System der Logik daher in engster Verknüpfung mit der Denkpsychologie und der Sprachwissenschaft entwickelt (— nach seinem schon 1898 geglückten Versuch, hinter den speziellen Formen der verschiedenen natürlichen Sprachen eine allgemeine Grammatik zu finden —) und z. B. die Verwechslung von Sprach- und Denkformen (↗Glossomorphie) als eine der drei Wurzeln des metaphysischen Denkens entlarvt (↗glossogone Metaphysik oder „Wortphilosophie" neben der ↗pathogonen und der ↗theorogonen). Für St. kann Metaphysik nicht in einem „System von Erkenntnissen", sondern nur „in der kunstfertigen Konstruktion von Denkmöglichkeiten" bestehen, weshalb er die Wirklichkeit durch „bauende Phantasie" mit Hilfe mechanistischer „Symbolkonstruktionen" monistisch zu begreifen sucht. — Hptw.: Vom Geiste (Eine Kritik der Existenz des mentalen Bewußtseins), 1883; Umriß einer Theorie der Namen, 1889; Kampf und Bündnis der Ethiken, 1895; Algebra der Grammatik, 1898; Zur Philosophie des Uratomes und der energetischen Weltbildes, 1904; Philosophie der unbelebten Materie, 1907; Der Begriff des Lebens, 1909; Lehrbuch der Logik in psychologisierender Darstellung, 1910; Psychologie (Tatsachen, Probleme und Hypothesen), 1917, 1922²; Wege des Glaubens, 1921.

Philosophische Konstruktionen und Reflexionen (hrsg. von F. Austeda), 1974. — ↗Biotik, bulogon, Ethik, Metapher; Agenetisten, Glaube, Transformisten.

Stoizismus: von Zenon um 300 v. Chr. begründete philosophische Lehre, die vor allem in der römischen Kaiserzeit großen Anklang gefunden hat; benannt nach der Stoa (poikile, d. h. „bunten Halle") in Athen, in der die Stoiker lehrten. Man unterscheidet eine ältere (3. Jhdt. v. Chr.: ↗Zenon, Kleanthes, Chrysippos), eine mittlere (2. bis 1. Jhdt. v. Chr.: ↗Panaitios, Poseidonios) und eine jüngere Stoa (1. bis 2. Jhdt. n. Chr.: ↗Seneca, Epiktet, Marc Aurel). Im Zentrum der stoischen Philosophie steht jene Glückseligkeitslehre, der zufolge der Mensch nur durch ein naturgemäßes (vernunftgemäßes) und tugendhaftes Leben, durch die Beherrschung seiner Gemütserregungen und Begierden, durch ein affektfreies und leidenschaftsloses und daher schmerzfreies Leben (Apathie, Aponie) sowie durch heroische Ergebenheit und heitere Ruhe (Athaumasie, Ataraxie, „stoische Ruhe"!) gegenüber dem unerbittlichen Schicksal glücklich werden kann. Die Stoiker bekennen sich zu einer autonomen Ethik, indem sie die Forderung erheben, die Tugend um ihrer selbst willen zu erstreben, und im Erlebnis der Lust nicht das Ziel, sondern nur eine Folge des tugendhaften Verhaltens sehen. Als höchste Tugend schätzen die Stoiker die Pflichterfüllung im Dienste der Menschheit, als höchstes Ideal das Humanitätsideal; als Kosmopoliten fordern sie einen Staat und ein Recht für alle Menschen. Auch die Entwicklung der Logik haben die Stoiker nicht unerheblich gefördert; ihre naturphilosophische Auffassung entspricht einem monistisch-naturalistischen ↗Pantheismus, dem zufolge in der Welt strengste Gesetzmäßigkeit herrscht und Gott als Weltseele oder Weltvernunft zu denken ist, wobei die Vernunftkeime (logoi spermatikoi) in den Dingen als Entwicklungsfaktoren wirken; die menschliche Vernunft wird als Teil der Weltvernunft aufgefaßt. — ↗P. Barth, Dyroff; Tod.

Störring, Gustav, 1860—1946: deutscher Psychiater, Psychologe und Philosoph, dessen Interesse vor allem der Erforschung psychopathologischer Phänomene galt, der aber wiederholt auch zu erkenntnistheoretischen und ethischen Fragen Stellung genommen hat. — Hptw.: Vorlesungen über Psychopathologie in ihrer Bedeutung für die normale Psychologie mit Einschluß der psychologischen Grundlagen der Erkenntnistheorie, 1900; Die Erkenntnistheorie von

Tetens, 1901; Moralphilosophische Streitfragen, 1903; Ethische Grundfragen, 1906; Untersuchungen über einfache Schlußprozesse, 1909; Einführung in die Erkenntnistheorie, 1909, 1920² (Titel: Erkenntnistheorie); Logik, 1916; Psychologie des menschlichen Gefühlslebens, 1916, 1922²; Die sittlichen Forderungen und die Frage ihrer Gültigkeit, 1920; Das urteilende und schließende Denken in kausaler Behandlung, 1926; Die moderne ethische Wertphilosophie, 1935; Methoden der Psychologie des höheren Gefühlslebens, 1938; Grundfragen der philosophischen Ethik (aus dem Nachlaß), 1967.

Stout, George Frederick, 1860–1944: ↗Alexander und ↗Whitehead nahestehender englischer Philosoph und Psychologe. – Hptw.: Analytic Psychology, 2 Bde., 1896; A Manual of Psychology, 1899, 1938⁴; Studies in Philosophy and Psychology, 1930; Mind and Matter, 1931; God and Nature, 1952.

Strafe (Auffassungen vom Zweck der Strafe): der urtümlichen Vergeltungstheorie, der zufolge der Zweck der Strafe in der Rache, auf die der Gekränkte ein Anrecht habe, oder in einer Entschädigung als Genugtuung für den Geschädigten bestehen oder die Schuld im Interesse einer gerechten Vergeltung oder zur Wiederherstellung des verletzten Rechtsgefühls durch ausgleichende Leiden gesühnt werden soll, steht die moderne Notwehr- oder Schutztheorie gegenüber, der gemäß der natürlichste und einzig vernünftige Zweck der Strafe in der Notwehr der Gesellschaft gegen ihre Feinde und im Schutz der Gesellschaft vor ihnen besteht, indem die noch Schwankenden, die potentiellen Verbrecher, von Übeltaten abgeschreckt werden (Abschreckungstheorie) und die Übeltäter unschädlich gemacht bzw., wenn möglich, resozialisiert werden sollen (erzieherische Funktion der Strafe: Besserungstheorie). — Gegen die Todesstrafe sprechen vor allem folgende Argumente: sie hat sich kriminalpolitisch als sinnlos erwiesen; durch sie wird weder der Verbrecher gebessert, noch die Gesellschaft besonders wirksam geschützt, da die Erfahrung lehrt, daß die Todesstrafe keineswegs mehr abschreckt als andere schwere Strafen; durch die Vernichtung menschlichen Lebens verletzt der Staat selbst eines seiner fundamentalen Gesetze; die barbarischen Umstände des Strafvollzuges sind einem verfeinerten Kulturgefühl unerträglich. – ↗Popper-Lynkeus; Beccaria.

Straton, 3. Jhdt. v. Chr.: griechischer Philosoph, Nacharistoteliker, der einen naturalistischen Pantheismus lehrte.

Strauß, David Friedrich, 1808—1874: deutscher Theologe und Philosoph (Linkshegelianer), Pantheist und Monist, der in seiner Dogmen- und Bibelkritik den mythologischen Ursprung und Gehalt der Evangelien nachgewiesen hat. — Hptw.: Das Leben Jesu, 1835/36; Die christliche Glaubenslehre in ihrer geschichtlichen Entwicklung und im Kampf mit der modernen Wissenschaft, 1840/41; Der Romantiker auf dem Throne der Cäsaren oder Julian der Abtrünnige, 1847; Ulrich von Hutten, 1858—1860, 1871²; Der alte und der neue Glaube, 1872; Voltaire, 1877. — Gesamtausgabe in 12 Bänden, 1876–1878. – ↗Bauer, Nietzsche, Ziegler Th.; Christentum.

David Friedrich Strauß

„Streit": ↗Atheismusstreit; Konservativismusstreit (↗Neokonservativismus); ↗Materialismusstreit, ↗Positivismusstreit, Universalienstreit.

Ströker Elisabeth, geb. 1928: um die Husserl-Forschung und -Dokumentation sehr verdiente, besonders an Fragen der Sprachphilosophie und der Wissenschaftstheorie interessierte deutsche Philosophin. – Hptw.: Philosophische Untersuchungen zum Raum, 1965, 1977²; Denkwege der Chemie, 1967; Einleitung und Kommentar zu Karl Bühlers „Axiomatik der Sprachwissenschaften", 1969; Einführung in die Wissenschaftstheorie, 1973; Wissenschaftsgeschichte als Herausforderung (Marginalien zur jüngsten wissenschaftstheoretischen Kontroverse), 1976; Theorienwandel in der Wissenschaftsgeschichte (Chemie im 18. Jhdt.), 1982; Ich und die anderen (Die Frage der Mitverantwortung), 1984; Husserls transzendentale Phänomenologie, 1987; Phänomenologische Studien, 1987.

Strukturalismus: In Frankreich von ↗Lévi-Strauss inaugurierte und vor allem von ↗Foucault weiterentwickelte Denkrichtung, die sich nur schwer den traditionellen Strömungen der Philosophie zuordnen läßt, dafür aber in enger Verbindung mit der konkreten einzelwissenschaftlichen Forschung steht. Der Pariser Ethnologe Lévi-

Strauss meint, durch Einführung des „strukturellen Denkens" eine neuartige Methode zur Erforschung der relativ stabilen Gesetzmäßigkeiten („Strukturen") von Sprachen, Mythen, Kunst, Gesellschaft, also des menschlichen Verhaltens überhaupt, und damit einen neuen philosophischen Denksatz entwickelt zu haben, von dem aus er eine ↗ „Anthropologie im weitesten Sinne des Wortes" zu schaffen wünscht, „die verschiedene Methoden und Disziplinen miteinander verbindet und die uns eines Tages die geheimen Kräfte aufdecken wird", die den menschlichen Geist bewegen. Er versucht mithin, den sprachwissenschaftlichen Strukturalismus zu einer strukturalen Anthropologie zu erweitern, wobei er die prälogischen Strukturen ins Unbewußte verlegt. Um die (Strukturen schaffende) Tätigkeit des menschlichen Geistes und damit dessen Wesen zu erfassen, untersucht er die allgemeinen Strukturformen, die durch eine unbewußte Wirksamkeit des Geistes geschaffen werden, so etwa die Sprachstrukturen oder die elementaren Verwandtschaftsstrukturen der „primitiven" Völker. Seine Absicht ist es, die „Tiefenstrukturen" gegenüber den oberflächlich sichtbaren Änderungen ans Licht zu heben, seine Aufmerksamkeit wendet er nicht den einmaligen Ereignissen, nicht den Einzelfällen des Geschehens, sondern eben den strukturellen Zusammenhängen und den statistisch erfaßbaren Beziehungen zu, an die Stelle des „diachronischen" Prinzips der historischen Betrachtung setzt er das „synchrone" Prinzip der Untersuchung des jeweils Gleichzeitigen, sein besonderes Interesse gilt dem unhistorischen, aber nicht unlogischen „wilden Denken", dem mythischen Denken, das auf die Dimension der Zeit verzichtet, dem magischen Denken, das er als „Ausdruck einer unbewußten Ahnung von der Wahrheit des ↗ Determinismus" interpretiert, sowie den Grundstrukturen, den Grundmustern, „auf welche die Menschen seit Hunderttausenden von Jahren immer wieder zurückkommen, um ihre theoretischen Probleme zu lösen". Diese, durch Strukturanalyse der Mythen erkannten, „synchronen" Strukturen im zyklischen „Geschichts"-verlauf der statisch-neolithischen, im Grunde geschichtslosen Kultur, die den Begriff eines „Fortschrittes" nicht kennt, stellt er der modernen, vom wissenschaftlichen Denken getragenen dynamischen Kulturentwicklung gegenüber, und zwar unter besonderer Betonung der prinzipiellen Gleichrangigkeit jener Strukturen mit unserer „zivilisierten" Art, die Welt zu sehen, d. h. mit unserem „linearen" Geschichts- und Fortschrittsdenken. Daß es den französischen Strukturalisten gelungen ist, mit ihrer ↗ „Ideologie der Entideologisierung", wie man gesagt hat, den in Frankreich so lange vorherrschenden ↗ Existentialismus beinahe zu verdrängen oder ihm doch zumindest den Rang abzulaufen, ist eher aus der Unzulänglichkeit des existentialistischen Denkansatzes zu verstehen, als auf eine Überwertigkeit des Strukturalismus zurückzuführen. Daß der Strukturalismus in gewissem Sinne sehr befruchtend auf linguistische und ethnologische Forschungen zu wirken vermag, ist freilich nicht zu bestreiten. Die Kardinalfrage allerdings, die sich aus der vom Strukturalismus selbst geschaffenen Problemstellung ergibt, kann er selbst nicht beantworten, wie seine Kritiker richtig bemerkt haben: Warum zu einer bestimmten Zeit, an einem bestimmten Ort, gerade diese und keine andere „mentale Struktur" in Erscheinung tritt. Ferner ist kritisch einzuwenden, daß das Modewort „Struktur" einen viel zu weiten Begriff deckt, dessen Randschärfe einen bedenklich geringen Grad aufweist, und hinter dem sich nicht selten ein äußerst vages analogisches Denken verbirgt. Denn alles „Struktur" ist, von der Atom-„Struktur" über die chemischen „Strukturen", die ↗ „Ganzheiten" der Biologie und die ↗ „Gestalten" der Psychologie bis zu den erhabensten Geistesschöpfungen, so besagt dieses Wort eben gar nichts: es ist einfach ein anderer Name für „Sein" überhaupt. Auch ist die strukturalistische Gedankenführung durchaus nicht so neuartig und originell, wie man oft hören kann; vielmehr wurde so mancher „strukturelle" (strukturanalytische) Grundgedanke in ähnlicher Form in der deutschen Philosophie längst vorweggenommen: etwa in ↗ Cassirers „Philosophie der symbolischen Formen", in ↗ Spenglers geschichts-„morphologischer" Betrachtungsweise, in ↗ Roretz' erkenntnis-„morphologischen" Untersuchungen, in ↗ Weinhandls „gestaltanalytischer" Methode, in ↗ Ehrenfels' Gestalt-Theorie, in ↗ Burkamps Untersuchung der „Struktur der Ganzheiten" und schließlich in ↗ Carnaps Definition aller wissenschaftlichen Aussagen als „Struktur-Aussagen". Etwas bedenklich ist auch der unhistorische Charakter sowie der kulturpessimistisch-a-humanistisch-konservative „Passivismus" der strukturalistischen Betrachtungsweise, dem zufolge der Mensch nicht so sehr aktiv-gestaltend denkt, sondern vielmehr in „stabilen" Strukturen „gedacht wird". — En vogue war der Strukturalismus in Frankreich von 1958 bis 1968, seither ist es stiller um ihn geworden (allerdings: — ↗ Nouvelle Philosophie). — ↗ Barthes, Chomsky, Piaget, Ricoeur, Schaff, Stegmüller.

Studium generale

– Lit.: François Wahl, Einführung in den Strukturalismus, 1973.

Studium generale: „Studium Rundherum", d. h. Aneignung einer höheren Allgemeinbildung; auch: allgemeine Grundlagenforschung.

Carl Stumpf

Stumpf, Carl, 1848–1936: deutscher Psychologe und Philosoph, der vor allem die Raum- und die Musikpsychologie um wertvolle Einsichten bereichert hat und zwischen psychischen Erscheinungen (Empfindungs- und Vorstellungsinhalten) und Funktionen (Erlebnisakten und -zuständen: Bemerken, Denken, Wollen) unterscheidet. St. ist Schüler Lotzes, steht in Gedankenverwandtschaft zu Leibniz und Riehl, bemüht sich (unter Ablehnung der metaphysischen Spekulationen des konstruktiven Deutschen Idealismus) um eine empirische Grundlegung der Philosophie und baut in seine Erfahrungsphilosophie die Entwicklungsgedanken ein. — Hptw.: Tonpsychologie, 2 Bde., 1883/90; Erscheinungen und psychische Funktionen, 1907; Zur Einteilung der Wissenschaften, 1907; Philosophische Reden und Vorträge, 1910; Die Anfänge der Musik, 1911; Gefühl und Gefühlsempfindungen, 1928; Erkenntnislehre I, 1939, II 1940 (aus dem Nachlaß hrsg. v. Felix Stumpf). — Autobiographie in „Die Philosophie der Gegenwart in Selbstdarstellungen", Bd. V, 1924.

Suárez, Francisco, 1548–1617: spanischer Jesuit, der den scholastischen Aristotelismus systematisch ausbaut und u. a. an der absolutistischen Staatstheorie Kritik übt, indem er die totale Staatsautorität in religiösen Fragen und Angelegenheiten der Kirche bestreitet. — Hptw.: Disputationes metaphysicae, 1597; De legibus, 1612. — Über die Individualität und das Individuationsprinzip, 2 Bde., 1976.

Subalternation: Art der Folgerung, die auf eine Änderung der ↗ Qualität des Grundurteils beruht und in einer Unterordnung partikulärer unter allgemeine Aussagen besteht. Als Grundsatz für Folgerungen durch Subalternation gilt das ↗ „dictum de omni et nullo". — ↗ Opposition: Logisches Quadrat).

Subjekt: 1. überpersönliches erkenntnistheoretisches Subjekt, das „Bewußtsein überhaupt". (Nach ↗ Kant ist nur ein solches Denken gültig, das sich als Funktion dieses überpersönlichen Bewußtseins darstellen läßt; Weltbild und „Welt" sind also nicht Inhalt des jeweiligen Momentanbewußtseins); — 2. das ↗ „Ich".

Subjektiv: vom Bewußtsein des Menschen mitgeformt und daher abhängig. Gegensatz: ↗ objektiv.

Subjektiver Idealismus: extrem-idealistischer Standpunkt, dem zufolge „die Welt" nur subjektiver Bewußtseinsinhalt ist. — ↗ Berkeley, Fichte (mit gewissen Einschränkungen der „Subjektivität").

Subjektivismus: 1. erkenntnistheoretischer Standpunkt, dem zufolge alle Erkenntnisse nur subjektiv (d. h. für den Erkennenden selbst) gelten. 2. Werttheoretischer Standpunkt, dem zufolge alle Werte nur subjektiv (nämlich für den Wertenden) gelten. 3. In der Ästhetik jene Auffassung, nach der die Schönheitswirkung eines Gegenstandes nicht auf seiner Beschaffenheit, sondern auf der seelischen Einstellung des Betrachters beruht.

Subkonträr: Bezeichnung für den Gegensatz zwischen qualitativ verschiedenen partikulären Aussagen (also zwischen i und o). Auf Grund dieser Gegensatzbeziehung kann man von der Ungültigkeit der einen Aussage auf die Gültigkeit der entsprechenden subkonträren Aussage (z. B. von „manche Menschen sind unfehlbar" auf „manche Menschen sind nicht unfehlbar") schließen, nicht jedoch von der Gültigkeit der einen auf die Ungültigkeit der anderen, da subkonträre Aussagen nicht zugleich falsch, wohl aber zugleich wahr sein können. — ↗ Opposition.

Subreption: 1. logische Erschleichung (der Gültigkeit einer Behauptung). — 2. Von ↗ Kant konzipierte ästhetische (subjektivistische Subreptions-) Theorie, der zufolge „Erhabenheit" nicht in den von uns als erhaben bezeichneten Naturobjekten liegt, sondern in unserem Gemüte selbst, wenngleich wir sie durch Subreption auf den Gegenstand übertragen, der die betreffende Stimmung in uns weckt. — ↗Erhaben.

Sub specie aeternitatis: Betrachtung des Weltgeschehens unter dem Blickwinkel der Ewigkeit (von ↗Spinoza geforderte höchste Erkenntnisstufe: die Dinge ihrem wahren Wesen und ihrer Notwendigkeit entsprechend zu sehen).

Substantialismus: metaphysischer Standpunkt, dem zufolge sich die Wirklichkeit an sich im Zustand der Ruhe befindet, es also „in Wirklichkeit" ein Werden und Vergehen gar nicht gibt, sondern nur ein starres „Sein", da Veränderung und Bewegung nur durch die Sinne vorgetäuscht werden. Z. B. von den ↗Eleaten vertretene Auffassung. — Gegenstandpunkt: ↗Aktualismus.

Substantialität: ↗kategoriales Denken (Substanz).

Substantialitätstheorie: Annahme einer substantiellen (wenn auch immateriellen) „Seele" und besonderer „Seelenvermögen" (Verstand, freier Wille usf.). — ↗Seele, Vermögenspsychologie.

Substanz: ↗Akzidenz, Form, kategoriales Denken, Materie; Cassirer, Locke (der die Unerkennbarkeit der S. erfaßt hat).

Subsumtion: in der Umfangslogik Bezeichnung für ein Begriffsverhältnis, dem zufolge die Elemente einer Klasse Teilmenge der Elemente einer anderen Klasse sind; auch schon in der älteren Logik Bezeichnung für das Begriffsverhältnis der „Über- und Unterordnung" (z. B. Wirbeltier — Säugetier).

Subsumtionsschluß: erste Schlußfigur des kategorischen Syllogismus von der Form: M—P (z. B.: alle Menschen sind sterblich), S—M (Herr X. ist ein Mensch), S—P (also ist auch Herr X. sterblich). Der Obersatz muß stets ein allgemeines Urteil, der Untersatz stets bejahend sein.

Südwestdeutsche Schule: ↗Heidelberger Schule.

Sufismus (arab.: Tasauwuf): islamische Mystik; unter dem Einfluß neuplatonischer und indischer Ideen mit dem Gedanken der Weltverneinung verbundenes Streben nach mystischer Vereinigung mit der Gottheit durch künstlich herbeigeführte Zustände der Verzückung, praktiziert von den Islam-Bruderschaften der Tanzenden und der Heulenden Derwische (in Anatolien). Der berühmteste früh-islamische Mystiker: Husain ibn Mansur al-Halladsch, 922 als Esoteriker grausam hingerichtet. Dschunejd († 909), ein sehr bedeutender Lehrer des Sufismus, hat erklärt: „Kein Mensch hat die Stufe der Wahrheit erreicht, solange er nicht tausend Freunde für einen Ketzer erklären". — ↗Arabische Philosophie, Islam, Mystik.

Suggestion: Mehr oder weniger nachhaltige Beeinflussung eines Menschen durch einen anderen (Suggestor) oder durch sich selbst (Autosuggestion). Der hypnotische Zustand der Somnambulie ist nur durch Fremdsuggestion herbeizuführen. Beispiele für „Selbstsuggestion", die sich bis zur Selbsthypnose (Hypnose leichten Grades) steigern kann, sind das Treiben der Fakire, die Yoga-Praxis (Meditation, Versenkungsübungen), das „Autogene Training" (seelische Entspannung und Sammlung durch Konzentration, Selbstbemeisterung; „Coueïsmus": von Coué entwickelte Methode, sich einzureden, es gehe einem von Tag zu Tag besser; von J. H. Schultz eingeführte Methode zur Erzeugung eines Schweregefühls in den Gliedern zu jedem gewünschten Zeitpunkt), aber auch z. B. der Placebo-Effekt (Glaube an die Wirksamkeit objektiv unwirksamer Medikamente). Unter „Wachsuggestion" im allgemeinsten Sinne versteht man die (mitunter bis zur Manipulation gesteigerte) Beeinflussung durch Tradition, Erziehung, öffentliche Meinung, Massenmedien, Lektüre, Reklame, Werbung (↗Packard: „Die geheimen Verführer"), Propaganda usw.; auch die „Massensuggestion" (der Einfluß der Masse) ist eine Wachsuggestion („Überimpfung" bzw. „Eingebung" von gefühlsbetonten Vorstellungen und Handlungsimpulsen). Als „Posthypnose" bzw. „Terminsuggestion" (im Zustande der Somnambulie) bezeichnet man die Möglichkeit, während der Hypnose Aufträge zu erteilen, die nach der Hypnose (zu einer bestimmten Zeit, die ebenfalls suggeriert wird) ausgeführt werden (— zur Erklärung dieser Erscheinung ist es keineswegs nötig, ein „Unbewußtes" anzunehmen, da das cerebrale Erregungsgeschehen allein sie vollkommen verständlich zu machen vermag). — ↗Hypnose, Masse, Wundt W.

Summen: Gedankengebäude, Lehrgebäude der scholastischen Philosophie; die erste „Summa" hat ↗Alexander von Hales im zweiten Viertel des 13. Jhdts. niedergeschrieben. Der oft strapazierte Vergleich der Summen mit den zur selben Zeit entstandenen gotischen Kathedralen hinkt, da deren schlanke Festigkeit und Geschlossenheit den Summen fehlt: sie sind nicht einheitlich aufgebaut, weil sie Unvereinbares (kirchliche Dogmen und aristotelische Philosophie) verbinden wollen und sich dabei auf widerspruchsvolle Autoritäten stützen; hingegen hat die Lehrweise der ↗Scholastik (die „Methode der Distinktionen") tatsächlich etwas vom gotischen Geist an sich. — „Summisten" werden die Verfasser von „Summen" genannt; ↗Petrus Lombardus.

Supek, Rudi, geb. 1913: jugoslawischer Marxist, der am „etatistischen Sozialismus" Kritik übt und sich um ein undogmatisches Verständnis des Marxismus bemüht. Mit Milan Kangrga (geb. 1923) und ↗Petrović Herausgeber der Zagreber Zeitschrift „Praxis". — Hptw.: Soziologie und Sozialismus (Probleme und Perspektiven), 1970.

Supramundan: überweltlich (z. B. Gott).

Supranaturalismus: metaphischer Standpunkt, dem zufolge neben der Erfahrungswelt noch eine Überwelt existiert (z. B. „Ideen-Welt" bei ↗Platon, „Jenseits" in der christlichen Philosophie usw.). Gleichbedeutend mit ↗Dualismus. Gegenstandpunkt: ↗Naturalismus (Monismus).

Suso (Heinrich von Seuse), um 1295 bis 1366: Dominikanermönch, Schüler Eckharts, zart empfindender und sprachgewandter Mystiker.

Sutras (Leitfäden, Ritualbücher): dritte Schicht der religiösen Literatur der Inder (nach den ↗Veden und Brahmanas). — ↗Deussen.

Swedenborg, Emanuel, 1688—1772: schwedischer Universalgelehrter, Naturforscher und Naturphilosoph, Theologe und Theosoph, Gründer der „Kirche des neuen Jerusalem" (der „Neuen Kirche"), dessen mystizistisch-spiritualistisch-okkultistisch gefärbte metaphysische Spekulationen u. a. von Kant vernichtend kritisiert wurden („Träume eines Geistersehers", 1766). Dennoch hat S. zahlreiche Anhänger gefunden und großen Einfluß ausgeübt, z. B. als geistiger Wegbereiter der Romantik, ja bis herauf zu Baudelaire und Strindberg. — Hptw.: Opera philosophica et mineralia, 3 Bde., 1734; Oeconomia regni animalis, 2 Bde., 1740/41; Clavis Hieroglyphica, 1741; Regnum animale, 2 Bde., 1744/45; De cultu et amore Dei, 1745; Arcana coelestia quae in Genesi et Exodo sunt detecta, 8 Bde., 1749—1756; De coelo et inferno, 1758, dt. 1924; Apocalypsis explicata, 1761; Vera christiana religio, 1771.

Syllabus: Zusammenfassung, Verzeichnis.

Syllogismus: mittelbarer oder eigentlicher Schluß aus zwei oder mehr Prämissen (im zweiten Fall spricht man von „Polysyllogismen", d. h. zusammengesetzten Syllogismen). — ↗Minor, maior, conclusio, Mittelbegriff. Je nach der Art der Aussagen in einem Syllogismus unterscheidet man: 1. kategorische Syllogismen (sie enthalten ausschließlich kategorische Aussagen; mit vier, nach der Stellung des Mittelbegriffes unterschiedenen, Schlußfiguren und 64 möglichen Schlußweisen, von denen jedoch nur 19 logisch gültig sind); ↗kategorisch, Subsumtionsschluß, Exklusionsschluß, Exemplifikationsschluß; 2. hypothetische Syllogismen (mit hypothetischen Urteilsgefügen); 3. disjunktive Syllogismen (mit disjunktiven Urteilsgefügen); 4. lemmatische (hypothetisch-disjunktive) Syllogismen. — ↗Dilemma, disjunktiv, hypothetisch, modus ponens.

Symbol: ein Zeichen, das für etwas anderes steht, es also versinnbildlicht. ↗Logistik. — Mißbrauch des Symbolbegriffes: ↗Psychoanalyse (Traumdeutung). — ↗Cassirer; Sematologie (Gätschenberger).

Symeon, 11. Jhdt. n. Chr.: größter Mystiker der griechischen Kirche.

Symmetrie: in der Relationslogik Bezeichnung für die Umkehrbarkeit von Relationen; die Umkehrung einer zweigliedrigen Relation ergibt sich durch Austausch ihrer Glieder; so gibt es zu jeder Relation xRy eine „Inverse" (oder „Konverse") yRx (z. B. zu „Vordermann": „Hintermann"). Man unterscheidet 1. symmetrische (gleichseitige) Relationen (z. B. „gleich", „neben", „Geschwister"); die symmetrische Relation ist mit ihrer Umkehrung identisch (z. B. a = b bzw. b = a); 2. asymmetrische Relationen (z. B. „größer", „früher"); die asymmetrische Relation und ihre Umkehrung schließen einander aus (z. B. „a ist größer als b" und „b ist größer als a"); 3. nonsymmetrische Relationen (z. B. „Bruder"); die non-symmetrischen Relationen können je nach den Umständen symmetrisch oder asymmetrisch sein (z. B.: wenn A Bruder von B ist, kann B entweder Bruder oder Schwester von A sein).

Symposion: Geselligkeit, Gelage (beliebte Sitte im Altertum). Auch literarische Kunstform: Name einer Schrift ↗Platons über den ↗Eros („Gastmahl").

Synästhesie: Mitklingen von Empfindungen eines unmittelbar nicht erregten Sinnes mit denen des eben erregten (z. B. Farbensehen beim Musikhören).

Synechologie: Zusammenhangslehre, z. B. ↗Fechners, der zufolge die Welt ein durch und durch gegliedertes Gefüge einander wechselseitig beeinflussender Erscheinungen bildet.

Synékdoche: ein ↗Tropus; Vertauschung zweier Vorstellungen auf Grund ihrer äußeren Zusammengehörigkeit (z. B.: der Teil für das Ganze, ↗„pars pro toto": „ehrliche Haut", „ein gastlich Dach", „Köpfe" für „Menschen").

Synergetik: Lehre vom Zusammenwirken. – In der Theoretischen Physik z. B. nach Hermann Haken das Prinzip der spontanen Selbstorganisation geordneter Strukturen in offenen Systemen, die hinreichend intensiver Beeinflussung durch ihre Umgebung unterliegen.

Synesion, 370 (368) — 415 (413) n. Chr.: griechischer Philosoph und Rhetor der Alexandrinischen Schule, Schüler der ↗Hypatia, ursprünglich Platoniker und Plotiniker, der später zum Christentum übertrat und neuplatonisches mit christlichem Gedankengut zu verbinden suchte. S. glaubt nicht an den Untergang der Welt, lehrt die Präexistenz der Seele, will die Auferstehung nur allegorisch verstehen und faßt Gott als die Einheit der Einheiten, als Monade der Monaden auf.

Synkretismus: 1. Im allgemeinen Sinne des Wortes: Vermischung verschiedener, oft auch gegensätzlicher Ideenfolgen (↗Cicero z. B. ist Synkretist; gleichbedeutend mit ↗Eklektizismus), insbesondere die Mischung religiöser Anschauungen; im Grunde beruhen alle Religionen auf einem Synkretismus (z. B. das ↗Christentum: Synkretismus von jüdischer Ethik, hellenistischer Spekulation und kleinasiatischer Mythologie). 2. Im engeren Sinne des Wortes: die Religionen zur Zeit des ↗Hellenismus bzw. im ausgehenden Altertum.

Synonyma: verschiedene Bezeichnungen für denselben Begriff (z. B. Gatte — Gemahl); diese Bezeichnungen stehen im Verhältnis der ↗Äqualität.

Synthese: 1. Im allgemeinen Sinn des Wortes: Zusammenfassung, Verbindung, Vereinigung, Vereinheitlichung. Gegenbegriff: ↗Analyse. — 2. In ↗Kants Erkenntnistheorie die „Synthesis der transzendentalen Apperzeption", die den Aufbau einer geordneten Erfahrungswelt und damit Erkenntnis überhaupt erst ermöglicht: Die transzendentale Apperzeption ist die Vorstellung des „ich denke", die alle unsere Vorstellungen begleitet und eine Bedingung aller Erkenntnis ist, da durch sie unterschiedliche Vorstellungen als „je meinige" zusammengefügt werden. 3. Bei Hegel: ↗Dialektik.

Synthetisch: 1. Gegenbegriff zu ↗analytisch. 2. In der Erkenntnistheorie und der Logik: Bezeichnung für Aussagen, in denen der Subjektsbegriff durch die Prädikation „erweitert" wird (Erweiterungsurteile, Erfahrungssätze), und die auf Grund der Erfahrung (a posteriori) gelten und neue Erkenntnisse vermitteln. ↗Kant hat die Frage, ob es „synthetische Urteile a priori" gebe, bejaht (z. B. in der ↗Mathematik); heute bezeichnet man die mathematischen Aussagen als analytisch. Erfahrungsaussagen, die a priori gelten sollen, gibt es jedenfalls nicht.

System (Einteilung) der Künste: ↗Kunst.

System der Werte: ↗Rangordnung der Werte, Wertsystem.

System der Wissenschaften: in den einzelnen Wissenschaften werden bestimmte Elemente und Teilkomponenten der komplexen Erscheinungen ins Auge gefaßt; auf diese Weise wird die Wirklichkeit in verschiedenen „Begriffsnetze" eingefangen. Die einzelnen Wissenschaften unterscheiden sich mithin nach Gegenstand, Aufgabe und Methode, wobei der Forschungsgegenstand einer Wissenschaft erst durch das Forschungsziel dieser Wissenschaft bestimmt wird. Da sich die Grenzen zwischen den Einzelwissenschaften kaum scharf ziehen lassen, ist jede „Einteilung" der Wissenschaften nur bedingt brauchbar; auch kann man verschiedene Einteilungsgesichtspunkte zugrundelegen. Immerhin kann man aber erstens zwischen theoretischen (reinen) Wissenschaften und praktischen (angewandten) Wissenschaften unterscheiden (Anwendung wissenschaftlicher Erkenntnisse in der Medizin, Jurisprudenz, Pädagogik, Technik usw.) und zweitens die theoretischen Wissenschaften in Idealwissenschaften (Formalwissenschaften; die Mathematik) und Realwissenschaften (empirische Wissenschaften oder Erfahrungswissenschaften) aufgliedern. Die Realwissenschaften lassen sich in Natur- und Kulturwissenschaften unterteilen, jene wieder in mehr beschreibende oder mehr erklärende, diese in historische und systematische. Infolge von Überschneidungen und Verzahnungen ist die systematische Einordnung vieler Wissenschaften problematisch (z. B. Naturgeschichte = historisierende Naturwissenschaft; Psychologie oder Geographie: sowohl Natur- als auch Kulturwissenschaft). — ↗Becher, Einheitswissenschaft, Rickert, Sumpf, Windelband.

Szczesny, Gerhard, geb. 1918: deutscher Denker, Religionskritiker, Begründer der „Humanistischen Union", Herausgeber der Bände „Club Voltaire", der auch auf die Gefahren einer Überdemokratisierung hinweist (— z. B. „die Journalisten, Literaten usw. ... urteilen, kritisieren und projektieren bar jeden Zwanges, ihre Ideen in die Tat umsetzen und ihre Konsequenzen verantworten zu müssen" —), ohne (wie z. B. der Konservative ↗Schelsky) deshalb einen Gegensatz zwischen Demokratie und Freiheit zu konstruieren. S. warnt vor allzu viel Emanzipation und plädiert für Ordnung, Autorität und Disziplin, vor allem aber für einen „qualitativen" Humanismus: „In der unzweifelhaft ungerechten Ordnung der kapitalistischen Welt ist mehr konkrete Menschlichkeit und individuelle Freiheit realisiert worden als in der gerechteren des Kommunismus". – „Die Fähigkeit, nicht mehr zu begehren, als man nötig hat, oder doch sowohl von dem, was man hat, als auch von dem, was man nicht hat, unabhängig zu bleiben, ist wichtiger als Ehrgeiz, Leistungsvermögen und Fortschrittswille". – „Ich bin dafür, Menschen nach ihrem Verhalten, nicht nach ihrem Bekenntnis zu beurteilen, und halte Sachlichkeit, Fairneß und Geduld, Verständnis und Kompromißbereitschaft für unvergleichlich höhere Tugenden als Parteilichkeit und Eifertum". – Hptw.: Die Zukunft des Unglaubens (Zeitgemäße Betrachtungen eines Nichtchristen), 1958; Glaube und Unglaube (ein Briefwechsel mit F. Heer), 1959; Die Antwort der Religionen, 1971; Das sogenannte Gute (Vom Unvermögen der Ideologen), 1971; Die Disziplinierung der Demokratie oder die Vierte Stufe der Freiheit, 1974; Ein Buddha für das Abendland, 1976; Vom Unheil der totalen Demokratie (Erfahrungen mit dem Fortschritt), 1983.

Szientismus (Szientistik): ↗Scientismus (Scientistik).

Szilasi, Wilhelm, 1889–1966: deutscher Philosoph ungarischer Herkunft, besonders sprachphilosophisch interessiert, der sich um eine Synthese der Grundgedanken Husserls, Heideggers und Kants bemüht hat. – Hptw.: Wissenschaft und Philosophie, 1945; Macht und Ohnmacht des Geistes, 1946, 1947[2]; Einführung in die Phänomenologie E. Husserls, 1959; Philosophie und Naturwissenschaft, 1961. – ↗Husserl.

Szondi, Leopold, 1893–1986: ungarischer Psychologe und Psychiater (seit 1941 in der Schweiz), entwickelte über Freuds Psychoanalyse und C. G. Jungs komplexe (analytische) Psychologie hinaus eine „Schicksalsanalyse", deren Aufgabe die Erfassung des (von ihm zwischen dem individuellen und dem kollektiven Unbewußten angenommenen) „familiären" Unbewußten, also eine „Genealogie des Unbewußten" ist. S. will mit Hilfe der Erb- bzw. Familienforschung eine bestimmte Gesetzmäßigkeit in den menschlichen Schicksalen feststellen, wobei er das familiäre Unbewußte in sogenannten „Schicksalsgenen" lokalisiert und 5 „Wahlkreise" unterscheidet, in den sich das Leben des Menschen unerbittlich vollzieht: „Genotropismus" (Liebeswahl und Freundeswahl), „Operotropismus" (Berufswahl), „Morbotropismus" (Krankheitswahl) und „Thanatotropismus" (Todeswahl). Ein Mittel, beim Menschen die betreffenden genotropen Tendenzen (sein „Triebprofil", seine unbewußten Triebstrebungen) zu erkennen, ist der „Szondi-Test" (— Bilder triebkranker Personen sind nach Sympathie und Antipathie auszuwählen —); die dadurch ermöglichte „Schicksalstherapie" verwandelt den totalen Fatalismus in einen „lenkbaren". — Hptw.: Experimentelle Triebdiagnostik, 1947; Triebpathologie, 1952; Schicksalsanalyse, 1965[3]; Kain – Gestalten des Bösen, 1969, 1978[2]; Lehrbuch der experimentellen Psychologie, 1972.

T

Tabu (von der speziellen völker- und religionskundlichen Bedeutung des Wortes ist hier abgesehen): etwas, das man nicht „berührt" oder nicht „berühren" soll oder darf (— weil man es über alle Maßen verehrt oder besonders verabscheut —); in allgemeinerem Sinn etwas, an das man nicht gerne rührt oder erinnert wird, das man verdrängt, über das man am liebsten schweigt (z. B. die Tatsache, daß es, obwohl offiziell immer wieder in Abrede gestellt, nach wie vor einen ziemlich weit verbreiteten, zumindest unterschwelligen Antisemitismus gibt, oder der Umstand, daß es in der Wohlstandsgesellschaft obwohl häufig dementiert, noch genug Elend gibt). — ↗Freud.

Rabindranath Tagore

Tagore, Rabindranath, 1861–1941: indischer Dichter und Denker (Nobelpreisträger 1913), der im Gegensatz zu ↗Gandhis „Non-cooperation"-Parole eine Zusammenarbeit zwischen Ost und West sowie einen harmonischen Ausgleich zwischen östlichem und westlichem Denken fordert. – Hptw.: Sadhana, the Realization of Life, 1914. – ↗Otto; Radhakrishnan.

Taine, Hippolyte, 1828—1893: französischer Historiker, Kunstkritiker, Psychologe und Philosoph, der vom Standpunkt des Positivismus aus am Spiritualismus Kritik übt, eine philosophische Zusammenschau der einzelwissenschaftlichen Erkenntnisse fordert, mit dem Stoizismus sympathisiert und die Kunstwerke aus dem Zusammenwirken dreier Faktoren, nämlich Milieu, Zeitlage und Rasse, zu verstehen sucht. – Philosophische Hptw.: Les philosophes français du 19e siecle, 1856; Philosophie de l'art, 1865; De l'intelligence, 1870.

Tai Tung-yuan, 1723—1777: chinesischer Philosoph, der die Begierde für etwas Natürliches hält und das ethische Grundproblem im harmonischen Ausgleich zwischen den menschlichen Leidenschaften und den ursprünglich gutartigen menschlichen Anlagen sieht. Der Zentralbegriff des Neu-Konfuzianismus, wie er von T. vertreten wird, ist die „zentrale Harmonie", die identisch ist mit dem „moralischen Gesetz" (↗Tao).

Tantrismus: im 6. Jhdt. entstandene indische Kulturbewegung, „eine Art realer Lebensphilosophie", die von einer „dynamischen Denkweise" mit starkem Praxisbezug geprägt ist (D. I. Lauf) und auf rasche (Heils-)Integration mit dem Absoluten abzielt (Agehananda Bharati: Die Tantra-Tradition, dt. 1977).

Tao Tê King: das Buch des klassischen Taoismus (↗Lao-tse); es ist in zwei Teilen (↗Yang und ↗Yin) aphoristisch geschrieben und eines der schwerstverständlichen Bücher. Schon das Wort „Tao" läßt die verschiedensten Deutungen zu: Weg, Leben, Sinn, höchstes Gut. Beste Übersetzung von Victor v. Strauß, 1870, zuletzt bearbeitet von W. Y. Tonn (1950). – Lit.: Paul Mühsam, 1970.

Tarski, Alfred, geb. 1902: polnischer Mathematiker und Logistiker (später in den USA), Neopositivist, der den Wahrheitsbegriff für einen Begriff der Semantik hält. — Hptw.: Fundamentale Begriffe der Methodologie der deduktiven Wissenschaften, 1930; Der Wahrheitsbegriff in den formalisierten Sprachen, 1936; Einführung in die mathematische Logik (und in die Methodologie der Mathematik), dt. 1937, 1969³; Direct Decompositions of Finite Algebraic Systems, 1947; Cardinal Algebras, 1949; Undecidable Theories, 1953; Logics, Semantics, Metamathematics, 1956. – ↗Stegmüller.

Tasauwuf: ↗Sufismus.

Tatian, 2. Jhdt. n. Chr.: Syrier, Schüler Justins, zum Christentum übergetretener Philosophielehrer, der vor allem gegen die griechischen Philosophen polemisiert.

Tat twam asi: „das (nämlich: das All) bist du!" (Behauptung der Identität von Ich und Außenwelt in der altindischen ↗Veda-Philosophie).

Tauler, Johannes, um 1300—1361: Dominikaner, Schüler Eckharts, Mystiker und erfolgreicher Prediger.

Taurellus (dt. Ochslein), Nicolaus, 1547 bis 1606: deutscher Humanist, der mit Nachdruck jede Bevormundung der Philosophie durch Theologie und Kirche zurückwies. — Hptw.: Philosophiae triumphus, 1573; De rerum aeternitate, 1604; Uranologia, 1611².

Tautologie: 1. eine Zirkeldefinition (z. B. „lächerlich ist, was Lachen erregt"; oder die Selbstdefinition Gottes: „Ich bin, der Ich bin" — Exodus 3, 14), eine Scheinerklärung des Gesagten durch die nämlichen Worte, eine Selbstprädikation. 2. Im weiteren Sinn des Wortes kann man alle ↗Definitionen im Gegensatz zu den Erfahrungsaussagen als Tautologien bezeichnen (↗Konventionen). 3. Im engeren Sinn des Wortes sinnleere ↗logische Sätze, die in allen Fällen wahr sind (z. B.: diese Tafel ist schwarz oder nicht schwarz). — ↗Leerformeln.

Technik: in der Philosophie der Technik (einer Spezialdisziplin der Kulturphilosophie) werden vor allem folgende Probleme erörtert: 1. Wesen des technischen Schaffens (nach E. Kapps „Theorie der Organprojektion" z. B. ist die Technik einem weiteren biologischen Zusammenhang eingeordnet); 2. Struktur des technischen Weltbildes (Freiheit, Zielstrebigkeit, Zweckhaftigkeit, praktische Gesinnung); 3. Bedeutung des technischen Schaffens für Zivilisation und soziales Leben; 4. die Technik als Ausdruck des modernen europäischen Geisteslebens (geistesgeschichtliche Deutung, z. B. bei ↗Spengler). — ↗Cassirer, Dessauer, Glockner, Jaspers, Lenk H., Ortega („Technik ist Anstrengung, um Anstrengung zu ersparen"), Sachsse, Schilling, Schröter, Steinbuch; Arbeit, Technokratie.

Technokratie: für unser Zeitalter charakteristische (— von Gesellschafts- und Kulturkritikern bekämpfte —) Vorherrschaft der Technik. — Hinter dem Protest gegen die zerstörerische Allmacht der Technik stehen merkwürdigerweise zueinander so konträr eingestellte Denker wie ↗Heidegger (konservativ), der das „besinnliche" dem „rechnenden" Denken entgegenstellt, und der Neomarxist ↗H. Marcuse, der zu einer aktiven Trend-Umkehr aufruft. — ↗Anders, Blumenberg, Lorenz, Veit.

Teilhard de Chardin, Pierre, 1881—1955: französischer Theologe (Jesuit) und Paläontologe, ein Außenseiter der christlichen Philosophie, der durch ihre Amalgamierung mit dem Entwicklungsgedanken zu der modernen Auffassung von der „Einheit von Materie und Geist" vorzustoßen sucht: von Bergson beeinflußt, unternimmt er den Versuch, die katholisch-theologische Dogmatik mit dem naturwissenschaftlichen Weltbild, vor allem mit der Evolutionstheorie in Einklang zu bringen, d. h. den naturalistischen Evolutionismus mit der eschatologischen christlichen Zukunftshoffnung zu verbinden, Glaubenshoffnung und Fortschrittsoptimismus, christliche Zukunftsvision und naturwissenschaftlich-technische Weltgestaltung zu versöhnen und die Evolution als Plan Gottes zu verstehen. Dieser von ihm konzipierten, von Rom allerdings verworfenen christlichen Evolutionslehre, dieser „Naturtheologie" oder „Theologie der Entwicklung" zufolge hat Gott schon in die Atome die Fähigkeit zur Entfaltung der Lebewesen gelegt, die über den heutigen Menschen hinaus in eine geistige Überwelt, zur Vereinigung mit Gott, zu einem Punkt „Omega" führt, den T. mit dem „universalen Christus" gleichsetzt, auf den hin sich alles Leben entwickelt („Ich glaube, daß alles Leben Evolution ist, daß die Evolution auf den Geist zugeht und daß der Geist personal ist"). Im Gegensatz zu ↗Monod hält T. die Evolution somit für emergent (aufsteigend); und im Menschen sieht er, an Hegel gemahnend, „nichts anderes als die zum Bewußtsein ihrer selbst gelangte Evolution". Sein Lebenswerk wurde und wird von der Kirche unterdrückt. — Hptw. (in deutscher Übersetzung): Der Mensch im Kosmos, 1959; Die Entstehung des Menschen, 1961; Lobgesang des Alls, 1961; Die Zukunft des Menschen, 1963; Der göttliche Bereich, 1964; Die menschliche Energie, 1967; Die lebendige Macht der Evolution, 1968; Mein Weltbild, 1975. — Auswahl aus dem Werk, 1964; Das Teilhard de Chardin Lesebuch, ausgewählt v. Günther Schiwy, 1987. — ↗Hengstenberg, Meurers.

Telekinese: ↗Parapsychologie, Spiritismus.

Telencephalus: Endhirn, Großhirn. — ↗Seele.

Teleologie (Teleologismus, Finalismus, Indeterminismus): 1. (im weiteren Sinne) metaphysische Lehre von den Zwecken in der Natur, Erschließung der im Naturgeschehen wirksamen „Zweckursachen"; metaphysischer Gegenstandpunkt zu ↗Kausalismus (Mechanistik, Determinismus). Der Teleologe „erklärt" das Dasein der Welt durch die Annahme einer Überwelt, eines Schöpfergottes, eines jenseits

der Welt liegenden Weltgrundes: wie alles Geschehen in der Welt scheinbar von zielstrebigen Mächten durch übersinnlichmagische Einwirkung gelenkt und geleitet wird (↗Lebenskraft, Seele usw.), so auch das Gesamtweltgeschehen durch jene überirdische Macht, die imstande ist, jederzeit nach Belieben in das Weltgetriebe einzugreifen und die Notwendigkeit des Naturgeschehens aufzuheben. Die Welt wird als riesenhafter Schichtenbau gedacht und jeder Wirklichkeitsstufe wird eine besondere übersinnliche Kraft zugeordnet: der Welt des Lebendigen die ↗Entelechie, der Welt des Seelischen die ↗Seele; die ganze Welt aber wird überragt von der göttlichen Überwelt. — 2. (im engeren Sinne) gemäß ↗Kants „Kritik der teleologischen Urteilskraft": die Anwendung der teleologischen Betrachtungsweise auf die unleugbare Zweckmäßigkeit in der Natur, die zunächst als (rein-mechanistisch) unerklärbar erscheint. Zwischen dem teleologischen Gedanken und dem Kausalitätspostulat, das eine lückenlose mechanische Ursächlichkeit in der gesamten Natur fordert, besteht jedoch nach Kant kein echter Widerspruch, da das teleologische Prinzip nicht wie die Kausalität eine Bedingung möglicher Erfahrung, sondern nur ein „regulatives Prinzip" ist, das uns erlaubt, „die Ganzheit des Organismus unter der Fiktion des „Zweckes" als sinnvoll zu erfassen, also so, „als ob" ihm ein Zweck zugrunde läge. Beide Betrachtungsweisen (die kausale und die teleologische) sind daher durchaus vereinbar und ergänzen einander; dasselbe Lebewesen läßt sich ebenso unter kausalmechanistischem Blickwinkel wie unter teleologischem Aspekt betrachten: Alle einzelnen organischen Vorgänge laufen kausal ab, die Gesamtheit des Organismus aber läßt sich teleologisch begreifen; die Kausalerklärung in der Erforschung der organischen Natur ist demnach so weit wie möglich voranzutreiben, da der Zweckbegriff kein „konstitutiver" Begriff ist, der Erkenntnisse liefert bzw. eine objektive Zweckmäßigkeit der Natur beweist. — Gegen diese finale oder teleologische Weltbetrachtung kann man einwenden: 1. lassen sich auch ohne Annahme von „höheren Zwecken" (okkulten Kräften, Entelechien, Seelen, Göttern usw.) alle Naturerscheinungen restlos verstehen, ja sie lassen sich überhaupt nur kausal verstehen: denn wären nicht alle Vorgänge in der Welt „verursacht" und gesetzmäßig determiniert, so wäre es eben nicht möglich, sie zu verstehen, d. h. kausal (nach dem Denkschema: Ursache—Wirkung) zu deuten, da wir nur das verstehen, dessen zureichende Ursachen wir kennen; 2. setzt ein „Zweck"
(als bewußte Absicht, als Ziel einer Willenshandlung, als Vorwegnahme einer erstrebten Situation in Gedanken) ein zwecksetzendes Bewußtsein voraus (z. B. Gott), an dessen Existenz nur geglaubt werden kann, was Sache der Religion und nicht der Wissenschaft und der wissenschaftlichen Philosophie ist. — ↗Fiktionalismus, Gottesbeweise, Vitalismus, Zweck; Adler M., Dacque, Hartmann N., Kamlah.

Telepathie: Gedankenlesen, „Hellsehen". — ↗Parapsychologie; Neuhäusler.

Telesius (Telesio), Bernardinus (Bernardino), 1508—1588: italienischer Philosoph, der im Kampf gegen die Aristoteliker auf der Basis einer sensualistisch-empiristischen Erkenntnistheorie eine mechanistische (dynamistische) Naturphilosophie aufbaut, in der auch die Wirksamkeit des Geistes materialistisch erklärt und der Zweck des Lebens in der Selbsterhaltung gesehen wird. — Hptw.: De natura rerum iuxta propria principia, 1565. — ↗Abbagnano.

Teloklisie: Zielstrebigkeit.

Temperament: Disposition zur Entstehung von Gemütsbewegungen (Wundt W.). — ↗Charakter.

Temple, William, 1553—1627: englischer Denker, der von einem empiristischen Standpunkt aus der dogmatisch-scholastischen Denkweise und am mittelalterlichen Aristotelismus Kritik übt und die Lehre des ↗Ramus verteidigt. — Hptw.: P. Rami dialecticae libri duo, 1584.

Tertullian, um 200 n. Chr.: erster lateinischer Kirchenschriftsteller, Apologet, der sich zur Trinitätslehre bekannte, an der Gnosis Kritik übte und das Haupt der Montanisten wurde (Sekte, die auf Montanus in der 2. Hälfte des zweiten Jahrhunderts zurückgeht; Weltuntergangsprophetie und strengste Askese). Aus T.s Sympathie für Askese und Weltflucht ist auch seine negative Einstellung zur Kunst und seine Verständnislosigkeit für schöne Formen zu verstehen. Ihm wird zugeschrieben: ↗Credo quia absurdum.

Tetens, Johann Nicolaus, 1736—1807: deutscher Denker des Aufklärungszeitalters, der auf dem Standpunkt der Vermögenspsychologie steht. — Hptw.: Philosophische Versuche über die menschliche Natur und ihre Entwicklung, 1777. — Sprachphilosophische Versuche, 1971. — ↗Störring.

Thales von Milet, 624—546: griechischer Gesamtwissenschaftler, der im Wasser den Urstoff aller Dinge erblickt und diesen Urstoff für belebt hält. — ↗Sieben Weise.

Thanatologie: Lehre vom Sterben. — ↗Tod.

Thaumázein: das Staunen, nach ↗Epikur der Ausgangspunkt aller Philosophie. — „Das Staunen ist Sehnsucht nach Wissen" (↗Thomas von Aquin).

Theimer, Walter, geb. 1903: deutscher (in Prag geb.) Naturwissenschaftler, Ideenhistoriker, Wissenschaftstheoretiker und Ideologiekritiker. – Hptw. (die ersten drei wiederholt aufgelegt): Lexikon der Politik, 1947; Der Marxismus (Lehre – Wirkung – Kritik), 1950, 1960³; Geschichte der politischen Ideen, 1955; Altern und Alter (Stand der experimentellen Gerontologie), 1973; Die Relativitätstheorie (Lehre – Wirkung – Kritik), 1977; Handbuch naturwissenschaftlicher Grundbegriffe, 1978; Öl und Gas aus Kohle, 1980; Das Rätsel des Alterns, 1981. – ↗Physik.

Theismus: metaphysischer (auch religiöser) Standpunkt, dem zufolge es einen außer- und überweltlichen persönlichen Gott gibt, der zugleich Weltschöpfer und Weltlenker ist. Nach dieser (z. B. christlichen) Auffassung ist Gott wohl von der Welt verschieden (transzendent), aber nicht geschieden, da der Mensch in persönliche Beziehung zu ihm treten (Gebet, Opfer, Mystik) und Gott jederzeit durch Wunder und Offenbarung in das Weltgeschehen eingreifen kann.

Theodizee: 1. Versuch einer Rechtfertigung Gottes angesichts der Übel in der Welt. – Nach einem Wort ↗Epikurs hat Gott das Übel entweder nicht hindern können oder nicht hindern wollen; ↗Voltaire entschied sich für die erste Version. – 2. In allgemeinerem Sinn: die metaphysische Gotteslehre überhaupt. – ↗Billicsich, Kant, Leibniz; Gottesbeweise.

Theodoros átheos (der Atheist), 4. Jhdt. v. Chr.: Kyrenaiker (Schüler des Aristippos).

Theogonie: Lehre von der Entstehung der Götter. — ↗Mythos.

Theologie: dogmatisch gebundene Lehre von Gott. — ↗Dialektische Theologie, Negative Theologie.

Theologie der Befreiung: ↗Befreiungstheologie.

Theologismen: der theologischen Denkart entstammende „philosophische" (metaphysische) Begriffe (z. B. „das Absolute", „Gott").

Theonom: Bezeichnung für eine Moral, deren Gesetze von Gott gegeben und deshalb zu befolgen sind.

Theopanismus: ↗Pantheismus.

Theophanie (Epiphanie): Erscheinung (Offenbarung) Gottes (direkt oder indirekt, unerwartet oder vom Menschen erfleht, zur Hilfe oder zur Bestrafung usw.). — ↗Johannes Scotus Eriugena.

Theophrast(os), ca. 372–287 v. Chr.: Schüler des Aristoteles, der seiner „göttlichen Redegabe" wegen diesen Namen erhielt. Nachfolger des Aristoteles in der Leitung der ↗„Peripatetischen Schule", der die älteste griechische Philosophiegeschichte, viele naturwissenschaftliche Werke und eine Schrift über die menschlichen Charaktertypen verfaßt hat. – ↗La Bruyère.

Theophysis: Gott-Natur. — ↗Haeckel, Pantheismus. — ↗Goethe hat Vertrauen zu ihr: „Sie hat mich hineingestellt, sie wird mich auch herausführen. Ich vertraue ihr. Sie mag mit mir schalten. Sie wird ihr Werk nicht hassen."

Theorem: Lehrsatz (z. B. in der Mathematik). In der Philosophie werden jene Fiktionen als „Theoreme" bezeichnet, die als erklärende Gedankenkonstruktion in der kritisch-wissenschaftlichen Wirklichkeitstheorie Verwendung finden und im Gegensatz zu den ↗„Mythologemen" (metaphysische Fiktionen mit emotionalem Erbauungswert) einen theoretischen und überdies heuristischen Wert besitzen. Es sind dies die „mechanistischen Fiktionen", die auf räumliche Strukturen hinweisen, daher in die Begriffssprache der Experimentalwissenschaft rückübersetzbar sind, jederzeit Hypothesen werden können, der Forschung neue Wege weisen und vor allem deshalb schon allein imstande sind, wahres Verständnis zu vermitteln, weil sie dem Kausalitätspostulat Genüge tun. — ↗Mechanistik.

Theorie: 1. System von Erfahrungssätzen und Hypothesen, durch die ein Teil der Wirklichkeit zusammenfassend beschrieben wird (z. B. ↗Newtons Gravitationstheorie, ↗Darwins Deszendenztheorie, ↗Einsteins Relativitätstheorie, ↗Spenglers Kulturzyklentheorie u. a.). Der Aufbau einer

Theorie erfolgt so, daß versuchsweise allgemeine Sätze aufgestellt werden, aus denen speziellere Aussagen abgeleitet werden können, die auf ihre Verträglichkeit mit den Beobachtungsdaten hin leicht zu prüfen sind. Auf diese Weise werden jene allgemeinen Voraussetzungen indirekt bestätigt oder widerlegt; im letzteren Falle werden sie durch andere ersetzt, aus denen dann abermals solche Folgerungen abgeleitet werden, die sich verhältnismäßig leicht experimentell verifizieren lassen. Eine Theorie bleibt also so lange in Geltung, bis inzwischen neu gewonnene Erfahrungen eine Korrektur erzwingen. (z. B. die Entwicklung von der klassischen zur modernen Physik). Oft sind freilich Einzelbeobachtungen mit verschiedenen allgemeinen Sätzen verträglich, so daß sich zunächst mehrere gleichmögliche Theorien entwickeln lassen, von denen keine der anderen überlegen ist, da das vorliegende Erfahrungsmaterial eine eindeutige Entscheidung zugunsten der einen oder der anderen noch nicht zuläßt. – ↗Deduktivismus, Experiment, Falsifikation (Verifikation, Wahrheit), Induktion; Leinfellner, Oeser („Theoriendynamik"), Popper K., Schaxel, Spinner. – 2. Im allgemeinsten Sinn des Wortes: Gegenbegriff zu ↗„Praxis". – ↗Kant, Über den Gemeinspruch: Das mag in der Theorie richtig sein, taugt aber nicht für die Praxis, 1793. – ↗Boltzmann hält den Verächtern der „Theorie" entgegen, daß „die Theorie die beste Praxis" sei. – ↗Kritische Theorie; Kambartel.

Theorogon: von ↗Stöhr eingeführte Bezeichnung für die allein zulässige Art, philosophische Begriffe zu bilden, nämlich solche, die theoretischen Impulsen (dem Staunen über die Tatsachen) und nicht einer Sprachverwirrung (↗glossogon) oder Gemütsbedürfnissen (↗pathogon) ihre Entstehung verdanken.

Theosophie: 1. im allgemeinen Sinn des Wortes der Versuch, auf der Basis eines religiösen Glaubens durch Meditation und Erschließung alter, geheimnisvoller Überlieferungen und besonderer Offenbarungen „höhere" (dem Nichtleuchtenden unzugängliche) Erkenntnisse zu gewinnen (↗Gnosis; ↗Böhme). 2. Im engeren Sinne des Wortes die ↗spiritualistisch verankerte und an der ↗indischen Philosophie orientierte Geheimlehre der 1875 in New York von Oberst Olcott und der Russin Blavatsky gegründeten „Theosophischen Gesellschaft"; eine Sonderform ist die ↗Anthroposophie R. Steiners.

Thesis (These): 1. in der Hegelschen und marxistischen ↗Dialektik eine Ausgangsposition, aus der sich die Antithese (ihr Gegensatz) entwickelt. — 2. In der Logik der Beweissatz (eine Behauptung, die durch Zurückführung auf die Beweisgründe bewiesen werden soll). — ↗Beweis.

Theurgie: Versuch, durch bestimmte Praktiken mit den Göttern in Verbindung zu treten, um ihr Eingreifen zu erzwingen.

Thirring, Hans, 1888—1976: österreichischer Physiker („Die Idee der Relativitätstheorie", 1921, 1948³; „Einführung in die klassische Mechanik", 1948), später auch als Sozialpsychologe hervorgetreten („Der Weltfriede als psychologisches Problem", 1946; „Anti-Nietzsche — Anti-Spengler", 1947; „Homo Sapiens (Psychologie der menschlichen Beziehungen"), 2 Bde., 1947/49).

Thomas von Aquin(o) (doctor angelicus, doctor universalis), 1225—1274: Dominikaner, Schüler Alberts des Großen, 1322 heiliggesprochen. T. errichtet ein umfassendes theologisch-philosophisches Lehrgebäude, indem er die christliche Dogmatik mit der Philosophie des Aristoteles in Einklang zu bringen, das Erbe des klassischen Altertums mit dem der Kirchenväter zu verbinden und eine Synthese von Augustinus und Aristoteles, von Glauben und Wissen, zu schaffen versucht. Im Zentrum seiner Lehre steht die Unterscheidung von Existenz und Essenz sowie von Akt und Potenz. In seiner Tugendlehre ordnet T. die vier griechischen Kardinaltugenden (Klugheit, Mäßigkeit, Tapferkeit, Gerechtigkeit) den drei christlichen Tugenden (Glaube, Hoffnung und Liebe) unter, wobei er die ewige Seligkeit als Lohn für tugendhafte Handlungen in Aussicht stellt; mitunter zeigt T. jedoch auch Ansätze zu einer autonomen Ethik (natürliche Moral: das Gute existiert durch und für sich selbst). Kritik übt T. vor allem am ↗Averroismus (↗Siger von Brabant) und am platonistischen Augustinismus. Der Thomismus ist seit 1879 die päpstlicherseits empfohlene Philosophie der Katholischen Kirche (↗philosophia perennis). — Hptw.: Quaestiones disputatae et quodlibetales, 1256—1272 (z. B. Quaestiones disputatae de veritate, 1256—1259); Summa contra gentiles, 1259 bis 1264; Summa theologica, 1265–1273 (unvollendet). ↗Creatio, Neothomismus, Scholastik, Universalienstreit; Anselm, Gilson, Holz H., Lakebrink, Meyer, Müller M., Pieper, Reding, Rougier, Silva-Tarouca; Thaumázein.

Thomas a Kempis (Thomas Hamerken von Kempen), 1380–1471: deutscher Mystiker. —

Thomasius

Hptw.: De imitatione Christi (von der Nachfolge Christi), dt. 1913³.

Thomasius, Christian, 1655–1728: Sohn des Jacob Th., deutscher Aufklärungsphilosoph, der 1688 als erster philosophische Vorlesungen in deutscher Sprache hielt (zunächst in Leipzig, dann an der von ihm 1694 gegründeten Universität Halle a. d. Saale); Jurist, „Vater des deutschen Journalismus", Rationalist, der ein ganzes Zeitalter „zur Vernunft gebracht" und dazu beigetragen hat, den Hexenwahn zu überwinden. – Hptw.: Einleitung zur Vernunftlehre, 1691; Ausübung der Vernunftlehre, 1691; Einleitung und Ausübung der Sittenlehre, 1692/96; Versuch vom Wesen des menschlichen Geistes, 1699; Fundamenta iuris naturae et gentium, 1705.

Thomasius, Jacob, 1622–1684: Vater von Christian Th., Lehrer von Leibniz, deutscher Philosoph, der vor allem an der Scholastik Kritik geübt hat. — Hptw.: Erotemata metaphysica, 1670.

Thomismus: Lehre des ↗Thomas von Aquin. — ↗Neothomismus, Scholastik.

Thoreau, Henry David, 1817–1862: nordamerikanischer Philosoph, Schriftsteller und Naturapostel, eng befreundet mit ↗Emerson. – Sein einflußreichstes Werk: On Civil Disobedience, 1849. Von diesem Essay über „zivilen Ungehorsam" und passiven Widerstand wurde vor allem ↗Gandhi entscheidend beeinflußt. Kritiker haben Thoreau vorgeworfen, daß er die Grenze zwischen gerechtfertigtem Widerstand und bodenloser Anarchie nicht scharf genug ziehe. – Gesammelte Werke: The Writing of H. D. Th., 20 Bde., 1906. – ↗Amerikanische Philosophie (Emerson: Transzendentalismus), Anarchismus.

Thorndike, Edward Lee, 1874–1949: amerikanischer Psychologe und Pädagoge, Pragmatist. — Hptw.: The Psychology of Learning, 1914; The Measurement of Intelligence, 1926; Human and Social Order, 1940.

Thyssen, Johannes, 1892–1968: deutscher Erkenntnistheoretiker und Geschichtsphilosoph. — Hptw.: Die Einmaligkeit der Geschichte, 1924; Die philosophische Methode, I, 1930; Geschichte der Geschichtsphilosophie, 1936, 1960³; Der philosophische Relativismus, 1941, 1955³; Die wissenschaftliche Wahrheit in der Philosophie, 1949; Realismus und moderne Philosophie (Ges. Abhandlungen), 1959; Grundlinien eines realistischen Systems der Philosophie, 1966.

Tiefenpsychologie: moderne Forschungsrichtung der Psychologie; die Tiefenpsychologen nehmen ein unbewußtes Seelenleben an und bemühen sich um dessen Erforschung. Die bekanntesten tiefenpsychologischen Theorien sind: ↗Psychoanalyse (Freud), ↗Individualpsychologie (Alfred Adler) und ↗Analytische (Komplexe) Psychologie (C. G. Jung).

Tillich, Paul, 1886—1965: deutscher protestantischer Theologe und Religionsphilosoph (später in den USA), der auf die innere Paradoxie des Religions- und des Gottesbegriffes hinweist, die darin besteht, daß das Absolute und Unbedingte nur vom Bedingten aus erfaßbar ist, durch diese Relativierung aber in seiner spezifischen Eigenart zerstört wird. Daß T. es für möglich hält, über das Unbedingte in Form der systematischen Paradoxie etwas auszusagen, führt ihn in die Nähe der ↗Dialektischen Theologie. Eine besondere Rolle spielt in T.s Religionsphilosophie der Begriff „Gnade". Größte Bedeutung mißt er der konstitutiven Verwendung des Symbol-Begriffes in der Theologie bei. T. bekennt sich zu einem „religiösen Sozialismus". — Hptw.: Ideen zu einer Theologie der Kultur, 1921, 1924²; Kirche und Kultur, 1924; Religionsphilosophie, in Dessoirs „Lehrbuch der Philosophie", II, 1925; Religion und Kultur, 1925; Rechtfertigung und Zweifel, 1925; Kairos (Zur Geisteslage und Geisteswendung der Gegenwart), 2 Bde., 1926 bis 1929; Die religiöse Lage der Gegenwart, 1926; Das Dämonische, 1926; Der Protestantismus als Kritik und Gestaltung, 1929; Religiöse Verwirklichung, 1929, 1931²; Protestantisches Prinzip und proletarische Situation, 1931; Die sozialistische Entscheidung, 1933; 1948²; Zwei Wege der Religionsphilosophie, 1946; The Protestant Era, 1948, dt. 1950; The Shaking of the Foundations, 1948; Systematic Theology, 1951; Der Mut zum Sein, 1958; Religionsphilosophie, 1962; Die verlorene Dimension, 1962; Das Christentum und die Begegnung der Weltreligionen, 1964; Meine Suche nach dem Absoluten, 1969; Impressionen und Reflexionen, 1972. — ↗Radbruch.

Timologie: Wertlehre (Axiologie); ↗Werttheorie.

Tinbergen, Jan, geb. 1903: niederländischer Wirtschaftswissenschaftler, der die sogenannte ↗„Konvergenztheorie" entwickelt hat. — Hptw.: Wirtschaftspolitik, 1968, 1972².

Tindal, Matthew, 1656—1733: englischer Deist, der eine „natürliche Religion" zu begründen versucht, deren Inhalt in der Erfüllung der Pflichten gegenüber Gott und Menschen, im naturgemäßen Leben und in der Erkenntnis der vernünftigen Ordnung der Dinge besteht. T. übt am traditionellen Gottesbegriff und am Wahrheits- und Autoritätsanspruch der Bibel Kritik; sein Standpunkt ist ein Agnostizismus, demzufolge es unmöglich ist, eine klare Vorstellung von Gott zu gewinnen. — Hptw.: Christianity as Old as the Creation. 1730. — ↗ Circulus v.

Tocqueville, Alexis de, 1805—1859: französischer Historiker, Staatsphilosoph und Politiker, der die Vermassung vorausgesehen, eine Gefährdung der Freiheit in der Demokratie befürchtet und eine Demokratisierung zur ↗ Freiheit gefordert hat. – Hptw. (deutscher Auszug): Über die Demokratie in Amerika, 1950 (1835).

Tod: korrelativer Begriff zu ↗ „Leben", Kehrseite des Lebens. Biologisch gesehen, ist der natürliche („physiologische") Tod (ohne Krankheit, zum Unterschied vom „pathologischen" T.) als Entwicklungsprodukt des Lebens, d. h. als notwendige Folge der fortschreitenden Differenzierung des Organismus aufzufassen (je mehr Differenzierung, umso mehr Determinierung!), als ein nach Vollendung eines bestimmten (auf die Ausbildung einer ganz bestimmten Struktur gerichteten) Lebensrhythmus' eintretendes Ereignis („Differenzierungstheorie" im Gegensatz zur überholten „Abnützungstheorie", der zufolge von außen wirkende Kräfte das Aussetzen des Lebensprozesses bewirken, d. h. der Tod als ein zufälliges Ereignis infolge Ansammlung schädlicher Veränderungen begriffen wird). In der Natur wirkt der Tod selektiv: ein „Kunstgriff der Natur, viel Leben zu haben" (↗ Goethe). Tod und Unsterblichkeit sind seit jeher bevorzugte Themen metaphysischer Spekulation; das Problem des Todes ist sowohl von Dichtern und Philosophen als auch von Ärzten, Psychologen, Biologen und Soziologen immer wieder aufgegriffen worden, wobei erhebliche Unterschiede in der Einstellung dem Phänomen des Todes gegenüber und dementsprechend im Interesse am Todesproblem nicht zu übersehen sind: ↗ Huizinga und ↗ Landsberg binden das Todesbewußtsein an den Individualismus, finden es besonders ausgeprägt in individualistischen Zeitaltern (z. B. in der Spätantike, in der ↗ Renaissance-Zeit, im 20. Jahrhundert). Im einzelnen lassen sich etwa folgende Gesichtspunkte geltend machen: 1) „Wenn wir sind, ist der Tod nicht, und wenn der Tod ist, sind wir nicht mehr", er geht uns also nichts an, braucht uns nicht zu kümmern (↗ Epikur, ↗ Cicero; ↗ Wittgenstein: „Der Tod ist kein Ereignis des Lebens. Den Tod erlebt man nicht"); 2) der Tod ist etwas Natürliches, ein reines Faktum ohne besondere Signifikanz, Bedinger und Zwillingsbruder der Geburt (Epikur; ↗ Marc Aurel: Tod als Ende der Wahrnehmung; ↗ Spinoza: „Der freie Mensch denkt über nichts weniger nach als über den Tod: seine Weisheit ist nicht ein Nachsinnen über den Tod, sondern über das Leben"; ↗ Leibniz: Tod als Involution des Lebens; ↗ Hegel; Dilthey; Jaspers; Heidegger; Sartre; Camus; Schultz); 3) der Tod ist nicht das Ende des Lebens, sondern der Anfang eines neuen „Lebens": Glaube an die Unsterblichkeit der Seele (↗ Platon; Plotin; Christentum; Trennung der Seele vom Leib; ↗ Augustinus: der Tod ist eine Strafe für den Sündenfall, nur durch göttliche Gnade kann die Todesfurcht überwunden werden). — Der Philosoph als Lebensweiser im besten Sinne des Wortes wird den Tod weder fürchten noch ersehnen (wie Cicero, der im Tod ein Ausruhen von Mühe und Elend sieht, oder Gerhard Hauptmanns Michael Kramer: „der Tod als die mildeste Form des Lebens"), sondern ihn mit ↗ Nietzsche stolz als natürlichen Schlußpunkt des Lebens betrachten und (mit ↗ Guyau: Notre dernière douleur reste aussi notre dernière curiosité) in unerschütterlicher intellektueller Festigkeit als Vollendung und Krönung des Lebenskunstwerkes gelassen erwarten (Shakespeare, Hamlet: „In Bereitschaft sein, ist alles"); er wird weder jeden Gedanken an den Tod verdrängen, noch ständig an ihn denken (wie die ↗ Stoiker - „philosophieren heißt sterben lernen" – und die Existentialisten wollen), sondern vor allem ein rechtes Leben zu führen suchen, weil er (mit ↗ Lionardo da Vinci, den ↗ Aufklärern, den ↗ Pragmatisten, ↗ Russell u. a.) weiß, daß nur ein gut verbrachtes Leben dem Tod den Schrecken zu nehmen vermag. Im übrigen ist ihm bewußt, daß ohne Tod das Leben unmöglich (– da alles, was jemals ins Leben getreten ist, noch erhalten wäre –) und für den Menschen unerträglich wäre (– was würden die Menschen einander antun, wenn die einen nicht in den Tod flüchten könnten und die anderen nicht Angst hätten, zu Tode gebracht werden zu können –). – Besondere Probleme sind des Menschen Recht auf ein menschenwürdiges Sterben (↗ Euthanasie) sowie die Freiheit des Menschen zum Tode (↗ Camus: „Es gibt nur ein wirklich ernstes philosophisches Problem: den Selbstmord"): Das Problem der

Todesstrafe

Selbsttötung (des Freitodes durch eigene Hand) stellt sich mit der Überzeugung von der Sinnlosigkeit des Lebens, des Daseins, der eigenen Existenz. Ein entscheidendes Argument gegen die Selbsttötung ist nicht zu finden, da einerseits (metaphysisch gesehen) Gottes Spuren in der Welt nicht eindeutig sind und andererseits (anthropologisch betrachtet) weder Gesellschaft, noch Liebe, noch bloße Selbstbehauptung als absolut sinnvoll erfahren werden. Objektiv freilich stirbt jeder, der Hand an sich legt, früher als nötig. — ↗Améry, Beauvoir, Dessoir, Driesch, Durkheim (Selbstmord), Ewald, Existentialismus (Tragik des menschlichen Seins und Absurdität des Todes), Fechner, Fink, Freud (Todestrieb), Hegesias, Hengstenberg, Holl, Kierkegaard, Kolakowski, Leben, Malraux, Metzger, Nietzsche, Religion, Schlegel („Aller Tod ist natürlich; jeder stirbt aus Reife und zur rechten Zeit"), Schopenhauer (Verneinung des Willens zum Leben; „Der Tod ist der eigentliche inspirierende Genius oder ↗Musaget der Philosophie... schwerlich sogar würde auch ohne den Tod philosophiert werden"; „Über den Tod": 2. Bd. von „Die Welt als W. u. V.", Kap. 41, Ergänzungen zum 4. Buch des 1. Bandes), Sinn (des Lebens), Seneca (der Tod ist ein Teil der Natur und der „Geburtstag der Ewigkeit"), Szondi, Theimer, Todesstrafe, Toynbee, Utopie (Bloch: Tod als Ausdruck der härtesten Nicht- bzw. Gegen-Utopie), Wiplinger. – ↗Ephemér.

Todesstrafe: ↗Strafe.

Toland, John, 1670—1722: irischer Freidenker („Freethinker"), der die christlichen Mysterien als Symbole auffaßt, einer der Begründer des ↗Deismus. — Hptw.: Christianity not mysterious, 1696. — ↗Pantheismus.

Toleranz: Duldsamkeit, Achtung; sowohl dem religiösen Glauben (Bekenntnissen) wie überhaupt Weltanschauungen gegenüber zu fordern. Diese Forderung ist vom Standpunkt des Weltanschauungsrelativismus aus zu erheben, dem zufolge Weltanschauungen nicht wahre oder falsche Erkenntnissysteme sind, sondern die auf subjektiven Wertungen beruhenden Stellungnahmen einzelner Menschen zu Welt und Leben zum Ausdruck bringen. Keinen Anspruch auf Toleranz können Weltanschauungen erheben, die entweder auf falschen (und daher durch Erfahrung widerlegbaren) Behauptungen basieren (in diesem Fall wird also zu Tatsachen Stellung genommen, die gar nicht bestehen) oder Auffassungen enthalten, die den Bedingungen des Gemeinschaftslebens widersprechen (z. B. schrankenloser Egoismus, Einschränkung der Freiheit von Mitmenschen, d. h. Intoleranz: „Die wahre Toleranz schließt die Intoleranz gegen die Intoleranz in sich", sagt ↗F. Th. Vischer mit Recht, d. h. Toleranz hat ihre Grenze an der Intoleranz des anderen, denn „man kann nicht alle tolerieren, die intolerant sind, sonst vernichtet man die Toleranz", wie ↗Popper K. formuliert). Toleranz ist zwar ein sehr hoher Wert, aber kein Wert an sich, kein Selbstzweck: sie muß jeweils auf einen anderen Wert (etwa der „Freiheit") bezogen sein und ist jedenfalls stets eine Sache der Gegenseitigkeit. Der Toleranzgedanke (in religiösen Fragen) hat sich im Abendland erst seit der ↗Aufklärung allmählich durchgesetzt (nach mehr als einem Jahrtausend christlicher Intoleranz): er ist die Frucht eines höher entwickelten Kulturbewußtseins; ihre früheste Heimstätte hatte die religiöse Toleranz der Neuzeit in Holland gefunden. — Toleranz ist schließlich auch die politische Tugend des demokratischen ↗Pluralismus: die Duldung des Verhaltens und die Achtung der Meinungen und der Überzeugungen anderer Menschen, auch wenn sie (— und das ist das entscheidende Moment —) der eigenen Geisteshaltung widersprechen und man sie daher mißbilligt (↗Voltaire: „Ich verabscheue, was dieser Mann ausspricht, aber ich werde bis zum letzten Atemzug dafür kämpfen, daß er es aussprechen darf"; Rosa Luxemburg: „Freiheit ist die Freiheit des anderen, anders zu denken"). — Gegenbegriffe: 1. das unmoralische Verhalten der „Intoleranz"; 2. die Untugend der „Indifferenz" (Gleichgültigkeit). – ↗Freiheit, Glaube, Liberalismus; Marcuse H., Mitscherlich.

Toleranz

Tönnies, Ferdinand, 1855—1936: deutscher Soziologe und Gesellschaftsphilosoph, der eine scharfe begriffliche Trennung zwischen „gewachsener" Gemeinschaft (Familie und Volk) und „geschaffener" Gesellschaft (in Großstadt und Staat, mit Egoismus, Profitsucht und Ausbeutung) durchgeführt hat. — Hptw.: Gemeinschaft und Gesellschaft, 1887, 1935[8]; Philosophische Terminologie in psychologisch-soziologischer Ansicht, 1906; Die Sitte, 1909; Kritik der öffentlichen Meinung, 1922; Soziologische Studien und Kritiken, 3 Bde., 1924—1929; Geist der Neuzeit, 1935. — Autobiographie in „Die Philosophie der Gegenwart in Selbstdarstellungen", Bd. III, 1922. — Neue Ausgabe: Studien zur Philosophie und Gesellschaftslehre im 17. Jhdt., 1975. — ↗Voluntarismus.

Ferdinand Tönnies

Topitsch, Ernst, geb. 1919: österreichischer Philosoph, eine Zeitlang eher liberal, nunmehr, wie ursprünglich, betont konservativ, dessen besonderes Interesse in Anlehnung an M. Weber, Kelsen und H. Gomperz Problemen der Werttheorie, der Wissenssoziologie und der Ideologiekritik galt, wobei er vor allem die den mythologisch-metaphysischen Naturauffassungen und Seelenlehren zugrundeliegenden „biomorphen", „soziomorphen" und „technomorphen" Denkmodelle zu erfassen suchte, neuerdings jedoch den neopositivistischen „Scheuklappen-Standpunkt" gegenüber der Metaphysik ablehnt. – Hptw.: Vom Ursprung und Ende der Metaphysik (Eine Studie zur Weltanschauungskritik), 1958 (Taschenbuch-Ausgabe 1972); Sozialphilosophie zwischen Ideologie und Wissenschaft, 1961, 1971[3]; Die Sozialphilosophie Hegels als Heilslehre und Herrschaftsideologie, 1967, 1980[2]; Die Freiheit der Wissenschaft und der politische Auftrag der Universität, 1969[2]; Mythos – Philosophie – Politik (Zur Naturgeschichte der Illusion), 1969; Ideologie: Herrschaft des Vorurteils, 1972; Gottwerdung und Revolution (Beiträge zur Weltanschauungsanalyse und Ideologiekritik), 1973; Die Voraussetzungen der Transzendentalphilosophie (Kant in weltanschauungsanalytischer Beleuchtung), 1975; Erkenntnis und Illusion (Grundstrukturen unserer Weltauffassung), 1979; Stalins Krieg (Die sowjetische Langzeitstrategie gegen den Westen als rationale Machtpolitik), 1985, 1986[2] (– hier hat T. eine von der Kritik als abstrus verworfene „Verschwörungstheorie" entwickelt, der zufolge der Antifaschismus ein Glied in der globalen Strategie des Bolschewismus sei, Antifaschisten also Weltverschwörer seien. Damit hat sich der Ideologiekritiker T. selbst als dialektisch argumentierender „neu-rechter" Ideologe dekuvriert). – Herausgeber des Sammelbandes „Logik der Sozialwissenschaften", 1967[4] (mit Beiträgen von Albert, Gehlen, Habermas, Popper u. a.). – ↗Dialektik; Salamun; Neokonservativismus.

Ernst Topitsch

Topos: logischer „Ort" (Beweisgrund, Gesichtspunkt für eine Argumentation).

Totalitarismus: Allmacht des Staates. — ↗Etatismus, Faschismus, Freiheit, Ideologie, Liberalismus, Nationalsozialismus.

Totalität: Ganzheit; ↗Gestalt.

Toulmin, Stephen E., geb. 1922: englischer Erkenntnis- und Wissenschaftstheoretiker, Schüler ↗Ryle's. – Hptw.: Voraussicht und Verstehen (Ein Versuch über die Ziele der Wissenschaft), 1968; Einführung in die Philosophie der Wissenschaft, 1969. – ↗Ordinary – Language – Philosophy.

Toynbee, Arnold, 1889—1975: englischer Kulturhistoriker und Geschichtsphilosoph, der (ähnlich wie ↗Spengler) allgemeine Gesetze der Kulturentwicklung zu finden versucht, 21 Kulturkreise unterscheidet, jedoch (verglichen mit Spengler) weniger schematisiert und nicht ausschließlich pessimistische Folgerungen aus seiner Geschichtsbetrachtung zieht. Die Entstehung der verschiedenen Kulturen sucht T. als Reaktion (response) auf die Herausforderung (challenge) der Natur und der Völkerwelt zu begreifen. — Hptw.: A Study of History, 12 Bde., 1934 ff., dt. (gekürzt: Studie zur Weltgeschichte. Wachstum und Zerfall der Zivilisation), 1949; Civilisation on Trial, 1948, dt. (Kultur am Scheideweg) 1949; weitere deutsche Ausgaben: Krieg und Kultur, 1951; Der Gang der Weltgeschichte, 1954⁴; Kulturen im Übergang, 1958; Das Christentum und die Religionen der Welt, 1959; Vor der Linie (Der moderne Mensch und der Tod), 1970; Erlebnisse und Erfahrungen, 1970; Menschheit und Mutter Erde (Die Geschichte der großen Zivilisationen), 1979. – ↗Anderle.

Arnold Toynbee

Traduzianismus: Lehre, daß die Seele des Neugeborenen durch Fortpflanzung seitens der Eltern entsteht, daß also alle Menschenseelen Teile der Adamsseele bilden (z. B. von ↗Tertullian vertretene Auffassung). Im Gegensatz dazu: Annahme einer ↗Präexistenz der Seele oder ihrer Erschaffung durch Gott (↗Creatianismus).

Tragik: eine ästhetische Grundgestalt. Als tragisch empfindet man den Kontrast zwischen der inneren Größe eines Menschen und seinem unverdienten Geschick, den Untergang wertvoller Kräfte im aussichtslosen Kampf mit dem stärkeren Schicksal. Der Zuschauer erlebt angesichts solcher Tragik Trauer, Wehmut, Furcht, Mitleid, wobei der gehobene Menschentypus sich mehr trotzig und aufbegehrend, der gedrückt-depressive eher niedergeschlagen zeigt. Daß der Mensch Gefallen an der Tragödie (der künstlerischen Darstellung des Tragischen) findet, beruht darauf, daß er das Bedürfnis empfindet, dem Zwang der Kultur und der Konvention zu entrinnen und sich in große Leidenschaften und mächtige Taten kraftvoller Menschen mit hohen Zielen einzufühlen, sich über die Beschränkungen seiner bürgerlichen Existenz hinaus an reichem Erleben zu berauschen, ohne selbst ein Abenteuer bestehen zu müssen. Befriedigung bringt schließlich die Lösung des Konfliktes zwischen dem Naturmenschen und dem Kulturmenschen in uns: wir wollen sehen, daß die Taten der Unkultur durch Leiden gebüßt werden. Während Trauer nur ein Vorgang des Gemütes ist, enthält das Tragische stets auch ein geistiges Element. Die Tragödie gilt als die vornehmste Dichtungsgattung, weil sie den Schatten des Todes wirft und aus den Alltagsbanalitäten herausreißt. Sie ist in der mythologischen Frühzeit entstanden, in der die Kunst noch an den Kult gebunden und somit ein Gemeinschaftserlebnis (unter Aufhebung der eigenen Identität und in Kommunikation mit dem Göttlichen) war (Eingreifen der Götter in das Menschenleben als blindes Schicksal; der Held schuldlos schuldig); erst später hat sie sich allmählich von der Religion gelöst (— über die Entwicklung der griechischen Tragödie von Aischylos über Sophokles bis zu Euripides ist hier ebensowenig zu sprechen wie über die modernen Gestaltungen der Tragödie). — ↗Ästhetik; Aristoteles (Gorgias), Bahnsen, Kaufmann W., Lipps Th., Malraux, Marcel, Marcuse L., Nietzsche („Die Geburt der Tragödie aus dem Geiste der Musik"), Riezler, Unamuno, Veit, Volkelt, Weber A., Ziegler L., Zimmermann R. – Zur „Tragikomik": ↗Komik; Wahle („Die Tragikomödie der Weisheit").

Trance: Ausnahme-(Schlaf-)Zustand (ähnlich der ↗Hypnose), in dem sich das „Medium" während einer ↗spiritistischen Sitzung (Séance) befindet.

Transfinit: unendlich. — ↗Ewigkeit, infinit, Raum, Unendlichkeit Zeit.

Transformation (Umformung): ↗Reininger.

Transformisten: von ↗Stöhr gewählte Bezeichnung für die griechischen Philosophen ↗Thales, Anaximander, Anaximenes, Heraklit, die einen verwandelbaren Urstoff annahmen. — ↗Agenetisten.

Transgredient: ↗Wert.

Transgressiv: ↗Ziehen.

Transitivität: eine logische Eigenschaft der Relationen. Man unterscheidet 1. transitive (übergreifende) Relationen (z. B. $a = b$, $b = c$, $a = c$; oder $a > b$, $b > c$, $a > c$); 2. intransitive Relationen (z. B. A ist Vater von B, B ist Vater von C, aber A ist nicht Vater von C); 3. non-transitive Relationen (z. B. A ist Berater von B, B ist Berater von C; A kann, aber muß nicht Berater von C sein).

Transzendent: übergreifend, jenseitig; z. B. erfahrungstranszendent = erfahrungsjenseitig (hinter dem Bereich möglicher Erfahrung liegend, die Grenzen der Erfahrungswelt „überfliegend", wie ↗Kant sagt; ↗Transzendenz) oder bewußtseinstranszendent = bewußtseinsjenseitig (vom Bewußtsein unabhängng, z. B. die ↗Außenwelt). Die Metaphysik kann man auch als Transzendenzphilosophie (im Gegensatz zur Erfahrungsphilosophie oder kritisch-wissenschaftlichen Philosophie) bezeichnen, da die Metaphysiker den aussichtslosen Versuch unternehmen, die von ihnen „hinter" der Erfahrungswelt vermutete (transzendente) „Wirklichkeit an sich" zu erkennen. — ↗Wirklichkeit („horizontale" und „vertikale" Transzendenz). — Gegenbegriff: ↗immanent.

Transzendental: von ↗Kant verwendete Bezeichnung für „erkenntniskritisch" (nicht mit „transzendent" zu verwechseln!). Die transzendentale Betrachtungsweise ist nach Kant diejenige, welche „sich nicht sowohl mit Gegenständen, sondern mit unserer Erkenntnisart von Gegenständen, sofern diese a priori möglich sein soll, beschäftigt". In diesem Sinne spricht Kant von „empirischer Realität" und zugleich „transzendentaler Idealität" von Raum und Zeit, womit er meint, daß Raum und Zeit empirisch (vom Standpunkt der Erfahrung aus) betrachtet „real", unter transzendentalem (erkenntniskritischem) Blickwinkel gesehen, jedoch „ideal" sind (d. h. unserer Vorstellung von den Dingen und nicht diesen selbst angehören). Kants erkenntnistheoretischer Standpunkt wird auch „transzendentaler Idealismus", „Transzendentalismus" oder „Transzendentalphilosophie" genannt. – ↗Holz H. – In völlig anderer Bedeutung: ↗New Age („transzendentale" Meditation).

Transzendentalismus: 1. ↗transzendental (Kant); 2. ↗Neo-Idealismus, Amerikanische Philosophie (Emerson).

Transzendenz: von den Metaphysikern angenommener erfahrungsjenseitiger (der Erfahrung unzugänglicher) Bereich der Wirklichkeit (z. B. Urgrund des Seins, Wesen der Welt, Gott). Die Transzendenz ist prinzipiell unerkennbar, an ihre Existenz kann man nur glauben; daher ist jede metaphysische Beschreibung der Transzendenz ↗Begriffs- bzw. Gedankendichtung, ja im Grunde nur Wortdichtung, da nicht einmal eine gedankliche, sondern nur verbale (sprachliche) Transzendierung (Überschreitung) der Grenzen der Erfahrungswelt möglich ist. Mitunter wird statt „Transzendenz" auch „das Metaphysische" gesagt. ↗transzendent.

Traum: Bewußtseinsvorgang während des Schlafes („Traumbewußtsein") unter Ausschaltung bzw. Weiterwirken partieller Hirnfunktionen. Die REM-Theorie (↗Schlaf), der zufolge schnelle Augenbewegungen hinter geschlossenen Lidern Traumphasen signalisieren, die fünf bis zwanzig Minuten dauern und mehrmals in der Nacht eintreten, gilt neuerdings als überholt. Erinnerung besteht fast nur an Träume des Prädormitiums (unmittelbar vor dem endgültigen Einschlafen) und des Postdormitiums (unmittelbar vor dem Erwachen). Von biologischer Bedeutung ist die schlafsichernde Funktion des Traumes (Schlafschutz in Seichtschlafphasen; der Traum als Wächter des Schlafes). Die „Depersonalisation" (↗Ich) im Traum ist eine Folge der Erschlaffung der Muskulatur. Die Traumvorstellungen sind meist optische ↗Vorstellungen halluzinatorischen Charakters (Traumbilder). Infolge der Ausschaltung bestimmter Großhirnzentren ist der Vorstellungs- bzw. Gedankenablauf während des Traumes unlogisch, phantastisch, sprunghaft, inkohärent und egozentrisch. Im Zusammenhang mit den Traumvorstellungen kommt es zu motorischen Impulsen, die Sprechbewegungen, mimische Bewegungen und das Nachtwandeln (Schlafwandeln: Somnambulismus) hervorrufen („Schlafmotorik"). Die traumsprachlichen Äußerungen sind minderwertig, fehlerhaft und gestört. Traumformen: „Physiologische" Träume (Leib-Reiz-Träume, z. B. Fall- und Flugträume), psychogene Träume (Erinnerungsträume, „Tagesreste"). Daß im Traum das „Unbewußte" in symbolischer Verkleidung manifestiere, behaupten die ↗Psychoanalytiker (psychotherapeutische Anwendung der „Traumdeutung" auf Grund der Symbolik der Trauminhalte; die psychoanalytische Traumtheorie ↗Freuds, dem sich 1895 „das Geheimnis des Traumes enthüllt hat", ist reine Spekulation, ebenso die Versuche anderer Tiefenpsychologen, etwa ↗Jungs, mythische Archetypen in den Träumen zu finden). — Von Tag- bzw. Wachträumen (im Sinne ↗Blochs) ist hier nicht die Rede (↗Denken, Utopie). — ↗Dessoir, Nietzsche (apollinisch), Siebeck, Vetter.

Trendelenburg, Friedrich Adolf, 1802—1872: deutscher Philosoph, der vom aristotelischen Standpunkt aus an Hegels Philosophie Kritik übt, an die Stelle der Hegelschen „Dialektik" den Begriff der „Bewegung" (als Bindeglied zwischen Denken und Sein) setzt und sich zur Naturrechts-

Trinomismus

lehre und zu einer teleologischen Weltauffassung bekennt. — Hptw.: Logische Untersuchungen, 1840, 1870³; Die sittliche Idee des Rechtes, 1849; Historische Beiträge zur Philosophie, 2 Bde., 1855; Naturrecht auf dem Grunde der Ethik, 1860, 1868².

Trinomismus: Annahme einer Dreigesetzlichkeit. ↗Binomismus (Ziehen).

Ernst Troeltsch

Troeltsch, Ernst, 1865–1923: deutscher protestantischer Theologe, Religions- und Geschichtsphilosoph, der einem verinnerlichten, undogmatischen Glauben das Wort redet, an der historistisch-relativistischen Betrachtungsweise Kritik übt, an einen vernünftigen, positiven Sinn der Geschichte sowie an die Existenz absolut gültiger Werte glaubt und deren Verwirklichung in historischen Situationen zu verstehen sucht. – Philosophische Hptw.: Ges. Schriften in 4 Bd., 1912–1925 (wichtig: Bd. I: Die Soziallehren der christlichen Kirchen, Bd. III: Der Historismus und seine Probleme, Bd. IV: Ges. Aufsätze zur Geistesgeschichte und Religionssoziologie); Der Historismus und seine Überwindung, 1924. – Autobiographie in „Die Philosophie der Gegenwart in Selbstdarstellungen", Bd. II, 1923². – ↗Bibelkritik.

Trophik: in der ↗psychobiologischen Terminologie (↗Lungwitz) die „Gesamtheit der Arbeits- und Ernährungsreflexe und -aktualitäten".

Trophosen: ↗Psychobiologie (Lungwitz).

Tropismus: die elementarste tierische und pflanzliche Bewegung, die zur Reizquelle hin oder von ihr weggeht (z. B. der Flug der Insekten gegen das Licht); man spricht demgemäß von Geotropismus, Heliotropismus usf.

Tropus (Mehrzahl: Tropen): stilistischer Kunstgriff, Gebrauch eines Wortes in der Bedeutung eines anderen. Zu unterscheiden sind: 1. ↗Metapher (Abarten: Personifikation, ↗Allegorie), 2. ↗Synekdoche (a. ↗Hyperbel, b. ↗Litotes) und 3. ↗Metonymie (a. Antiphrase: aa. ↗Euphemismus, bb. ↗Ironie; b. ↗Periphrase: aa. die Antonomasie: an Stelle des Eigennamens ein Attribut gesetzt). — ↗Allusion, Figur, Prosopopöie, Sprachästhetik.

Trugschlüsse (Sophismen): Fehlschlüsse, die einer beabsichtigten Täuschung dienen. — ↗Fangschlüsse.

Tschirnhaus, Ehrenfried Walther, 1651 bis 1708: deutscher Philosoph, der in feinsinnigen erkenntnistheoretischen Erörterungen zwischen Rationalismus und Epirismus zu vermitteln sucht, manche Grundgedanken des Kritizismus (der Erkenntnisvorgang ein aktiver Gestaltungsprozeß!) und Physikalismus (Vorrangstellung der Physik gegenüber allen anderen Wissenschaften!) vorwegnimmt und drei Stufen des philosophischen Denkens unterscheidet: zutiefst stehen die Wortphilosophen, die sich von der Sprache verführen lassen und mit Begriffsdichtungen begnügen, etwas höher schon die historisierenden Philosophen und auf höchster Stufe die Wirklichkeitsphilosophen. — Hptw.: Medicina mentis ac corporis, 1687.

Tschuang-tse, 4. Jhdt. v. Chr. (gest. 369 v. Chr.): chinesischer Dichterphilosoph, nach Lao-tse der bedeutendste ↗Taoist, Skeptiker, Determinist und Pessimist, der in seinem (durch treffliche Gleichnisse) stilistisch sehr hochwertigen „Wahren Buch vom südlichen Blumenland" (Nan-hua-tschen-king) einen leicht satirischen Ton anschlägt, am ↗Konfuzianismus Kritik übt („Der Verstand kann es nie zuwege bringen, letzte, tiefe Dinge zu erfassen"; man muß, um das Tao zu verstehen, „unerbittlich sein eigenes Wissen unterdrücken") und eine staatliche Ordnungsmacht für entbehrlich hält („Ich weiß davon, daß man die Welt leben und gewähren lassen soll. Ich weiß nichts davon, daß man die Welt ordnen soll").

Tugend: ethisch wertvolle Charaktereigenschaft eines Menschen, die im Übermaß allerdings, wie schon ↗Aristoteles lehrt, zur Untugend, zum Fehler werden kann. Die vier klassischen Tugenden (nach ↗Platon z. B.) sind: Klugheit/Weisheit, Besonnenheit/Mäßigkeit, Tapferkeit und Gerechtigkeit; ihnen werden in der christlichen Ära drei religiöse Tugenden übergeordnet: Glaube, Hoffnung und Liebe. — ↗Epikur, Montaigne, Pieper; Laster; Sklavenmoral.

Tugendhat, Ernst, geb. 1930: deutscher Philosophiehistoriker und Sprachanalytiker, der die Philosophie auf „formale Semantik" als Grunddisziplin zu gründen versucht. – Hptw.: Tì katà tinós (Ein Untersuchung zu Struktur und Ursprung aristotelischer Grundbegriffe, 1958, 1982³; Der Wahrheitsbegriff bei Husserl und Heidegger, 1967, 1970²; Vorlesungen zur Einführung in die sprachanalytische Philosophie, 1976; Selbstbewußtsein und Selbstbestimmung (Sprachanalytische Interpretationen), 1979; Logisch-semantische Propädeutik, 1984 (mit Ursula Wolf); Nachdenken über die Atomkriegsgefahr und warum man sie nicht sieht, 1986.

Tuismus: gleichbedeutend mit ↗Altruismus.

Twardowski, Kasimir, 1866—1938: österreichischer Psychologe, Logiker und Erkenntnistheoretiker (später in Polen), Schüler Brentanos, Begründer der Lemberger Logischen Schule. — Hptw. (in deutscher Sprache): Idee und Perzeption, 1892; Zur Lehre vom Inhalt und Gegenstand der Vorstellungen, 1894; Über sogenannte relative Wahrheiten 1902; Über begriffliche Vorstellungen, 1903.

Tychismus: z. B. von ↗Peirce vertretene Auffassung ,der zufolge der ↗Zufall die treibende Kraft des Weltgeschehens ist. — ↗Monod.

Typologie: Typenlehre. — ↗Aufmerksamkeit, Charakter, Sprache, Weltanschauung; Dilthey, Jaspers, Jung, Kretschmer, Schultz, Spengler, Spranger.

Typovergenz: von ↗Schultz (in der ↗„Maschinentheorie des Lebens") eingeführte Bezeichnung für das Streben eines Organismus zum Typus durch Herstellung und Erhaltung seiner Form, für die Tatsache also, daß die biologischen Vorgänge zielgerichtet verlaufen und ihr Ziel der Bestand des Typus ist. — ↗Leben.

Tyrrell, George, 1861—1909: englischer katholischer Theologe, der seiner modernistischen Auffassung wegen exkommuniziert wurde. — Hptw.: Lex orandi, 1903; Lex credendi, 1906; Essays on Faith and Immortality, 1914.

U

Übel: eine negativ bewertete Gegebenheit (Charaktereigenschaft, Handlungsweise, Gegenstand usw.), ein Unwert-Träger. Gegensatz: ↗Gut. — ↗Wertung, Wert.

Überbau: nach der (marxistischen) Ökonomistischen Geschichtsauffassung (dem Historischen Materialismus) Bezeichnung für die Kultur (Politik, Wissenschaft, Kunst, Religion), deren Gestaltung von der Struktur des ökonomisch-sozialen Unterbau abhängt (wie die Lebensweise der Menschen, so auch ihre Denkweise). — ↗Dialektischer Materialismus.

Überindividuell: nicht nur für einen einzigen Menschen, sondern für eine Gruppe von Menschen oder für alle Menschen gültig. So spricht man z. B. von überindividuell (allgemein, intersubjektiv) gültigen Erkenntnissen (die von jedermann überprüft werden können) oder von überindividuellen Wertungen, die darauf beruhen, daß die Angehörigen einer Rasse, eines Volkes, einer Generation, einer sozialen Klasse, eines Kulturkreises usw. infolge der Beeinflussung durch Erziehung, Propaganda, Massenmedien usw. (überhaupt durch ↗Suggestion seitens der Mitmenschen) einigermaßen gleichartig zu werten pflegen (Mode, Zeitgeist usf.).

Übermensch: von ↗Nietzsche verherrlichter Idealmensch, der im Gegensatz zum „letzten Menschen" das Leben heroisch erträgt und kraftvoll bejaht, einen „Willen zur Macht" entwickelt und sich durch Vornehmheit (Pathos der Distanz) und tänzerisch-spielerische Heiterkeit auszeichnet. Diesen Geistesaristokraten stellt Nietzsche dem Massen- und Herdenmenschen und dem lebensschwachen, von Jenseitshoffnungen erfüllten Menschen christlicher Prägung gegenüber.

Überweg, Friedrich, 1826—1871: deutscher Philosophiehistoriker. — Hptw.: Grundriß der Geschichte der Philosophie, 3 Bde., 1863—1866; 1924—1928[12] von Prächter, Geyer, Frischeisen-Köhler, Moog und Oesterreich neu bearbeitet (5 Bde.), 1953[13]. — ↗Beneke.

Überwelt: von Metaphysikern angenommene „höhere" (göttliche) Welt, die außerhalb und über unserer Erfahrungswirklichkeit liegen soll: ↗dualistischer bzw. supranaturalistischer Standpunkt (im Gegensatz zum ↗Monismus bzw. Naturalismus und zur wissenschaftlichen Weltauffassung). Im einzelnen unterscheidet man folgende Vorstellungen von der Überwelt: ↗Theismus, Deismus, Pantheismus, Panentheismus, wobei in den letztgenannten zwei Fällen der Begriff der „Über"-Welt bereits stark verwässert ist bzw. die Überwelt mehr oder weniger mit der Welt identifiziert wird. ↗Mystik. Auf die Annahme einer Überwelt verzichten die ↗Atheisten (Monisten, Naturalisten), aber auch z. B. die Buddhisten (Nirwana). — Gegenbegriff: Welt, d. h. Umwelt (Erfahrungswelt) und Mitwelt (Mitmenschen).

Uexküll, Jakob von, 1864—1944: deutscher Biologe und Naturphilosoph, der von einem neovitalistischen Standpunkt aus eine metaphysische Theorie des Organischen entwickelt, in der er vor allem auf die Organisationsbedingtheit der Erkenntnis- und der Wirkweise (Merkwelt und Wirkwelt, zusammen die Umwelt) der einzelnen Tierarten hinweist (— einschließlich des Menschen, wobei er Kants Erkenntnislehre biologisch interpretiert —) und die Autonomie des organischen Geschehens zu beweisen versucht. — Hptw.: Umwelt und Innenwelt der Tiere, 1909, 1921[2]; Theoretische Biologie, 1920, 1928[2]; Nie geschaute Welten, 1936, 1949[3]; Der unsterbliche Geist in der Natur, 1938, 1947[2]; Bedeutungslehre, 1940, 1956[2]; Der Sinn des Lebens, 1942, 1977[3]; Streifzüge durch die Umwelten von Tieren und Menschen, 1956, 1970[2]; Der Mensch und die Natur, 1959.

Ulmer, Karl, 1915—1981: deutscher Philosoph, der das „Selbstproblem" der Philosophie zu lösen und vor allem die allumfassende Gesetzlichkeit und Grundstruktur der Welt, durch die auch das Leben des Menschen in seinen Grundzügen bestimmt ist, zu erfassen versucht. — Hptw.: Von der Sache der Philosophie, 1959; Philosophie der modernen Lebenswelt, 1972.

Ultramontan (klerikal): streng römisch-katholisch (päpstlich) gesinnt (daher gleichbedeutend mit „Ultramontanisten": „Papalisten", „Römer", „Kurialisten"). — ↗Klerikalismus, Nordlichter; Wahrmund.

Umfangslogik: gegenüber der älteren Inhaltslogik die moderne Betrachtungsweise in der Logik, der zufolge Aussagen von der Form „S ist P" nicht als Eigenschaftsaussagen, sondern als Klassenaussagen aufgefaßt werden. Man zieht nicht den Inhalt, sondern den Umfang des Subjekts- und des Prädikatsbegriffes in Betracht; durch diese Quantifikation wird die Einführung eines Logik-Kalküls ermöglicht. Zwischen S und P können folgende umfangslogische Beziehungen bestehen: S gehört zur Gattung P, bildet einen Teil derselben (Subsumation), oder S bildet die Gattung P (↗Definition). In der Umfangslogik werden auch die Begriffsbeziehungen extensional als Beziehungen zwischen Klassenelementen aufgefaßt (↗Subsumtion, Durchschnitt, Vereinigung, Negation).

Umgreifendes: von ↗Jaspers eingeführte Bezeichnung für „metaphysisches Sein" oder „Transzendenz". — ↗Chiffre.

Umwertung: ↗Nietzsche fordert eine „Umwertung" aller Werte, im besonderen der christlichen Moralwerte, wobei an die Stelle der ↗„Sklavenmoral" des absterbenden Lebens und der Entsagung (also der „schwachen" Menschen) die ↗„Herrenmoral" der Lebensbejahung (des Übermenschen) treten soll (an die Stelle der Nächstenliebe z. B. die „Fernstenliebe" usf.).

Miguel de Unamuno

Unamuno, Miguel de, 1864—1936: spanischer „Glaubensmetaphysiker", der dem irrationalen (blinden) Glauben den Vorrang gegenüber dem Wissen zuspricht. — Hptw.: Das tragische Lebensgefühl, 1913, dt. 1925; Die Agonie des Christentums, 1925, dt. 1928.

Unbestimmtheitsrelation: ↗Heisenberg.

Unbewußtes: ↗Psychoanalyse.

Unendlichkeit: 1. räumliche Unendlichkeit: da der Raum eine „ideelle" Form ist, muß er sowohl seiner Ausdehnung als auch seiner Teilbarkeit nach unendlich sein; der Raum ist mithin ein infinitesimal teilbares Kontinuum von unendlicher Erstreckung. Diese Unendlichkeit ist eine infinite (nie vollzogene und nie vollziehbare, immer nur geforderte, potentielle Unendlichkeit) im Gegensatz zu dem sinnleeren Unbegriff einer transfiniten (vollendeten, tatsächlichen, aktuellen) Unendlichkeit. Diejenigen, die an eine „transfinite" (— wie sie sagen: „echte") Unendlichkeit „glauben", pflegen die einzig denkbare, nämlich „infinite" Unendlichkeit (Grenzen- und Endlosigkeit) als „schlechte" Unendlichkeit verächtlich zu machen. (Psychologisch gesehen, beruht die Bildung des Unendlichkeitsbegriffes auf dem ↗„Möglichkeitsbewußtsein", einer Art „geistigen" Kraftbewußtseins, d. h. auf dem Erlebnis: „ich könnte im Raum und in der Zeit immer weiterschreiten oder unterteilen und käme doch nie an ein Ende"!). — 2. Zeitliche Unendlichkeit (↗Ewigkeit): Was vom Raum gilt, gilt analog von der Zeit; auch sie erstreckt sich ins unendliche (infinite Ewigkeit) und ist ins unendliche teilbar. — Raum und Zeit begrenzt zu denken, ist nicht möglich, da sich immer ein „Jenseits" dieser Grenze denken läßt; Dinge im Raum können fehlen und Veränderungen in der Zeit können ihr Ende finden („leerer" Raum und „leere" Zeit), aber Raum und Zeit selbst, als Möglichkeiten von Lagen, Bewegungen und Veränderungen, sind unbegrenzt. — Ist das Weltall grenzenlos-unendlich, so kann der Endzustand des Entropie-Maximums erst in unendlich langer Zeit, d. h. also niemals erreicht werden. Falsch ist folgender (von theologisierenden Metaphysikern und Physikern mitunter gezogener) Schluß: Da unter der Voraussetzung einer zeitlichen Unendlichkeit des Weltalls (Anfangslosigkeit der Zeit) der Endzustand der Weltentwicklung bereits erreicht sein müßte, dieser jedoch nicht erreicht ist, so ist eben die Voraussetzung unzutreffend und ein Schöpfungsakt (samt Schöpfung der Zeit) anzusetzen; richtig ist vielmehr so zu schließen: daß trotz zeitlicher Unendlichkeit der Endzustand nicht erreicht ist, beweist nur, daß das Weltall eben kein geschlossenes System, also nicht endlich, sondern unendlich ist. — ↗Entropie, Raum, Zeit; Lévinas, Weyl.

Ungerer, Emil, 1888—1976: deutscher Neovitalist, der die aristotelische Logik zu erneuern und mit den modernen biologischen Erkenntnissen in Einklang zu bringen sucht. – Hptw.: Die Teleologie Kants und ihre Bedeutung für die Logik der Biologie, 1921; Lamarck-Darwin (Die Entwicklung des Lebens),

1923; Kennzeichnung und Erklärung des organischen Lebens, 1930; Zeit-Ordnungsformen des organischen Lebens, 1936; Die Erkenntnisgrundlagen der Biologie, ihre Geschichte und ihr gegenwärtiger Stand, 1942; Die philosophischen Fragen der Gegenwart, 1950; Der Wandel der Problemlage der Biologie in den letzten Jahrzehnten, 1965.

Unitarier: Theologen, die an der Trinitätslehre (Dreieinigkeitslehre von den drei göttlichen Personen: Gottvater, Gottes Sohn und Hl. Geist) Kritik üben und die „Einheit" Gottes betonen. ↗Monarchianer, Antitrinitarier.

Unitas multiplex: ↗Stern W.

Universal: sind allgemeine (generelle) Aussagen (z. B. „alle Menschen sind sterblich").

Universalienstreit: typisch scholastisches Problem, das die mittelalterlichen Denker in Atem gehalten hat und doch ein Scheinproblem ist. Die Frage lautet: Existieren die Universalien (Allgemeinbegriffe oder Gattungsbegriffe) selbständig und unabhängig von den Einzeldingen (universalia ante res: Begriffsrealistischer Standpunkt in Anlehnung an ↗Platons Ideenlehre, z. B. von ↗Anselm von Canterbury vertreten) oder existieren sie mit den Dingen zusammen (universalia in rebus: ↗Aristotelischer Vermittlungsstandpunkt, z. B. von ↗Thomas von Aquin vertreten) oder sind sie nur von den Einzeldingen abstrahierte Begriffe (Konzeptualismus, z. B. von ↗Abaelard vertreten) oder gar nur „Namen" und daher nur im Bewußtsein des Denkenden existent (universalia post res: Nominalistischer Standpunkt, z. B. von ↗Roscelinus und von ↗Wilhelm von Occam vertreten)? Die von ↗Alexander von Hales durchgesetzte Formel der Hochscholastik lautet: die Universalien sind (nämlich als platonische „Ideen") vor den Dingen im Gottesgeiste; sie sind (nämlich als Aristotelische „Formen") in den Dingen; sie sind (nun wirklich als Universalien, nämlich Begriffe) im erkennenden Intellekt. — Natürlich sind die Konzeptualisten und die Nominalisten den Realisten gegenüber im Recht. — ↗Stegmüller; Begriffslogik.

Universalismus: romantisierende kulturphilosophische Auffassung, z. B. ↗Spanns, der die „ganzheitliche" Betrachtungsweise (der zufolge das Ganze, z. B. eine Menschengruppe, mehr ist als die Summe der Teile) zugrundeliegt; nach ihr kommt dem Staat oder dem Volk u. dgl. ein höherer Wert zu als dem Einzelmenschen (Gegenstandpunkt: ↗Individualismus).

Universum: ↗Weltall. — ↗Entropie, Exobiologie, Expansion, Kosmogonie, Metageometrie, Raum, Relativitätstheorie, Sinn (1), Unendlichkeit, Zeit.

Unschärferelation: ↗Heisenberg.

Unsterblichkeit (Athanasie, Immortalität): uraltes Menschheitsproblem, das man auf verschiedenste Weise zu „lösen" versucht hat: von der unbeweisbaren religiös-metaphysischen Annahme einer unsterblichen Seele (z. B. durch ↗Platon, im ↗Christentum) bis zu der modernen Auffassung, die u. a. schon ↗Schleiermacher trefflich formuliert hat (womit er zugleich gegen die Vorstellung eines Weiterlebens nach dem Tode polemisiert und den Sinn des Lebens in der Arbeit an den Aufgaben des Lebens erblickt): „Mitten in der Endlichkeit eins werden mit dem Unendlichen und ewig sein in einem Augenblick!" („Unsterblichkeit" durch lebensbejahende kultur- und wertschöpferische Leistung). — ↗Digby K., Feuerbach, Kant (Ethik: Unsterblichkeit als Postulat der praktischen Vernunft), Küng, Scholz; Ephemer, Eros, Religion, Seelenwanderung, Sinn, Tod.

Unterbau: nach der (marxistischen) Ökonomistischen Geschichtsauffassung (dem Historischen Materialismus) Bezeichnung für die ökonomische Situation einer Zeit (für ihre Produktionsverhältnisse) und für die von ihr abhängige Sozialordnung; über dem Unterbau erhebt sich dann (von ihm abhängig) der ideologische und kulturelle ↗Überbau (wie die Lebensweise der Menschen, so auch ihre Denkweise). — ↗Dialektischer Materialismus.

Unterbegriff (Untersatz): ↗Minor.

Unvollständigkeitstheorem: ↗Gödel.

Uomo universale: allseitig gebildeter und tätiger „Universalmensch", Idealmensch der italienischen ↗Renaissance, von dem verlangt wurde, „che tutto il possibile a lui fosse facile". — Moderner Gegentypus ist der „nützliche Fachidiot", der „von immer weniger immer mehr weiß", — im Gegensatz etwa zum „Philosophen" im besten Sinne des Wortes, der sich durch größtmögliche Vielseitigkeit der geistigen Interessen und Bestrebungen auszeichnen sollte, ohne deshalb ein „Universalgenie" (wie z. B. ↗Lionardo) sein zu müssen.

Upanishaden: „Geheimsitzungen", Textsammlungen (Hauptquelle zur Erforschung des Brahmaismus, d. h. der pantheistisch-mystischen Lehre von der Wesenseinheit von ↗Brahman und ↗Atman), in denen der Primat des esoterischen Wissens in der Religion betont wird. Die Upanischaden bestehen aus Prosa-Traktaten mit eingestreuten Versen; der älteste Teil stammt aus dem 9. Jhdt. v. Chr., die jüngeren Teile aus dem 1. Jhdt. n. Chr. — Sie wurden von ↗Schopenhauer (als „Trost" seines „Lebens und Sterbens") sehr geschätzt und oft zitiert. — ↗Veda, Vedánta, Yajnavalkya. — Lit.: Alfred Hillebrandt, Die U., 1958.

Urerlebnis: das Erleben in seiner reinen Aktualität, das sich gegenständlich nicht erfassen läßt, vielmehr „dunkel" und daher nur „spürbar" ist; das unmittelbare Daseinsgefühl in zeitloser Gegenwart als Quelle aller Wirklichkeitsgewißheit. Im Sinne gegenständlicher Erfahrung nur ein „Grenzbegriff" (↗Logoid). Dem von ↗Reininger und ↗Heintel E. verwendeten Urerlebnis-Begriff, der sich übrigens auch schon bei ↗Nietzsche und anderen findet, entspricht annähernd der Begriff „Sinn" bei ↗Hofmann.

Urfaktoren: von ↗Wahle eingeführte Bezeichnung für jene verborgenen Kräfte, deren Wirken das Auftreten der „Vorkommnisse" (des empirisch Gegebenen) zuzuschreiben ist. — ↗Platon (↗Gomperz H.).

Ursache: ↗Kausalität.

Ursprung: ↗Arché, Marburger Schule.

Urstoff: von den griechischen Philosophen der Frühzeit gesuchte (belebte) Substanz (↗Hylozoismus), aus der alle Dinge unserer Welt entstanden sein sollen (nach ↗Thales von Milet das Wasser, nach ↗Anaximander das apeiron, nach ↗Anaximenes die Luft, nach ↗Heraklit das Feuer, nach ↗Empedokles Erde, Feuer, Luft und Wasser).

Urteil: psychologisch gesehen: ein Signal, bestimmte Gegebenheiten oder Ereignisse zu erwarten; in der Logik gleichbedeutend mit Behauptung bzw. Aussage. Man kann die Urteile nach folgenden (logisch-formalen) Gesichtspunkten einteilen: 1. ↗Quantität, 2. ↗Qualität, 3. ↗Relation, 4. ↗Modalität; weiters kann man einfache und zusammengesetzte Urteile (Urteilsgefüge und Urteilsverbindungen) unterscheiden, ferner Eigenschafts- (bzw. Klassen-)urteile und Relationsurteile. — ↗Analytische bzw. synthetische Urteile, Aussage.

Urteilsgefüge: zusammenfassende Bezeichnung für ↗hypothetische, disjunktive und fiktionale Aussagen.

Urteilskraft: 1. im allgemeinen Sinn des Wortes: Fähigkeit zu urteilen, Stellung zu nehmen; 2. nach ↗Kant („Kritik der Urteilskraft") das zwischen „Verstand" und „Vernunft" stehende Erkenntnisvermögen, besondere Erscheinungen allgemeinen Regeln unterzuordnen. Kant unterscheidet zwischen bestimmender Urteilskraft (Unterordnung des Besonderen unter das Allgemeine) und reflektierender Urteilskraft (zum Besonderen das Allgemeine finden, dem es sich unterordnen läßt); diese wieder gliedert Kant in die ↗ästhetische Urteilskraft (Feststellung der subjektiv-formalen Zweckmäßigkeit einer ästhetischen Vorstellung, d. h. ihrer Verträglichkeit mit unserer sinnlich-geistigen Organisation) und in die ↗teleologische Urteilskraft (regulative, heuristisch wertvolle Betrachtung der Natur im Hinblick auf ihre Zweckmäßigkeit ohne Annahme eines metaphysischen Zweckes). — ↗Benedikt.

Urteilsverbindung: zusammenfassende Bezeichnung für ↗kopulative, konjunktive und divisive Aussagen.

Urzeugung (Abiogenesis, Archigonie, Autogonie, generatio aequivoca, generatio spontanea): Entstehung des Lebens aus anorganischer Materie (schon von ↗Aristoteles angenommen: heute spricht man von einer „geochemischen" Erklärung der Lebensentstehung. Gegenstandpunkte: 1. metaphysische Schöpfungslehre (das Leben von Gott oder der „schöpferischen Natur", „natura naturans", „Entelechie der Entelechien", geschaffen), 2. Panspermie, Kosmozoenlehre: Auffassung, der zufolge das Leben ebenso ewig ist wie die Materie selbst. — ↗Abstammungslehre, Leben, Maschinentheorie (des Lebens).

Usía (grch.): Wesen, So-Sein, ↗Essenz, lat. essentia (im Gegensatz zur ↗Existenz, lat. existentia, dem raum-zeitlich fixierten, veränderlichen Da-Sein eines Dinges).

Utilitarismus (Nützlichkeitsstandpunkt): ethischer Standpunkt der „Nützlichkeit" (gleichbedeutend mit Sozialeudaimonismus bzw. Wohlfahrtsethik), dem zufolge das größtmögliche Glück der größtmöglichen Anzahl von Menschen das Ziel unseres Handelns sein soll (↗Bentham, Mill, Sozialismus, Humanitätsideal). Vom psychologischen Standpunkt aus könnte man einschränkend hinzufügen, daß das moralische Verhalten stets einer zentralen (lustbetonten) Einstellung entspringt und daher Gedanken über Zweck und Nutzen einer Handlungsweise als Motive im Augenblick des Handelns kaum eine Rolle spielen. — Religionsphilosophische Variante des Utilitarismus: ↗Bolzano, Leibniz, Pascal (Wette).

Utitz, Emil, 1883—1956: deutscher Philosoph, vor allem an ästhetischen und charakterologischen Fragen interessiert. — Hptw.: Was ist Stil?, 1911; Grundlegung der allgemeinen Kunstwissenschaft, 2 Bde., 1914/20, Nachdruck 1973; Die Kultur der Gegenwart, 1921, 1927²; Ästhetik, 1922, 1923²; Der Künstler, 1925; Charakterologie, 1925; Mensch und Kultur, 1933; Die Sendung der Philosophie in unserer Zeit, 1935.

Utopie: 1. (allgemein): in der Überzeugung von der Unzulänglichkeit der Wirklichkeit wurzelnde Zielsetzung, entsprechende Änderungen vorzunehmen, getragen von einer Bewußtseinslage, die sich mit dem Gegebenen nicht abfindet, sondern auf wirklichkeitstranszendierendes Handeln drängt; 2. (im besonderen:) Idee eines Idealstaates, z. B. bei ↗Platon (wenn auch zunächst nicht als Utopie gedacht), ↗Morus (Lordkanzler unter Heinrich VIII., enthauptet, heiliggesprochen; nach seinem Werk „Utopia" wurde die Literaturgattung der „Staatsromane" benannt, abgeleitet vom grch. „utopos" = „nirgendwo"), ↗Campanella, ↗F. Bacon. — ↗Bense, Bloch („Hoffnungsphilosophie" des „Noch nicht": Utopie als „real Mögliches", das sich zum Guten wendet, als Tag- bzw. Wach-Traum), Cioran, Dahrendorf, Freyer, Heiss, Holz H. H., Kamlah, Kautsky, Kolakowski, Löwith, Mannheim, Marcuse H., Marx K., Picht, Plessner, Rougier, Spaemann; Neokonservativismus, (utopischer) Sozialismus, Tod.

Utraquismus: ↗Cohn.

V

Vaihinger, Hans, 1852—1933: deutscher Philosoph, Kant-Forscher und Begründer des Fiktionalismus, der vor allem die Bedeutung der Fiktion als „bewußt falscher, aber zweckmäßiger Annahme" für das menschliche Leben und Denken untersucht, wobei er einerseits zwischen der naiven Illusion, dem künstlerischen Figment und der wissenschaftlich-philosophischen Fiktion, andererseits zwischen Vollfiktionen (bewußten Widersprüchen) und Semifiktionen (bewußten Abweichungen von der Wirklichkeit) unterscheidet. V.s Theorie der Fiktion zufolge sind alle Erkenntnisse von Fiktionen durchsetzt, ja sind im Grunde alle Begriffe und Kategorien ebenso wie alle Werte und Ideale fiktiver Natur (das menschliche „Vorstellungsgebilde der Welt ist ein ungeheures Gewebe von Fiktionen voll logischer Widersprüche"). V. weist darauf hin, daß die „Methode der entgegengesetzten Fehler", der zufolge die Einführung einer Fiktion in einen Gedankengang (1. Fehler) durch einen 2. Fehler (Ausschaltung der Fiktion) ausgeglichen werden muß, es ermöglicht, trotz der fiktiven Abweichung von der Wirklichkeit, durch Abstraktion, Zusammensetzung, Vereinfachung, Typisierung, Schematisierung usw. richtige Denkresultate und Erkenntnisse zu gewinnen (z. B. wenn man den Kreis als Ellipse mit der Brennpunktdistanz = 0 auffaßt). Einen interessanten Zusammenhang deckt V. im „Gesetz der Ideenverschiebung" auf, dem zufolge sich einerseits Fiktionen häufig zu Hypothesen und sogar zu Dogmen verdichten(man denke an den mythologischen Ursprung der Religion!), andererseits oft Dogmen allmählich zu Hypothesen und schließlich zu Fiktionen zersetzt werden (z. B. in Religion und Metaphysik bei kritischer Einstellung). — Hptw.: Hartmann, Dühring und Lange, 1876; Nietzsche als Philosoph, 1902, 1930[5]; Die Philosophie in der Staatsprüfung, 1906; Die Philosophie des Als Ob (System der theoretischen, praktischen und religiösen Fiktionen der Menschheit auf Grund eines idealistischen Positivismus), 1911, 1927[10]. — Autobiographie in „Die Philosophie der Gegenwart in Selbstdarstellungen", Bd. II, 1923[2]. — ↗Zweck.

Hans Vaihinger

Valentinus, etwa 100—165 n. Chr.: Gnostiker, von Platon und von den Stoikern beeinflußt.

Valla, Laurentius (Lorenzo), 1406–1457: italienischer Philosoph antiklerikaler Gesinnung, der sich zur epikureischen Moralauffassung bekennt und am scholastischen Aristotelismus Kritik übt. — Hptw.: De voluptate, 1431; De Libero arbitrio, 1438 bis 1442; Dialecticae disputationes contra Aristotelicos, 1499.

Variable: Veränderliche; unbestimmter Begriff; in der ↗Logistik die Bezeichnung (meist durch das Symbol x) einer Leerstelle, in die beliebige Begriffe oder Sätze eingesetzt werden können. — ↗Konstante.

Varisco, Bernardino, 1850—1933: italienischer Philosoph, dessen Denkentwicklung von einem empiristisch-positivistisch-naturalistischen Ausgangspunkt unter dem Einfluß Leibnizens und Lotzes zu einer dynamistisch akzentuierten idealistisch-spiritualistischen und schließlich theistischen Metaphysik geführt hat. — Hptw.: Scienza e opinioni, 1901; Forza ed energia, 1904; La conoscenza, 1905; I massimi problemi, 1910; Conosci te stesso, 1912; Linee di filosofia critica, 1925; Discorsi politici, 1926; Sommario di filosofia, 1928; Dall'uomo a Dio, 1939. — Autobiographie in „Philosophie der Gegenwart in Selbstdarstellungen", Bd. VI, 1927.

Vauvenargues, Luc de Clapiers, Marquis de, 1715—1747: französischer Denker, von dessen geistvollen Aphorismen besonders bekannt ist: „Les grandes pensées viennent du coeur." — Hptw.: „Introduction à la connaissance de l'esprit humain, suivie de réflexions et de maximes", 1746; dt. 1906, 1938[2] (Betrachtungen und Maximen).

Veda

— ↗Brock: Liebe zum Leben — Mutiges Denken (Auswahl), 1955.

Veda („Wissen", „Weisheit"): zusammenfassende Bezeichnung für die älteste religiöse Literatur der Inder (in Sanskrit zwischen 1000 und 500 v. Chr. niedergeschrieben), gegliedert in: Rig-Veda (Hymnen, ins zweite Jahrtausend zurückreichend), Sama-Veda (Buch der „Melodien"), Yajur-Veda (Opferformeln und Gebete), Atharva-Veda (Brahma-Veda: Beschwörungen und Zaubersprüche); fortgesetzt in den Brahmanas (Erklärung des Sinnes und Zweckes der vedischen Opfer und Riten, diese wieder in den Aranyakas (indischen „Waldbüchern"; Spekulationen über Opferungsmystik und Opfersymbolik), diese wieder in den ↗Upanishaden. – ↗Vedânta.

Vedânta (Ende des Veda): systematische Zusammenfassung der in den ↗Upanishaden niedergelegten Gedanken: Einheit von ↗Brahman und Atman (von Weltseele und Einzelseele), Seelenwanderung, die Erscheinungswelt als eine Illusion (maya) und ein Gebilde des Nichtwissens (avidya). – ↗Deussen; Radhakrishnan.

Veit, Otto, 1898–1984: deutscher Soziologe und Nationalökonom. – Hptw.: Gefühl und Vernunft in der Wirtschaft, 1932; Die Tragik des technischen Zeitalters, 1935; Die Zukunft des Goldes, 1937; Die Flucht vor der Freiheit, 1947, 1957[2] (Soziologie der Freiheit); Christlich-jüdische Koexistenz, 1971[2]; Währungspolitik als Kunst des Unmöglichen, 1968.

Velatus: „der Verhüllte"; gemeint ist folgende Fangfrage des ↗Eubulides (4. Jhdt. v. Chr.): „Kennst du den Verhüllten dort?" — „Nein?" — „Er ist dein Vater! — Also kennst du deinen Vater nicht!" Die Ursache der Denkschwierigkeit beruht auf der Unklarheit der Formulierung.

Verbalästhetik: ↗Sprachästhetik.

Verballhornen: (ein Schriftwerk) verschlechtern, verbösern, verschlimmbessern, ein Wort entstellen u. dgl. (— nach dem Lübecker Buchdrucker Johann Ballhorn, 1528—1603).

Vereinigung: in der Umfangslogik exensional aufgefaßtes Begriffsverhältnis, dem zufolge die Vereinigungsklasse alle Elemente der vereinigten Klassen umfaßt.

Vergeltungstheorie: ↗Strafe.

Verifikation: Bewahrheitung einer Behauptung durch Überprüfung an der Erfahrung. — Gegenbegriff: ↗Falsifikation. — ↗Wiener Kreis, Empirismus, Positivismus (Neopositivismus); Popper K.

Vermögenspsychologie: ältere (unhaltbare) psychologische Auffassung und Betrachtungsweise, der zufolge für das Auftreten der psychischen Vorgänge und Zustände neben der substantiell-immateriellen Seele bestimmte Seelenvermögen (Vernunft, Verstand, Wille usw.) verantwortlich sind (heute sagt man lieber „seelische Kräfte", ohne damit an der Grundauffassung etwas zu ändern). Die Vermögenspsychologie wurde schon im vorigen Jahrhundert (z. B. von ↗Herbart) als „Mythologie" gebrandmarkt; sie ist jedoch bis heute nicht ausgestorben (und z. B. bei den Metaphysikern aller Richtungen nach wie vor beliebt). Zum Grundirrtum der Vermögenspsychologen: ↗Begriffsrealismus, glossomorph. — Gegenstandpunkt: ↗Reihenpsychologie (analytische, physiologische Psychologie), von den Vermögenspsychologen (die sich gerne als „Ganzheitspsychologen" tarnen, obgleich eine — allerdings kritische! — Ganzheitsauffassung auch der Reihenpsychologie zugrundeliegt) meist abfällig als „Psychologie ohne Seele" oder atomistische Mosaik-Psychologie abqualifiziert. — ↗Aktualitätstheorie.

Vernunft: ↗Reine Vernunft; Dilthey, Kant, Sartre. – „Kein Weg ist so schwer wie der Vormarsch zurück zur Vernunft" (B. Brecht).

Vernunftreligion: ↗Deismus.

Verstehen: 1. rational-begriffliches Verstehen des Sinnes von Zeichen, Wörtern und Sätzen, d. h. gedankliche Realisierung von Begriffen, indem die mit den Zeichen assoziierten Erlebnisinhalte reproduziert werden, oft abgekürzt (in Abbreviaturen) im ↗„Möglichkeitsbewußtsein" („ich könnte mir zu diesem Begriff das oder jenes vorstellen, aber es ist nicht nötig, ich verstehe"); — 2. Verstehen von Vorgängen auf Grund einer wissenschaftlichen „Erklärung" (die darin besteht, daß man Einzelerscheinungen allgemeinen Naturgesetzen unterordnet und auf diese Weise Neuentdecktes auf Bekanntes zurückführt; — 3. „dynamistisch-mechanistisches" Weltverstehen, d. h. ↗kategoriales Denken gemäß den Kategorien „Ding" und „Ursache"; — 4. irrationales Verstehen von Kunstwerken und historischen Zusammenhängen (durch Einfühlung und Nacherleben, „verstehende Psychologie"). – ↗Duhem, Ehrlich W., B. Erdmann, H. Gomperz, Hofmann, Riedl,

Schultz, Spranger, Stern, Wach; Hermeneutik, Introjektion, Mechanistik, Positivismus, Scholastik, Sinn.

Verweyen, Johannes Maria, 1883—1945 († KZ): deutscher Philosoph, der über Monismus, Okkultismus und Mystik den Weg „Zurück zu Christus" (1936) gefunden hat. — Hptw.: Die Tat im Ganzen der Philosophie, 1908; Philosophie des Möglichen, 1913; Naturphilosophie, 1915, 1919²; Der Edelmensch und seine Werte, 1919, 1932³; Neuere Hauptrichtungen der Philosophie, 1920, 1922²; Der religiöse Mensch und seine Probleme, 1922; Religion und Kultur, 1924; Betrachtungen über Mystik, 1925; Positive Lebensführung, 1927; Probleme des Mediumismus, 1928.

Verworn, Max, 1863—1921: deutscher Physiologe und Naturphilosoph, Empfindungsmonist, Konditionalist und Biomechanist. — Hptw.: Die Biogen-Hypothese, 1903; Naturwissenschaft und Weltanschauung, 1904; Prinzipienfragen der Naturwissenschaft, 1905; Die Mechanik des Geisteslebens, 1907, 1919⁴; Die Frage nach den Grenzen der Erkenntnis, 1908; Kausale und konditionale Weltanschauung, 1912, 1928³; Allgemeine Physiologie, 1915.

Vetter, August, 1887–1976: deutscher Psychologe, Anthropologe und Kulturphilosoph. – Hptw.: Die dämonische Zeit, 1919; Kritik des Gefühls (Psychologie in der Kulturkrise), 1923, 1977²; Nietzsche, 1926; Frömmigkeit als Leidenschaft (Eine Deutung Kierkegaards), 1928, 1963²; Mitte der Zeit (Die Geschichtlichkeit des Geistes im Licht der Menschwerdung Gottes), 1933, 1962²; Die philosophischen Grundlagen des Menschenbildes, 1942, 1955²; Natur und Person (Umriß einer Anthropognomik), 1949; Die Erlebnisbedeutung der Phantasie, 1950; Wirklichkeit des Menschlichen (Lebensfragen unserer Zeit), 1960; Personale Anthropologie (Aufriß der humanen Struktur), 1966; Die Zeichensprache von Schrift und Traum (Einführung in die anthropologische Diagnostik), 1970.

Via eminentiae: ↗ Analogia entis, Neothomismus.

Vico, Giambattista, 1668—1744: italienischer Kulturphilosoph, Begründer der Geschichtsphilosophie, der Völkerpsychologie und der neueren Ästhetik, der drei historische Perioden (Periode der Götter, der Heroen und der Menschen) unterscheidet und für alle Kulturbereiche eine rückschreitende Entwicklung nachzuweisen versucht (z. B. vom göttlichen über das natürliche zum positiven Recht, von der mythologischen Urweisheit über die Weltanschauungsdichtung zur Wissenschaft, vom religiösen über das metaphysischen zum rationalen Gottesbegriff); die entscheidenden geschichtsbestimmenden Faktoren sieht V. in den Interessen und Trieben (in der Phantasie der Menschen) und in den klimatischen Verhältnissen. Einerseits glaubt V. an die Existenz einer „Vorsehung" (allerdings ohne göttliche Eingriffe in die Geschichte zuzulassen wie z. B. sein älterer Zeitgenosse Bossuet in dessen Geschichtstheologie), andererseits ist er aber doch überzeugt, daß der Mensch die Geschichte „macht". — Hptw.: Principi di una scienza nuova d'intorno alla commune natura delle nazioni, 1725, dt. (Grundzüge einer neuen Wissenschaft von der gemeinschaftlichen Natur der Völker) 1822. – ↗Cantoni; Geschichtsphilosophie.

Victoriner: nach dem 1113 in Paris gegründeten Chorherrenstift Saint-Victor benannte Theologen. — ↗Christentum.

Vierkandt, Alfred, 1867–1953: deutscher Ethnologe, Soziologe und Kulturphilosoph, der u. a. das Gesetz der „Stetigkeit im Kulturwandel" (1908) formuliert hat. – Hptw.: Machtverhältnisse und Machtmoral, 1916; Staat und Gesellschaft in der Gegenwart, 1916, 1929³; Gesellschaftslehre, 1923, 1928²; Der Dualismus im modernen Weltbild, 1923; Der geistig-sittliche Gehalt des neueren Naturrechtes, 1927; Familie, Volk und Staat, 1936, 1949²; Kleine Gesellschaftslehre, 1961³.

Vischer, Friedrich Theodor, 1807—1887: deutscher Dichter und Ästhetiker, von Hegel beeinflußt, von Gottfried Keller als der große „Repetent deutscher Nation für alles Schöne und Gute, Rechte und Wahre" bezeichnet. — Hptw.: Ästhetik oder Wissenschaft des Schönen, 6 Bde., 1846—1857, 1922/23²; Auch Einer, 1879 (Philosophischer Roman; daraus der Begriff „Tücke des Objekts"); Das Schöne und die Kunst (Vorträge), 1898². – ↗Lachen, Toleranz.

Vision: ↗Ekstase, Vorstellung.

Vitalbegriffe: von ↗Roretz entdeckte und eingehend untersuchte Begriffe, an deren Bildung ein Willensmoment oder ein Wertmoment entscheidend beteiligt ist, deren Definition also eine Entscheidung vorausgeht (z. B. „Kunst", „Ethik", „Volksbildung", „Sklavenhandel"); hinsichtlich ihrer

Struktur unterscheidet R. drei Gruppen: Die einen verdanken ihre Entstehung mehr einer vorgestellten Willensexpansion (z. B. „politischer Raum", „große historische Individualität"), für andere bildet eine bewertende Stellungnahme den Ausgangspunkt (z. B. „Christentum", „Staat", „Frauenfrage"), für eine dritte schließlich ist eine mehr „willkürlich-problembeschränkende" Funktion kennzeichnend (z. B. „Orient", „gotischer Mensch", „Barock"). Auch politisch mißbrauchbare Begriffe wie „Volk" oder „gut—böse" gehören in diesen Zusammenhang, wie denn überhaupt ↗Ideologien sich mit Vorliebe gewisser Vitalbegriffe bedienen. — ↗Begriff.

Vitalismus (Lebensmetaphysik, Metabiologie): metaphysischer Standpunkt, dem zufolge bei den biologischen Prozessen außer den physikalischen und den chemischen Kräften noch eine besondere übersinnliche Macht mitwirkt, weshalb es unmöglich sein soll, die Lebensvorgänge als höchst komplizierte chemisch-physikalische Vorgänge zu begreifen. Die Vitalisten sehen zwischen der anorganischen und der organischen Wirklichkeit eine unüberbrückbare Kluft und glauben an die Eigengesetzlichkeit (Autonomie) des Lebendigen. Die älteren Vitalisten versuchten, die Lebenserscheinungen auf die Wirksamkeit einer „Lebenskraft" zurückzuführen, die Neovitalisten sprechen von „Entelechie" („zielstrebiger" Kraft, einem alten aristotelischen Begriff), „Psychoid", „plastischer Natur", „Dominante", „prospektiver (d. h. vorausschauender) Potenz", „Gestaltfaktor", „Lebensplan", „höherem Werdebestimmer", „determinierender Tendenz" usf. Diese immateriellen „Zweckursachen" können niemals Gegenstand der Erfahrung werden und sind daher metaphysische Fiktionen, ersonnen zur Erklärung der Zweckmäßigkeit im Bau und in der Lebensweise der Organismen; die Vitalisten allerdings glauben an ihre Realität, wozu sich z. B. ↗Driesch durch das Ergebnis seiner Versuche veranlaßt fühlte: er teilte See-Igel-Eier nach der ersten Furchung und stellte fest, daß sich aus den Teilen der Eier vollständige (wenn auch kleinere) Organismen entwickelten (— Regeneration = Wiederherstellung der organischen „Gestalt" trotz der Verstümmelung, freilich nur bei entsprechend jugendlichen Organismen —). — Gegenstandpunkt: ↗Biomechanistik, der zufolge die „Wunder" des organischen Geschehens durch maschinelle Einrichtung erklärbar sind. Die Biomechanisten halten die vitalistischen Fiktionen infolge ihrer Undurchdenkbarkeit für ungeeignet, das gewünschte Verständnis der Lebenserscheinungen zu ermöglichen; da sich unter „Lebenskraft" nichts vorstellen läßt, wird durch ihre Annahme nichts erklärt, sondern nur an die Stelle des Problems ein Wort gesetzt; das Problem (Zweckmäßigkeit des organischen Geschehens) wird von den Vitalisten wohl gesehen, aber nicht gelöst (die Zweckmäßigkeit wird nicht verständlich gemacht). Billigt man nämlich der „Entelechie" schöpferische Kraft und Wirksamkeit zu, d. h. also: willkürliches Verhalten, so schließt man damit jedes Verständnis aus und kann das Wirken der „Entelechie" nur stumm bewundern; ganz abgesehen davon, daß die Annahme einer „Entelechie" auch noch eine Reihe unlösbarer (Schein-)Probleme im Gefolge hat (z. B.: woher kommt die „Entelechie" und wohin geht sie, etwa beim Eintritt des Todes? Oder: wenn die „Entelechie" planvoll-zielstrebig-zweckmäßig wirken soll, muß sie doch Einsicht in das von ihr gelenkte Geschehen und daher „Intelligenz" besitzen, muß geradezu „gelernte" Biologin sein!? Im Falle der Anpassungserscheinungen z. B. sogar universell gebildete Naturwissenschaftlerin!?) — Dazu, daß jeder Organismus schon im Keime die planvoll-zweckmäßige Struktur seiner Anlagen in sich trägt, ist keine einsichtige „Intelligenz" erforderlich). - ↗Holismus (Organizismus), Leben, Maschinentheorie (des Lebens), Teleologie; Bertalanffy, Radakovic, Schultz, Siegel, Ungerer.

Swami Vivekananda

Vivekananda, Swami, 1862–1902: indischer Bettelmönch und Philosoph, Schüler des indischen Heiligen Ramakrishna (eines hinduistischen Mystikers, der als Teilinkarnation Vishnus verehrt wird, 1836–1886), Hinduist, der eine Religion der Liebe, Versöhnung und Einigkeit predigt („Essentials of Hinduism", dt.: „Erkenntnisse des Hinduismus", 1953).

Vives, Ludovicus, 1492—1540: spanischer Denker und Pädagoge, der einen humanistischen Studienplan entwirft, in dem neben der Philologie vor allem die historische Kritik und die geistesgeschichtliche Analyse als besonders wichtige Disziplinen berücksichtigt werden. In gewissem Sinne kann man in ihm auch den Vater der empirischen Psychologie sehen. — Hptw.: De disciplinis, 1531; De anima et vita, 1538. — ↗Philosophie (3.).

Vogt, Carl, 1817—1895: deutscher Naturforscher, Naturalist. — Hptw.: Köhlerglaube und Wissenschaft, 1854; Aus meinem Leben, 1896.

Carl Vogt

Volkelt, Johannes, 1848—1930: deutscher Philosoph, der in seiner kritisch-realistischen Metaphysik eine bewußtseinsunabhängige Wirklichkeit unter dem Begriff „transsubjektives Minimum" annimmt und in seiner Gefühlsästhetik folgende vier ästhetische (psychologische und gegenständliche) Grundnormen unterscheidet: gefühlserfülltes Anschauen (gegenständlich: Einheit von Form und Gehalt), Ausweitung des fühlenden Vorstellens (menschlich bedeutungsvoller Gehalt), Herabsetzung des Wirklichkeitsgefühls (Scheincharakter des Ästhetischen), beziehende Tätigkeit (der ästhetische Gegenstand als organische Einheit). — Hptw.: Zur Geschichte der Philosophie der Liebe, 1873; Erfahrung und Denken, 1886, 1924²; Ästhetik des Tragischen, 1897, 1923⁴; Die entwicklungsgeschichtliche Betrachtungsweise in der Ästhetik, 1902; Die Bedeutung der niederen Empfindungen für die ästhetische Einfühlung, 1903; System der Ästhetik, 3 Bde., 1905—1914, 1925 bis 1927²; Gewißheit und Wahrheit, 1918, 1930²; Phänomenologie und Metaphysik der Zeit, 1925; Das Problem der Individualität, 1928. — Autobiographie in „Die Philosophie der Gegenwart in Selbstdarstellungen", Bd. I, 1923².

Vollers, Karl, 1857—1909: deutscher Orientalist, Theologe, Religionswissenschaftler und -philosoph. — Hptw.: Die Weltreligionen (in ihrem geschichtlichen Zusammenhange), 1921². — ↗Christentum; Hypatia.

Voltaire (François-Marie Arouet), 1694 bis 1778: französischer Aufklärer, ausgezeichnet durch eine glückliche Verbindung von Ironie und Weisheit, der große „Lacher", der mutig die kirchliche und die staatliche Autorität bekämpft und als erfolgreicher Publizist (blendender Stilist) den Ideen der englischen Aufklärer in Frankreich zum Durchbruch verhilft. Als Erkenntnistheoretiker verzahnt er seine empiristische Grundauffassung mit einem stark skeptisch getönten Agnostizismus, wobei er vor allem auf die Relativität des menschlichen Weltbildes hinweist. Seine Religionsphilosophie ist deistisch zentriert: V. schließt einerseits von der kunstvollen Einrichtung der Natur auf die Existenz Gottes, dessen Wesen er für unerkennbar hält und den er mehr pantheistisch als Weltseele auffaßt, und postuliert andererseits Gott als notwendige Voraussetzung der Moral. V. ist Pessimist und zweifelt angesichts der Übel in der Welt an der Allmacht Gottes. Die rechte Lebenseinstellung erblickt er in der Hingabe an die Arbeit und im Kampf für Gerechtigkeit und Frieden sowie gegen Fanatismus und Intoleranz. - Hptw.: Lettres philosophiques sur les Anglais, 1734; Essai sur les moeurs et l'esprit des nations, 1756; Candide ou l'optimisme, 1759; Traité sur la tolérance, 1763; Dictionnaire philosophique, 1764; Le philosophe ignorant, 1767. - ↗Popper-L., Strauß; Aufklärung, Christentum, Gottesbeweise, Physik, Theodizee, Toleranz, Willensfreiheit; ↗Anagramm.

François-Marie Arouet (Voltaire)

Voluntarismus: 1. metaphysischer Standpunkt (eine Spielart des ↗Spiritualismus), dem zufolge das Wesen der Welt als willensähnliche Macht aufzufassen ist (z. B. ↗nach Schopenhauer: ein blinder, d. h. vernunftloser Trieb und Drang zum Leben). — 2. Erkenntnistheoretischer Standpunkt (ähnlich dem ↗Konventionalismus), dem zufolge bestimmte Voraussetzungen der wissenschaftlichen Forschung willkürlich festgesetzt sind, d. h. also auf Willensentscheidungen beruhen (z. B. von ↗Dingler vertretene Auffassung). — 3. Ethischer Standpunkt: ↗Fichte, Münsterberg. — 4. Psychologischer Standpunkt, dem zufolge die Willensvorgänge primär und nicht auf andere seelische Erscheinungen zurückführbar sind, ja überhaupt erst den Zusammenhang der seelischen Vorgänge garantieren (↗Lipsius F. R., Maine de Biran; ↗Wundt: Apperzeptionspsychologie im Gegensatz zur Assoziationspsychologie). — Der Terminus „Voluntarismus" wurde von ↗Tönnies geprägt und von ↗Paulsen aufgegriffen und durchgesetzt. — ↗Vitalbegriffe; Gaultier (Wille zur Illusion); Nietzsche (Wille zur Macht).

Karl Vorländer

Vorländer, Karl, 1860—1928: deutscher Philosoph, Marburger Neukantianer, der sich um eine Synthese von kantischer und marxistischer Ethik bemüht. — Hptw.: Kant und der Sozialismus, 1900; Geschichte der Philosophie, 2 Bde., 1903, 1949/55⁹ (bearb. von Metzke), Taschenbuch-Neuauflage: 1963; Kant und Marx, 1911, 1926²; Kant, Fichte, Hegel und der Sozialismus, 1920; Kant, 2 Bde., 1924; Von Machiavelli bis Lenin, 1926.

Vorsokratiker: griechische Philosophen, die in der Zeit vor ↗Sokrates (also um 600 bis 450 v. Chr.) gelebt und sich vor allem mit dem kosmologischen und kosmogonischen Problem auseinandergesetzt haben. Die bedeutendsten Denker dieses Zeitraumes sind die ↗Ionier (Thales, Anaximander, Anaximenes und Heraklit), die Eleaten (Parmenides, Zenon), Pythagoras, Empedokles, Leukippos und Demokrit. — Ausgaben: H. Diels, Fragmente der Vorsokratiker, 1903, 1954⁷; W. Nestle, Die Vorsokratiker, 1908, 1969⁴; W. Capelle, Die Vorsokratiker, 1935, 1953⁴. - ↗Fischer Aloys, Kafka, Kühnemann, Nestle, Noll.

Vorstellungen: Wahrnehmungsnachklänge, sekundär (auf Grund von Gehirnreizen und nicht von Außenweltreizen) auftretende ↗Reproduktionen anschaulicher Erlebnisinhalte durch ↗Ekphorie von ↗Engrammen (↗Assoziation). Vorstellungen sind schwächer, blasser, matter, verschwommener, undeutlicher, detailärmer, nebeliger, skizzenhafter, lückenhafter, flüchtiger usw. als Wahrnehmungen, es mangelt ihnen an „sinnlicher Lebhaftigkeit". Der Eindruck der Unwirklichkeit wird noch verstärkt 1) durch das Fehlen der für die Wahrnehmung charakteristischen kinästhetischen Empfindungen, die infolge der Reaktion auf das Empfinden, d. h. der motorisch-reflexhaften Begleitung des Wahrnehmens (Fixation, Schnüffeln usw.) zustandekommen; da außerdem auch die Verschmelzung zweier Netzhautbilder entfällt, vermissen wir an den Vorstellungen die Leibhaftigkeit bzw. Tiefendimension (Raumtiefe): Vorstellungen wirken stets flächenhaft; 2) fehlt der Vorstellung die (von der Dauer der außerkörperlichen Reizeinwirkung abhängige) Temporalität der Wahrnehmung; Vorstellungen werden nicht wie Wahrnehmungen als aufgenötigt erlebt, sondern scheinen willkürlich produziert und ins Aufmerksamkeitsfeld gerückt werden zu können; im Gegensatz zur Wahrnehmung einer „Außenwelt" werden die Vorstellungen „in den Kopf" verlegt, wozu die von der Aufmerksamkeitsmotorik ausgelösten kinästhetischen Empfindungen verleiten. — Zwischen Vorstellung und Wahrnehmung gibt es folgende (z. T. abnorme) Übergangsformen (— gereiht von der Vorstellungsnähe zur Wahrnehmungsnähe): 1) Eidetische Bilder = Vorstellungen mit einer Schärfe, einer Deutlichkeit und einem Detailreichtum von Wahrnehmungen; ↗Eidetiker (Menschen, die in dieser Weise vorzustellen vermögen) findet man vor allem unter Künstlern. 2) Traumbilder (und „hypnagogische" Bilder beim Einschlafen): Sie sind gekennzeichnet durch eine gesteigerte Intensität bzw. erhöhte Leuchtkraft, da die Konkurrenz der intensiveren Wahrnehmungen fehlt (vergleichbar den Sternen am nächtlichen Himmel!); im ↗Schlaf (↗Traum) verstärkt jeder Reiz seine Wirkung, da keine Störungen von außen her erfolgen; da im Schlaf die Ader-Innervation erschlafft, werden die Traumbilder (ähnlich den Wahrnehmungen) als aufgenötigt erlebt. 3) Zwangsvorstellungen (Zwangsideen, „fixe Ideen"): Vorstellungen, die sich ungewollt mit großer Zähigkeit im Bewußtsein behaupten, und zwar infolge eines Hirnaderkrampfes, d. h. andauernder Durchblutung desselben Hirnbezirks, weshalb sie auch als aufgenötigt erlebt werden. In diesen Zusammenhang gehört auch das Phänomen der ↗„Perseveration": Das

„Kreisen" von Vorstellungen etwa im Zustande der Ermüdung (wenn z. B. eine Melodie „nicht aus dem Kopf geht"). 4. Visionen: Vorstellungen von besonderer Schärfe und Helle; ihr Zustandekommen wird durch Abschirmung von der Wahrnehmungswelt (z. B. Klausur) erleichtert (↗Ekstase). 5) Pseudohalluzinationen: Gegenüber Wahrnehmungen fehlt diesen „Vorstellungen" nur noch die Leibhaftigkeit (Plastik und Verräumlichung); in diesen Fällen (im Unterschied zur echten Halluzination!) weiß man, daß es sich um Trugbilder handelt, vermag sie jedoch nicht zu bannen. 6) Halluzinationen: Vorstellungen mit Wahrnehmungscharakter (der Entstehung nach Vorstellungen, dem Erlebtwerden nach Wahrnehmungen; hier wird das Unwirkliche ernsthaft für Wirkliches gehalten (z. B. im Delirium tremens halluziniertes Ungeziefer). Versuch einer Erklärung: Der Kranke blickt so angestrengt und ausdauernd auf seine Pseudohalluzinationen, daß schließlich ganz unwillkürlich die Augenachsen auf einen Punkt konvergieren (ebenso etwa das Drehen des Kopfes beim Stimmen-„Hören") und die Halluzinationen unter den Wahrnehmungen lokalisiert werden (sie werden sogar durch Operngläser vergrößert „gesehen"!). In den angeführten Fällen 4), 5) und 6) handelt es sich um eine Verwirklichung von Traumbedingungen im Wachzustand auf Grund von Strukturveränderungen in bestimmten Hirnrindengebieten und deren dadurch bedingter gesteigerter Reizbarkeit; daher kommt es zu starken Erregungen wie sonst nur bei Sinneseindrücken, worauf das Blut ebenso kräftig herangesaugt wird, weshalb schließlich alle diese Erscheinungen in stärkerem Maße als aufgenötigt erlebt werden als die üblichen Vorstellungen. Zu jenen Strukturveränderungen kann es im Zusammenhang mit schweren Gehirn- (= seelisch-geistigen) Erkrankungen kommen, durch Giftwirkung, besonders starke Blutzufuhr u. dgl., mitunter aber auch durch Erschöpfung (nach anstrengendem Mikroskopieren, Nachdenken, Autofahren, Fasten usw.; in diesen Fällen treten echte Halluzinationen allerdings kaum auf). 7) Illusionen: Falsch gedeutete (tatsächliche) Sinneseindrücke (wenn z. B. Schatten für Gespenster gehalten werden); die Ursachen der Fehldeutung sind meist: Undeutlichkeit des Eindrucks infolge Dunkelheit, Unaufmerksamkeit, Angst u. dgl. Erfolgen die Umdeutungen des Wahrgenommenen bewußt-absichtlich, so spricht man von „Pareidolien" (z. B. in einer Wolke einen „Kopf" sehen; Bleigießen! Kinder-Illusionsspiele!). — Die Bedeutung der Vorstellungen für das Geistesleben ist enorm: Mit ihrer Hilfe läßt sich Abwesendes oder Längstvergangenes oder auch Unwirkliches konkret-anschaulich vergegenwärtigen. Vorstellungsarten: 1) Erinnerungsvorstellungen, die ihrem Inhalte nach tatsächlich erlebten Wahrnehmungen entsprechen; 2) Phantasievorstellungen (z. B. Vorstellung eines Märchenschlosses), in denen einzelne erlebte Wahrnehmungsinhalte neu kombiniert und zu einer Vorstellungseinheit zusammengefügt werden (z. B. „golden" und „Berg" zu „goldener Berg", den noch niemand gesehen hat); neu ist dabei ausschließlich die Kombination von Wahrnehmungsinhalten, die Vorstellungselemente jedoch entstammen der Erfahrung: Völlig (!) „Neues" kann somit nicht vorgestellt werden. — ↗Aufmerksamkeit, Denken, Wahrnehmung.

Vorurteil: ↗Bacon F. (Idolenlehre); Halo-Effekt, Ideologie, Stereotype, Tabu. — Einstein: „Welch triste Epoche, in der es leichter ist, ein Atom zu zertrümmern, als ein Vorurteil."

W

Wach, Joachim, geb. 1898: deutscher Ideenhistoriker und Religionssoziologe. — Hptw.: Das Verstehen (Grundzüge einer Geschichte der hermeneutischen Theorie im 19. Jahrhundert), 2 Bde., 1926/29; Einführung in die Religionssoziologie, 1931, 1951⁴ (Religionssoziologie); Vergleichende Religionsforschung, 1962.

Wagner, Hans, geb. 1917: deutscher Philosophiehistoriker, Erkenntnistheoretiker, Sprachphilosoph und Ontologe. — Hptw.: Apriorität und Idealität, 1948; Existenz, Analogie und Dialektik, 1953; Kritische Betrachtungen zu Husserls Nachlaß, 1954; Philosophie und Reflexion, 1959, 1967².

Richard Wahle

Wahle, Richard, 1857—1935, österreichischer Psychologe und Philosoph, der in seiner Vorkommnis-Philosophie (gleich den Positivisten) das Gegebene als Ausgangspunkt für seine erkenntniskritischen Analysen wählt und vom Standpunkt eines desillusionistischen philosophie-kritischen Skeptizismus bzw. Agnostizismus aus an der Denkweise der Metaphysiker Kritik übt und ihren Wissenswahn zu zerstören sucht (die Metaphysik als „eine der gefährlichsten Brutstätten der Phrase", die Philosophiegeschichte als „Weg vom wahnhaften Wissen zum wahrhaften Nichtwissen"), andererseits aber doch an die Existenz „wahrhaft wirkender Urfaktoren" glaubt, die unerkennbar, aber für das Auftreten der Vorkommnisse verantwortlich sind („antisubjektivistischer Produkt-Objektivismus" bzw. „agnostischer Produkt-Realismus"). Als Psychologe kritisiert W. die Seelenmetaphysik und die Vermögenspsychologie, aber auch die „Tiefenpsychologie" vom Unbewußten (die Psychoanalyse); er tritt für eine physiologisch fundierte analytische Reihenpsychologie ein und sucht von dieser Basis aus sowohl den Aufbau der Charaktere als auch die psychopathologischen Erscheinungen zu verstehen. Das seelische Geschehen verläuft nach W. im wesentlichen in „additiven Reihen", wobei aber neben der Assoziation der „Konstellation", d. h. dem jeweiligen Erregungszustand des Gehirns, eine besondere Bedeutung zukommt und der Anteil der Organempfindungen und Leibesbestimmungen sowie der Motorik an den Denk-, den Gefühls- und den Willensprozessen beträchtlich ist; und aus dem mehr oder weniger gestörten oder ungestörten Zusammenwirken von ganz wenigen elementaren Hirnfunktionen lassen sich auch alle Charaktere ebenso wie alle Psychosen verstehen: von „R" (der habituellen allgemeinen Reaktionsweise des Gehirns, die positivaufnehmend oder negativ-abwehrend sein kann), „M" (der starken oder schwachen Innervationsmotorik des Gehirns), „I₂" (den reichen oder armen sekundären Ideenassoziationen) und „Mi" (der mehr oder weniger strengen Kontrolle der I₂-Abläufe durch Vergleich mit der Wirklichkeit, den primären Eindrücken „I₁"). W.s kultur- und geschichtsphilosophische Überlegungen sind ebenso leicht pessimistisch gefärbt wie seine skeptische Auffassung von der intellektuellen Fähigkeit und vom ethischen Wert des Menschen; Moral muß daher autoritativ befohlen werden; die einzige wirkungsvolle Ethik ist somit die imperative. Höchste Lebensweisheit verwirklicht sich für W. in der Erfüllung der Forderung, in edler, illusionsfreier, resignierender Bescheidenheit fröhlich zu sein. Der Sinn des Daseins erscheint W. durch die Tatsache verbürgt, daß es Liebe, Freude und Schmerz gibt. W.s philosophische Erörterungen zeichnen sich durch Originalität, gediegene wissenschaftliche Fundierung und einen lebendigen Stil aus. — Hptw.: Das Ganze der Philosophie und ihr Ende (ihre Vermächtnisse an die Theologie, Physiologie, Ästhetik und Staatspädagogik), 1894, 1896²; Kurze Erklärung der Ethik von Spinoza und Darstellung der definitiven Philosophie, 1899; Über den Mechanismus des geistigen Lebens, 1906; Josua (Ein frohes Evangelium aus künftigen Tagen), 1912, 1928²; Die Tragikomödie der Weisheit (Die Ergebnisse und die Geschichte des Philosophierens), 1915, 1925²; Entstehung der Charaktere, 1928; Grundlagen einer neuen Psychiatrie, 1931; Fröhliches Register der paar philosophischen Wahrheiten, 1934. Vom wahnhaften Wissen zum wahrhaften

Nichtwissen (hrsg. v. F. Austeda), 1979. – ↗Ethik, Gott, Schizophrenie, Schlaf.

Wahrheit: „Wahrheit" ist das Kriterium einer (allgemeingültigen) Erkenntnis; nach ↗Rapoport ist sie der „Vorhersagegehalt" einer Aussage. Wahr ist ein Urteil, wenn es Erwartungen erweckt, die jeder normale Mensch bestätigt findet oder finden könnte. Ein Urteil wird auf seine Wahrheit hin dadurch geprüft (verifiziert oder bei negativem Ausgang des Verifikationsverfahrens: falsifiziert), daß man feststellt, ob das (je nach bevorzugter Wahrheitstheorie anerkannte) Wahrheitskriterium gegeben ist oder nicht, wodurch man Gewißheit über die Wahrheit oder die Falschheit des Urteils gewinnt; ein Urteil ist also „wahr", wenn es sich „bewährt", d. h. allen Verifikationsverfahren gegenüber standhält, sich immer wieder als zutreffend erweist, so oft es auf seine Wahrheit hin geprüft wird („Invarianz des Aussagegehaltes"). Endgültige und absolute Wahrheiten gibt es nicht; „Wahrheit" ist stets „aufgegeben", wandelbar, unabgeschlossen: „Die Wahrheit ist uns nicht gegeben, sie ist uns aufgegeben, jedem von uns" (↗Einstein); jede Wahrheit steht in Beziehung zu anderen Wahrheiten; immer gibt es nur eine größtmögliche und bestgeprüfte Annäherung an die fiktive „absolute" Wahrheit („Approximations-Theorie der Wahrheit" könnte man diese Auffassung nennen; „dynamischer" im Gegensatz zum „statischen" Wahrheitsbegriff). Für ↗metaphysische Aussagen gibt es kein Wahrheitskriterium; daher gibt es auch keine metaphysischen Erkenntnisse, sondern nur einen metaphysischen Glauben. – Wahrheitstheorien: 1. ↗Korrespondenztheorie bzw. ↗Abbildungstheorie (a. ontologisches, b. empirisches Adäquationskriterium), 2. ↗Kohärenztheorie, 3. ↗Evidenztheorie, 4. ↗pragmatische Wahrheitstheorie (Bewährungstheorie), 5. Entbergungstheorie (↗Heidegger: die Wahrheit als „Entbergung des Seins" und zugleich als ein Objekt des Erkennens aufgefaßt). – ↗Adaequatio, doppelte Wahrheit, Glaube, Intuitionismus, Konventionalismus, Perspektivismus, Relativismus, Skeptizismus, Wirklichkeit.

Wahrmund, Ludwig, 1860—1932: österreichischer Kirchenrechtler, der wegen seiner liberalen Gesinnung von klerikaler Seite unter schwersten Druck gesetzt und gemaßregelt wurde. — Weltanschaulich relevante Hptw.: Katholische Weltanschauung und freie Wissenschaft, 1908; Ultramontan, 1908; Lehrfreiheit?, 1909.

Wahrnehmung: verhältnismäßig einfache seelische Synthese, in der Erinnerungen und ↗kategoriales Denken mit Empfindungen verschmelzen. Eine Wahrnehmung ist nicht bloß ein Empfindungskomplex, sondern gibt das Empfundene im Zusammenhang mit allen bis dahin gesammelten Erfahrungen wieder. In der Wahrnehmung wird eine Gruppe von Empfindungen (z. B. Gesichtsempfindungen, die den Gesamteindruck einer kreisrunden buntfarbigen Fläche ergeben und zusammen mit kinästhetischen Empfindungen das zweidimensionale Bild stereoskopisch-plastisch erscheinen lassen) zu einer Einheit zusammengefaßt, auf eine Ursache (bestimmte Außenwelt-Reize) bezogen und zu einem „gegebenen" Ding (z. B. bunten Spielball) oder Vorgang im Raum verdichtet, wobei die neuen Eindrücke im Lichte bis dahin gewonnener gesehen bzw. in den gewohnten Erlebniszusammenhang eingegliedert werden (— man „sieht" nur, was man aus Erfahrung „weiß" —) und auch noch mitbewußt wird, daß wir es sind, die da wahrnehmen. Abgesehen von Qualität, Intensität, Lokalität, Temporalität und ↗Gefühlston der elementaren Empfindungen sind Wahrnehmungen außerdem noch gekennzeichnet durch ihren Bekanntheitsgrad und den Deutlichkeitsgrad, mit dem sie ins Bewußtsein treten. — ↗Apperzeption, Aufmerksamkeit, Bekanntheitsqualität, Raum, Zeit; Linke.

Wahrscheinlichkeit: 1. mathematische Wahrscheinlichkeit: zahlenmäßige Beziehung zwischen einer Teilmenge (den „günstigen" Fällen) und der Gesamtmenge (den „möglichen" Fällen). 2. Statistische Wahrscheinlichkeit („Häufigkeitstheorie"): Wahrscheinlichkeitsangaben in empirischen Sätzen (Wahrscheinlichkeitssätzen), Benützung von Wahrscheinlichkeitszahlen zur Beschreibung empirischer Vorgänge (↗Kausalität; ohne absolute Gesetzmäßigkeit gäbe es auch keine statistische Wahrscheinlichkeit; diese setzt den ↗Determinismus voraus; „Zufälligkeiten sind nichts als durch Komplikationen verdeckte Regelmäßigkeiten", sagt ↗Mach). Von der zahlenmäßig erfaßbaren mathematischen und statistischen Wahrscheinlichkeit ist 3. die zahlenmäßig nicht erfaßbare erkenntnistheoretische Wahrscheinlichkeit zu unterscheiden: der Grad der wahrscheinlichen Geltung, die hinlängliche Verifiziertheit (Bewährung in Verifikationsverfahren), d. h. die „Wahrheit" empirisch-hypothetischer Sätze (nicht der ↗Konstatierungen!). Nach älterer Auffassung ist „Wahrscheinlichkeit" ein Geltungsbegriff wie ↗„Wahrheit", nach neueren erkenntniskritischen Untersuchungen hingegen eine logische Beziehung zwischen Aussagen: die Relation eines empirisch-hypothetischen Satzes zu den verifizierten Sätzen, d. h. die Wahrscheinlichkeit eines möglichen Satzes in bezug auf die Gesamtmenge möglicher Sätze, wobei die Extremwerte der „Wahrscheinlichkeit" nicht „Wahrheit" und „Falschheit", sondern „Gewißheit" (der ↗Tautologien, mit der Wahrscheinlichkeit 1) und „Unmöglichkeit", d. h. widerspruchsvolle Sinnlosigkeit (nämlich der ↗Kontradiktionen, mit der Wahrscheinlichkeit 0) sind. Zahlenmäßig nicht erfaßbar ist schließlich auch 4. die Glaubenswahrscheinlichkeit (Erlebniswahrscheinlichkeit, das Fürwahrscheinlichhalten), d. h. die Erwartung, daß ein Ereignis unter bestimmten Umständen immer wieder eintreten werde, weil es unter denselben Umständen bisher immer eingetreten ist (↗Induktion, Regelmäßigkeit). — Einem einfacheren Einteilungsprinzip gemäß, das vor allem die fundamentale Unterscheidung zwischen logischer und statistischer Wahrscheinlichkeit betont, kann man drei Wahrscheinlichkeitsbegriffe unterscheiden: 1. Erlebniswahrscheinlichkeit (das Fürwahrscheinlichhalten), 2. logisch-mathematische Relationen (Extrapolationen der logischen Wahrscheinlichkeit), 3. empirische Wahrscheinlichkeit von Phänomenen, die in gesetzmäßige Ordnungen eintreten. — ↗Probabilismus, Carnap (Wahrscheinlichkeitstheorie: induktive Logik) und im Gegensatz dazu Popper K. (Bewährungstheorie: Falsifizierbarkeitsgrad empirischer Sätze), Hume, Juhos, Kaila, V. Kraft, Kries, Laplace, Mally, Marbe, Mises, Pascal, Reichenbach, Sachsse, Stegmüller, Sterzinger; Stochastik, Zufall.

Wahrscheinlichkeitslogik: ↗mehrwertige Logik.

Waismann, Friedrich, 1896—1959: österreichischer Mathematiker (später in England) und Mitarbeiter des Wiener Kreises. — Hptw.: Einführung in das mathematische Denken, 1947², 1971³; The Principles of Linguistic Philosophy, 1965; Wittgenstein und der Wiener Kreis, 1967; Was ist logische Analyse? (Gesammelte Aufsätze, hrsg. von Gerd H. Reitzig), 1973; Logik, Sprache, Philosophie, 1976; Lectures on the Philosophy of Mathematics, 1982.

Waldorf-Schule (Freie W.): im Geiste der ↗Anthroposophie (R. Steiner) und im Sinne einer sozialen Erneuerung 1919 gegründete zwölfjährige differenzierte Gesamtschule; ihre pädagogischen Zielsetzungen sind: Lebensnähe, Ertüchtigung des Willens neben der Pflege der intellektuellen Anlagen, Erfassung des ganzen Menschen.

Wallner, Friedrich, geb. 1945: österreichischer Erkenntnis- und Wissenschaftstheoretiker, Sprachphilosoph, insbesondere um die Erschließung der Philosophie ↗Wittgensteins und ihrer Bedeutung für das moderne Geistesleben bemüht. — Hptw.: Philosophische Probleme der Physik, 1982³; Die Grenzen der Sprache und der Erkenntnis (Analysen an und im Anschluß an Wittgensteins Philosophie), 1983; Wittgensteins philosophisches Lebenswerk als Einheit, 1983. — Als Hrsg.: ↗Popper K.; ↗Existentialphilosophie.

Walzel, Oskar, 1864—1944: österreichischer Germanist und Literarästhetiker. — Hptw.: Deutsche Romantik, 1908, 1923—1926⁵; Vom Geistesleben des 18. und 19. Jahrhunderts, 1911; Leben, Erleben und Dichten, 1912; Wechselseitige Erhellung der Künste, 1917; Vom Geistesleben alter und neuer Zeit, 1922; Die Geistesströmungen des 19. Jahrhunderts, 1924, 1929²; Gehalt und Gestalt im Kunstwerk der Dichtung, 1924, 1929²; Deutsche Dichtung der Gegenwart, 1925; Das Wort-Kunstwerk, 1926; Der Dichter und das Wort, 1927; Vom Wesen der Dichtung, 1928.

Wang-Yang-ming, 1473—1529 n. Chr.: vom Mahayana-Buddhismus beeinflußter chinesischer Philosoph, der in seiner idealistischen Metaphysik (im Gegensatz zu ↗Chu-Hsi) von der Erforschung des inneren Selbst ausgeht („Der Geist selbst ist die Verkörperung des Naturgesetzes. Gibt es irgend etwas im Universum, was unabhängig vom Geist existiert? Gibt es irgendein Gesetz, das sich vom Geist losgelöst hat?"), sich aber doch auch zur Erkenntnis des Chu-Hsi bekennt („Die Natur ist das höchste Gut". Die Natur befindet sich jenseits von gut und böse; „gut" und „böse" sind vom Menschen gesetzte, auf die Nützlichkeit der Dinge bezogene Wertprädikate).

Warschauer Kreis: ↗Polnische (Logiker-) Schule.

Weber, Alfred, 1868—1958: deutscher Nationalökonom und Kultursoziologe. — Hptw.: Kulturgeschichte als Kultursoziologie, 1935, 1960³; Das Tragische in der Geschichte (Vom Werden und Wesen der tragischen Sicht als Sinndeutung des Daseins), 1943, 1959²; Abschied von der bisherigen Geschichte. Überwindung des Nihilismus?, 1946; Prinzipien der Geschichts- und Kultursoziologie, 1951; Einführung in die Soziologie, 1955; Haben wir Deutschen nach 1945 versagt? (Politische Schriften. Ein Lesebuch. Ausgewählt und eingeleitet von Claudia Dericum), 1982.

Alfred Weber

Weber, Max, 1864—1920: deutscher liberaler Nationalökonom, Soziologe, Wissenschaftstheoretiker und Kulturphilosoph, der die kulturwissenschaftliche Erkenntnisweise kritisch durchleuchtet, eine scharfe Trennung von objektiver wissenschaftlicher Forschung und nur relativ gültiger persönlicher Wertentscheidung bzw. eine strenge Unterscheidung von praktisch-weltanschaulichem Werturteil und theoretisch-wissenschaftlichem Tatsachenurteil fordert (↗Dezisionismus), aber auch die Beseitigung der Herrschaft des Menschen über den Menschen für eine Utopie erklärt (↗Rechtspositivismus). Im Vortrag „Politik als Beruf" (1919, 1977[6]) unterscheidet W. zwischen der (realistischen) „Verantwortungsethik" des Politikers und der reinen („idealistischen") ↗Gesinnungsethik. In „Wissenschaft als Beruf" (1919, 1967[5]) fordert W., entsprechend der Wertfreiheit der Wissenschaft, daß diese frei von Politik zu sein habe; die „wissenschaftliche Vertretung von praktischen Stellungnahmen" hält er für unmöglich und jeden derartigen (ideologischen!) Versuch daher für unzulässig. Auf dem Weg über wissens-, rechts-, wirtschafts- und religionssoziologische Analysen sucht W. den Aufbau der Kulturwelt, die Struktur der Kulturwerte und den Gang der Geschichte zu verstehen. – Hptw.: Wirtschaft und Gesellschaft (Grundriß der verstehenden Soziologie), 1921, 1976[5]; Gesammelte Aufsätze zur Religionssoziologie, 2 Bde., 1920/21, Auswahl: 1948, 1978[2]; Gesammelte Aufsätze zur Wissenschaftslehre, 1922, 1973[4]; Gesammelte Aufsätze zur Soziologie und Sozialpolitik, 1924; Gesammelte Aufsätze zur Sozial- und Wirtschaftsgeschichte, 1924; spätere Ausgaben: Soziologie. Weltgeschichtliche Analysen. Politik, 1968[4]; Rechtssoziologie, 1967[2]; Gesammelte politische Schriften, 1971[3]; Soziologie, 1973; Soziologische Grundbegriffe, 1981; Die protestantische Ethik (Eine Aufsatzsammlung), 2 Bde., 1981. – ↗Gewissen (Gewissensethik), Metapolitik; Jaspers, Radbruch. – Lit.: Max Weber, Werk und Person (Dokumente, ausgewählt und kommentiert v. Eduard Baumgarten), 1964.

Max Weber

Wechselwirkungslehre: dualistische Lösung des Psychophysischen Problems, der zufolge Leib und Seele aufeinander einwirken (z. B. von ↗Descartes vertreten). Im Gegensatz zum psychophysischen Parallelismus, dem zufolge die Vorgänge in der physischen und der psychischen Welt einander parallel laufen, ohne sich gegenseitig zu beeinflussen, dringen der Wechselwirkungslehre zufolge in die (gemäß dem ehernen Gesetz von der Erhaltung der Energie ablaufende) Reihe der physikalisch-chemischen Prozesse psychische Phänomene ein, die, ohne selbst der quantitativen Bestimmung (Messung) zugänglich zu sein, quantitative Veränderungen hervorrufen sollen. An diesem logischen Widerspruch leidet (in der Theorie) auch die „Psychosomatik" (ihre, übrigens auch umstrittenen, praktisch-medizinischen Erfolge sind hier nicht zu beurteilen). ↗Busse; Psychophysisches Problem, Parallelismus.

Weigel, Valentin, 1533—1588: deutscher protestantischer Mystiker, der zum Unterschied von den Gefühlsmystikern auch an der Spekulation großes Interesse zeigt. — Hptw.: Von wahrer Gelassenheit; Der güldene Griff; Libellus disputatorius; Vom Ort der Welt; Kurzer Bericht und Anweisung von Weg und Weise, alle Dinge zu erkennen; De bono et malo in homine; De vita beata; (alle Werke zwischen 1570 und 1580 verfaßt, doch erst zu Beginn des 17. Jhdts. erschienen).

Wein, Hermann, geb. 1912: deutscher Philosoph, Schüler N. Hartmanns, der, konsequent anthropozentrisch orientiert, den schichtenontologischen Denkansatz in der Philosophischen Anthropologie zur Geltung zu bringen sucht und hierbei vor allem am

Relativismus Kritik übt. — Hptw.: Das Problem des Relativismus (Philosophie im Übergang zur Anthropologie), 1950; Zugang zu philosophischer Kosmologie, 1954; Realdialektik (Von Hegels Dialektik zu dialektischer Anthropologie), 1964[2]; Positives Antichristentum (Nietzsches Christusbild im Brennpunkt nachchristlicher Anthropologie), 1962; Sprachphilosophie der Gegenwart, 1963; Philosophie als Erfahrungswissenschaft, 1965; Kentaurische Philosophie (Vorträge und Abhandlungen), 1968.

Weinen: ↗Affekthypothese, Lachen; Stern A.

Weingartner, Paul, geb. 1931: deutscher Philosoph. — Hptw.: Deskription, Analytizität und Existenz, 1966; Die Grundfragen der Wissenschaften und ihre Wurzeln in der Metaphysik, 1967.

Weinhandl, Ferdinand, 1896—1973: österreichischer Philosoph, Mitarbeiter der ↗„Grazer Schule", der die „gestaltanalytische" Methode entwickelt hat. — Hptw.: Über Urteilsrichtigkeit und Urteilswahrheit, 1923; Die Gestaltanalyse, 1927; Geist und Intellekt, Wissenschaft und Wirklichkeit, 1939; Paracelsus-Studien, 1970.

Weininger, Otto, 1880—1903: österreichischer Denker, vom Empiriokritizisten zum Mystiker gewandelt, bekannt vor allem durch sein betont antifeministisches kulturkritisches Hauptwerk „Geschlecht und Charakter" (1903, 1947[20]). Aus dem Nachlaß: Über die letzten Dinge, 1904, 1930[9], 1980 neue Ausgabe; Die Liebe und das Weib, 1917; Taschenbuch und Briefe an einen Freund, 1921. – Lit.: O. W.: Werk und Wirkung, 1984 (hrsg. v. Jacques Le Rider und Norbert Leser); Jacques Le Rider: Der Fall Otto Weininger, 1986. – ↗Lucka.

Wilhelm Weischedel

Weischedel, Wilhelm, 1905—1975: deutscher (evangelischer) Theologe und Philosoph, Schüler Heideggers, aber auch der „Frankfurter Schule" verbunden, ohne sich dem Marxismus zu nähern. — Hptw.: Das Wesen der Verantwortung, 1933, 1972[3]; Die Tiefe im Antlitz der Welt (Entwurf einer Metaphysik der Kunst), 1952; Recht und Ethik, 1956, 1959[2]; Wirklichkeit und Wirklichkeiten (Aufsätze und Vorträge), 1960; Der Zwiespalt im Denken Fichtes, 1962; Die philosophische Hintertreppe (34 große Philosophen in Alltag und Denken), 1966 1973[3]; Der Gott der Philosophen (Grundlegung einer philosophischen Theologie im Zeitalter des Nihilismus), 2 Bde., 1971/72, 1973[2]; Philosophische Grenzgänge (Vorträge und Essays), 1967; Skeptische Ethik, 1976; Die Frage nach Gott im skeptischen Denken, 1976; Der Gott der Philosophen, 1979. – Autobiographie in „Philosophie in Selbstdarstellungen", Bd. II, 1975.

Weisheit: „Weisheit ist nicht Wissenschaft. Weisheit ist eine Erhebung der Seele, die sich durch Erfahrung verbunden mit Nachdenken über Abhängigkeit von Meinungen wie von den Eindrücken der Sinnlichkeit erhoben hat und notwendig von einer ruhigen Wärme, einem sanften Feuer begleitet sein muß", sagt ↗Hegel. Doch gelten auch die Worte Kants, „daß der Weg zur Weisheit bei uns Menschen unvermeidlich durch die Wissenschaft durchgehen müsse". — ↗Philosophie (1., 4.), Sieben Weise; Emge.

Weiße, Christian Hermann, 1801—1866: deutscher Philosoph, der auf anthropologischer Grundlage eine materiale Wertethik und eine theistische Metaphysik entwickelt, indem er den von ihm unterschiedenen drei seelischen Grundkräften (Denken, Gemüt, Wollen) einerseits drei objektiv gültige Werte (das Wahre, das Schöne und das Gute), die im Werte der Heiligkeit ihre Zusammenfassung und Krönung finden, anderseits auch drei Gruppen von Wesenseigenschaften Gottes zuordnet (dem Denken entsprechen die metaphysischen Eigenschaften Einheit, Einfachheit, Ewigkeit, Allgegenwart, Allmacht und Allwissenheit; dem Gemüt die Seligkeit, die Herrlichkeit und die Weisheit; dem Wollen schließlich die Güte, die Heiligkeit und die Gerechtigkeit). W.s Naturauffassung ist teleologisch ausgerichtet: die Naturseele entwirft die Lebenspläne der Arten; an der Spitze des Natursystems steht der Mensch, der den Sinn, die Zweckhaftigkeit und die Schönheit des Naturreiches zu erschauen imstande ist (ästhetisierende Weltauffassung). — Hptw.: System der Ästhetik, 1830; Die Idee der Gottheit, 1833; Grundzüge der Metaphysik, 1835; Philosophische Dogmatik oder Philosophie des Christentums, 1855 bis 1862.

Weizsäcker, Carl Friedrich, Freiherr von, geb. 1912: deutscher Physiker, Wissenschaftstheoretiker und Naturphilosoph, der vor einem Mißbrauch der Wissenschaft und der Technik durch die Politik warnt, in Anlehnung an die biozentrische „Lebensphilosophie" der „Meditation" besondere Bedeutung beimißt und für eine Versöhnung (Synthese) von europäischer Wissenschaft und indischer Weisheit, für eine Begegnung des „reflektierenden" Europa mit dem „meditierenden" Asien plädiert. W. war von 1970 bis 1979 Direktor des Starnberger Max-Planck-Instituts zur Erforschung der Lebensbedingungen in der wissenschaftlich-technischen Welt. – Hptw.: Die Atomkerne, 1937; Zum Weltbild der Physik, 1943, 1976[12]; Die Geschichte der Natur, 1948, 1962[5]; Kosmogonie, 1949; Physik der Gegenwart, 1952, 1958[2]; Die Verantwortung der Wissenschaft im Atomzeitalter, 1957, 1963[4]; Descartes und die neuzeitliche Naturwissenschaft, 1958, 1962[2]; Die Tragweite der Wissenschaft, Bd. I (Schöpfung und Weltentstehung), 1964; Das Problem der Zeit als philosophisches Problem, 1967; Der ungesicherte Friede, 1969; Kritik der Wissenschaften, 1969; Die Einheit der Natur, 1971, 1972[2]; Kriegsfolgen und Kriegsverhütung, 1971; Fragen zur Weltpolitik, 1975; Wege in der Gefahr (Eine Studie über Wirtschaft, Gesellschaft und Kriegsverhütung), 1976; Der Garten des Menschlichen (Beiträge zur geschichtlichen Anthropologie; Essays und Vorträge), 1977; Deutlichkeit (Beiträge zu politischen und religiösen Gegenwartsfragen), 1978, 1981[2]; Diagnosen zur Aktualität, 1979; Der bedrohte Frieden (Politische Aufsätze 1945–1981), 1981; Wahrnehmungen der Zeit, 1983; Aufbau der Physik, 1985. Die Zeit drängt (Eine Weltversammlung der Christen für Gerechtigkeit, Frieden und Bewahrung der Schöpfung), 1986. – Autobiographie in „Philosophie in Selbstdarstellungen", Bd. II, 1975. – ↗Dahrendorf.

Carl Friedrich Weizsäcker

Wellek, Albert, 1904–1972: deutscher (insbesondere Musik-)Psychologe und Ästhetiker. — Hptw.: Das absolute Gehör und seine Typen, 1938, 1970[2]; Typologie der Musikbegabung im deutschen Volke, 1939, 1970[2]; Das Problem des seelischen Seins, 1941, 1953[2]; Die Polarität im Aufbau des Charakters, 1948, 1966[3]; Die genetische Ganzheitspsychologie, 1954; Der Rückfall in die Methodenkrise der Psychologie und ihre Überwindung, 1959, 1970[2]; Musikpsychologie und Musikästhetik, 1963; Melancholie in der Musik, 1968; Witz — Lyrik — Sprache, 1970.

Wellenmechanik: Von ↗de Broglie (1924) begründete und von ↗Schrödinger (1925/26) ausgebaute mathematische Atomtheorie, der die Auffassung von der Doppelnatur (↗Komplementarität) der Materieteilchen (die sich bei bestimmten Versuchen als Energiezentrum eines „Wellenpaketes" erweisen) zugrundeliegt.

Wellmer, Albrecht, geb. 1934: deutscher Philosoph, Schüler von Habermas, hat sich insbesondere mit Poppers und Alberts Positionen kritisch auseinandergesetzt. — Hptw.: Methodologie als Erkenntnistheorie (Zur Wissenschaftslehre Karl R. Poppers), 1967; Kritische Gesellschaftstheorie und Positivismus, 1969.

Welt: ↗Wirklichkeit; Außenwelt, Überwelt; Palágyi'sche Welt. — Manche Denker unterscheiden mehrere (meist drei) „Welten": z. B. ↗Kuntze, Lotze, Mutius, Popper K., Reininger, Schultz. — ↗Gomperz H. („Die Welt als geordnetes Ereignis"), Kraft V., Petzoldt, Rehmke.

Weltall (Universum): umfaßt rund zehntausend Trillionen (10^{22}) Sterne, seine Gesamtmasse wird mit 10^{53} Tonnen veranschlagt. Die (nach neuesten Messungen) älteste und am weitesten von uns entfernte ↗Galaxie ist zehnmal so groß wie unser Milchstraßensystem und entstanden, als das Universum 2 Milliarden Jahre alt war. – Entropie, Exobiologie, Expansion, Kosmogonie, Metageometrie, Raum, Relativitätstheorie, Sinn (1), Unendlichkeit, Zeit; Astronomie.

Weltanschauung: Welt- und Lebensanschauungen, d. h. bestimmte Vorstellungen vom Welt-Ganzen, von der Bestimmung und der Aufgabe des Menschen und vom Sinn des Lebens, gewinnen nicht nur in philosophischen Systemen Gestalt, sondern werden auch in religiösen Bekenntnissen und Kunstwerken, überhaupt in den mannigfachen Äußerungen des Kulturlebens offenbar: in der Philosophie begrifflich-abstrakt formuliert und systematisch aufgebaut, in der Religion in Form von Mythen, Dogmen, Normen und Riten, in der Kunst in konkret-anschaulicher Darstellung (unterschiedlich je nach Kunstgattung). Der Künstler verzichtet darauf, seine im Kunstwerk ausgedrückte Weltanschauung theoretisch zu begründen; der konfessionell Gläubige übernimmt die Weltanschauung von einer Kirche oder einem Religionsstifter, dessen Autorität er sich unterwirft; der Philosoph schließlich vertraut in Fragen der Weltanschauung ausschließlich seiner eigenen Einsicht und setzt sich das Ziel, einen logisch-widerspruchsfreien Zusammenhang der im Leben und in den Wissenschaften entwickelten Gedanken herzustellen. — Jeder Mensch betrachtet die Welt mit seinen Augen, lebt in seiner Welt, pflegt in einer gerade für ihn kennzeichnenden Weise auf Eindrücke zu reagieren. Man denke etwa an die optimistische bzw. pessimistische Lebenseinstellung! In der Art, wie eine Persönlichkeit Stellung nimmt und wertet, kommt ihre seelisch-geistige Besonderheit zum Ausdruck. So verschieden geartet die Menschen sind, so verschiedenartig sind auch ihre Weltanschauungen. Da Weltanschauungen auf subjektiv-persönlichen Stellungnahmen beruhen und Ideale zum Ausdruck bringen, ist jeder Versuch, jemandem eine bestimmte Weltanschauung aufzuzwingen, zurückzuweisen. Ideale sind „unbeweisbar"; und wie der persönlichen Eigenart jedes Menschen gegenüber, so ist auch jeder Weltanschauung gegenüber Toleranz und Achtung zu wahren, sofern nicht unwahre und daher widerlegbare Behauptungen ihre Grundlage bilden; auch wer die Schädigung oder gar Vernichtung von Mitmenschen für erlaubt hält oder sich selbst unduldsam gebärdet, verliert den Anspruch auf tolerante Behandlung. Im Gegensatz zu dieser relativistischen Auffassung, daß jeder Weltanschauung eine nur relative (bedingte) Geltung zukomme, hält der Weltanschauungs-Dogmatiker seine eigene Weltanschauung für die allein richtige, wobei er vergißt, daß Wertungen weder wahr noch falsch sind. — Wer die Weltanschauung eines anderen verstehen will, muß sich in dessen Erlebniswelt einfühlen. Die Weltanschauungen der großen Denker kennenzulernen, bedeutet daher eine erhebliche seelisch-geistige Bereicherung; es ist höchst interessant zu erfahren, wie diese überragenden Persönlichkeiten die Welt gesehen und beurteilt haben (daher der Reiz ↗philosophiegeschichtlicher Studien). Sieht man von unbedeutenden Nuancen ab, so lassen sich unschwer einige wenige Weltanschauungstypen unterscheiden: Man spricht daher z. B. von mittelalterlicher, romantischer, humanistischer ... Weltanschauung. – ↗Adickes, Aron, Dilthey, Gomperz H. (W. ist „jene Wissenschaft, welche die Aufgabe hat, einen widerspruchslosen Zusammenhang aller jener Gedanken herzustellen, die von den Einzelwissenschaften sowie vom praktischen Leben zur Nachbildung der Tatsachen verwendet werden"), Hofmann, Jaspers, Lungwitz, Müller-Freienfels, Schultz, Spengler, Spranger; Impressionismus, Mystik, Perspektivismus.

Weltanschauungsanalyse (Weltanschauungskritik): Untersuchung der Ziele und der Formen, der Motive und der Modellvorstellungen menschlicher Weltauffassung und Selbstdeutung. — ↗Topitsch; Ideologiekritik.

Weltbild: ↗Wirklichkeit, Wirklichkeitstheorie, Mauthner.

Weltgeist (Weltvernunft): ↗Nus, Stoizismus, Weltseele.

Welträtsel: von ↗Du Bois-Reymond eingeführte Bezeichnung für von ihm für mehr oder weniger unlösbar gehaltene Probleme. ↗Haeckel verwendet ebenfalls diesen Terminus. Auch neuerdings wieder ein beliebtes Thema: z. B. in der zweibändigen „Encyclopedia of Ignorance" (Oxford, 1977).

Weltseele: pantheistischer Ersatzbegriff für Gott; ↗Arabische Philosophie; Caesalpin, Bruno, Burthogge, Diderot.

Wentscher, Else, geb. Schwedler, geb. 1877: deutsche Philosophin, die vor allem mit philosophiegeschichtlichen, erkenntnistheoretischen und ethischen Arbeiten hervorgetreten ist. — Hptw.: Phänomenalismus und Realismus, 1903; Der Wille, 1910; Grundzüge der Ethik, 1911, 1919²; Geschichte des Kausalproblems in der neueren Philosophie, 1921; Das Problem des Empirismus, 1922; Englische Philosophie, 1924; Englische Wege zu Kant, 1931; Die Frau im Urteil großer Männer, 1937; Relative oder absolute Wahrheit?, 1940.

Wentscher, Max, 1862—1942: von Lotze beeinflußter deutscher Philosoph, der einen kritischen Realismus lehrt, in der Leib-Seele-Frage die Parallelismustheorie bekämpft und sich in der Frage der Willensfreiheit zum Indeterminismus bekennt. — Hptw.: Physische und psychische Kausalität und das Prinzip des psycho-physischen

Parallelismus, 1896; Über den Pessimismus und seine Wurzeln, 1897; Ethik, 2 Bde., 1902/1905; Einführung in die Philosophie, 1906, 1926⁷; Erkenntnistheorie, 2 Bde., 1920; Fechner und Lotze, 1925; Pädagogik, 1926; Metaphysik, 1928; Geschichte der Ethik, 1931.

Wen-Wang um 1123 v. Chr.: legendärer chinesischer Kaiser und Philosoph, der als Autor des ↗I-Ching (Buch der Wandlungen) gilt.

Wenzl, Aloys, 1887—1967: deutscher Naturphilosoph, der vom kritisch-realistischen Standpunkt aus ein metaphysisches Naturbild aufzubauen versucht. — Hptw.: Das naturwissenschaftliche Weltbild der Gegenwart, 1929; Das Leib-Seele-Problem im Lichte der neueren Theorien der physischen und seelischen Wirklichkeit, 1933; Metaphysik der Physik von heute, 1935, 1951²; Wissenschaft und Weltanschauung, 1936, 1950²; Metaphysik der Biologie von heute, 1938, 1951²; Philosophie als Weg von den Grenzen der Wissenschaft an die Grenzen der Religion, 1939, 1956²; Seelisches Leben — lebendiger Geist, 1943; Philosophie der Freiheit, I: 1947, II: 1948; Materie und Leben als Probleme der Naturphilosophie, 1949; Unsterblichkeit, 1951; Die philosophischen Grenzfragen der modernen Naturwissenschaft, 1954, 1956².

Werner, Karl, 1821—1888: österreichischer Theologe und Philosophiehistoriker, der die Lehre von ↗Günther weiterentwickelt hat. — Hptw.: Spekulative Anthropologie, 1870.

Wert: Tatsachen, Gegenstände usw. als solche (— also das, was „ist" —) sind an und für sich wertfrei (wertneutral). Ein Wert kommt ihnen erst in dem Augenblick zu, da sie für einen Menschen Bedeutung gewinnen, da ihnen jemand bewertend gegenübertritt, indem er zu ihnen Stellung nimmt und z. B. den einen Gegenstand einem anderen gegenüber vorzieht und ihm auf diese Weise einen Wert beimißt und zuschreibt; dadurch erst wird der betreffende Gegenstand zu einem Wertträger (Gut). Zum Unterschied von allen anderen Wesen lebt der Mensch in einem Spannungsfeld von „Werten": „Denn unfühlend ist die Natur ... Nur allein der Mensch vermag das Unmögliche: Er unterscheidet, wählet und richtet; Er kann dem Augenblick Dauer verleihen ..." (↗Goethe). Der Wert, den der Mensch den Gegebenheiten beilegt, läßt sich daher nicht aus diesen ableiten, sondern wird vom wertenden Menschen im Augenblick der Stellungnahme gesetzt; Werte gelten daher ebenso wenig wie Wertungen absolut; sie sind ebenso wie Ideale etwas, das „sein soll"; sie sind weder reale Wesenheiten noch Eigenschaften der Dinge, sondern werden von Menschen geschaffen; so werden zu verschiedenen Zeiten, in den einzelnen Kulturkreisen usw. verschiedene Werte gesetzt; mitunter sterben sie wieder ab, fast immer durch Entartung, Selbstzersetzung, Altern usw. (also von innen her, durch Strukturveränderung), selten nur unter äußerem Druck, der eher stärkend wirkt und die Lebensdauer der Werte verlängert. Der „Wert" ist also nicht etwas Gegenständlich-Konkretes, sondern eine Abstraktion, durch die zum Ausdruck gebracht wird, daß der Gegenstand oder die Handlungsweise usw., denen ein Wert zugeschrieben wird, für einen Menschen (der Stellung nimmt und wertet) Bedeutung gewonnen hat. Von diesem allgemeinen Wertcharakter ist der spezielle Wertgehalt (z. B. Wahrheit, Schönheit, Güte, Nützlichkeit usw.) zu unterscheiden, der auf bestimmten Eigenschaften der betreffenden Güter (z. B. wahren Aussagen, schönen Kunstwerken usw.) beruht. Nach dem speziellen Wertgehalt kann man folgende Wertarten unterscheiden: 1. den Dienstwert (Mittelwert, Nutzwert, Fremdwert, Wirkungswert oder konsekutiven Wert) „Nützlichkeit" (Sachgehalt: Verwendbarkeit eines Mittels zur Erreichung eines bestimmten Zweckes, weshalb das Mittel als „nützlich" geschätzt wird); 2. die Eigenwerte (Selbstwerte, intensive Werte) „Wahrheit", „Sittlichkeit" und „Schönheit"; „Wahrheit" (die konstante Bewährung eines Aussagegehaltes in wiederholten Verifikationsverfahren) und „Sittlichkeit" (ethisch wertvolles Verhalten) werden wohl um ihrer selbst willen geschätzt (ebenso wie der dritte Selbstwert „Schönheit"), sind aber im Gegensatz zur „Schönheit" transgrediente Werte, indem sie über sich selbst hinausweisen; der ästhetische Wert hingegen ist „immanent", da in diesem Falle der Wertertrag zur Gänze in dem betreffenden Gut, z. B. im ästhetisch wirksamen Gegenstand, beschlossen liegt. ↗Stern W. Umstritten ist der Wert des „Heiligen" (↗Otto); die vitalen (z. B. Gesundheit) und ökonomischen Werte lassen sich dem Nützlichkeitswert, die sozialen Werte dem ethischen Wert unterordnen. — Gegenbegriffe zu „Wert" sind: 1. „Tatsache" (wertfrei); 2. „Unwert" (beruht auf einer negativen Stellungnahme). — ↗Wertung, Werturteil; Unwert, Gut, Übel; Normen, Rangordnung der Werte, Wertsystem, Werttheorie; Wertmetaphysik, Wertabsolutismus, Wertrelativismus; Ästhetik, Ethik, Kritik, Kultur; Höffding, Stern A.

Wertabsolutismus: ↗wertmetaphysischer Standpunkt, dem zufolge es „Werte an sich" gibt, die absolut gelten (z. B. von ↗Scheler und ↗N. Hartmann vertreten, der einen Unterschied zwischen Wertvollsein und Für-wertvoll-Halten, zwischen Seinsweise und Gelten der Werte statuiert, woraus er die Absolutheit des Wertcharakters selbst, des Wertvollseins ableitet). — Gegenstandpunkt: ↗Wertrelativismus. — ↗Wertmetaphysik.

Wertheimer, Max: ↗Gestalt.

Wertmetaphysik: metaphysische Betrachtungsweise in der ↗Werttheorie, der zufolge die Werte für unwandelbare „ideale Wesenheiten" (die Schönheit an sich, das Gute an sich usw.) gehalten werden, die in einem „für sich bestehenden Reich der Werte" beheimatet sind und intuitiv erfaßt (erschaut) werden können. Auch die ↗Rangordnung der Werte ist nach dieser Auffassung unverrückbar (also absolut) und dem „Wertgefühl" (einer Art „innerer Schau") zugänglich. Vom Standpunkt einer kritisch-wissenschaftlichen Werttheorie aus (↗Wertrelativismus) läßt sich gegen die Wertmetaphysik (wie gegen die Metaphysik überhaupt) einwenden, daß in ihr seelische Bedürfnisse (Wünsche, Hoffnungen) gegenüber geistigen (theoretischen) die Oberhand gewinnen; die Behauptungen der Wertmetaphysiker (z. B. ↗Scheler, N. Hartmann) sind nicht Erkenntnisse, sondern nur subjektiv gültige Überzeugungen, die sogar den Erfahrungstatsachen widersprechen. — ↗Wertrelativismus.

Wertrangordnung: ↗Rangordnung der Werte.

Wertrelativismus: kritisch-wissenschaftlicher werttheoretischer Standpunkt, eine empirisch fundierte (durch psychologische und kulturhistorische Untersuchungen der Wertungsweise verschiedener Menschen, Völker und Zeiten gestützte) Auffassung, der zufolge alle Wertungen und daher auch Werte nur relativ (bedingt, bezogen auf den Wertenden) gelten. Gegenstände, Charaktereigenschaften, Handlungen usw. sind an und für sich wertfrei; ein Wert wird ihnen erst vom Menschen zugeschrieben, der zu ihnen Stellung nimmt und z. B. den einen Gegenstand einem anderen gegenüber vorzieht, wodurch dieser Gegenstand ein Wertträger (Gut) wird. Allerdings darf die Relativität der Werte nicht als schrankenlose Subjektivität mißverstanden werden, da es 1. überindividuelle ↗Wertungen und 2. objektive Werturteile gibt. — Gegenstandpunkt: ↗Wertabsolutismus (Wertmetaphysik); die Wertabsolutisten erklären den wertrelativistischen Standpunkt aus einer „Enge des Wertbewußtseins" (↗N. Hartmann) oder diffamieren ihn als „Wertblindheit" (↗Scheler). — ↗Stern A. (nomothetischer Wertrelativismus).

Wertsystem: der Philosoph sucht nicht nur ein Weltbild aufzubauen, sondern besinnt sich auch auf seine eigenen Wertungen und sucht sie in einen systematischen Zusammenhang zu bringen. Da sich Wertsysteme aus Weltbildern ebensowenig ableiten lassen wie Werte aus Tatsachen, muß das Wertsystem unabhängig vom Weltbild entwickelt werden, wobei entweder aus den allgemeinen Wertungsgrundsätzen die einzelnen Werturteile abgeleitet oder zu den verschiedenen Einzelwertungen die gemeinsamen Wertungsgrundsätze gesucht werden. — ↗Rangordnung (System) der Werte.

Werttheorie: eine der drei philosophischen Grunddisziplinen (neben der Erkenntnis- und der Wirklichkeitstheorie), in der das Wertproblem erörtert wird. Der Philosoph als Werttheoretiker stellt fest, was man unter „Wert" versteht, welche Arten von Werten (z. B. Schönheit, Nützlichkeit usw.) man unterscheidet, ob es allgemeingültige Werturteile gibt usf. Man kann das Wertproblem kritisch-wissenschaftlich (empirisch fundierter ↗Wertrelativismus) oder metaphysisch (↗Wertmetaphysik, Wertabsolutismus) zu lösen suchen. Der allgemeinen Werttheorie treten spezielle Wertdisziplinen zur Seite, in denen die einzelnen Werte kritisch analysiert und die sich daraus ergebenden Probleme diskutiert werden (↗Ethik, Ästhetik). Da das Kulturschaffen auf Wertungen beruht (z. B. die wissenschaftliche Forschung auf dem Streben nach Erkenntnis oder das Kunstschaffen auf der Anerkennung ästhetischer Werte), überschneiden sich die entsprechenden kulturphilosophischen und werttheoretischen Problemkreise (↗Kunstphilosophie und Ästhetik, ↗Moralphilosophie und Ethik). — ↗Wertung, Werturteil; Wert, Wertsystem; Gut, Übel; Normen, Rangordnung der Werte. — ↗Juhos, Kraft V., Stachowiak, Stern A.

Wertung: auf der Basis mehr oder minder bewußter, spontaner oder eingeübter Reaktionen eines Menschen auf bestimmte Reize, Eindrücke, Erlebnisse usw. durch höhere psychische Funktionen regulierte Stellungnahme dieses Menschen zu einer Gegebenheit (zu einem Gegenstand, einer Charaktereigenschaft, einer Verhaltensweise usw.), weshalb jede Wertung nur relativ (zeit- und persönlichkeitsbedingt, bezogen auf die wertende Person) gilt. Da die Angehörigen einer Rasse, eines Volkes, eines Kulturkreises, einer Generation, einer Gesellschaftsklasse usw. im allgemeinen gleichartig zu werten pflegen (infolge gleichgerichteten Erziehungseinflusses usw.), gibt es überindividuelle Wertungen. Wird die Wertung in Urteilsform ausgesprochen, so entsteht ein Werturteil. Neben den subjektiv gültigen Werturteilen gibt es objektiv gültige, die entweder auf Grund einer naturgesetzlichen Beziehung gelten oder durch logische Ableitung aus allgemeinen Wertungsgrundsätzen begründet werden (wenn z. B. ein Mittel zur Erreichung eines bestimmten Zwecks geeignet ist, so ist dieses Mittel objektiv wertvoll, d. h. nützlich, so daß auch derjenige den Wert des Mittels anerkennen muß, der den Zweck selbst nicht zu erreichen wünscht, also auch z. B. der Lebensmüde den Wert der lebensnotwendigen Güter; andererseits lassen sich aus allgemeinen Wertgrundsätzen spezielle Werturteile ableiten, die dann in bezug auf jene Voraussetzungen objektiv gelten: auf diese Weise läßt sich z. B. objektive und begründete ↗Kritik üben).

Werturteil: ↗Wertung.

Wesen: von den Metaphysikern angenommene Tiefendimension einer Erscheinung: das „Wesen" soll empirisch unerkennbar und nur der metaphysischen Betrachtungsweise zugänglich sein. Kritisch betrachtet, erweist sich der Begriff „Wesen" als ↗glossomorph (↗Begriffsrealismus), die metaphysische Frage nach dem Wesen der Dinge (der Welt usw.) als ↗Scheinproblem. — ↗Usía; Phänomenologie (1., Wesensschau).

Wesensschau: ↗Husserl, Scheler; Phänomenologie.

Weyl, Hermann, 1885—1955: deutscher Mathematiker, Physiker, Erkenntnistheoretiker und Naturphilosoph (später in den USA), einer der Begründer der Lehre vom vierdimensionalen Raum-Zeit-Kontinuum (auf der Basis der Relativitätstheorie). — Hptw.: Raum, Zeit, Materie, 1918, 1923⁵; Die heutige Erkenntnislage in der Mathematik, 1926; Philosophie der Mathematik und Naturwissenschaft, 1927, 1966³; Gruppentheorie und Quantenmechanik, 1928, 1931²; Die Stufen des Unendlichen, 1931; The Open World (Three Lectures on the Metaphysical Implications of Science), 1932; Mind and Nature, 1934; Algebraic Theory of Numbers, 1940; Philosophy of Mathematics and Natural Science, 1949 (2. Aufl. des an zweiter Stelle genannten Werkes).

Alfred North Whitehead

Whitehead, Alfred North, 1861—1947: englischer Mathematiker, Logistiker und platonisierender Neurealist, der seine Naturphilosophie durch eine konstruktive Metaphysik ergänzt. W.s Auffassung zufolge gibt es nur eine einzige Wirklichkeit, die als „Ganzheit" (einem großen Organismus vergleichbar), als „Netzwerk von Ereignissen" (raumzeitlichen Einheiten) betrachtet werden muß, deren Aufspaltung in eine materielle und eine geistige Sphäre unangebracht ist: alle Ereignisse stehen in Wechselbeziehung zueinander, jedes Ereignis ist von jedem anderen abhängig und daher auch unvergänglich (ein Atom z. B. bleibt nicht mit sich selbst identisch, sondern „gleicht sich in seiner Wirksamkeit dem Gesetz des Feldes an, in dem es steht"). Alle Wirklichkeit ist Bewegung, ist unendliches Werden; es gibt keine dauerhaften Substanzen, keine selbständigen Realitäten, keine „unabhängige Existenz". Dafür, daß die Ereignisse „planmäßig" eintreten, sind nach W.s Meinung die „Ideen" (im platonischen Sinn) sowie Gott verantwortlich, der sowohl in wie über der Welt steht: Der vergänglichen Welt der vorübergehenden Tatsachen steht eine zeitlose Welt der bloßen Möglichkeiten, eine Welt der Werte gegenüber, die mit jener durch die Ideen verbunden ist; die Bewegung in der Welt wird von einem Gott geordnet, der „ein Mitleidender ist, der versteht", der „in der Welt oder nirgends ist und immerwährend in uns und um uns schafft", der „Weisheit" und „Dichter der Welt" ist, „der sie mit Geduld durch seine Vision der Wahrheit zu Schönheit und Gutheit führt". Religion ist für W. (ganz undogmatisch) „die Sehnsucht nach Sinngebung". Auch Rationalität und Toleranz zeichnen W.s Denken aus. — Hptw.: Principia Mathematica (mit Russell), 1910—1913, 1925—1927²; An Enquiry Concerning the Principles of Natural Knowledge, 1919, 1925²; The Concept of Nature, 1920, 1926²; Science and the Modern World, 1926, 1946², dt. 1949 (Wissenschaft und moderne Welt); The Function of Reason, 1929, dt. 1974 (Die Funktion der Vernunft); Process and Reality (An Essay in Cosmology), 1929, 1930²; Adventures of Ideas, 1933, 1947², dt. 1971 (Abenteuer der Ideen); Nature and Life, 1934; Modes of Thought, 1938; Essays in Science and Philosophy, 1947, dt. in Auswahl: 1949 („Philosophie und Mathematik"); Wie entsteht Religion?, 1985 (engl. 1926: Religion in the Making). — ↗Gott.

Whittaker, Sir Edmund Taylor, 1873—1956: amerikanischer Astronom, der sich dem Katholizismus verpflichtet fühlt. — Hptw. (in deutscher Übersetzung): Von Euklid zu Eddington, 1952.

Whorf, Benjamin Lee, 1897—1941: amerikanischer Sprachanalytiker, der eine anthropologisch zentrierte „Metalinguistik" aufzubauen versuchte, der zufolge die Sprache Tatsachen nicht nur beschreibt, sondern grundlegend mitbestimmt. — Hptw. (in deutscher Übersetzung): Sprache — Denken — Wirklichkeit (Beiträge zur Metalinguistik und Sprachphilosophie), 1963.

Widerlegung: ↗Beweis der Ungültigkeit eines Satzes.

Widerspruch: Verstoß gegen das logische Grundaxiom (gegen den Widerspruchssatz: ↗ A ≠ Non-A). Widerspruchsvolles (Unlogisches) kann, streng genommen, nicht gedacht, sondern nur ausgesprochen werden; der Möglichkeit, auch Undenkbares sprachlich auszudrücken (z. B. „rot ist grün"), verdanken manche metaphysischen Begriffe und Behauptungen ihre Existenz (↗glossogon). — ↗Contradictio, Oxymoron.

Wiederkunft (Wiederkehr): ↗Apokatastasis, Ewige Wiederkunft (Nietzsche).

Wiener, Norbert, 1894—1964: amerikanischer Mathematiker, Begründer der Kybernetik (siehe dort: Hptw.). — Weitere deutsche Ausgaben: Mensch und Menschmaschine — Kybernetik und Gesellschaft, 1966³; Mathematik — mein Leben, 1962; Ich und die Kybernetik, 1971.

Wiener Kreis: in Wien tätig gewesene Philosophen und philosophisch interessierte Mathematiker, die sich zum Logistischen ↗Positivismus bekannten. Begründet wurde der Wiener Kreis von ↗Schlick, der von 1922 bis zu seiner Ermordung durch einen Studenten im Jahre 1936 an der Wiener Universität gelehrt hat. Die bedeutendsten Mitarbeiter Schlicks waren: ↗Carnap, Neurath, Waismann, Feigl, Kraft V., Juhos, Zilsel, Kaufmann F. sowie die Mathematiker Hans Hahn (1879—1934), Karl Menger (1902—1985) und ↗Gödel. Entscheidende Anregungen gab ↗Wittgenstein. Der Wiener Kreis arbeitete mit der Gesellschaft für empirische Philosophie in Berlin (z. B. ↗Reichenbach, Dubislav), mit den ↗polnischen Logik-Schulen (Warschau, Lemberg und Krakau) und mit Denkern im Ausland, z. B. Jörgen Jörgensen (geb. 1894, Dänemark), ↗Kaila (Finnland) und ↗Rougier (Frankreich), eng zusammen; später entstand eine Zweigstelle des Wiener Kreises in Prag (Carnap, ↗Frank); auch Hans A. Lindemann (Argentinien; „Weltgeschehen und Welterkenntnis", 1937) und Tscha Hung (China) standen dem Wiener Kreis nahe. 1938 emigrierten die meisten Mitarbeiter des Wiener Kreises nach West- und Nordeuropa bzw. nach Amerika, was zur internationalen Verbreitung ihrer Ideen beigetragen hat; in Wien waren nur Kraft V. und Juhos zurückgeblieben. Publikationsorgane: 1. Veröffentlichungen des Vereines Ernst Mach; 2. Schriften zur wissenschaftlichen Weltauffassung; 3. Zeitschrift „Erkenntnis" (seit 1930, 1938—1940: „The Journal of Unified Science"); 4. Schriftenreihe „Einheitswissenschaft" (seit 1934). — ↗Ayer, Duhem, Hempel, Mises, Popper K.; ↗Basissätze, Konstatierung, Protokollsätze (— ein zentraler Diskussionsgegenstand im Wiener Kreis). — Lit.: Philosophie, Wissenschaft, Aufklärung (Beiträge zur Geschichte und Wirkung des Wiener Kreises), hrsg. v. H.-J. Dahms, 1985.

Wiese (und Kaiserswaldau), Leopold von, 1876—1969: deutscher Soziologe, Anthropologe und Ethiker, der die Soziologie als Wissenschaft von den zwischenmenschlichen Beziehungen bzw. als Philosophie der persönlichen Fürwörter auffaßt und am Gruppen- ebenso wie am Individualegoismus Kritik übt. — Hptw.: Staatssozialismus, 1916; Der Liberalismus in Vergangenheit und Zukunft, 1917; System der allgemeinen Soziologie, 2 Tle., 1924/29, 1955³; Soziologie (Geschichte und Hauptprobleme), 1926, 1954⁵; Homo sum. Gedanken zu einer zusammenfassenden Anthropologie, 1940; Ethik in der Schauweise der Wissenschaften vom Menschen und von der Gesellschaft, 1947, 1960²; Spätlese, 1954; Das Soziale im Leben und im Denken, 1956; Erinnerungen, 1958; Philosophie und Soziologie, 1959; Ethik der sozialen Gebilde, 1961; Wandel und Beständigkeit im sozialen Leben, 1964; Das Ich und das Kollektiv, 1967; Gleichheit und Ungleichheit im zwischenmenschlichen Leben, 1967; Kadettenjahre, 1978.

Wilhelm von Ockham (Dr. invincibilis), 1285—1349: englischer Spätscholastiker, der die Dogmen für rational unauflösbar hält, sich zum Standpunkt der „doppelten Wahrheit" bekennt und im Universalienstreit die nominalistische Auffassung vertritt, der zufolge die Allgemeinbegriffe (z. B. „der Mensch") nur zusammenfassende Bezeichnungen sind und es daher unerlaubt ist, das Seiende durch die Annahme, daß die Universalien real existieren, überflüssigerweise zu vervielfältigen („überflüssige Wesenheiten" anzunehmen: sogenanntes „Rasiermesser" — Postulat; ↗Principia). Philosophische Hptw.: Expositio aurea super artem veterem, 1496; Summa totius logicae, 1488; Quaestiones in octo libros physicorum, 1491; Summulae in libros physicorum oder Philosophia naturalis, 1494. — ↗Abbagnano, Albert v. Sachsen, Martin, Moser.

Wille: zu einem seelischen „Vermögen" bzw. einer psychischen „Kraft" hypostasierte Erlebnisfolgen des ↗Wollens (Wollungen). — ↗Kant nennt das Willensvermögen „praktische Vernunft". — ↗Willensfreiheit, Voluntarismus.

Willensfreiheit: von den Indeterministen behauptet, von den Deterministen geleugnet. Der Indeterminismus ist nicht in strengen Sinn des Wortes widerlegbar, da die Faktoren, die eine bestimmte Willenshandlung determinieren, niemals vollständig aufweisbar sind; es sprechen aber alle Erfahrungen und Überlegungen gegen den Indeterminismus. Von einem „freien Willen" zu sprechen, ist schon an und für sich höchst unklar, da es erstens einen „Willen" als besonderes Seelenvermögen nicht gibt und zweitens die Verwendung des Begriffes „frei" in diesem Zusammenhang mißverständlich ist; gemeint sein kann nämlich nur: unverursacht, regellos, zufällig. Behauptet man aber das Bestehen einer „Freiheit" in diesem Sinn, verzichtet man also auf kausales Denken, dann bleiben die Willenshandlungen der Menschen völlig unverständlich, dann glaubt man an „Wunder" und hält „Willenspsychologie" für unmöglich (↗Hegel: „Wo der Zufall anfängt, hört die Philosophie auf"). Dieser Annahme widerspricht jedoch die Erfahrung (vom Vertrauen, das man in einen Menschen setzt, den man zu kennen glaubt, von Erlebnissen wie „Reue", „Gewissensbissen" usw. bis zu der Hoffnung, durch Erziehung künftige Entscheidungen des Zöglings beeinflussen zu können, und bis zu den Ergebnissen der Moralstatistik; die verhältnismäßige Berechenbarkeit unserer Handlungen ist ein Argument für den Determinismus). Auch vom ethischen Standpunkt aus ist es sinnlos, „Willensfreiheit" zu fordern, da Begriffe wie „Verantwortlichkeit", „Schuld" und „Strafe", „Pflicht" und „Norm" erst unter der Voraussetzung des Determinismus einen verständlichen Inhalt gewinnen: denn sie setzen einen gesetzmäßigen (und nicht regellos-zufälligen) Verlauf des Wollens voraus. Es ist also wohl so, daß jede Entscheidung ihre bestimmten Ursachen hat, d. h. die Resultante unzähliger Komponenten bzw. durch das Zusammenwirken (meist unbekannt bleibender) Faktoren determiniert ist (Anlage, Erziehung, Reizsituation usf.). Daß der Mensch der Illusion der Willensfreiheit unterliegt, beruht darauf, daß er die Ursachen seiner Handlungsweise nur selten und teilweise kennt; er entscheidet sich aber nicht „frei", sondern glaubt nur, sich frei entschieden zu haben bzw. frei entscheiden zu können (= nur subjektive und nicht objektive Willensfreiheit), und zwar auch schon deshalb, weil er immer mehrere Möglichkeiten der Entscheidung vor sich sieht, also beliebige künftige Entscheidungen in Gedanken vornehmen kann; daß er sich aber gerade so und nicht anders entschieden hat, ist eindeutig determiniert (verursacht: „Wollen heißt wollen müssen"); ein „freier" Wille wäre ein motivloser Wille; und wirkliche „Willensfreiheit" wäre daher Freiheit vom Willen, nicht Freiheit des Willens; der Begriff „Willensfreiheit" also ist eine wunschgeborene Fiktion: „Der stolze Glaube an die ... Freiheit ist nichts anderes als die Unfähigkeit, das Handeln des Menschen in seiner Bedingtheit zu erkennen und aus seinen Voraussetzungen heraus zu verstehen" (↗Baumgardt). Im übrigen ist die deterministische Auffassung keineswegs trostlos oder mit der Würde des Menschen unvereinbar, wenn man bedenkt, daß es doch vor allem die Artung der Persönlichkeit selbst ist, durch die ihre Entscheidungen determiniert werden: „So mußt du sein, dir kannst du nicht entfliehen" — „Nichts ist, das dich bewegt; du selber bist das Rad, das aus sich selbsten läuft und keine Ruhe hat" (↗Angelus Silesius). — ↗Buridan, Erasmus, Gomperz H., Göring, Haeckel, Kant („Was man sich auch in metaphysischer Absicht für einen Begriff von der Freiheit des Willens machen mag: so sind doch die Erscheinungen desselben, die menschlichen Handlungen, eben so wohl als jede andere Naturbegebenheit nach allgemeinen Naturgesetzen bestimmt"), Keller, Lipps G. F., Luther, Planck, Rée, Reiner, Reininger, Rensch, Schopenhauer („ich kann zwar tun, was ich will, aber ich kann nicht wollen, was ich will"), Voltaire („frei sein heißt, tun können, was man will, nicht wollen können, was man will"), Windelband; Charakter, Gesetz, Pelagianismus.

Wille zur Macht: oft mißverstandener Grundbegriff der Philosophie ↗Nietzsches, der lediglich die Forderung nach Lebensbejahung und Lebenssteigerung umschreiben soll. — ↗Nouvelle Philosophie.

Willmann, Otto, 1839—1920: deutscher (katholischer) Pädagoge und Philosoph, Herbartianer, enragierter Thomist und Gegner der Kantianer. — Hptw. (ohne pädagogische Arbeiten im engeren Sinn): Didaktik als Bildungslehre, nach ihren Beziehungen zur Sozialforschung und zur Geschichte der Bildung dargestellt, 2 Bde., 1882/89, 1923[5] (1 Bd.); Geschichte des Idealismus, 3 Bde., 1894—1897, 1907[2]; Aus Hörsaal und Schulstube, 1904; Grundlinien idealer Weltanschauung, 1905; Aus der Werkstatt der Philosophia perennis (Gesammelte philosophische Schriften), 1912; Die Wissenschaft vom Gesichtspunkt der katholischen Wahrheit, 1916, 1928[3].

Johann Joachim Winckelmann

Winckelmann, Johann Joachim, 1717—1768 (ermordet): Begründer der wissensch. Archäologie und Geschichte der alten Kunst, der als Ästhetiker einerseits von Wolff und Baumgarten, andererseits von Neuplatonismus beeinflußt ist. Von ihm stammt die berühmt gewordene Definition der Schönheit antiker Kunstwerke: „edle Einfalt und stille Größe". — Hptw.: Gedanken über die Nachahmung der griechischen Werke in der Malerei und Bildhauerkunst, 1755; Von der Grazie in den Werken der Kunst, 1759; Von der Fähigkeit der Empfindung des Schönen in der Kunst, 1763; Geschichte der Kunst des Altertums, 1764. — Lit.: J. J. Winckelmann (Studien zum 18. Jhdt., Bd. 7, hrsg. v. Thomas Gaehtgens), 1985.

Windelband, Wilhelm, 1848—1915: deutscher Philosoph (Begründer der Heidelberger Schule des Neukantianismus), der die Philosophie einerseits als Wissenschaft vom Normalbewußtsein (von Normen, die unter der Voraussetzung gelten sollen, „daß das Denken den Zweck hat, wahr zu sein, das Wollen den Zweck hat, gut zu sein, das Fühlen den Zweck hat, die Schönheit zu erfassen"), andererseits als „Kritische Wissenschaft von den allgemeingültigen Werten" definiert. In seiner Erkenntnistheorie weist W. darauf hin, daß jede Erkenntnis die Tendenz zeigt, eine Macht im Willensleben zu werden und unsere Wertauffassung von den Dingen zu verändern. Als Wissenschaftstheoretiker versucht W. die Grenze zwischen naturwissenschaftlicher und historischer Betrachtungsweise möglichst scharf zu ziehen; er versucht nachzuweisen, daß die Wirklichkeit „Natur" wird, wenn man sie mit Rücksicht auf das Allgemeine, hingegen „Geschichte" wird, wenn man sie mit Rücksicht auf das Besondere und Individuelle betrachtet; dementsprechend unterscheidet W. zwischen nomothetischen Wissenschaften (Gesetzes- oder Naturwissenschaften) und idiographischen Wissenschaften (Ereignis- oder Geschichtswissenschaften), in denen auch der Wertgesichtspunkt zur Geltung kommt (denn als „historische Tatsache" kann nur ein Faktum gelten, das auf Grund seiner Wertbeziehung Interesse erweckt). Auch als Philosophiehistoriker ist W. mit bedeutenden Arbeiten hervorgetreten. — Hptw.: Über die Gewißheit der Erkenntnis, 1873; Die Geschichte der neueren Philosophie, 2 Bde., 1878—1880, 1928[12]; Präludien (Aufsätze und Reden), 2 Bde., 1884, 1924[9]; Geschichte der abendländischen Philosophie im Altertum, 1888, 1963[5]; Lehrbuch der Geschichte der Philosophie, 1892, 1957[15] (hrsg. von Heimsoeth; unverändert 1976[16]); Geschichte und Naturwissenschaft, 1894, 1904[3]; Platon, 1900, 1923[7]; Vom System der Kategorien, 1900; Über Willensfreiheit, 1904, 1923[4]; Die Erneuerung des Hegelianismus, 1910; Einleitung in die Philosophie, 1914, 1923[3].

Windischer, Hans, 1909—1975: österreichischer Denker katholischer Observanz, der „im Lichtgrund der Phänomene die Botschaft des Absoluten" vernehmen will. — Hptw.: Franz Brentano und die Scholastik, 1936; Idealismus und Existenzphilosophie,

1947; Das Problem des Zuganges zum Sein, 1965.

Wiplinger, Fridolin, 1932–1973: österreichischer Philosoph. – Hptw.: Physis und Logos (Zum Körperphänomen in seiner Bedeutung für den Ursprung der Metaphysik bei Aristoteles), 1971; Metaphysik (Grundfragen ihres Ursprungs und ihrer Vollendung. Mit einem Geleitwort von Martin Heidegger. Herausgegeben von Peter Kampits), 1976; Der personal verstandene Tod (Todeserfahrung als Selbsterfahrung), 1985³.

Wirklichkeit: mehrdeutiger philosophischer Grundbegriff, allgemeinster Begriff überhaupt (— es gibt kein Kennzeichen der Wirklichkeit, weil es nichts gibt, was nicht Wirklichkeit wäre!); es sind daher verschiedene „Wirklichkeiten" zu unterscheiden: 1. Die Welt der Erlebnisse (Quelle der Wirklichkeitsgewißheit); durch die kategoriale Bearbeitung der unmittelbar gegebenen Empfindungsmannigfaltigkeit entsteht 2. die anschauliche Welt der Sinnendinge, die sinnlich wahrnehmbare Erscheinungswelt, in der sich Forschung treiben läßt, die in Form von Aussagen beschreibbar ist, in der es „Erkenntnis" und „Wahrheit" gibt („wirklich" in diesem Sinne ist, was sich als mit allen anderen Erfahrungen verträglich erweist). Will man die Erscheinungen „verstehen", dann ist man 3. zur Annahme einer physikalischen Kraftwelt genötigt (Wirklichkeit als dasjenige, was „wirkt"). — 4. Darüber hinaus nehmen die Metaphysiker noch eine transzendente Überwirklichkeit an (in „horizontaler" Richtung die „Wirklichkeit an sich", in „vertikaler" Richtung die göttliche Überwelt). — Als Wirklichkeit „praeter nos" kann man die unabhängig von uns existierende „Wirklichkeit an sich" bezeichnen, die auch dann besteht, wenn sie von uns nicht wahrgenommen oder gedacht wird; die Wirklichkeit „extra nos" hingegen ist die „Erscheinungswelt im Raum"; beide Begriffe werden unter dem somit doppelsinnigen und daher mißverständlichen Begriff „Außenwelt" zusammengefaßt. — Die „Vollwirklichkeit" ist ein gedanklich unvollziehbarer Grenzbegriff (eine Fiktion); denn immer zeigt uns „die Wirklichkeit" (je nach der Optik des Betrachters) nur eine bestimmte „Seite", deren Verabsolutierung verzerrte Weltbilder entspringen. Auch die Einzelwissenschaftler müssen je nach Erkenntnisziel die Wirklichkeit von verschiedenen Standpunkten aus anvisieren und auf bestimmte Begriffsebenen projizieren. Ein umfassendes Weltbild aufzubauen, ist Aufgabe des Philosophen (↗Wirklichkeitstheorie); aber auch dieses kann nur ein „offenes" sein, da die wissenschaftliche Erforschung der Wirklichkeit ständig fortschreitet. — ↗Außenwelt, Sein, Mechanistik; Möglichkeit (Möglichkeitsbewußtsein), Welt; Cohn („Wirklichkeit als Aufgabe"), Heintel E., Laßwitz, Reininger, Roretz, Schultz.

Wirklichkeitslehre: so bezeichnet ↗Driesch die Metaphysik im allgemeinsten Sinn des Wortes.

Wirklichkeitstheorie: eine der drei Grunddisziplinen der kritisch-wissenschaftlichen Philosophie (neben der Erkenntnistheorie und der Werttheorie). Während die Wissenschaftler, von verschiedenen Standpunkten aus, bestimmte Seiten der Wirklichkeit zu erkennen trachten, sucht der Philosoph als Wirklichkeitstheoretiker alle Tatsachen unter einem Blickwinkel zu sehen. Er begehrt nicht nach neuen Entdeckungen, sondern nach einer möglichst einfachen und restlosen Erklärung des Alls. Er denkt über das Ganze nach und will die großen Zusammenhänge begreifen. Im Gegensatz zum spezialisierten Einzelwissenschaftler interessiert sich der Philosoph nicht für das Detail, sondern für das Wesentliche und Prinzipielle. Er richtet seinen Blick auf die Gesamtwirklichkeit, weil er weiß, daß durch die Hingabe an die Einzelforschung der Sinn für den Zusammenhang aller Erkenntnisse leidet. So versucht der Philosoph, die typisch philosophischen Zusammenhangsprobleme zu lösen, indem er die einzelnen Erkenntnisse aufeinander bezieht und miteinander verknüpft; und indem er mit Hilfe geeigneter Denkmodelle den Zusammenhang der Erscheinungen sich vorzustellen und auch noch das komplizierteste Geschehen in der Welt und scheinbar unverständliche Tatsachen gedanklich zu greifen sucht, baut er ein umfassendes Weltbild als Gesamtsystem aller Erkenntnisse auf: es wird um so „reicher" sein, je mehr Erfahrungen berücksichtigt sind, und um so klarer, je einfacher der Aufriß des Universums gerät. Ausgangspunkt für das wirklichkeitstheoretische Denken ist die erkenntniskritische Analyse der wissenschaftlichen Grundbegriffe und die sprachkritische Deutung des Sinnes der wissenschaftlichen Aussagen. Da heute kaum jemand imstande sein dürfte, alle Grundwissenschaften zu beherrschen, erscheint eine Aufgliederung der Wirklichkeitstheorie in Spezialdisziplinen unerläßlich: so entwirft der Naturphilosoph ein „Naturbild", um die Naturvorgänge zu verstehen, während der Kulturphilosoph den Aufbau der Kulturwelt untersucht.

Wirtschaftsphilosophie: kulturphilosophische Spezialdisziplin, in der die wirtschaftswissenschaftlichen Grundbegriffe (z. B. Geld) geklärt und die erkenntnistheoretischen und die methodologischen Grundlagen der Wirtschaftswissenschaft untersucht werden. Die wirtschaftsphilosophische Problematik steht in engem Zusammenhang mit ↗ethischen, ↗gesellschafts-, ↗staats- und ↗rechtsphilosophischen Fragen (untrennbare Verflechtung von Wirtschaft und Gesellschaft, Einfluß der Wirtschaft auf das Staats- und das Rechtsleben und auf die Politik! Man denke z. B. an den Problemkreis: Planwirtschaft, „freie" Marktwirtschaft und „soziale" Marktwirtschaft als gemischtwirtschaftliche Synthese!). — ↗Futurologie, Gesellschaftsphilosophie, Grenznutzentheorie, Malthusianismus, Marxismus, Metapolitik, Monetarismus, Moral, Pauperismus; Freyer, Friedmann, Galbraith, Goldscheid, Jouvenel, Keynes, Nicolaus v. Oresme, Popper-L., Rathenau, Rodbertus, Röpke, Ruskin, Šik, Simmel, Smith, Sombart, Spann, Tinbergen, Veit, Weber M., Weizsäcker, Ziegler L.

Wissen: Gegenbegriff zu ↗Glauben. — ↗Wissenssoziologie; Scheler; F. Bacon.

Wissenschaft: System methodisch gewonnener, allgemeingültiger (d. h. allgemein nachprüfbarer) Aussagen. Die wissenschaftliche Forschung, deren Ziel es ist, begründetes Wissen zu gewinnen, ist ein stetig fortschreitender Prozeß (aus jeder neugewonnenen Erkenntnis erwachsen neue Probleme). Im Gegensatz zu den einzelnen Erfahrungswissenschaften, deren Aufgabe die Beschreibung bestimmter Bereiche der Wirklichkeit ist, kann man die ↗Philosophie als Fundamental- und als Universalwissenschaft bezeichnen. Zur Auffächerung der Einzelwissenschaften: ↗System (Einteilung) der Wissenschaften. Im allgemeinen kann man drei Hauptprobleme der wissenschaftlichen Forschung unterscheiden (wobei ihre Akzentuierung in den einzelnen Wissenschaften verschieden ist): 1. Sammeln und Sichten des Tatsachenmaterials; 2. wissenschaftliche Begriffsbildung und Formulierung von ↗„Gesetzen" (Regeln) auf Grund der Entdeckung von Gleichförmigkeiten und Regelmäßigkeiten; 3. Systematisierung der wissenschaftlichen Begriffe und Sätze; in den „praktischen" Wissenschaften tritt als 4. Aufgabe noch die „Normierung" (Formulierung von Verhaltensregeln) hinzu, wobei sich die Normen jedoch nicht aus den Tatsachen ableiten lassen, sondern auf einer Wertsetzung beruhen. — Zum Problem der „Wertfreiheit der Wissenschaft": ↗Poincaré, M. Weber. — Wissenschaftliche Methoden: ↗Induktion, Deduktion; Indizienbeweis; Intuition; Hypothese, Theorie; Mathematik. — ↗Wissenschaftstheorie; Wirklichkeit; Konstruktivismus; Konventionalismus (Dingler); Müller-F.

Wissenschaftliche Philosophie: Erfüllung folgender Forderungen: 1. Kenntnis und Berücksichtigung aller einschlägigen wissenschaftlichen Forschungsergebnisse; 2. Anerkennung der Bedingungen und der Grundsätze wissenschaftlicher Erkenntnis (d. h. auch in der Philosophie keinen Satz gelten zu lassen, der nicht fest auf sachlichen oder logischen Gründen ruht, also auch in der Philosophie allgemeingültige Erkenntnisse und begründetes Wissen zu geben). — ↗Wissenschaft; Philosophie; Wirklichkeitstheorie; Empirismus, Positivismus.

Wissenschaftlicher Realismus (gleichbedeutend mit Kritischem Realismus; in der ↗marxistischen Literatur und auch z. B. bei ↗Rensi unter den Begriff „Materialismus" subsumiert): erkenntnistheoretischer Standpunkt, dem zufolge es eine bewußtseinsunabhängige (reale, objektive) Außenwelt gibt, die empirisch erkannt werden kann; wenn auch unsere Wahrnehmungen nicht gerade „Abbilder" der Dinge sind, so sind sie doch durch Außenweltreize ausgelöst, so daß vom Aufbau der Erlebniswelt auf die Struktur der objektiven Reizwelt geschlossen werden kann.

Wissenschaftlicher Sozialismus: ↗Marxismus.

Wissenschaftssoziologie: eine mit der ↗Wissenssoziologie weitgehend identische (im wesentlichen also nur dem Namen nach „neue") Disziplin, in der Wissenschaftsinhalte auf ihre Verwurzelung in sozialen Gegebenheiten hin untersucht werden, insbesondere die Veränderungen der gesellschaftlichen Bedeutung der Wissenschaft sowie der Wandel der gesellschaftlichen Funktion der Wissenschaft. – ↗Zilsel.

Wissenschaftstheorie: erkenntnistheoretische Spezialdisziplin, in der die Voraussetzungen, Grundlagen, Methoden und Grenzen der wissenschaftlichen Erkenntnis (Naturerkenntnis, historischen Erkenntnis usw.) untersucht und die wissenschaftlichen Sätze und Begriffe durch „logische Analyse" auf ihren „Sinn" hin geprüft werden. ↗Wissenschaft (wissenschaftliche Methoden); System der Wissenschaften; Albrecht, Essler, Feyerabend, Hempel, Hübner, Kambartel, Kamlah, Kraft V., Kuhn Th., Leinfellner, Lenk H., Lorenzen, Luhmann, Mittelstraß, Natorp, Neurath, Oeser, Planck, Popper K., Spinner, Stegmüller, Ströker; Erlanger Schule, Wiener Kreis.

Wissenssoziologie: Untersuchung des Verhältnisses von Erkenntnis und Gesellschaft, von „Wissen" und dessen sozialer Funktion, von Idee (z. B. Denkmodell zur Welterklärung) und Gruppenzugehörigkeit des Trägers dieser Idee (↗Ideologiekritik): Verzahnung der wissenschaftstheoretischen mit der soziologischen Problemstellung. — ↗Scheler; M. Webers Religionssoziologie; A. Webers Kultursoziologie. -- ↗Grünwald, Jerusalem, Lenk K., Lieber, Luhmann, Mannheim, Peterson, Scheler, Stark, Topitsch, Zilsel.

Witasek, Stefan, 1870—1915: von Meinong beeinflußter Psychologe und Ästhetiker der ↗„Grazer Schule". — Hptw.: Grundzüge der allgemeinen Ästhetik, 1904; Psychologisches zur ethischen Erziehung, 1907; Grundlinien der Psychologie, 1908.

Witelo, um 1230—1275: deutscher Philosoph und mathematisch bestens geschulter Naturwissenschaftler, der das gesamte Naturgeschehen auf die Gesetze der Geometrie und der Optik zurückzuführen versucht und sich zu einer neuplatonischen Lichtmetaphysik bekennt.

Ludwig Wittgenstein

Wittgenstein, Ludwig, 1889—1951: österreichischer Philosoph (später in England), Mitbegründer des Logistischen Positivismus, den er leicht-mystisch akzentuiert („wovon man nicht sprechen kann, darüber muß man schweigen"), Vater der „Analytischen Philosophie". Vor allem der Wiener Kreis (Schlick) verdankt W. wertvolle Anregungen (z. B.: „Die Grenzen meiner Sprache bedeuten die Grenzen meiner Welt"; Philosophie „ist keine Lehre, sondern eine Tätigkeit"; ihr Resultat „sind nicht philosophische Sätze, sondern das Klarwerden von Sätzen". — Alle Philosophie ist Sprachkritik). — Hptw.: Tractatus logico-philosophicus, 1922, 1973^9; Philosophical Investigations (Philosophische Untersuchungen), 1953, 1975^3; Vorlesungen und Gespräche über Ästhetik, Psychologie und Religion, 1968; Philosophische Grammatik, 1969, 1973^2; Über Gewißheit, 1970; Philosophische Bemerkungen, Philosophische Grammatik, Blue and Brown Books (Gerd Brand: Die grundlegenden Texte von Ludwig Wittgenstein), 1976; Bemerkungen über die Farben, 1979; Letzte Schriften: Über die Philosophie der Psychologie, 1982; Bemerkungen über die Philosophie der Psychologie, 1983. — Ein Leben in Bildern und Texten, 1983; Porträts und Gespräche, 1987. — Schriften, 3 Bde., 1964—1967. — Neueste Lit.: Wilhelm Baum, Ludwig Wittgenstein (unter erstmaliger Berücksichtigung der „Geheimen Tagebücher"), 1985. — ↗Tod; Schulz, Stegmüller, Wallner, Waismann, Wright; Wuchterl.

Witz: eine mit Absicht durch das Mittel der Rede hervorgebrachte ästhetisch wirksame Form der ↗Komik, ein geistreiches Wort- und Verstandesspiel, das Heiterkeit erregt. Der Witz wirkt im Gegensatz zum ↗Humor mehr verletzend und herzlos, ist schärfer, bissiger und aggressiver und weicht um den Preis einer frappierenden Wirkung auch von der Wahrheit ab. Ein Witz kann mehr herablassend, mehr feindselig, mehr skeptisch oder auch blasphemisch sein. Die komische Wirkung eines Witzes beruht auf dem unvermuteten Zusammenprall weit auseinander liegender Vorstellungen und Gedanken, auf der „gewaltsamen Vereinigung recht disparater Vorstellungen" (sagt der Psychiater Emil Kraepelin, 1856—1926) bzw. auf der Mehrdeutigkeit eines Wortes (nach ↗Lipps Th.: auf dem Kontrast zwischen „Bedeutung und Bedeutungslosigkeit der Worte"), weshalb zunächst oft angesichts der mit dem Witz verbundenen Denkaufgabe ein leichtes Unlustgefühl auftritt, das beim „Verstehen des Witzes einem um so stärkeren Lustgefühl weicht". ↗Lachen. ↗Kuno Fischer erklärt den Witz als „spielendes Urteil": „Was noch nie vereint war, ist mit einem Male verbunden, und in demselben Augenblick, wo uns dieser Widerspruch noch frappiert, überrascht uns schon die sinnvolle Erleuchtung." — ↗Freud, Wellek. — Lit.: Der Witz (Figuren, Formen, Funktionen), 1977.

Wohlgenannt, Rudolf, geb. 1924: österreichischer Philosoph. — Hptw.: Was ist Wissenschaft?, 1969; Der Philosophiebegriff (Seine Entwicklung von den Anfängen bis zur Gegenwart), 1977; Philosophie – Wissenschaft – Politik, 1985.

Wolandt, Gerd, geb. 1928: deutscher Philosoph, Ästhetiker und Kunstwissenschaftler, Kantianer im weitesten und besten Sinne des Wortes. – Hptw.: Gegenständlichkeit und Gliederung, 1964; Philosophie der Dichtung, 1965; Idealismus und Faktizität, 1971; Letztbegründung und Tatsachenbezug, 1983; A. Paul Weber (Künstler und Werk), 1984. – Als Hrsg.: Nachgelassene Schriften ↗ R. Hönigswalds, 1957 ff.; Kunst und Kunstforschung – Beiträge zur Ästhetik, 1978.

Wolff, Christian, 1679–1754: deutscher Philosoph, der Leibnizens Ideen (mit Ausnahme des Gedankens der „prästabilierten Harmonie") systematisch verarbeitet und ausmünzt, dadurch aber auch stark verflacht, wobei er versucht, sein metaphysisches System deduktiv (durch Ableitung aus dem Widerspruchssatz) aufzubauen. W.s „Einteilung" der Philosophie in 1. Logik (Propädeutik), 2. Theoretische Philosophie (Metaphysik: Ontologie, rationale Psychologie, Kosmologie, Theologie) und 3. Praktische Philosophie wurde in der Folgezeit allgemein übernommen. – Hptw.: Vernünftige Gedanken von Gott, der Welt und der Seele des Menschen, auch von allen Dingen überhaupt, 1719; Vernünftige Gedanken von der Menschen Tun und Lassen zur Beförderung ihrer Glückseligkeit, 1720; Vernünftige Gedanken von dem gesellschaftlichen Leben der Menschen, 1721; Oratio de Sinarum philosophia practica, 1726 (Rede über die praktische Philosophie der Chinesen), lateinisch-deutsche Ausgabe, 1985. – Chr. W.: Interpretationen zu seiner Philosophie und Wirkung, 1986. – ↗ Erdmann B., Knutzen, Pichler; Pluralismus.

Wölfflin, Heinrich, 1864–1945: Schweizer Kunsthistoriker, Kunstpsychologe und Kunstphilosoph in der Nachfolge J. Burckhardts. — Hptw.: Prolegomena zu einer Psychologie der Architektur, 1886; Renaissance und Barock, 1888, 1961[5]; Die klassische Kunst (Einführung in die italienische Renaissance), 1899, 1953[8]; Das Problem des Stils in der bildenden Kunst, 1912; Kunstgeschichtliche Grundbegriffe, 1915, 1970[14]; Das Erklären von Kunstwerken, 1921, Neuauflage 1969; Italien und das deutsche Formgefühl, 1931; Gedanken zur Kunstgeschichte, 1940, 1947[4]; Kleine Schriften (1886–1933), 1946.

Wollen: Der Unterschied zwischen ↗ Denken und Wollen ist verhältnismäßig geringfügig, Struktur und Aufbau dieser beiden Arten von höheren seelischen Synthesen sind nahezu gleich. Von „Wollen" (statt Denken) spricht man dann, wenn die determinierenden Tendenzen („Aufgaben") nicht nur einem höchstens sprachlich sich kundgebenden Gedankenverlauf Halt geben, sondern darüber hinaus zu einer „Handlung" („will"-kürlichen Bewegung) führen. Willenserlebnisse bestehen normalerweise aus drei Ablaufphasen, deren eine oder (und) andere jedoch auch fehlen können: 1. dem Motivationsprozeß („Kampf der Motive"; fehlt er, so spricht man von „Spontanentscheidung" im Gegensatz zum mehr oder weniger reiflichen „Entschluß"); 2. der Wahlentscheidung (mit kurzer Geltungsdauer: „Absicht", mit langer: „Vorsatz"; kommt es zu keiner Wahlentscheidung, so bleibt das „Wollen" ein „Überlegen" ohne Tat; – Hamlet!); 3. der Willenshandlung (bleibt sie aus, so war es eben nur ein „Wunsch", nach Robert Musils Wort ein „Wille, der sich selbst nicht ganz ernst nimmt"). — ↗ Abulie, Charakter, Wille, Willensfreiheit, Würzburger Schule; Keller.

Woltereck, Richard, 1877–1944: deutscher Naturphilosoph, als Schichten-Ontologe in der Nachfolge N. Hartmanns. — Hptw.: Philosophie der lebendigen Wirklichkeit, 2 Teile (I: Grundzüge einer allgemeinen Biologie; II: Ontologie des Lebendigen), 1940.

Woodbridge, Frederick, 1867–1940: amerikanischer Philosoph, Vitalist, Neurealist und Aristoteliker. — Hptw.: Metaphysics, 1908; The Purpose of History, 1916; The Realm of Mind, 1926; Nature and Mind, 1937.

Wilhelm Worringer

Worringer, Wilhelm, 1881–1965: antiintellektualistischer, von Nietzsche beeinflußter deutscher Kunsthistoriker, Kunstpsychologe und Kunstphilosoph. — Hptw.: Abstraktion und Einfühlung, 1908, 1959[x]; Formprobleme der Gotik, 1911, 1930[21]; Künstlerische Zeitfragen, 1921; Ägyptische

Kunst (Probleme ihrer Wertung), 1927; Griechentum und Gotik (Vom Weltreich des Hellenismus), 1928; Problematik der Gegenwartskunst, 1948; Fragen und Gegenfragen (Schriften zum Kunstproblem), 1956.

Wortrealismus: Verführung des Denkens durch die Sprache, die darin besteht, daß das Wort für die Sache genommen wird, Wort und Sache verwechselt werden und alles, wofür es ein Wort gibt, als in seiner Existenz gesichert angesehen wird, wobei es zwei Möglichkeiten gibt: 1. Einer einheitlichen Bezeichnung wird auch eine sachliche Einheit unterstellt; 2. die Mehrheitlichkeit der Benennung wird für eine Gegliedertheit der Sache selbst genommen. — ↗Begriffsrealismus, Sprachkritik.

Wright, Georg Henrik von, geb. 1916: finnischer Logiker und Wissenschaftstheoretiker, Begründer der „deontischen Logik" (1951). — Hptw.: The Logical Problem of Induction, 1941; A Treatise on Induction and Probability, 1951; Logical Studies, 1957; The Logic of Preference, 1963; The Varieties of Goodness, 1963. — Deutsche Ausgaben: Erklären und Verstehen, 1974; Handlung, Norm und Intention (Untersuchungen zur deontischen Logik), 1977; Wittgenstein, 1982. – ↗Deontologie.

Wuchterl, Kurt, geb. 1931: deutscher Philosoph, insbesondere an Fragen der Wissenschaftstheorie, der Logik und der Analytischen Philosophie interessiert. – Hptw.: Struktur und Sprachspiel bei ↗Wittgenstein, 1969; Logik, 1974; Grundlagen der Mathematik, 1976; Methoden der Gegenwartsphilosophie (Einführung, Darstellung, Kritik), 1977, 1986²; Philosophie und Religion, 1982; Lehrbuch der Philosophie (Probleme, Grundbegriffe, Einsichten), 1984.

Wunder: das scheinbar Unbegreifbare, von den Gläubigen als Beweismittel für die Wirksamkeit der göttlichen Macht und damit für die Existenz Gottes herangezogen (das Wunder als „des Glaubens liebstes Kind" nach Goethes „Faust"); für den wissenschaftlich-kritisch eingestellten Denker nur eine Aufforderung, so lange weiterzuforschen, bis das heute noch Unverständliche aus natürlichen Ursachen erklärt werden kann. Zugrunde liegt dem Wunderglauben die Annahme, daß es keine kontinuierliche Kausalität gebe, daß die Naturgesetzmäßigkeit nicht in sich geschlossen sei, sondern eben durch „Wunder" im Sinne von ursachlosem Geschehen gestört werden könne. Eine solche Durchbrechung des Kausalzusammenhanges der Naturgesetzlichkeit ist dem primitiven, naiven Bewußtsein willkommen, dem gereiften Geist unverständlich und daher unerträglich. Über die axiologische Belanglosigkeit des Wunderglaubens hat sich schon ↗Mendelssohn mokiert: „Ich gebe zu, Sie können Tote auferwecken, aber Ihr Moralsystem kann ich trotzdem nicht akzeptieren" (— würde er nämlich jemandem antworten, der zur Bekräftigung seiner unannehmbaren Ethik einen Toten wiederbeleben sollte). – ↗Lévy-Bruhl; Aberglaube, Diskontinuitätsphilosophie, Glaube, Kafka, Mystizismus.

Wundt, Max, 1879—1963: deutscher Philosoph, am Deutschen Idealismus (vor allem an Hegel) sowie betont „völkisch", ja „rassistisch" orientiert. — Hptw.: Geschichte der griechischen Ethik, 2 Bde., 1908/11; Griechische Weltanschauung, 1910, 1929²; Die deutsche Philosophie und ihr Schicksal, 1920, 1926²; Vom Geist unserer Zeit, 1920, 1922²; Staatsphilosophie, 1923; Kant als Metaphysiker, 1924; Deutsche Weltanschauung, 1926; Geschichte der Metaphysik, 1931; Die deutsche Schulmetaphysik des 17. Jhdts., 1939; Die deutsche Schulphilosophie im Zeitalter der Aufklärung, 1945; Hegels Logik und die moderne Physik, 1949; Untersuchungen zur Metaphysik des Aristoteles, 1953.

Wilhelm Wundt

Wundt, Wilhelm, 1832—1920: deutscher Physiologe, Psychologe (Begründer der Experimentalpsychologie und der voluntaristischen Apperzeptionspsychologie) und Philosoph, der an der Assoziationspsychologie Kritik übt, die Aktualitätstheorie und den psychophysischen Parallelismus für zutreffend hält, eine wissenschaftlich fundierte „induktive Metaphysik" aufbaut und die Weltentwicklung evolutionistisch und spiritualistisch zu verstehen sucht. — Hptw.: Vorlesungen über die Menschen- und Tierseele, 2 Bde., 1863/64, 1919⁶; Grundzüge der Physiologischen Psychologie, 1874,

3 Bde.: 1908—1911[6]; Logik, 1880—1883, 4 Bde.: 1920—1924[5]; Essays, 1885; Ethik, 1886, 3 Bde.: 1923—1924[6]; System der Philosophie, 1889, 2 Bde., 1919[4]; Hypnotismus und Suggestion, 1892; Grundriß der Psychologie, 1896, 1922[15]; Völkerpsychologie, 10 Bde., 1911—1920; Einleitung in die Philosophie, 1901, 1922[9]; Elemente der Völkerpsychologie, 1912, 1922[3]; Sinnliche und übersinnliche Welt, 1914, 1923[2]; Erlebtes und Erkanntes (Autobiographie), 1920, 1921[2]. – ↗Lebensphilosophie, Temperament, Zweck; Eisler.

Würde: 1. Generelle Menschenwürde (Gattungswürde), gegründet auf Eigenschaften und Fähigkeiten des Menschen schlechthin (im Gegensatz zum Tier); sie verlangt Achtung vor jedem Menschen als einem Repräsentanten der Menschheit (Humanitätsideal). 2. Individuelle Menschenwürde (Individualwürde), abhängig vom ethischen Wert des einzelnen Menschen. – ↗Kant (Ethik), Pico (De dignitate hominis), F. Schiller („Anmut und Würde", 1793: „Beherrschung der Triebe durch die moralische Kraft ist Geistesfreiheit, und Würde heißt ihr Ausdruck in der Erscheinung").

Würzburger Schule: 1. Ausbau der experimentellen Denkpsychologie (1902—1908) durch ↗Bühler, Marbe, Messer, unter der Führung ↗Külpes; 2. von Narziß Ach (1871—1946) unter Anwendung der „Würzburger" Methode begründete experimentelle Erforschung der Willensvorgänge (ebenso z. B. durch Johannes Lindworsky, 1875—1939).

Wust, Peter, 1884—1940: deutscher katholischer Metaphysiker (Augustinist) und Existenzphilosoph. — Hptw.: Die Auferstehung der Metaphysik, 1920; Naivität und Pietät, 1925; Die Dialektik des Geistes, 1928; Ungewißheit und Wagnis, 1937, 1946[2]; Der Mensch und die Philosophie, Einführung in die Existenzphilosophie, 1946; Im Sinnkreis des Ewigen (Auswahl aus den Aufsätzen), 1954.

Wu-Wei (Begriff der chinesischen Philosophie): „Nicht-Tun", „Nicht-Eingreifen" (d. h. der Entwicklung freien Lauf lassen, die Dinge sich selbst und ihrer Natur überlassen, mit minimalem Einsatz optimale Wirkungen erzielen). – Eine extreme Gegenposition hat z. B. ↗Fichte J. G. eingenommen: „Handeln! Handeln! Das ist es, wozu wir da sind!". – ↗Laotse („Ohne aus der Tür zu gehen, kommt man in die Welt. Ohne aus dem Fenster zu schauen, sieht man den Sinn des Himmels. Je weiter einer hinausgeht, desto geringer wird sein Wissen").

Wyneken, Gustav, 1875—1964: deutscher liberaler Pädagoge, Monist, Mentor der antibürgerlichen Jugendbewegung. — Hptw.: Acht Pastoralbriefe wider den heiligen Schlendrian, 1958; Abschied vom Christentum, 1963, 1970[2].

X – Y

X: in der ↗Logistik Zeichen für eine Leerstelle (für eine Variable, Veränderliche, für einen unbestimmten Begriff), in die beliebige Begriffe oder Sätze eingesetzt werden können.

Xanthippe: ↗Sokrates.

Xenoglossie: Sprechen oder Schreiben in fremden Sprachen, die dem ↗spiritistischen ↗„Medium" unbekannt sind.

Xenokrates, ca. 396—314 v. Chr.: vom Pythagoreismus beeinflußter Platoniker, der die Philosophie in Dialektik, Physik und Ethik aufgliedert. Schrieb ein Werk über die Natur der Götter.

Xenophanes, ca. 570—480 v. Chr.: griechischer Philosoph, Vorläufer der ↗Eleaten, der den antropomorphen Polytheismus und religiösen Aberglauben verspottet und einen Pantheismus lehrt, dem zufolge Gott als unpersönlicher Urgrund aller Dinge, als ungewordenes, unvergängliches und unwandelbares „Ein-und-Alles" und als mit dem Weltall identisch zu denken ist. X. wird daher auch als griechischer „Aufklärer" bezeichnet. In einzelnen denkt er sich den Himmel mit den sichtbaren Gestirnen als den Leib eines ewigen Gottes, des „einen Größten", der die Menschen überall sieht. Dieser Gott sieht, hört und denkt, ohne eines Auges, eines Ohres, eines Denkorganes zu bedürfen, denn er ist seinem ganzen Leib nach Auge, Ohr und Denkorgan. Er bewegt auch die Gestirne, seine eigenen Teile, bloß durch den Willen seines Geistes, ohne der Muskel und des Skeletts zu bedürfen, in ewiger Selbstbewegung begriffen. Der Mensch gleicht diesem „einen Größten" weder an Gestalt noch an Geist. Die Lebewesen sind in ihm, aber nur im räumlichen Sinn, eingeschlossen, sind aus ihm dem Stoff nach hervorgegangen und kehren in ihn zurück; solange sie aber leben, sind sie von ihm getrennt. — ↗Emanation; Xenophanismus.

Xenophanismus: ein im Prinzip bereits von ↗Xenophanes vorweggenommener moderner erkenntnistheoretischer Standpunkt (↗Popper K.), dem zufolge unser Wissen einem „gewebten Netz von Vermutungen" gleicht.

Y: in der ↗Logistik Zeichen für eine Leerstelle (für eine Variable, Veränderliche, für einen unbestimmten Begriff), in die beliebige Begriffe oder Sätze eingesetzt werden können.

Yajnavalkya: indischer Priester, ein bis zwei Jahrhunderte vor Buddha; Künder der Brahman-Atman-Lehre der ↗Upanishaden.

Yang: chinesische Bezeichnung für die eine der beiden kosmischen Grundkräfte, nämlich für das aktiv-männliche Prinzip (d. h. positive, himmlische Prinzip des Lichts, der Wärme und des Lebens). ↗Yin.

Yin: chinesische Bezeichnung für die eine der beiden kosmischen Grundkräfte, nämlich für das passiv-weibliche Prinzip (d. h. negative, irdische Prinzip der Dunkelheit, der Kälte und des Todes). ↗Yang.

Yoga („Anschirrung"): in der indischen Religion und Philosophie Bezeichnung für die mystische Verbindung zwischen dem Menschen (Yogin) und der übersinnlichen Macht; anti-utilitaristische „Denkform" und „Seinsform", Aufhebung der physischen und der psychischen Enge der eigenen Existenz. Klassischer Lehrtext: Yoga-Sutram des Pantanjali. Die Yoga-Praxis umfaßt: Fasten, Askese, Befreiung des Geistes durch Atemübungen und Körperbeherrschung, Konzentrationsübungen, Kontemplation (dhyana) und Versenkung (samadhi). 1937 hat Boris Sacharow in Berlin ein Yoga-Zentrum eröffnet. — Die übliche etymologische Deutung von „Yoga": Ableitung von yui (Sanskrit: „zusammenbinden", nämlich mit dem Göttlichen; Latein: iugum = Joch). – ↗Lit.: Gerhard Oberhammer, Strukturen yogischer Meditation, 1977.

Yogàcāras (Wandel im Yoga): philosophische Strömung im ↗Mahayana-Buddhismus, eine Art „Nur-Bewußtseins-Lehre" (Leugnung der Realität der Dinge).

Yogin: ↗Yoga; Indische Philosophie.

Z

Z: in der ↗Logistik Zeichen für eine Leerstelle (für eine Variable, Veränderliche, für einen unbestimmten Begriff), in die beliebige Begriffe oder Sätze eingesetzt werden können.

Zacharias, Scholasticus, um 536: bekämpft die Lehren von der Präexistenz der Seele und von der Ewigkeit der Welt.

Zahl: ↗Mathematik (Dedekind); Frege, Piaget.

Zahrnt, Heinz, geb. 1915: deutscher (evangelischer) Theologe und Religionsphilosoph, der sich, als ein „Evangelist ohne Bekehrungsabsichten" unablässig bemüht, den christlichen Glauben für unsere Zeit neu auszulegen. – Hptw.: Die Sache mit Gott (Die protestantische Theologie im 20. Jhdt.), 1967; Wozu ist das Christentum gut?, 1972, 1975²; Gott kann nicht sterben (Wider die falschen Alternativen in Theologie und Gesellschaft), 1973; Warum ich glaube (Meine Sache mit Gott), 1977; Aufklärung durch Religion – Der dritte Weg, 1980; Westlich von Eden (Zwölf Reden an die Verehrer und die Verächter der christlichen Religion), 1981; Martin Luther (in seiner Zeit – für unsere Zeit), 1983; Jesus von Nazareth (Ein Leben), 1987. – Als Herausgeber: Jesus und Freud (Symposion), 1972.

Zarathustra

Zarathustra (griech. Zoroaster; Bedeutung: „Kameltreiber"), geb. um 630 v. Chr.: iranischer Religionsstifter, der die altpersische Religion vom Dämonenglauben gesäubert und dem bösen Gott Angra Mainyu (Ahriman) den Lichtgott Ahura Mazda gegenübergestellt hat. Z.s dualistische, lebensbejahende Lehre war rund zwölfhundert Jahre lang Staatsreligion (550 v. Chr. bis 650 n. Chr.: bis zur Eroberung Persiens durch die Araber) und zählt heute noch an die einhunderttausend Anhänger, davon ca. die Hälfte in Bombay: die Parsen, die einen altpersischen Dialekt sprechen und deren Heiliges Buch das ↗Avesta ist (Parsismus). Bemerkenswert ist der große Einfluß Z.s auf Judentum, Christentum und Islam (Schöpfungsgeschichte, Abstammung der Menschheit vom ersten Paar, Auferstehung der Toten u. a.). – Nietzsche hat sein Hauptwerk „Also sprach Zarathustra" genannt, weil er meinte, daß Zarathrustra „wahrhafter sei als sonst ein Denker" (also ein sehr loser Zusammenhang!). – ↗Mani; Mithrismus. – Lit.: Walter Hinz: Zarathustra, 1961.

Zeichen: Gegenstände oder Handlungen mit einem vereinbarten Informationsgehalt (Signale) oder Bedeutungsgehalt (Symbole), also auch Wörter und aus ihnen gebildete Texte. – ↗Semantik, Semiotik.

Zeit: 1. als psychologisches Problem: Unter „Zeitwahrnehmung" versteht man das Bewußtwerden des Erlebniswechsels (Temporalzeichen bzw. „Temporalität" der Empfindungen). Für die Kinematographie von Bedeutung ist das „Moment" = ca. 1/20 sec: Eine Filmaufnahme von ca. 20 Momentphotographien pro Sekunde zeigt beim Abspielen einen Bewegungsvorgang. — Unter „psychischer Präsenzzeit" versteht man die Zeitspanne, in der das eben Erlebtes noch (nachklingend) bewußt bleibt (wichtig für Reimwirkung, Melodie-Hören usw.). — Die Zeitdauer wird im allgemeinen mit ziemlich großer Genauigkeit abgeschätzt (z. B. Aufwachen zur gewünschten Zeit); zur Erklärung dieser „unbewußten Zeitschätzung" wird mitunter ein „Zeitsinn" angenommen, wobei man an einen engen Zusammenhang mit dem Stoffwechsel denkt („Stoffwechseluhr"). — 2. „Zeit" als erkenntnistheoretisches Problem: das Zeitproblem ist eines der umstrittensten erkenntnistheoretischen Probleme. Die Rätselhaftigkeit der „Zeit" betont schon ↗Augustinus: „Wenn niemand mich fragt, weiß ich es; wenn ich es dem Fragenden erklären möchte, weiß ich es nicht" (nämlich: was „Zeit" ist). Wie der Raum, so ist auch die Zeit nicht eine selbständige Realität, sondern (psychologisch gesehen) eine Erlebnisform, und zwar die Dimension des

Geschehens bzw. Werdens, die Möglichkeit von Veränderungen. Die „leere Zeit" ist also nichts Wirkliches, sondern (erkenntnistheoretisch beurteilt) eine Ordnungsform, abstrahiert von realen Geschehnissen und tatsächlichem Beharren. Als „ideelle Form" ist die Zeit etwas Absolutes; die von ↗Einstein (in seiner Relativitätstheorie) behauptete „Relativität der Zeit" kann sinnvollerweise nur „Relativität der Zeitmessungen" bedeuten (Zeitmessungen nämlich gelten relativ zur Geschwindigkeit der Beobachter, sofern sie Lichtsignale gebrauchen); diese Relativität der Zeitmessungen (ihre Abhängigkeit vom messenden Beobachter) jedoch gewinnt nur Sinn durch Bezugnahme auf die absolute (vorgestellte, ideale) Zeit. Primär ist die Zeit das Maß für die Veränderungen im unmittelbaren Erleben; die sekundäre „Ding-Zeit" bleibt stets auf das unmittelbare Zeiterleben bezogen. Die Bezeichnung der Zeit als „4. Dimension" (durch Minkowski) neben den drei räumlichen Dimensionen ist bildlich zu verstehen; gemeint ist damit, daß alle Bewegungen zugleich im Raum und in der Zeit verlaufen. ↗Ewigkeit, Unendlichkeit; Bergson, Blumenberg, Conrad-Martius, Heidegger, Husserl, Kant, Lauth, Palágyi, Phalén, Reichenbach, Reininger, Schlick, Volkelt, Weizsäcker, Weyl; Neurealismus; Creatio, Ephemér, Kosmogonie, Relativitätstheorie, Retention.

Zeitästhetik: Ästhetik der nichträumlichen Formen, gegliedert in ↗Musikästhetik und ↗Sprachästhetik.

Zeller, Eduard, 1814—1908: deutscher Theologe und Philosoph (Kritizist), der sich vor allem als Philosophiehistoriker (der Antike) einen Namen gemacht hat. — Hptw.: Die Philosophie der Griechen in ihrer geschichtlichen Entwicklung, 3 Bde., 1844 bis 1852 u. ö. (später 6 Bde.: 3 Teile zu je 2 Abteilungen); Über Bedeutung und Aufgabe der Erkenntnistheorie, 1862; Vorträge und Abhandlungen geschichtlichen Inhalts, 1865; 1865; Grundriß der Geschichte der griechischen Philosophie, 1883, 1971[14]; Friedrich der Große als Philosoph, 1895; Kleine Schriften, 3 Bde., 1910. — ↗Erkenntnistheorie.

Zen: das Zen entstand im buddhistischen Indien und China und kam in Japan zur vollen Entfaltung; es bedeutet Weisheit und Praxis vom Range eines ↗Buddha und eines ↗Lao-tse. Diese japanische Variante buddhistischer Meditationspraxis, die mittels entsprechender Techniken (Zazen) „Erleuchtung" (Satori) bewirken will (ekstatisch-rauschhaftes kosmisches Gefühl, Überschreitung der Ich-Grenze, mystisches Einswerden mit dem Unendlichen) spricht als „Lebenshilfe" umso eher an, je jünger und je weniger intellektuell versiert der Betreffende ist. Begründer des Zen-Buddhismus: Daruma, der wie ein Heiliger verehrt wird. — ↗Fromm.

Zenon von Elea

Zenon von Elea, um 450 v. Chr.: Schüler des Eleaten Parmenides, hat in ↗Fangschlüssen durch indirekte Beweisführung darzutun versucht, daß es weder eine Vielheit noch eine Bewegung von Dingen geben könne.

Zenon, um 300 v. Chr.: Begründer des ↗Stoizismus.

Zermelo, Ernst, 1871—1953: deutscher Mathematiker, der die Philosophie der Mathematik und die moderne Logik um bedeutende Einsichten bereichert hat.

Zeugma: stilistische ↗Figur; Zusammenstellung von Unvereinbarem (z. B.: „Liebe und Trompetenblasen").

Ziegler, Leopold, 1881—1958: deutscher Kulturhistoriker und -philosoph, der die „Tendenz zur Religion" für unaustilgbar und eine Synthese von modernem Geistesleben und traditioneller christlicher Weltauffassung für wünschenswert hält. — Hptw.: Zur Metaphysik des Tragischen, 1902; Gestaltwandel der Götter, 2 Bde., 1920; 1922³; Der ewige Buddha, 1922; Zwischen Mensch und Wirtschaft, 1927; Der europäische Geist, 1929; Überlieferung, 1936, 1949²; Menschwerdung, 2 Bde., 1949; Spätlese eigener Hand, 1953; Dreiflügelbild, 1962; Briefe, 1963. — Autobiographie in „Die Philosophie der Gegenwart in Selbstdarstellungen", Bd. IV, 1923.

Ziegler, Theobald, 1846—1918: deutscher Philosoph und Pädagoge, Positivist und Utilitarist. — Hptw.: Geschichte der Ethik, 2 Bde., 1881/1186; Geschichte der Pädagogik, 1895, 1923⁵; Die geistigen und sozialen Strömungen des 19. Jahrhunderts, 1899, 30. Tsd. 1921; David Friedrich Strauß, 2 Bde., 1908; Menschen und Probleme, 1914.

Ziehen, Theodor, 1862—1950: deutscher Positivist, der sich auf breitester fachwissenschaftlicher Basis mit allen philosophischen Hauptproblemen kritisch und in origineller Weise auseinandersetzt, wobei er einen „binomistischen" Standpunkt einnimmt, dem zufolge die herkömmliche Gegenüberstellung von subjektiv-psychischer Bewußtseinswelt und objektiv-materieller Außenwelt unzulässig ist (da das Gegebene psychophysisch neutral ist); statt dessen müssen zwei Arten gesetzlicher Beziehungen unterschieden werden: die ↗ „Gignomene" sind als „psychisch" zu bezeichnen, sofern sie in bezug auf ihre „Parallelkomponenten" (die psychisch-subjektiven Bestandteile der Erlebnisse, die bestimmten physiologischen Vorgängen parallelgeordnet sind) betrachtet werden, hingegen als „physisch", sofern ihre „Reduktionsbestandteile" („Redukte"), die den Kausalgesetzen unterliegen, ins Auge gefaßt werden. Von diesem (binomistischen) Standpunkt aus gesehen, erscheinen die „wirklichen Dinge" als „Möglichkeiten" der Wahrnehmung (als virtuelle Redukte), die sowohl „intrapsychisch" als auch „transgressiv" sind, da sie einerseits jenseits der Grenzen des individuellen Bewußtseinsinhaltes liegen, andererseits jedoch nicht „hinter" den Erlebnissen stehen, sondern diesen „immanent", also gewisse, durch die Kausalgesetzlichkeit determinierte Momente an den Erlebnissen sind. Die von den Kausalgesetzen („Naturgesetzen") beherrschten Vorgänge verlaufen auf bestimmten Wegen mit einer bestimmten Geschwindigkeit; durch die (das psychische Leben dirigierenden) Parallelgesetze aber werden die Gignomene in individuelle Erlebnisse verwandelt. Als Psychologe tritt Z. unter Ablehnung der „mythologischen" Vermögenspsychologie für die analytisch-physiologische (reihenpsychologische) Betrachtungsweise und für den psychophysischen Parallelismus ein. Das Gottesproblem löst Z. nomotheistisch, indem er Gott mit der in der Welt herrschenden Gesetzmäßigkeit identifiziert. — ↗Positivismus, Binomismus (Trinomismus), Nomotheismus. – Hptw.: Leitfaden der Physiologischen Psychologie, 1891, 1924¹²; Die Grundlagen der Psychologie, 2 Bde., 1915; Lehrbuch der Logik (auf positivistischer Grundlage mit Berücksichtigung der Geschichte der Logik), 1920 (neu aufgelegt 1974); Grundlagen der Naturphilosophie, 1922; Vorlesungen über Ästhetik, 2 Teile, 1925; Die Grundlagen der Religionsphilosophie, 1928; Erkenntnistheorie, 2. Aufl., 2 Teile, 1934/39 (die 1. Auflage war 1913 unter dem Titel „Erkenntnistheorie auf psychophysiologischer und physikalischer Grundlage" erschienen). – Autobiographie in „Die Philosophie der Gegenwart in Selbstdarstellungen", Bd. IV, 1923. – ↗Rensch.

Theodor Ziehen

Zilsel, Edgar, 1891–1944: österreichischer Mathematiker, Physiker, Natur- und Sozialphilosoph (später in England und den USA), Mitarbeiter des Wiener Kreises, dessen „linkem" Flügel er nahestand. Z. bemühte sich um eine Begründung der Einheit von Wissenschaft, Bildungsarbeit (vor allem Volksbildung) und Alltagsleben (z. B. Arbeiterbewegung), insbesondere der Einheit von naturwissenschaftlicher und sozialwissenschaftlicher Erkenntnis („Einheitswissenschaft") durch Hinweis auf die gesellschaftliche Bedingtheit der Naturerkenntnis sowie auf die Notwendigkeit kausaler Forschung auch in den Sozialwissenschaften, wobei eine Synthese von wissenschaftlicher Weltauffassung und Marxismus für möglich und wünschenswert hielt. – Hptw.: Das Anwendungsproblem (Ein philosophischer Versuch über das Gesetz der großen Zahlen und die Induktion), 1916; Die Genie-religion (Ein kritischer Versuch über das moderne Persönlichkeitsideal), 1918; Die Entstehung des Geniebegriffes (Ein Beitrag zur Ideengeschichte der Antike und des Frühkapitalismus), 1926; Naturphilosophie, 1928; Die sozialen Ursprünge der neuzeitlichen Wissenschaft, 1976 (hrsg. v. Wolfgang Krohn). – Lit.: Johann Dvorak: Edgar Zilsel und die Einheit der Erkenntnis, 1981.

Zimmermann, Robert, 1824–1898: österreichischer Philosoph, ursprünglich Schüler Bolzanos, bald jedoch Anhänger Herbarts, dessen Realen-Lehre er mit der Atomistik zu einer Art Monadologie verbindet und dessen formalästhetischem Standpunkt er sich anschließt. – Hptw.: Leibniz' Monadologie,

1847; Leibniz und Herbart (Eine Vergleichung ihrer Monadologien), 1849; Leibniz und Lessing, 1855; Philosophische Propädeutik, 1852, 1867³; Über das Tragische und die Tragödie, 1856; Geschichte der Ästhetik, 1865; Schiller als Denker, 1859; Philosophie und Erfahrung, 1861; Allgemeine Ästhetik, 1865; Kant und die positive Philosophie, 1874; Anthroposophie, 1882. – ↗Formalästhetik.

Zimmermann, Walter, geb. 1892: deutscher Biologe und Naturphilosoph, Evolutionist. – Hptw.: Grundfragen der Evolution, 1948; Evolution (Die Geschichte ihrer Probleme und Erkenntnisse), 1953; Evolution und Naturphilosophie, 1968.

Zirkel (Zirkeldefinition, Zirkelbeweis, circulus vitiosus): Definitions- bzw. Beweisfehler. – ↗Definition, Erkenntnistheorie, hysteron proteron.

Zocher, Rudolf, 1887–1976: deutscher Philosoph, ursprünglich der Heidelberger Schule des Neukantianismus verbunden, später an N. Hartmanns Schichtenontologie orientiert. – Hptw.: Die objektive Geltungslogik und der Immanenzgedanke, 1925; Husserls Phänomenologie und Schuppes Logik, 1932; Geschichtsphilosophische Skizzen, 2 Bde., 1933/1934; Die philosophische Grundlehre (Eine Studie zur Kritik der Ontologie), 1939; Tatwelt und Erfahrungswissen, 1948; Philosophie in Begegnung mit Religion und Wissenschaft, 1955; Kants Grundlehre, 1959.

Zoon politikon: der Mensch als staatenbildendes Wesen (↗Aristoteles).

Zufall: Kreuzung getrennter Kausalketten; für eine konsequente mechanistisch-kausalistisch-deterministische Betrachtungsweise wird der Zufall zum sinnvollen Schicksal (↗Schopenhauer: „Auch das Zufälligste ist ein auf entfernterem Wege herankommendes Notwendiges"); „Zufall ist ein Vorgang, der das Bewußtsein idealer Ursachen in uns erweckt, bei dem aber zugleich ihr Wirken vermißt wird" (Karl Steffensen). – ↗Determinismus, Gleichförmigkeit, Kausalismus, Kausalität, Leben, Spiel, Stochastik, Wahrscheinlichkeit (Mach); Eigen („Naturgesetze steuern den Zufall"), Feigl, Kaila, Koestler, Monod, Müller-Freienfels.

Zweck: bewußte Absicht, Ziel einer Willenshandlung, Vorstellung des künftigen Zustandes, den man zu erreichen sucht. Das Gesetz der „Heterogonie der Zwecke" (↗Wundt W.) besagt, daß alles, was zur Erreichung eines Zweckes unternommen wird, in seiner Wirkung über die Erreichung des Zweckes hinausgeht, daß die erreichten Zwecke oft über die ursprünglichen Zweckvorstellungen (Beweggründe der Handlungen) hinausgreifen (so daß eine „Zweckverschiebung" eintreten kann bzw. der Zweck gegenüber dem „Mittel zum Zweck" in den Hintergrund tritt: Schon vor ↗W. Wundt sprach ↗Vaihinger von einem „Überwuchern des Zwecks durch das Mittel": – ein Beispiel: Wenn der Geschlechtsverkehr vom Mittel der Fortpflanzung und damit Erhaltung der Art zum Selbstzweck des Vergnügens wird). Gewarnt sei vor einer Verwechslung der Begriffe „Zweck" (empirisch-genetische Betrachtungsweise) und „Sinn" (so kann etwas durchaus „sinnvoll" sein, ohne einer bewußten Zwecksetzung zu entspringen: z. B. der Bau und die Funktionsweise der Organismen). – ↗Teleologie; Eisler, Luhmann, Stern W. (Autotelie, Heterotelie).

Zweifel: ↗Skepsis, Skeptizismus; Glaube.

Zyniker: von Oscar Wilde („Lady Windermere's Fan") als ein Mensch charakterisiert, der „den Preis von allem und den Wert von nichts kennt". Der Zyniker sieht die Dinge so, wie sie sind, und nicht, wie sie sein sollten. — ↗Zynismus (2.).

Zynismus: 1. die Lebensauffassung der ↗Kyniker, insbesondere die Derbheit ihres Verhaltens unter bewußter Verletzung des Anstandes; — 2. hämischer Spott mit dem Ziel, die Wertüberzeugungen anderer zu erschüttern; Neigung, nichts und niemanden mehr recht ernst zu nehmen. – ↗Ironie, Nihilismus; La Rochefoucauld, Montherlant, Stirner; Zyniker. – Lit.: Heinrich Niehus-Pröbsting, Der Kynismus des Diogenes und der Begriff des Zynismus, 1979. – Peter Sloterdijk, Kritik der zynischen Vernunft, 1983, 1987²; – spätere, ebenso umstrittene Schriften: Der Denker auf der Bühne (Nietzsches Materialismus), 1986; Zur Welt kommen – Zur Sprache kommen, 1988; Eurotaoismus (Zur Kritik der politischen Kinetik), 1989.

27.11.90			
17.12.008			

Späteste Rückgabe am zuletzt gestempelten Datum

Nicht entfernen! Der Verlust von Verbuchungskarten ist gebührenpflichtig (§ 4 BGO)